Veurne

De Vette Os

0032 475

713110

Belgique
België
Luxembourg

2007

Sommaire

Inhoud

Inhaltsverzeichnis

Contents

INTRODUCTION

FRANÇAIS

→ INTRODUCTIE

NEDERLANDS

→ EINLEITUNG

DEUTSCH

→ INTRODUCTION

ENGLISH

LES DISTINCTIONS 2007

→ AUSZEICHNUNGEN 2007

→ ONDERSCHEIDINGEN 2007

→ AWARDS 2007

POUR EN SAVOIR PLUS

→ GUT ZU WISSEN

→ WETENSWAARDIGHEDEN

→ FURTHER INFORMATION

VILLES *de A à Z*

→ STÄDTE *von A bis Z*

→ STEDEN *van A tot Z*

→ TOWNS *from A to Z*

Mode d'emploi

INFORMATIONS TOURISTIQUES

Distances depuis les villes principales, offices de tourisme, sites touristiques locaux, moyens de transports, golfs et loisirs...

HÉBERGEMENT

De à :
catégorie de confort.
 : maisons d'hôte.
Les plus agréables : en rouge.

LES TABLES ÉTOILÉES

✿✿✿ Vaut le voyage.
✿✿ Mérite un détour.
✿ Très bonne cuisine.

LES RESTAURANTS

De XXXXX à X :
catégorie de confort
Les plus agréables : en rouge.

LES MEILLEURES ADRESSES À PETITS PRIX

Bib Gourmand.
Bib Hôtel.

12 C2

0 14 55 19 31.
Fax 0 14 22 28 56.
r.be, Fax 0 14 28 74 52, ⩽,
Lunch 15
AU b
ndi – **Rest** (fermé dim.)
45 – ½ P 75/80.
dans l'esprit contemporain. Cham-
ort cachet et terrasse sur cour.
endaagse stijl gerenoveerd. Moderne
s op de binnenplaats.

CZ e
57 25, destoove@herne.be,
8/40
après 22 h) 75/85, carte 80/110
et laqué au miel. Fondant de chocolat
es.
repas traditionnel simple et goûteux. Bon
terrasse tournée vers la verdure.
maar smakelijke traditionele maaltijd kunt
uken, terras met uitzicht op het groen.

3 B4

3 690 h.
31 – Tournai 52
64 56, noordland@skynet.be, Fax 0 14 21 45 65
t mardi soir– **Rest** Lunch 10 – 30, carte 25/45
s et pour cause : cuisine classique-traditionnelle
et service aussi dynamique que prévenant.
e naam : uitgebalanceerde klassiek-traditionele keu-
ediening die even energiek als voorkomend is.

8 D3

voir à Mouscron.

61 h. **533** Q21 et **716** I15.
nt 35 – Liège 54
vet 45, 0 86 75 43 21, hotelbeausejour@heure.be,
– 120 VISA
80/90 95/120 – ½ P 70/85.
e dont le parc, reposant, s'est vu loti d'une annexe regroupant
et assez mignonnes. Salle à manger aménagée dans le style
egistre culinaire assez traditionnel.
een rustig park, waar onlangs een dependance is gebouwd
ers die er ook nog aantrekkelijk uitzien. In de eetzaal, die in
worden vrij traditionele gerechten geserveerd. Het Riviera heeft
beurt achter de rug, wat ook hard nodig was.

16 I12 – voir à Zolder.

AUTRES PUBLICATIONS MICHELIN

Références de la carte Michelin où vous retrouverez la localité.

LOCALISER LA VILLE

Repérage de la localité sur la carte provinciale en fin de guide (n° de la carte et coordonnées).

LOCALISER L'ÉTABLISSEMENT

Localisation sur le plan de ville (coordonnées et indice).

DESCRIPTION DE L'ÉTABLISSEMENT

Atmosphère, style, caractère et spécialités.

LES HÔTELS TRANQUILLES

hôtel tranquille.
hôtel très tranquille.

ÉQUIPEMENTS ET SERVICES

PRIX

Engagements

« Ce Guide est né avec le siècle
et il durera autant que lui. »

Cet avant-propos de la première édition du Guide MICHELIN 1900 est devenu célèbre au fil des années et s'est révélé prémonitoire. Si le Guide est aujourd'hui autant lu à travers le monde, c'est notamment grâce à la constance de son engagement vis-à-vis de ses lecteurs. Nous voulons ici le réaffirmer.

Les engagements du Guide Michelin :

La visite anonyme : les inspecteurs testent de façon anonyme et régulière les tables et les chambres afin d'apprécier le niveau des prestations offertes à tout client. Ils paient leurs additions et peuvent se présenter pour obtenir des renseignements supplémentaires sur les établissements. Le courrier des lecteurs nous fournit par ailleurs une information précieuse pour orienter nos visites.

L'indépendance : la sélection des établissements s'effectue en toute indépendance, dans le seul intérêt du lecteur. Les décisions sont discutées collégialement par les inspecteurs et le rédacteur en chef. Les plus hautes distinctions sont décidées à un niveau européen. L'inscription des établissements dans le Guide est totalement gratuite.

La sélection : le Guide offre une sélection des meilleurs hôtels et restaurants dans toutes les catégories de confort et de prix. Celle-ci résulte de l'application rigoureuse d'une même méthode par tous les inspecteurs.

La mise à jour annuelle : chaque année toutes les informations pratiques, les classements et les distinctions sont revus et mis à jour afin d'offrir l'information la plus fiable.

L'homogénéité de la sélection : les critères de classification sont identiques pour tous les pays couverts par le Guide Michelin.

... et un seul objectif : tout mettre en œuvre pour aider le lecteur à faire de chaque déplacement et de chaque sortie un moment de plaisir, conformément à la mission que s'est donnée Michelin : contribuer à une meilleure mobilité.

Édito

Cher lecteur,

Pour sa 51e édition, le Guide Michelin Benelux se dédouble. D'un côté, le **Guide Michelin Belgique&Luxembourg** qui, pour ce millésime 2007, compte 774 hôtels et 1 159 restaurants. De l'autre, le **Guide Michelin Nederland** 2007 (Pays-Bas) propose, quant à lui, une sélection de 672 hôtels et de 718 restaurants.

Pourquoi l'édition de deux Guides Michelin au lieu d'un seul ?

Pour répondre toujours mieux et toujours davantage aux attentes et besoins de nos lecteurs. Il s'agit également de confirmer l'évolution croissante de la qualité de l'industrie de l'hôtellerie et de la restauration de la Belgique et du Luxembourg ainsi que des Pays-Bas. Une évolution que vous retrouverez dans les pages des Guides Michelin Belgique&Luxembourg 2007 et Nederland 2007.

Cette sélection des meilleurs hôtels et restaurants dans chaque catégorie de prix est effectuée par une équipe d'inspecteurs professionnels, de formation hôtelière. Tous les ans, ils sillonnent le pays pour visiter de nouveaux établissements et vérifier le niveau des prestations de ceux déjà cités dans le Guide. Au sein de la sélection, nous reconnaissons également chaque année les meilleures tables en leur décernant de ✿ à ✿✿✿. Les étoiles distinguent les établissements qui proposent la meilleure qualité de cuisine, dans tous les styles, en tenant compte du choix des produits, de la créativité, de la maîtrise des cuissons et des saveurs, du rapport qualité/prix ainsi que de la régularité. Cette année encore, de nombreuses tables ont été remarquées pour l'évolution de leur cuisine. Un « **N** » accompagne les nouveaux promus de ce millésime 2007, annonçant leur arrivée parmi les établissements ayant une, deux ou trois étoiles.

De plus, nous souhaitons indiquer les établissements « *espoirs* » pour la catégorie supérieure. Ces établissements, mentionnés en rouge dans notre liste, sont les meilleurs de leur catégorie. Ils pourront accéder à la distinction supérieure dès lors que la régularité de leurs prestations, dans le temps et sur l'ensemble de la carte, aura progressé. Par cette mention spéciale, nous entendons vous faire connaître les tables qui constituent, à nos yeux, les espoirs de la gastronomie de demain.

Votre avis nous intéresse, en particulier sur ces *« espoirs »* ; n'hésitez pas à nous écrire. Votre participation est importante pour orienter nos visites et améliorer sans cesse votre Guide.

Merci encore de votre fidélité. Nous vous souhaitons de bons voyages avec le Guide Michelin 2007.

Consultez le Guide Michelin sur
www.ViaMichelin.com
et écrivez-nous à :
guidemichelingids@michelin.com

Classement & distinctions

LES CATÉGORIES DE CONFORT

Le Guide Michelin retient dans sa sélection les meilleures adresses dans chaque catégorie de confort et de prix. Les établissements sélectionnés sont classés selon leur confort et cités par ordre de préférence dans chaque catégorie.

🏨🏨🏨🏨🏨	XXXXX	**Grand luxe et tradition**
🏨🏨🏨🏨	XXXX	**Grand confort**
🏨🏨🏨	XXX	**Très confortable**
🏨🏨	XX	**De bon confort**
🏨	X	**Assez confortable**
⌂		**Maison d'hôte**
sans rest.		**L'hôtel n'a pas de restaurant**
avec ch.		**Le restaurant possède des chambres**

LES DISTINCTIONS

Pour vous aider à faire le meilleur choix, certaines adresses particulièrement remarquables ont reçu une distinction : étoile(s), Bib Gourmand ou Bib Hôtel. Elles sont repérables dans la marge par ✿, ☺ ou ☺ et dans le texte par **Rest** ou **ch**.

LES ÉTOILES : LES MEILLEURES TABLES

Les étoiles distinguent les établissements, tous styles de cuisine confondus, qui proposent la meilleure qualité de cuisine. Les critères retenus sont : le choix des produits, la créativité, la maîtrise des cuissons et des saveurs, le rapport qualité/prix ainsi que la régularité.

✿✿✿ **Cuisine remarquable, cette table vaut le voyage**
On y mange toujours très bien, parfois merveilleusement.

✿✿ **Cuisine excellente, cette table mérite un détour**

✿ **Une très bonne cuisine dans sa catégorie**

LES BIBS : LES MEILLEURES ADRESSES À PETIT PRIX

☺ **Bib Gourmand**
Établissement proposant une cuisine de qualité à moins de 34 € et à moins de 36 € à Bruxelles et Luxembourg (prix d'un repas hors boisson).

☺ **Bib Hôtel**
Établissement offrant une prestation de qualité avec une majorité de chambres à moins de 80 € en province et à moins de 100 € dans les villes et stations touristiques importantes (prix pour 2 personnes, hors petit-déjeuner).

LES ADRESSES LES PLUS AGRÉABLES

Le rouge signale les établissements particulièrement agréables. Cela peut tenir au caractère de l'édifice, à l'originalité du décor, au site, à l'accueil ou aux services proposés.

à **Hôtels agréables**

à **Restaurants agréables**

LES MENTIONS PARTICULIÈRES

En dehors des distinctions décernées aux établissements, les inspecteurs Michelin apprécient d'autres critères souvent importants dans le choix d'un établissement.

SITUATION

Vous cherchez un établissement tranquille ou offrant une vue attractive ? Suivez les symboles suivants :

 **Hôtel tranquille**

 **Hôtel très tranquille**

Vue intéressante

Vue exceptionnelle

CARTE DES VINS

Vous cherchez un restaurant dont la carte des vins offre un choix particulièrement intéressant ? Suivez le symbole suivant :

 **Carte des vins particulièrement attractive**

Toutefois, ne comparez pas la carte présentée par le sommelier d'un grand restaurant avec celle d'une auberge dont le patron se passionne pour les vins de petits producteurs.

Equipements & services

30 ch	Nombre de chambres
	Ascenseur
	Air conditionné (dans tout ou partie de l'établissement)
	Etablissement disposant de chambres réservées aux non-fumeurs
	Etablissement en partie accessible aux personnes à mobilité réduite
	Repas servi au jardin ou en terrasse
	Wellness centre : bel espace de bien-être et de relaxation
	Balnéothérapie, cure thermale
	Salle de remise en forme
	Piscine : de plein air ou couverte
	Sauna
	Jardin de repos – parc
	Location de vélos
	Court de tennis
4/40	Salons pour repas privés : capacité mini/maxi
150	Salles de conférences : capacité des salles
	Service voiturier (pourboire d'usage)
	Garage dans l'hôtel (généralement payant)
P	Parking (pouvant être payant)
	Ponton d'amarrage
	Accès interdit aux chiens (dans tout ou partie de l'établissement)
Ouvert.../Fermé...	Période d'ouverture ou de fermeture communiquée par l'hôtelier
6801	Code postal de l'établissement (Grand-Duché de Luxembourg en particulier)

Prix

Les prix indiqués dans ce guide ont été établis en été 2006. Ils sont susceptibles de modifications, notamment en cas de variation des prix des biens et des services. Ils s'entendent taxes et service compris. Aucune majoration ne doit figurer sur votre note sauf éventuellement une taxe locale.
Les hôteliers et restaurateurs se sont engagés, sous leur propre responsabilité, à appliquer ces prix aux clients.
A l'occasion de certaines manifestations : congrès, foires, salons, festivals, événements sportifs..., les prix demandés par les hôteliers peuvent être sensiblement majorés.
Par ailleurs, renseignez-vous pour connaître les éventuelles conditions avantageuses accordées par les hôteliers.

RÉSERVATION ET ARRHES

Pour la confirmation de la réservation certains hôteliers demandent le numéro de carte de crédit ou un versement d'arrhes. Il s'agit d'un dépôt-garantie qui engage l'hôtelier comme le client. Bien demander à l'hôtelier de vous fournir dans sa lettre d'accord toutes les précisions utiles sur la réservation et les conditions de séjour.

CARTES DE PAIEMENT

	Cartes de paiement acceptées :
AE ⓓ VISA MC	American Express – Diners Club – Carte Bancaire (Visa, Eurocard, MasterCard)

CHAMBRES

🚹 90/120	Prix d'une chambre minimum/maximum pour une personne, petit-déjeuner compris
🚹🚹 120/150	Prix d'une chambre minimum/maximum pour deux personnes, petit déjeuner compris
☕ 10	Petit-déjeuner en sus

DEMI-PENSION

½ P 90/110	Prix minimum et maximum de la demi-pension (chambre, petit-déjeuner et un repas) par personne. Ces prix s'entendent pour une chambre double occupée par deux personnes. Une personne seule occupant une chambre double se voit souvent appliquer une majoration.

RESTAURANT

⚭	Restaurant proposant un menu simple **à moins de 26 €**
Rest *Lunch* 18	Repas servi le midi et en semaine seulement
Rest 35/60	**Prix des menus :** minimum 35 €, maximum 60 € - Certains menus ne sont servis que pour 2 couverts minimum ou par table entière
bc	Boisson comprise
Rest carte 40/75	**Repas à la carte hors boisson** Le premier prix correspond à une sélection de mets (entrée, plat, dessert) parmi les moins chers ; le second prix concerne une sélection de mets parmi les plus chers.

Villes

GÉNÉRALITÉS

1000	Numéro postal à indiquer dans l'adresse avant le nom de la localité
✉ *4900 Spa*	Bureau de poste desservant la localité
P	Capitale de province
C *Herve*	Siège administratif communal
531 *T3*	Numéro de la carte Michelin et coordonnées permettant de se repérer sur la carte
4 283 h	Nombre d'habitants
BX A	Lettres repérant un emplacement sur le plan de ville
18	Golf et nombre de trous
✳ ⋞	Panorama, point de vue
✈	Aéroport
⛴	Transports maritimes
⛴	Transports maritimes pour passagers seulement
i	Information touristique

INFORMATIONS TOURISTIQUES

INTÉRÊT TOURISTIQUE

★★★	Vaut le voyage
★★	Mérite un détour
★	Intéressant

SITUATION DU SITE

Voir	A voir dans la ville
Env	A voir aux environs de la ville
Nord, Sud, Est, Ouest	La curiosité est située : au Nord, au Sud, à l'Est, à l'Ouest
② ④	On s'y rend par la sortie ② ou ④ repérée par le même signe sur le plan du Guide et sur la carte Michelin
2 km	Distance en kilomètres

Plans

Hôtels

Restaurants

CURIOSITÉS

Bâtiment intéressant

Édifice religieux intéressant

VOIRIE

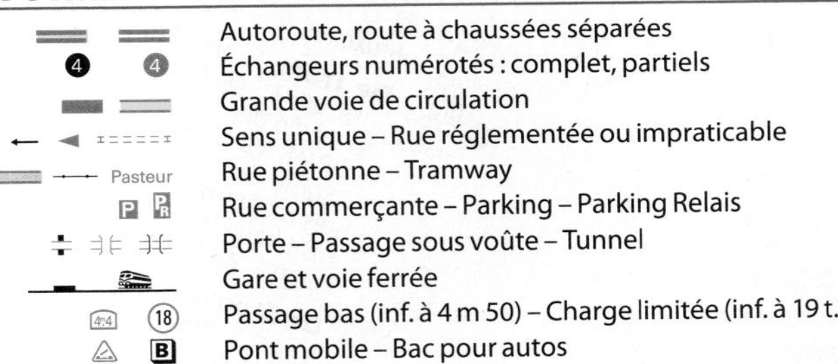

Autoroute, route à chaussées séparées

Échangeurs numérotés : complet, partiels

Grande voie de circulation

Sens unique – Rue réglementée ou impraticable

Rue piétonne – Tramway

Rue commerçante – Parking – Parking Relais

Porte – Passage sous voûte – Tunnel

Gare et voie ferrée

Passage bas (inf. à 4 m 50) – Charge limitée (inf. à 19 t.)

Pont mobile – Bac pour autos

SIGNES DIVERS

Information touristique

Mosquée – Synagogue

Tour – Ruines – Moulin à vent – Château d'eau

Jardin, parc, bois – Cimetière – Calvaire

Stade – Golf – Hippodrome – Patinoire

Piscine de plein air, couverte

Vue – Panorama

Monument – Fontaine – Usine – Centre commercial

Port de plaisance – Phare – Embarcadère

Aéroport – Station de métro – Gare routière

Transport par bateau :

- passagers et voitures, passagers seulement

Repère commun aux plans et aux cartes Michelin détaillées

Bureau principal de poste restante

Hôpital – Marché couvert

Bâtiment public repéré par une lettre :

H P	- Hôtel de ville – Gouvernement Provincial
J	- Palais de justice
M T	- Musée – Théâtre
U	- Université, grande école
POL.	- Police (commissariat central)

Gebruiksaanwijzing

TOERISTISCHE INFORMATIE

Afstand tussen de belangrijkste steden, toeristische diensten, lokale toeristische sites, transportmiddelen, golf en vrije tijd…

HOTELS

Van 🏨🏨🏨🏨🏨 tot 🏨: comfortcategorie.
⌂: gastenkamers.
De aangenaamste : in het rood.

DE STERREN

✿✿✿ Voortreffelijke keuken, de reis waard.
✿✿ Verfijnde keuken, een omweg waard.
✿ Een heel goede keuken in zijn categorie.

RESTAURANTS

Van XXXXX tot X: comfortcategorie.
De aangenaamste : in het rood.

DE BESTE ADRESSEN MET EEN SCHAPPELIJKE PRIJS

Bib Gourmand.
Bib Hotel.

HERENTALS 2200 Antwerpen **532** 015 et **716** H2 – 25
Voir Retable★ de l'église Ste-Waudru (St-Waldet
au Nord : 8 km à Lille, Haarlebeek 3, ℘ 0 14
Grote Markt 41, ℘ 0 14 21 90 88, toerisme
Bruxelles 70 – Antwerpen 30 – Hasselt 48 – T

De Tram, Grote Markt 45 ℘ 0 14 28 70 01
– AE VISA
fermé fin déc., 2 sem. carnaval, 24 juil.-16 a
– 23/48, carte 38/45 – 10 – **35 ch** 85
• Sur le Grote Markt, bâtisse ancienne et
bres modernes, auditoriums, taverne trad
• Dit karakteristieke hotel aan de Grote
kamers, auditoriums, sfeervol traditione

XXX **De Stoove,** Van Cauwenberghelaan
Fax 0 2 396 57 26,
fermé 20 mars-7 avril, mardi et merc
Spéc. Bar de ligne au vin jaune. Pige
noir au gingembre confit, mousse d
• Table au cadre rustique offrant le
choix de vins du Sud de la France,
• Rustiek interieur, waar u van ee
genieten. Lekkere Zuid-Franse w

HERNE 1540 Vlaams-Brabant **533** J1
Bruxelles 34 – Leuven 71 – A

XX **Noordland,** Watervoort 5
– AE VISA
fermé 1 sem. carnaval, 2 d
• Enseigne rencontrant u
bien faite, intéressant me
• Dit retaurant heeft ter
ken, interessant keuzen

HERSEAUX Hainaut **533** E1

HEURE 5377 Namur Ⓒ So
Bruxelles 102 – Na

Beau Séjour
Fax 0 86 75 43
Rest 27, carte 2
• Paisible deme
quelques chan
bourgeois où
• Dit patricië
met enkele
bourgeoiss
net een gr

12 **C2**

0 14 55 19 31.
Fax 0 14 22 28 56.
.be, Fax 0 14 28 74 52, ≤,
ndi – **Rest** (fermé dim.) Lunch 15 AU b
45 – ½ P 75/80.
dans l'esprit contemporain. Cham-
rt cachet et terrasse sur cour.
endaagse stijl gerenoveerd. Moderne
s op de binnenplaats.

57 25, destoove@herne.be, CZ e
8/40
après 22 h) 75/85, carte 80/110.
et laqué au miel. Fondant de chocolat
es.
repas traditionnel simple et goûteux. Bon
terrasse tournée vers la verdure.
maar smakelijke traditionele maaltijd kunt
ken, terras met uitzicht op het groen.

3 **B4**

3 690 h.
31 – Tournai 52
54 56, noordland@skynet.be, Fax 0 14 21 45 65
mardi soir– **Rest** Lunch 10 – 30, carte 25/45.
et pour cause : cuisine classique-traditionnelle
et service aussi dynamique que prévenant.
naam : uitgebalanceerde klassiek-traditionele keu-
diening die even energiek als voorkomend is.

8 **D3**

voir à Mouscron.

61 h. **533** Q21 et **716** I15.
nt 35 – Liège 54
et 45, 0 86 75 43 21, hotelbeausejour@heure.be,
– 120 VISA
80/90 95/120 – ½ P 70/85.
dont le parc, reposant, s'est vu loti d'une annexe regroupant
et assez mignonnes. Salle à manger aménagée dans le style
egistre culinaire assez traditionnel.
een rustig park, waar onlangs een dependance is gebouwd
ers die er ook nog aantrekkelijk uitzien. In de eetzaal, die in
worden vrij traditionele gerechten geserveerd. Het Riviera heeft
beurt achter de rug, wat ook hard nodig was.

t **716** I12 – voir à Zolder.

nviers.

ANDERE MICHELIN PUBLICATIES

Referenties van de Michelin kaart en de groene gids waar u de stad vindt.

LOCALISEREN VAN DE STAD

Positiebepaling van de plaatsnamen, per provincie, op de kaarten achteraan in de gids (nr van de kaart en de coördinaten).

LOCALISEREN VAN HET BEDRIJF

Aanduiding op het stadsplan (gegevens en aanwijzing).

BESCHRIJVING VAN HET BEDRIJF

Atmosfeer, stijl, karakter en specialiteiten.

VOORZIENINGEN EN DIENSTEN

RUSTIGE HOTELS

rustig hotel.
zeer rustig hotel.

PRIJS

Principes

'Deze gids is tegelijk met de nieuwe eeuw ontstaan en zal een even lang leven beschoren zijn.'

Dit voorwoord bij de eerste uitgave van de Michelingids in 1900 is in de loop der jaren beroemd geworden en zijn voorspelling is uitgekomen. Dat de Gids nu overal ter wereld wordt gelezen, is vooral te danken aan de constante kwaliteit waartoe Michelin zich ten opzichte van zijn lezers heeft verplicht en die op de onderstaande principes is gestoeld.

De principes van de Michelingids:

Anonieme inspectie: de gerechten en de kamers worden anoniem en regelmatig door onze inspecteurs getest om het kwaliteitsniveau voor de klant te beoordelen. De inspecteurs betalen gewoon de rekening en kunnen zich daarna voorstellen om nadere inlichtingen over het etablissement in te winnen. Brieven en e-mails van lezers zijn voor ons ook een belangrijke bron van informatie.

Onafhankelijkheid: de hotels en restaurants worden onafhankelijk geselecteerd, waarbij wij uitsluitend het belang van de lezer voor ogen houden. Alle beslissingen worden collegiaal door de inspecteurs en de hoofdredacteur besproken. Met betrekking tot de hoogste onderscheidingen wordt op Europees niveau besloten. De etablissementen worden geheel kosteloos in de Michelingids opgenomen.

Selectie: de Michelingids biedt een keuze van de beste hotels en restaurants in elke prijsklasse en in elke kwaliteitscategorie, op basis van een strenge selectie die door alle inspecteurs op dezelfde wijze wordt toegepast.

Jaarlijkse up-date: ieder jaar worden alle praktische inlichtingen, classificaties en onderscheidingen herzien en eventueel aangepast om zo de meest betrouwbare en actuele informatie te kunnen bieden.

Eén selectieprocedure: de beoordelingscriteria zijn exact gelijk voor alle landen die de Michelingids bestrijkt.

... en één doel: alles in het werk stellen om de lezer te helpen van elke reis en van elk uitstapje een waar genoegen te maken, overeenkomstig de taak van Michelin: bijdragen tot een betere mobiliteit.

Voorwoord

Beste lezer,

De 51e editie van de Michelingids Benelux is opgesplitst in twee gidsen: de **Michelingids België&Luxemburg**, waarvan de uitgave van 2007, 774 hotels en 1159 restaurants telt, de **Michelingids Nederland** 2007 met een selectie van 672 hotels en 718 restaurants.

Waarom besloten wij twee Michelingidsen uit te geven in plaats van één?

Om steeds beter aan de verwachtingen van onze klanten te kunnen beantwoorden en om in hun behoeften te voorzien. Bovendien bevestigen wij op deze manier het stijgende kwaliteitsniveau van de hotels en restaurants, zowel in België en Luxemburg als in Nederland. De inhoud van de Michelingids België&Luxemburg 2007 en de Michelingids Nederland 2007 weerspiegelt deze ontwikkeling.

Deze selectie van de beste hotels en restaurants in elke prijsklasse is gemaakt door een team van professionele inspecteurs met een opleiding in de horecasector. Elk jaar weer reizen zij het land door om nieuwe etablissementen te bezoeken en het kwaliteitsniveau van de reeds vermelde adressen te controleren. Binnen de selectie onderscheiden wij jaarlijks de beste restaurants met ✿ tot ✿✿✿. De sterren signaleren de etablissementen met de beste keuken, in alle stijlen, waarbij rekening wordt gehouden met de keuze van de producten, de creativiteit, de bereiding, de prijs-kwaliteitverhouding en de constantheid van het kwaliteitsniveau. Ook dit jaar vielen tal van restaurants op door de ontwikkeling die hun keuken heeft doorgemaakt. De nieuwe onderscheidingen voor 2007 zijn aangeduid met een "**N**". Dit betekent dat het betreffende etablissement een nieuwkomer is in de categorie van etablissementen met één, twee of drie sterren.

Bovendien willen wij de *"veelbelovende restaurants"* signaleren. Deze etablissementen, in de lijst in rood vermeld, zijn de beste in hun categorie. Zij komen voor een hogere onderscheiding in aanmerking zodra er voor de gehele kaart sprake is van een constanter kwaliteitsniveau. Met deze speciale vermelding willen wij uw aandacht vestigen op de restaurants die in onze ogen veelbelovend zijn voor de gastronomie van morgen.

Uw mening interesseert ons, vooral wat betreft deze *"veelbelovende restaurants"*. Schrijf ons dus gerust. Uw ervaringen bieden ons belangrijke informatie voor onze inspecties en helpen ons uw Gids voortdurend te verbeteren.

Bij voorbaat hartelijk dank voor uw vertrouwen. Wij wensen u een goede reis met de Michelingids 2007.

Raadpleeg de Michelingids op
www.ViaMichelin.com
en schrijf ons naar:
guidemichelingids@michelin.com

Indeling & onderscheidingen

DE CATEGORIEËN

De Michelingids omvat de beste adressen in elke kwaliteitscategorie en in elke prijsklasse. In de verschillende categorieën, die overeenkomen met het geboden comfort, zijn de geselecteerde etablissementen in volgorde van voorkeur opgenomen.

🏨🏨🏨🏨🏨	XXXXX	**Zeer luxueus, traditioneel**
🏨🏨🏨🏨	XXXX	**Eerste klas**
🏨🏨🏨	XXX	**Zeer comfortabel**
🏨🏨	XX	**Geriefelijk**
🏨	X	**Vrij geriefelijk**
⌂		**Andere vormen van overnachting, gastenkamers**
sans rest.		**Hotel zonder restaurant**
avec ch.		**Restaurant met kamers**

DE ONDERSCHEIDINGEN

Om u zo goed mogelijk te kunnen helpen bij uw keuze, hebben sommige bijzonder opmerkelijke adressen dit jaar een onderscheiding gekregen: ster(ren), Bib Gourmand of Bib Hotel. Zij zijn herkenbaar aan het teken ✿, ☺ of ☺ in de kantlijn en aan de aanduiding **Rest** of **ch** in de tekst.

DE STERREN: DE BESTE RESTAURANTS

De sterren onderscheiden de etablissementen die de beste keuken bieden, ongeacht de stijl. Voor de beoordeling zijn de volgende criteria toegepast: keuze van de producten, creativiteit, bereiding, prijs-kwaliteitverhouding en constantheid van het kwaliteitsniveau.

✿✿✿ **Voortreffelijke keuken, de reis waard**
Het eten is altijd zeer goed, soms buitengewoon.

✿✿ **Verfijnde keuken, een omweg waard**

✿ **Een heel goede keuken in zijn categorie**

DE BIB: DE BESTE ADRESSEN MET EEN SCHAPPELIJKE PRIJS

☺ **Bib Gourmand**
Een eetgelegenheid die een prima maaltijd serveert onder de € 34 en onder de € 36 in Brussel en Luxemburg (prijs excl. dranken).

☺ **Bib Hotel**
Een hotel dat kwaliteit biedt, met een meerderheid van kamers onder de € 80 in de provincie en onder de € 100 in de stad en belangrijke toeristische plaatsen (prijs voor 2 personen, excl. ontbijt).

DE AANGENAAMSTE ADRESSEN

Met de rode tekens worden etablissementen aangeduid waar een verblijf bijzonder aangenaam is. Dit kan te danken zijn aan het gebouw, de originele inrichting, de ligging, de ontvangst of de geboden diensten.

tot **Aangename hotels**

tot **Aangename restaurants**

BIJZONDERE VERMELDINGEN

De Michelininspecteurs kennen niet alleen onderscheidingen toe aan de etablissementen zelf. Zij hanteren ook andere criteria, die net zo belangrijk kunnen zijn bij de keuze van een etablissement.

LIGGING

Zoekt u een rustig etablissement of een adres met een aantrekkelijk uitzicht? Let dan op de volgende symbolen:

 **Rustig hotel**

 **Zeer rustig hotel**

 **Interessant uitzicht**

 **uitzonderlijk uitzicht**

WIJNKAART

Zoekt u een restaurant met een interessante wijnkaart? Let dan op het volgende symbool:

 **Bijzonder interessante wijnkaart**

Vergelijk echter niet de wijnkaart die door de sommelier van een beroemd restaurant wordt gepresenteerd met de wijnselectie van een hotelletje waarvan de eigenaar een passie heeft voor de wijnen van kleine producenten.

Voorzieningen & diensten

30 ch	Aantal kamers
	Lift
	Airconditioning (in het hele etablissement of een deel ervan)
	Kamers voor niet-rokers beschikbaar
	Etablissement dat gedeeltelijk toegankelijk is voor rolstoelgebruikers
	Maaltijden worden geserveerd in tuin of op terras
	Wellness centre: mooie ruimte met faciliteiten voor een weldadige lichaamsbehandeling en ontspanning
	Balneotherapie, badkuur –
	Fitness
	Zwembad: openlucht of overdekt
	Sauna
	Tuin – park
	Verhuur van fietsen
	Tennisbaan
4/40	Salons voor apart diner: mini/maxi capaciteit
150	Vergaderzalen: aantal plaatsen
	Valet service (fooi gebruikelijk)
	Garage bij het hotel (meestal tegen betaling)
P	Parkeerplaats (eventueel tegen betaling)
	Aanlegplaats
	Honden worden niet toegelaten (in het hele bedrijf of in een gedeelte ervan)
Ouvert.../Fermé...	Openingsperiode of sluitings periode door de hotelhouder opgegeven
6801	Postcode van het etablissement (in het bijzonder voor het Groothertogdom Luxemburg)

Prijzen

De prijzen in deze gids werden in de zomer 2006 genoteerd . Zij kunnen worden gewijzigd, met name als de prijzen van goederen en diensten veranderen. In de vermelde bedragen is alles inbegrepen (bediening en belasting). Op uw rekening behoort geen ander bedrag te staan, behalve eventueel een plaatselijke belasting.
De hotel- en restauranthouders hebben zich voor eigen verantwoording verplicht deze prijzen aan de gasten te berekenen.
Tijdens bijzondere evenementen, zoals congressen, beurzen, jaarmarkten, festivals en sportevenementen, kunnen de hotelhouders aanzienlijk hogere prijzen vragen.
Informeer bij de reservering van een hotel naar eventuele voordelige aanbiedingen.

RESERVERING EN AANBETALING

Sommige hotelhouders vragen uw creditcard nummer of een aanbetaling als bevestiging van uw reservering. Dit bedrag is een garantie, zowel voor de hotelhouder als de gast. Vraag de hotelhouder om in zijn bevestiging alle details te vermelden betreffende reservering en verblijfsvoorwaarden.

BETAALKAARTEN

	Kaarten die worden geaccepteerd:
AE D VISA MC	American Express – Diners Club – bankpas (Visa, Eurocard, MasterCard)

KAMERS

90/120	Prijs minimum/maximum voor een éénpersoonskamer
120/150	Prijs minimum/maximum voor een tweepersoonskamer ontbijt inbegrepen
10	Prijs van het ontbijt indien niet begrepen in de prijs voor een kamer.

HALFPENSION

½ P 90/110	Laagste en hoogste prijs voor halfpension (kamer, ontbijt en een maaltijd) per persoon. Deze prijzen gelden voor een tweepersoonskamer die door twee personen wordt bezet. Voor gebruik van een tweepersoonskamer door één persoon geldt doorgaans een toeslag.

RESTAURANT

	Restaurant dat een eenvoudig menu serveert **onder de € 26**
Rest *Lunch* 18	Deze maaltijd wordt alleen 's middags geserveerd en uitsluitend op werkdagen
Rest 35/60	**Prijs van de menus:** laagste prijs € 35, hoogste prijs € 60 – Sommige menu's worden alleen geserveerd voor minimum 2 personen of per tafel
bc	Drank inbegrepen
Rest carte 40/75	**Maaltijd a la carte, zonder drank:** de eerste prijs betreft een keuze (voorgerecht, hoofgerecht en dessert) uit de goedkoopste gerechten; de tweede prijs betreft een keuze uit de duurste gerechten.
	Wijn per glas

Steden

ALGEMEEN

1000	Postcodenummer, steeds te vermelden in het adres, vóór de plaatsnaam
✉ *4900 Spa*	Postkantoor voor deze plaats
P	Hoofdstad van de provincie
C *Herve*	Gemeentelijke administratieve zetel
531 *T3*	Nummer van de Michelinkaart en de coördinaten om de plaats gemakkelijk te kunnen vinden
4 283 h	Aantal inwoners
BX A	Letters die de ligging op de plattegrond aangeven
18	Golf en aantal holes
	Panorama, uitzicht
	Vliegveld
	Bootverbinding
	Bootverbinding (uitsluitend passagiers)
i	Informatie voor toeristen – VVV

TOERISTISCHE INFORMATIE

CLASSIFICATIE

★★★	De reis waard
★★	Een omweg waard
★	Interessant

LIGGING

Voir	In de stad
Env	In de omgeving van de stad
Nord, Sud, Est, Ouest	De bezienswaardigheid ligt: ten noorden, ten zuiden, ten oosten, ten westen
② ④	Men komt er via uitvalsweg ② of ④, die met hetzelfde teken is aangegeven op de plattegrond in de gids en op de Michelinkaart
2 km	Afstand in kilometers

Plattegronden

Hotels
Restaurants

BEZIENSWAARDIGHEDEN

Interessant gebouw
Interessant kerkelijk gebouw

WEGEN

Autosnelweg, weg met gescheiden rijbanen Genummerde knooppunten/aansluitingen: volledig, gedeeltelijk
Hoofdverkeersweg
Eenrichtingsverkeer – Onbegaanbare straat of beperkt toegankelijk
Pasteur Voetgangersgebied – Tramlijn – Winkelstraat
Parkeerplaats – Parkeer en Reis
Poort – Onderdoorgang – Tunnel
Station en spoorweg
Vrije hoogte (onder 4,50 m) – Maximum draagvermogen (onder 19 t.)
Beweegbare brug – Autoveerpont

OVERIGE TEKENS

Informatie voor toeristen
Moskee – Synagoge
Toren – Ruïne – Windmolen – Watertoren
Tuin, park, bos – Begraafplaats – Kruisbeeld
Station – Golfterrein – Renbaan – IJsbaan
Zwembad: openlucht, overdekt
Uitzicht – Panorama
Gedenkteken, standbeeld – Fontein
Fabriek – Winkelcentrum
Jachthaven – Vuurtoren – Aanlegsteiger
Luchthaven – Metrostation – Busstation
Vervoer per boot:
- passagiers en auto's, uitsluitend passagiers

Verwijsteken uitvalsweg: identiek op plattegronden en Michelinkaarten
Hoofdkantoor voor poste-restante
Ziekenhuis – Overdekte markt
Openbaar gebouw, aangegeven met een letter:
- H P - Stadhuis – Provinciehuis
- J - Gerechtshof
- M T - Museum – Schouwburg
- U - Universiteit, hogeschool
- POL. - Politie (hoofdbureau)

Hinweise zur Benutzung

TOURISTISCHE INFORMATIONEN

Entfernungen zu grösseren Städten, Informationsstellen, Sehenswürdigkeiten, Golfplätze und lokale Veranstaltungen...

DIE HOTELS

Von 🏨🏨🏨🏨🏨 bis 🏨: Komfortkategorien.
⌂: Gasthof.
Besonders angenehme Häuser: in rot.

DIE STERNE-RESTAURANTS

✿✿✿ Eine Reise wert.
✿✿ Verdient einen Umweg.
✿ Eine sehr gute Küche.

DIE RESTAURANTS

Von XXXXX bis X: Komfortkategorien
Besonders angenehme Häuser: in rot.

DIE BESTEN PREISWERTEN ADRESSEN

Bib Gourmand.
Bib Hotel.

HERENTALS 2200 Antwerpen **532** 015 et **716** H2 – 2
Voir Retable★ de l'église Ste-Waudru (St-Walde
au Nord : 8 km à Lille, Haarlebeek 3, ☎ 0 14
Grote Markt 41, ☎ 0 14 21 90 88, toerism
Bruxelles 70 – Antwerpen 30 – Hasselt 48 –

De Tram, Grote Markt 45 ☎ 0 14 28 70 0
– fermé fin déc., 2 sem. carnaval, 24 juil.-16
– 23/48, carte 38/45 – 10 – **35 ch** 8
• Sur le Grote Markt, bâtisse ancienne et
bres modernes, auditoriums, taverne tra
• Dit karakteristieke hotel aan de Grote
kamers, auditoriums, sfeervol tradition

XXX **De Stoove,** Van Cauwenberghelaan
Fax 0 2 396 57 26, – fermé 20 mars-7 avril, mardi et mer
Spéc. Bar de ligne au vin jaune. Pig
noir au gingembre confit, mousse
• Table au cadre rustique offrant
choix de vins du Sud de la France
• Rustiek interieur, waar u van e
genieten. Lekkere Zuid-Franse v

HERNE 1540 Vlaams-Brabant **533** J
Bruxelles 34 – Leuven 71 – A

XX **Noordland,** Waterfoort
– fermé 1 sem. carnaval, 2
• Enseigne rencontrant
bien faite, intéressant m
• Dit retaurant heeft te
ken, interessant keuze

HERSEAUX Hainaut **533** E

HEURE 5377 Namur Ⓒ S
Bruxelles 102 – N

Beau Séjour
Fax 0 86 75 43
Rest 27, carte
• Paisible dem
quelques cha
bourgeois o
• Dit patric
met enkele
bourgeois
net een

MICHELIN-KARTE

Angabe der Michelin-Karte, auf der der Ort zu finden ist.

LAGE DER STADT

Markierung des Ortes auf der Provinzkarte am Ende des Buchs (Nr. der Karte und Koordinaten).

LAGE DES HAUSES

Markierung auf dem Stadtplan (Planquadrat und Koordinate).

BESCHREIBUNG DES HAUSES

Atmosphäre, Stil, Charakter und Spezialitäten.

RUHIGE HOTELS

ruhiges Hotel.
sehr ruhiges Hotel.

EINRICHTUNG UND SERVICE

PREISE

12 C2

‹ 0 14 55 19 31.
:, Fax 0 14 22 28 56.

er.be, Fax 0 14 28 74 52, ←,
AU b
ndi – **Rest** (fermé dim.) Lunch 15
45 – ½ P 75/80.
dans l'esprit contemporain. Cham-
ort cachet et terrasse sur cour.
dendaagse stijl gerenoveerd. Moderne
as op de binnenplaats.
CZ e
57 25, destoove@herne.be,
8/40
é après 22 h) 75/85, carte 80/110.
e et laqué au miel. Fondant de chocolat
tes.
repas traditionnel simple et goûteux. Bon
terrasse tournée vers la verdure.
maar smakelijke traditionele maaltijd kunt
uken, terras met uitzicht op het groen.

3 B4

3 690 h.
31 – Tournai 52
64 56, noordland@skynet.be, Fax 0 14 21 45 65
et mardi soir– **Rest** Lunch 10 – 30, carte 25/45.
s et pour cause : cuisine classique-traditionnelle
et service aussi dynamique que prévenant.
e naam : uitgebalanceerde klassiek-traditionele keu-
ediening die even energiek als voorkomend is.

8 D3

- voir à Mouscron.

61 h. **533** Q21 et **716** I15.
int 35 – Liège 54
vet 45, 0 86 75 43 21, hotelbeausejour@heure.be,
– 120 VISA
80/90 95/120 – ½ P 70/85.
e dont le parc, reposant, s'est vu loti d'une annexe regroupant
et assez mignonnes. Salle à manger aménagée dans le style
egistre culinaire assez traditionnel.
een rustig park, waar onlangs een dependance is gebouwd
ers die er ook nog aantrekkelijk uitzien. In de eetzaal, die in
worden vrij traditionele gerechten geserveerd. Het Riviera heeft
beurt achter de rug, wat ook hard nodig was.

et **716** I12 – voir à Zolder.

Grundsätze

„Dieses Werk hat zugleich mit dem Jahrhundert das Licht der Welt erblickt, und es wird ihm ein ebenso langes Leben beschieden sein."

Das Vorwort der ersten Ausgabe des MICHELIN-Führers von 1900 wurde im Laufe der Jahre berühmt und hat sich inzwischen durch den Erfolg dieses Ratgebers bestätigt. Der MICHELIN-Führer wird heute auf der ganzen Welt gelesen. Den Erfolg verdankt er seiner konstanten Qualität, die einzig den Lesern verpflichtet ist und auf festen Grundsätzen beruht.

Die Grundsätze des Michelin-Führers:

Anonymer Besuch: Die Inspektoren testen regelmäßig und anonym die Restaurants und Hotels, um deren Leistungsniveau zu beurteilen. Sie bezahlen alle in Anspruch genommenen Leistungen und geben sich nur zu erkennen, um ergänzende Auskünfte zu den Häusern zu erhalten. Für die Reiseplanung der Inspektoren sind die Briefe der Leser im Übrigen eine wertvolle Hilfe.

Unabhängigkeit: Die Auswahl der Häuser erfolgt völlig unabhängig und ist einzig am Nutzen für den Leser orientiert. Die Entscheidungen werden von den Inspektoren und dem Chefredakteur gemeinsam getroffen. Über die höchsten Auszeichnungen wird sogar auf europäischer Ebene entschieden. Die Empfehlung der Häuser im Michelin-Führer ist völlig kostenlos.

Objektivität der Auswahl: Der Michelin-Führer bietet eine Auswahl der besten Hotels und Restaurants in allen Komfort- und Preiskategorien. Diese Auswahl erfolgt unter strikter Anwendung eines an objektiven Maßstäben ausgerichteten Bewertungssystems durch alle Inspektoren.

Einheitlichkeit der Auswahl: Die Klassifizierungskriterien sind für alle vom Michelin-Führer abgedeckten Länder identisch.

Jährliche Aktualisierung: Jedes Jahr werden alle praktischen Hinweise, Klassifizierungen und Auszeichnungen überprüft und aktualisiert, um ein Höchstmaß an Zuverlässigkeit zu gewährleisten.

... und sein einziges Ziel – dem Leser bestmöglich behilflich zu sein, damit jede Reise und jeder Restaurantbesuch zu einem Vergnügen werden, ent- sprechend der Aufgabe, die sich Michelin gesetzt hat: die Mobilität in den Vordergrund zu stellen.

Lieber Leser

Lieber leser,

Für seine 51. Ausgabe wurde der Michelin-Führer Benelux geteilt. Zum einen in den Michelin-Führer Belgien & Luxemburg 2007, der 744 Hotels und 1159 Restaurants empfiehlt. Zum anderen in den Michelin-Führer Niederlande 2007, der eine Auswahl von 672 Hotels und 718 Restaurants enthält.

Warum gibt es jetzt zwei Ausgaben des Michelin-Führers statt nur einer ?

Wir reagieren damit einerseits auf die geänderten Erwartungen und Bedürfnisse unserer Leser, andererseits ist diese Neuerung auch eine Konsequenz der Entwicklung und der ständig steigenden Qualität in der Hotellerie und Gastronomie in Belgien & Luxemburg ebenso wie in den Niederlanden. Diese Entwicklung werden Sie in den neuen Michelin-Führern Belgien & Luxemburg 2007 und Niederlande 2007 wiederfinden.

Diese Auswahl der besten Hotels und Restaurants in allen Preiskategorien wird von einem Team von Inspektoren mit Ausbildung in der Hotellerie erstellt. Sie bereisen das ganze Jahr hindurch das Land. Ihre Aufgabe ist es, die Qualität und Leistung der bereits empfohlenen und der neu hinzu kommenden Hotels und Restaurants kritisch zu prüfen. In unserer Auswahl weisen wir jedes Jahr auf die besten Restaurants hin, die wir mit ✿ bis ✿✿✿ kennzeichnen. Die Sterne zeichnen die Häuser mit der besten Küche aus, wobei unterschiedliche Küchenstilrichtungen vertreten sind. Als Kriterien dienen die Wahl der Produkte, die fachgerechte Zubereitung, der Geschmack der Gerichte, die Kreativität und das Preis-Leistungs-Verhältnis, sowie die Beständigkeit der Küchenleistung. Darüber werden hinhaus zahlreiche Restaurants für die Weiterentwicklung ihrer Küche hervorgehoben. Um die neu hinzugekommenen Häuser des Jahrgangs 2007 mit einem, zwei oder drei Sternen zu präsentieren, haben wir diese mit einem „**N**" gekennzeichnet

Außerdem möchten wir die *"Hoffnungsträger"* für die nächsthöheren Kategorien hervorheben. Diese Häuser, die in der Liste in Rot aufgeführt sind, sind die besten ihrer Kategorie und könnten in Zukunft aufsteigen, wenn sich die Qualität ihrer Leistungen dauerhaft und auf die gesamte Karte bezogen bestätigt hat. Mit dieser besonderen Kennzeichnung möchten wir Ihnen die Restaurants aufzeigen, die in unseren Augen die Hoffnung für die Gastronomie von morgen sind.

Ihre Meinung interessiert uns! Bitte teilen Sie uns diese mit, insbesondere hinsichtlich dieser *"Hoffnungsträger"*. Ihre Mitarbeit ist für die Planung unserer Besuche und für die ständige Verbesserung des Michelin-Führers von großer Bedeutung.

Wir danken Ihnen für Ihre Treue und wünschen Ihnen angenehme Reisen mit dem Michelin-Führer 2007.

Den Michelin-Führer finden Sie auch im Internet unter
www.ViaMichelin.com
oder schreiben Sie uns eine E-Mail:
guidemichelingids@michelin.com

Kategorien & Auszeichnungen

KOMFORTKATEGORIEN

Der Michelin-Führer bietet in seiner Auswahl die besten Adressen jeder Komfort- und Preiskategorie. Die ausgewählten Häuser sind nach dem gebotenen Komfort geordnet; die Reihenfolge innerhalb jeder Kategorie drückt eine weitere Rangordnung aus.

🏨🏨🏨🏨🏨	XXXXX	**Großer Luxus und Tradition**
🏨🏨🏨🏨	XXXX	**Großer Komfort**
🏨🏨🏨	XXX	**Sehr komfortabel**
🏨🏨	XX	**Mit gutem Komfort**
🏨	X	**Mit Standard-Komfort**
⌂		**Andere empfohlene Übernachtungsmöglichkeiten, Fremdenzimmer**
sans rest.		**Hotel ohne Restaurant**
avec ch.		**Restaurant vermietet auch Zimmer**

AUSZEICHNUNGEN

Um ihnen behilflich zu sein, die bestmögliche Wahl zu treffen, haben einige besonders bemerkenswerte Adressen dieses Jahr eine Auszeichnung erhalten. Die Sterne, „Bib Gourmand" bzw. „Bib Hotel" sind durch das entsprechende Symbol ✿, ☺ bzw. ☺ und **Rest** bzw. **ch** gekennzeichnet.

DIE BESTEN RESTAURANTS

Die Häuser, die eine überdurchschnittlich gute Küche bieten, wobei alle Stilrichtungen vertreten sind, wurden mit einem Stern ausgezeichnet. Die Kriterien sind: die Wahl der Produkte, die Kreativität, die fachgerechte Zubereitung und der Geschmack, sowie das Preis-Leistungs-Verhältnis und die immer gleich bleibende Qualität.

✿✿✿ **Eine der besten Küchen: eine Reise wert**
Man isst hier immer sehr gut, öfters auch exzellent.

✿✿ **Eine hervorragende Küche: verdient einen Umweg**

✿ **Ein sehr gutes Restaurant in seiner Kategorie**

DIE BESTEN PREISWERTEN HÄUSER

☺ **Bib Gourmand**
Häuser, die eine gute Küche für weniger als 34 € bieten (Preis für eine Mahlzeit ohne Getränke und für weniger als 36 € in Brüssel und Luxemburg).

☺ **Bib Hotel**
Häuser, die eine Mehrzahl ihrer komfortablen Zimmer für weniger als 80 € anbieten – bzw.weniger als 100 € in größeren Städten und Urlaubsorten (Preis für 2 Personen ohne Frühstück).

DIE ANGENEHMSTEN ADRESSEN

Die rote Kennzeichnung weist auf besonders angenehme Häuser hin. Dies kann sich auf den besonderen Charakter des Gebäudes, die nicht alltägliche Einrichtung, die Lage, den Empfang oder den gebotenen Service beziehen.

bis **Angenehme Hotels**

bis **Angenehme Restaurants**

BESONDERE ANGABEN

Neben den Auszeichnungen, die den Häusern verliehen werden, legen die Michelin-Inspektoren auch Wert auf andere Kriterien, die bei der Wahl einer Adresse oft von Bedeutung sind.

LAGE

Wenn Sie eine ruhige Adresse oder ein Haus mit einer schönen Aussicht suchen, achten Sie auf diese Symbole:

 **Ruhiges Hotel**

 **Sehr ruhiges Hotel**

Interessante Sicht

Besonders schöne Aussicht

WEINKARTE

Wenn Sie ein Restaurant mit einer besonders interessanten Weinauswahl suchen, achten Sie auf dieses Symbol:

 **Weinkarte mit besonders attraktivem Angebot**

Aber vergleichen Sie bitte nicht die Weinkarte, die Ihnen vom Sommelier eines großen Hauses präsentiert wird, mit der Auswahl eines Gasthauses, die vom Besitzer mit Sorgfalt zusammenstellt wird.

Einrichtung & Service

30 ch	Anzahl der Zimmer
	Fahrstuhl
	Klimaanlage (im ganzen Haus bzw. in den Zimmern oder im Restaurant)
	Nichtraucherzimmer vorhanden
	Für Körperbehinderte leicht zugängliches Haus
	Terrasse mit Speisenservice
	Wellnessbereich – Badeabteilung, Thermalkur
	Fitnessraum
	Freibad oder Hallenbad
	Sauna
	Liegewiese, Garten – Park
	Fahrradverleih – Tennisplatz
4/40	Veranstaltungsraum mit Kapazität mini / maxi
150	Konferenzraum mit Kapazität
	Restaurant mit Wagenmeister-Service (Trinkgeld üblich)
	Hotelgarage (wird gewöhnlich berechnet)
P	Parkplatz reserviert für Gäste (manchmal gebührenpflichtig)
	Bootssteg
	Hunde sind unerwünscht (im ganzen Haus bzw. in den Zimmern oder im Restaurant)
Ouvert... / Fermé...	Öffnungszeit/Schliessungszeit, vom Hotelier mitgeteilt
6801	Angabe des Postbezirks (bes. Großherzogtum Luxemburg)

Preise

Die in diesem Führer genannten Preise wurden uns im Sommer 2006 angegeben. Bedienung und MWSt sind enthalten. Es sind Inklusivpreise, die sich nur noch durch die evtl. zu zahlende lokale Taxe erhöhen können. Sie können sich mit den Preisen von Waren und Dienstleistungen ändern.
Die Häuser haben sich verpflichtet, die von den Hoteliers selbst angegebenen Preise den Kunden zu berechnen.
Anlässlich größerer Veranstaltungen, Messen und Ausstellungen werden von den Hotels in manchen Städten und deren Umgebung erhöhte Preise verlangt.
Erkundigen Sie sich bei den Hoteliers nach eventuellen Sonderbedingungen.

RESERVIERUNG UND ANZAHLUNG

Einige Hoteliers verlangen zur Bestätigung der Reservierung eine Anzahlung oder die Nennung der Kreditkartennummer. Dies ist als Garantie sowohl für den Hotelier als auch für den Gast anzusehen. Bitten Sie den Hotelier, dass er Ihnen in seinem Bestätigungsschreiben alle seine Bedingungen mitteilt.

KREDITKARTEN

Akzeptierte Kreditkarten:

AE Ⓓ VISA MC — American Express – Diners Club – Visa, Mastercard (Eurocard)

ZIMMER

🚹 90/120	Mindest- und Höchstpreis für ein Einzelzimmer
🚹🚹 120/150	Mindest- und Höchstpreis für ein Doppelzimmer
☕ 10	Preis des Frühstücks

HALBPENSION

½ P 90/110	Mindest- und Höchstpreis für Halbpension (Zimmerpreis inkl. Frühstück und einer Mahlzeit) pro Person, bei einem von zwei Personen belegten Doppelzimmer. Falls eine Einzelperson ein Doppelzimmer belegt, kann ein Preisaufschlag verlangt werden.

RESTAURANT

⚭	Restaurant, das ein einfaches **Menu unter 26 €** anbietet
Rest *Lunch* 18	Menu im allgemeinen nur werktags mittags serviert
Rest 35/60	**Menupreise:** mindestens 35 €, höchstens 60 € – Einige Menus werden nur tischweise oder für mindestens 2 Personen serviert
bc	Getränke inbegriffen
Rest carte 40/75	**Mahlzeiten à la carte ohne Getränke:** Der erste Preis entspricht einer Auswahl der günstigsten Speisen (Vorspeise, Hauptgericht, Dessert); der zweite Preis entspricht einer Auswahl der teuersten Speisen.
🍷	Wein wird glasweise ausgeschenkt

Städte

ALLGEMEINES

1000	Postleitzahl, bei der Anschrift vor dem Ortsnamen anzugeben
✉ *4900 Spa*	Name des Verteilerpostamtes
P	Provinzhauptstadt
C *Herve*	Sitz der Kreisverwaltung
531 *T3*	Nummer der Michelin-Karte mit Koordinaten
4 283 h	Einwohnerzahl
BX A	Markierung auf dem Stadtplan
18	Golfplatz mit Lochzahl
	Rundblick, Aussichtspunkt
	Flughafen
	Autofähre
	Personenfähre
i	Informationsstelle

SEHENSWÜRDIGKEITEN

BEWERTUNG

★★★	Eine Reise wert
★★	Verdient einen Umweg
★	Sehenswert

LAGE

Voir	In der Stadt
Env	In der Umgebung der Stadt
Nord, Sud, Est, Ouest	Im Norden, Süden, Osten, Westen der Stadt
② ④	Zu erreichen über die Ausfallstraße ② bzw ④, die auf dem Stadtplan und der Michelin-Karte identisch gekennzeichnet sind
2 km	Entfernung in Kilometern

Hotels
Restaurants

SEHENSWÜRDIGKEITEN

Sehenswertes Gebäude
Sehenswerte Kirche

STRASSEN

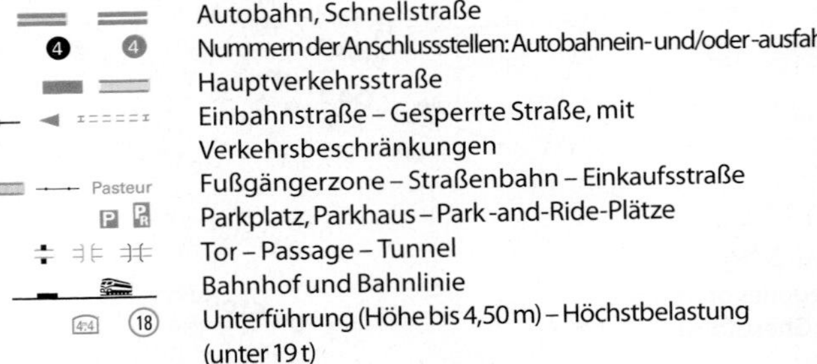

Autobahn, Schnellstraße
Nummern der Anschlussstellen: Autobahnein- und/oder -ausfahrt
Hauptverkehrsstraße
Einbahnstraße – Gesperrte Straße, mit Verkehrsbeschränkungen
Pasteur Fußgängerzone – Straßenbahn – Einkaufsstraße
Parkplatz, Parkhaus – Park-and-Ride-Plätze
Tor – Passage – Tunnel
Bahnhof und Bahnlinie
Unterführung (Höhe bis 4,50 m) – Höchstbelastung (unter 19 t)
Bewegliche Brücke – Autofähre

SONSTIGE ZEICHEN

Informationsstelle
Moschee – Synagoge
Turm – Ruine – Windmühle – Wasserturm
Garten, Park, Wäldchen – Friedhof – Bildstock
Stadion – Golfplatz – Pferderennbahn – Eisbahn
Freibad – Hallenbad
Aussicht – Rundblick
Denkmal – Brunnen – Fabrik – Einkaufszentrum
Jachthafen – Leuchtturm – Anlegestelle
Flughafen – U-Bahnstation – Autobusbahnhof
Schiffsverbindungen: Autofähre – Personenfähre
Straßenkennzeichnung (identisch auf Michelin-Stadtplänen und -Abschnittskarten)
Hauptpostamt (postlagernde Sendungen)
Krankenhaus – Markthalle
Öffentliches Gebäude, durch einen Buchstaben gekennzeichnet:
H P – Rathaus – Sitz der Landesregierung
J – Gerichtsgebäude
M T – Museum – Theater
U – Universität, Hochschule
POL. – Polizei (in größeren Städten Polizeipräsidium)

How to use this guide

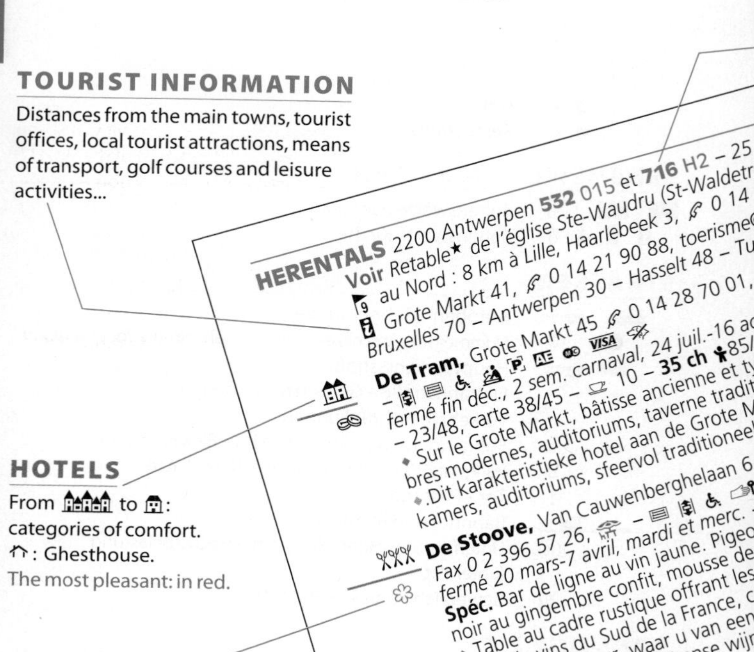

TOURIST INFORMATION

Distances from the main towns, tourist offices, local tourist attractions, means of transport, golf courses and leisure activities...

HOTELS

From 🏨 to 🏨: categories of comfort.
⌂ : Ghesthouse.
The most pleasant: in red.

STARS

✿✿✿ Worth a special journey.
✿✿ Worth a detour.
✿ A very good restaurant.

RESTAURANTS

From XXXXX to X: categories of comfort
The most pleasant: in red.

GOOD FOOD AND ACCOMMODATION AT MODERATE PRICES

Bib Gourmand.
Bib Hotel.

OTHER MICHELIN PUBLICATIONS

References for the Michelin map and Green Guide which cover the area.

LOCATING THE TOWN

Locate the town on the provincial map at the end of the guide (map number and coordinates).

LOCATING THE ESTABLISHMENT

Located on the town plan (coordinates and letters giving the location).

DESCRIPTION OF THE ESTABLISHMENT

Atmosphere, style, character and specialities.

QUIET HOTELS

quiet hotel.

very quiet hotel.

FACILITIES AND SERVICES

PRICES

12 **C2**

0 14 55 19 31.
Fax 0 14 22 28 56.

.be, Fax 0 14 28 74 52, ≤,

Lunch 15 AU b
ndi – **Rest** (fermé dim.)
5 – ½ P 75/80.
dans l'esprit contemporain. Cham-
rt cachet et terrasse sur cour.
endaagse stijl gerenoveerd. Moderne
s op de binnenplaats.

CZ e
57 25, destoove@herne.be,
8/40
après 22 h) 75/85, carte 80/110
et laqué au miel. Fondant de chocolat
es.
repas traditionnel simple et goûteux. Bon
terrasse tournée vers la verdure.
maar smakelijke traditionele maaltijd kunt
ıken, terras met uitzicht op het groen.

3 **B4**

3 690 h.
31 – Tournai 52
54 56, noordland@skynet.be, Fax 0 14 21 45 65
t mardi soir– **Rest** Lunch 10 – 30, carte 25/45
s et pour cause : cuisine classique-traditionnelle
et service aussi dynamique que prévenant.
e naam : uitgebalanceerde klassiek-traditionele keu-
diening die even energiek als voorkomend is.

voir à Mouscron.

8 **D3**

61 h. **533** Q21 et **716** I15.
nt 35 – Liège 54
vet 45, 0 86 75 43 21, hotelbeausejour@heure.be,
– 120 VISA
80/90 95/120 – ½ P 70/85.
e dont le parc, reposant, s'est vu loti d'une annexe regroupant
et assez mignonnes. Salle à manger aménagée dans le style
egistre culinaire assez traditionnel.
een rustig park, waar onlangs een dependance is gebouwd
ers die er ook nog aantrekkelijk uitzien. In de eetzaal, die in
worden vrij traditionele gerechten geserveerd. Het Riviera heeft
beurt achter de rug, wat ook hard nodig was.

et **716** I12 – voir à Zolder.

Commitments

"This volume was created at the turn of the century and will last at least as long".

This foreword to the very first edition of the MICHELIN Guide, written in 1900, has become famous over the years and the Guide has lived up to the prediction. It is read across the world and the key to its popularity is the consistency of its commitment to its readers, which is based on the following promises.

The MICHELIN Guide's commitments:

Anonymous inspections: our inspectors make regular and anonymous visits to hotels and restaurants to gauge the quality of products and services offered to an ordinary customer. They settle their own bill and may then introduce themselves and ask for more information about the establishment. Our readers' comments are also a valuable source of information, which we can then follow up with another visit of our own.

Independence: Our choice of establishments is a completely independent one, made for the benefit of our readers alone. The decisions to be taken are discussed around the table by the inspectors and the editor. The most important awards are decided at a European level. Inclusion in the Guide is completely free of charge.

Selection and choice: The Guide offers a selection of the best hotels and restaurants in every category of comfort and price. This is only possible because all the inspectors rigorously apply the same methods.

Annual updates: All the practical information, the classifications and awards are revised and updated every single year to give the most reliable information possible.

Consistency: The criteria for the classifications are the same in every country covered by the Michelin Guide.

... and our aim: to do everything possible to make travel, holidays and eating out a pleasure, as part of Michelin's ongoing commitment to improving travel and mobility.

Dear reader

Dear reader,

The 51st edition of the Michelin Guide Benelux comes in two volumes. The **Michelin Guide Belgique & Luxembourg** 2007 which includes some 744 hotels and 1159 restaurants. The **Michelin Guide Nederland** 2007, which proposes a selection of 672 hotels and 718 restaurants.

Why have we decided to publish two Michelin Guides instead of only one?

The answer lies in our commitment to go even further in meeting the needs and expectations of our readers. It is also a consequence of the steadily improving quality of the hotel and restaurant industry in Belgium and Luxembourg and in the Netherlands. You will discover these developments in the Michelin Guides Belgiques & Luxembourg 2007 and Nederland 2007.

This selection of the best hotels and restaurants in every price category is chosen by a team of full-time inspectors with a professional background in the industry. They cover every corner of the country, visiting new establishments and testing the quality and consistency of the hotels and restaurants already listed in the Guide. Every year we pick out the best restaurants by awarding them from ✿ to ✿✿✿. Stars are awarded for cuisine of the highest standards and reflect the quality of the ingredients, the skill in their preparation, the combination of flavours, the levels of creativity and value for money, and the ability to combine all these qualities not just once, but time and time again. This year sees two important additions. One highlights those restaurants which, over the last year, have raised the quality of their cooking to a new level. Whether they have gained a first star, risen from one to two stars, or moved from two to three, these newly promoted restaurants are marked with an '**N**' next to their entry to signal their new status in 2007.

We have also picked out a selection of *"Rising Stars"*. These establishments, listed in red, are the best in their present category. They have the potential to rise further, and already have an element of superior quality; as soon as they produce this quality consistently, and in all aspects of their cuisine, they will be hot tips for a higher award. We've highlighted these promising restaurants so you can try them for yourselves; we think they offer a foretaste of the gastronomy of the future.

We're very interested to hear what you think of our selection, particularly the *"Rising Stars"*, so please continue to send us your comments. Your opinions and suggestions help to shape your Guide, and help us to keep improving it, year after year.

Thank you for your support. We hope you enjoy travelling with the Michelin Guide 2007.

Consult the Michelin Guide at
www.ViaMichelin.com
and write to us at:
guidemichelingids@michelin.com

Classification & awards

CATEGORIES OF COMFORT

The Michelin Guide selection lists the best hotels and restaurants in each category of comfort and price. The establishments we choose are classified according to their levels of comfort and, within each category, are listed in order of preference.

🏨🏨🏨🏨🏨	XXXXX	**Luxury in the traditional style**
🏨🏨🏨🏨	XXXX	**Top class comfort**
🏨🏨🏨	XXX	**Very comfortable**
🏨🏨	XX	**Comfortable**
🏨	X	**Quite comfortable**
🏠		**Other recommended accommodation, (guesthouse)**
sans rest.		**This hotel has no restaurant**
avec ch.		**This restaurant also offers accommodation**

THE AWARDS

To help you make the best choice, some exceptional establishments have been given an award in this year's Guide: star(s), Bib Gourmand or Bib Hotel. They are marked ✿, ☺ or ☺ and **Rest** or **ch** in the text.

THE BEST CUISINE

Michelin stars are awarded to establishments serving cuisine, of whatever style, which is of the highest quality. The cuisine is judged on the quality of ingredients, the skill in their preparation, the combination of flavours, the levels of creativity, the value for money and the consistency of culinary standards.

✿✿✿ **Exceptional cuisine, worth a special journey**
One always eats extremely well here, sometimes superbly.

✿✿ **Excellent cooking, worth a detour**

✿ **A very good restaurant in its category**

THE BIB: GOOD FOOD AND ACCOMMODATION AT MODERATE PRICES

☺ **Bib Gourmand**
Establishment offering good quality cuisine for under € 34 and under € 36 in Brussels and Luxemburg (price of a meal not including drinks).

☺ **Bib Hotel**
Establishment offering good levels of comfort and service, with most rooms priced at under €80 in the provinces and €100 in towns and popular tourist resorts (price of a room for 2 people, including breakfast).

PLEASANT HOTELS AND RESTAURANTS

Symbols shown in red indicate particularly pleasant or restful establishments: the character of the building, its décor, the setting, the welcome and services offered may all contribute to this special appeal.

⌂ to ⌂⌂⌂⌂⌂	Pleasant hotels
X to XXXXX	Pleasant restaurants

OTHER SPECIAL FEATURES

As well as the categories and awards given to the establishment, Michelin inspectors also make special note of other criteria which can be important when choosing an establishment.

LOCATION

If you are looking for a particularly restful establishment, or one with a special view, look out for the following symbols:

 **Quiet hotel**

 **Very quiet hotel**

 **Interesting view**

 **Exceptional view**

WINE LIST

If you are looking for an establishment with a particularly interesting wine list, look out for the following symbol:

 **Particularly interesting wine list**

This symbol might cover the list presented by a sommelier in a luxury restaurant or that of a simple inn where the owner has a passion for wine. The two lists will offer something exceptional but very different, so beware of comparing them by each other's standards.

Facilities & services

30 ch	Number of rooms
	Lift (elevator)
	Air conditioning (in all or part of the establishment)
	Non-smokers bedrooms available
	Establishment at least partly accessible to those of restricted mobility
	Meals served in garden or on terrace
	Wellness centre: an extensive facility for relaxation and well-being
	Hydrotherapy
	Exercise room
	Swimming pool: outdoor or indoor
	Sauna
	Garden – Park
	Bike hire
	Tennis court
4/40	Private dining rooms : minimum / maximum capacity
150	Equipped conference room: maximum capacity
	Restaurant offering valet parking (tipping customary)
	Hotel garage (additional charge in most cases)
P	Car park (a fee may be charged)
	Landing stage
	No dogs allowed (in all or part of the establishment)
Ouvert.../Fermé...	Dates when open or closed as indicated by the hotelier
6801	Postal code (Grand Duchy of Luxembourg only)

Prices

Prices quoted in this Guide were supplied in summer 2006. They are subject to alteration if goods and service costs are revised. The rates include tax and service and no extra charge should appear on your bill, with the possible exception of a local tax.
By supplying the information, hotels and restaurants have undertaken to maintain these rates for our readers.
In some towns, when commercial, cultural or sporting events are taking place the hotel rates are likely to be considerably higher.
Out of season, certain establishments offer special rates. Ask when booking.

RESERVATION AND DEPOSITS

Some hotels will ask you to confirm your reservation by giving your credit card number or require a deposit which confirms the commitment of both the customer and the hotelier. Ask the hotelier to provide you with all the terms and conditions applicable to your reservation in their written confirmation.

CREDIT CARDS

	Credit cards accepted by the establishment:
AE ⓓ MC VISA	American Express – Diners Club – MasterCard (Eurocard) – Visa

ROOMS

🚹 90/120	Lowest price €90 and highest price €120 for a confortable single room.
🚹🚹 120/150	Lowest price €120 and highest price €150 for a double or twin room for 2 people.
☕ 10	Price of breakfast

HALF BOARD

½ P 90/110	Lowest and highest prices for half board (room, breakfast and a meal), per person. These prices apply to a double room occupied by two people. One person occupying a double room may be asked to pay a supplement.

RESTAURANT PRICES

ⓢⓢ	Restaurant serving a menu **under** €**26**
Rest *Lunch* 18	This meal is served at lunchtime and normally during the working week
Rest 35/60	**Set meals**: Lowest price €35, highest price €60. Certain menus are only served for a minimum of 2 people or for an entire table.
bc	Wine included
Rest carte 40/75	**A la carte dishes, not including drinks:** the first price corresponds to a selection of dishes (starter, main course, dessert) among the least expensive on the menu; the second price is a selection among the most expensive items.
🍷	Wine served by the glass

Towns

GENERAL INFORMATION

1000	Postal number to be shown in the address before the town name
✉ *4900 Spa*	Postal number and name of the post office serving the town
P	Provincial capital
C *Herve*	Administrative centre of the "commune"
531 *T3*	Michelin map and co-ordinates or fold
4 283 h	Population
BX A	Letters giving the location of a place on the town plan
18	Golf course and number of holes
	Panoramic view, viewpoint
	Airport
	Shipping line
	Passenger transport only
	Tourist Information Centre

TOURIST INFORMATION

STAR-RATING

★★★	Highly recommended
★★	Recommended
★	Interesting

LOCATION

Voir	Sights in town
Env	On the outskirts
	In the surrounding area
Nord, Sud, Est, Ouest	The sight lies north, south, east, west
② ④	Sign on town plan and on the Michelin road map indicating the road leading to a place of interest
2 km	Distance in kilometres

Town Plans

Hotels
Restaurants

SIGHTS

Place of interest
Interesting place of worship

ROADS

Motorway, dual carriageway
Junction: complete, limited
Main traffic artery
One-way street – Unsuitable for traffic; street subject to restrictions
Pasteur Pedestrian street – Tramway – Shopping street
Car park – Park and Ride
Gateway – Street passing under arch – Tunnel
Station and railway
Low headroom (15ft max) – Load limit (under 19 t)
Lever bridge – Car ferry

VARIOUS SIGNS

Tourist Information Centre
Mosque – Synagogue
Tower or mast – Ruins – Windmill – Water tower
Garden, park, wood – Cemetery – Cross
Stadium – Gof course – Racecourse – Skating rink
Outdoor or indoor swimming pool
View – Panorama
Monument – Fountain – Factory – Shopping centre
Pleasure boat harbour – Lighthouse – Landing stage
Airport – Underground station – Coach station
Ferry services:
passengers and cars, passengers only
③ Reference number common to town plans and Michelin maps
Main post office with poste restante
Hospital – Covered market
Public buildings located by letter:
H P - Town Hall – Provincial Government Office
J - Law Courts
M T - Museum – Theatre
U - University, College
POL - Police (in large towns police headquarters)

- → *Dénicher la meilleure table ?*
- → *Trouver l'hôtel le plus proche ?*
- → *Vous repérer sur les plans et les cartes ?*
- → *Décoder les symboles utilisés dans le guide...*

Suivez les Bibs rouges !

Les conseils du **Bib Chef** pour vous aider au restaurant.

Les « bons tuyaux » et les informations du **Bib Astuce** pour vous repérer dans le guide... et sur la route.

Les conseils du **Bib Groom** pour vous aider à l'hotel.

Distinctions 2007

Onderscheidingen 2007
Auszeichnungen 2007
Awards 2007

Les Tables étoilées 2007
De sterrenrestaurants
Die Sterne Restaurants

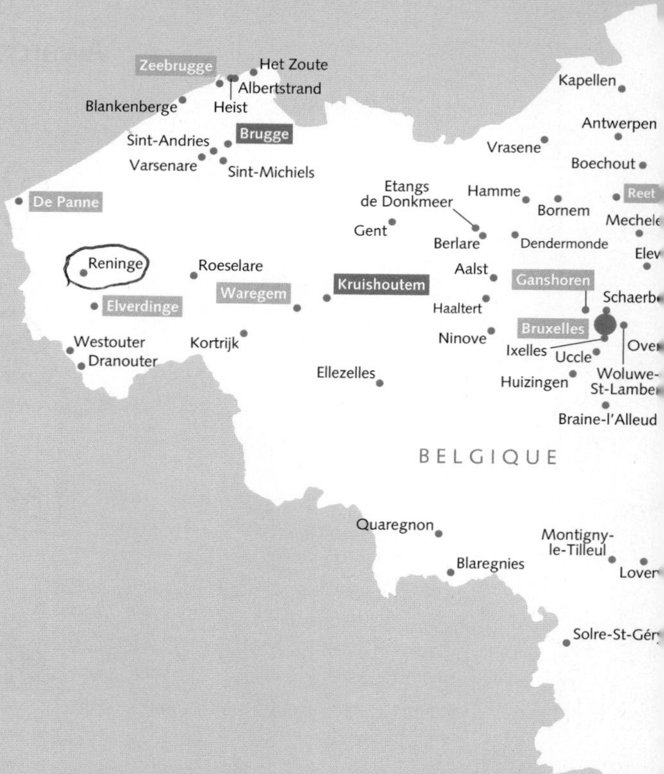

Zeebrugge
Het Zoute
Albertstrand
Heist
Blankenberge
Kapellen
Antwerpen
Sint-Andries
Brugge
Vrasene
Varsenare
Sint-Michiels
Boechout
Etangs de Donkmeer
Hamme
Reet
De Panne
Bornem
Gent
Berlare
Dendermonde
Reninge
Roeselare
Aalst
Waregem
Kruishoutem
Ganshoren
Elverdinge
Haaltert
Bruxelles
Ninove
Westouter
Kortrijk
Ixelles
Uccle
Dranouter
Ellezelles
Huizingen
Woluwe-
Braine-l'Alleud
BELGIQUE
Quaregnon
Montigny-le-Tilleul
Blaregnies

La couleur correspond à l'établissement le plus étoilé de la localité.
De kleur geeft het etablissement met de meeste sterren aan in de betreffende plaats.
Die Farbe entspricht dem besten Sterne-Restaurant im Ort.

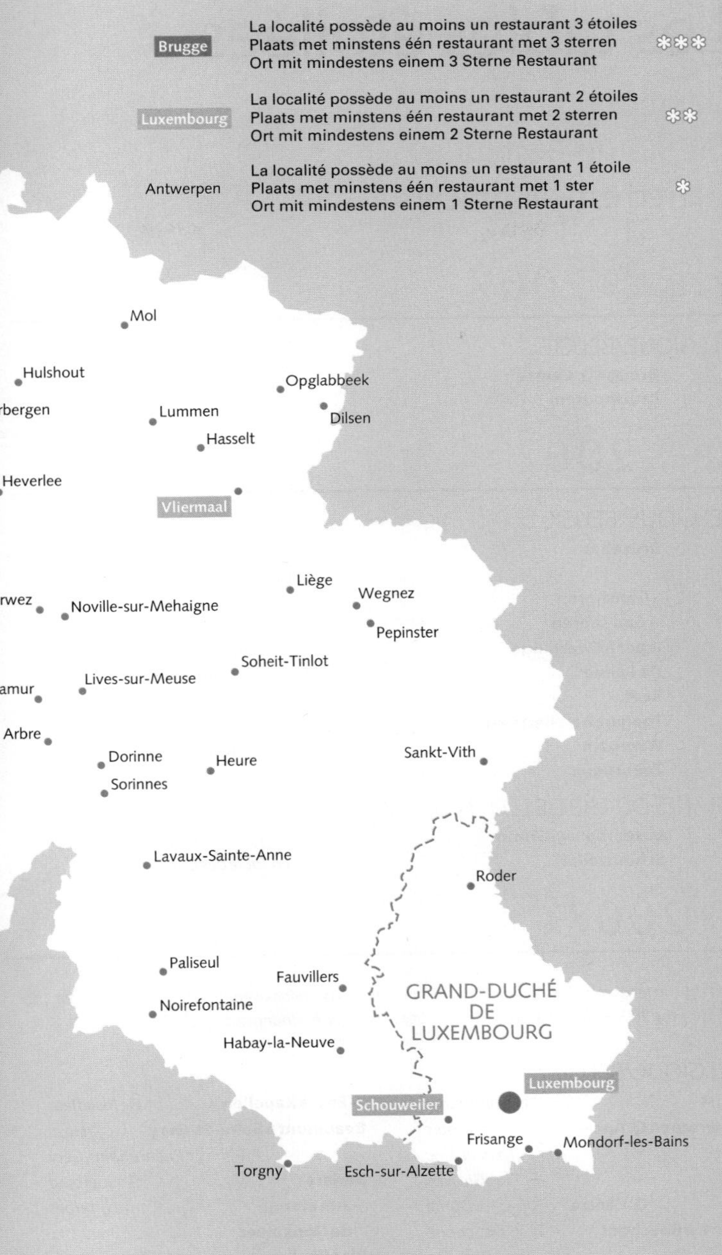
Brugge
La localité possède au moins un restaurant 3 étoiles
Plaats met minstens één restaurant met 3 sterren
Ort mit mindestens einem 3 Sterne Restaurant
Luxembourg
La localité possède au moins un restaurant 2 étoiles
Plaats met minstens één restaurant met 2 sterren
Ort mit mindestens einem 2 Sterne Restaurant
Antwerpen
La localité possède au moins un restaurant 1 étoile
Plaats met minstens één restaurant met 1 ster
Ort mit mindestens einem 1 Sterne Restaurant
Mol
Hulshout
Opglabbeek
erbergen
Lummen
Dilsen
Hasselt
Heverlee
Vliermaal
Liège
Wegnez
erwez
Noville-sur-Mehaigne
Pepinster
Soheit-Tinlot
Lives-sur-Meuse
Namur
Arbre
Sankt-Vith
Dorinne
Heure
Sorinnes
Lavaux-Sainte-Anne
Roder
Paliseul
Fauvillers
GRAND-DUCHÉ DE LUXEMBOURG
Noirefontaine
Habay-la-Neuve
Luxembourg
Schouweiler
Frisange
Mondorf-les-Bains
Torgny
Esch-sur-Alzette

Les tables étoilées

De sterrenrestaurants
Die Sterne-Restaurants
Starred establishments

✿✿✿ 2007

BELGIQUE/BELGIË

Brugge Q. Centre	*De Karmeliet*
Kruishoutem	*Hof van Cleve*

✿✿ 2007

BELGIQUE/BELGIË

Bruxelles	*Comme Chez Soi*	
-	*Sea Grill (H. Radisson SAS)*	
- Ganshoren	*Bruneau*	
- Gan shoren	*Claude Dupont*	
Ieper à Elverdinge	*Host. St-Nicolas*	
De Panne	*Host. Le Fox*	
Reet	*Pastorale*	**N**
Tongeren à Vliermaal	*Clos St Denis*	
Waregem	*'t Oud Konijntje*	
Zeebrugge	*'t Molentje*	

GRAND-DUCHÉ DE LUXEMBOURG

Luxembourg-Grund	*Mosconi*
Schouweiler	*La Table des Guilloux*

✿ 2007

→ En rouge *les espoirs 2007 pour* ✿✿
→ In red *the 2007 Rising Stars for* ✿✿
→ In rood *de veelbelovende restaurants 2007 voor* ✿✿
→ In rote *die hoffnungsträger 2007 fur* ✿✿

BELGIQUE/BELGIË

Aalst	*'t Overhamme*	
Antwerpen Q. Ancien	*'t Fornuis*	
-	*Le Petit Zinc*	
-	*Gin Fish*	
- Q. Centre	*Dôme*	
- Env. à Boechout	*De Schone van Boskoop*	
- Env. à Kapellen	*De Bellefleur*	
Beaumont à Solre-St-Géry	*Host. Le Prieuré Saint-Géry*	
Berlare	*'t Laurierblad*	
- aux étangs de Donkmeer	*Lijsterbes*	
Blankenberge	*Philippe Nuyens*	**N**

N *Nouveau* → *Nieuw* → *Neu* → *New*

Blaregnies	*Les Gourmands*	
Bornem	*Eyckerhof*	
Braine-l'Alleud	*Jacques Marit*	
Brugge	*Den Gouden Harynck*	
-	*Aneth*	
-	*Sans Cravate*	
- Périph. à Sint-Andries	*Herborist*	
- Périph. à Sint-Michiels	*Hertog Jan*	**N**
- Env. à Varsenare	*Manoir Stuivenberg*	
Bruxelles		
- Q. Sablons	*L'Écailler du Palais Royal*	
- Ganshoren	*San Daniele*	
- Ixelles Q. Boondael	*Marie*	
- Schaerbeek	*Senza Nome*	
- Uccle	*Bon-Bon*	
-	*Le Pain et le Vin*	
- Q. St-Job	*Le Passage*	
- Woluwe-St-Lambert	*De Maurice à Olivier*	
- Env. à Huizingen	*Terborght*	
- à Overijse	*Barbizon*	
Charleroi		
- à Loverval	*Le Saint Germain des Prés*	
- à Montigny-le-Tilleul	*L'éveil des sens*	
Dendermonde	*'t Truffeltje*	
Dilsen	*Hostellerie Vivendum*	**N**
Dinant à Sorinnes	*Host. Gilain*	
Dranouter	*In de Wulf*	
Eghezée à Noville-sur-Mehaigne	*L'Air du Temps*	
Elewijt	*Kasteel Diependael*	
Ellezelles	*Château du Mylord*	
Fauvillers	*Le Château de Strainchamps*	
Gent Q. Centre	*Jan Van den Bon*	
Haaltert	*Apriori*	
Habay-La-Neuve	*Les Forges*	
Hamme	*De Plezanten Hof*	
Hasselt	*Aan tafel bij Luc Bellings*	
- à Lummen	*Hoeve St-Paul*	
Heure	*Le Fou est belge*	
Hulshout	*Hof ter Hulst*	
Keerbergen	*The Paddock*	
Knokke-Heist		
- à Het Zoute	*De Oosthoek*	
- à Albertstrand	*Jardin Tropical*	
- à Heist	*Bartholomeus*	
Kortrijk	*St Christophe*	
Lavaux-Sainte-Anne	*Lemonnier*	
- à Heverlee	*Arenberg*	
-	*Couvert Couvert*	
Liège	*Héliport*	
Mechelen	*D'Hoogh*	
-	*Folliez*	
Mol	*'t Zilte*	
Namur		
- direction Citadelle	*Cuisinémoi*	**N**
Namur à Lives-sur-Meuse	*La Bergerie*	
Ninove	*Hof ter Eycken*	
Noirefontaine	*Aub. du Moulin Hideux*	
Opglabbeek	*Slagmolen*	
Paliseul	*Au Gastronome*	
Pepinster	*Host. Lafarque*	
- à Wegnez	*Hostellerie du Postay*	**N**
Perwez	*La Frairie*	
Profondeville à Arbre	*L'Eau Vive*	
Quaregnon	*Dimitri*	
Reninge	*'t Convent*	
Roeselare	*Bistro Novo*	
Sankt-Vith	*Zur Post*	
Soheit - Tinlot	*Le Coq aux Champs*	
Spontin à Dorinne	*Le Vivier d'Oies*	
Virton à Torgny	*Aub. de la Grappe d'Or*	
Vrasene	*Herbert Robbrecht*	
Westouter	*Picasso*	

GRAND-DUCHÉ DE LUXEMBOURG

Clervaux		
- à Roder	*Manoir Kasselslay*	**N**
Esch-sur-Alzette	*Fridrici*	
-	*Favaro*	
Frisange	*Lea Linster*	
Luxembourg - Centre	*Clairefontaine*	
-	*Le Bouquet Garni*	
Mondorf-les-Bains	*Les Roses (H. Casino 2000)*	
Schouweiler	*Toit pour Toi*	**N**

LES ESPOIRS 2007 POUR ✿
DE VEELBELOVENDE RESTAURANTS 2007 VOOR ✿
THE 2007 RISING STARS FOR ✿
DIE HOFFENUNGSTRÄGER FUR 2007 ✿

Antwerpen	*De Koopvaardij*
- Env. à Strabroek	
Deerlijk	*Marcus*
Kruishoutem	
- à Wannegem	*'t Huis van lede*

N *Nouveau* → *Nieuw* → *Neu* → *New*

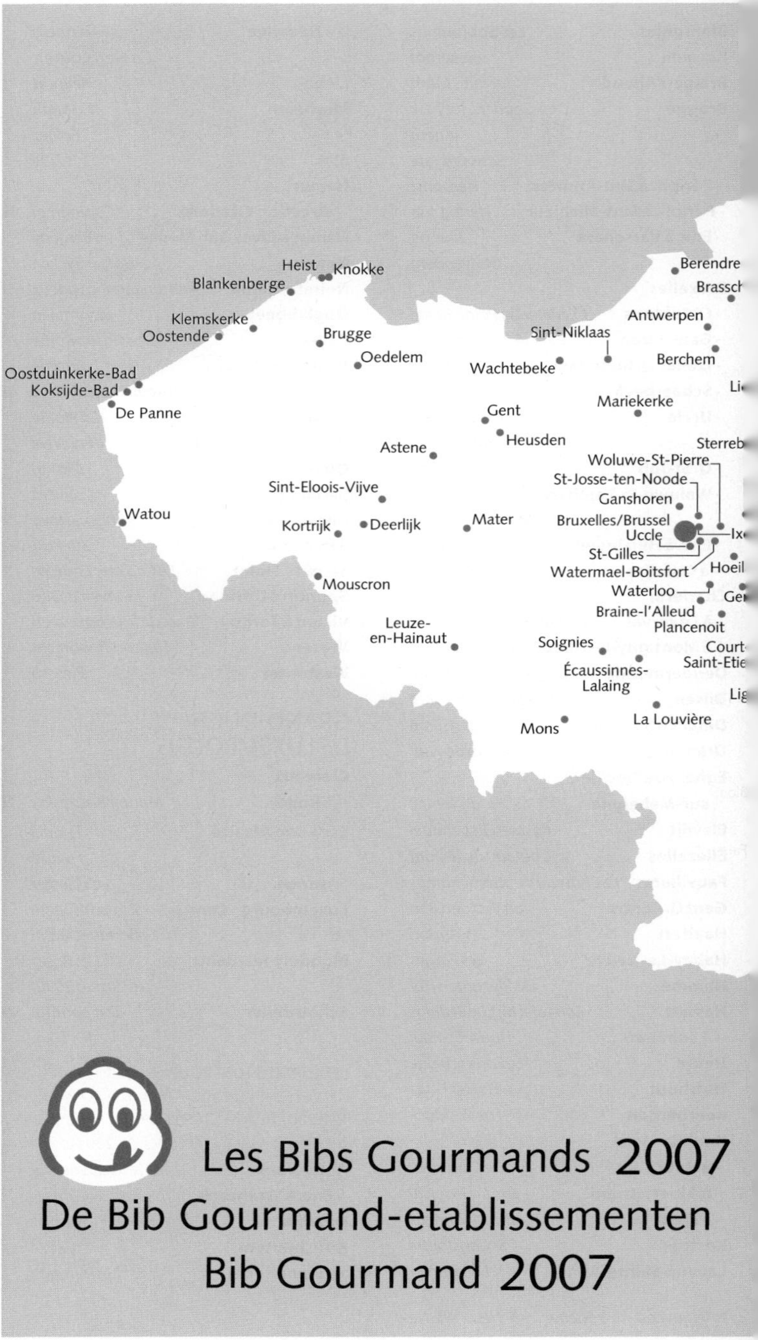

Heist
Knokke
Blankenberge
Klemskerke
Oostende
Brugge
Oedelem
Oostduinkerke-Bad
Koksijde-Bad
De Panne
Berendre
Antwerpen
Sint-Niklaas
Wachtebeke
Berchem
Mariekerke
Gent
Heusden
Astene
Woluwe-St-Pierre
St-Josse-ten-Noode
Ganshoren
Sint-Eloois-Vijve
Watou
Kortrijk
Deerlijk
Mater
Bruxelles/Brussel
Uccle
St-Gilles
Watermael-Boitsfort
Waterloo
Braine-l'Alleud
Plancenoit
Mouscron
Leuze-en-Hainaut
Soignies
Écaussinnes-Lalaing
La Louvière
Mons

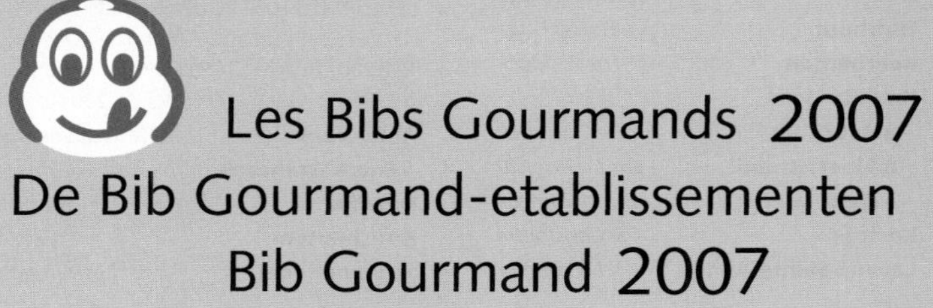

Les Bibs Gourmands 2007

De Bib Gourmand-etablissementen

Bib Gourmand 2007

Localités possédant au moins un établissement avec un Bib Gourmand.
• Plaatsen met minstens één Bib Gourmand-etablissement.
Orte mit mindestens einem Bib Gourmand-Haus.

Bib Gourmand

Repas soignés à prix modérés
Verzorgde maaltijden voor een schappelijke prijs
Sorgfältig zubereitete, preiswerte Mahlzeiten
Good food at moderate prices

BELGIQUE/BELGIË

Anhée à Bioul *l'O à la Bouche* **N**
Antwerpen
- Q. Ancien *Dock's Café* **N**
- Q. Centre *Le Zoute Zoen*
- Périph. à Berchem *De Troubadour*
- Périph. à Berendrecht *Reigershof*
- Env. à Brasschaat *Lucius*
Arlon *Zinc (Host. du Peiffeschof)* **N**
Barvaux *Le Cor de Chasse*
Bastogne *Wagon Léo*
Beernem à Oedelem *Alain Meessen*
Bellevaux-Ligneuville *Du Moulin*
Berlaar *Het Land*
Bertrix *Four et Fourchette* **N**
Bilzen *'t Vlierhof* **N**
Blankenberge *Escapade*
Borgloon *Ambrozijn*
Bornem à Mariekerke *De Ster*
Bouillon *La Ferronnière*
- à Corbion *Des Ardennes*
Braine-l'Alleud *Philippe Meyers*
Brugge Q. du Centre *Saint-Amour* **N**
Bruxelles *Jaloa* **N**
- Q. Grand'Place *Aux Armes de Bruxelles*
- Q. Ste-Catherine *La Belle Maraîchère*
- *Le Loup Galant*
- *Le Fourneau* **N**
- *Viva M'Boma*
- Q. des Sablons *La Clef des Champs*
- Q. Palais de Justice *JB*
- Q. Atomium *La Balade Gourmande*
- Ganshoren *Cambrils*
Ixelles
- Q. Boondael *Le Doux Wazoo*
- Q. Bascule *Bistrot du Mail* **N**
- Q. Louise *De la Vigne ... à l'Assiette*
- St-Gilles Q. Louise *Touâreg* **N**
- St-Josse-ten-Noode Q. Botanique *Les Dames Tartine*
- Uccle *Villa d'Este*
- Uccle Q. St-Job *Le pré en bulle*
- Watermael-Boitsfort *Le Grill*
- *Les Deux Maisons*
- Woluwe-St-Pierre *Medicis*
- Env. à Hoeilaart *Aloyse Kloos*
- Env. à Sterrebeek *La Chasse des Princes*
Court-Saint-Etienne *Les Ailes*
Deerlijk *Severinus*
Deinze à Astene *Au Bain-Marie*
Dinant *Le Jardin de Fiorine*
La Broche **N**
- à Falmignoul *Alain Stiers et l'auberge des Crêtes*
Durbuy *Le Fou du Roy* **N**
Ecaussinnes-Lalaing *Le Pilori*
Gent *En Chanté* **N**
- Q. du Centre *Pakhuis* **N**
- Q. du Centre *Le Grand Bleu* **N**
- Q. Ancien *De 3 Biggetjes*
- Environs è Heusden *Rooselaer* **N**
Genval *L'Amandier*
's Gravenvoeren *De Kommel* **N**
De Haan
à Klemskerke *De Kruidenmolen*
Houffalize *La Fleur de Thym* **N**

N *Nouveau* → *Nieuw* → *Neu* → *New*

Huy à Wanze	*Lucana*	N
Jalhay	*Le Vinâve*	N
Jodoigne à Mélin	*La Villa du Hautsart*	
Knokke-Heist à Knokke	*La Croisette*	
-	*'t Kantientje*	
- à Heist	*Old Fisher*	
Koksijde à Koksijde-Bad	*Host. Bel-Air*	
Kortrijk	*Kwizien Céline*	
Lasne à Plancenoit	*Le Vert d'Eau*	
Leuze-en-Hainaut	*Le Châlet de la Bourgogne*	
Liège		
- *Les petits plats canailles du beurre blanc*		
-	*Il était une fois ...*	
-	*Enoteca*	
- Env. à Barchon	*La Pignata*	
- Env. à Tilleur	*Chez Massimo*	
- Env. à Vaux-sous-Chévremont	*Ma Cuisine*	N
Lier	*Numerus Clausus*	
Ligny	*Le Coupe-Choux*	
La Louvière	*Pouic-Pouic*	
Marche-en-Famenne	*Les 4 Saisons*	
Marenne	*Les Pieds dans le Plat*	
Mirwart	*Aub. du Grandgousier*	
Mons	*La 5e saison*	
Mouscron	*Madame*	
Namur à Jambes	*La Plage d'Amée*	
- à Wierde	*Le D'Arville*	N
Nassogne	*La Gourmandine*	
Neerpelt	*De Landerije*	
Oostduinkerke-Bad	*Eglantier (H. Hof ter Duinen)*	
Oostende	*Petit Nice*	
-	*Le Grillon*	
Oudenaarde à Mater	*De Zwadderkotmolen*	
De Panne		
-	*Le Flore*	
Rendeux	*Au Comte d'Harscamp*	N
Robertville	*Du Barrage*	N
Rochefort à Éprave	*Auberge de Vieux Moulin*	N
Sint-Niklaas	*Bistro De Eetkamer*	N
Soignies	*L'Embellie*	
Spa	*La Tonnellerie*	
Stoumont	*Zabonprés*	
Tongeren	*Magis*	
Trois-Ponts à Wanne	*La Métairie*	N
Verviers		
à Heusy	*La Croustade*	N
à Petit-Rechain	*La Chapellerie*	
Vielsalm à Hébronval	*Le Val d'Hébron*	
Virton à Torgny	*L'Empreinte du Temps*	N
Wachtebeke	*L'Olivette*	N
Waregem à Sint-Eloois-Vijve	*De Houtsnip*	
Waterloo	*Yves Lemercier*	
Watou	*Gasthof 't Hommelhof*	
Wavre	*La Table du Marché*	
Wellin	*La Papillote*	N

GRAND-DUCHÉ DE LUXEMBOURG

Frisange à Hellange	*Lëtzebuerger Kaschthaus*
Luxembourg-Grund	*Kamakura*

N *Nouveau* → *Nieuw* → *Neu* → *New*

Bib Hôtel

Bonnes nuits à petits prix
Goed overnachten voor schappelijke prijzen
Hier übernachten Sie gut und preiswert
Good accommodation at moderate prices

BELGIQUE/BELGIË

Aalter	*Memling*	**N**
Antwerpen		
- Q. Ancien	*Antigone*	
- Q. Sud	*Industrie*	
Balâtre	*L'Escapade*	
Bastogne	*Melba*	**N**
-	*Léo at home*	
Batsheers	*Karrehof*	**N**
Blankenberge	*Manitoba*	
-	*Alfa Inn*	
Bouillon	*Cosy*	
Brugge		
- Q. Centre	*Malleberg*	
- Périph. à Dudzele	*het Bloemenhof*	
Bruxelles		
- Q. Grand'Place	*Matignon*	
- Q. Ste-Catherine	*Noga*	
Burg-Reuland	*Paquet*	**N**
Burg-Reuland à Ouren	*Rittersprung*	
Bütgenbach	*Seeblick*	
-	*Vier Jahreszeiten*	
Damme	*De Speye*	
- à Hoeke	*Welkom*	
- à Sijsele	*Vredehof*	**N**
Diksmuide à Stuivekenskerke	*Kasteel hoeve Viconia*	
Dinant à Falmignoul	*Alain Stiers et l'auberge des Crêtes*	
Durbuy à Grandhan	*La Passerelle*	
's Gravenvoeren	*De Kommel*	**N**
De Haan	*Arcato*	
Hastière-Lavaux à Hastière-par-Delà	*Le Val des Colverts*	
Herentals	*de Zalm*	
Hotton	*La Besace*	
Jalhay	*La Crémaillère*	**N**

N *Nouveau* → *Nieuw* → *Neu* → *New*

Knokke-Heist à Albertstrand	*Atlanta*	
-	*Albert Plage*	
Koksijde à Koksijde-Bad	*Astoria*	
Kortrijk	*Center*	
Lembeke	*Hostellerie Ter Heide*	**N**
Lokeren	*La Barakka*	**N**
Lommel	*Carré*	
Mechelen	*Carolus*	
Middelkerke	*Host. Renty*	
Mirwart	*Beau Site*	**N**
Nadrin	*Hostellerie du Panorama*	**N**
Namur à Bouge	*La Ferme du Quartier*	**N**
Oignies-en-Thiérache	*Au Sanglier des Ardennes*	
Oostende	*Cardiff*	
- à Mariakerke	*Glenn*	
Oudenaarde	*César*	**N**
De Panne	*Ambassador*	
-	*Cajou*	
Poperinge	*Belfort*	
La Roche-en-Ardenne	*Moulin de la Strument*	
-	*Les Genêts*	
Rochefort	*Le Vieux Logis*	
- à Belvaux	*Auberge des Pérées*	**N**
- à Han-sur-Lesse	*Auberge de Faule*	
Sankt-Vith	*Am Steineweiher*	
Sougné-Remouchamps	*Royal H.-Bonhomme*	**N**
Spa à Sart	*du Wayai*	
Trois-Ponts à Wanne	*La Métairie*	**N**
Vencimont	*Le Barbouillon*	
Veurne à Beauvoorde	*Driekoningen*	
Vielsalm	*Les Myrtilles*	
- à Bovigny	*St-Martin*	
Vresse-sur-Semois à Laforêt	*Aub. Moulin Simonis*	
Waimes	*Aub. de la Warchenne*	
Wenduine	*Hostellerie Astrid*	
Zelzate	*Royal*	**N**

GRAND-DUCHÉ DE LUXEMBOURG

Bascharage	*Beierhaascht*	
Beaufort	*Aub. Rustique*	
Bour	*Gwendy*	
Echternach à Lauterborn	*Au Vieux Moulin*	
Echternach à Steinheim	*Gruber*	
Luxembourg env. à Strassen	*Mon Plaisir*	**N**
Pommerloch	*Motel Bereler Stuff*	
Scheidgen	*de la Station*	
Vianden	*Heintz*	

N *Nouveau* → *Nieuw* → *Neu* → *New*

Hôtels agréables

Aangename hotels
Angenehme hotels
Particularly pleasant hotels

BELGIQUE/BELGIË

Bruxelles
- **Q. Grand'Place** *Amigo*
- **Q. Léopold** *Stanhope*

Knokke-Heist
à Het Zoute *Manoir du Dragon*

BELGIQUE/BELGIË

Antwerpen Q. Ancien *De Witte Lelie*
Brugge Q. Centre *De tuilerieën*
- *Die Swaene*
- *Pandhotel*
- **St Gilles Q. Louise** *Manos Premier*
- **Woluwe-St-Pierre** *Montgomery*

Comblain-la-Tour *Host. St-Roch*
De Haan *Manoir Carpe Diem*
Habay-la-Neuve à l'Est *Les Ardillières*
Herbeumont *Hostellerie du Prieuré de Conques*
Noirefontaine *Aub. Du Moulin Hideux*
Poperinge *Manoir Ogygia*
Spa à Creppe *Manoir de Lébioles*

GRAND-DUCHÉ DE LUXEMBOURG

Gaichel *La Gaichel*
Lipperscheid *Leweck*

BELGIQUE/BELGIË

Antwerpen Q. Sud *Firean*
Arlon à Toernich *Château du Bois d'Arlon*
Brugge Q. Centre *Prinsenhof*
Crupet *Le Moulin des Ramiers*
Gent Q. Ancien *Harmony*
De Haan *Duinhof*
Herentals *'t Hemelrijck*
Kluisbergen
sur le Kluisberg *La Sablière*
Poperinge *Recour*

GRAND-DUCHÉ DE LUXEMBOURG

Luxembourg
- **Périph. à Belair** *Albert Premier*

BELGIQUE/BELGIË

Antwerpern Q. Sud *Charles Rogier XI*
- *Time Out*

Boortmeerbeek *Classics*
Brugge Q. Centre *De Brugsche Suites*
- *Bonifacius*
- *Huyze Hertsberge*
- *Number 11*
- *Huyze Die Maene*

Daverdisse
à Porcheresse *Le Grand Cerf*
Gent Q. Centre *Verhaegen*
- *The Boatel*
- *Chambreplus*

De Haan *Het Zonnehuis*
Hamont-Achel *Villa Christina*
Rance à Sautin *Le Domaine de la Carrauterie*
Schore *Landgoed De Kastanjeboom*
Spa *L'Étape Fagnarde*
Stavelot *Dufays*
Tongeren *De Open Poort*

Restaurants agréables

Aangename restaurants
Angenehme restaurants
Particularly pleasant restaurants

XXXXX

BELGIQUE/BELGIË

Tongeren à Vliermaal	*Clos St. Denis*

XXXX

BELGIQUE/BELGIË

Brugge	*De Karmeliet*
Bruxelles	
- Q. Grand'Place	*La Maison du Cygne*
- Q. Palais de Justice	*Maison du Bœuf*
- Q. Bois de la Cambre	*Villa Lorraine*
- Env. à Groot-Bijgaarden	*De Bijgaarden*
- Env. à Overijse	*Barbizon*
Ellezelles	*Château du Mylord*
Habay-la-Neuve à l'Est	*Les Forges*
Hasselt	*Figaro*
Namur à Lives-sur-Meuse	*La Bergerie*
Reninge	*'t Convent (avec ch)*
Waregem	*'t Oud Konijntje*

GRAND-DUCHÉ DE LUXEMBOURG

Luxembourg Q. Centre	*Clairefontaine*
Grund	*Mosconi*

XXX

BELGIQUE/BELGIË

Bornem	*Eyckerhof*
Brugge	
- Env. à Varsenare	*Manoir Stuivenberg (avec ch)*
Brugge Périphérie à Sint-Andries	*Herborist (avec ch)*
Bruxelles	*Comme Chez Soi*
- Woluwe-St-Pierre	*Des 3 Couleurs*
Diest	*De Proosdij*

Elewijt	*Kasteel Diependael*
Hasselt à Lummen	*Hoeve St. Paul*
Keerbergen	*The Paddock*
Knokke-Heist à Westkapelle	*Ter Dycken (avec ch)*
Kortrijk	*St-Christophe*
- au Sud	*Gastronomisch Dorp (avec ch)*
- à Marke	*Marquette (avec ch)*
Kruishoutem	*Hof van Cleve*
Menen à Rekkem	*La Cravache*
Namur à Temploux	*L'Essentiel*
Opglabbeek	*Slagmolen*
De Panne	*Host. Le Fox (avec ch)*
Pepinster	*Host. Lafarque (avec ch)*
Ronse	*Host. Shamrock (avec ch)*
Stavelot	*Le Val d'Amblève (avec ch)*
Verviers	*Château Peltzer*
Virton à Torgny	*Aub. de la Grappe d'Or (avec ch)*

BELGIQUE/BELGIË

Bazel	*Hofke van Bazel*
Bouillon	*Le Ferronnière (avec ch)*
Crupet	*Les Ramiers (H. Le Moulin des Ramiers)*
Dilsen	*Host. Vivendum*
Dilsen à Lanklaar	*Host. La Feuille d'Or (avec ch)*
Geel	*De Cuylhoeve*
Knokke-Heist à Albertstrand	*Jardin Tropical*
- à Heist	*Bartholomeus*
Marenne	*Les Pieds dans le Plat*
Nassogne	*La Gourmandine (avec ch)*
Profondeville à Arbre	*L'Eau Vive*
Sankt-Vith	*Zur Post (avec ch)*
Tielt	*De Meersbloem*
Zeebrugge	*'t Molentje*

GRAND-DUCHÉ DE LUXEMBOURG

Luxembourg Périph. à Clausen	*Les Jardins du President (avec ch)*
Schouweiler	*La Table des Guilloux*

BELGIQUE

Antwerpen Q. Ancien	*Het Gebaar*
Heure	*Le Fou est Belge*
Rendeux	*Au Comte d'Harscamp*
Stoumont	*Zabonprés*

→ *Het beste restaurant ontdekken ?*
→ *Het dichtsbijgelegen hotel vinden ?*
→ *De weg vinden met onze plattegronden en kaarten ?*
→ *De symbolen in deze gids begrijpen...*

Volg de rode Bib!

Adviezen over restaurants van de **Bib Chef-kok.**

Tips en adviezen van de **Bib Knipoog** voor het gebruik van deze gids en voor onderweg.

Adviezen over hotels van de **Bib Groom**.

Wellness Centre

Bel espace de bien-être et de relaxation
Mooie ruimte van welrÿn en ontspanning
Wellnessbereich
Extensive facility for relaxation and well-being

BELGIQUE/BELGIË

Arlon à Toernich	*Château du Bois d'Arlon*	
Blankenberge	*Beach Palace*	
Borgloon	*Pracha*	
Brugge Q. Centre	*Acacia*	
Bruxelles Q. Louise	*Conrad*	
Chaudfontaine	*Château des Thermes*	
Dilsen	*De Maretak*	
Florenville à Izel	*Le Nid d'Izel*	
Ham	*Hostellerie The Fox*	XX avec ch
Knokke-Heist à Albertstrand	*La Réserve*	
Koksijde à Koksijde-Bad	*Apostroff*	
Koksijde à Sint-Idesbald	*Soll Cress*	
Lanaken à Neerharen	*Hostellerie La Butte aux Bois*	
Limelette	*Château de Limelette*	
Marche-en-Famenne	*Quartier Latin*	
Oostende	*Andromeda*	
Oudenburg	*Abdijhoeve*	
De Panne	*Donny*	
De Panne	*Villa Select*	
Poperinge	*Manoir Ogygia*	
Rance à Sautin	*Le Domaine de la Carrauterie*	
Robertville	*Domaine des Hautes Fagnes*	
Spa	*Radisson SAS Palace*	
Spa à Balmoral	*Dorint*	
Zolder au Sud-Ouest	*De Pits*	

GRAND-DUCHÉ DE LUXEMBOURG

Clervaux	*Internaional*	
Clervaux	*Koener*	
Echternach	*Eden au Lac*	
Lipperscheid	*Leweck*	
Luxembourg - Centre	*Le Royal*	
Luxembourg - Périphérie à Dommeldange	*Hilton*	
Mondorf-les-Bains	*Parc*	
Remich	*Domaine la Forêt*	

Pour en savoir plus

Voor meer informatie
Gut zu wissen
Further information

Les langues parlées au Belux

Située au cœur de l'Europe, la Belgique est divisée en trois régions : la Flandre, Bruxelles et la Wallonie. Chaque région a sa personnalité bien marquée. Trois langues y sont utilisées : le néerlandais en Flandre, le français en Wallonie et l'allemand dans les cantons de l'Est. La Région de Bruxelles-Capitale est bilingue avec une majorité francophone. La frontière linguistique correspond à peu près aux limites des provinces. Ce « multilinguisme » a des conséquences importantes sur l'organisation politique et administrative du pays, devenu État Fédéral depuis 1993.
Au Grand-Duché, outre le « Lëtzebuergesch », dialecte germanique, la langue officielle est le français. L'allemand est utilisé comme langue culturelle.

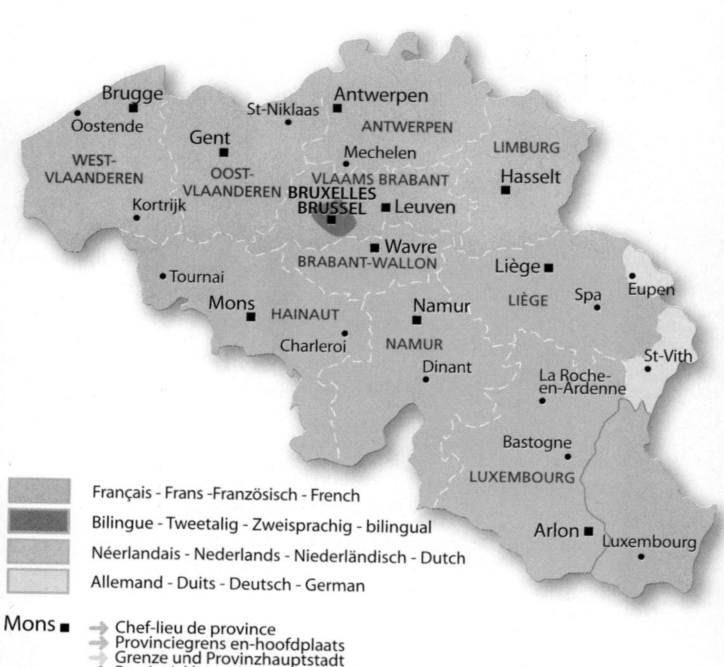

De talen in de Belux

In het hartje van Europa ligt België, verdeeld in Vlaanderen, Brussel en Wallonië. Elke regio heeft zijn eigen karakter. Er worden drie talen gesproken : Nederlands in Vlaanderen, Frans in Wallonië en Duits in de Oostkantons. Het Brussels Hoofdstedelijk Gewest is tweetalig met een meerderheid aan Franstaligen. De taalgrens komt ongeveer overeen met de grenzen van de provincies. Het feit dat België een meertalig land is, heeft belangrijke gevolgen voor de politieke en bestuurlijke organisatie. Dit leidde tot de vorming van een Federale Staat in 1993.
In het Groot-Hertogdom wordt het « Lëtzebuergesch », een Duits dialect gesproken. De officiële taal is het Frans. Het Duits is de algemene cultuurtaal.

Die Sprachen im Belux

Belgien, ein Land im Herzen von Europa, gliedert sich in drei Regionen : Flandern, Brüssel und Wallonien. Jede dieser Regionen hat ihre eigene Persönlichkeit. Man spricht hier drei Sprachen : Niederländisch in Flandern, Französisch in Wallonien und Deutsch in den östlichen Kantonen. Die Gegend um die Haupstadt Brüssel ist zweisprachig, wobei die Mehrheit Französisch spricht. Die Sprachengrenze entspricht in etwa den Provinzgrenzen. Diese Vielsprachigkeit hat starke Auswirkungen auf die politische und verwaltungstechnische Struktur des Landes, das seit 1993 Bundesstaat ist.
Im Grossherzogtum wird ausser dem « Lëtzebuergesch », einem deutschen Dialekt als offizielle Sprache französisch gesprochen. Die deutsche Sprache findet als Sprache der Kultur Verwendung.

Spoken languages in Belux

Situated at the heart of Europe, Belgium is divided into three regions : Flanders, Brussels and Wallonia. Each region has its own individual personality. Three different languages are spoken : Dutch in Flanders, French in Wallonia and German in the eastern cantons. The Brussels-Capital region is bilingual, with the majority of its population speaking French. The linguistic frontiers correspond more or less to those of the provinces. The fact that the country, which has been a Federal State since 1993, is multilingual, has important consequences on its political and administrative structures.
In the Grand Duchy, apart from « Lëtzebuergesch », a German dialect, the official language is French. German is used as a cultural language.

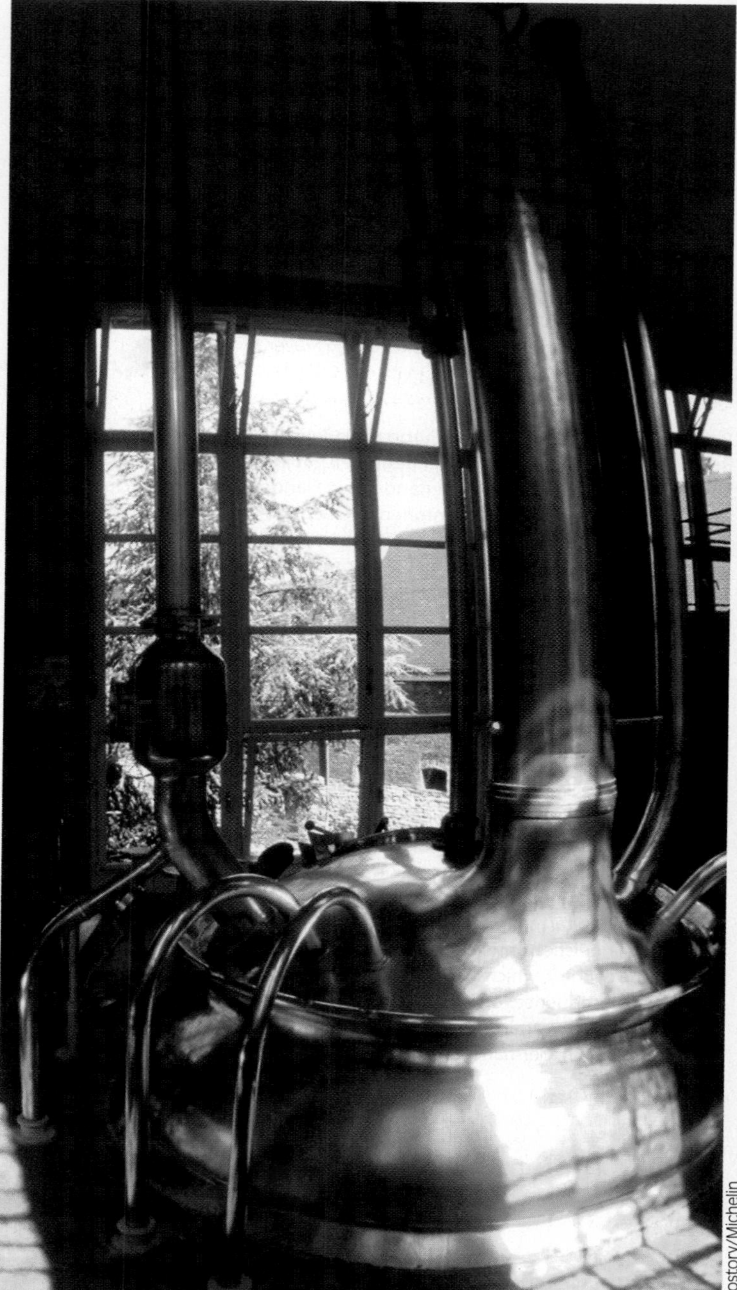

Geostory/Michelin

La bière en Belgique

«BELGIUM : BEER PARADISE»

La Belgique est le pays de la bière par excellence. On y brasse environ 400 bières sous plus de 800 marques. Une partie est consommée au tonneau, c'est-à-dire tirée à la pression ; l'autre partie, en bouteilles. Le belge moyen en a absorbé 80 litres en 2005 (contre 200 litres au début du 20e s.) et le pays compte encore plus de 100 brasseries. Les principaux brasseurs industriels sont Stella Artois, Jupiler (groupe InBev) et Alken-Maes.
Mais le brassin n'est pas l'apanage des brasseries : les abbayes en perpétuent la tradition médiévale, et leurs produits suscitent un regain d'intérêt depuis la fin du 20e s.

DE LA FABRICATION DE LA BIÈRE

Le **malt** est, avec l'eau, la matière première de la bière. Il s'obtient à partir de **grains d'orge** trempés pour produire la germination. Ces grains sont alors séchés et moulus. Le procédé de séchage détermine le type de malt et la couleur de la bière. Le **brassage** se passe traditionnellement dans des cuves en cuivre où le malt moulu se transforme en **moût** (jus sucré) par trempage dans l'eau chaude. La durée d'infusion et les paliers thermiques déterminent la variété de bière. L'ajout de **houblon** – très cultivé autour d'Alost et Poperinge – lors de l'ébullition donne sa saveur et son amertume au breuvage. Une fois le moût refroidi, la **fermentation** débute sous l'effet de la levure dont on ensemence les cuves. Cette étape dure quelques jours, pendant lesquels le moût se change en alcool et gaz carbonique. Selon la température, le type et la durée de fermentation, on obtient 3 genres de bières.

SAINT ARNOULD, LE PATRON DES BRASSEURS

Né à Tiegem au 11e s, ce fils de brasseur est la figure emblématique de la corporation brassicole. Très jeune il s'initia aux secrets du brassin avant de rejoindre la chevalerie et plus tard entrer dans les ordres. Il devint abbé puis évêque à Soissons, avant de regagner sa Flandre où il fonda à Oudenburg une abbaye dont on dit qu'il assura la prospérité en fabriquant de la bière. Par son talent de diplomate, il réconcilia les noblesses brabançonne et flamande. Alors que la peste sévissait en Flandre, la transformation d'eau contaminée en bière compte parmi les miracles qui lui sont attribués.

→ Abbaye de Rochefort : une cuve de brassage
→ De Abdij van Rochefort : een brouwketel
→ Abbaye de Rochefort : Maischbottich
→ Abbaye de Rochefort: beer brewing

FERMENTATION BASSE : FRAÎCHEUR ET LÉGÈRETÉ

Cette méthode – la plus récente – représente 70% de la production belge. Son origine remonte à 1842, dans la ville de Pilsen (Rép. Tchèque). La fermentation et la maturation se font à basse température, notamment à 0°C et 9°C. Le procédé donne des bières blondes du type **pils** : un produit léger, doré et limpide ; très désaltérant si consommé bien frais, et doté d'une amertume houblonnée. Stella Artois, Jupiler et Maes sont les trois géants belges de cette catégorie de bières.

FERMENTATION HAUTE : DES BIÈRES CONTRASTÉES

Cette méthode plus ancienne produit une infinité de bières. La fermentation s'opère entre 24°C et 28°C et une maturation à 13-16°C (refermentation en tonneau ou bouteille) lui succède souvent. La plupart des bières belges dites **«spéciales»** appartiennent à cette catégorie. Il s'agit de bières de dégustation, par opposition à la pils ordinaire. La **blanche**, non filtrée, donc trouble, fait appel à une fermentation haute mais s'apparente, par ses qualités rafraîchissantes, aux bières de soif, comme les **saisons,** pétillantes et fruitées, qui sont une délicatesse wallonne. Les **blondes** fortes, limpides, aromatiques et mousseuses connaissent aussi de nombreux adeptes, au même titre que les **ambrées**, **rousses** et **brunes**.

Parmi les nombreuses bières d'abbaye (Leffe, Maredsous, Val Dieu, Aulne, Grimbergen, Affligem, etc.), les **trappistes** ont un statut privilégié réservé aux seules bières brassées in situ sous le contrôle de moines cisterciens. Il en existe 7 au monde, dont 6 en Belgique : **Orval**, **Chimay** et **Rochefort** en Wallonie ; **Achel**, **Westmalle** et **Westvleteren** en Flandre. L'offre trappiste est variée (blondes, brunes, ambrées, double ou triple fermentation) ; chaque abbaye perpétue ses recettes et peut en créer de nouvelles.

GAMBRINUS, LE ROI DES BUVEURS DE BIÈRE

Autre personnage de légende hérité du Moyen-Âge (13e s.), Gambrinus est l'emblème des consommateurs de bière en Belgique. Héritier des duchés de Brabant et de Lorraine, il favorisa l'essor de l'industrie brassicole brabançonne en donnant aux échevins bruxellois la prérogative d'accorder des licences pour brasser et vendre le fameux breuvage. Au cours de longues agapes, raconte-t-on, ce grand amateur de cervoise fut proclamé «roi de la bière». La légende veut qu'à l'issue d'une victoire, festoyant avec son peuple, il escalada un tas de fûts, s'assit à califourchon dessus et brandit sa chope pour trinquer avec les siens : attitude symbolique relayée par l'imagerie populaire.

FERMENTATION SPONTANÉE : ACIDITÉ, DOUCEUR OU FRUIT

La fermentation s'opère ici par l'action spontanée de levures présentes naturellement dans l'air du Pajottenland et de la vallée de la Senne, où cette technique unique au monde existe depuis le Moyen-Âge. Après 2 à 3 ans de conservation en tonneaux, le liquide, plat et aigrelet, s'appelle **lambic**. La **gueuze**, bière acide et pétillante, résulte de la fermentation naturelle d'un mélange de jeune et de vieux lambic en partie fermenté. Le **faro** est un lambic acide enrichi de sucre. Les **bières fruitées** proviennent d'un mélange de fruits et de lambic. La fameuse **kriek** utilise la cerise ; framboise et pêche aromatisent aussi des bières réputées.

À CHACUN SA BIÈRE

Amères, aigres, fruitées, suaves ou épicées, les bières belges et se marient souvent avec bonheur à la gastronomie locale. Elles entrent aussi dans de nombreuses spécialités culinaires traditionnelles. À chaque variété de bière, enfin, correspond un verre adapté et une température idéale de service, qui doit se conformer à un rituel précis. Maxime à méditer avant de lever le coude : «une bière brassée avec savoir se déguste avec sagesse».

Belgisch bier

BIERPARADIJS BELGIË

België is een echt bierland. Er worden zo'n 400 biersoorten gebrouwen, die onder meer dan 800 merknamen worden verkocht. Een deel wordt uit het fust geschonken, dat wil zeggen getapt, en de rest gebotteld. In 2005 dronk de gemiddelde Belg 80 liter bier (tegenover 200 liter in het begin van de 20ste eeuw) en het land telt nog ruim 100 brouwerijen. De voornaamste industriële brouwerijen zijn Stella Artois, Jupiler (InBev-groep) en Alken-Maes. Bier is echter niet het alleenrecht van de brouwerijen, want de abdijen zetten de middeleeuwse traditie voort en hun producten mogen zich sinds het einde van de 20ste eeuw in een hernieuwde belangstelling verheugen.

DE VERVAARDIGING VAN BIER

Samen met water is mout de grondstof van bier. **Mout** wordt verkregen door **gerstekorrels** te weken zodat ze gaan ontkiemen, waarna de korrels worden gedroogd en gemalen. Het drogingsprocédé bepaalt het type mout en de kleur van het bier. Het **brouwen** geschiedt van oudsher in koperen ketels, waarin het gemalen mout in **wort** (suikerhoudend extract) verandert, doordat het in heet water wordt gedompeld. Door de duur van de infusie en het aanhouden van rustpauzes op bepaalde temperaturen wordt de variëteit van het bier bepaald. Door tijdens het koken **hop** toe te voegen – wat veel wordt verbouwd in de omgeving van Aalst en Poperinge – krijgt het brouwsel zijn smaak en bitterheid. Als de wort is afgekoeld, begint de **vergisting** door biergist in de ketels af te zetten. Deze fase duurt enkele dagen, waarin de wort in alcohol en koolzuurgas wordt omgezet. Afhankelijk van de temperatuur, het type gisting en de duur daarvan worden er drie categorieën bier verkregen.

DE H. ARNOLDUS, SCHUTSPATROON VAN DE BIERBROUWERS

Deze zoon van een bierbrouwer werd in de 11de eeuw in Tiegem geboren en is het symbool van het bierbrouwersgilde. Op zeer jonge leeftijd werd hij al ingewijd in de geheimen van het brouwsel, alvorens tot ridder te worden geslagen en daarna in het klooster in te treden. Hij werd abt en vervolgens bisschop van Soissons. Later keerde hij terug naar zijn geboortestreek Vlaanderen, waar hij in Oudenburg een abdij stichtte, waarvan de welvaart aan de productie van bier te danken zou zijn. Dankzij zijn diplomatieke gave slaagde hij erin de Brabantse en Vlaamse adel met elkaar te verzoenen. Toen de pest Vlaanderen teisterde, zou hij voor een wonder hebben gezorgd door besmet water in bier te veranderen.

LAGE GISTING: FRIS EN LICHT

Deze methode, de meest recente, vertegenwoordigt 70% van de Belgische productie en werd in 1842 in het Tsjechische Pilsen uitgevonden. De gisting en rijping geschieden op lage temperatuur, tussen de 0 en 9°C. Dit procédé geeft blond bier van het type **pils:** een licht, lichtgeel en helder biertje met een bittere hopsmaak, dat goed is tegen de dorst als het koud wordt gedronken. Stella Artois, Jupiler en Maes zijn de drie Belgische giganten van deze categorie bier.

HOGE GISTING: STERK VERSCHILLENDE SMAKEN

Deze methode, die ouder is, levert een oneindige variatie op. De gisting vindt plaats tussen de 24 en 28°C, vaak gevolgd door een rijping op 13 tot 16°C (nagisting op vat of in de fles). De meeste van de zogeheten **"speciale"** Belgische biersoorten vallen onder deze categorie. Dit is echt proefbier, in tegenstelling tot gewone pils. Ongefilterd dus troebel **witbier** is het resultaat van een hoge gisting, maar lijkt door zijn verfrissende kwaliteiten op dorstlessend bier, zoals bruisend en fruitig **seizoenbier,** een echte Waalse traktatie. **Sterk blond bier,** dat helder, aromatisch en mousserend is, heeft ook veel fans, net als **amberbier**, **roodbier** en **bruinbier**.
Onder de talloze **abdijbieren** (Leffe, Maredsous, Val Dieu, Aulne, Grimbergen, Affligem, enz.) geniet het **trappistenbier** een bevoorrechte status die is voorbehouden aan bier dat binnen de kloostermuren wordt gebrouwen onder toezicht van de cisterciënzers. Er bestaan er slechts zeven ter wereld, waarvan zes in België: **Orval**, **Chimay** en **Rochefort** in Wallonië en **Achel**, **Westmalle** en **Westvleteren** in Vlaanderen. Het trappistenaanbod is gevarieerd (blond, bruin, amber, dubbel of tripple), want elke abdij heeft zijn eigen eeuwenoude recepten en kan daarnaast ook nieuwe bedenken.

SPONTANE GISTING: ZURIG, ZACHT OF FRUITIG

De gisting geschiedt hier door de spontane werking van natuurlijke gisten in de lucht van het Pajottenland en het Zennedal, waar deze unieke techniek al vanaf de Middeleeuwen wordt toegepast. Na twee tot drie jaar op vat te zijn bewaard, heet het rinse vocht zonder koolzuur **lambiek**. Het zurige en bruisende **geuzenbier** ontstaat door de natuurlijke gisting van een mengsel van jonge en oude lambiek die deels heeft gefermenteerd. **Faro** is een met suiker verrijkte zure lambiek. **Fruitbier** bestaat uit een mix van vruchten en lambiek. De beroemde **kriek** is op basis van kersen, maar er zijn ook bekende bieren met frambozen- of perziksmaak.

GAMBRINUS, KONING VAN HET BIER

Een andere legendarische figuur uit de Middeleeuwen (13de eeuw) is Gambrinus, het symbool van de bierdrinkers in België. Deze erfgenaam van de hertogdommen Brabant en Lotharingen bevorderde de bloei van de Brabantse bierindustrie door de Brusselse schepenen het voorrecht te geven om licenties te verlenen voor het brouwen en verkopen van de beroemde drank. Tijdens enorme braspartijen zou deze grote liefhebber van het gerstenat tot "koning van het bier" zijn uitgeroepen. Het verhaal gaat dat hij na een overwinning met zijn volk feestvierde en toen een stel fusten op elkaar stapelde, waarop hij schrijlings ging zitten met een pul in de hand om met zijn onderdanen te proosten. Sindsdien wordt hij op volksprenten steevast in deze houding afgebeeld.

VOOR ELK WAT WILS

Bitter, zuur, fruitig, zacht of kruidig, Belgisch bier past uitstekend bij de gastronomie van het land en wordt gebruikt voor de bereiding van talloze traditionele specialiteiten. Elke biersoort vraagt wel om zijn eigen glas en heeft een ideale temperatuur om te worden geschonken, een ritueel dat nauwlettend moet worden gevolgd. Tot besluit een spreuk om even bij stil te staan alvorens het glas te heffen: "bier dat met kennis is gebrouwen, wordt met verstand gedronken".

Das Bier in Belgien

„BELGIEN, DAS BIERPARADIES"

In Belgien, dem Bierland par excellence, werden etwa 400 Biersorten unter mehr als 800 Markennamen gebraut. In dem Land existieren noch über 100 Brauereien, von denen die größten industriellen Brauereien Stella Artois, Jupiler (InBev-Gruppe) und Alken-Maes sind. Doch der Braukessel ist keineswegs den Brauereien vorbehalten, denn die **Abteien** setzen die mittelalterliche Tradition fort, und ihre Produkte stoßen seit Ende des 20. Jh.s wieder vermehrt auf Interesse. Im Jahr 2005 konsumierte der durchschnittliche Belgier 80 Liter Bier (gegenüber 200 Litern zu Beginn des 20. Jh.s), von denen ein Teil als Fassbier und der Rest aus Flaschen getrunken wurde.

DIE BIERHERSTELLUNG

Gemeinsam mit dem Wasser ist **Malz** der Rohstoff für Bier. Es wird aus **Gerstenkörnern** gewonnen, die in Wasser eingeweicht und zur Keimung gebracht werden. Anschließend werden die Körner getrocknet und geschrotet. Das Trocknungsverfahren ist ausschlaggebend für den Malztyp und die Farbe des Bieres. Das **Brauen** erfolgt traditionell in Kupferkesseln, in denen sich das geschrotete Malz durch Mischen mit heißem Wasser in **Maische** (zuckerhaltiger Stoff) verwandelt. Die Infusionsdauer und die so genannten Rast-Temperaturen bestimmen die Biersorte. Durch Zusatz von **Hopfen** beim Kochen erhält das Gebräu seinen Geschmack und sein bitteres Aroma. Wenn die Maische abgekühlt ist, beginnt die **Gärung** durch die Hefe, die in den Kesseln zugesetzt wird. Dieser Prozess dauert einige Tage, in denen die Maische in Alkohol und Kohlensäure vergoren wird. Je nach Temperatur, Art und Dauer der Gärung erhält man eine der 3 Bierarten.

DER HL. ARNOLD, DER SCHUTZHEILIGE DER BIERBRAUER

Der im 11. Jh. in Tiegem geborene Sohn eines Bierbrauers machte sich sehr früh mit den Geheimnissen des Brauens vertraut, bevor er dem Ritterstand beitrat und später ins Kloster ging. Er wurde zunächst Abt, dann Bischof von Soissons und kehrte anschließend nach Flandern zurück. Dort gründete er in Oudenburg eine Abtei, der er durch das Brauen von Bier zum Wohlstand verhalf. Dank seines diplomatischen Geschicks konnten die brabantischen und die flämischen Adeligen versöhnt werden. Die Umwandlung von verseuchtem Wasser in Bier in der Zeit, als in Flandern die Pest wütete, ist eines der ihm zugeschriebenen Wunder.

UNTERGÄRIGE BIERE: FRISCHE UND LEICHTIGKEIT

Dieses Brauverfahren wurde in Pilsen (Tschechien) entwickelt und ist das jüngste Verfahren (1842). 70 % der belgischen Bierproduktion werden nach dieser Methode hergestellt und von den drei Riesen Stella Artois, Jupiler und Maes gebraut. Dabei erfolgen Gärung und Reifung bei niedrigen Temperaturen (zwischen 0° C und 9° C). Man erhält ein helles Bier nach Art des **Pils**, ein goldenes, leichtes und sehr durstlöschendes Getränk mit leicht bitterem Hopfengeschmack.

OBERGÄRIGE BIERE: KONTRASTREICHE SORTEN

Bei dieser älteren Methode vollzieht sich die Gärung bei 24° C bis 28° C, und häufig folgt eine Reifung bei 13° C bis 16° C. Eine riesige Zahl Biersorten wird nach diesem Verfahren hergestellt, darunter die meisten der belgischen so genannten **Spezialbiere,** die im Gegensatz zum durstlöschenden normalen Pils eher zum Genuss getrunken werden. Das **„weiße Bier"** (blanche) ist ungefiltert, also trüb, und wird mit obergäriger Hefe hergestellt, ist jedoch durch seine erfrischenden Eigenschaften eher den durstlöschenden Bieren zuzurechnen, wie auch die feinen wallonischen **Saisonbiere** *(saisons)*, die spritzig und fruchtig schmecken. Die klaren, aromatischen und schäumenden **hellen Starkbiere** *(blondes fortes)* haben ebenfalls zahlreiche Liebhaber, ebenso wie die **bernsteinfarbenen**, **rotbraunen** und **dunklen Biere** *(ambrées, rousses, brunes)*.
Weiterhin gibt es zahlreiche **Abteibiere** (Leffe, Maredsous, Val Dieu, Aulne, Grimbergen, Affligem usw.). Dabei verwendet jede Abtei ihre eigenen Rezepte und kreiert bisweilen auch neue.
Unter den Abteibieren genießen die Trappistenbiere, die es in vielen verschiedenen Sorten gibt, einen Sonderstatus, da sie die einzigen Biere sind, die innerhalb der Abtei unter der Aufsicht von Zisterziensermönchen gebraut werden. Weltweit existieren sieben Trappistenbiere, davon sechs in Belgien: **Orval**, **Chimay** und **Rochefort** in Wallonien sowie **Achel**, **Westmalle** und **Westvleteren** in Flandern.

SPONTANGÄRIGE BIERE: SÄURE, MILDE ODER FRUCHTIGKEIT

Bei diesem weltweit einzigartigen Verfahren, das im Mittelalter entwickelt wurde, vollzieht sich die Gärung durch die spontane Wirkung der Hefesporen, die in der Luft des Pajottenlandes und des Sennetals natürlich vorkommen. Nach zwei- bis dreijähriger Lagerung im Fass wird das nicht schäumende, leicht säuerliche Getränk **Lambic** genannt. Das **Gueuze,** ein saures, spritziges Bier, entsteht durch die natürliche Gärung einer Mischung aus jungen und älteren, teils vergorenen Lambic-Bieren, wohingegen das **Faro** ein saures, mit Zucker angereichertes Lambic ist. Nicht vergessen werden dürfen die **Fruchtbiere,** die aus einer Mischung von Früchten (Himbeeren, Pfirsiche usw.) und Lambic entstehen. Bei dem berühmten **Kriek** werden dazu Kirschen verwendet.

GAMBRINUS, DER KÖNIG DER BIERTRINKER

Gambrinus, eine weitere legendäre Gestalt aus der Zeit des Mittelalters (13. Jh.), ist das Sinnbild der Biertrinker in Belgien. Er erbte die Herzogtümer Brabant und Lothringen und verhalf der Brabanter Brauindustrie zum Aufschwung, indem er den Brüsseler Beigeordneten das Vorrecht gab, Lizenzen zum Brauen und Verkaufen des berühmten Getränks zu gewähren. Es wird erzählt, dass dieser große Bierliebhaber im Verlauf langer Festmähler zum „König des Biers" ausgerufen wurde. Der Sage nach feierte er im Anschluss an einen Sieg mit seinem Volk, erklomm einen Haufen Fässer, setzte sich rittlings darauf und erhob sein Glas, um mit den Seinen anzustoßen. Diese emblematische Haltung wurde in den Bilderbögen wieder aufgenommen.

EIN BIER FÜR JEDEN GESCHMACK

Ob bitter, säuerlich, fruchtig, mild oder würzig, die belgischen Biere harmonieren ausgezeichnet mit der lokalen Küche und werden auch für zahlreiche traditionelle kulinarische Spezialitäten verwendet. Für jede Biersorte gibt es ein geeignetes Glas und eine ideale Trinktemperatur, wobei man immer nach einem präzisen Ritual vorgeht. Und bevor man das Glas hebt, sollte man daran denken: „Ein mit Können gebrautes Bier genießt man mit Mäßigung."

Beer in Belgium

BELGIUM: A PARADISE FOR BEER LOVERS

Belgium is famous for its beer and produces around 400 beers under more than 800 brand names. There remain over 100 breweries in Belgium, the main industrial brewers being Stella Artois, Jupiler (InBev Group) and Alken-Maes. However, beer production is not limited to the breweries: the abbeys carry on their medieval tradition and in the last ten years there has been a revival in the popularity of these beers. The average Belgian drank 80 litres of the drink in 2005 (compared to 200 litres at the beginning of the 20th century), partly draught beer (from the barrel) and partly bottled beer.

THE BEER PRODUCTION PROCESS

Together with water, **malt** is the main ingredient of beer. Grains of **barley** are used to make the malt. The grains are soaked to bring about germination and then dried and crushed. The drying process determines the type of malt and the colour of the beer. **Brewing** traditionally takes place in copper vats where the ground malt is soaked in hot water, turning it into a sweet solution called **wort**. The duration of infusion and the temperature determine the beer variety. **Hops** are added during the boiling process, contributing flavour and bitterness to the brew. Once the wort has cooled, yeast is added to the vats and **fermentation** starts. This stage lasts several days, during which time the wort breaks down into alcohol and carbon dioxide. Depending on the temperature, type and duration of fermentation, three different styles of beers result.

ST ARNOLDUS, THE PATRON SAINT OF BREWERS

The son of a brewer, St Arnoldus was born in Tiegem in the 11th century. He was taught the secrets of beer brewing at a very young age before he became a knight and then later entered the orders. He became an abbot and then bishop at Soissons, before returning to Flanders where he founded an abbey in Oudenburg. It is said that he ensured the prosperity of the abbey by producing beer. Using his talents as a diplomat, St Arnoldus reconciled the Brabant and Flemish nobilities. When the plague was rife in Flanders, St Arnoldus was credited with transforming contaminated water into beer, among other miracles.

FRESH AND LIGHT BOTTOM-FERMENTED BEERS

Bottom fermentation was developed in Pilsen in the Czech Republic in 1842 and is the most recently developed method of fermentation. 70% of Belgian beer production – including that of the big three beer manufacturers, Stella Artois, Jupiler and Maes – is made in this way. Fermentation takes place at low temperatures (between 0°C and 9°C) to produce a **Pils**-type pale lager – a light and thirst-quenching golden beer, with a bitter hops flavour.

CONTRASTING TOP-FERMENTED BEERS

Top-fermentation is an older method whereby primary fermentation takes place at between 24°C and 28°C, often followed by secondary fermentation at 13°C to 16°C. A wide variety of beers are produced in this way, including most of the Belgian beers known as **"spéciales"**, in other words 'tasting' beers, as opposed to ordinary Pils. Unfiltered and therefore cloudy **white beers** are top fermented but, because of their refreshing qualities, are similar in taste to 'drinking' beers, like the delicate, sparkling and fruity **saison** beers from Wallonia. The clear, aromatic and frothy **blonde** beers also have their devotees, as do the **amber**, **red** and **brown** beers.

There are numerous **abbey beers** (Leffe, Maredsous, Val Dieu, Aulne, Grimbergen, Affligem, etc) whose producers continue to use abbey recipes and are able to create new ones.

Among these, the wide-ranging **Trappist beers** have special status reserved for those beers brewed in situ under the control of the Cistercian monks themselves. There are 7 Trappist abbey breweries, 6 of them in Belgium: **Orval**, **Chimay** and **Rochefort** in Wallonia, and **Achel**, **Westmalle** and **Westvleteren** in Flanders.

ACIDIC, SWEET OR FRUITY SPONTANEOUS-FERMENTED BEERS

Spontaneous fermentation was developed in the Middle Ages and is unique to Belgium. Fermentation takes place due to the spontaneous action of yeasts which are naturally present in the air around Pajottenland and the Senne valley. The liquid is kept for 2 to 3 years in barrels and the resultant still and sour brew is called **lambic**. The acidic and sparkling **gueuze** is the result of the natural fermentation of a mix of partly-fermented young and old lambic, while **faro** is an acidic lambic which has been sweetened. Then there are **fruit beers**, where lambic is mixed with fruit (for example, strawberry or peach), such as the famous **kriek**, which is flavoured using cherries.

GAMBRINUS, KING OF BEER DRINKERS

The 13th century king Gambrinus is another legendary medieval figure and a symbol for beer drinkers in Belgium. He was Duke of Brabant and Lorraine and encouraged the development of the Brabant brewing industry by giving Brussels aldermen the right to grant licences for the brewing and sale of the famous beverage. Legend has it that, to celebrate a victory, he quaffed beer with his subjects and during long banquets, the great beer lover was proclaimed "king of beer". The image of Gambrinus retained in the popular imagination is of him astride a beer keg, on a pile of barrels, brandishing his tankard aloft.

A BEER FOR EVERYONE

Whether bitter, sour, fruity, sweet or spicy, Belgian beers are a perfect partner to the local cuisine. They are also used in many traditional culinary specialities. Each variety of beer should be served in the appropriate glass and at the ideal temperature, and then enjoyed according to the maxim, "beer brewed carefully, to be consumed with care".

Le vin au Luxembourg

LA MOSELLE : TERROIR DU VIN LUXEMBOURGEOIS

Avec seulement 1.300 ha de parcelles et une production vineuse annuelle de 135.000 hl (2005), en constante évolution qualitative, le Luxembourg reste, comme le commentait déjà le Général de Gaulle, «le petit pays des grands vins». L'essentiel de l'activité viticole se concentre dans une trentaine de localités de la vallée de la Moselle, dont la tradition vigneronne remonte à l'Antiquité. Frontière naturelle avec l'Allemagne, cette rivière aux allures de fleuve déroule ses flots paisibles sur 42 km en territoire grand-ducal, entre Schengen et Wasserbillig. La majorité des exploitations (460) sont groupées en 6 coopératives gérées par le groupe Vinsmoselle (840 ha) qui assure 62 % de la production nationale. 52 vignerons indépendants fournissent 21,5 % de la production nationale ; les 16,5 % restants étant assurés par 6 producteurs-négociants.

L'UN DES VIGNOBLES EUROPÉENS LES PLUS SEPTENTRIONAUX

«Eldorado viticole du Nord», les coteaux de la rive gauche de la Moselle bénéficient de conditions particulièrement propices à la culture de la vigne : sous-sol de qualité, pentes régulières dont la déclivité peut atteindre 60%, exposition favorable, micro-climat doux et tempéré, conjuguant influences continentales et maritimes, pluviosité se distribuant idéalement sur les 12 mois de l'année et action thermorégulatrice de la rivière, dont la surface de l'eau reflète la lumière et favorise la maturation du raisin.

LUXEMBOURG
Wässerbillig
Mertert
Grevenmacher
Machtum
Niederdonven
Ahn
Gostingen
Ehnen
Wormeldange
LUXEMBOURG
Lenningen
Greiveldange
Stadtbredimus
Remich
Bous
Erpeldange
Bech-Kleinmacher
Wellenster
Mondorf-les-Bains
Schwebsange
Wintrange
Remerscen
Schengen
Moselle
France

NEUF GRANDS CÉPAGES

Vins blancs, mousseux et crémants se partagent la majeure partie de la production, où entrent aujourd'hui 9 principaux cépages : Rivaner (le plus répandu), Auxerrois, Pinot Gris, Riesling, Elbling, Pinot Blanc, Gewürztraminer et, plus récemment, Chardonnay et Pinot Noir. Les conditions climatiques permettent même parfois l'élaboration de vins rares : vendanges tardives, vins de paille et vins de glace. À la différence de la France, le

Des cépages pour tous les goûts

◆ **Auxerrois :** faible acidité, bouquet moelleux et fruité (note de banane au stade jeune). Pour toutes les occasions, en particulier pour l'apéritif et au cours des réceptions.

◆ **Chardonnay :** un cépage introduit avec succès en 1986. Plaît pour sa finesse et son côté à la fois sec et fruité. S'accorde bien aux poissons, fruits de mer et crustacés.

◆ **Elbling :** un vin «de tous les jours», cultivé depuis l'époque gallo-romaine et très prisé des Luxembourgeois. Sec, faiblement alcoolisé et plutôt neutre, avec tout de même une pointe d'acidité lui conférant fraîcheur et légèreté.

◆ **Gewürztraminer :** voluptueux et raffiné, doté d'un bouquet d'épices, de fruit (litchi) et de fleur (rose). Pour les desserts et les fromages.

◆ **Pinot blanc :** cépage d'origine bourguignonne. Fruité, fraîcheur, vivacité et finesse pour valoriser les recettes de poissons et les coquillages.

◆ **Pinot gris :** cépage alsacien offrant un vin souple et onctueux, au nez de fruits secs, bois et épices, et à la longueur en bouche parfaits pour l'apéritif et le dessert.

◆ **Pinot noir :** autre cépage bourguignon, se prêtant à une vinification en rosé et en rouge, voire en blanc. Bouquet tout en fraîcheur, caractère élégant et fruité en font également un partenaire assez polyvalent.

◆ **Riesling :** «roi des vins luxembourgeois», venu d'Allemagne. Fraîcheur, bouquet fruité, élégance, nervosité et race, longueur en bouche: le complice idéal d'une grande diversité de mets raffinés.

◆ **Rivaner :** parmi les cépages les plus cultivés, né d'un croisement entre le Riesling et le Sylvaner. Produit un vin convivial et fruité, au parfum typé et aux accents musqués. Agréable à l'apéritif... et après.

Luxembourg ne possède pas de tradition d'assemblage, sauf pour l'élaboration des mousseux et des crémants ; aussi, les vins tranquilles (non pétillants) sont-ils toujours vendus sous le nom de leur cépage. On distingue deux principaux terroirs, qui sont les plus réputés : les sols calcaires du Nord de la vallée (canton de Grevenmacher) donnent des vins élégants et racés, à notes minérales, tandis que les gypses et marnes argileuses de la partie Sud (canton de Remich) procurent des vins alliant rondeur et souplesse.

COMMENT CHOISIR LE BON VIN ?

Les vins de qualité issus de ces régions bénéficient de l'appellation d'origine contrôlée, repérable grâce à une petite contre-étiquette rectangulaire apposée au dos de la bouteille, côté bas. Les mentions «Moselle luxembourgeoise-Appellation contrôlée», «Marque nationale» et «Sous le contrôle de l'État» figurent obligatoirement sur ce label, en même temps que le millésime et le niveau qualitatif, exprimé comme suit (par ordre de qualité décroissant) : mentions «grand premier cru», «premier cru», «vin classé» et absence de mention. Producteurs indépendants ou coopérateurs, mais aussi tavernes, bistrots et bon nombre de restaurants retenus dans la sélection du Guide vous feront partager la passion du vin et découvrir la cuvée ou le cépage approprié à chaque mets et à chaque situation de dégustation.

Luxemburgse wijn

DE MOEZEL, BAKERMAT VAN DE LUXEMBURGSE WIJN

Luxemburg telt slechts 1300 ha wijngaarden en produceert jaarlijks 13,5 miljoen liter wijn, waarvan de kwaliteit nog voortdurend wordt verbeterd. Hiermee blijft Luxemburg, zoals Charles De Gaulle verwoordde, 'het kleine land met de grote wijnen'. De wijnbouw concentreert zich met name op een dertigtal locaties in de Moezelvallei, waar de wijntraditie teruggaat tot de Oudheid. De Moezel vormt een natuurlijke grens met Duitsland en volgt op het grondgebied van het groothertogdom een traject van 42 km, tussen Schengen en Wasserbillig. De meeste wijnbouwers (460) hebben zich verenigd in zes coöperaties, beheerd door de groep Vinsmoselle (840 ha). Zij nemen 62% van de nationale productie voor hun rekening. Verder zijn er 52 onafhankelijke wijnbouwers, die 21,5% van de nationale productie leveren. De resterende 16,5 % wordt verbouwd door zes producenten-handelaren..

EEN VAN DE MEEST NOORDELIJK GELEGEN WIJNGEBIEDEN VAN EUROPA

De hellingen langs de linkeroever van de Moezel behoren tot het 'wijneldorado van het Noorden'. De omstandigheden zijn er uitermate geschikt voor de wijnbouw: uitstekende bodem, gelijkmatige hellingen van soms 60%, gunstige ligging op de zon, een zacht en gematigd microklimaat met continentale en maritieme invloeden, een neerslag die ideaal verspreid is over de 12 maanden, en de warmte regelende werking van de rivier, die het licht weerkaatst en zo de rijping van de druiven stimuleert.

NEGEN BELANGRIJKE DRUIVENRASSEN VOOR EEN MOOI ASSORTIMENT WIJNEN

Witte, mousserende en licht mousserende wijnen vormen het grootste deel van de productie, waarvoor negen druivensoorten worden verbouwd: Rivaner (de meest verbreide), Auxerrois, Pinot Gris, Riesling, Elbling, Pinot Blanc, Gewürztraminer en, van recentere datum, Chardonnay en Pinot Noir. Dankzij de klimatologische omstandigheden kunnen soms zelfs zeldzame wijnen worden geproduceerd: late oogst, strowijn en ijswijn. In Luxemburg wordt traditioneel geen wijn versneden, behalve voor de productie van mousserende en licht mousserende wijnen. De niet-mousserende wijnen worden dan ook altijd verkocht onder de naam van de druivenvariëteit. Er zijn twee belangrijke wijnbouwgebieden te onderscheiden, die de meeste bekendheid genieten: de kalkgronden aan de noordkant van het dal (kanton Grevenmacher) geven elegante raswijnen met een minerale ondertoon, terwijl de zuidelijke mergelstreek (kanton Remich) ronde, soepele wijnen oplevert.

DE JUISTE WIJN KIEZEN

De kwaliteitswijnen uit genoemde streken dragen het label 'appellation d'origine contrôlée', te herkennen aan een klein, rechthoekig etiketje onderaan op de achterkant van de fles. Op dit label zijn ook de verplichte vermeldingen 'Moselle luxembourgeoise-Appellation contrôlée', 'Marque nationale' en 'Sous le contrôle de l'État', evenals het jaartal en het kwaliteitsniveau (in volgorde van afnemende

Voor elke smaak wat wils

- De **Auxerrois** heeft een geringe zuurtegraad en een vol, zacht en fruitig bouquet (in de nog jonge wijn is vaak een noot van banaan te proeven). De wijn is geschikt voor elke gelegenheid, met name als aperitief en voor recepties.
- De **Chardonnay,** een druivensoort die in 1986 met succes is geïntroduceerd, heeft finesse en is droog en fruitig tegelijk. De wijn smaakt heerlijk bij vis, fruits de mer en schaaldieren.
- De **Elbling** wordt al sinds de Gallo-Romeinse tijd verbouwd en geeft een wijn 'voor alle dag'. De wijn is droog, heeft een laag alcoholpercentage, is vrij neutraal van smaak en bij de Luxemburgers bijzonder in trek. De zuurtegraad zorgt voor een licht en fris karakter.
- De **Gewürztraminer** geeft een volle, subtiele wijn met een kruidig, fruitig (lichee) en bloemig (roos) bouquet dat neus en tong verleidt. Bij desserts en kaas komt de aromatische complexiteit van deze wijn goed tot uitdrukking.
- Een fruitig, fris, rond en subtiel karakter onderscheidt de **Pinot blanc,** een druivensoort uit de Bourgogne. De wijn past bijzonder goed bij visgerechten en schelpdieren.
- De **Pinot gris,** een druivenras uit de Elzas, geeft een soepele, zachte wijn met een neus van droog fruit, hout en kruiden en een lange afdronk. Een prima keus voor het aperitief, maar ook betrouwbaar gezelschap bij het dessert.
- Ook uit de Bourgogne komt de **Pinot noir,** die geschikt is voor de productie van rosé, rode en zelfs witte wijn. De soort onderscheidt zich door een fris bouquet en een elegant, fruitig karakter en is hiermee breed inzetbaar.
- De **Riesling,** afkomstig uit Duitsland, wordt beschouwd als de 'koning van de Luxemburgse wijnen'. De wijn heeft een fris en krachtig raskarakter, een fruitig en elegant bouquet en een lange afdronk. De soort kan aroma's ontwikkelen die doen denken aan mineralen, vruchten (citrusfruit, perzik, mango, ananas), bloemen en honing. Riesling is de ideale bondgenoot voor vele verfijnde gerechten.
- De **Rivaner** is een kruising van de Riesling en de Sylvaner en een van de meest verbouwde variëteiten. De wijn is harmonieus en fruitig en heeft een karakteristiek parfum met een muskaatachtig accent. Een aangename wijn als aperitief, die ook verder tijdens de maaltijd kan worden gedronken.

kwaliteit) 'grand premier cru', 'premier cru', 'vin classé' of geen kwaliteitsaanduiding. Onafhankelijke producenten en coöperatieve wijnboeren, maar ook tavernes, bistrots en tal van restaurants die in deze gids zijn opgenomen, zullen hun passie voor de wijn met u delen en u adviseren welke wijn het beste past bij welk gerecht en bij welke gelegenheid.

Der Wein in Luxemburg

DAS MOSELTAL – LAND DES LUXEMBURGISCHEN WEINS

Mit nur 1 300 ha Weinbergen und einer jährlichen Weinproduktion von 135 000 hl (2005), die an Qualität ständig zunimmt, bleibt Luxemburg „das kleine Land der großen Weine", wie schon Charles de Gaulle meinte. Der Weinbau konzentriert sich im Wesentlichen auf etwa 30 Gemeinden im Moseltal, dessen Weinbautradition bis in die Antike zurückreicht. Dieser Fluss mit der Anmutung eines Stromes, der die natürliche Grenze zu Deutschland bildet, fließt ruhig auf einer Länge von 42 km zwischen Schengen und Wasserbillig durch das Staatsgebiet des Großherzogtums dahin. Die meisten der Weinbaubetriebe (460) sind in 6 Genossenschaften zusammengefasst. Diese Genossenschaften werden von der Vinsmoselle-Gruppe geleitet (840 ha), die 62 % der Produktion des Landes erzeugt. 52 unabhängige Winzer stellen 21,5 % der Landesproduktion her, und die übrigen 16,5 % stammen von 6 Selbstabfüllern.

EINES DER NÖRDLICHSTEN WEINBAUGEBIETE EUROPAS

An den auch als „Wein-Eldorado des Nordens" bezeichneten Anhöhen am linken Moselufer herrschen Bedingungen, die für den Rebenanbau besonders günstig sind: ein ausgezeichneter Boden, gleichmäßige Hänge, deren Neigung bis zu 60 % betragen kann, eine günstige Ausrichtung, ein mildes und gemäßigtes Mikroklima, das die Einflüsse von See- und Kontinentalklima in sich vereint, ideal auf alle 12 Monate des Jahres verteilte Niederschläge und temperaturausgleichende Einflüsse des Flusses, dessen Wasseroberfläche das Licht reflektiert und die Reifung der Trauben begünstigt.

NEUN REBSORTEN FÜR EIN SCHÖNES WEINSORTIMENT

Weißweine, Schaumweine und Crémants machen den größten Teil der Produktion aus, für die heute im Wesentlichen die neun Rebsorten Rivaner (Müller-Thurgau, am weitesten verbreitet), Auxerrois, Pinot Gris (Grauburgunder), Riesling, Elbling, Pinot Blanc (Weißer Burgunder), Gewürztraminer sowie seit kurzem Chardonnay und Pinot Noir (Spätburgunder) verwendet werden. Dank der klimatischen Bedingungen können manchmal sogar Spitzenweine wie Spätlese (vendange tardive), Strohwein (vin de paille) und Eiswein (vin de glace) erzeugt werden. Im Unterschied zu Frankreich werden in Luxemburg die Rebsorten traditionell nicht verschnitten, außer für die Herstellung der Schaumweine und Crémants. Daher werden die nicht perlenden Weine immer unter dem Namen der Rebsorte verkauft. Man unterscheidet zwei Hauptweinbaugebiete, die höchstes Ansehen genießen: Die Kalkböden im Norden des Moseltals (Kanton Grevenmacher) bringen elegante und rassige Weine mit mineralischer Note hervor, während auf den Gipsböden und Mergeltonen im südlichen Teil (Kanton Remich) geschmeidige, runde Weine erzeugt werden.

DIE WAHL DES RICHTIGEN WEINES

Die in diesen Regionen erzeugten Qualitätsweine tragen die kontrollierte Herkunftsbezeichnung, die an einem kleinen rechteckigen Zusatzetikett im unteren Bereich auf der Rückseite der Flasche zu erkennen ist. Auf diesem Gütesiegel müssen zwingend die Angaben „Moselle luxembourgeoise-Appellation contrôlée", „Marque

Weine für jeden Geschmack

- Die Weine der Rebsorte **Auxerrois**, die wegen ihrer geringen Säure und ihres weichen und fruchtigen Buketts (häufig ist bei jungen Weinen eine bananenartige Note wahrnehmbar) geschätzt werden, passen für alle Gelegenheiten und werden insbesondere als Aperitif und bei Empfängen getrunken.
- Der auf der 1986 mit Erfolg eingeführten **Chardonnay-Rebe** basierende Wein gefällt durch seine Feinheit und seine zugleich trockene und fruchtige Note. Er wird zu Fisch, Meeresfrüchten und Krustentieren gereicht.
- Der **Elbling**, der seit der gallorömischen Epoche angebaut wird, ergibt einen Wein „für jeden Tag". Er ist trocken, mit niedrigem Alkoholgehalt und eher neutral, doch ist er bei den Luxemburgern sehr beliebt. Gleichwohl zeichnet er sich durch eine gewisse Säure aus, die ihm Frische und Leichtigkeit verleiht.
- Aus der **Gewürztraminer-Traube** wird ein voller und eleganter Wein mit einem Bukett nach Gewürzen, Früchten (Litschi) und Blumen (Rose) gewonnen, der Nase und Gaumen gleichermaßen schmeichelt. Zum Dessert und beim Käse entfaltet er sein komplexes Aroma am besten.
- Fruchtigkeit, Frische, Fülle und Feinheit zeichnen den **Pinot blanc** (Weißer Burgunder) aus. Die Weine dieser ursprünglich aus Burgund stammenden Rebsorte harmonieren besonders gut mit Fisch- und Muschelgerichten.
- Der **Pinot gris** (Grauburgunder), eine elsässische Rebsorte, ergibt einen geschmeidigen, vollmundigen Wein. Durch seinen Duft (Trockenfrüchte, Holz, Gewürze) und seinen langen Abgang ist er ein hervorragender Begleiter zum Aperitif wie auch zum Dessert.
- Der **Pinot noir** (Spätburgunder) ist eine weitere burgundische Rebsorte. Aus ihm werden Rot- und Roséweine und sogar Weißweine hergestellt. Mit seinem frischen Bukett und seinem eleganten und fruchtigen Charakter ist er zu vielen Gelegenheiten zu genießen.
- Der aus Deutschland stammende **Riesling** gilt als der „König der luxemburgischen Weine". Er überzeugt durch seine Frische, sein fruchtiges, elegantes, nervöses und rassiges Bukett und seinen langen Abgang. Er kann mineralische Aromen entwickeln oder nach Früchten (Zitrusfrüchte, Pfirsich, Mango, Ananas), Blumen oder Honig schmecken und ist der ideale Begleiter zu einer großen Vielzahl an raffinierten Gerichten.
- Der **Rivaner** (Müller-Thurgau) gehört zu den am meisten angebauten Trauben. Er entstand aus einer Kreuzung von Riesling und Sylvaner und ergibt einen angenehmen, fruchtigen Wein mit einem typischen Bukett und Muskatnote. Er passt zum Aperitif, kann aber ebenso eine ganze Mahlzeit begleiten.

nationale" und „Sous le contrôle de l'État" („Luxemburger Moseltal-kontrollierte Herkunftsbezeichnung", „Landesmarke" und „Unter staatlicher Kontrolle") aufgeführt sein, außerdem der Jahrgang und das Qualitätsniveau, das folgendermaßen ausgedrückt wird (mit abnehmender Qualität): „Grand premier cru", „Premier cru", „Vin classé" und ohne Qualitätsangabe. Privatwinzer, in Genossenschaften zusammengeschlossene Weinbauern, aber auch Tavernen, Bistros und zahlreiche Restaurants, die in der Auswahl dieses Führers aufgeführt sind, möchten Sie an der Weinleidenschaft teilhaben lassen und werden zu jedem Gericht und jeder Gelegenheit den passenden Wein und Jahrgang für Sie finden.

Luxembourg Wine

THE MOSELLE: THE WINE-GROWING REGION OF THE GRAND DUCHY

Luxembourg has only 1 300 ha of vineyards which produced 135 000 hl of wine in 2005, but its constantly-improving quality truly makes it "a small country of great wines". The main viticulture activity is concentrated around thirty towns and villages in the Moselle valley, where wine-making dates back to Antiquity. The Moselle river forms a natural frontier with Germany and moves slowly through 42km of the Grand Duchy, from Schengen to Wasserbillig. Most of the vineyards (460) are grouped into 6 co-operatives managed by the Vinsmoselle Group (840 ha), accounting for 62% of Luxembourg's wine production; 52 independent vineyards supply 21.5% of national production and the remaining 16.5% comes from 6 producer-traders.

ONE OF THE MOST NORTHERLY WINE PRODUCERS IN EUROPE

The left bank of the Moselle river benefits from conditions which are particularly favourable to wine growing. It has quality subsoil and regular, well-orientated slopes with inclines of up to 60%. The area enjoys a mild and temperate micro-climate which benefits from both continental and maritime influences and rainfall which is ideally distributed over the 12 months of the year. The river, which has a temperature-regulating effect, reflects the light, encouraging the grapes to ripen.

NINE MAIN GRAPE VARIETIES PRODUCING A WIDE SELECTION OF WINES

Most of the wines produced in Luxembourg are white, *mousseux* and *crémants* (sparkling) which are today made from nine principal types of grape: Rivaner (the most widespread), Auxerrois, Pinot Gris, Riesling, Elbling, Pinot Blanc, Gewürztraminer and two more recent additions, Chardonnay and Pinot Noir. The climate sometimes even allows for the production of rare wines – *vendanges tardives, vin de paille* and *vin de glace*. There is no tradition of blending in Luxembourg, except during the production of *mousseux* and *crémants*. Still (unsparkling) wines are sold under the name of the grape variety. The reputation of two main wine-growing areas stands out: the northern end of the valley (Grevenmacher) whose limestone subsoil produces distinguished, elegant wines with mineral notes, and the area to the south (Remich) which has clay and marl soil, producing soft, well-rounded wines.

CHOOSING A GOOD WINE

Quality wines from these regions are awarded the *appellation contrôlée* designation – look out for a small rectangular label fixed to the rear of the bottle. The words "Moselle luxembourgeoise-Appellation contrôlée", "Marque nationale" and "Sous le contrôle de l'État" must feature on the label, in addition to the year and status of the

Grape varieties for all tastes

◆ Wine from the **Auxerrois** grape is appreciated for its low acidity and sweet, fruity bouquet (hints of banana are often discernable in young wines). It is suitable for all occasions, particularly as an aperitif wine and when receiving guests.

◆ The **Chardonnay** grape variety was successfully introduced in Luxembourg in 1986. Wine from this grape is known for its delicacy and dry, fruity side. It goes well with fish and seafood.

◆ The **Elbling** grape has been grown since Roman times and produces an everyday wine which is dry and somewhat neutral, with a low alcohol content. The high acidity levels bring out its fresh and light qualities. Very popular locally.

◆ The **Gewürztraminer** grape produces a refined, full-bodied wine, with a bouquet of spices, fruit (lychee) and flowers (rose), pleasing the nose as well as the palate. Desserts and cheeses perfectly enhance the aromatic complexity of this wine.

◆ Delicate, fruity, lively and fresh all describe wine from the **Pinot blanc** grape, which originates from Burgundy and particularly complements fish and shellfish dishes.

◆ **Pinot gris**, an Alsatian grape, produces a smooth and supple wine. Its bouquet of dried fruit, wood and spices and long finish make it a delicious aperitif wine. It is also an ideal partner for dessert.

◆ Another Burgundy grape, **Pinot noir**, lends itself to the production of red, rosé and even white wines. Its fresh bouquet and elegant, fruity character make it suitable to drink with most dishes.

◆ **Riesling**, originally from Germany, is considered the king of Luxembourg wines. It is appreciated for its freshness, its elegant, fruity and distinguished bouquet, and its long finish. This wine is an ideal partner for a wide variety of refined dishes, as it brings out mineral, fruit (citrus, peach, mango and pineapple), flower and honey flavours.

◆ **Rivaner** is one of the most intensively-produced grapes in the Grand Duchy. A cross between the Riesling and Sylvaner varieties, it produces a pleasant, fruity wine and has a characteristic bouquet with a hint of muskiness. A good aperitif wine which may also be enjoyed throughout a meal.

wine ("grand premier cru", "premier cru", "vin classé" or no grading, in descending order of quality). Independent producers and cooperatives, as well as inns, bistros and many of the restaurants included in the Guide will share their passion for wine with you and will be able to suggest the grape and year most appropriate to the dish and situation.

Belgique
België
Belgien
Belgium

AALBEKE *West-Vlaanderen* **533** E18 *et* **716** C3 – *voir à Kortrijk.*

AALST (ALOST) *9300 Oost-Vlaanderen* **533** J17 *et* **716** F3 – *77 372 h.* 17

Voir *Transept et chevet★, tabernacle★ de la collégiale St-Martin (Sint-Martinuskerk)* **BY**
Schepenhuis★ Y **B**.

Grote Markt 3 ☎ 0 53 73 22 70, toerisme@aalst.be, Fax 0 53 73 22 73.
Bruxelles 29 ④ – Gent 33 ⑦ – Antwerpen 52 ①.

AALST

Albrechtlaan . . . . . **AZ** 2
Alfred Nichelsstr. . . . . . **BZ** 3
Bert van Hoorickstraat . . . . . **BY** 4
Brusselsesteenweg . . . . . **AZ** 6
Burgemeesterspl. . . . . . **BZ** 5
Dendermondsesteenweg . . . **AZ** 8
De Gheeststr. . . . . . **BZ** 17
Dirk Martensstr. . . . . . **BY** 9
Esplanadepl. . . . . . **BY** 10
Esplanadestr. . . . . . **BY** 12
Frits de Wolfkaai . . . . . **BY** 13
Gentsesteenweg . . . . . **AZ** 15
Geraardsbergsestr. . . . . . **AZ** 16
Graanmarkt . . . . . **BY** 19
Grote Markt . . . . . **BY** 20
Heilig Hartlaan . . . . . **AZ** 21
Houtmarkt . . . . . **BZ** 23
Josse Ringoikaai . . . . . **BY** 24
Kattestr. . . . . . **BY**
Korte Zoutstr. . . . . . **BZ** 26
Lange Zoutstr. . . . . . **BY** 29
Leopoldlaan . . . . . **AZ** 30
Molendries . . . . . **BY** 31
Molenstr. . . . . . **BY** 32
Moorselbaan . . . . . **AZ** 33
Moutstr. . . . . . **BY** 34
Nieuwstr. . . . . . **BY**
Priester Daenspl. . . . . . **BY** 35
Vaartstr. . . . . . **BY**
Van Langenhovestr. . . . . . **BZ**
Varkensmarkt . . . . . **BY**
Vlaanderenstr. . . . . . **BY**
Vredepl. . . . . . **BY**
Vrijheidstr. . . . . . **BY**
Zwarte Zustersstraat . . . . . **BY**
1 Meistr. . . . . . **BY**

Keizershof, Korte Nieuwstraat 15, ☎ 0 53 77 44 11, *info@keizershof-hotel.co*
Fax 0 53 78 00 97, – 100. AE VISA. BY
Rest *(fermé vend., sam. et dim.)* 38, carte 41/51 – **70 ch** ☐ ★105/170 – ★★120/20
1 suite – ½ P 173/185.

◆ Hôtel de la fin du 20e s. ordonné autour d'un hall-atrium à verrières. Divers types chambres, bar, fitness sauna, salles de réunions bien équipées et facilités de parkin Restaurant au décor de brasserie contemporaine ; carte internationale.

◆ Dit laat 20e-eeuwse hotel is gebouwd rond een glazen atrium. Diverse soorten kame bar, fitness, sauna, goed geëquipeerde vergaderzalen en parkeergelegenheid. Restaura in de stijl van een eigentijdse brasserie; internationale kaart.

Station sans rest, A. Liénartstraat 14, ☎ 0 53 77 58 20, *info@stationhotel-aalst.co*
Fax 0 53 78 14 69, AE VISA. BY
15 ch ☐ ★69 – ★★88.

◆ Entre gare et centre, maison de maître ancienne mais vivant avec son temps : WIFI et satellite dans les chambres. Communs amalgamant les styles classiques. Jardin de ville.

◆ Dit oude patriciërshuis met stadstuin, tussen het station en het centrum, is bij de ti wifi en satelliettv op de kamers. Klassiek ingerichte gemeenschappelijke ruimten.

Ibis, Villalaan 20, ✆ 0 53 71 18 19, *info@ibisaalst.be, Fax 0 53 71 07 11* – A b
120. AE ⓓ MC VISA
Rest *(fermé sam. et dim.)* (dîner seult) carte 29/37 – ☕ 9 – **76 ch** ☆65/78 – ☆☆65/78 – ½ P 82.
◆ Établissement de chaîne hôtelière implanté au Sud de la ville, dans le voisinage de l'autoroute. Chambres fonctionnelles conformes aux standards de l'enseigne. Formule de restauration suivant scrupuleusement les préceptes Ibis.
◆ Dit hotel staat aan de zuidkant van de stad, vlak bij de snelweg. De kamers zijn functioneel en voldoen aan de normen van de Ibisketen. Ook het restaurant is precies wat u in een Ibishotel kunt verwachten.

't Overhamme (Bogaert), Brusselsesteenweg 163 (par ③ : 3 km sur N 9), ✆ 0 53 77 85 99, *overhamme@skynet.be, Fax 0 53 78 70 94*, – P ⇔ 20/30. AE ⓓ MC VISA.
fermé 1 sem. Pâques, 15 juil.-15 août, dernier dim. midi du mois, sam. midi, dim. soir et lundi – **Rest** *Lunch 38* – 52/88 bc, carte 57/80.
Spéc. Maquereau au bouillon de jambon fumé et bigorneaux. Ris de veau poêlé aux queues de langoustines, couscous de chou-fleur. Gaufrette aux fraises, compote de rhubarbe, glace au miel et mousse au chocolat blanc.
◆ Fine cuisine au goût du jour servie dans une villa à fière allure agrémentée d'un jardin avec pièce d'eau. L'été, profitez du cadre reposant de la terrasse. Cave cosmopolite.
◆ Verfijnde, eigentijdse keuken in een mooie villa met tuin en waterpartij. 's Zomers kunt u heerlijk rustig eten op het terras. Kosmopolitische wijnkelder.

Kelderman, Parklaan 4, ✆ 0 53 77 61 25, *info@visrestaurant-kelderman.be, Fax 0 53 78 68 05*, Produits de la mer – P ⇔ 6/20. AE ⓓ MC VISA. BZ e
fermé août, merc., jeudi et sam. midi – **Rest** *Lunch 40* – 65/75, carte 58/103.
◆ Table ne manquant pas d'atouts pour séduire : appétissantes recettes littorales, cadre moderne d'un bon confort, salon, véranda et belle terrasse tournées vers le jardin.
◆ Dit restaurant heeft heel wat te bieden: moderne en comfortabele eetzaal, heerlijke visgerechten, salon, serre en mooi terras met uitzicht op de tuin.

La Tourbière, Albrechtlaan 15, ✆ 0 53 76 96 10, *info@latourbiere.be, Fax 0 53 77 25 44*, – P ⇔ 10/40. AE ⓓ MC VISA A a
fermé 1 sem. carnaval, 2 dern. sem. août, merc., sam. midi et dim. soir – **Rest** *Lunch 39* – 77, carte 60/79, ♀.
◆ Jolie villa début 20ᵉ s. reconvertie en plaisante maison de bouche. Salle à manger d'esprit classique, claire et élégante. Carte alléchante, cave de même.
◆ Fraaie villa uit de vroege 20e eeuw die tot restaurant is verbouwd. De klassieke eetzaal is licht en elegant. Aantrekkelijke menukaart en lekkere wijnen.

Borse van Amsterdam, Grote Markt 26, ✆ 0 53 21 15 81, *borsevanamsterdam@skynet.be*, Taverne-rest – ⇔ 20/90. AE ⓓ MC VISA BY b
fermé 15 fév.-1er mars, 9 au 30 août, merc. soir, jeudi et dim. soir – **Rest** *Lunch 10* – 30, carte 33 à 53.
◆ Taverne-restaurant de tradition établie dans un fier édifice (17ᵉ s.) typiquement flamand où se réunissait la chambre de rhétorique. Terrasse d'été à l'ombre des arcades.
◆ Traditioneel eethuis in een typisch Vlaams pand uit de 17e eeuw, waar vroeger de rederijkerskamer bijeenkwam. 's Zomers terras onder de arcaden.

't Soethout, Priester Daensplein 7, ✆ 0 53 77 88 33, *Fax 0 53 77 88 33*, – ⓓ MC VISA. BY n
fermé sem. carnaval, 2ᵉ quinz. août, mardi, merc. et sam. midi – **Rest** *Lunch 33* – 55/81 bc.
◆ À l'ombre de la collégiale, derrière une façade altière, enfilade de salles bien soignées, où la cuisine créative du chef s'apprécie dans une ambiance "trendy". Cour-terrasse.
◆ Dit restaurant met statige voorgevel bij de kapittelkerk beschikt over een aantal goed verzorgde eetzalen met een trendy ambiance. Creatieve keuken en terras op de binnenplaats.

So, Keizersplein 1, ✆ 0 53 70 05 55, *Fax 0 53 70 04 55*, Ouvert jusqu'à 23 h – ⇔ 15. AE MC VISA BY a
fermé carnaval, sam. midi et dim. soir – **Rest** *Lunch 15* – 45, carte 31/55, ♀.
◆ Cuisine actuelle servie dans un décor design original ou sur la jolie cour en triangle ornée de cactus et de cabines de plage. Lounge et terrasse évoquant le pont d'un yacht.
◆ Eigentijdse gerechten worden geserveerd in een origineel designdecor of op de driehoekige binnenplaats met cactussen en strandhokjes. Lounge en terras met maritieme ambiance.

Tang's Palace, Korte Zoutstraat 51, ✆ 0 53 78 77 77, *Fax 0 53 71 09 70*, Cuisine chinoise, ouvert jusqu'à 23 h – . AE ⓓ MC VISA. BZ h
fermé jeudi – **Rest** *Lunch 10* – 25/42, carte 16/56.
◆ Restaurant chinois ayant rajeuni son décor en 2006 pour passer le cap des 20 ans de présence en 2007. Spécialité de préparations cuites à table sur des plats en fonte.
◆ Dit Chinese restaurant is pas gemoderniseerd om zijn twintigjarig bestaan in 2007 in stijl te vieren. Een aantal gerechten wordt aan tafel in gietijzeren schalen bereid.

BELGIQUE

Grill Chipka, Molenstraat 45, ☎ 0 53 77 69 79, *Fax 0 53 77 69 79,* Grillades 15/45. AE MC VISA BY
fermé dern. sem. août-prem. sem. sept., sam. midi, dim. soir et lundi – **Rest** 40, car 33/53.
◆ De généreuses grillades crépitent à la braise de la cheminée dans cet ancien atelier tissage (19e s.) à l'ambiance rustique. L'été, on ripaille aussi dans la jolie cour.
◆ In deze 19e-eeuwse weverij met een rustieke ambiance worden royale porties in de op haard geroosterd. 's Zomers is het smullen geblazen op de mooie binnenplaats.

à Erondegem *par ⑧ : 6 km* C *Erpe-Mere 18 976 h. – ✉ 9420 Erondegem :*

Hostellerie Bovendael, Kuilstraat 1, ☎ 0 53 80 53 66, *info@bovendael.co Fax 0 53 80 54 26,* rest, P – 40. MC VISA
Rest *(fermé sem. carnaval, 2 sem. en juil., vend. et dim. soir)* (dîner seult sauf dim.) 3 carte env. 49 – **20 ch** ☆67/87 – ☆☆85/105 – ½ P 70/120.
◆ Hôtel familial voisinant avec l'église. Deux types de chambres : rajeunies à l'étage, m un peu moins amples et calmes que celles de la nouvelle annexe côté jardin. Table tra tionnelle où défilent les vedettes du cyclisme lors des classiques du printemps.
◆ Hotel bij de kerk. De kamers op de bovenverdieping zijn gerenoveerd, maar minder rui en rustig dan die in de nieuwe dependance aan de tuinzijde. Traditioneel restaurant wa wielervedetten klant aan huis zijn tijdens de voorjaarsklassiekers.

à Erpe *par ⑧ : 5,5 km* C *Erpe-Mere 18 976 h. – ✉ 9420 Erpe :*

Het Kraainest, Kraaineststraat 107 (Ouest : 2 km, direction Erondegem), ☎ 0 5 80 66 40, *info@hetkraainest.be, Fax 0 53 80 66 38,* – P 6/40. MC VISA.
fermé carnaval, dern. sem juil., 2 dern. sem. août, lundi, mardi et sam. midi – **Rest** (déje ner seult sauf sam.) *Lunch 30* – 45/75 bc, carte 34/50.
◆ Ce restaurant disposant de quelques tables sous véranda et d'une plaisante terras estivale a été aménagé dans une villa moderne entourée d'un jardin soigné.
◆ Dit restaurant in een moderne villa beschikt over enkele tafeltjes in de serre en een goe onderhouden tuin. 's Zomers kan op het terras worden gegeten.

BELGIQUE

AALTER *9880 Oost-Vlaanderen* **533** F16 *et* **716** D2 – *18 838 h.* 16 A
Bruxelles 73 – Gent 24 – Brugge 28.

Orchidee sans rest, Aard 1, ☎ 0 9 216 81 60 – – 70. AE MC VISA.
fermé vacances Noël – **27 ch** ☆95/115 – ☆☆115/220 – 3 suites.
◆ Hôtel moderne inauguré en 2006 à l'entrée de la ville, en face d'un grand parking pub gratuit. Chambres réparties sur trois étages, lobby-bar, centre sauna au sous-sol.
◆ Dit moderne hotel aan de rand van de stad tegenover een grote openbare parkir (gratis) werd in 2006 geopend. Kamers op drie verdiepingen, lobby met bar en sauna in d kelder.

Memling, Markt 11, ☎ 0 9 374 10 13, *info@memling.be, Fax 0 9 374 70 72,* – 12 AE MC VISA.
Rest *(fermé mardi)* (taverne-rest) carte 29/44 – **17 ch** ☆58/65 – ☆☆78/85.
◆ Bâtisse en briques veillant sur la grand place d'Aalter. La moitié des chambres se trouv dans une extension située à l'arrière ; quelques-unes disposent d'une kitchenette. T verne-restaurant fonctionnant avec une carte traditionnelle assortie de suggestions.
◆ Bakstenen gebouw aan de Grote Markt van Aalter. De helft van de kamers bevindt zich de uitbouw aan de achterkant; sommige zijn voorzien van een kitchenette. Café-restau rant met een traditionele kaart en suggesties.

Bacchus, Aalterweg 10 (Nord : 5,5 km sur N 44), ☎ 0 9 375 04 85, *restaurantb chus@mail.be, Fax 0 9 375 04 95,* – P 4/40. AE MC VISA
fermé fin déc., mardi soir, merc. et sam. midi – **Rest** *Lunch 30* – 33/70 bc, carte 41/83.
◆ Villa de style régional devancée par une grande pelouse. Salle au cadre actuel clair e ample, cuisine du moment, cave mondialiste raisonnablement tarifée et belle terrasse.
◆ Villa in regionale stijl met een groot gazon ervoor. Ruime, lichte, moderne eetzaa eigentijdse keuken en redelijk geprijsde wereldwijnen. Mooi terras.

AARLEN *Luxembourg belge – voir Arlon.*

Bezienswaardigheden die interessant zijn (★), een omweg (★★) of een reis waard zijn (★★★) en die zich in een geselekteerde plaats of in de omgeving daarvan bevinden, staan in cursieve letters aangegeven. Kijk onder de rubrieken Voir en Env.

ARSCHOT *3200 Vlaams-Brabant* **533** O17 *et* **716** H3 – *27 867 h.* 4 **C1**

au Sud : 10 km à Sint-Joris-Winge, Leuvensesteenweg 252 ☎ 0 16 63 40 53, Fax 0 16 63 21 40.

Bruxelles 47 – Leuven 19 – Antwerpen 42 – Hasselt 41.

XX **De Gouden Muts,** Jan Van Ophemstraat 14, ☎ 0 16 56 26 08, *degoudenmuts@telenet.be, Fax 0 16 57 01 01,* – AE MC VISA.
fermé 16 août-6 sept., mardi, merc. et sam. midi – **Rest** *Lunch 29* – 40/80 bc, carte 46/83.
◆ Près de la collégiale, maison ancienne modernisée au-dedans. Salle spacieuse dotée de sièges en fibre tressée, terrasse sur cour, carte actuelle et bon accueil de la patronne.
◆ Dit oude herenhuis bij de kapittelkerk is vanbinnen gemoderniseerd. Ruime eetzaal, eigentijdse kaart, goede ontvangst door de bazin en terras op de binnenplaats.

X **De Gelofte,** Begijnhof 19, ☎ 0 16 57 36 75, *info@degelofte.be, Fax 0 16 57 36 76* – 6/14. MC VISA.
fermé 1er au 8 avril, 19 au 26 août, merc., sam. midi, dim. et après 20 h 30 – **Rest** *Lunch 29* – 43/75 bc, carte 47/67, ♀.
◆ Lors de vos déambulations autour de l'ancien béguinage, n'hésitez pas à venir vous taper la cloche à cette table au cadre actuel sobre. Attention : nombre de couverts limité !
◆ Op uw wandeling door het oude begijnhof mag u dit restaurantje niet overslaan. Sobere, eigentijdse inrichting met een beperkt aantal couverts.

Langdorp *Nord-Est : 3,5 km* © *Aarschot* – ✉ *3201 Langdorp :*

XX **Green,** Diepvenstraat 2 (Gasthof Ter Venne), ☎ 0 16 56 43 95, *info@tervenne.be, Fax 0 16 56 79 53* – P 8/200. AE MC VISA.
fermé mardi, merc. et dim. soir – **Rest** *Lunch 30* – 35/73 bc, carte 46/58.
◆ Table aux abords boisés installée dans une ancienne grange à toit de chaume modernisée intérieurement. Cuisine actuelle ; décor contemporain et grandes baies vitrées en salle.
◆ Dit restaurant in een bosrijke omgeving is gevestigd in een oude graanschuur met rieten dak en vanbinnen gemoderniseerd. Eigentijdse keuken. Moderne eetzaal met grote ramen.

AARTSELAAR *Antwerpen* **533** L16 *et* **716** G2 – *voir à Antwerpen, environs.*

AAT *Hainaut – voir Ath.*

ACHEL *Limburg* **533** R15 *et* **716** J2 – *voir à Hamont-Achel.*

ACHOUFFE *Luxembourg belge* **534** T22 – *voir à Houffalize.*

AFSNEE *Oost-Vlaanderen* **533** H16 – *voir à Gent, périphérie.*

ALBERTSTRAND *West-Vlaanderen* **533** E14 *et* **716** C1 – *voir à Knokke-Heist.*

ALLE *5550 Namur* © *Vresse-sur-Semois 2 841 h.* **534** O23 *et* **716** H6. 15 **C3**

Bruxelles 163 – Namur 104 – Bouillon 25.

Hostellerie Le Charme de la Semois, r. Liboichant 12, ☎ 0 61 50 80 70, *contact@charmedelasemois.be, Fax 0 61 50 80 75,* – P – 40. AE MC VISA
fermé dern. sem. août, mardi et merc. – **Rest** *Lunch 25* – 38/75 bc, carte 23/71 – **22 ch** 60/100 – 85/465 – ½ P 68/90.
◆ Affaire familiale comptant parmi les meilleurs lieux de séjour sur les berges de la Semois. Chambres et junior suites personnalisées. Restaurant chaleureux et "cosy", avec quelques tables tournées vers la rivière. Salon douillet, taverne et terrasse riveraine.
◆ Dit hotel, een familiebedrijf aan de Semois, behoort tot de beste van de streek. Kamers en junior suites met persoonlijk karakter. Gastvrij, gezellig restaurant, waar enkele tafeltjes uitkijken op de rivier. Gezellige lounge, taverne, terras aan het water.

Auberge d'Alle, r. Liboichant 46, ☎ 0 61 50 03 57, *contact@aubergedalle.be, Fax 0 61 50 00 66,* – P – 25. AE MC VISA.
ouvert juil.-sept., vacances scolaires, week-end et jours fériés – **Rest** *Lunch 23* – 30/60, ♀ – **14 ch** 64/76 – 84/108 – ½ P 77/88.
◆ Sur les hauteurs d'Alle, auberge en pierres du pays vous logeant dans des chambres de trois formats différents, rénovées par étapes. Bar boisé et grand jardin. Repas classique actualisé servi sous les poutres d'une salle pourvue d'une cheminée, ou en terrasse.
◆ Herberg van steen uit de streek, boven Alle. De kamers verschillen van grootte en worden geleidelijk gerenoveerd. Bar met hout en grote tuin. Klassieke maaltijd met een vleugje modern, geserveerd in de eetzaal met schouw en hanenbalken of op het terras.

Hostellerie Fief de Liboichant, r. Liboichant 44, ✆ 0 61 50 80 30, *mail.to@lefief liboichant.be, Fax 0 61 50 14 87,* ←, – |‡| P – 30. AE VISA. rest
fermé 7 janv.-fév. – **Rest** *Lunch 25* – 29/97 bc, carte 32/44 – **25 ch** ☐ ★60 – ★★85/90 ½ P 77.
• Entre coteau boisé et Semois, auberge ancienne dont la façade s'égaye d'une verrière moderne. Plusieurs générations de chambres, salon-véranda et jeux d'enfant au jardin. Salle à manger classique, à l'image de la cuisine du chef. Terrasses devant et derrière.
• Oude herberg met een moderne glaswand aan de voorkant, tussen een beboste helling en de Semois. Oude en gerenoveerde kamers, serre en tuin met speeltoestellen. Klassieke eetzaal, net als de kookstijl van de chef. Terrassen voor en achter.

ALOST *Oost-Vlaanderen – voir Aalst.*

AMBLÈVE (Vallée de l') ★★ *Liège* **533** U20, **534** U20 *et* **716** K4 *G. Belgique-Luxembourg.*

AMEL (AMBLÈVE) *4770 Liège* **533** W20, **534** W20 *et* **716** L4 – *5 281 h.* 9 D
Bruxelles 174 – Liège 78 – Malmédy 21 – Luxembourg 96.

Kreusch, Auf den Kamp 179, ✆ 0 80 34 80 50, *hotel.kreusch@swing.be, Fax 0 80 34 03 69,* – P – 100. VISA.
fermé 25 juin-12 juil., 1re quinz. déc., dim. soir sauf en juil.-août et lundis non fériés – **Rest** *Lunch 20* – 25/35, carte 36/54 – ☐ 10 – **12 ch** ★44 – ★★70 – ½ P 61/76.
• Au milieu du village, près du clocher, hôtellerie traditionnelle fondée en 1854 par les aïeux des exploitants actuels. Petites chambres nettes ; ambiance régionale au café. Restaurant égayé par une collection de bois de cervidés. Carte classico-traditionnelle.
• Dit traditionele hotel bij de klokkentoren, hartje Amel, werd in 1854 geopend door de voorouders van de huidige exploitanten. Kleine, keurige kamers. Café met dorpse sfeer. Restaurant met geweien aan de muren, Traditioneel-klassieke kaart.

ANDERLECHT *Région de Bruxelles-Capitale* **533** K17 *et* **716** F3 – *voir à Bruxelles.*

ANDRIMONT *Liège* **533** U19, **534** U19 *et* **716** K4 – *voir à Verviers.*

ANGLEUR *Liège* **533** S19 *et* **534** S19 – *voir à Liège, périphérie.*

ANHÉE *5537 Namur* **533** O21, **534** O21 *et* **716** H5 – *6 937 h.* 15 C
Env. *à l'Ouest : Vallée de la Molignée*★.
Bruxelles 85 – Namur 24 – Charleroi 51 – Dinant 7.

Les Jardins de la Molignée, rte de la Molignée 1, ✆ 0 82 61 33 75, *reception@jardins.molignee.com, Fax 0 82 61 13 72,* – |‡| ch, P 120. AE VISA
Rest *(fermé 29 janv.-9 fév.)* (avec grillades) *Lunch 16* – 25, carte 23/48 – **30 ch** ☐ ★72 – ★★92 – 2 suites – ½ P 68/101.
• Hôtel au confort moderne adossé à une forge du 17e s. bâtie en pierres du pays. Six salles de séminaires. L'ensemble borde un parc où s'écoule la Molignée. Ample salle à manger actuelle garnie d'un mobilier en rotin ; plats traditionnels et grillades.
• Modern comforthotel dat aanleunt tegen een smidse uit de 17e eeuw, in steen van de streek. Zes seminariezalen. Het geheel ligt naast een park waar de Molignée vloeit. Groot modern restaurant met rotanmeubelen. Traditionele gerechten en grillspecialiteiten.

Hostellerie Henrotte - Au Vachter avec ch, chaussée de Namur 140, ✆ 0 82 61 13 14, *hotelvachter@skynet.be, Fax 0 82 61 28 58,* ←, – P ⇔ 20. AE VISA
ouvert Pâques-déc. et week-end du 14 fév. à Pâques; fermé dim. soir, lundi et mardi – **Rest** *Lunch 35 bc* – 30/50, carte 50/62 – **6 ch** ☐ ★84 – ★★100 – 2 suites – ½ P 85.
• Auberge cossue repérable à son toit à mansardes et son pignon à colombages. Menus au goût du jour, salle classique et belle terrasse abritée donnant sur le jardin et la Meuse.
• Weelderige herberg met mansardedak en vakwerkgevel. Eigentijdse menu's, klassieke eetzaal en mooi beschut terras met uitzicht op de tuin en de Maas.

Le Minotier, rte de la Molignée 10, ✆ 0 82 66 75 44, Produits de la mer – P ⇔ 40. VISA
fermé dim. soirs et lundis non fériés – **Rest** *Lunch 28* – 55, carte 32/55.
• Cuisine de la mer servie dans une salle moderne en hémicycle agrémentée de viviers où l'on choisit son crustacé favori. Vue sur une pièce d'eau par les grandes baies vitrées.
• Visrestaurant met een moderne, halfronde eetzaal, waar de gasten in de aquaria zelf hun krab of kreeft kunnen uitzoeken. Grote glaspuien met uitzicht op een waterpartij.

Bioul *Nord-Ouest : 6 km* 🄲 *Anhee* – ✉ *5537 Bioul :*

l'O à la Bouche, r. Fraire 24 (sur N 932), ✆ 0 71 30 79 04, *olivdb31@hotmail.com, Fax 0 71 30 79 04,* – P. VISA.
fermé 2 prem. sem. janv., dern. sem. juin-prem. sem. juil., 2 prem. sem. oct., sam. midi, dim. soir, lundi midi, mardi et merc. – **Rest** 30/60 bc, carte env. 40.
◆ Une ancienne chapelle tient lieu de porche d'entrée à cette table installée aux portes du village. Menu mensuel à choix multiple ; cadre actuel sobre et net, de type bistrot.
◆ Een voormalige kapel vormt de entree van dit restaurant aan de rand van het dorp. Maandmenu met veel keuze. Sober, eigentijds interieur in bistrostijl.

NS *Liège* **533** S19, **534** S19 *et* **716** J4 – *voir à Liège, environs.*

NSEREMME *Namur* **533** O21, **534** O21 *et* **716** H5 – *voir à Dinant.*

BELGIQUE

ANTWERPEN – ANVERS

2000 🅿 **533** L 15 *et* **716** G 2 – *461 580 h.* 1 **B2**

Bruxelles 48 ⑩ – Amsterdam 159 ④ – Luxembourg 261 ⑨ – Rotterdam 103 ④.

BELGIQUE

OFFICES DE TOURISME

Grote Markt 13 ☎ 0 3 232 01 03, visit@antwerpen.be, Fax 0 3 231 19 37 – Fédération provinciale de tourisme, Koningin Elisabethlei 16 ✉ 2018 ☎ 0 3 240 63 73, info@tpa.be, Fax 0 3 240 63 83.

RENSEIGNEMENTS PRATIQUES

18 9 *par ② : 15,5 km à Kapellen, Torenlei 1a ☎ 0 3 666 84 56, Fax 0 3 666 44 37*

18 *par ⑩ : 10 km à Aartselaar, Kasteel Cleydael, Groenenhoek 7 ☎ 0 3 887 00 79, Fax 0 3 887 00 15*

18 9 *par ⑥ : 10 km à Wommelgem, Uilenbaan 15 ☎ 0 3 355 14 30, Fax 0 3 355 14 35*

18 9 *par ⑥ : 13 km par N 116 à Broechem, Kasteel Bossenstein, Moor 16 ☎ 0 3 485 64 46, Fax 0 3 425 78 41*

18 *par ② et ③ : 11 km à Brasschaat, Miksebaan 248 ☎ 0 3 653 10 84, Fax 0 3 651 37 20*

9 *par ⑨ : 9 km à Edegem, Drie Eikenstraat 510 ☎ 0 3 228 51 10, Fax 03 288 51 07*

18 9 *par ⑤ : 13 km à 's Gravenwezel, St-Jobsteenweg 120 ☎ 0 3 380 12 80, Fax 0 3 384 29 33*

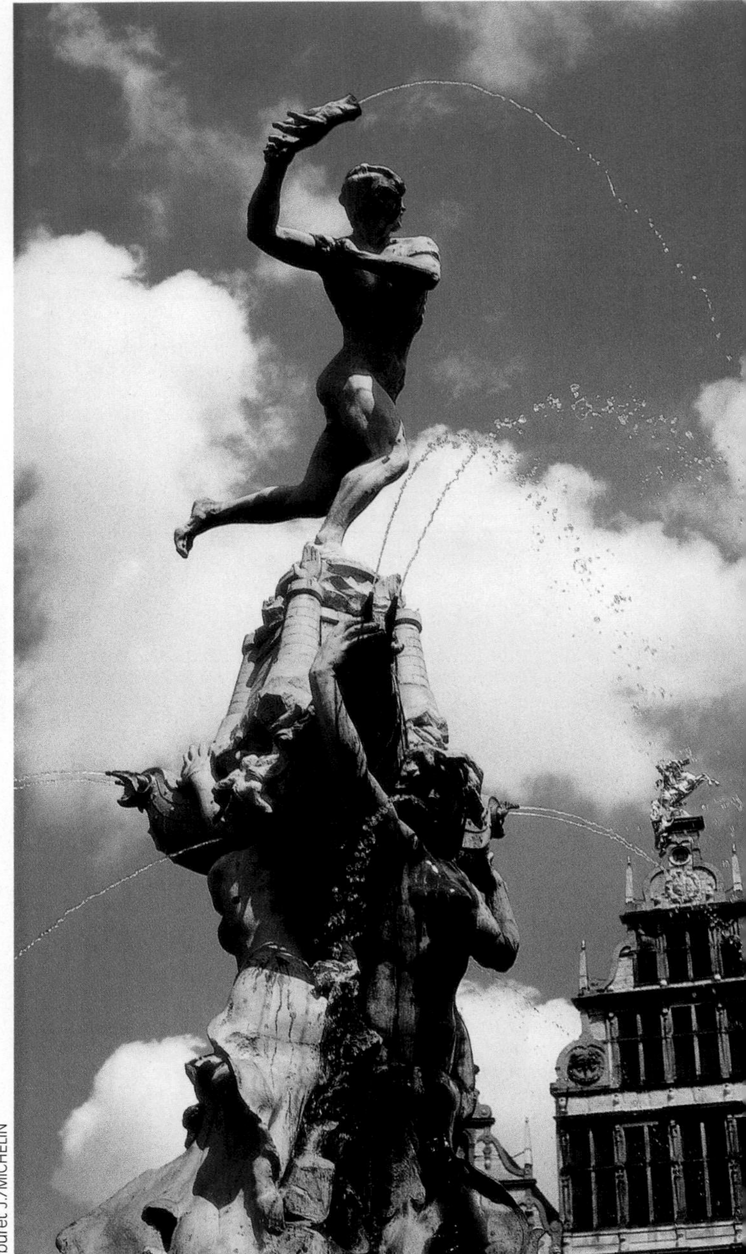
Malburet J./MICHELIN

Statue Brabo

CURIOSITÉS

Voir *Autour de la Grand-Place et de la cathédrale★★★ : Grand-Place★ (Grote Markt)* FY, *Vlaaikensgang★* FY, *Cathédrale★★★ et sa tour★★★* FY, *Maison des Bouchers★ (Vleeshuis) : instruments de musique★* FY **D** – *Maison de Rubens★★ (Rubenshuis)* GZ – *Intérieur★ de l'église St-Jacques (St-Jacobskerk)* GY – *Place Hendrik Conscience★* GY – *Église St-Charles-Borromée★ (St-Carolus Borromeuskerk)* GY – *Intérieur★★ de l'église St-Paul★ (St-Pauluskerk)* FY – *Jardin zoologique★★ (Dierentuin)* DEU – *Quartier Zurenborg★★* EV.

Musées : *de la Marine « Steen »★ (Nationaal Scheepvaartmuseum)* FY – *d'Etnographie★★ (Etnografish museum)* FY **M**[1] – *Plantin-Moretus★★★* FZ – *Mayer van den Bergh★★ : Margot l'enragée★★ (De Dulle Griet)* GZ – *Maison Rockox★ (Rockoxhuis)* GY **M**[4] – *Royal des Beaux-Arts★★★ (Koninklijk Museum voor Schone Kunsten)* CV **M**[5] – *de la Photographie★ (Museum voor Fotografie)* CV **M**[6] – *de Sculpture en plein air Middelheim★ (Openluchtmuseum voor Beeldhouwkunst)* BS – *Provinciaal Museum Sterckshof-Zilvercentrum★* BR **M**[10] – *de la Mode★★ (Modemuseum)* FZ – *du Diamant★ (Diamantmuseum)* DEU **M**[8].

BELGIQUE

ANTWERPEN

Antwerpsesteenweg	AS	
Antwerpsestr.	BS	7
Aug. van de Wielelei	BR	9
Autolei	BR	10
Beatrijslaan	BR	
Berkenlaan	BS	13
Bisschoppenhoflaan	BR	
Blancefloerlaan	AR	
Boomsesteenweg	BS	
Borsbeeksesteenweg	BS	
Bosuilbaan	BQ	18
Bredabaan	BQ	
Calesbergdreef	BQ	30
Charles de Costerlaan	ABR	
Churchilllaan	BQ	34
Delbekelaan	BQ	40
Deurnestr.	BS	42
de Bruynlaan	BS	28
de Robianostr.	BS	169
Doornstr.	BS	
Drakenhoflaan	BS	45
Edegemsestr.	BS	46
Eethuisstr.	BQ	48
Elisabethlaan	BS	49
Frans Beirenslaan	BRS	
Gallifortlei	BR	61
Gitschotellei	BS	
Groenenborgerlaan	BS	73
Groenendaallaan	BQ	75
Groot Hagelkruis	BQ	76
Grotesteenweg	BS	
Guido Gezellelaan	BS	78
Herentalsebaan	BR	
Horstebaan	BQ	
Hovestr.	BS	85
Ijzerlaan	BQ	87
Ing. Menneslaan	BQ	88
Jan van Rijswijcklaan	BS	93
Jeurissensstr.	BQ	94
Juul Moretuslei	BS	
Kapelsesteenweg	BQ	99
Kapelstr.	AS	100
Koningin Astridlaan	AR	108
Krijgsbaan	AR	
Lakborslei	BR	115
Langestr.	AS	
Liersesteenweg	BS	
Luitenant Lippenslaan	BR	126
Mechelsesteenweg (MORTSEL)	BS	
Merksemsebaan	BQR	132
Mussenhœvelaan	BS	
Noorderlaan	BQ	
Oosterveldlaan	BS	139
Oude Barreellei	BQ	144
Oude Godstr.	BS	145
Pastoor Coplaan	AR	150
Prins Boudewijnlaan	BS	
Provinciesteenweg	BS	160
Scheldelaan	AQ	
Schotensteenweg	BR	177
Sint-Bernardsesteenweg	ABS	
Statielei	BS	190
Statiestr. (ZWIJNDRECHT)	AR	192
Stenenbrug	BR	195
Turnhoutsebaan (DEURNE)	BR	198
Veltwijcklaan	BQ	
Vordensteinstr.	BQ	210
Vredebaan	BS	211

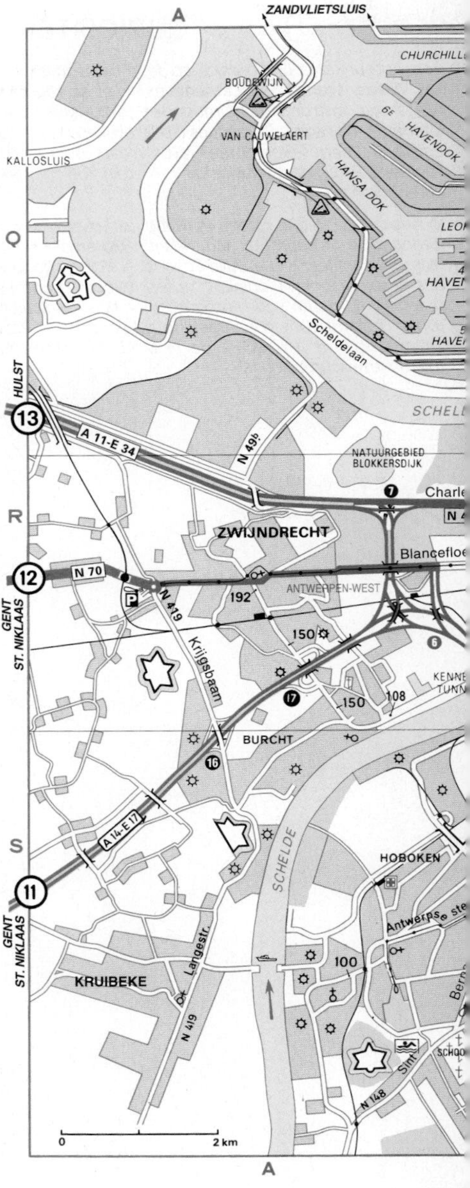

Rouge = Agréable. Repérez les symboles X et 🏠 passés en rouge.

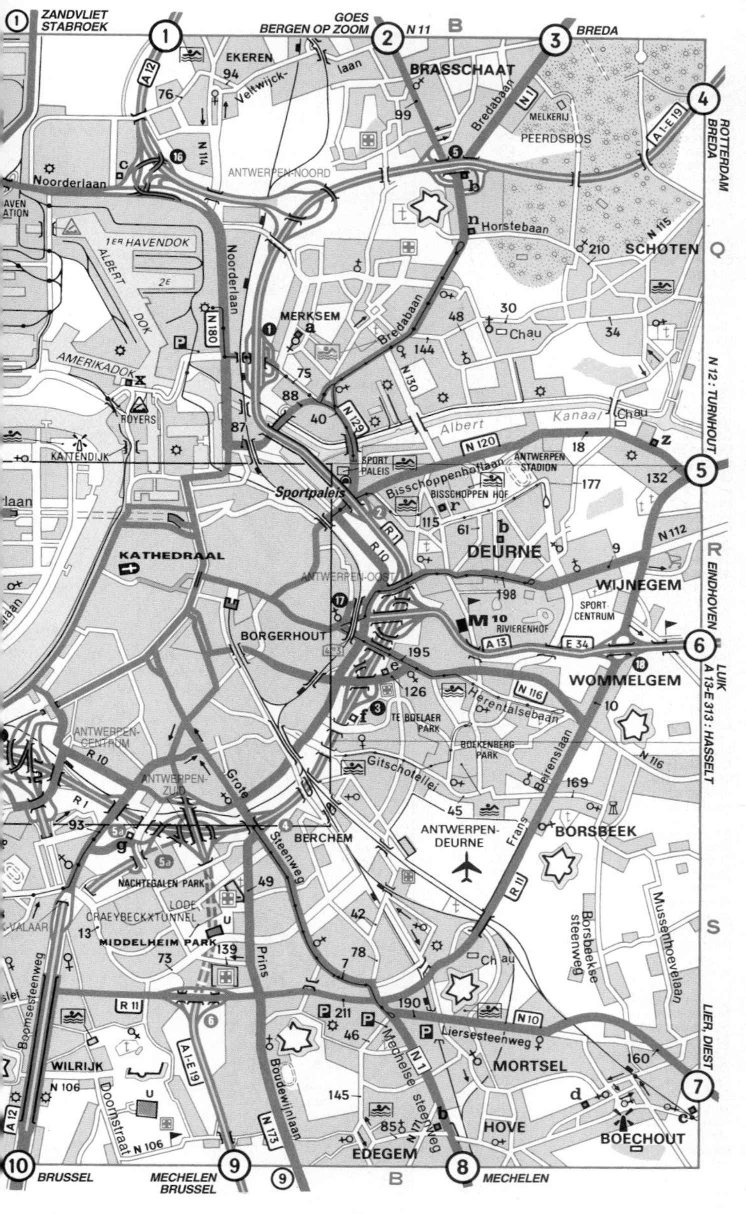

Bedrijven die een rood symbool kregen, verdienen extra aandacht!

ANTWERPEN

Street	Grid	No.
Amsterdamstr.	DT	4
Ankerrui	DT	6
Ballaerst.	DV	12
Borsbeekbrug	EX	16
Brialmontlei	DV	21
Britselei	DV	22
Broederminstr.	CV	24
Brouwersvliet	DT	25
Brusselstr.	CV	27
Carnotstr.	EU	
Cassiersstr.	DT	31
Charlottalei	DV	33
Cockerillkaai	CV	36
Cogels-Osylei	EV	37
Cuperusstr.	EV	38
Dambruggestr.	ETU	39
de Gerlachekaai	CV	67
de Keyserlei	DU	103
Diksmuidelaan	EX	43
Emiel Banningstr.	CV	51
Emiel Vloorsstr.	CX	52
Erwtenstr.	ET	55
Falconpl.	DT	58
Franklin Rooseveltpl.	DU	60
Gemeentestr.	DU	63
Gen. Armstrongweg	CX	64
Gen. van Merlenstr.	EV	65
Gerard Le Grellelaan	DX	66
Gillisplaats	CV	69
Gitschotellei	EX	70
Graaf van Egmontstr.	CV	72
Haantjeslei	CDV	79
Halenstr.	ET	81
Hessenpl.	DT	84
Jan de Voslei	CX	90
Jan van Gentstr.	CV	91
Jezusstr.	DU	96
Justitiestr.	DV	97
Kasteelpleinstr.	DV	102
Kloosterstr.	CU	105
Kol. Silvertopstr.	CX	106
Koningin Astridpl.	DEU	109
Koningin Elisabethlei	DX	110
Korte Winkelstr.	DTU	114
Lambermontplaats	CV	116
Lange Winkelstr.	DT	118
Leopold de Waelpl.	CV	120
Leopold de Waelstr.	CV	121
Leysstr.	DU	123
Londenstr.	DT	124
Maria Henriettalei	DV	125
Marnixplaats	CV	129
Mercatorstr.	DEV	130
Namenstr.	CV	133
Offerandestr.	EU	136
Ommeganckstr.	EU	138
Orteliuskaai	DT	141
Osystr.	DU	142
Oude Leeuwenrui	DT	148
Pelikaanstr.	DU	151
Plantinkaai	CU	153
Ploegstr.	EU	154
Posthofbrug	EX	157
Prins Albertlei	DX	159
Provinciestr.	EUV	162
Pyckestr.	CX	163
Quellinstr.	DU	165
Quinten Matsijslei	DUV	166
Rolwagenstr.	EV	171
Schijnpoortweg	ET	174
Simonsstr.	DEV	178
Sint-Bernardsesteenweg	CX	180
Sint-Gummarusstr.	DT	181
Sint-Janspl.	DT	183
Sint-Jozefsstr.	DV	186
Sint-Michielskaai	CU	187
Turnhoutsebaan (BORGERHOUT)	EU	
van Aerdtstr.	DT	3
van Breestr.	DV	19
van den Nestlei	EV	135
van Schoonhovestr.	DEU	175
Viaduct Dam	ET	202
Viséstr.	ET	204
Volksstr.	CV	207
Vondelstr.	DT	208
Waterloostr.	EV	218

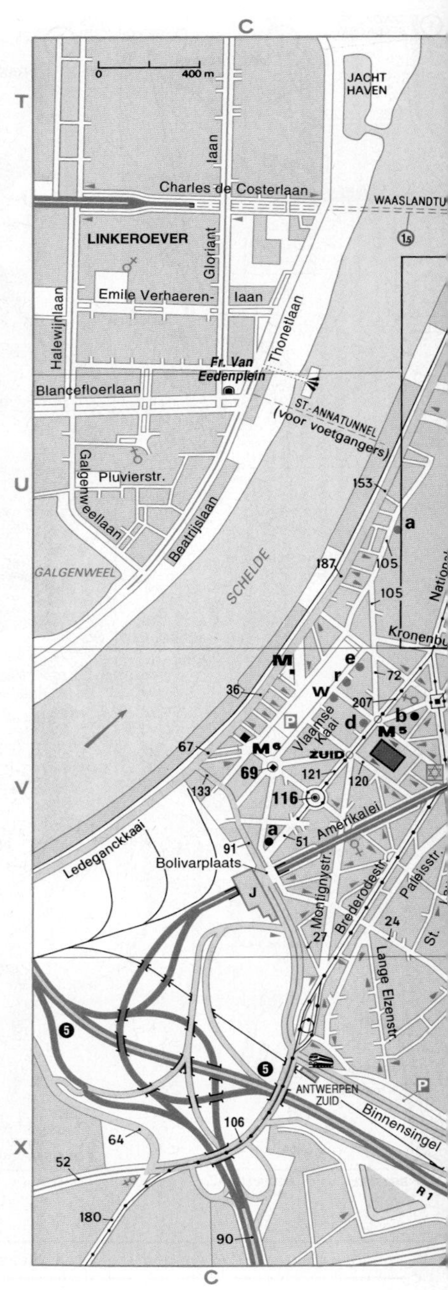

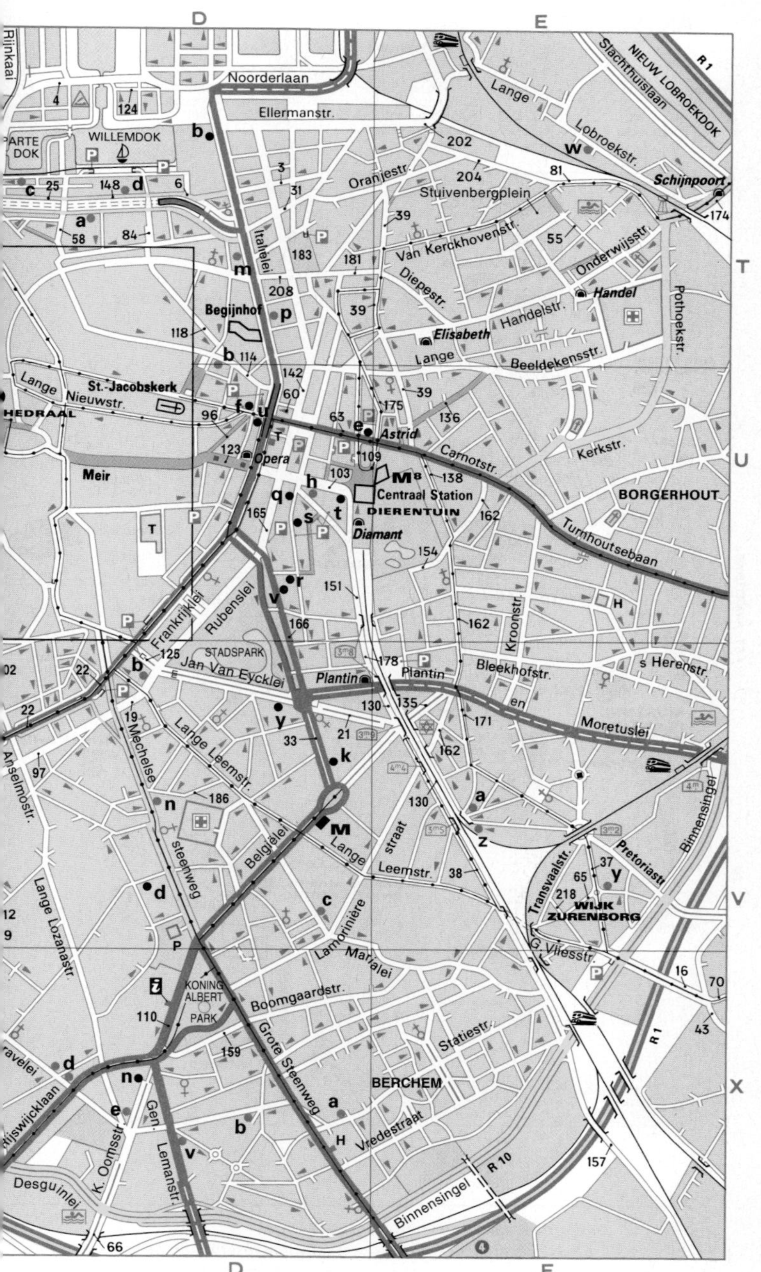

Noorderlaan
Ellermanstr.
WILLEMDOK
Lange
Slachthuislaan
NIEUW LOBROEKDOK
Lobroekstr.
Oranjestr.
Stuivenbergplein
Schijnpoort
Italiëlei
Van Kerckhovenstr.
Onderwijsstr.
Diepestr.
Handelstr.
Handel
Elisabeth
Begijnhof
St.-Jacobskerk
Lange Nieuwstr.
Lange Beeldekensstr.
Pothoekstr.
Astrid
Carnotstr.
Kerkstr.
Opera
Meir
Centraal Station
DIERENTUIN
Diamant
BORGERHOUT
Turnhoutsebaan
Rubenslei
Frankrijklei
STADSPARK
Jan Van Eycklei
Kroonstr.
Bleekhofstr.
Plantin
Plantin en Moretuslei
s Herenstr.
Mechelse steenweg
Lange Leemstr.
Anselmostr.
Belgiëlei
Lange Lozanastr.
Transvaalstr.
Pretoriastr.
WIJK ZURENBORG
Binnensingel
Lamorinière
Marialei
G. Vliesstr.
KONING ALBERT PARK
Boomgaardstr.
Grote Steenweg
Statiestr.
BERCHEM
Vredestraat
Gen. Lemanstr.
K. Oomsstr.
Desguinlei
R 10
R1

ANTWERPEN

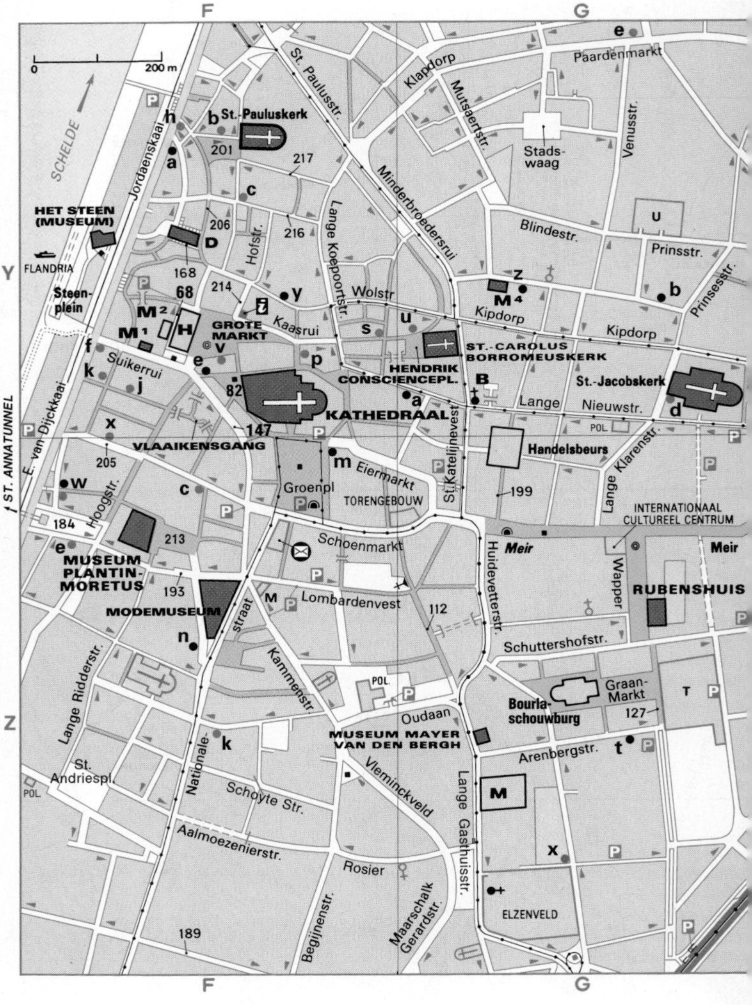

En cas d'arrivée tardive à l'hôtel (après 18 h), veillez à en avertir la réception pour garantir la réservation de votre chambre.

Liste alphabétique des hôtels et restaurants
Alfabetische lijst van hotels en restaurants
Alphabetisches Hotel- und Restaurantverzeichnis
Alphabetical list of hotels and restaurants

A

B

C

D

E - F

BELGIQUE

BELGIQUE

BELGIQUE

T – U

V

W – Y – Z

Quartier Ancien - *plan p. 8 sauf indication spéciale :*

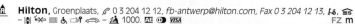

Hilton, Groenplaats, 0 3 204 12 12, *fb-antwerp@hilton.com, Fax 0 3 204 12 13,* - 1000. FZ m
Rest *Terrace-Café* *Lunch 27* – 45, carte 48/63, – 25 – **199 ch** 159/349 – 159/349 – 12 suites.
• Hôtel de luxe dans un très bel immeuble début 20e s. : l'ancien Grand Bazar du Bon Marché. Vastes chambres très bien équipées et espaces communs agréables. Vue sur la cathédrale et l'effervescente Groenplaats au Terrace Café. Carte un peu touche-à-tout.
• Luxehotel in een fraai gebouw uit 1900: de Grand Bazar du Bon Marché. Zeer comfortabele, ruime kamers en aangename gemeenschappelijke ruimten. Uitzicht op de kathedraal en de gezellige Groenplaats vanuit het Terrace Café. De menukaart heeft voor elk wat wils.

De Witte Lelie sans rest, Keizerstraat 16, 0 3 226 19 66, *hotel@dewittelelie.be, Fax 0 3 234 00 19* – . GY z
fermé Noël et Nouvel An – **7 ch** 195/275 – 265/345 – 3 suites.
• Paisible et plein de charme, ce petit "grand hôtel" occupe un ensemble de maisons du 17e s. Chambres douillettes, décorées avec raffinement. Le patio invite à la détente.
• Dit kleine "grand hotel" is rustig en sfeervol en beslaat een aantal huizen uit de 17e eeuw. De kamers zijn behaaglijk en fraai gedecoreerd. De patio nodigt uit tot luieren.

't Sandt, Het Zand 17, 0 3 232 93 90, *reservations@hotel-sandt.be, Fax 0 3 232 56 13* – – 100. FZ w
Rest voir rest **De Kleine Zavel** ci-après – **27 ch** 140/270 – 155/285 – 2 suites.
• Demeure du 19e s. dont la belle façade rococo contraste avec le décor intérieur, sobre et contemporain. Adorable jardin d'hiver à l'italienne. Chambres amples et élégantes.
• Mooi 19e-eeuws pand met een weelderig versierde rococogevel die contrasteert met het sobere, eigentijdse interieur. Prachtige wintertuin in Italiaanse stijl. Ruime, elegante kamers.

Theater, Arenbergstraat 30, 0 3 203 54 10, *info@theater-hotel.be, Fax 0 3 233 88 58,* – – 50. rest GZ t
Rest *(fermé 21 juil.-14 août, 22 déc.-1er janv., sam., dim. et jours fériés) Lunch 17* – carte 33/45 – 20 – **122 ch** 110/220 – 130/240 – 5 suites – ½ P 157/267.
• Hôtel confortable et moderne, idéalement situé au cœur de la vieille ville, à deux pas du théâtre Bourla et de la maison Rubens. Chambres spacieuses aux tons chaleureux. Salle de restaurant non dénuée de caractère. Petite carte orientée cuisines du monde.
• Comfortabel en modern hotel, ideaal gelegen in de binnenstad, bij de Bourla-schouwburg en het Rubenshuis. De kamers zijn ruim en in warme kleuren gehouden. Eetzaal met karakter, waar een kleine kaart met gerechten uit allerlei landen wordt gepresenteerd.

Rubens sans rest, Oude Beurs 29, 0 3 222 48 48, *hotel.rubens@glo.be* – . FY y
35 ch 145/175 – 145/255 – 1 suite.
• Tranquille et accueillante maison patricienne rénovée, toute proche de la Grand-Place et de la cathédrale. Certaines chambres donnent sur une cour intérieure fleurie en été.
• Rustig patriciërshuis dat pas is gerenoveerd, vlak bij de Grote Markt en de kathedraal. Sommige kamers kijken uit op een binnenplaats die 's zomers met bloemen is begroeid.

Julien sans rest, Korte Nieuwstraat 24, 0 3 229 06 00, *info@hotel-julien.com, Fax 0 3 233 35 70* – . GY a
11 ch 165/260 – 165/260.
• Hôtel intime dont la porte cochère s'ouvre sur une petite rue à tramway. Décor intérieur cosy mariant des éléments classiques, rustiques et design. Belles chambres modernes.
• Sfeervol hotel, waarvan de koetspoort uitkomt op een kleine straat met trambaan. Het gezellige interieur is een mix van klassiek, rustiek en design. Mooie moderne kamers.

Prinse sans rest, Keizerstraat 63, 0 3 226 40 50, *hotel-prinse@skynet.be, Fax 0 3 225 11 48* – – 90. GY b
fermé 23 au 26 déc. – **34 ch** 104/120 – 122/150.
• Dans une rue calme, maison patricienne du 16e s. vous hébergeant dans des chambres actuelles bien calibrées. Espace breakfast moderne, salon tranquille et cours intérieures.
• In dit 16e-eeuwse patriciërshuis aan een rustige straat logeert u in ruime, eigentijdse kamers. Moderne ontbijtruimte, rustige zitkamer en patio's.

Villa Mozart sans rest, Handschoenmarkt 3, 0 3 231 30 31, *info@villamozart.be, Fax 0 3 231 56 85,* – . FY e
13 – **25 ch** 89/139 – 99/350.
• Bien situé dans le centre animé, entre la Grand-Place et la cathédrale - visible depuis certaines chambres -, ce petit établissement est aussi pratique qu'agréable.
• Klein en aangenaam hotel, uitstekend gelegen in het centrum, tussen de Grote Markt en de kathedraal, waarop vanuit sommige kamers een blik te werpen is.

BELGIQUE

Antigone sans rest, Jordaenskaai 11, ✆ 0 3 231 66 77, *info@antigonehotel.b* *Fax 0 3 231 37 74* – |♦| ▤ 🅿. AE ⓓ ⓜⓒ VISA FY
21 ch ☕ ★75/95 – ★★85/110.
◆ Hôtel de confort simple mais très correct, dans une maison bourgeoise située sur l quais de l'Escaut, à deux pas du Steen Museum. Chambres personnalisées.
◆ Eenvoudig, maar prima hotel in een herenhuis op de kade langs de Schelde, een pa minuten lopen van het museum Het Steen. Alle kamers zijn verschillend.

Cammerpoorte sans rest, Nationalestraat 40, ✆ 0 3 231 97 36, *info@hotelcamm poortehotel.be, Fax 0 3 226 29 68* – |♦| ⇐ 🅿. AE ⓓ ⓜⓒ VISA FZ
40 ch ☕ ★65/75 – ★★75/85.
◆ Hôtel modeste mais fonctionnel, de fréquentation surtout touristique et familiale, situ à 200 m du musée Plantin-Moretus. Chambres sans fioriture et assez sombres.
◆ Eenvoudig, maar praktisch hotel, waar voornamelijk toeristen en gezinnen komen, c 200 m van het Museum Plantin-Moretus. Kamers zonder opsmuk en vrij somber.

XXX
't Fornuis (Segers), Reyndersstraat 24, ✆ 0 3 233 62 70, *fornuis@skynet.be, Fax 0 233 99 03* – ⇔ 10. AE ⓓ ⓜⓒ VISA. ✂ FZ
fermé août, Noël-Nouvel An, sam. et dim. – **Rest** (réservation souhaitée) 88, carte 65/95, 🍇.
Spéc. Carpaccio de veau, sauce au thon. Ragoût de sole, foie gras, pâtes et champignon Blanquette d'agneau au citron vert.
◆ Dans une belle demeure du 17e s., table ambitieuse dont la carte, personnalisée, vo sera déclamée de façon théâtrale par un chef truculent. Intérieur rustico-bourgeois.
◆ Ambitieus restaurant in een mooi 17e-eeuws herenhuis met een rustiek interieur. D persoonlijke menukaart wordt door de kleurrijke chef-kok theatraal aan u voorgedragen.

XXX
Huis De Colvenier, Sint-Antoniusstraat 8, ✆ 0 3 226 65 73, *info@colvenier.be, Fax 0 227 13 14*, 🏡 – ▤ ⇐ 🅿 ⇔ 4/100. AE ⓓ ⓜⓒ VISA FZ
fermé sem. carnaval, août, sam. midi, dim. et lundi – **Rest** *Lunch 65 bc* – 75 bc/100 bc., car 65/90, 🍇.
◆ Restaurant aménagé dans un hôtel particulier de 1879. Salles classiques tirées à quat épingles, jolies peintures murales, jardin d'hiver et belle cave. Service prévenant.
◆ Restaurant in een patriciërshuis uit 1879. Klassieke eetzalen die er picobello uitzien m fraaie muurschilderingen, een wintertuin en een mooie wijnkelder. Attente bediening.

BELGIQUE

XX
Neuze Neuze, Wijngaardstraat 19, ✆ 0 3 232 27 97, *neuzeneuze@pandora.be, Fax 0 225 27 38* – ⇔ 8/16. AE ⓓ ⓜⓒ VISA FY
fermé prem. sem. janv., 1re quinz. août, merc. midi, sam. midi et dim. – **Rest** *Lunch 25* 50/78 bc, carte 40/77.
◆ Adresse intime et accueillante où la clientèle d'affaires côtoie des couples romantique Salles séparées pour les banquets. L'assiette est généreuse et le service, stylé.
◆ In dit restaurant hangt een intieme sfeer die zowel geschikt is voor een zakenlunch a een romantisch diner. Aparte zalen voor partijen. Gulle gerechten en goede bediening.

XX
De Gulden Beer, Grote Markt 14, ✆ 0 3 226 08 41, *Fax 0 3 232 52 09*, ≤, 🏡, Cuisi italienne – ▤ ⇔ 5/35. AE ⓓ ⓜⓒ VISA. ✂ FY
fermé merc. – **Rest** *Lunch 25* – 40/90 bc, carte 37/64.
◆ Cette vieille maison arborant un beau pignon à redans se dresse sur la Grand-Plac Attrayante carte italienne. Jolie vue en terrasse ainsi qu'à l'étage, près des baies.
◆ Dit oude pand met trapgevel staat aan de Grote Markt. Aantrekkelijke Italiaanse kaa Mooi uitzicht vanaf het terras en de tafeltjes bij de grote ramen op de bovenverdieping.

XX
Het Nieuwe Palinghuis, Sint-Jansvliet 14, ✆ 0 3 231 74 45, *hetnieuwepali huis@skynet.be, Fax 0 3 231 50 53*, Produits de la mer – ▤. AE ⓜⓒ VISA. ✂ FZ
fermé 1er au 18 janv., juin, lundi et mardi – **Rest** *Lunch 36* – 36/95 bc, carte 40/149.
◆ L'anguille est chez elle dans cet établissement orienté "produits de la mer". Murs habill de clichés nostalgiques du vieil Anvers. Bon choix de vins abordables.
◆ De paling voelt zich als een vis in het water in dit restaurant, waarvan de muren zi behangen met oude foto's van Antwerpen. Ruime keuze aan goede en betaalbare wijne

XX
't Silveren Claverblat, Grote Pieter Potstraat 16, ✆ 0 3 231 33 88, *Fax 0 3 231 31 46* AE ⓓ ⓜⓒ VISA. ✂ FY
fermé juil., mardi, merc. et sam. midi – **Rest** 42/72 bc, carte env. 65.
◆ Table connue de longue date dans cette maison typée (16e s.) du quartier ancien. nombre de couverts est assez limité et la carte, de base classique, offre un choix concis.
◆ Dit restaurant in een karakteristiek 16e-eeuws pand in de oude wijk staat al jaren goe bekend. De klassieke kaart biedt een kleine maar fijne keuze. Beperkt aantal couverts.

X
De Manie, H. Conscienceplein 3, ✆ 0 3 232 64 38, *demanie@euphonynet.be, Fax 0 232 64 38*, 🏡 – ⇐ ⇔ 10/26. AE ⓓ ⓜⓒ VISA GY
fermé 15 août-2 sept., merc., dim. midi vacances scolaires et dim. soir – **Rest** *Lunch 27* 41/76 bc, carte 48/63, ♀.
◆ Sur une jolie placette jouxtant l'église St-Charles-Borromée, façade ancienne devancé d'une terrasse d'été. Intérieur rustique-actuel avec mezzanine. Recettes de notre temps.
◆ Aan een mooi pleintje naast de St.-Carolus Borromeuskerk staat een oude gevel m daarvoor een zomerterras. Moderne eetzaal met rustieke accenten. Eigentijdse keuken.

Dock's Café, Jordaenskaai 7, ☎ 0 3 226 63 30, *info@docks.be, Fax 0 3 226 65 72*,
Brasserie-écailler, ouvert jusqu'à 23 h – 50. AE MC VISA. FY h
fermé sam. midi – **Rest** *Lunch 15* – 24/30, carte 31/72, ♀.
◆ Une vraie invitation au voyage que cette brasserie-écailler au décor futuriste d'esprit "paquebot". Salle à manger avec mezzanine et escalier néo-baroque. Réservation utile.
◆ Deze brasserie annex oesterbar heeft een futuristisch decor in de stijl van een passagiersschip. Eetzaal met tussenverdieping en neobaroktrap. Reserveren aanbevolen.

De Kleine Zavel - H. 't Sandt, Stoofstraat 2, ☎ 0 3 231 96 91, *Fax 0 3 231 79 01*, Bistrot – AE MC VISA FZ w
fermé 24 et 25 déc., 1er janv. et sam. midi – **Rest** *Lunch 20* – 35/75 bc, carte 38/62, ♀.
◆ Cuisine d'aujourd'hui servie dans un cadre typiquement bistrotier : plancher, tables nues, comptoir, boiseries, etc. Ambiance cordiale et formule déjeuner attirante.
◆ Eigentijdse keuken in een typische bistrosfeer met houten vloer, tafels zonder kleed, toog en lambrisering. Gemoedelijke ambiance en aantrekkelijke lunchformule.

De Reddende Engel, Torfbrug 3, ☎ 0 3 233 66 30, *de.reddende.engel@telenet.be, Fax 0 3 233 73 79*, – AE D MC VISA FY p
fermé mi-août-mi-sept., mardi, merc. et sam. midi – **Rest** 26/40 bc, carte 29/51.
◆ Ambiance rustique et accueil jovial dans une maison du 17e s. voisine de la cathédrale. Carte classique française à composantes méridionales ; spécialité de bouillabaisse.
◆ Rustieke ambiance en joviale ontvangst in een 17e-eeuws pand bij de kathedraal. Klassieke Franse kaart met mediterrane invloeden. Bouillabaisse is de specialiteit.

Le Petit Zinc (Grootaert), Veemarkt 9, ☎ 0 3 213 19 08, *philippe.grootaert@pandora.be, Fax 0 3 213 19 08*, , Bistrot – AE MC VISA FY b
fermé 1 sem. Pâques, 16 au 31 août, sam. et dim. – **Rest** *Lunch 20* – 64, carte 62/105, ♀.
Spéc. Salade d'artichaut aux truffes (mai-oct.). Velouté de petits pois, escargots et cuisses de grenouilles. Confit d'épaule d'agneau, jardinière de légumes.
◆ Bistrot de quartier très convivial, avec ses petites tables serrées, ses grands écriteaux en guise de carte et son service avenant à l'anversoise. Repas traditionnel goûteux.
◆ Gezellige buurtbistro met de tafeltjes dicht op elkaar. De gerechten staan op grote borden geschreven. Smakelijke traditionele maaltijd en plezierige bediening.

BELGIQUE

Le Zoute Zoen, Zirkstraat 17, ☎ 0 3 226 92 20, *lezoutezoen@telenet.be, Fax 0 3 231 01 30* – AE MC VISA. FY c
fermé lundi et sam. midi – **Rest** *Lunch 18* – 27/65 bc, carte 30/45.
◆ La carte de ce "bistrot-gastro" intime et cosy offre un rapport qualité-prix assez unique à Anvers. Copieuse cuisine au goût du jour ; service décontracté, suivi et souriant.
◆ Deze gezellige "gastronomische bistro" biedt een prijs-kwaliteitverhouding die vrij uniek is in Antwerpen. Overvloedige eigentijdse gerechten en goede bediening.

Chez Raoul, Vlasmarkt 21, ☎ 0 3 213 09 77, – MC VISA. FYZ x
fermé 2e quinz. juil., merc. et jeudi – **Rest** *Lunch 25* – carte 36/65.
◆ Trois jolies pièces où assouvir sa faim : salle ouverte sur la cuisine en rez-de-chaussée, petit boudoir au 1er étage et galerie d'art COBRA au 3e, pour plus d'intimité.
◆ Drie mooie vertrekken om fijn te tafelen: beneden een eetzaal met open keuken, op de eerste verdieping een kleinere ruimte en op de derde een kunstgalerij met intieme sfeer.

Bernardin, Sint-Jacobsstraat 17, ☎ 0 3 213 07 00, *bernardin@scarlet.be, Fax 0 3 232 49 96*, – le soir uniquement. MC VISA. GY d
fermé sem. carnaval, 1 sem. Pâques, dern. sem. août, 1 sem. en sept., sam. midi, dim. et lundi – **Rest** *Lunch 28* – 33, carte 39/60, ♀.
◆ Sobre et contemporaine, la salle à manger contraste un peu d'avec la demeure du 17e s. qui l'abrite. L'été, repas en terrasse, à l'ombre du clocher de la St.-Jacobskerk.
◆ 17e-eeuws pand met een moderne, sobere eetzaal als contrast. 's Zomers worden de maaltijden op het terras geserveerd, in de schaduw van de klokkentoren van de St.-Jacobskerk.

Gin-Fish (Garnich) ch prévues, Haarstraat 9, ☎ 0 3 231 32 07, *Fax 0 3 231 08 13*, Produits de la mer – 6/10. AE D MC VISA FY j
fermé 1er au 15 jan., 10 juin-1er juil., dim. et lundi – **Rest** (dîner seult, nombre de couverts limité - prévenir) 60/75bc,.
Spéc. Préparations avec la marée du jour. Glace tournée minute.
◆ Bonne cuisine littorale faite sous vos yeux, derrière le comptoir où l'on mange. Le chef, qui œuvre donc sans filet, limite son offre à un menu. Équipe pleine de gentillesse.
◆ Goed visrestaurant met open keuken achter de bar waaraan de gasten ook eten. De chef-kok beperkt de keuze tot een menu. Vriendelijke bediening.

Het Gebaar, Leopoldstraat 24, ☎ 0 3 232 37 10, *hetgebaar@pandora.be, Fax 0 3 293 72 32*, – MC VISA GZ x
fermé dim., lundi et jours fériés – **Rest** (déjeuner seult) carte env. 33.
◆ Table accueillante installée au bord du parc botanique, dans une maison ancienne rappelant le style cottage. Cuisine inventive, d'orientation "moléculaire" ; desserts soignés.
◆ Leuk restaurant bij de botanische tuin, in een oud pand in cottagestijl. Inventieve, moleculaire keuken en verzorgde desserts.

Maritime, Suikerrui 4, ☎ 0 3 233 07 58, *restaurant.maritime@pandora.be, Fax 0 3 2 07 58,* – . AE MC VISA. FY
fermé merc. et jeudi – **Rest** carte 35/58.
◆ Comme le suggère l'enseigne, les préparations sont gorgées d'iode. En saison, mou et anguilles, parmi les meilleures du coin. Beau choix en Bourgognes. Service prévenant.
◆ In dit visrestaurant worden lekkere mosselen en paling geserveerd. Mooie wijnkaart m bourgognes. Zeer attente bediening.

Hecker, Kloosterstraat 13, ☎ 0 3 234 38 34, *info@hecker.be, Fax 0 2 343 48 61,* – MC VISA plan p. 6 CU
fermé 22 juil.-9 août, 23 déc.-6 janv., lundi midi et merc. – **Rest** Lunch 17 – 48, carte 37/52,
◆ Une petite carte originale et recherchée vous sera soumise dans ce bistrot moder partageant ses murs avec une boutique d'antiquaire. Bon choix de vins du monde.
◆ Moderne bistro naast een antiekwinkel. Kleine maar originele en verfijnde kaart. Goe selectie wijnen uit verschillende werelddelen.

Quartiers du Centre et Gare - *plans p. 6 et 7 sauf indication spéciale :*

Astrid Park Plaza, Koningin Astridplein 7, ✉ 2018, ☎ 0 3 203 12 34, *appre. pphe.com, Fax 0 3 203 12 51,* ≤, – – 500. AE MC VI DEU
Rest 31/59, carte 25/46, – 20 – **225 ch** 119/165 – 119/265 – 3 suites ½ P 150/296.
◆ Ce palace à l'architecture originale signée Michael Graves borde une place animée do nant accès à la gare. Belles grandes chambres bien équipées ; espaces communs m dernes. Recettes de notre temps servies dans une salle à manger lumineuse.
◆ Dit luxehotel met een origineel ontwerp van Michael Graves staat aan een levendig ple bij het station. Mooie grote kamers met goede voorzieningen en moderne gemeenscha pelijke ruimten. In de lichte eetzaal worden eigentijdse gerechten geserveerd.

Radisson SAS Park Lane, Van Eycklei 34, ✉ 2018, ☎ 0 3 285 85 85, *guest.a werp@radissonsas.com, Fax 0 3 285 85 86,* ≤, – rest, 600. AE MC VISA. rest DV
Rest carte 36/54 – 24 – **160 ch** 130 – 130/185 – 14 suites.
◆ Hôtel de luxe bien situé sur un grand axe, à l'écart du centre, en face d'un parc publ Équipements et services complets, taillés sur mesure pour la clientèle d'affaires. Petite sa à manger où l'on présente une carte classique à séquences internationales.
◆ Luxehotel buiten het centrum, gunstig gelegen aan een grote verkeersader, tegenov een park. Uitstekende voorzieningen en topservice, op maat gesneden voor zakenliede Kleine eetzaal, waar klassieke gerechten van internationale allure worden geserveerd.

Hyllit sans rest, De Keyserlei 28 (accès par Appelmansstraat), ✉ 2018, ☎ 0 3 202 68 C *info@hyllithotel.be, Fax 0 3 202 68 90,* – – 150. AE MC VI DU
17 – **123 ch** 100/205 – 125/230 – 4 suites.
◆ Espaces communs intimes, chambres et junior suites de belle ampleur et jolie vue sur l toits d'Anvers depuis la lumineuse salle de breakfast et ses deux grandes terrasses.
◆ Sfeervolle lounges, ruime kamers en junior suites. Vanuit de lichte ontbijtzaal en de tw grote terrassen ontvouwt zich een mooi uitzicht op de daken van Antwerpen.

De Keyser sans rest, De Keyserlei 66, ✉ 2018, ☎ 0 3 206 74 60, *info@dekeyserhotel.b Fax 0 3 232 39 70,* – – 120. AE MC VISA DU
20 – **120 ch** 110/180 – 130/200 – 3 suites.
◆ À côté de la gare et d'une station de métro, hôtel où vous serez privilégié point de vu mobilité dans et hors de l'agglomération. Chambres actuelles parfaitement calfeutrées.
◆ Dit hotel is gunstig gelegen bij het station en de metro, zodat u zich zowel binnen a buiten de stad snel kunt verplaatsen. Moderne kamers met uitstekende geluidsisolatie.

Plaza sans rest, Charlottalei 49, ✉ 2018, ☎ 0 3 287 28 70, *book@plaza.b Fax 0 3 287 28 71* – – 25. AE MC VISA DV
80 ch 112/215 – 112/310.
◆ Chaleur et cordialité pour cet hôtel de style à l'écart du centre. Vastes chambres cossu et personnalisées. Grand "lobby" à l'anglaise et bar victorien. Service bagages.
◆ Dit stijlvolle hotel even buiten het centrum heeft een warme sfeer. Ruime, luxueu kamers met een persoonlijke toets. Grote lobby en bar in Victoriaanse stijl. Bagageservice

BELGIQUE

Carlton, Quinten Matsijslei 25, ✉ 2018, ☎ 0 3 231 15 15, *info@carltonhotel-antwerp.com, Fax 0 3 225 30 90* – 🛗 ⇹ ▤ 🚗 – 🏛 100. AE ⓓ MC VISA. ✈ rest DU v
Rest *(fermé vacances Noël, 1er au 21 août et dim.)* (dîner seult) 42, carte 23/59 – **138 ch** ☕ ✝112/213 – ✝✝126/214 – 1 suite.
◆ Confortable hôtel tout proche du centre diamantaire et d'un parc municipal. Quatre catégories de chambres. Belle vue aux étages supérieurs. Business center. Au restaurant, cuisine française et quelques plats d'inspiration flamande.
◆ Comfortabel hotel dicht bij de diamantwijk en het Stadspark. Vier categorieën kamers. Mooi uitzicht vanaf de bovenste verdiepingen. Business center. In het restaurant worden Franse en enkele Vlaamse gerechten geserveerd.

Antverpia sans rest, Sint-Jacobsmarkt 85, ☎ 0 3 231 80 80, *antverpia@skynet.be, Fax 0 3 232 43 43* – 🛗 🚗. AE ⓓ MC VISA. ✈ DU f
☕ 10 – **18 ch** ✝87/124 – ✝✝99/175.
◆ Entre la gare et les grandes avenues commerçantes, agréable petit hôtel où vous trouverez le sommeil du juste dans de bonnes chambres d'une tenue méticuleuse.
◆ Prettig hotelletje tussen het station en de grote winkelstraat. In de goede en perfect onderhouden kamers zult u snel de slaap kunnen vatten.

Empire sans rest, Appelmansstraat 31, ✉ 2018, ☎ 0 3 203 54 00, *info@empirehotel.be, Fax 0 3 233 40 60* – 🛗 ⇹ ▤. ✈ DU s
– **70 ch** ☕ ✝95/160 – ✝✝110/185.
◆ Cet hôtel niché au cœur du quartier diamantaire dispose de grandes chambres où vous passerez des nuits sans histoire. Salle des petits-déjeuners au décor assez "cocorico" !
◆ Dit hotel in het hart van de diamantwijk beschikt over grote kamers, waar u van een ongestoorde nachtrust kunt genieten. In de ontbijtzaal kraait de haan koning!

Astoria sans rest, Korte Herentalsestraat 5, ✉ 2018, ☎ 0 3 227 31 30, *info@carltonhotel-antwerp.com, Fax 0 3 227 31 34*, 🏋 – 🛗 ⇹ ▤ 🚗. AE ⓓ MC VISA DU r
fermé vacances Noël – **66 ch** ☕ ✝95/140 – ✝✝95/140.
◆ Hôtel avoisinant un parc municipal, un peu à l'écart de l'animation, non loin du quartier diamantaire. Façade et "lobby" en granit. Bonnes chambres avec équipement de base.
◆ Dit hotel ligt even buiten de drukte bij het Stadspark, niet ver van de diamanthandelswijk. Façade et lobby van graniet. Kamers met goede basisvoorzieningen.

Colombus sans rest, Frankrijklei 4, ☎ 0 3 233 03 90, *colombushotel@skynet.be, Fax 0 3 226 09 46*, 🏋, 🏊 – 🛗 ⇹ 🚗. AE ⓓ MC VISA. ✈ DU u
32 ch ☕ ✝90/97 – ✝✝110/117.
◆ Cet hôtel du centre-ville occupe un immeuble à façade classique situé juste en face de l'Opéra. Chambres très bien insonorisées et communs de qualité avec décor recherché.
◆ Dit hotel in het centrum is gehuisvest in een gebouw met een klassieke gevel, tegenover de Opera. De kamers hebben mooie badkamers en een goede geluidsisolatie.

Express by Holiday Inn sans rest, Italiëlei 2a, ☎ 0 3 221 49 49, *hotel@expresshiantwerpen.com, Fax 0 3 221 49 44* – 🛗 ⇹ ▤ ♿ 🚗 – 🏛 40. AE ⓓ MC VISA DT b
140 ch ☕ ✝78/150 – ✝✝78/150.
◆ Établissement de chaîne hôtelière bâti en 2003 dans le quartier des Dokken, une ancienne zone protuaire réaménagée. Chambres fraîches et actuelles ; parties communes de même.
◆ Dit Holiday Inn-hotel werd in 2003 gebouwd in de wijk de Dokken, het volledig gerenoveerde havengebied. Frisse, moderne kamers en gemeenschappelijke ruimten.

Camesina sans rest, Mozartstraat 19, ✉ 2018, ☎ 0 3 257 20 38, *info@camesina.be, Fax 0 3 257 20 38*, 🪑 – ⇹ 🅿. ✈ DV d
3 ch ☕ ✝90 – ✝✝120.
◆ En centre-ville, maison 1900' où l'on s'endort dans des chambres rénovées et personnalisées. La meilleure possède une miniterrasse couverte tournée vers un parc public.
◆ Pand uit 1900 in het centrum, met gerenoveerde kamers die er allemaal anders uitzien; de mooiste heeft een overdekt terrasje en uitzicht op het park.

De Barbarie, Van Breestraat 4, ✉ 2018, ☎ 0 3 232 81 98, *barbarie@resto.be, Fax 0 3 231 26 78*, 🏖 – ▤ ⇔ 6/50. AE ⓓ MC VISA DV b
fermé prem. sem. Pâques, 2 prem. sem. sept., fin déc., sam. midi, dim. et lundi – **Rest** 40/110 bc, carte 62/121, 🍷.
◆ Carte classique honorant la gent palmée, captivant livre de cave calligraphié à la plume (de canard?), belle collection de pièces d'argenterie de table et restaurant d'été.
◆ Klassieke keuken met eend als specialiteit en een spannende wijnkaart in schoonschrift. Fraaie collectie tafelzilver. 's Zomers kan er buiten worden gegeten.

BELGIQUE

XX **La Luna,** Italiëlei 177, ☎ 0 3 232 23 44, *info@laluna.be, Fax 0 3 232 24 41,* Cuisine différentes nationalités – ▤ ⇨. AE ⓓ ⓜ VISA DT
fermé 1 sem. Pâques, 29 juil.-20 août, Noël-Nouvel An, dim. et lundi – **Rest** (dîner se carte 42/53, ♀.
• Cadre épuré au design lunaire signé Jean De Meulder (1996), savoureuse cuisine a influences cosmopolites (France, Italie et Japon). Belle sélection vineuse.
• Sober designinterieur van Jean de Meulder (1996), uitstekende kosmopolitische keuk (Frankrijk, Italië en Japan). Mooie wijnkaart.

XX **Harmony,** Mechelsesteenweg 169, ✉ 2018, ☎ 0 3 239 70 05, *info@diningroom mony.com, Fax 0 2 343 48 61* – ▤ ⇨ P ⇔ 6/12. AE ⓓ ⓜ VISA DV
fermé 22 juil.-9 août, Noël, Nouvel An, merc. et sam. midi – **Rest** Lunch 23 – 30/75 bc, ca 42/61.
• Éclairage moderne tamisé, pilastres cannelés, sièges tressés et sobre mise en place s les tables : un décor au goût du jour s'harmonisant bien au contenu de la carte.
• Moderne gedempte verlichting, gecanneleerde pilasters, rieten stoelen en sober g dekte tafels: kortom, een interieur dat net als de menukaart helemaal van nu is.

XX ✿ **Dôme** (Burlat), Grote Hondstraat 2, ✉ 2018, ☎ 0 3 239 90 03, *info@domeweb. Fax 0 3 239 93 90* – ▤. AE ⓓ ⓜ VISA EV
fermé 2 sem. en août, 25 déc.-3 janv., sam. midi, dim. et lundi – **Rest** Lunch 30 – 59, ca 54/89, ♀.
Spéc. Minestrone d'écrevisses au basilic (juin-sept.). Sole pochée au beurre salé, crème laitue. Tarte au chocolat.
• Cuisine actuelle sobre et ambitieuse à apprécier dans une salle circulaire dont l'admirab coupole néo-baroque abrita un café chic (19e s.). Sommelier de bon conseil.
• Ronde eetzaal met een prachtige neobarokke koepel, waar in de 19e eeuw een chiq café was ondergebracht. Sobere maar ambitieuze eigentijdse keuken en goede wijnadv zen.

XX **'t Peerd,** Paardenmarkt 53, ☎ 0 3 231 98 25, *resto-t-peerd@yahoo.com, Fax 0 231 59 40,* 斎 – ▤ ⇔ 4/10. AE ⓓ ⓜ VISA plan p. 8 GY
fermé 2 sem. Pâques, mardi et merc. – **Rest** 39, carte 44/77.
• Bonne petite table au décor bourgeois déclinant le thème chevalin : un indice quant a spécialités de la maison. Sage carte des vins, service avenant et ambiance anversoise.
• Goed restaurantje met een traditionele inrichting, waarin het paard de vrije teug kreeg. Interessante wijnkaart, attente bediening en typisch Antwerpse sfeer.

X **O'Kontreir,** Isabellalei 145, ✉ 2018, ☎ 0 3 281 39 76, *info@okontreir.co Fax 0 3 237 92 06* – ▤ ⇔ 12/25. AE ⓜ VISA DV
fermé sam. midi, dim. midi, lundi et mardi – **Rest** Lunch 25 – 45, carte 38/55, ♀.
• Cette table du quartier juif propose une cuisine actuelle volontiers créative, présent avec recherche dans un cadre contemporain. Vaisselle japonisante et musique "lounge".
• Restaurant in de joodse wijk, met een creatieve eigentijdse keuken die met zorg wo gepresenteerd in een modern interieur. Japans serviesgoed en loungemuziek.

X **Pazzo,** Oude Leeuwenrui 12, ☎ 0 3 232 86 82, *pazzo@skynet.be, Fax 0 3 232 79* Ouvert jusqu'à 23 h – ▤ ⇔ 12/50. AE ⓓ ⓜ VISA DT
fermé 15 juil.-15 août, fin déc.-début janv., sam. et dim. – **Rest** Lunch 20 – carte 32/52, ♀
• Installé près des docks dans un ancien entrepôt converti en brasserie contemporaine, restaurant animé propose une cuisine au goût du jour et de bons accords mets-vins.
• Deze drukke brasserie is ondergebracht in een oud pakhuis bij de haven. Eigentijd gerechten, waarbij de geselecteerde wijnen perfect gezelschap zijn.

X **Dôme Sur Mer,** Arendstraat 1, ✉ 2018, ☎ 0 3 281 74 33, *info@domeweb. Fax 0 3 239 93 90,* 斎, Produits de la mer, ouvert jusqu'à minuit – ⓜ VISA. ✻ EV
fermé 2 sem. en sept., 24 déc.-5 janv., sam. midi, dim. et lundi – **Rest** carte 30/67.
• Maison de maître réaménagée en tendancissime brasserie de la mer au cadre desi d'un blanc éclatant égayé par une rangée d'aquariums bleutés où évoluent des poisso rouges.
• Dit herenhuis is verbouwd tot een trendy brasserie met spierwitte muren, waartegen knalblauwe aquariums met hun felrode vissen prachtig afsteken. Veel visspecialiteiten.

X **Casa Julián,** Italiëlei 32, ☎ 0 3 232 07 29, *Fax 0 3 233 09 53,* Cuisine espagnole – ⇔ 20/65. AE ⓓ ⓜ VISA. ✻ DT
fermé mi-juil.-mi-août, lundi, mardi et sam. midi – **Rest** Lunch 23 – 28/35 bc, carte 28/38.
• Cet estimable restaurant espagnol fêtait ses 30 ans de présence en 2004. Salle rustiq d'esprit "bodega" et authentiques spécialités de là-bas. Appétissant comptoir à tapas.
• Dit Spaanse restaurant bestaat al dertig jaar. Rustieke eetzaal in de stijl van een bodeg waar authentieke Spaanse specialiteiten worden geserveerd. Lekkere tapas.

De Veehandel, Lange Lobroekstraat 61 (face abattoirs), ✉ 2060, ☎ 0 3 271 06 06, *restaurant.deveehandel@skynet.be, Fax 0 3 322 25 69,* – 45. AE MC VISA ET w
fermé sam. midi, dim. et jours fériés – **Rest** 34, carte 28/57.
◆ Emplacement stratégique, face aux abattoirs, décor intérieur très "vache", atmosphère de bistrot de quartier et carte pour carnivores, comportant un menu deux couverts.
◆ Deze bistro is geknipt voor vleesliefhebbers, zoals blijkt uit de naam, de inrichting en de ligging tegenover het slachthuis. À la carte en een menu voor twee.

Rimini, Vestingstraat 5, ✉ 2018, ☎ 0 3 226 06 08, *Fax 0 3 232 49 89,* Avec cuisine italienne – . AE MC VISA DU h
fermé 25 juil.-23 août, 23 déc.-3 janv. et dim. – **Rest** carte 31/51.
◆ Affaire familiale discrète et conviviale établie à proximité de la gare et du quartier diamantaire. Longue et étroite salle au décor assez neutre. Carte franco-transalpine.
◆ Gemoedelijk familierestaurant in de buurt van het Centraal Station en de diamantwijk. Lange, smalle eetzaal met een vrij neutrale inrichting. Frans-Italiaanse kaart.

Yamayu Santatsu, Ossenmarkt 19, ☎ 0 3 234 09 49, *Fax 0 3 234 09 49,* Cuisine japonaise avec Sushi-bar – 10/15. AE VISA DTU b
fermé 2 prem. sem. quinz. août, dim. midi et lundi – **Rest** Lunch 14 – 47/53, carte 25/57, ♀.
◆ Ce petit restaurant japonais complété sushi-bar est une adresse constante et fiable où les amateurs du genre trouveront leur compte. Bons produits et grand choix de menus.
◆ Dit Japanse restaurant met sushibar is een betrouwbaar adresje, waar liefhebbers van de Japanse keuken beslist aan hun trekken komen. Eersteklas producten en veel menu's.

Volef's, Oude Leeuwenrui 23, ☎ 0 3 213 33 33, *info@volefs.be, Fax 0 3 213 34 43,* – AE MC VISA DT d
fermé 30 juil.-17 août, sam. midi, dim. et lundi soir – **Rest** Lunch 23 – 28/33, carte 24/46.
◆ Cuisine internationale tendance "fusion" servie dans l'ambiance "trendy" d'une ancienne maison de maître modernisée intérieurement, ou sur la charmante terrasse de la cour.
◆ Internationale fusionkeuken in een oud herenhuis dat vanbinnen is gemoderniseerd en waar een trendy ambiance heerst. Leuk terras op de binnenplaats.

Quartier Nord (Docks) - *plans p. 4 et 5 sauf indication spéciale :*

Novotel, Luithagen-haven 6 (Haven 200), ✉ 2030, ☎ 0 3 542 03 20, *H0465@accor.com, Fax 0 3 541 70 93,* – ch, – 180. AE MC VISA. rest BQ c
Rest carte 27/38, ♀ – 15 – **120 ch** 125/159 – 125/159.
◆ Cet hôtel de chaîne situé au Nord-Est de la zone portuaire, à proximité d'une bretelle d'autoroute, borde un axe important le reliant directement au centre-ville.
◆ Dit hotel van de Novotelketen ligt in het noordoosten van het havengebied, niet ver van de snelweg, aan een verkeersader die rechtstreeks naar de binnenstad leidt.

Het Pomphuis, Siberiastraat, ✉ 2030, ☎ 0 3 770 86 25, *info@hetpomphuis.be, Fax 0 3 770 86 10,* – 10/22. AE MC VISA. BQ x
Rest Lunch 25 – carte 35/55, ♀.
◆ Grande brasserie de luxe aménagée dans un énorme bâtiment portuaire en brique rouge (début 20e s.). Trois impressionnantes pompes de cale sèche subsistent en salle.
◆ Grote brasserie met een luxe uitstraling in een reusachtig havengebouw van rode baksteen uit de vroege 20e eeuw. In de eetzaal staan nog drie indrukwekkende droogdokpompen.

Lux, Adriaan Brouwerstraat 13, ☎ 0 3 233 30 30, *info@luxantwerp.com, Fax 0 3 233 30 31,* Ouvert jusqu'à 23 h, – 12/120. AE MC VISA plan p. 7 DT c
fermé sam. midi et dim. midi en été – **Rest** Lunch 20 – 30, carte 33/55, ♀.
◆ Restaurant en vue créé dans une ancienne maison d'armateur, au bord du dock Bonaparte. Ambiance de brasserie contemporaine. Bon choix de vins au verre. Bar à cocktails.
◆ Trendy restaurant in een voormalige rederij bij het Bonapartedok. Ambiance van een hedendaagse brasserie. Keur van goede wijnen per glas. Cocktailbar.

Quartier Sud - *plans p. 6 et 7 sauf indication spéciale :*

Crowne Plaza, G. Legrellelaan 10, ✉ 2020, ☎ 0 3 259 75 00, *cpantwerp@ichotelgroup.com, Fax 0 3 216 02 96,* – rest, – 600. AE MC VISA. rest plan p. 5 BS g
Rest ***Plaza One for two*** 32/47 bc, carte 37/50, ♀ – 21 – **256 ch** 114/225 – 114/225 – 6 suites – ½ P 93.
◆ Hôtel international proche d'un échangeur autoroutier. Agréables chambres bien équipées, au décor actuel. Bonne infrastructure pour conférences et service à toute heure. Repas complet à la carte au restaurant et lounge-bar contemporain servant des snacks.
◆ Internationaal hotel bij de snelweg met prettige en comfortabele kamers die in eigentijdse stijl zijn ingericht. Goede congresvoorzieningen en doorlopende service. Restaurant met uitgebreide kaart en moderne lounge-bar waar snacks verkrijgbaar zijn.

BELGIQUE

Firean, Karel Oomsstraat 6, ✉ 2018, ☎ 0 3 237 02 60, *info@hotelfirean.com, Fax 0 3 238 11 68* – ⊞. AE ⓓ ⓜⓒ VISA DX
fermé 28 juil.-20 août et 22 déc.-7 janv. – **Rest** voir rest ***Minerva*** ci-après – **12 ch** 139/149 – 167/228.
◆ Paisible hôtel de charme avec jardin intérieur dans une construction Art déco jouxtant le parc Roi-Albert. Chambres au mobilier ancien et luxueux. Service non somnolent.
◆ Rustig en sfeervol hotel met binnentuin in een art-decogebouw bij het Koning Albertpark. Luxe kamers met antieke meubelen. Attent personeel dat dag en nacht voor u klaarstaat.

Industrie sans rest, Emiel Banningstraat 52, ☎ 0 3 238 66 00, *sleep@hotelindustrie.be, Fax 0 3 238 86 88* – . AE ⓓ ⓜⓒ VISA. CV
13 ch 60/75 – 80/87.
◆ Ce petit établissement coquet occupe deux maisons de maître situées à proximité de deux beaux musées. Menues chambres bien équipées et légèrement personnalisées.
◆ Dit mooie hotel beslaat twee herenhuizen in de buurt van twee interessante musea. Kleine, maar praktische kamers met een persoonlijk karakter.

Charles Rogier XI sans rest, Karel Rogierstraat 11, ☎ 0 475 29 99 89, *charles.rogierxi@skynet.be* – ⊞. ⓜⓒ VISA. CV
fermé janv. et juil. – **3 ch** 180 – 180.
◆ Savourez le raffinement décoratif des chambres de cette maison d'hôte au cachet ancien et select située dans une rue résidentielle calme, pas loin du musée des Beaux-Arts.
◆ Geraffineerd ingerichte gastenkamers in een chic, oud pand in een rustige woonstraat niet ver van het Museum voor Schone Kunsten.

Time-Out sans rest, Tolstraat 49, ☎ 0 498 12 37 73, *monique@timeout-antwerpen.be, Fax 0 3 257 29 77*, – P. AE ⓜⓒ VISA. DV
3 ch 140/160 – 140/160.
◆ Dans un quartier exempt de chahut, maison d'hôte de charme vous réservant un accueil aimable et spontané. Chambres personnalisées par des tons vifs et de l'art contemporain.
◆ Sfeervol adres met gastenkamers in een rustige buurt, waar u een vriendelijk en spontaan onthaal wacht. Door de felle kleuren en de moderne kunst is elke kamer weer anders.

Minerva - H. Firean, Karel Oomsstraat 36, ✉ 2018, ☎ 0 3 216 00 55, *restaurantminerva@skynet.be, Fax 0 3 216 00 55* – ⊞. AE ⓓ ⓜⓒ VISA DX
fermé 28 juil.-20 août, 22 déc.-7 janv., dim. et lundi – **Rest** *Lunch 50* – carte 49/91.
◆ Cette table au cadre actuel élégant s'est substituée à un garage dont la fosse reste intacte. Recettes classiques attrayantes et suggestions de saison. Parking aisé le soir.
◆ Dit actuele restaurant staat op de plaats van een garage, waarvan de werkkuil nog intact is. Klassieke, seizoengebonden keuken. 's Avonds ruim parkeergelegenheid.

Loncin, Markgravelei 127, ✉ 2018, ☎ 0 3 248 29 89, *info@loncinrestaurant.be, Fax 0 3 248 38 66*, – ⊞ P 4/50. AE ⓓ ⓜⓒ VISA DX
fermé fin janv.-début fév., 2 sem. en juil., sam. midi et dim. – **Rest** *Lunch 38* – 50/102 bc, carte 50/147.
◆ Maison bourgeoise ancienne au cadre sobre et élégant. Choix classique orienté produits nobles, crus prestigieux, beaux millésimes et pas mal de références en demi-bouteille.
◆ Restaurant in een oud herenhuis met een sobere maar stijlvolle inrichting. Klassieke kaart met gerechten van topkwaliteit. Prestigieuze wijnen, vrij veel in halve flessen.

Liang's Garden, Markgravelei 141, ✉ 2018, ☎ 0 3 237 22 22, *Fax 0 3 248 38 34*, Cuisine chinoise – ⊞ 8/22. AE ⓓ ⓜⓒ VISA DX
fermé 3 sem. en juil. et dim. – **Rest** *Lunch 24* – 40, carte 30/73.
◆ Belle maison de maître abritant l'un des plus vieux restaurants chinois d'Anvers. Cadre classique-bourgeois à touches asiatiques et carte avec spécialités de canard laqué.
◆ Mooi herenhuis met een van de oudste Chinese restaurants van Antwerpen. Klassiek-traditionele inrichting met een vleugje Aziatisch. De specialiteit van het huis is Pekingeend.

Het Gerecht, Amerikalei 20, ☎ 0 3 248 79 28, *restaurant@hetgerecht.be, Fax 0 3 248 79 28*, – P 15/37. ⓜⓒ VISA. DV
fermé sam. midi, dim. et lundi – **Rest** *Lunch 22* – 40/66 bc, carte 42/61.
◆ Restaurant très honnête, comme le proclame son enseigne ("Le Tribunal"), en écho au palais de justice situé juste en face. Cuisine au goût du jour, assez soignée.
◆ De (dubbelzinnige) naam van dit restaurant verwijst naar het nabije Paleis van Justitie. Eerlijke keuken, hoe kan het ook anders met de rechterlijke macht aan de overkant!

Kommilfoo, Vlaamse Kaai 17, ☎ 0 3 237 30 00, *kommilfoo@resto.be, Fax 0 3 237 30 00* – ⊞ 10/20. AE ⓓ ⓜⓒ VISA. CV
fermé 15 juin-15 juil., sam. midi, dim. et lundi – **Rest** *Lunch 30* – 48/50, carte 47/75.
◆ À deux pas de trois musées, devant un grand parking gratuit, ex-entrepôt devenu un restaurant "kommilfoo", au décor intérieur sobre et actuel. Carte bien dans l'air du temps.
◆ Dit voormalige pakhuis is nu een trendy restaurant op loopafstand van drie musea, tegenover een groot parkeerterrein (gratis). Sober, modern interieur en actuele menukaart.

XX **Radis Noir,** Desguinlei 186, ✉ 2018, ✆ 0 3 238 37 70, *radisnoir@skynet.be, Fax 0 3 238 39 07* ⇔ 4/9. AE ⓓ ⓜ VISA. ✈ DX x
fermé 28 janv.-7 fév., 22 juil.-15 août, merc. soir, sam. midi, dim. et jours fériés – **Rest** *Lunch 30* – 48/56, carte 51 à 66.
◆ Sur un axe passant, pas loin du nouveau palais de justice, maison bourgeoise devenue une table classique au parti pris décoratif design. Petite carte sans cesse renouvelée.
◆ Dit herenhuis aan een doorgaande weg, niet ver van het paleis van justitie, is nu een klassiek restaurant met een designinterieur. De kleine kaart wordt regelmatig vernieuwd.

X **Hippodroom,** Leopold de Waelplaats 10, ✆ 0 3 248 52 52, *resto@hippodroom.be, Fax 0 3 238 71 67,* 🏞, Ouvert jusqu'à 23 h – AE ⓜ VISA CV d
fermé sam. midi et dim. – **Rest** *Lunch 20* – carte 36/69.
◆ Grande brasserie à la mode aménagée dans une maison de notable monumentale, juste en face du musée royal des Beaux-Arts. Carte classique-actuelle. Jolie terrasse.
◆ Grote trendy brasserie in een monumentaal herenhuis tegenover het Koninklijk Museum voor Schone Kunsten. Klassieke keuken met een snufje modern. Mooi terras.

X **Bizzie-Lizzie,** Vlaamse Kaai 16, ✆ 0 3 238 61 97, *info@bizzielizzie.com, Fax 0 3 248 30 64,* Ouvert jusqu'à 23 h – ▤ ♿ ⇔ 8/120. AE ⓓ ⓜ VISA CV r
fermé sam. midi et dim. – **Rest** *Lunch 22* – 33, carte 33/53, ♀.
◆ Brasserie au décor moderne semé de touches rustiques : sol en damier, murs jaune toscan, fines poutres, brique nue, chaises campagnardes et peintures d'animaux de la ferme.
◆ Moderne bistro met rustieke accenten, zoals de tegelvloer, okergele muren, balken, ruwe bakstenen, landelijke stoelen en afbeeldingen van boerderijdieren.

X **River Kwai,** Vlaamse Kaai 14, ✆ 0 3 237 46 51, *kwai@telenet.be,* Cuisine thaïlandaise – ▤ ⇔ 20/35. AE ⓜ VISA. ✈ CV e
fermé merc. – **Rest** *Lunch 15* – 42, carte 26/52, ♀.
◆ Immeuble de 1906 abritant une table thaïlandaise au dépaysant décor de style néo-colonial. Salles superposées et petite terrasse urbaine cloisonnée, en bois exotique.
◆ Thais restaurant in een pand uit 1906 in neokoloniale stijl. Eetzalen op verschillende verdiepingen en omheind teakhouten stadsterrasje.

Périphérie - *plans p. 4 et 5 sauf indication spéciale :*

Berchem ◻ *Antwerpen* – ✉ *2600 Berchem :*

🏠 **Campanile,** Potvlietlaan 2, ✆ 0 3 236 43 55, *antwerpen@campanile.be, Fax 0 3 236 56 53,* 🏞 – |₿| ⇆, ▤ rest, ♿ 🅿 – 🏕 80. AE ⓓ ⓜ VISA BR f
Rest (avec buffets) *Lunch 28* – carte env. 35 – ☕ 10 – **126 ch** ✝74/120 – ✝✝74/120.
◆ La plus grande unité Campanile du Benelux se trouve hors agglomération, au Sud-Est du centre-ville, près du ring et de l'aéroport d'Anvers-Deurne. Chambres insonorisées.
◆ Dit grootste hotel van de Campanile-groep in de Benelux ligt even buiten de stad, ten zuidoosten van het centrum, bij de Ring en de luchthaven van Antwerpen-Deurne. Kamers met goede geluidsisolatie.

XX **Euterpia,** Generaal Capiaumontstraat 2, ✆ 0 3 235 02 02, *euterpia@skynet.be, Fax 0 3 235 58 64,* 🏞 – ⇔ 20/40. ⓜ VISA plan p. 7 EV y
fermé Pâques, 1re quinz. août, Noël, lundi et mardi – **Rest** (dîner seult jusqu'à 23 h) carte 46/81.
◆ Façade éclectique et tour Art nouveau placées sous la protection de la muse Euterpe. Ambiance artistique, jolie véranda, carte actuelle et ardoise suggestive plus élaborée.
◆ Gevel met art-nouveautorentje, onder het wakend oog van de muze Euterpe. Artistieke sfeer, mooie serre, eigentijdse kaart en dagelijks wisselende schotels.

XX **De Troubadour,** Driekoningenstraat 72, ✆ 0 3 239 39 16, *info@detroubadour.be, Fax 0 3 230 82 71* – ▤ 🅿 ⇔ 10/38. AE ⓓ ⓜ VISA plan p. 7 DX a
fermé 3 prem. sem. août, dim. et lundi – **Rest** *Lunch 25* – 33, carte 33/68, ♀.
◆ Agréable salle de restaurant contemporaine où un patron non dénué de personnalité entretient une atmosphère des plus cordiales. Menus au goût du jour intelligemment composés.
◆ Gezellig restaurant met een eigentijdse uitstraling, waar de patron voor een leuke avondje uit weet te zorgen. Goed samengestelde menu's die bij de huidige smaak passen.

XX **Margaux,** Terlinckstraat 2, ✆ 0 3 230 55 99, *restaurant.margaux@skynet.be, Fax 0 3 230 40 71,* 🏞 – ⇔ 8/20. ⓜ VISA. ✈ plan p. 7 DX b
fermé Pâques, dern. sem. sept., vacances Noël, dim. et lundi – **Rest** *Lunch 31* – 35/55, carte 35/57, ♀.
◆ Dans un quartier résidentiel, maison ancienne rajeunie intérieurement et dotée d'une cour-terrasse meublée en teck et cloisonnée de haies basses. Spécialité de steak tartare.
◆ Oud pand dat vanbinnen is gemoderniseerd in een rustige woonwijk. Binnenplaats met teakhouten terras en lage hagen. Steak tartare is de specialiteit.

BELGIQUE

Willy, Generaal Lemanstraat 54, ✆ 0 3 218 88 07 – ▤ ⇨. AE ⓓ ⓜⓒ VISA plan p. 7 DX

fermé 15 au 25 mars, sam. et dim. – **Rest** Lunch 11 – 13/22, carte 24/46.

◆ Cette petite affaire familiale lancée en 1978 est l'une des doyennes de la restaurati soignée à bon prix dans le secteur. Choix traditionnel ; menus changeant chaque jour.

◆ Dit familierestaurantje uit 1978 behoort tot de oudste van de wijk en biedt een goe prijs-kwaliteitverhouding. Traditionele keuken met elke dag een ander menu.

à Berendrecht *par ① : 23 km au Nord* Ⓒ *Antwerpen* – ✉ *2040 Berendrecht :*

Reigershof, Reigersbosdreef 2, ✆ 0 3 568 96 91, *reigershof@scarlet.be, Fax 0 568 71 63* – ⇔ 16/50. AE ⓓ ⓜⓒ VISA

fermé 1er au 25 juil., 26 déc.-9 janv., sam. midi, dim. soir, lundi et mardi – **Rest** 30/72 b carte 45/66, ♀.

◆ Table au cadre soigné tirant parti d'une ancienne forge-estaminet située dans un villa des polders, près d'un bois où niche une colonie de hérons. Carte actuelle alléchante.

◆ Restaurant met een verzorgde inrichting in een oude smederij annex bierhuis, in e polderdorp bij een bos waar een reigerkolonie nestelt. Aantrekkelijke eigentijdse kaart.

à Borgerhout Ⓒ *Antwerpen* – ✉ *2140 Borgerhout :*

Scandic, Luitenant Lippenslaan 66, ✆ 0 3 235 91 91, *info-antwerp@scandic-hotels.co Fax 0 3 235 08 96,* ⛱, ⚒, ≘s, ▢ – ▮ ⇔ ▤ ♿ P – 🏛 230. AE ⓓ ⓜⓒ VISA rest BR

Rest Lunch 30 – carte 30/48 – **200 ch** ☕ ✝80/180 – ✝✝80/180 – 4 suites – ½ P 100/200.

◆ Hôtel de chaîne rénové et bien situé le long du ring, à proximité de la gare de Borge hout, du musée Sterckshof (Zilvercentrum) et d'un terrain de golf. Centre d'affaires. Bra serie de style actuel donnant sur une belle terrasse en teck. Cuisine d'aujourd'hui.

◆ Dit gerenoveerde hotel hoort bij een keten en staat langs de Ring, dicht bij stati Borgerhout, het museum Sterckshof (Zilvercentrum) en een golfbaan. Business cent Brasserie in eigentijdse stijl met een mooi teakhouten terras. Moderne keuken.

à Deurne Ⓒ *Antwerpen* – ✉ *2100 Deurne :*

De Violin, Bosuil 1, ✆ 0 3 324 34 04, *deviolin@pandora.be, Fax 0 3 326 33 20,* ⛱ – ⇔ 70. AE ⓓ ⓜⓒ VISA. BR

fermé dim. soir et lundi soir – **Rest** Lunch 41 bc – 60, carte 52/64, ♀.

◆ Ce restaurant de charme occupe une fermette aux volets peints. Cuisine classique suggestions du marché annoncées oralement. En été, terrasse exquise évoquant l'Asie.

◆ Sfeervol restaurant in een boerderijtje met geverfde luiken. Klassieke kaart en suggest die mondeling worden aangekondigd. Het terras doet in de zomer exotisch aan.

Harvest, Ter Rivierenlaan 100, ✆ 0 3 325 66 99, *Fax 0 3 326 69 82,* Cuisine asiatiq ouvert jusqu'à 23 h – ▤ ⇨ ⇔ 12/25. AE ⓓ ⓜⓒ VISA BR

fermé lundi et sam. midi – **Rest** Lunch 10 – 20/37, carte 16/40.

◆ Harvest vous reçoit dans une sobre salle à manger au décor japonisant. La carte des pla se partage entre la Chine et l'Empire du Soleil levant. Formule "table de riz".

◆ Harvest ontvangt zijn gasten in een sober gedecoreerde eetzaal in Japanse stijl. Op kaart staan gerechten uit China en het land van de rijzende zon. Ook rijsttafels.

à Ekeren Ⓒ *Antwerpen* – ✉ *2180 Ekeren :*

De Mangerie, Kapelsesteenweg 471 (par ②), ✆ 0 3 605 26 26, ⛱ – P. AE ⓓ ⓜⓒ VISA

fermé sam. midi – **Rest** 30, carte 25/56, ♀. BQ

◆ Intérieur d'esprit marin et choix de mets classiques avec plats du marché pour établissement que signale une engageante façade "Louisiane". Mezzanine et terrasses.

◆ Vrolijke gevel in Louisiana-stijl en een interieur dat een ode brengt aan de zee. Klassie kaart en dagelijks wisselende gerechten. Mezzanine en terrassen.

à Merksem Ⓒ *Antwerpen* – ✉ *2170 Merksem :*

Culinaria, Ryenlanddreef 18, ✆ 0 3 645 77 72, *culinaria@pandora.be, Fax 0 3 290 01* ⛱ – ▤ P. AE ⓓ ⓜⓒ VISA. BQ

fermé 1 sem. carnaval, prem. sem. Pâques, 2 dern. sem. juil., lundi, merc. et sam. mic **Rest** Lunch 20 – 30/65, carte 38/56.

◆ Avenante salle à manger agrémentée de grandes toiles modernes et d'une intime te rasse cachée par une haie. Mise en place originale et soignée sur les tables. Repas classiqu

◆ Mooie eetzaal met grote moderne schilderijen en een sfeervol terras aan de voorka De mise en place is origineel en verzorgd. Klassieke keuken.

Environs

Aartselaar *par ⑩ : 10 km – 14 375 h. – ✉ 2630 Aartselaar :*

Kasteel Solhof sans rest, Baron Van Ertbornstraat 116, ☎ 0 3 877 30 00, *info@solhof.be, Fax 0 3 877 31 31,* – 50. AE MC VISA.
fermé Noël-Nouvel An – 20 – **24 ch** 145/185 – 165/280.
◆ Au Sud d'Antwerpen, belle demeure patricienne cernée de douves et de chlorophylle, avec dépendances et terrasse ouverte sur un parc public. Chambres paisibles bien équipées.
◆ Prachtig kasteeltje omringd door een slotgracht en veel groen ten zuiden van Antwerpen, met bijgebouwen en een terras dat uitkijkt op een park. Rustige en comfortabele kamers.

De Cocotte, Kleistraat 175, ☎ 0 3 887 56 85, *info@decocotte.be, Fax 0 3 887 22 56,* – 20/70. AE MC VISA.
fermé sam. midi – **Rest** *Lunch 25* – carte 36/49, ♀.
◆ Jolie villa bâtie dans un quartier résidentiel. Ambiance bistrotière sympathique, cuisine du marché, délicieuse terrasse au vert et atelier design pour cordons bleus en herbe.
◆ Mooie villa in een rustige woonwijk. Bistrosfeer, keuken op basis van het aanbod op de markt, terras met veel groen en designatelier voor kooklessen op hoog niveau.

Hana, Antwerpsesteenweg 116, ☎ 0 3 877 08 95, Cuisine japonaise avec Teppan-Yaki – AE MC VISA.
fermé mi-juil.-mi-août, mardi soir, sam. midi et dim. midi – **Rest** *Lunch 15* – 25/55, carte 39/60.
◆ Une façade discrète au bord de l'autoroute A12 abrite ce sobre petit établissement traditionnel japonais équipé de trois Teppan-Yaki (tables de cuisson).
◆ Achter een onopvallende gevel langs de A12 schuilt dit sobere, traditionele Japanse restaurantje, waar de gasten rondom drie Teppan-Yaki kookplaten zitten.

Boechout *- plan p. 5 – 12 089 h. – ✉ 2530 Boechout :*

De Schone van Boskoop (Keersmaekers), Appelkantstraat 10, ☎ 0 3 454 19 31, *deschonevanboskoop@skynet.be, Fax 0 3 454 02 10,* – AE MC VISA. BS d
fermé 1 sem. Pâques, 3 dern. sem. août, Noël-Nouvel An, dim. et lundi – **Rest** *Lunch 40* – 85, carte 81/140, ♀.
Spéc. Tête de veau, sauce tartare. Agneau à la bière et sauge et son navarin (mars-août). Cinq préparations au chocolat.
◆ Bonne table au cadre contemporain franchement artistique. Carte classique actualisée et suggestions faites de vive voix. Pièce d'eau et statues en terrasse. Cave de qualité.
◆ Goed restaurant met eigentijds, uitgesproken artistiek interieur. Modern-klassieke kaart met mondeling doorgegeven suggesties; kwaliteitswijnen. Terras met waterpartij en standbeelden.

l'Étoile, Binnensteenweg 187, ☎ 0 3 454 53 23, *info@letoile.be, Fax 0 3 454 53 33,* – 10/50. AE MC VISA. BS c
Rest *Lunch 22* – 30/54, carte 32/75, ♀.
◆ Restaurant au décor de bistrot actuel occupant une maison ancienne modernisée. Salon au coin de l'âtre, salle dotée de sièges en fibre végétale, jolie véranda et terrasse.
◆ Restaurant in de stijl van een hedendaagse bistro, gevestigd in een oud, gemoderniseerd pand. Salon met schouw, eetzaal met stoelen van plantenvezels, mooie veranda en terras.

Brasschaat *- plan p. 5 – 37 282 h. – ✉ 2930 Brasschaat :*

Afspanning De Kroon, Bredabaan 409 (par ③ : 1,5 km), ☎ 0 3 652 09 88, *info@dekroon.be, Fax 0 3 653 25 92,* – rest, AE MC VISA. ch
Rest *Lunch 20* – carte 34/49 – **20 ch** 115/140 – 140/230.
◆ Au centre du bourg, petit hôtel aménagé dans un relais du 18e s. au "look" d'auberge anglaise. Une aile récente abrite diverses catégories de chambres assez charmantes. Repas traditionnel dans une ancienne grange avec mezzanine. Cuisine du marché.
◆ Hotelletje in het centrum van Brasschaat, in een 18e-eeuws poststation dat doet denken aan een Engelse herberg. In de nieuwe vleugel zijn verschillende categorieën kamers ondergebracht. Traditionele maaltijd in een oude schuur met mezzanine.

't Klokkenhof, Bredabaan 950, ☎ 0 3 663 09 27, *info@klokkenhof.com, Fax 0 3 663 09 28,* ch, – 30. AE MC VISA.
Rest *Lunch 30* – carte 32/60 – **15 ch** 105/125 – 125/205 – ½ P 135.
◆ Grande villa située dans un quartier résidentiel chic. Accueil soigné, chambres personnalisées, pièce d'eau, boulodrome et jeux d'enfants au jardin. Restaurant envoyant des repas traditionnels dans un décor chaleureux et boisé ou sur la belle terrasse au vert.
◆ Grote villa in een chique woonwijk. Verzorgd onthaal, kamers met een persoonlijke touch, waterpartij, jeu-de-boulesbaan en speeltoestellen in de tuin. Traditionele maaltijd in de gezellige eetzaal met veel hout of op het mooie terras in het groen.

BELGIQUE

XXXX **Kasteel Withof** avec ch, Bredabaan 906 (Nord : 3 km, Maria ter Heid
☎ 0 3 670 02 20, *info@kasteelwithof.be, Fax 0 3 670 02 22*, – re
rest, 20/40. AE VISA.
fermé prem. sem. Pâques, 3 dern. sem. août, dern. sem. déc., dim. et lundi – **Rest** Lunch – 80/100, carte 58/120, – **6 ch** 325 – 325.
◆ Ce fastueux château entouré d'un parc vous reçoit avec style dans une élégante sa classique-moderne ou en terrasse. Mets raffinés et vins prestigieux. Belles chambres.
◆ In dit prachtige kasteel met park wordt u in stijl ontvangen in een elegante moder klassieke eetzaal of op het terras. Verfijnde keuken en prestigieuze wijnen. Mooie kamer

X **Lucius,** Bredabaan 570 (par ② : 3 km), ☎ 0 3 653 27 27, *info@lucullus.b Fax 0 3 653 27 72*, – 6/200. AE VISA.
fermé 1er au 8 janv., 19 fév.-5 mars, 16 au 30 juil., sam., dim. et lundi – **Rest** 33/75 bc, car 45/63.
◆ Derrière la fière façade rouge d'une maison de maître, table qui séduit par ses menus goût du jour, son cadre moderne d'une vive polychromie et sa terrasse-patio chauffée.
◆ Dit restaurant in een statig herenhuis met rode gevel is in trek vanwege de eigentijd menu's, het moderne interieur in verschillende kleuren en de verwarmde patio.

à Edegem - *plan p. 5* – *21 668 h.* – ✉ *2650 Edegem :*

Ter Elst, Terelststraat 310 (par Prins Boudewijnlaan), ☎ 0 3 450 90 00, *info@terelst.b Fax 0 3 450 90 90*, – – 500. AE VI
BS
fermé 24 et 25 déc. et 31 déc.-1 janv. – **Rest *Couvert Classique*** *(fermé 2 juil.-10 août, en 25 déc., 31 déc.-1 janv.et dim.)* Lunch 35 – carte 36/46, – **54 ch** 105/120 120/135.
◆ Hôtel-centre de congrès inauguré en 1995 et couplé à un complexe sportif insta légèrement à l'écart. Bel auditorium moderne ; grandes chambres au confort fonction Table aménagée dans la note néo-rustique. Cuisine classique et choix de vins attirant.
◆ Dit hotel annex congrescentrum werd in 1995 geopend en hoort bij een sportcompl dat iets verderop ligt. Mooi, modern auditorium en grote kamers met functioneel co fort. Restaurant in neorustieke stijl; klassieke keuken en aantrekkelijke wijnkaart.

BELGIQUE

X **La Rosa,** Mechelsesteenweg 398, ☎ 0 3 454 37 25, *Fax 0 3 454 37 26*, – 12/16. VISA.
BS
fermé 1er au 7 janv., 15 au 31 juil., sam. midi et dim. – **Rest** Lunch 22 – 45, carte 39/63.
◆ Brasserie moderne installée dans une maison Art déco. Intérieur design presque tout rouge, grandes photos sur le thème de la rose, carte actuelle revue tous les deux mois.
◆ Moderne brasserie in een art-decohuis. Rood is de kleur die overheerst in het desig interieur, waar als thema van grote foto's de roos is gekozen. Actuele kaart die om de tw maanden wordt vernieuwd.

à 's Gravenwezel *par ⑤ : 13 km* C *Schilde 19 572 h.* – ✉ *2970 's Gravenwezel :*

X **De Vogelenzang,** Wijnegemsteenweg 193, ☎ 0 3 353 62 40, *devogelenzang@p dora.be, Fax 0 3 353 33 83*, Taverne-rest – 6/45. AE VISA
fermé merc. – **Rest** carte 28/55.
◆ Taverne-restaurant appréciée pour sa cuisine simple mais bien faite. Plats bourgeois nombreuses suggestions du marché. Grande terrasse abritée du vent. Cinéma pour e fants.
◆ Café-restaurant dat een eenvoudige maar smakelijke burgerpot serveert en suggest afhankelijk van het aanbod van de markt. Groot beschut terras. Bioscoop voor kinderen.

X **Bistro Terkempen,** Wijnegemsteenweg 39, ☎ 0 3 293 67 56, *johnskitchen@p dora.be*, – 7/12. VISA
fermé sem. carnaval, 23 juil.-10 août, dim. et lundi – **Rest** 30, carte 28/41.
◆ Cette affaire familiale proprette plaît pour sa cuisine actuelle présentée avec recherc et pour sa terrasse rafraîchie par une pièce d'eau. Véranda et salle attenante.
◆ Dit puike restaurant, dat door een familie wordt gerund, biedt een eigentijdse keuk die met zorg wordt gepresenteerd. Terras met waterpartij, serre en aangrenzende zaal.

à Kapellen *par ② : 15,5 km* – *25 948 h.* – ✉ *2950 Kapellen :*

XXX **De Bellefleur** (Buytaert), Antwerpsesteenweg 253, ☎ 0 3 664 67 19, *Fax 0 3 665 02* – 12/24. AE VISA
fermé 3 prem. sem. juil., sam. midi et dim. – **Rest** Lunch 55 bc – 90/115 bc, carte 104/163,
Spéc. Navarin de sole aux chanterelles, cèpes et truffes. Selle de chevreuil rôtie, jus gibier léger et jeunes légumes (saison). Grouse d'Ecosse et gratin de dattes et figues, au whisky pur malt (sept.-déc.).
◆ Maison traditionnelle vous conviant à un repas classique. Bon accueil et service aux pet soins ; jolie véranda agrandie d'une pergola donnant sur un jardin fleuri en été.
◆ Traditioneel restaurant met klassieke keuken. Goede ontvangst en attente bedienir Aan de mooie serre staat een pergola die 's zomers uitkijkt op een bloementuin.

Kontich *par ⑧ : 12 km – 20 244 h. – ✉ 2550 Kontich :*

X **De Jachthoorn**, Doornstraat 11 (Ouest : 3 km, direction Wilrijk), ☎ 0 3 458 21 21, *info@jachthoorn-kontich.be, Fax 0 3 457 93 77*, 🏠, Taverne-rest – P ⇔ 10/250. AE ⓓ MC VISA
fermé lundi – **Rest** *Lunch 19* – 31/41 bc, carte 33/51, ♀.
• Ancienne ferme isolée dans la campagne et entourée de dépendances aménagées. Cadre rustique, repas traditionnel soigné et aire de jeux pour les petits. Banquets et séminaires.
• Oude boerderij met bijgebouwen, afgelegen op het platteland. Rustiek interieur, verzorgde traditionele keuken en speeltuintje voor de kleintjes. Banketten en congressen.

Schilde *par ⑤ : 13 km – 19 572 h. – ✉ 2970 Schilde :*

XX **Euryanthe**, Turnhoutsebaan 177, ☎ 0 3 383 30 30, *info@euryanthe.be, Fax 0 3 383 30 30*, 🏠 – P ⇔ 10/40. AE MC VISA
fermé 2 prem. sem. août, dim. et lundi – **Rest** *Lunch 30* – 45, carte 41/56.
• Restaurant au décor sobre et stylé dans une imposante demeure du centre de Schilde. Choix classique modérément actualisé et suggestions faites oralement. Terrasse tranquille.
• Stijlvol restaurant in een imposant pand in het centrum van Schilde. Klassieke kaart die voorzichtig aan de huidige trend wordt aangepast. Ook dagsuggesties. Rustig terras.

Schoten - *plan p. 5 – 33 159 h. – ✉ 2900 Schoten :*

XXX **Kleine Barreel**, Bredabaan 1147, ☎ 0 3 645 85 84, *info@kleine-barreel.be, Fax 0 3 645 85 03* – ▤ P ⇔ 20/60. AE ⓓ MC VISA. ✻ BQ n
Rest *Lunch 34* – 39/70 bc, carte 37/89, ♀.
• Cette table connue du Tout-Anvers présente une carte de préparations classiques-traditionnelles fréquemment recomposée. Salle à manger confortable dotée de sièges "club".
• Dit restaurant is in heel Antwerpen bekend en biedt een klassiek-traditionele kaart die regelmatig wordt veranderd. Comfortabele eetzaal met clubfauteuils.

XX **De Linde**, Alice Nahonlei 92 (Est : 3 km, angle N 113), ☎ 0 3 658 47 43, *Fax 0 3 658 11 84*, 🏠 – ▤ P ⇔ 6/40. AE ⓓ MC VISA
fermé 2 sem. en fév., 3 sem. en juil., mardi et merc. – **Rest** *Lunch 36 bc* – 48, carte 40/89.
• Bâtisse typique de la fin des années1930 située dans un quartier résidentiel boisé. Salle ample et moderne, terrasse semi-abritée, choix classico-traditionnel actualisé.
• Karakteristieke villa uit het eind van de jaren 1930 in een boomrijke woonwijk. Ruime, moderne eetzaal, half beschut terras en traditioneel-klassieke keuken.

XX **Villa Doria**, Bredabaan 1293, ☎ 0 3 644 40 10, *info@villadoria.be*, Avec cuisine italienne – ▤ P. AE ⓓ MC VISA. ✻ BQ b
fermé 3 sem. en juil., Noël, Nouvel An et merc. – **Rest** *Lunch 30 bc* – carte 31/70, ♀.
• Une réputation flatteuse entoure ce restaurant au cadre à la fois rustique et moderne. Recettes franco-italiennes et cave majoritairement transalpine. Service voiturier.
• Dit restaurant in modern rustieke stijl geniet een goede reputatie. Frans-Italiaanse keuken met veel Italiaanse wijnen op de kaart. Valetservice.

XX **Uilenspiegel**, Brechtsebaan 277 (Nord-Ouest : 3 km sur N 115), ☎ 0 3 651 61 45, *Fax 0 3 652 08 08*, 🏠 – P ⇔ 22. AE MC VISA
fermé 19 fév.-1er mars, 9 au 26 juil., mardi et merc. – **Rest** 30/88 bc, carte 35/64, ♀.
• De l'ardoise a remplacé le chaume de la toiture, mais elle abrite toujours deux salles à manger dont une véranda tournée vers un beau jardin où l'on dresse le couvert en été.
• Het riet is vervangen door een leiendak, maar verder zijn er nog steeds dezelfde twee eetzalen, waarvan één met serre. In de mooie tuin worden 's zomers de tafeltjes gedekt.

Stabroek *par ① : 21 km – 15 789 h – ✉ 2940 Stabroek :*

XX **De Koopvaardij**, Hoogeind 96 (sur N 111), ☎ 0 3 297 60 25, *restaurant@dekoopvaardij.be, Fax 0 3 297 60 25*, 🏠 – P ⇔ 6/16. MC VISA
fermé 23 juil.-14 août et merc. – **Rest** *Lunch 30* – 50/95 bc, carte 57/92, ♀.
• Restaurant novateur œuvrant en famille à l'approche de la frontière, entre docks industriels et quartiers résidentiels chics. Cadre design maritime ; terrasse et pièce d'eau.
• Dit innovatieve restaurant bij de grens, tussen havencomplexen en chique woonwijken, wordt door een familie gerund. Maritiem interieur en terras met waterpartij.

Wijnegem *par ⑤ : 2 km – 8 817 h. – ✉ 2110 Wijnegem :*

XXX **Ter Vennen**, Merksemsebaan 278, ☎ 0 3 326 20 60, *tervennen@skynet.be, Fax 0 3 326 38 47*, 🏠 – P ⇔ 10/70. AE ⓓ MC VISA BQ z
Rest 38/75 bc, carte 56/103, ♀.
• Table classique aménagée dans une fermette blottie sous de grands arbres. Menu multi-choix très bien balancé, cave à vue visitable sur demande et jolie terrasse en teck.
• Klassiek restaurant in een boerderijtje met grote bomen eromheen. Uitgebalanceerd keuzemenu en een mooi teakhouten terras. Op verzoek kan de wijnkelder worden bekeken.

BELGIQUE

ARBRE *Namur* **533** N20, **534** N20 *et* **716** H4 – *voir à Profondeville.*

ARLON (AARLEN) *6700* 🅿 *Luxembourg belge* **534** T24 *et* **716** K6 – *26 371 h.* 13

Musée : *Luxembourgeois★ : section lapidaire gallo-romaine★★* Y.

r. Faubourgs 2 ☎ 0 63 21 63 60, info@ot-arlon.be, Fax 0 63 21 63 60.

Bruxelles 187 ① – Namur 126 ① – Ettelbrück 34 ② – Luxembourg 31 ③.

Plan page ci-contre

Hostellerie du Peiffeschof, Chemin du Peiffeschof 111 (par ② : 800 m, puis gauche), ☎ 0 63 41 00 50, *info@peiffeschof.be, Fax 0 63 22 44 05,* – 🅿 – AE MC VISA.
fermé 1 sem. carnaval, 1 sem. Pâques, 4 au 19 août et 1 sem. fin nov. – **Rest** *(fermé me soir, sam. midi, dim., jours fériés et après 20 h 30)* 41/53, carte 46/66, 𝕐 – ***Zinc*** voir ci-après – **9 ch** (fermé merc. et dim.) ★82/120 – ★★107/160 – ½ P 78/90.
◆ Hostellerie de tradition (19ᵉ s.) harmonieusement rénovée en 2001. Communs pimpan chambres personnalisées et terrasse en bois exotique tournée vers un jardin bichon Menus gastronomiques servis par table entière dans un cadre actuel chaleureux feutré.
◆ Dit landelijke hotel (19e eeuw) is in 2001 fraai gerenoveerd. Keurige gemeenschappeli ruimten, kamers met een persoonlijke noot en houten terras aan de verzorgde tu Gastronomische menu's (alleen per tafel) in een warm en sfeervol eigentijds interieur.

AC Arlux, r. Lorraine (par E 411 - E 25, sortie ㉛ , puis 1ʳᵉ rue à droite), ☎ 0 63 23 22 *hotel.arlux@autogrill.net, Fax 0 63 23 32 54,* – 🅿 – 280. AE MC VISA
Rest *(fermé sam. midi)* *Lunch 32 bc* – carte env. 32 – **78 ch** ★73/83 – ★★81/8 ½ P 82/101.
◆ Pas loin de l'autoroute, bâtisse hôtelière déployant plusieurs ailes de chambres plus moins récentes, généralement assez spacieuses, pratiques et bien insonorisées. Gran brasserie bien installée ; carte classico-traditionnelle.
◆ Hotel in de buurt van de snelweg, bestaande uit meerdere vleugels met vrij moder overwegend ruime kamers die praktisch zijn ingericht en goed geluiddicht zijn. Guns gelegen, grote brasserie met een klassiek-traditionele kaart.

L'Arlequin 1ᵉʳ étage, pl. Léopold 6, ☎ 0 63 22 28 30, *Fax 0 63 22 28 30* – AE VISA Z
fermé prem. sem. janv., 2 sem. après Pâques, 2 prem. sem. sept., lundi et jeudi soir – **Re** *Lunch 50 bc* – 40/60, carte 50/71.
◆ Restaurant vous accueillant cordialement au 1ᵉʳ étage d'une maison de ville. Choix clas que actualisé ; menu vins compris prisé par la clientèle d'habitués. Vue urbaine.
◆ In dit restaurant op de eerste verdieping van een stadshuis wordt u hartelijk ontvang Klassieke keuken met een vleugje modern en menu inclusief wijn. Uitzicht op de stad.

L'Eau à la Bouche, rte de Luxembourg 317 (sur N 4 : 2,5 km), ☎ 0 63 23 37 05, *Fax 0 24 00 56,* – 🅿. MC VISA
fermé début janv., 2 sem. carnaval, 2 sem. fin juin, 2 sem. début sept., mardi soir, me sam. midi et dim. soir – **Rest** *Lunch 19* – 34/60, carte 61/74.
◆ Prestation culinaire classique en cette villa dotée d'une salle à manger actuelle, d' salon "cosy" au coin de la cheminée et d'une terrasse-pergola parée de vigne vierge.
◆ Klassieke keuken in deze villa met eigentijdse eetzaal, gezellige salon met haardvuur terras onder een pergola met wijnranken.

Or Saison, av. de la Gare 85, ☎ 0 63 22 98 00 – 15/20. MC VISA Z
fermé fin déc.-2 prem. sem. janv., 1 sem. Pâques, fin août-début sept., sam. midi, di lundi et jours fériés midis – **Rest** *Lunch 25* – 45, carte 47/68.
◆ Cuisine du moment servie dans une salle sobre aux tons à la mode, pourvue de tab rondes dressées avec soin. Patron aux fourneaux et son aimable épouse en salle.
◆ Eigentijdse gerechten, geserveerd in een sobere eetzaal met modieuze kleuren en fr gedekte ronde tafels. De baas staat in de keuken en zijn vrouw in de bediening.

Zinc - Hostellerie du Peiffeschof, Chemin du Peiffeschof 111 (par ② : 800 m, pui gauche), ☎ 0 63 41 00 50, *info@peiffeschof.be, Fax 0 63 22 44 05,* – 🅿. AE MC VI
fermé 17 au 25 fév., 1 sem. Pâques, 4 au 19 août, 1 sem. fin nov., merc. soir, sam. mid dim. – **Rest** *Lunch 20* – 30, carte 29/45, 𝕐.
◆ Jolie brasserie moderne dont la carte, classico-régionale, est notée sur un écrite Avantageuse formule en deux services avec dessert optionnel. Belle terrasse côté jardin
◆ Mooie moderne brasserie met een klassiek-regionale kaart op een lei. Voordelig tw gangenmenu, eventueel nog met dessert. Mooi terras aan de tuinzijde.

BELGIQUE

ARLON

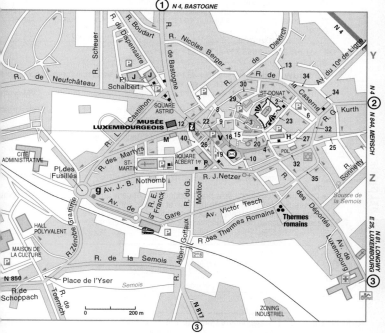

Toernich *Sud : 4 km* ☐ *Arlon* – ✉ *6700 Toernich :*

Château du Bois d'Arlon sans rest, rte de Virton 354 (N 82), ☎ 0 63 23 34 41, *chateauarlon@skynet.be, Fax 0 63 23 70 32,* ≤ bois, , , – – 25. AE MC VISA.

fermé dim. – ☕ 15 – **10 ch** ✝165/170 – ✝✝165/350.

• Dans un parc agrémenté d'étangs, noble demeure de la fin du 19e s. convertie en hôtel à l'ambiance châtelaine. Chambres classiques, salons, véranda et beauty-center.

• Dit herenhuis uit de late 19e eeuw in een park met vijvers is nu een adres met waar de sfeer van een kasteel heerst. Klassieke kamers, salons, veranda en beautycenter.

XX **La Régalade,** Burewee 26, ☎ 0 63 22 65 54, *Fax 0 63 22 65 54,* – P ⇔ 15/26. MC VISA.

fermé prem. sem. janv., 1re quinz. sept., mardi soir et merc. – **Rest** *Lunch 17* – 42/48, carte 44/62.

• Un village gardant son cachet rural sert de cadre à cette vieille maison typée où l'on se repaît dans un décor néo-rustique. Carte actualisée ; terrasses devant et derrière.

• Karakteristiek oud pand met een neorustiek interieur in een authentiek plattelandsdorpje. Eigentijdse keuken; terras aan voor- en achterkant.

Rouge = Agréable. Repérez les symboles X et passés en rouge.

AS *3665 Limburg* **533** S16 *et* **716** J2 *– 7 497 h.* 11

Bruxelles 99 – Hasselt 25 – Antwerpen 95 – Eindhoven 58 – Maastricht 30.

XXX **Hostellerie Mardaga** avec ch, Stationsstraat 121, ✆ 0 89 65 62 65, *mardaga.tel@skynet.be, Fax 0 89 65 62 66,* ☂, ⛟, 🚲, ♨ – |♿|, ▤ rest, P. AE ⓓ ⓜⓒ VISA. ✂
fermé 1er au 4 janv. et 16 au 26 juil. – **Rest** *(fermé sam. midi, dim. soir en hiver et lun*
Lunch 38 – 54/73, carte 55/101 – **18 ch** ☐ ✶89/97 – ✶✶131/146.
◆ Fringante hostellerie où l'on vient faire des repas en accord avec l'époque dans un cac élégant. Terrasse donnant sur un parc aux arbres centenaires. Chambres raffinées.
◆ Aantrekkelijk hotel-restaurant, waar u in een stijlvolle omlijsting kunt genieten van eige tijdse gerechten. Het terras kijkt uit op een park met eeuwenoude bomen. De kamers z geraffineerd ingericht.

ASSE *1730 Vlaams-Brabant* **533** K17 *et* **716** F3 *– 29 191 h.* 3

Bruxelles 16 – Leuven 46 – Aalst 12 – Dendermonde 17.

XXX **De Pauw,** Lindendries 3, ✆ 0 2 452 72 45, *de-pauw-restaurant@hotmail.com, Fax 0 452 72 45,* ☂ – P ⇔ 10/80. AE ⓓ ⓜⓒ VISA
fermé 15 au 23 fév., 1er au 23 août, dim. soir, lundi soir, mardi soir et merc. – **Rest** Lunch – 45/55, carte 45/82, 🍇.
◆ Ancienne villa dont le jardin soigné accueille, dès les premiers beaux jours, un agréal restaurant de plein air. Carte classique. Bon choix de bordeaux à prix raisonnables.
◆ Oude villa met goed onderhouden tuin, waar bij mooi weer de tafeltjes worden gede Klassieke keuken en goede bordeaux voor een schappelijke prijs.

XX **Hof ten Eenhoorn,** Keierberg 80 (direction Enghien, puis rte à droite), ✆ 0 452 95 15, *hof.ten.eenhoorn@edpnet.be, Fax 0 2 452 95 05,* ☂ – P ⇔ 45/170. AE ⓓ VISA. ✂
fermé 1 sem. carnaval, 3 sem. en juil., dim. soir, lundi et mardi – **Rest** Lunch 25 – 42/47, ca env. 44.
◆ Cette vieille ferme-brasserie brabançonne s'inscrit dans un site agreste très pittoresq Chaleureuse salle à manger néo-rustique et espaces annexes réservées aux banquets.
◆ Oud-Brabantse boerderij annex bierbrouwerij in een pittoreske, landelijke omgevir Gezellige eetzaal in neorustieke stijl en aparte zalen voor banketten.

BELGIQUE

Nous essayons d'être le plus exact possible
dans les prix que nous indiquons.
Mais tout bouge !
Lors de votre réservation, pensez à vous faire préciser le prix du moment.

ASSENEDE *9960 Oost-Vlaanderen* **533** H15 *et* **716** E2 *– 13 547 h.* 16

Bruxelles 88 – Gent 22 – Brugge 41 – Sint-Niklaas 38.

X **Den Hoed,** Kloosterstraat 3, ✆ 0 9 344 57 03, Moules en saison – ⇔ 20/140. AE ⓓ VISA
fermé 11 au 30 juin, lundi soir et mardi – **Rest** Lunch 30 – carte 26/47.
◆ Moules, anguilles et asperges : telles sont les 3 spécialités saisonnières de cet anc estaminet tenu en famille depuis 3 générations. Ambiance populaire ; table généreuse.
◆ Mosselen, paling en asperges zijn de specialiteiten van dit oude café, dat al 3 genera door dezelfde familie wordt gerund. Gulle porties en gemoedelijke sfeer.

ASTENE *Oost-Vlaanderen* **533** G17 *– voir à Deinze.*

ATH (AAT) *7800 Hainaut* **533** H19, **534** H19 *et* **716** E4 *– 26 798 h.* 7

Voir *Espace gallo-romain : barque monoxyle géante★ et chaland★.*
Env. *au Sud-Ouest : 6 km à Moulbaix : Moulin de la Marquise★ – au Sud-Est : 5 km à Attre Château★ – au Nord : 13 km à Lessines : N.-D.-à la Rose★.*
r. Pintamont 18 ✆ 0 68 26 51 70, office.de.tourisme@ath.be, Fax 0 68 26 51 79.
Bruxelles 57 – Mons 25 – Tournai 29.

Du Parc 🐦, r. Esplanade 13, ✆ 0 68 28 54 85, *motel.parc@skynet.be, Fax 0 68 28 57 6* ▤ rest – 🏊 70. AE ⓓ ⓜⓒ VISA. ✂
fermé prem. sem. janv. et juil. – **Rest** *(fermé dim. soir, lundi et mardi midi)* Lunch 30 – 45/ carte 43/60, ♀ – **11 ch** ☐ ✶60/75 – ✶✶75/95.
◆ Cet établissement tranquille exploité en famille renferme de menues chambres st dard, convenablement équipées et bien insonorisées.
◆ Rustig hotel dat door een familie wordt geleid; de kleine, maar praktisch ingeric standaardkamers hebben een goede geluidsisolatie.

Ghislenghien *(Gellingen) Nord-Est : 8 km* ☐ *Ath* – ✉ *7822 Ghislenghien :*

XX **Aux Mets Encore,** chaussée de Bruxelles 431 (N 7), ✆ 0 68 55 16 07, *Fax 0 68 55 16 07,* – P ⇔ 15/50. AE ⓓ MC VISA
fermé 2 sem. en fév., 2 sem. en août et merc. – **Rest** (déjeuner seult sauf vend. et sam.) *Lunch 17* – 24/54, carte 28/48.
• Ancien prieuré où l'on ripaille dans une ambiance de bonne auberge. Salles intimes à touches rustiques ; carte classico-actuelle valorisant certains produits du terroir local.
• Restaurant in een oude priorij, met de sfeer van een goede herberg. Intieme eetzalen met een rustieke toets. Modern-klassieke kaart met streekgerechten.

UBEL *4880 Liège* **533** U18 *et* **716** K3 – *4 082 h.* 9 **C1**

Env. *au Sud-Est : 6 km à Henri-Chapelle, cimetière américain : de la terrasse* ✻★.

(2 parcours) au Sud-Est : 6 km à Henri-Chapelle, r. Vivier 3 ✆ *0 87 88 19 91, Fax 0 87 88 36 55* - *au Nord-Est : 10 km à Gemmenich, r. Terstraeten 254* ✆ *0 87 78 92 80, Fax 0 87 78 75 55.*

Bruxelles 125 – Liège 34 – Verviers 18 – Aachen 20 – Maastricht 27.

La Bushaye, Chemin de Bushaye 294, ✆ 0 87 68 83 46, *info@bushaye.com, Fax 0 87 68 83 46,* – P
Rest (dîner pour résidents seult) – **5 ch** ★65/89 – ★★89/99 – ½ P 85.
• Vieille ferme en pierres proche du Val-Dieu. Chambres toutes de plain-pied, avec murs en moellons, plafonds voûtés, plancher et objet anciens. Salon-cheminée au fort cachet.
• Oude boerderij bij Val-Dieu. Gelijkvloerse kamers met muren van breukstenen, gewelfde plafonds, houten vloeren en antiek. De zitkamer met schouw heeft veel cachet.

XX **Le Moulin du Val Dieu** 2e étage, Val Dieu 298, ✆ 0 87 68 01 70, *info@moulindu valdieu.be, Fax 0 87 68 01 79,* Avec taverne-rest – P ⇔ 20/60. AE ⓓ MC VISA
fermé 1er au 16 janv., dim. soir, lundi et mardi – **Rest** 27/46, carte 30/45.
• Ensemble rustique côtoyant l'abbaye. En-cas régionaux à la taverne, près de l'ancienne machinerie du moulin à eau, table du terroir sous véranda et repas classique au grenier.
• Rustiek complex bij de abdij. Versnaperingen in de taverne, bij de machinerie van de watermolen, streekgerechten in de serre en klassieke maaltijden op de graanzolder.

UDENARDE *Oost-Vlaanderen – voir Oudenaarde.*

UDERGHEM (OUDERGEM) *Région de Bruxelles-Capitale* **533** L18 *et* **716** G3 – *voir à Bruxelles.*

VE ET AUFFE *5580 Namur* ☐ *Rochefort 12 040 h.* **534** P22 *et* **716** I5. 15 **C2**

Bruxelles 114 – Namur 55 – Bouillon 49 – Dinant 29 – Rochefort 10.

X **Hostellerie Le Ry d'Ave - Chez Mathilde** avec ch, Sourd d'Ave 5, ✆ 0 84 24 48 50, *ry.d.ave@skynet.be, Fax 0 84 38 93 88,* ≤, – P ⇔ 15/20. AE ⓓ MC VISA
Rest *(fermé merc. soir et jeudi soir hors saison, merc. midi et jeudi midi)* (bistrot) *Lunch 15* – 24/49, carte 25/56, ♀ – **12 ch** (fermé merc. et jeudi hors saison) ★58 – ★★82/98 – ½ P 76/89.
• Auberge rose entourée de verdure et nommée d'après l'affluent de la Lesse qui traverse le domaine. Bistrot de style campagnard, carte traditionnelle et chambres mûrissantes.
• Deze herberg met roze gevel tussen het groen heet naar de zijrivier van de Lesse die door het terrein stroomt. Landelijke bistro, traditionele kaart en ouderwetse kamers.

VELGEM *8580 West-Vlaanderen* **533** F18 *et* **716** D3 – *9 458 h.* 19 **D3**

Bruxelles 102 – Brugge 73 – Kortrijk 16 – Tournai 23.

XX **Karekietenhof,** Scheldelaan 20 (derrière l'église), ✆ 0 56 64 44 11, *jo.vossaert@bus mail.net, Fax 0 56 64 44 11,* ≤, Anguilles – P ⇔ 20/90. VISA.
fermé 16 au 31 août et mardis soirs et merc. non fériés – **Rest** *Lunch 10* – 36/44, carte 35/43.
• Restaurant de bon confort ménageant une vue apaisante sur un bras de l'Escaut. Décoration intérieure actualisée et carte classique incluant des spécialités d'anguille.
• Comfortabel restaurant met een gerenoveerd interieur en een rustgevend uitzicht op een zijrivier van de Schelde. Klassieke kaart met palingspecialiteiten.

WENNE *Luxembourg belge* **534** Q22 *et* **716** I5 – *voir à St-Hubert.*

Bedrijven die een rood symbool kregen, verdienen extra aandacht!

AYWAILLE *4920 Liège* **533** T20, **534** T20 *et* **716** K4 – *10 908 h.* 8

pl. J. Thiry 9a ☏ 0 4 384 84 84.

Bruxelles 123 – Liège 29 – Spa 16.

XX **Hostellerie Villa des Roses** avec ch, av. de la Libération 4, ☏ 0 4 384 42 36, *info villadesroses.be, Fax 0 4 384 74 40,* – P 5/25. AE VISA. ch

fermé 1er au 12 janv., 18 au 22 juin, 1er au 11 oct., jeudi midi et dim. soir de sept. à av lundi et mardi – **Rest** 30/73 bc, carte 40/54 – **9 ch** ☕ ✝70 – ✝✝80 – ½ P 70/95.

◆ Vénérable auberge familiale adossée à un coteau boisé et devancée par une terras Menus en semaine ; choix plus complet le week-end. Bonnes chambres côté rue au étage.

◆ Eerbiedwaardige herberg met terras tegen een beboste heuvel. Menu's door de we en uitgebreide kaart in het weekend. Goede kamers op de verdieping, aan de straatkant

X **Tibolla,** pl. Joseph Thiry 27, ☏ 0 4 384 53 45, *Fax 0 4 384 53 45,* – 15/35. AE VISA

fermé 2 au 4 janv., 15 au 28 fév., 2 au 6 avril, 24 au 28 sept., lundi soir et merc. soir sa juil.-sept. et mardi – **Rest** *Lunch 16* – 23/34, carte 22/41.

◆ Table rajeunie dont le choix, traditionnel à séquences régionales, s'adapte à toutes faims. Carte, duo de menus et nombreuses suggestions mensuelles un peu plus élaboré

◆ Gerenoveerd restaurant, waarvan de traditionele kaart met regionale invloeden voor wat wils biedt. À la carte, twee menu's en verfijnde, maandelijks wisselende suggesties.

BALÂTRE *5190 Namur* C *Jemeppe-sur-Sambre 17 990 h.* **533** M20 *et* **534** M20. 14

Bruxelles 55 – Namur 20 – Charleroi 23 – Mons 57.

BELGIQUE

L'Escapade avec ch, pl. de Balâtre 123, ☏ 0 81 55 97 80, *lescapade@skynet. Fax 0 81 55 97 81,* – P. AE VISA. rest

fermé 2 sem. carnaval, 20 au 31 août et dim. soirs non fériés – **Rest** *(fermé dim. soirs lundis non fériés)* 26/65 bc, carte 35/50 – **9 ch** ☕ ✝60 – ✝✝80/88 – ½ P 62/82.

◆ Ancien presbytère rénové situé au cœur du village. Nuitées sans remous dans des cha bres actuelles assez amples et bien tenues. Repas au goût du jour dans une salle à mang véranda moderne aux tables bien espacées ou sur la terrasse tournée vers la campagne

◆ Gerenoveerde voormalige pastorie in het hart van het dorp. De moderne, ruime en go onderhouden kamers staan garant voor een rustige nacht. Moderne eetzaal met serre veel ruimte tussen de tafels. Terras met uitzicht op het platteland. Eigentijdse keuken.

BALEN *2490 Antwerpen* **533** Q15 *et* **716** I2 – *20 279 h.* 2

Bruxelles 87 – Antwerpen 58 – Hasselt 37 – Turnhout 29.

X **Theater,** Steegstraat 8, ☏ 0 14 81 19 06, *stefaan.de.boeck@pandora.be, Fax 0 14 19 07,* – 25/100. VISA

fermé 15 au 28 fév., 16 au 31 août, mardi soir et merc. – **Rest** *Lunch 20* – 28, carte 28/49.

◆ Ce restaurant exploité en famille doit son nom à la salle de spectacle qu'il abrita nagué aujourd'hui disparue. Bon choix de préparations traditionnelles. Accueil avenant.

◆ Dit familierestaurant dankt zijn naam aan het thans verdwenen theatertje dat hier vr ger was gevestigd. Traditionele kaart met ruime keuze. Voorkomende bediening.

BALMORAL *Liège* **533** U19, **534** U19 *et* **716** K4 – *voir à Spa.*

BARCHON *Liège* **533** T18, **534** T18 *et* **716** K3 – *voir à Liège, environs.*

BARVAUX *6940 Luxembourg belge* C *Durbuy 10 534 h.* **533** R20, **534** R20 *et* **716** J4. 12

Env. *au Nord : 4,5 km, ≤ sur la vallée de l'Ourthe.*

18 9 *rte d'Oppagne 34 ☏ 0 86 21 44 54, Fax 0 86 21 44 49.*

Parc Julienas 1 ☏ 0 86 21 11 65, Fax 0 86 21 19 78.

Bruxelles 121 – Arlon 99 – Liège 47 – Marche-en-Famenne 19.

Le Relais de Bohon , pl. de Bohon 50 (Nord-Ouest : 3 km, lieu-dit Bohon), ☏ 0 21 30 49, *info@lerelaisdebohon.com, Fax 0 86 21 35 95,* , – P. AE VISA

fermé mars, début sept., fin nov., lundi soir et mardi – **Rest** *Lunch 22* – 30/68 bc, ca 32/42, – **16 ch** ☕ ✝80 – ✝✝90 – ½ P 60/84.

◆ Auberge ardennaise chaleureuse et accueillante officiant dans un hameau paisible, en Barvaux et Durbuy. Café "sympa" à l'avant ; chambres se partageant trois maisons. Rest rant traditionnel aux grandes baies vitrées ouvrant sur la terrasse et le jardin.

◆ Gezellige Ardense herberg in een rustig dorpje tussen Barvaux en Durbuy. Leuk café de voorkant en kamers verdeeld in drie huizen. Traditioneel restaurant met glaspuien uitkijken op het terras en de tuin.

Villa Belle Epoque sans rest, rte de Bomal 11, ☎ 0 86 45 57 59, –
4 ch ☐ ★85/95 – ★★85/105.
◆ Ancienne maison de garde-chasse juchée sur les hauteurs. Chambres personnalisées par des tissus coordonnés et des objets chinés, jardin en contrebas, propriétaires hollandais.
◆ Voormalig jachtopzienershuis op een heuvel; Nederlandse eigenaren. De kamers hebben iets persoonlijks door de bijpassende stoffen en rommelmarktspullen. Lager gelegen tuin.

Le Cor de Chasse avec ch, r. Petit Barvaux 97 (Nord : 1,5 km), ☎ 0 86 21 14 98, *info@lecordechasse.be, Fax 0 86 21 35 85*, – 6/18. VISA
fermé 2 sem. début janv., fin juin-début juil., 1 sem. en sept., merc. et jeudi – **Rest** Lunch 25 – 32/77 bc, carte 46/58 – **9 ch** ☐ ★62/67 – ★★70/90 – ½ P 70/90.
◆ Aux abords de Barvaux, refuge gourmand où se conçoit une ambitieuse cuisine inventive. Salle ancienne modernisée, terrasse au-dessus du jardin et chambres refaites par étapes.
◆ Goed adresje voor smulpapen aan de rand van Barvaux, met een inventieve kookstijl. Gemoderniseerde antieke eetzaal, tuin met terras en geleidelijk gerenoveerde kamers.

Bomal-sur-Ourthe *Nord : 3 km* C *Durbuy* – ✉ *6941 Bomal-sur-Ourthe :*

l'Ormille, r. Barvaux 40, ☎ 0 86 43 47 62, *ormille@skynet.be, Fax 0 86 45 67 34*, – VISA.
Rest (résidents seult) – **5 ch** ☐ ★90/110 – ★★90/160.
◆ Fier manoir de 1890 remanié vers 1925 et agrémenté d'un beau parc. Éléments décoratifs intérieurs Art nouveau et Art déco, chambres personnalisées, breakfast dans l'orangerie.
◆ Statig landhuis uit 1890 dat in 1925 werd verbouwd. Mooi park, binnen elementen in art-nouveau- en art-decostijl, kamers met een persoonlijke toets, ontbijt in de oranjerie.

BASTOGNE (BASTENAKEN) *6600 Luxembourg belge* **534** T22 *et* **716** K5 – *14 145 h.* 13 C2

Voir *Intérieur★ de l'église St-Pierre★ – Bastogne Historical Center★ – à l'Est : 3 km, Le Mardasson★.*
Env. *au Nord : 17 km à Houffalize : Site★.*
pl. Mac Auliffe 24 ☎ 0 61 21 27 11, info@si-bastogne.be, Fax 0 61 21 27 25.
Bruxelles 148 – Arlon 40 – Bouillon 67 – Liège 88 – Namur 87.

Melba, av. Mathieu 49, ☎ 0 61 21 77 78, *info@hotel-melba.com, Fax 0 61 21 55 68*, – 80. VISA.
fermé 24 déc.-15 janv. – **Rest** (dîner pour résidents seult) – **34** ch ☐ ★62/80 – ★★85/110 – ½ P 80/98.
◆ Hôtel de chaîne à taille humaine bordant une rue calme qui relie le centre à l'ancienne gare où débute le RAVEL (piste cyclable). Confort moderne dans les chambres.
◆ Dit hotel met modern comfort behoort tot een keten, maar is niet zo groot. Het staat aan een rustige straat tussen het centrum en het oude station, waar het fietspad begint.

Collin, pl. Mac Auliffe 8, ☎ 0 61 21 48 88, *hotel-collin@hotel-collin.com, Fax 0 61 21 80 83*, – 25. VISA
fermé 1er au 15 avril et 7 au 15 nov. – **Rest** *(fermé merc. et jeudi)* (taverne-rest) *Lunch 11* – carte 19/40 – **16 ch** ☐ ★70 – ★★85 – ½ P 60/80.
◆ Bâtisse moderne veillant sur la place centrale, où trône un char américain. Amples chambres convenablement équipées. Terrasse d'été sur le devant. Grillades, plats mijotés, choucroutes et moules en saison proposés dans un décor de brasserie "rétro".
◆ Modern gebouw aan het centrale plein, waar een Amerikaanse tank staat. Ruime kamers met redelijke voorzieningen. Zomerterras aan de voorkant. Brasserie in retrostijl met grillspecialiteiten, stoofschotels, zuurkool en mosselen in het seizoen.

Léo at home, pl. Mac Auliffe 50, ☎ 0 61 21 14 41, *info@hotel-leo.com, Fax 0 61 21 65 08* – VISA
Rest voir rest ***Wagon Léo*** ci-après – **7** ch ☐ ★62/69 – ★★76/83.
◆ Sur la place animée de Bastogne, hôtel où vous logerez dans de spacieuses chambres bien insonorisées, dont deux tiers conviennent aux familles. Avenante salle de breakfast.
◆ Hotel aan het gezellige plein van Bastenaken. Van de ruime kamers met goede geluidsisolatie is tweederde geschikt voor gezinnen. Prettige ontbijtzaal.

Au Coin Fleuri, chaussée d'Houffalize 5, ☎ 0 61 21 39 13, *francis.balaine@swing.be, Fax 0 61 21 10 11*, – VISA.
fermé 24 fév.-14 mars, 2 sem. en sept., lundi et mardi – **Rest** *Lunch 25* – 34/55, carte 34/50.
◆ Aux portes de la ville, adresse familiale dont le décor intérieur évoque un peu la Provence. Choix traditionnel, bons bourgognes et spécialité de bison élevé à Recogne.
◆ Familierestaurantje aan de rand van de stad, met een interieur dat Provençaals aandoet. Traditionele kaart met als specialiteit bizonvlees uit Recogne en goede bourgognes.

Wagon Léo - H. Léo at home, r. Vivier 16, ✆ 0 61 21 14 41, *restaurant@wagon-leo.cc*
Fax 0 61 21 65 08, , Moules en saison – P 60.
fermé 22 déc.-25 janv. et lundi – **Rest** *Lunch 20* – 28/36, carte 25/45, ♀.
◆ Les secrets d'une bonne cuisine traditionnelle se transmettent en famille depuis 19 dans ce "wagon-restaurant" né d'une simple friterie. Carte et décor de type brasserie.
◆ De familiegeheimen van een goede traditionele keuken worden sinds 1946 doorgegev in dit "wagon-restaurant", voorheen een frietkraam Typische brasseriekaart en dito terieur.

BATSHEERS *3870 Limburg* C *Heers 6 760 h.* **533** Q18. 10
Bruxelles 81 – Hasselt 30 – Liège 29 – Maastricht 59.

Karrehof, Batsheersstraat 35, ✆ 0 11 48 51 77, *info@karrehof.be, Fax 0 11 48 17*
, – ch, P.
fermé 24, 25 et 31 déc. et 1er janv. – (résidents seult) – **10 ch** ★43/48 – ★★66/7
½ P 47/52.
◆ Dans un village agreste, ferme hesbignonne en briques rouges (1799) devenue un hô au cadre rustique soigné. Chambres personnalisées. Produits artisanaux en vente place.
◆ Deze boerderij van rode baksteen (1799) in een landelijk dorp is nu een hotel met e mooi rustiek interieur. Persoonlijke kamers en verkoop van ambachtelijke producten.

BATTICE *4651 Liège* C *Herve 16 772 h.* **533** T19, **534** T19 *et* **716** K4. 9
Bruxelles 117 – Liège 27 – Verviers 9 – Aachen 31 – Maastricht 28.

Aux Étangs de la Vieille Ferme, Maison du Bois 66 (Sud-Ouest : 7 km, lieu Bruyères), ✉ 4650, ✆ 0 87 67 49 19, *info@auxetangsdelavieilleferme.be, Fax 0 67 98 65*, <, , – P 8/20.
fermé 1er au 12 janv., 29 oct.-8 nov., lundi, mardi, merc. soir et jeudi soir – **Rest** *Lunch* 46/78, carte 57/82.
◆ Ferme rénovée dans l'esprit néo-rustique, agrémentée d'une terrasse donnant sur parc verdoyant et son étang. Carte classique actualisée. Bons bordeaux tarifés avec re nue.
◆ Gerenoveerde boerderij met modern-rustiek interieur. Het terras kijkt uit op een p met vijver. Klassieke kookstijl in een modern jasje. Goede, redelijk geprijsde bordeaux.

Au Vieux Logis, pl. du Marché 25, ✆ 0 87 67 42 53, *elisabethcrahay@hotmail.com* –
.
fermé prem. sem. janv., 2 dern. sem. juil., dim., lundi soir et mardi soir – **Rest** *Lunch 26* – carte 37/68.
◆ Une appétissante carte au goût du jour est présentée dans ce "vieux logis" ayant trouvé une seconde jeunesse. Tables bien espacées, mise en place soignée et serv avenant.
◆ Dit oude pand, dat in zijn tweede jeugd is, biedt een aantrekkelijke, eigentijdse ka Tafeltjes op ruime afstand, verzorgde presentatie en attente service.

à Bolland *Nord-Ouest : 2 km* C *Herve* – ✉ *4653 Bolland :*

Vincent cuisinier de campagne, Saremont 10, ✆ 0 87 66 06 07, *saremont@ net.be*, – P 20/48. .
fermé Noël-Nouvel An, 1 sem. en fév., dim. soir, lundi et merc. – **Rest** *Lunch 28* – 39/ carte 44/59.
◆ Bâtisse contemporaine dominant la campagne vallonnée. Cuisine actuelle attachée terroir local, bel assortiment de vins français et terrasse donnant sur un jardin-potager.
◆ Modern pand dat over het heuvellandschap uitkijkt. Eigentijdse keuken op basis lokale producten en mooie Franse wijnen. Terras met uitzicht op de moestuin.

à Charneux *Nord : 4 km* C *Herve* – ✉ *4654 Charneux :*

Le Wadeleux, Wadeleux 417, ✆ 0 87 78 59 12, *Fax 0 87 78 52 96*, – P. .
fermé 2 sem. en mars, 2 sem. en sept., merc. et jeudi – **Rest** (réservation souhaitée) carte env. 41.
◆ Ancienne ferme perchée au sommet de l'agreste plateau de Herve. Décor de type bist et choix traditionnel sans prise de tête, faisant la part belle aux produits du pays.
◆ Oude boerderij op het hoogste punt van de landelijke vlakte van Herve. Typisch bist interieur en traditionele kaart zonder poespas, met het accent op streekproducten.

BAUDOUR *Hainaut* **533** I20, **534** I20 *et* **716** E4 – *voir à Mons.*

AZEL *9150 Oost-Vlaanderen* Ⓒ *Kruibeke 15 214 h.* **533** K16 *et* **716** F2. 17 **D1**
Bruxelles 45 – Gent 49 – Antwerpen 17 – Sint-Niklaas 15.

XX **Hofke van Bazel,** Koningin Astridplein 11, ☎ 0 3 744 11 40, *info@hofkevanbazel.be, Fax 0 3 744 24 00,* – ⇔ 10/30. MC VISA
fermé lundi et sam. midi – **Rest** *Lunch 35* – 40/99 bc, carte env. 53.
• Jolie maison ancienne agrandie vous conviant à goûter, dans un décor des plus romantiques, une savoureuse cuisine d'aujourd'hui. Terrasse-jardin intime et soignée à l'arrière.
• Restaurant in een mooi oud huis met uitbouw voor een romantisch etentje. Smakelijke eigentijdse keuken. Intiem terras in de goed verzorgde tuin aan de achterkant.

BEAUMONT *6500 Hainaut* **533** K21, **534** K21 *et* **716** F5 – *6 698 h.* 7 **D2**
Grand'Place 10 ☎ *0 71 58 81 91, ot.beaumont@swing.be, Fax 0 71 58 81 91.*
Bruxelles 80 – Mons 32 – Charleroi 26 – Maubeuge 25.

Grandrieu *Sud-Ouest : 7 km* Ⓒ *Sivry-Rance 4 597 h.* – ✉ *6470 Grandrieu :*

XX **Le Grand Ryeu,** r. Goëtte 1, ☎ 0 60 45 52 10, *alain.boschman@legrand-ryeu.be, Fax 0 60 45 62 25,* – P. MC VISA
fermé 1er au 20 janv., 15 août-6 sept., mardi, merc., jeudi et après 20 h 30 – **Rest** *Lunch 25* – 40/70 bc, carte 35/57.
• Jolie ferme du 18e s. bâtie au centre d'un village voisin de la frontière française. Chaleureuses salles à manger aux accents agrestes. Recettes bien en phase avec l'époque.
• Mooie 18e-eeuwse boerderij in het hart van een dorp bij de Franse grens. Gezellige eetzalen met een rustieke noot. De gerechten passen goed bij de huidige smaak.

Solre-St-Géry *Sud : 4 km* Ⓒ *Beaumont* – ✉ *6500 Solre-St-Géry :*

XXX ✿ **Hostellerie Le Prieuré Saint-Géry** (Cardinal) avec ch, r. Lambot 9, ☎ 0 71 58 97 00, *leprieure@skynet.be, Fax 0 71 58 96 98,* – P ⇔ 6/30. AE ⓓ MC VISA
fermé 8 au 23 janv., 3 au 18 sept., dim. soir, lundi et mardi midi – **Rest** *Lunch 27* – 45/125 bc, carte 55/80, ♀ – **5 ch** ☕ ★65/95 – ★★95/115 – 1 suite – ½ P 99.
Spéc. Thon mariné, tarte de légumes et mousse d'avocat (juin-août). Parmentier de joue de bœuf, ris de veau aux chou vert et lentilles. Barre de chocolat, caramel et cacahuettes grillées.
• Repas classique personnalisé servi dans l'ancien prieuré d'un petit village isolé. Cadre rustique ; cour-terrasse fleurie dès les premiers beaux jours. Chambres douillettes.
• Oude priorij met een rustiek interieur in een afgelegen dorpje. Bij mooi weer wordt op de patio geserveerd. Klassieke maaltijd met een persoonlijk vleugje. Knusse kamers.

BEAUVOORDE *West-Vlaanderen* **533** A16 – *voir à Veurne.*

BEERNEM *8730 West-Vlaanderen* **533** F16 *et* **716** D2 – *14 644 h.* 19 **C2**
Bruxelles 81 – Brugge 20 – Gent 36 – Oostende 37.

XXX **Di Coylde,** St-Jorisstraat 82 (direction Knesselare), ☎ 0 50 78 18 18, *info@dicoylde.be, Fax 0 50 78 17 25,* – P ⇔ 12/50. AE ⓓ MC VISA.
fermé 2 au 4 janv., 19 fév.-1er mars, 16 juil.-9 août, sam. midi, dim. soir et lundi – **Rest** *Lunch 33* – 35/85 bc, carte env. 57.
• Ravissant manoir du 18e s. décoré d'œuvres d'art moderne, protégé de douves et entouré de jardins soignés. Cuisine au goût du jour recherchée et cave de prestige.
• Schitterend 18e-eeuws kasteeltje met een slotgracht en een verzorgde tuin. Binnen zijn talrijke kunstwerken te bewonderen. Verfijnde eigentijdse keuken en prestigieuze wijnen.

à Oedelem *Nord : 4 km* Ⓒ *Beernem* – ✉ *8730 Oedelem :*

XX **Alain Meessen,** Bruggestraat 259 (Ouest : 4 km sur N 337), ☎ 0 50 36 37 84, *restaurant.alainmeessen@scarlet.be, Fax 0 50 36 01 94,* – ♿ P. AE ⓓ MC VISA
fermé prem. sem. janv., 2 sem. en mai, 2 sem. en sept., sam. midi, dim., lundi midi et après 20 h 30 – **Rest** 33/83 bc, carte 57/88.
• Table au cadre contemporain installée dans une fermette flamande typique. Choix actuel présenté sous forme d'un menu-carte affriolant. Terrasse arrière agrémentée d'un jardin.
• Restaurant in een typisch Vlaams boerderijtje met een hedendaags interieur. Eigentijdse maaltijd in de vorm van een aanlokkelijk keuzemenu. Tuin met terras aan de achterzijde.

BEERSEL *Vlaams-Brabant* **533** K18 *et* **716** F3 – *voir à Bruxelles, environs.*

BELLEGEM *West-Vlaanderen* **533** E18 *et* **716** C3 – *voir à Kortrijk.*

BELGIQUE

BELLEVAUX-LIGNEUVILLE *4960 Liège* 🄲 *Malmédy 11 829 h.* **533** V20, **534** V20 9
716 L4.
Bruxelles 165 – Liège 65 – Malmédy 8,5 – Spa 27.

Du Moulin, Grand'Rue 28 (Ligneuville), ☎ 0 80 57 00 81, *moulin.ligneuville@skynet.*
Fax 0 80 57 07 88, – P. AE MC VISA
fermé 26 mars-12 avril, fin août-début sept. et merc. et jeudis non fériés – **Rest** 30/120
carte 46/75, – **15 ch** ☕ ★55/68 – ★★81/128 – ½ P 67/80.
◆ Auberge familiale dont la jolie façade ancienne rappelle l'Alsace. Chambres fraîches nettes, breakfast soigné et salon cosy au coin du feu. Plaisante salle à manger complé par une terrasse côté jardin. Cuisine actuelle bien faite et bons vins allemands.
◆ Familieherberg met een mooie oude voorgevel in stijl uit de Elzas. Frisse, nette kame verzorgd ontbijt en gezellige lounge met open haard. Prettige eetzaal met terras aan kant van de tuin. Goede, eigentijdse keuken en lekkere Duitse wijnen.

St-Hubert, Grand'Rue 43 (Ligneuville), ☎ 0 80 57 08 92, *hotel.st.hubert@skynet.*
Fax 0 80 57 08 94, – P – 60. AE MC VISA.
fermé mardi soir et merc. – **Rest** *Lunch 18* – 25/40, carte 24/43 – **18 ch** ☕ ★45/7
★★66/71 – ½ P 56/61.
◆ Sage petit hôtel à l'atmosphère provinciale établi au centre de cette localité de la val de l'Amblève. Les plus grandes chambres se partagent l'aile arrière. Restaurant tradition régional où la truite (poisson emblématique du village) tient la vedette.
◆ Net hotelletje met een provinciale sfeer, in het centrum van dit plaatsje in het Amblè dal. De grootste kamers liggen in de vleugel aan de achterkant. Traditioneel restaur waar forel, het symbool van het dorp, de hoofdmoot vormt.

BELŒIL *7970 Hainaut* **533** H19, **534** H19 *et* **716** E4 – *13 346 h.*
Voir Château★★ : collections★★★, parc★★ (Grande Vue★★), bibliothèque★.
Bruxelles 70 – Mons 22 – Tournai 28.

Hôtels et restaurants voir : Mons *Sud-Est : 22 km*

BELVAUX *Namur* **534** Q22 *et* **716** I5 – *voir à Rochefort.*

BERCHEM *Antwerpen* **533** L15 *et* **716** G2 – *voir à Antwerpen, périphérie.*

BERCHEM-STE-AGATHE (SINT-AGATHA-BERCHEM) *Région de Bruxelles-Capi*
533 K17 *et* **716** F3 – *voir à Bruxelles.*

BERENDRECHT *Antwerpen* **533** K14 *et* **716** F1 – *voir à Antwerpen, périphérie.*

BERGEN P *Hainaut – voir Mons.*

BERLAAR *2590 Antwerpen* **533** M16 *et* **716** G2 – *10 613 h.* 1
Bruxelles 51 – Antwerpen 26 – Lier 8 – Mechelen 18.

Het Land, Smidstraat 39, ☎ 0 3 488 22 56, *Fax 0 3 482 37 34,* – P. AE MC VISA.
fermé dern. sem. juil.-2 prem. sem. août, Noël-Nouvel An, mardi, merc. et sam. midi – R
Lunch 25 – 33/75 bc, carte 45/71.
◆ Une table qui plaît pour l'allant de l'accueil et du service, l'originalité du décor intéri privilégiant des matériaux naturels et l'agrément du restaurant d'été au jardin.
◆ Dit restaurant heeft heel wat te bieden: vriendelijke ontvangst, voorkomende bedieni origineel interieur met natuurlijke materialen en mooie tuin om in de zomer te eten.

BERLARE *9290 Oost-Vlaanderen* **533** J16 *et* **716** F2 – *14 093 h.* 17
Bruxelles 38 – Gent 26 – Antwerpen 43 – Sint-Niklaas 24.

't Laurierblad (Van Cauteren) avec ch, Dorp 4, ☎ 0 52 42 48 01, *info@laurierblad.c*
Fax 0 52 42 59 97, – ch, 10/80. AE MC VISA
fermé lundi et mardi – **Rest** *Lunch 40 bc* – 60/115 bc, carte 45/97 – **5 ch** ☕ ★85 – ★★125
Spéc. Filets d'anguille en verdure. Aiguillettes de bœuf braisé façon brasseurs. Pâtisse maison.
◆ Cuisine régionale évolutive servie dans une ancienne grange aux murs de briques roug Belle terrasse sur cour-jardin agrémentée d'une pièce d'eau. Chambres personnalisées.
◆ Streekgerechten met een vleugje vernieuwing, geserveerd in een oude schuur met r bakstenen muren. Mooi terras op de patio met waterpartij en kamers met een persoonl toets.

aux étangs de Donkmeer *Nord-Ouest : 3,5 km :.*

XXX **Lijsterbes** (Van Der Bruggen), Donklaan 155, ✉ 9290 Uitbergen, ☎ 0 9 367 82 29, *info@lijsterbes.be, Fax 0 9 367 85 50,* – P 12/45. AE VISA.
fermé 2 au 9 janv., 9 au 15 avril, 29 juil.-19 août, sam. midi, dim. soir et lundi – **Rest** *Lunch 39* – 54/105 bc, carte 63/95.
Spéc. Carpaccio de langoustines au caviar, salade de fenouil aux oranges confites. Bar en croûte de sel. Pêche rôtie à la verveine citronnée (juin-sept.).
◆ Recettes au goût du jour et vins choisis à apprécier sous les poutres cérusées d'une salle moderne aux tons sable et aubergine ou sur la terrasse côtoyant un jardin anglais.
◆ Moderne eetzaal in beige en aubergine, met balkenplafond. Eigentijdse keuken en uitgelezen wijnen. 's Zomers wordt op het terras in de Engelse tuin geserveerd.

X **Elvira**, Donklaan 255, ✉ 9290 Overmere, ☎ 0 9 367 06 82, *elvira-donkmeer@yahoo.com, Fax 0 9 367 06 83,* , Taverne-rest, moules et anguilles – P. AE VISA.
fermé dern. sem. fév., dern. sem. juin, prem. sem. nov., lundi et mardi – **Rest** *Lunch 15* – 35 bc, carte 18/45.
◆ Face au plan d'eau récréatif, maison des années 1920 cumulant les fonctions de taverne et de restaurant. Choix traditionnel étendu et varié, adapté à la clientèle en loisirs.
◆ Café-restaurant in een pand uit de jaren 1920 tegenover een recreatieplas. Uitgebreide en gevarieerde menukaart, aangepast aan vakantiegangers.

BERNEAU *4607 Liège* C *Dalhem 6 484 h.* **533** T18 *et* **716** K3. 9 **C1**

Bruxelles 110 – Liège 19 – Verviers 26 – Aachen 46 – Maastricht 14.

XX **Le Vercoquin**, r. Warsage 2, ☎ 0 4 379 33 63, *vercoquin2001@hotmail.com, Fax 0 4 379 75 88,* – P. AE VISA
fermé prem. sem. janv., 2 sem. en juil., dim. soir et lundi – **Rest** *Lunch 35* – 50/69, carte 44/79.
◆ Estimable restaurant officiant à un carrefour, dans un village mi-distant de Battice et Maastricht. Choix classique actualisé, avec produits de luxe ; mise de table soignée.
◆ Verdienstelijk restaurant op een kruispunt, in een dorp halfweg Battice en Maastricht. Klassieke gerechten in een modern jasje, bereid met luxeproducten. Verzorgde tafels.

BERTRIX *6880 Luxembourg belge* **534** Q23 *et* **716** I6 – *8 192 h.* 12 **B2**

Bruxelles 149 – Arlon 54 – Bouillon 24 – Dinant 73.

XX **Le Péché Mignon**, r. Burhaimont 69 (lieu-dit Burhémont), ☎ 0 61 41 47 17, *Fax 0 61 41 47 17,* – P 20/70. AE VISA
fermé 6 au 15 mars, 25 juin-20 juil., lundi soir et merc. – **Rest** *Lunch 21 bc* – 25/61 bc, carte 43/55.
◆ Table traditionnelle aménagée dans une ancienne ferme (1890). Salon-cheminée, salle néo-rustique avec pierres apparentes, espace banquets sous charpente et terrasse au jardin.
◆ Traditioneel restaurant in een oude boerderij (1890). Salon met schouw, neorustieke eetzaal met ongepleisterde stenen muren, feestzaal met balkenzoldering en tuin met terras.

X **Four et Fourchette**, r. Gare 103, ☎ 0 61 41 66 90, – . VISA
fermé 1 sem. en janv., 2 dern. sem. juil.-2 prem. sem. août, lundi et mardi – **Rest** *Lunch 12* – 31/41, carte 38/73.
◆ Entre gare et centre, affaire familiale dont les atouts sont l'accueil et le soin apporté à la cuisine, d'orientation classique-actuelle. Petite carte et menus à prix doux.
◆ Familierestaurant tussen het station en het centrum, met als sterke punten de ontvangst en de zorg voor de modern-klassieke gerechten. Kleine kaart en voordelige menu's.

BEVEREN (-Leie) *8791 West-Vlaanderen* C *Waregem 35 848 h.* **533** F17 *et* **716** C3. 19 **C3**

Bruxelles 89 – Brugge 49 – Gent 44 – Kortrijk 7.

XX **De Grand Cru**, Kortrijkseweg 290, ☎ 0 56 70 11 10, *Fax 0 56 70 60 88* – P 10/35. AE VISA
fermé 21 juil.-15 août, dim. et lundi – **Rest** *Lunch 37 bc* – 65 bc, carte 43/68.
◆ Salle à manger contemporaine rénovée, dont les baies vitrées procurent une vue sur un petit jardin agrémenté de pièces d'eau. Carte très classique et livre de cave fastueux.
◆ Gerenoveerde moderne eetzaal met grote ramen die uitkijken op een kleine tuin met waterpartijen. Zeer klassieke kaart en geweldige wijnen.

Grand luxe ou sans prétention ?
Les X et les notent le confort.

BELGIQUE

BEVEREN (-Waas) *9120 Oost-Vlaanderen* **533** K15 *et* **716** F2 – *45 706 h.* 17

Bruxelles 52 – Gent 49 – Antwerpen 15 – Sint-Niklaas 11 – Middelburg 86.

XX **Salsifis,** Gentseweg 536 (4 km direction Sint-Niklaas), ☎ 0 3 755 49 37, *salsifis@telenet* – ▤ P. MC VISA. ⚹
fermé 27 déc.-2 janv., 21 au 27 fév., 23 au 29 mai, 29 août-11 sept., lundi, mardi et sa midi – **Rest** *Lunch 30* – 37/75 bc, carte 43/55.
◆ Restaurant un peu caché de la N 70. Salle aux tons doux revêtue d'un plancher en b blond et dotée chaises en fibre végétale. Accueil et service prévenants. Terrasse devant.
◆ Dit restaurant met terras aan de voorkant staat even van de N 70 af. De eetzaal pastelkleuren heeft een lichte houten vloer en biezen stoelen. Attente bediening.

BIÈVRE *5555 Namur* **534** P23 *et* **716** I6 – *3 153 h.* 15

Bruxelles 134 – Namur 78 – Arlon 80 – Bouillon 20 – Charleville-Mézières 63.

XX **Le Saint-Hubert,** r. Bouillon 45, ☎ 0 61 51 10 11, *Fax 0 61 32 13 18,* ☂ – P. MC V ⚹
fermé mardi soir et merc. – **Rest** *Lunch 25* – 32/59, carte 35/57.
◆ Ancienne maison ardennaise rénovée où l'on vient faire de soigneux repas au goût jour dans un cadre clair et actuel. Terrasse surplombant le jardin et sa pièce d'eau.
◆ Gerestaureerd pand in Ardense stijl, met een licht en modern interieur. Goed verzorg eigentijdse keuken. Het terras kijkt uit op de tuin met waterpartij.

BILZEN *3740 Limburg* **533** S17 *et* **716** J3 – *30 057 h.* 11

Bruxelles 97 – Hasselt 17 – Liège 29 – Maastricht 16.

XX **'t Vlierhof,** Hasseltsestraat 57a, ☎ 0 89 41 44 18, *info@vlierhof.be,* ☂ – ▤ P ⇔ 8/ AE MC VISA. ⚹
fermé 3 prem. sem. août, lundi soir, merc. et sam. midi – **Rest** 32/72 bc, carte env. 50.
◆ Cuisine actuelle où entrent, au fil des saisons, fruits, légumes et condiments "oublie que le chef va lui-même cueillir dans son potager prolifique situé à l'arrière.
◆ Eigentijdse, seizoengebonden gerechten van "vergeten" groenten, kruiden en fr soorten, die de chef zelf gaat plukken in zijn weelderige moestuin aan de achterkant.

à Mopertingen *Est : 2 km direction Maastricht* C *Bilzen* – ✉ *3740 Mopertingen :*

X **Op den Blanckaert,** Michiel Moorsplein 1, ☎ 0 89 50 35 91, *opdenblanckaert@net.be, Fax 0 89 50 35 96* – AE ⓓ MC VISA. ⚹
fermé 13 au 28 juin, 24 oct.-1er nov., lundi, mardi et sam. midi – **Rest** *Lunch 30* – 30/65 carte 38/55.
◆ Dans un village agreste, restaurant mettant à profit une belle bâtisse ancienne en ques, modernisée au-dedans sans lui ôter son cachet. Accueillante terrasse-jardin caché
◆ Dit restaurant in een landelijk dorp is gevestigd in een mooi oud gebouw van natu steen, dat is gemoderniseerd met behoud van zijn cachet. Fijn terras aan de tuinzijde.

BINCHE *7130 Hainaut* **533** J20, **534** J20 *et* **716** F4 – *32 408 h.* 7

Voir *Carnaval★★★ (Mardi gras) – Remparts★.*
Musée : *International du Carnaval et du Masque★ : masques★★* **Z M.**
Env. *au Nord-Est, 10 km par ① : Domaine de Mariemont★★ : parc★, musée★★.*
🅸 *"Cave Bette", r. Promenades 2 ☎ 0 64 33 67 27, Fax 0 64 33 95 37.*
Bruxelles 62 ① – Mons 19 ⑤ – Charleroi 20 ② – Maubeuge 24 ④.

Plan page ci-contre

X **China Town,** Grand'Place 12, ☎ 0 64 33 72 22, Cuisine chinoise, ouvert jusqu'à 23 h – ▤. AE ⓓ MC VISA Z
fermé 1er au 15 août et merc. – **Rest** 22/31, carte 16/46.
◆ Posté sur la Grand-Place, au cœur de la vieille ville, le China Town binchois vous re dans une salle à manger au sobre décor exotique. Cuisine de l'Empire du Milieu.
◆ Deze Belgische China Town bevindt zich aan de Grote Markt, in het hart van de oude st Eetzaal met een exotisch decor zonder overdaad. Keuken uit het Rijk van het Midden.

à Bray *Ouest : 4 km* C *Binche* – ✉ *7130 Bray :*

X **Le Bercha,** rte de Mons 763, ☎ 0 64 36 91 07, *Fax 0 64 36 91 07,* ☂ – P ⇔ 20/100. MC VISA
fermé prem. sem. janv., dern. sem. août-prem. sem. sept., lundi et mardi – **Rest** *Lunch 2.* – 35/60 bc, carte 28/37.
◆ Une carte classique assortie d'un trio de menus s'emploie à combler votre appétit d cet estimable petit restaurant où la clientèle locale a ses habitudes. Terrasse abritée.
◆ In dit leuke restaurantje met een vaste cliëntèle kunt u kiezen uit een klassieke kaart r een drietal menu's die de honger zeker zullen stillen.

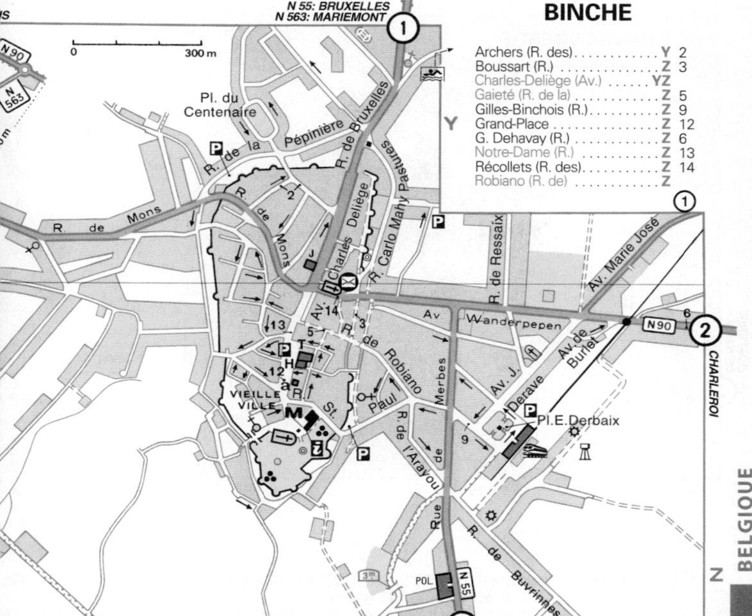

Buvrinnes *Sud-Est : 3 km* 🄲 *Binche* – ✉ *7133 Buvrinnes :*

X **La Fermette des Pins,** r. Lustre 39 (par ③ : 3,5 km), ☎ 0 64 34 17 18, *info@lafermettedespins.be, Fax 0 64 44 86 67,* – P ⇔ 10/40. AE ⓓ ⓜ VISA
fermé 2 au 11 janv., 26 fév.-7 mars, 20 août-12 sept. et lundis soirs de janv. à mars, mardis et merc. non fériés – **Rest** Lunch 45 bc – 36/82 bc, carte 42/53.
◆ Plats goûteux servis dans un décor champêtre, à l'image des abords de cette jolie fermette blanche. Agréable terrasse estivale dressée à la lisière des champs.
◆ Lekker eten in een schilderachtig boerderijtje in een landelijke omgeving. 's Zomers worden de tafels buiten gedekt op het terras aan de rand van de akkers.

OUL *Namur* **533** N21, **534** N21 *et* **716** H5 – *voir à Anhée.*

ANDEN *Vlaams-Brabant* **533** N18 – *voir à Leuven.*

ANKENBERGE *8370 West-Vlaanderen* **533** D15 *et* **716** C2 – *18 175 h – Station balnéaire★ – Casino Kursaal* A , *Zeedijk 150, ☎ 0 50 43 20 20, Fax 0 50 41 98 40.* 19 **C1**
🅸 *Leopold III-plein ☎ 0 50 41 22 27, toerisme@blankenberge.be, Fax 0 50 41 61 39.*
Bruxelles 111 ② – Brugge 15 ② – Knokke-Heist 12 ① – Oostende 21 ③.

Plan page suivante

Beach Palace, Zeedijk 77, ☎ 0 50 42 96 64, *info@beach-palace.com, Fax 0 50 42 60 49,* – 250. AE ⓓ ⓜ VISA. A b
Rest 50/75, carte 65/81 – **97 ch** ☕ ✝75/140 – ✝✝114/183 – 3 suites – ½ P 82/117.
◆ Ce building récent dominant la plage renferme d'amples chambres pourvues d'un équipement moderne. La salle des petits-déjeuners offre la vue sur la digue. Piscine couverte. À table, carte classique et bonne sélection de vins.
◆ Dit nieuwe gebouw aan het strand beschikt over ruime kamers met moderne voorzieningen. De ontbijtzaal biedt uitzicht op de pier. Overdekt zwembad. Aan tafel klassieke gerechten, vergezeld van een goed glas wijn.

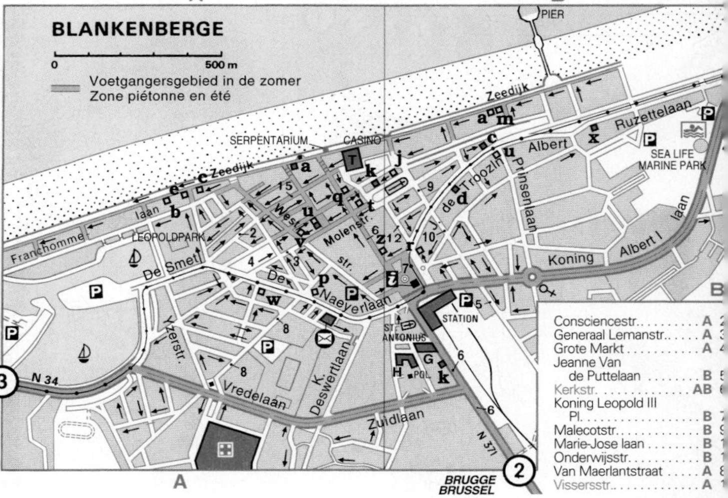

BLANKENBERGE

0 — 500 m

Voetgangersgebied in de zomer
Zone piétonne en été

Aazaert, Hoogstraat 31, ✆ 0 50 41 15 99, *info@azaert.be, Fax 0 50 42 91 46,* – |‡|, rest, ♿ – 100. VISA. A
ouvert 16 fév.-11 nov. – **Rest** (dîner pour résidents seult) – **50 ch** ✝74/90 – ✝✝89/14
½ P 73/103.

◆ Grande bâtisse moderne flambant neuve où vous logerez dans des chambres de b confort réparties sur 8 étages. Beau salon-bar nommé salle flamande. Espaces de rem en forme. Restaurant au décor actuel sobre et clair ; repas classique-traditionnel.

◆ Spiksplinternieuw modern hotel met comfortabele kamers op acht verdiepingen. In Vlaamse zaal is een mooie lounge met bar gevestigd. Verder zijn er fitnessruimtes. Rest rant met een sober en licht, eigentijds interieur; klassiek-traditionele kaart.

Helios, Zeedijk 92, ✆ 0 50 42 90 20, *info@hotelhelios.be, Fax 0 50 42 86 66,* |‡| – 100. AE VISA. A
ouvert 13 janv.-11 nov. – **Rest** voir rest ***Triton*** ci-après – **33 ch** ✝85/130 – ✝✝115/16
1 suite – ½ P 85/110.

◆ Aménagement résolument design dans cet immeuble moderne surplombant l'anir tion de la digue. Chambres pimpantes, souvent tournées vers la mer. Fitness, sauna whirlpool.

◆ Modern gebouw met een designinterieur, vlak bij de levendige pier. De kamers zien piekfijn uit en bieden veelal uitzicht op zee. Fitnessruimte, sauna en whirlpool.

Saint Sauveur sans rest, Langestraat 50, ✆ 0 50 42 70 00, *hotel@saintsauveur. Fax 0 50 42 97 38,* – |‡| – 26. VISA. A
46 ch ✝60/75 – ✝✝95/170 – 3 suites.

◆ Hôtel engageant situé à 100 m de la plage. Espaces communs modernes et nombreu sortes de chambres. Matelas à eau ou décor très contemporain dans certaines d'en elles.

◆ Uitnodigend etablissement op 100 m van het strand. Moderne gemeenschappel ruimten en verschillende soorten kamers, sommige met waterbed en een ultramode interieur.

Riant Séjour, Zeedijk 188, ✆ 0 50 43 27 00, *wauters.jean@skynet.be, Fax 0 50 42 75* – |‡| . AE VISA. B
fermé 1er au 20 oct., mardi et jeudi d'oct. à Pâques sauf vacances scolaires et merc. s vacances scolaires – **Rest** *(fermé après 20 h)* 18/28, carte 29/42 – **30 ch** ✝110/12
✝✝110/125 – 1 suite.

◆ Claires et spacieuses, toutes les chambres de cet hôtel dominant la plage offrent u vue dégagée sur la jetée et le large. Petite installation de remise en forme. Table tra tionnelle déclinant une dizaine de menus.

◆ Alle lichte en ruime kamers van dit hotel aan het strand bieden een onbelemm uitzicht op de pier en het ruime sop. Kleine fitnessruimte. Traditionele keuken met e tiental menu's.

De la Providence sans rest, Zeedijk 191, ✆ 0 50 41 11 98, *karel.maes@skynet.be, Fax 0 50 41 80 79,* ≤, ⌂, ≘ - |‡| ⇐. MC VISA B m
ouvert 14 fév.-4 nov. – **24 ch** ☐ ✝56/80 – ✝✝80/110.
♦ Hôtel "providentiel" pour qui recherche la proximité immédiate du front de mer et de l'estacade. Avenantes chambres de différentes tailles. Fitness, sauna et solarium.
♦ Dit hotel is ideaal voor wie graag dicht bij zee en de pier verblijft. Prettige kamers van verschillende grootte. Fitnessruimte, sauna en solarium.

Malecot (annexe Avenue - 33 ch), Langestraat 91, ✆ 0 50 41 12 07, *malecot@vakantie hotels.be, Fax 0 50 42 80 42,* ⌂ - |‡| ⇐. MC VISA B j
ouvert avril-14 nov. – **Rest** (résidents seult) – **30 ch** ☐ ✝50/66 – ✝✝72/94 –½ P 54/72.
♦ Près du casino et du rivage, hôtel familial où vous logerez dans des chambres fraîches et nettes. En cas de surbooking, une proche annexe peut jouer les vases communicants.
♦ Dit hotel bij het casino en het strand beschikt over keurige gerenoveerde kamers. Als het hotel vol zit, worden de gasten ondergebracht in een nabijgelegen dependance.

Manitoba sans rest, Manitobaplein 11, ✆ 0 50 41 12 20, *manitoba@belgacom.net, Fax 0 50 42 98 08* – |‡| P. MC VISA *ouvert 30 mars-sept.* – **20 ch** ☐ ✝44/90 – ✝✝68/95. A u
♦ Des chambres de bon confort vous attendent derrière l'élégante façade de cette demeure située dans la zone piétonnière. Petit-déjeuner soigné. Accueil familial.
♦ Achter de sierlijke gevel van dit pand in het voetgangersgebied wachten u kamers met een goed comfort. Hartelijk onthaal en verzorgd ontbijt.

Richmond Thonnon, Van Maerlantstraat 79, ✆ 0 50 42 96 92, *info@hotel-rich mond.com, Fax 0 50 42 98 72,* ≘, ⚲ - |‡| ⇸, ▤ rest, ⇐ - 🔬 25. AE ◑ MC VISA. ⚹ A p
Rest (dîner pour résidents seult) – **38 ch** ☐ ✝90/93 – ✝✝108/200 –½ P 121/139.
♦ Non loin du port de plaisance, de la plage et de la gare, petit immeuble d'angle renfermant une quarantaine de chambres standard convenablement équipées.
♦ Klein hoekpand, niet ver van de jachthaven, het strand en het station, met een veertigtal standaardkamers die goed zijn uitgerust.

Moeder Lambic, J. de Troozlaan 93, ✆ 0 50 41 27 54, *hotel@moederlambic.be, Fax 0 50 41 09 44,* ⛱ - |‡| ⇐. AE ◑ MC VISA. ⚹ ch B u
fermé 1er au 12 janv. – **Rest** *(fermé merc. et jeudi d'oct. à mars)* (taverne-rest) *Lunch 23* – 26/33 bc, carte 24/57 – **15 ch** ☐ ✝75/87 – ✝✝75/87 –½ P 95/107.
♦ À 200 m de la plage, au coin d'une avenue desservie par le tram, établissement dont les chambres offrent un confort très correct, sans pour cela grever votre budget. Salle à manger agrémentée d'une cheminée moderne et d'une véranda. Carte traditionnelle.
♦ Hotel op 200 m van het strand, nabij de tramhalte, met comfortabele kamers die geen aanslag zijn op uw budget. De eetzaal wordt opgeluisterd door een moderne schouw en serre. Traditionele keuken.

Vivaldi, Koning Leopold III-plein 8, ✆ 0 50 42 84 37, *hotelvivaldi@skynet.be, Fax 0 50 42 64 33,* ⛱ - |‡|. ◑ VISA. ⚹ B r
fermé merc. – **Rest** *(fermé après 19 h)* (taverne-rest) *Lunch 9* – 20/35 – **30 ch** ☐ ✝45/50 – ✝✝70/75 –½ P 50/65.
♦ Pratique pour les usagers du rail, cet hôtel "quatre saisons" donne sur une place animée. Mobilier stratifié dans les chambres, parfois dotées d'un balconnet. Taverne-restaurant de mise simple.
♦ Dit hotel aan een druk plein is bijzonder handig voor treinreizigers, want het ligt vlak bij het station. Sommige kamers zijn voorzien van een balkonnetje. Eenvoudig café-restaurant, waar men snel een hapje kan eten alvorens weer op de trein te springen.

Alfa Inn sans rest, Kerkstraat 92, ✆ 0 50 41 81 72, *info@alfa-inn.com, Fax 0 50 42 93 24,* ≘, ⛱, ⚲ - |‡| ⇸ P. MC VISA. ⚹ AB z
ouvert avril-déc. – **64 ch** ☐ ✝45/55 – ✝✝65/85.
♦ Ancien couvent converti en un hôtel apprécié pour ses pimpantes petites chambres au "look" balnéaire, son accueillant salon moderne et sa terrasse en teck dominant le jardin.
♦ Oud klooster dat volledig is verbouwd, gewild vanwege de frisse en vrolijke kamertjes met de typische sfeer van een badhotel. Moderne lounge en tuin met teakhouten terras.

Claridge, de Smet de Naeyerlaan 81, ✆ 0 50 42 66 88, *info@hotel-claridge.be, Fax 0 50 42 77 04* – |‡| ⇸. MC VISA. ⚹ A w
Rest (dîner pour résidents seult) – **17 ch** ☐ ✝54/70 – ✝✝64/100 –½ P 72/95.
♦ À deux pas du Grote Markt et d'un arrêt de tram, bâtisse accueillante vous logeant dans des chambres fonctionnelles aux tissus coordonnés. Salon "cosy" ; service personnalisé.
♦ Uitnodigend gebouw op loopafstand van de Grote Markt en een tramhalte. Functionele kamers met stoffering in bijpassende tinten. Gezellige lounge en persoonlijke service.

Du Commerce sans rest, Weststraat 64, ✆ 0 50 42 95 35, *info@hotel-du-com merce.be, Fax 0 50 42 94 40* – |‡| ⇐. AE ◑ MC VISA A v
ouvert 17 fév.-12 nov. – **32 ch** ☐ ✝45/60 – ✝✝68/150.
♦ Accueil plein de gentillesse et de bonne humeur dans cet hôtel créé en 1923 par les aïeux des patrons actuels. Chambres sobres, mais convenables. Clientèle touristique.
♦ Vriendelijke ontvangst in dit hotel dat in 1923 werd opgericht door de voorouders van de huidige eigenaren. Sobere, maar fatsoenlijke kamers. Veel toeristen.

Strand, Zeedijk 86, ☎ 0 50 41 16 71, *info@strand-hotel.be, Fax 0 50 42 58 67* – |♦|. VISA A
fermé janv. – **Rest** (résidents seult) – **17 ch** ☕ ✝60/70 – ✝✝90/98 – ½ P 75/85.
• Établissement du front de mer renfermant de menues chambres aménagées avec si plicité. Six d'entre elles offrent une échappée vers la plage. Salon et tea-room.
• Hotel aan de boulevard met kleine kamers die eenvoudig zijn ingericht. Zes daar bieden een doorkijkje naar het strand. Lounge en tearoom.

Philippe Nuyens, J. de Troozlaan 78, ☎ 0 50 41 36 32, *Fax 0 50 41 36 32* – VISA B
fermé 1 sem. en janv., 1 sem. en mars, 1 sem. en juin, mi-sept.-début oct., mardi et me – **Rest** 32/70 bc, carte 56/83, ♀.
Spéc. Terrine de joue de porc et escalope de foie d'oie. Dorade royale tout tomate (ét Café glaçé, glace caramel et crème noisette.
• Cuisine classique-actuelle bien faite, servie dans un décor rustique léger : chemin poutres en bois foncé et murs clairs égayés de lambris vert pâle assortis aux chaises.
• Modern-klassieke gerechten, geserveerd in een rustiek aandoend interieur: schou donkere balken en lichte muren met lambrisering in zachtgroen, wat goed bij de stoe past.

Escapade J. de Troozlaan 39, ☎ 0 50 41 15 97, *stefaan.timmerman@telenet.be, Fax 0 42 88 64,* ☂ – ⇔ 8/40. AE ⓓ MC VISA B
fermé dern. sem. juin, 1er au 15 oct., merc. sauf mai-15 oct. et jeudi – **Rest** 30/58 bc.
• Petite carte classique assortie de deux bons menus, cave honorable, cadre agréable terrasse sur l'arrière : tous les ingrédients sont réunis pour une escapade gourmande.
• De kleine klassieke kaart met twee goede menu's, de lekkere wijnen, het aangena interieur en het terras aan de achterkant staan garant voor een prettige "escapade".

St-Hubert, Manitobaplein 15, ☎ 0 50 41 22 42, *Fax 0 50 41 22 42,* ☂ – ✗ A
fermé mars, lundi et mardi – **Rest** *Lunch 40* – carte 32/65.
• Dans le centre piétonnier restaurant au décor intérieur bourgeois semé de touch rustiques. Moules, anguilles et préparations classiques à la carte. Terrasse en façade.
• Restaurant in het voetgangersgebied, dat traditioneel is ingericht met rustieke accent Mosselen, paling en klassieke gerechten à la carte. Terras aan de voorkant.

Triton - H. Helios, Zeedijk 92, ☎ 0 50 42 90 20, *info@hotelhelios.be, Fax 0 50 42 86 66* – ▤. AE MC VISA. ✗ A
ouvert 13 janv.-11 nov.; fermé mardi d'oct. à mai et merc. – **Rest** *Lunch 25* – 32/50, ca 40/65, ♀.
• Repas au goût du jour servi dans une plaisante salle de restaurant contemporaine à accents nautiques. Présentations quelquefois spectaculaires dans l'assiette.
• In de plezierige hedendaagse eetzaal met nautische accenten worden gerechten ges veerd die echt van deze tijd zijn. De presentatie op de borden is soms ronduit spectacul

La Tempête avec ch, A. Ruzettelaan 37, ☎ 0 50 42 94 28, *hotel.la.tempete@skynet. Fax 0 50 42 79 17* – P ⇔ 20/32. MC VISA. ✗ ch B
fermé 1er au 25 janv. – **Rest** *(fermé lundi et merc. en hiver et mardi) Lunch 20* – 32/40, ca 37/58 – **9 ch** (fermé lundi, mardi et merc. en hiver) ☕ ✝74/80 – ✝✝74/80 – ½ P 52/55.
• Enseigne agitée à forte pour cette table offrant un bel éventail de plats classiqu traditionnels issus de la marée. Nuitées sans remous dans des chambres de mise simple
• Klassiek-traditioneel hotel-restaurant waar vis de hoofdmoot vormt. Eenvoudige kam die prima voldoen voor een nachtje.

Griffioen, Kerkstraat 163, ☎ 0 50 41 34 05, Produits de la mer, ouvert jusqu'à 23 ⇔ 8/26. AE MC VISA B
fermé 1er au 27 janv., mardi et merc. – **Rest** *Lunch 20* – 30/45, carte 37/60.
• Table au décor intérieur composite présidé par une curieuse cheminée ornée de mos ques façon Gaudì et de cariatides décapitées. Amusante carte dialoguant avec le gra large.
• Het interieur van dit visrestaurant is een beetje een samenraapsel en valt op door merkwaardige schouw met mozaïek in de stijl van Gaudí en de kariatiden zonder hoofd.

't Fregat, Zeedijk 108, ☎ 0 50 41 34 86, *fregat@vt4.net, Fax 0 50 42 75 42,* ≤, Taverne-rest ⇔ 10/40. AE ⓓ MC VISA A
fermé 1er au 10 déc. et jeudi – **Rest** *Lunch 23* – 35, carte 26/54.
• Deux formules se côtoient dans cet établissement de la digue : taverne-bistrot au r de-chaussée et carte plus élaborée à l'étage. Écriteau à suggestions. Terrasse balnéaire.
• Dit restaurant met terras aan de boulevard werkt met twee formules: eenvoudige rechten op de benedenverdieping en een uitgebreide kaart op de bovenverdieping.

La Lampara, Langestraat 69, ☎ 0 50 41 37 27, *minodimarco@freegates.be,* Cuis italienne – ✗ A
fermé 2 prem. sem. juil., lundi et mardi – **Rest** (dîner seult) carte 16/35, ♀.
• Dans une rue animée, entre le casino et l'église St-Roch, restaurant italien au cadre sob servant une cuisine simple et authentique. Cave transalpine non dénuée d'intérêt.
• Sober ingericht restaurant in een levendige straat tussen het casino en de St.-Roch kerk. Eenvoudige, authentieke Italiaanse keuken en dito wijnkaart die best interessant is

Zuienkerke *par ② : 6 km – 2 776 h. – ✉ 8377 Zuienkerke :*

Butler sans rest, Blankenbergsesteenweg 13a, ☎ 0 50 42 60 72, *Fax 0 50 42 61 35* – P – 25. AE MC VISA
12 ch ☕ ✝55 – ✝✝75/150.
◆ Ce petit hôtel occupant un immeuble récent à l'architecture massive vous réserve un accueil personnalisé. Chambres agréables ; la moitié sont mansardées.
◆ Klein hotel in een nieuw gebouw met een wat zware architectuur. Persoonlijk onthaal en aangename kamers, waarvan de helft op de zolderverdieping ligt.

Hoeve Ten Doele, Nieuwesteenweg 1, ☎ 0 50 41 31 04, *hoevetendoele@skynet.be, Fax 0 50 42 63 11,* – P ⇔ 10/150. MC VISA
fermé 5 au 23 mars, 18 au 22 juin, 24 sept.-12 oct., lundi, mardi et après 20 h 30 – **Rest** 38/51, carte 36/63.
◆ Ferme du 19e s. dans un typique paysage de polders. Décor intérieur néo-rustique, salle de banquets séparée. Cuisine classique sensible au rythme des marées et des saisons.
◆ Boerderij uit de 19e eeuw in een typisch polderlandschap. Neorustiek interieur met aparte zaal voor partijen. Klassieke keuken die rekening houdt met het marktaanbod.

De Gouden Korenhalm, Blankenbergsesteenweg 8 (N 371, sortie Blankenberge), ☎ 0 50 31 33 93, *info@degoudenkorenhalm.be, Fax 0 50 31 18 96,* – P ⇔ 4/20. AE D MC VISA
fermé lundi et sam. midi – **Rest** *Lunch 14* – 35/58, carte 31/74.
◆ Grande villa repérable à sa tour ronde à toit conique coiffée d'un épi de faîtage en forme de coq. Jardin clos de haies, terrasse autour d'une pièce d'eau, salles de banquets.
◆ Deze grote villa is te herkennen aan de ronde toren met op het kegelvormige dak een haan als ornament. Omhaagde tuin, terras met fontein en banquetingzalen.

De Grote Stove, Nieuwesteenweg 140, ☎ 0 50 42 65 64, *info@degrotestove.be,* , Taverne-rest – P ⇔ 50/200. VISA
fermé 3 sem. en nov., mardi et merc. – **Rest** 33/38, carte 25/53.
◆ Une exploitation agricole prête ses murs à cette taverne-restaurant. Salle à manger aménagée dans les anciennes étables. L'été, le couvert est aussi dressé en plein air.
◆ Taverne-restaurant in een boerderij, waarvan de oude stallen tot eetzaal zijn omgetoverd. 's Zomers kan er ook buiten worden gegeten.

BELGIQUE

Un hôtel charmant pour un séjour très agréable ?
Réservez dans un hôtel avec pavillon rouge : ... .

BLAREGNIES *7040 Hainaut* C *Quévy 7 734 h.* **533** I20, **534** I20 *et* **716** E4. 7 **C2**
Bruxelles 80 – Mons 15 – Bavay 11.

Les Gourmands (Bernard), r. Sars 15, ☎ 0 65 56 86 32, *info@lesgourmands.be, Fax 0 65 56 74 40* – P ⇔ 10/40. AE MC VISA
fermé dim. soir, lundi et après 20 h 30 – **Rest** *Lunch 30* – 45/110 bc, carte 50/90.
Spéc. Ravioli de petits gris aux herbes. Sandre rôti à l'échalote confite, sauce pinot noir. Suprême de pigeonneau rôti et son confit en lasagne.
◆ Cette fermette située en zone résidentielle est estimée pour sa cuisine classique personnalisée et sa bonne cave. Poutres, patines à l'italienne et ambiance intime en salle.
◆ Dit boerderijtje in een rustige woonwijk wordt gewaardeerd om de klassieke keuken met een persoonlijke stijl en de goede wijnkelder.

BLEGNY *4671 Liège* **533** T18, **534** T18 *et* **716** K3 – *12 798 h.* 9 **C1**
Musée : au Nord à Blegny-Trembleur : Blegny-Mine★★ (charbonnage).
Bruxelles 105 – Liège 12 – Verviers 22 – Aachen 33 – Maastricht 26.

Barbothez , r. Entre deux Bois 55 (angle Valeureux Champs), ☎ 0 4 387 52 67, *restaurant@la-source.be, Fax 0 4 387 69 35,* – P – 100. AE D MC VISA
fermé 24 déc.-11 janv. – **Rest** ***La Source*** *(fermé sam. midi)* 34/64 bc, carte 39/54 – **18 ch** ☕ ✝85/95 – ✝✝95/105 – ½ P 146/178.
◆ Petit hôtel charmant (ancien moulin à eau) embusqué à l'orée d'un bois, au bout d'un chemin, dans une vallée bucolique. Grange rénovée abritant deux catégories de chambres. Carte actuelle et terrasse tournée vers la rivière et les prés au restaurant La Source.
◆ Sfeervol hotelletje (oude watermolen) aan het einde van een weg, aan de rand van een bos in een idyllisch dal. De gerenoveerde schuur herbergt twee typen kamers. In restaurant La Source eigentijdse keuken en terras met uitzicht op de rivier en de weilanden.

à Housse *Ouest : 3 km* 🄲 *Blegny* – ✉ *4671 Housse :*

XX **Le Jardin de Caroline,** r. Saivelette 8, ✆ 0 4 387 42 11, *lejardindecaroline@be com.net, Fax 0 4 387 42 11,* – P ⇔ 10/25. AE ⓓ MC VISA

fermé mardi et merc. – **Rest** *Lunch 45 bc* – 29/51, carte 39/68.

◆ En secteur résidentiel, villa de type fermette où se concocte une cuisine actuelle personnalisée. Véranda et jardin-terrasse avec pièce d'eau. Vins en option dans chaque menu.

◆ Villa in boerderijstijl in een woonwijk. Eigentijdse kookstijl met een persoonlijk accent. Serre en tuin met waterpartij. Wijn optioneel bij elk menu.

BOCHOLT *3950 Limburg* **533** S15 *et* **716** J2 – *12 354 h.* 11

Bruxelles 106 – Hasselt 42 – Antwerpen 91 – Eindhoven 38.

De Watermolen, Monshofstraat 9 (Reppel), ✆ 0 89 48 00 00, *info@de-watermolen.com, Fax 0 89 46 14 58,* – ch, P – 80. AE VISA.

Rest *(fermé dim. soir en hiver et après 20 h 30)* 15/40, carte 19/42 – **65 ch** 60/70 – 90/112 – ½ P 85/95.

◆ Dans un domaine à vocations récréative et sportive, hôtel très familial intégrant un moulin à eau dont l'origine se perdrait au 9e s. Chambres amples et nettes. Restaurant où l'on présente une carte traditionnelle. Terrasses d'été et facilités pour groupes.

◆ Familiehotel op een domein met tal van recreatieve en sportieve voorzieningen. De watermolen dateert nog uit de 9e eeuw. Ruime, keurige kamers. Restaurant met een traditionele kaart. Zomerterrassen en faciliteiten voor groepen.

XXX **Kristoffel,** Dorpsstraat 28, ✆ 0 89 47 15 91, *info@restaurantkristoffel.be, Fax 0 89 47 15 92* – ⇔ 10/30. AE ⓓ MC VISA.

fermé 1er au 11 janv., 10 juil.-4 août, lundi et mardi – **Rest** *Lunch 25* – 34/55, carte 45/96.

◆ Confortable restaurant dont la cuisine, dans le tempo actuel, honore volontiers l'asperge en saison. Salon-bar moderne, salle à manger classique. Grand choix de vins.

◆ Comfortabel restaurant waarvan de eigentijdse keuken in het seizoen een eerbetoon brengt aan de asperge. Modern salon met bar en klassieke eetzaal. Uitgebreide wijnkaart.

BELGIQUE

Les bonnes adresses à petit prix ?
Suivez les Bibs : Bib Gourmand rouge pour les tables
et Bib Hôtel bleu pour les chambres.

BOECHOUT *Antwerpen* **533** L16 *et* **716** G2 – *voir à Antwerpen, environs.*

BOIS-DE-VILLERS *5170 Namur* 🄲 *Profondeville 11 365 h.* **533** O20, **534** O20 *et* **716** H4. 14

Bruxelles 74 – Namur 13 – Dinant 23.

X **Au Plaisir du Gourmet,** r. Elie Bertrand 75, ✆ 0 81 43 44 12, *Fax 0 81 43 44 12,* P ⇔ 15/60. MC VISA

fermé 2 sem. fin août et mardis et merc. non fériés – **Rest** 31, carte 26/36.

◆ Accueil cordial en cette fermette en pierres agrémentée d'un jardin pourvu de jeux d'enfants. Repas classico-traditionnel sans chichi, confort simple, terrasse champêtre.

◆ In dit natuurstenen boerderijtje wordt u hartelijk ontvangen. Klassiek-traditionele keuken zonder poespas, eenvoudig comfort, landelijk terras en tuin met speeltoestellen.

BOLDERBERG *Limburg* **533** Q17 *et* **716** I3 – *voir à Zolder.*

BOLLAND *Liège* **533** T19 *et* **534** T19 – *voir à Battice.*

BOMAL-SUR-OURTHE *Luxembourg belge* **534** S20 *et* **716** J4 – *voir à Barvaux.*

BONHEIDEN *Antwerpen* **533** M16 *et* **716** G2 – *voir à Mechelen.*

ONLEZ *1325 Brabant Wallon* © *Chaumont-Gistoux 10 925 h.* **533** N18, **534** N18 *et* **716** H3. 4 **C2**
Bruxelles 38 – Wavre 9 – Namur 43 – Charleroi 51 – Leuven 24 – Tienen 34.

X **32 Chemin de l'herbe,** Chemin de l'herbe 32, ℘ 0 10 68 89 61, *chemindelherbe@skynet.be, Fax 0 10 68 89 61,* – P ⇔ 20/30. AE MC VISA
fermé vacances carnaval, 2 sem. début sept., dim. et lundi – **Rest** *Lunch 10* – carte 34/45.
◆ À l'entrée du village, jolie fermette aux volets bleus et aux murs tapissés de lierre. Carte classique incluant des grillades, décor intérieur "campagne" et terrasse agreste.
◆ Aardig boerderijtje met blauwe luiken en muren met klimop aan de rand van het dorp. Rustiek interieur, klassieke kaart met grillspecialiteiten en landelijk terras.

OOM *2850 Antwerpen* **533** L16 *et* **716** G2 – *16 099 h.* 1 **A3**
Bruxelles 30 – Antwerpen 18 – Gent 57 – Mechelen 16.

XX **Cheng's Garden,** Col. Silvertopstraat 5, ℘ 0 3 844 21 84, *Fax 0 3 844 54 46,* Avec cuisine chinoise – P. AE ⓓ MC VISA.
fermé merc., jeudi midi et sam. midi – **Rest** 29/69 bc, carte env. 30.
◆ Vaste restaurant asiatique composé de trois salles au décor moderne où l'on goûte des mets classiques continentaux cuisinés à la chinoise et des spécialités plus authentiques.
◆ Groot Aziatisch restaurant met drie modern ingerichte eetzalen. Klassieke continentale gerechten die op Chinese wijze worden bereid, maar ook echt authentieke specialiteiten.

XX **'t Schoon Verdiep,** Tuyaertsstraat 26, ℘ 0 3 844 31 45, *tschoonverdiep@scarlet.be, Fax 0 3 844 31 45,* – ⇔ 12/25. AE ⓓ MC VISA.
fermé vacances Pâques, 2 dern. sem. sept. et jeudi – **Rest** *Lunch 25* – 37/56, carte 44/72.
◆ Maison de maître offrant plus d'un atout pour séduire : accueil affable, belles salles classiques ornées de peintures murales galantes et jolie terrasse dotée d'une piscine.
◆ Dit herenhuis heeft heel wat te bieden: vriendelijke ontvangst, mooie klassieke zalen met muurschilderingen en een aangenaam terras met zwembad.

X **Kaai,** Kaai 40, ℘ 0 3 843 33 12, *info@kaai.be, Fax 0 3 843 33 14,* ←, , Taverne-rest, – P. ⓓ MC VISA
Rest carte 27/66.
◆ Sur une esplanade bordée par une rivière, pavillon moderne en forme de vague et terrasse majestueuse où se presse une clientèle très variée, à l'image de la carte.
◆ Modern vrijstaand huis in de vorm van een golf en majestueus terras aan een esplanade die door een riviertje wordt begrensd. De cliëntèle is zeer divers, evenals de menukaart.

Terhagen *Sud-Est : 3 km* © *Rumst 14 624 h* – ✉ *2840 Terhagen :*

XX **Epicurus,** Kardinaal Cardijnstraat 46, ℘ 0 3 888 33 11, *epicurus@skynet.be, Fax 0 3 888 33 11,* – ⇔ 15/30. MC VISA.
fermé juil., lundi, mardi et merc. – **Rest** *Lunch 37 bc* – 31/69 bc, carte 37/52.
◆ Devant l'église, ancienne boucherie devenue un restaurant servant de la cuisine au goût du jour dans un cadre mignon et accueillant. Jolie terrasse cachée sur l'arrière.
◆ Deze voormalige slagerij is nu een mooi en uitnodigend restaurant met een eigentijdse keuken. Fraai terras aan de achterkant.

BOORTMEERBEEK *3190 Vlaams-Brabant* **533** M17 *et* **716** G3 – *11 549 h.* 4 **C1**
Bruxelles 30 – Leuven 16 – Antwerpen 38 – Mechelen 11.

Classics sans rest, Leuvensesteenweg 240, ℘ 0 15 51 57 09, *info@hotel-classics.be, Fax 0 15 52 00 74,* – P. MC VISA
7 ch ☐ 100 – 140.
◆ Cette fière demeure bâtie à la fin des années 1940 et agrémentée d'un parc reposant abrite de grandes chambres personnalisées par du beau mobilier de style classique.
◆ Dit statige pand uit het midden van de 20e eeuw wordt omringd door een rustig park. De grote kamers hebben een persoonlijk karakter, dankzij het mooie klassieke meubilair.

BORGERHOUT *Antwerpen* **533** L15 *et* **716** G2 – *voir à Antwerpen, périphérie.*

Kent u het verschil tussen de bestekjes X en de sterren ✿? De bestekjes geven een categorie van standing aan; de sterren wijzen op de beste keukens in de verschillende categorieën.

BELGIQUE

BORGLOON (LOOZ) *3840 Limburg* **533** R18 *et* **716** J3 – *10 155 h.* 10

Bruxelles 74 – Hasselt 28 – Liège 29 – Maastricht 29.

Kasteel van Rullingen (annexe à 800 m - 8 ch), Rullingen 1 (Ouest : 3 km Kuttekoven), ☎ 0 12 74 31 46, *info@rullingen.com, Fax 0 12 74 54 86*, – P – 25. AE ① MC VISA.
Rest *Noblesse* *(fermé 16 au 29 juil., mardi, merc. et sam. midi)* Lunch 34 – 50/115 bc, carte 50/69, ♀ – ☐ 15 – **15 ch** ★90/245 – ★★100/245 –½ P 108/142.
◆ Des chambres personnalisées trouvent place dans ce ravissant petit château (17e) d'esprit Renaissance mosane et son extension récente. Parc entouré de douves et verger. Table misant sur une carte classique actualisée dans un décor d'allure aristocratique.
◆ Schitterend renaissancekasteeltje (17e eeuw) met recente uitbouw, waarvan de kamers allemaal anders zijn. Het park wordt omringd door greppels en boomgaarden. Het restaurant heeft beslist aristocratische allure en hanteert een modern-klassieke kaart.

Pracha sans rest, Kogelstraat 3, ☎ 0 12 74 20 74, *info@pracha.be, Fax 0 12 74 57 04*, – P. MC VISA. rest
7 ch ☐ ★75/85 – ★★87/97.
◆ Villa moderne vous conviant à un séjour "cocooning" dans une ambiance relax. Wellness, beauty center (patronne esthéticienne), salon-véranda, jardin de repos avec pièce d'eau.
◆ Moderne villa om relaxed te "cocoonen". Wellness, beautycenter (de eigenaresse is schoonheidsspecialiste), lounge in de serre en rustgevende tuin met waterpartij.

De Moerbei sans rest, Tongersesteenweg 26, ☎ 0 12 74 72 82, *moerbei@skynet.be, Fax 0 12 74 51 42*, – MC VISA.
6 ch ☐ ★56/81 – ★★69/94.
◆ Ancienne ferme (1845) devenue hôtel. Salon, jardin d'hiver, cour intérieure et verger où la vigne a aussi pris racine. Pimpantes chambres parquetées. Accueil personnalisé.
◆ Hotel in een boerderij uit 1845, met lounge, wintertuin, binnenhof en boomgaard. De kamers met parket zien er tiptop uit en de gasten krijgen nog echt persoonlijke aandacht.

XX **Ambrozijn,** Tongersesteenweg 30, ☎ 0 12 74 72 31, *info@restaurantambrozijn.be, Fax 0 12 21 32 03*, – ☐ ⇔ 10/40. AE MC VISA.
fermé vacances carnaval, 28 juil.-14 août, vacances Toussaint sauf week-end, lundi soir, mardi et sam. midi – **Rest** Lunch 29 – 30/74 bc, carte 44/60, ♀.
◆ Savoureuse cuisine au goût du jour - l'Ambroisie (Ambrozijn) n'est elle pas la nourriture des dieux ? - servie dans un intérieur au style actuel. Cave bien montée.
◆ Goddelijk eten - ambrozijn is tenslotte een godenspijs - in een eigentijds interieur dat goed bij de kookstijl past. Mooie wijnkaart.

BORGWORM *Liège – voir Waremme.*

BORNEM *2880 Antwerpen* **533** K16 *et* **716** F2 – *20 069 h.* 1

Bruxelles 36 – Antwerpen 28 – Gent 46 – Mechelen 21.

Secundo, Rijksweg 58, ☎ 0 3 889 03 40, *info@hotelsecundo.be, Fax 0 3 830 12 04*, – ☐ – 50. AE ① MC VISA.
fermé 24 au 28 déc. – **Rest** voir rest ***De Notelaer*** ci-après – **17 ch** ☐ ★80 – ★★95 –½ P 5…
◆ Cet hôtel relooké en 2005 vous reçoit désormais dans un cadre moderne produisant son effet. Chambres soignées, jolie salle de breakfast classique, bar et salon chaleureux.
◆ In dit hotel, dat in 2005 werd gemoderniseerd, wordt u ontvangen in een eigentijds interieur dat indruk maakt. Verzorgde kamers, mooie ontbijtzaal, bar en gezellige lounge.

XXX **Eyckerhof** (Debecker), Spuistraat 21 (Eikevliet), ☎ 0 3 889 07 18, *eyckerhof@bmail.net, Fax 0 3 889 94 05*, – P. AE ① MC VISA.
fermé 1er au 4 janv., 23 au 25 janv., carnaval, 9 au 31 juil., sam. midi, dim. soir et lundi – **Rest** (réservation souhaitée) Lunch 39 – 52/98 bc, carte 67/95.
Spéc. Biscuit d'olive et anchois au thon mariné, Saint-Jacques à l'huile d'olive. Filet de bar de ligne, croustillant de ris de veau et gratin de macaroni. Pigeon de Bresse farci aux pieds de porc et foie d'oie.
◆ Entrez en confiance dans cette auberge dont le site champêtre et le décor intérieur rénové ajoutent aux plaisirs d'une table classique fine et généreuse. Belle terrasse verte.
◆ De landelijke omgeving en het gerenoveerde interieur van deze herberg verhogen het genot van een verfijnde en overvloedige klassieke keuken. Mooi terras tussen het groen.

XX **De Notelaer** - H. Secundo, avec ch, Stationsplein 2, ☎ 0 3 889 13 67, *info@denotelaer.be, Fax 0 3 899 13 36*, – ☐ rest, ⇔ 8/80. AE ① MC VISA.
fermé 24 au 28 déc. – **Rest** *(fermé merc. soir, jeudi et sam. midi)* (avec taverne-rest) Lunch 28 – 43/60 bc, carte 47/60 – **12 ch** ☐ ★80 – ★★95 –½ P 59.
◆ Vieille auberge de gare remise au goût du jour : taverne contemporaine dotée d'une terrasse, belle salle à manger moderne, restaurant d'été sur cour et chambres agréables.
◆ Dit hotel-restaurant bij het station is in een nieuw jasje gestoken: hedendaags café met terras, moderne eetzaal, binnenplaats om 's zomers buiten te eten en aangename kamers.

BELGIQUE

X **Den Heerd**, Sint-Amandsesteenweg 31, ☎ 0 3 899 21 22, *info@denheerd.com*, *Fax 0 3 889 59 12*, 🍴 – ▤ P ⇔ 10/20. MC VISA. 🚭
fermé 7 au 21 juin, 24 déc.-3 janv., lundi et mardi – **Rest** (dîner seult sauf dim.) carte 31/42.
◆ Cette ancienne auberge abrita un fournil, aujourd'hui recyclé en four à pizza. Rustique salle à manger où flotte une ambiance cordiale. Spécialités d'anguille. Terrasse d'été.
◆ In deze herberg wordt de voormalige bakkersoven nu gebruikt voor pizza's. Rustieke eetzaal met een gemoedelijke atmosfeer. Palingspecialiteiten. Zomerterras.

Mariekerke *Sud-Ouest : 4,5 km* C *Bornem* – ✉ *2880 Mariekerke :*

XX **De Ster**, Jan Hammeneckerstraat 141, ☎ 0 52 33 22 89, *restaurant.dester@busmail.net*, *Fax 0 52 34 24 89*, 🍴 – P. AE MC VISA. 🚭
fermé 1 sem. en janv., 1 sem. Pâques, fin août-début sept. mardi et merc. – **Rest** 32/70 bc, carte 39/60.
◆ Fermette où l'on vient goûter de bons menus de saison dans un cadre néo-rustique assez réussi : mobilier Lloyd Loom, charpente repeinte, mur et cheminés en briques anciennes.
◆ Restaurant in een boerderijtje met een geslaagd neorustiek interieur: Lloyd Loom-meubilair, beschilderd gebinte, bakstenen muren en oude schouw. Goede seizoengebonden menu's.

Een goede nacht voor een schappelijke prijs?
Kijk bij de Bib Hôtels 😊.

BELGIQUE

OUGE *Namur* **533** O20, **534** O20 *et* **716** H4 – *voir à Namur.*

OUILLON *6830 Luxembourg belge* **534** P24 *et* **716** I6 – *5 455 h.* 12 **B3**

Voir Château★★ **Z** *: Tour d'Autriche* ⩽★★.
Musée : Ducal★ **Y M.**
Env. par ③ *: 8 km à Corbion : Chaire à prêcher* ⩽★.
i *au Château fort, Esplanade Godefroy de Bouillon* ☎ *0 61 46 62 57, info@bouillon-sedan.com, Fax 0 61 46 42 12 – (en saison) Pavillon, Porte de France* ☎ *0 61 46 42 02.*
Bruxelles 161 ① *– Arlon 64* ② *– Dinant 63* ① *– Sedan 18* ②.

BOUILLON

ige Gardien
(R. de l') . . . . Y 2
igustins (R. des) . . . . . . Y 3
utz (R. du) . . . . Y 4
ollège (R. du) . . . . YZ
icale (Pl.) . . . . Y 5
oles (R. des) . . . . Y 6
ubourg de France . . . . Z 7
ance (Porte de) . . . . Z 9
ance (Pt de) . . . . Z 8
odefroid-
de-Bouillon (Espl.) . . . . Y 10
iutes Voies
(R. des) . . . . Y 11
itte (R. de) . . . . Z 12
ège (Pt de) . . . . Y 13
aladrerie (Q. de la) . . . . Y 14
aladrerie (R. de la) . . . . Y 15
oulin (R. du) . . . . Z 16
ord (R. du) . . . . Y 18
iroisse (Allée de la) . . . . Z 19
etit (R. du) . . . . Y 20
oste (R. de la) . . . . Z 22
oulie (Pt de la) . . . . Y 23
oulie (R. de la) . . . . Y 24
ison (R. de la) . . . . Y 26
empart (Q. du) . . . . . . YZ
-Arnould (Pl.) . . . . Y 27
iulx (Q. des) . . . . Y 28

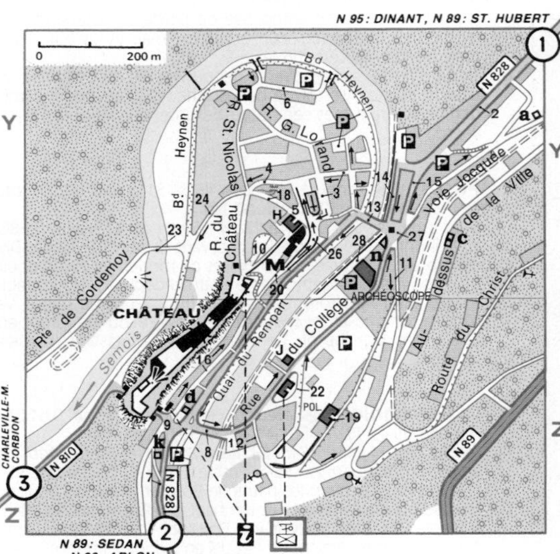

Panorama, r. au-dessus de la Ville 25, ✆ 0 61 46 61 38, *info@panoramahotel.b* *Fax 0 61 46 81 22,* ≤ vallée et château, – |‡|, ▤ ch, P. AE ① MC VISA rest Y

fermé 25 juin-10 juil., janv. et merc. et jeudis non fériés sauf en saison – **Rest** 28/42, car 37/50 – **24 ch** ☕ ✝65 – ✝✝80/130 – ½ P 68/78.

◆ Bâtisse dominant la ville, avec le château et la forêt à l'arrière-plan : une vue captivan dont profitent toutes les chambres. Reposant salon avec cheminée. Repas traditionr dans une salle panoramique au décor classique ou sur la belle terrasse-belvédère.

◆ Alle kamers van dit hooggelegen hotel bieden een prachtig uitzicht op de stad met burcht en het bos daarachter. Rustgevende lounge met schouw. Traditionele maaltijd een klassiek ingerichte panoramazaal of op het mooie terras met belvedère.

La Porte de France, Porte de France 1, ✆ 0 61 46 62 66, *laportedefrance@h mail.com, Fax 0 61 46 89 15,* ≤, – |‡| – 25. AE ① MC VISA Z

Rest *Lunch 18* – 28/33, carte 31/52 – **25 ch** ☕ ✝60 – ✝✝73/98 – ½ P 67/83.

◆ Établissement d'aspect régional posté au pied du rempart, face au pont de Fran enjambant la Semois. Environ quinze chambres sont tournées vers la rivière. Accu au café. Salle de restaurant décorée dans le style Art nouveau ; choix classic traditionnel.

◆ Etablissement in regionale stijl onder aan de stadsmuur, bij de brug over de Semois, m een vijftiental kamers aan de kant van de rivier. Receptie in het café. De eetzaal is art-nouveaustijl ingericht. Traditioneel-klassieke kaart.

Cosy, r. au-dessus de la Ville 23, ✆ 0 61 46 04 62, *info@hotelcosy.be, Fax 0 61 46 80 74,* ville et château, – MC VISA Y

ouvert mai-12 nov., vacances scolaires, jours fériés et week-end – **Rest** *(fermé lundi, mar merc. midi et après 20 h 30)* 22/29, carte 32/43 – **11 ch** (fermé lundi et mardi) ☕ ✝45/62 ✝✝58/77 – ½ P 118/134.

◆ Bon point de chute perché au-dessus de Bouillon. Salons "cosy", chambres avenantes belle vue sur le château, la ville et la vallée. Restaurant-véranda au cadre actuel avec te rasse panoramique. Choix classico-traditionnel ponctué de clins d'œil à Godefroy.

◆ Goed hotel hoog boven Bouillon. Zalen met knusse ambiance, charmante kamers e een mooi uitzicht op het kasteel, de stad en het dal. Modern restaurant met ser en panoramisch terras. Klassiek-traditionele keuken met een knipoog naar Godfried va Bouillon.

Auberge d'Alsace et Hôtel de France, Faubourg de France 1, ✆ 0 61 46 65 8 *Fax 0 61 46 83 21,* ≤ – |‡| . AE ① MC VISA Z

fermé 3 au 30 janv. et mardi et merc. d'oct. à mai – **Rest** 21/35 bc, carte 29/57 – **30 ch** ✝55/60 – ✝✝70/105 – ½ P 60/82.

◆ Auberge ancienne composée de plusieurs bâtiments communicants. Chambres cô rivière ou butte boisée ; confort simple mais tenue sans reproche. Repas traditionnel ser dans un cadre néo-rustique.

◆ Oude herberg met diverse gebouwen die met elkaar in verbinding staan. Kamers m uitzicht op de rivier of de beboste heuvel. Eenvoudig comfort, maar perfect onderho den. Restaurant met een neorustiek interieur, waar een traditionele maaltijd wordt gese veerd.

Poste, pl. St-Arnould 1, ✆ 0 61 46 51 51, *info@hotelposte.be, Fax 0 61 46 51 65,* ≤ – |‡ ▤ rest, – 50. AE ① MC VISA Y

Rest *Lunch 29* – 37/49, carte 42/64 – **60 ch** ☕ ✝59/64 – ✝✝88/178 – ½ P 79/119.

◆ Vieil immeuble à tourelles côtoyant le pont de Liège. Divers types et générations c chambres : rustiques, romantiques ou modernes. Salon douillet. Restaurant ample et fe tré, avec vue sur la Semois et le château depuis quelques tables. Repas classico-actuel.

◆ Oud pand met torentjes bij een brug (Pont de Liège). Verschillende soorten kamer rustiek, romantisch of modern. Behaaglijke lounge. Groot en deftig restaurant, sommig tafels met uitzicht op de Semois en het kasteel. Klassieke keuken met een vleug modern.

La Ferronnière avec ch, Voie Jocquée 44, ✆ 0 61 23 07 50, *info@laferronniere.b Fax 0 61 46 43 18,* ≤, , – P ⇔ 10/20. MC VISA Y

fermé 7 au 24 janv., 18 au 28 mars, 24 juin-12 juil. et lundi – **Rest** *(fermé lundi, mardi mi après 20 h 30) Lunch 25* – 33/55, carte 41/62 – **7 ch** ☕ ✝75/95 – ✝✝80/125 – ½ P 70/85.

◆ Jolie villa juchée sur les hauts de Bouillon. Table au goût du jour, atmosphère "cottag en salles, terrasse-jardin surplombant la vallée et calmes chambres personnalisées.

◆ Mooie villa in de heuvels van Bouillon. Eigentijdse keuken, eetzalen in cottage-stijl, be plant terras met uitzicht op het dal en rustige kamers met een persoonlijk karakter.

BELGIQUE

Corbion par ③ : 7 km 🄲 Bouillon – ✉ 6838 Corbion :

Des Ardennes, r. Hate 1, ✆ 0 61 25 01 00, *contact@hoteldesardennes.be, Fax 0 61 46 77 30*, <, – , rest, P – 25. AE ① MC VISA
ouvert 19 mars-1er janv. – **Rest** *Lunch 28* – 32/55, carte 34/60, – **29 ch** ☕ 70/95 – 80/110 – ½ P 72/87.
◆ Hostellerie ardennaise centenaire postée aux portes de Corbion. Chambres personnalisées et jardin ombragé offrant une jolie vue sur les collines boisées. Cuisine traditionnelle généreuse et goûteuse servie dans une salle de style classique. Bonne cave.
◆ Heel oude herberg in Ardense stijl aan de rand van Corbion. De kamers zijn allemaal anders en de schaduwrijke tuin biedt een fraai uitzicht op de beboste heuvels. Overvloedige en smakelijke gerechten, geserveerd in een klassieke eetzaal. Goede wijnkelder.

OUSSU-EN-FAGNE *Namur* **534** L22 *et* **716** G5 – *voir à Couvin.*

OVIGNY *Luxembourg belge* **534** U21 *et* **716** K5 – *voir à Vielsalm.*

RAINE-L'ALLEUD (EIGENBRAKEL) *1420 Brabant Wallon* **533** L18, **534** L18 *et* **716** G3 – 3 **B2**
37 196 h.
18 *(2 parcours)* 9 *chaussée d'Alsemberg 1021* ✆ *0 2 353 02 46, Fax 0 2 354 68 75.*
Bruxelles 33 – Wavre 35 – Charleroi 37 – Nivelles 15 – Waterloo 4.

Jacques Marit, chaussée de Nivelles 336 (sur N 27, près R0, sortie ㉔), ✆ 0 2 384 15 01, *info@jacquesmarit.be, Fax 0 2 384 10 42*, – P 6/80. AE ① MC VISA
fermé 2 au 9 janv., 9 au 17 avril, 30 juil.-28 août, dim. soir de nov. à Pâques, lundi et mardi – **Rest** *Lunch 40* – 50/85 bc, carte 68/83, ♀.
Spéc. croquant de foie d'oie à la pomme verte. Sandre et mousseline d'épinards et orties, beurre de muscat. Agneau de notre élevage en trois façons.
◆ Fermette cossue où deux générations de la même famille se partagent salle et fourneaux. Carte et menus élaborés, tables rondes espacées, terrasse surplombant jardin et verger.
◆ Luxe boerderijtje, waar twee generaties van dezelfde familie in de bediening en in de keuken staan. Kaart met menu's, ronde tafels en terras met uitzicht op tuin en boomgaard.

Philippe Meyers, r. Doyen Van Belle 6, ✆ 0 2 384 83 18, *philippe.meyers@gmail.com, Fax 0 2 384 83 18* – AE MC VISA
fermé 1er au 9 janv., 17 août-4 sept., sam. midi, dim. soir et lundi – **Rest** *Lunch 16* – 32/49.
◆ Restaurant familial œuvrant discrètement aux abords de l'église St-Étienne. Menu multichoix, menu dégustation et formule lunch proposée à prix souriant.
◆ Bescheiden familierestaurant bij de St-Étienne-kerk met een uitgebreid keuzemenu, menu de dégustation en lunchformule voor een licht verteerbaar prijsje.

Ophain-Bois-Seigneur-Isaac *Sud : 2 km* 🄲 *Braine-l'Alleud* – ✉ *1421 Ophain-Bois-Seigneur-Isaac*

Le Chabichou, r. Église 2, ✆ 0 2 385 07 76, *Fax 0 2 387 03 20*, – P 10/20. AE ① MC VISA
fermé 18 juil.-10 août, 24 déc.-2 janv., mardi soir, merc. et sam. midi – **Rest** 38/48, carte 42/64.
◆ À l'ombre du clocher, charmante fermette (17e s.) dissimulant une terrasse sur cour-jardin. Salles feutrées dotées de sièges en fibre végétale. Cuisine classique actualisée.
◆ Charmant boerderijtje (17e eeuw) met een intieme sfeer, aan de voet van de klokkentoren. Terras op de binnenplaats met veel groen. Eigentijdse klassieke keuken.

BRASSCHAAT *Antwerpen* **533** L15 *et* **716** G2 – *voir à Antwerpen, environs.*

BRAY *Hainaut* **533** J20, **534** J20 *et* **716** F4 – *voir à Binche.*

Comment choisir entre deux adresses équivalentes ?
Dans chaque catégorie, les établissements sont classés par ordre de préférence : nos coups de cœur d'abord.

BELGIQUE

BRECHT *2960 Antwerpen* **533** M14 *et* **716** G1 – *26 463 h.* 1
Bruxelles 73 – Antwerpen 25 – Turnhout 25.

XX **E 10 Hoeve,** Kapelstraat 8a (Sud-Ouest : 2 km sur N 115), ✆ 0 3 313 82 85, *e10@groe neyck.be, Fax 0 3 313 73 12,* ☂, Avec grillades – ♿ P ⇔ 20/110. AE ⓓ ⓜⓒ VISA. ✈
Rest *Lunch 25* – 36, carte 28/52.
• À proximité de l'autoroute, grande ferme aménagée en restaurant rustique ayant pc spécialité les grillades en salle. Cave fournie. Colossale infrastructure pour séminaires.
• Grote boerderij bij de snelweg, die rustiek is ingericht en bekendstaat om zijn vlees v de grill. Goed gevulde wijnkelder. Zeer geschikt voor grote groepen.

XX **Cuvee Hoeve,** Boudewijnstraat 20 (Sud : 2,5 km par rte de Westmalle), ✆ 0 3 313 96 *cuvee-hoeve@scarlet.be, Fax 0 3 313 73 96,* ☂, Avec taverne – ▤ P. AE ⓓ ⓜⓒ VISA
fermé 3 sem. carnaval, fin juil.-début août, lundi et mardi – **Rest** *Lunch 28* – 38, carte 33/5
• Ferme en briques isolée au bord d'un petit canal. Intérieur néo-rustique. Cuisine classi traditionnelle déclinée en plusieurs menus. Jardin soigné. Affluence d'habitués.
• Afgelegen boerderij van baksteen langs een kanaal. Neorustiek interieur en klassi traditionele keuken met verscheidene menu's. Goed onderhouden tuin. Veel stamgaste

XX **Torsk,** Bethovenstraat 61 (près E 19 - sortie ③), ✆ 0 3 313 70 72, *info@torsk. Fax 0 3 313 44 80,* ☂ – P ⇔ 8/30. AE ⓜⓒ VISA. ✈
fermé mardi et merc. – **Rest** (dîner seult sauf dim.) 38/58, carte 43/65, ♀.
• Un beau jardin pourvu de deux terrasses en teck agrémente cette villa proche d'u sortie d'autoroute. Salle ample et lumineuse, égayée de plantes vertes. Carte actuelle.
• Deze villa bij de snelweg heeft een mooie tuin met twee teakhouten terrassen. Ruime lichte eetzaal met planten. Eigentijdse menukaart.

BELGIQUE

BREDENE *8450 West-Vlaanderen* **533** C15 *et* **716** B2 – *15 120 h.* 18
ℹ Kapellestraat 76 ✆ 0 59 32 09 98, toerisme@bredene.be, Fax 0 59 33 19 80.
Bruxelles 112 – Brugge 23 – Oostende 6.

à Bredene-aan-Zee *Nord : 2 km* C *Bredene* – ✉ *8450 Bredene :*

🏠 **De Golf** sans rest, Kapellestraat 73, ✆ 0 59 32 18 22, *info@hoteldegolf. Fax 0 59 32 48 28* – ⧉ P. ⓜⓒ VISA. ✈
fermé vacances Noël – **16 ch** ☕ ✝33/35 – ✝✝66/70.
• À deux pas du front de mer, construction récente renfermant des petites chamb fonctionnelles munies du double vitrage. Tea-room au rez-de-chaussée.
• Modern gebouw op twee minuten lopen van het strand. De kamers zijn klein, m functioneel en voorzien van dubbele beglazing. Tearoom op de benedenverdieping.

BREE *3960 Limburg* **533** S16 *et* **716** J2 – *14 502 h.* 11
Env. *au Sud-Est : 4,5 km à Tongerlo : Musée Léonard de Vinci★.*
ℹ Oud Stadhuis 13 ✆ 0 89 84 85 61, toerisme@bree.be, Fax 0 89 47 39 41.
Bruxelles 100 – Hasselt 33 – Antwerpen 86 – Eindhoven 41.

XX **d'Itterpoort,** Opitterstraat 32, ✆ 0 89 46 80 17, *info@itterpoort.be, Fax 0 89 46 80 1*
▤ ⇔ 10/30. AE ⓓ ⓜⓒ VISA
fermé dern. sem. juil.-2 prem. sem. août, merc. soir et sam. midi – **Rest** *Lunch 30* – 34/ carte 47/73.
• Officiant à l'entrée d'une rue piétonne, ce petit restaurant succède à une ancier boucherie. Carte classique et menu annoncé oralement. Parking public juste en face.
• Dit restaurantje aan het begin van een voetgangersstraat was vroeger een slagerij. Kl sieke kaart en mondeling aangekondigd menu. Parkeerruimte aan de overkant.

BROECHEM *Antwerpen* **533** M15 *et* **716** G2 – *voir à Lier.*

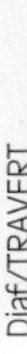

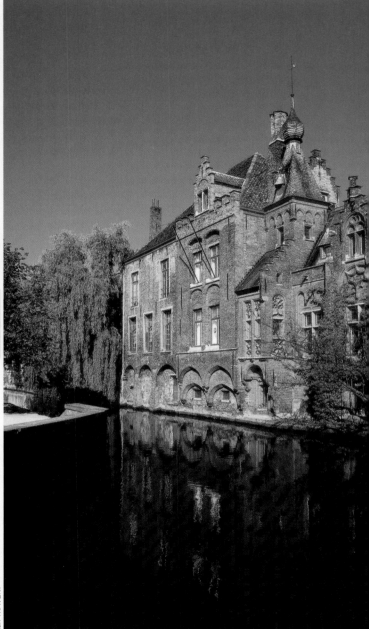

Bruges

BRUGGE – BRUGES

8000 🅿 *West-Vlaanderen* **533** E 15 *et* **716** C 2 – *117 220 h.* 19 **C1**

Bruxelles 96 ③ – Gent 45 ③ – Lille 72 ④ – Oostende 28 ⑤.

BELGIQUE

OFFICES DE TOURISME

't Zand 34 ☎ 0 50 44 86 86, toerisme@brugge.be, Fax 0 50 44 86 00 et dans la gare, Stationsplein – Fédération provinciale de tourisme, Koning Albert I-laan 120, ☎ 0 50 30 55 00, info@westtoer.be, Fax 0 50 30 55 90.

RENSEIGNEMENTS PRATIQUES

18 9 *au Nord-Est : 7 km à Sijsele, Doornstraat 16 ☎ 0 50 35 35 72, Fax 0 50 35 89 25.*

CURIOSITÉS

Voir *La procession du Saint-Sang★★★ (De Heilig Bloedprocessie) – Centre historique et canaux★★★ (Historisch centrum en grachten) : Grand-Place★★ (Markt)* AU, *Beffroi et halles★★★ (Belfort en Hallen) ⩽ ★★ du sommet* AU, *Place du Bourg★★ (Burg)* AU, *Basilique du Saint-Sang★ (Basiliek van het Heilig Bloed) : chapelle basse★ ou chapelle St-Basile (beneden-of Basiliuskapel)* AU **B**, *Cheminée du Franc de Bruges★ (schouw van het Brugse Vrije) dans le palais du Franc de Bruges (Paleis van het Brugse Vrije)* AU **S**, *Quai du Rosaire (Rozenhoedkaai) ⩽ ★★* AU **63**, *Dijver ⩽ ★★* AU, *Pont St-Boniface (Bonifatiusbrug) : cadre poétique★★* AU, *Béguinage★★ (Begijnhof)* AV – *Église Notre-Dame★ (O.-L.-Vrouwekerk) : tour★★, statue de la Vierge et l'Enfant★★, tombeau de Marie de Bourgogne★★* AV **N**.

Musées : *Groeninge★★★ (Stedelijk Museum voor Schone Kunsten)* AU – *Memling★★★ (St-Janshospitaal)* AV – *Gruuthuse★ : buste de Charles Quint★ (borstbeeld van Karel V)* AU **M**[1] – *Arentshuis★* AU **M**[4] – *du Folklore★ (Museum voor Volkskunde)* DY **M**[2].

Env. *par ⑥ : 10,5 km à Zedelgem : fonts baptismaux★ dans l'église St-Laurent (St-Laurentiuskerk) – au Nord-Est : 7 km : Damme★.*

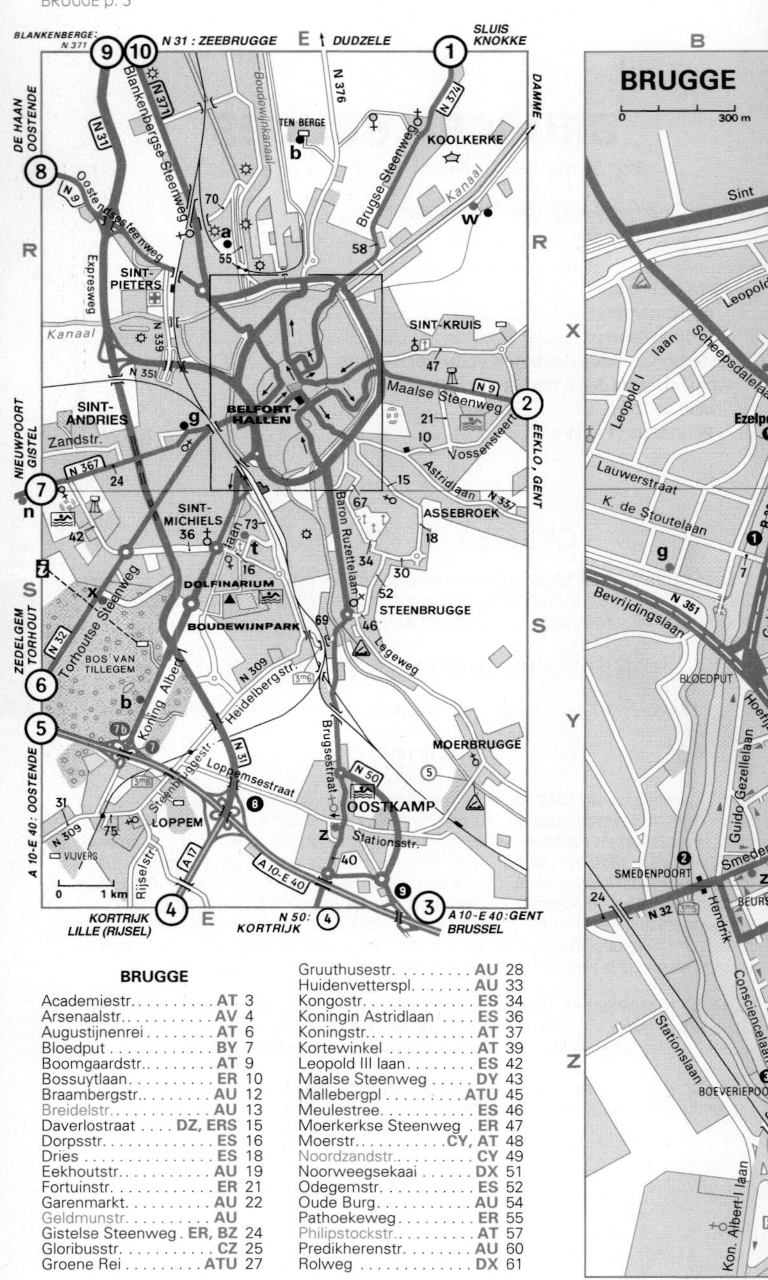

BRUGGE

Academiestr.	AT	3
Arsenaalstr.	AV	4
Augustijnenrei	AT	6
Bloedput	BY	7
Boomgaardstr.	AT	9
Bossuytlaan	ER	10
Braambergstr.	AU	12
Breidelstr.	AU	13
Daverlostraat	DZ, ERS	15
Dorpsstr.	ES	16
Dries	ES	18
Eekhoutstr.	AU	19
Fortuinstr.	ER	21
Garenmarkt	AU	22
Geldmunstr.	AU	
Gistelse Steenweg	ER, BZ	24
Gloribusstr.	CZ	25
Groene Rei	ATU	27
Gruuthusestr.	AU	28
Huidenvetterspl.	AU	33
Kongostr.	ES	34
Koningin Astridlaan	ES	36
Koningstr.	AT	37
Kortewinkel	AT	39
Leopold III laan	ES	42
Maalse Steenweg	DY	43
Mallebergpl	ATU	45
Meulestree	ES	46
Moerkerkse Steenweg	ER	47
Moerstr.	CY, AT	48
Noordzandstr.	CY	49
Noorweegsekaai	DX	51
Odegemstr.	ES	52
Oude Burg	AU	54
Pathoekeweg	ER	55
Philipstockstr.	AT	57
Predikherenstr.	AU	60
Rolweg	DX	61

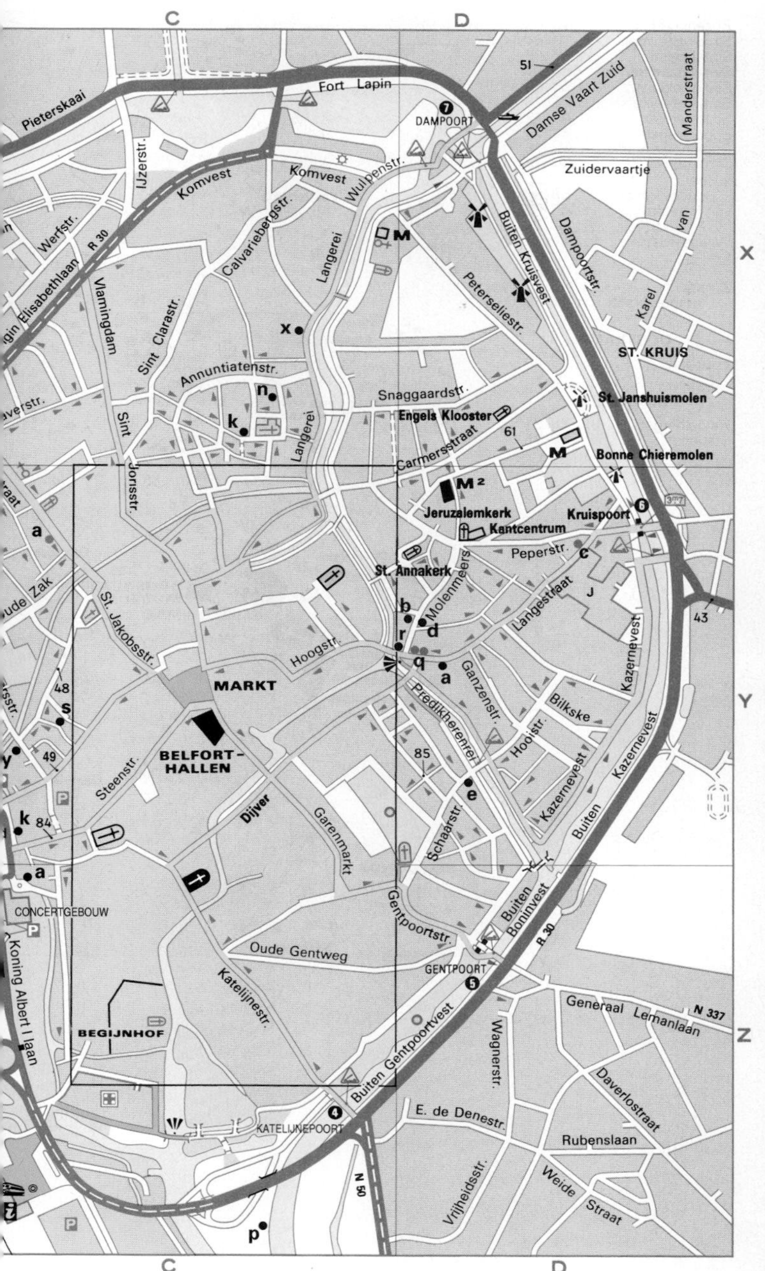
C
D
X
Y
Z
Pieterskaai
Fort Lapin
DAMPOORT
Damse Vaart Zuid
Manderstraat
Zuidervaartje
Komvest
Wulpenstr.
IJzerstr.
Werfstr.
R 30
Calvariebergstr.
Langerei
Buiten Kruisvest
Dampoortstr.
Peterseliestr.
Karel
van
Vlamingdam
Sint Clarastr.
Annuntiatenstr.
ST. KRUIS
Snaggaardstr.
St. Janshuismolen
Engels Klooster
Carmersstraat
Bonne Chieremolen
Sint
Jorisstr.
Jeruzalemkerk
Kruispoort
Kantcentrum
Peperstr.
St. Annakerk
Molenmeers
Langestraat
St. Jakobsstr.
Hoogstr.
Ganzenstr.
Kazernevest
MARKT
Predikherenrei
Bilkske
BELFORT-HALLEN
Hooistr.
Steenstr.
Dijver
Garenmarkt
Schaarstr.
Buiten
Gentpoortstr.
Buiten Boninvest
CONCERTGEBOUW
Oude Gentweg
Katelijnestr.
GENTPOORT
Koning Albert I laan
Generaal Lemanlaan
N 337
BEGIJNHOF
Buiten Gentpoortvest
Wagnerstr.
Daverlostraat
E. de Denestr.
KATELIJNEPOORT
Rubenslaan
N 50
Vrijheidsstr.
Weide
Straat

Rozenhoedkaai . . . . . AU 63
Simon Stevinpl. . . . . . AU 64
Sint-Jansstr. . . . . AT 66
Sint-Katarinastr. . . . . ERS 67
Sint-Michielstr. . . . . . . ES 69
Sint-Pieterskerklaan . . ER 70
Spanjaardstr. . . . . AT 72
Spoorwegstr. . . . . ES 73
Steenhouwersdijk . . . AU 76
Steenstr. . . . . AU 78
s Heer
Boudewijnsburg . . . ES 30
van Praetstr. . . . . ER 58
Vlamingstr. . . . . AT 79
Wijngaardstr. . . . . AV 81
Wollestr. . . . . AU 82
Zuidzandstr. . . . . CY 84
Zwarte
Leertouwersstr. . . . DY 85

OOSTKAMP

Kortrijkstr. . . . . ES 40

ZEDELGEM

Heidelbergstr. . . . . . . ES 31
Stationstr. . . . . ES 75

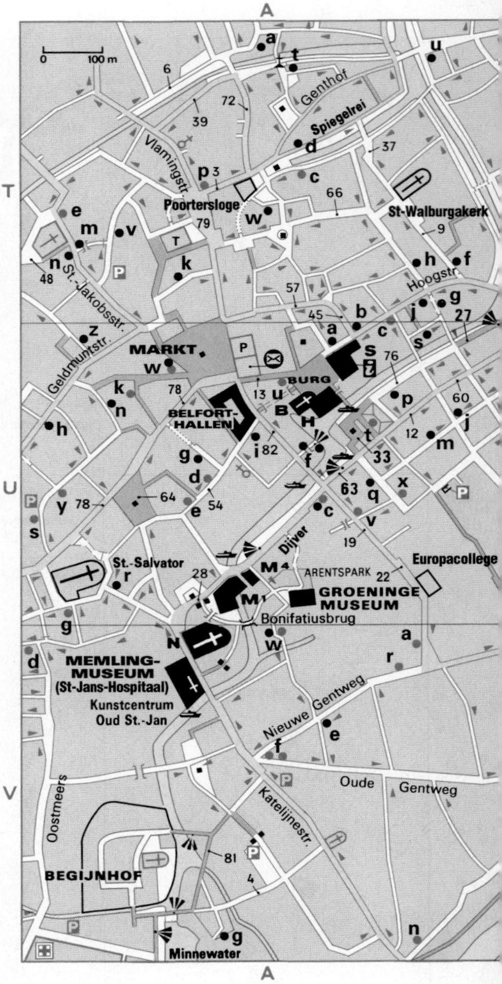

ROEDERER
en 1776

Liste alphabétique des hôtels et restaurants
Alfabetische lijst van hotels en restaurants
Alphabetisches Hotel- und Restaurantverzeichnis
Alphabetical list of hotels and restaurants

BELGIQUE

Quartiers du Centre :

Crowne Plaza, Burg 10, 0 50 44 68 44, *hotel@crowne-plaza-brugge.co*
Fax 0 50 44 68 68, – rest, – 400. ATU
Rest ***Het Kapittel*** *(fermé merc. soir, sam. midi et dim.) Lunch 19* – 30/50 bc, carte env. 5
– 2221 – **93 ch** 145/232 – 167/254 – 3 suites.
◆ Sur une place centrale, hôtel de chaîne où vous logerez au calme dans de grand chambres tout confort. Hall de style contemporain ; vestiges et objets médiévaux sous-sol. Repas classique actualisé et décor intérieur de même au restaurant Het Kapitte
◆ Ketenhotel aan een plein in het centrum. De rustige, grote kamers bieden alle comfo Eigentijdse hal en middeleeuwse overblijfselen in het souterrain. Modern-klassieke keuk en dito interieur in restaurant Het Kapittel.

De Tuilerieën sans rest, Dijver 7, 0 50 34 36 91, *patricia@hoteltuilerieen.co*
Fax 0 50 34 04 00, – – 45. AU
25 – **43 ch** 125/349 – 150/349 – 2 suites.
◆ Noble façade ancienne bordant un canal pittoresque. Cadre classique-actuel cossu, pi pantes chambres bien équipées (les meilleures occupent la nouvelle aile) et jolie piscine.
◆ Mooie oude gevel aan een schilderachtige gracht. Weelderig klassiek-eigentijds interie en aantrekkelijke, goed ingerichte kamers (die in de nieuwe vleugel zijn het beste). F zwembad.

Die Swaene, Steenhouwersdijk 1, 0 50 34 27 98, *info@dieswaene.com, Fax 0 33 66 74*, – ch, – 30. AU
Rest ***Storie*** *(fermé 2 sem. en janv., 2 sem. en juil., lundi et mardi midi) Lunch 30* – 59/7 carte 73/83, – ***Pergola Kaffee*** *(fermé janv.-mi-mars, mardi soir et merc.)* carte 29/4
20 – **29 ch** 170/295 – 195/295 – 1 suite.
◆ En bordure de canal, paisible hôtel au décor classico-romantique raffiné. Les nouvel chambres de l'annexe sont un pur enchantement. Carte actuelle personnalisée et be sélection de vins au Storie. Bistrot cosy sous véranda et terrasse au fil de l'eau.
◆ Rustig hotel aan een gracht, met een geraffineerde klassiek-romantische inrichting. nieuwe kamers (dependance) zijn schitterend. Eigentijdse kaart met persoonlijke toets mooie selectie wijnen bij Storie. Cosy bistro met veranda en terras aan het water.

BELGIQUE

Relais Oud Huis Amsterdam sans rest, Spiegelrei 3, 0 50 34 18
info@oha.be, Fax 0 50 33 88 91, – – 25. AT
15 – **40 ch** 145/245 – 195/295 – 2 suites.
◆ Cet hôtel foisonnant d'objets d'art anciens occupe un comptoir commercial holland du 17e s. Façade tournée vers le Spiegelrei ; très belle vue aux étages. Garage à 400 m.
◆ Hotel met veel oude kunst in een 17e-eeuwse Hollandse handelsbank aan de Spiegel met een prachtig uitzicht vanaf de bovenverdiepingen. Parkeergarage op 400 m.

De Orangerie sans rest, Kartuizerinnenstraat 10, 0 50 34 16 49, *info@hotelor gerie.com, Fax 0 50 33 30 16* – . rest AU
19 – **19 ch** 125/220 – 175/350 – 1 suite.
◆ Ex-cloître (15e s.) bordé par un superbe canal visible depuis 4 chambres. Lounge so verrière, salon au coin du feu, salle à manger Grand Siècle et terrasse près de l'eau.
◆ Voormalig klooster (15e eeuw) aan een schitterende gracht die vanuit 4 kamers te zi is. Lounge met glasdak, salon met schouw, eetzaal in Grand Siècle-stijl en terras aan h water.

Sofitel, Boeveriestraat 2, 0 50 44 97 11, *H1278@accor.com, Fax 0 50 44 97 99*,
– rest, – 200. CZ
Rest ***Ter Boeverie*** *Lunch 31 bc* – 40/47 bc, carte 39/59 – 20 – **147 ch** 225/25 225/490 – 2 suites.
◆ Ce bel hôtel tourné vers le Zand occupe un ancien monastère ordonné autour d'u cour dissimulant une jolie piscine. Chambres de divers styles, salon et bar feutrés. Resta rant à fière allure dont la carte classique-traditionnelle offre un choix étendu.
◆ Dit mooie hotel, dat uitkijkt op 't Zand, bevindt zich in een oud klooster rondom e binnenhof met zwembad. Kamers in verschillende stijlen, gezellige lounge en bar met e intieme sfeer. Restaurant met een uitgebreide klassiek-traditionele kaart.

Oud Huis de Peellaert sans rest, Hoogstraat 20, 0 50 33 78 89, *info@dep laert.be, Fax 0 50 33 08 16*, – – 30. AT
50 ch 125/300 – 150/350.
◆ Hôtels particuliers (1800 et 1850) élégamment agencés où vous logerez dans de granc et belles chambres de style classique. Caves voûtées aménagées en centre de bien-être.
◆ Dit hotel bestaat uit twee stijlvolle herenhuizen (1800 en 1850) met mooie, grote, klass ingerichte kamers. Wellness center in de overwelfde kelders.

Relais Ravestein , Molenmeers 11, ☎ 0 50 47 69 47, *info@relaisravestein.be, Fax 0 50 47 69 48*, <, , - - 35. . rest DY b
Rest *(fermé sam. midi de nov. à Pâques) Lunch 25 bc* – 39/61, carte 48/72, – 22 – **14 ch** ★105/352 – ★★105/352 – 2 suites – ½ P 163/187.
◆ Fière demeure de 1473 dont le nouvel intérieur design rehausse avec harmonie le cachet ancien du lieu. Chambres soignées, beaux espaces de réunions et expo de toiles modernes. Restaurant au cadre contemporain réussi. Carte actuelle ; terrasse au bord de l'eau.
◆ Statig herenhuis (1473), waarvan het designinterieur harmonieert met de oude architectuur. Verzorgde kamers, goede vergaderzalen en tentoonstelling van moderne doeken. Restaurant met een geslaagde eigentijdse inrichting. Moderne kaart en terras aan het water.

Jan Brito sans rest, Freren Fonteinstraat 1, ☎ 0 50 33 06 01, *info@janbrito.com, Fax 0 50 33 06 52*, – – 40. AU j
32 ch ★110/225 – ★★130/245 – 4 suites.
◆ Ensemble architectural typé où vous logerez dans des chambres variant ampleur et standing. Éléments décoratifs intérieurs des 16e, 17e et 18e s. Jardin d'agrément.
◆ Gebouw met een karakteristieke architectuur en decoratieve elementen uit de 16e, 17e en 18e eeuw. De kamers variëren qua grootte en standing. Mooie siertuin.

Acacia sans rest, Korte Zilverstraat 3a, ☎ 0 50 34 44 11, *info@hotel-acacia.com, Fax 0 50 33 88 17*, , , – – 50. . AU n
fermé 8 au 25 janv. – **46 ch** ★120/150 – ★★135/175 – 2 suites.
◆ Hôtel de chaîne situé dans une rue calme et néanmoins toute proche de la place centrale. Communs amples, grandes chambres souvent duplex et soins esthétiques sur réservation.
◆ Ketenhotel in een rustige straat vlak bij de Grote Markt. Grote gemeenschappelijke ruimten, royale kamers (de meeste met split-level) en schoonheidsbehandelingen op afspraak.

Pandhotel sans rest, Pandreitje 16, ☎ 0 50 34 06 66, *info@pandhotel.com, Fax 0 50 34 05 56*, – . AU q
19 – **25 ch** ★135/185 – ★★160/235 – 1 suite.
◆ Adresse romantique et élégante : trois maisons de caractère nichées au cœur de Brugge. Chambres et junior suites dont l'agencement témoigne d'un sens esthétique très aiguisé.
◆ Romantisch hotel in hartje Brugge, dat in drie karakteristieke huizen is ondergebracht. De kamers en junior suites zijn op esthetisch verantwoorde wijze ingericht.

Heritage sans rest, N. Desparsstraat 11, ☎ 0 50 44 44 44, *info@hotel-heritage.com, Fax 0 50 44 44 40*, , , – . . AT k
15 – **24 ch** ★140/234 – ★★152/416.
◆ Belle maison de notable (1869) convertie en un hôtel paisible et serviable. Ambiance feutrée, confortables chambres au décor classique et stretching sous une voûte du 14e s.
◆ Rustig en sfeervol hotel in een mooi herenhuis (1869) met dienstvaardig personeel. Comfortabele kamers met klassiek interieur en fitnessruimte onder een 14e-eeuws gewelf.

De Castillion (annexe Het Gheestelic Hof - 11 ch), Heilige Geeststraat 1, ☎ 0 50 34 30 01, *info@castillion.be, Fax 0 50 33 94 75* – – 50. . rest
Rest voir rest ***Le Manoir Quatre Saisons*** ci-après – **19 ch** ★90/175 – ★★125/325 – 1 suite – ½ P 100/175. AU r
◆ Ex-palais épiscopal (1743) réaménagé en un hôtel soigné. Enfilade de pignons à redans, chambres personnalisées, salon Art déco et jolie cour. Annexe plus simple en face.
◆ Stijlvol hotel in het vroegere bisschopspaleis (1743). Talrijke trapgevels, kamers met een persoonlijke sfeer, art-decolounge en fraaie binnenplaats. Het bijgebouw aan de overkant is eenvoudiger.

Walburg sans rest, Boomgaardstraat 13, ☎ 0 50 34 94 14, *info@hotelwalburg.be, Fax 0 50 33 68 84* – – 30. . AT f
fermé 3 janv.-1er fév. – **18 ch** ★130/180 – ★★150/200 – 1 suite.
◆ Fière architecture néo-classique dont l'entrée cochère dessert un hall monumental où s'étagent deux hautes galeries animées de colonnes et balustrades. Chambres "king size".
◆ Fier neoclassicistisch bouwwerk, waarvan de oude koetspoort naar een monumentale hal leidt met twee bovengalerijen, gesierd door zuilen en balustrades. King-size kamers.

Prinsenhof sans rest, Ontvangersstraat 9, ☎ 0 50 34 26 90, *info@prinsenhof.com, Fax 0 50 34 23 21* – . CY s
17 – **19 ch** ★151/319 – ★★151/319.
◆ Petit hôtel accueillant et cossu dans une maison de maître rénovée, à l'écart de l'animation. Les chambres, toutes différentes, se caractérisent par une ambiance très "cosy".
◆ Klein hotel in een fraai gerenoveerd herenhuis, waar u prinselijk wordt ontvangen, ver van alle drukte. De sfeervolle kamers zijn allemaal verschillend.

BELGIQUE

Relais Bourgondisch Cruyce sans rest, Wollestraat 41, ☎ 0 50 33 79 2 *info@relaisbourgondischcruyce.be, Fax 0 50 34 19 68,* ← canaux et vieilles maisons fl mandes – |‡| ⇔ ▤ ⇔. AE ⓜ VISA. ✗ AU
☐ 15 – **16 ch** ✱155/375 – ✱✱155/375.
• Jolie devanture à pans de bois tournée vers les canaux bordés de maisons typée Intérieur néoclassique élégant, chambres raffinées et espace breakfast-tea-room panor mique.
• Fraai grachtenpand in vakwerk. Elegant neoklassiek interieur, stijlvolle kamers en ontbi ruimte annex theesalon met panoramisch uitzicht.

Aragon sans rest, Naaldenstraat 22, ☎ 0 50 33 35 33, *info@aragon.be, Fax 0 34 28 05* – |‡| ⇔ ▤ P – 25. AE ⓞ ⓜ VISA. ✗ AT
42 ch ☐ ✱110/135 – ✱✱115/185.
• Dans une rue calme peu éloignée du centre, maisons bourgeoises rénovées pour vo héberger dans des chambres au décor classico-actuel standardisé. Lounge-bar douillet.
• In deze gerenoveerde herenhuizen in een rustige straat even buiten het centrum log ren de gasten in modern-klassieke standaardkamers. Knusse lounge annex bar.

Navarra sans rest, St-Jakobsstraat 41, ☎ 0 50 34 05 61, *reservations@hotelnavarra.co Fax 0 50 33 67 90,* ⇔, ⇔, ▢, ⇔ – |‡| ⇔ ▤ P – 110. AE ⓞ ⓜ VISA. ✗ AT
94 ch ☐ ✱99/139 – ✱✱120/165.
• Le consul de Navarre habita cette demeure relookée vers 1720 dans le goût Louis X Jazz bar plaisant, jolie piscine voûtée, cour et jardin. Plusieurs générations de chambres.
• De geest van de consul van Navarra waart nog rond in dit pand dat rond 1720 in Lo XV-stijl werd verbouwd. Leuke jazzbar, mooi zwembad, binnenplaats en tuin.

Adornes sans rest, St-Annarei 26, ☎ 0 50 34 13 36, *info@adornes.be, Fax 0 50 34 20 8* ←, ⇔ – |‡| ⇔. AE ⓜ VISA AT
fermé 2 janv.-9 fév. – **20 ch** ☐ ✱90/120 – ✱✱100/130.
• Petit hôtel soigné formé de quatre maisons typiques tournées vers un canal. Divers tailles de chambres, breakfast au coin du feu (sauf l'été), vélos prêtés gratuitement.
• Verzorgd hotel bestaande uit vier karakteristieke grachtenpanden. Kamers van versch lend formaat, ontbijtzaal met haardvuur in de winter. Gratis gebruik van fietsen.

BELGIQUE

Azalea sans rest, Wulfhagestraat 43, ☎ 0 50 33 14 78, *info@azaleahotel.be, Fax 0 33 97 00,* ⇔, ⇔ – |‡| ⇔ ⇔ ⇔ P. AE ⓞ ⓜ VISA CY
fermé 23 au 27 déc. – **25 ch** ☐ ✱98/132 – ✱✱110/190.
• Hôtel tirant parti d'une maison de brasseur. Divers types de chambres, bel escalier bois et fer forgé et charmante terrasse-jardin côté canal utilisée l'été au petit-déj'.
• Hotel in een oude bierbrouwerij. Verschillende soorten kamers, houten trap met sie meedwerk en mooie tuin met terras aan de grachtkant, waar 's-zomers kan worden ontb ten.

Ter Duinen sans rest, Langerei 52, ☎ 0 50 33 04 37, *info@terduinenhotel.b Fax 0 50 34 42 16,* ← – |‡| ⇔ ▤ ⇔. AE ⓞ ⓜ VISA. ✗ CX
fermé 1er au 10 janv. et 1er au 14 juil. – **20 ch** ☐ ✱98/159 – ✱✱105/169.
• Paisible hôtel excentré se mirant dans les eaux du Langerei. Accueil souriant, chambr avec vue dégagée côté canal ou jardin, véranda et patio. Petits-déjeuners soignés.
• Rustig hotel buiten het centrum, dat wordt weerspiegeld in de Langerei. De kame kijken uit op het water of de tuin, serre en patio. Vriendelijk onthaal en verzorgd ontbijt.

Flanders sans rest, Langestraat 38, ☎ 0 50 33 88 89, *stay@hotelflanders.co Fax 0 50 33 93 45,* ▢, ⇔ – |‡| ⇔ ▤ P. AE ⓞ ⓜ VISA. ✗ DY
40 ch ☐ ✱120/229 – ✱✱130/239 – 1 suite.
• Une façade verte signale cette maison bourgeoise des années 1910. Chambres pr prettes réparties à l'arrière pour plus de calme. Courette intérieure égayée d'une piè d'eau.
• Dit herenhuis uit de vroege 20e eeuw valt op door zijn groene gevel. De keurige kame zijn rustig gelegen aan de achterkant. Binnenplaatsje met waterpartij.

Parkhotel sans rest, Vrijdagmarkt 5, ☎ 0 50 33 33 64, *info@parkhotelbrugge.b Fax 0 50 33 47 63* – |‡| ▤ ♿ ⇔ – 250. AE ⓞ ⓜ VISA CY
86 ch ☐ ✱110/125 – ✱✱125/245.
• Cet hôtel donnant sur le Zand est adapté pour l'accueil des groupes et dispose chambres pouvant loger jusqu'à 4 adultes. Espace breakfast coiffé d'une verrière pyr midale.
• Dit hotel met uitzicht op 't Zand is zeer geschikt voor groepen en heeft kamers die pla bieden aan max. vier personen. Ontbijtzaal met een piramidevormig glazen dak.

Martin's sans rest, Oude Burg 5, ☎ 0 50 44 51 11, *brugge@martins-hotels.com, Fax 0 44 51 00* – |‡| ⇔ ⇔ – 120. AE ⓞ ⓜ VISA. ✗ AU
150 ch ☐ ✱80/120 – ✱✱100/140.
• À l'ombre du beffroi, immeuble contemporain proposant des petites chambres actuell récemment rénovées ; elles donnent majoritairement sur une grande cour intérieure.
• Modern flatgebouw aan de voet van het belfort, met kleine eigentijdse kamers c onlangs zijn gerenoveerd en waarvan de meeste uitkijken op een grote binnenplaats.

Portinari sans rest, 't Zand 15, ☎ 0 50 34 10 34, *info@portinari.be, Fax 0 50 34 41 80* – 🛗 ▤ 🅿 – 🏛 80. AE ⓓ ⓜⓒ VISA CY k
fermé 2 au 26 janv. – **40 ch** ☕ 🚶95/135 – 🚶🚶110/190.
◆ Cette bâtisse néoclassique tournée vers une vaste esplanade animée met à votre disposition de sobres chambres correctement isolées du bruit. Terrasses avant et arrière.
◆ Neoklassiek gebouw aan een groot en levendig plein. Sobere en goed geluiddichte kamers. Terras aan voor- en achterkant.

Erasmus, Wollestraat 35, ☎ 0 50 33 57 81, *info@hotelerasmus.com, Fax 0 50 33 47 27,* 🍽 – 🛗 ⛔ ▤. ⓜⓒ VISA AU f
fermé 10 janv.-15 fév. – **Rest** (cuisine à la bière) *Lunch 18* – 28/43, carte 26/51 – **10 ch** ☕ 🚶80/160 – 🚶🚶100/180.
◆ Cet hôtel rénové offre un bon niveau de confort et profite d'un emplacement de choix près d'un passage desservant un superbe point de vue. Cuisine belge à la bière artisanale servie dans un décor actuel de type bistrot. Mini-terrasse panoramique à l'arrière.
◆ Goed comfort in dit gerenoveerde hotel, gunstig gelegen bij een passage die een prachtig uitzicht biedt. Belgische keuken op basis van zelfgebrouwen bier in een bistro-interieur. Piepklein terras met uitzicht aan de achterkant.

Ter Brughe sans rest, Oost-Gistelhof 2, ☎ 0 50 34 03 24, *info@hotelterbrughe.com, Fax 0 50 33 88 73* – ⛔ 🚗. AE ⓓ ⓜⓒ VISA AT a
fermé 4 au 31 janv. – **46 ch** ☕ 🚶87/130 – 🚶🚶87/175.
◆ Bâtisse de style gothique tardif et son annexe mitoyenne se reflétant dans un canal visible par les fenêtres des nouvelles chambres. Caves voûtées utilisées au petit-déj'.
◆ Gebouw in laatgotische stijl met aangrenzende dependance, aan een gracht die vanuit de nieuwe kamers te zien is. Ontbijt in de overwelfde kelderverdieping.

Rosenburg 🐎 sans rest, Coupure 30, ☎ 0 50 34 01 94, *info@rosenburg.be, Fax 0 50 34 35 39* – 🛗 ⛔ – 🏛 50. AE ⓜⓒ VISA. ✂ DY e
– **25 ch** ☕ 🚶80/140 – 🚶🚶90/160 – 2 suites.
◆ Dans un quartier un peu excentré, près d'une écluse, hôtel de la fin du 20e s. où vous logerez dans des chambres offrant calme et ampleur. Serre aménagée en espace breakfast.
◆ Hotel uit de late 20e eeuw in een wijk buiten het centrum, bij een sluis. Ruime en rustige kamers en ontbijt in de serre.

Anselmus sans rest, Ridderstraat 15, ☎ 0 50 34 13 74, *info@anselmus.be, Fax 0 50 34 19 16* – ⛔ 🔑 🚗. AE ⓜⓒ VISA. ✂ AT h
fermé janv. – **18 ch** ☕ 🚶85/100 – 🚶🚶90/180.
◆ Vieille maison à entrée cochère. Les chambres initiales sont rénovées et une extension arrière en abrite de nouvelles. Joli salon classique. Petit-déj' dans le jardin d'hiver.
◆ Oud pand met koetspoort. De oorspronkelijke kamers zijn gerenoveerd en in de uitbouw zijn nieuwe kamers ingericht. Mooie klassieke lounge en ontbijt in de wintertuin.

Bryghia sans rest, Oosterlingenplein 4, ☎ 0 50 33 80 59, *info@bryghiahotel.be, Fax 0 50 34 14 30* – 🛗 🚗. AE ⓓ ⓜⓒ VISA AT t
fermé 17 déc.-15 fév. – **18 ch** ☕ 🚶67/98 – 🚶🚶85/135.
◆ Sur une place tranquille, vieille maison en briques rouges voisinant avec un canal qu'enjambe un petit pont. Salon "cosy" et chambres nettes. Espace breakfast un rien suranné.
◆ Oud pand van rode baksteen aan een rustig plein, vlak bij een bruggetje over de gracht. Gezellige lounge en keurige kamers. De ontbijtruimte is wat verouderd.

Biskajer 🐎 sans rest, Biskajersplein 4, ☎ 0 50 34 15 06, *info@hotelbiskajer.com, Fax 0 50 34 39 11* – 🛗 ⛔. AE ⓓ ⓜⓒ VISA AT w
fermé fév. – **17 ch** ☕ 🚶80/110 – 🚶🚶87/130.
◆ À moins de 5 min. du Markt, bâtisse blanche ancienne donnant sur une placette (parking public) dominée par la tour gothique du Poortersloge. Chambres rafraîchies en 2005-2006.
◆ Oud wit gebouw aan een pleintje (parking) aan de voet van de gotische toren van de Poortersloge, nog geen vijf minuten lopen van de Markt. De kamers zijn in 2005-2006 opgeknapt.

't Putje, 't Zand 31, ☎ 0 50 33 28 47, *info@hotelputje.be, Fax 0 50 34 14 23,* 🍽 – 🛗 ⛔, ▤ ch. AE ⓓ ⓜⓒ VISA CZ a
Rest (taverne-rest, ouvert jusqu'à 23 h) *Lunch 10* – 32, carte 34/64 – **36 ch** ☕ 🚶65/95 – 🚶🚶85/150 – ½ P 85/115.
◆ À l'entrée de la ville, près du Zand, hôtel dont les chambres, rénovées par étapes, se partagent une maison néoclassique et deux annexes sur l'arrière. Parking public à côté. Taverne-restaurant au cadre actuel et terrasse couverte tournée vers la place.
◆ Hotel aan de rand van de stad, bij 't Zand. De in fasen gerenoveerde kamers zijn verdeeld over een neoklassiek pand en twee bijgebouwen achter. Openbare parking ernaast. Rustiek café-restaurant met eigentijdse inrichting en overdekt terras aan het plein.

BELGIQUE

Maraboe sans rest, Hoefijzerlaan 9, ✆ 0 50 33 81 55, *hotel@maraboe.be, Fax 0 5 33 29 28,* – . AE MC VISA CY
fermé 1er au 24 janv. – **14 ch** ☐ ★70/90 – ★★75/110.
◆ Accueil et service personnalisés en cet hôtel proche du Zand. Chambres meublées l'identique ; vitraux et éléments décoratifs classiques dans la salle de breakfast.
◆ In dit hotel bij 't Zand krijgen de gasten een persoonlijk onthaal. Standaardkamers e ontbijtzaal met glas-in-loodramen en klassieke ornamenten.

Egmond sans rest, Minnewater 15 (par Katelijnestraat), ✆ 0 50 34 14 45, *info@e mond.be, Fax 0 50 34 29 40,* ←, – P. AV
8 ch ☐ ★82/92 – ★★98/120.
◆ Un notaire scellait naguère les actes dans cette charmante résidence élevée au voisinag du lac d'Amour. Les chambres donnent sur un jardin reposant.
◆ In dit charmante pand bij het Minnewater zetelde vroeger een notaris. De kamers kijke uit op een rustige tuin.

Albert I sans rest, Koning Albert I-laan 2, ✆ 0 50 34 09 30, *info@hotelalbert1.be, Fax 0 5 33 84 18* – P. AE MC VISA. CZ
fermé 7 au 29 janv. et 23 au 26 déc. – **13 ch** ☐ ★75/95 – ★★80/110.
◆ Hôtel familial d'un genre assez charmant, situé dans le quartier du 't Zand, devant un salle de spectacles. Chambres chaleureuses et proprettes ; doubles fenêtres en façade.
◆ Leuk hotel in de wijk 't Zand, tegenover een theaterzaal. Keurige en gezellige kamers, aa de voorkant met dubbele ramen.

Botaniek sans rest, Waalsestraat 23, ✆ 0 50 34 14 24, *info@botaniek.be, Fax 0 5 34 59 39* – P. AE MC VISA AU n
9 ch ☐ ★60/85 – ★★65/98.
◆ Hôtel familial aménagé dans une maison bourgeoise située à l'écart de l'animation Petites chambres fonctionnelles uniformément équipées et joli salon ancien.
◆ Rustig gelegen familiehotel in een herenhuis. Kleine, functionele kamers die identiek zij ingericht en mooie antieke lounge.

Ter Reien sans rest, Langestraat 1, ✆ 0 50 34 91 00, *info@hotelterreien.be, Fax 0 5 34 40 48* – . AE MC VISA. DY
fermé 9 janv.-8 fév. – **26 ch** ☐ ★70/75 – ★★80/120.
◆ Un hôtel "les pieds dans l'eau". Chambres sans ampleur - hormis la suite nuptiale - souvent avec module sanitaire. Une dizaine d'entre-elles offre la vue sur le canal.
◆ Hotel pal aan het water. Op de bruidssuite na zijn de kamers klein en voorzien va standaardsanitair. Een tiental kamers biedt uitzicht op de gracht.

Grand Hotel du Sablon, Noordzandstraat 21, ✆ 0 50 33 39 02, *info@sablon.be, Fax 0 50 33 39 08* – – 100. AE MC VISA. rest AU h
Rest (résidents seult) – **36 ch** ☐ ★89/159 – ★★120/159 – ½ P 78/98.
◆ Un hall Belle Époque coiffé d'une coupole (1908) agrémente cette bâtisse hôtelière vénérable située dans une rue commerçante. Chambres plus classiques devant que derrière. Restaurant proposant une formule lunch à thématique littéraire. Belle salle de banquets.
◆ Hotel in een oud pand in een drukke winkelstraat. De belle époque-hal is overdekt met een koepel uit 1908. De kamers aan de voorkant zijn klassieker dan die aan de achterkant. Restaurant met een lunchmenu op een literair thema. Mooie zaal voor feesten.

The Golden Tree sans rest, Hoefijzerlaan 21, ✆ 0 50 33 87 31, *goldentree@skynet.be, Fax 0 50 34 21 09* – P. AE MC VISA. BY x
fermé 8 janv.-8 fév. – **20 ch** ☐ ★75/95 – ★★85/110.
◆ Bel hôtel particulier classique : hall monumental, chambres rénovée par étapes (plus de calme dans la dépendance), breakfast sous un plafond à caissons peints de chinoiseries.
◆ Klassiek herenhuis met een monumentale hal en ontbijtzaal met beschilderd cassetteplafond. De kamers worden geleidelijk gerenoveerd (die in de dependance zijn het rustigst).

Malleberg sans rest, Hoogstraat 7, ✆ 0 50 34 41 11, *hotel@malleberg.be, Fax 0 50 34 67 69* – AE MC VISA. ATU b
8 ch ☐ ★70/85 – ★★85/110.
◆ Nuitées sans remous et tarification raisonnée dans ce petit hôtel voisinant avec le Burg. Chambres spacieuses et actuelles ; cave voûtée convertie en salle de breakfast.
◆ Dit kleine hotel bij de Burg belooft een rustige overnachting voor een redelijke prijs. Ruime, moderne kamers. Het ontbijt wordt gebruikt in de gewelfde kelderverdieping.

Boterhuis, St-Jakobsstraat 38, ✆ 0 50 34 15 11, *boterhuis@pandora.be, Fax 0 50 34 70 89* – . AE MC VISA AT m
Rest *(fermé dim.)* (taverne-rest) carte 15/33 – **11 ch** ☐ ★65/75 – ★★95/135 – ½ P 63/70.
◆ Deux maisons anciennes forment cet établissement familial doté de deux générations de chambres. Le café et les croissants se prennent sous la belle voûte basse de la cave. Taverne restaurant où l'on se contentera d'un repas simple.
◆ Twee oude huizen vormen dit familiebedrijf met oude en nieuwe kamers. Koffie en croissants worden genuttigd onder het mooie lage gewelf van de kelderverdieping. In het café-restaurant worden eenvoudige maaltijden geserveerd.

BELGIQUE

Fevery sans rest, Collaert Mansionstraat 3, ✆ 0 50 33 12 69, *paul@hotelfevery.be, Fax 0 50 33 17 91* – |‡| ⇜. P. AE MC VISA. ✈ CX n
fermé prem. sem. fév., 3e sem. juin et 3e sem. nov. – **10 ch** ☐ ✝60/80 – ✝✝60/85.
◆ Situation calme, accueil courtois, tenue suivie et prix muselés caractérisent cet hébergement familial. Récentes chambres avec mobilier, literie et sanitaires quasi neufs.
◆ Dit rustige, goed onderhouden hotel is niet duur en zeer geschikt voor gezinnen. Hoffelijke ontvangst. Moderne kamers met vrijwel nieuw meubilair, beddengoed en sanitair.

De Barge, Bargeweg 15, ✆ 0 50 38 51 50, *debarge@online.be, Fax 0 50 38 21 25*, ⛱ – ⇜ P. AE MC VISA. ✈ CZ p
fermé janv. – **Rest** *(fermé dim. et lundi)* (produits de la mer) *Lunch 16* – 35/48, carte 37/69 – **22 ch** ☐ ✝95/140 – ✝✝110/159.
◆ Cette ancienne péniche amarrée le long du canal reliant Brugge à Gand est devenue un petit hôtel flottant où vous serez hébergés dans des "cabines" au pimpant décor nautique. Cuisine littorale à la table du capitaine.
◆ Deze oude aak, die in het kanaal tussen Brugge en Gent voor anker ligt, is een drijvend hotelletje. De hutten in nautische stijl zien er picobello uit. Lekker eten aan de "captain's table", met een keur van vis en schaal- en schelpdieren.

Jacobs ⛰ sans rest, Baliestraat 1, ✆ 0 50 33 98 31, *hoteljacobs@online.be, Fax 0 50 33 56 94* – |‡| ⇜. AE MC VISA CX k
fermé 7 janv.-12 fév. – **23 ch** ☐ ✝65/75 – ✝✝70/86.
◆ À l'ombre du clocher de St-Gillis, maison flamande dont l'altière façade en briques rouges arbore un beau pignon à redans. Chambres souvent menues mais quiètes et pratiques.
◆ Vlaams pand van rode baksteen met een fiere trapgevel, aan de voet van de klokkentoren van de St.-Joriskerk. De meeste kamers zijn klein, maar wel rustig en praktisch.

BELGIQUE

De Brugsche Suites sans rest, Koningin Elisabethlaan 20, ✆ 0 50 68 03 10, *info@brugschesuites.be, Fax 0 50 68 03 30* – ⇜. AE MC VISA. ✈ CX a
3 ch ☐ ✝190/250 – ✝✝210/300.
◆ Tout peut s'acheter dans cette maison d'hôte sélecte occupant un fastueux hôtel particulier. Intérieur raffiné foisonnant d'objets d'art et mobilier de style. Junior suites.
◆ Zeer select logeeradres met junior suites. Alle kunstvoorwerpen en stijlmeubelen in dit prachtige herenhuis zijn te koop.

Bonifacius ⛰ sans rest, Groeninge 4, ✆ 0 50 49 00 49, *info@bonifacius.be, Fax 0 50 49 00 46*, ⇐ – ⇜ ▤ AUV w
3 ch ☐ ✝175/275 – ✝✝200/275.
◆ Maisons des 17e et 19e s. voisines de trois musées et d'une église gothique. Luxueuses suites pourvues de meubles anciens. Bons petits-déj' avec le canal pour toile de fond.
◆ Dit hotel bestaat uit twee huizen (17e en 19e eeuw), bij drie musea en een gotische kerk. Luxe suites met antiek meubilair. Goed ontbijt met de gracht op de achtergrond.

Huyze Hertsberge-Côté Canal ⛰ sans rest, Hertsbergsestraat 8, ✆ 0 50 33 35 42, *cotecanal@skynet.be, Fax 0 50 33 35 42*, ⛱ – ⇜ 🚗. ✈ AU b
4 ch ☐ ✝110/135 – ✝✝120/145.
◆ Maison patricienne (18e s.) au cachet fort dissimulant sur l'arrière une petite terrasse-jardin en bord de canal. Ambiance romantique, chambres élégantes et breakfast soigné.
◆ Karakteristiek 18e-eeuws pand met een romantische sfeer. Stijlvolle kamers, verzorgd ontbijt en tuin-terrasje aan de achterkant aan de gracht.

Number 11 ⛰ sans rest, Peerdenstraat 11, ✆ 0 50 33 06 75, *atnumber11@hotmail.com, Fax 0 50 33 06 90* – ⇜. ✈ AT g
3 ch ✝115/140 – ✝✝115/215.
◆ Un artiste peintre vous accueille en cette paisible petite maison du 16e s. bien située dans le centre piétonnier. Chambres et suite agréables. Expo picturale et jardin clos.
◆ Een kunstschilder ontvangt u in dit rustige 16e-eeuwse huisje dat gunstig ligt in de voetgangerszone. Prettige kamers en suite. Schilderijententoonstelling en ommuurde tuin.

Huyze Die Maene, Markt 17, ✆ 0 50 33 39 59, *huyzediemaene@pandora.be, Fax 0 50 33 44 60*, ⛱ – |‡| ⇜, ▤ rest. AE ① MC VISA AU w
fermé fév. – **Rest** *(fermé mardi)* (taverne-rest) *Lunch 18* – 32, carte 26/57 – **3 ch** ☐ ✝107 – ✝✝116/210.
◆ Cet hébergement plaît autant par sa situation, sur le Markt, visible au saut du lit, que par le soin apporté au décor de ses junior suites, qui offrent luxe et confort. À table, plats traditionnels, suggestions du marché et ambiance de taverne.
◆ Gunstig gelegen hotel aan de Markt, die vanuit de kamers te zien is. De met zorg ingerichte junior suites zijn luxueus en comfortabel. Traditionele gerechten, dagsuggesties en sfeer van een taveerne.

Sint Niklaas sans rest, Sint-Niklaasstraat 18, ✆ 0 50 61 03 08, *stniklaasbandb@h mail.com* – ⇔. ✻
AU
fermé janv. – **3 ch** ☐ ✝120 – ✝✝120.
◆ Pimpante maison de 1840 desservie par une impasse tranquille et tenue par un coup néo-zélandais communicatif. Plafond d'époque dans la chambre "ovale". Salon cossu patio.
◆ Dit hotel in een mooi pand uit 1840 in een rustige doodlopende straat wordt geleid do een stel uit Nieuw-Zeeland. De ovale kamer heeft een stijlplafond. Weelderige lounge patio.

Absoluut Verhulst sans rest, Verbrand Nieuwland 1, ✆ 0 50 33 45 15, *b-b.v hulst@pandora.be, Fax 0 50 33 45 15,* – ⇔. ✻
DY
3 ch ☐ ✝70/80 – ✝✝80/130.
◆ Maison repérable à sa façade (17e s.) de briques peinte en rouge vif. Chambres nommé "loft", "classique" et "jardin". Vue sur le patio et sa pièce d'eau au petit-déj'.
◆ Dit hotel valt op door de 17e-eeuwse bakstenen gevel die knalrood is geverfd. De kame heten "loft", "klassiek" en "tuin". Ontbijt met uitzicht op de patio met waterpartij.

't Geerwijn sans rest, Geerwijnstraat 14, ✆ 0 50 34 05 44, *chris.deloof@scarlet.be* ⇔. VISA
AU
fermé 10 janv.-20 fév. – **3 ch** ☐ ✝50/55 – ✝✝60/75.
◆ Maisonnettes typiques (1790) vous logeant au calme dans des chambres avenant offrant toutes les commodités de base. Cheminée et portraits des aïeux au salon. Accu gentil.
◆ Karakteristieke huisjes (1790) met prettige, rustige kamers die van alle basiscomfort zi voorzien. Zitkamer met schouw en oude familieportretten. Vriendelijke ontvangst.

XXXX ✿✿✿ **De Karmeliet** (Van Hecke), Langestraat 19, ✆ 0 50 33 82 59, *karmeliet@resto.b Fax 0 50 33 10 11,* – P ⇔ 15/38. AE ① MC VISA. ✻
DY
fermé 1er au 18 janv., 24 juin-12 juil., 30 sept.-10 oct., dim. et lundi – **Rest** *Lunch 60* 110/215 bc, carte 115/158, ♀.
Spéc. Langoustines en croûte de noix de coco et curry, navet confit et foie d'oie. Laperea au four façon royale (hiver). Ravioles vanille caramélisées, pommes confites en chaud-froi
◆ Maison de renom où l'on goûte des mets personnalisés avec brio dans un cadre class que-moderne raffiné. Salon-véranda, expo d'art contemporain et terrasse cachée. Bel cave.
◆ Gerenommeerd restaurant met een modern-klassiek interieur en een zeer persoonlijk kookstijl. Salon in de serre, exposities van moderne kunst, mooie wijnkelder en terras.

XXX **Manoir Red** avec ch, Nieuwe Gentweg 53, ✆ 0 50 61 40 06, *info@manoirred.con Fax 0 50 33 76 62,* , – |‡|, ▤ ch, P ⇔ 10/60. AE MC VISA. ✻
AV
Rest *(fermé lundi et mardi midi) Lunch 40* – 55/95 bc, carte 46/82, ♀ – **8 ch** ☐ ✝145/275 ✝✝145/310.
◆ Prestation culinaire "dernière tendance" et décor classico-moderne en cette maison d caractère bâtie au 18e s. Salon-véranda "cosy" ; ombre, verdure et fontaine en terrasse.
◆ Karakteristiek 18e-eeuws pand met een modern-klassiek interieur en trendy keuker Sfeervolle lounge in de serre en schaduwrijk terras met veel groen en een fonteintje.

XXX ✿ **Den Gouden Harynck** (Serruys), Groeninge 25, ✆ 0 50 33 76 37, *goud.harynck@pa dora.be, Fax 0 50 34 42 70* – P ⇔ 10/15. AE ① MC VISA
AUV
fermé 1 sem. Pâques, 2 dern. sem. juil.-prem. sem. août, dern. sem. déc., sam. midi, dim et lundi – **Rest** *Lunch 42* – 65/99 bc, carte 65/96.
Spéc. Langoustines au chou-fleur et ciboulette. Turbot en croûte d'herbes et pample mousse confit. Barbue à la vapeur, compote de mangue et jus aux aromates.
◆ Maison d'aspect rustique vous conviant à un repas classique actualisé avec finesse e sobriété. Cheminée, sculptures et photos d'art en salle ; terrasse fleurie et belle cave.
◆ In dit rustieke pand geniet u van een verfijnde modern-klassieke maaltijd. Eetzaal me schouw, beeldhouwwerk en kunstfoto's. Terras met bloemen en mooie wijnkelder.

XXX **Patrick Devos,** Zilverstraat 41, ✆ 0 50 33 55 66, *info@patrickdevos.be, Fax 0 5 33 58 67,* – P ⇔ 10/70. AE ① MC VISA
AU
fermé 2 au 9 avril, 21 juil.-10 août, 26 au 30 déc., sam. midi et dim. – **Rest** 38/105 bc, carte env. 78, ♀.
◆ Restaurant aménagé dans une fière demeure patricienne. Salon Louis XVI, élément décoratifs Art nouveau en salle et charmante terrasse d'été sur cour. Cuisine d'aujourd'hui
◆ Restaurant in een statige patriciërswoning. Louis XVI-salon, eetzaal met art-deco-ele menten, charmant zomerterras op de binnenplaats en eigentijdse keuken.

XXX **'t Pandreitje,** Pandreitje 6, ✆ 0 50 33 11 90, *info@pandreitje.be, Fax 0 50 34 00 70* – ⇔ 12/24. AE ① MC VISA
AU
fermé 29 mars-8 avril, 8 au 22 juil., 28 oct.-9 nov., merc., jeudi et dim. – **Rest** *Lunch 45* – 65/95, carte 69/100, ♀.
◆ Cuisine actuelle servie dans une salle bourgeoise classiquement aménagée, dont les grandes baies donnent sur un jardin de ville. Chef-patron en place depuis 1980. Salon cosy
◆ Klassiek-traditionele eetzaal met grote ramen die uitkijken op een stadstuin. De patron staat al sinds 1980 achter het fornuis. Moderne keuken en sfeervolle zitruimte.

XXX **De Lotteburg,** Goezeputstraat 43, ✆ 0 50 33 75 35, *lotteburg@scarlet.be, Fax 0 50 33 04 04,* ⛱, Produits de la mer – ▤. AE ⓓ ⓜⓒ VISA AV d
fermé 3 au 26 janv., lundi, mardi et sam. midi – **Rest** *Lunch 25* – 35/65, carte 70/87, ♀.
◆ Une jolie terrasse ombragée et meublée en teck se cache derrière cette façade blanche égayée de volets bleus. Carte actuelle valorisant les produits de la pêche. Cadre soigné.
◆ Achter de witte gevel met blauwe luiken ligt een mooi lommerrijk terras met teakhouten meubelen. Eigentijdse keuken met vis als hoofdmoot. Verzorgd interieur.

XX **'t Stil Ende,** Scheepsdalelaan 12, ✆ 0 50 33 92 03, *stilende@skynet.be, Fax 0 50 33 26 22,* ⛱ – ▤. ⓜⓒ VISA BX a
fermé fin juil.-début août, sam. midi, dim. et lundi – **Rest** 34/90 bc.
◆ Table actuelle dont la salle, parquetée, aux murs lie de vin supportant des tableaux-appliques design, s'ouvre sur la cuisine. Livre de cave digne d'intérêt. Terrasse arrière.
◆ Eigentijds restaurant met parketvloer en wijnrode muren met designverlichting en schilderijen. Open keuken, interessante wijnkaart en terras aan de achterkant.

XX **De Florentijnen,** Academiestraat 1, ✆ 0 50 67 75 33, *info@deflorentijnen.be, Fax 0 50 67 75 33* – ▤ P ⇔ 40/70. AE ⓜⓒ VISA AT p
fermé 2 au 16 janv., 15 juil.-3 août, dim. et lundi – **Rest** *Lunch 35* – 50, carte 46/113, ♀.
◆ Spacieux restaurant implanté dans un ancien comptoir commercial florentin, d'où l'enseigne. Cuisine du moment et décoration intérieure d'esprit contemporain.
◆ Groot restaurant in een voormalige Florentijnse factorij, vandaar de naam. Modern interieur, waarbij de kookstijl goed aansluit.

XX **Kardinaalshof,** St-Salvatorskerkhof 14, ✆ 0 50 34 16 91, *info@kardinaalshof.be, Fax 0 50 34 20 62* – ⇔ 8/25. AE ⓓ ⓜⓒ VISA AUV g
fermé 2 prem. sem. juil., merc. et jeudi midi – **Rest** *Lunch 35* – 50/85 bc, carte 53/85.
◆ Tout près de la cathédrale, façade d'esprit baroque abritant une table classique-actuelle au cadre "cosy". Fauteuils et banquettes confortables. Carte assez poissonneuse.
◆ Achter een fraaie barokgevel bij de kathedraal schuilt dit behaaglijke en comfortabele restaurant. De modern-klassieke kaart bevat veel visspecialiteiten.

BELGIQUE

XX **Den Dyver,** Dijver 5, ✆ 0 50 33 60 69, *info@dijver.be, Fax 0 50 34 10 64,* ⛱, Cuisine à la bière – AE ⓜⓒ VISA AU c
fermé 2 dern. sem. janv., 2 prem. sem. juil., merc. et jeudi midi – **Rest** *Lunch 20 bc* – 48 bc/91 bc, carte 45/60.
◆ Maison animée attirant les amateurs de cuisine à la bière comme les curieux. Un beau col de mousse adéquat accompagne naturellement chaque préparation. Décor flamand.
◆ Gezellig restaurant met typisch Vlaams interieur, waar veel met bier wordt gekookt, beslist het proberen waard. Uiteraard wordt bij het eten een schuimend biertje gedronken.

XX ✿ **Aneth** (Hendrickx), Maria van Bourgondiëlaan 1 (derrière le parc Graaf Visart), ✆ 0 50 31 11 89, *info@aneth.be, Fax 0 50 32 36 46,* ⛱, Produits de la mer – ⇔ 8/28. AE ⓜⓒ VISA BY g
fermé dern. sem. déc.-2 prem. sem. janv., 2 dern. sem. août, sam. midi, dim. et lundi – **Rest** (réservation souhaitée) *Lunch 45* – 60/105 bc, carte 77/95, ♀.
Spéc. Langoustines poêlées et langue de porc en saumure. Cappuccino de homard, compote de tomate et crème au whisky. Turbot grillé, crème d'aubergine et morilles, mousseline à l'estragon (été).
◆ Ce restaurant installé dans une villa début 20e s., près d'un canal et d'un parc, fait des produits de la mer son répertoire privilégié. Cadre classique intimiste et élégant.
◆ Uitstekend visrestaurant in een villa uit het begin van de 20e eeuw, bij een gracht en een park. Elegant klassiek interieur met een intieme sfeer.

XX **Spinola,** Spinolarei 1, ✆ 0 50 34 17 85, *spinola@pandora.be, Fax 0 50 34 13 71,* ⛱ – ▤ ⇔ 12/26. ⚡ AT c
fermé janv., 2 dern. sem. juin-2 prem. sem. juil., dim. et lundi – **Rest** 38/56, carte 46/96.
◆ Façade à redans typique, mais étonnamment étroite, pour cette table intime et charmante jouxtant une placette dédiée au peintre Van Eyck. Cuisine à vue. Repas au goût du jour.
◆ Leuk en intiem restaurantje met een opvallend smalle trapgevel, naast een klein plein dat aan de schilder Jan van Eyck is gewijd. Open keuken en eigentijdse kaart.

XX **Le Manoir Quatre Saisons** - H. De Castillion, Heilige Geeststraat 1, ✆ 0 50 34 30 01, *info@castillion.be, Fax 0 50 33 94 75,* ⛱ – ▤ P ⇔ 15/35. AE ⓓ ⓜⓒ VISA. ⚡ AU r
fermé 2 au 18 janv., 22 juil.-10 août, dim., lundi midi et mardi midi – **Rest** *Lunch 35* – 55/100 bc, carte 75/108.
◆ Confortable restaurant d'hôtel au décor actualisé dans les tons gris. Ambiance romantique et cossue en salle, salon Art déco et jolie terrasse sur cour. Repas au goût du jour.
◆ Comfortabel restaurant van een hotel met een modern interieur in grijze tinten. Luxe, romantische eetzaal, art-decosalon en mooi terras op de binnenplaats. Eigentijdse kaart.

XX **Saint-Amour,** Oude Burg 14, ☎ 0 50 33 71 72, *saint-amour@skynet.be, Fax 0 34 09 91* – ⇔ 8. VISA AU
fermé fin janv.-début fév., lundi midi et mardi midi – Rest 32/55, carte 44/70.
◆ Une superbe cave voûtée (16e s.) accueille cette table située près du beffroi. Ca historique, éclairage tamisé, registre culinaire classique-actuel et menus bien balancés.
◆ Restaurant bij de Belforthallen in een prachtige gewelfde kelder uit de 16e eeu Historische omgeving, sfeerverlichting, modern-klassieke keuken en evenwicht menu's.

XX **'t Zwaantje,** Gentpoortvest 70, ☎ 0 473 71 25 80, *hetzwaantje@skynet.be,* ⇔ 9/15. AE ⓓ MC VISA AV
fermé merc., jeudi et sam. midi – **Rest** 38, carte 37/94, ♀.
◆ Vieux mobilier en bois, cheminée et lustre en cristal donnent un cachet romantiq à cette salle à manger feutrée prolongée par une véranda ancienne ouverte sur terrasse.
◆ De oude houten meubelen, de schouw en de kroonluchter zorgen voor een roma tische uitstraling in deze sfeervolle eetzaal met veranda en terras.

XX **De Visscherie,** Vismarkt 8, ☎ 0 50 33 02 12, *info@visscherie.be, Fax 0 50 34 34 38,* Produits de la mer – ▤ ⇔ 10/60. AE ⓓ MC VISA AU
fermé 3 au 17 déc. et mardi – **Rest** *Lunch 35* – 46/84 bc, carte 62/116.
◆ Ce restaurant dont la carte dialogue avec la mer du Nord est opportunément établi face du marché au poisson. Salles superposées au décor actualisé. Expo de toiles m dernes.
◆ Dit visrestaurant is handig gelegen tegenover de vismarkt. Eetzalen met een eigent interieur op verschillende verdiepingen. Tentoonstelling van moderne schilderijen.

BELGIQUE

XX **Guillaume,** Korte Lane 20, ☎ 0 50 34 46 05, *info@guillaume2000.be, Fax 0 50 34 46* , Ouvert jusqu'à 23 h – AE MC VISA CY
fermé 2 sem. en fév., 2 sem. en août, 2 sem. en nov., sam. midi, dim. midi, lundi et mar **Rest** *Lunch 25* – 65 bc/75 bc, carte 45/57, ♀.
◆ Un "p'tit resto d'amis" entièrement rénové, et dont l'ambiance doit beaucoup au car tère jovial du patron, ainsi qu'à la musique pop que l'on y passe. Choix revu chaque moi
◆ Oergezellig tentje om met vrienden te eten, waar de joviale patron en de swinger popmuziek de sfeer er goed inbrengen. De kaart verandert maandelijks.

XX **Couvert,** Eekhoutstraat 17, ☎ 0 50 33 37 87, *couvert@skynet.be, Fax 0 50 33 70 46* – AE MC VISA AU
fermé mardi et merc. – **Rest** *Lunch 15* – 35, carte 37/52.
◆ Parements de briques rouges, poutres massives et cheminée flamande composent cadre rustique actualisé de cette table tirant parti d'une maison d'angle bâtie en 1637.
◆ Muren van rode baksteen, zware houten balken en een Vlaamse schouw bepalen modern-rustieke interieur van dit restaurant in een hoekpand uit 1637.

X **Tanuki,** Oude Gentweg 1, ☎ 0 50 34 75 12, *Fax 0 50 33 82 42,* Cuisine japonaise a Teppan-Yaki et Sushi-bar – ▤ ⇔ 14/20. AE MC VISA AV
fermé 1 sem. carnaval, 2 sem. en juil., 1 sem. Toussaint, lundi et mardi – **Rest** *Lunch 19* – carte 43/82.
◆ Un petit coin de Japon en plein Bruges : décor intérieur de circonstance, sushi bar jongleries au Teppan-Yaki (table de cuisson nippone). Musée du diamant en face.
◆ Een stukje Japan in hartje Brugge. Aziatisch interieur, sushibar en spectaculair bere teppanyaki. Tegenover het diamantmuseum.

X **Kurt's Pan,** St-Jakobsstraat 58, ☎ 0 50 34 12 24, *kurt.vandaele@scarlet. Fax 0 50 49 11 97* – ▤ ⇔ 10/28. AE MC VISA. ✂ AT
fermé fin juin-début juil., 1 sem. en nov., lundi et mardi – **Rest** *Lunch 30* – 55 bc/100 carte 45/98, ♀.
◆ Cuisine bien de notre temps à apprécier dans une ravissante maisonnette ancier d'aspect typiquement flamand. Petite salle de restaurant modernisée. Menus "all-in".
◆ Prachtig oud Vlaams pandje met een kleine gemoderniseerde eetzaal. Eigentijdse keuk en all-in menu's.

X **De Stove,** Kleine Sint-Amandstraat 4, ☎ 0 50 33 78 35, *restaurant.de.stove@pandora. Fax 0 50 33 78 35* – AE MC VISA AU
fermé 2 sem. en janv., 2 sem. en juin, merc., jeudi et vend. midi – **Rest** 44, carte 35/54.
◆ Maison sympathique et typée située dans un secteur piétonnier proche du Markt. Ca traditionnel rajeuni et fonctionnement familial : Madame en salle, Monsieur au fourneau
◆ Leuk en karakteristiek restaurant met een verjongd, traditioneel interieur in voetgangersgebied bij de Markt. Meneer staat in de keuken en mevrouw werkt in bediening.

Cafedraal, Zilverstraat 38, ☎ 0 50 34 08 45, *info@caferaal.be, Fax 0 50 33 52 41*, Ouvert jusqu'à 23 h – ⇔ 10/45. AE ⓓ MO VISA AU s
fermé dim. – **Rest** *Lunch 18* – 45, carte 38/88.
◆ Belle demeure ancienne au cadre "médiéval-branché" présidé par de sombres boiseries de style néogothique. Restaurant d'été dans la cour. Bar original et toilettes design.
◆ Mooi patriciërshuis met een trendy interieur in middeleeuwse stijl en veel neogotisch houtwerk. 's Zomers kan er op de patio worden gegeten. Originele bar en designtoiletten.

Rock Fort, Langestraat 15, ☎ 0 50 33 41 13, *Fax 0 50 33 41 13*, Ouvert jusqu'à 23 h – MO VISA DY q
fermé 2 sem. fin juil., fin déc.-début janv., sam. et dim. – **Rest** *Lunch 12* – 49, carte 35/65, ♀.
◆ Cuisine de brasserie au goût du jour et recettes innovantes aux influences diverses servies dans un cadre moderne à touche design. "Lounge-bar" jouant les vases communicants.
◆ Eigentijdse brasseriekeuken en vernieuwende recepten met diverse invloeden, geserveerd in een modern designinterieur. De lounge-bar past er helemaal bij!

Sans Cravate (Van Oudenhove), Langestraat 159, ☎ 0 50 67 83 10, *kooktheater.sans.cravate@telenet.be, Fax 0 50 67 77 02* – AE MO VISA DY c
fermé sam. midi, dim. et lundi – **Rest** (réservation souhaitée) *Lunch 30* – 48/60, carte 46/69, ♀.
Spéc. Huîtres et coquillages (sept.-déc.). Agneau de lait à la broche (janv.-mars). Moelleux au chocolat aux fruits de saison.
◆ Une petite carte de préparations actuelles, goûteuses et personnalisées, est présentée à cette table agencée dans l'esprit d'un bistrot moderne. Fourneaux et rôtissoire à vue.
◆ Restaurant met grill en open keuken in de stijl van een moderne bistro. Kleine kaart met smakelijke, eigentijdse gerechten die iets heel eigens hebben.

Den Amand, Sint-Amandstraat 4, ☎ 0 50 34 01 22, Bistrot – MO VISA AU w
fermé 1er janv., 11 au 25 janv., 7 au 28 juin, 9 au 29 nov., 24 et 25 déc., merc. et dim. soir – **Rest** 30, carte 31/41.
◆ Bistrot familial posté à vingt mètres de l'incontournable Markt. Cuisine à vue. Recettes traditionnelles sans chichi. Pâtes, salades et quelques plats végétariens.
◆ Gezellige bistro op 20 m van de Markt. Open keuken, waar traditionele gerechten zonder franje worden bereid. Pasta's, salades en enkele vegetarische schotels.

De Mangerie, Oude Burg 20, ☎ 0 50 33 93 36, *info@mangerie.com* – ⇔ 10/34. AE MO VISA AU e
fermé 2 dern. sem. fév., 2 dern. sem. juil., dim. et lundi – **Rest** *Lunch 13* – 45, carte env. 45.
◆ Repas à composantes méditerranéennes servi dans une ambiance "lounge-bistrot". Éclairage tamisé et fond musical ethnique ; lunch à prix doux et menu plus élaboré en soirée.
◆ Gerechten met mediterrane invloeden, geserveerd in een "lounge-bistro" ambiance. Zachte verlichting en ethnische achtergrondmuziek; schappelijk geprijsde lunch en uitgebreider menu 's avonds.

Bistro Topaas, Oude Gentweg 7, ☎ 0 50 33 34 81, *info@bistrotopaas.be* – ⇔ 8/20. MO VISA AV f
fermé lundi, mardi, merc. midi et jeudi midi – **Rest** 30, carte 27/47.
◆ Près du musée du diamant, joli bistrot de style contemporain où l'on mange plutôt classiquement. Mezzanine ornée d'une grande peinture murale. Large assortiment de sherrys.
◆ Leuke hedendaagse bistro bij het Diamantmuseum, met een vrij klassieke keuken. Een grote muurschildering siert de mezzanine. Groot assortiment sherry's.

Calis, Hoogstraat 10, ☎ 0 50 61 31 81, *calis@skynet.be* – ⇔ 10/20. MO VISA ATU c
fermé dern. sem. juil.-prem. sem. août, mardi et merc. – **Rest** (dîner seult) 45, carte 24/60.
◆ Restaurant mettant à profit une bâtisse de 1899. Décor moderne, choix classique à séquences méridionales (notamment basques) et chef sociable actif à vue. Belles chambres.
◆ Restaurant in een gebouw uit 1899. Modern interieur, klassieke kaart met zuidelijke, vooral Baskische invloeden en een vriendelijke chef-kok in de open keuken. Mooie kamers.

Bistro Kok au Vin, Ezelstraat 21, ☎ 0 50 33 95 21, *info@kok-au-vin.be, Fax 0 50 34 65 23*, Ouvert jusqu'à 23 h – AE ⓓ MO VISA CY a
fermé 17 juil.-3 août, merc. et jeudi – **Rest** *Lunch 12* – 32, carte 30/47.
◆ Bistrot au cadre contemporain où une appétissante petite carte classique incluant des plats mijotés se donne pour mission de combler votre faim. Lunch et menu à bon prix.
◆ Bistro met een eigentijds interieur waar u uw honger kunt stillen. Op de kleine, maar aanlokkelijke klassieke kaart staan ook stoofschotels. Lunch en menu voor een zacht prijsje.

BELGIQUE

Bistro Christophe, Garenmarkt 34, ✆ 0 50 34 48 92, *christophe@christoph brugge.be, Fax 0 50 34 48 93* – MC VISA AV
fermé 2 sem. en fév., 2 sem. en juil., mardi et merc. – **Rest** (dîner seult jusqu'à 1 h c matin) carte 28/56.
◆ Maisonnette ancienne abritant un petit bistrot de nuit à l'atmosphère chaleureus Au-dessus de la cuisine ouverte, un écriteau tient lieu de carte (aucun menu).
◆ In dit oude pandje huist een klein nachtrestaurant met een gezellige bistrosfeer. Bove de open keuken hangt een schoolbord met de gerechten (geen menu's).

Narai Thai, Smedenstraat 43, ✆ 0 50 68 02 56, *info@naraithai.be, Fax 0 50 68 02 6*
Cuisine thaïlandaise, ouvert jusqu'à minuit – ▤ ⇔ 12/74. AE MC VISA BY
Rest *Lunch 23* – 38/58 bc, carte 27/50.
◆ Table thaïlandaise au cadre moderne dépaysant : cuisine ouverte, répliques d'élémen de temples, statuaire bouddhiste, fontaines, aquariums et personnel en tenue de là-bas.
◆ Thais restaurant met een modern uitheems interieur: open keuken, replica's van tempe stukken, boeddhabeelden, fonteinen, aquaria en personeel in Thaise kledij.

Breydel - De Coninc, Breidelstraat 24, ✆ 0 50 33 97 46, Moules, anguilles et homar – ⇔ 14/22. MC VISA AU
fermé merc. – **Rest** carte 29/76.
◆ Homards, mais aussi moules et anguilles en saison, sont à l'honneur dans cet établi sement idéalement situé entre le Markt et le Burg. Service super gentil.
◆ Kreeft, mosselen en paling zijn in hun element in dit etablissement, dat centraal gelegen tussen de Markt en de Burg. Zeer vriendelijke bediening.

Périphérie :

au Nord – ✉ *8000 :*

Kasteel ten Berghe sans rest, Dudzeelsesteenweg 311 (Koolkerke), ✆ 0 67 96 97, *ten.berghe@telenet.be, Fax 0 50 67 00 47,* – P. MC VISA ER
8 ch ☕ ★100/140 – ★★140/180.
◆ Beau château à l'ambiance nostalgique élevé en 1627 et remanié en 1880. Grand pa douves, chambres au décor d'époque, espace breakfast néo-gothique et galerie de pc traits.
◆ Dit mooie kasteel met een nostalgische sfeer uit 1627 werd in 1880 verbouwd. Gro park, slotgracht, kamers met stijlmeubelen, neogotische ontbijtruimte en portretgalerij.

au Nord-Ouest – ✉ *8000 :*

Scandic, Handboogstraat 1 (Sint-Pieters), ✆ 0 50 25 25 25, *res.brugge@scand hotels.com, Fax 0 50 25 25 27,* – P – 80. AE MC VIS ER
Rest *(fermé sam. midi) Lunch 25* – 28, carte 33/47 – **120 ch** ☕ ★74/129 – ★★74/174 ½ P 62/104.
◆ Hôtel de chaîne aménagé dans un bâtiment moderne du quartier portuaire. Calm chambres de style contemporain, bien équipées et aussi fraîches que lumineuses. Gran salle de restaurant au décor de brasserie actuelle. Cuisine continentale et asiatique.
◆ Ketenhotel in een modern gebouw in de havenwijk. De rustige kamers in eigentijdse s zijn goed geëquipeerd en even fris als licht. Grote eetzaal in de stijl van een moder brasserie. Continentale en Aziatische keuken.

à Dudzele *au Nord par N 376 : 9 km* C *Brugge* – ✉ *8380 Dudzele :*

Het Bloemenhof, Damsesteenweg 96, ✆ 0 50 59 81 34, *info@hetbloemenhof.b Fax 0 50 59 84 28,* – P
fermé 5 janv.-5 fév. – **Rest** (dîner pour résidents seult) – **8 ch** ☕ ★50/52 – ★★70/74 ½ P 75/81.
◆ Fermette tranquille établie en retrait d'une route de campagne. Ambiance "bonbo nière", chambres coquettes, breakfast soigné et véranda tournée vers la piscine du jardi
◆ Rustig boerderijtje even van de plattelandsweg af. Knusse sfeer, keurige kamers, ve zorgd ontbijt en serre met uitzicht op de tuin en het zwembad.

à Sint-Andries C *Brugge* – ✉ *8200 Sint-Andries :*

Hostellerie Pannenhuis, Zandstraat 2, ✆ 0 50 31 19 07, *hostellerie@pann huis.be, Fax 0 50 31 77 66,* – ch, P – 25. AE MC VISA. rest ER
Rest *(fermé 15 janv.-2 fév., 1er au 20 juil., mardi soir et merc.) Lunch 32* – 32 bc/75 bc, ca 42/54, ♀ – **19 ch** (fermé 15 janv.-2 fév.) ☕ ★95/135 – ★★105/185 – ½ P 150/175.
◆ Mignonne hostellerie fondée dans les années 1930 et rajeunie à l'aube du 21e s. Char bres assez paisibles et de bonnes dimensions. Terrasse d'été surplombant le jardin. À tab carte très classique incluant quelques spécialités de poisson et de homard.
◆ Charmant hotel uit 1930 dat in het begin van de 21e eeuw werd gerenoveerd. Vrij rusti kamers van goed formaat. Zomerterras dat uitkijkt over de tuin. Aan tafel worden klassie gerechten geserveerd, waaronder kreeft en andere visschotels.

BELGIQUE

XXX **Herborist** (Hanbuckers) avec ch, De Watermolen 15 (par ⑥ : 6 km puis à droite après E 40 - A 10), ☎ 0 50 38 76 00, *Fax 0 50 39 31 06*, rest, 6/36. AE MC VISA.
fermé 19 au 28 mars, 18 juin-4 juil., 17 sept.-3 oct., 29 déc.-5 janv., dim. soir, lundi et mardi – **Rest** (menu unique) *Lunch 52* – 58/115 bc, – **4 ch** 100 – 150.
Spéc. Foie de canard chaud ou froid. Tournedos de langoustines aux aromates. Gibier en saison.
◆ Auberge isolée dans un site champêtre et aménagée avec goût. Une nouvelle orangerie s'est ajoutée aux deux salles rustiques intimistes. Menu extensible proposé oralement.
◆ Afgelegen, smaakvol ingerichte herberg in een landelijke omgeving, met twee intieme rustieke zalen en een nieuwe oranjerie. Flexibel menu dat mondeling wordt aangekondigd.

Sint-Kruis C *Brugge* – ✉ *8310 Sint-Kruis* :

Wilgenhof sans rest, Polderstraat 151, ☎ 0 50 36 27 44, *info@hotel-wilgenhof.be*, *Fax 0 50 36 28 21*, AE MC VISA ER w
6 ch 75/100 – 100/150.
◆ Au bord du Damse Vaart, dans un paysage de campagne et polders, adorable fermette disposant de chambres silencieuses. Un feu de bûches ronfle au salon quand le froid sévit.
◆ Lieflijk boerderijtje aan de Damse Vaart, in een typisch polderlandschap. De kamers zijn stil en als het buiten koud is knappert het haardvuur in de lounge.

XX **De Jonkman**, Maalsesteenweg 438 (Est : 2 km), ☎ 0 50 36 07 67, *Fax 0 50 35 76 96*, 8/16. AE MC VISA
fermé 2 sem. en juin, 2 sem. en oct., fin déc., dim. soir, lundi et mardi midi – **Rest** *Lunch 35* – 55, carte 58/77, ♀.
◆ Jolie villa de style flamand agrémentée, dès les premiers beaux jours, de terrasses meublées en teck. Cuisine et décor intérieur au goût du jour ; bon menu sagement tarifé.
◆ Deze mooie Vlaamse villa heeft terrassen met teakhouten meubelen. Eigentijdse keuken en dito inrichting. Vriendelijk geprijsd menu.

X **'t Apertje**, Damse Vaart Zuid 223, ☎ 0 50 35 00 12, *leo.callewaert@telenet.be*, *Fax 0 50 37 58 48*, Bistrot – 18/24. MC VISA ER w
fermé dern. sem. juin-prem. sem. juil., vacances Noël et lundi – **Rest** carte 28/42.
◆ Carte bistrot avec plats d'anguilles, décor intérieur dans l'air du temps et vue sur un canal se perdant dans les polders, telle est la recette du succès de cette auberge.
◆ Een smakelijke bistrokeuken, een eigentijds interieur en een mooi uitzicht op een kanaal in de polder, dat is het recept van deze herberg. De paling is werkelijk boterzacht.

Sint-Michiels C *Brugge* – ✉ *8200 Sint-Michiels* :

XXX **Weinebrugge**, Koning Albert I laan 242, ☎ 0 50 38 44 40, *weine-brugge@scarlet.be*, *Fax 0 50 39 35 63*, 15/30. AE MC VISA. ES b
Rest *Lunch 35* – 53 bc, carte 59/106.
◆ Villa flamande à fière allure blottie en lisière d'un bois. Décor classique-actuel en salles ; orientation culinaire de même. Salon et bar séparés ; jardin arboré et terrasse.
◆ Fiere Vlaamse villa aan de rand van een bos. Modern-klassiek interieur en dito keuken. Aparte salon en bar. Bomentuin en terras.

XX **Casserole** (Établissement d'application hôtelière), Groene-Poortdreef 17, ☎ 0 50 40 30 30, *casserole@tergroenepoorte.be*, 10/40. AE MC VISA. ES t
fermé vacances scolaires, sam. et dim. – **Rest** (déjeuner seult, menu unique) *Lunch 29* – 54 bc.
◆ Établissement d'application hôtelière installé dans une fermette entourée de verdure. Fringante salle à manger campagnarde, menu souvent recomposé et bons vins à prix d'ami.
◆ Restaurant van de hotelschool in een boerderijtje tussen het groen. Vrolijke eetzaal in landelijke stijl, regelmatig wisselende menu's en goede wijnen voor een zacht prijsje.

XX **Hertog Jan** (De Mangeleer), Torhoutse Steenweg 479, ☎ 0 50 67 34 46, *info@hertogjan.com*, *Fax 0 50 67 34 45*, 4/16. AE MC VISA ES x
fermé 8 au 16 avril, 22 juil.-13 août, 23 déc.-7 janv., dim. et lundi – **Rest** *Lunch 55 bc* – 80/130 bc, carte 86/106, ♀.
Spéc. Calamar aux épices marocaines et carottes, couteau de mer au citron et sésame. Pavé de bar aux morilles, salade aux asperges et crème d'amandes. Bombe chocolat au sel marin, glace à l'huile d'olive et compote de banane.
◆ "Atelier gastronomique" apprécié pour ses mets créatifs et sa carte des vins planétaire proposant de nombreuses références au verre. Cuisine à vue, véranda et terrasse verte.
◆ Gastronomisch restaurant met een creatieve keuken, internationale wijnkelder en veel wijnen per glas. Open keuken, veranda en begroeid terras.

BELGIQUE

Environs

à Hertsberge *au Sud par N 50 : 12,5 km* © *Oostkamp 21 795 h. – ✉ 8020 Hertsberge :*

XXX **Manderley,** Kruisstraat 13, ✆ 0 50 27 80 51, *info@manderley.be, Fax 0 50 27 80 55,* – P. AE ① MC VISA
fermé 3 sem. en janv., fin sept.-début oct., dim. soir et lundi – **Rest** *Lunch 37* – 52/98 b carte 55/85, ♀.
◆ Ancienne ferme agrémentée d'une belle terrasse et d'une pièce d'eau au jardin. Car classique actualisée, mise de table soignée et, l'hiver, flambées réconfortantes en salle.
◆ Oude boerderij met een fijn terras en waterpartij in de tuin. Klassieke keuken met ee vleugje modern, fraai gedekte tafels en 's winters een behaaglijk vuur in de eetzaal.

à Oostkamp – *21 795 h. – ✉ 8020 Oostkamp :*

XX **Laurel & Hardy,** Majoor Woodstraat 3, ✆ 0 50 82 34 34, *mail@laurel-hardy.be,* – ① MC VISA
ES
fermé merc. soir et jeudi – **Rest** *Lunch 22* – 40, carte 43/51.
◆ Cuisine actuelle évolutive à apprécier au centre d'Oostkamp, dans deux salles claires modernes ou sur la terrasse verte dressée dans la cour dès les premiers beaux jours.
◆ Restaurant in het centrum van Oostkamp, met twee lichte, moderne eetzalen. Bij mo weer worden de tafels op de groene binnenplaats opgedekt. Innovatieve keuken.

à Varsenare © *Jabbeke 13 574 h. – ✉ 8490 Varsenare :*

XXX ✿ **Manoir Stuivenberg** (Scherrens frères) avec ch, Gistelsteenweg 27, ✆ 0 50 38 15 0 *info@manoirstuivenberg.be, Fax 0 50 38 28 92,* – ▤ rest, ⇔ 12/30. AE ① MC VISA.
ERS
fermé 1er au 18 janv., 16 juil.-2 août, sam. midi, dim. soir, lundi et mardi – **Rest** *Lunch 40* – 6 carte 76/115 – **8 ch** ☕ ★124/149 – ★★138/162 – 1 suite – ½ P 164/189.
Spéc. Cabillaud poêlé aux pignons de pin, vinaigrette au citron. Poitrine de pigeon grillé crapaudine. Gibier en saison.
◆ Une carte au goût du jour et un livre de cave digne d'intérêt sont présentés dans manoir chic décoré avec opulence et souci du détail. Belles chambres personnalisées.
◆ Dit chique landhuis is weelderig en met veel oog voor detail ingericht. Eigentijdse keuk en interessante wijnkelder. Mooie kamers met een persoonlijke toets.

BELGIQUE

à Waardamme *au Sud par N 50 : 11 km* © *Oostkamp 21 795 h. – ✉ 8020 Waardamme :*

XX **Ter Talinge,** Rooiveldstraat 46, ✆ 0 50 27 90 61, *Fax 0 50 28 00 52,* – P ⇔ 15/25. MC VISA
fermé 23 fév.-20 mars, 24 août-10 sept., lundi soir, mardi soir, merc. et jeudi – **Rest** *Lun 29* – 48, carte 33/75.
◆ Repas classique servi dans une villa moderne optant pour un décor néo-rustique. Pla cher et cheminée flamande massive en salle ; terrasse au jardin. Menu unique le week-er
◆ Moderne villa met een neorustieke inrichting. Eetzaal met parket en grote Vlaam schouw. Tuin met terras. Klassieke keuken en in het weekend alleen een menu.

à Zedelgem *par ⑥ : 10,5 km – 21 834 h. – ✉ 8210 Zedelgem :*

Zuidwege, Torhoutsesteenweg 126, ✆ 0 50 20 13 39, *angelo@zuidwege.be, Fax 0 20 17 39,* ▤ ch, P – 25. AE ① MC VISA. ch
fermé vacances Noël – **Rest** *(fermé prem. sem. juil., prem. sem. sept., sam. midi, dim. jours fériés)* (taverne-rest) *Lunch 10* – 15/25, carte 20/46 – **20 ch** ☕ ★60/65 – ★★85/90 ½ P 58.
◆ Les petites chambres fonctionnelles de cet hôtel familial voisinant avec un carrefour so toutes munies du double vitrage et réparties à l'arrière pour plus de quiétude. Tavern restaurant servant de la cuisine traditionnelle dans une ambiance détendue.
◆ Dit hotel bij een kruispunt wordt door een familie gerund. De kleine functionele kame hebben allemaal dubbele beglazing en liggen aan de achterkant, waar het rustiger Café-restaurant voor een traditionele maaltijd in een ontspannen sfeer.

XXX **Ter Leepe,** Torhoutsesteenweg 168, ✆ 0 50 20 01 97, *info@terleepe.be, Fax 0 20 88 54* – ▤ P ⇔ 10/30. AE ① MC VISA
fermé 15 au 30 janv., 15 au 31 juil., dim. soir, lundi et merc. soir – **Rest** *Lunch 32* – 49/ carte 51/73.
◆ Cette villa blanche rénovée au-dedans et ses extensions modernes réservées aux ba quets dissimulent une terrasse-jardin paysagère. Préparations influencées par l'avar garde.
◆ Gerenoveerde witte villa met een moderne aanbouw voor groepen. Innovatieve keuk Engelse tuin met terras aan de achterkant.

J. Malburet/MICHELIN

Grand'place Hôtel de ville

BRUXELLES – BRUSSEL

1000 🅿 *Région de Bruxelles-Capitale – Brussels Hoofdstedelijk Gewest* **533** L 17
et **716** G 3 – *1 018 029 h.* 5 **B2**

Paris 308 ⑥ – Amsterdam 204 ⑪ – Düsseldorf 222 ② – Lille 116 ⑨ – Luxembourg 219 ④.

OFFICES DE TOURISME

TIB Hôtel de Ville, Grand'Place ✉ 1000, ☎ 0 2 513 89 40, tourism@brusselsinternational.be, Fax 0 2 514 45 38.
Office de Promotion du Tourisme (OPT), r. Marché-aux-Herbes 63, ✉ 1000, ☎ 0 2 504 03 90, info@opt.le, Fax 0 2 513 04 75.
TIB, Gare du Midi, ✉ 1000.
Toerisme Vlaanderen, Grasmarkt 63, ✉ 1000, ☎ 0 2 504 03 90, info@toerismevlaanderen.be, Fax 0 2 504 02 70.

Pour approfondir votre visite touristique, consultez le Guide Vert Bruxelles et le Plan de Bruxelles n° 44.

RENSEIGNEMENTS PRATIQUES

BUREAUX DE CHANGE

– Principales banques : ferment à 16 h 30, sam. et dim.
– Près des centres touristiques il y a des guichets de change non-officiels.

TRANSPORTS

Principales compagnies de taxis :
Taxis Verts ✆ 0 2 349 49 49, Fax 0 2 349 49 00
Taxis Oranges ✆ 0 2 349 46 46, Fax 0 2 349 49 00
En outre, il existe les Taxis Tours faisant des visites guidées au tarif du taximètre. Se renseigner directement auprès des compagnies.

Métro :
STIB ✆ 0 2 515 31 35 pour toute information.
Le métro dessert principalement le centre-ville, ainsi que certains quartiers de l'agglomération (Heysel, Anderlecht, Auderghem, Woluwé-St-Pierre). Aucune ligne de métro ne desservant l'aéroport, empruntez le train (SNCB) qui fait halte aux gares du Nord, Central et du Midi.
SNCB ✆ 0 2 555 25 55.

Trams et Bus :
En plus des nombreux réseaux quadrillant toute la ville, le tram 94 propose un intéressant trajet visite guidée avec baladeur (3 h). Pour tout renseignement et réservation, s'adresser au TIB (voir plus haut).

CAPITALE VERTE

Parcs : de Bruxelles, Wolvendael, Woluwé, Laeken, Cinquantenaire, Duden. Bois de la Cambre. La Forêt de Soignes.

QUELQUES GOLFS

18 9 par Tervurenlaan (DN) *: 14 km à Tervuren, Château de Ravenstein ✆ 0 2 767 58 01, Fax 0 2 767 28 41 – 18 au Nord-Est : 14 km à Melsbroek, Steenwagenstraat 11 ✆ 0 2 751 82 05, Fax 0 2 751 84 25 – 18 à Anderlecht, Zone Sportive de la Pede* (AN)*, r. Scholle 1 ✆ 0 2 521 16 87, Fax 0 2 521 51 56 – 9 à Watermael-Boitsfort* (CN)*, chaussée de la Hulpe 53a ✆ 0 2 672 22 22, Fax 0 2 675 34 81 – 9 par ④ : 16 km à Overijse, Gemslaan 55 ✆ 0 2 687 50 30, Fax 0 2 687 37 68 – 9 par ⑧ : 8 km à Itterbeek, J.M. Van Lierdelaan 24 ✆ 0 2 569 69 81, Fax 0 2 569 69 81 – 18 au Nord-Est : 20 km à Kampenhout, Wildersedreef 56 ✆ 0 16 65 12 16, Fax 0 16 65 16 80 – 9 à l'Est : 18 km à Duisburg, Hertswegenstraat 59 ✆ 0 2 769 45 82, Fax 0 2 767 97 52.*

CURIOSITÉS

BRUXELLES VU D'EN HAUT

Atomium★ BK *– Basilique du Sacré Cœur★* ABL.

PERSPECTIVES CÉLÈBRES DE BRUXELLES

Palais de Justice ES **J** *– Cité administrative* KY *– Place Royale★* KZ.

QUELQUES SITES ET MONUMENTS HISTORIQUES

Grand-Place★★★ JY *– Théâtre de la Monnaie★* JY *– Galeries St-Hubert★★* JKY *– Manneken Pis★★* JZ *– Parc de Bruxelles★* KYZ *– Place de Brouckère★* JY *– Le Botanique★* FQ *– Place des Martyrs★* JY *– Place Royale★* KZ *– Porte de Hal (St-Gilles)★* ES *– Maison d'Erasme (Anderlecht)★★* AM *– Château et parc de Gaasbeek (Gaasbeek)★★ (Sud-Ouest : 12 km par N 282* AN*) – Serres royales (Laeken)★★* BK **R**.

ARCHITECTURE RELIGIEUSE

Cathédrale des Sts-Michel-et-Gudule★★ KY *– Église N.-D. de la Chapelle★* JZ *– Église N.-D. du Sablon★* KZ *– Abbaye de la Cambre (Ixelles)★★* FGV *– Collégiale des Sts-Pierre-et-Guidon (Anderlecht)★* AM **D** *– Basilique du Sacré-Cœur (Koekelberg)★* W *– Église St-Denis (Forest)★* BN.

QUELQUES MUSÉES

Musée d'Art ancien★★★ KZ – *Musée du Cinquantenaire*★★★ HS **M**[11] – *Musée d'Art moderne*★★ KZ **M**[2] – *Centre Belge de la BD*★★ KY **M**[8] – *Autoworld*★★ HS **M**[3] – *Muséum des Sciences Naturelles*★★ GS **M**[29] – *Musée des instruments de Musique*★★★ KZ **M**[21] – *Musée royal de l'Armée et d'Histoire militaire (salle d'armes et d'armures*★ *et collection Titeca Ribaucourt*★ *)* HS **M**[25] – *Maison d'Erasme (Anderlecht)*★★ AM – *Musée de la Gueuze – Brasserie Cantillon (Anderlecht)*★ ES – *Serres royales (Laeken)*★★ BK **R** – *Musée Constantin Meunier (Ixelles)*★ FV **M**[13] – *Musée communal d'Ixelles (Ixelles)*★★ GT **M**[12] – *Musée Charlier*★ FR **M**[9] – *Bibliotheca Wittockiana (Woluwé-St-Pierre)*★ CM **C** – *Musée royal de l'Afrique centrale (Tervuren)*★★ *(par* ③*)* – *Musée Horta (St-Gilles)*★★ EFU **M**[20] – *Musée Van Buuren (Uccle)*★ EFV **M**[6] – *Musées Bellevue*★ KZ **M**[28].

ARCHITECTURE MODERNE

Atomium★ BK – *Centre Berlaymont* GR – *Parlement européen* GS – *Palais des Beaux Arts (intérieur)* KZ **Q**[1] – *La Cité administrative* KY – *Les cités-jardins Le Logis et Floréal (Watermael-Boitsfort)* DN – *Les Cités-jardins Kapelleveld (Woluwe-St-Lambert)* DM – *Palais Stoclet (Woluwe)*★ CM **Q**[4] – *Quartier du World Trade Center* FQ – *Vitrine P. Hankar*★ KY **W** – *Maison Communale d'Ixelles* FS **K**[2] – *Hôtel Van Eetvelde*★ GR *187* – *Maison Cauchie (Etterbeek)*★ HS **K**[1] – *Old England*★ KZ **N**.

QUARTIERS PITTORESQUES

La Grand-Place★★★ JY – *Le Grand et le Petit Sablon*★★ JZ – *Les Galeries St-Hubert*★★ JKY – *La place du Musée* KZ – *La place Ste-Catherine* JY – *Le vieux centre (Halles St-Géry – voûtement de la Senne – Église des Riches Claires)* ER – *Rue des Bouchers et Petite rue des Bouchers*★ JY – *Les Marolles* JZ – *La Galerie Bortier* JK **Z**[23] – *Bois de la Cambre (Ixelles)*★ CN – *Promenade des étangs (Ixelles)*★ CN.

ACHATS

Grands Magasins : *Rue Neuve* JKY.

Commerces de luxe : *Avenue Louise* BMN, *Avenue de la Toison d'Or* KZ, *Boulevard de Waterloo* KZ, *rue de Namur* KZ, *Galerie Saint-Hubert* KY.

Antiquités : *Le Sablon et alentours* JKZ.

Marché aux puces : *Place du Jeu de Balles* ES.

Bouquinistes : *Galerie Bortier* JK **Z**[23].

Boutique à bière : *Rue du Marché-aux-Herbes* JY.

Stylistes belges branchés : *Rue A. Dansaert* ER.

Les 19 communes bruxelloises

Bruxelles, capitale de la Belgique, est composée 19 communes dont l'une, la plus importante, porte p cisément le nom de "Bruxelles".

La carte ci-dessous vous indiquera la situation géog phique de chacune de ces communes.

1	ANDERLECHT
2	AUDERGHEM
3	BERCHEM-SAINTE-AGATHE
4	BRUXELLES
5	ETTERBEEK
6	EVERE
7	FOREST
8	GANSHOREN
9	IXELLES
10	JETTE
11	KOEKELBERG
12	MOLENBEEK-SAINT-JEAN
13	SAINT-GILLES
14	SAINT-JOSSE-TEN-NOODE
15	SCHAERBEEK
16	UCCLE
17	WATERMAEL-BOITSFORT
18	WOLUWE-SAINT-LAMBERT
19	WOLUWE-SAINT-PIERRE

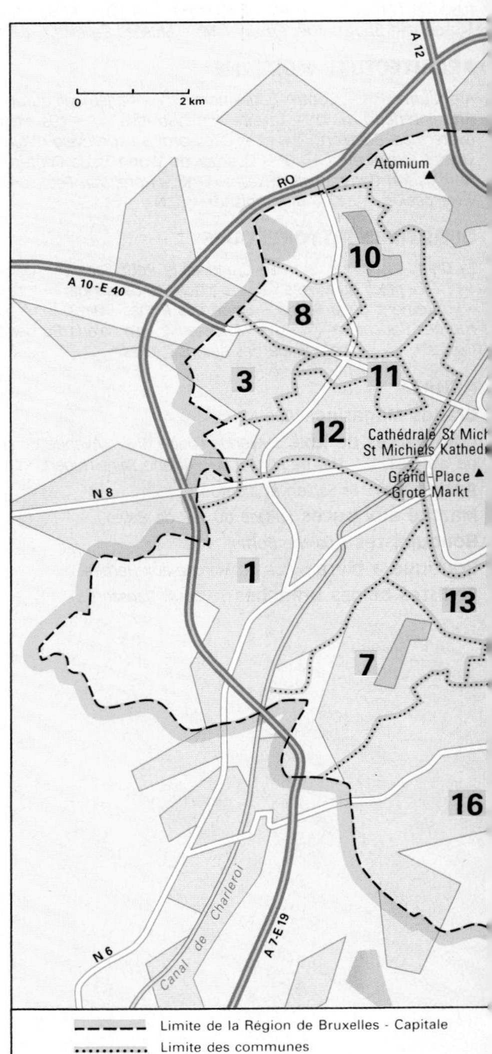

De 19 Brusselse gemeenten

ıssel, hoofdstad van België, besttaat uit 19 gemeen-ı, waarvan de meest belangrijke de naam "Brussel" aagt.

ıderstaande kaart geeft U een overzicht van de geo-afische ligging van elk van deze gemeenten.

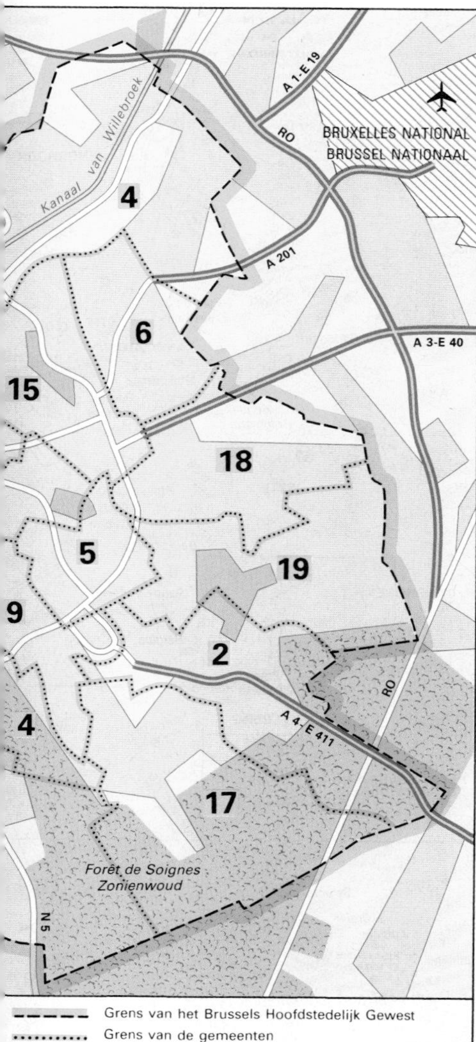

ANDERLECHT	1
OUDERGEM	2
SINT-AGATHA-BERCHEM	3
BRUSSEL	4
ETTERBEEK	5
EVER	6
VORST	7
GANSHOREN	8
ELSENE	9
JETTE	10
KOEKELBERG	11
SINT-JANS-MOLENBEEK	12
SINT-GILLIS	13
SINT-JOOST-TEN-NODE	14
SCHAARBEEK	15
UKKEL	16
WATERMAAL-BOSVOORDE	17
SINT-LAMBRECHTS-WOLUWE	18
SINT-PIETERS-WOLUWE	19

ASSE

Pontbeeklaan . . . . **AK** 197
Zuiderlaan . . . . **AL** 264

BRUXELLES/BRUSSEL

Broqueville (Av. de) . . . . **CM** 30
Charleroi (Chaussée de). **BM** 34
Croix du Feu (Av. des) . **BCK** 54
Démosthène Poplimont (Av.) . . . . **BL** 58
Edmond Parmentier (Av.)**DM** 69
Émile Bockstael (Bd) . . . . **BL** 75
Émile Bossaert (Av.) . . . **ABL** 76
Émile Vandervelde (Av.). **DM** 82
France (R. de) . . . . **BM** 100
Houba de Strooper (Av.) . **BK** 121
Jacques Sermon (Av.) . . . **BL**
Jean Sobieski (Av.) . . . . **BKL**
Jules van Praet (Av.) . . . **BKL**
Madrid (Av. de) . . . . **BK**
Meysse (Av. de) . . . . **BK**
Port (Av. du). . . . . **BL**
Prince de Liège (Bd) . . . **AM**
Robiniers (Av. des) . . . . . **BL**
Stockel (Chaussée de). . **DM**

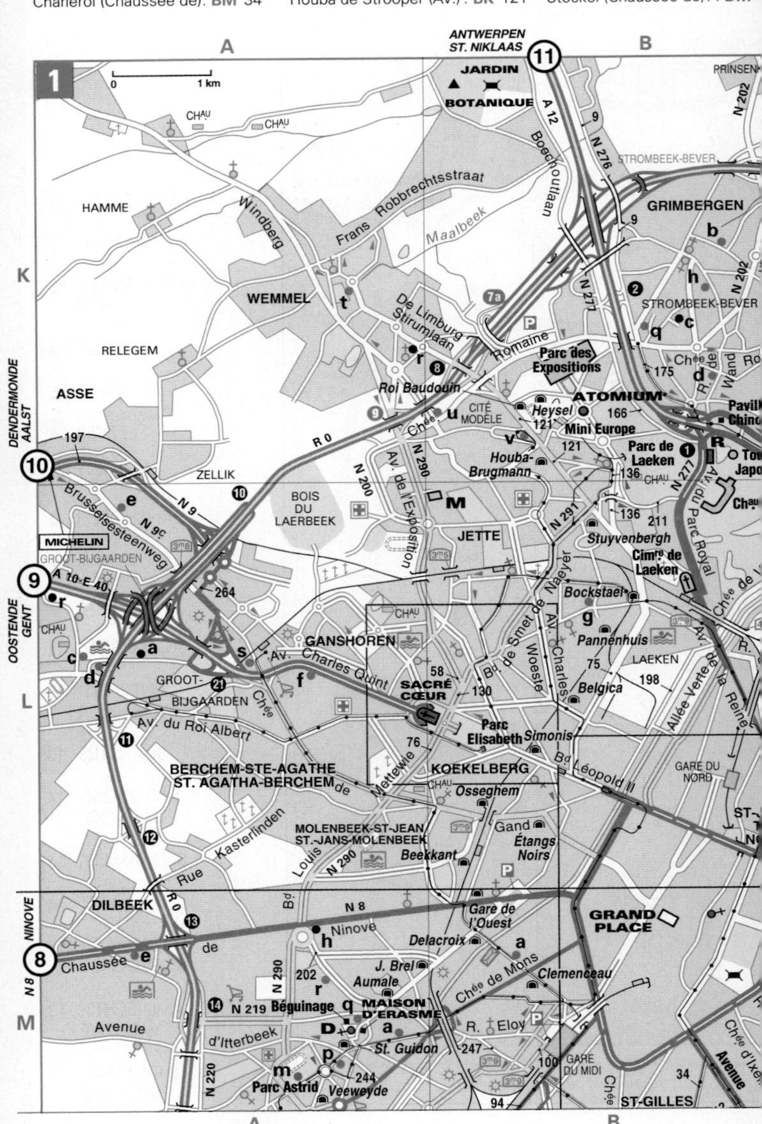

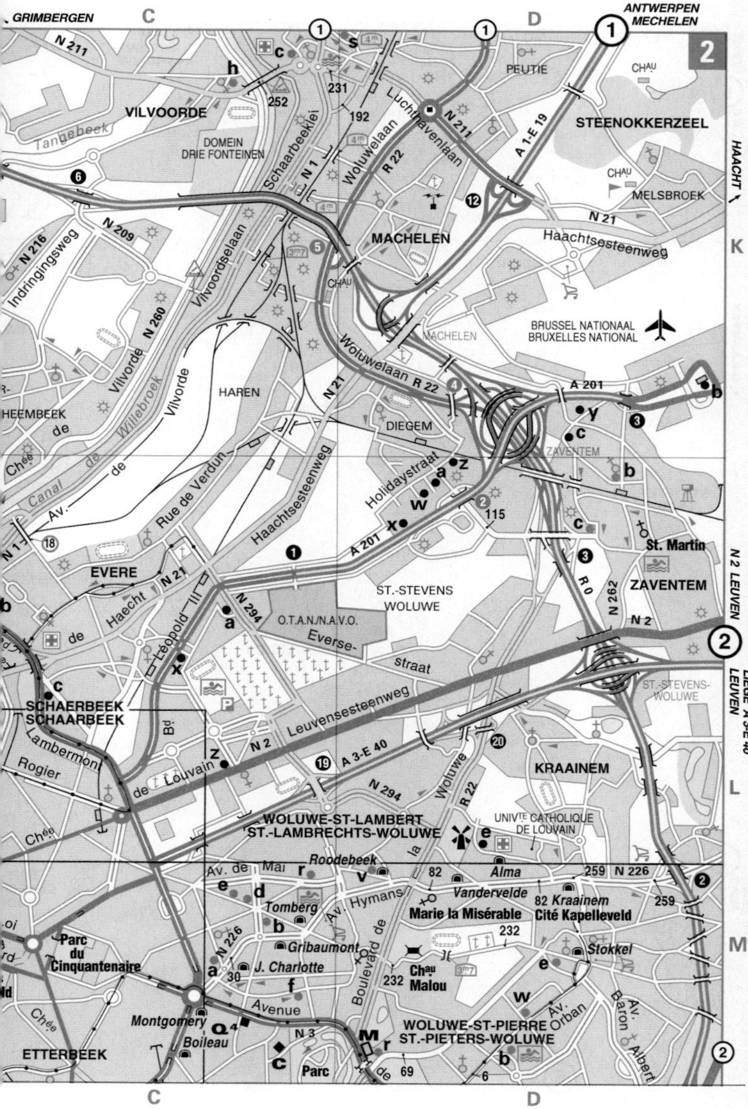
GRIMBERGEN
C
D
ANTWERPEN
MECHELEN
2
VILVOORDE
DOMEIN
DRIE FONTEINEN
PEUTIE
STEENOKKERZEEL
MELSBROEK
HAACHT
MACHELEN
Haachtsesteenweg
K
BRUSSEL NATIONAAL
BRUXELLES NATIONAL
HAREN
DIEGEM
ZAVENTEM
HEEMBEEK
Canal de Willebroek
Rue de Verdun
Holidaystraat
Haachtsesteenweg
EVERE
St. Martin
ZAVENTEM
ST.-STEVENS
WOLUWE
O.T.A.N./N.A.V.O.
Eversestraat
N 2 LEUVEN
LIÈGE A 3-E 40 LEUVEN
SCHAERBEEK
SCHAARBEEK
Leuvensesteenweg
KRAAINEM
L
WOLUWE-ST-LAMBERT
ST.-LAMBRECHTS-WOLUWE
UNIVTE CATHOLIQUE
DE LOUVAIN
Roodebeek
Alma
Vandervelde
Kraainem
Tomberg
Marie la Misérable
Cité Kapelleveld
Gribaumont
Stokkel
M
Parc
du
Cinquantenaire
J. Charlotte
Chau
Malou
Montgomery
Boileau
WOLUWE-ST-PIERRE
ST.-PIETERS-WOLUWE
ETTERBEEK
Parc
C
D

BEERSEL

Lotsestraat . . . . **AP** 159
Schoolstraat . . . . **AP** 229
Zennestraat. . . . . **AP** 262

BRUXELLES/BRUSSEL

Alfred Madoux (Av.). . . . . **DMN** 6
Altitude Cent (Pl. de l') . . . . . **BN** 7
Broqueville (Av. de) . . . . **CM** 30
Charleroi (Chaussée de) . . . **BM** 34
Charroi (R. du) . . . . **ABN** 36
Delleur (Av.) . . . . **CN** 57
Échevinage (Av. de l'). . . . . . **BN** 67
Édith Cavell (R.) . . . . **BN** 68
Edmond Parmentier (Av.) . . **DM** 69
Émile Vandervelde (Av.) . . . **DM** 82
Eugène Flagey (Pl.) . . . . **BN** 88
Fonsny (Av.) . . . . **BMN** 94
Foresterie (Av. de la) . . . . . . **CN** 9
France (R. de) . . . . **BM** 1
Frans van Kalken (Av.) . . . . . **AN** 1
Général Jacques (Bd). . . . . . **CN** 1
Houzeau (Av.) . . . . **BN** 1
Louis Schmidt (Bd). . . . . **CN** 1
Mérode (R. de) . . . . **BN** 1
Paepsem (Bd) . . . . **AN** 1
Parc (Av. du) . . . . **BN** 1
Plaine (Bd de la) . . . . **CN** 1

C
D
4
M
N
P
ETTERBEEK
IXELLES ELSENE
WOLUWE-ST-PIERRE ST.-PIETERS-WOLUWE
AUDERGHEM OUDERGEM
WATERMAEL-BOITSFORT
WATERMAAL-BOSVOORDE
FORÊT DE SOIGNES
HOEILAART
GROENENDAAL
Parc du Cinquantenaire
Parc de Woluwe
Parc Tournai-Solvay
Marie la Misérable
Cité Kapelleveld
Chau Malou
Étangs Mellaerts
Val Duchesse
Le Rouge-Cloître
Trois Fontaines
Cimre d'Ixelles
St-Clément
Jezus-Eik
TERVUREN N 3
N 4 NAMUR
A 4-E 411 NAMUR
WATERLOO CHARLEROI
LA HULPE GENVAL
0 1 km

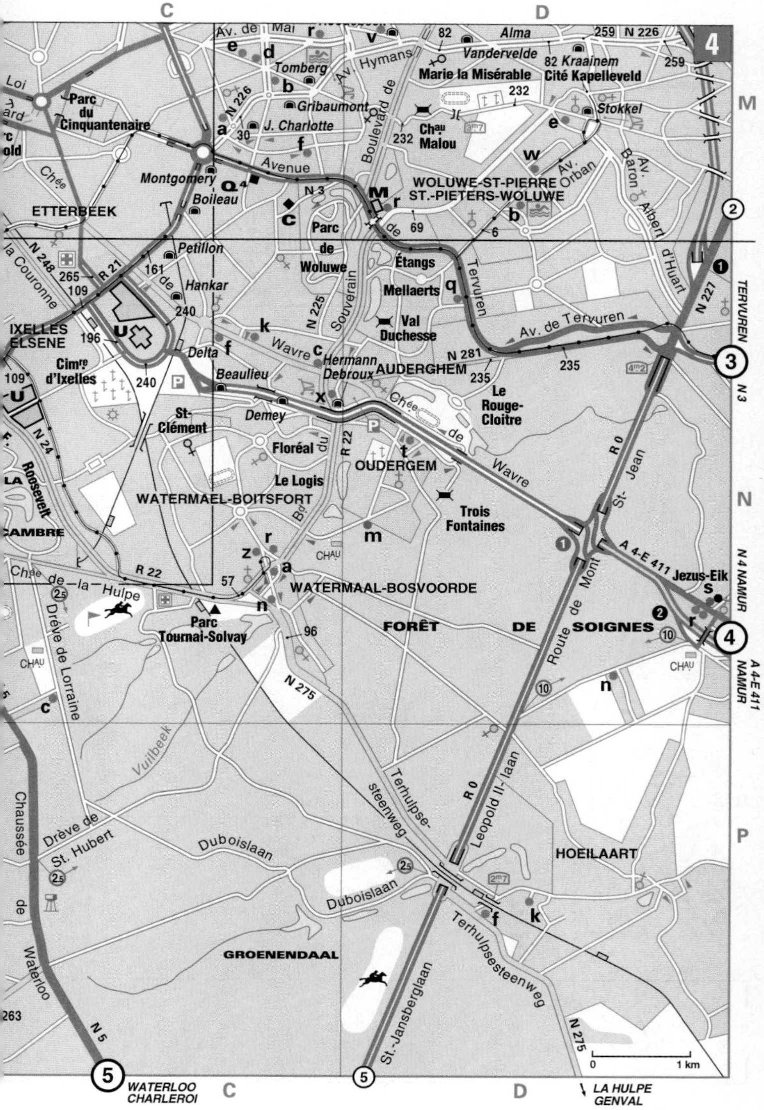

BRUXELLES/ BRUSSEL

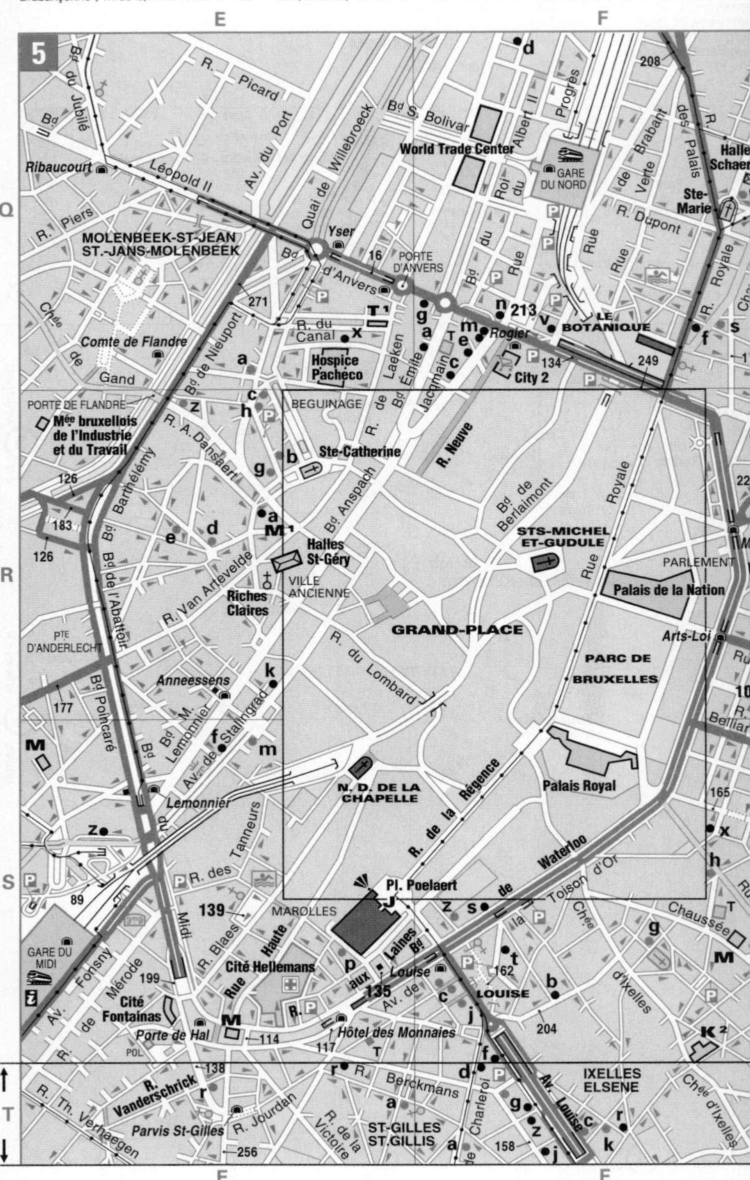

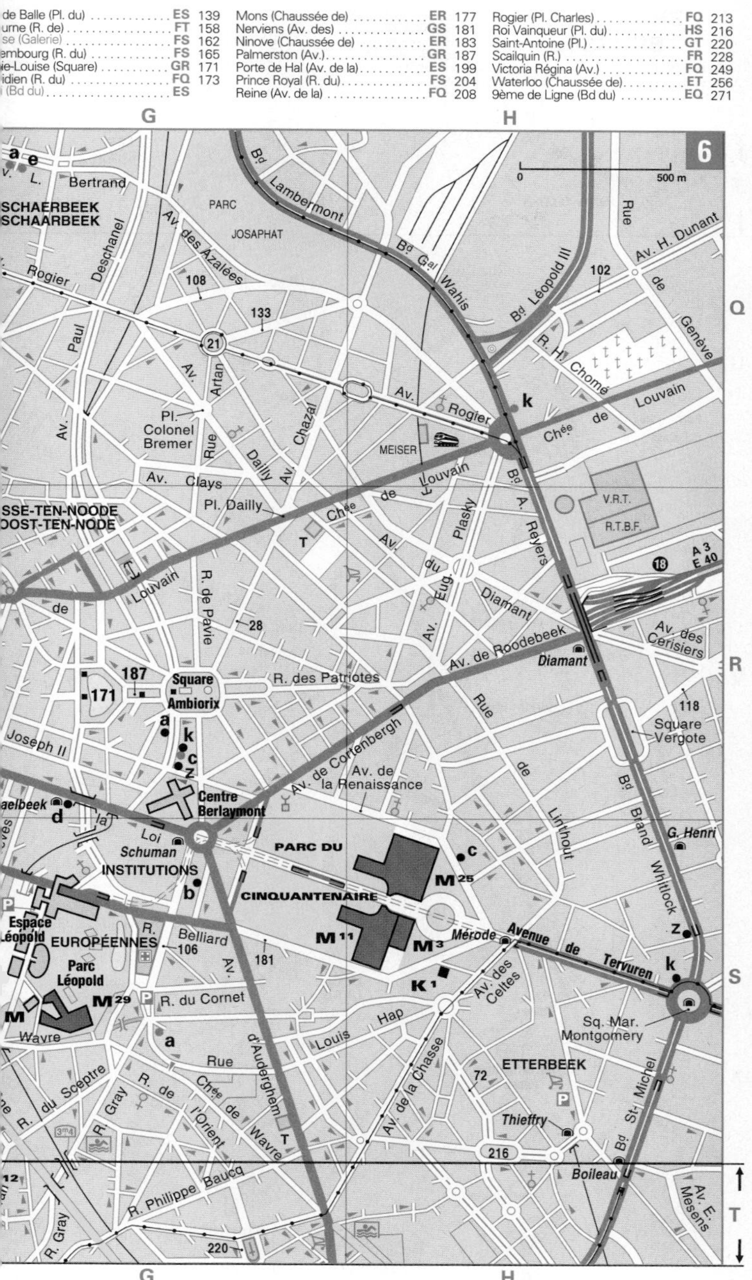
G
H
6
0
500 m
Q
R
S
T
SCHAERBEEK
SCHAARBEEK
Bertrand
PARC
JOSAPHAT
Bd Lambermont
Bd Gal Wahis
Bd Léopold III
Av. H. Dunant
Rue de Genève
R. H. Chomé
Av. des Azalées
Deschanel
Rogier
108
133
102
21
Paul
Av. Artan
Pl. Colonel Bremer
Rue Dailly
Av. Chazal
Av. Rogier
MEISER
k
Chée de Louvain
Av. Clays
Pl. Dailly
Chée de Louvain
V.R.T.
R.T.B.F.
SSE-TEN-NOODE
OOST-TEN-NODE
T
Av. Plasky
Bd A. Reyers
Av. du Diamant
Av. Eug.
18
A 3
E 40
Louvain
de
R. de Pavie
28
Av. de Roodebeek
Diamant
Av. des Cerisiers
187
171
Square Ambiorix
R. des Patriotes
Rue de Linthout
118
Square Vergote
Joseph II
a
k
c
z
Av. de Cortenbergh
Av. de la Renaissance
Centre Berlaymont
aelbeek
d
Loi
Schuman
INSTITUTIONS
b
PARC DU
CINQUANTENAIRE
c
M 25
Bd Brand Whitlock
G. Henri
Espace Léopold
EUROPÉENNES
R. Belliard
106
181
M 11
M 3
Mérode
Avenue de Tervuren
z
k
Parc Léopold
M 29
M
K 1
R. du Cornet
Av. des Celtes
Sq. Mar. Montgomery
Wavre
a
Louis Hap
Rue
Av. d'Auderghem
ETTERBEEK
R. du Sceptre
R. Gray
R. de
Chée de Wavre
l'Orient
Av. de la Chasse
72
Bd St-Michel
Thieffry
T
216
Boileau
R. Philippe Baucq
Av. E. Mesens
R. Gray
220
G
H

BRUXELLES/ BRUSSEL

Américaine (R.) . . . . FU 8
Auguste Rodin (Av.) . . . . GU 12
Besme (Av.) . . . . EV 18
Boondael (Drève de) . . . . GX 22
Cambre (Bd de la) . . . . GV 33
Coccinelles (Av. des) . . . . HX 40
Congo (Av. du) . . . . GV 48
Copernic (R.) . . . . FX 51
Dodonée (R.) . . . . FV 61
Dries . . . . HX 63
Émile de Beco (Av.) . . . . GU
Émile De Mot (Av.) . . . . GV
Éperons d'Or (Av. des) . . . . GU
Everard (Av.) . . . . EV
Hippodrome (Av. de l') . . . . GU
Invalides (Bd des) . . . . HV
Jean Volders (Av.) . . . . ET

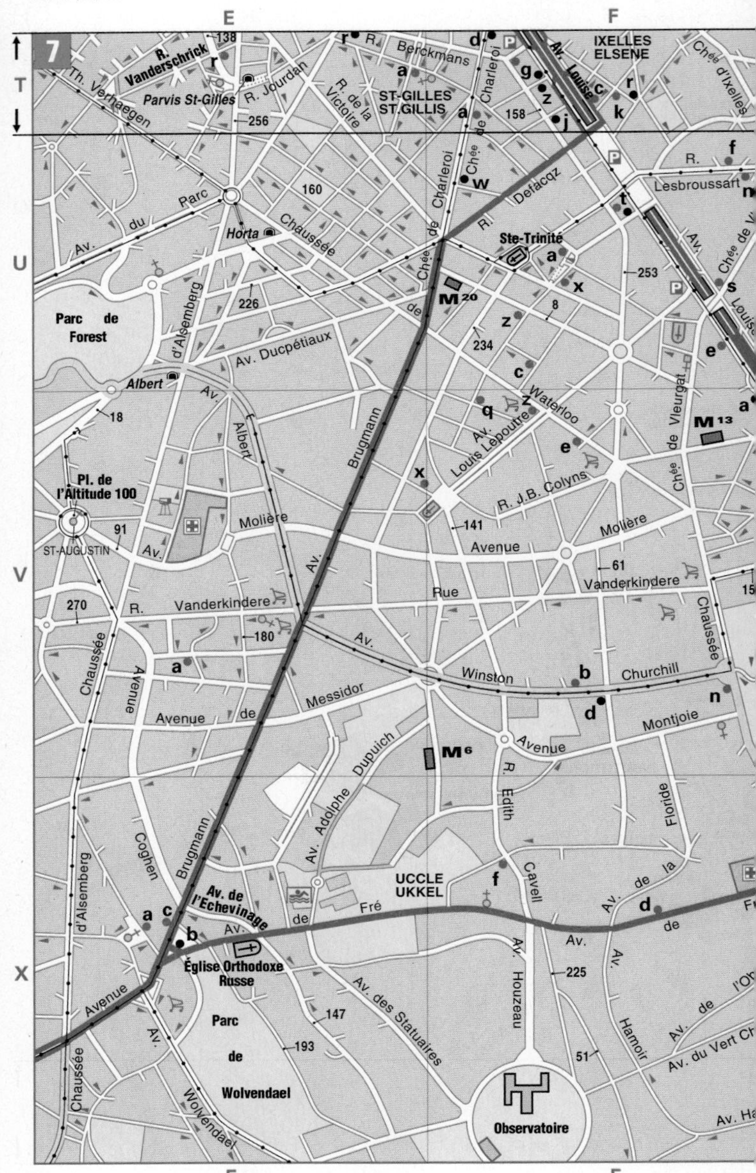

BRUXELLES/ BRUSSEL

Adolphe Max (Bd)	JY	3
Albertine (Pl. de l')	KZ	4
Anspach (Bd)	JY	
Assaut (R. d')	KY	10
Baudet (R. du)	KZ	15
Beurre (R. au)	JY	19
Bortier (Galerie)	JYZ	23
Bouchers (Petite rue des)	JY	24
Bouchers (R. des)	JY	25
Bourse (Pl. de la)	JY	27
Briques (Quai aux)	JY	29
Chêne (R. du)	JZ	39
Colonies (R. des)	KY	43
Comédiens (R. des)	KY	45
Commerce (R. du)	KZ	46
Croix de Fer (R. de la)	KY	52
Duquesnoy (R.)	JZ	66
Ernest Allard (R.)	JZ	86
Étuve (R. de l')	JZ	87
Europe (Carr. de l')	KY	90
Fossé aux Loups (R. du)	JKY	99
Fripiers (R. des)	JY	105
Grand Sablon (Pl. du)	KZ	112
Impératrice (Bd de l')	KY	124
Ixelles (Chaussée d')	KZ	129
Laeken (R. de)	JY	151
Lebeau (R.)	JZ	152
Louvain (R. de)	KY	163
Marché aux Herbes (R. du)	JY	168
Marché aux Poulets (R. du)	JY	169
Mercier (R. du Cardinal)	KY	172
Midi (R. du)	JYZ	
Montagne (R. de la)	KY	
Musée (Pl. du)	KZ	
Neuve (R.)	JKZ	
Nord (Passage du)	JY	
Petit Sablon (Pl. du)	KZ	
Presse (R. de la)	KY	
Princes (Galeries des)	JKY	
Ravenstein (R.)	KZ	
Reine (Galerie de la)	JY	
Roi (Galerie du)	KY	
Rollebeek (R. de)	JZ	
Ruysbroeck (R. de)	KZ	
Sainte-Catherine (Pl.)	JY	
Sainte-Gudule (Pl.)	KY	
Toison d'Or (Av. de la)	KZ	
Trône (R. du)	KZ	
Ursulines (R. des)	JZ	
Waterloo (Bd de)	KZ	
6 Jeunes Hommes (R. des)	KZ	

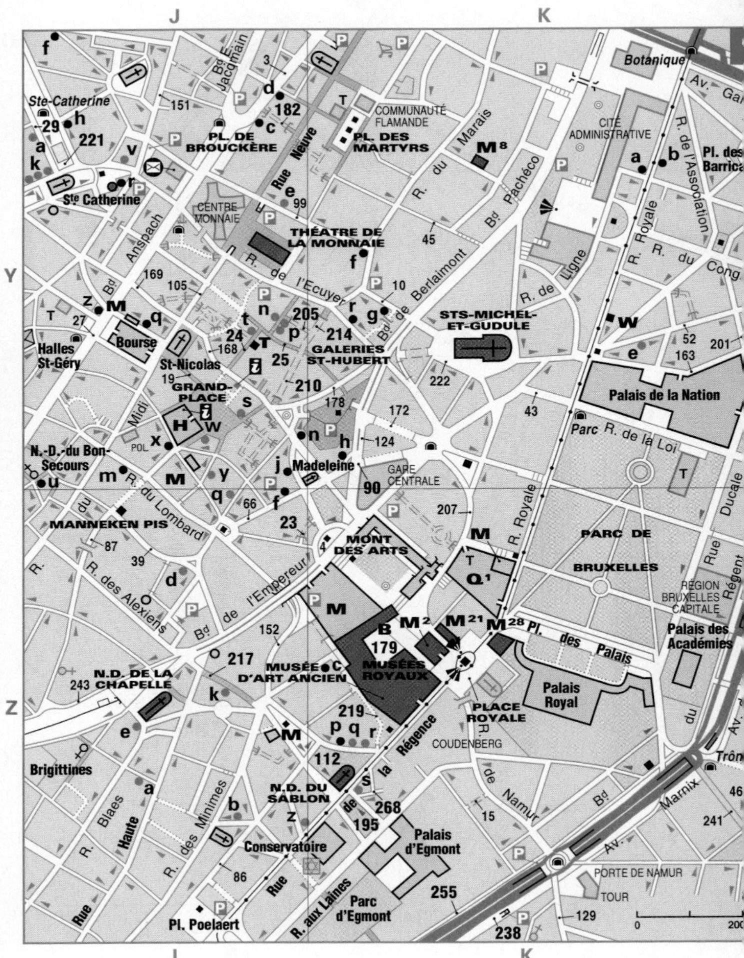

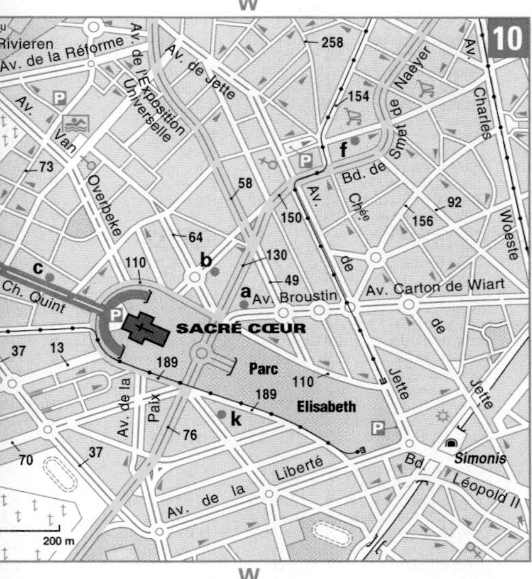

GANSHOREN
JETTE
KOEKELBERG

RÉPERTOIRE DES RUES DE BRUXELLES/BRUSSEL

ASSE

Brusselse Steenweg 1 AL
Pontbeeklaan 1 AK 197
Zuiderlaan 1 AL 264

BEERSEL

Alsembergsesteenweg 3 BP
Grote Baan 3 ABP
Jozef Huysmanslaan 3 AP
Lotsestraat 3 AP 159
Sanatorium 3 AP
Schoolstraat 3 AP 229
Zennestraat 3 AP 262

BRUXELLES/BRUSSEL

Abattoir (Bd de l') 5 ER
Adolphe Buyl (Av.) 8 GV
Adolphe Dupuich (Av.) 7 EVX
Adolphe Max (Bd) 9 JY 3
Albertine (Pl. de l') 9 KZ 4
Albert (Av.) 7 EUV
Alexiens (R. des) 9 JZ
Alfred Madoux (Av.) 4 DMN 6
Alsemberg (Chaussée d') 3 BNP
Altitude Cent (Pl. de l') 3 BN 7
Ambiorix (Square) 6 GR
Américaine (R.) 7 FU 8
Anspach (Bd) 9 JY
Antoine Dansaert (R.) 5 ER
Anvers (Bd d') 5 EQ
Armand Huysmans (Av.) 8 GV
Artan (R.) 6 GQ
Artevelde (R. van) 5 ER
Arts (Av. des) 9 KZ
Assaut (R. d') 9 KY 10
Association (R. de l') 9 KY
Auderghem (Av. d') 6 GS
Auguste Reyers (Bd) 6 HQR
Auguste Rodin (Av.) 8 GU 12
Azalées (Av. des) 6 GQ
Baron Albert d'Huart (Av.) 4 DMN
Barricades (Pl. des) 9 KY
Barthélémy (Bd) 5 ER
Basilique (Av. de la) 10 W 13
Baudet (R. du) 9 KZ 15
Baudouin (Bd) 5 EQ 16
Belliard (R.) 6 GS
Berckmans (R.) 5 EFT
Berlaimont (Bd de) 9 KY
Besme (Av.) 7 EV 18
Beurre (R. au) 9 JY 19
Bienfaiteurs (Pl. des) 6 GQ 21
Blaes (R.) 5 ES
Boitsfort (Av. de) 8 GX
Boitsfort (Chaussée de) 8 HX
Bolivar (Bd Simon) 5 EFQ
Boondael (Chaussée de) 8 GUV
Boondael (Drève de) 8 GX 22
Bortier (Galerie) 9 JKZ 23
Bouchers (Petite rue des) 9 JY 24
Bouchers (R. des) 9 JY 25
Bourse (Pl. de la) 9 JY 27
Brabançonne (Av. de la) 6 GR 28
Brabant (R. de) 5 FQ
Brand Whitlock (Bd) 6 HRS
Briques (Quai aux) 9 JY 29
Broqueville (Av. de) 2 CM 30
Brouckère (Pl. de) 9 JY
Broustin (Av.) 10 W
Brugmann (Av) 7 EVX
Cambre (Bd de la) 8 GV 33
Canal (R. du) 5 EQ
Carton de Wiart (Av.) 10 W
Casernes (Av. des) 8 GHU
Celtes (Av. des) 6 HS
Cerisiers (Av. des) 6 HR
Charleroi (Chaussée de) 7 EFU
Charles Quint (Av.) 1 AL
Charles Woeste (Av.) 1 BL
Charroi (R. du) 3 ABN 36
Chasse (Av. de la) 6 HS
Château (Av. du) 10 W 37
Chazal (Av.) 6 GQ
Chêne (R. du) 9 JZ 39
Clays (Av.) 6 GQ
Coccinelles (Av. des) 8 HX 40
Coghen (Av.) 7 EVX
Colonel Bremer (Pl.) 6 GQ
Colonies (R. des) 9 KY 43
Comédiens (R. des) 9 KY 45
Commerce (R. du) 9 KZ 46
Congo (Av. du) 8 GV 48
Congrès (R. du) 9 KY
Constitution (Av. de la) 10 W 49
Copernic (R.) 7 FX 51
Cornet (R. du) 6 GS
Cortenbergh (Av. de) 6 GHR
Couronne (Av. de la) 8 GUHV
Croix de Fer (R. de la) 9 KY 52
Croix du Feu (Av. des) 1 BCK 54
Dailly (Av.) 6 GQ
Dailly (Pl.) 6 GR
Defacqz (R.) 7 FU
Delleur (Av.) 4 CN 57
Démosthène Poplimont (Av.) 10 W 58
Derby (Av. du) 8 GX
Diamant (Av. du) 6 HR
Diane (Av. de) 8 FGX
Dodonée (R.) 7 FV 61
Dolez (Av.) 3 BN
Dries 8 HX 63
Ducale (R.) 9 KYZ
Ducpétiaux (Av.) 7 EU
Duc Jean (Av. du) 10 W 64
Duquesnoy (R.) 9 JZ 66
Échevinage (Av. de l') 7 EX
Écuyer (R. de l') 9 JKY
Édith Cavell (R.) 7 FX
Edmond Mesens (Av.) 6 HT
Edmond Parmentier (Av.) 2 DM 69
Édouard Bènes (Av.) 10 W 70
Édouard de Thibault (Av.) 6 HS 72
Église Saint-Martin (R. de l') 10 W 73
Eloy (R.) 1 BM
Émile Bockstael (Bd) 1 BL 75
Émile Bossaert (Av.) 10 W 76
Émile de Beco (Av.) 8 GU 79
Émile De Mot (Av.) 8 GV 81
Émile Jacqmain (Bd) 9 JY
Émile Vandervelde (Av.) 2 DM 82
Émile van Becelaere (Av.) 8 HX
Empereur (Bd de l') 9 JZ
Éperons d'Or (Av. des) 8 GU 85
Épicéas (R. des) 8 HX
Ernest Allard (R.) 9 JZ 86
Étuve (R. de l') 9 JZ 87
Eugène Flagey (Pl.) 3 BN 88
Eugène Plasky (Av.) 6 HR
Europe (Carr. de l') 9 KY 90
Europe (Esplanade de l') 5 ES 89
Everard (Av.) 7 EV 91
Exposition Universelle (Av. de l') 10 W
Exposition (Av. de l') 1 AKL
Firmin Lecharlier (Av.) 10 W 92
Flore (Av. de) 8 GV
Floride (Av. de la) 7 FX
Fonsny (Av.) 3 BMN
Foresterie (Av. de la) 4 CN
Forêt (Av. de la) 8 HX
Fossé aux Loups (R. du) 9 JKY
France (R. de) 1 BM
Franklin Roosevelt (Av.) 8 GVX
Frans Courtens (Av.) 6 HQ
Frans van Kalken (Av.) 3 AN
Frère Orban (Square) 5 FR
Fré (Av. de) 7 EFX
Fripiers (R. des) 9 JY
Froissart (R.) 6 GS
Galilée (Av.) 9 KY
Gand (Chaussée de) 1 ABL
Général Eisenhower (Av.) 6 GQ
Général Jacques (Bd) 8 GVHU
Général Médecin Derache (Av.) 8 GV
Général Wahis (Bd) 6 HQ
Genève (R. de) 6 HQ
Gloires Nationales (Av. des) 10 W
Goffart (R.) 6 FGS
Grand-Place 9 JY
Grand Sablon (Pl. du) 9 KZ
Gray (R.) 6 GST
Haecht (Chaussée de) 2 CLDK
Hal (Porte de) 5 ES
Hamoir (Av.) 7 FX
Haute (R.) 5 ES
Henri Chomé (R.) 6 HQ
Henri Jaspar (Av.) 5 ES
Henry Dunant (Av.) 6 HQ
Herbert Hoover (Av.) 6 HR
Hippodrome (Av. de l') 8 GU
Hospices (Av. des) 3 BP
Houba de Strooper (Av.) 1 BK
Houzeau (Av.) 7 FX
Hulpe (Chaussée de la) 4 CN
Impératrice (Bd de l') 9 KY
Industriel (Bd) 3 AN
Industrie (Quai de l') 5 ER
Invalides (Bd des) 8 HV
Italie (Av. d') 8 GHX
Itterbeek (Av. d') 1 AM
Ixelles (Chaussée d') 5 FST
Jacques Sermon (Av.) 10 W
Jan Stobbaerts (Av.) 6 GQ
Jardin Botanique (Bd du) 5 FQ
Jean Baptiste Colyns (R.) 7 FV
Jean Jacobs (Pl.) 5 ES
Jean Sobieski (Av.) 1 BKL
Jean Volders (Av.) 5 EST
Jette (Av. de) 10 W
Jette (Chaussée de) 10 W
Jeu de Balle (Pl. du) 5 ES
Joseph II (R.) 6 FGR
Joseph Stallaert (R.) 7 FV
Jourdan (R.) 5 ET
Jubilé (Bd du) 5 EQ
Jules van Praet (Av.) 1 BKL
Juliette Wytsman (R.) 8 GU
Kamerdelle (Av.) 7 EX
Kasterlinden (R.) 1 AL
Laeken (Av. de) 10 W
Laeken (R. de) 5 EQR
Laines (R. aux) 9 JKZ
Lambermont (Bd) 2 CL
Lebeau (R.) 9 JZ
Legrand (Av.) 7 FV
Léon Théodor (R.) 10 W
Léopold III (Bd) 2 CL
Léopold II (Bd) 5 EQ
Lesbroussart (R.) 7 FU
Levis Mirepoix (Av. de) 10 W
Liberté (Av. de la) 10 W
Ligne (R. de) 9 KY
Linthout (R. de) 6 HRS
Livourne (R. de) 5 FT

DROGENBOS

GRIMBERGEN

HOEILAART

KRAAINEM

LINKEBEEK

MACHELEN

SINT-GENESIUS-RODE

SINT-PIETERS-LEEUW

STEENOKKERZEEL

VILVOORDE

WEMMEL

ZAVENTEM

Liste alphabétique des hôtels et restaurants
Alfabetische lijst van hotels en restaurants
Alphabetisches Hotel- und Restaurantverzeichnis
Alphabetical list of hotels and restaurants

A

60	Abbey	🏠🏠🏠	
40	Agenda Louise	🏠🏠	
32	Agenda Midi	🏠🏠	
48	Air de Rien (L')	X	
44	Alain Cornelis	XX	
33	Alban Chambon (L') (H. Métropole)	XXXX	
34	Al Barmaki	X	
56	Alchimiste (l')	X	
61	Aloyse Kloos	XX	Bib
51	Al Piccolo Mondo	X	
63	Alter Ego (L')	X	
54	A'mbriana	X	
53	Amici miei	X	
34	Amigo	🏠🏠🏠🏠	
49	Ancienne Poissonnerie (L')	X	
65	Angelus	XX	
59	Arconati (Hostellerie d')	XX	
49	Argus	🏠	
35	Armes de Bruxelles (Aux)	XX	Bib
41	Atelier de la Truffe Noire (L')	X	
36	Atlas	🏠🏠	
47	Auberge de Boendael (L')	XX	
64	Auberge de l'Isard (L')	XXX	
58	Auberg'in (l')	XX	
61	Axis	🏠🏠	

B

43	Balade Gourmande (La)	XX	Bib
62	Barbizon	XXXX	✿
48	Beaumes de Venise (Aux)	XX	
49	Beau-Site	🏠🏠	

C

L

M

N

S

T

Les établissements à étoiles
Sterrenbedrijven
Die Stern-Restaurants
Starred establishments

✿✿

46	XXXX	**Bruneau**
33	XXXX	**Sea Grill (H. Radisson SAS Royal)**
46	XXX	**Claude Dupont**
33	XXX	**Comme Chez Soi**

✿

62	XXXX	**Barbizon**
38	XXX	**L'Écailler du Palais Royal**
61	XXX	**Terborght**
54	XX	**Bon-Bon**
53	XX	**Le Pain et le Vin**
55	XX	**Le Passage**
46	XX	**San Daniele**
47	X	**Marie**
57	X	**De Maurice à Olivier**
52	X	**Senza Nome**

La cuisine que vous recherchez...
Het soort keuken dat u zoekt
Welche Küche, welcher Nation suchen Sie
That special cuisine

A la bière et régionale

58 3 Fonteinen *Env. à Beersel*
34 In 't Spinnekopke
37 Viva M'Boma *Q. Ste-Catherine*

Anguilles

61 Tissens *Env. à Hoeilaart*

Buffets

40 Bistrol Stephanie *Q. Louise*
52 La Buca di Bacco *Schaerbeek*
60 Campanile *Env. à Drogenbos*
41 The Gallery *H. Crowne Plaza Europe Q. de l'Europe*
59 NH Brussels Airport *Env. à Diegem*
52 Sheraton Towers *St-Josse-ten-Noode Q. Rogier*

Grillades

47 L'Auberge de Boendael *Ixelles, Q. Boondael*
58 l'Auberg'in *Woluwe-St-Pierre*
57 Le Brasero *Woluwe-St-Lambert*
50 French Kiss *Jette*
52 Moby Dick *Schaerbeek*
50 Le Vieux Pannenhuis *Jette*
61 Tissens *Env. à Hoeilaart*

Produits de la mer – Crustacés

36 La Belle Maraîchère *Q. Ste-Catherine*
54 Brasseries Georges *Uccle*
38 L'Écailler du Palais Royal *Q. des Sablons*
48 Le Fellini *Ixelles Q. Bascule*
36 François *Q. Ste-Catherine*
37 L'Huîtrière *Q. Ste-Catherine*
37 La Marée *Q. Ste-Catherine*
48 La Quincaillerie *Ixelles Q. Bascule*
33 Sea Grill *H. Radisson SAS Royal*
35 Scheltema *Q. Grand'Place*
48 Le Vignoble de Margot *Woluwe-St-Pierre*
37 Vismet *Q. Ste-Catherine*

Taverne – Brasserie – Bistrot

41 L'Atelier de la Truffe Noire *Q. Louise*
56 Le Bistrot - Mamy Louise *Watermael-Boitsfort*
55 La Branche d'Olivier *Uccle*
45 La Brasserie de la Gare *Berchem-Ste-Agathe*
54 Brasseries Georges *Uccle*
47 Le Doux Wazoo *Ixelles, Q. Boondael*
58 3 Fonteinen *Env. à Beersel*
43 Erasme *Anderlecht*
62 Istas *H. Soret Env. à Overijse*
60 Kasteel Gravenhof *Env. à Dworp*
62 Lavinia *Env. à Overijse*
38 Lola *Q. Sablons*
51 Mamy Louise *St-Gilles Q. Louise*
47 Marie *Ixelles Q. Boondael*
33 La Manufacture
52 Moby Dick *Schaerbeek*
62 Orange *Env. à Nossegem*
39 Orphyse Chaussette *Q. Ste-Catherine*
44 La Paix *Anderlecht*
48 La Quincaillerie *Ixelles Q. Bascule*
58 Rétromobilia *Woluwe-St-Pierre*
35 La Roue d'Or *Q. Grand'Place*
65 Stockmansmolen *Env. à Zaventem*
50 De La Vigne... à l'Assiette *Ixelles, Q. Louise*
45 Le Villance *Auderghem*

Chinoise

Espagnole

Grecque

Indienne

Italienne

Japonaise

Libanaise

Marocaine

Portugaise

Régionale française

Thaïlandaise

Vietnamienne

Restaurants ouverts le samedi et le dimanche
Restaurants geopend op zaterdag en zondag
Restaurants am Samstag und Sonntag geöffnet
Restaurants open on Saturday and Sunday

Page	Restaurant		
51	**Al Piccolo Mondo**	X	
65	**Angelus**	XX	
35	**Armes de Bruxelles (Aux)**	XX	☺
62	**Barbizon**	XXXX	✿
36	**Belle Maraîchère (La)**	XX	☺
64	**Blink**	X	
35	**Bocconi**	XX	
46	**Bruneau**	XXXX	✿✿
63	**Chasse des Princes**	X	☺
48	**Châtelaine du Liban**	X	
46	**Claude Dupont**	XXX	✿✿
50	**Coimbra**	X	
57	**Coq en Pâte (Le)**	X	
58	**Drie Fonteinen**	X	
50	**French Kiss**	X	
62	**Istas**	X	
44	**Khaïma (La)**	X	
62	**Koen Van Loven**	XX	
62	**Lavinia**	X	
38	**Lola**	X	
43	**Lychee**	XX	
37	**Marée (La)**	X	
45	**New Asia**	X	
47	**Pagode d'Or (La)**	X	
55	**Petit Pont (Le)**	X	
55	**Pré en Bulle (Le)**	XX	☺
44	**René**	X	
35	**Roue d'Or (La)**	X	
63	**Stoveke ('t)**	XX	
61	**Terborght**	XXX	✿
61	**Tissens**	X	
55	**Ventre Saint Gris**	XX	
36	**Vincent**	X	

Restaurants servant après 23 h
Keuken geopend na 23.00 u.
Küche nach 23.00 Uhr geöffnet
Restaurants serving after 11 p.m.

34	**Al Barmaki**	X	
49	**Ancienne Poissonnerie (L')**	X	
35	**Armes de Bruxelles (Aux)**	XX	☺
41	**Atelier de la Truffe Noire (L')**	X	
35	**Bocconi**	XX	
55	**Branche d'Olivier (La)**	X	
54	**Brasseries Georges**	X	
52	**Buca di Bacco (La)**	X	
36	**Cerf (Le)**	X	
48	**Châtelaine du Liban**	X	
33	**Da Piero**	X	
54	**Deux Frères (Les)**	X	
47	**Doux Wazoo (Le)**	X	☺
48	**Fellini (Le)**	X	
51	**I Trulli**	XX	
39	**Idiot du Village (L')**	X	
34	**In 't Spinnekopke**	X	
33	**Jaloa**	X	☺
62	**Lavinia**	X	
38	**Lola**	X	
43	**Lychee**	XX	
33	**Manufacture (La)**	X	
52	**Moby Dick**	X	
49	**Notos**	X	
35	**Ogenblik (De l')**	X	
47	**Pagode d'Or (La)**	X	
55	**Petit Pont (Le)**	X	
48	**Quincaillerie (La)**	X	
35	**Roue d'Or (La)**	X	
35	**Scheltema**	X	
37	**Strofilia**	X	
45	**Villa Singha**	X	
45	**Villance (Le)**	X	
36	**Vincent**	X	

BRUXELLES (BRUSSEL) - *plan p. 14 sauf indication spéciale :*

Radisson SAS Royal, r. Fossé-aux-Loups 47, ✉ 1000, ☎ 0 2 219 28 28, *Fax 0 2 219 62 62*, – 420. AE VISA. rest KY f
Rest voir rest ***Sea Grill*** ci-après – ***Atrium*** *Lunch 18* – carte 34/57, ♀ – 25 – **271 ch** ★214 – ★★214 – 10 suites – ½ P 274/460.
• Palace moderne dont la cour, sous verrière, contient des restes de fortifications urbaines du 12e s. Quatre genres de chambres. Bar bédéphile. Repas classico-traditionnel et vue sur l'enceinte romane dans l'Atrium. Spécialité de saumon mariné à la scandinave.
• Luxehotel in moderne stijl met overblijfselen van 12e-eeuwse vestingwerken op de binnenplaats met glazen dak. Vier soorten kamers. Bar voor liefhebbers van stripboeken. Klassiek-traditionele keuken en uitzicht op de Romeinse muur in het atrium.

Le Plaza, bd A. Max 118, ✉ 1000, ☎ 0 2 278 01 00, *esterel@leplaza-brussels.be, Fax 0 2 278 01 01* – – 600. AE VISA. plan p. 10 FQ e
Rest *(fermé sam. midi et dim.) Lunch 29* – carte 48/70, ♀ – 29 – **187 ch** ★109/450 – ★★109/479 – 6 suites.
• Bâtisse de 1930 plagiant l'hôtel George V à Paris. Grandes chambres feutrées, superbe salon-théâtre baroque et espaces communs de style classique. Ambiance intime et cossue sous la belle coupole, ornée d'une fresque aérienne, qui enveloppe le bar-restaurant.
• Luxehotel met grote, smaakvol gedecoreerde kamers in een pand uit 1930, een imitatie van het George V in Parijs. Lounge in klassieke stijl en schitterende baroksalon met podium. Weelderige bar-restaurant, waarvan de koepel is versierd met een sterrenhemel.

Métropole, pl. de Brouckère 31, ✉ 1000, ☎ 0 2 217 23 00, *info@metropolehotel.be, Fax 0 2 218 02 20* – – 500. AE VISA JY c
Rest voir rest ***L'Alban Chambon*** ci-après – **284 ch** ★359/419 – ★★389/449 – 14 suites – ½ P 408/498.
• Palace du 19e s. s'étirant sur la place de Brouckère, si bien chantée par Brel. Superbe hall, fastueux salons d'époque et délicates fresques Art nouveau découvertes en 2004.
• Chic 19e-eeuws hotel aan het door Brel bezongen Brouckèreplein. Imposante hal en lounges met stijlmeubelen en schitterende art-nouveauschilderingen, die in 2004 zijn ontdekt.

Sofitel Astoria, r. Royale 103, ✉ 1000, ☎ 0 2 227 05 05, *H1154@accor.com, Fax 0 2 217 11 50*, – 210. AE VISA. rest KY b
Rest ***Le Palais Royal*** *(fermé 15 juil.-16 août, 20 déc.-10 janv., vend. soir, sam. et dim.) Lunch 44* – 45/72 bc, carte 51/78 – 25 – **106 ch** ★119/250 – ★★139/395 – 12 suites.
• Hiro Hito, Churchill et Dali furent les hôtes de cet élégant palace Belle Époque. Salons fastueux, chambres dotées de meubles de style et atmosphère "Orient-Express" au bar. Repas au goût du jour et décoration classique raffinée au restaurant le Palais Royal.
• Hiro Hito, Churchill en Dalí logeerden in dit chique belle-époquehotel. Weelderige lounges en kamers met stijlmeubelen. De bar doet denken aan de Oriënt-Express. Het restaurant (Le Palais Royal) heeft een verfijnd klassiek interieur en een eigentijdse keuken.

Marriott, r. A. Orts 7 (face à la bourse), ✉ 1000, ☎ 0 2 516 90 90 et 516 91 00 (rest), *Fax 0 2 516 90 00*, ch, – 450. AE VISA. JY z
Rest *(fermé sam. midi et dim.) Lunch 19 bc* – carte env. 45, ♀ – 25 – **214 ch** ★119/459 – ★★119/459 – 4 suites.
• Hôtel tout confort établi devant la Bourse. L'imposante façade 1900, les chambres et communs ont retrouvé l'éclat du neuf en 2002. Brasserie moderne servant des préparations classiques actualisées. Cuisine et rôtissoire ouvertes sur la salle.
• Comfortabel hotel bij de Beurs. De imposante gevel uit 1900, de kamers en de gemeenschappelijke ruimten zien er na een renovatie weer als nieuw uit. Moderne brasserie met open keuken, waar licht klassieke gerechten worden geserveerd en vlees wordt geroosterd.

NH Atlanta, bd A. Max 7, ✉ 1000, ☎ 0 2 217 01 20, *nhatlanta@nh-hotels.com, Fax 0 2 217 37 58*, rest, – 180. AE VISA JY d
Rest *(fermé sam. midi et dim. midi) Lunch 12* – carte env. 35 – 21 – **234 ch** ★84/325 – ★★84/325 – 7 suites.
• Architecture néoclassique des années 1930 avoisinant le nostalgique passage du Nord et la place de Brouckère. Vastes chambres et salle de breakfast panoramique au 6e étage. Brasserie moderne présentant une carte franco-transalpine.
• Neoklassiek gebouw uit 1930, vlak bij de nostalgische winkelgalerij Passage du Nord en het Brouckereplein. Ruime kamers en ontbijtzaal op de zesde verdieping met een weids uitzicht. Moderne brasserie met een Frans-Italiaanse kaart.

Bedford, r. Midi 135, ✉ 1000, ☎ 0 2 507 00 00, *info@hotelbedford.be, Fax 0 2 507 00 10,* – |♦| ⇆, ▤ rest, ♿ rest, 🚗 – 🎤 450. AE ◑ MC VISA ✗ plan p. 10 ER
Rest 36/56 bc, carte 37/51 – **318 ch** ☕ ✝260/340 – ✝✝300/380 – 8 suites.
◆ À deux pas du Manneken Pis et 500 m de la Grand-Place, établissement renfermant une importante installation congressiste et des chambres correctement équipées. Cuisine franco-belge servie dans une grande salle de restaurant au décor d'esprit britannique.
◆ Hotel op een steenworp afstand van Manneken Pis en de Grote Markt, met goed geëquipeerde kamers en congresvoorzieningen. Groot restaurant met een Frans-Belgische keuken en een Engels aandoend interieur.

Royal Centre sans rest, r. Royale 160, ✉ 1000, ☎ 0 2 219 00 65, *hotel@royalcentre.be, Fax 0 2 218 09 10* – |♦| ⇆ ▤ 🚗. AE ◑ MC VISA. ✗ KY
73 ch ☕ ✝99/220 – ✝✝119/240.
◆ Hall-réception en marbre, salon confortable et chambres actuelles de diverses tailles réparties sur huit étages d'un immeuble de ville bâti dans un quartier institutionnel.
◆ Marmeren hal, comfortabele lounge en moderne kamers van verschillend formaat op acht verdiepingen van een flat in een wijk waar veel Europese instellingen zijn gevestigd.

NH Grand Place Arenberg, r. Assaut 15, ✉ 1000, ☎ 0 2 501 16 16, *nhgrand place@nh-hotels.com, Fax 0 2 501 18 18* – |♦| ⇆ ▤ 🚗 – 🎤 80. AE ◑ MC VISA ✗ rest KY
Rest *(fermé sam. et dim.) Lunch 20* – 30, carte 21/32 – ☕ 19 – **155 ch** ✝75/220 – ✝✝75/260.
◆ Établissement bien situé pour partir à la découverte de l'îlot sacré et du "ventre" de la ville. Chambres d'un style contemporain sobre et chaleureux, typique de la chaîne NH. Restaurant au cadre actuel servant de la cuisine internationale au goût du jour.
◆ Gunstig gelegen hotel om de wijk úlot Sacré en de "buik van Brussel" te verkennen. De kamers zijn kenmerkend voor de NH-keten: modern en sober, maar wel gezellig. Eigentijds restaurant met dito keuken in internationale stijl.

Scandic Grand'Place, r. Arenberg 18, ✉ 1000, ☎ 0 2 548 18 11, *grand.place@scandic-hotels.com, Fax 0 2 548 18 20,* ≘ – |♦| ⇆ ▤ ♿ ch, – 🎤 70. AE ◑ MC VISA ✗ rest KY
Rest *(fermé sam. midi et dim. midi)* carte 20/33 – **100 ch** ☕ ✝75/259 – ✝✝75/289.
◆ Récent hôtel proche de la Grand-Place, accessible par de luxueuses galeries. Espaces communs boisés et chambres modernes à touches scandinaves, desservies par un atrium. Brasserie décontractée au cadre actuel, sobre et lumineux.
◆ Recent hotel bij de Grote Markt, te bereiken via mooie galerijen. Gemeenschappelijke ruimten met veel hout en moderne, Scandinavisch aandoende kamers die uitkomen op een atrium. Brasserie met een ongedwongen sfeer in een modern, sober en licht interieur.

Floris Avenue sans rest, av. de Stalingrad 25, ✉ 1000, ☎ 0 2 548 98 38, *floris.avenue@grouptorus.com, Fax 0 2 513 48 22* – |♦| ▤. AE MC VISA plan p. 10 ER
47 ch ☕ ✝56/205 – ✝✝61/215.
◆ Maison de maître modernisée au-dedans : hall "trendy" éclairé par de larges baies vitrées, chambres amples et actuelles, lumineux bar contemporain et espace breakfast assorti.
◆ Gemoderniseerd herenhuis: trendy hal met grote glaspuien, ruime en moderne kamers, eigentijdse bar met veel licht en bijpassende ontbijthoek.

Agenda Midi sans rest, bd Jamar 11, ✉ 1060, ☎ 0 2 520 00 10, *midi@hotel-agenda.com, Fax 0 2 520 00 20* – |♦| ⇆. AE ◑ MC VISA plan p. 10 ES
35 ch ☕ ✝75/99 – ✝✝75/114.
◆ Cet immeuble de ville situé à deux pas de la gare du Midi (TGV) fournit un hébergement fiable à prix souriant . Petit-déj' sous forme de buffet dans une salle aux tons chauds.
◆ Dit flatgebouw bij het station Brussel-Zuid (HST) biedt een betrouwbaar logies tegen een lage prijs. Ontbijtbuffet in een eetzaal met zonnige kleuren.

Du Congrès sans rest, r. Congrès 42, ✉ 1000, ☎ 0 2 217 18 90, *info@hotelducongres.be, Fax 0 2 217 18 97* – |♦| – 🎤 30. AE ◑ MC VISA KY
67 ch ☕ ✝75/150 – ✝✝90/150.
◆ Quatre maisons bourgeoises du 19e s. forment cet hôtel voisin de la colonne du Congrès. Éléments décoratifs d'époque dans certaines chambres et parties communes.
◆ Dit hotel is gevestigd in vier 19e-eeuwse herenhuizen bij de Congreszuil. Sommige kamers en gemeenschappelijke ruimten zijn voorzien van antieke decoratieve elementen.

Queen Anne sans rest, bd E. Jacqmain 110, ✉ 1000, ☎ 0 2 217 16 00, *info@queen-anne.be, Fax 0 2 217 18 38* – |♦| ⇆. ✗ plan p. 10 EFQ
60 ch ☕ ✝75/170 – ✝✝80/205.
◆ Immeuble à façade de verre bordant une artère passante. Sobriété, fraîcheur et notes design discrètes dans les petites chambres rénovées ; réservez l'une de celles-là.
◆ Flat met glasgevel aan een grote verkeersader. Reserveer een van de gerenoveerde kamers, die klein en sober zijn, maar er fris uitzien en bescheiden designelementen hebben.

Downtown-BXL sans rest, r. Marché-au-Charbon 118, ✉ 1000, ℘ 0 475 29 07 21, *reservation@downtowntotel.com* – . MC VISA. JY u
3 ch ☐ ★55/65 – ★★65.
◆ Dans un quartier animé, ancienne maison de maître où trois belles grandes chambres d'hôtes ont été récemment aménagées. Décoration intérieure actuelle mélangeant les genres.
◆ Oud herenhuis in een levendige wijk, met drie mooie grote kamers die pas gerenoveerd zijn. Modern interieur in verschillende stijlen.

Sea Grill - H. Radisson SAS Royal, r. Fossé-aux-Loups 47, ✉ 1000, ℘ 0 2 217 92 25, *marc.meremans@radissonsas.com, Fax 0 2 227 31 27*, Produits de la mer – ♿. AE MC VISA. KY f
fermé 17 au 25 fév., 31 mars-9 avril, 21 juil.-15 août, 27 oct.-4 nov., sam. et dim. – **Rest** *Lunch 49* – 77/215 bc, carte 63/137, ♀.
Spéc. Manchons de crabe royal, huile d'olive. Turbot rôti à l'arête, béarnaise d'huîtres. Homard breton à la presse.
◆ Ambiance scandinave aux tonalités saumon, ambitieuse carte à dominante marine et très belle cave. Salon avec comptoir à cigares. Accueil et service irréprochables.
◆ Zalmkleurig restaurant met Scandinavische inrichting. Ambitieuze kaart met veel vis en heerlijke wijnen. In de rooksalon worden sigaren verkocht. Onberispelijke bediening.

L'Alban Chambon - H. Métropole, pl. de Brouckère 31, ✉ 1000, ℘ 0 2 217 23 00, *info@metropolehotel.be, Fax 0 2 218 02 20* – 50/70. AE MC VISA. JY c
fermé 16 juil.-15 août, sam., dim. et jours fériés – **Rest** *Lunch 39* – 85, carte 64/102.
◆ L'enseigne du restaurant du Métropole honore l'architecte des lieux. Cuisine classique légère servie dans une ancienne salle de bal garnie d'un mobilier de style.
◆ Dit restaurant van het Métropole is genoemd naar de architect van het hotel. Klassieke, lichte gerechten die worden opgediend in een oude balzaal met stijlmeubilair.

Comme Chez Soi, pl. Rouppe 23, ✉ 1000, ℘ 0 2 512 29 21, *info@commechezsoi.be, Fax 0 2 511 80 52* – 4/34. AE MC VISA plan p. 10 ES m
fermé 20 fév., 10 avril, 1er au 30 juil., 30 oct., 23 déc.-7 janv., dim., lundi et merc. midi – **Rest** (réservation souhaitée) 67/168, carte 72/277, ♀.
Spéc. Asperges et langoustines 'à la plancha', sauce à la bière blanche. Fondant de joue de veau et croustillant de foie de canard à la truffe d'été. Ananas caramélisé, coulis de fruits et glace à la crème de calisson.
◆ Une institution bruxelloise née en 1926. Atmosphère Belle Époque restituée dans un décor de style Horta. Préparations classiques élaborées ; tables hélas un rien exiguës.
◆ Horta-interieur met belle-époquesfeer en klassieke kookkunst op hoog niveau. De tafels zijn helaas wat krap. Sinds 1926 een begrip in Brussel!

La Manufacture, r. Notre-Dame du Sommeil 12, ✉ 1000, ℘ 0 2 502 25 25, *info@manufacture.be, Fax 0 2 502 27 15*, Brasserie, ouvert jusqu'à 23 h – 30/120. AE MC VISA plan p. 10 ER e
fermé sam. midi et dim. – **Rest** *Lunch 14* – 32/70 bc, carte 30/50.
◆ Métaux, bois, cuir et granit président au décor "loft" de cette brasserie animée occupant l'ancien atelier d'une prestigieuse maroquinerie belge. Cuisine au goût du jour.
◆ Metaal, hout, leer en graniet hebben de overhand in deze hippe brasserie, die als een loft is ingericht in een voormalig lederwarenfabriekje. Trendy menukaart.

Samourai, r. Fossé-aux-Loups 28, ✉ 1000, ℘ 0 2 217 56 39, *Fax 0 2 771 97 61*, Cuisine japonaise – 10. AE MC VISA. JY e
fermé 14 juil.-16 août, mardi et dim. midi – **Rest** *Lunch 22* – 46/70, carte 43/89.
◆ Restaurant nippon établi depuis plus de 30 ans à proximité du théâtre de la Monnaie. Choix authentique et varié ; salles japonisantes réparties sur plusieurs niveaux.
◆ Dit Japanse restaurant is al ruim 30 jaar gevestigd bij de Muntschouwburg. Authentieke en gevarieerde kaart; eetzalen in Japanse stijl op verschillende niveaus.

Jaloa, pl. de la Vieille Halle aux Blés 31, ✉ 1000, ℘ 0 2 512 18 31, *contact@jaloa.com*, Ouvert jusqu'à 23 h – 8/30. AE MC VISA. JZ d
fermé 21 juil.-6 août, merc. sam. midi et dim. – **Rest** *Lunch 16* – 33/85 bc, carte 45/79, ♀.
◆ Dans une maison ancienne proche du musée Brel, longue et étroite salle au décor actuel sommaire, ménageant une vue sur les cuisines. Repas au goût du jour ; musique "lounge".
◆ Oud huis bij het Brel-museum met een lange, smalle en sobere eetzaal, vanwaar u een goed zicht hebt op de keuken, die net als het interieur van deze tijd is. Loungemuziek.

Da Piero, r. Antoine Dansaert 181, ✉ 1000, ℘ 0 2 219 23 48, Cuisine italienne, ouvert jusqu'à 23 h – ♿ 35/45. MC VISA plan p. 10 ER z
fermé août et dim. – **Rest** *Lunch 16* – 26/40 bc, carte 29/67.
◆ "Ristorante" familial sympathique où un buffet d'antipasti, une carte transalpine classique, un lunch et un duo de menus à bons prix s'emploient à satisfaire votre appétit.
◆ Leuk restaurant dat door een Italiaanse familie wordt gerund. Klassieke Italiaanse kaart met antipastibuffet, lunchformule en twee goedkope menuutjes om de honger te stillen.

Le Poulbot de Bruxelles, r. Croix de Fer 29, ✉ 1000, ☎ 0 2 513 38 61, *simon@poulbot.be, Fax 0 2 513 38 61* – ♿, ⇔ 10/20. AE MC VISA. ✗ KY
fermé 1er au 15 août, 24 déc.-1er janv., sam. midi et dim. midi – **Rest** Lunch 25 – 30/80 b carte 46/57.
◆ Petit restaurant vous conviant à goûter une cuisine actuelle dans un cadre modern harmonie de blanc, noir, gris et rouge en salle ; mise en place dépouillée sur les tables.
◆ Restaurantje met een eigentijdse keuken. Modern interieur met sober gedekte tafels een harmonieuze kleurstelling van wit, zwart, grijs en rood.

In 't Spinnekopke, pl. du Jardin aux Fleurs 1, ✉ 1000, ☎ 0 2 511 86 95, *info@spinnekopke.be, Fax 0 2 513 24 97,* 🍽, Cuisine régionale et à la bière, ouvert jusqu'à minuit – ⇔ 25. AE Ⓓ MC VISA plan p. 10 ER
fermé sam. midi et dim. – **Rest** Lunch 14 bc – 42 bc/55 bc, carte 29/53.
◆ Charmant estaminet typiquement bruxellois apprécié pour sa bonne ambiance bistrotière et sa cuisine régionale rendant honneur à la tradition brassicole belge.
◆ Echt Brussels eettentje dat in de smaak valt vanwege de gezellige bistrosfeer. De regionale keuken brengt een eerbetoon aan de Belgische bierbrouwerijtraditie.

Al Barmaki, r. Éperonniers 67, ✉ 1000, ☎ 0 2 513 08 34, *Fax 0 2 513 08 34,* Cuisine libanaise – ⇔ 25. MC VISA JZ
fermé dim. – **Rest** (dîner seult jusqu'à minuit) 49, carte 21/30.
◆ Authentique cuisine libanaise à découvrir dans une ambiance chaleureuse et quelquefois animée. Éclairage tamisé assuré par des lanternes orientales ; accueillante patronne.
◆ Restaurant dat authentieke Libanese gerechten serveert in een gezellige, soms bijzonder levendige sfeer. De oosterse lantarens zorgen voor gedempt licht en de eigenaresse ontvangt u vriendelijk.

Quartier Grand'Place (Ilot Sacré) - *plan p. 14 :*

Amigo, r. Amigo 1, ✉ 1000, ☎ 0 2 547 47 47, *enquires.amigo@roccofortehotels.com, Fax 0 2 513 52 77,* Fā – |$| ⇌ ▤ ⌂ ⇔ – 🏛 160. AE Ⓓ MC VISA. ✗ JY
Rest voir rest ***Bocconi*** ci-après – ☕ 28 – **156 ch** ★189/640 – ★★189/670 – 18 suites.
◆ Belle bâtisse aux accents "Renaissance espagnole" ayant longtemps servi de prison ! Collection d'œuvres d'art, chambres au chic contemporain et voisinage de la Grand'Place.
◆ Mooi hotel met Spaanse renaissance-elementen en veel kunst, en dat in een oude gevangenis! Kamers met een eigentijdse chic in de buurt van de Grote Markt.

Royal Windsor, r. Duquesnoy 5, ✉ 1000, ☎ 0 2 505 55 55, *resa.royalwindsor@warwickhotels.com, Fax 0 2 505 55 00,* Fā, ≘ – |$| ▤ ♿ ch, ⌂ ⇔ P – 🏛 200. AE Ⓓ MC VISA. ✗ JYZ
Rest Lunch 14 – carte 24/40, ♀ – ☕ 25 – **249 ch** ★135/450 – ★★135/450 – 17 suites ½ P 180.
◆ Luxe, confort et raffinement caractérisent cet hôtel du centre historique. À noter quelques chambres taillées sur mesure pour les "belgian fashion victims". Service roy Bar-restaurant actuel sensé entretenir une ambiance coloniale. Cuisine d'aujourd'hui.
◆ Luxe, comfort en verfijning kenmerken dit schitterende hotel in het historische centrum. Enkele kamers lijken op maat gemaakt voor "Belgian fashion victims". Vorstelijke service. Bar-restaurant met een koloniale ambiance en eigentijdse keuken.

Le Méridien, Carrefour de l'Europe 3, ✉ 1000, ☎ 0 2 548 42 11, *info.brussels@lemeridien.com, Fax 0 2 548 40 80,* Fā – |$| ⇌ ▤ ♿ ch, ⌂ ⇔ – 🏛 200. AE Ⓓ MC VISA. ✗ KY
Rest ***L'Épicerie*** *(fermé mi-juil.-mi-août, fin déc., sam. midi et dim. soir)* Lunch 52 – carte 53/72 – ☕ 25 – **216 ch** ★165/465 – ★★165/465 – 8 suites.
◆ Majestueuse façade néo-classique postée juste en face de la gare centrale. Décor intérieur rutilant et cossu. Coquettes chambres dotées d'équipements dernier cri. Restaurant proposant une carte actuelle tournée vers le Nouveau Monde et ses épices.
◆ Majestueus neoclassicistisch gebouw met een luisterrijk interieur, tegenover het Centraal Station. Prima kamers met ultramoderne voorzieningen. Het restaurant biedt een eigentijdse menukaart, gericht op de Nieuwe Wereld en zijn specerijen.

Le Dixseptième sans rest, r. Madeleine 25, ✉ 1000, ☎ 0 2 517 17 17, *info@ledixseptieme.be, Fax 0 2 502 64 24* – |$| ⇌ ▤ – 🏛 25. AE Ⓓ MC VISA. ✗ JY
18 ch ☕ ★150/300 – ★★170/400 – 6 suites.
◆ Ancien hôtel particulier du 17e s. où l'ambassadeur d'Espagne eut ses quartiers. Salons cossus, jolie cour intérieure et vastes chambres pourvues de meubles de divers styles.
◆ Dit 17e-eeuwse herenhuis was vroeger de ambtswoning van de Spaanse ambassadeur. Weelderige lounge, mooie patio en ruime kamers met meubelen uit verschillende stijlperioden.

Carrefour de l'Europe sans rest, r. Marché-aux-Herbes 110, ✉ 1000, ✆ 0 2 504 94 00, *info@carrefoureurope.net, Fax 0 2 504 95 00* – 200. AE VISA JKY n

– 59 ch ☕ ★99/270 – ★★99/290 – 5 suites.

◆ Adossée à la place d'Espagne où trône Don Quichotte, construction récente en harmonie avec l'architecture de l'îlot sacré. Chambres un peu ternes mais d'un bon calibre.

◆ Nieuw gebouw op een steenworp afstand van de Grote Markt. Centraal gelegen aan het Spanjeplein, waar Don Quichot zijn standbeeld heeft. Ruime, tikje saaie kamers.

Matignon sans rest, r. Bourse 10, ✉ 1000, ✆ 0 2 511 08 88, *hotelmatignon@skynet.be, Fax 0 2 513 69 27* – JY q

37 ch ☕ ★85/105 – ★★85/105.

◆ Juste à côté de la Bourse, établissement mettant à votre disposition des chambres bien tenues, dont une dizaine de junior suites. Clientèle essentiellement touristique.

◆ Dit hotel naast de Beurs beschikt over goed onderhouden kamers, waaronder een tiental junior suites. De cliëntèle bestaat overwegend uit toeristen.

La Légende sans rest, r. Lombard 35, ✉ 1000, ✆ 0 2 512 82 90, *info@hotellalegende.com, Fax 0 2 512 34 93* – . AE VISA JY m

26 ch ☕ ★60/150 – ★★70/180.

◆ Cet hôtel, tenu par la même famille depuis 1957, propose des chambres sobres et nettes réparties dans deux ailes accessibles par une cour intérieure. Jolie salle de breakfast.

◆ Dit hotel, dat al sinds 1957 in handen van dezelfde familie is, biedt sobere maar keurige kamers in twee vleugels die toegankelijk zijn via de binnenplaats. Leuke ontbijtzaal.

La Maison du Cygne, r. Charles Buls 2, ✉ 1000, ✆ 0 2 511 82 44, *info@lamaisonducygne.be, Fax 0 2 514 31 48* – P 4/100. AE VISA. JY w

fermé 21 juil.-16 août, fin déc., sam. midi et dim. – **Rest** *Lunch 40* – 85, carte 66/141.

◆ La corporation des Bouchers siégea dans cette prestigieuse maison élevée au 17e s. sur la Grand-Place. Rôtissoire en salle, mets classiques actualisés et beau livre de cave.

◆ In dit 17e-eeuwse pand aan de Grote Markt zat vroeger het Slagersgilde. Klassieke keuken met een vleugje vernieuwing, grillspecialiteiten en een mooie wijnkaart.

Aux Armes de Bruxelles, r. Bouchers 13, ✉ 1000, ✆ 0 2 511 55 98, *arbrux@beon.be, Fax 0 2 514 81 14,* Ouvert jusqu'à 23 h – 10/150. AE VISA JY t

fermé 18 juin-16 juil. et lundi – **Rest** *Lunch 23 bc* – 31/46, carte 28/60, ♀.

◆ Vénérable institution bruxelloise en plein îlot sacré, cette table exploitée en famille depuis 1921 honore les traditions culinaires du Plat Pays. Salles de styles contrastés.

◆ Een begrip in Brussel, midden in het oude centrum. Eetzalen in verschillende stijlen, waar sinds 1921 nog steeds dezelfde familie de culinaire traditie van België hoog houdt.

Bocconi - H. Amigo, r. Amigo 1, ✉ 1000, ✆ 0 2 547 47 15, *restaurantbocconi@roccofortehotels.com, Fax 0 2 547 47 67,* Cuisine italienne, ouvert jusqu'à 23 h – 10/160. AE VISA. JY x

Rest *Lunch 27* – 50, carte 42/54, ♀.

◆ Cet estimable restaurant italien est installé dans un hôtel de luxe voisin de la Grand-Place. Aménagement intérieur façon brasserie moderne. Carte transalpine alléchante.

◆ Deze verdienstelijke Italiaan is gevestigd in een luxehotel bij de Grote Markt. De inrichting doet denken aan een moderne brasserie. Aantrekkelijke Italiaanse kaart.

De l'Ogenblik, Galerie des Princes 1, ✉ 1000, ✆ 0 2 511 61 51, *ogenblik@scarlet.be, Fax 0 2 513 41 58,* Ouvert jusqu'à minuit – 16/25. AE VISA JY p

fermé dim. et midis fériés – **Rest** 51/71 bc, carte 45/66, ♀.

◆ La clientèle d'affaires bruxelloise fréquente assidûment cette table animée mettant à profit un ancien café. Mets classiques et plats de bistrot. Chef en place depuis 1975.

◆ Dit restaurant in een voormalig café wordt druk bezocht door Brusselse zakenmensen. De chef-kok zet hier al sinds 1975 klassieke gerechten en bistroschotels op tafel.

La Roue d'Or, r. Chapeliers 26, ✉ 1000, ✆ 0 2 514 25 54, *roue.dor@hotmail.com, Fax 0 2 512 30 81,* Brasserie, ouvert jusqu'à minuit – AE VISA. JY y

fermé mi-juil.-mi-août – **Rest** *Lunch 12* – carte 37/50.

◆ Cet ancien café typique et convivial mitonne de bons petits plats traditionnels et quelques spécialités belges. Peintures murales façon Magritte et superbe montre en salle.

◆ Typisch Brussels café-restaurant met traditionele gerechten en Belgische specialiteiten. Muurschilderingen in de stijl van Magritte en een prachtig pronkstuk in de eetzaal.

Scheltema, r. Dominicains 7, ✉ 1000, ✆ 0 2 512 20 84, *scheltema@skynet.be, Fax 0 2 512 44 82,* Avec produits de la mer, ouvert jusqu'à 23 h 30 – 30/80. AE VISA JY p

fermé 24 et 25 déc. et dim. – **Rest** *Lunch 19* – 34/43, carte 36/84, ♀.

◆ Jolie brasserie ancienne de l'îlot sacré spécialisée dans les produits de la mer. Choix classique, suggestions actualisées, ambiance animée et décor boisé agréablement rétro.

◆ Mooie oude brasserie in het îlot Sacré, gespecialiseerd in zeeproducten. Klassieke kaart, eigentijdse suggesties, geanimeerde sfeer en leuk retro-interieur met veel hout.

Le Cerf, Grand'Place 20, ✉ 1000, ✆ 0 2 511 47 91, *Fax 0 2 546 09 59*, Ouvert jusqu 23 h 30 – ▤ ⇔ 12/32. AE ⓓ ⓜⓒ VISA JY
fermé 15 juil.-15 août, sam. et dim. – **Rest** *Lunch 23 bc* – 46 bc/54 bc, carte 35/54.
• Ancienne maison de notable (1710) où boiseries, vitraux, cheminée et chaudes étoff composent un décor intérieur intime et feutré. Deux tables ont vue sur la Grand-Place.
• Dit restaurant in een herenhuis uit 1710 heeft lambrisering, glas-in-loodramen, warm stoffering en een behaaglijke open haard. Twee tafels kijken uit op de Grote Markt.

Vincent, r. Dominicains 8, ✉ 1000, ✆ 0 2 511 26 07, *info@restaurantvincent.co Fax 0 2 502 36 93*, Ouvert jusqu'à 23 h 30 – ▤ ♿. AE ⓓ ⓜⓒ VISA JY
fermé 2 au 12 janv. et 1re quinz. août – **Rest** *Lunch 13* – 27/37, carte 23/69.
• Savourez l'atmosphère bruxelloise de cette nostalgique rôtisserie ornée de fresques carreaux de céramique peinte. Cuisine d'ici, avec spécialités carnivores et de moules.
• Proef de Brusselse sfeer van deze nostalgische rotisserie met muurschilderingen beschilderde tegels. Belgische keuken met vleesschotels en mosselen in het seizoen.

Quartier Ste-Catherine (Marché-aux-Poissons) - *plan p. 14 sauf indication sp ciale :*

Novotel Centre - Tour Noire, r. Vierge Noire 32, ✉ 1000, ✆ 0 2 505 50 5 *H2122@accor.com, Fax 0 2 505 50 00*, – 🏋, ≘s, ▣ – |♦| ⇔ ▤ ♿ – 🏛 225. AE ⓓ VISA JY
Rest 30 bc, carte 23/37 – ☐ 15 – **217 ch** ★115/210 – ★★115/210.
• Hôtel de chaîne moderne intégrant des vestiges de la première enceinte bruxellois dont une tour restaurée dans l'esprit de Viollet-le-Duc. Chambres rénovées par étape Brasserie de style actuel appelée "Passe-Partout", à l'image de sa prestation culinaire.
• In dit moderne ketenhotel is nog een deel van de oudste stadsmuur van Brussel vinden, waaronder een gerestaureerde toren. De kamers worden geleidelijk gerenoveer De eigentijdse brasserie heet "Passe-Partout", wat iets zegt over het culinaire repertoire.

Welcome sans rest, quai au Bois à Brûler 23, ✉ 1000, ✆ 0 2 219 95 46, *info@hotelw come.com, Fax 0 2 217 18 87* – |♦| ⇔ 🚗. AE ⓓ ⓜⓒ VISA. ✂ JY
16 ch ☐ ★85/140 – ★★95/180.
• Maison vous hébergeant dans de jolies chambres aux décors évocateurs de contré exotiques : Égypte, Kenya, Congo, Chine, Bali, Tibet, Japon, Inde, etc.
• In dit hotel logeert u in mooie kamers die aan verre oorden doen denken: Egypte, Ken Congo, China, Bali, Tibet, Japan, India, enz.

Atlas sans rest, r. Vieux Marché-aux-Grains 30, ✉ 1000, ✆ 0 2 502 60 C *info@atlas.be, Fax 0 2 502 69 35* – |♦| ⇔ ♿ 🚗 – 🏛 30. AE ⓓ ⓜⓒ VISA. ✂
88 ch ☐ ★70/175 – ★★75/250. plan p. 10 ER
• Cet hôtel particulier (18e s.) modernisé intérieurement se situe dans un quartier fes réputé pour ses boutiques de mode belge. La majorité des chambres donne sur la cour.
• Hotel in een 18e-eeuws herenhuis dat vanbinnen is gemoderniseerd, in een bruisen wijk met veel Belgische modeontwerpers. De meeste kamers kijken uit op de binnenplaat

Noga sans rest, r. Béguinage 38, ✉ 1000, ✆ 0 2 218 67 63, *info@nogahotel.com, Fax (218 16 03* – |♦| ⇔ 🚗. AE ⓓ ⓜⓒ VISA JY
19 ch ☐ ★70/90 – ★★85/105.
• Accueillante maison de maître située dans un quartier calme. Salon agréable, bar décor nautique, jolies chambres et cage d'escalier ornée de portraits de la dynastie belge
• Leuk hotelletje in een herenhuis in een rustige wijk. Aangename lounge, bar in zeeman stijl, mooie kamers en trappenhuis met portretten van het Belgische koningshuis.

Hooy kaye lodge sans rest, quai aux Pierres de Taille 22, ✉ 1000, ✆ 0 2 218 44 4 *info@hooykayelodge.com, Fax 0 2 218 44 41*, – ⇔ plan p. 10 EQ
3 ch ☐ ★85/125 – ★★95/125.
• Maison de marchand (17e s.) transformée en "bed and breakfast" de charme. Vieil escali en bois sculpté, chambres épurées, éléments décoratifs anciens, design et asiatiques.
• Dit 17e-eeuwse koopmanshuis is nu een sfeervol Bed & Breakfast. Fraai bewerkte hout trap, sobere kamers met antieke, moderne en Aziatische ornamenten.

François, quai aux Briques 2, ✉ 1000, ✆ 0 2 511 60 89, *Fax 0 2 512 06 67*, , Écaille produits de la mer – ▤ ⇔ 15/35. AE ⓓ ⓜⓒ VISA JY
fermé 1er au 15 avril, 15 au 31 août, dim. et lundi – **Rest** *Lunch 25* – 35/39, carte 40/92, ♀.
• Maison de tradition agrégée à une poissonnerie et tenue par la même famille depuis l années 1930. Cuisine littorale à apprécier dans un cadre marin égayé de clichés "rétro".
• Traditioneel restaurant dat bij een viswinkel hoort en al sinds 1930 door dezelfde fami wordt gerund. Heerlijke visgerechten in een maritiem interieur met oude foto's.

La Belle Maraîchère, pl. Ste-Catherine 11, ✉ 1000, ✆ 0 2 512 97 59, *Fax 0 513 76 91*, Produits de la mer – ▤ ⇔ 12/50. AE ⓓ ⓜⓒ VISA JY
fermé 2 sem. carnaval, mi-juil.-début août, merc. et jeudi – **Rest** 33/52, carte 34/87.
• Cette table conviviale au charme un rien suranné est incontestablement l'une des valeu sûres du quartier. Goûteuse cuisine classique où s'illustrent les produits de la mer.
• Gezellig ouderwets restaurant, een van de beste adresjes van de wijk. Smakelijke klassie keuken waarin vis de hoofdmoot vormt.

XX **Le Jardin de Catherine**, pl. Ste-Catherine 5, ✉ 1000, ☎ 0 2 513 19 92, *info@jardindecatherine.be, Fax 0 2 513 71 09*, 🍴 – ▤ ⇔ 30/60. AE ⓓ ⓜ VISA JY k
fermé sam. midi – **Rest** 30, carte 39/60.
◆ Deux bâtisses anciennes et typées composent ce restaurant traditionnel surveillant le parvis de l'église Ste-Catherine. Restaurant d'été dans la cour, à l'abri des regards.
◆ Traditioneel restaurant in twee oude panden aan het plein voor de St.-Katelijnekerk. Op de binnenplaats, uit het zicht, worden 's zomers de tafeltjes gedekt.

XX **Le Loup-Galant**, quai aux Barques 4, ✉ 1000, ☎ 0 2 219 99 98, *loupgalant@swing.be, Fax 0 2 219 99 98* – ▤ ⇔ 8/24. AE ⓜ VISA plan p. 10 EQ a
fermé 1 sem. Pâques, 1er au 15 août, 24 au 31 déc., dim. et lundi – **Rest** *Lunch 15* – 30/53 bc, carte 38/49.
◆ Vieille maison du Vismet repérable à ses murs jaunes et à la statue dorée de saint Michel ornant la façade voisine. Cadre néo-rustique (poutres et cheminée) ; repas classique.
◆ Dit oude huis aan de Vismet is te herkennen aan de gele muren en het vergulde beeld van Michaël aan de gevel ernaast. Neorustiek interieur met schouw en klassieke keuken.

X **Vismet**, pl. Ste-Catherine 23, ✉ 1000, ☎ 0 2 218 85 45, *vismet@hotmail.com, Fax 0 2 218 85 46*, 🍴, Produits de la mer – ⓜ VISA JY v
fermé août, dim. et lundi – **Rest** *Lunch 16* – carte 38/50.
◆ Préparations voguant au gré des marées et cadre simple où flotte une atmosphère quelquefois houleuse. Cuisines ouvertes sur la salle ; petite terrasse basique.
◆ Visrestaurant met een open keuken en eenvoudig interieur, waar het best woelig kan zijn. U kunt ook op het terrasje eten.

X **L'Huîtrière**, quai aux Briques 20, ✉ 1000, ☎ 0 2 512 08 66, *Fax 0 2 512 12 81*, 🍴, Produits de la mer – ⇔ 9/70. AE ⓓ ⓜ VISA JY a
Rest *Lunch 15* – 25/40, carte 40/60, ♀.
◆ Cuisine de la mer servie dans un cadre de boiseries, vitraux et fresques bruegeliennes, évocateur des charmes du vieux Bruxelles. Lunch-menu intéressant. Service aimable.
◆ Visrestaurant met een interessant lunchmenu. Fraai interieur met veel hout, glas-in-loodramen en Breugeliaanse muurschilderingen. Vriendelijke bediening.

X **La Marée**, r. Flandre 99, ✉ 1000, ☎ 0 2 511 00 40, *Fax 0 2 511 86 19*, Produits de la mer – ▤ ⇔ 6/20. ⓜ VISA plan p. 10 ER h
fermé 15 juin-15 juil., Noël, Nouvel An, lundi et mardi – **Rest** carte 25/60.
◆ L'adresse plaît pour sa convivialité, autant que pour sa simplicité décorative et culinaire. Fourneaux à vue ; cuisinière connaissant par cœur l'horaire des marées !
◆ Dit adresje is in trek vanwege de gemoedelijke sfeer, de eenvoudige inrichting en het lekkere eten. Open keuken en veel vis, want het heet niet voor niets La Marée (het tij).

X **Switch**, r. Flandre 6, ✉ 1000, ☎ 0 2 503 14 80, *Fax 0 2 502 58 78* – AE ⓜ VISA plan p. 10 ER g
fermé 3 prem. sem. août, 24, 25 et 31 déc., 1er janv., dim. et lundi – **Rest** 28/38, carte env. 35.
◆ Bistrot moderne dont l'originalité consiste à vous laisser choisir, pour chaque produit de base figurant à la carte, son mode de cuisson, son condiment et sa garniture.
◆ Moderne bistro met een originele formule: u kiest voor elk basisproduct op de kaart uw favoriete bereidingswijze, saus en garnituur.

X **Le Fourneau**, pl. Ste-Catherine 8, ✉ 100, ☎ 0 2 513 10 02, *Fax 0 2 513 10 07* – ▤. AE ⓜ VISA JY k
fermé 24, 25 et 31 déc., 1er janv., mardi et dim. midi – **Rest** carte env. 30, ♀.
◆ Bonne cuisine "Sud" servie autour d'un comptoir circulaire ouvert sur les fourneaux. Choix flexible : portions "tapas" en entrées ; plats tarifés au poids. Pas de réservation.
◆ Lekker mediterraan eten aan de ronde bar met zicht op de keuken. Flexibele keuze: tapasporties als voorgerecht en hoofdgerechten met prijs naar gewicht. Geen reserveringen.

X **Viva M'Boma**, r. Flandre 17, ✉ 1000, ☎ 0 2 512 15 93, 🍴, Cuisine régionale – ▤. ⓜ VISA. ✂ plan p. 10 ER b
fermé 1er au 8 janv., 1er au 16 août, dim., lundi soir, mardi soir et merc. – **Rest** carte env. 31.
◆ Une boutique-traiteur dessert cette "néo-cantine" aux tables serrées et aux murs couverts de carreaux de boucherie. Mets belgo-bruxellois, tripes à gogo, miniterrasse cachée.
◆ Delicatessenwinkel annex eethuisje met tafeltjes dicht op elkaar en muren met slagerijtegels. Belgische specialiteiten (pens) en verscholen miniterrasje.

X **Strofilia**, r. Marché-aux-Porcs 11, ✉ 1000, ☎ 0 2 512 32 93, *strofilia@scarlet.be, Fax 0 2 512 09 94*, Cuisine grecque – ⇔ 25/80. AE ⓜ VISA. ✂ plan p. 10 ER c
fermé 1er au 25 août et dim. – **Rest** (dîner seult jusqu'à 23 h 30) 20/45 bc, carte 23/38.
◆ "Ouzerie" améliorée dont l'enseigne se réfère à une presse à raisin. Grandes salles façon "loft" à touches byzantines. Préparations cent pour cent hellènes et cave assortie.
◆ Verbeterde ouzo-bar waarvan het uithangbord een druivenpers voorstelt. Loft-stijl zalen met een Byzantijnse noot. De keuken en de wijnkelder zijn honderd procent Grieks.

Quartier des Sablons - *plan p. 14 :*

Jolly du Grand Sablon, r. Bodenbroek 2, ✉ 1000, ✆ 0 2 518 11 00, *jollyhote[l...]blon@jollyhotels.be, Fax 0 2 512 67 66* – 150. KZ
Rest *(fermé 20 juil.-20 août et dim.)* (cuisine italienne) carte 26/45, ♀ – **187 ch** ☕ ✝269/3[...] – ✝✝294/354 – 6 suites.
◆ La tradition hôtelière italienne à deux pas des prestigieux musées royaux. Commu[...] spacieux, équipement complet dans les chambres, salles de réunions bien installées. Re[s]taurant transalpin proposant des formules buffets et un "brunch" dominical en musique[.]
◆ Dit hotel bij de prestigieuze Koninklijke Musea voor Schone Kunsten is in Italiaanse ha[n]den. Ruime gemeenschappelijke gedeelten, comfortabele kamers en goede vergade[r]faciliteiten. Italiaans restaurant met buffetten en een zondagse brunch met live muziek.

Hesperia Sablon sans rest, r. Paille 2, ✉ 1000, ✆ 0 2 513 60 40, *hotel@hesperi[a]sablon.com, Fax 0 2 511 81 41*. KZ
27 ch ☕ ✝95/260 – ✝✝105/270 – 5 suites.
◆ Cet hôtel de chaîne offrant un bon niveau de confort est aménagé dans une bâtis[se] d'angle ancienne mais entièrement modernisée. Chambres actuelles aux chaudes ton[a]lités.
◆ Dit comfortabele hotel maakt deel uit van een keten. Het is gevestigd in een oud hoe[k]pand dat volledig is gemoderniseerd. Moderne kamers in warme kleuren.

L'Écailler du Palais Royal (Hahn), r. Bodenbroek 18, ✉ 1000, ✆ 0 2 512 87 5[...] *lecaillerdupalaisroyal@skynet.be, Fax 0 2 511 99 50*, Produits de la mer. KZ
fermé août, Noël-Nouvel An, dim. et jours fériés – **Rest** carte 65/130.
Spéc. Rémoulade de crabe royal aux courgettes. Sole Colbert à la mousseline de crevette[s]. Glace vanille au miel.
◆ Écailler feutré et cossu où se croisent les clientèles diplomatico-parlementaire et politic[o-]patronale. Confort banquette, chaise ou comptoir en bas ; tables rondes à l'étage.
◆ Luxe visrestaurant annex oesterbar, waar diplomaten, parlementariërs en werkgever[s] elkaar ontmoeten. Beneden staan bankjes, stoelen en barkrukken en boven ronde tafels.

Castello Banfi, r. Bodenbroek 12, ✉ 1000, ✆ 0 2 512 87 94, *iktarea@hotmail.co[m], Fax 0 2 512 87 94*, Avec cuisine italienne – 30/50. KZ
fermé sem. Pâques, 3 dern. sem. août, dim. et lundi – **Rest** *Lunch 29* – 55, carte 53/84.
◆ Derrière une façade de 1729, "ristorante" dont l'enseigne se réfère à un grand domain[e] viticole toscan et dont l'assiette et la cave se partagent entre la Botte et l'Hexagone.
◆ Ristorante in een pand uit 1729, waarvan de naam verwijst naar een groot Toscaan[s] wijndomein. Frans-Italiaanse keuken en dito wijnen.

Chez Marius, pl. du Petit Sablon 1, ✉ 1000, ✆ 0 2 511 12 08, *info@chezmarius.be, Fax 0 2 512 27 89* – 6/35. KZ
fermé 20 juil.-20 août, sam. et dim. – **Rest** *Lunch 25* – 43/50, carte 46/84.
◆ Restaurant fondé en 1965 face au Petit Sablon. Repas aux accents provençaux servi dan[s] trois salles classiques tirées à quatre épingles. Petite terrasse urbaine sur le devant.
◆ Dit restaurant tegenover Le Petit Sablon bestaat al sinds 1965. Provençaalse keuken i[n] drie klassieke eetzalen die er tiptop uitzien. Klein terras aan de voorkant.

Lola, pl. du Grand Sablon 33, ✉ 1000, ✆ 0 2 514 24 60, *restaurant.lola@skynet.be, Fax 0 2 514 26 53*, Brasserie, ouvert jusqu'à 23 h 30. JZ
fermé prem. sem. août et 24, 25 et 31 déc.-1er janv. – **Rest** carte 35/55, ♀.
◆ Brasserie conviviale au décor contemporain proposant une cuisine tournée vers les sa[-]veurs du moment. Alternative chaises ou banquettes. On mange également au comptoir.
◆ Gezellige brasserie met een hedendaagse inrichting en een keuken die ook aan de smaa[k] van tegenwoordig voldoet. Er kan op een stoel, een bankje of een barkruk worden ge[-]geten.

Les Brigittines Aux Marches de la Chapelle, pl. de la Chapelle 5, ✉ 1000, ✆ 0 2 512 68 91, *info@lesbrigittines.com, Fax 0 2 512 41 30* – 15/32. JZ
fermé 21 juil.-16 août, sam. midi et dim. – **Rest** *Lunch 19* – 45 bc/60 bc, carte 33 à 50.
◆ Devant le parvis de l'église de la Chapelle, brasserie appréciée pour son chaleureux décor intérieur de style Art nouveau, vous plongeant dans une atmosphère "Belle Époque".
◆ Deze brasserie bij de Église de la Chapelle valt in de smaak vanwege zijn sfeervolle art-nouveau-interieur waarin u zich in de tijd van de Belle Époque waant.

La Clef des Champs, r. Rollebeek 23, ✉ 1000, ✆ 0 2 512 11 93, *info@clefsdes[-]champs.be, Fax 0 2 502 42 32*. JZ
fermé dim. soir et lundi – **Rest** *Lunch 16* – 32/53 bc, carte 41/49.
◆ Affaire familiale sympathique, totalement relookée en 2006 : grands miroirs, lustres en cristal, lambris cérusés, chaises de style à dossier ajouré. Table régionale française.
◆ Dit leuke familierestaurant heeft sinds 2006 een nieuwe look: grote spiegels, kristallen kroonluchters en stoelen met ajour rugleuning. Franse streekgerechten.

X **Orphyse Chaussette,** r. Charles Hanssens 5, ✉ 100, ☎ 0 2 502 75 81, *orphyse.chaussette@skynet.be, Fax 0 2 513 52 04*, 🏡, Bistrot avec cuisine du Sud-Ouest – ⇔ 10/20. ⚡ JZ b

fermé 16 au 23 avril, 22 juil.-16 août, 23 déc.-1er janv., dim. et lundi soir – **Rest** *Lunch 15* – 45, carte 36/46, 🍷.

◆ Recommandable petit "bistrot-gastro" dont la cuisine vous promène dans le Sud-Ouest de la France, au même titre que la cave. Confort assez sommaire mais atmosphère vivante.

◆ Een goed adresje deze kleine bistro, waar zowel Zuid-Franse gerechten als wijnen worden geserveerd. Vrij eenvoudig comfort, maar een gezellige sfeer.

Quartier Palais de Justice - *plan p. 10 sauf indication spéciale :*

🏨 **Hilton,** bd de Waterloo 38, ✉ 1000, ☎ 0 2 504 11 11 et 0 2 504 13 33 (rest), *fbadmin.brussels@hilton.com, Fax 0 2 504 21 11*, ≤ ville, ⚘, ≘s – |‡| ⚡ ▤ ♿ rest, 🚗 – 🏟 650. AE ⓪ ⓂⒸ VISA. ⚡ rest FS s

Rest voir rest ***Maison du Bœuf*** ci-après – ***Café d'Egmont*** (ouvert jusqu'à minuit) *Lunch 35* – carte 38/58, ♀ – ☕ 32 – **416 ch** 🛉170/490 – 🛉🛉170/490 – 15 suites.

◆ La clientèle d'affaires internationale sera choyée dans cette imposante tour à l'enseigne prestigieuse, érigée à la charnière de deux mondes : ville haute et ville basse. Une carte intercontinentale est présentée sous la verrière Art déco du Café d'Egmont.

◆ De internationale zakenwereld wordt in de watten gelegd in deze wolkenkrabber van het beroemde Hilton-hotel, op de scheidslijn tussen de boven- en de benedenstad. Onder de art-decokoepel van het Café d'Egmont kunt u genieten van een intercontinentale keuken.

XXXX **Maison du Bœuf** - H. Hilton, 1er étage, bd de Waterloo 38, ✉ 1000, ☎ 0 2 504 11 11, *fpadmin.brussels@hilton.com, Fax 0 2 504 21 11*, ≤ – ▤ ♿ 🚗 🅿 ⇔ 20. AE ⓪ ⓂⒸ VISA. ⚡ FS s

Rest *Lunch 55* – 58/68, carte 78/118, ♀ 🍷.

◆ Une carte rigoureusement classique, à l'image de l'opulent décor, vous sera soumise au restaurant gastronomique du Hilton. Cave très complète. Vue sur le parc d'Egmont.

◆ Dit gastronomische restaurant van het Hilton biedt een mooie kaart, die net als het weelderige interieur zeer klassiek is. Grote wijnkelder. Uitzicht op het Egmontpark.

XX **JB,** r. Grand Cerf 24, ✉ 1000, ☎ 0 2 512 04 84, *restaurantjb@tele2.be, Fax 0 2 511 79 30*, 🏡 – ▤ ⇔ 12/35. AE ⓪ ⓂⒸ VISA FS z

fermé sam. midi et dim. – **Rest** 32 bc,/43 bc, carte 46/60.

◆ Sachez que le nom de cette table sympathique tenue en famille n'a aucun rapport avec le célèbre alcool écossais homonyme ! Choix classique appétissant ; menus bien balancés.

◆ De naam van dit sympathieke familierestaurant houdt geen enkel verband met het beroemde whiskymerk. Aantrekkelijke klassieke kaart en goed uitgebalanceerde menu's.

X **L'Idiot du village,** r. Notre Seigneur 19, ✉ 1000, ☎ 0 2 502 55 82, Ouvert jusqu'à 23 h – AE ⓪ ⓂⒸ VISA JZ a

fermé 20 juil.-20 août, 23 déc.-3 janv., sam. et dim. – **Rest** *Lunch 15* – carte 38/58.

◆ Accueil tout sourire, décor composite agréablement kitsch, ambiance intimiste et cuisine bistrotière remise au goût du jour ; bref : une table qu'il serait "idiot" de bouder !

◆ Vriendelijk onthaal, leuke kitscherige inrichting, intieme sfeer en eigentijdse bistrokeuken. Kortom, het zou "idioot" zijn om hier niet te gaan eten!

X **Les Larmes du Tigre,** r. Wynants 21, ✉ 1000, ☎ 0 2 512 18 77, *Fax 0 2 502 10 03*, 🏡, Cuisine thaïlandaise – ⇔ 10/16. AE ⓪ ⓂⒸ VISA ES p

fermé mardi et sam. midi – **Rest** *Lunch 11* – 35, carte 26/37.

◆ Restaurant thaïlandais connu depuis 20 ans dans cette maison de maître située derrière le palais de justice. Plafond couvert d'ombrelles. Buffet dominical (midi et soir).

◆ Dit Thaise restaurant zit al ruim 20 jaar in een herenhuis achter het Paleis van Justitie. Het plafond is met parasols versierd. Buffet op zondag ('s middags en 's avonds).

Quartier Léopold *(voir aussi Ixelles) - plans p. 10 et 14 :*

🏨 **Stanhope,** square de Meëus 4, ✉ 1000, ☎ 0 2 506 90 12, *Fax 0 2 512 17 08*, ⚘, ≘s – |‡| ⚡ ▤ ♿ 🚗 – 🏟 300. AE ⓪ ⓂⒸ VISA. ⚡ FS x

fermé 21 au 27 déc. – **Rest** voir rest ***Brighton*** ci-après – ☕ 25 – **99 ch** 🛉155/375 – 🛉🛉195/375 – 9 suites – ½ P 229/702.

◆ Revivez les fastes de l'époque victorienne dans cet hôtel particulier "very british", mettant diverses catégories de chambres à votre disposition. Superbes suites et duplex.

◆ Ervaar de luister van de Victoriaanse tijd in dit patriciërshuis dat "very british" is. Kamers in verschillende categorieën, waaronder prachtige suites en split-level.

XXX **Brighton** - H. Stanhope, r. Commerce 9, ✉ 1000, ☎ 0 2 506 90 35, *brighton@stanhope.be, Fax 0 2 512 17 08*, 🏡 – ▤ ♿ 🚗. AE ⓪ ⓂⒸ VISA. ⚡ KZ v

fermé 9 au 17 avril, 14 déc.-9 janv., sam. et dim. – **Rest** *Lunch 39* – 45/66 bc, carte 53/105.

◆ Dans un hôtel élégant, salle à manger au décor anglais raffiné, inspiré du Pavillon royal de Brighton. Agréable patio accueillant une terrasse dès les premiers beaux jours.

◆ Restaurant in een elegant hotel met een stijlvolle Engelse inrichting, geïnspireerd op het Koninklijk Paviljoen in Brighton. Prettige patio om bij mooi weer buiten te eten.

Quartier Louise *(voir aussi Ixelles et St-Gilles) - plans p. 10 et 12 :*

Conrad, av. Louise 71, ✉ 1050, ☎ 0 2 542 42 42, *brusselsinfo@conradhotels.co*
Fax 0 2 542 42 00, - 650. AE VISA FS
Rest **Loui** *(fermé juil.-août, sam. midi, dim. midi et lundi midi)* carte 48/66, ♀ - **Ca**
Wiltcher's *Lunch 35* – carte 43/70, ♀ - ☕ 33 – **254 ch** ★229/599 – ★★254/624 – 15 suites.
◆ Palace moderne agrégé à un hôtel de maître (1918). Belles chambres dotées de meubl de styles ; bon équipement pour loisirs et séminaires. Carte actuelle aux influences varié et ambiance "lounge" au tendancissime Loui. Café apprécié pour son lunch-buffet.
◆ Modern luxehotel dat is geïntegreerd in een herenhuist (1918). Mooie kamers met sti meubelen. Goede faciliteiten voor congressen en recreatie. Trendy restaurant met ee eigentijdse wereldkaart en lounge-ambiance. Het café is populair vanwege het lunchbu fet.

Bristol Stephanie, av. Louise 91, ✉ 1050, ☎ 0 2 543 33 11, *hotel_bristol@bristol.b*
Fax 0 2 538 03 07, rest, - 400. AE VISA
rest FT
Rest *(fermé 14 juil.-2 sept., 15 déc.-6 janv., sam. et dim.)* (avec buffets) *Lunch 42 bc* – cart 43/62 – ☕ 27 – **139 ch** ★130/410 – ★★157/435 – 3 suites.
◆ Établissement de luxe dont les chambres, agréables à vivre, se répartissent dans deu immeubles communicants. Trois superbes suites au typique mobilier norvégien. Cuisine a goût du jour à savourer dans un cadre scandinave. Formule buffets.
◆ Luxehotel met zeer aangename kamers, verdeeld over twee panden die met elkaar verbinding staan. Drie prachtige suites met typisch Noors meubilair. Eigentijdse keuken i een Scandinavisch interieur. Buffetformule.

Le Châtelain, r. Châtelain 17, ✉ 1000, ☎ 0 2 646 00 55, *info@le-chatelain.ne*
Fax 0 2 646 00 88, - 180. AE VISA. rest FU
Rest *(fermé sam. et dim. midi)* (avec cuisine asiatique) carte 35 à 48 – ☕ 25 – **107 c**
★350/450 – ★★375/475 – 2 suites.
◆ Hôtel récent renfermant de grandes chambres actuelles dotées d'un équipement trè complet. Halll-réception cossu, salle de fitness bien installée et petit jardin de ville. Un carte continentale enrichie de préparations asiatiques est présentée au restaurant.
◆ Dit nieuwe hotel beschikt over grote, eigentijdse kamers die van alle comfort zijn voor zien. Mooie hal met receptie, goede fitnessruimte en kleine stadstuin. In het restauran wordt een continentale kaart met een paar Aziatische gerechten gepresenteerd.

Warwick Barsey, av. Louise 381, ✉ 1050, ☎ 0 2 641 51 11, *res.warwickbarsey@wa wickhotels.com, Fax 0 2 641 51 55*, rest, - 50. AE VISA
ch FV
Rest *(fermé 17 juil.-20 août, sam. midi et dim.)* *Lunch 16* – 35, carte 37/62 – ☕ 22 – **94 ch**
★114/310 – ★★114/310 – 66 suites.
◆ Près du bois de la Cambre, hôtel de caractère adroitement relooké dans l'esprit Secon Empire. Communs très soignés. Chambres cossues où rien ne manque. Service person nalisé. "Restaurant-lounge" au décor néo-classique raffiné, signé Jacques Garcia.
◆ Sfeervol hotel in second-empirestijl bij het Ter Kamerenbos. Fraaie gemeenschappelijk ruimten. Weelderige kamers waar werkelijk niets ontbreekt. Persoonlijke service. Lounge restaurant met een geraffineerd neoklassiek interieur van Jacques Garcia.

Meliá Avenue Louise sans rest, r. Blanche 4, ✉ 1000, ☎ 0 2 535 95 00, *k rin.jongman@solmelia.com, Fax 0 2 535 96 00* - - 25. AE VISA
FT
☕ 22 – **80 ch** ★100/260 – ★★100/260.
◆ Adoptez cet hôtel pour son atmosphère feutrée et pour l'élégance britannique de ses chambres ainsi que de ses parties communes. Salon "cosy" agrémenté de boiseries.
◆ Dit hotel is een goede keuze vanwege de gedempte sfeer en de Britse chic van de kamers en gemeenschappelijke ruimten. "Cosy" lounge met lambrisering.

Agenda Louise sans rest, r. Florence 6, ✉ 1000, ☎ 0 2 539 00 31, *louise@hotel-agenda.com, Fax 0 2 539 00 63* – . FT
37 ch ☕ ★118 – ★★130.
◆ Hôtel récent où vous logerez dans des chambres aux dimensions correctes, souvent dotées d'un mobilier de série couleur acajou et décorées de tissus coordonnés aux tons chauds.
◆ Recent gebouwd hotel met kamers van goed formaat, veelal voorzien van mahonie-kleurig meubilair en stoffering in warme tinten.

The Avenue, av. Louise 156, ✉ 1050, ☎ 0 2 642 22 22, *info@andre-dhaese.be, Fax 0 2 642 22 25* – 4/60. AE VISA. FT C
fermé 29 juil.-20 août, 22 au 31 déc., sam. et dim. – **Rest** 45/150 bc, carte 71/92.
◆ Fastueux hôtel particulier vous conviant à un repas inventif dans un cadre actuel avec cuisine à vue. Cave riche et prestigieuse, terrasse, salons classiques (1er étage).
◆ Weelderig herenhuis met open keuken en eigentijds interieur. Inventieve keuken, rijke en prestigieuze wijnkelder, terras en klassieke salons op de 1e verdieping.

XX **Tagawa,** av. Louise 279, ✉ 1050, ☎ 0 2 640 50 95, *o.tagawa@tiscali.be, Fax 0 2 648 41 36*, Cuisine japonaise – ▤ P ⇔ 10/14. AE ⓓ ⓜ VISA. ✂ FU e
fermé sam. midi et dim. – **Rest** *Lunch 20* – 38/80, carte 19/68.
◆ Ce sobre établissement à débusquer au fond d'une galerie commerçante vous entraîne au pays des samouraïs. Confort occidental ou nippon (tatamis) ; bar à sushis. Parking privé.
◆ Dit sobere etablissement achter in een winkelgalerij neemt u mee naar het land van de samoerais, met Westers comfort of Japanse traditie (tatamis). Sushibar en privé-parking.

XX **La Porte des Indes,** av. Louise 455, ✉ 1050, ☎ 0 2 647 86 51, *brussels@laportedesindes.com, Fax 0 2 375 44 68*, Cuisine indienne – ▤ ⇔ 8/100. AE ⓓ ⓜ VISA FV c
fermé dim. midi – **Rest** *Lunch 17* – 38/48, carte 32/59, ♀.
◆ Envie de vous dépayser les papilles ? Franchissez donc la Porte des Indes, où vous attend une cuisine aussi chamarrée que parfumée. Intérieur décoré d'antiquités du pays.
◆ Wie door de Poort van India naar binnen gaat, betreedt een wereld die met zijn exotische smaken, geuren en kleuren alle zintuigen prikkelt.

X **L'Atelier de la Truffe Noire,** av. Louise 300, ✉ 1050, ☎ 0 2 640 54 55, *luigi.ciciriello@truffenoire.com, Fax 0 2 648 11 44*, Avec cuisine italienne, ouvert jusqu'à 23 h – ▤. AE ⓓ ⓜ VISA FU s
fermé prem. sem. janv., 1 sem. Pâques, 1re quinz. août, dim. et lundi soir – **Rest** carte 42/108, ♀.
◆ Bistrot moderne dont l'originalité et le succès tiennent à la rapidité de sa prestation culinaire, où pavane la truffe. Cartes italianisantes variées. Petite terrasse urbaine.
◆ Deze moderne bistro heeft een snelle gastronomische formule waarin de truffel centraal staat. Italiaans getinte kaart. Klein terras op het trottoir.

Quartier Bois de la Cambre - *plan p. 13* :

XXX **Villa Lorraine,** av. du Vivier d'Oie 75, ✉ 1000, ☎ 0 2 374 31 63, *info@villalorraine.be, Fax 0 2 372 01 95*, 🏖 – ▤ 🚗 P ⇔ 4/40. AE ⓓ ⓜ VISA. ✂ GX w
fermé 9 au 30 juil. et dim. – **Rest** *Lunch 55* – 85/150 bc, carte 74/155, ♀ 🍇.
◆ Beau restaurant œuvrant depuis 1953 à l'orée du bois de la Cambre. Cadre classique du meilleur effet, ravissante terrasse ombragée par un marronnier et superbe livre de cave.
◆ Mooi restaurant dat al sinds 1953 bestaat, aan de rand van het Ter Kamerenbos. Zeer geslaagde klassieke inrichting, mooi terras met kastanjeboom en geweldige wijnkaart.

XXX **La Truffe Noire,** bd de la Cambre 12, ✉ 1000, ☎ 0 2 640 44 22, *luigi.ciciriello@truffenoire.com, Fax 0 2 647 97 04* – ▤ 🚗 ⇔ 6/20. AE ⓜ VISA GV x
fermé prem. sem. janv., 1 sem. Pâques, 1re quinz. août, sam. midi et dim. – **Rest** *Lunch 50* – 80/155 bc, carte 76/137, ♀ 🍇.
◆ Table où le fameux tubercule Tuber melanosporum - le "diamant de la cuisine" (Brillat-Savarin)- entre rituellement en scène dans un décor élégant. Terrasse-patio ; bonne cave.
◆ De naam van dit elegante restaurant zegt het al: in de keuken staat de beroemde Tuber melanosporum of truffel centraal. Terras-patio; mooie wijnkelder.

Quartier de l'Europe - *plan p. 11* :

🏨 **Crowne Plaza Europa,** r. Loi 107, ✉ 1040, ☎ 0 2 230 13 33, *brussels@ichotelsgroup.com, Fax 0 2 230 03 26*, 🏖, Fø – |‡| ⇔ ▤ ♿ 🚗 – 🎪 350. AE ⓓ ⓜ VISA GR d
Rest ***The Gallery*** *(fermé sam. midi et dim. midi)* (avec buffet) *Lunch 19* – carte 26/56 – ☕ 25 – **238 ch** ★260/380 – ★★260/380 – 2 suites.
◆ Immeuble d'une douzaine d'étages bâti au cœur du quartier institutionnel européen. Chambres confortables, "lobby" moderne, salles de conférences et business center. Un choix classique-actuel et des formules buffets sont proposés au restaurant The Gallery.
◆ Flatgebouw van 12 verdiepingen in het hart van de Europese wijk. Comfortabele kamers, moderne lobby, congreszalen en business center. Restaurant The Gallery biedt een modern-klassieke kaart en buffetformules.

🏨 **Silken Berlaymont,** bd Charlemagne 11, ✉ 1000, ☎ 0 2 231 09 09, *hotel.berlaymont@hoteles-silken.com, Fax 0 2 230 33 71*, Fø, 🧖 – |‡| ⇔ ▤ ♿ 🚗 – 🎪 160. AE ⓓ ⓜ VISA. ✂ rest GR c
Rest *L'Objectif* *Lunch 20* – 29/43, carte 35/47 – ☕ 25 – **212 ch** ★110/325 – ★★110/325 – 2 suites.
◆ Hôtel aux chambres actuelles fraîches et nettes réparties dans deux immeubles modernes communicants. Décor intérieur sur le thème de la photographie contemporaine. Carte variée et cadre bien dans l'air du temps à l'Objectif ; assiettes d'attente originales.
◆ Hotel met frisse, eigentijdse, keurige kamers, verdeeld over twee moderne gebouwen die met elkaar zijn verbonden. Inrichting met als thema de hedendaagse fotografie. L'Objectif voert een gevarieerde kaart in een hedendaagse setting; originele onderborden!

Eurovillage, bd Charlemagne 80, ✉ 1000, ☎ 0 2 230 85 55, *reservation@eurc lage.be, Fax 0 2 230 56 35,* 🍴, 🏋, ⛲ - |‡| ⇄ ▤ 🚗 - 🏛 130. AE ① MC VISA GR
Rest *(fermé vend. soir, sam. et dim. midi) Lunch 21* – carte 29/45 – **96 ch** ☕ ✝318 – ✝✝3 – 4 suites.
• Cette construction moderne jouxtant un parc verdoyant renferme trois catégories chambres et de bonnes installations pour séminaires et affaires. Communs spacieux. Re taurant servant de la cuisine classique-traditionnelle dans un cadre actuel.
• Modern gebouw bij een weelderig begroeid park, met drie categorieën kamers en goe faciliteiten voor congressen en zakenlieden. Grote gemeenschappelijke ruimten. Eigentij restaurant met een klassiek-traditionele keuken.

Holiday Inn Schuman, r. Breydel 20, ✉ 1040, ☎ 0 2 280 40 00, *hotel@holiday-ir brussels-schuman.com, Fax 0 2 282 10 70,* 🏋 - |‡| ⇄ ▤ ♿ 🚗. AE ① MC VI ✂ ch GS
Rest 37/65 bc, carte 31/41 – ☕ 20 – **57 ch** ✝295/495 – ✝✝315/515 – 2 suites – ½ P 75/17
• Schuman, le précurseur de la CEE, aurait probablement apprécié de séjourner dans c hôtel dont les chambres se conforment parfaitement aux attentes des euro-fonctio naires. Repas traditionnel dans une sobre salle parquetée et pourvue de tables en bc nues.
• Schuman, de "vader van Europa", zou maar wat graag in dit hotel hebben gelogeer want de kamers voldoen perfect aan de verwachtingen van de Eurofunctionarissen. Trac tionele maaltijd in een sobere eetzaal met parket en kale houten tafels.

New Hotel Charlemagne, bd Charlemagne 25, ✉ 1000, ☎ 0 2 230 21 35, *bruss scharlemagne@new-hotel.be, Fax 0 2 230 25 10,* 🚲 - |‡| ⇄ 🚗 - 🏛 40. AE ① MC VI ✂ rest GR
Rest (résidents seult) – ☕ 21 – **68 ch** ✝99/425 – ✝✝99/425.
• Entre le square Ambiorix et le centre Berlaymont, pratique petit hôtel où loge surtout clientèle "UE". Réception, bar-salon et salle des petits-déjeuners en enfilade.
• Praktisch hotel tussen het Ambiorixsquare en het Europees Centrum Berlaymont, d het vooral moet hebben van de "EU-klandizie". Receptie, bar-lounge en ontbijtzaal e suite.

Take Sushi, bd Charlemagne 21, ✉ 1000, ☎ 0 2 230 56 27, *Fax 0 2 231 10 44,* 🍴
Cuisine japonaise avec Sushi-bar – AE ① MC VISA. ✂ GR
fermé 23 au 31 déc., sam. et dim. midi – **Rest** *Lunch 14* – 22/65 bc, carte 26/46.
• Table nippone installée depuis plus de 20 ans au centre des institutions européenne Décor, fond musical et jardinet assortis. Sushi-bar en salle ; formules plateaux-menus.
• Al meer dan 20 jaar een stukje Japan in het hart van Europa! Japanse inrichting, achte grondmuziek en tuintje. Sushibar en plate-service.

Quartier Botanique, Gare du Nord *(voir aussi St-Josse-ten-Noode) - plan p. 10 :*

Husa President, bd du Roi Albert II 44, ✉ 1000, ☎ 0 2 203 20 20, *info.pre dent@husa.es, Fax 0 2 203 24 40,* 🏋, ⛲, 🌳 - |‡| ⇄ ▤ ♿ ch, 🚗 - 🏛 380. AE ① MC VISA. ✂ rest FQ
Rest *(fermé sam. en juil.-août et dim.) Lunch 21* – carte 37/59 – ☕ 20 – **281 ch** ✝75/300 ✝✝75/300 – 16 suites – ½ P 116/341.
• Immeuble s'élevant à l'extrémité du "Manhattan" bruxellois, non loin de la gare du Nor et du World Trade Center. Communs de belle ampleur et bon confort dans les chambre: Table décontractée proposant un choix traditionnel ; plat du jour et menu du marché.
• Breed gebouw met comfortabele kamers aan de rand van het "Manhattan" van d Belgische hoofdstad, niet ver van Brussel-Noord en het World Trade Center. In het restau rant kunt u in een ontspannen sfeer traditionele gerechten proeven; dagschotel en dag menu.

Le Dome (annexe Le Dome II), bd du Jardin Botanique 12, ✉ 1000, ☎ 0 2 218 06 80 *dome@skypro.be, Fax 0 2 218 41 12,* 🍴 - |‡| ⇄, ▤ ch - 🏛 80. AE ① VISA. ✂ ch FQ n
Rest *Lunch 16* – carte 24/52 – **125 ch** ☕ ✝82/218 – ✝✝96/350 – ½ P 150/350.
• Façade 1900 dont le dôme domine l'effervescente place Rogier. Réminiscences déco ratives Art nouveau dans les chambres et parties communes. Brasserie moderne surmon tée d'une mezzanine ; carte traditionnelle à composantes belges, incluant des salades e snacks.
• Gevel uit 1900, waarvan de koepel hoog boven het bruisende Rogierplein uitsteekt Kamers en gemeenschappelijke ruimten met art-deco-elementen. Moderne brasserie me mezzanine voor een traditionele Belgische maaltijd, salade of snack.

Vendôme, bd A. Max 98, ✉ 1000, ☎ 0 2 227 03 00, *info@hotel-vendome.be, Fax 0 2 218 06 83* – |‡| ⇄ ▤ 🚗 - 🏛 90. AE ① MC VISA. ✂ FQ c
fermé fin déc. – **Rest** *(fermé sam. midi et dim.) Lunch 16* – 30/35, carte 23/31, 🍷 – **106 ch** ☕ ✝168/235 – ✝✝188/425 – ½ P 114/225.
• Trois maisons mitoyennes forment cet hôtel implanté sur un axe passant reliant les places Rogier et De Brouckère. Chambres à géométrie variable, rénovées par étapes. Brasserie aux tons chauds dotée de chaises et de banquettes en velours. Carte traditionnelle.
• Hotel bestaande uit drie huizen aan een doorgaande weg tussen het Rogierplein en het Brouckereplein. Kamers van verschillende afmetingen, die een voor een worden gerenoveerd. Brasserie in warme kleuren, met fluwelen stoelen en bankjes. Traditionele kaart.

Maison du Dragon, bd A. Max 146, ✉ 1000, ☎ 0 2 250 10 20, *hotel.maisondu dragon.bru@skynet.be, Fax 0 2 218 18 25,* – ♿ ch, – 100. AE VISA FQ m

Rest (cuisine chinoise, ouvert jusqu'à 23 h 30) *Lunch 11* – 25/45 bc, carte 18/58 – 10 – **98 ch** ★110/275 – ★★125/350.

◆ Depuis 2005, presque toutes les chambres de cet établissement à management chinois ont été rénovées ; les meilleures occupent l'extension récente. Grande salle de restaurant au décor asiatique contemporain, couronnée d'une mezzanine. Cuisine sino-continentale.

◆ In dit hotel met Aziatisch management zijn bijna alle kamers in 2005 gerenoveerd; de beste bevinden zich in de nieuwbouw. Groot restaurant met mezzanine en een eigentijdse Aziatische inrichting. Chinees-continentale keuken.

Belmont sans rest, bd d'Anvers 10, ✉ 1000, ☎ 0 2 227 15 40, *info@belmont.be, Fax 0 2 227 15 41* – – 80. AE VISA. ch FQ g

31 ch ★85/225 – ★★105/250.

◆ Au bord d'un axe passant, face au Ministère de la Communauté flamande, hôtel rénové offrant un niveau de confort très valable pour la clientèle touristique et d'affaires.

◆ Volledig gerenoveerd hotel aan een drukke weg, tegenover het ministerie van de Vlaamse Gemeenschap. Heel redelijk comfort voor toeristen en zakenlieden.

Quartier Atomium (Centenaire - Trade Mart - Laeken - Neder-over-Heembeek) - *plan p. 6 :*

Lychee, r. De Wand 118, ✉ 1020, ☎ 0 2 268 19 14, *Fax 0 2 268 19 14,* Cuisine chinoise, ouvert jusqu'à 23 h – . AE VISA BK d

fermé lundis non fériés – **Rest** *Lunch 15* – 19/30, carte 17/35.

◆ Table asiatique connue depuis plus de 25 ans entre le pavillon chinois et la chaussée romaine. Carte à dominante cantonaise, batterie de menus et lunch très démocratique.

◆ Aziatisch restaurant dat al 25 jaar bestaat, tussen het Chinese paviljoen en de Romeinse steenweg. Kaart met Kantonese specialiteiten, veel menu's en een goedkope lunch.

La Balade Gourmande, av. Houba de Strooper 230, ✉ 1020, ☎ 0 2 478 94 34, *Fax 0 2 479 89 52,* – ♿ 8. VISA BK v

fermé 1 sem. carnaval, 2 sem. en sept., merc. soir, sam. midi et dim. – **Rest** *Lunch 17* – 32.

◆ Restaurant dont le menu-carte balade votre gourmandise à travers un répertoire bourgeois accordé au goût du moment. Chaises et plafond tendus de tissu rouge. Nouvelle adresse.

◆ Dit nieuwe adresje biedt een eenvoudige, eerlijke keuken die aan de huidige smaak is aangepast. De stoelen en het plafond zijn met rode stof bespannen.

ANDERLECHT - *plans p. 6 et 8 sauf indication spéciale :*

Le Prince de Liège, chaussée de Ninove 664, ✉ 1070, ☎ 0 2 522 16 00, *reception.princedeliege@coditel.net, Fax 0 2 520 81 85* – , ch, – 25. AE VISA AM h

Rest *(fermé sam. midi et dim. soir) Lunch 16* – carte 29/48 – **32 ch** ★75/100 – ★★98/115.

◆ Hôtel familial situé aux abords d'un carrefour important. Hébergement très valable dans des chambres fonctionnelles bien insonorisées, plus récentes au 3e étage. Restaurant mitonnant une cuisine classique simple. Menus et ardoise de suggestions du marché.

◆ Hotel bij een druk kruispunt. De functioneel ingerichte kamers hebben dubbele ramen en voldoen prima; die op de 3e verdieping zijn het nieuwst. Restaurant met een licht klassieke kaart, menu's en dagsuggesties op een schoolbord.

Erasme, rte de Lennik 790, ✉ 1070, ☎ 0 2 523 62 82, *info@hotelerasme.be, Fax 0 2 523 62 83,* , – ♿ – 70. AE VISA AN m

Rest *(fermé 1er au 15 août et 24 déc.-3 janv.* (taverne-rest) *Lunch 16* – carte 19/40 – **74 ch** ★62/198 – ★★62/249.

◆ Aux portes de la ville, à 1 km du ring, hôtel offrant le choix entre des chambres standard (petites) ou "exécutive" (plus grandes). Espace fitness et salles de réunions. Taverne-restaurant présentant une carte internationale variée.

◆ Dit hotel aan de rand van de stad, op 1 km van de Ring, biedt kleine standaardkamers of grotere executive rooms. Fitnessruimte en vergaderzalen. Aan tafel kunnen de gasten kiezen uit een gevarieerde, internationaal georiënteerde kaart.

Saint Guidon au 1er étage du stade de football du R.S.C. d'Anderlecht, av. Théo Verbeeck 2, ✉ 1070, ☎ 0 2 520 55 36, *saint-guidon@skynet.be, Fax 0 2 523 38 27* – 10/600. VISA. AM m

fermé 15 juin-15 juil., Noël-Nouvel An, sam., dim. et jours de match à domicile du club – **Rest** (déjeuner seult) *Lunch 32* – 57 bc, carte 56/98.

◆ Table incorporée au stade du R.S.C. Anderlecht, ce qui en fait la "cantine" des amis du fameux club de foot. Salle cossue attenante aux tribunes mais tournée vers le parking.

◆ Dit restaurant in het voetbalstadion is de "kantine" van de fans van R.S.C. Anderlecht. De eetzaal grenst aan de tribunes, maar kijkt uit op het parkeerterrein.

XX **Alain Cornelis,** av. Paul Janson 82, ✉ 1070, ☎ 0 2 523 20 83, *alaincornelis@skynet.b* *Fax 0 2 523 20 83,* ☂ – AE ⓓ ⓜ VISA AM
fermé 1 sem. Pâques, 27 juil.-16 août, fin déc., merc. soir, sam. midi et dim. – **Re** 30/65 bc, carte 30/43.
◆ Un restaurant classico-bourgeois, de sa cuisine jusqu'à son cellier. Terrasse à l'arriè agrémentée d'un jardinet et d'une pièce d'eau. Menu-carte et plats du mois.
◆ Restaurant dat van keuken tot wijnkelder klassiek is. Het terras achter kijkt uit op e mooi tuintje met een waterpartij. Keuzemenu en schotels van de maand.

XX **La Brouette,** bd Prince de Liège 61, ✉ 1070, ☎ 0 2 522 51 69, *info@labrouette.b* *Fax 0 2 522 51 69* – ▤ ⇔ 6/12. AE ⓓ ⓜ VISA AM
fermé 16 juil.-15 août, sam. midi, dim. soir et lundi – **Rest** *Lunch 25* – 42/69 bc, carte 35/52 ☘.
◆ Restaurant rajeuni intérieurement dans les tons gris et bordeaux. Les montages flora décorant les tables font l'objet de photos d'art exposées aux murs. Patron sommelier.
◆ Restaurant met een vernieuwd interieur in grijs en bordeaux. De bloemdecoraties op tafels zijn terug te vinden op de foto's aan de muren. De patron heeft verstand van wijn

XX **Le Croûton,** r. Aumale 22 (près pl. de la Vaillance), ✉ 1070, ☎ 0 2 520 79 36, ☂ – ⓓ ⓜ VISA AM
fermé dern. sem. janv.-prem. sem. fév., dim. et lundi – **Rest** *Lunch 26* – 30/82 bc, ca 35/66, ♀.
◆ Érasme, le "prince des humanistes", vécut cinq mois dans la maison faisant face à restaurant grand comme... un "croûton" ! Carte actuelle, menu-choix, lunch et sugge tions.
◆ Erasmus woonde vijf maanden in het huis tegenover dit restaurantje, dat niet veel grot is dan een "croûton"! Eigentijdse kaart, keuzemenu, lunch en suggesties.

X **La Paix,** r. Ropsy-Chaudron 49 (face abattoirs), ✉ 1070, ☎ 0 2 523 09 58, *restauran paix@skynet.be, Fax 0 2 520 10 39,* Taverne-rest – ⇔ 14/32. AE ⓓ ⓜ VISA BM
fermé 3 dern. sem. juil., sam. et dim. – **Rest** (déjeuner seult sauf vend.) carte 30/57.
◆ Un choix bourgeois "tendance carnivore" vous attend dans cette brasserie convivi postée en face des abattoirs d'Anderlecht. Le steak tartare prend forme sous vos yeux.
◆ Eenvoudige, maar goed klaargemaakte vleesgerechten in dit gemoedelijke eethuis t genover het abattoir van Anderlecht. De steak tartare is een aanrader.

X **René,** pl. de la Résistance 14, ✉ 1070, ☎ 0 2 523 28 76, ☂, Moules en saison AM
fermé mi-juin-mi-juil., lundi soir et mardi – **Rest** carte 22/47.
◆ Ancienne friterie populaire judicieusement transformée en restaurant pour le plus gra plaisir des bonnes fourchettes. Clientèle de quartier et de bureaux. Terrasse d'été.
◆ Deze oude "frituur" is omgetoverd tot een restaurantje voor smulpapen. Er komen v buurtbewoners en zakenmensen. Terras in de zomer.

AUDERGHEM (OUDERGEM) - *plan p. 9 sauf indication spéciale :*

XX **La Caudalie,** r. Jacques Bassem 111, ✉ 1160, ☎ 0 2 675 20 20, *th.baudry@rest lacaudalie.be, Fax 0 2 675 20 80,* ☂ – P ⇔ 4/20. AE ⓓ ⓜ VISA CN
fermé sam. midi et dim. soir – **Rest** *Lunch 18* – 35, carte 39/62, ♀ ☘.
◆ Table actuelle engageante vous invitant à découvrir de jolis accords mets-vins. Salle manger au décor moderne très léché et restaurant de plein air caché sur l'arrière.
◆ In dit eigentijdse restaurant staan u spannende wijn-spijscombinaties te wachten. M derne eetzaal en terras aan de achterkant, waar 's zomers buiten kan worden gegeten.

XX **La Grignotière,** chaussée de Wavre 2041, ✉ 1160, ☎ 0 2 672 81 85, *Fax 0 2 672 81* – ⇔ 8/20. ⓓ ⓜ VISA DN
fermé 1er au 15 sept., dim. et lundi – **Rest** *Lunch 35* – 46.
◆ Salle de restaurant ample et sobre située à un saut d'écureuil de la forêt de Soignes. De frères œuvrent en cuisine, dans un registre traditionnel. Menu multi-choix.
◆ Groot en sober ingericht restaurant bij het Zoniënwoud, waar twee broers achter h fornuis staan. Traditioneel culinair repertoire en menu met veel keuze.

X **La Khaïma,** chaussée de Wavre 1390, ✉ 1160, ☎ 0 2 675 00 04, *abdelaziz.b chaal@brutele.be, Fax 0 2 675 12 25,* Cuisine marocaine – ▤ ⇔ 20/100. AE ⓜ VI ⛔ CN
Rest 30, carte 25/38.
◆ Les gourmets épris d'orientalisme apprécieront cette jolie tente berbère (khaïma) constituée. Tout y est : lanternes, tapis, poufs, tables basses et cuivres martelés.
◆ In dit Noord-Afrikaanse restaurant eet u in een echte Berbertent (khaïma), compleet m lantaarns, tapijten, poefs en koperen tafeltjes.

X **La Citronnelle,** chaussée de Wavre 1377, ✉ 1160, ☎ 0 2 672 98 43, *Fax 0 2 672 98* ☂, Cuisine vietnamienne – AE ⓓ ⓜ VISA. ⛔ CN
fermé 2e quinz. août, lundi et sam. midi – **Rest** *Lunch 11* – 29, carte env. 30.
◆ Au bord d'un axe passant, vénérable restaurant vietnamien au décor intérieur sob agrémenté de lithographies asiatiques. Terrasse arrière surélevée. Carte bien présentée.
◆ Vietnamees restaurant aan een drukke weg, met een sober interieur dat door Aziatisc etsen wordt opgevrolijkt. Goed gepresenteerde kaart en terras aan de achterkant.

New Asia, chaussée de Wavre 1240, ✉ 1160, ☎ 0 2 660 62 06, Cuisine chinoise – 8/40. AE MC VISA. plan p. 13 HU a
fermé 3 dern. sem. juil. et lundi – **Rest** *Lunch 9* – 14/20, carte 14/36.
◆ Cuisine chinoise déclinée en abondants menus et cadre typique d'un restaurant asiatique de quartier. Clientèle d'habitués fidélisée depuis plus de 25 ans.
◆ Chinees met diverse menu's en de typische inrichting van een Aziatisch buurtrestaurant. De vaste klanten weten al ruim 25 jaar de weg hiernaartoe te vinden.

Le Villance, bd du Souverain 274, ✉ 1160, ☎ 0 2 660 11 11, *Fax 0 2 672 92 72*, Taverne-rest, ouvert jusqu'à 23 h – AE MC VISA CN c
Rest *Lunch 16* – carte 25/51, ♀.
◆ Brasserie rajeunie misant sur une carte traditionnelle sobrement actualisée. Service non-stop de 10 h à 23 h, 7 jours sur 7. Choix simplifié en dehors du déjeuner et du dîner.
◆ Verjongde brasserie met een traditionele kaart en een vleugje modern. Doorlopende bediening van 10 tot 23 uur, 7 dagen per week. Kleine kaart buiten de lunch en het diner.

Villa Singha, r. Trois Ponts 22, ✉ 1160, ☎ 0 2 675 67 34, *info@singha.be, Fax 0 2 675 38 94*, Cuisine thaïlandaise, ouvert jusqu'à 23 h – 38. AE MC VISA plan p. 13 HV x
fermé 5 août-2 sept., sam. midi, dim. et jours fériés midis – **Rest** *Lunch 9* – 17/27, carte 19/34.
◆ Ex-maison d'habitation abritant une petite table thaïlandaise à recommander tant pour l'authenticité de la cuisine que pour la gentillesse de l'accueil et du service.
◆ Dit woonhuis is verbouwd tot een Thais restaurantje, dat in de smaak valt door de authentieke keuken, maar ook door de vriendelijke bediening en service.

BERCHEM-STE-AGATHE (SINT-AGATHA-BERCHEM) - *plan p. 6 :*

La Brasserie de la Gare, chaussée de Gand 1430, ✉ 1082, ☎ 0 2 469 10 09, *Fax 0 2 469 10 09* – P 22/50. AE MC VISA AL s
fermé sam. midi et dim. – **Rest** *Lunch 12* – 29/39, carte 26/48, ♀.
◆ Brasserie conviviale et animée établie devant un passage à niveau. Peintures naïves sympathiques en salle ; cuisine traditionnelle généreuse. Réservation utile au déjeuner.
◆ Gezellige brasserie bij een spoorwegovergang. Grappige naïeve schilderijen in de eetzaal. Overvloedige, traditionele gerechten. Reserveren voor de lunch aanbevolen.

ETTERBEEK - *plan p. 11 :*

Stirwen, chaussée St-Pierre 15, ✉ 1040, ☎ 0 2 640 85 41, *alaintroubat@hotmail.com, Fax 0 2 648 43 08* – 8/30. AE MC VISA GS a
fermé 2 sem. en août, 2 sem. en déc., sam. et dim. – **Rest** *Lunch 28* – carte 44/57.
◆ Table au cadre bien feutré, rehaussé de jolies boiseries façon Belle Époque. Recettes traditionnelles "oubliées" et spécialités des régions de France. Clientèle diplomatique.
◆ Sfeervol restaurant met mooie lambrisering in belle-époquestijl, waar veel diplomaten komen. Haast vergeten traditionele recepten en Franse streekgerechten.

Quartier Cinquantenaire (Montgomery) - *plan p. 11 sauf indication spéciale :*

Park sans rest, av. de l'Yser 21, ✉ 1040, ☎ 0 2 735 74 00, *info@parkhotelbrussels.be, Fax 0 2 735 19 67*, – – 65. AE MC VISA HS c
53 ch ☕ ✝105/260 – ✝✝125/360.
◆ Hôtel intime et douillet formé de deux maisons de notable (1909) tournées vers le parc du Cinquantenaire. Salle de breakfast classique donnant sur un beau jardin de ville.
◆ Knus hotel bestaande uit twee herenhuizen (1909) tegenover het Jubelpark. De klassieke ontbijtzaal kijkt uit op een mooie stadstuin.

Le Jaspe, bd Louis Schmidt 30, ✉ 1040, ☎ 0 2 734 22 30, *jiaxing0806@hotmail.com*, Cuisine chinoise – 10/30. AE MC VISA plan p. 13 HU b
fermé 15 juil.-15 août et lundis non fériés – **Rest** *Lunch 9* – 14/28, carte 20/37.
◆ La façade de ce restaurant chinois au sobre décor extrême-oriental "en impose". Pour conventionnels qu'ils soient, les plats n'en sont pas moins goûteux.
◆ De façade van dit Chinese restaurant met zijn sobere, typisch Aziatische decor boezemt ontzag in. Het eten is weliswaar conventioneel, maar daarom niet minder smakelijk.

EVERE - *plan p. 7 :*

Courtyard by Marriott, av. des Olympiades 6, ✉ 1140, ☎ 0 2 337 08 08 et 377 08 36 (rest), *courtyard.brussels@courtyard.com, Fax 0 2 337 08 00*, – P – 250. AE MC VISA. CL x
Rest ***Zinc*** *(fermé vend. soir, sam. et dim. midi) Lunch 22* – carte 27/49 – ☕ 20 – **188 ch** ✝109/269 – ✝✝109/269 – 3 suites.
◆ Hôtel de chaîne inauguré en 2004 à mi-chemin de l'aéroport et du centre. Communs lumineux et modernes, salon agréable, bon outil conférencier et chambres classiques-actuelles. Repas traditionnel dans une ambiance de brasserie ; "business lunch" à bon prix.
◆ Dit ketenhotel uit 2004 ligt halverwege de luchthaven en het centrum. Lichte, moderne gemeenschappelijke ruimtes, aangename lounge, goede congresvoorzieningen en klassiek-moderne kamers. Traditioneel eten in een brasseriesfeer;democratische 'business lunch'.

Mercure, av. Jules Bordet 74, ✉ 1140, ✆ 0 2 726 73 35, *H0958@accor.com, Fax 0 2 726 82 95,* , – | ≡ ♿ – 120. AE ⊙ ⊙ VISA CL
Rest *(fermé vacances scolaires, vend. soir, sam. et dim. midi)* carte 34/50, ⁊ – ☐ 17 – **112 ch** 75/275 – 75/275 – 7 suites – ½ P 95/315.
◆ À deux pas de l'OTAN et 5 mn de l'aéroport, hôtel de chaîne dont toutes les chambres, sobres et résolument contemporaines, ont été décorées sur le thème du chocolat. Lounge-restaurant chaleureux et cosy, où le vin occupe une place de choix.
◆ Dit ketenhotel ligt vlak bij de NAVO en op 5 minuten rijden van de luchthaven. De sobere hypermoderne kamers hebben allemaal chocolade als thema. In het gezellige lounge-restaurant speelt wijn een belangrijke rol.

Belson sans rest, chaussée de Louvain 805, ✉ 1140, ✆ 0 2 708 31 00, *resa@gresham-belsonhotel.com, Fax 0 2 708 31 66,* – | ≡ – 25. AE ⊙ ⊙ VISA. CL
☐ 22 – **132 ch** 105/350 – 105/350 – 3 suites.
◆ Vous aurez aussi aisément accès au centre-ville qu'à l'aéroport (navette gratuite) depuis cet hôtel affilié à une chaîne irlandaise. Chambres au cachet décoratif anglo-saxon.
◆ Vanuit dit hotel van een Ierse keten is zowel het centrum als de luchthaven (gratis pendeldienst) heel gemakkelijk te bereiken. De kamers hebben een Engels cachet.

FOREST (VORST) - *plan p. 8 sauf indication spéciale :*

De Fierlant sans rest, r. De Fierlant 67, ✉ 1190, ✆ 0 2 538 60 70, *info@hoteldefierlant.be, Fax 0 2 538 91 99* – | – 25. AE ⊙ VISA BN
40 ch ☐ 60/150 – 65/160.
◆ Cet hôtel ayant retrouvé l'éclat du neuf en 2004 se situe entre la gare du Midi et la salle de concerts Forest-National. Chambres sobres et nettes ; parties communes de même.
◆ Dit hotel, dat in 2004 werd gerenoveerd, staat tussen het station Brussel-Zuid en de concertzaal Vorst-Nationaal. Sobere maar keurige kamers en gemeenschappelijke ruimten.

GANSHOREN - *plan p. 15 sauf indication spéciale :*

XXXX ✿✿ **Bruneau,** av. Broustin 75, ✉ 1083, ✆ 0 2 421 70 70, *restaurant_bruneau@skynet.be, Fax 0 2 425 97 26,* – ≡ le soir uniquement 4/40. AE ⊙ ⊙ VISA W
fermé 1er au 10 fév., août, mardi, merc. et jeudis fériés – **Rest** *Lunch 45* – 95/150 bc, carte 66/202, ⁊.
Spéc. Javanais de foie d'oie et anguille fumée aux pommes. Ravioles de céleri à la truffe et essences aromatiques. Ris de veau en habit de dentelle et truffes.
◆ Une table de renom, qui atteint l'équilibre parfait entre classicisme et créativité, tout en valorisant les produits régionaux. Cave prestigieuse. L'été, on mange en terrasse.
◆ Gerenommeerd restaurant met een volmaakt evenwicht tussen classicisme en creativiteit, met het accent op regionale producten. Prestigieuze wijnkelder. Terras in de zomer.

XXX ✿✿ **Claude Dupont,** av. Vital Riethuisen 46, ✉ 1083, ✆ 0 2 426 00 00, *claudedupont@belgacom.net, Fax 0 2 426 65 40* – 6/24. AE ⊙ ⊙ VISA. W
fermé juil., lundi et mardi – **Rest** *Lunch 45* – 70/110, carte 59/115, ⁊.
Spéc. Poissons de la Mer du Nord en bouillabaisse, rouille et croûtons (avril-sept.). Écrevisses sautées, mirepoix bordelaise au vin (mai-juin). Méli-mélo de homard aux pommes et curry.
◆ Travail de maître dans une maison de maître. Aucun doute : les diplômes et distinctions gastronomiques qui ornent le hall ne sont pas usurpés. Salle classiquement aménagée.
◆ De oorkonden en gastronomische onderscheidingen in de hal van dit herenhuis bewijzen dat hier met meesterschap wordt gekookt. Klassiek ingerichte eetzaal.

XX ✿ **San Daniele** (Spinelli), av. Charles-Quint 6, ✉ 1083, ✆ 0 2 426 79 23, *Fax 0 2 426 92 14*, Avec cuisine italienne – ≡ 4/10. AE ⊙ ⊙ VISA. W
fermé 1 sem. Pâques, 20 juil.-20 août, dim., lundi et jours fériés – **Rest** 65, carte 42/87,
Spéc. Salade de fruits de mer et crustacés. Scialatielli au rouget et artichaut. Tournedos de thon rouge en croûte de tomate, émulsion à la menthe.
◆ L'accueil familial et gentil, autant que l'ampleur de la carte italianisante, escortée d'une affriolante sélection de crus transalpins, attire ici une clientèle assidue.
◆ De vriendelijke ontvangst, de ruime keuze van de Italiaans georiënteerde kaart en de aanlokkelijke selectie Italiaanse wijnen trekken veel vaste klanten.

XX **Cambrils** 1er étage, av. Charles-Quint 365, ✉ 1083, ✆ 0 2 465 50 70, *restaurant.cambrils@skynet.be, Fax 0 2 465 76 63,* – ≡ 12/60. AE ⊙ VISA plan p. 6 AL
fermé 16 juil.-16 août, dim., lundi soir et jeudi soir – **Rest** *Lunch 23* – 32/55 bc, carte 33/56.
◆ Table classique bordant un axe passant aisément accessible depuis le ring. Bar au rez-de-chaussée, cuisines ouvertes sur la salle à l'étage et terrasse-pergola à l'arrière.
◆ Restaurant aan een doorgaande weg die vanaf de Ring gemakkelijk bereikbaar is. Bar beneden, eetzaal met open keuken boven en terras met pergola achter. Klassiek register.

IXELLES (ELSENE) - *plan p. 12 sauf indication spéciale :*

Saint Boniface, r. St-Boniface 9, ✉ 1050, ✆ 0 2 511 53 66, *Fax 0 2 511 53 66,* Cuisine du Sud-Ouest et basque – AE MC VISA plan p. 10 **FS g**
fermé 2 dern. sem. mai, fin déc., sam. et dim. – **Rest** 34, carte 28/44.
◆ Carte se référant au Pays Basque et à diverses régions de France (surtout Sud-Ouest), spécialités de tripes, décor d'affiches et de vieilles boîtes en métal, terrasse arrière.
◆ Kaart geïnspireerd op het Baskenland en streken van Frankrijk (vooral het zuidwesten), met pens als specialiteit. Verzameling affiches en oude blikken. Terras aan de achterzijde.

Le Yen, r. Lesbroussart 49, ✉ 1050, ✆ 0 2 649 07 47, *nxhanh@yahoo.fr,* Cuisine vietnamienne – ⇔ 20/50. **FU f**
fermé sam. midi et dim. – **Rest** *Lunch 9* – 20/25, carte 22/35.
◆ Rien à voir avec la devise nippone ! "L'Hirondelle" (Yen) vous reçoit dans un cadre asiatique aussi moderne que dépouillé. Préparations vietnamiennes aux noms poétiques.
◆ Deze Yen heeft niets te maken met de Japanse munt, maar betekent zwaluw. In een even modern als sober interieur wordt u onthaald op Vietnamese schotels met poëtische namen.

Chez Oki, r. Lebroussart 62, ✉ 1050, ✆ 0 2 644 45 76, *chez-oki@skynet.be, Fax 0 2 644 45 76* – ▤. AE MC VISA. **FU m**
fermé mi-juil.-mi-août, sam. midi, dim. et lundi midi – **Rest** (réservation souhaitée) *Lunch 15* – 30/50, carte 43/55.
◆ Table inventive où le chef Oki panache sous vos yeux la tradition culinaire française et celle de son japon natal. Cadre moderne dépouillé, tendance "zen" ; mini-patio nippon.
◆ Inventieve keuken, waar chef-kok Oki voor uw ogen de Franse culinaire traditie met die van Japan verbindt. Minimalistisch modern decor en mini-patio in Japanse stijl.

Quartier Boondael (Université) - *plan p. 13 :*

L'Auberge de Boendael, square du Vieux Tilleul 12, ✉ 1050, ✆ 0 2 672 70 55, *auberge-de-boendael@resto.be, Fax 0 2 660 75 82,* Grillades – P ⇔ 150. AE MC VISA **HX h**
fermé prem. sem. août, fin déc., dim. soir, lundi midi et merc. – **Rest** *Lunch 17* – 35, carte 43/61.
◆ Restaurant à l'ambiance chaleureuse installé dans une ancienne auberge du 17e s. Décor rustique, feu de bois en salle et carte actuelle incluant une dizaine de grillades.
◆ Sfeervol restaurant in een 17e-eeuwse herberg met een rustiek interieur, knapperend houtvuur en eigentijdse kaart met grillspecialiteiten.

Les Foudres, r. Eugène Cattoir 14, ✉ 1050, ✆ 0 2 647 36 36, *lesfoudres@skynet.be, Fax 0 2 649 09 86,* – P ⇔ 60. AE ⓓ MC VISA **GUV j**
fermé sam. midi et dim. – **Rest** *Lunch 15* – 30, carte 33/47.
◆ Repas classico-traditionnel servi dans un cadre original : celui d'un ancien chai voûté, dont les énormes "foudres" en chêne ont élevé des flots de vin. Parking privé gratuit.
◆ Oude gewelfde wijnkelder met reusachtige eikenhouten vaten, waarin de wijn nog ligt na te rijpen. Klassiek-traditionele keuken. Gratis parkeren.

La Pagode d'Or, chaussée de Boondael 332, ✉ 1050, ✆ 0 2 649 06 56, *info@lapagode.be, Fax 0 2 649 09 00,* Cuisine vietnamienne, ouvert jusqu'à 23 h – AE ⓓ MC VISA. **GV m**
fermé lundi midi – **Rest** *Lunch 9* – 20, carte 23/35.
◆ Un honorable petit ambassadeur du Vietnam à Ixelles : carte explicite et consistante, annonçant plusieurs menus multi-choix ; salle intime aux discrètes touches exotiques.
◆ Dit eettentje is een waardige ambassadeur van Vietnam in Elsene. Expliciete en consistente kaart met verscheidene keuzemenu's. Intieme eetzaal met een licht exotische toets.

Marie, r. Alphonse De Witte 40, ✉ 1050, ✆ 0 2 644 30 31, *Fax 0 2 644 27 37,* Bistrot – ▤. AE MC VISA. **GU a**
fermé 15 juil.-16 août, 23 déc.-2 janv., sam. midi, dim. et lundi – **Rest** *Lunch 17* – carte 49/61, ♀.
Spéc. Brandade de morue à l'huile d'olive, concassée de tomates et coulis de poivrons. Thon rouge grillé, artichaut à la barigoule et basilic (avril-sept.). Daube de joue de bœuf aux carottes fondantes (hiver).
◆ Ce sympathique bistrot gourmand pratique un style culinaire classique-traditionnel et propose un riche choix de vins où de nombreuses références sont disponibles au verre.
◆ Deze leuke bistro is echt iets voor lekkerbekken. Klassiek-traditionele keuken en uitgebreide wijnkaart, met een groot aantal wijnen per glas.

Le Doux Wazoo, r. Relais 21, ✉ 1050, ✆ 0 2 649 58 52, *Fax 0 2 649 58 52,* Bistrot, ouvert jusqu'à 23 h – ⇔ 4/24. AE ⓓ MC VISA **HV s**
fermé 16 juil.-16 août, sam. midi, dim. et lundi soir – **Rest** *Lunch 16* – 27, carte 25/48, ♀.
◆ Une carte traditionnelle comportant des spécialités bistrotières et des plats "canaille" est présentée dans cet ancien café à l'atmosphère conviviale et au joli cadre rétro.
◆ Gezellig eettentje in een voormalig café met een leuke ouderwetse inrichting. Traditionele kaart met bistroschotels, maar ook een paar spannende gerechten.

Quartier Bascule, Châtelain, Ma Campagne - *plan p. 12 :*

XX **Aux Beaumes de Venise,** r. Darwin 62, ✉ 1050, ☎ 0 2 343 82 93, *Fax 0 2 346 08* – . AE MC VISA. EFV
fermé 24 déc.-2 janv., dim. et lundi – **Rest** Lunch 18 – 40, carte 38/47.
• Salles claires et avenantes relookées dans la note classique, véranda et courette amé gée en restaurant d'été. Accueil affable, service bien rodé et carte souvent repensée.
• Mooie, lichte eetzalen in klassieke stijl. Serre en binnenplaatsje om 's zomers buiten eten. Vriendelijke ontvangst, professionele bediening en regelmatig wisselende kaart.

X **La Quincaillerie,** r. Page 45, ✉ 1050, ☎ 0 2 533 98 33, *info@quincaillerie.be, Fax 539 40 95*, Brasserie avec écailler, ouvert jusqu'à minuit – P 6/70. AE VISA FU
fermé sam. midi, dim. midi et jours fériés midis – **Rest** Lunch 13 – 26/30, carte 32/73, ♀.
• Superbe quincaillerie Art nouveau (1903) convertie en brasserie-écailler. Salles étagées subsistent des centaines de tiroirs et étagères d'époque. Lunch à prix muselé.
• Deze prachtige art nouveau ijzerwinkel (1903) is nu een brasserie met oesterbar. Op verdiepingen zijn nog authentieke ladenkasten en wandrekken te zien. Goed geprijs lunch.

X **Bistrot du Mail,** r. Mail 81, ✉ 1050, ☎ 0 2 539 06 97, *contact@bistrodumail.be,* le soir uniquement. AE MC VISA FU
fermé 15 juil.-15 août, sam. midi, dim. et lundi – **Rest** Lunch 15 – 35/65 bc, carte 46/63.
• Bistrot moderne tant par sa cuisine que son décor, épuré, déclinant des tons taupe aubergine. Expo de toiles contemporaines en salle. Accueil et service avenants.
• Moderne bistro, zowel de keuken als het interieur in taupe- en auberginekleuren. Te toonstelling van hedendaagse schilderijen in de eetzaal. Voorkomende bediening.

X **La Canne en Ville,** r. Réforme 22, ✉ 1050, ☎ 0 2 347 29 26, *info@canneenville.be,* – 12. AE MC VISA. FV
fermé 1 sem. Pâques, 1 sem. en août, fin déc.-début janv., sam. soir en juil.-août, sa midi et dim. – **Rest** Lunch 13 – carte 35/48.
• Bistrot convivial aménagé dans une ancienne boucherie, comme l'attestent des pans carrelage préservés. Cuisine classique à composantes du terroir. Service féminin charmar
• Deze gezellige bistro was vroeger een slagerij, zoals enkele bewaard gebleven tege bewijzen. Klassieke keuken op basis van streekproducten. Charmante vrouwelijke bedi ning.

X **Le Fellini,** pl. du Châtelain 32, ✉ 1050, ☎ 0 2 534 47 49, *fellini@skynet.b Fax 0 2 534 47 49,* , Avec cuisine italienne et écailler, ouvert jusqu'à 23 h – 6/35. VISA FU
fermé merc. et sam. midi – **Rest** – 35, carte 25/44, ♀.
• Préparations majoritairement tournées vers l'Italie, servies dans une salle à manger d'e prit Art nouveau. L'été, agréable terrasse sur la place. En résumé : "La Dolce Vita".
• Een kaart met overwegend Italiaanse gerechten, een fraai interieur in art-nouveaustijl 's zomers een prettig terras aan het plein. Kortom "La Dolce Vita"!

X **Châtelaine du Liban,** pl. du Châtelain 7, ✉ 1050, ☎ 0 2 534 92 02, *chatelaine liban@brutele.be, Fax 0 2 534 59 57*, Cuisine libanaise, ouvert jusqu'à 23 h – 40/65. MC VISA. FU
fermé fin déc. – **Rest** Lunch 15 – 26/35, carte 19/30.
• Ce restaurant libanais tourné vers une place effervescente plaît autant pour le choix l'authenticité de sa carte que pour la sobriété, la clarté et l'ampleur de ses salles.
• Dit Libanese restaurant aan een levendig plein is niet alleen in trek vanwege de ruim keuze aan authentieke gerechten, maar ook vanwege de sobere, lichte en ruime eetzale

X **L'Air de Rien,** chaussée de Waterloo 559, ✉ 1050, ☎ 0 2 345 35 25, *airderien@s net.be, Fax 0 2 345 35 24,* – 15/30. AE MC VISA FV
fermé 1er au 21 août, 24 au 31 déc., sam. midi, dim. et lundi soir – **Rest** Lunch 15 – car 29/56.
• Restaurant au curieux décor fait de cadres vides et de trophées de chasse. Carte à deu volets : les "classiques" et des suggestions plus élaborées. Terrasse arrière en teck.
• Restaurant met een merkwaardige inrichting van lege lijsten en jachttrofeeën. De kaa is tweeledig: klassieke gerechten en verfijndere suggesties. Teakhouten terras achter.

Quartier Léopold (*voir aussi Bruxelles*) - *plan p. 10 :*

Renaissance, r. Parnasse 19, ✉ 1050, ☎ 0 2 505 29 29, *renaissance.brussels@rena sancehotels.com, Fax 0 2 505 25 55,* – – 360. AE MC VISA. FS
Rest *(fermé sam. midi, dim. midi et jours fériés midis)* Lunch 19 – carte 29/47 – 25
256 ch 85/489 – 85/489 – 6 suites.
• Hôtel jouxtant le quartier institutionnel européen. Chambres bien équipées et bonne installations pour affaires, conférences et délassement. Service complet. Un choix trad tionnel et une formule lunch étalée sur trois services sont proposés à la brasserie.
• Hotel dat grenst aan de wijk van de Europese instellingen. Goed geëquipeerde kamers e veel faciliteiten voor zaken, congressen en ontspanning. Uitstekende service. Brasser met een traditionele kaart en driegangen-lunchmenu.

Radisson SAS EU, r. Idalie 35, ✉ 1050, ☎ 0 2 626 81 11, *info.brusseleu@radissonsas.com, Fax 0 2 626 81 12* – ▮ ⇝ ▤ ♿ ch, 🚗 – 🏛 50. AE ⓓ ⓜⓒ VISA.
✕ plan p. 11 **GS x**
Rest *(fermé sam. midi et dim. midi)* (ouvert jusqu'à 23 h) *Lunch 17* – carte 26/52, ♀ – ☕ 25 –
145 ch ✝79/193 – ✝✝79/193 – 4 suites – ½ P 134/248.
◆ Nouveau palace de style ultra-contemporain vous logeant dans trois types de chambres, appelés "Fresh", "Chic" et "Fashion". Clientèle d'affaires et d'euro-fonctionnaires. Repas classique-actuel dans un décor branché, à table ou sur le grand comptoir design.
◆ Ultramodern luxehotel met drie soorten kamers: "Fresh", "Chic" en "Fashion". Veel zakenmensen en eurofunctionarissen. Klassieke keuken met een snufje modern in een trendy interieur met grote bar.

Leopold, r. Luxembourg 35, ✉ 1050, ☎ 0 2 511 18 28, *reservations@hotel-leopold.be, Fax 0 2 514 19 39*, ⇌ – ▮ ⇝ ▤ ♿ rest, 🚗 – 🏛 80. AE ⓓ ⓜⓒ VISA **FS y**
Rest *Salon Les Anges* *(fermé sam. midi et dim.)* (en juil.-août déjeuner seult) *Lunch 35* – carte 49/64 – **111 ch** ☕ ✝140/240 – ✝✝160/390.
◆ Établissement qui ne cesse de grandir en s'améliorant. Communs fignolés, chambres avenantes et grand jardin d'hiver où l'on petit-déjeune. Repas classique dans un cadre romantique et feutré au Salon Les Anges. Brasserie décontractée servant des plats variés.
◆ Dit bedrijf wordt steeds groter en beter: comfortabele kamers, mooie lounges en grote wintertuin, waar ook wordt ontbeten. Klassieke maaltijd in een romantische, deftige sfeer in de Salon Les Anges. Gemoedelijke brasserie met gevarieerde schotels.

Chambres en ville sans rest, r. Londres 19, ✉ 1050, ☎ 0 2 512 92 90, *philippe.guilmin@skynet.be* – ⇝. ✕ plan p. 14 **KZ a**
fermé 20 déc.-6 janv. – **3 ch** ☕ ✝80/90 – ✝✝100/110.
◆ Discrète maison d'hôte aux jolies chambres de style néo-rétro, tendance "vintage". Chacune illustre un thème décoratif : gustavien, levantin, africain, etc. Mobilier patiné.
◆ Dit vrij onopvallende huis biedt mooie vintage gastenkamers in neoretrostijl, elk met een eigen thema: Zweeds, oosters, Afrikaans, enz. Gepatineerd meubilair.

L'Ancienne Poissonnerie, r. Trône 65, ✉ 1050, ☎ 0 2 502 75 05, Cuisine italienne, ouvert jusqu'à 23 h – ▤. AE ⓓ ⓜⓒ VISA **FS h**
fermé sam. midi et dim. – **Rest** carte 35/48.
◆ Ancienne poissonnerie Art nouveau transformée en table italienne au goût du jour. Accueil et service charmants, ambiance sympathique et mise en place simple sur les tables.
◆ In deze vroegere viswinkel in art-nouveaustijl huist nu een eigentijds Italiaans restaurant. Charmant onthaal, vlotte bediening, sympathieke sfeer en eenvoudig gedekte tafels.

Quartier Louise *(voir aussi Bruxelles et St-Gilles) - plans p. 10 et 12 :*

Beau-Site sans rest, r. Longue Haie 76, ✉ 1050, ☎ 0 2 640 88 89, *info@beausitebrussels.com, Fax 0 2 640 16 11* – ▮ 🚗. AE ⓓ ⓜⓒ VISA **FT r**
38 ch ☕ ✝65/159 – ✝✝75/169.
◆ Installé dans un petit immeuble d'angle, à 100 m d'une avenue très sélecte, cet hôtel sobre et fonctionnel vous réserve un accueil familial. Chambres assez amples.
◆ In dit praktische en sobere hotel in een hoekpand op slechts 100 m van de meest chique avenue van Brussel, wacht u een gastvrij onthaal. Ruime kamers.

Beverly Hills 🐌 sans rest, r. Prince Royal 71, ✉ 1050, ☎ 0 2 513 22 22, *Fax 0 2 513 87 77*, ⛹, ⇌, ⛱ – ▮ ⇝ 🚗 – 🏛 40. AE ⓜⓒ VISA. ✕ **FS b**
Rest 34 ch ☕ ✝89/119 – ✝✝99/139.
◆ Hôtel situé dans une rue calme proche des avenues Louise et de la Toison d'Or. Ses petites chambres nettes et pratiques se distribuent entre trois bâtiments. Fitness et sauna.
◆ Hotel in een rustige straat in de buurt van de Louizalaan en de Gulden Vlieslaan. Kleine, nette en praktische kamers verdeeld over drie gebouwen. Fitnessruimte en sauna.

Argus sans rest, r. Capitaine Crespel 6, ✉ 1050, ☎ 0 2 514 07 70, *Fax 0 2 514 12 22* – ▮ ▤. AE ⓓ ⓜⓒ VISA **FS t**
42 ch ☕ ✝60/165 – ✝✝60/195.
◆ Cette façade de la ville haute abrite de sobres chambres standard insonorisées. Breakfast illuminé d'une verrière d'esprit Art déco. L'affaire reste bien côtée à l'Argus !
◆ Adres in de bovenstad met sobere kamers die goed tegen geluid zijn geïsoleerd. Ontbijt bij een raam in art-decostijl. Het attente personeel lijkt wel argusogen te hebben.

Notos, r. Livourne 154, ✉ 1000, ☎ 0 2 513 29 59, *info@notos.be, Fax 0 2 644 07 20*, Cuisine grecque, ouvert jusqu'à 23 h – AE ⓜⓒ VISA **FU t**
fermé 1er au 19 août, sam. midi, dim. et lundi – **Rest** *Lunch 18* – 35/49, carte 35/52.
◆ Dans un ancien garage, restaurant grec "branché" dont le décor intérieur, harmonieusement épuré, évite de verser dans l'amphore. Saveurs hellènes sortant des sentiers battus.
◆ Dit Griekse restaurant in een oude garage is helemaal in. Gestileerde, harmonieuze inrichting en Griekse specialiteiten die men niet alledaags kan noemen.

De la Vigne... à l'Assiette, r. Longue Haie 51, ✉ 1000, ☎ 0 2 647 68 03, *Fax 0 2 647 68 03*, Bistrot – AE MC VISA FT
fermé 21 juil.-20 août, sam. midi, dim. et lundi – **Rest** *Lunch 14* – 21/35, carte 35/49, ♀.
◆ "Bistrot-gastro" vous conviant aux plaisirs d'un généreux repas sortant de l'ordinaire d'un choix de vins planétaire tarifé avec sagesse et commenté avec professionnalisme.
◆ In deze gastronomische bistro kunt u genieten van een overvloedige maaltijd die bes niet alledaags is. Redelijk geprijsde wereldwijnen en een professioneel wijnadvies.

JETTE - *plan p. 15 sauf indication spéciale :*

Le Vieux Pannenhuis, r. Léopold Ier 317, ✉ 1090, ☎ 0 2 425 83 73, *levieuxpannenhuis@belgacom.net, Fax 0 2 420 21 20*, Avec grillades – ▤ ⇔ 20/50. AE ⓓ VISA plan p. 6 BL
fermé juil., sam. midi et dim. – **Rest** *Lunch 24* – 32, carte 30/55.
◆ Ancien relais de poste du 17e s. préservant son cachet rustique. Choix classique-traditionnel étendu, rôtissoire en salle, grande carte des vins et sommelier compétent.
◆ Dit 17e-eeuwse poststation heeft zijn rustieke charme behouden. Uitgebreide klassiek-traditionele kaart met grillspecialiteiten. Rijke wijnkelder en vakkundige sommelier.

French Kiss, r. Léopold Ier 470, ✉ 1090, ☎ 0 2 425 22 93, *Fax 0 2 428 68 24*, Avec grillades – ▤. AE ⓓ MC VISA W
fermé 21 juil.-15 août et lundi – **Rest** *Lunch 18* – 28, carte 28/54.
◆ Restaurant sympathique estimé pour ses belles grillades et sa sélection de vins bien v… Salle au plafond bas, dont les murs de briques s'égayent de toiles multicolores.
◆ Sympathiek grillrestaurant met een goede selectie wijnen. De eetzaal heeft een l… plafond en bakstenen muren met veelkleurige schilderijen.

KOEKELBERG - *plan p. 15 :*

Le Liseron d'eau, av. Seghers 105, ✉ 1081, ☎ 0 2 414 68 61, *Fax 0 2 414 68 …* Cuisine vietnamienne – AE ⓓ MC VISA. W
fermé juil., merc., sam. midi et dim. soir – **Rest** *Lunch 13* – 19/35, carte 18/35.
◆ Restaurant vietnamien jouxtant la basilique du Sacré-Cœur. Intérieur contemporain d… exotisme mesuré et ambiance musicale en rapport. Choix aussi explicite qu'étoffé.
◆ Vietnamees restaurant naast de Basiliek van het H. Hart. Hedendaags interieur met … licht exotisch accent en bijpassende achtergrondmuziek. Ruime keuze.

MOLENBEEK-ST-JEAN (SINT-JANS-MOLENBEEK) - *plan p. 6 :*

ST-GILLES (SINT-GILLIS) - *plans p. 10 et 12 :*

Cascade sans rest, r. Berckmans 128, ✉ 1060, ☎ 0 2 538 88 30, *info@cascadehotel…* *Fax 0 2 538 92 79* – ▤ – 30. EST
82 ch ☕ 230 – 250.
◆ Cette bâtisse moderne entièrement rafraîchie dissimule une grande cour intérieure… abrite deux types de chambres ainsi que des studios et appartements pour longs séjou…
◆ Gerenoveerd hotel in een modern gebouw rondom een grote binnenplaats. Twee so… ten kamers plus studio's en appartementen voor een langer verblijf.

Inada, r. Source 73, ✉ 1060, ☎ 0 2 538 01 13, *inada@skynet.be, Fax 0 2 538 01 13* – VISA ET
fermé 20 déc.-15 janv., sam. midi, dim. et lundi – **Rest** *Lunch 22* – 45, carte 45/72, ♀.
◆ Repas au goût du jour à savourer dans deux petites salles sobres et actuelles, aux t… gris et bordeaux. Présentations dépouillées dans les assiettes ; cuisines à vue.
◆ In twee sobere, moderne eetzalen in grijs en bordeaux, met open keuken, kunt u een eigentijdse maaltijd genieten. De opmaak van de borden is zonder overbodige fran…

Coimbra, av. Jean Volders 54, ✉ 1060, ☎ 0 2 538 65 35, *info@restaurant-coimbra…* *Fax 0 2 538 65 35*, Avec cuisine portugaise – ▤. MC VISA. ET
fermé août, mardi soir et merc. – **Rest** 29/39, carte 27/44.
◆ Les standards de la cuisine portugaise, révélés dans un cadre typé : murs garnis d'a… lejos, plafond en tuiles et clin d'œil "saudade" à Amalia Rodrigez (chanteuse de Fado).
◆ Hier kunt u kennismaken met de toppers van de Portugese keuken in een karakteris… interieur met azulejo's en een "saudade" knipoog naar de Fadozangeres Amalia Rodrig…

Quartier Louise *(voir aussi Bruxelles et Ixelles) - plans p. 10 et 12 :*

Manos Premier, chaussée de Charleroi 102, ✉ 1060, ☎ 0 2 537 96 82, *manos@noshotel.com, Fax 0 2 539 36 55*, – ▤ le soir uniquement 100. AE ⓓ MC VISA FU
Rest ***Kolya*** *(fermé 24 déc.-7 janv., sam. midi et dim.)* (ouvert jusqu'à 23 h) *Lunch 15* – 35, carte 35/55 – **45 ch** ☕ 295 – 320 – 5 suites.
◆ La grâce d'un hôtel particulier du 19e s. au riche mobilier Louis XV et Louis XVI. Réserve… possible une chambre côté jardin. Authentique hammam oriental au sous-sol. Beau res… rant-véranda complété d'un "lounge-bar" chic et feutré et d'un adorable patio.
◆ Elegant hotel in een 19e-eeuws herenhuis, weelderig ingericht met Louis XV- en L… XVI-meubilair. Reserveer bij voorkeur een kamer aan de tuinkant. Authentieke oost… hamam in de kelder. Mooi restaurant met serre, chique lounge met bar en prachtige p…

Manos Stéphanie sans rest, chaussée de Charleroi 28, ✉ 1060, ☎ 0 2 539 02 50, *manos@manoshotel.com, Fax 0 2 537 57 29* – FT d
50 ch ☐ ★245 – ★★270 – 5 suites.
◆ Hôtel particulier où vous logerez dans des chambres chaleureuses de style classique actualisé, dotées d'un mobilier en bois cérusé. Salle de breakfast coiffée d'une coupole.
◆ Dit herenhuis biedt sfeervolle kamers in klassiek-moderne stijl met meubelen van geceruseerd hout. De ontbijtzaal heeft een glaskoepel.

I Trulli, r. Jourdan 18, ✉ 1060, ☎ 0 2 537 79 30, *Fax 0 2 538 98 20*, Cuisine italienne, ouvert jusqu'à 23 h – AE VISA. FS c
fermé 10 au 31 juil., 23 déc.-3 janv. et dim. – **Rest** *Lunch 16* – carte 54/63.
◆ Recettes italiennes dont les saveurs "pugliese" trouvent un écho dans les peintures murales montrant des trulli, habitat typique des Pouilles. Buffet d'antipasti ; belle cave.
◆ Keuken met Zuid-Italiaanse invloeden die ook terug te vinden zijn in de muurschilderingen van "trulli", de voor Apulië zo kenmerkende huizen. Antipastibuffet en mooie wijnen.

La Faribole, r. Bonté 6, ✉ 1060, ☎ 0 2 537 82 23, *Fax 0 2 537 82 23* – AE VISA. FT g
fermé 21 juil.-15 août, sam. et dim. – **Rest** *Lunch 13* – 27, carte 32/41.
◆ Cuisine classique-actuelle servie dans une salle égayée de cuivres, de cafetières en porcelaine et de paniers en osier. Menu du marché et ardoise à suggestions.
◆ Modern-klassieke spijzen geserveerd in een eetzaal met veel koper, porseleinen koffiekannen en rieten manden. Suggesties en menu afhankelijk van het aanbod op de markt.

Mamy Louise, r. Jean Stas 12, ✉ 1060, ☎ 0 2 534 25 02, *Fax 0 2 534 25 02*, Taverne-rest – 80. AE VISA FS j
fermé dim. – **Rest** (déjeuner seult) carte 27/35.
◆ Dans une rue piétonne, taverne-restaurant avenante présentant une carte touche-à-tout : mets traditionnels, plats de bistrot, salades, tartines et suggestions au goût du jour.
◆ Gezellig café-restaurant in een voetgangersstraat met een kaart die voor elk wat wils biedt: traditionele schotels, bistrogerechten, salades, sandwiches en suggesties.

Al Piccolo Mondo, r. Jourdan 19, ✉ 1060, ☎ 0 2 538 87 94, *Fax 0 2 538 40 20*, Avec cuisine italienne – AE VISA FS c
fermé août – **Rest** *Lunch 17* – 40/60, carte 33/78.
◆ Une vaste carte franco-transalpine entend de combler votre appétit à cette table familiale connue de longue date dans ce secteur piétonnier. Ambiance conviviale à l'italienne.
◆ Dit gemoedelijke familierestaurant in het voetgangersgebied staat al jarenlang bekend om zijn uitgebreide Frans-Italiaanse kaart. Typisch Italiaanse ambiance.

Touâreg, chaussée de Charleroi 80, ✉ 1060, ☎ 0 2 534 54 00, *info@letouareg.be, Fax 0 2 534 54 74*, Cuisine marocaine – AE VISA FT a
fermé sam. midi et dim. – **Rest** *Lunch 13* – 25/49, carte 30/39.
◆ Spécialités maghrébines à apprécier dans trois salles sobres et modernes où domine le bleu indigo - couleur emblématique des Touareg - ou sur la grande terrasse close de murs.
◆ Noord-Afrikaanse gerechten, geserveerd in drie sobere en moderne eetzalen waar indigoblauw, de kleur van de Touaregs, overheerst, of op het grote ommuurde terras.

ST-JOSSE-TEN-NOODE (SINT-JOOST-TEN-NODE) - *plan p. 10 :*

Quartier Botanique *(voir aussi Bruxelles) : - plan p. 10 :*

Villa Royale sans rest, r. Royale 195, ✉ 1210, ☎ 0 2 226 04 60, *villa.royale@skynet.be, Fax 0 2 226 04 80*, – 50. AE VISA. FQ f
45 ch ☐ ★70/90 – ★★90/150.
◆ Cet immeuble récent, élevé au bord d'une artère passante, vous héberge dans des chambres actuelles pimpantes ; celles dotées d'une baignoire sont aussi les mieux insonorisées.
◆ Dit nieuwe en hoge gebouw langs een doorgaande weg beschikt over moderne kamers die er tiptop uitzien; de kamers met bad hebben tevens de beste geluidsisolatie.

Les Dames Tartine, chaussée de Haecht 58, ✉ 1210, ☎ 0 2 218 45 49, *Fax 0 2 218 45 49* – AE VISA FQ s
fermé 3 prem. sem. août, sam. midi, dim. et lundi – **Rest** *Lunch 19* – 32/45, carte env. 38.
◆ Deux "Dames Tartine" sont aux commandes de cette intime petite maison fidèle à son passé. On s'attable sur des socles de machines à coudre, parmi les portraits des aïeux.
◆ Twee "Dames Tartine" zwaaien de scepter in dit eettentje, dat het verleden koestert. Er wordt gegeten aan oude naaimachinetafels, onder het wakend oog van de voorvaderen.

Quartier Rogier *(voir aussi Schaerbeek) - plan p. 10 :*

Sheraton Towers, pl. Rogier 3, ✉ 1210, ✆ 0 2 224 31 11, *reservations.brussels@...raton.com, Fax 0 2 224 34 56,* – 600. rest FQ
Rest *(fermé sam. midi et dim. midi)* (avec buffets) Lunch 31 – 30/55 bc, carte 42/61, 25 – **486 ch** 109/375 – 109/375 – 22 suites.
• Imposante tour super-équipée, dévolue à la clientèle d'affaires internation... et de congrès. Vastes chambres standard ou "club" et nombreuses suites. Beau ... contemporain. Repas classico-traditionnel dans une salle tournée vers la place Rog... Lunch-buffet.
• Uitstekend geëquipeerd hotel in een torenflat, dat op de internationale congres-... zakenwereld mikt. Ruime standaard- of clubkamers en veel suites. Mooie eigentijdse ... Restaurant met uitzicht op het Rogierplein; klassiek-traditionele keuken. Lunchbuffet.

Crowne Plaza "Le Palace", r. Gineste 3, ✉ 1210, ✆ 0 2 203 62 00, *info@cpbxl... Fax 0 2 203 55 55,* – 600. AE VISA
Rest Lunch 18 – 35, carte env. 40, – 26 – **356 ch** 350 – 350 – 1 suite.
• Palace de la Belle Époque renouant avec son lustre d'antan. Espaces communs fringa... et cossus, agréable bar à bières et chambres contemporaines d'inspiration Art nouve... Restaurant au décor "1900" réinterprété à la mode d'aujourd'hui ; carte internationale.
• Luxehotel uit de Belle Époque met weelderige lounge, aangename bierbar en hed... daagse kamers met art-deco-invloeden. Restaurant met een internationale kaart ... een interieur dat een eigentijdse interpretatie geeft van de stijl die rond 1900 in zw... was.

SCHAERBEEK (SCHAARBEEK) *- plans p. 10 et 11 sauf indication spéciale :*

Le Stelle, av. Louis Bertrand 53, ✉ 1030, ✆ 0 2 245 03 59, *lestelle53@hotmail.c... Fax 0 2 245 51 65,* Cuisine italienne – 20/70. AE VISA GQ
fermé sam. midi et dim. – **Rest** Lunch 14 – 35/65, carte 39/68.
• Dans un joli immeuble Art nouveau, table italienne au cadre soigné et "osteria" au cad... Belle Époque où l'on dresse un bon buffet d'antipasti. Plaisante terrasse arrière.
• Verzorgd Italiaans restaurant in een mooi art-decopand, aangevuld met een trattori... belle-époquestijl, waar het antipastibuffet een groot succes is. Fijn terras achter.

Senza Nome (Bruno), r. Royale Ste-Marie 22, ✉ 1030, ✆ 0 2 223 16 17, *se... nome@skynet.be, Fax 0 2 223 16 17,* Cuisine italienne – . VISA. FQ
fermé août, Noël-Nouvel An, sam. midi, dim. et jours fériés – **Rest** 55, carte 44/55, .
Spéc. Sardine beccafico. Straccetti di pasta al ragù di triglia. Tagliata di tonno.
• Petite affaire familiale restant toujours "Sans Nom", malgré plus de 10 ans de prése... Cuisine italianisante. Réservez votre table à l'avant car l'arrière-salle est aveugle.
• Ondanks zijn ruim tienjarig bestaan blijft dit Italiaanse familierestaurantje "zonder naa... Reserveer een tafel aan de voorkant, want aan de achterkant zijn geen ramen.

La Buca di Bacco, av. Louis Bertrand 65, ✉ 1030, ✆ 0 2 242 42 30, *bucadibacco@... net.be, Fax 0 2 242 42 30,* Cuisine italienne avec buffet, ouvert jusqu'à 23 h – AE VISA GQ
fermé 24 déc.-3 janv., lundi et sam. midi – **Rest** carte 31/58, .
• Cette "enoteca" à façade Art nouveau est prisée pour son buffet d'antipasti, sa v... carte italienne et sa trentaine de vins du pays servis au verre. Zinc parisien de 1870.
• Deze "enoteca" met art-decogevel is populair vanwege de uitgebreide Italiaanse ka... het antipastibuffet en het ruime aanbod aan wijn per glas. Parijse tapkast uit 1870.

Moby Dick, bd Lambermont 166, ✉ 1030, ✆ 0 2 241 89 62, *Fax 0 2 242 74 47,* ... grillades, ouvert jusqu'à 23 h – 12/20. AE VISA plan p. 7 CL
fermé Noël, Nouvel An, sam. midi et dim. – **Rest** 15/30, carte 23/45.
• Cuisine de brasserie faisant la part belle aux produits de la pêche et décor marin qui a... pu plaire à Melville, le père de la fameuse Baleine blanche. Grillades en salle.
• Brasserie met een maritiem interieur als hommage aan Melville, de geestesvader va... beroemde Witte Walvis. Natuurlijk veel vis op de kaart, maar ook vlees van de grill.

Quartier Meiser *(voir aussi St-Josse-ten-Noode) - plan p. 11 sauf indication spéciale*

Lambermont sans rest (annexes 61 chs), bd Lambermont 322, ✉ 1... ✆ 0 2 242 55 95, *info@lambermonthotels.com, Fax 0 2 215 36 13* – . AE VISA plan p. 7 C...
13 – **45 ch** 75/145 – 75/180.
• Hôtel confortable établi sur un boulevard passant relié au centre-ville. Lumineuses ch... bres contemporaines et originale salle de breakfast où l'on peut signer le "mur d'or" !
• Gerieflijk hotel aan een grote boulevard naar het centrum. Lichte, moderne kamer... originele ontbijtzaal, waar de gasten kunnen schrijven in het "gastenboek" op de muu...

Amici miei, bd Général Wahis 248, ✉ 1030, ☎ 0 2 705 49 80, *Fax 0 2 705 29 65*, Cuisine italienne – 50. AE VISA HQ k
fermé sam. midi et dim. – **Rest** carte 34/50.
◆ L'Amici miei (mes Amis), c'est aussi l'ami des vedettes du "showbiz" et du sport, à en juger par le décor. Et comme les amis de "mes Amis" sont nos amis... Cuisine italienne.
◆ Amici miei is ook de vriend van sterren en sportcoryfeeën, getuige de fotocollectie van deze Italiaan. En aangezien de vrienden van mijn vrienden onze vrienden zijn...

UCCLE (UKKEL) - *plans p. 12 et 13 sauf indication spéciale :*

County House, square des Héros 2, ✉ 1180, ☎ 0 2 375 44 20, *countyhouse@skynet.be*, *Fax 0 2 375 31 22* – rest, ch, – 150. AE VISA. EX b
Rest *Lunch 23* – 35, carte 35/51 – **86 ch** 107/170 – 122/190 – 16 suites.
◆ Deux immeubles communicants tournés vers le parc Wolvendael composent cet hôtel excentré, mais d'accès aisé. Chambres rafraîchies par étapes, toutes dotées d'un balcon. Confortable salle de restaurant actuelle aux tables rondes bien espacées. Repas classique.
◆ Dit hotel, dat uit twee gebouwen bestaat, ligt buiten het centrum, bij het Wolvendaelpark. De kamers worden stuk voor stuk opgeknapt en hebben alle een balkon. Comfortabel restaurant met ronde tafels in een ruim en eigentijds interieur. Klassieke keuken.

Les Tourelles sans rest, av. Winston Churchill 135, ✉ 1180, ☎ 0 2 344 95 73, *info@lestourelles.be*, *Fax 0 2 346 42 70* – – 40. VISA FV d
fermé 20 juil.-24 août – **18 ch** 85/95 – 95/120.
◆ Deux tourelles gardent l'entrée de cet ex-pensionnat de jeunes filles devenu un hôtel de style bourgeois. Chambres et communs classiquement aménagés ; breakfast servi à table.
◆ Twee torentjes bewaken de ingang van dit voormalige meisjesinternaat dat nu een hotel in bourgeoisstijl is. Klassieke inrichting; aan tafel geserveerd ontbijt.

Le Chalet de la Forêt, Drêve de Lorraine 43, ✉ 1180, ☎ 0 2 374 54 16, *chaletdelaforet@skynet.be*, *Fax 0 2 374 35 71*, – P 6/30. AE VISA plan p. 9 CN c
fermé sam. et dim. – **Rest** *Lunch 29* – 54/79, carte 64/89, ♀.
◆ Bâtisse ancienne nichée en lisière de forêt, dans un quartier résidentiel chic. Grand salon-cheminée à l'entrée, belles salles de style contemporain, carte au goût du jour.
◆ Een oud pand aan de rand van het bos, in een chique woonwijk. Grote lounge met open haard bij de entree, mooie eetzalen met modern decor, eigentijdse keuken.

Villa d'Este, r. Etoile 142, ✉ 1180, ☎ 0 2 376 48 48, *Fax 0 2 376 48 48*, – P 10/50. AE VISA plan p. 8 BN p
fermé juil., fin déc., merc. soir de sept. à avril, dim. soir et lundi – **Rest** 30/50, carte 46/80.
◆ Deux beaux menus multi-choix ("tradition" ou "prestige") et deux cartes des vins - la vigne ne pousse-t-elle pas en terrasse ? - s'offrent à vous dans cette villa bourgeoise.
◆ Twee mooie keuzemenu's ("traditie" of "prestige") en twee verschillende wijnkaarten - de druiven zijn immers zo te plukken op het terras - bieden zich aan in deze villa.

Les Frères Romano, av. de Fré 182, ✉ 1180, ☎ 0 2 374 70 98, *Fax 0 2 374 04 18* – P 6/45. AE VISA FX d
fermé 1 sem. Pâques, 3 dern. sem. août et dim. – **Rest** *Lunch 40* – 75, carte 46/62.
◆ Trois frères président au destin de cette fière villa 1900 interprétant sans fausse note un répertoire culinaire classique. Terrasse face au jardin. Service aux petits soins.
◆ Drie broers dirigeren dit restaurant in een villa uit 1900, waar zonder enige wanklank een klassiek culinair repertoire wordt vertolkt. Tuin met terras en attente bediening.

Le Pain et le Vin (Morland), chaussée d'Alsemberg 812a, ✉ 1180, ☎ 0 2 332 37 74, *info@painvin.be*, *Fax 0 2 332 17 40*, – 12/30. AE VISA. plan p. 8 BN z
fermé 1 sem. Pâques, dern. sem. août, 2 sem. Noël-Nouvel An, sam. midi, dim. et lundi – **Rest** *Lunch 24* – 52/120 bc, carte 61/75, ♀.
Spéc. Foie gras de canard farci, compote de pêches blanches au poivre Sichuan. Saint-pierre, artichaut en barigoule, raviolis aux légumes et pesto. Dôme au chocolat amer, crème brûlée aux noisettes et glace caramel.
◆ Salle à manger moderne et épurée laissant entrevoir le "piano" où mijotent sagement les produits de saison. Côté cave, l'embarras du choix... et de précieux conseils.
◆ De moderne, gestileerde eetzaal heeft een halfopen keuken, waar seizoengebonden gerechten worden bereid. Keus te over op de wijnkaart, maar gelukkig krijgt u vakkundig advies.

XX **Bon-Bon** (Hardiquest), r. Carmélites 93, ✉ 1180, ☎ 0 2 346 66 15, *Fax 0 2 720 48 46* – ⇔ 4/10. AE ⓓ ⓜⓒ VISA EV
fermé 1er au 7 janv., 21 juil.-15 août, sam. midi, dim., lundi et jours fériés – **Rest** (réservati souhaitée) *Lunch 40* – 65/85, carte 44/87.
Spéc. Raviolis de tartuffade de cèpes, écume de muscade (sept.-oct.). Pigeon rôti Sai Germain, rillettes des cuisses au cacao (avril-juil.). Entremets crémeux de rhubarbe, frai des bois et sorbet au lait battu (avril-août).
◆ Lambris, parquet, miroirs et velours gris pour le décor ; et pour l'assiette, recet actuelles où n'entrent que des ingrédients d'origines certifiées, quelquefois méconnue
◆ Lambrisering, parketvloer, spiegels en grijs fluweel kenmerken het interieur. Eigentijc keuken op basis van soms wat miskende producten van betrouwbare herkomst.

XX **La Cuisine du 519**, av. Brugmann 519, ✉ 1180, ☎ 0 2 346 53 08, *lac nedu519@pro.tiscali.be, Fax 0 2 346 53 09*, 🏠 – 🅿 ⇔ 8/22. AE ⓓ ⓜⓒ VISA EX
fermé mardi soir et dim. – **Rest** *Lunch 15* – 20/60, carte 35/71.
◆ Restaurant tirant parti d'une ancienne maison de maître. Réservez une table dans pièce arrière agrémentée d'une colonne ionique, d'une cheminée et d'une porte indien
◆ Restaurant in een oud herenhuis. Reserveer bij voorkeur een tafel in de achterste z met een Ionische zuil, schouw en Indiase deur.

X **Blue Elephant**, chaussée de Waterloo 1120, ✉ 1180, ☎ 0 2 374 49 62, *b sels@blueelephant.com, Fax 0 2 375 44 68*, Cuisine thaïlandaise – ▤ 🅿 ⇔ 8/120. AE ⓓ VISA GX
fermé sam. midi – **Rest** *Lunch 17* – 45/50, carte 30/59, ♀.
◆ Antiquités du pays, confort "rotin", compositions florales et mise en place très "coul locale" entretiennent l'ambiance exotique de cette table thaïlandaise.
◆ Authentiek Thais restaurant met veel Aziatisch antiek, comfortabele rotanmeubel prachtige bloemstukken en een exotische ambiance. Een aanrader!

X **A'mbriana**, r. Edith Cavell 151, ✉ 1180, ☎ 0 2 375 01 56, *Fax 0 2 375 84 96*, Avec cuis italienne – ⇔ 25/45. AE ⓜⓒ VISA FX
fermé 3 sem. août, lundi soir, mardi et sam. midi – **Rest** *Lunch 16* – 21/60 bc, carte 31/47
◆ Cuisine traditionnelle transalpine concoctée à la minute par la "Fée du logis" (A'mbria Un écriteau à suggestions évoluant selon le marché tient lieu de carte.
◆ Traditionele Italiaanse gerechten die "al dente" worden bereid. Geen kaart, maar schoolbord met suggesties al naar gelang het aanbod van de markt.

X **Le Petit Prince**, av. du Prince de Ligne 16, ✉ 1180, ☎ 0 2 374 73 03, *info@l titprince.be, Fax 0 2 381 26 50* – ▤ ⇔ 12/80. AE ⓓ ⓜⓒ VISA plan p. 8 BCN
fermé 1er au 15 août, dim. soir et lundi – **Rest** *Lunch 15* – 25/49 bc, carte 31/50.
◆ Table familiale sympathique où les fines fourchettes uccloises ont leurs habitudes de une bonne trentaine d'années. Harmonie de tons ocre en salle. Repas traditionnel.
◆ Leuk familierestaurantje, waar de fijnproevers uit Ukkel al bijna dertig jaar graag kom De eetzaal is in harmonieuze okerkleuren gehouden. Traditionele keuken.

X **Loggia dei Cavalieri**, av. Winston Churchill 146, ✉ 1180, ☎ 0 2 347 51 *Fax 0 2 347 51 71*, 🏠, Cuisine italienne – ▤. AE ⓜⓒ VISA FV
fermé 1 sem. Pâques, 1 sem. mi-août, 2 sem. fin déc., lundi et sam. midi – **Rest** *Lunch* 35/50, carte 30/42.
◆ Restaurant italien situé au bord d'un axe passant. Demandez une table dans l'arrière-s jaune paille et ocre-rouge donnant sur une cour où l'on dresse le couvert en été.
◆ Italiaans restaurant aan een doorgaande weg. Vraag een tafel in de strogele en okerr achterzaal met uitzicht op de binnenplaats, waar 's zomers de tafels worden gedekt.

X **Brasseries Georges**, av. Winston Churchill 259, ✉ 1180, ☎ 0 2 347 21 00, *info@l seriesgeorges.be, Fax 0 2 344 02 45*, 🏠, Ecailler, ouvert jusqu'à minuit – ▤ 🚗. AE ⓓ VISA FV
Rest *Lunch 13* – carte 26/106, ♀.
◆ L'une des plus grandes brasseries-écailler bruxelloises aménagées à la mode parisier Petit "menu zinc" au déjeuner. Ambiance et service aimables. Voiturier bien pratique.
◆ Deze grootste brasserie en oesterbar van Brussel ademt een typisch Parijse sfeer. "menu zinc" is ideaal als snelle lunch. Vriendelijke bediening en valetparking.

X **Les Deux Frères**, av. Vanderaey 2 (hauteur 810 de la chaussée d'Alsemberg), ✉ 1 ☎ 0 2 376 76 06, *info@les2freres.be, Fax 0 2 332 38 78*, 🏠, Ouvert jusqu'à 23 h – ⇔ 8 AE ⓜⓒ VISA. ✂ plan p. 8 BN
fermé 1er au 15 août, 24 déc.-1er janv., sam. midi et dim. – **Rest** *Lunch 15* – 30/50, c 28/55.
◆ Refuge gourmand où flotte une atmosphère romantique évoquant les années d'en deux-guerres. Choix classique-traditionnel actualisé, plats de brasserie et lunch démo tique.
◆ Lekker restaurant met een romantische sfeer die een beetje aan de jaren dertig c denken. Klassiek-traditionele keuken, brasserieschotels en een goedkoop lunchmenu.

Le Petit Pont, r. Doyenné 114, ✉ 1180, ☎ 0 2 346 49 49, *lepetitpont@tiscalinet.be, Fax 0 2 346 44 38,* , Moules en saison, ouvert jusqu'à minuit – ⇔ 12/40. AE MC VISA EX a

Rest *Lunch 12* – 24, carte 26/45.

◆ Un petit pont donne accès à cette table bistrotière au cadre nostalgique distrayant : plaques publicitaires en émail, vieux postes de radio et mezzanine supportant un vélo !

◆ Een bruggetje geeft toegang tot deze bistro die een en al nostalgie uitstraalt: vergeelde foto's, oude reclameborden, antieke radio's en een opafiets op de tussenverdieping!

La Branche d'Olivier, r. Engeland 172, ✉ 1180, ☎ 0 2 374 47 05, *labranchedolivier@skynet.be, Fax 0 2 375 76 90,* , Bistrot, ouvert jusqu'à 23 h – ⇔ 10/30. AE ⓓ MC VISA plan p. 8 BN b

fermé sam. midi et dim. – **Rest** *Lunch 14* – 23, carte 29/58.

◆ Bistrot ancien et typé (vieux carrelage, poutres, boiseries patinées) ressuscité en 2004 dans un quartier résidentiel. Ambiance cordiale, cuisine du marché, terrasse-trottoir.

◆ Deze oude bistro (tegelvloer, balken en gepatineerd houtwerk) in een woonwijk werd in 2004 opgeknapt. Leuke sfeer, keuken op basis van het marktaanbod. Terras op de stoep.

Quartier St-Job - *plan p. 8 :*

Ventre Saint Gris, r. Basse 10, ✉ 1180, ☎ 0 2 375 27 55, *ventresaintgris@hotmail.com, Fax 0 2 375 29 13,* – ⇔ 10/30. AE ⓓ MC VISA BN u

fermé fin déc. et lundi – **Rest** *Lunch 13* – 25/40, carte 31/54, ♀.

◆ Un curieux juron attribué à Henry IV sert d'enseigne à cette table classique-actuelle aménagée dans deux maisonnettes d'aspect rural. Cadre sobre et lumineux. Terrasse cachée.

◆ Klassiek-modern restaurant in twee boerenhuisjes met een sober, licht interieur en een afgeschermd terras. 'Ventre Saint Gris' is een gekke vloek die aan Hendrik IV wordt toegeschreven.

Les Menus Plaisirs, r. Basse 7, ✉ 1180, ☎ 0 2 374 69 36, *lesmenusplaisirs@belgacom.net, Fax 0 2 331 38 13,* – ⇔ 4/20. AE ⓓ MC VISA BN u

fermé fin déc., prem. sem. Pâques, fin août-début sept., sam. midi, dim., lundi soir et jours fériés – **Rest** *Lunch 14* – 34, carte 46/59.

◆ Adresse appréciée pour sa cuisine actuelle créative et l'atmosphère méridionale de sa petite salle à manger aux murs couverts de lattes en bois clair. Service prévenant.

◆ Dit adres is populair vanwege de eigentijdse, creatieve gerechten en de kleine eetzaal met mediterrane sfeer en lichte schrootjesmuren. Voorkomende bediening.

Le Passage, av. J. et P. Carsoel 13, ✉ 1180, ☎ 0 2 374 66 94, *restaurant@lepassage.be, Fax 0 2 374 69 26,* – P. AE ⓓ MC VISA BN q

fermé 1er au 10 janv., 10 au 31 juil., sam. midi, dim. et lundi soir – **Rest** 45, carte 51/75.

Spéc. Blanc de turbotin aux lait épicé et mousseline aux crevettes grises. Ris de veau croustillant aux morilles.

◆ Restaurant vous conviant à déguster sa fine cuisine contemporaine dans une salle aux tons gris "mode", qui plaît à la fois par sa sobriété décorative et son ambiance tamisée.

◆ Trendy restaurantje met een moderne, sober ingerichte eetzaal in grijstinten en een gedempte sfeer. De eigentijdse keuken is beslist verfijnd.

Le Pré en Bulle, av. J. et P. Carsoel 5, ✉ 1180, ☎ 0 2 374 08 80, *louis.toussaint@telenet.be, Fax 0 2 372 93 67,* – P ⇔ 14/48. AE MC VISA BN r

fermé 3 prem. sem. sept., lundi et mardi – **Rest** *Lunch 14* – 32, carte 34/56, ♀.

◆ Dans une fermette du 17e s., salle de restaurant rajeunie où le chef termine à vue la mise en œuvre de certains mets. L'été, repas en plein air sur la jolie terrasse cachée.

◆ 17e-eeuws boerderijtje met een gerenoveerd interieur, waar de chef-kok voor het oog van de gasten de laatste hand legt aan bepaalde gerechten. Fijn terras voor mooie dagen.

WATERMAEL-BOITSFORT (WATERMAAL-BOSVOORDE) - *plan p. 9 sauf indication spéciale :*

Au Repos des Chasseurs, av. Charle Albert 11, ✉ 1170, ☎ 0 2 660 46 72, *info@aureposdeschasseurs.be, Fax 0 2 674 26 76,* – 120. AE MC VISA DN m

Rest (avec cuisine italienne, ouvert jusqu'à 23 h) *Lunch 21* – 37, carte 21/62 – **11 ch** 65/200 – 95/340.

◆ Les "chasseurs de repos" n'hésiteront pas à poser leurs besaces dans cette ancienne laiterie postée à l'orée du bois. Chambres confortablement aménagées. À table, choix de recettes classiques franco-italiennes et plats de gibier en saison. Vaste terrasse.

◆ In deze oude herberg aan de rand van het bos kunnen jagers zich te ruste leggen in een van de comfortabel ingerichte kamers. Klassieke Frans-Italiaanse keuken en wildspecialiteiten. Op zomerse dagen is het grote terras favoriet.

Côté Jardin sans rest, av. Léopold Wiener 70, ✉ 1170, ☎ 0 2 673 36 40, *cot din@swing.be, Fax 0 2 672 80 94*, . plan p. 13 HX
fermé 24 déc.-15 janv. – **3 ch** ☐ ✝70 – ✝✝85.
◆ Cette belle villa moderne profitant d'un environnement résidentiel verdoyant vous l dans trois chambres actuelles arrangées avec goût. Jardin rafraîchi par une pièce d'eau
◆ Deze mooie moderne villa in een rustige woonwijk met veel groen biedt drie eigenti kamers die met smaak zijn ingericht. Tuin met waterpartij.

Le Grill, r. Trois Tilleuls 1, ✉ 1170, ☎ 0 2 672 95 13, 40/80 CN
fermé sam. midi et dim. – **Rest** (réservation souhaitée) Lunch 27 – 29, carte 27/50, ♀.
◆ Savoureuse cuisine traditionnelle franco-belge servie dans un cadre moderne apaisa privilégiant des matériaux naturels : bois cérusé, tapis et chaises en fibres végétales.
◆ Traditionele kaart met Frans-Belgische specialiteiten in een modern, rustig interieur r natuurlijke materialen: geceruseerd hout, tapijt en stoelen van plantaardige vezels.

Le Bistrot - Mamy Louise, pl. Andrée Payfa-Fosseprez 9, ✉ 1170, ☎ 0 2 660 22 40. AE VISA CN
fermé 3 prem. sem. août, sam. midi et dim. – **Rest** carte env. 35, ♀.
◆ Mets traditionnels oubliés, salades, pâtes et tartines originales, livrés dans décor bistrot actuel. Clichés de "Big Apple" aux murs. Terrasse arrière à l'abri des regards.
◆ Traditionele, haast vergeten gerechten, salades, pasta en originele sandwiches in de sf van een eigentijdse bistro met foto's van New York. Terras aan de achterkant.

Le Coriandre, r. Middelbourg 21, ✉ 1170, ☎ 0 2 672 45 65, *lecoriandre@coditel.r Fax 0 2 672 47 68* – AE VISA. CN
fermé 2 dern. sem. janv., 21 juil.-15 août, dim. et lundi – **Rest** Lunch 20 – 33/50, ca 44/70, ♀.
◆ Table familiale discrète où l'on vient faire des repas au goût du jour dans un cadre act feutré, d'esprit bourgeois. Petits pains "maison" et glaces turbinées à la minute.
◆ Bescheiden familierestaurant met een eigentijds interieur en een wat deftige sfe Lekkere zelfgebakken broodjes en eigengemaakt ijs.

l'Alchimiste, av. de Visé 30, ✉ 1170, ☎ 0 2 673 30 26 – . plan p. 13 HV
fermé sam. midi et dim. – **Rest** Lunch 17 – 49, carte 40/50.
◆ Restaurant dont l'alchimie secrète consiste à associer une cuisine actuelle sortant du l un décor contemporain minimaliste et une atmosphère animée, façon bistrot "trendy".
◆ In dit restaurant bestaat de alchimie uit een geheim elixer van een originele, eigentijc keuken, een modern, minimalistisch decor en een levendige, trendy bistrosfeer.

Le Dragon, pl. Léopold Wiener 11, ✉ 1170, ☎ 0 2 675 80 89, Cuisine chinoise 30/60. AE VISA CN
fermé 15 au 31 août, sam. midi, dim. midi et lundi – **Rest** Lunch 9 – 15/24, carte 14/37.
◆ Par la gentillesse de son accueil et la sagesse de sa carte, ce petit "cantonnais" de quart a tôt fait de s'imposer sur la place, fidélisant une clientèle surtout locale.
◆ Dankzij de vriendelijke ontvangst en de aanlokkelijke kaart heeft deze Chinees snel e plaats in de buurt veroverd. Zeer populair bij de lokale bevolking.

WOLUWE-ST-LAMBERT (SINT-LAMBRECHTS-WOLUWE) - *plans p. 7 et sauf indication spéciale :*

Sodehotel La Woluwe , av. E. Mounier 5, ✉ 1200, ☎ 0 2 775 21 11 02 775 25 43 (rest), *ecatry@sodehotel.net, Fax 0 2 775 25 52*, – rest, – 225. AE VISA DL
Rest *Leonard* *(fermé sam. midi et dim. midi)* Lunch 23 – carte 25/58 – ☐ 15 – **120** ✝90/370 – ✝✝99/370 – 6 suites – ½ P 113/207.
◆ Hôtel excentré, mais d'accès assez aisé, situé en face d'un vieux moulin. Chambres bon confort, spacieuses et tranquilles. Patio lumineux ; centre d'affaires et de congrè Salle de restaurant contemporaine aux lignes épurées. Cuisine dans le tempo actuel.
◆ Dit hotel bij een oude molen buiten het centrum is goed bereikbaar. De kamers zijn rui rustig en comfortabel. Lichte patio. Congreszalen en business center. Restaurant met e modern, gestileerd interieur. Kookstijl die past in de huidige trend.

Monty sans rest, bd Brand Whitlock 101, ✉ 1200, ☎ 0 2 734 56 36, *info@monty-tel.be, Fax 0 2 734 50 05* – . AE VISA plan p. 11 HS
18 ch ☐ ✝75/175 – ✝✝85/200.
◆ Ancien hôtel particulier habilement rénové dans l'esprit contemporain. Le sens de l'a cueil et l'aménagement design des parties communes et des chambres sont ses de atouts.
◆ Dit oude herenhuis is fraai gerestaureerd in moderne stijl. Pluspunten zijn het gastvr onthaal en het designinterieur van de kamers.

XX **Terre de Lune,** av. Prekelinden 25, ✉ 1200, ☎ 0 2 732 18 37, *info@terredelune.be, Fax 0 2 732 18 37,* – P ⇔ 8/40. AE Ⓓ MC VISA. CM a
fermé sam. midi, dim. soir et jours fériés – **Rest** *Lunch 18* – 35, carte 31/59, ♀.
◆ Une table qui plaît pour son cadre moderne sobre et feutré, sa grande carte actuelle à l'ancrage méditerranéen et les références italo-portugaises de sa cave. Terrasse cachée.
◆ Restaurant met een sober maar sfeervol interieur, uitgebreide moderne kaart met mediterrane invloeden en Italiaanse en Portugese wijnen. Afgeschermd terras.

X ✿ **De Maurice à Olivier** (Detombe) dans l'arrière-salle d'un marchand de journaux, chaussée de Roodebeek 246, ✉ 1200, ☎ 0 2 771 33 98 – ▤. AE Ⓓ MC VISA CM r
fermé carnaval, 9 au 31 juil., dim. et lundi midi – **Rest** *Lunch 22* – 35/55, carte 45/56.
Spéc. Terrine de cochon de lait, crabe et foie gras, sorbet d'olives picholines (mars-sept.). Sole soufflée au corail de Saint-Jacques (hiver). Noisette de chevreuil au chocolat d'épices (été).
◆ Cette table de bonnes bases classiques étonne par son emplacement, à l'arrière d'un commerce de journaux, et par la présentation élaborée des mets. Confort simple. Belle cave.
◆ Dit restaurantje met eenvoudig comfort is merkwaardigerwijs achter in een krantenwinkel gevestigd. Kunstige presentatie van de klassieke gerechten en mooie wijnkelder.

X **Le Nénuphar,** chaussée de Roodebeek 76, ✉ 1200, ☎ 0 2 770 08 88, *Fax 0 2 770 08 88,* , Cuisine vietnamienne – ▤ ⇔ 30. AE Ⓓ MC VISA. plan p. 9 DM v
fermé 15 août-6 sept. et sam. midi – **Rest** *Lunch 7* – 24/36, carte 22/36.
◆ Vietnamien de quartier niché dans une petite rue à sens unique. Choix typique bien présenté, intérieur fleuri et service avenant. L'été venu, attablez-vous au jardin.
◆ Vietnamees restaurant in een straatje met eenrichtingsverkeer. Authentieke keuken, bloemrijk interieur en attente bediening. Bij mooi weer kan in de tuin worden gegeten.

X **Le Brasero,** av. des Cerisiers 166, ✉ 1200, ☎ 0 2 772 63 94, *Fax 0 2 762 57 17,* , Grillades – AE Ⓓ MC VISA. plan p. 9 CM e
fermé 23 déc.-1er janv., lundi et sam. midi – **Rest** *Lunch 17* – carte 26/44.
◆ Préparations variées, avec spécialité de grillades au feu de bois, dans cette agréable brasserie au cadre actuel. Plat du jour, lunch trois services et menu dominical.
◆ Prettig restaurant met een gevarieerde kaart in een hedendaags interieur. Op houtskool geroosterd vlees, dagschotel, lunchmenu met drie gangen en op zondag een speciaal menu.

X **La Table de Mamy,** av. des Cerisiers 212, ✉ 1200, ☎ 0 2 779 00 96, *Fax 0 2 779 00 96,* – ⇔ 40. AE Ⓓ MC VISA CM d
fermé 3 prem. sem. août, sam. midi et dim. – **Rest** *Lunch 27* – carte 27/38.
◆ Retrouvez, dans une atmosphère sympathique, les bon p'tits plats tels que nous les mitonnaient nos aïeux. Décor intérieur à la fois nostalgique et bien dans l'air du temps.
◆ In een gezellige ambiance vindt u hier de keuken uit grootmoeders tijd terug. De decoratie is nostalgisch, maar past ook wel goed bij de huidige mode.

X **Le Coq en Pâte,** Tomberg 259, ✉ 1200, ☎ 0 2 762 19 71, *Fax 0 2 762 19 71,* – ⇔ 8/45. AE Ⓓ MC VISA CM b
fermé 2 prem. sem. sept. et lundi – **Rest** *Lunch 15* – 23, carte 28/45, ♀.
◆ Cette table familiale connue depuis 1972 retrouvait l'éclat du neuf en 2004. Décor modernisé avec bonheur et recettes italianisantes dans le goût actuel. Terrasse à l'avant.
◆ Dit familierestaurant uit 1972 kreeg in 2004 een nieuwe "look". Modern interieur met eigentijdse, Italiaans getinte gerechten. Terras aan de voorkant.

WOLUWE-ST-PIERRE (SINT-PIETERS-WOLUWE) - *plans p. 7 et 9 sauf indication spéciale :*

Montgomery, av. de Tervuren 134, ✉ 1150, ☎ 0 2 741 85 11, *reservations@eurostarsmontgomery.com, Fax 0 2 741 85 00,* – ▤ – 35. AE Ⓓ MC VISA. plan p. 11 HS k
Rest *Lunch 25* – carte 25/46, ♀ – ☕ 20 – **61 ch** ✝360 – ✝✝360 – 2 suites.
◆ Hôtel au cadre intimiste et élégant. Chambres à thèmes (asiatique, nautique ou romantique), beaux penthouses, salon-bibliothèque, fitness et sauna. Service aux petits soins. Cuisine classique-actuelle et ambiance "cosy" au restaurant.
◆ Sfeervol hotel waarvan de kamers in diverse stijlen zijn ingericht (Aziatisch, nautisch of romantisch), mooie penthouses, lounge met bibliotheek, fitnessruimte en sauna. Goede service. Modern-klassiek restaurant met een gezellige ambiance.

XXX **Des 3 Couleurs,** av. de Tervuren 453, ✉ 1150, ☎ 0 2 770 33 21, *3couleurs@belgacom.net, Fax 0 2 770 80 45,* – ⇔ 12/80. AE MC VISA DN q
fermé vacances Pâques, du 15 au 31 août, sam. midi, dim. soir et lundi – **Rest** *Lunch 35* – 52, carte 48/66, ♀.
◆ Boiseries cérusées, pierres de Bourgogne et meubles de style donnent fière allure à la salle à manger de cette villa cossue. Table classique. Terrasse arrière couverte.
◆ De geceruseerde balken, Bourgondische natuursteen en stijlmeubelen geven deze fraaie villa een zeker cachet. Klassieke menukaart. Overdekt terras aan de achterkant.

XX **Le Vignoble de Margot,** av. de Tervuren 368, ✉ 1150, ☎ 0 2 779 23 23, *info@le nobledemargot.be, Fax 0 2 779 05 45*, ≤, 🏠, Avec écailler – ▤ P ⇔ 11/65. AE ⓓ VISA DM
fermé fin déc.-début janv., sam. midi et dim. – **Rest** *Lunch 70* – carte 63/74.
• Près d'une passerelle design, dominant parcs et étangs, ex-buffet de gare modernisé entouré de 650 pieds de vigne. Choix traditionnel façon brasserie ; écailler en saison.
• Gemoderniseerde oude stationsrestauratie, omringd door 650 wijnstokken, bij een design-loopbrug naar het park en de vijvers. Traditionele brasserieschotels en oesters.

XX **Les Deux Maisons,** Val des Seigneurs 81, ✉ 1150, ☎ 0 2 771 14 47, *lesdeux sons@skynet.be, Fax 0 2 771 14 47*, 🏠 – ▤. AE ⓓ MC VISA DM
fermé prem. sem. Pâques, 3 prem. sem. août, fin déc., dim. mid, lundi midi et jours fé. – **Rest** 33/82 bc, carte 45/74.
• Cuisine classique appliquée, sélection vineuse rabelaisienne et ambiance aussi intime et feutrée dans cette salle actuelle dotée de grandes tables rondes bien espacées.
• Goede klassieke keuken, uitgebreide wijnkaart en intieme ambiance in dit eigentijd restaurant met grote ronde tafels die wijd uit elkaar staan.

XX **Medicis,** av. de l'Escrime 124, ✉ 1150, ☎ 0 2 779 07 00, *Fax 0 2 779 19 24*, 🏠 ⇔ 12/35. AE ⓓ MC VISA. ✂ DM
fermé Pâques et dim. – **Rest** *Lunch 17* – 30/55, carte 46/61.
• Une carte classique actualisée et un bon menu multi-choix baptisé "Écriteau" vous flatteront le palais dans cette confortable villa de style anglo-normand. Jolie terrasse.
• De modern-klassieke kaart en het uitstekende keuzemenu "Écriteau" beloven een heerlijke maaltijd in dit restaurant in een comfortabele villa in Anglo-Normandische stijl.

XX **l'Auberg'in,** r. au Bois 198, ✉ 1150, ☎ 0 2 770 68 85, *Fax 0 2 770 68 85*, 🏠, Grillade P ⇔ 14. AE ⓓ MC VISA DM
fermé sam. midi et dim. – **Rest** 34, carte 35/44.
• Fermette brabançonne du 19e s. convertie en restaurant convivial au décor néo-rustique où grésille un âtre réconfortant. Spécialité de grillades exécutées en salle.
• Brabants boerderijtje dat is verbouwd tot een gezellig restaurant in neorustieke stijl met een knapperend haardvuur. De grillspecialiteiten worden in de eetzaal bereid.

X **La Tour d'Argent,** av. Salomé 1, ✉ 1150, ☎ 0 2 762 99 80, *Fax 0 2 347 50 25*, Cuisine vietnamienne – MC VISA DM
fermé 17 au 27 sept., merc., jeudi midi et sam. midi – **Rest** *Lunch 12* – 19/24, carte 21/34
• Glorieuse enseigne pour ce modeste établissement vietnamien tenu en famille. Dépaysantes recettes vagabondant entre Hanoï et Ho Chi Minh Ville. Accueil sympathique.
• Vietnamees eettentje dat niets te maken heeft met het beroemde gelijknamige restaurant in Parijs. Uitheemse recepten van Hanoi tot Ho Tsji Minhstad. Sympathieke ontvangst.

X **Rétromobilia,** r. François Gay 152, ✉ 1150, ☎ 0 2 779 46 92, *info@retromobilia. Fax 0 2 772 32 91*, Bistrot avec moules en saison – ⇔ 8/40. AE MC VISA CM
fermé 1er au 8 janv., 14 au 31 juil., dim. et lundi – **Rest** *Lunch 15* – 30/65 bc, carte 26/55.
• Restaurant de quartier établi en angle de rue, près de la petite ceinture. Cuisine classique traditionnelle et bistrotière ; décor intérieur sur le thème de l'automobile rétro.
• Dit buurtrestaurant op een hoek, niet ver van de ringweg, heeft oldtimers als decoratie thema. Klassiek-traditionele keuken en bistroschotels.

ENVIRONS DE BRUXELLES

à Beersel - *plan p. 8 – 23 432 h. – ✉ 1650 Beersel :*

X **3 Fonteinen,** Herman Teirlinckplein 3, ☎ 0 2 331 06 52, *guido.debelder@telenet* 🏠, Taverne-rest avec spécialités à la bière régionale – ♿ ⇔ 20/80. AE MC VISA AP
fermé fin déc., mardi et merc. – **Rest** *Lunch 13* – 28, carte 20/37.
• Taverne-restaurant dont la carte bourgeoise réjouira les amateurs de plats à la bière. Kriek et gueuze maison sortent de la micro-brasserie familiale, ouverte à la visite.
• In deze typisch Belgische taverne wordt veel met bier gekookt. De kriek en geuze komen uit de huisbrouwerij, die ook te bezichtigen is.

à Diegem *par A 201, sortie Diegem - plan p. 7 - C Machelen 12 499 h. – ✉ 1831 Diegem :*

Crowne Plaza Airport, Da Vincilaan 4, ☎ 0 2 416 33 33, *cpbrusselsairport@icho group.com, Fax 0 2 416 33 44*, 🏠, Fб, ≘s, 🏞, – |‡| ⇆ ▤ ♿ P – 🏛 400. AE ⓓ VISA. ✂ rest DK
Rest *(fermé vend. soir, sam. et dim. midi) Lunch 21* – carte 34/82 – ☕ 21 – **311 ch** ★195/355 – ★★195/355 – 4 suites.
• Cette unité de la chaîne Crowne Plaza s'intègre à un centre d'affaires côtoyant l'aéroport. Atrium central, chambres tout confort, bon outil conférencier et parc soigné. Choix de préparations actuelles et formule "lunch-buffet" au restaurant.
• Dit hotel in een business park bij de luchthaven behoort tot de Crowne Plaza-keten. Grote kamers met alle comfort, goede congresfaciliteiten en een mooi park. Eigentijdse gerechten en lunchbuffet in het restaurant.

Sofitel Airport, Bessenveldstraat 15, ☎ 0 2 713 66 66, *H0548@accor.com, Fax 0 2 721 43 45*, – 350. AE MC VISA DL x
Rest ***La Pléiade*** *(fermé vend. soir, sam. et dim. midi)* Lunch 25 – carte 42/53 – 21 – **125 ch** 375 – 375/450.
• Des chambres calmes et accueillantes, 7 salles de réunions et quelques distractions vous attendent à 4 km des pistes de Zaventem, dans cette bâtisse basse bordant l'autoroute. Bar chaleureux et restaurant installé comme une brasserie de luxe.
• Dit ketenhotel in een laag gebouw langs de snelweg, op 4 km van luchthaven Zaventem, biedt rustige en uitnodigende kamers, zeven vergaderzalen en enkele faciliteiten voor ontspanning. Gezellige bar en restaurant dat is ingericht als een luxueuze brasserie.

NH Brussels Airport, De Kleetlaan 14, ☎ 0 2 203 92 52, *nhbrusselsairport@nh-hotels.com, Fax 0 2 203 92 53*, – 80. AE MC VISA. DKL z
Rest *(fermé 20 juil.-10 août, vend. soir, sam. et dim.)* (avec buffets) Lunch 15 – 30, carte 33/58 – 19 – **234 ch** 90/300 – 90/300.
• "Business-hotel" d'aspect résolument moderne situé dans un quartier de bureaux proche de l'aéroport. Chambres bien isolées des bruits du chemin de fer voisin. Lounge-bar et restaurant de styles contemporains ; carte internationale et formules buffets.
• Ultramodern businesshotel in een kantoorwijk bij de luchthaven. De kamers zijn goed geïsoleerd tegen het geluid van de naburige spoorlijn. Eigentijds restaurant en lounge-bar in dezelfde stijl. Internationale kaart en buffetformules.

Holiday Inn Airport, Holidaystraat 7, ☎ 0 2 720 58 65, *hibrusselsairport@ichotelsgroup.com, Fax 0 2 720 41 45*, – 490. AE MC VISA. rest DL w
Rest carte 33/42 – 21 – **310 ch** 75/230 – 75/270.
• Immeuble hôtelier des années 1970 bâti dans les parages de l'aéroport. Chambres en attente d'une rénovation ; équipement complet pour se réunir et se divertir. Cuisine internationale au restaurant installé à l'étage ; plats simples et en-cas au bar du dessous.
• Hotel uit 1970 bij de luchthaven. De kamers worden binnenkort gerenoveerd. Veel voorzieningen om werk en plezier te combineren. Restaurant op de bovenverdieping met een internationale keuken; bar op de benedenverdieping voor eenvoudige schotels of snacks.

Novotel Airport, Da Vincilaan 25, ☎ 0 2 725 30 50, *H0467@accor.com, Fax 0 2 721 39 58*, rest, – 100. AE MC VISA. rest DK y
Rest carte 28/40, – 15 – **209 ch** 180/186 – 180/186.
• Hôtel pratique lorsqu'on a un avion à prendre, et conforme en tous points aux standards Novotel. Chambres toutes semblables, salles de séminaires et piscine en plein air.
• Praktisch hotel voor luchtreizigers, dat in alle opzichten voldoet aan de normen van de keten. Identieke kamers, congreszalen en een openluchtzwembad.

Brussels Airport, Berkenlaan 4, ☎ 0 2 721 77 77, *info@goldentulipairport.be, Fax 0 2 721 55 96*, rest, ch, – 100. AE MC VISA. ch DL a
Rest *(fermé sam. et dim.)* carte 28/46 – 16 – **100 ch** 89/193 – 89/233.
• Fringantes petites chambres d'une tenue irréprochable, dans un établissement où la clientèle d'aéroport compensera tranquillement l'éventuel décalage horaire. Salle à manger au décor actuel. Cuisine à consonance bourgeoise.
• Hotel waar luchtreizigers in alle rust kunnen bijkomen van een eventuele jet lag. De kamers zijn klein, maar zien er tiptop uit. Het restaurant heeft een eigentijds interieur en biedt zijn gasten een eenvoudige, traditionele keuken.

Dilbeek *par ⑧ : 7 km* – *plans p. 6 et 8* – *39 410 h.* – ✉ *1700 Dilbeek :*

Relais Delbeccha, Bodegemstraat 158, ☎ 0 2 569 44 30, *relais.delbeccha@skynet.be, Fax 0 2 569 75 30*, – 100. AE MC VISA.
Rest *(fermé juil., sam. midi et dim. midi)* Lunch 40 – carte 34/58 – **12 ch** 95/100 – 125/160.
• Grand bungalow caché derrière un rideau de verdure. Salons, salles à manger, espaces de réunions et chambres adoptent le même style classique-bourgeois cossu. Jardin pomponné.
• Deze grote bungalow ligt verscholen tussen het groen. De lounges, eetzalen, vergaderruimten en kamers hebben allemaal dezelfde klassieke bourgeoisstijl. Fraai aangelegde tuin.

Hostellerie d'Arconati avec ch, d'Arconatistraat 77, ☎ 0 2 569 35 00, *arconati@skynet.be, Fax 0 2 569 35 04*, – AE MC VISA.
fermé fév. et dern. sem. juil. – **Rest** *(fermé dim. soir, lundi et mardi)* 45, carte env. 50 – **4 ch** 87 – 99.
• Belle villa moderne (20e s.) dont on appréciera l'aménagement du jardin, de la nouvelle salle à manger et des chambres, autant que l'accueil de la patronne. Restaurant d'été.
• Moderne 20e-eeuwse villa met een weelderige tuin, nieuwe eetzaal, gerieflijke kamers en vriendelijke ontvangst. 's Zomers kan er buiten worden gegeten.

XX **De Kapblok,** Ninoofsesteenweg 220, ☎ 0 2 569 31 23, *info@dekapblok.be, Fax 569 67 23* – ▤ ⇔ 22. MC VISA AM
fermé vacances de Pâques, fin juil.-mi-août, fin déc.-prem. sem. janv., dim., lundi et m fériés – **Rest** *Lunch 38* – 50/99 bc, carte 50/77.
• Au bord d'un axe passant, petit restaurant tenu en famille et fidélisant bien sa client par le soin apporté à la cuisine. Salle ornée de photos de cordons bleus en herbe.
• Dit familierestaurantje aan een drukke weg weet zijn klanten aan zich te binden door zorg die aan het eten wordt besteed. Aan de muur foto's van aankomend keukentalent

à Drogenbos - *plan p. 8 – 4 878 h. – ✉ 1620 Drogenbos :*

Campanile, av. W.A. Mozart 11, ☎ 0 2 331 19 45, *drogenbos@campanile.be, Fax 331 25 30,* – ♿ P – 50. AE MC VISA AN
Rest (avec buffets) *Lunch 14* – 20, carte 20/36 – ☕ 10 – **77 ch** ★71/86 – ★★71/86 –½ P 1
• Un clone parfait de la chaîne Campanile : proximité de la rocade, parking à vue et pet chambres fraîches et nettes à prix muselés. Grill-room proposant des buffets et des p diététiques.
• Goedkoop ketenhotel bij de Ring met parkeergelegenheid. Kleine maar keurige gere veerde kamers. Een perfecte kloon van de Campanile-familie! Grillroom met buffetten caloriearme schotels.

à Dworp *(Tourneppe) par ⑥ : 16 km - plan p. 8 -* C *Beersel 23 432 h. – ✉ 1653 Dworp :*

Kasteel Gravenhof, Alsembergsesteenweg 676, ☎ 0 2 380 44 99, *info@gra hof.be, Fax 0 2 380 40 60,* – ▤ ch, P – 120. AE MC VISA.
Rest (taverne-rest) *Lunch 17* – carte 22/44 – ☕ 15 – **26 ch** ★105/210 – ★★140/210.
• "Folie" de 1649 où vous goûterez à la vie de château. Cadre fastueux se prêtant bie l'organisation de grandes agapes, divers types de chambres et parc agrémenté d'un éta Taverne-restaurant retranchée dans les caves voûtées. Carte classico-régionale.
• Ontdek het kasteelleven in dit lustslot uit 1649. De luisterrijke omgeving leent zich bij h uitstek voor een feestmaal. Verschillende soorten kamers en park met vijver. Café-resta rant in de gewelfde kelder. Klassieke kaart met een regionaal accent.

à Grimbergen *au Nord par N 202* **BK** *: 11 km - plan p. 6 – 33 955 h. – ✉ 1850 Grimbergen :*

Abbey, Kerkeblokstraat 5, ☎ 0 2 270 08 88, *info@hotelabbey.be, Fax 0 2 270 81 88,* – ▤ rest, P – 200. AE MC VISA. ch
fermé juil. – **Rest 't Wit Paard** *(fermé sam. et dim.) Lunch 32* – 50, carte 49/59 – **28 ch** ★135/200 – ★★170/200.
• Cette grande bâtisse en briques plagiant un peu le style flamand vous héberge dans c chambres amples et paisibles. Lounge-bar moderne, salles de réunions, fitness et saur Table au cadre classique révélateur du genre de prestation culinaire proposée.
• In dit grote bakstenen gebouw, een nabootsing van de Vlaamse stijl, logeert u in ruim rustige kamers. Moderne lounge-bar, vergaderzalen, fitnessruimte en sauna. In het resta rant worden klassieke gerechten geserveerd, wat goed past bij de inrichting.

à Groot-Bijgaarden - *plan p. 6 -* C *Dilbeek 39 410 h. – ✉ 1702 Groot-Bijgaarden :*

Waerboom, Jozef Mertensstraat 140, ☎ 0 2 463 15 00, *info@waerboom.com, Fax 463 10 30,* – ▤ P – 270. AE MC VISA. AL
fermé 15 juil.-15 août – **Rest** (résidents seult) – **40 ch** ☕ ★125 – ★★135 –½ P 150/175.
• Entre campagne et autoroute, grande ferme flamande réaménagée en hôtel d'affair séminaires et réceptions. Chambres et salons classiques offrant un bon niveau de confo
• Deze grote Vlaamse boerderij, tussen de snelweg en het platteland, is nu een hotel vo zakenafspraken, congressen en recepties. Klassieke kamers en lounges met goed comfo

Gosset, Gossetlaan 52, ☎ 0 2 466 21 30, *info@gosset.be, Fax 0 2 466 18 50,* – ▤ P – 200. AE MC VISA. ch AL
fermé 23 déc.-1er janv. – **Rest** *Lunch 13* – 28/40, carte 27/46 – **48 ch** ☕ ★75/350 ★★75/350.
• Cet hôtel retrouvant peu à peu l'éclat du neuf est établi dans une zone d'activit industrielles proche du ring. Chambres et espaces communs modernes ; personnel servi ble. Taverne-restaurant actuelle fonctionnant avec une carte classique-traditionnelle.
• Dit hotel, dat geleidelijk wordt opgeknapt, staat op een industrieterrein bij de Rin Moderne kamers en gemeenschappelijke ruimten; vriendelijk personeel. Eigentijds caf restaurant met klassiek-traditionele spijzen.

XXXX **De Bijgaarden,** I. Van Beverenstraat 20, ☎ 0 2 466 44 85, *debijgaarden@skynet.b Fax 0 2 463 08 11,* – P ⇔ 18/46. AE MC VISA AL
fermé 2 au 9 avril, 6 au 27 août, sam. midi et dim. – **Rest** *Lunch 45* – 75/145 bc, car 97/160.
• Belle demeure ancienne située juste en face du château de Grand-Bigard. Cadre coss agrémenté de boiseries, cuisine classique actualisée et cave à dominante bordelaise.
• Mooi herenhuis bij het kasteel van Groot-Bijgaarden. Weelderig interieur met lambris ring, klassieke keuken met een vleugje vernieuwing en wijnkelder met goede bordeaux.

XXX **Michel,** Gossetlaan 31, ✆ 0 2 466 65 91, *restaurant.michel@belgacom.net, Fax 0 2 466 90 07,* – P. AE ⊙ MC VISA — **AL d**
fermé 6 août-6 sept., 25 au 29 déc., lundi de Pâques, dim. et lundi – **Rest** *Lunch 35* – 52/87 bc.
• Fermette engageante et typée où se pratique une cuisine classique détaillée sous forme d'un menu-carte. Salle contemporaine lumineuse aux tables bien espacées. Jolie terrasse.
• Uitnodigend boerderijtje, waar u kunt genieten van een keuzemenu van de kaart. Lichte, eigentijdse eetzaal met veel ruimte tussen de tafels en een mooi terras.

Hoeilaart - *plan p. 9* – *10 077 h.* – ✉ *1560 Hoeilaart :*

XX **Aloyse Kloos,** Terhulpsesteenweg 2 (à Groenendaal), ✆ 0 2 657 37 37, *Fax 0 2 657 37 37,* – P ⇔ 5/45. MC VISA — **DP f**
fermé août, dim. soir et lundi – **Rest** *Lunch 25* – 33/73 bc.
• Villa postée en lisière du massif de Soignes. Cuisine classique et carte des vins honorant les vignobles les plus réputés. Fameux jambons du pays mûris dans la maison.
• Deze villa bij het Zoniënwoud heeft klassieke gerechten en uitstekende wijnen te bieden. Huisbereide hammen als specialiteit.

X **Tissens,** Groenendaalsesteenweg 105 (à Groenendaal), ✆ 0 2 657 04 09, *tissens@skynet.be,* , Grillades et anguilles – P. AE ⊙ MC VISA — **DP k**
fermé juil., fin déc.-début janv., merc. et jeudi – **Rest** carte 35/44, ♀.
• Cette adresse connue comme le loup blanc à l'orée de la forêt de Soignes saura vous apaiser si vous avez les crocs ! Côtes à l'os et anguilles à se pourlécher les babines !
• Wie honger als een wolf heeft, kan terecht in dit restaurant aan de rand van het Zoniënwoud. Sappige steaks en paling om de vingers bij af te likken!

Huizingen *par ⑥ : 12 km* - *plan p. 8* C *Beersel 23 432 h.* – ✉ *1654 Huizingen :*

XXX **Terborght** (De Vlieger), Oud Dorp 16, ✆ 0 2 380 10 10, *terborght@skynet.be, Fax 0 2 380 10 97* – ▤ P ⇔ 8/40. AE ⊙ MC VISA
✿ *fermé 23 au 31 janv., 23 juil.-15 août, mardi et merc.* – **Rest** *Lunch 32* – 44/165 bc, carte 61/114, ♀.
Spéc. Déclinaison de crevettes grises. Tout agneau. Misérable au chocolat, framboises poivrées et stracciatella de banane.
• Maison du 17e s. dont les façades arborent de fiers pignons à redans et dont l'intérieur marie des éléments décoratifs rustiques et contemporains. Cuisine actuelle raffinée.
• Mooi huis met een trapgevel uit de 17e eeuw. Het interieur is een mengeling van rustiek en modern. Geraffineerde eigentijdse keuken.

Itterbeek *par ⑧ : 8 km* - *plans p. 6 et 8* C *Dilbeek 39 410 h.* – ✉ *1701 Itterbeek :*

XX **De Ster,** Herdebeekstraat 169 (lieu-dit Sint-Anna-Pede), ✆ 0 2 569 78 08, *resto.dester@skynet.be, Fax 0 2 569 37 97,* – P ⇔ 6/20. MC VISA
fermé lundi, mardi et sam. midi – **Rest** *Lunch 16* – 25/80 bc, carte 35/58.
• Auberge modestement autoproclamée estaminet, bien que l'ambiance café populaire se soit évaporée. Salles bourgeoises actualisées et collection de miroirs. Vins du Languedoc.
• Deze herberg heeft zichzelf bescheiden tot estaminet uitgeroepen, hoewel de sfeer van een oude dorpskroeg is vervlogen. Traditionele zalen met spiegels. Wijn uit de Languedoc.

Kortenberg *par ② : 15 km* - *plan p. 7* – *18 296 h.* – ✉ *3070 Kortenberg :*

Axis, Leuvensesteenweg 749, ✆ 0 2 759 30 33, *axis.hotel@skynet.be, Fax 0 2 759 30 36,* P – 40. AE ⊙ MC VISA.
Rest (dîner pour résidents seult) – **24 ch** ☐ †75/150 – ††95/165.
• Petit hôtel récent et commode pour la clientèle d'affaires souhaitant loger dans les parages de l'aéroport. Chambres pratiques et actuelles, un peu plus calmes à l'arrière.
• Pas gebouwd klein hotel, handig voor zakenlui die in de buurt van de luchthaven willen logeren. Praktische en moderne kamers die aan de achterkant het rustigst zijn.

Linkebeek - *plan p. 8* – *4 759 h.* – ✉ *1630 Linkebeek :*

X **Noï,** Gemeenteplein 6, ✆ 0 2 380 68 60, *info@noi.be, Fax 0 2 380 86 59,* , Cuisine thaïlandaise – ⇔ 25. AE ⊙ VISA — **BP a**
fermé dern. sem. juil., sam. midi, dim. et lundi midi – **Rest** (en juil.-août dîner seult) *Lunch 10* – carte env. 30.
• Table siamoise cachée aux abords de la place centrale. Les jeudis et vendredis midis, un rickshaw chargé de potages est présenté en libre-service. Terrasses exotiques au vert.
• Thais restaurant bij het grote plein in het centrum. Op donderdag- en vrijdagmiddag staat er een rickshaw met soep (zelfbediening). Exotische terrassen met veel groen.

Meise *par ⑪ : 14 km* - *plan p. 6* – *18 465 h.* – ✉ *1860 Meise :*

Sterckxhof sans rest, Kardinaal Sterckxlaan 17 (Oppem), ✆ 0 2 269 90 36, *sterckxhof@email.com, Fax 0 2 269 90 36,* – P.
3 ch ☐ †65 – ††125.
• Maison d'hôte charmante tirant parti d'une ancienne ferme voisine d'une petite église. Jolies chambres dotées d'éléments décoratifs anciens ; salle de breakfast nostalgique.
• Sfeervol logies in een oude boerderij naast een kerkje. Mooie kamers met de originele decoratieve elementen en ontbijtkamer in nostalgische sfeer.

XXX **Hof ter Imde,** Beekstraat 32 (Nord-Ouest : 3 km, lieu-dit Imde), ✉ 18 ✆ 0 52 31 01 01, *info@hofterimde.be, Fax 0 52 31 05 50,* – ▤ P ⇔ 10/25. AE ① VISA
fermé 30 juin-15 juil., 30 oct.-5 nov., 22 déc.-4 janv., dim. soir, lundi et mardi – **Rest** *Lu 35* – 45/77 bc.
◆ Joli corps de ferme brabançon au cadre agreste réaménagé en un restaurant confor ble. Salle contemporaine dans les tons beige et gris ; terrasse tournée vers un verger.
◆ Oud-Brabantse boerderij in een landelijke omgeving met comfortabele eetzaal in hede daagse stijl. 's Zomers kan op het terras worden gegeten, met uitzicht op de boomgaar

XX **Koen Van Loven,** Brusselsesteenweg 11, ✆ 0 2 270 05 77, *koen.van.loven@proxi dia.be, Fax 0 2 270 05 46* – ⇔ 30/120. AE ① MC VISA.
fermé vacances bâtiment, lundi et mardi – **Rest** *Lunch 32* – 43/49, carte 40/54.
◆ Fière maison de notable (début 20e s.) abritant un restaurant au chaleureux décor brasserie contemporaine. Espaces séparés pour la tenue de banquets. Repas classique.
◆ In dit herenhuis uit de vroege 20e eeuw is een restaurant ingericht in de stijl van e sfeervolle hedendaagse brasserie. Klassieke keuken. Aparte ruimten voor banqueting.

à Nossegem *par ② : 13 km* - *plan p. 7* - C *Zaventem 28 639 h.* – ✉ *1930 Nossegem :*

X **Orange,** Leuvensesteenweg 614, ✆ 0 2 757 05 59, *go@orangerestaurant.be, Fax 759 50 08,* , Brasserie – P ⇔ 4/40. AE ① MC VISA
fermé prem. sem. Pâques, 1er au 7 juil., 1er au 15 août, sam. midi, dim. et lundi soi **Rest** *Lunch 25* – 36/52 bc, carte 38/58, ♀.
◆ Bonne cuisine de brasserie au goût du jour servie dans un décor branché : tons oran clair et tabac, banquettes en cuir façon "croco" et éclairage design. Terrasse agréable.
◆ Trendy brasserie met de kleuren lichtoranje en tabak, bankjes van krokodillenleer designlampen. Goede keuken die aan de huidige smaak voldoet. Aangenaam terras.

à Overijse *par ④ : 16 km* - *plan p. 9* – *24 058 h.* – ✉ *3090 Overijse :*
Justus Lipsiusplein 9, ✆ 0 2 785 33 73, informatie@overijse.be, Fax 0 2 687 77 22.

Soret, Kapucijnendreef 1 (à Jezus-Eik), ✆ 0 2 657 37 82, *info@hotel-soret. Fax 0 2 657 72 66,* , , , – | | – 40. AE ① MC VISA. DN
fermé août – **Rest** voir rest ***Istas*** ci-après – **38 ch** ☕ ★69/110 – ★★85/132 – 1 suite.
◆ Hôtel familial récent et tranquille installé en lisière de la forêt de Soignes. Grandes cha bres d'une tenue exemplaire, jolie piscine, sauna, fitness et parking bien commode.
◆ Nieuw en rustig hotel aan de rand van het Zoniënwoud. Kraakheldere grote kame mooi zwembad, sauna, fitnessruimte en handig parkeerterrein.

XXXX ✿ **Barbizon** (Deluc), Welriekendedreef 95 (à Jezus-Eik), ✆ 0 2 657 04 62, *barbizon@e net.be, Fax 0 2 657 40 66,* – P. AE MC VISA DN
fermé 9 au 31 janv., 17 juil.-8 août, mardi et merc. – **Rest** *Lunch 36* – 50/110 bc, ca 77/122, .
Spéc. Cabillaud en croûte de pomme de terre, jus de coques. Pigeon croquant aux épic miel et verjus. Gibier en saison.
◆ À l'orée de la forêt, villa charmante dont le style "normand" s'harmonise au cadre buc lique du lieu. Repas classique élaboré, belle cave et terrasse délicieuse au jardin.
◆ Charmante villa, waarvan de Normandische bouwstijl harmonieert met de bosrijke o geving. Verfijnde klassieke keuken, mooie wijnkelder en heerlijke tuin met terras.

XXX **Lipsius,** Brusselsesteenweg 671 (à Jezus-Eik), ✆ 0 2 657 34 32, *lipsius@skynet.be, Fax 657 31 47* – P ⇔ 13/55. DN
fermé 3 au 13 avril, 31 juil.-août, 26 déc.-8 janv., sam. midi, dim. non fériés et lundi – **Re** *Lunch 35* – 55/106 bc, carte 50/78.
◆ Estimable restaurant au goût du jour nommé d'après un humaniste local. Sièges chas bles, nappages coordonnés, poutres cérusées et voûtes en briques nues forment un décor.
◆ Dit restaurant is naar een lokale humanist genoemd. Hanenbalken, stenen gewelve stoelen met overtrek en bijpassende tafelkleden vormen een mooi interieur. Moder kookstijl.

X **Lavinia,** Brusselsesteenweg 663 (à Jezus-Eik), ✆ 0 2 657 26 44, *Fax 0 2 657 26 64,* Taverne-rest, ouvert jusqu'à 23 h ▤ ♿ ⇔ 6/24. AE ① MC VISA DN
fermé lundi – **Rest** *Lunch 22* – carte 26/41.
◆ Taverne-restaurant offrant les plaisirs d'une cuisine ménagère bien tournée, avec c plats mijotés façon "Grand-Mère". Une terrasse d'été ombragée se cache à l'arrière.
◆ Dit café-restaurant biedt het genot van een eenvoudige maar goed bereide maalti met stoofschotels volgens grootmoeders recept. Schaduwrijk terras aan de achterkant.

X **Istas** - H. Soret, Brusselsesteenweg 652 (à Jezus-Eik), ✆ 0 2 657 05 11, , Taverne-res ♿ P. MC VISA DN
fermé 13 au 19 avril, 1er au 30 août, 24 au 31 déc., merc. et jeudi – **Rest** carte 16/50.
◆ Une clientèle très variée se presse dans cette taverne-restaurant centenaire et type Vaste choix traditionnel incluant des en-cas régionaux. Accueil et service à l'ancienne.
◆ Oud karakteristiek café-restaurant dat allerlei soorten mensen trekt. Uitgebreide tradit nele kaart met streekgebonden schotels. De bediening is nog van ouderwetse kwaliteit.

Ruisbroek - plan p. 8 - C Sint-Pieters-Leeuw 30 842 h. – ✉ 1601 Ruisbroek :

XX **De Mayeur,** Fabriekstraat 339, ☎ 0 2 331 52 61, Fax 0 2 331 52 63, 🏠 – AE MC VISA AP a
fermé 1 sem. en mars, 3 dern. sem. août, mardi, merc. et sam. midi – **Rest** Lunch 21 – carte 28/56.
◆ Bonne table classique-traditionnelle, dans une jolie maison ancienne dont la façade contraste avec l'extension arrière, résolument moderne, où se déploie la terrasse en teck.
◆ Klassiek-traditioneel restaurant in een mooi oud pand, waarvan de voorgevel sterk contrasteert met de ultramoderne aanbouw aan de achterkant, waar ook een terras is.

Sint-Genesius-Rode (Rhode-St-Genèse) par ⑤ : 13 km - plan p. 9 – 17 919 h. – ✉ 1640 Sint-Genesius-Rode :

X **L'Alter Ego,** Parvis Notre-Dame 15, ☎ 0 2 358 29 15, Fax 0 2 358 29 15, 🏠 – ⇔ 25. AE ⓓ MC VISA
fermé carnaval, août, dim. et lundi – **Rest** (déjeuner seult sauf vend. et sam.) Lunch 12 – 28/38, carte 24/44.
◆ Simple restaurant de quartier, mais où l'on vient bien manger, dans un cadre non protocolaire. Les plats se déclinent à l'ardoise au gré du marché. Repas au jardin en été.
◆ Eenvoudig buurtrestaurantje, waar u lekker kunt eten in een ontspannen sfeer. Dagelijks wisselende schotels op een leitje. 's Zomers wordt buiten geserveerd.

X **Tartufo,** r. Termeulen 44, ☎ 0 2 361 34 66, tartufo@skynet.be, Fax 0 2 361 34 66, 🏠, Avec cuisine italienne – P. MC VISA. ✂
fermé dim. soir, lundi et mardi – **Rest** Lunch 20 – 36, carte 41/66.
◆ Restaurant servant des mets franco-italiens classiques et au goût du jour dans une salle au décor actuel intime, agencée sur deux niveaux. Accueil souriant de la patronne.
◆ In dit restaurant worden klassieke en eigentijdse Frans-Italiaanse gerechten geserveerd in een intieme, hedendaagse eetzaal met twee verdiepingen. Vriendelijke ontvangst.

Sint-Pieters-Leeuw Sud-Ouest : 13 km par Brusselbaan AN - plan p. 8 – 30 842 h. – ✉ 1600 Sint-Pieters-Leeuw :

🏨 **Green Park** 🐦, V. Nonnemanstraat 15, ☎ 0 2 331 19 70, info@greenparkhotel.be, Fax 0 2 331 03 11, 🌳, 🚲 – |⇕| 🚗 P – 🏛 100. AE ⓓ MC VISA. ✂ rest
fermé juil. – **Rest** (résidents seult) – **18 ch** ☕ ✝84/110 – ✝✝90/220.
◆ Bâtisse basse de notre temps inscrite dans un site paisible et verdoyant, au bord d'un étang. Grandes chambres actuelles bien équipées. Affluence d'affaires.
◆ Laag, modern gebouw in een rustige, groene omgeving bij een vijver. Grote eigentijdse kamers met goede voorzieningen. Zakelijke cliëntèle.

Sterrebeek par ② : 13 km - plan p. 7 C Zaventem 28 639 h. – ✉ 1933 Sterrebeek :

X **Chasse des Princes,** Hypodroomlaan 141, ☎ 0 2 731 19 64, Fax 0 2 731 19 64, 🏠 – ⇔ 8/36. AE MC VISA
fermé lundi et mardi midi – **Rest** Lunch 15 – 25/45, carte 47/54.
◆ Bons menus au goût du jour, sagement tarifés, et cadre alliant clarté et sobriété : salle aux tons beiges et blanc, plancher patiné, tables nues et chaises de style cérusées.
◆ Goede menu's naar de smaak van vandaag voor een zacht prijsje. Sober en licht interieur in wit en beige tinten, met een gebeitste vloer en houten tafels en stoelen.

Strombeek-Bever - plan p. 6 - C Grimbergen 33 955 h. – ✉ 1853 Strombeek-Bever :

🏨 **Rijckendael** 🐦, J. Van Elewijckstraat 35, ☎ 0 2 267 41 24, restaurant.rijckendael@vhv-hotels.be, Fax 0 2 267 94 01, 🏠, 🏊 – |⇕| ⚡, ▤ ch, 🚗 P – 🏛 60. AE ⓓ MC VISA BK c
Rest (*fermé 3 dern. sem. juil.-prem. sem. août*) Lunch 23 – 36/65 bc, carte 37/61 – ☕ 16 – **49 ch** ✝99/165 – ✝✝99/200.
◆ Immeuble hôtelier de notre époque situé dans un quartier résidentiel d'où vous rejoindrez aisément l'Atomium et le Heysel. Chambres pratiques ; parking privé. Restaurant au décor rustique aménagé dans une ancienne fermette (1857). Repas classique-traditionnel.
◆ Modern hotel in een rustige woonwijk, niet ver van de Heizel en het Atomium. Praktische kamers en eigen parkeergarage. Rustiek restaurant in een oud boerderijtje (1857) met een klassiek-traditionele keuken.

XX **'t Stoveke,** Jetsestraat 52, ☎ 0 2 267 67 25, info@tstoveke.be, 🏠 – ⇔ 4/10. AE MC VISA BK q
fermé mi-août-mi-sept., fin déc.-début janv., mardi et merc. – **Rest** Lunch 25 – 40/68 bc.
◆ Restaurant au cadre moderne installé dans une maison ancienne (début 20e s.) d'un quartier résidentiel proche du parc des Expositions. Cuisine classique sobrement actualisée.
◆ Restaurant met een modern interieur in een pand uit de vroege 20e eeuw, in een woonwijk bij het Expositiepark. Klassieke keuken met een vleugje vernieuwing.

X **Blink,** Sint-Amandsstraat 52, ✆ 0 2 267 37 67, *restaurantblink@skynet.be, Fax 0 267 99 68,* – AE ⓓ MC VISA BK
fermé lundi et mardi – **Rest** *Lunch 20* – 39/64 bc, carte 45/55.
◆ Longue salle à manger contemporaine aux tonalités bleutées, où l'on goûte une cuisi classique actualisée, semée de pointes d'exotisme. Terrasse d'été cachée à l'arrière.
◆ Langgerekt, eigentijds restaurant in blauwe tinten. Modern-klassieke gerechten met h een daar een exotische noot. Terras aan de achterzijde.

X **Restaurant 52,** De Villegas de Clercampstraat 52, ✆ 0 2 261 00 61, *restaurant52@s net.be,* – MC VISA BK
fermé 15 août-15 sept., 26 déc.-3 janv., sam. midi, dim. soir, lundi et mardi – **Rest** car env. 40.
◆ Discrète maison bourgeoise dont les 3 pièces en enfilade ont été actualisées en garda des éléments anciens. Terrasse sous pergola dans la cour. Table au goût du jour.
◆ Herenhuis met drie kamers en suite die bij de renovatie een aantal oorspronkeli elementen hebben behouden. Terras met pergola op de binnenplaats. Eigentijdse keuke

à Tervuren *par ③ : 14 km - plan p. 9 – 20 630 h. – ✉ 3080 Tervuren :*

XX **De Linde,** Kerkstraat 8, ✆ 0 2 767 87 42, *Fax 0 2 767 87 42,* – ⇔ 24. MC VISA.
fermé 2 sem. en janv., 3 sem. en juil., sam. midi, dim. et lundi – **Rest** *Lunch 13* – 32/74 b carte 49/68.
◆ À côté de l'église, menue façade ancienne au charme villageois. Repas classique de sais à savourer sous les poutres de la salle ou sur la terrasse d'été dressée à l'avant.
◆ Oud pandje naast de kerk met een typisch dorpse charme. Klassieke seizoengebond gerechten, geserveerd onder de hanenbalken van de eetzaal of op het terras aan voorkant.

à Vilvoorde *(Vilvorde) - plans p. 6 et 7 – 37 327 h. – ✉ 1800 Vilvoorde :*

XXX **La Hacienda,** Koningslosteenweg 34, ✆ 0 2 649 26 85, *lahacienda@lahacienda.b Fax 0 2 647 43 50,* , Cuisine espagnole – P ⇔ 20/40. AE ⓓ MC VISA. CK
fermé prem. sem. janv., mi-juil.-mi-août, sam. midi, dim. et lundi – **Rest** *Lunch 39* – 40/4 carte 35/53.
◆ Lumineuse hacienda embusquée dans une impasse proche du canal. On y goûte u vraie cuisine ibérique avec menus tapas et régionaux. Vaste choix de vins espagnols.
◆ Deze haciënda ligt verscholen in een doodlopende straat bij het kanaal. Authentie Spaanse keuken met tapas- en streekmenu's. Groot assortiment Spaanse wijnen.

XX **Kijk Uit,** Lange Molensstraat 60, ✆ 0 2 251 04 72, *kijkuit@skynet.be, Fax 0 2 751 09 0* ⇔ 20/50. AE MC VISA. CK
fermé 21 juil.-15 août, 24 déc.-3 janv., dim. et lundi – **Rest** *Lunch 30* – 40/71 bc, car 42/75, ♀.
◆ Une tour de guet (15e s.) domine ce restaurant servant une cuisine actuelle volontie créative dans une salle haute sous plafond, rénovée en préservant son caractère ancien.
◆ Een 15e-eeuwse wachttoren steekt boven dit eigentijdse, creatieve restaurant uit. gerenoveerde eetzaal met het hoge plafond heeft zijn oude karakter bewaard.

X **Rouge Glamour,** Fr. Rooseveltlaan 18, ✆ 0 2 253 68 39, *rougeglamour@advalvas.b Fax 0 2 253 68 39,* – ⇔ 16. AE MC VISA CDK
fermé prem. sem. vacances Pâques, 2 prem. sem. août, prem. sem. nov., dim. et lund **Rest** *Lunch 35 bc* – 32/71 bc, carte 47/62.
◆ Table au goût du jour non dénuée de créativité, plagiant le décor d'un cabaret. Repa spectacle le 1er samedi du mois. Terrasse arrière verdoyante meublée en bois exotique.
◆ Restaurant met een creatieve eigentijdse keuken en de sfeer van een cabaret. Theater ner op de 1e zaterdag van de maand. Weelderig terras achter met teakhouten meubeler

à Wemmel *- plan p. 6 – 14 769 h. – ✉ 1780 Wemmel :*

La Roseraie, Limburg Stirumlaan 213, ✆ 0 2 456 99 10, *hotel@laroseraie.b Fax 0 2 460 83 20,* , – ⇔ P. AE ⓓ MC VISA AK
Rest *(fermé sam. midi, dim. soir et lundi) Lunch 22* – 29, carte 41/53 – **8 ch** ☕ ✝107/207 ✝✝130/254.
◆ Maison des années 1930 vous réservant un accueil familial et vous logeant dans d chambres d'une tenue méticuleuse, aux thèmes décoratifs variés : Afrique, Japon, Rom etc. Salle à manger classiquement aménagée, où un piano tient lieu de vivier à homards
◆ Dit hotelletje is gevestigd in een pand uit 1930 en heeft een huiselijke ambiance. De ze goed onderhouden kamers zijn in verschillende stijlen gedecoreerd: Afrikaans, Japar Romeins, enz. Klassieke eetzaal met een wel heel bijzonder homarium!

XXX **L'Auberge de l'Isard,** Romeinsesteenweg 964, ✆ 0 2 479 85 64, *info-reser tion@isard.be, Fax 0 2 479 16 49,* – P ⇔ 12/40. AE MC VISA BK
fermé 1 sem. Pâques, fin juil.-mi-août, dim. soir, lundi et jeudi soir – **Rest** *Lunch 25* 33/70 bc, carte 50/68.
◆ Auberge de bonne réputation locale établie à l'approche du ring et du Heysel. Sa feutrée aux tons beige et gris, dotée de sièges en cuir. Restaurant d'été sur la pelouse.
◆ Deze herberg bij de Ring en de Heizel staat goed bekend. Harmonieus interieur in beig en grijs, met leren stoelen. 's Zomers worden de tafels op het gazon gedekt.

XX **Le Gril aux Herbes d'Evan,** Brusselsesteenweg 21, ☎ 0 2 460 52 39, *Fax 0 2 461 19 12,* – P ⇔ 10/15. AE ⓓ MC VISA AK t
fermé 24 déc.-1er janv., lundi en juil.-août, sam. midi et dim. – **Rest** *Lunch 35* – 50/90 bc, carte 58/87.
◆ Cette villa juchée sur une butte s'agrémente d'une terrasse tournée vers un grand jardin. Cuisine de base classique et cave à la hauteur de la renommée du vignoble français.
◆ Deze villa op een heuvel heeft een grote tuin met terras. Klassieke keuken en prestigieuze Franse wijnen.

Wolvertem *par ⑪ : 15 km - plan p. 6* C *Meise 18 465 h. – ✉ 1861 Wolvertem :*

Falko sans rest, Stationsstraat 54a, ☎ 0 2 263 04 50, *info@falkohotel.be, Fax 0 2 263 04 79,* – ⎮ ▤ ♿ P. AE ⓓ MC VISA.
19 ch ☐ 115/140 – 140/165.
◆ Hôtel avoisinant l'autoroute A12. Le bar moderne, la salle de breakfast (véranda) et les couloirs s'égayent de toiles abstraites aux tons vifs. Chambres amples et actuelles.
◆ Hotel langs de A12 met ruime, hedendaagse kamers. In de moderne bar, ontbijtzaal (serre) en gangen hangen abstracte schilderijen met felle kleuren.

Zaventem *- plan p. 7 – 28 639 h. – ✉ 1930 Zaventem :*

Sheraton Airport, à l'aéroport (Nord-Est par A 201), ☎ 0 2 710 80 00, *reservations.brussels@sheraton.com, Fax 0 2 710 80 80,* – ⎮ ▤ ♿ P – 600. AE ⓓ MC VISA DK b
Rest *Concorde* *(fermé sam.) Lunch 55 bc* – 40, carte 44/63, ♀ – ☐ 25 – **292 ch** 109/395 – 109/395 – 2 suites.
◆ La clientèle d'affaires voyageuse appréciera le confort et les nombreux services offerts par cet hôtel intégré à l'aéroport. Une carte internationale au goût du jour est présentée au Concorde, qui se partage un vaste atrium avec un bar proposant des buffets.
◆ Zakenreizigers zullen het comfort en de goede service waarderen in dit hotel op de luchthaven. Een internationale eigentijdse kaart wordt gepresenteerd in de Concorde, die een groot atrium deelt met een bar, waar buffetten te verkrijgen zijn.

XX **Stockmansmolen** 1er étage, H. Henneaulaan 164, ☎ 0 2 725 34 34, *info@stockmansmolen.be, Fax 0 2 725 75 05,* Avec taverne-rest – ▤ P ⇔ 10/50. AE ⓓ MC VISA DL c
fermé 2 dern. sem. juil.-prem. sem. août, vacances Noël, sam. et dim. – **Rest** *Lunch 54* – 56/98 bc, carte 66/94.
◆ Moulin à eau (13e s.) où s'étagent une brasserie et un restaurant. Parquet, briques, miroirs, lustres et appliques modernes dans la salle supérieure. Carte de base classique.
◆ Deze 13e-eeuwse watermolen herbergt een brasserie en daarboven een restaurant met parket, bakstenen muren, spiegels, kroonluchters en moderne wandlampen. Klassieke kaart.

X **Da Lino,** Vilvoordelaan 9, ☎ 0 2 720 01 08, *info@dalino.be, Fax 0 2 725 42 66,* Cuisine italienne – P ⇔ 10/25. AE ⓓ MC VISA. DL b
fermé 2 prem. sem. juil., lundi et sam. midi – **Rest** carte 31/50.
◆ Table italienne tenue en famille et estimée pour l'authenticité de sa carte. Jolie salle honorant l'aïeul Lino par une vue en peinture murale de son village sicilien natal.
◆ Authentiek Italiaans restaurant dat door een familie wordt gerund. Mooie eetzaal met een muurschildering van het Siciliaanse geboortedorp van grootvader Lino.

Zellik *par ⑩ : 8 km - plan p. 6 -* C *Asse 29 191 h. – ✉ 1731 Zellik :*

XX **Angelus,** Brusselsesteenweg 433, ☎ 0 2 466 97 26, *restoangelus@skynet.be, Fax 0 2 466 83 84,* – P. AE ⓓ MC VISA AL e
fermé lundi et jeudi soir – **Rest** *Lunch 18* – 30/42, carte 38/54.
◆ Engageante villa en briques bâtie dans les années 1950 aux portes d'un village jouxtant aujourd'hui plusieurs zones industrielles. Repas traditionnel. Tables au jardin en été.
◆ Mooie bakstenen villa uit de jaren 1950 aan de rand van het dorp, naast een aantal industrieterreinen. Traditionele keuken. 's Zomers buiten eten.

.A. MICHELIN BELUX, Brusselsesteenweg 494, bus 1 **AL** – ✉ 1731 ZELLIK (Asse), ☎ 0 2 274 43 53/55, Fax 0 2 274 45 16

BUKEN *1910 Vlaams-Brabant* C *Kampenhout 10 958 h.* **533** M17 *et* **716** G3. 4 **C1**
Bruxelles 28 – Leuven 10 – Antwerpen 42 – Liège 68 – Namur 64 – Turnhout 74.

XX **De Notelaar,** Bukenstraat 142, ☎ 0 16 60 52 69, *info@denotelaarbuken.be, Fax 0 16 60 69 09,* – ▤ ♿ P ⇔ 10/30. AE ⓓ MC VISA
fermé 19 fév.-8 mars, 16 juil.-10 août, 26 déc.-4 janv. et mardis, merc. et jeudis non fériés – **Rest** *Lunch 25* – 29/61 bc, carte 40/60.
◆ Au bord d'une route de campagne, fermette flamande restaurée donnant sur un jardin soigné. Salle à manger néo-rustique. Derrière ses fourneaux, le chef mise sur la tradition.
◆ Gerestaureerd Vlaams boerderijtje met een goed onderhouden tuin aan een landweggetje. De eetzaal is neorustiek. Achter het fornuis houdt de chef-kok de traditie hoog.

BELGIQUE

BÜLLINGEN (BULLANGE) *4760 Liège* **533** W20, **534** W20 *et* **716** L4 – *5 386 h.* 9

Bruxelles 169 – Liège 77 – Aachen 57.

Haus Tiefenbach - Grüner Baum, Triererstr. 21, ✆ 0 80 64 73 06, *info@ha tiefenbach.be, Fax 0 80 64 26 58,* – rest, rest, – 80.

fermé vacances Pâques et fin juin-début juil. – **Rest** *(fermé lundi, mardi, merc. midi après 20 h) Lunch 15* – 18/20, carte 24/43 – **30 ch** 48/63 – 90/122 – ½ P 58/62.

◆ Hôtel familial d'une tenue sans reproche, situé au creux d'un vallon agreste, entre pr sapinières et étang (pêche). Exotisme montagnard au bar et dans quelques chambr Carte traditionnelle présentée dans deux grandes salles, dont une est ornée de vitraux.

◆ Goed onderhouden familiehotel beneden in een landelijk dal, tussen weilanden, sparre bossen en een visvijver. De bar en enkele kamers zijn in Alpenstijl ingericht. Twee grc eetzalen, waarvan één met glas-in-loodramen. Traditionele keuken.

Kreutz, Hauptstr. 55e, ✆ 0 80 64 79 03 – 25/36. AE VISA

fermé 15 au 30 juil., 21 au 28 oct., lundi soir, mardi soir et merc. soir – **Rest** *Lunch 2* 25/50 bc, carte 24/58.

◆ Sympathique petite adresse familiale où la clientèle locale, fidélisée par une cuisi traditionnelle simple et généreuse, a ses habitudes depuis un quart de siècle.

◆ Sympathiek familierestaurantje dat al 25 jaar een vaste cliëntèle trekt, die trouw blijft a de simpele, maar overvloedige traditionele keuken.

BURG-REULAND *4790 Liège* **533** V21, **534** V21 *et* **716** L5 – *3 902 h.* 9

Voir ≤ du donjon.

Bruxelles 184 – Liège 93 – Namur 153 – Clervaux 28.

Paquet , Lascheid 43 (Sud-Ouest : 1 km, lieu-dit Lascheid), ✆ 0 80 32 96 24, *hc paquet@skynet.be, Fax 0 80 32 98 22* – . MC VISA.

fermé 25 juin-8 juil. et lundis hors saison – **Rest** (résidents seult) – **19** ch 50/55 80/90 – ½ P 61/66.

◆ Hôtel tenu en famille depuis 25 ans au bord de cette route de campagne, entre pr bosquets et sapinières. Grandes chambres claires et nettes réparties dans deux bâtimen

◆ Dit landelijk gelegen hotel te midden van weiden en bossen wordt al 25 jaar do dezelfde familie gerund. Grote, keurige en lichte kamers in twee gebouwen.

Val de l'Our , Bahnhofstr. 150, ✆ 0 80 32 90 09, *val.de.lour@skynet.be, Fax 0 32 97 00,* – rest, – 25. MC VISA.

Rest (dîner seult jusqu'à 20 h) 30, carte 40/59 – **16 ch** 60/90 – 80/100.

◆ Au creux d'un vallon boisé, auberge familiale distribuant ses chambres à l'étage et da deux chalets ouvrant sur la pelouse et la piscine. Nombreuses distractions possibles. V sur le jardin par les grandes baies du restaurant ; carte et menu classiques.

◆ Dit familiebedrijf in een bebost dal beschikt over kamers op de verdieping en in tw chalets met toegang tot de tuin en het zwembad. Veel activiteiten mogelijk. De reu achtige vensters van het restaurant kijken uit op de tuin. Klassieke kaart en dito menu's.

à Ouren *Sud : 9 km* C *Burg-Reuland* – ✉ *4790 Burg-Reuland :*

Dreiländerblick , Dorfstr. 29, ✆ 0 80 32 90 71, *info@hoteldrielanderblick. Fax 0 80 32 93 88,* – – 25. AE MC VISA.

fermé 1er au 26 janv. et mardi – **Rest** *(fermé après 20 h 30) Lunch 19* – 30/48, carte 35/44 **13 ch** 57/66 – 85 – 1 suite – ½ P 61/69.

◆ Accueillante hôtellerie officiant au cœur d'un petit village transfrontalier où se glis l'Our. Chambres bien tenues, salon-cheminée et grande terrasse ombragée. Repas trac tionnel sous les voûtes d'une sobre salle classiquement aménagée.

◆ Vriendelijke herberg in het hart van een grensdorpje in het dal van de Our. Goed onde houden kamers, lounge met open haard en een groot, schaduwrijk terras. Traditione maaltijd onder het gewelf van een sobere, klassiek ingerichte eetzaal.

Rittersprung , Dorfstr. 19, ✆ 0 80 32 91 35, *info@rittersprung.be, Fax 0 80 32 93 6* ≤, – – 25. VISA.

fermé 15 déc.-19 janv. et lundis non fériés – **Rest** *(fermé après 20 h 30) Lunch 20* – 24/3 carte 27/41 – **16** ch 43/53 – 78/86 – ½ P 60/64.

◆ Ce double chalet aux abords bucoliques vous héberge dans des chambres tranquill procurant souvent une jolie vue sur l'Our qui coule en contrebas. Restaurant traditionr complété par une grande terrasse aux tables braquées vers la rivière.

◆ Dubbel chalet in een zeer landelijke omgeving, met rustige kamers waarvan de mees uitkijken op de Our, die iets lager door het landschap kabbelt. Traditioneel restaurant m een groot terras dat uitkijkt op de rivier.

Rouge = Agréable. Repérez les symboles ✗ et passés en rouge.

ÜTGENBACH *4750 Liège* **533** W20, **534** W20 *et* **716** L4 – *5 573 h.* 9 **D2**

Centre Worriken 1 (au lac) ✆ 0 80 44 63 58.
Bruxelles 164 – Liège 72 – Aachen 52.

Bütgenbacher Hof, Marktplatz 8, ✆ 0 80 44 42 12, *info@hotelbutgenbacherhof.com, Fax 0 80 44 48 77,* – 40. AE VISA.
fermé 2 sem. Pâques et 2 prem. sem. juil. – **Rest** *(fermé lundi, mardi et après 20 h 30) Lunch 15* – 30/85, carte 40/64, – **21 ch** 60/70 – 95/125 – 2 suites – ½ P 75/100.
◆ Hostellerie repérable à sa façade à colombages. Chambres standard ou de style régional Eifel, espace breakfast "tout bois", salon-véranda et centre de relaxation au sous sol. Table classico-traditionnelle au cadre rustique associant moellons et lambris clairs.
◆ Herberg met vakwerkgevel. De kamers zijn standaard of in regionale Eifelstijl. Ontbijtruimte met veel hout, lounge met veranda en faciliteiten voor ontspanning. Traditioneel-klassiek restaurant in rustieke stijl, met breukstenen en lichte betimmering.

Lindenhof, Neuerweg 1 (Ouest: 3 km, lieu-dit Weywertz), ✆ 0 80 44 50 86, *a.Krings@skynet.be, Fax 0 80 44 48 26,* – P. rest
fermé 1er au 15 juil. et lundi – **Rest** *(fermé lundi, mardi et merc.) Lunch 20* – 24/45, carte 34/44, – **16 ch** 55/65 – 70/110 – ½ P 55/65.
◆ Bâtisse en pierres du pays vous logeant au calme dans ses chambres toutes différentes sur le plan décoratif. Ambiance familiale et tenue sans reproche. Restaurant installé dans une villa blanche voisinant avec l'hôtel. Petite carte classique et duo de menus.
◆ Gebouw van steen uit de streek, ideaal voor een rustige overnachting in kamers die allemaal verschillend zijn ingericht. Huiselijke ambiance en perfect onderhouden. Restaurant in een witte villa naast het hotel. Kleine klassieke kaart en twee menu's.

Le Vieux Moulin sans rest, Mühlenstr. 32 (Ouest : 1,5 km, lieu-dit Weywertz), ✆ 0 80 28 20 00, *info@levieuxmoulin.be, Fax 0 80 28 20 01,* – P. AE VISA.
8 ch 100/120 – 120/160 – 1 suite.
◆ Hôtel de caractère aménagé dans une ancienne ferme-moulin offrant l'agrément d'un étang privé et d'alentours bucoliques. Chambres charmantes ; ambiance intime et cosy.
◆ Karakteristiek hotel in een oude molenboerderij, prachtig landelijk gelegen aan een privé-meertje. Mooie kamers en gezellige ambiance.

Vier Jahreszeiten, Bermicht 8 (Nord : 3 km, lieu-dit Nidrum), ✆ 0 80 44 56 04, *knott@skynet.be, Fax 0 80 44 49 30,* – P.
fermé 1re quinz. janv., 1re quinz. juil., 24 déc. et merc. – **Rest** 28/50, carte 31/47, –
15 ch 50/60 – 75/85 – ½ P 63/70.
◆ Auberge d'aspect moderne aménagée intérieurement dans le style boisé Eifel. Repas traditionnel, énorme choix de vins et spiritueux, chambres calmes. Cartes de crédit refusées.
◆ Modern aandoende herberg met een interieur in Eifelstijl. Traditionele keuken met een enorm assortiment wijnen en spiritualiën. Rustige kamers. Geen creditcards.

Seeblick, Zum Konnenbusch 24 (Nord-Est : 3 km, lieu-dit Berg), ✆ 0 80 44 53 86, lac, – P.
Rest (dîner pour résidents seult) – **12 ch** 32/37 – 50/55 – ½ P 41/46.
◆ Petit hôtel paisible occupant deux bâtiments reliés par une verrière. Chambres nettes avec terrasses privatives tournées vers le lac. Jacuzzi extérieur ; boulodrome au jardin.
◆ Rustig hotelletje in twee gebouwen die door een glazen dak met elkaar zijn verbonden. Keurige kamers met terras en uitzicht op het meer. Jacuzzi buiten, boulodrome in de tuin.

La Belle Époque, Bahnhofstr. 85 (Ouest : 3 km, lieu-dit Weywertz), ✆ 0 80 44 55 43 – P. AE VISA
fermé fin mars-début avril, 2 sem. en sept. et merc. – **Rest** *Lunch 15* – 30/47 carte 32/55.
◆ Une carte classique et de bons menus sont présentés à cette table familiale fêtant ses 25 ans en 2007. Enseigne à nuancer : ambiance très peu évocatrice de la "Belle Époque".
◆ Dit familierestaurant viert in 2007 zijn 25-jarig bestaan. Klassieke keuken met goede menu's. "La Belle Époque" op het uithangbord slaat in elk geval niet op de ambiance.

BUVRINNES *Hainaut* **533** K20, **534** K20 *et* **716** F4 – *voir à Binche.*

CASTEAU *Hainaut* **533** J19, **534** J19 *et* **716** F4 – *voir à Soignies.*

CELLES *Namur* **533** P21, **534** P21 *et* **716** I5 – *voir à Houyet.*

BELGIQUE

E. Valenne/GEOSTORY PICTURES/MICHELIN

Place Charles II et basilique St-Christophe

CHARLEROI

6000 Hainaut **533** L 20, **534** L 20 *et* **716** G 4 – *201 223 h.* 7 **D2**

Bruxelles 61 ① – Liège 92 ③ – Lille 123 ① – Namur 38 ③.

BELGIQUE

RENSEIGNEMENTS PRATIQUES

par ⑤ à Marcinelle, Maison communale annexe, av. Mascaux 100 ✆ 0 71 86 61 52, office.tourisme@charleroi.be, Fax 0 71 86 61 57 – Pavillon, Square de la Gare du Sud ✆ 0 71 31 82 18, Fax 0 71 31 82 18.

18 *au Nord : 13 km à Frasnes-lez-Gosselies (Les-Bons-Villers), Chemin du Grand Pierpont 1 ✆ 0 71 88 08 30, Fax 0 71 85 15 43.*

CURIOSITÉS

Musées : *par ⑤ à Mont-sur-Marchienne : de la Photographie★.*

Env. *par ⑤ : 13 km à l'Abbaye d'Aulne★ : chevet et transept★★ de l'église abbatiale – par ⑤ à Marcinelle : l'Espace du 8 août 1956★★ – Musée du verre★ au Bois du Cazier★.*

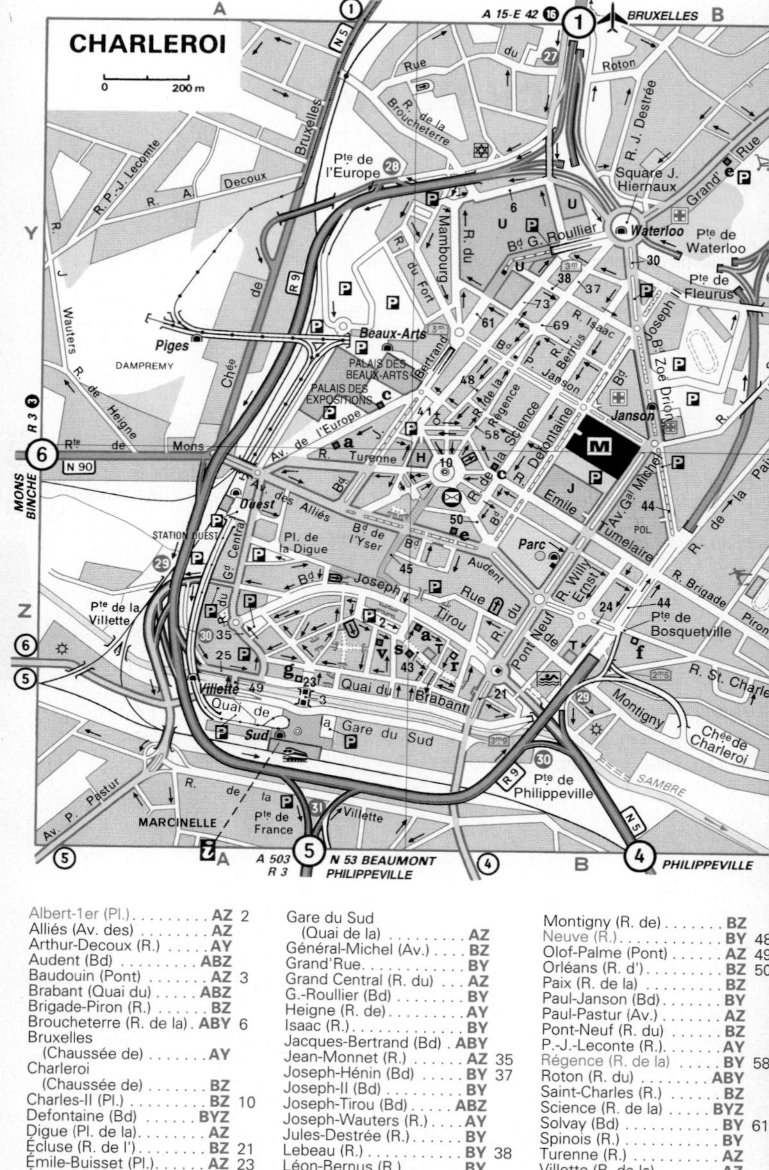

Albert-1er (Pl.) . . . . AZ 2
Alliés (Av. des) . . . . AZ
Arthur-Decoux (R.) . . . . . AY
Audent (Bd) . . . . ABZ
Baudouin (Pont) . . . . AZ 3
Brabant (Quai du) . . . . . ABZ
Brigade-Piron (R.) . . . . . . BZ
Broucheterre (R. de la) . ABY 6
Bruxelles (Chaussée de) . . . . AY
Charleroi (Chaussée de) . . . . BZ
Charles-II (Pl.) . . . . BZ 10
Defontaine (Bd) . . . . . . BYZ
Digue (Pl. de la). . . . . AZ
Écluse (R. de l') . . . . BZ 21
Émile-Buisset (Pl.). . . . . . AZ 23
Émile-Devreux (Bd) . . . . . BZ 24
Émile-Tumelaire (R.) . . . . BZ
Europe (Av. de l'). . . . . . AYZ
Flandre (Quai de) . . . . . . AZ 25
Fort (R. du) . . . . ABY
Fr.-Dewandre (Bd). . . . . . BY 30

Gare du Sud (Quai de la) . . . . AZ
Général-Michel (Av.) . . . . BZ
Grand'Rue. . . . . BY
Grand Central (R. du) . . . AZ
G.-Roullier (Bd) . . . . BY
Heigne (R. de). . . . . AY
Isaac (R.). . . . . BY
Jacques-Bertrand (Bd) . ABY
Jean-Monnet (R.) . . . . . . AZ 35
Joseph-Hénin (Bd) . . . . . BY 37
Joseph-II (Bd) . . . . BY
Joseph-Tirou (Bd) . . . . . ABZ
Joseph-Wauters (R.) . . . . AY
Jules-Destrée (R.) . . . . . . BY
Lebeau (R.) . . . . BY 38
Léon-Bernus (R.). . . . . . . BY
Mambourg (R. du). . . . . . BY
Manège (Pl. du) . . . . BY 41
Marcinelle (R. de) . . . . . . BZ 43
Mayence (Bd P.) . . . . BZ 44
Mons (Rte de). . . . . AZ
Montagne (R. de la) . . . ABZ 45

Montigny (R. de) . . . . BZ
Neuve (R.). . . . . BY 48
Olof-Palme (Pont) . . . . . . AZ 49
Orléans (R. d') . . . . BZ 50
Paix (R. de la) . . . . BZ
Paul-Janson (Bd) . . . . BY
Paul-Pastur (Av.) . . . . AZ
Pont-Neuf (R. du) . . . . . . BZ
P.-J.-Leconte (R.). . . . . . . AY
Régence (R. de la) . . . . . . BY 58
Roton (R. du) . . . . ABY
Saint-Charles (R.) . . . . . . BZ
Science (R. de la) . . . . . BYZ
Solvay (Bd) . . . . BY 61
Spinois (R.) . . . . BY
Turenne (R.) . . . . AZ
Villette (R. de la) . . . . . . AZ
Waterloo (Av. de) . . . . . . BY 69
Willy-Ernst (R.) . . . . BZ
Yser (Bd de l') . . . . AZ
Zenobe-Gramme (R.). . . . . BY 73
Zoé-Dryon (Bd) . . . . BY

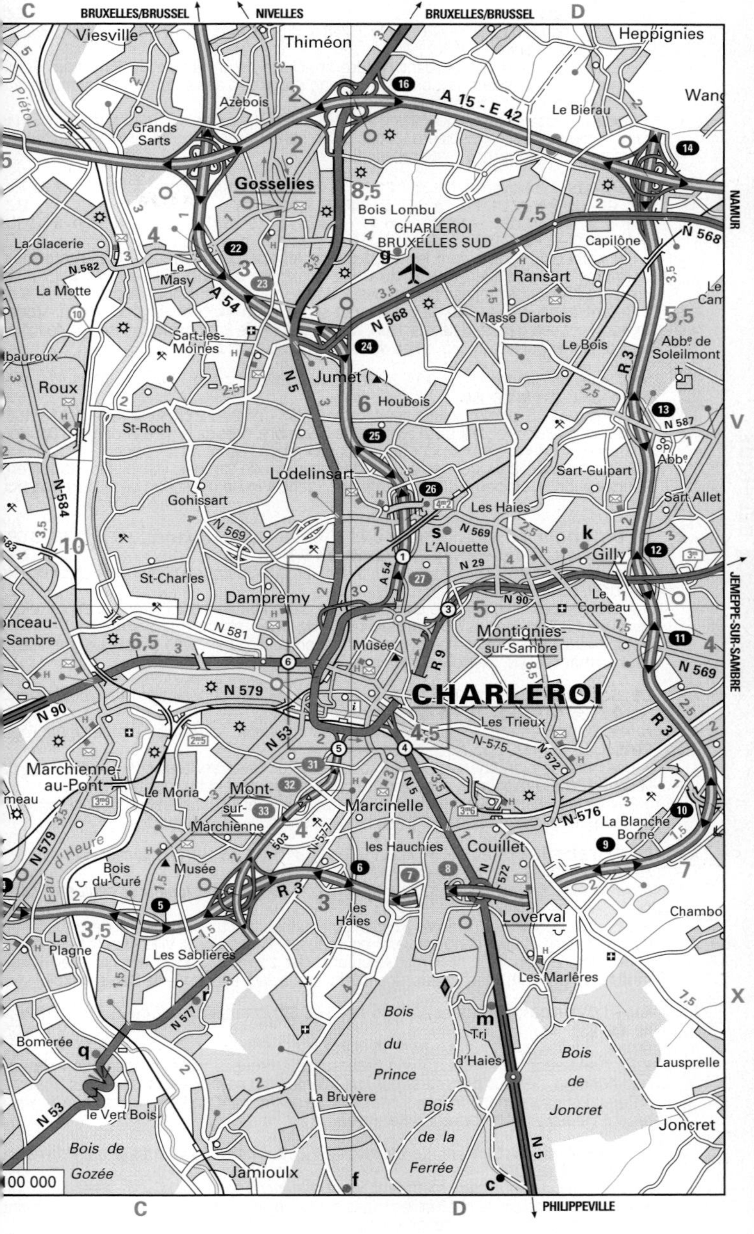
BRUXELLES/BRUSSEL
NIVELLES
BRUXELLES/BRUSSEL
PHILIPPEVILLE
NAMUR
JEMEPPE-SUR-SAMBRE
CHARLEROI
Gosselies
Viesville
Thiméon
Heppignies
Azèbois
Grands Sarts
Le Bierau
A 15 - E 42
Bois Lombu
CHARLEROI BRUXELLES SUD
Capilône
La Glacerie
Le Masy
La Motte
Ransart
Masse Diarbois
Sart-les-Moines
Jumet
Houbois
Le Bois
Abbe de Soleilmont
Roux
St-Roch
Lodelinsart
Sart-Culpart
Sart Allet
Gohissart
Les Haies
L'Alouette
Gilly
St-Charles
Dampremy
Le Corbeau
Montignies-sur-Sambre
Musée
Les Trieux
Marchienne-au-Pont
Le Moria
Mont-sur-Marchienne
Marcinelle
La Blanche Borne
les Hauchies
Couillet
Bois du Curé
Musée
Loverval
Chambo
La Plagne
Les Sablières
les Haies
Les Marlères
Bois du Prince
Bois de Joncret
Lausprelle
Bomerée
Tri d'Haies
La Bruyère
Bois de la Ferrée
Joncret
le Vert Bois
Bois de Gozée
Jamioulx
Piéton
Eau d'Heure
A 54
N 5
N 568
R 3
R 9
N 90
N 579
N 581
N 53
N 569
N 29
N 577
N 576
A 503
N-584
N.582
C
D
V
X

Socatel, bd Tirou 96, ✆ 0 71 31 98 11, *info@socatel.be, Fax 0 71 30 15 96* – |‡| ⇆, ▤ ⚬. AE ⓓ ⓜⓒ VISA. ⚔ BZ

Rest (taverne-rest) *Lunch 15* – 20, carte 25/38 – ☕ 9 – **67 ch** (fermé 24 au 30 déc.) ★60/1 – ★★80/170 – 1 suite – ½ P 80/190.

◆ Architecture moderne bordant l'artère principale de la capitale du Pays noir. Grand chambres qu'une insonorisation efficace rend propices à des sommeils réparateurs. Vas brasserie-restaurant à fort débit.

◆ Modern gebouw aan de hoofdweg van de belangrijkste stad van het Zwarte Land. Ruin kamers die goed zijn geïsoleerd, zodat u van een ongestoorde nachtrust kunt geniete Brasserie-restaurant met grote capaciteit.

Business, bd Mayence 1a, ✆ 0 71 30 24 24, *info@businesshotel.be, Fax 0 71 30 49 4* ⛱, ≘ – |‡| ⇆ ♿ ch, 🅿 – 🎤 180. AE ⓓ ⓜⓒ VISA. ⚔ ch BZ

fermé 24 au 30 déc. – **Rest** *Lunch 15* – 20/25, carte 23/45 – ☕ 9 – **57 ch** ★60/100 ★★90/100 – ½ P 80/130.

◆ Cet immeuble récent dont les façades semblent percées de meurtrières renferme d chambres actuelles bien isolées du bruit, proximité du ring oblige ! Des buffets so dressés à l'heure des repas ; celui du week-end se consacre surtout aux produits de la me

◆ Recent gebouw, waarvan de gevels met schietgaten lijken te zijn doorboord. Moder kamers met een goede geluidsisolatie, wat zo vlak bij de Ring geen luxe is. 's Middags en avonds zijn er buffetten, die in het weekend vooral uit vis bestaan.

Ibis, quai de Flandre 12, ✆ 0 71 20 60 60, *h2088@accor.com, Fax 0 71 70 21 91* – |‡| ⇆ ▤ ch, ⚬. AE ⓓ ⓜⓒ VISA AZ

Rest *(fermé sam. et dim.)* (dîner seult) carte 24/37 – ☕ 9 – **72 ch** ★65/106 – ★★65/106.

◆ Un oiseau exotique s'est posé au bord de la Sambre, près de la gare et du pont Baudou Chambres modernes toutes identiques, conformes à l'esprit de la chaîne.

◆ Deze vreemde ibisvogel nestelt aan de oever van de Samber, vlak bij het station en Boudewijnbrug. Moderne standaardkamers, geheel in de geest van deze bekende hot keten.

BELGIQUE

Le D'Agnelli, bd Audent 23a, ✆ 0 71 30 90 96, *dagnelli@skynet.be, Fax 0 71 30 08 2* ⛱, Cuisine italienne – ▤ ⇔ 10/25. AE ⓓ ⓜⓒ VISA. ⚔ BZ

fermé sem. carnaval, sem. Ascension, 3 sem. en août, sam. midi, dim. soir et lundi – **Re** 25 bc/59, carte 51/74.

◆ Attablez-vous en confiance sur la terrasse d'été abritée ou à l'intérieur de cet éléga restaurant italien. Fine cuisine transalpine, assez iodée, et vins du pays, "certo" !

◆ Deze verleidelijke Italiaan biedt u een spannend culinair avondje. Smakelijke mediterra keuken met veel vis, waarbij de wijnen een sprankelende tafeldame zijn.

Le Square Sud, bd Tirou 70, ✆ 0 71 32 16 06, *eugene.detroyer@belgacom.n Fax 0 71 30 44 05* – ▤. AE ⓓ ⓜⓒ VISA BZ

fermé 1 sem. Pâques, 21 juil.-7 août, 1 sem. Toussaint, sam. midi, dim. et jours férié **Rest** *Lunch 30* – 45/81 bc, carte 32/64, 🍷 🍇.

◆ Une adresse bien connue en ville, depuis 1970. Caves voûtées (17e s.) relookées da l'esprit rustique-moderne, appétissante carte classique et riche sélection vineuse.

◆ Gewelfde kelderverdieping uit de 17e eeuw in modern-rustieke stijl, klassieke keuken uitgebreide wijnkaart. Sinds 1970 een heel bekend adresje in de stad!

La Mirabelle 1er étage, r. Marcinelle 7, ✆ 0 71 33 39 88, *lamirabelle@skynet.b Fax 0 71 33 39 88* – ▤. AE ⓓ ⓜⓒ VISA ABZ

fermé 1 sem. fin mai, 15 au 30 août et dim. non fériés – **Rest** *(déjeuner seult sauf lundi sam.) Lunch 29* – 37/47.

◆ Un escalier étroit donne accès à cette table classique-actuelle dans son décor autant q dans sa cuisine. Carte-menu souvent recomposée. Parking de la Ville Basse à deux pas.

◆ Een smalle trap leidt naar dit restaurant, dat zowel qua inrichting als eten klassie modern is. De menukaart wordt regelmatig vernieuwd. Parking (Ville Basse) vlakbij.

Au Provençal, r. Puissant 10, ✆ 0 71 31 28 37, *jcbarral@skynet.be, Fax 0 71 31 28 37* ▤. ⓜⓒ VISA AZ

fermé 15 juil.-5 août et dim. – **Rest** 35, carte 38/57, 🍷.

◆ Enseigne vénérable mais un rien cachottière puisque la carte, d'orientation classiqu traditionnelle, ne vous transporte pas spécialement au pays des santons et des cigales.

◆ Goed restaurant met een ietwat misleidende naam, want de klassiek-traditionele keuk brengt u nauwelijks in Provençaalse sferen.

A la Tête de Bœuf, pl. de l'Abattoir 5, ✆ 0 71 48 77 64, *cote.terroir@skynet.be* ⇔ 20/60. ⓓ ⓜⓒ VISA DV

fermé 15 juil.-15 août, sam. midi, dim., lundi soir, mardi soir et jeudi soir – **Rest** carte 30/4

◆ Place de l'abattoir, le chef et les tripes sont copains comme cochons. L'aménageme des lieux donne dans le campagnard, sans vraiment faire un "effet bœuf".

◆ In dit landelijk ingerichte restaurant zijn de chef-kok en ingewanden twee handen op éé buik. Hoe kan het ook anders aan het slachthuisplein!

X **Côté Terroir,** r. Tumelaire 6, ☎ 0 71 30 57 32, *coteterroir@versateladsl.be, Fax 0 71 30 57 32* – ⇔ 22/34. AE MC VISA BZ c
fermé merc. soir, sam. midi et dim. – **Rest** *Lunch 20* – 42, carte 34/54.
◆ C'est le nom du chef-patron, davantage que son style culinaire, qui a inspiré l'enseigne de cet appréciable petit restaurant présentant une carte dans le tempo actuel.
◆ Dit leuke restaurantje is genoemd naar de baas die tevens chef-kok is. Menukaart in een hedendaags tempo.

X **Piccolo Mondo,** Grand'Rue 87, ☎ 0 71 42 00 17, *Fax 0 71 42 00 17*, terrasse, Trattoria, cuisine italienne, ouvert jusqu'à 23 h – MC VISA. ✻ BY e
fermé 25 déc., 1er janv., sam. midi, dim., lundi soir, mardi soir et merc. soir – **Rest** carte 23/35.
◆ À 300 m du square J. Hiernaux, près d'un centre commercial, maison de caractère vous conviant à goûter une cuisine italienne traditionnelle dans une atmosphère de trattoria.
◆ Karakteristiek pand op 300 m van het plein J. Hiernaux, bij een winkelcentrum, waar u traditionele Italiaanse gerechten kunt proeven in de authentieke sfeer van een trattoria.

X **L'Amusoir,** av. de l'Europe 7, ☎ 0 71 31 61 64, *y-leroy61@hotmail.com, Fax 0 71 31 61 64* – MC VISA AY c
fermé merc. – **Rest** *Lunch 18* – 25/35, carte 28/48.
◆ Petite adresse au charme suranné jouxtant les palais des Beaux-Arts et des Expositions. Préparations classico-traditionnelles à prix souriants. Souvenirs de "stars" en salle.
◆ Leuk ouderwets adresje naast het Paleis voor Schone Kunsten en het Paleis der Tentoonstellingen. Klassiek-traditionele keuken voor een schappelijke prijs.

X **Les 3 p'tits bouchons,** av. de l'Europe 62, ☎ 0 71 32 55 19, *bouchons@skynet.be, Fax 0 71 32 94 75* – ▤ ⇔ 8/20 AY a
fermé dern. sem. janv., 21 juil.-15 août, sam. et dim. – **Rest** *Lunch 18* – 35, carte 34/48, ♀.
◆ Courte carte mi-classique mi-bistrotière enrichie de suggestions et sélection vineuse elle aussi assez ramassée, mais réfléchie et honnêtement tarifée. Cadre actuel sobre.
◆ Kleine kaart met klassieke gerechten en bistroschotels, aangevuld met suggesties. De wijnkaart is ook een beetje van alles wat en niet duur. Eenvoudig eigentijds interieur.

Gerpinnes *par ④ : Sud Est 13 km – 12 030 h. – ✉ 6280 Gerpinnes :*

XX **Le Délice du Jour,** chaussée de Philippeville 195, ☎ 0 71 21 93 43, *Fax 0 71 21 93 43*, terrasse – P ⇔ 4/45. DC MC VISA. ✻
fermé 1er au 15 janv., 1 sem. fin août, mardi et merc. – **Rest** *Lunch 20* – 33/93 bc, carte 44/69.
◆ Villa moderne abritant une salle intime dont le niveau inférieur donne sur un jardin et sa pièce d'eau. Cuisine en phase avec l'époque ; belle mise en place sur les tables.
◆ Moderne villa met een intieme eetzaal, waarvan het onderste niveau toegang geeft tot een tuin met waterpartij. Eigentijdse keuken en fraai gedekte tafels.

Gilly C *Charleroi – ✉ 6060 Gilly :*

X **Il Pane Vino,** chaussée de Fleurus 125, ☎ 0 71 41 53 36, *Fax 0 71 41 53 36*, Avec cuisine italienne – ▤. AE DC MC VISA. ✻ DV k
fermé 15 juil.-14 août, merc. et dim. soir – **Rest** carte 28/48.
◆ Une cuisine imprégnée des saveurs de la Sardaigne natale du chef-patron se conçoit dans la stabilité à cette adresse qui plaît tout autant pour son ambiance cordiale.
◆ Hier kunt u specialiteiten van Sardinië proeven, de geboortestreek van de baas, die zelf achter het fornuis staat. Zeer gemoedelijke sfeer.

Gosselies C *Charleroi – ✉ 6041 Gosselies :*

XXX **Le Saint-Exupéry,** chaussée de Fleurus 181 (près Aéropole), ☎ 0 71 35 59 62, *le.saint.exupery@hotmail.com, Fax 0 71 37 35 96*, ≤, terrasse – P ⇔ 4/15. AE DC MC VISA DV g
fermé prem. sem. janv., 9 au 20 avril, 23 juil.-10 août et sam. midi – **Rest** (déjeuner seult sauf sam.) 55 bc/85 bc, carte 46/57, ♀.
◆ Par beau temps, "posez" vous donc sur la terrasse de ce restaurant surveillant les pistes ! Carte actuelle repensée deux fois par saison, histoire de varier les plaisirs.
◆ Bij mooi weer kunt u neerstrijken op het terras van dit restaurant, met uitzicht op het vliegveld. De moderne kaart wordt twee keer per seizoen vernieuwd.

Loverval C *Gerpinnes 12 030 h. – ✉ 6280 Loverval :*

XX ✿ **Le Saint Germain des Prés** (Durieux), rte de Philippeville 62, ☎ 0 71 43 58 12, *Fax 0 71 43 58 12*, terrasse – P ⇔ 20/30. AE DC MC VISA DX m
fermé 1er au 9 janv., 14 au 28 mai, 10 au 24 sept., 23 au 31 déc., sam. midi, dim. soir, lundi, mardi soir et merc. soir – **Rest** 55/98, carte 67/99.
Spéc. Fleur de courgette farcie de truffes et champignons. Cabillaud braisé, risotto aux truffes, bouillon de parmesan. Bar en croûte de sel et beurre blanc.
◆ Bonne maison de bouche établie en bordure de la grand-route. Salle feutrée ménageant une vue sur les fourneaux ; recettes favorisant des ingrédients nobles, dont la truffe.
◆ Goed restaurant aan de rand van de grote weg. Eetzaal met een intieme sfeer en open keuken. Recepten met edele ingrediënten, zoals truffels.

BELGIQUE

à Montigny-le-Tilleul *– 10 206 h. – ✉ 6110 Montigny-le-Tilleul :*

XX **L'Éveil des Sens** (Zioui), r. Station 105 (lieu-dit Bomerée), ☎ 0 71 31 96 92, *eveil*
sens@skynet.be, Fax 0 71 51 96 92 – ▤ P ⇔ 4/8. AE MC VISA CX
✿ *fermé dern. sem. janv., 1sem. en avril, dern. sem. juil.-2 prem. sem. août et dim. et lun*
non fériés – **Rest** Lunch 30 – 45/100 bc, carte 72/82, ⛁.
Spéc. Fricassée d'asperges vertes, petits pois et fèves des marais, œuf de ferme et jus
vin jaune (mars-sept.). Tajine de homard et ris de veau. Pigeonneau en trois services.
• Une maison qui séduit par sa bonne cuisine de bases classiques, son chariot à fromag
et sa sélection de vins. Cadre actuel très légèrement rustique, évoquant un peu le Sud.
• Dit restaurant is populair vanwege de goede klassieke keuken, kaaswagen en selec
wijnen. Eigentijds interieur met een licht rustiek accent dat zuidelijk aandoet.

à Mont-sur-Marchienne C *Charleroi – ✉ 6032 Mont-sur-Marchienne :*

XXX **La Dacquoise,** r. Marcinelle 181, ☎ 0 71 43 63 90, *Fax 0 71 47 45 01,* ☂ – ▤ P. AE
MC VISA CX
fermé prem. sem. janv., 3 dern. sem. juil.-prem. sem. août, mardi soir, merc. et dim. so
Rest Lunch 34 – 43/85 bc, carte 45/62, ♀.
• Poutres, solives, arcades en briques et pavés à l'ancienne donnent un cachet rustiqu
cette ample salle de restaurant rafraîchie et modernisée en 2006. Terrasse en teck.
• Hanenbalken, vloerbalken, bakstenen bogen en plaveisel in oude stijl zorgen voor e
rustiek cachet in de grote eetzaal die in 2006 werd gemoderniseerd. Teakhouten terras.

à Nalinnes C *Ham-sur-Heure-Nalinnes 13 376 h. – ✉ 6120 Nalinnes :*

BELGIQUE

🏨 **Laudanel** ⛰ sans rest, r. Vallée 117 (lieu-dit Le Bultia), ☎ 0 71 21 93 40, *lau*
nel@swing.be, Fax 0 71 21 93 37, ⛆, ⛱ – ⇎ ▤ P. MC VISA. ✗ DX
fermé 13 au 28 janv. et 21 au 30 juil. – ☕ 11 – **6 ch** ✝92/110 – ✝✝99/115.
• Villa de notre temps postée à l'orée de la forêt. Chambres actuelles, paisibles et sp
cieuses. Piscine couverte offrant une vue ressourçante sur le jardin de repos.
• Hedendaagse villa aan de rand van het bos. Rustige, eigentijdse en ruime kamers. Ov
dekt zwembad met een rustgevend uitzicht op de tuin.

XX **Guy De Wilde,** r. Marcinelle 119, ☎ 0 71 21 68 06, *Fax 0 71 21 68 41* – ▤ P ⇔ 25/55.
VISA. ✗ CX
fermé 1 sem. en janv., 2 sem. en juil., 1 sem. en oct., dim. soir, lundi et jeudi – **Rest** Lunch
– 45/69 bc, carte 37/47.
• Maison d'habitation récente transformée en restaurant. Ample et confortable salle
manger décorée à la mode d'aujourd'hui et appétissante carte classique actualisée.
• Dit woonhuis is onlangs verbouwd tot restaurant. De eetzaal is ruim en comfortabel
naar de laatste mode ingericht. Klassieke kaart in eigentijdse stijl.

CHARNEUX *Liège* **533** T18, **534** T18 *et* **716** K3 *– voir à Battice.*

CHAUDFONTAINE *4050 Liège* **533** S19, **534** S19 *et* **716** J4 *– 21 013 h – Casino, Esplanade*
☎ 0 4 365 07 41, Fax 0 4 365 07 53. 8
ℹ *Maison Sauveur, Parc des Sources ☎ 0 4 361 56 30, commune@chaudfontaine.be,*
0 4 361 56 40.
Bruxelles 104 – Liège 10 – Verviers 22.

🏨 **Château des Thermes** ⛰, r. Hauster 9, ☎ 0 4 367 80 67, *info@chateaudest*
mes.be, Fax 0 4 367 80 69, ☂, ⛆, ≘s, ⛆, ♨, ⛱ – ⇎ ♿ rest, P – 🏛 45. AE ⓓ MC V
✗
Rest (résidents seult) – **7 ch** ☕ ✝145/193 – ✝✝198/293 – ½ P 175/223.
• Chambres confortables réparties dans les ex-écuries et la nouvelle extension d'un ch
teau (18e s.) dévolu au thermalisme, à la "thalasso" et à la balnéothérapie. Parc soigné.
• Comfortabele kamers in de voormalige stallen en de nieuwe uitbouw van een 18e-eeu
kasteel, een kuuroord dat zich op thalasso- en balneotherapie toelegt. Goed verzorgd pa

🏨 **Living,** Esplanade 2, ☎ 0 4 239 60 60 et 0 4 239 60 62 (rest), *info@livinghotel.*
Fax 0 4 239 60 63, ☂ – 🛗 ⇎ P – 🏛 50. AE MC VISA
Rest (menu unique) 34, carte 32/42 – **34 ch** ☕ ✝80 – ✝✝100/150 – ½ P 59/84.
• Face au casino, hôtel rénové entretenant une ambiance "trendy" dans ses communs,
contrastent avec les chambres, sans style précis. Lounge-restaurant design et gran
terrasse prisée par les touristes. Offre limitée à un menu extensible de 3 à 5 services.
• Gerenoveerd hotel tegenover het casino. De trendy gemeenschappelijke ruimten co
trasteren met de kamers zonder speciale stijl. Design loungerestaurant en groot terras
populair is bij toeristen. Het aanbod is beperkt tot een menu met drie tot vijf gangen.

CHAUMONT-GISTOUX 1325 Brabant Wallon 533 N18, 534 N18 et 716 H3 – 10 925 h. 4 C2

Bruxelles 37 – Wavre 10 – Namur 32.

Dion-Valmont *Nord-Ouest : 7 km* [C] *Chaumont-Gistoux* – ✉ *1325 Dion-Valmont :*

XX **L'Or Ange Bleu,** chaussée de Huy 71, ☎ 0 10 68 96 86, *olivier@lorangebleu.com, Fax 0 10 88 09 30,* ⛱ – ▤ P. AE ⓓ MC VISA
fermé sem. Pâques, 2e quinz. août, Noël-Nouvel An, lundi et sam. midi – **Rest** *Lunch 25* – 55/75, carte 56/76, ♀ ⚘.
◆ Fermette où l'on se repaît plaisamment dans une serre tournée vers une terrasse et un jardin soigné. Intérieur orange, bleu et ivoire, accueil et service avenants, belle cave.
◆ In dit boerderijtje is het aangenaam eten in de serre met uitzicht op het terras en de verzorgde tuin. Interieur in blauw, oranje en ivoor. Goede service. Mooie wijnkelder.

CHÊNÉE *Liège* 533 S19 *et* 534 S19 – *voir à Liège, périphérie.*

CHIMAY 6460 Hainaut 534 K22 et 716 F5 – 9 769 h. 7 D3

Env. au Nord-Est : 3 km, Étang★ de Virelles.
Bruxelles 116 – Mons 61 – Charleroi 50 – Dinant 61.

X **Le Froissart,** pl. Froissart 8, ☎ 0 60 21 26 19, *Fax 0 60 21 42 45,* ⛱ – MC VISA
fermé 1 sem. carnaval, 2e quinz. août, dim. soir en hiver, merc. et jeudi – **Rest** 40, carte 35/53.
◆ Engageante maison en pierres du pays dont l'enseigne honore la mémoire d'un grand chroniqueur français décédé à Chimay vers 1400. Choix classique-traditionnel.
◆ Mooi huis van natuursteen uit de streek, waarvan de naam een eerbetoon is aan een Franse kroniekschrijver die rond 1400 in Chimay is overleden. Klassiek-traditionele keuken.

X ☺ **Xi Wou,** pl. Froissart 25, ☎ 0 60 21 17 27, Cuisine chinoise, ouvert jusqu'à 23 h – ▤ ⇔ 12/26. MC VISA
fermé merc. midi – **Rest** *Lunch 11* – 17/29, carte 13/59.
◆ Tenté par un périple culinaire dans l'Empire du Milieu sans quitter le pays des moines trappistes ? Xi Wou est alors une halte toute indiquée. Authentique et goûteux !
◆ Xi Wou is de ideale gelegenheid voor een culinair uitstapje naar het Chinese Rijk zonder het land van de trappisten te hoeven verlaten. Authentiek en smakelijk!

l'étang de Virelles *Nord-Est : 3 km* [C] *Chimay* – ✉ *6461 Virelles :*

XX **Chez Edgard et Madeleine,** r. Lac 35, ☎ 0 60 21 10 71, *Fax 0 60 21 52 47,* ⛱ – ▤ P ⇔ 10/30. MC VISA
fermé 8 au 26 janv., 27 août-13 sept. et lundi – **Rest** 42/45, carte 34/52.
◆ Ce restaurant sympathique établi au bord de l'étang perpétue une tradition culinaire ancestrale. Spécialité de truite en l'escabèche et plats à la bière. Terrasse panoramique.
◆ Restaurant aan een meertje, waar de culinaire traditie van generatie op generatie wordt doorgegeven. Forel en stoofgerechten met bier zijn de specialiteiten. Panoramaterras.

Lompret *Nord-Est : 7 km sur N 99* [C] *Chimay* – ✉ *6463 Lompret :*

🏠 **Franc Bois** ⛰ sans rest, r. courtil aux Martias 18, ☎ 0 60 21 44 75, *francbois@swing.be, Fax 0 60 21 51 40* – ⇹. AE ⓓ MC VISA. ✀
fermé mi-janv.-mi-fév. – **8 ch** ☕ ★57/90 – ★★75/90.
◆ Près de l'église, maison de pays en pierre calcaire disposant d'un petit nombre de chambres gaies et actuelles. Équipement fonctionnel sans reproche.
◆ Dit karakteristieke kalkstenen huis bij de kerk beschikt over enkele frisse en vrolijke kamers. Functionele voorzieningen waar niets op aan te merken valt.

Momignies *Ouest : 12 km* – *5 123 h.* – ✉ *6590 Momignies :*

🏠 **Hostellerie du Gahy** ⛰, r. Gahy 2, ☎ 0 60 51 10 93, *Fax 0 60 51 30 05,* ≤, ⛱, ⛲ – P – 🏊 30. AE ⓓ MC VISA. ✀
fermé sam. et dim. – **Rest** *(fermé après 20 h 30)* carte 36/67 – **6 ch** ☕ ★77 – ★★90.
◆ Cadre bucolique et quiétude font le charme de cette demeure ancienne abritant quelques chambres assez spacieuses et correctement équipées. Salon en fer forgé et restaurant aux tons vifs offrant une vue agreste. Panneau à suggestions en guise de carte.
◆ De landelijke omgeving en rust vormen de charme van deze oude hostellerie. Vrij royale kamers met goede voorzieningen. Salon met siersmeedwerk en restaurant met vrolijke kleuren en een landelijk uitzicht. De gerechten staan op een bord geschreven.

Un hôtel charmant pour un séjour très agréable ?
Réservez dans un hôtel avec pavillon rouge : 🏠 ... 🏰.

BELGIQUE

CINEY *5590 Namur* **533** P21, **534** P21 *et* **716** I5 – *14 958 h.* 15
Bruxelles 86 – Namur 30 – Dinant 16 – Huy 31.

Surlemont sans rest, r. Surlemont 9, 0 83 23 08 68, *hotel@surlemont.be, Fax 0 23 08 69*, <, , , – – 200. AE VISA.
fermé dim. – 9 – **16 ch** 60/80 – 80/105.
• Ancienne ferme seigneuriale jouissant du calme de la campagne. Chambres refaites neuf, tournées vers les prés ou la cour-pelouse ouverte. Espace de remise en forme.
• Oude herenboerderij, rustig gelegen op het platteland. De kamers zijn gerenoveerd kijken uit op de weiden of de open tuin met gazon. Fitnessruimte.

Le Comptoir du Goût, r. Commerce 121, 0 83 21 75 95, *info@lecomptoir gout.be, Fax 0 83 21 75 95*, – . VISA
fermé dim. et lundi – **Rest** 28, carte 33/56.
• Salle moderne avec fourneaux à vue d'où sortent une grande diversité de mets tra tionnels actualisés, pour tous les appétits. Terrasse arrière meublée en métal anthracite.
• Moderne eetzaal met open keuken. Grote verscheidenheid van modern-klassieke g rechten voor de grote of kleine trek. Terras met metalen meubelen aan de achterkant.

CLERMONT *Liège* **533** U19, **534** U19 *et* **716** J4 – *voir à Thimister.*

COMBLAIN-LA-TOUR *4180 Liège* C *Hamoir 3 592 h.* **533** S20, **534** S20 *et* **716** J4. 8
Env. *au Nord à Comblain-au-Pont, grottes*★.
Bruxelles 122 – Liège 32 – Spa 29.

Hostellerie St-Roch, r. Parc 1, 0 4 369 13 33, *info@st-roch.be, Fax 0 4 369 31* <, , , – – 25. AE VISA
fermé 2 janv.-15 mars, mardi sauf en juil.-août et lundi – **Rest** *(fermé lundi sauf juil.-août, mardi et merc. midi)* *Lunch 34* – 49/76, carte 50/84 – **10 ch** 120 – 150/1 – 5 suites – ½ P 135/160.
• Demeure centenaire élevée au bord de l'Ourthe. Jardin fleuri et élégantes chamb garnies de meubles de style. Repas classique sous l'œil protecteur de saint Roch dans u salle cossue tournée vers la rivière ou, l'été, sur la belle terrasse près de l'eau.
• Eeuwenoud pand met bloementuin aan de oever van de Ourthe. Elegante kamers m stijlmeubelen. In de weelderige eetzaal kunt u onder het wakend oog van de H. Rochus v klassieke gerechten genieten, of bij goed weer aan de waterkant.

BELGIQUE

COO *Liège* **533** U20, **534** U20 *et* **716** K4 – *voir à Stavelot.*

CORBION *Luxembourg belge* **534** P24 *et* **716** I6 – *voir à Bouillon.*

COURTRAI *West-Vlaanderen – voir Kortrijk.*

COURT-SAINT-ETIENNE *1490 Brabant Wallon* **533** M19, **534** M19 *et* **716** G4 – *9 405 h.* 4
Env. *au Sud : 8 km à Villers-la-Ville*★★ *: ruines*★★ *de l'abbaye.*
Bruxelles 46 – Wavre 17 – Charleroi 34 – Leuven 40 – Namur 38.

Les Ailes, av. des Prisonniers de Guerre 3, 0 10 61 61 61, *Fax 0 10 61 46 32*, – AE VISA
fermé 28 fév.-14 mars, 22 août-12 sept., sam. midi, dim., lundi et jeudi soir – **Rest** *Lunch* – 33/73 bc, carte 51/64.
• Jolie salle à manger rythmée de poutres et éclairée par de grandes baies vitrées. L menus sont composés avec des produits du terroir : cochon de lait, volaille, truite, etc.
• Mooie eetzaal met balkenzoldering en grote glaspuien. De menu's zijn samengesteld streekproducten, waaronder speenvarken, gevogelte en forel.

COUVIN *5660 Namur* **534** L22 *et* **716** G5 – *13 473 h.* 14
Voir *Grottes de Neptune*★.
Bruxelles 104 – Namur 64 – Charleroi 44 – Dinant 47 – Charleville-Mézières 46.

Nulle Part Ailleurs avec ch, r. Gare 10, 0 60 34 52 84, *info@nulle-part-ailleurs. Fax 0 60 34 52 84* 20. VISA
fermé lundi et mardi – **Rest** *Lunch 20* – 32/60 bc, carte 42/51, – ***L'Absinthe*** (bistr *Lunch 20* – carte 36/45, – 8 – **5 ch** 50 – 60.
• Au restaurant, mets traditionnels actualisés, inspirés par divers terroirs, livre de ca fourni et décor "cottage", agreste et sémillant. Chambres mignonnes. Spécialités bistr tières régionales (testez l'anguille en escabèche) et vins choisis à l'Absinthe.
• Traditionele kaart met een snufje modern, geïnspireerd op diverse streken; rijk gevul wijnkelder. Vrolijk, landelijk interieur in cottagestijl. Gezellige kamers. Regionale bistrosp cialiteiten (gemarineerde koude paling) en uitgelezen wijnen in L'Absinthe.

Le Jardin de Jade, r. Gare 53, ☎ 0 60 34 66 32, *Fax 0 60 34 66 32*, Cuisine chinoise, ouvert jusqu'à 23 h – ▤ ⇔ 30. AE ⓓ ⓜⓒ VISA
fermé 2 sem. en juil. et mardi – **Rest** 12/34, carte 13/31.
• Dans la rue principale, près de la gare, agréable restaurant asiatique au décor intérieur "made in China". Menus bien ficelés et belle cave pour le genre de la maison.
• Aangenaam Aziatisch restaurant in de hoofdstraat, met een "made in China" interieur. Mooie menu's en voor Chinese begrippen een goede wijnkelder.

Boussu-en-Fagne *Nord-Ouest : 4,5 km* Ⓒ *Couvin* – ✉ *5660 Boussu-en-Fagne :*

Manoir de la Motte ♨, r. Motte 21, ☎ 0 60 34 40 13, *Fax 0 60 34 67 17*, ←, ☂, ⌂ – ⇆ P. VISA. ✂
fermé janv. et 1re quinz. sept. – **Rest** *(fermé lundi midi et mardi midi)* 35/45, carte 31/45 – **7 ch** (fermé lundi) ☕ ✝68/70 – ✝✝80/85 – ½ P 68/75.
• Gentilhommière du 14e s. postée à l'écart du village, dans un environnement calme. Chambres personnalisées, équipées simplement mais meublées avec recherche. Agréable salle de restaurant au cadre bourgeois. Choix de mets classico-traditionnels.
• Kasteeltje uit de 14e eeuw, even buiten het dorp, in een rustige omgeving. Eenvoudige kamers met een persoonlijke uitstraling en smaakvolle meubilering. Klassiek-traditionele eetzaal en dito menukaart.

Frasnes *Nord : 5,5 km par N 5* Ⓒ *Couvin* – ✉ *5660 Frasnes :*

Le Tromcourt ♨, lieu-dit Géronsart 15, ☎ 0 60 31 18 70, *eric.patigny@scarlet.be*, *Fax 0 60 31 32 02*, ☂, ⌂ – ⇆ P – 🏃 30. AE ⓓ ⓜⓒ VISA. ✂ rest
fermé 1er au 12 janv., 16 au 27 fév., 13 au 31 août et lundi – **Rest** *(fermé merc. soir en hiver, dim. soir, lundi et après 20 h 30)* Lunch 28 – 37/60, carte 45/66 – **10 ch** (fermé dim. et lundi) ☕ ✝66/72 – ✝✝101/114 – ½ P 82/94.
• En pleine campagne, paisible ferme-château fondée au 17e s. et abritant d'amples chambres meublées selon divers styles, souvent rustique. Pièce d'eau au jardin, clos de murs. Cuisine actuelle servie dans une salle parementée de pierres ou en plein air.
• Vredige kasteelboerderij uit de 17e eeuw, midden op het platteland. Ruime kamers met meubilair in verschillende stijlen, vaak rustiek. Ommuurde tuin met waterpartij. Eigentijdse gerechten, geserveerd in de eetzaal met natuursteen of buiten.

BELGIQUE

CREPPE *Liège* **534** U20 – *voir à Spa.*

CRUPET *5332 Namur* Ⓒ *Assesse 6 250 h.* **533** O20, **534** O20 *et* **716** H4. 15 **C2**
Bruxelles 79 – Namur 27 – Dinant 16.

Le Moulin des Ramiers ♨, r. Basse 31, ☎ 0 83 69 90 70, *info@moulins.ramiers.com*, *Fax 0 83 69 98 68*, ⌂ – P. AE ⓓ ⓜⓒ VISA
fermé 19 fév.-2 mars, prem. sem. juil., 15 déc.-17 janv., lundi sauf en juil.-août et mardi – **Rest** voir rest ***Les Ramiers*** ci-après – ☕ 12 – **6 ch** ✝108/113 – ✝✝120/135 – ½ P 100.
• Un beau site verdoyant sert de cadre à cet ancien moulin à eau dont les restes sont visibles dans le hall. Chambres classiques personnalisées. Jardin baigné par le ruisseau.
• Deze oude watermolen, waarvan de overblijfselen te zien zijn in de hal, ligt midden in het groen. Klassieke kamers met een persoonlijke toets. Tuin aan een beekje.

Les Ramiers - H. Le Moulin des Ramiers, r. Basse 32, ☎ 0 83 69 90 70, *info@moulins.ramiers.com*, *Fax 0 83 69 98 68*, ←, ☂ – P. AE ⓓ ⓜⓒ VISA
fermé 19 fév.-2 mars, prem. sem. juil., 15 déc.-17 janv., lundi midi sauf en juil.-août, lundi soir et mardi – **Rest** Lunch 28 – 36/105 bc, carte 35/79, 🍷.
• Salle à manger claire et plaisante complétée par une terrasse estivale bucolique au pied de laquelle se glisse le Crupet. Cuisine du moment et cave digne d'intérêt.
• Plezierige, lichte eetzaal met landelijk zomerterras aan de oever van de Crupet. Eigentijdse keuken en interessante wijnkelder.

CUSTINNE *Namur* **533** P21, **534** P21 *et* **716** I5 – *voir à Houyet.*

DADIZELE *8890 West-Vlaanderen* Ⓒ *Moorslede 10 616 h.* **533** D17 *et* **716** C3. 19 **C3**
Bruxelles 111 – Brugge 41 – Kortrijk 18.

Hostellerie Daiseldaele avec ch, Meensesteenweg 201, ☎ 0 56 50 94 90, *info@daiseldaele.be*, *Fax 0 56 50 99 36*, ☂, ⌂ – P ⇔ 25/60. AE ⓓ ⓜⓒ VISA. ✂
Rest *(fermé 15 juil.-14 août, lundi soir, mardi et après 20 h)* (taverne-rest) Lunch 13 – 20/58 bc, carte 32/56, 🍷 – **12 ch** ☕ ✝51 – ✝✝76 – ½ P 51/76.
• Taverne-restaurant familiale appréciée depuis 1973 pour sa cuisine traditionnelle où s'illustre le chevreau, élevé sur place. Hébergement dans deux annexes. Jardin d'agrément.
• Familierestaurant dat al sinds 1973 in trek is vanwege de traditionele keuken, waarin zelfgefokte geiten een belangrijke rol spelen. Logies in twee bijgebouwen; siertuin.

DAKNAM *Oost-Vlaanderen* **533** I16 *– voir à Lokeren.*

DALHEM *4608 Liège* **533** T18 *et* **716** K3 *– 6 484 h.* 9

Bruxelles 108 – Liège 17 – Namur 77 – Eijsden 9 – Maastricht 18.

XX **La Chaume,** r. Vicinal 17, ☎ 0 4 376 65 64, *info@lachaume.be, Fax 0 4 376 60 66,* – 10/90. AE MC VISA

fermé lundi – **Rest** (déjeuner seult sauf vend. et sam.) *Lunch 25* – 34/50, carte 41/65, ♀.

◆ Sur une butte agreste, bâtisse à colombages tenue depuis 1973 par une famille ple d'allant. Âtre et vieille charpente recyclée en salle ; table valorisant le terroir "bio".

◆ Dit vakwerkgebouw op een heuvel is al sinds 1973 in handen van een voortvarer familie. Eetzaal met haard en gerenoveerd kapgebint. Streekgerechten van bioproducte

DAMME *8340 West-Vlaanderen* **533** E15 *et* **716** C2 *– 10 898 h.* 19

Voir *Hôtel de Ville★ (Stadhuis) – Tour★ de l'église Notre-Dame (O.L. Vrouwekerk).*

18 9 *au Sud-Est : 7 km à Sijsele, Doornstraat 16 ☎ 0 50 35 35 72, Fax 0 50 35 89 25.*

Jacob van Maerlantstraat 3 ☎ 0 50 28 86 10, toerisme@damme.be, Fax 0 50 37 00 21.

Bruxelles 103 – Brugge 7 – Knokke-Heist 12.

De Speye, Damse Vaart Zuid 5, ☎ 0 50 54 85 42, *info@hoteldespeye.* *Fax 0 50 37 28 09,* – . MC VISA. ch

fermé 1 sem. en juin, 3 prem. sem. déc. et lundi – **Rest** (taverne-rest) 23, carte 19/34

ch ★58/70 – ★★68/80 – ½ P 51/57.

◆ Face au canal de Damme, accueillante auberge familiale d'aspect traditionnel où vc passerez de bonnes nuits à prix sages. Chambres actuelles bien tenues et breakfast soig Taverne-restaurant faisant office de tea-room l'après-midi ; carte traditionnelle.

◆ In deze traditionele familieherberg aan de Damse Vaart kunt u probleemloos ov nachten voor een zacht prijsje. Goed onderhouden, eigentijdse kamers en verzorgd o bijt. Het café-restaurant doet 's middags dienst als theesalon. Traditionele kaart.

De Nachtegaal sans rest, Oude Damse Weg 3, ☎ 0 50 35 43 88, – .

3 ch ★50/70 – ★★70/80.

◆ Trois chambres d'hôtes au décor rustique ont été aménagées à l'étage de cette ra sante fermette de style régional profitant du grand calme de la campagne. Jardin chonné.

◆ Op de bovenverdieping van dit prachtige boerderijtje in regionale stijl zijn drie rusti gastenkamers ingericht. Goed verzorgde tuin en rustige ligging op het platteland.

XX **Pallieter,** Kerkstraat 12 (Markt), ☎ 0 50 35 46 75, *Fax 0 50 37 28 71,* –

fermé mi-nov.-mi-déc., lundi et mardi – **Rest** 29/34, carte 30/46.

◆ Auberge centenaire blottie au cœur de Damme. Poutres et lambris cérusés, nappe carreaux et toiles de petits maîtres forment un décor chaleureux et feutré. Repas cla que.

◆ Oude herberg in het hart van Damme met een sfeervol interieur: geceruseerde balk en lambrisering, geblokte tafelkleedjes en doeken van kleine meesters. Klassieke keuker

XX **De Lieve,** Jacob van Maerlantstraat 10, ☎ 0 50 35 66 30, *de.lieve@pandora.be, Fax 0 35 21 69,* – 25. MC VISA.

fermé 8 au 23 janv., lundi soir et mardi midi – **Rest** 29/45 bc, ♀.

◆ Établissement officiant depuis 1977 au centre de cette mélancolique petite ville c borde le canal Brugge-Sluis. Décor néo-rustique et ambiance "vieille Flandre" en salle.

◆ In 1977 vestigde dit etablissement zich in dit historische stadje langs het kanaal Brug Sluis. Eetzaal met een neorustiek interieur en een typisch oud-Vlaamse sfeer.

X **Den Heerd,** Jacob van Maerlantstraat 7, ☎ 0 50 35 44 00, *info@denheerd.* *Fax 0 50 36 25 37,* , Grillades – 12/80

fermé 16 au 25 fév., 2 au 8 nov., 26 déc.-4 janv., merc. 15 juil.-15 août et jeudi – **Rest** *Lu 15* – 40 bc, carte 38/49.

◆ Restaurant traditionnel doté de deux terrasses (préférez celle de l'arrière) et de tr pièces modernes pourvues de tables de bistrot et de sièges en rotin. Gril en salle.

◆ Dit traditionele restaurant heeft twee terrassen (die achteraan verdient de voorkeur) drie moderne zalen met bistrotafels en rotanstoelen. Geroosterd vlees aan het spit.

à Hoeke *Nord-Est : 6 km par rive du canal C Damme – ✉ 8340 Hoeke :*

Welkom sans rest, Damse Vaart Noord 34 (près N 49), ☎ 0 50 60 24 92, *info@hc welkom.be, Fax 0 50 62 30 31,* , – . AE MC VISA.

fermé 15 au 25 oct. – **10 ch** ★45/60 – ★★60/75.

◆ "Welcom" : enseigne révélatrice de l'accueil que l'on vous réserve dans cette bâti élevée au bord du canal. Chambres sobres et nettes. Abondante clientèle cycliste en été

◆ In dit hotel langs het kanaal wordt u van harte "welcom" geheten. De kamers zijn so maar keurig. In de zomer trekt het etablissement veel wielertoeristen.

BELGIQUE

IN HOC SIGNO VINCES

Moerkerke *Est : 5 km* © *Damme –* ✉ *8340 Moerkerke :*

Klevershof sans rest,, ✆ 0 50 50 18 00, *info@klevershof.be, Fax 0 50 50 18 60,* , , – P
3 ch ☐ ✝55 – ✝✝70.
• Hébergement de type "bed and breakfast" aménagé dans une ferme équestre proprette au cadre champêtre. Chambres, salle de repas et salon sobres et actuels. Piscine au jardin.
• Bed & Breakfast in een kraakheldere, landelijk gelegen paardenboerderij. De kamers, eetzaal en zitkamer zijn sober en eigentijds. Tuin met zwembad.

Oostkerke *Nord-Est : 5 km par rive du canal* © *Damme –* ✉ *8340 Oostkerke :*

Vierschare avec ch, Processieweg 1, ✆ 0 50 60 60 10, *info@vierschare.be, Fax 0 50 62 15 45,* , , – & rest, P ⇔ 16/45. AE ⓓ ⓜ VISA
Rest *(fermé mardi et merc.)* 39, carte env. 46 – **8 ch** ☐ ✝95/105 – ✝✝115/150.
• Auberge réaménagée avec soin, blottie au cœur d'un village typique des polders. Décor intérieur actuel à touches nostalgiques, "menu belge" et jolies chambres néo-rustiques.
• Deze met zorg gerestaureerde herberg staat midden in een typisch polderdorp. Eigentijds interieur met een nostalgische toets. Echt Belgisch menu. Mooie neorustieke kamers.

Siphon, Damse Vaart Oost 1 (Sud : 2 km), ✆ 0 50 62 02 02, *Fax 0 50 63 09 39,* ≤, , Anguilles et grillades – P ⇔ 10/18.
fermé 1er au 21 fév., 1er au 15 oct., jeudi et vend. – **Rest** carte 19/47, .
• On vient ici en nombre se délecter d'anguilles et de grillades, instruments du succès de cette affaire établie de longue date à la croisée de canaux. Bon livre de cave.
• Op het kruispunt van twee kanalen ligt dit drukbezochte restaurant, waar paling en grillspecialiteiten al jarenlang veel succes oogsten. Goede wijnkelder.

De Krinkeldijk, Monnikenredestraat 6, ✆ 0 50 62 51 52, *de.krinkeldijk@tiscali.be, Fax 0 50 61 12 11,* , Taverne-rest – P. ⓓ ⓜ VISA
fermé merc. et jeudi – **Rest** (déjeuner seult sauf mardi et sam.) 40, carte 39/54.
• Adorable fermette flamande couverte de lierre située dans un site agreste bordant Oostkerke. Salle à manger-véranda donnant sur la terrasse et son jardin agrémenté d'un étang.
• Lieflijk Vlaams boerderijtje met klimop, in een landelijke omgeving aan de rand van Oostkerke. De eetzaal met serre kijkt uit op het terras en de tuin met vijver.

Sijsele *Nord-Est : 6 km* © *Damme –* ✉ *8340 Sijsele :*

Vredehof, Dorpsstraat 1, ✆ 0 50 36 28 02, *hotel@vredehof.com, Fax 0 50 37 58 02,* , – P – 25. AE ⓜ VISA
Rest *(fermé dim., lundi et après 20 h 30)* 35, carte 34/51 – **8 ch** ☐ ✝65/85 – ✝✝75/95 – ½ P 84/106.
• Ancienne maison de notable où vous logerez dans des chambres personnalisées, un peu plus calmes sur l'arrière. Petit-déj' sous la serre ou au jardin. Ambiance familiale. Salle de restaurant au cadre classico-traditionnel, à l'image de la cuisine du chef.
• Dit oude herenhuis biedt kamers met een persoonlijke toets die aan de achterkant wat rustiger zijn. Het ontbijt wordt genuttigd in de serre of in de tuin. Huiselijke ambiance. Restaurant met een traditioneel-klassiek interieur en dito kookstijl.

DAVERDISSE *6929 Luxembourg belge* 534 P22 *et* 716 I5 – *1 353 h.* 12 B2

Bruxelles 122 – Arlon 72 – Bouillon 37 – Dinant 41 – Marche-en-Famenne 35 – Neufchâteau 36.

Le Moulin , r. Lesse 61, ✆ 0 84 38 81 83, *info@daverdisse.com, Fax 0 84 38 97 20,* , , , , – P – 40. AE ⓜ VISA. rest
fermé janv. et dern. sem. août – **Rest** *(fermé merc. de nov. à Pâques)* Lunch 25 – 29/84 bc, carte 43/53 – **25 ch** ☐ ✝84 – ✝✝110/130 – ½ P 81/91.
• Ancien moulin se signalant par une belle façade en pierres et s'entourant de bois propices aux balades. Chambres personnalisées ; jardin bordé par la rivière. Repas de notre temps dans une salle moderne tournée vers l'Almache. Tables espacées ; cuisines à vue.
• Oude molen met een mooie natuurstenen gevel in een bosrijke omgeving. Kamers met een persoonlijke toets en tuin aan het riviertje. Eigentijdse maaltijd in een ruime, moderne eetzaal met open keuken en uitzicht op de Almache.

Le Trou du Loup, Chemin du Corray 2, ✆ 0 84 38 90 84, *info@trouduloup.be, Fax 0 84 36 88 65,* – P ⇔ 20/35. ⓜ VISA
fermé mardi et merc. – **Rest** 25/60 bc, carte 34/45, ♀.
• Prestation culinaire classique actualisée en cet accueillant chalet donnant un peu de vie à ce hameau ardennais. Selon la saison, feu de bûches au salon ou terrasse au jardin.
• Dit gezellige chalet brengt wat leven in dit Ardenner gehuchtje. Salon met open haard en terras aan de tuinzijde. Klassieke keuken met een vleugje modern.

BELGIQUE

à Porcheresse *Sud : 6 km* © *Daverdisse* – ✉ *6929 Porcheresse :*

Le Grand Cerf sans rest, r. Moulin 141, ☎ 0 61 46 95 76, *legrandcerf@tiscali,* – P.
Rest – 3 ch ☆70 – ☆☆70/130.
◆ Forêts giboyeuses et rivière peuplée de truites encadrent cette fermette en pierres do les chambres offrent silence, ampleur et décor personnalisé. Accueil super-gentil.
◆ Wildrijke bossen en rivieren vol forel omgeven dit natuurstenen boerderijtje met still ruime kamers, waarvan er geen een hetzelfde is. Bijzonder vriendelijke ontvangst.

De – *voir au nom propre.*

DEERLIJK *8540 West-Vlaanderen* **533** F17 *et* **716** D3 – *11 311 h.* 19 D
Bruxelles 83 – Brugge 49 – Gent 38 – Kortrijk 8 – Lille 39.

XX **Severinus,** Hoogstraat 137, ☎ 0 56 70 41 11, *severinus@resto.be, Fax 0 56 72 20 15,* – ⇔ 10/30. AE ⓓ ⓜ VISA
fermé 21 juil.-15 août, dim. soir et lundi – **Rest** (déjeuner seult sauf sam.) *Lunch 32* 33/64 bc, carte 41/54, ♀.
◆ Lustres en cristal et reproductions d'œuvres de Toulouse-Lautrec président au décor d ce restaurant cossu doté d'une terrasse et d'un jardin d'hiver. Appétissants menus.
◆ Kristallen kroonluchters en reproducties van Toulouse-Lautrec kenmerken de weelderig decoratie van dit restaurant. Mooi terras en wintertuin. Aanlokkelijke menu's.

XX **Marcus,** Kleine Klijtstraat 30 (Belgiek), ☎ 0 56 77 37 37, *restaurant.marcus@skynet.b Fax 0 56 77 37 29,* – P ⇔ 10/40. ⓓ VISA.
fermé 1er au 12 janv., 23 juil.-7 août et dim. – **Rest** *Lunch 30* – 52/60, carte 57/70, ♀.
◆ Dans un quartier résidentiel, table estimée pour sa cuisine contemporaine évolutive, so intérieur d'esprit méridional et sa terrasse verte ombragée par de larges parasols.
◆ Dit restaurant in een rustige woonwijk is in trek vanwege de inventieve eigentijds keuken, het mediterrane interieur en het groene terras met grote parasols.

BELGIQUE

DEINZE *9800 Oost-Vlaanderen* **533** G17 *et* **716** D3 – *28 324 h.* 16 A
Bruxelles 67 – Gent 21 – Brugge 41 – Kortrijk 26.

XX **D'Hulhaege - Kasteel Ten Bosse** avec ch, Karel Picquélaan 140, ☎ 0 9 386 56 1 *info@dhulhaege.be, Fax 0 9 380 05 06,* , – rest, P ⇔ 10/280. AE ⓓ ⓜ VISA
Rest *(fermé 2 dern. sem. juil.-prem. sem. août, 1 sem. Noël, dim. soir et lundi) Lunch 30 bc,* 65 bc, carte 42/57 – **8 ch** ☆61 – ☆☆81.
◆ Fermette typée attenante à une demeure néoclassique spécialisée dans les banquets Repas classique sous les poutres et solives d'une salle feutrée. Grillades le vendredi soir.
◆ Karakteristiek boerderijtje naast een neoklassiek pand, gespecialiseerd in banqueting Sfeervolle eetzaal met balkenplafond. Klassieke kaart en grillgerechten op vrijdagavond.

à Astene *sur N 43 : 2,5 km* © *Deinze* – ✉ *9800 Astene :*

XX **Au Bain Marie,** Emiel Clauslaan 141, ☎ 0 9 222 48 65, *aubainmarie@skynet.be Fax 0 9 222 76 58,* , , Ouvert jusqu'à 23 h, – P ⇔ 16/100. AE ⓓ ⓜ VISA
fermé mardi soir, merc. et dim. soir – **Rest** *Lunch 12* – 34/60 bc, carte 29/66, ♀.
◆ Belle villa des années 1930 due à l'architecte belge Van de Velde qui maria les styles Ar nouveau et Bauhaus. Vue bucolique sur la rivière, jolie terrasse, bon menu "all in".
◆ Mooie villa uit de jaren 1930 van de Belgische architect Van de Velde, een combinatie va art nouveau en Bauhaus. Goed all-in menu. Terras met landelijk uitzicht op de rivier.

X **Gasthof Halifax,** Emiel Clauslaan 143, ☎ 0 9 282 31 02, *gasthof.halifax@pandora.be Fax 0 9 282 91 35,* , , Grillades, ouvert jusqu'à minuit, – P ⇔ 30
fermé sam. midi, dim. et jours fériés – **Rest** *Lunch 12* – 35/60 bc, carte 32/58.
◆ Table traditionnelle aménagée avec soin dans un ancien relais de halage. Plats belges e grillades au feu de bois faites en salle. Terrasse idyllique tournée vers la rivière.
◆ Traditioneel restaurant in een gebouw waar vroeger de jaagpaarden werden ververst Het vlees wordt in de eetzaal op houtskool geroosterd. Idyllisch terras aan het water.

à Sint-Martens-Leerne *Nord-Est : 6,5 km* © *Deinze* – ✉ *9800 Sint-Martens-Leerne :*

XXX **D'Hoeve,** Leernsesteenweg 218, ☎ 0 9 282 48 89, *Fax 0 9 282 24 31,* – P ⇔ 10/50 AE ⓓ ⓜ VISA
fermé lundi et mardi – **Rest** *Lunch 31* – 46/96 bc, carte 65/138, ♀.
◆ Cette jolie maison côtoyant l'église vous convie à un repas au goût du jour dans un cadre néo-rustique cossu ou sur sa terrasse dressée au jardin dès les premiers beaux jours.
◆ Dit mooie pand naast de kerk nodigt u uit voor een eigentijdse maaltijd in een weelderig neorustiek interieur. Bij de eerste zonnestralen wordt het terras in de tuin opgedekt.

ENDERMONDE (TERMONDE) *9200 Oost-Vlaanderen* 533 J16 *et* 716 F2 – *43 342 h.* 17 C2

Voir *Oeuvres d'art★ dans l'église Notre-Dame★★ (O.L. Vrouwekerk).*

Stadhuis, Grote Markt ☎ 0 52 21 39 56, dendermonde@toerismevlaanderen.be, Fax 0 52 22 19 40.

Bruxelles 32 – Gent 34 – Antwerpen 41.

City sans rest, Oude Vest 121, ☎ 0 52 20 35 40, *Fax 0 52 20 35 50* – AE ⓓ ⓜⓒ VISA.
12 ch ☐ ★57/65 – ★★80.

◆ Le City dispose de chambres simples, mais assez confortables, équipées du double vitrage pour offrir des nuitées plus tranquilles... Et hop, sous la couette !

◆ Het City-hotel beschikt over eenvoudige, maar vrij comfortabele kamers met dubbele ramen. Goede nachtrust gegarandeerd, dus allez hop, snel onder het dons!

't Truffeltje (Mariën), Bogaerdstraat 20, ☎ 0 52 22 45 90, *truffeltje@compaqnet.be, Fax 0 52 21 93 35,* – 8/16. AE ⓓ ⓜⓒ VISA.
fermé 1 sem. Pâques, 21 juil.-15 août, sam. midi, dim. soir et lundi – **Rest** *Lunch 55 bc* – 50/97 bc, carte 72/86.

Spéc. Dim Sum aux poireaux et langoustines, émulsion de truffe. Ris de veau piqué à la langue. Tarte au chocolat et noisettes.

◆ Derrière une façade aussi discrète qu'élégante, salle moderne et spacieuse offrant la vue sur les fourneaux où se conçoit une cuisine de bases classiques. Bonne cave mondiale.

◆ Achter de onopvallende, maar sierlijke gevel gaat een modern en ruim restaurant met open keuken schuil. Klassieke spijzen en goede wijnen uit de hele wereld.

Het huis van Cleophas, Sint-Gillislaan 47, ☎ 0 497 57 56 55, *info@cleophas.be, Fax 0 52 52 03 14,* – P 10/32. AE ⓜⓒ VISA
fermé lundi – **Rest** *Lunch 15* – 25/59, carte 27/48.

◆ Un bourgmestre vécut dans cette maison cossue convertie en brasserie à l'ambiance "trendy". Véranda arrière tournée vers le jardin où l'on dresse aussi le couvert en été.

◆ Deze weelderige burgemeesterswoning is nu een trendy brasserie. 's Zomers wordt de veranda opgedekt, die aan de achterkant aan de tuin grenst.

ESSEL *2480 Antwerpen* 533 P15 *et* 716 I2 – *8 771 h.* 2 D2

Bruxelles 86 – Antwerpen 58 – Hasselt 45 – Turnhout 19 – Eindhoven 43.

Alauda, Turnhoutsebaan 28, ☎ 0 14 37 50 71, *info@alauda.be, Fax 0 14 38 92 99,* – rest, P. AE ⓓ ⓜⓒ VISA.
Rest *(fermé sem. Noël)* 35/70 bc, carte 40/52 – **16 ch** ☐ ★56/62 – ★★81/89 – ½ P 75.

◆ Au bord d'une route assez passante, hôtel dont les chambres, fraîches et nettes, se partagent une maison de maître (1919) et une extension. Plus de calme à l'arrière. Restaurant servant de la cuisine classique-traditionnelle. Terrasse d'été au jardin.

◆ Hotel aan een vrij drukke weg met frisse, keurige kamers in een herenhuis (1919) en een uitbouw waar de achterkant rustiger is. Klassiek-traditionele keuken en tuin met terras om bij mooi weer te eten.

EURLE *Oost-Vlaanderen* 533 G16 *et* 716 D2 – *voir à Sint-Martens-Latem.*

EURNE *Antwerpen* 533 L15 *et* 716 G2 – *voir à Antwerpen, périphérie.*

EGEM *Vlaams-Brabant* 533 L17 *et* 716 G3 – *voir à Bruxelles, environs.*

EST *3290 Vlaams-Brabant* 533 P17 *et* 716 I3 – *22 740 h.* 4 D1

Voir *Œuvres d'art★ dans l'église St-Sulpice (St-Sulpitiuskerk)* AZ – *Béguinage★★ (Begijnhof)* BY.

Musée : *Communal★ (Stedelijk Museum)* AZ **H**.

Env. *par ④ : 8 km, Abbaye d'Averbode★ : église★.*

Stadhuis, Grote Markt 1 ☎ 0 13 35 32 73, toerisme@diest.be, Fax 0 13 32 23 06.

Bruxelles 61 ③ – Leuven 33 ③ – Antwerpen 60 ① – Hasselt 25 ②.

Plan page suivante

The Lodge, Refugiestraat 23, ☎ 0 13 35 09 35, *diest@lodge-hotels.be, Fax 0 13 35 09 34,* – ch, . AE ⓜⓒ VISA. rest AY a
Rest (taverne-rest) 30, carte 20/42 – **18 ch** (fermé 24 déc.-1er janv.) ☐ ★85 – ★★120/155 – 2 suites – ½ P 135/160.

◆ Chambres et junior suites squattant une ancienne dépendance (entrepôt à grains de 1562) de l'abbaye de Tongerlo. L'aile moderne fournit un hébergement plus standard. La brasserie, à 50 m de l'hôtel, occupe une vieille maison et déploie sa terrasse au jardin.

◆ Kamers en junior suites in een voormalige dependance (graanschuur uit 1562) van de abdij van Tongerlo. De kamers in de moderne vleugel zijn meer standaard. De brasserie, op 50 m van het hotel, bevindt zich in een oud huis en heeft een tuin met terras.

BELGIQUE

DIEST

Botermarkt	AZ	2
Delphine Alenuslaan	AZ	3
Ed. Robeynslaan	BZ	4
F. Moonsstr.	AZ	5
Graanmarkt	BZ	6
Grote Markt	AZ	7
Guido Gezellestr.	BZ	8
H. Verstappenpl.	BZ	9
Kattenstr.	BZ	10
Ketelstr.	AZ	12
Koestr.	BZ	13
Koning Albertstr.	BY	
Overstr.	BY	14
Pesthuizenstr.	BY	
Refugiestr.	AY	
Schotelstr.	AZ	
St-Janstr.	BZ	
St-Jan Berchmansstr.	AZ	
Vestenstr.	BY	
Wolvenstr.	ABY	

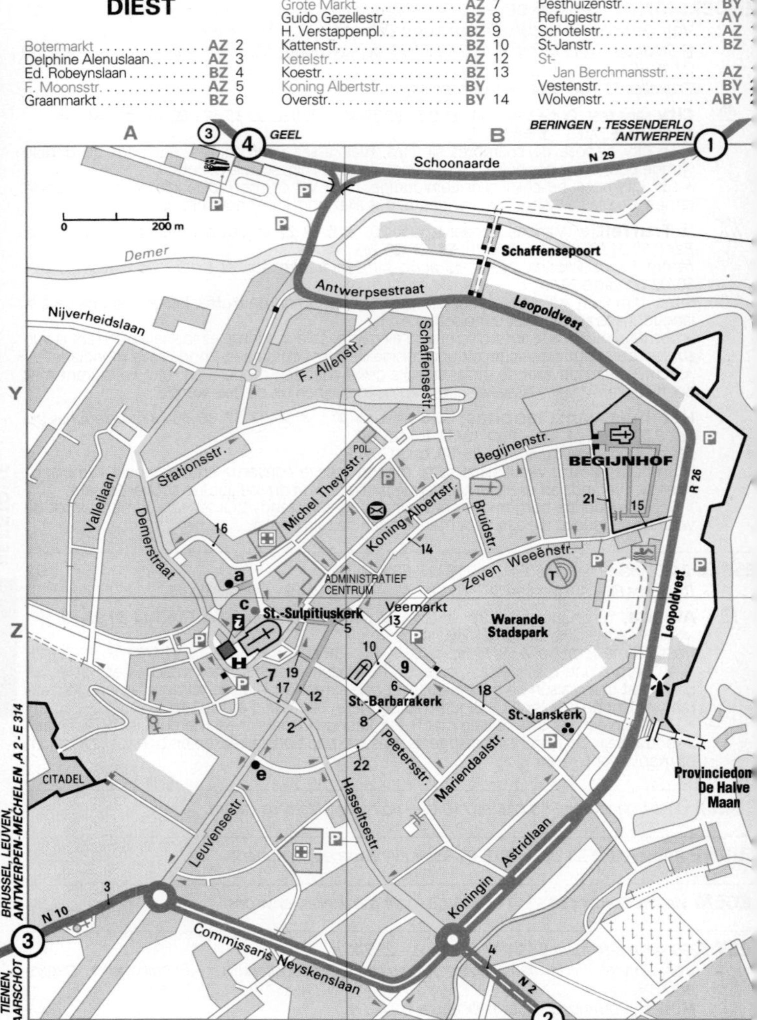

De Fransche Croon, Leuvensestraat 26, ✆ 0 13 31 45 40, *info@defranschecroon.*
Fax 0 13 33 31 59 – ch, – 40. ch AZ
fermé fin déc. – **Rest** *(fermé sam. midi et dim. soir) Lunch 17* – 25/69 bc, carte 33/50 – **21**
70/80 – 95/120 – 1 suite.

◆ Hôtel familial établi dans les murs d'un ancien relais de diligences, près du Grote Ma
Une extension coiffée d'un puits de lumière central héberge une partie des chambr
Table au décor bourgeois ; carte traditionnelle enrichie de suggestions du marché.

◆ Familiehotel in een voormalig postkoetsstation bij de Grote Markt. In het aangebouw
stuk met centrale lichtkoker zijn een deel van de kamers te vinden. Restaurant met bo
geois decor en een traditionele kaart, aangevuld met suggesties.

XXX **De Proosdij,** Cleynaertstraat 14, ☎ 0 13 31 20 10, *info@proosdij.be, Fax 0 13 31 23 82,* – P ⇔ 20/40. AE ⓓ MC VISA **AZ c**
fermé 1 sem. en juil., sam. midi, dim. soir, lundi et jeudi soir – **Rest** Lunch 33 – 45/107 bc, carte 59/94, ♀.
◆ Une allée étroite bordée d'un verdoyant jardin clos de murs mène à cette demeure du 17e s. abritant une salle à manger au cadre classique soigné. Agréable restaurant d'été.
◆ Een smal pad langs een weelderige ommuurde tuin voert naar dit 17e-eeuwse herenhuis. Verzorgde eetzaal in klassieke stijl. 's Zomers kan er heerlijk buiten worden gegeten.

IKSMUIDE (DIXMUDE) *8600 West-Vlaanderen* 533 C16 *et* 716 B2 – *15 731 h.* 18 B2

Voir Tour de l'Yser (IJzertoren) ✻★.
🅸 *Grote Markt 28* ☎ *0 51 51 91 46, toerisme@stad.diksmuide.be, Fax 0 51 51 91 48.*
Bruxelles 118 – Brugge 44 – Gent 72 – Ieper 23 – Oostende 27 – Veurne 19.

Pax sans rest, Heilig Hartplein 2, ☎ 0 51 50 00 34, *pax.hotel@skynet.be, Fax 0 51 50 00 35* – |♦| ♿ – 🅰 30. AE ⓓ MC VISA. ✂
fermé 1er au 20 janv. – **37 ch** ☐ ✝70 – ✝✝95/200.
◆ Immeuble récent et moderne abritant des chambres de bon gabarit, sobrement décorées dans un style actuel, à l'image des parties communes. Joli bar et terrasse d'été protégée.
◆ Modern hotel in een nieuw flatgebouw. De ruime kamers zijn net als de gemeenschappelijke ruimten sober ingericht in eigentijdse stijl. Mooie bar et beschut terras.

De Vrede, Grote Markt 35, ☎ 0 51 50 00 38, *de.vrede@skynet.be, Fax 0 51 51 06 21,* – |♦| ✗ ♿ rest, – 🅰 70. AE MC VISA. ✂
fermé 1er au 20 janv. – **Rest** *(fermé merc.)* Lunch 9 – 25/35, carte env. 31 – **17 ch** ☐ ✝50 – ✝✝75 – ½ P 65/90.
◆ Façade régionale à redans tournée vers le Grote Markt (parking aisé). Une aile plus récente, sur l'arrière, regroupe la majorité des chambres, nettes et assez amples. Repas traditionnel sous les poutres d'une salle bourgeoise agrémentée d'une cheminée.
◆ Vlaams pand met trapgevel aan de Grote Markt (ruime parkeergelegenheid). De kamers zijn proper en vrij ruim; de meeste liggen in de nieuwe vleugel aan de achterkant. In de eetzaal met balken en schouw worden traditionele gerechten geserveerd.

XX **'t Notarishuys,** Koning Albertstraat 39, ☎ 0 51 50 03 35, *Fax 0 51 51 06 25,* – ♿ P ⇔ 8/12. MC VISA
fermé 30 août-19 sept., 23 déc.-5 janv., sam. midi, dim. soir et lundi – **Rest** Lunch 25 – 31/48, carte 34/71.
◆ Table cossue occupant une ancienne étude de notaire. Dès les premiers beaux jours, on mange aussi dans le jardin ombragé par un superbe hêtre rouge de 150 ans. Carte actuelle.
◆ Dit weelderige restaurant in een oud notariskantoor voert een moderne kaart. Bij de eerste zonnestralen wordt er in de tuin gegeten onder de prachtige, 150 jaar oude beuk.

Stuivekenskerke *Nord-Ouest : 7 km* 🄲 *Diksmuide* – ✉ *8600 Stuivekenskerke :*

Kasteelhoeve Viconia ≫, Kasteelhoevestraat 2, ☎ 0 51 55 52 30, *info@viconia.be, Fax 0 51 55 55 06,* , 🚲 – ✗ P – 🅰 35. MC VISA. ✂
fermé 15 déc.-janv. et 1er au 14 sept. – **Rest** (dîner pour résidents seult) – **23** ch ☐ ✝48/73 – ✝✝60/85 – ½ P 48/61.
◆ Ancienne ferme-château norbertine (ordre religieux) posée dans son écrin végétal, en pleine campagne "poldérienne". Chambres fraîches et actuelles, où l'on a ses aises.
◆ Hotel in een oude kasteelboerderij die vroeger aan een kloosterorde toebehoorde, midden in de polders. Frisse, moderne kamers die van alle comfort zijn voorzien.

ILBEEK *Vlaams-Brabant* 533 K17 *et* 716 F3 – *voir à Bruxelles, environs.*

ILSEN *3650 Limburg* 🄲 *Dilsen-Stokkem 19 104 h.* 533 T16 *et* 716 K2. 11 C2

Bruxelles 110 – Hasselt 44 – Maastricht 33 – Roermond 31.

De Maretak, Watermolenstraat 20, ☎ 0 89 75 78 38, *klerckxmareels@scarlet.be, Fax 0 89 75 20 20,* – ✗ P. VISA. ✂
fermé Noël-Nouvel An et dim. – **Rest** (résidents seult) – **6 ch** ☐ ✝65 – ✝✝88/107 – ½ P 98/140.
◆ Au croisement de pistes cyclables, maison en briques où vous logerez dans des chambres parquetées bien colorées. Salle à manger agréable ; table d'hôte sur demande.
◆ In dit bakstenen huis, op een kruispunt van fietspaden, logeert u in kamers met parket en vrolijke kleuren. Aangename eetkamer, waar u op verzoek een lekkere maaltijd krijgt.

XX **Hostellerie Vivendum** (Clevers) avec ch, Vissersstraat 2, ☎ 0 89 57 28 60, alex
vers@proximedia.be, Fax 0 89 85 25 20, – P. AE MC VISA.
fermé 1er au 7 juin, 1er au 14 oct., merc. et jeudi) – Rest (fermé merc., jeudi et sam. m
Lunch 30 – 60/105 bc, carte 63/78, – **4 ch** 85 – 115/150 – ½ P 115/135.
Spéc. Agneau aux asperges et champignons, jus au romarin. Variation de joue et épaule veau, fèves des marais et rucola. Soufflé au chocolat et poêlée d'ananas.
• Cuisine moderne alliant finesse et légèreté, servie dans une jolie maison paroissiale (s.) ou en terrasse. Jardin pomponné et hameau au charme agreste pour toile de fond.
• Fraaie 18e-eeuwse pastorie met een moderne, verfijne en lichte keuken. Het terras k uit op de mooie tuin en een landelijk dorpje.

à Lanklaar *Sud : 2 km C Dilsen-Stokkem – ✉ 3650 Lanklaar :*

XX **Hostellerie La Feuille d'Or** avec ch, Hoeveweg 145 (Est : 5,5 km par N 7
☎ 0 89 65 97 12, *lafeuilledor@skynet.be, Fax 0 89 65 97 22,* – P. AE
VISA
Rest *(fermé 2 au 12 janv., 2 dern. sem. juil., lundi, mardi et sam. midi)* Lunch 35 – 55/95
carte 57/70, – **6 ch** 80 – 100 – ½ P 80/110.
• Repas classique actualisé, servi dans une ancienne ferme-château isolée parmi les bo Terrasse, pièce d'eau et sculptures au jardin. Chambres modernes chaleureuses.
• Klassieke kookkunst met een eigentijds accent, in een oude kasteelhoeve in de bosse Tuin met waterpartij en sculpturen. Moderne kamers met warme ambiance.

DINANT *5500 Namur* **533** O21, **534** O21 *et* **716** H5 – *13 012 h – Casino, bd des Souverains 6 ☎ 0 69 84 84, Fax 0 82 69 99 95.*

15 C

Voir *Site★★ – Citadelle★ ≤★★* **M** *– Grotte la Merveilleuse★* **B** *– par ② : Rocher Bayard★ par ⑤ : 2 km à Bouvignes : Château de Crèvecœur ≤★★ – par ② : 3 km à Anseremm site★.*
Env. *Cadre★★ du domaine de Freyr (château★, parc★) – par ② : 6 km, Rochers de Freyr★ par ① : 8,5 km à Foy-Notre-Dame : plafond★ de l'église – par ② : 10 km à Furfooz : ≤★ s Anseremme, Parc naturel de Furfooz★ – par ② : 12 km à Vêves : château★ – par ② : 10 k à Celles : dalle funéraire★ dans l'église romane St-Hadelin – au Nord : 8 km, Vallée de Molignée★.*
Exc. *Descente de la Lesse★ en kayak ou en barque : ≤★ et ★.*
18 *par ② : 18,5 km à Houyet, Tour Léopold-Ardenne 6 ☎ 0 82 66 62 28, Fax 0 82 66 74 53*
av. Cadoux 8, ☎ 0 82 22 28 70, info@dinant-tourisme.be, Fax 0 82 22 77 88.
Bruxelles 93 ⑤ – Namur 29 ⑤ – Liège 75 ① – Charleville-Mézières 78 ③.

BELGIQUE

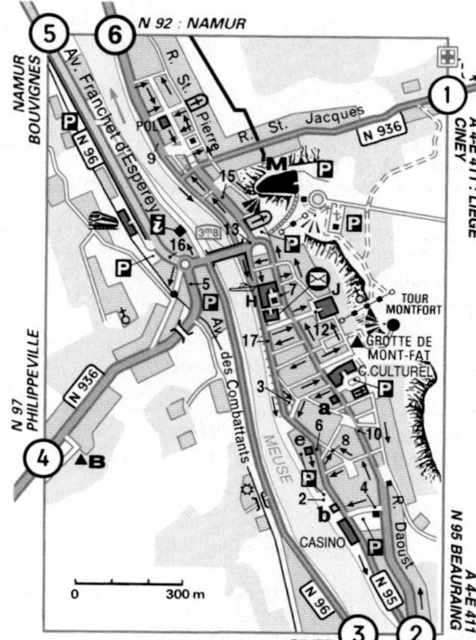

DINANT

Adolphe-Sax (R.)	
Albeau (Pl. d')	2
Albert-1er (Pl.)	3
Armes (Pl. d')	4
Bribosia (R.)	5
Cousot (R.)	6
Grande (R.)	7
Huybrechts (R.)	8
J.-B.-Culot (Quai)	9
Palais (Pl. du)	1(
Reine-Astrid (Pl.)	1:
Sax (R. A.)	1.
Station (R. de la)	1
Winston-Churchill (Av.)	1

Ibis sans rest, Rempart d'Albeau 16, ☎ 0 82 21 15 00, *ibisdinant@skynet.be, Fax 0 82 21 15 79*, ←, – 30. AE VISA b
9 – **59 ch** ★65/75 – ★★65/75.
◆ Retrouvez, en bord de Meuse, aux pieds d'un coteau boisé, l'éventail des prestations hôtelières Ibis. La moitié des chambres domine le fleuve, au même titre que la terrasse.
◆ Typisch Ibishotel aan de oever van de Maas, aan de voet van een beboste heuvel. De helft van de kamers kijkt uit op de rivier, net als het terras overigens.

Le Jardin de Fiorine, r. Cousot 3, ☎ 0 82 22 74 74, *info@jardindefiorine.be, Fax 0 82 22 74 74*, – 20. AE VISA e
fermé 2 sem. carnaval, 2 prem. sem. juil., merc., jeudi d'oct. à mars et dim. soir – **Rest** *Lunch 25* – 30/70 bc, carte 39/65.
◆ Salle classique aux tons actuels, véranda moderne et, dès les premiers beaux jours, terrasse au jardin, avec vue sur le fleuve. Soigneuse cuisine au goût du jour ; bonne cave.
◆ Klassieke eetzaal in hedendaagse kleuren, moderne serre en tuin met terras en uitzicht op de rivier. Verzorgde eigentijdse keuken en goede wijnkelder.

La Broche, r. Grande 22, ☎ 0 82 22 82 81, *Fax 0 82 22 82 81* – . VISA a
fermé 1 sem. en janv., 1 sem. en mars, 2 sem. en juil., mardi et merc. midi – **Rest** 23/50 bc, carte 34/47.
◆ Estimable restaurant implanté dans la grande rue commerçante. Décor intérieur actuel à touches nostalgiques (photos), mise de table soignée, cuisine du moment à prix muselés.
◆ Uitstekend restaurant in de grote winkelstraat. Modern interieur met een beetje nostalgie (foto's), verzorgde tafels, eigentijdse kaart met scherp geprijsde gerechten.

Le Grill, r. Rivages 88 (par ② : près du Rocher Bayard), ☎ 0 82 22 69 35, *info@le-grill-dinant.be, Fax 0 82 22 54 36*, Grillades – 6/30. VISA
fermé 1 sem. carnaval, prem. sem. sept. et mardi soir, merc. sauf en juil.-août – **Rest** 30/55 bc, carte 30/51.
◆ À l'ombre du Rocher Bayard, agréable rôtisserie comprenant plusieurs petites salles où les vrais carnivores aiment à se repaître de plantureuses grillades au feu de bois.
◆ Aangename rotisserie met verscheidene zaaltjes, waar de echte carnivoor nog een hele kluif heeft aan de grote stukken vlees die op houtskool worden geroosterd.

Anseremme *par ② : 3 km* C *Dinant* – ✉ *5500 Anseremme :*

Mercure, Pont a Cesse 31, ☎ 0 82 22 28 44, *H1512@accor.com, Fax 0 82 21 63 03*, – 170. AE VISA. rest
Rest *Lunch 29* – 47/73 bc, carte 33/48 – **91 ch** ★92/124 – ★★113/180 – ½ P 73/120.
◆ Cet hôtel de chaîne entièrement rénové met à profit un château (1810) et ses extensions récentes. Quatre catégories de chambres. Ample restaurant occupant un pavillon moderne ; vue sur les terrasses en paliers et le parc par les grandes baies vitrées.
◆ Dit volledig gerenoveerde ketenhotel is gevestigd in een kasteel (1810) met moderne bijgebouwen. Vier categorieën kamers. Ruim restaurant in een modern pand met grote ramen die uitkijken op de trapsgewijze terrassen en het park.

Le Mosan, r. Joseph Dufrenne 2, ☎ 0 82 22 24 50, *Fax 0 82 22 24 50*, ←, – 8/30. VISA.
fermé mi-déc.-mi-janv., mardi et merc. – **Rest** 30, carte 27/48.
◆ Un cul-de-sac dessert cette table mosane où l'on prend place dans une salle à manger-véranda ou, l'été, sur la terrasse dressée au bord du fleuve. Choix classico-traditionnel.
◆ In dit restaurant in een doodlopende steeg kunt u kiezen tussen de eetzaal met serre of bij mooi weer het terras aan de Maas. Traditioneel-klassieke keuken.

Falmignoul *par ② : 9 km* C *Dinant* – ✉ *5500 Falmignoul :*

Alain Stiers et l'auberge des Crêtes avec ch, r. Crétias 99, ☎ 0 82 74 42 11, *Fax 0 82 74 40 56*, – . VISA. ch
fermé 3 sem. fin janv., fin juin-début juil., fin sept.-début oct., lundi et mardi – **Rest** 33/84 bc, carte 44/63 – **11 ch** ★50 – ★★70 – ½ P 65/80.
◆ Vieille ferme en pierres située à l'écart du village. Repas classiques soignés dans une cordiale ambiance familiale. Restaurant d'été donnant sur un jardin paysager bichonné.
◆ Oude boerderij van natuursteen, even buiten het dorp. Goed verzorgde klassieke keuken in een gezellige ambiance. Het zomerse terras kijkt uit op een met zorg onderhouden tuin.

Furfooz *par ② : 8 km* C *Dinant* – ✉ *5500 Furfooz :*

La Ferme des Belles Gourmandes sans rest, r. Camp Romain 20, ☎ 0 82 22 55 25, *valerie-david@mac.com*, –
4 ch ★50 – ★★55.
◆ Au cœur d'un village en pierres bleues, ancienne ferme vous logeant dans des chambres égayées par des tableaux illustrant divers thèmes : soleil, mer, campagne et exotisme.
◆ Oude boerderij midden in een dorp met huizen van blauwe natuursteen. De schilderijen in de kamers hebben verschillende thema's, zoals zon, zee, platteland en exotische oorden.

BELGIQUE

à Lisogne *par ⑥ : 7 km* Ⓒ *Dinant – ✉ 5501 Lisogne :*

Moulin de Lisogne (travaux prévus), r. Lisonnette 60, ✆ 0 82 22 63 80, *info@m lindelisogne.be, Fax 0 82 22 21 47,* – **P**. AE ⓓ ⓜ VISA
ouvert mars-nov.; fermé lundi et mardi – **Rest** *Lunch 25* – 30/55 bc, carte 26/55 – 1
8 ch 65 – 68 – ½ P 74/94.
◆ Niché dans un vallon boisé, ensemble de caractère en pierres du pays s'agrément d'une tour ronde et d'un parc. Chambres offrant calme et espace. Salles à manger de st classico-rustique, carte traditionnelle, roue à aubes du moulin visible en terrasse.
◆ Karakteristiek pand van steen uit de streek met een ronde toren en een park, verscho in een bebost dal. De kamers bieden rust en ruimte. Rustiek-klassieke eetzalen, tradition kaart en terras met uitzicht op het schoepenrad van de molen.

à Sorinnes *par ① : 10 km* Ⓒ *Dinant – ✉ 5503 Sorinnes :*

Hostellerie Gilain avec ch, r. Aiguigeois 1 (près E 411 - A 4, sortie ⑳, lieu-dit roux), ✆ 0 83 21 57 42, *hostelleriegilain@skynet.be, Fax 0 83 21 12 38,* ←, – **P** 12/
AE ⓜ VISA
fermé 1er au 5 janv., 21 fév.-8 mars, 11 et 12 avril, 25 juil.-9 août, 31 oct.-1er nov., lund mardi – **Rest** *Lunch 28* – 43/92 bc, carte 52/67, ♀ – 12 – **6 ch** 75/105 – 75/10
½ P 83/116.
Spéc. Gratin de petits gris de Namur aux scaroles et copeaux de parmesan. Homard jus cuit, tartare de légumes, jus de crustacés citronné. Râble de lièvre grillé, moelleux de fo gras d'oie et champignons sauvages (oct.-déc.).
◆ Paysage champêtre, salles décorées avec harmonie, véranda, terrasse fleurie et, da l'assiette, cuisine de notre temps, sur de bonnes bases classiques. Chambres au diapaso.
◆ Landelijke omgeving, harmonieus ingerichte eetzaal, serre en bloementerras. Eigentijd keuken op klassieke basis en dito kamers.

BELGIQUE

DION-VALMONT *Brabant Wallon* **533** M18, **534** M18 *et* **716** G3 – *voir à Chaumont-Gistoux.*

DIXMUDE *West-Vlaanderen – voir Diksmuide.*

DONKMEER *Oost-Vlaanderen* **533** I16 *et* **716** E2 – *voir à Berlare.*

DOORNIK *Hainaut – voir Tournai.*

DORINNE *Namur* **533** O21, **534** O21 *et* **716** H5 – *voir à Spontin.*

DRANOUTER *8957 West-Vlaanderen* Ⓒ *Heuvelland 8 218 h.* **533** B18. 18 B
Bruxelles 136 – Brugge 85 – Ieper 15 – Kortrijk 46 – Arras 72 – Lille 35.

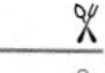

In de Wulf avec ch, Wulvestraat 1 (Sud : 2 km), ✆ 0 57 44 55 67, *info@indenwulf.b Fax 0 57 44 81 10,* – **P**. AE ⓓ ⓜ VISA
fermé dern. sem. juin-prem. sem. juil., dern. sem. sept., dern. sem. déc., lundi et mard
Rest (menu unique) *Lunch 36* – 58/115 bc, – **10 ch** 70/100 – 85/120.
Spéc. Trois préparations de langoustines. Pigeon et risotto aux champignons, jus nature Grande assiette de desserts.
◆ Table au cadre rustique sobre aménagée dans une fermette des Monts de Flandre. Car actuelle innovante, chambres charmantes (sans TV) et ambiance "Petit Chaperon rouge".
◆ Vlaams Heuvelland-boerderijtje met een sober rustiek interieur. Eigentijdse en vernieuw ende kaart, knusse kamers (zonder TV) en een echte "Roodkapje-sfeer".

DROGENBOS *Vlaams-Brabant* **533** K18 – *voir à Bruxelles, environs.*

DUDZELE *West-Vlaanderen* **533** E15 *et* **716** C2 – *voir à Brugge, périphérie.*

DUINBERGEN *West-Vlaanderen* **533** E14 *et* **716** C1 – *voir à Knokke-Heist.*

DURBUY *6940 Luxembourg belge* **533** R20, **534** R20 *et* **716** J4 – *10 534 h.* 12 B
Voir Site★.
18 9 *à l'Est : 5 km à Barvaux, rte d'Oppagne 34* ✆ *0 86 21 44 54, Fax 0 86 21 44 49.*
pl. aux Foires 25 ✆ *0 86 21 24 28, info@durbuyinfo.be, Fax 0 86 21 36 81.*
Bruxelles 119 – Arlon 99 – Huy 34 – Liège 51 – Marche-en-Famenne 19.

Jean de Bohême, pl. aux Foires 2, ✆ 0 86 21 28 82, *reservation@jean-de-boheme.be, Fax 0 86 21 11 68,* – ♿ ch, P – 330. AE VISA
Rest (avec brasserie) *Lunch 38* – 17/72 bc, carte 26/58 – ☕ 12 – **26 ch** †60/116 – ††60/140 – ½ P 80/108.
• Établissement dont l'enseigne se réfère au personnage grâce auquel Durbuy reçut le statut de ville, en 1331. Spacieuses chambres bien agencées. Grande capacité conférencière. Bar chaleureux et salle de restaurant devancés d'une ample terrasse.
• Jan van Bohemen is de man aan wie Durbuy in 1331 zijn status van stad te danken had. Ruime kamers die goed zijn ingedeeld. Grote capaciteit voor congressen. Gezellige bar en restaurant met groot terras.

Au Vieux Durbuy, r. Jean de Bohême 6, ✆ 0 86 21 32 62, *info@sanglier-des-ardennes.be, Fax 0 86 21 24 65* – ♿ – 25
fermé 1er au 7 janv. – **Rest** voir rest ***Le Sanglier des Ardennes*** ci-après – ☕ 13 – **12 ch** †110/150 – ††110/150 – ½ P 100.
• Hôtel de caractère implanté au milieu du vieux Durbuy, dans une jolie maison bourgeoise du 18e s. Chambres pimpantes et douillettes, toutes dotées du confort moderne.
• Karakteristiek hotel in een mooi herenhuis uit de 18e eeuw, in het oude centrum van Durbuy. Knusse kamers met modern comfort.

Des Comtes sans rest, Allée Louis de Loncin 6, ✆ 0 86 21 99 00, *info@hoteldescomtes.com, Fax 0 86 21 99 09,* ← – P – 30. AE VISA
fermé 20 janv.-10 fév. et mardi en hiver **8 ch** ☕ †75 – ††100/120 – 4 suites.
• Cet hôtel de bon confort installé au calme, sur la rive gauche de l'Ourthe, tire parti de l'ancienne maison communale (1860) de Durbuy. Vue sur le clocher et le château.
• Comfortabel hotel in het voormalige gemeentehuis (1860) van Durbuy, rustig gelegen aan de linkeroever van de Ourthe. Uitzicht op de kerktoren en het kasteel.

Le Vieux Pont, pl. aux Foires 26, ✆ 0 86 21 28 08, *contact@levieuxpont.be, Fax 0 86 21 82 73,* – P. AE VISA. ch
fermé 8 janv.-2 fév. – **Rest** *(fermé merc. sauf vacances scolaires)* (taverne-rest) *Lunch 15* – 16/33 bc, carte 26/46 – **13 ch** ☕ †60/85 – ††70/150 – ½ P 55/75.
• À côté du pont, maison en pierres devancée par une terrasse tournée vers la place centrale. Chambres meublées en pin. Taverne-restaurant proposant un grand choix traditionnel avec des plats d'ici et d'ailleurs ; nombreux desserts car on fait aussi tea-room.
• Natuurstenen huis naast de brug, met aan de voorkant een terras dat uitkijkt op het plein. Kamers met grenen meubelen. Het café-restaurant biedt een uitgebreide, traditionele kaart met gerechten uit België en elders; dankzij de theesalon ook veel desserts.

Le Temps d'un Rêve, Chemin de la Houblonnière 10, ✆ 0 476 32 01 50, *colette ruchenne@hotmail.com, Fax 0 86 21 46 80* – P.
fermé 10 au 31 janv. et merc. – **Rest** voir rest ***Le Saint Amour*** ci-après – **4 ch** ☕ †90/120 – ††105/130 – ½ P 70/90.
• Ce chalet moderne bâti dans une impasse tranquille met à votre disposition de jolies chambres personnalisées ; trois d'entre elles offrent l'agrément d'une terrasse privative.
• Dit moderne chalet in een doodlopende straat biedt mooie kamers met een persoonlijk karakter, waarvan drie over een eigen terras beschikken.

Le Sanglier des Ardennes avec ch, (annexe Château Cardinal -), r. Comte Th. d'Ursel 14, ✆ 0 86 21 32 62, *info@sanglier-des-ardennes.be, Fax 0 86 21 24 65,* ←, – P 20/45
Rest *(fermé janv. sauf week-end) Lunch 35* – 55/40 bc, carte 48/71, – ☕ 13 – **17 ch** (fermé 2 au 8 janv.) †105 – ††105/140 – ½ P 100/150.
• Terrasse "1900", salon feutré et salle cossue ouvrant sur l'Ourthe. Fine cuisine classique, excellente cave et "armagnacothèque". Belles suites à l'annexe, entourée d'un parc.
• Fraai terras, stijlvolle salon en weelderige eetzaal met zicht op de Ourthe. Fijne klassieke keuken en goede wijnkelder met veel armagnacs. Mooie suites in het bijgebouw.

Le Saint Amour avec ch (et annexe H. Le Temps d'un Rêve), pl. aux Foires 18, ✆ 0 86 21 25 92, *info@saintamour.be, Fax 0 86 21 46 80,* – P 20/22. AE VISA. ch
fermé 22 janv.-3 fév. – **Rest** *Lunch 20* – 21/60 bc, carte 24/45 – **6 ch** ☕ †100/110 – ††110/250 – ½ P 90/200.
• Repas classique dans une jolie salle à manger-véranda où domine le rouge, entièrement modernisée et tournée vers la place centrale. Superbes chambres personnalisées à l'étage.
• Klassieke maaltijd in een mooie, volledig gemoderniseerde eetzaal met serre, waar rood overheerst; uitzicht op het plein. Boven prachtige kamers met een persoonlijke toets.

Clos des Récollets avec ch, r. Prévôté 9, ✆ 0 86 21 29 69, *info@closdesrecollets.be, Fax 0 86 21 36 85,* – P 10/30. VISA
fermé 8 au 25 janv. et 3 au 20 sept. – **Rest** *(fermé mardis et merc. non fériés) Lunch 24* – 49/83 bc, carte 36/53, – **8 ch** ☕ †70 – ††85 – ½ P 77.
• Une rue piétonne aux pavés joufflus mène à cet établissement occupant 3 maisonnettes anciennes. Vieilles poutres et pierres apparentes en salles. Chambres à touches rustiques.
• Een voetgangersstraat met kinderkopjes leidt naar dit etablissement in drie oude huisjes. Eetzalen met oude balken en ruwstenen muren. Rustieke ambiance in de kamers.

Victoria avec ch, r. Récollectines 4, ✆ 0 86 21 23 00, *info@hotel-victoria.b*
Fax 0 86 21 27 84, – P – 20/40. AE MC VISA
Rest (grillades) *Lunch 18* – 28/38, carte 32/51 – 10 – **10 ch** 60/80 – 60/80 – ½ P 65/8
◆ Vieille maison où l'on se repaît surtout de viandes (4 races bovines au choix) grillées en salle, à la braise de la cheminée. Décor moderne, âtre au salon, chambres actuelles.
◆ Oud pand waar het vlees (4 rundersoorten) boven het houtsvuur in de eetzaal wordt geroosterd. Moderne inrichting, lounge met haard en eigentijdse kamers.

Le Fou du Roy, r. Comte Th. d'Ursel 4, ✆ 0 86 21 08 68, *Fax 0 86 21 08 55*, – 8/2
AE MC VISA
fermé 1 sem. en janv. et lundis et mardis non fériés – **Rest** *Lunch 21* – 28/62 bc.
◆ Maisonnette proche du pont, au pied du château dont elle était la conciergerie. Bonne cuisine d'aujourd'hui, collection d'objets d'hier en salles et terrasse très charmante.
◆ Dit restaurant bij de brug was vroeger de portierswoning van het kasteel. Goede eigentijdse keuken, eetzalen met verzameling oude voorwerpen en s' zomers een heerlijk terras.

à Grandhan *Sud-Ouest : 6 km* C *Durbuy* – ✉ *6940 Grandhan :*

La Passerelle, r. Chêne à Han 1, ✆ 0 86 32 21 21, *info@la-passerelle.be, Fax 0 8 32 36 20*, , – , ch, P – 30. MC VISA. ch
fermé janv. – **Rest** *(fermé lundi sauf vacances scolaires)* 20/24, carte 17/30 – **23 ch** 5 – 78 – ½ P 59/79.
◆ Au bord de l'Ourthe, bâtisse typée abritant des chambres avenantes dotées d'une bonne literie (4 se partagent l'annexe d'en face). Salon moderne ; petit-déj' dans la véranda. Salle de restaurant arrangée de façon actuelle et terrasse verte près de l'eau.
◆ Dit karakteristieke gebouw aan de oever van de Ourthe biedt prettige kamers (4 in het bijgebouw ertegenover) met prima beddengoed. Moderne lounge en ontbijt in de serre. Moderne eetzaal en terras met veel groen aan het water.

Hébergerie de Petite Enneille , Petite Enneille 31, ✆ 0 477 67 65 34, <,
P
Rest (dîner pour résidents seult) – **4 ch** 50/65 – 75/90 – ½ P 70.
◆ Dans un petit village de campagne, ancienne ferme aux murs de briques rouges renfermant de calmes chambres soigneusement personnalisées, à la fois classiques et très "cosy".
◆ Oude boerderij van rode baksteen in een plattelandsdorpje. De rustige kamers hebben een persoonlijk karakter en zijn klassiek, maar ook heel knus.

BELGIQUE

DWORP (TOURNEPPE) *Vlaams-Brabant* **533** K18, **534** K18 *et* **716** F3 – *voir à Bruxelles, environs.*

ÉCAUSSINNES-LALAING *7191 Hainaut* C *Écaussinnes 9 922 h.* **533** K19, **534** K19 *et* **716** F4. 7 C
Voir Chapelle★ du château fort.
Bruxelles 48 – Mons 31 – Namur 59 – Lille 98.

Le Pilori, r. Pilori 10, ✆ 0 67 44 23 18, *pilori@gmail.com, Fax 0 67 44 26 03*, – 4/20
AE MC VISA
fermé 2 sem. Pâques, 2 sem. en août, 2 sem. Noël, sam. midi, dim., lundi soir, mardi soir et merc. soir – **Rest** *Lunch 24* – 29/60 carte 45/65, .
◆ Estimable restaurant établi au centre d'une localité connue pour son curieux "goûter matrimonial" du lundi de la Pentecôte. Bonne cuisine actuelle et cave recherchée.
◆ Respectabel restaurant in het centrum van een dorp dat bekendstaat om zijn merkwaardige "huwelijksmaal" op tweede pinksterdag. Goede eigentijdse keuken en lekkere wijnen.

EDEGEM *Antwerpen* **533** L16 *et* **716** G2 – *voir à Antwerpen, environs.*

EDINGEN *Hainaut* – *voir Enghien.*

EEKLO *9900 Oost-Vlaanderen* **533** G15 *et* **716** D2 – *19 532 h.* 16 **B1**
Bruxelles 89 – Gent 21 – Antwerpen 66 – Brugge 29.

Shamon sans rest, Gentsesteenweg 28, ✆ 0 9 378 09 50, *hotel.shamon@scarlet.be, Fax 0 9 378 12 77*, , – P – 25. AE MC VISA.
8 ch 69 – 89/150.
◆ Villa 1910 vous réservant un accueil familial. Vestiges d'ornements muraux Art nouveau dans le hall ; petit côté "bonbonnière" dans le décor des chambres. Clientèle cycliste.
◆ Vriendelijk onthaal in deze villa uit 1910, waar veel fietsers komen. Hal met overblijfselen van art-nouveau-ornamenten; knusse kamers.

XX **Hof ter Vrombaut,** Vrombautstraat 139, ✆ 0 9 377 25 77, *hoftervrombaut@yahoo.be, Fax 0 9 327 07 27,* 余, Anguilles – P. AE ⓓ ⓜⓒ VISA. ✂
fermé 3 dern. sem. juil., merc., sam. midi et dim. soir – **Rest** *Lunch 30* – 40, carte 29/61.
◆ En secteur résidentiel, maison ancienne arborant une tourelle. Évocation des exploits de l'aïeul de la patronne au Tour de France (1929). Choix traditionnel. Spéc. d'anguille.
◆ Oud pand met torentje in een woonwijk. Een voorvader van de bazin heeft in 1929 de Tour de France gewonnen. Traditionele keuken met paling als specialiteit.

ERKEN *Brabant Wallon – voir Archennes.*

ÉGHEZÉE *5310 Namur* **533** O19, **534** O19 *et* **716** H4 – *14 348 h.* 15 **C1**
Bruxelles 55 – Namur 16 – Charleroi 55 – Hasselt 62 – Liège 53 – Tienen 30.

à Noville-sur-Mehaigne *Nord-Ouest : 2 km* Ⓒ *Éghezée* – ✉ *5310 Noville-sur-Mehaigne :*

XXX ✿ **L'Air du Temps** (Degeimbre), chaussée de Louvain 181 (N 91), ✆ 0 81 81 30 48, *info@airdutemps.be, Fax 0 81 81 28 76* – ⇔ 15/20. AE ⓜⓒ VISA
fermé merc., jeudi et sam. midi – **Rest** *Lunch 35* – 45/105 bc, carte 58/100, ♀ ✿.
Spéc. Textures de truite fumée, coussins de pomme de terre. Turbot, eau de palourdes et mousse hollandaise. Pigeonneau à la fève tonka, pattes confites.
◆ Cuisine moderne d'influences nippones, bons accords mets-vins et cadre design tendance "zen", dans les tons rouge et gris. Véranda non-fumeur ouverte sur un petit jardin clos.
◆ Moderne keuken met Japanse invloeden, goede spijs-wijncombinaties en "zen" designinterieur in rood en grijs. Serre voor niet-rokers met uitzicht op een ommuurde kleine tuin.

EIGENBRAKEL *Brabant Wallon – voir Braine-l'Alleud.*

EISDEN *Limburg* **533** T17 *et* **716** K3 – *voir à Maasmechelen.*

EKEREN *Antwerpen* **533** L15 *et* **716** G2 – *voir à Antwerpen, périphérie.*

ELENE *Oost-Vlaanderen* **533** H17 – *voir à Zottegem.*

ELEWIJT *1982 Vlaams-Brabant* Ⓒ *Zemst 21 326 h.* **533** M17 *et* **716** G3. 3 **B1**
⛳18 *au Sud-Est : 6 km à Kampenhout, Wildersedreef 56* ✆ *0 16 65 12 16, Fax 0 16 65 16 80.*
Bruxelles 23 – Leuven 26 – Antwerpen 32.

XXX ✿ **Kasteel Diependael** (Neckebroeck), Tervuursesteenweg 511, ✆ 0 15 61 17 71, *kasteeldiependael@skynet.be, Fax 0 15 61 68 97,* ←, 余, – P ⇔ 25/60. AE ⓓ ⓜⓒ VISA. ✂
fermé carnaval, août, Noël-Nouvel An, sam. midi, dim. soir et lundi – **Rest** *Lunch 39* – 60/98 bc, carte 67/117.
Spéc. Langoustines au curry vert, brocoli et mousseline. Turbot au caviar et mousseline au champagne. Pigeonneau, risotto au parfum de vanille, truffe d'été et bonbon de foie d'oie.
◆ Opulente villa dont la salle à manger, intime et raffinée, donne à admirer un parc-jardin à la française. Cuisine créative bien faite ; présentation actuelle dans l'assiette.
◆ Deze luisterrijke villa heeft een intieme en geraffineerde eetzaal met uitzicht op een mooie Franse tuin. Uitstekende kreative keuken en eigentijdse opmaak van de borden.

ELLEZELLES (ELZELE) *7890 Hainaut* **533** H18, **534** H18 *et* **716** E3 – *5 676 h.* 6 **B1**
Bruxelles 67 – Mons 64 – Gent 44 – Kortrijk 39.

Au Couvent des Collines ⛰, Ruelle des Écoles 25, ✆ 0 68 65 94 94, *hotel.c.collines@skynet.be, Fax 0 68 26 61 81,* 余, Fō, ≘s, ⛱, ♂ – |¦| ✂ ♿ P – 🔬 150. AE ⓜⓒ VISA
Rest *(fermé merc. et jeudi)* (dîner seult sauf sam. et dim.) 25/52 bc, carte 30/43 – ☕ 9 – **19 ch** ★85/135 – ★★98/145 – 1 suite – ½ P 67/81.
◆ Au pays des collines, hôtel original créé à partir d'un ancien couvent (1830). Grandes chambres personnalisées. Distractions intérieures et extérieures pour les enfants. Repas classiques-traditionnels à composantes régionales. Plaisante salle à manger.
◆ Origineel hotel in een oud klooster uit 1830 dat in de heuvels ligt. Grote kamers met een persoonlijke sfeer. Kinderen hoeven zich binnen of buiten niet te vervelen. Klassiek-traditionele keuken met regionale invloeden. Plezierige eetzaal.

BELGIQUE

XXXX ✿ **Château du Mylord** (Thomaes frères), r. St-Mortier 35, ☎ 0 68 54 26 02, *chateau mylord@scarlet.be, Fax 0 68 54 29 33,* 🌳, 🅿 - 🅿 ⇔ 12/50. AE ① MC VISA
fermé 10 au 18 avril, 16 au 30 août, 21 déc.-8 janv., lundis midis non fériés, dim. soir, lu soir et merc. soir – **Rest** *Lunch 55* – 70/170 bc, carte 76/123, ♀.
Spéc. Rouelles de homard saisies, les pinces en ravioli et polenta aux truffes. Agneau rô jus à l'anchois, beignet de tomate et mozzarella (fév.-sept.). Pigeonneau à l'anis, socca chorizo et les cuisses en tajine (fév.-août).
♦ Élégant manoir d'aspect anglo-normand (1861) niché dans son parc bichonné. Me classiques élaborés et vins choisis, à apprécier dans un décor intérieur ancien ou en te rasse.
♦ Sierlijk Anglo-Normandisch landhuis (1861) met een fraai park. Verfijnde klassieke spijz en goede wijnen, geserveerd in de antiek ingerichte eetzaal of op het terras.

ELSENE *Brussels Hoofdstedelijk Gewest – voir Ixelles à Bruxelles.*

ELVERDINGE *West-Vlaanderen* **533** B17 *et* **716** B3 *– voir à Ieper.*

ELZELE *Hainaut – voir Ellezelles.*

EMBOURG *Liège* **533** S19, **534** S19 *et* **716** J4 *– voir à Liège, environs.*

ÉMINES *Namur* **533** O19, **534** O19 *et* **716** H4 *– voir à Namur.*

ENGHIEN (EDINGEN) *7850 Hainaut* **533** J18, **534** J18 *et* **716** F3 *– 11 985 h.* 3 A

Voir Parc★.

⛳9 *chaussée de Brunehault-Park 4a* ☎ *0 2 396 04 17, Fax 0 2 396 04 17.*

Bruxelles 38 – Mons 32 – Aalst 30 – Tournai 50.

XXX **Auberge du Vieux Cèdre** 🐦 avec ch, av. Elisabeth 1, ☎ 0 2 397 13 00, *info@aub geduvieuxcedre.com, Fax 0 2 397 13 19,* ←, 🌳, 🌲 – ▤ rest, 🅿 ⇔ 4/120. AE MC VISA
Rest *(fermé sem. carnaval, 20 juil.-6 août, 26 déc.-8 janv., vend., sam. midi et dim. so Lunch 25* – 33/76 bc, carte 41/64, ♀ – **32 ch** (fermé 26 déc.-8 janv.) ☕ ✝85/170 – ✝✝110 1 suite – ½ P 160/212.
♦ Grande villa située au centre d'Enghien. Choix classique assorti au style décoratif de salle, terrasse et pièce d'eau au jardin, chambres tranquilles tournées vers le parc.
♦ Grote villa in het centrum van Edingen. Klassieke keuken en dito interieur, tuin met terr en waterpartij, rustige kamers met uitzicht op het park.

X **Les Délices du Parc,** pl. P. Delannoy 32, ☎ 0 2 395 47 89, *Fax 0 2 395 47 89,* 🌳 – 🅴 MC VISA
fermé 1 sem. en fév., 2e quinz. sept., mardi et merc. – **Rest** 30, carte 36/43.
♦ Aux abords du noble parc, restaurant "sympa" occupant les anciennes écuries (18e s.) d château. Cadre d'esprit rustique. Recettes classiques escortées de suggestions.
♦ Dit restaurant, dat in de 18e-eeuwse stallen van het kasteel is ondergebracht, ligt bij he park. Rustiek interieur. Klassieke gerechten à la carte en suggesties.

EPRAVE *Namur* **534** Q22 *et* **716** I5 *– voir à Rochefort.*

EREZÉE *6997 Luxembourg belge* **533** S21, **534** S21 *et* **716** J5 *– 2 921 h.* 13 C

Bruxelles 125 – Arlon 91 – Liège 60 – Namur 66.

XX **L'Affenage** 🐦 avec ch, r. Croix Henquin 7 (Sud : 1 km, lieu-dit Blier), ☎ 0 86 47 08 8(*info@affenage.be, Fax 0 86 47 08 99* – ⇔ 🅿. AE MC VISA
Rest *(fermé mardi et merc.) Lunch 32* – 45/110 bc, carte 48/73 – **13 ch** ☕ ✝100 – ✝✝100 ½ P 115/140.
♦ Halte gastronomique paisible, mettant à profit une ancienne dépendance de la ferme château de Blier. Fringante salle à manger contemporaine, cuisine de même. Bonne chambres.
♦ Gastronomische pleisterplaats, rustig gelegen in een oud bijgebouw van de kasteelhoeve van Blier. Zwierige, moderne eetzaal en eigentijdse keuken. Goede kamers.

XX **Le Liry** avec ch, r. Combattants 3, ☎ 0 86 47 72 65, *info@leliry.be, Fax 0 86 47 74 41,* 🌳 – ⇔ 🅿 ⇔ 10/20. AE VISA
fermé dim. et lundi – **Rest** *(fermé après 20 h 30) Lunch 32* – 45/90 bc, – **6 ch** ☕ ✝70 – ✝✝8(– ½ P 105.
♦ Au centre du village, table actuelle tant par ses recettes que par son agencement inté rieur alliant intimité et élégance sobre. Terrasses avant et arrière. Chambres avenantes.
♦ Dit restaurant in de dorpskern is goed bij de tijd, zowel qua keuken als qua interieur, da intimiteit aan sobere elegantie paart. Terrassen voor en achter. Prettige kamers.

BELGIQUE

XX **L'Auberge des Saveurs** avec ch, r. Général Borlon 13, ☎ 0 86 38 02 00, *Fax 0 86 38 02 01*, – P. VISA
– **Rest** *(fermé 1er au 16 janv., 14 au 25 sept., 21 au 31 déc., lundi soir hors saison, mardi soir, merc. et jeudi)* Lunch 28 – 38/62 bc, carte env. 45 – **6 ch** (fermé 1er au 16 janv. et 21 au 31 déc.) ★70/80 – ★★100/110 – ½ P 80/85.
◆ Vieille fermette rajeunie, située dans un écrin champêtre à l'entrée d'Erezée. Cuisine actuelle faite par la patronne, salle moderne, chambres de même. Jolie vue à l'arrière.
◆ Oud boerderijtje in een landelijke omgeving aan de rand van Erezée. Eigentijdse gerechten van de eigenaresse, moderne eetzaal en dito kamers. Mooi uitzicht aan de achterkant.

Fanzel *Nord : 6 km* C *Erezée* – ✉ *6997 Erezée :*

XX **Auberge du Val d'Aisne** avec ch, r. Aisne 15, ☎ 0 86 49 92 08, *Fax 0 86 49 98 73*, ≤, , – P. VISA
fermé janv., 19 juin-19 juil., Noël, Nouvel An et mardis et merc. non fériés – **Rest** *(fermé mardis, merc. et jeudis non fériés)* Lunch 25 – 35/65 bc – **8 ch** ★65 – ★★85/90 – ½ P 70/80.
◆ Cette ancienne ferme (17e s.) au cachet fort vous convie à un bon repas traditionnel dans un décor rustique ou sur la belle terrasse au bord de l'Aisne. Chambres mignonnes.
◆ In deze karakteristieke boerderij uit de 17e eeuw kunt u genieten van een goede, traditionele maaltijd in een rustiek decor of op het terras aan de Aisne. Charmante kamers.

Les maisons d'hôte sélectionnées possèdent au minimum 3 chambres.

ERONDEGEM *Oost-Vlaanderen* **533** I17 – *voir à Aalst.*

ERPE *Oost-Vlaanderen* **533** I17 *et* **716** E3 – *voir à Aalst.*

ERPS-KWERPS *3071 Vlaams-Brabant* C *Kortenberg 18 296 h.* **533** M17 *et* **716** G3. 4 **C2**
Bruxelles 19 – Leuven 6 – Mechelen 19.

XX **Rooden Scilt,** Dorpsplein 7, ☎ 0 2 759 94 44, *info@roodenscilt.be, Fax 0 2 759 74 45*, – P 10/55. AE VISA
fermé 19 fév.-8 mars, dim. soir, lundi et merc. soir – **Rest** Lunch 30 – 35/94 bc, carte 35/76.
◆ Près de l'église, vénérable auberge où ripaillaient naguère les notables du coin, aujourd'hui remplacés par la clientèle d'affaires. Salon, véranda et restaurant d'été.
◆ Vanouds bekende herberg bij de kerk, waar vroeger de lokale notabelen hun stek hadden; nu komen er veel zakenlui. Salon en serre. 's Zomers kan er buiten worden gegeten.

ERTVELDE *9940 Oost-Vlaanderen* C *Evergem 32 236 h.* **533** H15 *et* **716** E2. 16 **B1**
Bruxelles 86 – Gent 15 – Brugge 38 – Sint-Niklaas 36.

XX **Paddenhouck,** Holstraat 24, ☎ 0 9 344 55 56, *paddenhouck@telenet.be, Fax 0 9 344 55 56*, – P 12/40. AE VISA
fermé 2 dern. sem. août, Noël, Nouvel An, dim. et lundi – **Rest** Lunch 29 – 35/54 bc, carte 43/54.
◆ Ce restaurant concoctant une cuisine actuelle personnalisée plaît aussi pour ses eaux-de-vie maison, sa terrasse et son jardin où quelques distractions attendent les enfants.
◆ Dit restaurant met creatieve, eigentijdse keuken valt ook in de smaak vanwege de zelfgestookte brandewijnen, het terras en de tuin met speeltoestellen voor kinderen.

ESTAIMBOURG *7730 Hainaut* C *Estaimpuis 9 642 h.* **533** E18, **534** E18 *et* **716** D3. 6 **B1**
Bruxelles 100 – Mons 62 – Kortrijk 20 – Tournai 12 – Lille 34.

XX **La Ferme du Château,** pl. de Bourgogne 2, ☎ 0 69 55 72 13, *Fax 0 69 55 98 29*, – 10/60. VISA.
fermé 2 sem. carnaval, 3 sem. en août, mardi midi en juil.-août et merc. – **Rest** (déjeuner seult sauf vend. et sam.) Lunch 24 – 41/72 bc, carte 46/68.
◆ Accueillante affaire familiale dont la façade jaune dissimule une terrasse en teck donnant sur un jardin. Carte actuelle ; assiettes présentées avec soin. Banquets fréquents.
◆ Plezierig familierestaurant met een gele gevel. Teakhouten terras en mooie tuin aan de achterkant. Moderne menukaart met fraai opgemaakte borden. Zeer geschikt voor banketten.

ETTERBEEK *Région de Bruxelles-Capitale* – *voir à Bruxelles.*

EUPEN *4700 Liège* **533** V19, **534** V19 *et* **716** L4 *– 18 249 h.*

Voir *Carnaval★★ (défilé : veille du Mardi gras) – par ② : 5 km, Barrage de la Vesdr (Talsperre).*

Env. *par ③ : Hautes Fagnes★★, Signal de Botrange ←★, Sentier de découverte nature Les Trois Bornes★ (Drielandenpunt) : de la tour Baudouin ✻★, rte de Vaals (Pays-Bas) ←*

ℹ Marktplatz 7 ☎ 0 87 55 34 50, info@eupen-info.be, Fax 0 87 55 66 39.

Bruxelles 131 ⑥ – Liège 40 ⑥ – Verviers 15 ⑤ – Aachen 17 ① – Maastricht 46 ⑥.

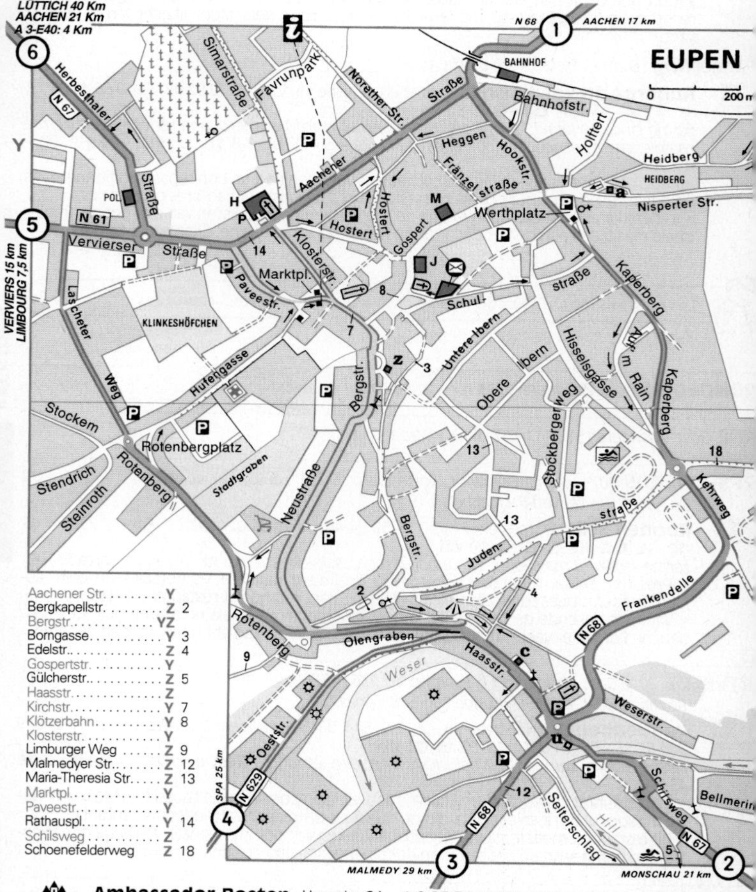

Ambassador Bosten, Haasstr. 81, ☎ 0 87 74 08 00, *ambassador.bosten@skynet.be, Fax 0 87 74 48 41* – 🛗 🚗 – 🎭 300. AE ⓓ ⓜⓒ VISA. ✂ Z

Rest voir rest ***Le Gourmet*** ci-après – **28 ch** ☕ ★90/135 – ★★115/180 – ½ P 80/160.

◆ Tenu par la même famille depuis 1896, cet hôtel surplombant la Weser compte parmi les classiques de la région. Bonnes grandes chambres ; buffets bien assortis au petit-déj'.

◆ Dit hotel boven de Weser behoort tot de klassiekers van de streek en wordt al sinds 189 door dezelfde familie gerund. Goede, grote kamers en een gevarieerd ontbijtbuffet.

Le Gourmet - H. Ambassador Bosten, Haasstr. 81, ☎ 0 87 74 08 00, *ambassador.bosten@skynet.be, Fax 0 87 74 48 41* – ▤ ⇔ 4/50. AE ⓓ ⓜⓒ VISA. ✂ Z

Rest 28/88 bc, carte 40/53, 🍷.

◆ Restaurant d'hôtel dont la cuisine, au goût du jour, a les faveurs de la clientèle d'affaires. Sobre intérieur à réminiscences germaniques ; banquettes formant des niches.

◆ Hotelrestaurant met een eigentijdse kookstijl, die in trek is bij de zakelijke clientèle. Eenvoudig interieur dat Duits aandoet. Met banken zijn intieme hoekjes gecreëerd.

XX **La Table de Vincent,** Hütte 64 (par ② : 3 km, sortie Park Hütte), ✆ 0 87 56 14 31, *latabledevincent@skynet.be, Fax 0 87 56 14 31,* – AE MC VISA.
fermé vacances carnaval, 2 prem. sem. juil., sam. midi, dim. midi et lundi – **Rest** *Lunch 26* – 33/75 bc, carte 45/63.
◆ Table actuelle bien installée au fond d'un parc industriel aux abords boisés, dans un ex-atelier de construction métallique. Intérieur façon "loft" ; salon-mezzanine en acier.
◆ Een voormalige metaalwerkplaats op een industrieterrein in een bosrijke omgeving is de setting voor dit eigentijdse restaurant. Interieur type loft, stalen salon-mezzanine.

XX **Langesthaler Mühle,** Langesthal 58 (par ② : 2 km, puis à gauche vers le barrage), ✆ 0 87 55 32 45, *Fax 0 87 55 32 45,* – P 18/40
fermé 2 prem. sem. août, 2 prem. sem. oct., sam. midi, dim. soir et lundi – **Rest** *Lunch 35* – 40/60 bc, carte 46/71.
◆ Ce chalet entretenant une ambiance romantique occupe un site verdoyant rafraîchi par la Vesdre. Salle dotée d'un escalier tournant en chêne. Terrasse, étang et cascade à côté.
◆ Dit chalet op een groen plekje aan de Vesdre heeft een romantische ambiance. Eetzaal met eikenhouten wenteltrap. Terras, vijver en ernaast een waterval.

XX **Delcoeur,** Gospertstr. 22, ✆ 0 87 56 16 66, *delcoeur@skynet.be, Fax 0 87 56 16 96,* Avec brasserie – P 8/34. AE MC VISA Y a
fermé 1re quinz. janv., 2e quinz. juin, jeudi et sam. midi – **Rest** *Lunch 22* – 32/60 bc, carte 25/47, ♀.
◆ Refuge gourmand établi dans une maison ancienne desservie par un porche. Brasserie actuelle et restaurant intime se partagent l'espace intérieur. Jolie terrasse sur cour.
◆ Goed adresje voor smulpapen in een oud pand met portaal. Keuze uit een hedendaagse brasserie en een intiem restaurant met een mooi terras op de binnenplaats.

X **Arti'Choc,** Haasstr. 38, ✆ 0 87 55 36 04, *info@artichoc-eupen.be, Fax 0 87 55 36 04,* – MC VISA Z c
fermé 2 sem. fin août, merc. et jeudi – **Rest** 29/35, carte 27/61, ♀.
◆ Sur une placette de la ville basse, table conviviale où l'on présente, dans un décor de bistrot actuel, un choix de préparations classiques revisitées inscrit à l'ardoise.
◆ Gezellig restaurant met eigentijds bistrodecor, aan een pleintje in de benedenstad. Klassieke kookstijl in een modern jasje. De kaart wordt op een schoolbord gepresenteerd.

X **Fiasko,** Bergstr. 28, ✆ 0 87 55 25 50, *restaurantfiasko@skynet.be, Fax 0 87 55 25 66,* – AE MC VISA. Y z
fermé sem. carnaval, 2 dern. sem. sept., lundis non fériés et mardi – **Rest** 59/107 bc, carte 32/72, ♀.
◆ Bistrot moderne dont le nom traduit le penchant non-conformiste du patron, qui ne manque pas de faconde. Décor de mosaïques à la "Gaudí" ; assiettes bleues en guise de carte.
◆ Moderne bistro waarvan de naam de non-conformistische aard van de praatgrage patron verraadt. Interieur met mozaïeken à la Gaudi; menukaart op blauwe borden.

EVERE *Région de Bruxelles-Capitale* **533** L17 – *voir à Bruxelles.*

EYNATTEN *4731 Liège* C *Raeren 10 098 h.* **533** V18 *et* **716** L3. 9 **D1**
Bruxelles 136 – Liège 45 – Namur 105 – Maastricht 56 – Vaals 12.

XX **Casino,** Aachener Str. 9, ✆ 0 87 86 61 00, *maassen.casino@skynet.be, Fax 0 87 86 61 00* –
fermé carnaval, dern. sem. juil.-2 prem. sem. août, mardi et merc. – **Rest** *Lunch 25* – 35/49, carte 35/51.
◆ Petit restaurant familial installé dans un ancien hôtel-casino, d'où l'enseigne. Salle à manger actuelle rehaussée de lambris blonds. Cuisine classique de bon aloi.
◆ Familierestaurantje in een voormalig hotel met casino, zoals de naam in herinnering brengt. Moderne eetzaal met lambrisering van lichtgekleurd hout. Goede klassieke keuken.

FAGNES (Hautes) ★★ *Liège* **533** V20 *et* **716** L4 *G. Belgique-Luxembourg.*

FALMIGNOUL *Namur* **533** O21, **534** O21 *et* **716** H5 – *voir à Dinant.*

FANZEL *Luxembourg belge* **533** S21, **534** S21 *et* **716** J5 – *voir à Erezée.*

Het is mooi weer, laten we buiten eten! Kies een adres met terras:

BELGIQUE

FAUVILLERS *6637 Luxembourg belge* **534** S23 *et* **716** K6 – *2 003 h.* 13
Bruxelles 172 – Arlon 28 – Bastogne 23 – Bouillon 61.

La Gorence sans rest, Wisembach 48 (Est : 4 km, lieu-dit Wisemba
0 63 60 13 30, *lagorence@lagorence.be,* –
ouvert avril-déc. – 7 – **4 ch** 42/49 – 42/55.
• Plusieurs chambres d'hôtes aux noms de fleurs ont pris place dans ces anciennes étab reconverties. Ambiance campagne, beau jardin et emplacement propice aux balades- ture.
• Deze oude paardenstallen zijn verbouwd tot gastenkamers die naar bloemen zijn noemd. Landelijke sfeer, mooie tuin en volop gelegenheid voor wandelingen in de natu

Le Château de Strainchamps (Vandeputte) avec ch, Strainchamps 12 (Nor 6 km, lieu-dit Strainchamps), 0 63 60 08 12, *info@chateaudestrainchamps.com, Fax 0 60 12 28,* , , – 10/30. AE VISA
fermé 1er au 12 juil., 18 déc.-12 janv., merc., jeudi et après 20 h 30 – **Rest** *Lunch 35* – 50/ carte 44/85, – **10 ch** 75 – 89/160 – ½ P 75/115.
Spéc. Langues d'agneau au beurre blanc et petits légumes. Croustillants de langoustin sauce au curry. Waterzooi de poulet et homard.
• Un village ardennais typé sert de cadre à cette fière demeure ancienne et son parc. Sal confortable, salle à manger classique et carte de même. Plusieurs genres de chambres.
• Een typisch Ardens dorp vormt de setting van dit statige oude pand met park. Gerieflij salon, klassieke eetzaal en dito kaart. Verschillende soorten kamers.

FAYMONVILLE *Liège* **533** V20, **534** V20 *et* **716** L4 – *voir à Waimes.*

FELUY *7181 Hainaut* *Seneffe 10 745 h.* **533** K19, **534** K19 *et* **716** F4. 7
Bruxelles 39 – Mons 28 – Charleroi 31.

Le Manoir du Capitaine sans rest, Chemin Boulouffe 1, 0 67 87 87 49, *come@manoirducapitaine.com, Fax 0 67 87 45 50* – – 50. AE VISA.
30 ch 85/125 – 85/125.
• Brasserie au 19e s., naguère haras, cette bâtisse de caractère (1702) s'est agrandie d'u nouvelle aile pour assumer la fonction d'"appart-hôtel". Environnement agreste.
• 19e-eeuwse brasserie in een pand met karakter uit 1702, dat vroeger een stoeterij w De aangebouwde vleugel doet dienst als appartementenhotel. Landelijke omgeving.

Les Peupliers, Chemin de la Claire Haie 109 (Sud : E 19 - A 7, sortie 20), 0 67 87 82 (– . AE VISA
fermé 15 août-15 sept, 24 déc.-10 janv. et lundi – **Rest** (déjeuner seult) 40, carte 37/69,
• Cette jolie fermette isolée dans la campagne vous réserve un accueil cordial. Ch classique à l'écriteau, cadre rustique soigné et terrasse côté jardin. Mieux vaut réserver.
• Mooi boerderijtje op het platteland, waar u gastvrij wordt onthaald. Klassieke keuke verzorgde rustieke inrichting en terras aan de kant van de tuin. Reserveren aanbevolen.

FERRIÈRES *4190 Liège* **531** S20 *et* **716** J4 – *4 449 h.* 8
Bruxelles 141 – Liège 46 – Namur 75 – Maastricht 78.

A la Ferme , r. Principale 43 (Ouest : 9 km à Sy), 0 86 38 82 13, *hotel-de- ferme@skynet.be, Fax 0 86 38 82 13,* , , ,
fermé 3 sem. en janv. – **Rest** *(fermé après 20 h)* carte 21/37 – **10 ch** 51/59 – 63/ – ½ P 48/52.
• Ancienne ferme-auberge rénovée à dénicher au bord de la rivière, dans un petit villa touristique proche de Ferrières. Chambres douillettes, jardin et jolie petite piscine. Tab traditionnelle classiquement aménagée. Véranda et terrasse donnant sur l'Ourthe.
• Gerenoveerde herberg in een oude boerderij aan de rivier, in een toeristendorpje dic bij Ferrières. Knusse kamers, tuin en mooi klein zwembad. Klassiek ingericht restaurant m een traditionele keuken. Veranda en terras met uitzicht op de Ourthe.

Domaine la Source de Harre sans rest, rte de la Source de Harre 7 (Burnontige 0 86 43 30 60, *contact@harre.be, Fax 0 86 43 30 60,* , , – .
fermé déc.-janv. – **5 ch** 75/105 – 90/120.
• Grande villa ancienne à débusquer dans une vallée forestière bucolique, au bout d'u allée verte. Chambres actuelles, séjour doté d'une cheminée et terrasse dominant le parc
• Grote villa in een prachtig bebost dal, aan het eind van een laan met bomen. Eigentijds kamers, zitkamer met open haard en terras met uitzicht op het park.

FLEMALLE-HAUTE *Liège* **533** R19, **534** R19 *et* **716** J4 – *voir à Liège, environs.*

BELGIQUE

EURUS *6220 Hainaut* **533** M20, **534** M20 *et* **716** G4 – *22 223 h.* 7 **D2**
Bruxelles 62 – Mons 48 – Charleroi 12 – Namur 26.

Ibis Charleroi Aéroport sans rest, chaussée de Charleroi 590, ☎ 0 71 81 01 30, *H2195@accor.com, Fax 0 71 81 23 44* – 50. AE MC VISA
9 – **64 ch** 70 – 70.
◆ Hôtel de chaîne situé à quelques minutes de l'aéroport de Gosselies, près de l'autoroute E 42. Chambres fonctionnelles toutes identiques, munies du double vitrage.
◆ Ketenhotel op een paar minuten van de luchthaven van Gosselies, vlak bij de E42. Functionele, identieke kamers met dubbele ramen.

Les Tilleuls, rte du Vieux Campinaire 85 (Sud : 3 km par N 29 puis N 568), ☎ 0 71 81 18 10, *Fax 0 71 81 37 52,* – P 25. AE MC VISA
fermé 15 au 31 juil, sam. midi, dim. soir et lundi – **Rest** *Lunch 18* – 40/45 bc, carte env. 38.
◆ Un choix de plats au goût du jour variant avec les saisons vous attend dans cette maison située à l'extérieur de la ville. La cave renferme quelques prestigieuses bouteilles.
◆ In dit restaurant buiten de stad worden eigentijdse, seizoengebonden gerechten geserveerd. In de kelder liggen prestigieuze wijnen op een feestelijke gelegenheid te wachten.

Clos Bernardin, r. Emile Vandervelde 9, ☎ 0 71 81 46 82, *closbernardin@skynet.be, Fax 0 71 81 46 82* – 12/40. AE MC VISA
fermé 1 sem. en janv., 2 sem. en juil., sam. midi, dim. soir et lundi – **Rest** *Lunch 18* – 27/69 bc, carte 30/44.
◆ Dans une rue étroite du centre-ville, restaurant familial où une carte importante et variée se donne pour mission de combler votre appétit. Parking aisé juste en face.
◆ Familierestaurant in een smal straatje in het centrum van de stad. Uitgebreide en gevarieerde kaart. Voldoende parkeergelegenheid aan de overkant.

Le Relais du Moulin, chaussée de Charleroi 199, ☎ 0 71 81 34 50
fermé 16 août-5 sept., mardi et merc. – **Rest** 34, carte 28/44.
◆ Déjà plus 25 ans de présence pour ce petit restaurant bordant la rue principale de Fleurus. Clientèle fidélisée de longue date par une sage carte classique-traditionnelle.
◆ Dit restaurantje aan de hoofdstraat van Fleurus kan bogen op ruim 25 jaar ervaring en vakmanschap. Klassiek-traditionele keuken.

BELGIQUE

Bezienswaardigheden die interessant zijn (★), een omweg (★★) of een reis waard zijn (★★★) en die zich in een geselekteerde plaats of in de omgeving daarvan bevinden, staan in cursieve letters aangegeven. Kijk onder de rubrieken Voir en Env.

LOREFFE *5150 Namur* **533** N20, **534** N20 *et* **716** H4 – *7 403 h.* 14 **B1**
Voir *Stalles★ du chœur de l'église-abbaye.*
Bruxelles 63 – Namur 10 – Charleroi 28 – Dinant 30 – Leuven 59 – Wavre 39.

Le Relais Gourmand, r. Émile Lessire 1 (N 90), ☎ 0 81 44 64 34, *Fax 0 81 44 64 34,* – P 15/40. AE MC VISA.
fermé fin janv., dim. soir, lundi soir, mardi soir et merc. – **Rest** *Lunch 22* – 40 carte env. 40.
◆ Près du château des grottes, maison traditionnelle accueillante vous régalant dans sa véranda perchée au-dessus de la rivière ou sa salle aux tons vifs. Table très artisanale.
◆ Uitnodigend pand in traditionele stijl bij het kasteel met de grotten. Eetzaal in felle kleuren en serre hoog boven de rivier. Alles wat op tafel komt is zelfgemaakt.

Floriffoux *Nord : 2,5 km* C *Floreffe* – ✉ *5150 Floriffoux :*

Le Mas des Cigales, r. Moncia 9, ☎ 0 81 44 48 47, *contact@masdescigales.be,* – P. AE MC VISA
fermé merc. – **Rest** (déjeuner seult sauf vend. et sam.) *Lunch 23* – 40/70 bc, carte env. 46, ♀.
◆ Petite maison de campagne dont l'intérieur vous transporte en Provence. Table actuelle à l'accent méridional. L'été, terrasse au vert et recettes légères gorgées de soleil.
◆ In dit huisje op het platteland waant u zich in de Provence. Moderne kookstijl met een zuidelijke touch. 's-Zomers terras in het groen en lichte gerechten vol "zonneschijn".

LORENVILLE *6820 Luxembourg belge* **534** Q24 *et* **716** I6 – *5 450 h.* 12 **B3**
Env. *au Nord : 6,5 km et 10 mn à pied, Route de Neufchâteau ≤★ sur le défilé de la Semois – à l'Ouest : 5 km, Route de Bouillon ≤★ sur Chassepierre – au Sud-Est : 8,5 km, Abbaye d'Orval★★.*
Exc. *au Nord : 5 km, parcours de 8 km, descente en barque★ de Chiny à Lacuisine.*
Pavillon, pl. Albert Ier ☎ 0 61 31 12 29, siflorenville@skynet.be, Fax 0 61 31 32 12.
Bruxelles 183 – Arlon 39 – Bouillon 25 – Sedan 38.

à Izel *Est : 5 km* ☐ *Chiny 5 013 h. – ✉ 6810 Izel :*

Le Nid d'Izel, av. Germain Gilson 97, ✆ 0 61 32 10 24, *info@lenid.be, Fax 0 61 32 09*
, , , , – | – 50. AE MC VISA.
fermé lundi soir, mardi, merc. et jeudi sauf vacances scolaires et jours fériés – **Rest** 30/
carte 36/46 – ☕ 10 – **25 ch** ★70/80 – ★★80/90 –½ P 75/125.
◆ Ancienne auberge rénovée, agrandie et rééquipée dans un souci de bien-être et confort. Grandes chambres fraîches et nettes, centre de relaxation et beau jardin. Re classico-traditionnel servi dans plusieurs salles au décor actuel.
◆ Deze oude herberg werd gerenoveerd, uitgebreid en heringericht om het de gasten comfortabel mogelijk te maken. Grote, keurige kamers, relaxcentrum en mooie tuin. V schillende eetzalen met een eigentijds interieur; traditioneel-klassieke maaltijden.

Le Bercail sans rest, r. Harmonie 1, ✆ 0 61 31 26 52, –
3 ch ☕ ★85 – ★★85 –½ P 80.
◆ Vieille ferme cumulant depuis près de 25 ans les fonctions de maison d'hôte et de gale d'art. Deux chambres offrent beaucoup d'espace, et la 3e, l'agrément d'une cheminée.
◆ Deze oude boerderij is al bijna 25 jaar een maison d'hôte annex kunstgalerie. Twee gr kamers; de derde heeft een open haard.

à Lacuisine *Nord : 3 km* ☐ *Florenville – ✉ 6821 Lacuisine :*

La Roseraie, rte de Chiny 2, ✆ 0 61 31 10 39, *laroseraie.lc@skynet.be, Fax 0 61 31 49*
, , , – |, ch, . AE MC VISA. rest
fermé 2 au 31 janv., 25 juin-5 juil., mardi et merc. – **Rest** Lunch 33 – 25/95 bc, carte 56/82
– **14 ch** ☕ ★91 – ★★104/175 –½ P 85.
◆ Charmant établissement entouré de grands arbres et agrémenté d'un plaisant jar bordé par la Semois. Chambres tout confort, pourvues de meubles de style. Restaura présentant une appétissante carte classique actualisée et une belle sélection de vins.
◆ Charmant etablissement omgeven door grote bomen en opgevrolijkt met een gezell tuin langs de Semois. Onlangs vernieuwde kamers met stijlmeubilair. Restaurant met e lekkere geactualiseerde klassieke kaart en een mooie selectie wijnen.

BELGIQUE

FLORIFFOUX *Namur* 533 N20, 534 N20 *et* 716 H4 – *voir à Floreffe.*

FOREST (VORST) *Région de Bruxelles-Capitale* 533 K18 – *voir à Bruxelles.*

FOSSES-LA-VILLE *5070 Namur* 533 N20, 534 N20 *et* 716 H4 – *9 312 h.* 14 B

Env. *au Sud : 15 km à Furnaux : Fonts Baptismaux★ dans l'église.*
Bruxelles 78 – Namur 19 – Charleroi 22 – Dinant 30.

Le Castel , r. Chapitre 10, ✆ 0 71 71 18 12, *lecastel@lecastel.be, Fax 0 71 71 23*
, , – | – 25. AE MC VISA
fermé 1 sem. Noël, sam. midi, dim. soir et lundi – **Rest** Lunch 27 – 32/69 bc, carte 45/6
10 ch ☕ ★85/125 – ★★100/180 –½ P 82/97.
◆ En centre-ville, sur les hauteurs, demeure ancienne à fière allure où vous serez logés toutes commodités. Terrasses et jolie piscine au jardin. Cuisine actuelle servie dans cadre classique-moderne d'une élégante sobriété ; l'été, repas en plein air.
◆ Dit hotel in een statig, oud pand boven in het centrum biedt comfortabel onderda Terrassen en een fraai zwembad in de tuin. Eigentijdse keuken in een modern-klassi interieur dat sierlijk en sober is. 's Zomers kan er buiten worden gegeten.

FOURON-LE-COMTE *Limburg – voir 's Gravenvoeren.*

FRAHAN *Luxembourg belge* 534 P23 *et* 716 I6 – *voir à Poupehan.*

FRAMERIES *Hainaut* 533 I20, 534 I20 *et* 716 E4 – *voir à Mons.*

FRANCORCHAMPS *4970 Liège* ☐ *Stavelot 6 671 h.* 533 U20, 534 U20 *et* 716 K4. 9 C

Bruxelles 146 – Liège 47 – Spa 9.

Hostellerie Le Roannay avec ch, rte de Spa 155, ✆ 0 87 27 53 11, *roannay@s net.be, Fax 0 87 27 55 47,* , , , , – rest, 8/20. AE MC VIS

Rest *(fermé 3 sem. en janv., 2 sem. en déc. et mardi)* 48/72, carte 71/83, – **20 ch**
★97/147 – ★★122/195 –½ P 109/165.
◆ Hostellerie tenue par la même famille depuis sa fondation en 1926. Table classiqu cossue, belle cave et chambres se partageant l'unité principale et trois annexes voisines.
◆ Traditionele hostellerie die sinds 1926 door dezelfde familie wordt geleid. Klassieke ke ken en mooie wijnkelder. De kamers liggen in het hoofdgebouw en in drie dependances.

'ASNES *Namur* **534** M22 *et* **716** G5 – *voir à Couvin.*

'OYENNES *Hainaut* **533** F19, **534** F19 *et* **716** D4 – *voir à Tournai.*

'RFOOZ *Namur* **533** O21, **534** O21 *et* **716** H5 – *voir à Dinant.*

'RNES *West-Vlaanderen – voir Veurne.*

'ND *Oost-Vlaanderen – voir Gent.*

'NSHOREN *Région de Bruxelles-Capitale* **533** K17 *et* **716** F3 – *voir à Bruxelles.*

'EL *2440 Antwerpen* **533** O15 *et* **716** H2 – *35 186 h.* 2 **C2**

Voir *Mausolée★ dans l'église Ste-Dymphne (St-Dimfnakerk).*

Markt 33 ✆ 0 14 57 09 50, toerisme@geel.be, Fax 0 14 59 15 57.

Bruxelles 66 – Antwerpen 43 – Hasselt 38 – Turnhout 18.

XX **De Cuylhoeve,** Hollandsebaan 7 (Sud : 3 km, lieu-dit Winkelomheide), ✆ 0 14 58 57 35, *cuylhoeve@innet.be, Fax 0 14 58 24 08,* – P 8/12. AE MC VISA.
fermé 1 sem. Pâques, 4 sem. en juil., Noël-Nouvel An, merc., sam. midi et dim. – **Rest** (réservation souhaitée) *Lunch 32* – 52/102 bc, carte 60/91.
◆ Cette fermette postée à l'orée des bois plaît pour son accueil familial, sa salle classique-bourgeoise tirée à quatre épingles et sa terrasse d'été au jardin. Carte actuelle.
◆ Dit boerderijtje aan de rand van het bos is in trek vanwege de gemoedelijke ontvangst, klassiek-traditionele eetzaal en tuin met terras. Eigentijdse kaart.

'LDENAKEN *Brabant Wallon – voir Jodoigne.*

'LLIK *Limburg* **533** S17 *et* **716** J3 – *voir à Lanaken.*

'LLINGEN *Hainaut – voir Ghislenghien à Ath.*

'LUWE *8940 West-Vlaanderen* C *Wervik 17 608 h.* **533** D18 *et* **716** C3. 19 **C3**

Bruxelles 107 – Brugge 58 – Ieper 20 – Kortrijk 20 – Lille 27.

XX **Oud Stadhuis,** St-Denijsplaats 7, ✆ 0 56 51 66 49, *oudstadhuis@skynet.be, Fax 0 56 51 79 12* – 10/60. AE MC VISA
fermé prem. sem. vacances Pâques, 21 juil.-15 août, mardi soir, merc. et dim. soir – **Rest** *Lunch 25* – 45/75 bc, carte 44/63, ♀.
◆ L'enseigne, qui signifie Vieille Mairie, révèle la vocation initiale de cette maison ancienne tournée vers l'église. Intérieur classique-actuel ; prestation culinaire de même.
◆ Het uithangbord herinnert aan de voormalige bestemming van dit pand tegenover de kerk. Modern-klassiek interieur en dito culinair register.

'EMBLOUX *5030 Namur* **533** N19, **534** N19 *et* **716** H4 – *21 950 h.* 14 **B1**

Env. *au Sud : 4 km à Corroy-le-Château : château féodal★.*

au Sud : 8 km à Mazy, Ferme-château de Falnuée, r. Emile Pirson 55 ✆ 0 81 63 30 90, Fax 0 81 63 37 64.

r. Sigebert 1 ✆ 0 81 62 69 60, otgembloux@hotmail.com, Fax 0 81 62 69 64.

Bruxelles 44 – Namur 18 – Charleroi 26 – Tienen 34.

Les 3 Clés, chaussée de Namur 17 (N 4), ✆ 0 81 61 16 17, *hotel@3cles.be, Fax 0 81 61 41 13,* – , rest, P – 200. AE MC VISA
Rest *Lunch 18* – 24/54 bc, carte 37/58, ♀ – **45 ch** 65/135 – 96/135.
◆ La même famille tient depuis 3 générations cet ensemble hôtelier rénové par étapes. Chambres majoritairement rafraîchies, dont la moitié de "single". Cuisine au goût du jour et assiettes "en trilogie" (garnies de 3 mets) servies dans un cadre actuel lumineux.
◆ Dezelfde familie runt al drie generaties lang dit hotel, dat in fasen wordt gerenoveerd. De meeste kamers zijn opgeknapt, de helft is eenpersoons. Eigentijdse keuken en 'trilogie-borden' met drie gerechten, opgediend in een licht en modern interieur.

X **Piccoline et Romarin,** r. Théo Toussaint 10, ✆ 0 81 61 46 58, *piccoline@skynet.be, Fax 0 81 61 46 58* – . MC VISA.
fermé 1re quinz. août, lundi et mardi – **Rest** *Lunch 22* – 36, carte 37/51.
◆ Petite adresse d'esprit bistrot moderne nichée en centre-ville. Salle aux couleurs du Sud, chaloupe transformée en bar et choix actuel parsemé de références à la Provence.
◆ Adresje met moderne bistroambiance, in het centrum. Eetzaal in zuidelijke kleuren, bar in de vorm van een sloep. De eigentijdse kaart staat vol verwijzingen naar de Provence.

GENK *3600 Limburg* **533** *S17 et* **716** *J3 – 63 799 h.* 11

Voir à l'Ouest : 5 km, Domaine provincial de Bokrijk★ : Musée de plein air★★ (Openluc museum), Domaine récréatif★ : arboretum★.

Wiemesmeerstraat 109 ☎ 0 89 35 96 16, Fax 0 89 36 41 84.

Gemeentehuis, Dieplaan 2 ☎ 0 89 65 44 49, toerisme@genk.be, Fax 0 89 65 34 82.

Bruxelles 97 ⑤ – Hasselt 21 ④ – Maastricht 24 ③.

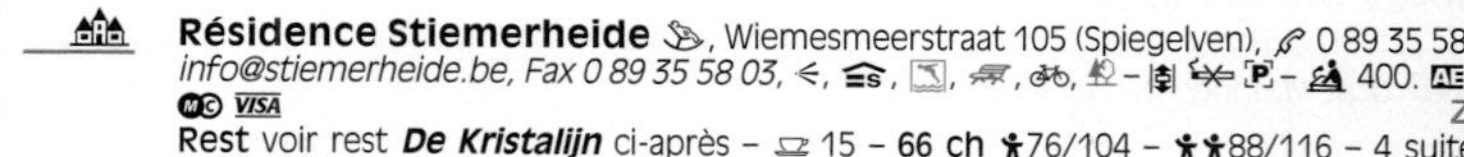

Plan page ci-contre

Résidence Stiemerheide, Wiemesmeerstraat 105 (Spiegelven), ☎ 0 89 35 58 *info@stiemerheide.be, Fax 0 89 35 58 03*, – 400. Z

Rest voir rest ***De Kristalijn*** ci-après – 15 – **66 ch** ★76/104 – ★★88/116 – 4 suite ½ P 95.

◆ Pas loin de l'autoroute, à côté d'un golf, bâtisse hôtelière de style "cottage" constru dans les années 1980. Chambres avenantes et bonne infrastructure pour séminaires.

◆ Dit hotel in cottagestijl uit de jaren 1980 ligt naast een golfbaan, niet ver van de snelwe Prettige kamers en goede vergaderfaciliteiten.

NH Molenvijver Genk, Albert Remansstraat 1, ☎ 0 89 36 41 50, *nhgenk@nh-tels.com, Fax 0 89 36 41 51*, rest, – 210. rest X

Rest *(fermé dim. soir) Lunch 30* – carte 38/46 – **81 ch** ★88/103 – ★★103/118 – 1 suit ½ P 102/134.

◆ Hôtel de chaîne œuvrant entre le Molenvijver (vaste parc public agrémenté d'un gra étang) et un centre commercial. Des deux générations de chambres, préférez les rén vées. Restaurant agrémenté d'une terrasse d'été.

◆ Dit ketenhotel ligt tussen het winkelcentrum en de Molenvijver, een mooi park met e grote vijver. De gerenoveerde kamers verdienen de voorkeur. Restaurant met zom terras.

BELGIQUE

Atlantis, Fletersdel 1, ☎ 0 89 35 65 51, *info@hotelatlantis.be, Fax 0 89 35 35 29*, – 35. Z

Rest *(fermé sam. midi) Lunch 14* – 30/58 bc, carte 30/50 – **26 ch** ★50/120 – ★★60/18 ½ P 74/160.

◆ Nouvel intérieur au design "zen" pour cet hôtel implanté dans un quartier calme, distance respectable du centre. Divers formats de chambres, toutes de plain-pied. Resta rant au cadre moderne. Carte actuelle à séquence maghrébine : bel assortiment de tajin

◆ Hotel in een rustige wijk buiten het centrum, met een nieuw "zen" interieur. De kame hebben verschillende afmetingen en zijn allemaal gelijkvloers. Modern restaurant m Noord-Afrikaanse specialiteiten, waaronder lekkere tajines.

Ecu sans rest, Europalaan 46, ☎ 0 89 36 42 44, *mail@hotelecu.com, Fax 0 89 36 42 50*, – 25. X

51 ch ★70/125 – ★★75/150.

◆ Immeuble moderne proche de la gare, dominant l'artère principale de Genk. Commu de style contemporain et trois catégories chambres, dont une quinzaine de junior suites

◆ Dit moderne gebouw staat aan de doorgaande weg van Genk, vlak bij het station. Er z drie categorieën kamers, waaronder vijftien junior suites.

Europa, Sledderloweg 85, ☎ 0 89 35 42 74, *info@europa-horecaservice.be, Fax 0 35 75 79* – – 100. Z

Rest *(fermé dim.)* 25, carte 27/40 – **18 ch** ★45/60 – ★★80.

◆ À l'approche de Genk, bâtisse aux réminiscences "seventies" arborant une façade da les tons rouge, jaune et bleu. Chambres fonctionnelles quelquefois un peu surannées.

◆ Dit opvallende gebouw in typische jaren '70 stijl met een gevel in rood, geel en blau staat aan de rand van Genk. De functionele kamers zijn soms een tikkeltje ouderwets.

Da Vinci, Pastoor Raeymaekersstraat 3, ☎ 0 89 30 60 59, *info@restaurantdavinci.b Fax 0 89 30 60 56* – 10/60. X

fermé prem. sem. janv., 21 juil.-10 août, sam. midi, dim. et lundi – **Rest** *Lunch 45* – 48/77 b

◆ Table modernisée avec soin pour passer le cap des 20 ans de présence (en 2005). P souci de fraîcheur, offre culinaire réduite à un menu de saison et à un menu homard.

◆ Zorgvuldig gemoderniseerd restaurant dat in 2005 20 jaar bestond. Vanwege het gebru van dagverse producten is de keus beperkt tot een menu van het seizoen en een kreef menu.

De Kristalijn - H. Résidence Stiemersheide, Wiemesmeerstraat 105, ☎ 0 89 35 58 2 *info@stiemerheide.be, Fax 0 89 35 58 03*, – 20/40. Z

Rest *Lunch 30* – 33/90 bc, carte 48/61, ♀.

◆ Préparations au goût du jour à apprécier dans une salle à manger ample et cossue, c style néoclassique, ou sur la grande terrasse tournée vers le golf.

◆ De eigentijdse gerechten worden geserveerd in een ruime, weelderig ingerichte eetza in neoklassieke stijl, of op het grote terras dat op de golfbaan uitkijkt.

GENK

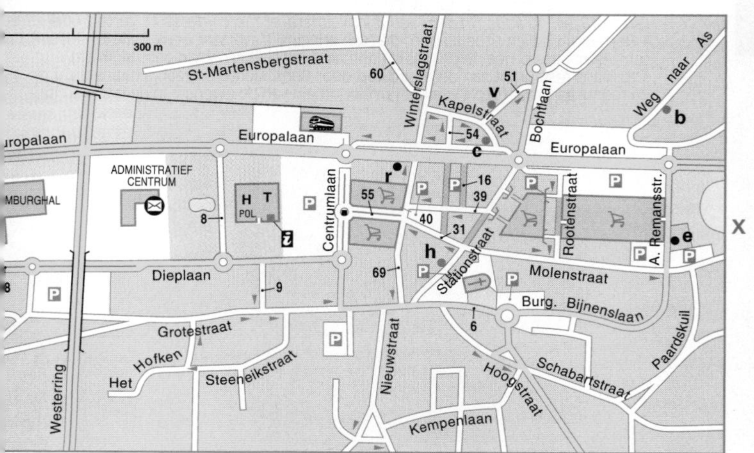

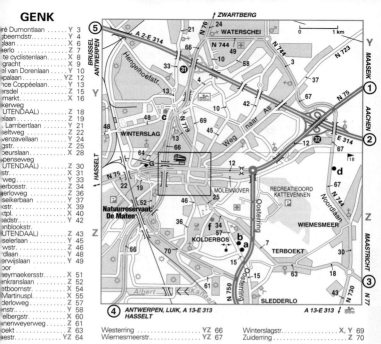

XX **En Chanté**, Weg naar As 28, ☎ 0 89 30 86 40, *elvire.enchante@skynet.be*, – P. AE VISA. X b
fermé 2 au 8 janv., 3 au 24 sept., lundi et sam. midi – **Rest** Lunch 25 – 30/43, carte 39/59.

◆ Sur les hauteurs de Genk, petite villa des années 1930 vous réservant un accueil soigné. Salle "cosy", véranda et terrasse verte. Choix classique et duo de menus actualisés.

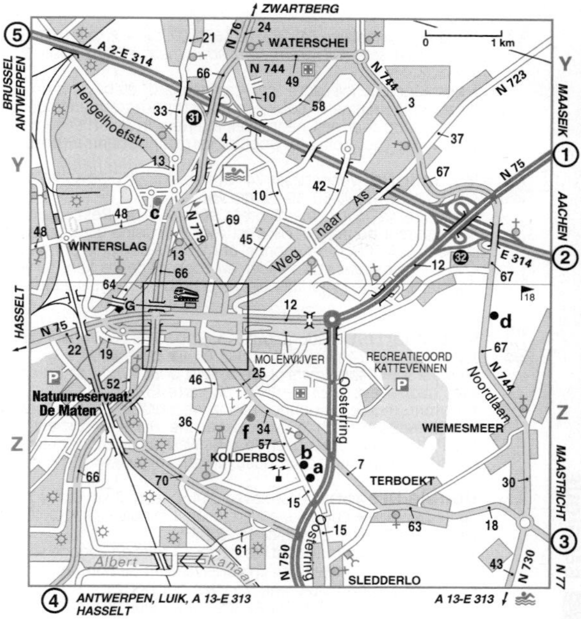

◆ In deze kleine villa uit de jaren 1930, in de heuvels van Genk, wacht u een verzorgd onthaal. Knusse eetzaal met veranda en terras. Klassieke kaart en twee eigentijdse menu's.

XX **Mélange,** Hooiweg 51, ✆ 0 89 36 72 02, 😀 - P ⇔ 50. AE ◑ MC VISA. ✗ Z
fermé dern. sem. juil.-prem. sem. août, merc. et sam. midi – **Rest** *Lunch 30* – 38/80 bc, ca 42/59, ♀.
◆ Restaurant au joli cadre "néo-campagnard" établi dans un quartier résidentiel excent Prestation féminine en cuisine, menu-surprise très demandé, terrasse arrière invitante.
◆ Restaurant met een neorustiek interieur in een rustige woonwijk buiten het centru Vrouwelijke chef-kok, zeer populair verrassingsmenu en prettig terras aan de achterkar

XX **'t Konijntje,** Vennestraat 74 (Winterslag), ✆ 0 89 35 26 45, *info@konijntje.be, Fax 0 30 53 18,* 😀 - P ⇔ 60. AE ◑ MC VISA. ✗ Y
fermé 20 juin-15 juil., mardi, merc. et sam. midi – **Rest** *Lunch 9* – 16/43 bc, carte 22/42.
◆ Restaurant où père et fils s'activent en cuisine tandis que belle-mère et belle-fille é luent en salle. Choix traditionnel et menus à bon prix. Grandes terrasses à l'arrière.
◆ In dit restaurant staan vader en zoon in de keuken, terwijl schoonmama en scho dochter bedienen. Traditionele gerechten en menu's voor een goede prijs. Achter gr terras.

XX **Sint-Maarten,** Stationsstraat 13, ✆ 0 89 35 26 57, *paul.vanormelingen@proximedia. Fax 0 89 30 31 87,* 😀 - P ⇔ 20/60. AE ◑ MC VISA. ✗ X
fermé 2 prem. sem. mars, 2 prem. sem. août, lundi soir et mardi en juil.-août, lundi mic sam. midi – **Rest** *Lunch 28* – 19/60 bc, carte 45/56.
◆ Devant l'église, ancienne maison de notable où l'on vient faire des repas classiq actualisés. Beau lunch "all-in" le dimanche. Ticket de sortie du parking public offert.
◆ Oud herenhuis tegenover de kerk, waar u van modern-klassieke gerechten kunt ge ten. Mooi all-in menu op zondag. Gasten krijgen een uitrijkaart voor de parkeergarage.

BELGIQUE

XX **Double Dragons,** Hasseltweg 214 (Ouest : 2 km sur N 75), ✆ 0 89 35 96 90, *Fax 0 36 44 28,* Cuisine chinoise, ouvert jusqu'à minuit – ▤ P ⇔ 40/200. ◑ MC VISA
fermé mardi – **Rest** 28/42, carte 23/83, ♀.
◆ Imposant restaurant dont les portails à toits en pagode soulignent la vocation exotiq Intérieur typé et vaste carte chinoise incluant de nombreux menus.
◆ Indrukwekkend restaurant, waarvan het portaal met pagodedak naar de exotische stemming verwijst. Typisch Aziatisch interieur en uitgebreide Chinese kaart met tall menu's.

X **La Botte,** Europalaan 99, ✆ 0 89 36 25 45, *la-botte10@hotmail.com, Fax 0 89 36 25* 😀, Cuisine italienne – ▤. AE ◑ MC VISA X
fermé 18 juil.-10 août, fin déc.-début janv., mardi et merc. – **Rest** 41, carte 27/59.
◆ Restaurant italien situé au bord de l'axe principal traversant Genk. Salle lumineuse, tal serrées et carte ornée de photos du domaine familial du patron dans la "Botte".
◆ Italiaans restaurant aan de hoofdweg door Genk. Lichte eetzaal, tafeltjes dicht op elk en menukaart met foto's van het familiedomein van de eigenaar in de laars van Italië.

i aux herbes

GENT – GAND

9000 🅿 *Oost-Vlaanderen* **533** H 16 *et* **716** E 2 – *232 961 h.* 16 **B2**

Bruxelles 55 ③ – Antwerpen 60 ② – Lille 71 ⑤.

BELGIQUE

RENSEIGNEMENTS PRATIQUES

ℹ *Raadskelder Belfort, Botermarkt 17 a ☎ 0 9 266 52 32, toerisme@gent.be, Fax 0 9 266 56 73 – Fédération provinciale de tourisme, Sint-Niklaasstraat 2 ☎ 0 9 269 26 00, toerisme@oostvlaanderen.be, Fax 0 9 269 26 09.*

⛳18 *au Sud-Ouest : 9 km à Sint-Martens-Latem, Latemstraat 120 ☎ 0 9 282 54 11, latem@golf.be, Fax 0 9 282 90 19.*

CURIOSITÉS

Voir *Vieille ville★★★ (Oude Stad) – Cathédrale St-Bavon★★ (St-Baafskathedraal)* FZ : *Polyptyque★★★ de l'Adoration de l'Agneau mystique par Van Eyck (Veelluik de Aanbidding van Het Lam Gods), Crypte★ : triptyque du Calvaire★ par Juste de Gand (Calvarietriptiek van Justus van Gent)* FZ – *Beffroi et Halle aux Draps★★★ (Belfort en Lakenhalle)* FY – *Pont St-Michel (St-Michielsbrug) ⋞ ★★★* EY – *Quai aux Herbes★★★ (Graslei)* EY – *Château des Comtes de Flandre★★ (Gravensteen) : ⋞ ★ du sommet du donjon* EY – *St-Niklaaskerk★* EY – *Petit béguinage★ (Klein Begijnhof)* DX – *Réfectoire★ des ruines de l'abbaye St-Bavon (Ruïnes van de St-Baafsabdij)* DV **M**[5] – *Hôtel de ville★ (Stadhuis)* FY **H**.

Musées : *du Folklore★ (Huis van Alijn) : cour★ intérieure de l'hospice des Enfants Alyn (Alijnsgodshuis)* EY **M**[1] – *des Beaux-Arts★★ (Museum voor Schone Kunsten)* CX **M**[2] – *de la Byloke★★ (Oudheidkundig Museum van de Bijloke)* CX **M**[3] – *Designmuseum★* EY **M**[4] – *d'Art contemporain★★ (S.M.A.K.) (Stedelijk Museum voor Actuele Kunst)* CX – *d'Archéologie Industrielle et du Textile★ (MIAT) (Museum voor Industriële Archeologie en Textiel)* DV **X**.

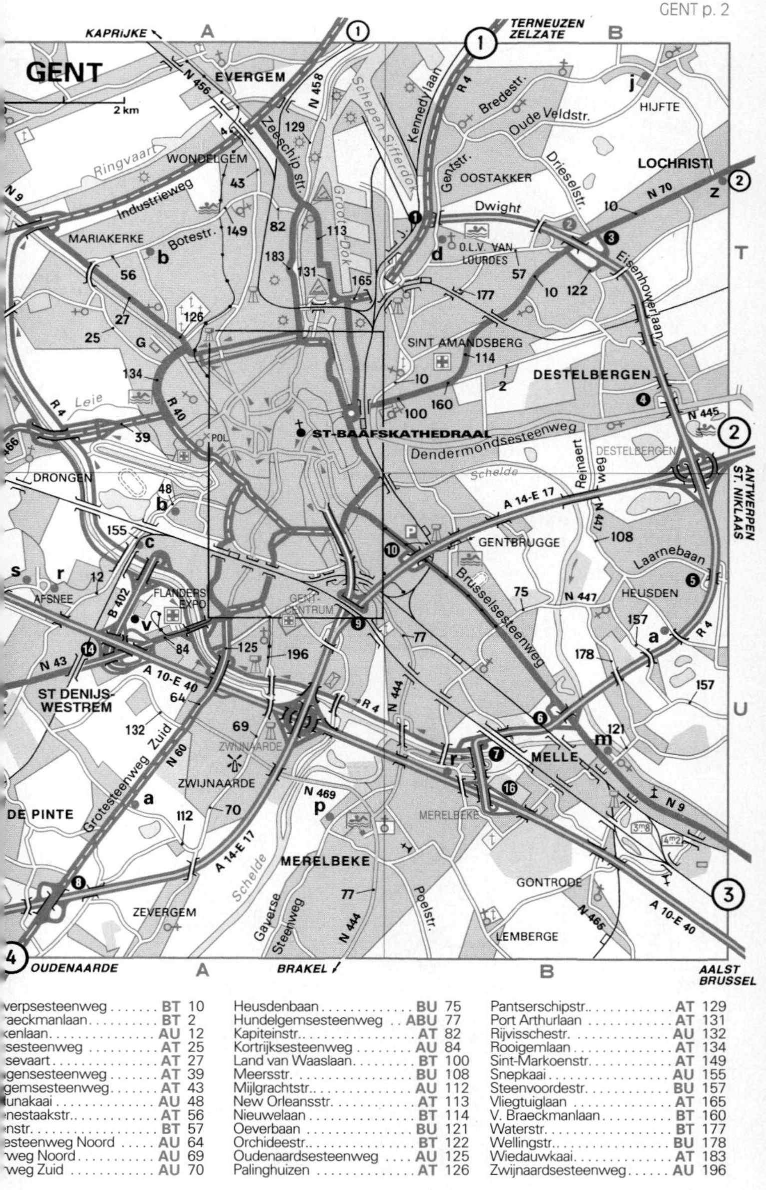

·verpsesteenweg	BT	10	Heusdenbaan	BU	75	Pantserschipstr.	AT	129
·aeckmanlaan	BT	2	Hundelgemsesteenweg	ABU	77	Port Arthurlaan	AT	131
·enlaan	AU	12	Kapiteinstr.	AT	82	Rijvisschestr.	AU	132
·sesteenweg	AT	25	Kortrijksesteenweg	AU	84	Rooigemlaan	AT	134
·sevaart	AT	27	Land van Waaslaan	BT	100	Sint-Markoenstr.	AT	149
·gensesteenweg	AT	39	Meersstr.	BU	108	Snepkaai	AU	155
·gemsesteenweg	AT	43	Mijlgrachtstr.	AU	112	Steenvoordestr.	BU	157
·unakaai	AU	48	New Orleansstr.	AT	113	Vliegtuiglaan	AT	165
·nestaakstr.	AT	56	Nieuwelaan	BT	114	V. Braeckmanlaan	BT	160
·nstr.	BT	57	Oeverbaan	BU	121	Waterstr.	BT	177
·esteenweg Noord	AU	64	Orchideestr.	BT	122	Wellingstr.	BU	178
·weg Noord	AU	69	Oudenaardsesteenweg	AU	125	Wiedauwkaai	AT	183
·weg Zuid	AU	70	Palinghuizen	AT	126	Zwijnaardsesteenweg	AU	196

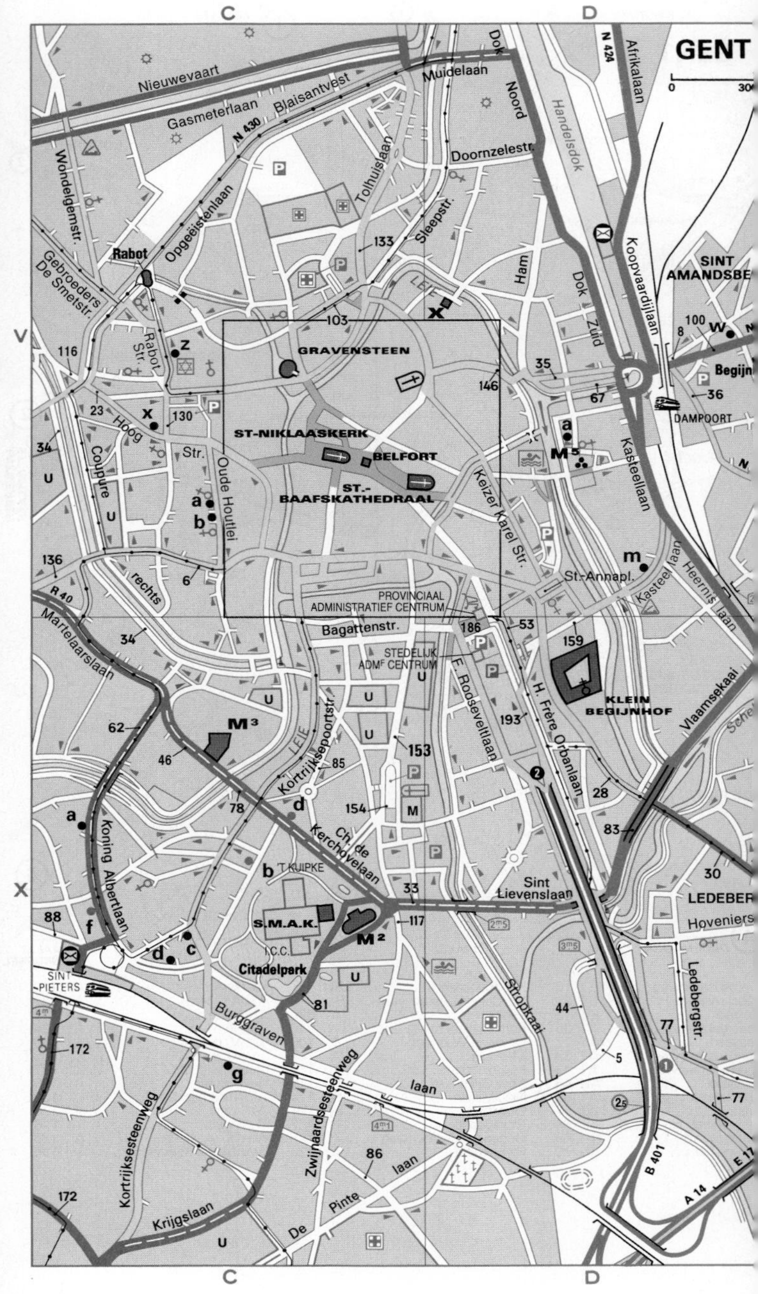
GENT
C
D
V
X
Nieuwevaart
Gasmeterlaan
Blaisantvest
Muidelaan
N 430
Dok
Noord
N 424
Afrikalaan
Handelsdok
Doornzelestr.
Tolhuislaan
Wondelgemstr.
Opgeëistenlaan
Sleepstr.
Rabot
Gebroeders De Smetstr.
Koopvaardijlaan
SINT AMANDSBE
Ham
Dok Zuid
Leie
103
133
GRAVENSTEEN
Rabot Str.
116
146
35
67
100
8
Begijn
36
DAMPOORT
23
Hoog
130
Str.
ST-NIKLAASKERK
BELFORT
ST.-BAAFSKATHEDRAAL
M⁵
Kasteellaan
34
Coupure
Oude Houtlei
Keizer Karel Str.
136
rechts
6
St.-Annapl.
Heernislaan
R 40
Martelaarslaan
PROVINCIAAL ADMINISTRATIEF CENTRUM
Bagattenstr.
186
53
159
STEDELIJK ADMF CENTRUM
F. Rooseveltlaan
H. Frère Orbanlaan
KLEIN BEGIJNHOF
Vlaamsekaai
62
M³
46
193
Kortrijksepoortstr.
85
153
78
154
28
83
Koning Albertlaan
Ch. de Kerchovelaan
'T KUIPKE
Sint Lievenslaan
30
LEDEBER
33
117
Hoveniers
88
S.M.A.K.
M²
I.C.C.
Citadelpark
Stropkaai
SINT-PIETERS
Ledebergstr.
81
44
Burggraven
laan
172
Kortrijksesteenweg
Zwijnaardsesteenweg
5
77
B 401
86
laan
De Pinte
Krijgslaan
A 14
E 17

GENT

E F

0 100 m
PATERSHOL
GRAVENSTEEN
St.-Veerlepl.
Kraanlei
Zuivelbrug
Oudburg
Geldmunt
Burgstr.
Drabstr.
Korenlei
GRASLEI
Groentenmarkt
Langemunt
Vrijdagmarkt
Kammerstr.
Onderstr.
Hoogpoort
Belfortstr.
ST-NIKLAASKERK
St.-Michielsbrug
ST-MICHIELSKERK
HET PAND
BELFORT
ST.-BAAFSKATHEDRAAL
Baudelostr.
Ottogracht
Bibliotheekstr.
BAUDELOHOF
Steendam
Beverhout plein
St.-Jacobskerk
Vlasmarkt
Nieuwpoort
Komingstr.
Sint Jacobsnieuwstr.
Zandberg
Nederpolder
Kwaadham
Bisdomkaai
Reep
POL.
Voldersstr.
Henegouwenstr.
Seminarie str.
Lieven Bauwenspl.
François Laurentplein
Vlaanderen
Brabant
dam
str.
Muinkschelde
Onderbergen
Ajuinlei
Veld
straat
St. Niklaasstr.
Korte Meer
Universiteitstr.
Zonnestr.
Koophandels-plein
Kouter
Kortedagsteeg
Ketelvaart
LEIE
Recollettenlei
Lieve
Y
Z
E F

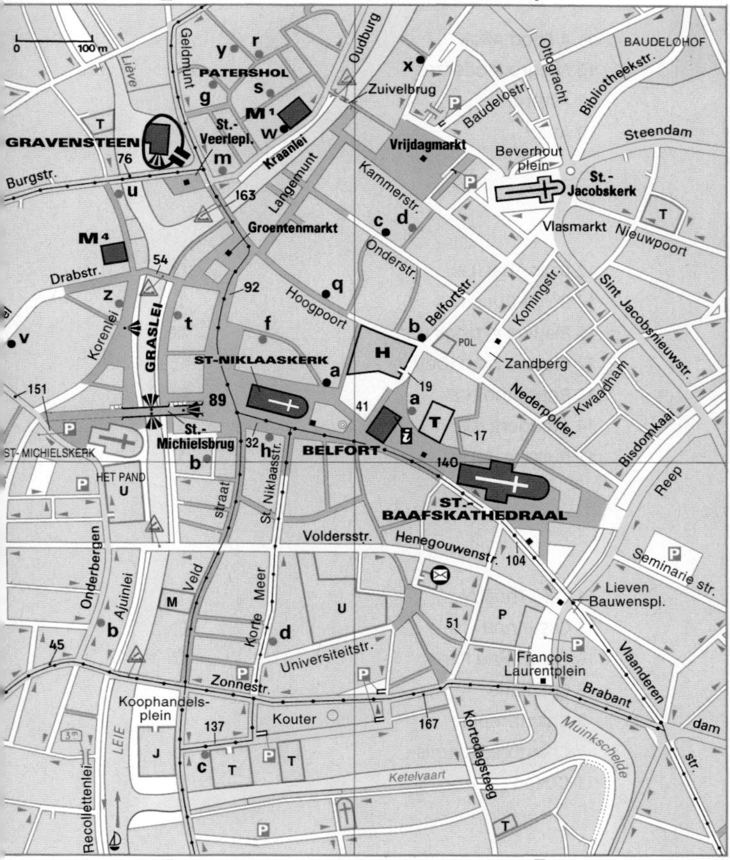

Liste alphabétique des hôtels et restaurants
Alfabetische lijst van hotels en restaurants
Alphabetisches Hotel- und Restaurantverzeichnis
Alphabetical list of hotels and restaurants

BELGIQUE

A

11	**A Food Affair**	X
10	**Allegro Moderato**	XX
9	**Astoria**	⌂⌂
10	**Atlas**	⌂

B

12	**Baan Thaï (Le)**	XX
10	**Belga Queen**	X
14	**Blauwe Artisjok (De)**	XX
12	**Blauwe Zalm (De)**	XX
13	**Boerenhof ('t)**	XX
14	**Branderij (De)**	X
12	**Buikske Vol ('t)**	X

C

11	**Café Théâtre**	X
8	**Castelnou**	⌂⌂
10	**Central-Au Paris**	XX
8	**Chamade**	⌂⌂
9	**Chambreplus**	⌂
9	**Chambres d'Amis**	⌂
11	**C-Jean**	X

D

11	**Domestica**	X
12	**Drie Biggetjes (De)**	XX

E – F

G

H – J – K

L

M – N

O – P

BELGIQUE

BELGIQUE

Quartiers du Centre - *plans p. 3 et 4 sauf indication spéciale :*

Sofitel Belfort, Hoogpoort 63, 0 9 233 33 31, *H1673@accor.com, Fax 0 9 223 11 02,* – – 420. AE VISA FY b
Rest 40, carte 28/65, – 20 – **173 ch** 100/250 – 100/250 – 1 suite – ½ P 148/298.
◆ Emplacement central, parking commode et équipements complets pour séminaires, banquets (caves voûtées) et affaires. Nouveau décor design dans une cinquantaine de chambres. Brasserie confortable présentant une carte internationale. Attrayant bar de ville.
◆ Centrale ligging, handige parkeergarage en complete voorzieningen voor congressen, banketten (gewelfde kelderverdieping) en zakenlui. Nieuw designdecor in zo'n 50 kamers. Comfortabele brasserie met een internationale kaart. Aantrekkelijke stadsbar.

Novotel Centrum, Gouden Leeuwplein 5, 0 9 224 22 30, *H0840@accor.com, Fax 0 9 224 32 95,* – rest, – 150. AE VISA EY a
Rest *Lunch 13* – 23/30, carte 27/36, – 15 – **113 ch** 160/180 – 160/180 – 4 suites.
◆ Cet hôtel de chaîne du centre touristique comprend plusieurs ailes encadrant un patio verdoyant doté d'une piscine. Lobby sous verrière ; chambres actuelles bien insonorisées. Table internationale au cadre moderne. Banquets dans la jolie cave voûtée (14e s.).
◆ In dit ketenhotel in het centrum liggen de vleugels rondom een weelderige patio met zwembad. Lobby met glazen dak en eigentijdse kamers met goede geluidsisolatie. Modern restaurant met internationale kaart. Banqueting in de mooie 14e-eeuwse overwelfde kelder.

NH Gent sans rest, Koning Albertlaan 121, 0 9 222 60 65, *nhgent@nh-hotels.com, Fax 0 9 220 16 05* – – 80. AE VISA CX a
17 – **47 ch** 75/140 – 75/140 – 2 suites.
◆ Une façade néoclassique distingue cet établissement proche de la gare mais un peu éloigné du centre. Chambres où l'on a ses aises, réparties sur trois étages. Lounge douillet.
◆ Dit hotel buiten het centrum maar bij het station valt op door zijn neoclassicistische gevel. De kamers zijn heel comfortabel en liggen op drie verdiepingen. Gezellige lounge.

New Carlton sans rest, Koningin Astridlaan 138, 0 9 222 88 36, *info@carlton-gent.be* – . AE VISA CX d
fermé 24 déc.-3 janv. – **20 ch** 106/132 – 106/152.
◆ Construction des années 1970 voisinant avec la gare Sint Pieters. Chambres actuelles de bon calibre, petites salles d'eau carrelées en mosaïque, espace breakfast aveugle.
◆ Hotel uit de jaren 1970 bij het Sint-Pietersstation. Eigentijdse kamers van goed formaat, kleine badkamers met mozaïektegels en ontbijtruimte zonder daglicht.

Ghent-River-Hotel sans rest, Waaistraat 5, 0 9 266 10 10, *info@ghent-river-hotel.be, Fax 0 9 266 10 15,* – – 60. AE VISA. FY x
16 – **76 ch** 115/180 – 135/195 – 1 suite.
◆ Hébergement original tirant parti d'une ancienne filature en bord de Lys. Chambres réutilisant parfois des matériaux d'origine et salle de breakfast moderne façon "loft".
◆ Origineel hotel in een voormalige spinnerij aan de oever van de Lys. In de kamers zijn de originele materialen soms hergebruikt. Moderne eetzaal in de stijl van een loft.

Castelnou, Kasteellaan 51, 0 9 235 04 11, *info@castelnou.be, Fax 0 9 235 04 04,* – , rest, rest, – 30. AE VISA DV m
Rest (taverne-rest) *Lunch 10* – 19/37 bc, carte 15/38 – **40 ch** 66/91 – 79/104 – ½ P 49/62.
◆ Immeuble des années 1990 où vous logerez dans des appartements pratiques et bien tenus. Tarif dégressif en fonction de la durée du séjour. Taverne populaire ouverte de 7 à 22h. Plats variés pour toutes les faims : en-cas et recettes traditionnelles simples.
◆ Flatgebouw uit 1990 met praktische en goed onderhouden appartementen. Hoe langer uw verblijf, hoe goedkoper u uit bent. Populair café-restaurant (open van 7 tot 22 uur) met voor elk wat wils: van snack tot eenvoudige traditionele schotels.

De Flandre sans rest, Poel 1, 0 9 266 06 00, *info@hoteldeflandre.be, Fax 0 9 266 06 09* – EY v
16 – **46 ch** 145/220 – 160/240 – 1 suite.
◆ Hôtel de maître (1804) vous logeant dans de jolies chambres mariant les genres classique et contemporain. 17 ouvrent de plain-pied sur la cour. Agréable salle de breakfast.
◆ Herenhuis (1804) met mooie kamers in een mix van klassiek en eigentijds, waarvan 17 gelijkvloers aan de binnenplaats liggen. Aangename ontbijtzaal.

Chamade sans rest, Koningin Elisabethlaan 3, 0 9 220 15 15, *info@chamade.be, Fax 0 9 221 97 66* – CX c
45 ch 78/119 – 93/132.
◆ Adresse à retenir pour celles et ceux qui recherchent des chambres fonctionnelles à proximité de la gare ou du S.M.A.K. Le café et les croissants se prennent au dernier étage.
◆ Adres om te onthouden voor wie een functionele hotelkamer zoekt in de buurt van het station en het S.M.A.K. Op de bovenste verdieping zijn koffie en croissants te verkrijgen.

Astoria sans rest, Achilles Musschestraat 39, ✆ 0 9 222 84 13, *info@astoria.b* *Fax 0 9 220 47 87*, – | – P. AE MC VISA CX
18 ch ☕ ✝65/119 – ✝✝72/119.
◆ Pas loin de la gare, hôtel d'une tenue irréprochable abritant de bonnes chambres refait à neuf en 2004. Jardinet et jolie salle de breakfast complétée d'une véranda.
◆ Perfect onderhouden hotel in de buurt van het station. De kamers zijn in 2004 opg knapt. Tuintje en fraaie ontbijtzaal met serre.

Erasmus sans rest, Poel 25, ✆ 0 9 224 21 95, *hotel.erasmus@proximedia.be, Fax 0 233 42 41*, – . AE MC VISA EY
fermé 24 déc.-10 janv. – **11 ch** ☕ ✝79/99 – ✝✝99/150.
◆ Ravissante maison du 16e s. où vous serez hébergés dans des chambres garnies meubles de style. Le Musée des Arts décoratifs et du Design n'est qu'à quelques enjar bées.
◆ Hotel in een schitterend 16e-eeuws pand, dicht bij het Museum voor Sierkunst en Vorr geving. De kamers zijn met stijlmeubelen ingericht.

Poortackere Monasterium sans rest, Oude Houtlei 56, ✆ 0 9 269 22 10, *info@mo nasterium.be, Fax 0 9 269 22 30*, – P – 200. AE MC VISA. CV
☕ 10 – **36 ch** ✝65/100 – ✝✝105/115.
◆ Hôtel original aménagé dans un ancien couvent. Chambres quelquefois munies d'un kitchenette, distribuées autour d'une cour intérieure. Église convertie en salle de ba quets.
◆ Origineel hotel in een oud klooster. De kamers liggen rondom een binnenplaats e sommige zijn voorzien van een kitchenette. De kerk is tot banquetingzaal verbouwd.

Verhaegen sans rest, Oude Houtlei 110, ✆ 0 9 265 07 65, *info@hotelverhaegen.b* *Fax 0 9 221 69 69*, – . AE MC VISA. CV
☕ 15 – **4 ch** ✝190 – ✝✝190/280.
◆ Hébergement romantique et cossu dans un bel hôtel particulier (18e s.) agrémenté d'un cour-jardin à la française. Salons d'époque et chambres classico-contemporaines.
◆ Mooi 18e-eeuws herenhuis met een Franse tuin op de binnenplaats. Salons met stijlme belen en modern-klassieke kamers voor een romantisch en luxe verblijf.

BELGIQUE

The Boatel sans rest, Voorhoutkaai 44, ✆ 0 9 267 10 30, *info@theboatel.com* *Fax 0 9 267 10 39*, ⩽, – P. AE MC VISA DV
fermé 1 sem. Noël – **7 ch** ☕ ✝79/94 – ✝✝110/130.
◆ Alternative aux hébergements classiques, cette péniche amarrée met à votre dispositio de jolies cabines personnalisées dans l'esprit actuel. Dépaysante ambiance plaisancière.
◆ Wie op een originele manier wil overnachten, kan terecht in deze aak met mooie hutte die in eigentijdse stijl zijn ingericht en een persoonlijk karakter hebben.

Limited.co, Hoogstraat 58, ✆ 0 9 225 14 95, *info@limited-co.be*, – . AE VISA CV
Rest *(fermé sam. midi et dim.)* carte 25/39 – **5 ch** ☕ ✝50/80 – ✝✝65/95 – ½ P 65.
◆ Tout petit hôtel dont les chambres ont adopté un "look" minimaliste décoiffant : ton verts fluorescents et sol en béton lissé. Cuisine actuelle proposée dans une salle au déco d'esprit "cantine design" ou sur la terrasse de la cour.
◆ Piepklein hotel, waarvan de kamers een verbazingwekkende minimalistische "look" heb ben: fluorescerende groene kleuren en een gepolijste betonnen vloer. Eigentijdse keuke in een eetzaal in de stijl van een design-lokaal of op het terras op de binnenplaats.

Chambreplus sans rest, Hoogpoort 31, ✆ 0 9 225 37 75, *chambreplus@telenet.b* – . EY
3 ch ☕ ✝60/110 – ✝✝80/150.
◆ Maison d'hôte cachée dans une rue piétonne centrale, à l'arrière d'une boutique. Cha mantes chambres à thèmes. Au jardin, duplex avec jacuzzi, terrasse et pièce d'eau mo derne.
◆ Dit huis met gastenkamers ligt verscholen achter een winkel in een voetgangersstraat het centrum. Leuke kamers met thema. In de tuin duplex met jacuzzi, terras en modern waterpartij.

Chambres d'Amis sans rest, Schoolstraat 14, ✆ 0 9 238 43 47, *chambres@telenet.b* – . DV
3 ch ☕ ✝35/55 – ✝✝55/75.
◆ En périphérie, maison de maître transformée en "bed and breakfast" aux douillette chambres à thèmes (l'opéra, le beffroi de Gent et la Lys). Jardin bichonné clos de murs.
◆ Dit herenhuis met ommuurde tuin aan de rand van de stad is nu een Bed & Breakfast. D knusse kamers hebben elk een eigen thema (de opera, het belfort van Gent en de Leie).

Verzameld Werk sans rest, Onderstraat 23a, ✆ 0 9 224 27 12, *verzameldwerk@te net.be, Fax 0 9 233 70 56* – . MC VISA. FY
3 ch ☕ ✝85/105 – ✝✝95/130.
◆ Chambres et duplex au design dépouillé (avec kitchenette et frigo garni pour le peti déj'), atelier d'art et galerie : un concept qui ravira les entichés d'art contemporain.
◆ Kamers, designappartement met split-level (met kitchenette en voor het ontbijt gevuld ijskast), atelier en kunstgalerie: een leuk concept voor liefhebbers van hedendaagse kuns

Atlas sans rest, Rabotstraat 40, ☎ 0 9 233 49 91, *atlasb.en.b@pandora.be* – CV z
fermé 23 déc.-1er janv. – **3 ch** ☕ 55/65 – 68/78.
◆ Maison de notable de 1865 où trois jolies chambres à thème sont proposées : Europe (sanitaires sur le palier), Asie et Afrique. Salle à manger d'époque, mais meublée Art déco.
◆ Herenhuis uit 1865 met drie mooie kamers in verschillende stijlen: Europees (sanitair op de gang), Aziatisch en Afrikaans. Klassieke eetzaal met art-decomeubilair.

Jan Van den Bon, Koning Leopold II laan 43, ☎ 0 9 221 90 85, *info@janvandenbon.be, Fax 0 9 245 08 92*, – AE MC VISA. CX b
fermé 1 sem. Pâques, mi-juil.-mi-août, fin déc.-début janv., sam. midi et dim. – **Rest** *Lunch 40* – 38/72, carte 63/96, ♀.
Spéc. Tranches de terrine de foie d'oie, salade tiède de chou rouge et pruneaux (mai-oct.). Cuissot et filet de volaille aux endives caramélisées, ragoût de légumes au vin rouge (janv.-avril). Tarte de fromage blanc, biscuit à la canelle au miel d'acacia.
◆ Face au parc du S.M.A.K. (musée d'Art contemporain), maison bourgeoise où l'on passe à table dans trois pièces en enfilade égayées de toiles modernes. Terrasse au jardin.
◆ Herenhuis tegenover het park van het museum voor hedendaagse kunst. De tafels staan gedekt in drie kamers-en-suite met moderne schilderijen. Tuin met terras.

De Gouden Klok, Koning Albertlaan 31, ☎ 0 9 222 99 00, *Fax 0 9 222 10 92*, – P CX f
10/25. AE MC VISA
fermé vacances carnaval, 3 dern. sem. juil., vacances Toussaint, merc. et dim. – **Rest** *Lunch 50* – 60/90 bc, carte 57/69.
◆ Boiseries et carreaux de faïence président au décor intérieur classique de cet hôtel particulier (début 20e s.). Le caneton fait l'objet d'une demi-douzaine de propositions.
◆ Hotel in een herenhuis uit de vroege 20e eeuw. Klassiek interieur met lambrisering en tegeltjes. Eend is de specialiteit van het huis en wordt op tal van manieren bereid.

Patyntje, Gordunakaai 91, ☎ 0 9 222 32 73, *info@patyntje.be*, , Brasserie, ouvert jusqu'à 23 h – P 5/70. AE MC VISA plan p. 2 AU b
Rest *Lunch 15* – carte env. 32, ♀.
◆ Villa de style colonial bordée par la Lys. Terrasse-pergola, salles au tons tabac où trône une tête d'éléphant en bronze, ambiance et cuisine de brasserie actuelle, bons vins.
◆ Villa in koloniale stijl aan de Leie. Tabakskleurige eetzalen met een bronzen olifantskop en terras met pergola. Ambiance en keuken van een moderne brasserie, goede wijnkaart.

Georges, Donkersteeg 23, ☎ 0 9 225 19 18, *Fax 0 9 225 68 71*, Produits de la mer – EY f
16/24. AE MC VISA
fermé 23 mai-16 juin, lundi et mardi – **Rest** *Lunch 19* – carte 40/72.
◆ Faites donc escale chez Georges ! Cette affaire familiale bien arrimée à une rue piétonne met le cap sur le grand large : recettes à base de poissons et fruits de mer.
◆ Zet eens voet aan wal bij Georges! Dit familierestaurant ligt voor anker in een voetgangersstraat, maar de kok kiest het ruime sop met zijn visschotels en zeebanket.

Allegro Moderato, Korenlei 7, ☎ 0 9 233 23 32, . AE MC VISA EY z
fermé sem. carnaval, 2 prem. sem. août, dim. et lundi – **Rest** *Lunch 19* – 35/75 bc, carte 41/59.
◆ En bord de Lys, maison typée (17e s.) vous conviant à un repas classique dans un décor actualisé avec chaleur. Jolis salons, terrasse sur quai et ambiance bougies en salle.
◆ Karakteristiek 17e-eeuws pand aan de Leie, met een warm en eigentijds interieur. Klassieke keuken, mooie salons, terras aan de kade en kaarsverlichting in de eetzaal.

Central-Au Paris, Botermarkt 10, ☎ 0 9 223 97 75, *cardon@centralauparis.be*, – AE FY a
MC VISA.
fermé 2 sem. en juin, 24 déc.-2 janv., merc. et dim. soir – **Rest** *Lunch 20* – 30/70 bc, carte 38/52.
◆ Petit restaurant cultivant la tradition du bon accueil et du bien manger depuis plus de 30 ans. Cadre bourgeois, duo de menus et carte classique concise mais souvent revue.
◆ Dit restaurantje met bourgeois-interieur houdt de traditie van gastvrijheid en lekker eten al 30 jaar hoog. Twee menu's en een kleine klassieke kaart die vaak verandert.

Belga Queen, Graslei 10, ☎ 0 9 280 01 00, *info.gent@belgaqueen.be, Fax 0 9 235 25 95*, , Ouvert jusqu'à 23 h – 8/32. AE MC VISA EY t
Rest *Lunch 15* – 29/40, carte 37/77, ♀.
◆ Ex-entrepôt originalement réaménagé en brasserie branchée tendance "rustico-design". Grand choix de préparations où entrent des produits belges. Lounge à l'atmosphère "jazzy".
◆ Dit voormalige pakhuis is nu een trendy brasserie met een rustiek designinterieur. Uitgebreide kaart met Belgische specialiteiten. Lounge met jazzy atmosfeer.

BELGIQUE

Pakhuis, Schuurkenstraat 4, ☎ 0 9 223 55 55, *info@pakhuis.be, Fax 0 9 225 71 (*
Brasserie-écailler, ouvert jusqu'à 23 h 30 – ▤ ⇔ 10. AE ⓓ ⓜⓒ VISA EYZ
fermé dim. – **Rest** *Lunch 12* – 23/38, carte 24/58, ♀.
◆ Une mezzanine en acier et une verrière agrémentent cet entrepôt (fin 19e s.) converti
brasserie-écailler à la mode. Menus soignés, ambiance animée et "lounge-bar" séparé.
◆ Trendy brasserie met oesterbank in een pakhuis uit de late 19e eeuw, met glaskoepel
stalen mezzanine. Verzorgde menu's, levendige ambiance en aparte lounge-bar.

Café Théâtre, Schouwburgstraat 5, ☎ 0 9 265 05 50, *info@cafetheatre.b*
Fax 0 9 265 05 59, Brasserie, ouvert jusqu'à 23 h – ▤ ♿. AE ⓓ ⓜⓒ VISA EZ
fermé 15 juil.-16 août et sam. midi – **Rest** *Lunch 14* – carte 30/50, ♀.
◆ Brasserie contemporaine fort courtisée, où l'on s'installe dans une salle à manger av
mezzanine, coiffée d'une coupole. Carte importante. Serveuses jeunes et mignonnes.
◆ Populaire brasserie, waarvan de eetzaal een tussenverdieping heeft met koepel. Ze
uitgebreide kaart. Jonge en knappe serveersters.

Grade, Charles de Kerchovelaan 81, ☎ 0 9 224 43 85, *info@grade.be, Fax 0 9 233 11 2*
⛱ – ⇔ 10/50. AE ⓓ ⓜⓒ VISA CX
fermé dim., lundi et mardi midi – **Rest** *Lunch 31 bc* – carte 31/49.
◆ Brasserie moderne avec véranda et terrasse agréable. Chaque plat se décline aussi
portion allégée. Table du chef le samedi soir. Petite carte "finger-food" au "lounge-bar".
◆ Moderne brasserie met veranda en fijn terras. Alle schotels zijn ook in kleinere porti
verkrijgbaar. "Table du chef" op zaterdagavond. Kaart met fingerfood in de lounge-bar.

Domestica, Onderbergen 27, ☎ 0 9 223 53 00, *restaurant.domestica@skynet.be,* ⛱
▤ ♿ ⇔ 20/38. ⓜⓒ VISA EZ
fermé vacances Pâques, 2 prem. sem. août, sam. midi, dim. et lundi midi – **Rest** *Lunch 3*
carte 35/70, ♀.
◆ Cette superbe maison de notable (19e s.) relookée intérieurement abrite un bar plaisa
et deux salles à manger dans l'air du temps complétées par une terrasse close de murs.
◆ Dit prachtige gerenoveerde herenhuis (19e eeuw) beschikt over een prettige bar en tw
moderne eetzalen met een ommuurd terras.

The House Of Eliott, Jan Breydelstraat 36, ☎ 0 9 225 21 28, *Fax 0 9 225 21 28,* ⛱
AE ⓓ ⓜⓒ VISA. ✗ EY
fermé 15 fév.-8 mars, 4 au 20 sept., mardi et merc. – **Rest** 42/47, carte 39/70.
◆ Près du Gravensteen, maison ancienne où l'on vient faire des repas au goût du jour da
un foisonnant décor inspiré de l'Entre-deux-guerres ou sur la terrasse près de l'eau.
◆ Oud pand bij het Gravensteen, met een rijk interieur in de stijl van het interbellur
's Zomers kan op het terras aan het water worden gegeten. Eigentijdse keuken.

Le Grand Bleu, Snepkaai 15, ☎ 0 9 220 50 25, *info@legrandbleu.be, Fax 0 9 329 50 2*
⛱, Produits de la mer – ▤ P ⇔ 10/32. AE ⓓ ⓜⓒ VISA plan p. 2 AU
fermé sam. midi, dim. et lundi – **Rest** (réservation souhaitée) *Lunch 10* – 25/49, carte 25/3
◆ Le homard dessiné sur la façade laisse aisément deviner l'orientation de la carte, où
noble crustacé tient toujours la vedette. Décor "bistrot" et atmosphère vivante.
◆ De kreeft die op de voorgevel prijkt, geeft vast een voorproefje van de kaart waarop
schaaldier een prominente plaats inneemt. Levendige ambiance en bistro-interieur.

A Food Affair, Korte Meer 25, ☎ 0 9 224 18 05, *Fax 0 9 224 17 83,* Avec cuisine asiatiq
– AE ⓜⓒ VISA EZ
fermé fin juil.-début août, sam. midi, dim. et lundi midi – **Rest** 43 bc/53 bc, carte 29/43.
◆ Préparations au "wok" nourries d'influences diverses (notamment thaïlandaises, i
diennes et japonaises) à apprécier dans un cadre à la fois minimaliste, exotique et m
derne.
◆ Wokgerechten met diverse invloeden, vooral Thais, Indiaas en Japans. Het interieur
minimalistisch, exotisch en modern tegelijk.

C-Jean, Cataloniëstraat 3, ☎ 0 9 223 30 40, *antel@pandora.be, Fax 0 9 330 00 01,* ⛱
ⓜⓒ VISA EY
fermé 25 juil.-12 août, dim. et lundi – **Rest** *Lunch 30* – 50, carte 34/57.
◆ Cette sympathique petite maison à pignon à redans accueille ses convives dans un déc
à la fois rustique et "trendy". Choix noté à l'ardoise et recomposé selon le marché.
◆ Leuk pandje met trapgevel, dat rustiek maar ook trendy is ingericht. De menukaart
het schoolbord wisselt met het aanbod op de markt.

Marco Polo Trattoria, Serpentstraat 11, ☎ 0 9 225 04 20, Pâtes et antipasti FY
fermé 20 au 30 juil. et lundi – **Rest** *Lunch 9* – 13, carte 23/40.
◆ Dans une rue piétonne du centre-ville, trattoria très courue pour son assortiment d'ant
pasti et de pâtes faites maison (à la minute). Confort élémentaire ; prix muselés.
◆ Deze trattoria in een voetgangersstraat in het centrum is zeer in trek vanwege
antipasti en kersverse pasta's. Basiscomfort zonder gepeperde rekening.

BELGIQUE

Quartier Ancien (Patershol) - *plan p. 4 :*

Harmony sans rest Kraanlei 37, ✆ 0 9 324 26 80, *info@hotel-harmony.be, Fax 0 9 324 26 88,* ←, ⛱, ⚓ - |‡| ✈ ▤ ♿ 🚗. AE MC VISA EY w
17 ch ☐ ☆115/155 – ☆☆130/210.
◆ Ancien hôtel particulier aux chambres et studios harmonieusement décorés dans le goût moderne. Espace breakfast et bar soignés ; cour-jardin "perchée" et piscine surprenante.
◆ Oud herenhuis met harmonieus ingerichte kamers en studio's in moderne stijl. Verzorgde ontbijtruimte en bar. Hooggelegen binnenplaats met planten en verbazingwekkend zwembad.

XX **Le Baan Thaï,** Corduwaniersstraat 57, ✆ 0 9 233 21 41, *Fax 0 9 233 20 09,* Cuisine thaïlandaise – ▤. ⚘ EY s
fermé lundi – **Rest** (dîner seult sauf dim.) 23/30, carte 23/34.
◆ Restaurant thaïlandais dissimulé dans la cour intérieure d'un ensemble de maisons patriciennes. La carte, typique du genre, est bien détaillée, et offre un choix étendu.
◆ Dit Thaise restaurant ligt verscholen op de binnenplaats van een groep patriciërshuizen. De uitgebreide kaart is typerend voor dit soort restaurants.

XX **De Blauwe Zalm,** Vrouwebroersstraat 2, ✆ 0 9 224 08 52, *Fax 0 9 234 18 98,* ⛱, Produits de la mer – ▤ ⇔ 8. AE ⓓ MC VISA. ⚘ EY r
fermé 15 juil.-15 août, 25 déc.-5 janv., sam. midi, dim., lundi midi et jours fériés – **Rest** *Lunch 30* – 41/55, carte 49/58.
◆ Saveurs de la mer déclinées sur un mode créatif, dans un décor non dénué d'originalité. "Lustre-méduse" design en salle. Cour-terrasse à l'arrière. Petite carte personnalisée.
◆ Visrestaurant met een origineel decor en een creatieve kok. De designlamp in de eetzaal heeft de vorm van een kwal. Kleine kaart met een persoonlijke toets. Terras achter.

XX **De 3 Biggetjes,** Zeugsteeg 7, ✆ 0 9 224 46 48, *Fax 0 9 224 46 48,* ⛱ – ▤. AE ⓓ MC VISA EY g
fermé Pâques, 3 sem. août, Noël-Nouvel An, mardi, sam. midi et dim. soir – **Rest** *Lunch 16* – 28/37, carte 36/61.
◆ Une bonne réputation entoure ce restaurant occupant une maison du 16e s. La salle à manger, avec véranda, marie le moderne et l'ancien. Terrasse d'été sur cour intérieure.
◆ Dit restaurant in een 16e-eeuws pand geniet een uitstekende reputatie. De eetzaal met serre is een geslaagde combinatie van oud en modern. Zomerterras op de patio.

X **'t Buikske Vol,** Kraanlei 17, ✆ 0 9 225 18 80, *info@buikskevol.com, Fax 0 9 223 04 31,* ⛱ – ⇔ 10/36. AE ⓓ MC VISA. ⚘ EY m
fermé 26 juil.-12 août, merc., sam. midi et dim. – **Rest** *Lunch 29* – 45, carte 39/52.
◆ Bistrot convivial au cadre moderne installé dans une ancienne maison de notable (17e s.). Cuisine à vue d'où sortent des mets au goût du jour. Terrasse au bord de la Lys.
◆ Gezellige brasserie met een modern interieur in een 17e-eeuws herenhuis. Open keuken en een eigentijds culinair repertoire. Terras aan de oever van de Leie.

X **Karel de Stoute,** Vrouwebroersstraat 5, ✆ 0 9 224 17 35, *restkareldestoute@skynet.be, Fax 0 9 224 17 65,* ⛱ – AE MC VISA EY y
fermé dern. sem. août-prem. sem. sept., dim. et lundi midi – **Rest** 30/66 bc, carte 47/59.
◆ Maison patricienne de 1516 abritant une table familiale sympathique au décor plaisamment actualisé. L'été, une terrasse agréable est dressée dans la cour. Petit choix élaboré.
◆ Leuk restaurant met een gemoderniseerd interieur in een patriciërshuis uit 1516. 's-Zomers kan op de binnenplaats worden gegeten. Kleine, evenwichtige kaart.

Périphérie - *plan p. 2 sauf indication spéciale :*

à Afsnee C *Gent* – ✉ *9051 Afsnee :*

XX **Nenuphar,** Afsneedorp 28, ✆ 0 9 222 45 86, *de.waterlelie@pandora.be, Fax 0 9 221 22 32,* ←, ⛱, ⚓ – ▤ P ⇔ 15/60. ⚘ AU r
fermé fin déc., merc., jeudi et dim. soir – **Rest** *Lunch 25* – 33/60 bc, carte 40/66.
◆ La même famille se relaie depuis trois générations à la barre de cette maison de tradition jouissant d'une situation digne d'une carte postale. Joli coup d'œil sur la Leie.
◆ Al drie generaties lang staat dezelfde familie aan het roer van dit traditionele restaurant, dat door zijn ligging zo op een ansichtkaart kan. Mooi uitzicht op de Leie.

XX **De Fontein Kerse,** Broekkantstraat 52, ✆ 0 9 221 53 02, *Fax 0 9 221 53 02,* ⛱ – P. AE ⓓ MC VISA. ⚘ AU s
fermé 2 dern. sem. janv., 2 dern. sem. juil., mardi, merc. et dim. soir – **Rest** *Lunch 30* – 44/71 bc, carte 52/70.
◆ Bâtisse moderne où se conçoit une cuisine actuelle élaborée. Salle ample et claire ordonnée autour d'une pièce d'eau ; salon contemporain tourné vers la terrasse et le jardin.
◆ Modern pand met een verfijnde eigentijdse keuken. Grote, lichte eetzaal met waterpartij in het midden; eigentijdse salon met aangrenzend terras en uitzicht op de tuin.

BELGIQUE

à Mariakerke C Gent – ✉ 9030 Mariakerke :

X **Den Groenen Staek,** Groenestaakstraat 70, ☎ 0 9 226 59 44, *Fax 0 9 226 59 43,* 🏠 P ⇔ 40/75. AE MC VISA AT
fermé 19 fév.-6 mars, 26 sept.-10 oct., lundi, mardi et sam. midi – **Rest** *Lunch 13* – 38/60 b carte 32/46.
◆ Fermette au décor intérieur actualisé située dans un secteur résidentiel. Pe choix classique enrichi d'une ardoise suggestive et lunch décrit oralement. Terrasse jardin.
◆ Boerderijtje met een modern interieur in een woonwijk. Kleine klassieke kaart en sugge ties op een leitje. Het lunchmenu wordt mondeling doorgegeven. Tuin met terras.

à Oostakker C Gent – ✉ 9041 Oostakker :

XX **'t Boerenhof,** Gentstraat 2 (Lourdes), ☎ 0 9 251 03 14, *info@boerenhof.be, Fax 0 251 07 72,* 🏠 – ▤ ♿ P ⇔ 10/400. AE ⓓ MC VISA BT
fermé 1er au 12 mars, 25 oct.-5 nov., 27 au 30 déc., lundi soir, mardi et merc. – **Rest** *Lun 22* – 37 bc,/60 bc, carte 27/56, ♀.
◆ Un joli choix de menus où entrent de nombreux produits "made in Normandy" e proposé à cette table familiale née en 1945. Restaurant d'été et jeux d'enfants dans pelouse.
◆ Dit restaurant, waar sinds 1945 een familie de scepter zwaait, biedt een mooie keur v menu's met veel producten "made in Normandy". 's Zomers kan er buiten worden g geten.

à Sint-Denijs-Westrem C Gent – ✉ 9051 Sint-Denijs-Westrem :

Holiday Inn Expo, Maaltekouter 3, ☎ 0 9 220 24 24, *Fax 0 9 222 66 22,* Fō, ≘ – |$| ▤ ♿ P – 🏛 200. AE ⓓ MC VISA AU
Rest (buffets) *Lunch 17* – 27/29, carte 33/48, ♀ – ☕ 19 – **169 ch** ✝73/162 – ✝✝73/212.
◆ Cet immeuble hôtelier moderne voisinant avec l'autoroute et le Flanders Expo accue la clientèle "corporate" en toutes commodités. Patio central ; communs design. Resta rant-atrium propice aux petits repas d'affaires. Menus combinés avec des buffets.
◆ Modern hotelcomplex bij de snelweg en de hallen van Flanders Expo, met allerlei facilit ten voor de zakenwereld. Centrale patio en designinterieur. Het restaurant met atrium ideaal voor een kleine zakenmaaltijd. Menu's gecombineerd met buffetten.

XX **Oranjehof,** Kortrijksesteenweg 1177, ☎ 0 9 222 79 07, *oranjehof@skynet.be, Fax 0 222 74 06,* 🏠 – P ⇔ 6/30. AE ⓓ MC VISA. ✻ AU
fermé 2e quinz. août, sam. midi et dim. – **Rest** (déjeuner seult sauf vend. et sam.) *Lunch 2* 38/52 bc, carte 36/55.
◆ Maison de maître soigneusement réaménagée dans la note Art nouveau. Par be temps, on dresse le couvert au jardin, à côté d'un verger. Choix classico-traditionnel.
◆ Fraai gerestaureerd herenhuis in art-nouveaustijl. Op zonnige dagen worden de tafeltj in de tuin naast de boomgaard gedekt. Klassiek-traditionele keuken.

à Zwijnaarde C Gent – ✉ 9052 Zwijnaarde :

XX **De Klosse,** Grotesteenweg Zuid 49 (sur N 60), ☎ 0 9 222 21 74, *info@deklosse.b Fax 0 9 371 49 69,* 🏠 – ▤ P ⇔ 10/22. AE ⓓ MC VISA. ✻ AU
fermé 2 sem. carnaval, 15 juil.-8 août, sam. midi, dim. et lundi – **Rest** *Lunch 29* – 49, car 50/66, ♀.
◆ Aux abords d'un carrefour, fermette rajeunie où l'on s'attable dans une salle aux lamb clairs rehaussés de clichés noir et blanc à thématique culinaire. Carte classique.
◆ Dit boerderijtje bij een kruispunt heeft een verjongingskuur ondergaan. Eetzaal m lichte lambrisering en zwart-wit foto's rond culinair thema. Klassieke keuken.

Environs

à Heusden - *plan p. 2* - C *Destelbergen 17 170 h.* – ✉ *9070 Heusden :*

XX **Rooselaer,** Berenbosdreef 18 (par R4, sortie ⑤), ☎ 0 9 231 55 13, *info@rooselaer.b* 🏠, Avec grillades – P ⇔ 4/80. AE ⓓ MC VISA BU
fermé mardi soir et merc. – **Rest** *Lunch 27* – 33/82 bc, ♀.
◆ Près de l'autoroute, bâtisse de l'entre-deux-guerres s'agrémentant d'un jardin fleu Accueil et service familial, menus bien composés, grillades à la braise de la cheminée.
◆ Gebouw uit het interbellum met een mooie bloementuin, niet ver van de snelwe Gemoedelijke ontvangst, goed samengestelde menu's en op houtskool geroostе vlees.

BELGIQUE

Lochristi - *plan p. 2* – *20 112 h.* – ✉ *9080 Lochristi :*

XXX **Leys,** Dorp West 89 (N 70), ☎ 0 9 355 86 20, *info@restaurantleys.be, Fax 0 9 356 86 26,* – P ⇔ 20/60. AE ① MC VISA BT z

fermé 1 sem. carnaval, 2 sem. en juil., dim. soir, lundi soir et merc. – **Rest** Lunch 27 – 50/73 bc, carte 43/69.

◆ Grande villa au cachet Belle Époque où l'on goûte de la cuisine classique-traditionnelle dans un cadre confortable et soigné : mobilier de style, tableaux, lustres en cristal.

◆ Grote villa in belle-époquestijl met een comfortabel en gesoigneerd interieur: stijlmeubelen, schilderijen en kroonluchters. Klassiek-traditionele keuken.

XX **'t Wethuis,** Hijfte-Center 1 (Nord : 3 km), ☎ 0 9 355 28 02, *info@twethuis.be,* – P ⇔ 8/40. MC VISA. BT j

fermé 3 sem. en juil., fin déc.-début janv., sam. midi, dim. soir, lundi et mardi – **Rest** Lunch 30 – 44/70 bc, carte 45/63, ♀.

◆ Cet édifice du 16e s. a occupé diverses fonctions : justice de paix, mairie, etc. avant d'abriter un restaurant d'esprit néo-rustique. Terrasse d'été sur jardin à l'arrière.

◆ Dit 16e-eeuwse gebouw deed onder andere dienst als rechtbank en gemeentehuis, voordat het een neorustiek restaurant werd. Zomerterras in de tuin aan de achterkant.

Melle - *plan p. 2* – *10 583 h.* – ✉ *9090 Melle :*

Lepelbed sans rest, Brusselsesteenweg 100 (sur N 9), ☎ 0 9 231 14 10, *Fax 0 9 231 68 08* – P. AE ① MC VISA. BU

19 ch ☐ ★70/75 – ★★85/120.

◆ De nombreux cyclistes pros ont laissé un souvenir de leur passage dans ce petit hôtel familial établi à proximité de l'autoroute. Divers types de chambres et salon douillet.

◆ Veel profwielrenners hebben een souvenir achtergelaten in dit hotelletje bij de snelweg, dat door een familie wordt gerund. Knusse lounge en verschillende soorten kamers.

X **De Branderij,** Wezenstraat 34, ☎ 0 9 252 41 66, *restaurant@restaurantdebranderij.be,* – ▤. AE MC VISA. BU m

fermé 9 au 19 avril, 20 août-6 sept., sam. midi, dim. soir, lundi et après 20 h 30 – **Rest** 30/58 bc, carte 40/55.

◆ L'enseigne, qui signifie "brûlerie de café", résume le passé de cette maison en briques datant des années 1930. Salle à manger donnant sur une terrasse arrière, côté jardin.

◆ De naam van dit charmante pandje uit 1930 herinnert aan het feit dat hier vroeger een koffiebranderij zat. Eetzaal met terras aan de achterkant, d.w.z. de tuinzijde.

Merelbeke - *plan p. 2* – *22 348 h.* – ✉ *9820 Merelbeke :*

XX **De Blauwe Artisjok,** Gaversesteenweg 182, ☎ 0 9 231 79 28, *deblauweartisjok@skynet.be,* – P ⇔ 20/38. ① MC VISA. AU p

fermé mardi soir, merc. et sam. midi – **Rest** Lunch 28 – 30/61 bc, carte 42/59.

◆ Une carte classique variée et des menus bien vus sont présentés dans l'ample salle à manger de cette villa grise ou, dès les premiers beaux jours, sur la terrasse du jardin.

◆ In de ruime eetzaal van deze grijze villa vindt u een klassieke kaart met ruime keuze en goed menu's; bij mooi weer kan op het terras in de tuin worden gegeten.

XX **Torenhove,** Fraterstraat 214, ☎ 0 9 231 61 61, *info@torenhove.be, Fax 0 9 231 69 89,* – P ⇔ 8/14. AE ① MC VISA BU r

fermé mardi, sam. midi et dim. midi – **Rest** Lunch 30 – 44/67 bc, carte 47/61.

◆ Un petit parc arboré environne cet établissement installé dans les dépendances d'un "castel" flanqué de tours en poivrière... Passez à table, et vous verrez la salière !

◆ Dit etablissement is ondergebracht in de bijgebouwen van een kasteeltje, waar aan weerszijden een peperbustoren staat. Het zoutvaatje staat gelukkig op tafel!

GENVAL *1332 Brabant Wallon* C *Rixensart 21 352 h.* **533** L18, **534** L18 *et* **716** G3. 3 **B2**

Bruxelles 22 – Wavre 10 – Leuven 28 – Namur 47.

Château du Lac , av. du Lac 87, ☎ 0 2 655 71 11, *cdl@martins-hotels.com, Fax 0 2 655 74 44,* ≤ lac et vallon boisé, , , , , , , – P – 1000. AE ① MC VISA

Rest ***Genval.les.Bains*** Lunch 16 – 29/38, carte 35/49, ♀ – **120 ch** ☐ ★260/445 – ★★260/445 – 1 suite.

◆ Au creux d'un vallon boisé, magnifique hôtel dont les chambres offrent tout le confort moderne. Perspective imprenable sur le lac. Spécialité "maison" : les séminaires. Brasserie au décor "hype" très réussi, signé Antoine Pinto. Élégantes terrasses en teck.

◆ Prachtig hotel in een beboste vallei, met een adembenemend uitzicht op het meer. De kamers bieden modern comfort. Deze locatie is zeer geschikt voor congressen. Brasserie met een bijzonder trendy interieur van Antoine Pinto. Elegante teakhouten terrassen.

BELGIQUE

Le Manoir du Lac sans rest, av. Hoover 4, ☎ 0 2 655 63 11, *mdl@martins-tels.com, Fax 0 2 655 64 55,* ←, ≡s, ⌒, ♧ – P – 🏛 60. AE ⓓ MC VISA
13 ch ☐ ✶130/250 – ✶✶130/280.
◆ Sur les coteaux bordant le lac, manoir d'esprit victorien entouré d'un parc verdoya Des meubles de divers styles personnalisent les chambres. Quiétude et romantisme.
◆ Victoriaans pand in een weelderig park, gelegen tegen een heuvel bij het meer. Meub len uit diverse stijlperioden geven een persoonlijke toets aan de kamers. Rust en roma tiek.

XX **L'Amandier,** r. Limalsart 9 (près du lac), ☎ 0 2 653 06 71, ♧ – ▤ ♿ P ⇔ 20/30. AE ⓓ VISA
fermé prem. sem. janv., 2 dern. sem. août, merc., sam. midi et dim. soir – **Rest** *Lunch* 2(30/73 bc, carte 46/54, ♀.
◆ Halte gourmande à 200 m du lac, dans une jolie villa bordée d'arbres. Fringant déc intérieur à touche féminine, carte actuelle appétissante et accueil charmant.
◆ Gastronomische pleisterplaats op 200 m van het meer, in een mooie villa tussen (bomen. Smaakvol interieur, aanlokkelijke eigentijdse menukaart en charmante ontvangst

X **l'Echalote,** av. Albert Ier 24, ☎ 0 2 653 31 57, *slefevre@skynet.be,* Cuisine du Sud-Oue – ▤ ♿ P. AE ⓓ MC VISA
fermé 1 sem. en fév., 3 sem. en juil., dim. soir, lundi soir et mardi – **Rest** 30, carte 31/59.
◆ L'Echalote propose un choix de recettes venues en droite ligne du Sud-Ouest de France. Des vins de même origine et des principaux vignobles de l'Hexagone les accon pagnent.
◆ De recepten van deze "sjalot" komen linea recta uit Zuidwest-Frankrijk. Ook de wijnen zij afkomstig uit die streek, aangevuld met de oogst van andere Franse wijngaarden.

BELGIQUE

à Rixensart *Est : 4 km – 21 352 h. – ✉ 1330 Rixensart :*

Le Lido sans rest, r. Limalsart 20 (près du lac de Genval), ☎ 0 2 634 34 34, *lelido@m. tins-hotels.com, Fax 0 2 634 34 44,* ←, ♧, ♧ – ⇔ P – 🏛 80. AE ⓓ MC VISA
fermé 2 sem. en juil. et vacances Noël – **27 ch** ☐ ✶110/140 – ✶✶130/160.
◆ Lieu de séjour estimé des congressistes, cette accueillante bâtisse à colombages et so étang forment un petit havre de paix à quelques ricochets du lac de Genval.
◆ Dit aantrekkelijke vakwerkhuis met vijver is een oase van rust en ligt op een steenwor afstand van het meer van Genval. Zeer populair bij congresgangers.

Nous essayons d'être le plus exact possible dans les prix que nous indiquons. Mais tout bouge ! Lors de votre réservation, pensez à vous faire préciser le prix du moment.

GERAARDSBERGEN (GRAMMONT) *9500 Oost-Vlaanderen* **533** I18 *et* **716** E3 *– 31 370 h.* 17 C3

Voir Site★.
🅸 *Stadhuis,* ☎ *0 54 43 72 89, toerisme@geraardsbergen.be, Fax 0 54 43 72 80.*
Bruxelles 43 – Gent 44 – Aalst 29 – Mons 42 – Oudenaarde 25.

X **'t Grof Zout,** Gasthuisstraat 20, ☎ 0 54 42 35 46, *info@grofzout.be, Fax 0 54 42 35 47* ♧ – ▤. MC VISA. ⋇
fermé prem. sem. mars, 3 sem. en sept., sam. midi, dim. soir et lundi – **Rest** *Lunch 29* – 39 carte env. 55.
◆ Bon p'tit relais de bouche installé dans une ancienne miroiterie. En salle, aménagement contemporain pour le moins astucieux : des cuillers à soupe en guise d'appliques !
◆ Eettentje in een oude spiegelfabriek, waar u kunt genieten van een verzorgde maaltijd. De moderne inrichting is vindingrijk: soeplepels als wandlampjes!

GERPINNES *Hainaut* **533** M20, **534** M20 *et* **716** G4 – *voir à Charleroi.*

GESVES *5340 Namur* **533** P20, **534** P20 *et* **716** I4 *– 6 318 h.* 15 C1

Bruxelles 81 – Namur 29 – Dinant 30 – Liège 53 – Marche-en-Famenne 31.

XX **L'Aubergesves** avec ch, Pourrain 4, ☎ 0 83 67 74 17, *aubergesves@skynet.be,* ♧ – P
fermé janv.-mars sauf week-end, lundi et mardi – **Rest** (déjeuner seult en janv.-mars) *Lunch 24* – 38/75 bc, carte 45/59, ♀ – ☐ 15 – **6 ch** ☐ ✶90/110 – ✶✶90/135 – ½ P 98/103.
◆ Environnement agreste, murs de pierres couverts de lierre, salle rustique bien modernisée, terrasse panoramique, mets traditionnels, bon choix de vins et chambres au diapason.
◆ Landelijke omgeving, natuurstenen muren met klimop, gemoderniseerde rustieke eetzaal, panoramaterras, traditionele keuken, goede wijnkelder en prettige kamers.

XX **La Pineraie,** r. Pineraie 2, ☎ 0 83 67 73 46, *Fax 0 83 67 73 46*, ☂ - P ⇔ 25/36. AE ⊙ MC VISA. ✂
fermé sem. carnaval, dern. sem. août-2 prem. sem. sept., sam. midi, dim. soir, lundi et mardi – **Rest** *Lunch 20* – 36/65 bc, carte env. 45, ♀.
◆ Cette belle bâtisse en pierres était une dépendance du château visible en terrasse. Salon-véranda et intime salle voûtée aux tons clairs adoucis par un éclairage tamisé.
◆ Dit natuurstenen pand hoorde vroeger bij het kasteel dat vanaf het terras te zien is. Serrelounge en een gewelfde eetzaal in lichte tinten en met sfeerverlichting.

HISLENGHIEN (GELLINGEN) *Hainaut* **533** I19, **534** I19 *et* **716** E4 – *voir à Ath.*

ILLY *Hainaut* **533** L20, **534** L20 *et* **716** G4 – *voir à Charleroi.*

ITS *West-Vlaanderen* **533** D17 *et* **716** C3 – *voir à Roeselare.*

OOIK *1755 Vlaams-Brabant* **533** J18 *et* **716** F3 – *8 893 h.* 3 **A2**
Bruxelles 22 – Leuven 60 – Aalst 22 – Mons 45 – Tournai 66.

Leerbeek *Sud : 2 km* C *Gooik* – ✉ *1755 Leerbeek :*

XX **De Verleiding,** Ninoofsesteenweg 181, ☎ 0 2 532 26 24, *info@de-verleiding.be, Fax 0 2 532 26 24,* ☂ - P ⇔ 15/60. AE MC VISA. ✂
fermé vacances carnaval, 3 sem. en juil., lundi, mardi et sam. midi – **Rest** *Lunch 25* – 35/70 bc, carte 40/60.
◆ Repas au goût du jour servis dans une ample et lumineuse salle de restaurant où dominent des matériaux naturels. Mise en place soignée sur les tables. Terrasse à l'arrière.
◆ Eigentijdse gerechten, geserveerd in een groot en licht restaurant waar natuurlijke materialen de overhand hebben. Mooi gedekte tafels en terras aan de achterkant.

BELGIQUE

OSSELIES *Hainaut* **533** L20, **534** L20 *et* **716** G4 – *voir à Charleroi.*

OUY-LEZ-PIÉTON *6181 Hainaut* C *Courcelles 29 628 h.* **533** K20, **534** K20 *et* **716** F4. 7 **D2**
Bruxelles 51 – Mons 34 – Namur 43 – Wavre 47.

XX **Le Mont-à-Gourmet,** pl. Communale 12, ☎ 0 71 84 74 15, *le.mont-a-gourmet@skynet.be, Fax 0 71 84 74 41* – P. MC VISA
fermé 8 au 31 juil. et dim. soirs, lundis et mardis non fériés – **Rest** *Lunch 26* – 32/68 bc, carte 50/63.
◆ Cuisine classique-traditionnelle actualisée et décoration intérieure sur le thème du Septième Art (série de portraits d'acteurs français). Petite terrasse d'été côté jardin.
◆ Klassiek-traditionele keuken die aan de huidige tijd is aangepast en een interieur met foto's van Franse filmacteurs. Tuin met klein terras, waar 's zomers kan worden gegeten.

RAMMONT *Oost-Vlaanderen – voir Geraardsbergen.*

GRAND-HALLEUX *Luxembourg belge* **533** U21, **534** U21 *et* **716** K5 – *voir à Vielsalm.*

GRANDHAN *Luxembourg belge* **533** R21, **534** R21 *et* **716** J5 – *voir à Durbuy.*

GRANDRIEU *Hainaut* **534** K21 *et* **716** F5 – *voir à Beaumont.*

GRANDVOIR *Luxembourg belge* **534** R23 *et* **716** J6 – *voir à Neufchâteau.*

Kent u het verschil tussen de bestekjes X en de sterren ✿?
De bestekjes geven een categorie van standing aan; de sterren wijzen op de beste keukens in de verschillende categorieën.

's GRAVENVOEREN (FOURON-LE-COMTE) *3798 Limburg ◻C Voeren 4 263 h.* **533** T18 9 **716** K3.

Kerkplein 212, ✆ 0 4 381 07 36, voerstreek@skynet.be, Fax 0 4 381 21 59.
Bruxelles 119 – Hasselt 59 – Liège 28 – Maastricht 15.

De Kommel ⛰, Kerkhofstraat 117d, ✆ 0 4 381 01 85, *info@dekommel.be, Fax 0 4 381 23 30,* ≤, – 🅿 – 30. AE VISA.
fermé 3 au 25 janv. – **Rest** (dîner seult) 33/85 bc, carte 35/53, ♀ – **16 ch** ☕ ★65/75 – ★★85/100 – ½ P 75/85.
◆ Villa et son extension juchées sur les hauts de la localité et ménageant une jolie vue sur celle-ci. Deux types de chambres, plus modernes dans l'aile récente. Table au décor coquet ouvrant sur une terrasse-belvédère. Petite carte de notre temps et bons menus.
◆ Deze villa op een heuvel biedt een fraai uitzicht op het dorp. Er zijn twee soorten kamers, waarvan die in de pas aangebouwde vleugel het modernst zijn. Leuk restaurant met panoramaterras. Kleine, eigentijdse kaart en lekkere menu's.

XX **The Golden Horse,** Hoogstraat 242, ✆ 0 4 381 02 29, *Fax 0 4 381 20 44,* – ⇔ 20/65. AE VISA.
fermé 3 sem. en sept., lundi midi, jeudi, vend. midi et sam. midi – **Rest** Lunch 35 – 40/77 b carte 56/72.
◆ Cuisine classico-actuelle et décor intérieur assorti pour cette engageante table tenue en famille et dirigée par une vétérane des fourneaux. Cour-terrasse en teck. Bonne cave.
◆ Plezierig restaurant met een modern-klassieke keuken en dito interieur, dat door een familie wordt gerund. In de keuken staat een oude rot in het vak; goede wijnkelder. Patio

BELGIQUE

's GRAVENWEZEL *Antwerpen* **533** M15 *et* **716** G2 – *voir à Antwerpen, environs.*

GRIMBERGEN *Vlaams-Brabant* **533** L17 *et* **716** G3 – *voir à Bruxelles, environs.*

GROBBENDONK *Antwerpen* **533** N15 *et* **716** H2 – *voir à Herentals.*

GROOT-BIJGAARDEN *Vlaams-Brabant* **533** K17 *et* **716** F3 – *voir à Bruxelles, environs.*

GULLEGEM *West-Vlaanderen* **533** E17 *et* **716** C3 – *voir à Wevelgem.*

HAALTERT *9450 Oost-Vlaanderen* **533** J17 *et* **716** F3 – *17 253 h.* 17 C

Bruxelles 29 – Gent 35 – Aalst 6 – Mons 59.

XXX **Apriori** (Coppens), Sint-Goriksplein 19, ✆ 0 53 83 89 54, *info@a-priori.be* – VISA
✿
fermé 1 sem. carnaval, 3 sem. en août, mardi, merc. et sam. midi – **Rest** Lunch 35 – 50/80 bc, carte 53/103.
Spéc. Foie gras d'oie, garniture du moment. Bar sauvage cuit à basse température. Sucettes glacées.
◆ Derrière l'église, devanture moderne en aluminium précédant une salle à manger "tendance" accessible par un couloir vitré. Cuisines à vue ; terrasse arrière jouxtant un parc.
◆ Achter de kerk staat dit trendy restaurant met een moderne aluminiumgevel. Open keuken en terras aan de achterkant, met uitzicht op een park.

De HAAN *8420 West-Vlaanderen* **533** D15 *et* **716** C2 – *11 927 h – Station balnéaire*★. 18 B1

Koninklijke baan 2 ✆ 0 59 23 32 83, Fax 0 59 23 37 49.
Gemeentehuis, Leopoldlaan 24 ✆ 0 59 24 21 34, tourisme@dehaan.be, Fax 0 59 24 21 3 – (Pâques-sept. et vacances scolaires) Tramstation ✆ 0 59 24 21 35.
Bruxelles 113 – Brugge 21 – Oostende 12.

Plan page ci-contre

Manoir Carpe Diem ⛰ sans rest, Prins Karellaan 12, ✆ 0 59 23 32 20, *manoircarpediem@skynet.be, Fax 0 59 23 33 96,* – 🅿. AE VISA BY p
ouvert 15 mars-15 nov., week-end et vacances scolaires; fermé janv. – **12 ch** ☕ ★110/125 – ★★125/170 – 3 suites.
◆ La célèbre maxime latine inspire l'enseigne de cette villa charmante bâtie à proximité du littoral. Les chambres, spacieuses et cossues, ne manquent assurément pas d'agrément.
◆ In deze mooie villa vlak bij de kust is het niet moeilijk de dag te plukken! De ruime en weelderig ingerichte kamers staan garant voor een heerlijk verblijf.

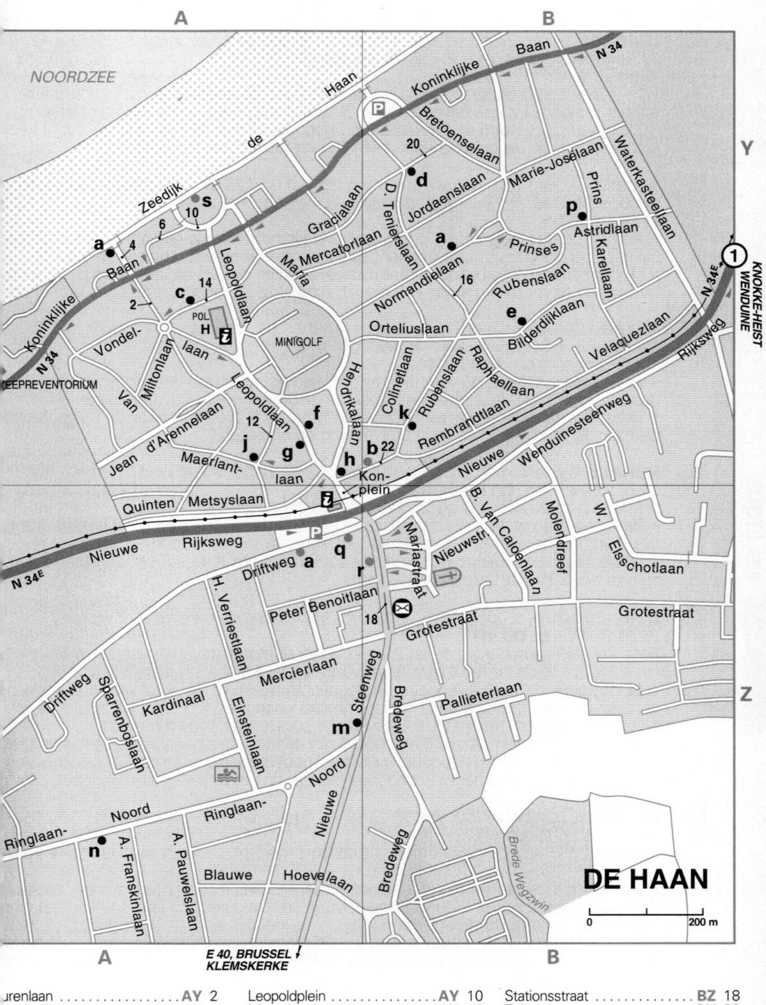

urenlaan . . . . **AY** 2
urerhelling . . . . **AY** 4
Ensorlaan . . . . **AY** 6
Leopoldplein . . . . **AY** 10
Montaignelaan . . . . **AY** 12
Murillolaan . . . . **AY** 14
Schillerlaan . . . . **BY** 16
Stationsstraat . . . . **BZ** 18
Tollenslaan. . . . . **BY** 20
Van
Eycklaan . . . . **BY** 22

Auberge des Rois-Beach Hotel, Zeedijk 1, ☎ 0 59 23 30 18, *info@beachhotel.be, Fax 0 59 23 60 78,* ≤, – rest **AY a**
ouvert 23 mars-7 janv. – **Rest** carte 29/82 – **22 ch** 70/110 – 90/250 – 6 suites – ½ P 160/230.

◆ Hôtel 1900 ancré sur la digue, à quelques pas de la plage. Chambres agréables, d'une tenue méticuleuse ; certaines profitent un peu plus que d'autres du panorama maritime. Restaurant classique et taverne tournés vers l'estran ; bar feutré au décor anglais.

◆ Hotel uit 1900 aan de boulevard, op loopafstand van het strand. Aangename en perfect onderhouden kamers; sommige profiteren meer van het zeezicht dan andere. Klassiek restaurant en café met uitzicht op het strand. Gezellige bar.

Duinhof sans rest, Leeuwerikkenlaan 21, 0 59 24 20 20, *info@duinhof.be, Fax 0 59 24 20 39*, – P – 25. VISA AZ
12 ch 100/115 – 115/160.
◆ De belles chambres personnalisées à l'anglaise ont été aménagées dans cette bâtisse en briques prolongeant une ferme du 18e s. Jardin soigné ; quartier résidentiel paisible.
◆ Dit hotel is gevestigd in een bakstenen gebouw bij een 18e-eeuwse boerderij in een rustige woonwijk. De kamers hebben een Engelse uitstraling.

Arcato sans rest, Nieuwe Steenweg 210, 0 59 23 57 77, *hotelarcato@telenet.be, Fax 0 59 23 88 66*, – P. VISA AZ
14 ch 55/65 – 65/75.
◆ Hôtel moderne bien pensé, adjoignant une kitchenette à la plupart de ses chambres. Calmes et ensoleillées, toutes donnent sur l'arrière et disposent d'un balcon meublé.
◆ Modern en comfortabel hotel met rustige, zonnige kamers die allemaal aan de achterkant liggen en voorzien zijn van een mooi balkon. Vele zijn uitgerust met een kitchenette.

Alizee sans rest, Tollenslaan 1, 0 59 23 34 75, *info@hotelalizee.be, Fax 0 59 23 76 34*, – P. VISA BY
10 ch 72/100 – 100/130.
◆ Villa balnéaire typique où vous logerez dans des chambres aux douces tonalités beiges et gris clair, dotées de vieux meubles cérusés. P'tit-déj. sur la jolie terrasse en été.
◆ Deze villa met kamers in zacht beige en lichtgrijs is typerend voor de Belgische badplaatsen. Bij mooi weer kan op het terras worden ontbeten.

Rubens sans rest, Rubenslaan 3, 0 59 24 22 00, *info@hotel-rubens.be, Fax 0 59 23 72 98*, – . VISA. BY
fermé 15 nov.-20 déc. – **11 ch** 68/82 – 82/86.
◆ Élevée dans un secteur résidentiel, cette jolie villa transformée en hôtel familial propose des chambres coquettes. Salle des petits-déjeuners assez mignonne, elle aussi.
◆ Mooie villa in een rustige woonwijk, die tot familiehotel is verbouwd. De kamers zien piekfijn uit, net als de ontbijtzaal overigens.

Belle Epoque, Leopoldlaan 5, 0 59 23 34 65, *hotel.belle-epoque@skynet.be, Fax 0 59 23 38 14*, – . VISA AY
Rest *(fermé 8 janv.-9 fév., 1er au 25 déc., lundi et mardi)* (taverne-rest) *Lunch 16* – 21/2.., carte 21/35 – **16 ch** (fermé 3 sem. en janv.) 50 – 78 – 3 suites – ½ P 72.
◆ La nostalgie de la Belle Époque imprègne l'architecture de cette élégante résidence bordant une des avenues de la station. Amples chambres sobrement actuelles. À table, recettes aux saveurs marines. L'été, on mange sous les stores de la terrasse.
◆ De architectuur van dit sierlijke gebouw aan een van de lanen van de badplaats druipt van heimwee naar de belle époque. De ruime, moderne kamers zijn sober ingericht. Menukaart met veel vis. 's Zomers kan onder de markies op het terras worden gegeten.

Internos, Leopoldlaan 12, 0 59 23 35 79, *hotelinternos@skynet.be, Fax 0 59 23 54 4..*, – & P. AE VISA AY
Rest *(fermé 15 nov.-20 déc. et merc.)* 18/29 bc, carte 28/43 – **20 ch** 49/55 – 65/.. – ½ P 58/66.
◆ Grosse villa située au bord d'une avenue passante, dans le centre de la station. Chambres de tailles diverses ; les meilleures possèdent un coin salon et une kitchenette. Restaurant présentant une carte traditionnelle.
◆ Grote villa aan een doorgaande weg in het centrum van dit vakantieoord. Kamers van verschillende grootte; de beste hebben een zithoek en een kitchenette. Restaurant met traditionele keuken.

De Gouden Haan sans rest, B. Murillolaan 1, 0 59 23 32 32, *de.gouden.haan@myonline.be, Fax 0 59 23 74 92* – P. AY
8 ch 50/55 – 75/85.
◆ Ce petit hôtel tire parti d'une villa représentative de l'architecture balnéaire du début du 20e s. Ses chambres sont nettes et offrent en général suffisamment d'espace.
◆ Klein hotel in een villa die kenmerkend is voor de architectuur in badplaatsen uit de vroege 20e eeuw. De kamers zijn netjes en bieden over het algemeen voldoende ruimte.

Grand Hotel Belle Vue, Koninklijk Plein 5, 0 59 23 34 39, *info@hotelbellevue.be, Fax 0 59 23 75 22*, – P. VISA AY
Rest *Lunch 18* – 37, carte 38/75 – **40 ch** 70/75 – 98/120 – ½ P 68/85.
◆ Bâtisse hôtelière monumentale d'esprit anglo-normand inaugurée en 1910. Ambiance nostalgique et chambres proprettes, de gabarits et d'agencement variables. Repas traditionnel dans une salle au décor aimablement suranné ou sur la terrasse estivale abritée.
◆ Monumentaal pand in Anglo-Normandische stijl dat in 1910 een hotel werd. Nostalgische sfeer en keurige kamers van verschillend formaat. In de heerlijk ouderwetse eetzaal of op het beschutte zomerterras kan een traditionele maaltijd worden genuttigd.

BELGIQUE

Bon Accueil sans rest, Montaignelaan 2, ☎ 0 59 23 31 14, *info@bonacueil@skynet.be, Fax 0 59 23 91 15,* – P. VISA AY j
fermé nov. – **13 ch** ☐ ♦50/55 – ♦♦65/76.
◆ Deux anciennes maisons particulières mitoyennes composent ce petit hôtel blotti au cœur d'un quartier résidentiel. Lumineuse salle de breakfast tournée vers le jardin.
◆ Dit hotelletje bestaat uit twee belendende oude huizen in een rustige woonwijk. Aangenaam lichte ontbijtzaal die uitkijkt op de tuin.

Bilderdijk sans rest, Bilderdijklaan 4, ☎ 0 59 23 62 00, *info@hotelbilderdijk.be, Fax 0 59 23 95 37,* – P. AE VISA BY e
8 ch ☐ ♦64/74 – ♦♦64/74.
◆ Dans un quartier résidentiel, maison d'habitation devenue un mini-hôtel où vous serez hébergés dans des chambres de proportions satisfaisantes. Ambiance et accueil familiaux.
◆ Dit piepkleine hotelletje in een rustige woonwijk beschikt over royale kamers. Gemoedelijke ambiance en hartelijke ontvangst.

Het Zonnehuis sans rest, Normandielaan 20, ☎ 0 475 71 98 65, *info@zonnehuis-dehaan.com, Fax 0 59 80 17 01,* – P BY a
3 ch ☐ ♦100/130 – ♦♦115/150.
◆ Double villa vous offrant de séjourner au calme, dans une ambiance britannique "so cosy". Chambres personnalisées, breakfast soigné, piscine et parterres de buis au jardin.
◆ Schakelvilla voor een rustig verblijf in een Britse ambiance, "so cosy". Kamers met een persoonlijke toets, verzorgd ontbijt, zwembad en tuin met veel buxus.

Rabelais, Van Eycklaan 2, ☎ 0 59 43 33 99, *rabelais@pandorabe,* 6/10. AE VISA. BY b
fermé mardi soir de sept. à mai, lundi et mardi midi – **Rest** *Lunch 29* – 45/100 bc, carte 56/73, ♀.
◆ Cuisine créative proposée dans une villa balnéaire au décor intérieur néo-baroque : angelots, colonnes dorées à torsades, motifs d'arabesques, etc. Terrasse avant en teck.
◆ Badvilla met een creatieve keuken in een neobarok interieur: cherubijntjes, vergulde zuilen, arabeskversieringen, enz. Teakhouten terras aan de voorkant.

Au Bien Venu, Driftweg 14, ☎ 0 59 23 32 54, *au.bien.venu@pandora.be, Fax 0 59 23 32 54* – 10/20. VISA AZ a
fermé mardi et merc. midi – **Rest** 23/50, carte 43/64.
◆ Aux abords de la gare de tram, véranda donnant sur une place agrémentée de fontaines modernes et arrière-salle classiquement installée. Accueil et service féminins appliqués.
◆ Klassiek ingericht restaurant bij het tramstation, met een serre die uitkijkt op een plein met moderne fonteinen. Er werken alleen vrouwen in de (zeer attente) bediening.

Cocagne, Stationsstraat 9, ☎ 0 59 23 93 28, *restaurant.cocagne@telenet.be* – VISA BZ r
fermé 2 sem. début juil., 1 sem. en déc., merc. et jeudi – **Rest** *Lunch 29* – 48, carte 40/55.
◆ Dans la rue principale, maison ancienne modernisée au-dedans en privilégiant une atmosphère intime et feutrée. Cuisine d'aujourd'hui ; patron aux fourneaux et Madame en salle.
◆ Restaurant met een intieme sfeer in een gerenoveerd oud pand in de hoofdstraat. Eigentijdse keuken met de baas achter het fornuis en zijn vrouw in de bediening.

L'Espérance, Driftweg 1, ☎ 0 59 32 69 00, *esperance@telenet.be, Fax 0 59 32 69 01* – VISA AZ q
fermé 2 sem. en janv., dern. sem. juin, 1 sem. en sept., mardi et merc. – **Rest** *Lunch 27* – carte 47/61, ♀.
◆ Devant un arrêt de tram du début du 20e s., architecture balnéaire de la même époque abritant une salle à manger contemporaine où vous aurez les fourneaux en point de mire.
◆ Dit pand bij een tramhalte uit 1900 dateert uit dezelfde tijd en is kenmerkend voor de architectuur in de Belgische badplaatsen. Eigentijdse eetzaal met zicht op de keuken.

Casanova, Zeedijk 15, ☎ 0 59 23 45 55, ≤, – VISA AY s
fermé jeudi – **Rest** *Lunch 13* – 33/50, carte 35/51.
◆ Aucune garantie de manger ici en compagnie du légendaire séducteur ! Pour vous consoler, mesdames et mesdemoiselles : vue littorale, fruits de mer et saveurs transalpines.
◆ Aangenaam restaurant, waar de visspecialiteiten, Italiaanse gerechten en het uitzicht op zee even verleidelijk zijn als de legendarische Casanova.

à Klemskerke *Sud : 5,5 km* C *De Haan* – ✉ *8420 Klemskerke :*

De Kruidenmolen, Dorpsstraat 1, ☎ 0 59 23 51 78, –
fermé 2 sem. en mars, 2 sem. en nov., merc. et jeudi – **Rest** 35, carte env. 40.
◆ Ex-logis de meunier devenu une table de bonne réputation locale. Cadre néo-rustique clair et ambiance détendue d'un "bistrot-gastro". Le vieux moulin, vétuste, a été détruit.
◆ Deze oude molenaarswoning is nu een goed bekendstaat restaurant. Licht, neorustiek interieur en uitstekend eten in een ontspannen bistrosfeer. De vervallen molen is gesloopt.

à Vlissegem *Sud-Est : 6,5 km* Ⓒ *De Haan – ✉ 8421 Vlissegem :*

XX **Lepelem,** Brugsebaan 16 (N 9), ✆ 0 59 23 57 49, 🏞 – P ⇔ 20/35. AE ⓓ ⓜ VISA
fermé 15 fév.-10 mars, 5 au 27 juil., merc. et jeudi – **Rest** 35/75 bc, carte 28/37.
• Grosse auberge isolée dans les polders, au bord de la "route de l'anguille", sur le tronç Brugge-Oostende. Salle de restaurant confortable. Cuisine classique du marché.
• Afgelegen herberg in de polder, langs de "palingroute" tussen Brugge en Oostend Comfortabel restaurant met een klassieke keuken, afhankelijk van het aanbod op de mar

X **Vijfwege,** Brugsebaan 12 (N 9), ✆ 0 59 23 31 96, 🏞, Anguilles – P
fermé mardi et merc. – **Rest** *Lunch 23* – 25/33, carte 23/60.
• L'anguille et la côte à l'os figurent parmi les "must" du Vijfwege. Mieux vaut prendre l devants et réserver sa table, car ça ne désemplit pas !
• Paling en ribstuk behoren tot de toppers van de Vijfwege. Het is verstandig het zeke voor het onzekere te nemen en een tafel te reserveren, want het is er altijd bomvol!

HABAY-LA-NEUVE *6720 Luxembourg belge* Ⓒ *Habay 7 777 h.* **534** S24 *et* **716** J6. 13 C
Bruxelles 185 – Arlon 14 – Bastogne 37 – Bouillon 55 – Neufchâteau 22 – Luxembourg 40.

à l'Est : *2 km par N 87, lieu-dit Pont d'Oye :*

Les Ardillières 🐌, r. Pont d'Oye 6, ✆ 0 63 42 22 43, *info@lesforges.be, Fax 0 42 28 52*, ≤, Fø, ≘s, 🏞 – P. ⓜ VISA
fermé 1er au 25 janv. – **Rest** voir rest ***Les Forges*** ci-après – **10 ch** ☕ ★135 – ★★145/220
• Charmant hôtel en pierres du pays blotti au creux d'un vallon boisé. La moitié d chambres, douillettes et "full equipment", profitent de l'environnement verdoyant.
• Charmant hotel gelegen in een bosrijk dal en opgetrokken uit de lokale steensoo Behaaglijke kamers met volledige accomodatie en waarvan de helft uitkijkt op het groen.

XXXX ✿ **Les Forges** (Thiry frères) - H. Les Ardillières, r. Pont d'Oye 6, ✆ 0 63 42 22 43, *info@l forges.be, Fax 0 63 42 28 52*, ≤, 🏞 – P ⇔ 20/45. ⓜ VISA
fermé 1er au 25 janv., 25 juin-12 juil., mardi, merc. et sam. midi – **Rest** *Lunch 36* – 81/134 b carte 92/115, ♀ 🍇.
Spéc. Poireau en cuisson vichy, lamelles de bœuf, chou-rave et œuf brouillé au jus c truffes. Turbotin étuvé sur tartare d'avocat, soupions à l'ail confit et émulsion de tomat Côte de bœuf, purée de cocos tarbais et croustilles de tapenade d'olives.
• Vallée forestière, cascades bruissantes, salle actuelle épurée, terrasse sur jardin fleu cave élaborée et "armagnacothèque" de prestige... Le coup de foudre, ça existe !
• Bosrijk dal, klaterende watervallen, moderne eetzaal, terras aan een bloementuin, pre tigieuze wijnkelder met veel armagnacs... Bij ons was het liefde op het eerste gezicht!

X **Les Plats Canailles de la Bleue Maison,** r. Pont d'Oye 7, ✆ 0 63 42 42 7 *Fax 0 63 42 43 17*, ≤, 🏞 – P ⇔ 40/80. VISA
fermé 1er au 25 janv., 27 août-14 sept., dim. soir, lundi et mardi midi – **Rest** *Lunch 19* – 2 carte env. 45, ♀.
• Sémillante maison ancienne proposant de la cuisine "canaille" et au goût du jour dans u joli décor néo-rustique. Cheminée en salle et véranda côté ruisseau. Soirées à thème.
• Vrolijk oud pandje met een neorustiek interieur, waar eigentijdse Franse bistrogerechte worden geserveerd. Eetzaal met schouw en veranda met uitzicht op een beekje. Thema avonden.

Le rouge est la couleur de la distinction ; nos valeurs sûres !

HALLE **(HAL)** *1500 Vlaams-Brabant* **533** K18, **534** K18 *et* **716** F3 – *34 885 h.* 3 B
Voir *Basilique★★ (Basiliek)* X.
ℹ *Historisch Stadhuis, Grote Markt 1* ✆ *0 2 356 42 59, halle@toerismevlaanderen.be, Fa 0 2 361 33 50.*
Bruxelles 18 ① – Leuven 59 ② – Charleroi 47 ② – Mons 41 ④ – Tournai 67 ⑤.

Plan page ci-contre

XXX **Les Eleveurs** avec ch, Basiliekstraat 136, ✆ 0 2 361 13 40, *les.eleveurs@myonline.be Fax 0 2 361 24 62*, 🏞 – ✂, ▤ rest, ♿ rest, P ⇔ 12/50. AE ⓜ VISA Y a
Rest *(fermé lundi de Pâques, lundi de Pentecôte, 21 juil.-15 août, vend., sam. midi et dim soir) Lunch 40* – 58/93 bc, carte 37/67, ♀ 🍇 – **15 ch** ☕ ★100/125 – ★★120/145 – ½ P 128/145
• Cet établissement doit son nom aux rendez-vous que s'y donnaient naguère les éleveur de chevaux. Salle de restaurant classique, cave bien remplie et chambres avenantes.
• Dit etablissement was vroeger een trefpunt van paardenfokkers, zoals de naam al doe vermoeden. Klassiek restaurant, goedgevulde wijnkelder en prettige kamers.

HALLE

ertstr. Z 2
siliekstr. Y
estenmarkt X 3
gensesteenweg Y, Z 4
isselsesteenweg X, Z 8
kenstr. X 12
ngensesteenweg Z 13
Nerincxstr. Z 15
ote Markt X 16
n Jacminstr. Z 17
n Laroystr. X 19
ef Michelstr. X 20
kaert X 21
isbos Z 23
opoldstr. Z 24
uis Theunckensstr. Y 27
uis van Beverenstr. X 25
andagmarkt Y 29
lkstr. X 31
r Senciestr. X 32
derhem X, Z 33
verheidstr. Y 34
dstrijderspl. Y 36
de Kerchove d'Exaerdestr. Z 35
ssozpl. Y 38
denemweg Z 40
Deboecklaan Y 39
Rochusstr. Y 41
de Maelestr. X 28
ndel. Y 45
urkruisenstr. Y 47
Baetensstr. Y 44
. Peereboomstr. Y, Z 37
ster Bernardastr. X 49

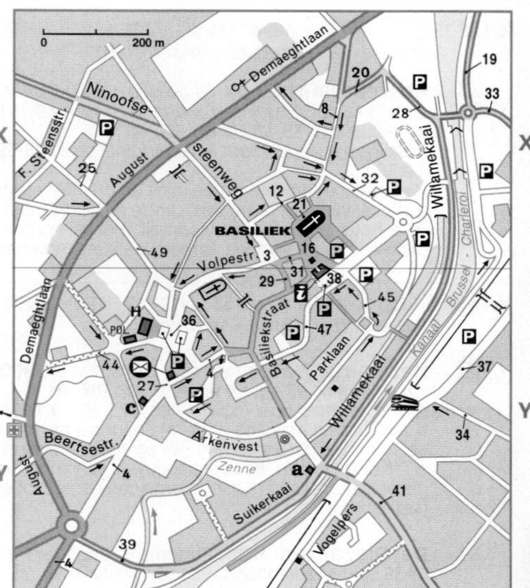

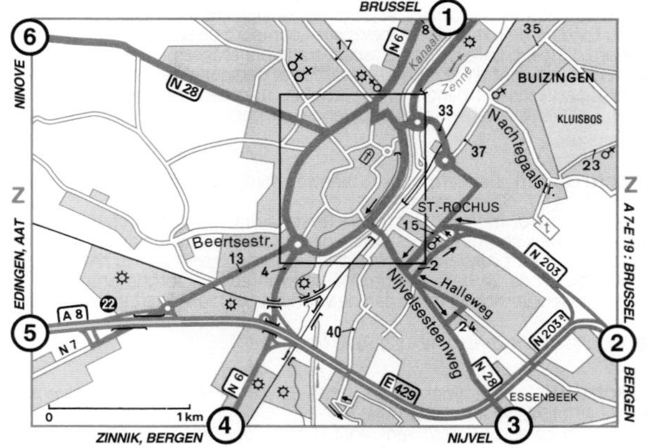

Peking Garden, Bergensesteenweg 50, ✆ 0 2 360 31 20, *Fax 0 2 360 31 20*, Cuisine chinoise – ▤ 🅿 ⇔ 40/50. MC VISA. ✂ Y c

fermé 2 dern. sem. juil. et merc. – **Rest** 28/38, carte 22/58.

◆ Le cœur de Halle ne pourrait être confondu avec la Cité Interdite, quoique... Deux lions dorés gardent l'entrée du Peking Garden, au cadre intérieur "chinois contemporain".

◆ Soms wordt het centrum van Halle voor de Verboden Stad aangezien... Twee vergulde leeuwen bewaken de ingang van dit restaurant met een hedendaags Chinees interieur.

ALMA *Luxembourg belge* **534** P22 *et* **716** I5 – *voir à Wellin.*

HAM *3945 Limburg* **533** P16 *et* **716** I2 – *9 703 h.* 10 A
Bruxelles 78 – Hasselt 25 – Antwerpen 50.

XX **Hostellerie The Fox** avec ch, Genendijkerveld 5 (Sud-Est : 4 km, lieu-dit Genendij
0 13 66 48 50, welnessfox@gmail.com, Fax 0 13 67 28 33, – rest, 6/35. AE VISA.
Rest *(fermé 2 au 23 août et jeudi)* (dîner seult) 25/38, carte 25/46 – **8 ch** ☆68 – ☆☆95
½ P 73/86.

◆ Hostellerie familiale située dans un quartier résidentiel verdoyant. Salle à manger né rustique, véranda, chambres, centre de bien-être et parc agrémenté de chalets-saunas.

◆ Dit hotel in een rustige woonwijk met veel groen wordt door een familie gerund. Ne rustieke eetzaal, veranda, kamers, wellness center et park met sauna-chalets.

HAMME *9220 Oost-Vlaanderen* **533** N18 *et* **716** F2 – *23 234 h.* 17 D
Bruxelles 38 – Gent 36 – Antwerpen 29.

Het Zoete Water sans rest, Damstraat 64, *0 52 47 00 92, info@hetzoetewater.b*
Fax 0 52 47 00 93 – . AE VISA.
fermé vacances Noël – 8 – **8 ch** ☆75/90 – ☆☆90/140.

◆ Jolie bâtisse Art déco dont l'intérieur a subi une rénovation sans faute de goût. Accu personnalisé, parties communes agréables à vivre et chambres avenantes bien équipées.

◆ Dit hotel in een art-decogebouw is vanbinnen met smaak gerenoveerd. Mooie, goe geëquipeerde kamers, aangename gemeenschappelijke ruimten en persoonlijk getint on haal.

XXX **De Plezanten Hof** (Putteman), Driegoten 97 (près de l'Escaut-Schelde), 0 5
47 38 50, *plezantenhof.hamme@skynet.be, Fax 0 52 47 86 56,* – . AE VISA
fermé 28 août-13 sept., 23 déc.-9 janv., mardi de sept. à avril, dim. soir et lundi – **Rest** *Lun 58 bc* – 60/105 bc, carte 83/109.

Spéc. Brochette de langoustines sur tartare de raie et tomate, jus à l'estragon et curcum Homard au chutney d'artichaut et pomme, vinaigrette à la vanille. Croustillant de ris d veau au fondant de foie d'oie, crabe royal et compote de pickles.

◆ En bord d'Escaut, belle maison d'aspect traditionnel agrémentée d'un jardin romantiqu servant de restaurant d'été. Cuisine novatrice et personnalisée ; cave prestigieuse.

◆ Traditioneel uitziend pand aan de Schelde, met een romantische tuin, waar men zomers heerlijk kan tafelen. Vernieuwende en persoonlijke kookstijl; prestigieuze wij kelder.

XX **Ter Schroeven,** Dendermondse Steenweg 15 (Sud : 2 km sur N 470), 0 52 47 61 3
Fax 0 52 47 61 31, – . VISA.
fermé lundi, mardi, merc. et sam. midi – **Rest** *Lunch 32* – 41/72 bc, carte 40/58.

◆ Grande villa aux abords soignés élevée dans la seconde moitié du 20e s. Salle meublée e rotin, terrasse avant surélevée, carte classique et menu créatif revu chaque mois.

◆ Grote villa uit de 2e helft van de 20e eeuw in een verzorgde omgeving. Eetzaal m rotanmeubelen, verhoogd terras aan de voorkant, klassieke kaart en creatief maandmen

à Moerzeke *Sud-Est : 4 km* *Hamme* – *9220 Moerzeke :*

X **'t Jachthuis,** Bootdijkstraat 88, 0 52 48 02 91, *jachthuis.hamme@skynet.b*
Fax 0 52 48 11 91, – . AE VISA.
fermé 1 sem. carnaval, 2 dern. sem. août, 1 sem. Toussaint et lundis, mardis, merc. et sa midis non fériés – **Rest** *Lunch 23* – 45, carte 36/70.

◆ Un peu cachée aux abords du village, ancienne ferme transformée en une table intim et accueillante. Offre classique enrichie de préparations un peu plus contemporaines.

◆ Deze oude boerderij aan de rand van het dorp is verbouwd tot een sfeervol restaurar Op de menukaart staan naast het klassieke repertoire ook enkele eigentijdse gerechten.

HAMONT-ACHEL *3930 Limburg* **533** S15 *et* **716** J2 – *13 770 h.* 11 C
Bruxelles 107 – Hasselt 43 – Eindhoven 28.

Villa Christina sans rest, Stad 4, 0 11 57 55 84, *info@villachristina.b*
Fax 0 11 66 43 01 – . AE VISA.
10 ch ☆65/95 – ☆☆80/110.

◆ Ensemble du 18e s. rénové avec goût. Ambiance nostalgique, éléments décoratifs d'épo que et mobilier classique italien dans les espaces communs et chambres du corps de logi

◆ Smaakvol gerenoveerd herenhuis uit de 18e eeuw. Nostalgische sfeer, authentieke deco ratieve elementen en klassiek Italiaans meubilair in de gemeenschappelijke ruimten e kamers van het hoofdgebouw.

BELGIQUE

Achel *Ouest : 4 km* 🄲 *Hamont-Achel –* ✉ *3930 Achel :*

Koeckhofs, Michielsplein 4, ✆ 0 11 64 31 81, *info@koeckhofs.be, Fax 0 11 66 24 42,* – 55. AE MC VISA. rest
fermé 1er au 9 janv., 2 sem. en juil. et dim. – **Rest** *(fermé sam. midi, dim. et lundi) Lunch 35* – 75 bc/85 bc, carte 52/71 – **16 ch** ☕ ✝73 – ✝✝95/130 – ½ P 75.
◆ Bâtisse moderne située au centre d'une localité proche de la frontière hollandaise. "Lounge-bar" cosy, vastes chambres avec coin salon, lumineuse salle de breakfast. Cuisine actuelle à apprécier dans une ample salle de style classique. Beau menu "all-in".
◆ Modern gebouw in het centrum van een plaatsje net over de Belgische grens. Gezellige lounge-bar, ruime kamers met zithoek en lichte ontbijtzaal. Restaurant met een grote, klassieke eetzaal en een eigentijdse keuken. Goed all-in menu.

HAM-SUR-HEURE *6120 Hainaut* 🄲 *Ham-sur-Heure-Nalinnes 13 396 h.* **533** L21, **534** L21 *et* **716** G5. 7 **D2**
Bruxelles 75 – Mons 49 – Beaumont 17 – Charleroi 16.

Le Pré Vert, r. Folie 24, ✆ 0 71 21 56 09, *Fax 0 71 21 50 15,* – P ⇔ 10/140. MC VISA
fermé fin août-début sept., dim. soir, lundi et mardi – **Rest** *Lunch 26* – 29/55 bc, carte 26/48.
◆ Ce restaurant traditionnel œuvrant aux abords du village a passé allégrement le cap des 25 ans en 2005. Salles rustiques au sol parqueté et grande terrasse côté jardin.
◆ Aan de rand van het dorp staat dit traditionele restaurant, dat in 2005 zijn 25-jarig jubileum viert. Rustieke eetzalen met parket en groot terras aan de tuinzijde.

HANNUT (HANNUIT) *4280 Liège* **533** P18, **534** P18 *et* **716** I3 – *14 289 h.* 8 **A1**
rte de Grand Hallet 19a ✆ 0 19 51 30 66, Fax 0 19 51 53 43.
Bruxelles 60 – Liège 43 – Hasselt 38 – Namur 32.

Les Comtes de Champagne, chaussée de Huy 23, ✆ 0 19 51 24 28, *lescomtesde champagne@skynet.be, Fax 0 19 51 31 10,* – P ⇔ 6/150
fermé 24 juil.-4 août, 2 au 5 nov., jeudi en juil.-août et merc. – **Rest** (déjeuner seult sauf vend. et sam.) *Lunch 25* – 55/60 bc, carte 29/41.
◆ Confortable villa de l'entre-deux-guerres où un chef-patron vous convie à goûter sa cuisine du moment. Terrasse d'été dans un grand jardin arboré et clos de grilles.
◆ In deze comfortabele villa uit het interbellum hanteert de chef-kok een eigentijdse kookstijl. Zomerterras in een grote, afgesloten tuin met bomen.

HANSBEKE *9850 Oost-Vlaanderen* 🄲 *Nevele 11 216 h.* **533** G16 *et* **716** D2. 16 **A2**
Bruxelles 75 – Gent 18 – Brugge 37.

't Oud Gemeentehuis, Vaartstraat 2, ✆ 0 9 371 47 10, *info@oudgemeentehuis.be,* – P ⇔ 6/95. AE MC VISA
fermé vacances Pâques, dern. sem. sept., vacances Noël, sam. midi et dim. – **Rest** *Lunch 15* – 33, carte 37/54.
◆ Charmante fermette rustique au passé de maison communale. Choix classico-traditionnel, grillades à la braise de la cheminée et, l'été, ambiance méridionale sous les platanes.
◆ Dit charmante boerderijtje was vroeger het gemeentehuis. Traditioneel klassieke kaart met grillspecialiteiten. 's Zomers zorgen de platanen voor een Zuid-Franse sfeer.

HAN-SUR-LESSE *Namur* **534** Q22 *et* **716** I5 – *voir à Rochefort.*

HARELBEKE *8530 West-Vlaanderen* **533** E17 *et* **716** C3 – *26 170 h.* 19 **C3**
Bruxelles 86 – Brugge 46 – Gent 42 – Kortrijk 4.

Shamrock, Gentsesteenweg 99, ✆ 0 56 70 21 16, *shamrock@belgacom.net, Fax 0 56 70 46 24,* – P. AE MC VISA.
fermé 27 juil.-15 août – **Rest** *(fermé dim. soir) Lunch 26* – carte 39/52 – **8 ch** ☕ ✝65 – ✝✝85 – ½ P 70.
◆ Près d'un carrefour, maison en briques rouges et son annexe cachée sur l'arrière, en bout de jardin, dotée de chambres bien prémunies contre les bruits du trafic. Restaurant au cadre classico-traditionnel révélateur du genre de prestation culinaire proposé.
◆ Dit hotel is gevestigd in een huis van rode baksteen en bijgebouw achter in de tuin. De kamers hebben dubbele ramen vanwege de nabijheid van een druk verkeersknooppunt. Restaurant met een klassiek-traditioneel interieur en dito culinair register.

BELGIQUE

HASSELT *3500* 🅿 *Limburg* **533** Q17 *et* **716** I3 – *70 031 h.* 10

Musée : *national du genièvre★ (Nationaal Jenevermuseum)* Y **M**[1].

Env. *par ⑦ : Bokrijk★ : Domaine récréatif★ et Openluchtmuseum★ (Musée de plein air)*

Vissenbroekstraat 15 ☏ 0 11 26 34 82, Fax 0 11 26 34 83 - par ⑤ : 9 km à Lumm Golfweg 1b ☏ 0 13 52 16 64, Fax 0 13 52 17 69 - par ① : 12,5 km à Houthalen, Go traat 1 ☏ 0 89 38 35 43, Fax 0 89 84 12 08 - par ⑧ : 19 km à Paal, Donckstraat ☏ 0 13 61 89 50, Fax 0 13 61 89 49.

Stadhuis, Lombaardstraat 3 ☏ 0 11 23 95 40, toerisme@hasselt.be, Fax 0 11 22 50 2 Fédération provinciale de tourisme, Willekensmolenstraat 140 ☏ 0 11 23 74 50, info@t rismelimburg.be, Fax 0 11 23 74 66.

Bruxelles 82 ⑥ – Antwerpen 77 ⑧ – Liège 42 ④ – Eindhoven 59 ① – Maastricht 33 ④.

Plan page ci-contre

Radisson SAS, Torenplein 8, ☏ 0 11 77 00 00, *info.hasselt@radissonsas.co Fax 0 11 77 00 99,* – ch, – 200. AE ⓓ ⓜⓒ VISA. rest Z

Rest ***Koper*** *(fermé 9 au 30 juil., sam. midi et dim. soir)* *Lunch 20* – carte 25/48, ♀ – **124 ch** ★89/130 – ★★89/145 – 2 suites.

◆ Tour administrative des années 1970 récemment convertie en hôtel de chaîne ult moderne. Une reproduction d'une toile inspirée de la peinture de Van Eyck orne chac chambre. Cuisine au goût du jour servie dans une ambiance chaleureuse et branchée Koper.

◆ Deze torenflat uit de jaren 1970 is onlangs verbouwd tot een ultamodern ketenhotel alle kamers hangt een reproductie van een schilderij van Van Eyck. In Koper worden eig tijdse gerechten geserveerd in een sfeervolle en trendy ambiance.

Holiday Inn, Kattegatstraat 1, ☏ 0 11 24 22 00, *hotel@holiday-inn-hasselt.com, Fax 0 22 39 35,* – ch, – 240. AE ⓓ ⓜⓒ VISA Y

Rest *(fermé sam. midi)* (avec buffets) 30/42 bc, carte 33/44 – ☐ 18 – **107 ch** ★99/16 ★★99/200 – ½ P 125/225.

◆ Cette bâtisse hôtelière de style contemporain voisine avec le musée de la mode et également proche du musée du Genièvre. Vaste lobby ; grandes chambres rénovées 2004. Salle de restaurant agencée sur plusieurs niveaux. Buffets et menu-carte actualisé

◆ Dit moderne hotel ligt naast het Modemuseum en ook vlak bij het Jenevermuseu Grote lobby en ruime kamers die in 2004 zijn gerenoveerd. Eetzaal met verschiller verdiepingen. Buffetten en eigentijdse kaart met menu.

Hassotel, St-Jozefstraat 10, ☏ 0 11 23 06 55, *info@hassotel.be, Fax 0 11 22 94 07,* ch – 200. AE ⓓ ⓜⓒ VISA. Z

Rest *Lunch 10* – 30 – **40 ch** ☐ ★70/140 – ★★90/186 – ½ P 78/98.

◆ Immeuble des années 1980 posté au bord du ring enserrant le centre de la capitale Limbourg belge. Chambres spacieuses et fonctionnelles, plus calmes à l'arrière. Une ca traditionnelle avec salades et pâtes est présentée au restaurant. Terrasse urbaine.

◆ Flatgebouw uit de jaren 1980 bij de Ring die om het centrum van deze hoofdstad Belgisch Limburg loopt. Ruime, functionele kamers die aan de achterkant wat rustiger z Traditionele kaart met salades en pasta's in het restaurant. Terras op de stoep.

Portmans sans rest, Minderbroederstraat 12 (Walputsteeg), ☏ 0 11 26 32 80, *tel.portmans@walputsteeg.com, Fax 0 11 26 32 81* – . AE ⓜⓒ VISA Y

14 ch ☐ ★80/90 – ★★85/95.

◆ Hôtel dont l'entrée se cache dans un passage (restaurants) qui relie le Grote Markt à rue commerçante. Atrium moderne avec ascenseur panoramique desservant les cha bres.

◆ De ingang van dit hotel bevindt zich in een passage (restaurants) tussen de Grote Ma en een winkelstraat. Vanuit het moderne atrium gaat u per glazen lift naar de kamers.

Express by Holiday Inn sans rest, Thonissenlaan 37, ☏ 0 11 37 93 00, *hotelexpre hihasselt.com, Fax 0 11 37 93 01* – – 45. AE ⓜⓒ VISA Y

89 ch ☐ ★75/100 – ★★75/100.

◆ Cet établissement de chaîne implanté au bord du ring ceinturant la ville renferme pimpantes chambres aux tons frais. Les plus calmes se distribuent à l'arrière du bâtimer

◆ Dit ketenhotel bij de ringweg biedt kamers in frisse kleuren die er tiptop uitzien; die de achterkant zijn het rustigst.

Kattegatt, Congostraat 9, ☏ 0 11 21 44 21, *info@kattegatt.be, Fax 0 11 21 44 21,* . AE ⓜⓒ VISA. Y

fermé 3 sem. en sept. – **Rest** *(fermé lundi, mardi et merc.)* (avec cuisine scandinave, dî seult sauf vend.) *Lunch 9* – carte 24/46 – ☐ 7 – **4 ch** ★38/45 – ★★65.

◆ Un couple belgo-suédois tient cette "guesthouse" sympathique. Grandes chamb fonctionnelles au cadre moderne coloré, toutes équipées d'une kitchenette. Bistrot sant sur des spécialités scandinaves dans un chaleureux décor de style très composite.

◆ Dit leuke guesthouse wordt gerund door een Belgisch-Zweeds stel. Grote functior kamers met een kleurige, moderne inrichting, alle voorzien van een kitchenette. Bis met Scandinavische specialiteiten; warm interieur in een mix van uiteenlopende stijlen.

BELGIQUE

At finer restaurants in Paris, London, New York and of course, Milan.

HASSELT

dderijstr. . . . . Y 2
nneuxstr. . . . . V 3
erenkrijgsingel. . . . . . . X 6
termarkt. . . . . Y 7
merstr. . . . . Y
Schiervellaan. . . . . Z 43
esterstr. . . . . YZ 8
rpstr. . . . . Y 10
nkersteenweg . . . . . . V 12
uverneur
Roppesingel. . . . . X 15
uverneur
Verwilghensingel. . . . . V 16
ote Markt . . . . Z
vermarkt . . . . Z 18
ndrik
van Veldekesingel . . . . V 19
rkenrodesingel . . . . . . V 21
ogstr. . . . . Y 22
oelstr. . . . . Z 23
mpische
Steenweg . . . . V, Y 24
onel Dusartpl. . . . . Y 26
ningin Astridlaan . . . V, Y 30
ning Albertstr. . . . . Z 27
ning
Boudewijnlaan . . . . V, Y 28
nstlaan . . . . Z 32
ringersteenweg . . . . . V 31
mbaardstr. . . . . Y 34
aastrichtersteenweg V, Y 35
aastrichterstr. . . . . YZ 36
ns
Bisschopsingel . . . . . . X 38
der Portmanstr. . . . . . . Z 39
nkstersteenweg . . . VX 40
vatorstr. . . . . X 42
Jozefstr. . . . . Z 44
Lambrechts
Herkstr. . . . . X 46
Truidersteenweg. . . . . X 47
iversiteitslaan . . . . V 49
ndmolenstr. . . . . Z 50
velmarkt . . . . Y 51

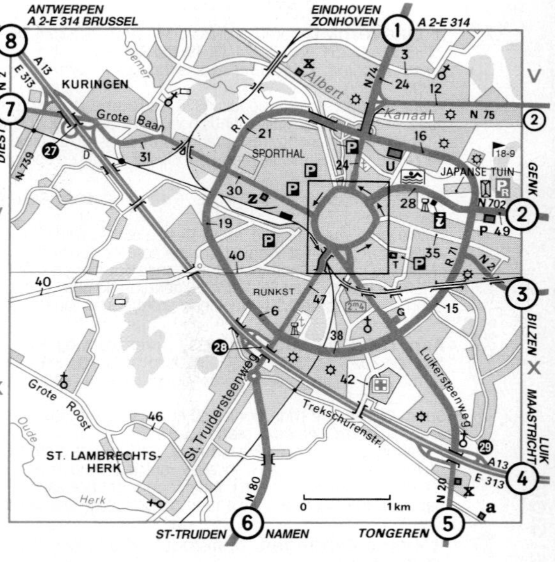

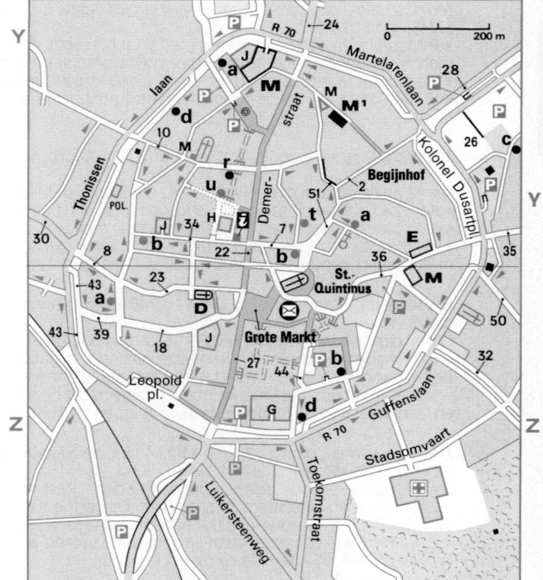

XXX **Figaro,** Mombeekdreef 38, ☎ 0 11 27 25 56, *figaro@figaro.be, Fax 0 11 27 31 77*, ≤, 🏠 – P ⇔ 20/45. AE MC VISA X a
fermé 1er au 20 août, lundi et merc. – **Rest** *Lunch 45* – 60/70, carte 62/80.
◆ Villa conçue pour le plaisir des yeux : jardin bichonné, intérieur chic aux tons apaisants, joli patio et pièce d'eau en terrasse. Table classique actualisée ; vins choisis.
◆ Deze grote villa is een lust voor het oog: chic interieur in rustgevende kleuren, goed verzorgde tuin, charmante patio en terras met mooie waterpartij. Modern-klassieke kaart.

XXX **'t Claeverblat,** Lombaardstraat 34, ✆ 0 11 22 24 04, *info@claeverblat.be, Fax 0 23 33 31* – ▤ P ⇔ 22/24. AE ⓓ MC VISA. Y
fermé 2e quinz. août-prem. sem. sept., jeudi, sam. midi et dim. – **Rest** 55/90 bc, car 51/90.
◆ Une cuisinière dirige depuis 1976 les fourneaux de ce restaurant classiquement am nagé. Accueil soigné, jolis menus boissons incluses, bonne sélection de vins de France.
◆ Dit klassiek ingerichte restaurant wordt sinds 1976 geleid door een vrouwelijke chef-k Verzorgd onthaal, mooie menu's (inclusief drank) en een goede selectie Franse wijnen.

XXX **Jer,** Persoonstraat 16, ✆ 0 11 26 26 47, *info@jer.be, Fax 0 11 26 26 48*, – ▤. AE VISA. Y
fermé lundi, mardi et sam. midi – **Rest** *Lunch 29* – 33/60 bc, carte env. 62.
◆ JER pour "Just Eat Right" ! Cuisine actuelle servie dans un cadre classique-moderne l'éclairage tamisé. Cheminée et ambiance bougies en salle ; terrasse verte à l'arrière.
◆ JER staat voor "Just Eat Right"! Eigentijdse keuken in een modern-klassiek interieur m open haard en sfeerlicht. Weelderig groen terras aan de achterkant.

XX **Aan Tafel bij Luc Bellings,** Luikersteenweg 358, ✆ 0 11 22 84 88, *info@luc lings.be, Fax 0 11 23 30 90*, – ▤ P ⇔ 10/28. MC VISA X
fermé 2 au 12 janv., 1 sem. après Pâques, 16 juil.-4 août et lundi – **Rest** *Lunch 32* – 60/105 carte 65/74.
Spéc. Roulade de thon bonito au crabe et caviar. Cuisson lente de filet et joue de ve sauce au porto. Trio de desserts.
◆ Maison dont le parvis à balustrade, les fenêtres à croisillons et le toit à la Mansart év quent les villas classiques françaises. Intérieur moderne ; cuisine actuelle soignée.
◆ Modern restaurant in een pand dat door het portaal met balustrade, de kruisvensters het mansardedak doet denken aan classicistische Franse villa's. Eigentijdse keuken.

XX **'t Kleine Genoegen,** Raamstraat 3, ✆ 0 11 22 57 03, *Fax 0 11 22 57 03* – ▤ ⇔ 10/ ⓓ MC VISA. Y
fermé 2e sem. vacances Pâques, 3 sem. en juil., dim., lundi et mardi midi – **Rest** *Lunch 1* 37/45, carte 53/62.
◆ Restaurant du centre-ville tirant parti d'un bâtiment du 17e s., jadis hôpital de femm L'intérieur, clair et moderne, avec mezzanine, produit un sentiment d'espace ouvert.
◆ Restaurant in het centrum, in een 17e-eeuws pand dat vroeger een vrouwengasth was. Het lichte en moderne interieur met mezzanine geeft het gevoel van een op ruimte.

XX **Jürgen,** Diesterstraat 18, ✆ 0 11 21 03 70, *info@jurgeneetboetiek.be* – ⇔ 10. AE MC V Z
fermé merc. et sam. midi – **Rest** (menu unique) *Lunch 30* – 35/75 bc.
◆ Adresse familiale où se conçoit, sous vos yeux, une bonne cuisine du marché. Enfilade salles sobres et modernes. Pas de carte : deux menus au choix détaillés par le chef.
◆ In dit restaurant met open keuken wordt lekker gekookt met verse producten van markt. Verschillende moderne eetzaaltjes. Geen kaart: keuzemenu mondeling voorgeste

X **E'Viedent,** Botermarkt 25, ✆ 0 11 43 48 68, *info@eviedent.be, Fax 0 11 23 46 16*, ⇔ 4/6. Y
fermé dim. et lundi – **Rest** *Lunch 28* – 43, carte 48/104.
◆ Salle moderne éclairée par des lustres en cristal et dotée de petites tables accoudées de chaises en inox et cuir. Trois tables à l'étage (cuisine à vue). Carte actuelle.
◆ Moderne eetzaal met kroonluchters, tafeltjes dicht op elkaar en stoelen van roestvrij st en leer. Drie tafels op de bovenverdieping (open keuken). Eigentijdse kaart.

X **De Egge,** Walputstraat 23, ✆ 0 11 22 49 51, *de.egge@versateladsl.be, Fax 0 11 22 49* – ⇔ 10/20. AE MC VISA Y
fermé 2 dern. sem. juil., merc., sam. midi et dim. – **Rest** (dîner seult) 33/52 bc, carte 38/
◆ Sage petit établissement familial dont l'enseigne (La Herse) évoque les travaux a champs. Cuisine classique-traditionnelle française servie dans un décor d'esprit rustique
◆ Goed familierestaurantje, waarvan de naam herinnert aan het werk op het land. Traditi neel klassieke Franse keuken en rustiek interieur.

X **'t Klein Fornuis,** Kuringersteenweg 80, ✆ 0 11 87 37 28, *info@hetkleinefornuis.be*, – MC VISA V
fermé merc. soir, sam. midi et dim. soir – **Rest** *Lunch 20* – 40/68 bc, carte 44/64.
◆ Au bord d'un axe passant, maison ancienne à façade en briques dissimulant une pet salle à manger bien soignée et prolongée par une terrasse. Table classico-traditionnelle.
◆ Achter de bakstenen gevel van dit oude huis aan een drukke, doorgaande weg g een kleine, verzorgde eetzaal schuil met daarachter een terras. Klassiek-tradition keuken.

BELGIQUE

Kuringen C Hasselt – ✉ 3511 Kuringen :

XX **Orangerie 't Krekelhof,** Rechterstraat 6, ✆ 0 11 22 28 12, *info@orangerie-krekelhof.be, Fax 0 11 26 12 42,* – P 10/60. VISA. V X
fermé dim. midi en juil.-août, dim. soir, lundi, mardi et merc. – **Rest** *Lunch 45 bc* – 58 bc/75 bc, carte 47/76.
♦ À l'étage d'une grande villa alanguie au bord du canal Albert, ample et apaisante salle à manger couleur ivoire, rehaussée de toiles modernes. Menu "all in" très demandé.
♦ Restaurant op de bovenverdieping van een grote villa aan het Albertkanaal. Ruime, rustige eetzaal in ivoorkleur met moderne schilderijen. Het all-in menu is zeer in trek.

Lummen *par ⑧ : 9 km – 13 692 h. –* ✉ *3560 Lummen :*

Interhotel, Klaverbladstraat 7 (près de l'échangeur E 314 - A 2 / E 313 - A 13), ✆ 0 13 52 16 16, *info@intermotel.be, Fax 0 13 52 20 78,* – P – 150. AE VISA.
Rest *Lunch 30* – 18, carte 30/39 – **52 ch** ☐ ★70 – ★★100/125 – ½ P 88/100.
♦ Bâtisse hôtelière modernisée intérieurement dans un style contemporain sobre et avenant. Lobby "sympa" et espace petits-déjeuners agréable. Deux générations de chambres. Repas traditionnel dans un décor actuel. Formule brunch attrayante le dimanche midi.
♦ Het interieur van dit hotel is gerenoveerd in eigentijdse stijl, sober maar smaakvol. Gezellige lobby en prettige ontbijtruimte. Een aantal kamers zijn gerenoveerd. Traditionele maaltijd in een hedendaags interieur. Lekkere brunch op zondagmiddag.

XXX **Hoeve St. Paul** (Robyns), Rekhovenstraat 20 (sortie ㉖ sur E 314 - A 2 direction Herk-de-Stad ; après rotonde 1re rue à gauche), ✆ 0 13 52 14 15, *info@hoeve-st-paul.be, Fax 0 13 52 14 20,* – P 8/40. AE VISA.
fermé 2e quinz. juil.-début août, 26 déc.-15 janv., lundi, mardi, jeudi soir et sam. midi – **Rest** *Lunch 39* – 80/145 bc, carte 73/85.
Spéc. Fantaisie de foie d'oie et de canard. Homard braisé, risotto, tomates confites et truffes (mai-juil.). Pigeon rôti, sauce aux truffes et salsifis fumés (janv.-mars).
♦ Table de bonnes bases classiques installée dans une ravissante ferme à colombages. Décor intérieur néo-rustique soigné, terrasse et jardin du plus bel effet, cave de prestige.
♦ Restaurant met een goede klassieke keuken in een schitterende vakwerkboerderij. Verzorgd neorustiek interieur en prachtige tuin met terras. Prestigieuze wijnen.

BELGIQUE

Romershoven *Sud-Est : 10 km* C *Hoeselt 9 265 h. –* ✉ *3730 Romershoven :*

XXX **Ter Beuke,** Romershovenstraat 148, ✆ 0 89 51 18 81, *terbeuke@skynet.be, Fax 0 89 51 11 06,* ←, – P 12/30. AE VISA
fermé 29 juil.-15 août, merc., sam. midi et dim. soir – **Rest** *Lunch 37* – 48/81 bc, carte 45/69.
♦ Bâtisse d'aspect rustique nichée dans un petit village. Carte actuelle, grands bourgognes et vue agreste depuis la jolie terrasse du jardin, comme par les baies de la salle.
♦ Rustiek gebouw in een dorpje. Vanaf het terras in de tuin en door de grote ramen in de eetzaal ontvouwt zich een landelijk uitzicht. Eigentijdse keuken en goede bourgognes.

Stevoort *par ⑦ : 5 km jusqu'à Kermt, puis rte à gauche* C *Hasselt –* ✉ *3512 Stevoort :*

Het Koetshuis sans rest, Sint-Maartenplein 56, ✆ 0 11 74 44 78, *info@koetshuis.be, Fax 0 11 74 44 78,* – P.
fermé 1er au 31 janv. – **5 ch** ☐ ★50 – ★★80.
♦ Dans un village entre Campine et Hesbaye, ex-écurie promue maison d'hôte au terme d'une rénovation soignée. Studios modernes avec charpente ancienne préservée. Grand jardin.
♦ Deze oude paardenstal in een dorp tussen de Kempen en Haspengouw is mooi verbouwd tot gastenverblijf. Moderne studio's met authentiek gebinte. Grote tuin.

HASTIÈRE-LAVAUX *5540 Namur* C *Hastière 5 229 h.* **533** N21, **534** N21 *et* **716** H5. 14 **B2**

Bruxelles 100 – Namur 42 – Dinant 10 – Philippeville 25 – Givet 9.

XX **Le Chalet des Grottes** avec ch, r. Anthée 52, ✆ 0 82 64 41 86, *Fax 0 82 64 57 55,* – P 8. AE VISA
fermé 2 sem. en mars, 1 sem. en sept. et mardi – **Rest** *(fermé lundi soir et mardi) Lunch 25* – 35/100 bc, carte 36/59, – **3 ch** ☐ ★50 – ★★75 – ½ P 135/205.
♦ Chalet aux abords boisés œuvrant depuis 1975 au voisinage des grottes. Décor néo-rustique, table classique actualisée et cave bien fournie. Chambres avec terrasse privative.
♦ Dit chalet in een bosrijke omgeving bij de grotten werd in 1975 geopend. Neorustiek interieur, modern-klassieke keuken en rijk gevulde wijnkelder. Kamers met eigen terras.

à Hastière-par-Delà *Sud : 2 km* ◻ *Hastière – ✉ 5541 Hastière-par-Delà :*

Le Val des Colverts, rte de Blaimont 8, ☎ 0 82 64 45 48, *Fax 0 82 64 57 84,*
P. AE ⓓ ⓜ VISA
fermé 2 sem. en mars et 1 sem. en sept. – **Rest** *(fermé mardi sauf vacances scolair* (taverne-rest) 18/25, carte 22/38, ♀ – **7 ch** ☕ ♱50/62 – ♱♱67/75 – ½ P 85/100.
◆ Auberge dont la façade blanche animée de marquises rouges capte volontiers le rega Chambres parées de tissus coordonnés aux tons frais. Typique petit café villageois. verne-restaurant toute indiquée pour un repas sans prise de tête.
◆ Deze herberg springt in het oog door de rode markiezen op de witte gevel. Kamers m frisse kleuren en bijpassende stoffen. Typisch dorpscafeetje en een restaurant dat gar staat voor een smakelijke maaltijd zonder poespas.

HASTIÈRE-PAR-DELÀ *Namur* **533** O21, **534** O21 *et* **716** H5 – *voir à Hastière-Lavaux.*

HAVELANGE *5370 Namur* **533** Q20, **534** Q20 *et* **716** I4 – *4 844 h.* 15 D
Bruxelles 98 – Namur 39 – Arlon 123 – Liège 44.

Le Hobereau de Barsy, r. Barsy 34a (Ouest : 5 km, lieu-dit Barsy), ☎ 0 83 21 82 9 *info@huberau.be, Fax 0 83 21 82 94,* ←, P
Rest (dîner pour résidents seult) – **5 ch** ☕ ♱74/88 – ♱♱98/124.
◆ Près du clocher de Barsy, belle ferme condruzienne (19e s.) convertie en maison d'hô par un couple hollandais. Chambres personnalisées, salon, terrasse et piscine sur cour.
◆ Deze 19e-eeuwse boerderij bij de kerktoren van Barsy werd door een Nederlands stel t maison d'hôte verbouwd. Prettige kamers, salon, terras en zwembad op de binnenplaat

HÉBRONVAL *Luxembourg belge* **533** T21 *et* **534** T21 – *voir à Vielsalm.*

HEIST *West-Vlaanderen* **533** E14 *et* **716** C1 – *voir à Knokke-Heist.*

HEKELGEM *1790 Vlaams-Brabant* ◻ *Affligem 11 954 h.* **533** J17 *et* **716** F3. 3 A
Bruxelles 22 – Leuven 54 – Aalst 6 – Charleroi 75 – Mons 79.

XXX **Anobesia,** Brusselbaan 216 (sur N 9), ☎ 0 53 68 07 69, *g.gheysels@belgacom.ne* *Fax 0 53 66 59 25,* – P ⟡ 8/14.
fermé 2 dern. sem. fév. et 2 dern. sem. août-prem. sem. sept. – **Rest** *Lunch 36* – 52/95 b carte 56/98, ♀.
◆ L'enseigne de cette villa d'époque Art déco est un acronyme forgé à partir des mo "anorexique" et "obèse" ! Cuisine du moment et belle cave. Véranda et terrasse côté jardi
◆ De naam van deze art-decovilla zou een soort samentrekking kunnen zijn van "anorexi en "obesitas"! Eigentijdse keuken en mooie wijnen. Serre en terras met zicht op de tuin.

HERBEUMONT *6887 Luxembourg belge* **534** Q24 *et* **716** I6 – *1 511 h.* 12 B
Voir *Château : du sommet* ←★★.
Env. *à l'Ouest : 11 km, Roches de Dampire* ←★.
Bruxelles 170 – Arlon 55 – Bouillon 24 – Dinant 78.

Hostellerie du Prieuré de Conques , r. Conques 2 (Sud : 2,5 km), ✉ 682 Florenville, ☎ 0 61 41 14 17, *info@conques.be, Fax 0 61 41 27 03,* ←, – P
25. AE ⓓ ⓜ VISA.
ouvert 9 mars-déc.; fermé 26 août-7 sept. – **Rest** *(fermé mardi, merc. midi et apr 20 h 30; ouvert week-end seult du 15 nov. au 22 déc.) Lunch 30* – 38/79 bc, carte 51/60, ♀
16 ch ☕ ♱94/116 – ♱♱112/134 – 3 suites – ½ P 90/110.
◆ Dans un paysage de collines et de forêts, ancien prieuré (1732) et son agréable par bordé par la Semois, où subsiste un tilleul de 400 ans. Chambres personnalisées en annex Repas au goût du jour sous les voûtes d'une salle classique cossue.
◆ Oude priorij (1732) met park temidden van heuvels en bossen, aan de oever van d Semois met een 400 jaar oude linde. Kamers met een persoonlijke toets in de dependanc Eigentijdse keuken onder het gewelf van een weelderig klassieke eetzaal.

HERENTALS *2200 Antwerpen* **533** O15 *et* **716** H2 – *26 065 h.* 2 C
Voir *Retable★ de l'église Ste-Waudru (St-Waldetrudiskerk).*
9 *au Nord : 8 km à Lille, Haarlebeek 3* ☎ *0 14 55 19 30, Fax 0 14 55 19 31* - 9 *au Sud : 5 k à Noorderwijk, Witbos* ☎ *0 14 26 21 71, Fax 0 14 26 60 48.*
Grote Markt 41, ☎ *0 14 21 90 88, toerisme@herentals.be, Fax 0 14 22 28 56.*
Bruxelles 70 – Antwerpen 30 – Hasselt 48 – Turnhout 24.

BELGIQUE

De Zalm, Grote Markt 21, ✆ 0 14 28 60 00 et 0 14 28 60 20 (rest), *hotel@dezalm.be, Fax 0 14 28 60 10,* – 80. AE VISA.
Rest *(fermé sam. midi et dim. midi)* (avec taverne-rest) *Lunch 25* – 35/50, carte 27/49 – **24 ch** ★68/78 – ★★81/93 – ½ P 55/103.
◆ Sur le Grote Markt, bâtisse ancienne et typée rénovée dans l'esprit contemporain. Chambres modernes, auditoriums, taverne traditionnelle au fort cachet et terrasse sur cour.
◆ Dit karakteristieke hotel aan de Grote Markt is in hedendaagse stijl gerenoveerd. Moderne kamers, auditoriums, sfeervol traditioneel café en terras op de binnenplaats.

't Ganzennest, Watervoort 68 (direction Lille : 1 km, puis à droite), ✆ 0 14 21 64 56, *Fax 0 14 21 82 36,* – P 12. VISA
fermé lundi et mardi – **Rest** *Lunch 20* – 26/63 bc, carte 24/46.
◆ Cette fermette un peu cachée dans la campagne est appréciée pour sa carte traditionnelle et son appétissant menu-choix mensuel. Cadre néo-rustique frais et sans prétention.
◆ Dit ietwat verscholen plattelandsboerderijtje valt in de smaak vanwege de traditionele kaart en het aanlokkelijke maandmenu met veel keus. Neorustiek interieur zonder franje.

Grobbendonk *Ouest : 4 km – 10 746 h. –* ✉ *2280 Grobbendonk :*

't Hemelrijck , Floris Primsstraat 50, ✆ 0 14 51 81 18, *info@themelrijck.be, Fax 0 14 51 19 07,* – P. AE VISA.
fermé 22 fév.-1er mars et 26 juil.-9 août – **Rest** *(fermé merc. soir, jeudi et sam. midi) Lunch 25* – 37/64 bc, carte 33/49, ♀ – **7 ch** ★95/125 – ★★110/140 – ½ P 93/105.
◆ Villa en briques accessible par une allée de peupliers. Espaces communs et chambres aux décors "romantico-british" signés Tilly Cambré. Petit-déj' soigné sous forme de buffet. Cuisine du moment servie dans une jolie salle en osmose avec le style de la maison.
◆ Een populierenlaan leidt naar deze bakstenen villa. Gemeenschappelijke ruimten en kamers met een romantische, Engelse sfeer. Verzorgd ontbijtbuffet. Eigentijdse gerechten, geserveerd in een mooie eetzaal die goed past bij de stijl van het huis.

Aldhem, Jagersdreef 1 (près E 313 - A 13, sortie ⑳), ✆ 0 14 50 10 01, *info@aldhem.be, Fax 0 14 50 10 13,* – rest, P – 640. AE VISA.
Rest *(fermé sam. midi)* (cuisine italienne) (en juil.-août dîner seult) carte 36/61, ♀ – **68 ch** ★85/119 – ★★99/185 – ½ P 78/117.
◆ Bâtisse moderne cernée de verdure et déployant deux ailes de chambres, dont une moitié d'individuelles pour les clientèles congressiste et d'affaires. Bon outil conférencier. Restaurant italien au décor classique-actuel privilégiant des tons clairs.
◆ Modern gebouw tussen het groen met kamers in twee vleugels, waarvan de helft eenpersoonskamers voor congresgangers en zakenlieden. Uitstekende vergaderfaciliteiten. Italiaans restaurant met een modern-klassiek interieur in pastelkleuren.

BELGIQUE

HERNE *1540 Vlaams-Brabant* **533** J18, **534** J18 *et* **716** F3 – *6 406 h.* 3 **A2**
Bruxelles 34 – Leuven 71 – Aalst 27 – Mons 31 – Tournai 52.

Kokejane, Van Cauwenberghelaan 3, ✆ 0 2 396 16 28, *restaurant@kokejane.be, Fax 0 2 396 02 40,* – P 12/50. AE VISA
fermé 26 déc.-9 janv., 22 juil.-18 août et dim. soirs, lundis et mardis non fériés – **Rest** *Lunch 30* – 44/150 bc.
◆ Villa "seventies" aux abords verdoyants. Terrasse autour de la piscine du jardin, salon au coin du feu, mezzanine et mobilier de style en salle. Cuisine classique française.
◆ Villa uit de jaren 1970, tussen het groen. Eetzaal met mezzanine en stijlmeubelen, salon met open haard, tuin met zwembad en een terras eromheen. Klassieke Franse keuken.

HERSEAUX *Hainaut* **533** E18 *et* **716** C3 – *voir à Mouscron.*

HERSTAL *Liège* **533** S18, **534** S18 *et* **716** J3 – *voir à Liège, environs.*

HERTSBERGE *West-Vlaanderen* **533** E16 *et* **716** C2 – *voir à Brugge, environs.*

Het – *voir au nom propre.*

Rood = Aangenaam. Kijk bij de rode symbolen X en

HEURE *5377 Namur* © *Somme-Leuze 4 654 h.* **533** Q21, **534** Q21 *et* **716** I5. 15

⛳ *au Nord : 8 km à Méan, Château-Ferme du Grand Scley,* ✆ *0 86 32 32 32,* *0 86 32 30 11.*

Bruxelles 102 – Namur 41 – Dinant 35 – Liège 54.

Le Fou est belge (Van Lint) avec ch, rte de Givet 24, ✆ 0 86 32 28 12, *lefou belge@belgacom.net, Fax 0 86 32 39 02,* – P ⇔ 6/20. VISA
fermé 1er au 16 janv., 17 juin-10 juil., 1er au 8 oct., 16 au 31 déc. et lundi – **Rest** *(fermé di lundi et jeudi soir) Lunch 30* – 50, carte 40/68, – **3 ch** ☕ ✝60/80 – ✝✝65/85.
Spéc. Croquettes fondantes aux crevettes grises. Boudin noir au foie gras, pommes ca mélisées. Rollmops marinés, salade verte croquante.
◆ Table au cadre rustique offrant les plaisirs d'un repas traditionnel simple et goûteux. B choix de vins du Sud de la France, cuisine à vue, terrasse tournée vers la verdure.
◆ Rustiek interieur, waar u van een eenvoudige maar smakelijke traditionele maaltijd ku genieten. Lekkere Zuid-Franse wijnen, open keuken, terras met uitzicht op het groen.

HEUSDEN *Limburg* **533** Q16 *et* **716** I2 – *voir à Zolder.*

HEUSDEN *Oost-Vlaanderen* **533** H16 *et* **716** E2 – *voir à Gent, environs.*

HEUSY *Liège* **533** U19, **534** U19 *et* **716** K4 – *voir à Verviers.*

HEVERLEE *Vlaams-Brabant* **533** N17 *et* **716** H3 – *voir à Leuven.*

HOEI *Liège – voir Huy.*

HOEILAART *Vlaams-Brabant* **533** L18 *et* **716** G3 – *voir à Bruxelles, environs.*

HOEKE *West-Vlaanderen* **533** F15 – *voir à Damme.*

HOESELT *3730 Limburg* **533** R17 *et* **716** J3 – *9 265 h.* 11

Bruxelles 102 – Hasselt 20 – Maastricht 17.

De Tommen, Tommenstraat 17, ✆ 0 12 45 88 37, *Fax 0 12 45 88 38,* – – 30. rest
Rest *(fermé merc., jeudi et vend. midi sauf en juil.-août, lundi et mardi)* (taverne-rest) ca 20/32 – **4 ch** ☕ ✝37/64 – ✝✝37/64 – ½ P 53.
◆ Construction récente cumulant les fonctions de taverne-restaurant (en bas) et de mais d'hôte (au-dessus). Chambres fraîches et nettes, de style actuel. Repas traditionnel da une salle parementée de briques et meublée en bois comme un café. Grande terrasse.
◆ Nieuw gebouw met beneden een café-restaurant en boven een maison d'hôte. Fris nette kamers in eigentijdse stijl. Traditionele maaltijd in een eetzaal met bakstenen mur en houten meubelen zoals in een café. Groot terras.

HOLLAIN *Hainaut* **533** F19, **534** F19 *et* **716** D4 – *voir à Tournai.*

HOOGSTRATEN *2320 Antwerpen* **533** N14 *et* **716** H1 – *18 584 h.* 2

Stadhuis, Vrijheid 149 ✆ *0 3 340 19 55, toerisme@hoogstraten.be, Fax 0 3 340 19 66.*

Bruxelles 88 – Antwerpen 37 – Turnhout 18.

Noordland, Lodewijk De Konincklaan 276, ✆ 0 3 314 53 40, *dk@noordland.be, Fax 314 83 32,* – ♿ P ⇔ 10/15. AE VISA.
fermé 2 sem. en fév., 3 au 18 sept. et lundis et mardis non fériés – **Rest** 66, carte 41/60.
◆ Bâtisse de caractère entourée d'arbres et agrémentée, côté jardin, d'une jolie terrass niches végétales. Père et fils au piano, carte classique, mobilier de style en salle.
◆ Karakteristiek pand tussen de bomen, met een fraai beplant terras aan de tuinzij Vader en zoon staan achter het fornuis, klassieke kaart, eetzaal met stijlmeubilair.

Hostellerie De Tram avec ch, Vrijheid 192, ✆ 0 3 314 65 65, *info@de-tram.be, Fax 314 70 06,* – P ⇔ 10/90. VISA. . ch
fermé carnaval et 2e quinz. août – **Rest** *(fermé dim. et lundi)* 35, carte 44/59 – **5 ch** ☕ ✝ – ✝✝105.
◆ Hôtellerie de longue tradition familiale (4e génération en place) située à l'ombre du h clocher. Repas classique dans un décor actualisé. Belle salle de banquets rustique.
◆ Hotel met een lange familietraditie (4 generaties) bij de hoge klokkentoren. Klassie keuken, gemoderniseerd interieur en mooie rustieke zaal voor partijen.

BELGIQUE

Begijnhof, Vrijheid 108, ☎ 0 3 314 66 25, *info@restobegijnhof.be, Fax 0 3 314 84 13* – MC VISA
fermé mardi et merc. – **Rest** *Lunch 25* – 35/70 bc, carte 39/49.
◆ Maison ancienne à façade proprette établie devant le béguinage. Atmosphère tamisée dans une salle où jeux de lumières et de miroirs composent un cadre actuel. Choix classique.
◆ Oud huis met een kraakheldere gevel tegenover het Begijnhof. Gedempte sfeer in de eetzaal, waar een spel van licht en spiegels een hedendaags decor vormen. Klassieke keuken.

Meer *Nord-Ouest : 4 km* C *Hoogstraten* – ✉ *2321 Meer :*

Kasteel Maxburg sans rest, Maxburgdreef 37, ☎ 0 3 315 92 43, *info@maxburg.be, Fax 0 3 315 05 03,* – P. AE MC VISA
fermé 24 déc.-2 janv. – **6 ch** ★97 – ★★135.
◆ Dans un site frontalier agreste, petite folie du 19e s. s'agrémentant d'un joli parc victorien doté d'une orangerie. Grandes chambres classiques revêtues de beaux planchers.
◆ Klein 19e-eeuws lustslot in een landelijke omgeving bij de grens. Mooi Victoriaans park met een oranjerie. Grote klassieke kamers met fraai parket.

HOTTON *6990 Luxembourg belge* **533** R21, **534** R21 *et* **716** J5 – *5 075 h.* 12 **B1**

Voir *Grottes★★.*
r. Haute 4 ☎ 0 84 46 61 22, info@si-hotton.be, Fax 0 86 46 76 98.
Bruxelles 115 – Arlon 92 – Liège 71 – Namur 56.

La Besace r. Monts 9 (Est : 4,5 km, lieu-dit Werpin), ☎ 0 84 46 62 35, *info@labesace.be, Fax 0 84 46 70 54,* – P – 25. MC VISA.
Rest (dîner pour résidents seult) – **8 ch** ★60/63 – ★★78 – ½ P 62/82.
◆ Franchissez le pont : vous voici devant une sympathique auberge de poche noyée dans la chlorophylle. Chambres fonctionnelles où l'on peut poser sa besace pour la nuit.
◆ Als u de brug oversteekt, komt u bij deze kleine sympathieke herberg, die tussen het groen ligt verscholen. De kamers zijn functioneel en voldoen prima voor een nachtje.

HOUDENG-AIMERIES *Hainaut* **533** J20, **534** J20 *et* **716** F4 – *voir à La Louvière.*

HOUFFALIZE *6660 Luxembourg belge* **534** T22 *et* **716** K5 – *4 749 h.* 13 **C1**

pl. Janvier 45 ☎ 0 61 28 81 16, info@houffalize.be, Fax 0 61 28 95 59.
Bruxelles 164 – Arlon 63 – Liège 71 – Namur 97 – Luxembourg 95.

L'Air du Temps, r. Ville basse 25, ☎ 0 473 36 38 73, *lair-du-temps@versateladsl.be,* –
Rest (résidents seult) – **6 ch** ★50/60 – ★★65/75 – ½ P 54/59.
◆ Maison de notable (1870) où l'on s'endort dans des chambres personnalisées suivant divers styles. Salons et salle à manger classiques modernisés ; véranda et terrasse.
◆ Herenhuis (1870) met kamers in verschillende stijlen. De klassieke salons en eetzaal zijn gemoderniseerd. Serre en terras.

La Fleur de Thym, rte de Liège 6, ☎ 0 61 28 97 08, *lafleurdethym@hotmail.com,* – AE MC VISA
fermé 2 sem. fin juin, 2 sem. fin sept., lundi en été et merc. – **Rest** *Lunch 19* – 24/75 bc, carte 35/62.
◆ À l'entrée du centre, près du pont, table au goût du jour lancée en 2004 par un jeune couple plein d'allant. Cadre moderne un peu étriqué ; mets inspirés par la Provence.
◆ Dit eigentijdse restaurant aan de rand van het centrum, bij de brug, werd in 2004 geopend door een enthousiast jong stel. Modern interieur en Provençaalse gerechten.

Achouffe *Nord-Ouest : 6 km* C *Houffalize* – ✉ *6666 Houffalize :*

L'Espine , Achouffe 19, ☎ 0 61 28 81 82, *info@lespine.be, Fax 0 61 28 90 82,* ←, – P. MC VISA
fermé 30 mars-5 avril et 2 au 12 juil. – **Rest** (dîner pour résidents seult) – **11 ch** ★65 – ★★104 – ½ P 69/74.
◆ Une villa qui ne manque pas d'atouts, avec sa verte campagne environnante, le silence ambiant, et ses chambres offrant le coup d'œil sur la vallée de l'Ourthe.
◆ Deze villa heeft heel wat te bieden: landelijke omgeving, weldadige stilte en kamers met uitzicht op het groene dal van de Ourthe.

Wibrin *Nord-Ouest : 9 km* C *Houffalize* – ✉ *6666 Wibrin :*

Le Cœur de l'Ardenne , r. Tilleul 7, ☎ 0 61 28 93 15, *lecœurdelardenne@belgacom.net, Fax 0 61 28 93 15* – P.
Rest (dîner pour résidents seult) – **5 ch** ★60 – ★★80/85 – ½ P 70/73.
◆ Maison d'hôtes mettant à profit l'ex-école d'un village du parc naturel des Deux-Ourthes. Chambres proprettes, salon-cheminée, salle des repas classique et terrasse-jardin.
◆ Maison d'hôte in een oude dorpsschool in het Natuurpark van de twee Ourthes. Keurige kamers, salon met open haard, klassieke eetzaal en tuin met terras.

BELGIQUE

HOUSSE *Liège* **533** T18 *et* **534** T18 *– voir à Blegny.*

HOUTAIN-LE-VAL *1476 Brabant Wallon* Ⓒ *Genappe 14 133 h.* **533** L19, **534** L19 *et* **716** G4. 3

au Nord-Est : 5 km à Ways, r. Emile François 31, ☎ 0 67 77 15 71, Fax 0 67 77 18 33
Bruxelles 44 – Wavre 33 – Charleroi 33 – Mons 46 – Nivelles 11.

XX **La Meunerie,** r. Patronage 1a, ☎ 0 67 77 28 16, *info@lameunerie.be,* – P ⇔ 15/
AE ⓓ MO VISA
fermé 22 juil.-12 août, sam. midis, dim. soirs, lundis et mardis non fériés et après 20 h 3
Rest *Lunch 23* – 32/59 bc, carte 41/50, ♀.
◆ Dans les murs d'une ex-meunerie, restaurant de campagne proposant de la cuisi actuelle où entrent des produits du terroir. Vieilles meules exposées en salle ; terrasse.
◆ Plattelandsrestaurant in een oude meelfabriek met een eigentijdse streekkeuken. Ou molenstenen in de eetzaal; terras.

HOUTAVE *8377 West-Vlaanderen* Ⓒ *Zuienkerke 2 776 h.* **533** D15 *et* **716** C2. 19

Bruxelles 109 – Brugge 31 – Oostende 16.

XX **De Roeschaert,** Kerkhofstraat 12, ☎ 0 50 31 95 63, – ⇔ 18. AE MO VISA
fermé 2e quinz. août-prem. sem. sept., vacances Noël, dim. soir, lundi et mardi – **Rest** *Lur 25* – 40/75 bc, carte 46/69, ♀.
◆ Table familiale adossée à l'église d'un village des polders. Décor intérieur agreste printanier, jolie terrasse au vert, mets classiques actualisés et bon choix de vins.
◆ Restaurant naast de kerk van een polderdorpje. Rustieke eetzaal in frisse lentekleure modern-klassieke kaart met goede wijnen en mooi terras tussen het groen.

BELGIQUE

Comment choisir entre deux adresses équivalentes ?
Dans chaque catégorie, les établissements sont classés
par ordre de préférence : nos coups de cœur d'abord.

HOUTHALEN *3530 Limburg* Ⓒ *Houthalen-Helchteren 29 944 h.* **533** R16 *et* **716** J2. 10 B

Golfstraat 1 ☎ 0 89 38 35 43, Fax 0 89 84 12 08.
Grote Baan 112a ☎ 0 11 60 05 40, toerisme@houthalen-helchteren.be, Fax 0 11 60 05 0
Bruxelles 83 – Hasselt 12 – Diest 28 – Maastricht 40.

The Lodge, Guldensporenlaan 1, ☎ 0 11 60 36 36, *houthalen@lodge-hotels.b* *Fax 0 11 60 36 37,* – , ▤ ch, . AE ⓓ MO VISA. ch
fermé fin janv.-début fév. – **Rest** (taverne-rest) *Lunch 11* – 18/34, carte 20/43, ♀ – **17 ch**
80 – 90 – ½ P 91.
◆ En face de l'église, établissement où vous logerez dans des chambres pratiques de sty actuel réparties sur trois étages d'une bâtisse moderne et dans une maison voisine. Grand brasserie misant sur une carte traditionnelle augmentée de suggestions.
◆ Dit etablissement tegenover de kerk biedt praktische en eigentijdse kamers, verdeel over drie verdiepingen van een modern gebouw en in een aangrenzend huis. Grote bras serie met een traditionele kaart en suggesties.

XX **Ter Laecke,** Daalstraat 19 (Nord :2 km par N 74 à Laak), ☎ 0 11 52 67 44, *info@te laecke.be, Fax 0 11 52 59 15,* – ▤ P ⇔ 8/18. AE ⓓ MO VISA.
fermé lundi, mardi, merc. et sam. midi – **Rest** *Lunch 28* – 38/75 bc, carte 35/53, ♀.
◆ Maison rustique dotée d'une salle cossue aux tables bien espacées et d'une terrass arrière close de haies, donnant sur un jardin bichonné. Menu homard proposé tout l'année.
◆ Rustiek huis met een weelderige eetzaal waar de tafels ruim zijn opgesteld. Mooie tui met omhaagd terras aan de achterkant. Het kreeftmenu staat het hele jaar op de kaart.

X **De Postkoets,** Weg naar Zwartberg 96 (Houthalen-Oost), ☎ 0 89 38 20 79 *Fax 0 89 38 36 58,* – P ⇔ 10/25. ⓓ MO VISA.
fermé 2 sem. en fév., 2 sem. en sept., lundi, mardi, merc. et sam. midi – **Rest** 25/33 bc carte 29/40.
◆ Connue de longue date pour ses bons p'tits plats classico-traditionnels à prix "sympa", L Malle-poste (De Postkoets) présente une carte assortie d'un trio de menus.
◆ De Postkoets staat sinds jaar en dag bekend om zijn goede prijs-kwaliteitverhouding. De klassiek-traditionele menukaart wordt aangevuld met een drietal menu's.

HOUYET *5560 Namur* **534** P21 *et* **716** I5 *– 4 486 h.* 15 C

Env. *au Nord : 10 km à Celles : dalle funéraire★ dans l'église romane St-Hadelin.*
Tour Léopold-Ardenne 6 ☎ 0 82 66 62 28, Fax 0 82 66 74 53.
Bruxelles 110 – Namur 54 – Bouillon 66 – Dinant 34 – Rochefort 23.

Celles Nord : 10 km © Houyet – ✉ 5561 Celles :

Auberge de la Lesse, Gare de Gendron 1 (N 910 : 4 km, lieu-dit Gendron), ✆ 0 82 66 73 02, *aubergelesse@skynet.be, Fax 0 82 66 76 15*, , , , – , P. MC VISA
fermé 8 au 25 janv. et 1er au 12 oct. – **Rest** *(fermé lundis et mardis non fériés sauf vacances scolaires)* (taverne-rest) 30/33, carte 20/35 – **14 ch** ☕ ♟50 – ♟♟60/70 – ½ P 60/63.
• Maison de pays située à proximité de la Lesse, que l'on peut descendre en kayak (location sur place). Extension de type motel avec deux tailles et générations de chambres. Taverne-restaurant de style régional ; préparations traditionnelles sans complication.
• Huis in regionale stijl bij de Lesse, die met een kajak kan worden bevaren (verhuur ter plaatse). Motelachtige aanbouw met twee soorten kamers. Café-restaurant in regionale stijl met een traditionele keuken zonder poespas.

La Clochette avec ch, r. Vêves 1, ✆ 0 82 66 65 35, *laclochette@skynet.be, Fax 0 82 66 77 91*, – , P. AE MC VISA.
fermé 19 fév.-14 mars et fin juin-début juil. – **Rest** *(fermé lundis midis non fériés sauf en juil.-août et merc. non fériés)* 25/35, carte 29/49 – **7 ch** (fermé merc. non fériés sauf en juil.-août) ☕ ♟55 – ♟♟60/70 – ½ P 60.
• Auberge ardennaise où l'on fait des repas classico-traditionnels dans une jolie salle aux lambris blanchis ou en terrasse. Salon chaleureux et feutré ; chambres proprettes.
• In deze Ardense herberg worden klassiek-traditionele maaltijden geserveerd in een mooie eetzaal met lichte lambrisering of op het terras. Sfeervolle salon en keurige kamers.

Custinne Nord-Est : 7 km © Houyet – ✉ 5562 Custinne :

Hostellerie "Les Grisons" avec ch, rte de Neufchâteau 30 (N 94), ✆ 0 82 66 79 84, *les.grisons@skynet.be, Fax 0 82 66 79 85*, , – , rest, P. AE MC VISA
fermé 1 sem. en janv., 3 sem. en mai, 1 sem. en sept., lundi et mardi – **Rest** Lunch 20 – 32/85 bc, carte 51/63 – **6 ch** ☕ ♟85 – ♟♟95 – 2 suites – ½ P 90/100.
• Bâtisse en pierres du pays abritant une table classique et dissimulant un mini-vignoble en contrebas du jardin, où des chambres tranquilles ont été aménagées dans un chalet.
• Gebouw van steen uit de streek met een klassiek restaurant. Achter in de tuin bevinden zich een piepkleine wijngaard en een chalet met rustige kamers.

HUISE *Oost-Vlaanderen* **533** G17 *et* **716** D3 – *voir à Zingem.*

HUIZINGEN *Vlaams-Brabant* **533** K18 *et* **716** F3 – *voir à Bruxelles, environs.*

La HULPE (TERHULPEN) *1310 Brabant Wallon* **533** L18, **534** L18 *et* **716** G3 – *7 222 h.* 3 **B2**

Voir Parc★ du domaine Solvay.
Bruxelles 25 – Wavre 14 – Charleroi 44 – Leuven 40 – Namur 51.

La Salicorne, r. P. Broodcoorens 41, ✆ 0 2 654 01 71, *la.salicorne@yucom.be, Fax 0 2 653 71 23*, – P 8/60. AE MC VISA
fermé 2 sem. carnaval, 3 prem. sem. juil., 2 sem. Toussaint, dim. et lundi – **Rest** Lunch 30 – 48/90 bc, carte 56/76, ♀.
• À la périphérie de La Hulpe, belle villa où l'on mange avec le même plaisir en salle, de style classique-contemporain, qu'à l'extérieur, près de la pièce d'eau et sa fontaine.
• Mooie villa aan de rand van Terhulpen, waar u kunt kiezen of u in de klassiek-moderne eetzaal of buiten bij de fontein uw maaltijd wilt gebruiken.

Le Gris Moulin, r. Combattants 110, ✆ 0 2 653 10 61, *info@legrismoulin.com, Fax 0 2 653 11 61* – . AE MC VISA.
fermé sam. midi et dim. – **Rest** Lunch 13 – 25, carte 29/45.
• Prestation culinaire classico-actuelle dans un cadre moderne entretenant une ambiance sereine. Accueil et service avenants, salon douillet, déclinaison de tons gris en salle.
• Klassiek-eigentijdse gerechten worden geserveerd in een modern interieur met grijstinten en rustige ambiance. Charmante ontvangst en bediening, behaaglijke lounge.

HULSHOUT *2235 Antwerpen* **533** N16 *et* **716** H2 – *9 166 h.* 2 **C3**

Bruxelles 51 – Antwerpen 40 – Mechelen 27 – Turnhout 37.

Hof Ter Hulst (Schroven), Kerkstraat 19, ✆ 0 15 25 34 40, *info@hofterhulst.be, Fax 0 15 25 34 36* – P. AE MC VISA
fermé 2 sem. en janv., mi-juil.-mi-août, mardi et sam. midi – **Rest** Lunch 32 – 41/75 bc, carte 60/89.
Spéc. Minestrone de ris de veau et pied de porc aux langoustines. Cabillaud en croûte de moutarde et tomates confites, jus au vinaigre balsamique (mars-sept.). Soufflé au fromage blanc, citronnelle et ananas.
• Fermette estimée pour sa fine cuisine classique et son cadre soigné : poutres et meubles cérusés, murs jaune paille, sièges Lloyd Loom, cheminée et tables rondes espacées.
• Boerderijtje met een fijne klassieke keuken en verzorgd interieur: balkenplafond, houten meubelen, strogele muren, Lloyd Loom stoelen, schouw en ronde tafels met veel ruimte.

BELGIQUE

HUY (HOEI) *4500 Liège* **533** Q19, **534** Q19 *et* **716** I4 *– 20 071 h.* 8

Voir *Collégiale Notre-Dame★ : trésor★* **Z** *– Fort★ : ≤★★* **Z.**

Musée *: communal : Le Beau Dieu de Huy★ (christ du 13e s.)* **Z M.**

Env. *par N 617 : 7,5 km à Amay : châsse★ et sarcophage mérovingien★ dans la Collégi St-Georges et Ste-Ode – par N 617 : 10 km à Jehay-Bodegnée : château★ de Jehay.*

par ④ : 11 km à Andenne, Ferme du Moulin, Stud 52 ☎ 0 85 84 34 04, Fax 0 85 84 34 (

Quai de Namur 1 ☎ 0 85 21 29 15, mthy@pays-de-huy.be, Fax 0 85 23 29 44.

Bruxelles 83 ⑤ – Liège 33 ① – Namur 35 ④.

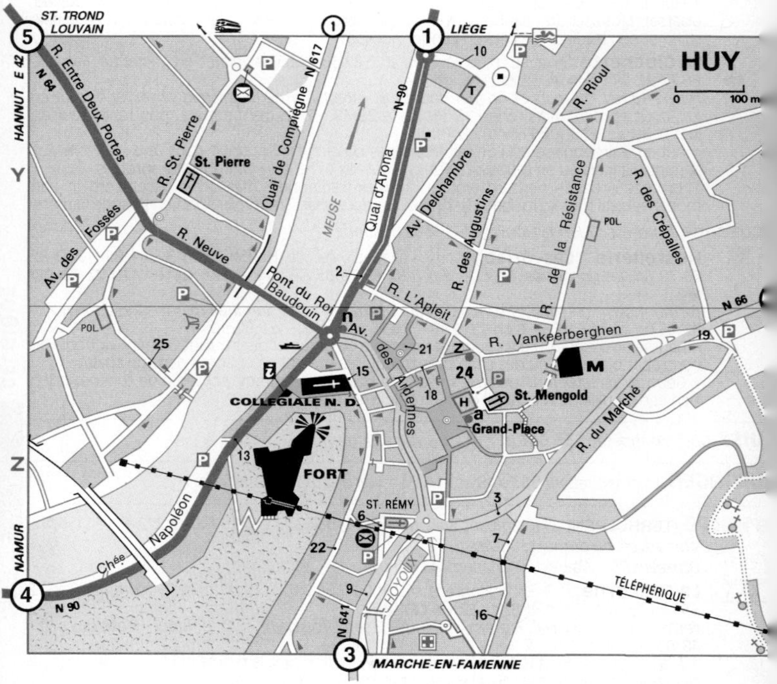

Autrebande (Quai d') . . . . **Y** 2
Condroz (Av. du) . . . . **Z** 3
Foulons (R. des) . . . . **Z** 6
Haut Chêne (R. du) . . . . **Z** 7
Hoyoux (Av. du) . . . . **Z** 9
Joseph-Lebeau (Av.) . . . . **Y** 10
Namur (Quai de) . . . . **Z** 13
Neuve (R.) . . . . **Y**
Pont (R. du) . . . . **Z** 15
Reine (R. de la) . . . . **Z** 16
Rôtisseurs (R. des) . . . . **Z** 18
St-Denis (Pl.) . . . . **Z** 19
St-Pierre (R.) . . . . **Y**
St-Séverin (Pl.) . . . . **Z** 2
Sous le Château (R.) . . . . **Z** 2
Verte (Pl.) . . . . **Z** 2
Vieux Pont (R. du) . . . . **Z** 2

Sirius sans rest, quai de Compiègne 47 (par N 617 : 1,5 km), ☎ 0 85 21 24 00, *info@hote sirius.be, Fax 0 85 21 24 01* – 50. AE ⓓ ⓜⓒ VISA.
fermé 1er au 7 janv., 8 au 22 juil., 23 au 31 déc. et dim. – **24 ch** ☐ ★75/110 – ★★90/120 – 2 suites.

◆ Hôtel de bon confort établi aux portes de la ville. Actuelles et lumineuses, les chambre sont toutes identiques mais celles situées en façade offrent la vue sur la Meuse.

◆ Comfortabel hotel aan de rand van de stad. De moderne, lichte kamers zijn allemaa eender, maar die aan de voorkant kijken uit op de Maas.

Li Cwerneu, Grand'Place 2, ☎ 0 85 25 55 55, *info@licwerneu.be, Fax 0 85 25 55 55,* – AE ⓜⓒ VISA. Z a
fermé 1 sem. en fév., 1 sem. en mai, 1 sem. en août, 1 sem. en nov., lundi, mardi et merc midi – **Rest** (réservation souhaitée) *Lunch 29* – 39/89 bc, ♀.

◆ Vénérable petite maison hutoise blottie contre l'hôtel de ville. Salle mignonne et chaleureuse où l'on se repaît d'une cuisine féminine bien montée, volontiers inventive.

◆ Goed restaurant in een karakteristiek oud pand naast het stadhuis. Gezellige eetzaal, waar inventieve gerechten worden opgediend die een vrouwelijke hand verraden.

Le Sorgho Rouge 1er étage, quai Dautrebande 1/01, ℘ 0 85 21 41 88, ⩽, Cuisine chinoise – ▤. AE ⓓ MC VISA Z n
fermé 3 sem. en juil. et mardi – **Rest** *Lunch 13* – 18/39, carte 15/45.
• Cette table asiatique d'excellente réputation locale occupe le 1er étage d'un immeuble d'angle tourné vers le pont Roi-Baudouin. Cadre moderne égayé d'objets d'art chinois.
• Aziatisch restaurant met een uitstekende reputatie, op de eerste verdieping van een hoekpand bij de Koning Boudewijnbrug. Modern interieur met Chinese kunstvoorwerpen.

La Tête de Chou, r. Vierset Godin 8, ℘ 0 85 23 59 65, ☂ – MC VISA Z z
fermé 3 sem. fin sept., lundi et sam. midi – **Rest** *Lunch 11* – 40, carte env. 35.
• En secteur piétonnier, bistrot "sympa" misant sur une petite carte attrayante et un plat du jour noté à l'ardoise. Salle aux tons ocre et bleu ; accueil et service avenants.
• Leuke bistro in blauw en okergele kleuren in de voetgangerszone. Kleine aantrekkelijke kaart en dagschotel op een leitje. Voorkomende bediening.

Wanze *par ⑤ : 4 km – 12 694 h. – ✉ 4520 Wanze :*

Lucana, chaussée de Tirlemont 118, ℘ 0 85 24 08 00, *info@lucana.be, Fax 0 85 24 08 80*, ☂, Cuisine italienne – P ⇔ 60. AE MC VISA
fermé 10 juil.-1er août, mardi, merc. et sam. midi – **Rest** 29/37, ♧.
• Restaurant italien au cadre moderne aménagé dans une villa. Patron à forte personnalité, menu-carte attractif, bons vins de toute la "Botte" (cave à vue) et terrasse arrière.
• Modern ingericht Italiaans restaurant in een villa met een nadrukkelijk aanwezige eigenaar. Aanlokkelijk menu à la carte, goede Italiaanse wijnen en terras aan de achterkant.

BELGIQUE

Nous essayons d'être le plus exact possible dans les prix que nous indiquons. Mais tout bouge ! Lors de votre réservation, pensez à vous faire préciser le prix du moment.

IEPER (YPRES) *8900 West-Vlaanderen* **533** C17 *et* **716** B3 – *34 900 h.* 18 **B3**
Voir *Halles aux draps★ (Lakenhalle)* ABX.
Musée : *In Flanders Fields Museum★★* ABX **M**4.
⛳18 *au Sud-Est : 7 km à Hollebeke, Eekhofstraat 14 ℘ 0 57 20 04 36, Fax 0 57 21 89 58* - ⛳9 *Albert Dehemlaan 24 ℘ 0 57 21 66 88, Fax 0 57 21 82 10.*
🅸 *Grote Markt 34 ℘ 0 57 23 92 20, toerisme@ieper.be, Fax 0 57 23 92 75.*
Bruxelles 125 ② – Brugge 52 ① – Kortrijk 32 ② – Dunkerque 48 ⑥.

Plan page suivante

Ariane ♨, Slachthuisstraat 58, ℘ 0 57 21 82 18, *info@ariane.be, Fax 0 57 21 87 99*, ☂, Fₐ, ≘, ⛱, 🚲 – |♦| ⇆ ▤ ♿ P – 🏛 90. AE ⓓ MC VISA. ✻ rest AX e
fermé 21 déc.-5 janv. – **Rest** *(fermé sam. midi) Lunch 11* – 35/53 bc, carte 32/50 – **51 ch** ☐ ✝85/115 – ✝✝110/160 – ½ P 80/105.
• Ensemble hôtelier récent agrémenté d'un beau jardin rafraîchi par une pièce d'eau. Accueil de qualité et chambres actuelles spacieuses se partageant plusieurs ailes. Repas classique dans une confortable salle à manger contemporaine ou sur la terrasse au vert.
• Nieuw hotelcomplex met een mooie tuin en waterpartij. Goede ontvangst en ruime, eigentijdse kamers in verscheidene vleugels. Modern en comfortabel restaurant met een klassieke keuken; bij goed weer kunt u op terras tussen het groen eten.

Novotel Sint-Jacobsstraat 15, ℘ 0 57 42 96 00, *H3172@accor.com, Fax 0 57 42 96 01*, ☂, Fₐ – |♦| ⇆ ▤ ♿ ch, 🚗 – 🏛 120. AE ⓓ MC VISA. ✻ rest BX b
Rest carte 21/38, ♀ – ☐ 14 – **122 ch** ✝65/152 – ✝✝65/152 – ½ P 99/196.
• Hôtel de chaîne bâti à l'emplacement d'un couvent dont certains éléments ont été préservés, notamment en façade. Hall de réception spacieux ; chambres de même. Salle de restaurant dans le genre brasserie ; cuisine classique-traditionnelle et internationale.
• Dit hotel, dat tot de Novotelketen behoort, is gebouwd op de plek van een oud klooster, waarvan enkele overblijfselen nog in de gevel te zien zijn. Ruime lobby en kamers. Restaurant in brasseriestijl met een internationale klassiek-traditionele keuken.

IEPER

Adj. Masscheleinlaan . . . . . . BX 2
Arsenaalstr. . . . . AY 4
A. Stoffelstr.. . . . . BX 5
A. Vandenpeereboompl. . . . AX 6
Bollingstr.. . . . . BX 7
Boterstr.. . . . . AX 8
de Montstr. . . . . AY 29
Diksmuidestr.. . . . . BX
Grote Markt . . . . BX 9
G. de Stuersstr. . . . . AX
Hoge Wieltjesgracht . . . . . ABX 10
J. Capronstr. . . . . AX 12
J. Coomansstr. . . . . AX 13
J. Picanollaan . . . . BY 14
Kalfvaartstr. . . . . BX 15
Kanonweg . . . . BY 17
Kauwekijnstr.. . . . . BX 18
Lange Torhoutstr.. . . . . BX 22
Maarschalk Fochlaan . . . . . . AX 23
Maarschalk
Frenchlaan . . . . BX 24
Meensestr. . . . . BX
Meenseweg . . . . BX
Oude Houtmarktstr.. . . . . BX
Patersstr. . . . . AX
Poperingseweg . . . . AX
Rijselsestr.. . . . . BXY
Rijselseweg . . . . BY
Stationsstr. . . . . AXY
Surmont
de Volsbergestr.. . . . . ABX
Tempelstr. . . . . AX
Wateringsstr. . . . . BY

Albion sans rest, Sint-Jacobsstraat 28, ✆ 0 57 20 02 20, *info@albionhotel.* BX
Fax 0 57 20 02 15 – AE MC VISA.
20 ch ☕ 77/83 – 95/105.
◆ Cette façade altière couronnée d'un pignon à redans abrite de grandes chambres tuelles d'une tenue méticuleuse, desservies par une cage d'escalier Art déco et un asc seur.
◆ In dit fiere gebouw met trapgevel logeert u in grote, eigentijdse kamers die er spic span uitzien en te bereiken zijn met de lift of een mooie art-decotrap.

Flanders Lodge, A. Dehemlaan 19 (par ① : 2,5 km), ✆ 0 57 21 70 00, *bw-ieper@ net.be, Fax 0 57 21 94 74*, – 100. AE MC VISA
fermé 21 juil.-20 août – **Rest** *(fermé dim.)* Lunch 14 – 29, carte 19/37 – **39 ch** ☕ 59/6 68/89 – ½ P 73.
◆ Dans une zone industrielle, grande bâtisse à façade en bois dissimulant une aile chambres déployée sur l'arrière pour garantir une certaine quiétude. Un choix classiq traditionnel est présenté au restaurant.
◆ Hotel in een groot gebouw met houten gevel op een industrieterrein. De kamers ligg in een vleugel aan de achterzijde, zodat ze redelijk rustig zijn. Het bijbehorende restaur mikt op het klassiek-traditionele repertoire.

Regina, Grote Markt 45, ☎ 0 57 21 88 88, *info@hotelregina.be, Fax 0 57 21 90 20* – rest – 30. AE VISA BX a
fermé 29 juil.-13 août et 23 au 30 déc. – **Rest** *(fermé dim.) Lunch 23* – 38/68 bc, carte 37/65, ♀ – **18 ch** ☕ ✝70/100 – ✝✝85/145 – ½ P 93/123.
◆ Deux fières demeures flamandes composent cet hôtel très central. Le décor de chaque chambre honore une personnalité du monde des arts : Dali, Piaf, Brel, Tati, etc. Bistrot "trendy" tourné vers le Grote Markt ; cuisine actuelle servie avec générosité.
◆ Dit centraal gelegen hotel bestaat uit twee Vlaamse herenhuizen. Elke kamer brengt een ode aan een beroemde kunstenaar of artiest, zoals Dalí, Piaf, Brel en Tati. Vanuit de moderne eetzaal aan de voorkant ontvouwt zich een fraai uitzicht op de Grote Markt.

Gasthof 't Zweerd, Grote Markt 2, ☎ 0 57 20 04 75, *zweerd@pandora.be, Fax 0 57 21 78 96* – – 100. AE VISA BX d
Rest *(fermé mardi) Lunch 10* – 22/50 bc, carte 21/42 – **17 ch** ☕ ✝65 – ✝✝75 – ½ P 50.
◆ Établissement familial connu depuis plus de 20 ans sur le Grote Markt. Façade ancienne, chambres actuelles compactes et brasserie servant de la petite restauration. Carte traditionnelle et menus à bon prix proposés dans une salle à manger classique cossue.
◆ Dit hotel met oude gevel aan de Grote Markt bestaat al ruim 20 jaar. De eigentijdse kamers zijn aan de krappe kant. Brasserie voor een eenvoudig hapje en weelderig klassiek ingericht restaurant met een traditionele kaart en redelijk geprijsde menu's.

Camalou sans rest, Dikkebusseweg 351 (Sud-Ouest : 5 km), ☎ 0 57 20 43 42, *info@camalou.com, Fax 0 57 21 78 62,* – P. AE VISA. AY
fermé 25 déc.-6 janv. – **3 ch** ☕ ✝50/57 – ✝✝65/72.
◆ Chambres charmantes, bon accueil et conseils touristiques avisés dans cette bâtisse du 19e s. côtoyant les étangs de Dikkebus, à mi-chemin d'Ypres et des monts de Flandre.
◆ Charmante kamers, een goed onthaal en leuke toeristische tips staan u te wachten in dit 19e-eeuwse gebouw bij de vijvers van Dikkebus, halverwege Ieper en de Vlaamse Bergen.

De Vier Koningen, Dikkebusseweg 148, ☎ 0 57 44 84 46, *info@devierkoningen.be, Fax 0 57 44 84 47* – P 20/100. VISA AY x
fermé 15 fév.-2 mars, 20 août-7 sept. et jeudi – **Rest** *Lunch 15* – 50 bc/58 bc, carte 38/60, ♀.
◆ Restaurant au cadre contemporain complété d'un "bar-lounge" au rez-de-chaussée, accessible par une entrée séparée. Registre culinaire d'orientation traditionnelle.
◆ Eigentijds restaurant met een "bar-lounge" op de benedenverdieping, die via een aparte ingang toegankelijk is. Het culinaire repertoire houdt de traditie in ere.

Pacific Eiland, Eiland 2, ☎ 0 57 20 05 28, *info@pacificeiland.be, Fax 0 57 42 42 92,* ←, , Taverne-rest – P 12/24. VISA AY z
fermé 2 sem. en mars, 2 sem. en oct., lundi soir et mardi – **Rest** *Lunch 33* – 50, carte 44/79.
◆ Taverne-restaurant montant la garde sur l'un des anciens îlots qui défendaient Ypres. Ambiance familiale sympathique, cuisine d'aujourd'hui, canotage et jeux pour les enfants.
◆ Dit taverne-restaurant ligt op een van de eilandjes die vroeger Ieper verdedigden. Sympathieke huiselijke ambiance, eigentijdse gerechten, roeibootjes en speeltoestellen.

De Stoove, Surmont de Volsbergestraat 12, ☎ 0 57 21 79 48, *Fax 0 57 21 79 48* – AE VISA BX e
fermé 21 juil.-10 août, mardi soir, merc. et sam. midi – **Rest** *Lunch 22* – 42 bc, carte 30/53, ♀.
◆ Près du Grote Markt, maisonnette ancienne modernisée où se conçoit une cuisine classique-traditionnelle. Petite carte sans emphase, lunch en trois services et menu week-end.
◆ In dit gemoderniseerde oude pandje bij de Grote Markt worden klassiek-traditionele gerechten geserveerd. Kleine kaart zonder poespas, driegangenlunch en weekendmenu.

Elverdinge *Nord-Ouest : 5 km* C *Ieper* – ✉ *9606 Elverdinge :*

Hostellerie St-Nicolas (Vanderhaeghe), Veurnseweg 532 (sur N 8), ☎ 0 57 20 06 22, *st.nicolas@scarlet.be, Fax 0 57 46 98 99,* – P. AE VISA.
fermé 2 au 9 janv., 24 juil.-16 août, sam. midi, dim. soir et lundi – **Rest** *Lunch 48 bc,* – 45/120 bc, carte 75/135bc.
Spéc. Pomme de terre écrasée aux crevettes grises, coulis de persil. Turbot grillé, croquette de King Crab, mousseline aux herbes.
◆ Cadre actuel élégant, cuisine créative soignée et service aux petits soins mené avec style. L'été, goûtez à la fraîcheur de la terrasse au jardin, agrémentée une pièce d'eau.
◆ Deze sierlijke, eigentijdse villa heeft een mooi terras aan de tuinzijde en een waterpartij. Verzorgde creatieve keuken en stijlvolle bediening.

Zillebeke *par ③ : 3 km* C *Ieper* – ✉ *8902 Zillebeke :*

De Steenen Haene, Komenseweg 21, ☎ 0 57 20 54 86, *info@desteenenhaene.be, Fax 0 57 21 50 42,* , Grillades – P 30/60. AE VISA
fermé 19 fév.-7 mars, 13 au 28 août, mardi soir et merc. – **Rest** 30/75 bc, carte 34/66.
◆ Fermette typique où l'on ripaille agréablement en famille, dans un décor rustique chaleureux. Rôtissoire au feu de bois en salle. Terrasse d'été côté jardin et jeux d'enfants.
◆ In dit boerderijtje kunt u lekker met de hele familie eten in een gezellig, rustiek interieur. Op houtskool geroosterd vlees in de eetzaal. Tuin met terras en speeltoestellen.

ITTERBEEK *Vlaams-Brabant* **533** K18 – *voir à Bruxelles, environs.*

ITTRE (ITTER) *1460 Brabant Wallon* **533** K19, **534** K19 *et* **716** F4 – *6 062 h.* 3

Bruxelles 28 – Wavre 37 – Mons 46 – Nivelles 10 – Soignies 21.

XX **Absolutly,** Grand'Place 3, ✆ 0 67 64 63 85, *info@absolutly.be, Fax 0 67 64 89 18,* Ouvert jusqu'à 23 h – ▤. AE MC VISA

fermé 3e sem. fév., 2 dern. sem. août, lundi et mardi – **Rest** carte 20/52.

• "Resto-lounge-bar" très "fashionable" succédant à un estaminet de la Grand'Place. Tab de bistrot accoudées, déco en rouge, noir et mauve, petite carte bien dans le coup.

• Dit trendy restaurantje annex loungebar in rood, zwart en mauve was vroeger e kroegje aan de Grote Markt. De bistrotafeltjes staan dicht op elkaar. Kleine, moderne ka

IVOZ-RAMET *Liège* **533** R19, **534** R19 *et* **716** J4 – *voir à Liège, environs.*

IXELLES (ELSENE) *Région de Bruxelles-Capitale – voir à Bruxelles.*

IZEGEM *8870 West-Vlaanderen* **533** E17 *et* **716** C3 – *26 540 h.* 19

Bruxelles 103 – Brugge 36 – Kortrijk 13 – Roeselare 7.

Parkhotel sans rest, Papestraat 3, ✆ 0 51 33 78 20, *info@parkhotel-izegem. Fax 0 51 33 78 69* – ▤ ▤ P. AE ① MC VISA

– **31 ch** ☕ ✝85/105 – ✝✝95/145.

• Immeuble-bloc d'aspect design récemment élevé dans un quartier neuf situé aux abo de la ville. Espaces communs de style contemporain, à l'image des chambres foncti nelles.

• Dit flatgebouw werd onlangs opgetrokken in een nieuwbouwwijk aan de rand van stad. Het heeft een modern interieur en functionele kamers.

XX **Ter Weyngaerd,** Burg. Vandenbogaerdelaan 32, ✆ 0 51 30 95 41, *info@terw gaerd.be, Fax 0 51 31 96 52,* ☂ – ♿ ⇔ 10/40. AE ① MC VISA

fermé 9 au 18 avril, 25 juil.-15 août, dim. soir, lundi soir, mardi soir et merc. – **Rest** *Lunc* – 28/62 bc, carte 42/55.

• À l'approche du centre, maison de maître ancienne relookée au-dedans pour mi s'accorder à notre époque. Cuisine classico-traditionnelle actualisée. Terrasse au jardin.

• Dit herenhuis aan de rand van het centrum heeft vanbinnen een up-to-date look. Tra tioneel-klassieke keuken met een vleugje modern. Tuin met terras.

XX **Retro,** Meensestraat 159, ✆ 0 51 30 03 06, *retro.restaurant@skynet.be, Fax 0 30 03 06,* ☂ – ▤ ♿ ⇔ 8/50. VISA

fermé 1 sem. en fév., dern. sem. juil.-2 prem. sem. août, sam. midi, dim. soir et lun **Rest** *Lunch 30* – 41/70 bc, cartte 46/72.

• Repas de base classique servi dans une villa "rétro" dotée d'une véranda non-fumeu d'un jardin caché où l'on dresse le couvert près d'une pièce d'eau sous le soleil d'été.

• Klassiek restaurant in een villa uit de jaren twintig met een serre voor niet-rok 's Zomers kan buiten worden gegeten in de haast verborgen tuin met waterpartij.

X **Villared,** Leenstraat 51, ✆ 0 51 30 38 58, *info@villared.be, Fax 0 51 30 38 36,* ☂ – ♿. MC VISA. ✂

fermé 2 sem. en janv., 2 sem. en juin, merc., sam. midi et dim. soir – **Rest** *Lunch 20* – carte 32/58.

• Dans un quartier résidentiel un peu excentré, maison récente appréciée pour son dé intérieur résolument "trendy" et sa carte oscillant entre classicisme et goût du jour.

• Eigentijds pand in een woonwijk buiten het centrum. Het is geliefd vanwege zijn uit sproken trendy interieur en zijn klassiek-moderne kaart.

IZEL *Luxembourg belge* **534** R24 – *voir à Florenville.*

JABBEKE *8490 West-Vlaanderen* **533** D15 *et* **716** C2 – *13 574 h.* 19

Musée : *Permeke★ (Provinciaal Museum Constant Permeke).*

Bruxelles 102 – Brugge 13 – Kortrijk 57 – Oostende 17.

Haeneveld, Krauwerstraat 1, ✆ 0 50 81 27 00, *info@haeneveld.be, Fax 0 50 81 12* ☂, ☂ – ♿ rest, P – 🏛 150. MC VISA

fermé 19 fév.-6 mars et 24 sept.-7 oct. – **Rest** *(fermé mardi, merc. soir et après 20 h Lunch 30* – 35/75 bc, carte 37/80 – **8 ch** ☕ ✝69/95 – ✝✝92/107 – ½ P 80/105.

• Grande villa aux abords verdoyants construite à partir d'une ancienne ferme. Acc familial et chambres spacieuses bien tenues. La basse-cour colonise un coin de jardin. L carte classique et plusieurs menus sont proposés au restaurant. Terrasse arrière.

• Grote villa in een groene omgeving op de plek van een oude boerderij. Huiselijke c vangst en ruime, goed onderhouden kamers. Een stuk van de tuin is hoenderhof. Rest rant met een klassieke kaart en verscheidene menu's. Terras aan de achterkant.

Stalhille *Nord : 3 km* ▣ *Jabbeke – ✉ 8490 Stalhille :*

Hove Ter Hille, Expressweg 6 (sur N 377), ✆ 0 50 81 11 97, *info@hove-ter-hille.be, Fax 0&50 81 45 17,* – P. rest
fermé 25 juin-6 juil. – **Rest** (dîner pour résidents seult) – **13 ch** ☐ ★35/39 – ★★58/68 – ½ P 52/56.
• Ferme en activité établie dans un site agreste, en retrait de la route qui mène au Coq (de Haan). Chambres modestes et studios loués à la semaine. Table d'hôte au dîner.
• Deze boerderij, die nog in bedrijf is, ligt even van de weg af die naar De Haan leidt. Eenvoudige kamers en studio's die per week worden verhuurd. 's Avonds "table d'hôte".

JALHAY *4845 Liège* **533** U19, **534** U19 *et* **716** K4 – *7 953 h.* 9 **C2**
Bruxelles 130 – Liège 40 – Eupen 12 – Spa 13 – Verviers 8.

La Crémaillère, r. Fagne 17, ✆ 0 87 64 73 14, *info@la-cremaillere.be, Fax 0 87 64 70 20,* – P – 30. AE ⓓ ⓜⓒ VISA. rest
fermé 15 janv.-3 fév. – **Rest** *(fermé lundi, mardi et après 20 h 30)* Lunch 22 – 29/36, carte 26/49 – **8** ch ☐ ★50/75 – ★★75 – ½ P 60/72.
• Ambiance familiale en cette pimpante auberge d'aspect régional et son extension mitoyenne dont les chambres, toutes dotées d'un salon, peuvent loger jusqu'à quatre personnes. Restaurant servant de la cuisine classique-traditionnelle dans un décor campagnard.
• Frisse en vrolijke herberg in regionale stijl met een huiselijke sfeer. De kamers (max. vier personen) bevinden zich in de uitbouw en hebben allemaal een zitkamer. Restaurant met een rustiek interieur, waar een traditioneel-klassieke keuken wordt geserveerd.

Le Vinâve, Solwaster 90 (Sud : 6 km, lieu-dit Solwaster), ✆ 0 87 47 48 69, *vinave@versateladsl.be, Fax 0 87 47 47 53,* – P ⇔ 10/45. ⓜⓒ VISA
fermé 20 au 30 déc., merc. en hiver, lundi soir et mardi – **Rest** 22/30, carte 23/40.
• Dans un village agreste, ferme ancienne et typée rénovée en 1997 pour repaître les amateurs de plats traditionnels fleurant bon le terroir local. Briques et moellons en salle.
• Deze oude karakteristieke boerderij in een landelijk dorp werd in 1997 gerenoveerd. Lekkere traditionele keuken met veel streekproducten. Eetzaal met bak- en breukstenen.

BELGIQUE

Rouge = Agréable. Repérez les symboles ✗ et 🏠 passés en rouge.

JAMBES *Namur* **533** O20, **534** O20 *et* **716** H4 – *voir à Namur.*

JETTE *Région de Bruxelles-Capitale* **533** K17 – *voir à Bruxelles.*

JODOIGNE (GELDENAKEN) *1370 Brabant Wallon* **533** O18 *et* **716** H3 – *12 442 h.* 4 **D2**
Bruxelles 54 – Wavre 31 – Charleroi 52 – Hasselt 50 – Liège 61 – Namur 38 – Tienen 12.

Le Fou du Roy, chaussée de Tirlemont 218, ✆ 0 10 81 49 51, *virginievanlembergen@skynet.be* – P ⇔ 45. AE ⓓ ⓜⓒ VISA.
fermé 2 au 12 janv., 18 août-10 sept., sam. midi, dim. soir, lundi et mardi – **Rest** Lunch 16 – 31/73 bc, carte 35/53.
• Table au goût du jour installée dans une ancienne ferme en carré où vous trouverez également une boutique de produits alimentaires et d'articles de décoration (ferronnerie).
• Oude boerderij in de vorm van een vierkant, waar ook een winkeltje is met levensmiddelen en decoratieve objecten van siersmeedwerk.

Mélin *(Malen) Nord-Ouest : 5 km* ▣ *Jodoigne – ✉ 1370 Mélin :*

La Villa du Hautsart, r. Hussompont 29, ✆ 0 10 81 40 10, *villa.hausart@lavilladuhausart.com, Fax 0 10 81 44 34,* – P ⇔ 6/200. AE ⓓ ⓜⓒ VISA
fermé prem. sem. janv., 1 sem. fin juil., dim. soir, lundi et mardi – **Rest** Lunch 20 – 30/65 bc, carte 44/65.
• Restaurant aménagé dans une ancienne ferme en pierres du pays isolée à la campagne. Repas au goût du jour dans un cadre classique modernisé. Menus particulièrement attrayants.
• Restaurant in een oude boerderij van steen uit de streek, afgelegen op het platteland. Eigentijdse keuken in een gemoderniseerd klassiek interieur. Zeer aantrekkelijke menu's.

JUPILLE *Luxembourg belge* **534** S21 – *voir à La Roche-en-Ardenne.*

JUPILLE-SUR-MEUSE *Liège* **533** S19, **534** S19 *et* **716** J4 – *voir à Liège, périphérie.*

KALMTHOUT 2920 Antwerpen 533 L14 et 716 G1 – 17 486 h. 1

Bruxelles 76 – Antwerpen 22 – Turnhout 42 – Roosendaal 20.

Villa Odyssee ⑤, Den Dijk 35 (Heuvel), ☎ 0 3 666 35 10, *marjansmits@scarlet.*
Fax 0 3 666 49 91, ☼, ✂, ⚲ – ⇔ P. ✕ rest
Rest (dîner pour résidents seult) – **4 ch** ☕ ★40 – ★★55/70 – ½ P 48/60.
◆ Accueillante villa esseulée dans un secteur résidentiel. Espaces communs et chamb classiquement aménagés ; véranda donnant sur un grand jardin doté d'un court de tenr
◆ Uitnodigende villa in een rustige woonwijk. Klassiek ingerichte kamers en gemeensch pelijke ruimten; serre met uitzicht op een grote tuin en tennisbaan.

Keienhof, Putsesteenweg 133 (Sud-Ouest : 2 km sur N 111, De Kalmthoutse Heic
☎ 0 3 666 25 50, *info@keienhof.be, Fax 0 3 666 25 56*, ☂ – P ⇔ 6/160. AE ⓓ ⓜⓒ VISA
fermé 1 sem. Pâques, 3 prem. sem. août, dim., lundi, mardis soir, merc. soir et jeudi so
Rest 25/85 bc, carte 35/64, ♀.
◆ Dès que la météo le permet, les terrasses de cette gentilhommière en pierre ardenna sont dressées tout contre la forêt. Choix actuel de saison. Emplacement un peu retiré.
◆ Zodra het weer het toelaat, worden de terrassen van dit kasteeltje van Ardense steen a de rand van het bos opgedekt. Eigentijdse seizoengebonden keuken. Vrij afgelegen plek

KANNE 3770 Limburg C Riemst 15 965 h. 533 T18 et 716 K3. 11

Bruxelles 118 – Hasselt 37 – Liège 30 – Maastricht 6.

Limburgia, Op 't Broek 4, ☎ 0 12 45 46 00, *hotellimburgia@pandora.be, Fax 0 45 66 28*, ☂, ⚲ – P – 🔊 75. AE ⓜⓒ VISA. ✕
fermé 22 au 31 déc. – **Rest** *(fermé lundi, mardi et merc.)* carte 24/36 – **19 ch** ☕ ★65 ★★90/100 – ½ P 70/90.
◆ Près de la frontière belgo-hollandaise, hôtel créé en 1936 et modernisé à la fin du 20e Chambres fraîches et nettes ; accueil par la même famille depuis trois générations.
◆ Dit hotel uit 1936 bij de grens met Nederland is al 3 generaties van dezelfde familie werd aan het einde van de 20e eeuw gemoderniseerd. Frisse, nette kamers.

Huize Poswick ⑤ sans rest, Muizenberg 7, ☎ 0 12 45 71 27, *hotelposwick@h mail.com, Fax 0 12 45 81 05*, ☼, ⚲ – P. AE ⓓ ⓜⓒ VISA
☕ 13 – **6 ch** ★125/145 – ★★125/145.
◆ Dans un joli village frontalier, bâtisse séculaire à vocation autrefois monastique, abrita aujourd'hui des chambres au décor nostalgique. Cour-terrasse et jardin soigné.
◆ Oud kloostergebouw in een mooi dorp aan de grens, met nostalgisch ingerichte kame Binnenplaats met terras en verzorgde tuin.

KAPELLEN Antwerpen 533 L15 et 716 G2 – voir à Antwerpen, environs.

KASTERLEE 2460 Antwerpen 533 O15 et 716 H2 – 17 907 h. 2

ℹ Markt 13 ☎ 0 14 84 85 19, *toerisme@kasterlee.be, Fax 0 14 86 89 27.*
Bruxelles 77 – Antwerpen 49 – Hasselt 47 – Turnhout 9.

De Watermolen ⑤, Houtum 61 (par Geelsebaan), ☎ 0 14 85 23 74, *info@wat molen.be, Fax 0 14 85 23 70*, ≤, ☂, ☼, ⚲ – ⇔, ▤ rest, ♿ rest, P – 🔊 25. AE ⓜⓒ VIS ✕
fermé 2 au 19 janv. et 20 août-7 sept. – **Rest** voir rest ***De Watermolen*** ci-après – ***Brass rie De Brustele*** *(fermé 2 au 27 janv. et 16 août-1er sept.)* 29, ♀ – ☕ 12 – **18 ch** ★86/150 ★★98/164 – ½ P 90.
◆ Ancien moulin qu'alimentait une rivière charmante visible depuis quelques chambre Ambiance calme et cossue. Petits séminaires. Brasserie moderne lumineuse où se côtoie promeneurs, clientèle logeuse et visiteurs du centre récréatif.
◆ Oude watermolen aan een schilderachtig riviertje dat vanuit enkele kamers te zien Rustige en luxe ambiance. Geschikt voor kleine congressen. De lichte en moderne brasser trekt wandelaars, logerende gasten en bezoekers van het recreatiecentrum.

Den en Heuvel, Geelsebaan 72, ☎ 0 14 85 04 97, *info@denenheuvel.be, Fax 0 1 85 04 96*, ☂, ⚲ – ⇔ P – 🔊 100. AE ⓜⓒ VISA
fermé 1er au 15 janv. et 16 au 31 juil. – **Rest** Lunch 30 – 40/65, carte 41/57, ♀ – ☕ 13 – **24 c** ★65/85 – ★★85/100 – ½ P 80/85.
◆ Établissement de bon confort, convenant aussi bien aux touristes qu'à la clientèle d'a faires en quête d'un cadre approprié à la tenue réunions professionnelles. Repas classiqu dans une salle moderne. Offre culinaire incluant un "festival de homard".
◆ Comfortabel gebouw, zowel geschikt voor toeristen als voor zakenmensen, die hier ov uitstekende faciliteiten beschikken. Restaurant met een klassieke keuken en een moder interieur. Het culinaire aanbod bevat een "kreeftfestival".

XX **De Watermolen,** Houtum 61 (par Geelsebaan), 0 14 85 23 74, *info@watermolen.be, Fax 0 14 85 23 70,* – 26/45. AE MC VISA.
fermé 2 au 19 janv. et 20 août-7 sept. – **Rest** *Lunch 38* – 52/89 bc, carte 59/98.
• Ex-moulin à eau accessible en traversant la Nèthe (rivière). Salles classico-contemporaines soignées, salon moderne avec cheminée design et restaurant d'été. Cuisine actuelle.
• Voor een eigentijdse maaltijd in deze oude watermolen moet u de Nete oversteken. Verzorgde modern-klassieke eetzalen, moderne zitkamer met designhaard en 's zomers buiten eten.

XX **Kastelhof,** Lichtaartsebaan 33 (Sud-Ouest sur N 123), 0 14 85 18 43, *Fax 0 14 85 31 25,* – 10/15. AE MC VISA
fermé 2 au 5 janv., 18 juin-6 juil., lundi, mardi, sam. midi et après 20 h – **Rest** *Lunch 40* – 43/90 bc, carte 68/106.
• Cette villa corpulente donnant sur un beau jardin vous convie à goûter sa cuisine classique copieuse et ses bons vins de Bourgogne et du Rhône. Restaurant de plein air.
• In deze grote villa met mooie tuin kunt u genieten van een copieuze klassieke maaltijd en goede wijnen uit de Bourgogne en het Rhônedal. Bij mooi weer buiten eten.

X **Potiron,** Geelsebaan 73, 0 14 85 04 25, *info@potiron.be, Fax 0 14 85 04 26,* – 10/33. AE MC VISA.
fermé 15 fév.-1er mars, 14 juil.-2 août, merc. et sam. midi – **Rest** 29/52 bc, carte 34/47.
• Petit restaurant estimé pour ses préparations actuelles et son cadre de bistrot moderne aux accents rustiques. L'été, on mange aussi à l'extérieur, sur la terrasse en teck.
• Dit restaurantje is in trek vanwege zijn eigentijdse keuken en moderne bistro-inrichting met rustieke accenten. 's Zomers kan op het teakhouten terras worden gegeten.

ichtaart *Sud-Ouest : 6 km* C *Kasterlee* – *2460 Lichtaart :*

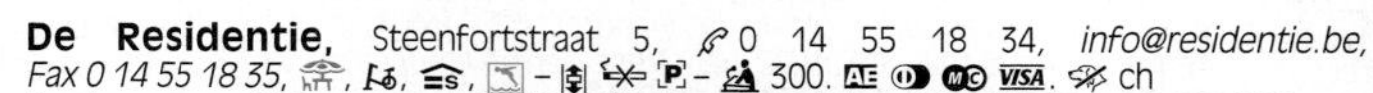

De Residentie, Steenfortstraat 5, 0 14 55 18 34, *info@residentie.be, Fax 0 14 55 18 35,* – 300. AE MC VISA. ch
Rest *Lunch 29* – 40/75 bc, carte 39/79 – **36 ch** 88/106 – 117/220 – ½ P 112/156.
• Bâtisse des années 1970 nichée dans un site boisé lui donnant un peu l'allure d'une gentilhommière. Chambres de bon séjour ; installations pour se réunir et se détendre. Restaurant confortable servant de la cuisine classique.
• Groot pand uit de jaren zeventig in een bosrijke omgeving, waardoor het eerder een landhuis is. De kamers beloven een prettig verblijf. Faciliteiten om te vergaderen en te ontspannen. Comfortabel restaurant met klassieke keuken.

Keravic sans rest, Herentalsesteenweg 72, 0 14 55 78 01, *info@keravic.be, Fax 0 14 55 18 35,* – 25. AE MC VISA.
11 ch 88 – 117.
• Typique hostellerie flamande posée dans un écrin verdoyant. Chambres classiques rénovées, fruits frais en guise de bienvenue et salles d'eau pourvues de peignoirs.
• Typisch Vlaamse hostellerie in een weelderig groene omgeving. Gerenoveerde klassieke kamers, vers fruit als welkom en badkamers met peignoirs. In de rustieke eetzaal met hanenbalken en mooie schouw heerst een warme sfeer.

XX **De Pastorie,** Plaats 2, 0 14 55 77 86, *info@restaurantdepastorie.be, Fax 0 14 55 77 94,* – 10/15. AE MC VISA.
fermé 1er au 9 janv., 2 sem. vacances Pâques, 2 dern. sem. août, lundi et mardi – **Rest** *Lunch 35* – 58/82 bc, carte 68/93.
• Au cœur du village, ancien presbytère (17e s.) agrémenté d'un jardin soigné. Restaurant d'été et salle à manger optant pour un style classique raffiné. Cuisine du moment.
• Deze 17e-eeuwse pastorie in het hart van Lichtaart heeft een mooie tuin, waar 's zomers kan worden gegeten. Elegante eetzaal in klassieke stijl en hedendaagse keuken.

ERBERGEN *3140 Vlaams-Brabant* **533** M16 *et* **716** G2 – *12 447 h.* 4 **C1**
18 *Vlieghavenlaan 50* *0 15 22 68 78, Fax 0 15 23 57 37.*
Bruxelles 34 – Leuven 20 – Antwerpen 36.

XX **The Paddock,** R. Lambertslaan 4, 0 15 51 19 34, *the.paddock@skynet.be, Fax 0 15 52 90 08,* – 10/45. AE MC VISA
fermé 5 au 28 fév., 13 août-5 sept., mardi et merc. – **Rest** *Lunch 37* – 45/85 bc, carte 54/89.
Spéc. Asperges régionales, sauce au champagne (saison). Côte de porc de Bigorre au romarin. Framboises, coulis et chantilly.
• Les plaisirs d'une table classique et l'agrément d'une villa cossue nichée dans un havre de verdure. Dès les premiers beaux jours, profitez du cadre reposant de la terrasse.
• In deze schitterende villa verscholen tussen het groen wacht u het genot van een klassieke maaltijd, die bij goed weer op het terras kan worden genuttigd.

BELGIQUE

XXX **Hof van Craynbergh,** Mechelsebaan 113, ℘ 0 15 51 65 94, *info@hofvancr bergh.be, Fax 0 15 51 65 94,* 🍽 – P ⇔ 20/80. AE ① MO VISA. ✻
fermé 16 juil.-3 août, 27 déc.-5 janv., sam. midi, dim. soir, lundi et merc. midi – **Rest** *Lu 35* – 48/87 bc, carte 59/77.
◆ Demeure entourée d'un beau jardin ondulant sur une butte. Salle à manger intime soignée, agrandie par une serre moderne jouxtant une agréable terrasse d'été en forgé.
◆ Restaurant in een herenhuis met een mooie glooiende tuin op een heuvel. Sfeervolle verzorgde eetzaal met een moderne serre en aangenaam zomerterras met siersme werk.

XX **Postelein,** Tremelobaan 136a, ℘ 0 16 53 86 89, *info@postelein.be, Fax 0 16 53 86* 🍽 – P. AE ① MO VISA
fermé 2e quinz. mars, 2e quinz. sept., lundi et mardi – **Rest** *Lunch 31* – 55/103 bc, ca 38/54, ♀.
◆ Fringante villa ouverte sur un jardin boisé. Salon et salle de restaurant aussi conforta qu'accueillants ; terrasse en teck dressée aux beaux jours à l'ombre des arbres.
◆ Vrolijke villa met een tuin vol bomen. De comfortabele salon en eetzaal zien er h uitnodigend uit. Bij mooi weer wordt het teakhouten terras onder de bomen opgedekt

KEMMEL *8956 West-Vlaanderen* C *Heuvelland 8 218 h.* **533** B18 *et* **716** B3. 18
ℹ *Reningelststraat 11* ℘ *0 57 45 04 55, vvvheuvelland@skynet.be, Fax 0 57 44 89 99.*
Bruxelles 133 – Brugge 63 – Ieper 11 – Lille 33.

XXX **Hostellerie Kemmelberg** 🐎 avec ch, Kemmelbergweg 34, ℘ 0 57 45 21 *info@kemmelberg.be,* ≤ plaine des Flandres, 🍽 – ⇹ P ⇔ 20/100. AE ① VISA
fermé 2 janv.-9 fév. et 9 au 27 juil. – **Rest** *(fermé lundi et mardi)* 45/90 bc, carte 46/78, **16 ch** ☕ ✝70/90 – ✝✝85/130 – ½ P 85/105.
◆ Au sommet du mont Kemmel, hôtellerie cossue offrant un panorama superbe su plaine flamande. Table classique au cadre feutré, terrasse perchée et huit chambres a balcon.
◆ Weelderig ingericht hotel op de top van de Kemmelberg met een magnifiek uitzicht het vlakke Vlaanderenland. Acht kamers hebben een balkon. Sfeervol restaurant met klassieke keuken. Panoramaterras.

X **In de Zon,** Dikkebusstraat 80 (Nord-Ouest : 3 km à Klijte), ✉ 8952 Heuvella ℘ 0 57 21 26 26, *restaurantindezon@hotmail.com, Fax 0 57 21 26 26,* 🍽 – ♿ P. MO VIS
fermé 2 prem. sem. sept., jeudi, vend. midi et sam. midi – **Rest** *Lunch 15* – 39, carte 24/5
◆ Une petite carte traditionnelle-régionale s'emploie à combler votre faim dans cet e minet rustique naguère très prisé des cyclistes. Terrasse tournée vers la campagne.
◆ Dit rustieke eettentje, waar vroeger veel wielrenners kwamen, heeft een kleine tradi nele kaart met regionale invloeden. Terras met uitzicht op het platteland.

KESSEL-LO *Vlaams-Brabant* **533** N17 *et* **716** H3 – *voir à Leuven.*

KLEINE-BROGEL *Limburg* **533** R15 *et* **716** J2 – *voir à Peer.*

KLEMSKERKE *West-Vlaanderen* **533** D15 *et* **716** C2 – *voir à De Haan.*

KLUISBERGEN *9690 Oost-Vlaanderen* **533** G18 *et* **716** D3 – *6 161 h.* 16
Bruxelles 67 – Gent 39 – Kortrijk 24 – Valenciennes 75.

XXX **Te Winde,** Parklaan 17 (Berchem), ℘ 0 55 38 92 74, *Fax 0 55 38 62 92,* 🍽 – P ⇔ 10/ AE ① MO VISA
fermé vacances carnaval, 16 juil.-4 août, dim. soir, lundi et mardi soir – **Rest** *Lunch* 58/85 bc, carte 50/69.
◆ Imposante villa bordée d'un luxuriant jardin arboré et agrémenté d'une pièce d'eau. S de restaurant cossue, véranda, belle terrasse, spécialités belges et bons millésimes.
◆ Imposante villa en een weelderige tuin met bomen en een waterpartij. Rijk aandoe eetzaal, serre, mooi terras, Belgische specialiteiten en wijnen van goede jaargangen.

BELGIQUE

r le Kluisberg *(Mont de l'Enclus) Sud : 4 km* ☐ *Kluisbergen – ✉ 9690 Kluisbergen :*

La Sablière ♨, Bergstraat 40, ☎ 0 55 38 95 64, *info@lasabliere.be, Fax 0 55 38 78 11,* ☐ – |♦| ⇐ P – 🏠 30. AE MC VISA. ✂ ch
fermé sem. carnaval, dern. sem. août et déc. – **Rest** *(fermé vend.)* 60, carte 30/67 – **10 ch** ☐ ✶85/175 – ✶✶110/200 – ½ P 85/130.

◆ Cette hôtellerie familiale charmante, perchée au sommet du Mont-de-l'Enclus, vous réserve un accueil affable et spontané. Diverses catégories de chambres agencées avec soin. Repas classique-traditionnel dans un cadre cossu.

◆ In dit aardige hotel boven op de Kluisberg wacht u een warm en vriendelijk onthaal. Kamers in verschillende categorieën die met zorg zijn ingericht. Klassiek-traditioneel eten in een sierlijk interieur.

NESSELARE *9910 Oost-Vlaanderen* **533** F16 *et* **716** D2 *– 7 885 h.* 16 **A2**
Bruxelles 83 – Gent 31 – Brugge 17 – Lille 79 – Middelburg 75.

Prélude sans rest, Knokseweg 23 (N 44) 460, ☎ 0 9 374 32 34, *info@hotelprelude.be, Fax 0 9 374 32 38* – ⇐ ▤ P. MC VISA. ✂
10 ch ☐ ✶75/85 – ✶✶95/125.

◆ En retrait d'une route passante reliant Bruges et Gand, hôtel aux chambres actuelles pas trop bruyantes car toutes réparties à l'arrière. Réception fermée entre 9h30 et 14h.

◆ Dit hotel ligt even van de drukke weg af tussen Brugge en Gent. De moderne kamers liggen aan de achterkant en zijn dus niet al te lawaaierig. Receptie dicht van 9.30 tot 14 u.

KNOKKE-HEIST *8300 West-Vlaanderen* **533** E14 *et* **716** C1 *– 34 067 h – Station balnéaire★★★ – Casino* AY *, Zeedijk-Albertstrand 509* ☎ *0 50 63 05 00, Fax 0 50 61 20 49.* 19 **C1**

Voir *le Zwin★ : réserve naturelle (flore et faune)* EZ.

18 *(2 parcours) à Het Zoute, Caddiespad 14* ☎ *0 50 60 12 27, Fax 0 50 62 30 29.*

i *Zeedijk 660 (Lichttorenplein) à Knokke* ☎ *0 50 63 03 80, toerisme@knokke-heist.be, Fax 0 50 63 03 90 – (avril-sept., vacances scolaires et week-end) Tramhalte, Heldenplein à Heist* ☎ *0 50 63 03 80, Fax 0 50 63 03 90.*

Bruxelles 108 ① – Brugge 18 ① – Gent 49 ① – Oostende 33 ③.

Plan page suivante

Knokke – ✉ *8300 Knokke-Heist :*

Des Nations sans rest, Zeedijk 704, ☎ 0 50 61 99 11, *info@hoteldesnations.be, Fax 0 50 61 99 99,* ≤, ☐ – |♦| ⇐ ⇐ – 🏠 25. AE ⓓ MC VISA. ✂ BY f
fermé 20 janv.-4 fév. et 24 nov.-10 déc. – **32 ch** ☐ ✶170/220 – ✶✶190/240 – 4 suites.

◆ Immeuble moderne dominant la digue. Espaces communs et chambres à touches Art déco, souvent avec vue sur mer. Côté bien-être : sauna, hammam et soins esthétiques (sur rdv.).

◆ Moderne flat bij de pier. De gemeenschappelijke ruimten en kamers hebben art-deco-elementen en kijken merendeels uit op zee. Sauna, hamam en beautysalon (op afspraak).

Figaro sans rest, Dumortierlaan 127, ☎ 0 50 62 00 62, *info@hotelfigaro.be, Fax 0 50 62 53 28* – |♦| ⇐. MC VISA. ✂ BY x
fermé 3 dern. sem. janv.-prem. sem. fév. et 2 dern. sem. nov.-3 prem. sem. déc. – **16 ch** ☐ ✶80/110 – ✶✶85/125.

◆ Dans une rue commerçante du centre, construction récente renfermant de menues chambres actuelles. Accueil et service avenants. Agréable salle des petits-déjeuners.

◆ Modern gebouw met kleine, eigentijdse kamers in een gezellige winkelstraat in het centrum. Attente service. Aangename ontbijtzaal voor een goed begin van de dag.

Adagio sans rest, Van Bunnenlaan 12, ☎ 0 50 62 48 44, *info@hoteladagio.be, Fax 0 50 62 59 36,* ☐ – |♦| ⇐ – 🏠 25. MC VISA. ✂ BY q
20 ch ☐ ✶59/125 – ✶✶85/125.

◆ Hôtel de bon confort situé en léger retrait du centre animé. Chambres revêtues de moquette et munies du double vitrage. Salon sous verrière, solarium, sauna et bain turc.

◆ Comfortabel hotel even buiten de drukte van het centrum. Kamers met vaste vloerbedekking en dubbele ramen. Lounge in de serre. Solarium, sauna en Turks bad.

Van Bunnen sans rest, Van Bunnenlaan 50, ☎ 0 50 62 93 63, *info@hotelvanbunnen.be, Fax 0 50 62 29 66* – |♦| ⇐ P. AE MC VISA BY u
18 ch ☐ ✶78/113 – ✶✶96/122.

◆ Affaire familiale installée dans une maison Art déco. Chambres fraîches et bien tenues. Lumineuse salle de breakfast donnant sur une jolie terrasse. Petit-déjeuner soigné.

◆ Familiehotel in een art-decopand. De kamers zijn fris en goed onderhouden. Aangenaam lichte ontbijtzaal met een mooi terras. Verzorgd ontbijt.

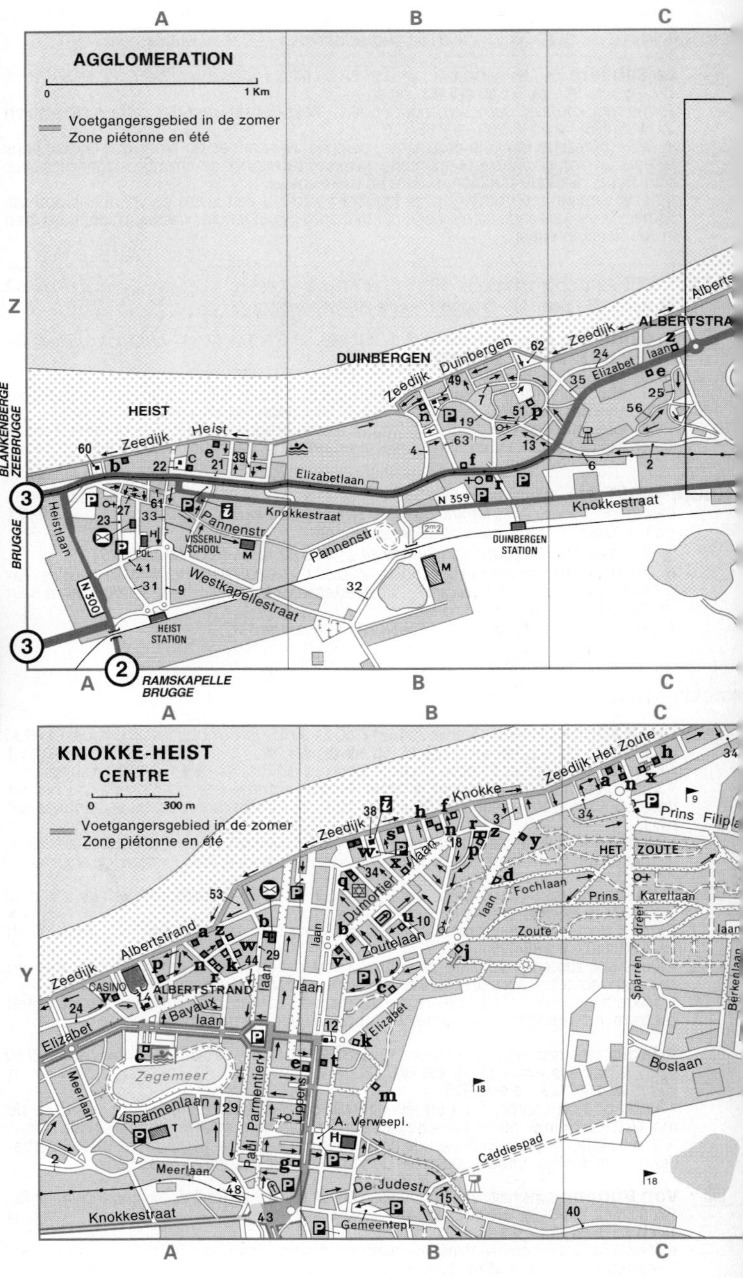
AGGLOMERATION
0
1 Km
Voetgangersgebied in de zomer
Zone piétonne en été
HEIST
DUINBERGEN
ALBERTSTRA
Zeedijk
Heist
Elizabetlaan
Knokkestraat
Pannenstr.
Westkapellestraat
Heistlaan
N 300
N 359
VISSERIJ SCHOOL
POL.
HEIST STATION
DUINBERGEN STATION
BLANKENBERGE
ZEEBRUGGE
BRUGGE
BELGIQUE
RAMSKAPELLE
BRUGGE
KNOKKE-HEIST
CENTRE
0
300 m
Voetgangersgebied in de zomer
Zone piétonne en été
Zeedijk Albertstrand
CASINO
ALBERTSTRAND
Bayaux laan
Elizabet
Zegemeer
Meerlaan
Lispannenlaan
Paul Parmentier
Lippens
A. Verweepl.
De Judestr.
Gemeentepl.
Knokkestraat
Dumortier laan
Zoutelaan
Zeedijk Knokke
Zeedijk Het Zoute
HET ZOUTE
Fochlaan
Prins Karellaan
Prins Filiplaan
Sparrendreef
Zoute
Boslaan
Berkenlaan
Caddiespad

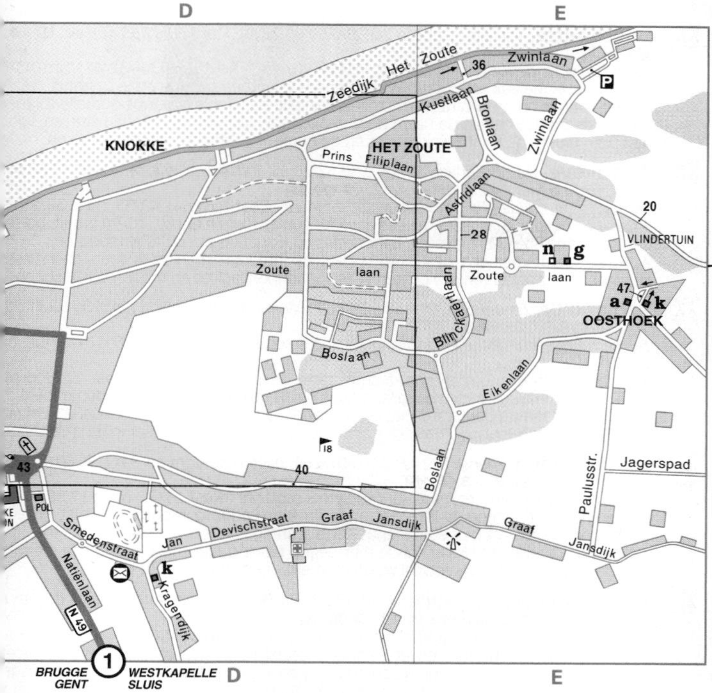

D E

Zeedijk Het Zoute
Zwinlaan
36
Kustlaan
Bronlaan
Zwinlaan
P
KNOKKE
HET ZOUTE
Prins Filiplaan
Astridlaan
20
VLINDERTUIN
Zwin
28
n g
Zoute laan
Zoute laan
Blinckaertlaan
47
a k
OOSTHOEK
Z
Boslaan
Eikenlaan
18
Jagerspad
Paulusstr.
43
40
Boslaan
POL
Smedenstraat
Jan Devischstraat
Graaf Jansdijk
Graaf Jansdijk
Natiënlaan
k
Kragendijk
N 49
1
BRUGGE GENT
WESTKAPELLE SLUIS
D E

BELGIQUE

KNOKKE-HEIST

...cialaan	CZ	2
...ertpl.	BY	3
...monenlaan	BZ	4
...adenlaan	CZ	6
...gdreef	BZ	7
...dgenotenlaan	AZ	9
...gemeester Frans		
...esmidtpl.	BY	12
...ada Square	AY	14
...rles de Costerlaan	BY	15
...Wandelaar	BZ	62
...hoekspl.	BY	18
...nbergenlaan	BZ	19
...nortierlaan	BY	
Graaf Leon Lippensdreef	EZ	20
Graaf d'Ursellaan	AZ	21
Heldenpl.	AZ	22
Hermans-Lybaertstr.	AZ	23
Jozef Nellenslaan	CZ	24
Kapellaan	CZ	25
Kerkstr.	AZ	27
Konijnendreef	EZ	28
Koningslaan	AY	29
Koudekerkelaan	AZ	31
Krommedijk	BZ	32
Kursaalstr.	AZ	33
Kustlaan	BCY	34
Leeuwerikenlaan	CZ	35
Lekkerbekhelling	EZ	36
Lichttorenpl.	BY	38
Lippenslaan	ABY	
Louis Parentstr.	AZ	39
Magere Schorre	DZ	40
Marktstr.	AZ	41
Maurice Lippenspl.	AY	43
Meerminlaan	AY	44
Oosthoekpl.	EZ	47
Pastoor Opdedrinckpl.	AY	48
Patriottenstr.	BZ	49
Poststr.	BZ	51
Rubenspl.	AY	53
Theresialaan	CZ	56
Van Bunnenlaan	BY	10
Van Cailliedreef	BZ	13
Vissershuldepl.	AZ	60
Vlamingstr.	AZ	61
Zeegrasstr.	BZ	63

Eden sans rest, Zandstraat 18, ☎ 0 50 61 13 89, *yves@edenhotel.be, Fax 0 50 61 07 62* – |‡|. MC VISA BY **n**
– **19 ch** ☕ 🚶59/85 – 🚶🚶80/134.
◆ À quelques pas de la plage, petit immeuble-bloc dont les sobres chambres aux tons frais privilégient le côté pratique. Accueil et service personnalisés. Ambiance familiale.
◆ Klein flatgebouw op loopafstand van het strand. Sobere en praktische kamers in frisse kleuren. Persoonlijke aandacht voor de gasten. Huiselijke sfeer.

Prins Boudewijn sans rest, Lippenslaan 35, ☎ 0 50 60 10 16, *info@hotelprinsboudewijn.com, Fax 0 50 62 35 46* – |‡| ⇆ – 🏛 40. MC VISA ABY **g**
50 ch ☕ 🚶65 – 🚶🚶85/130.
◆ Chambres fonctionnelles bien insonorisées et de dimensions correctes, dans un hôtel surplombant la principale artère commerçante de Knokke. La gare est toute proche.
◆ Functionele kamers met behoorlijke afmetingen en een goede geluidsisolatie in een hotel aan de belangrijkste winkelstraat van Knokke. Het station ligt vlakbij.

XX **La Croisette,** Van Bunnenplein 24, ☎ 0 50 61 28 39, *Fax 0 50 61 63 47* – ▤. AE ⓓ VISA BY
fermé fin janv.-début fév., début oct., mardi et merc. – **Rest** *Lunch 20* – 32/47, carte 43/5
◆ Cette enseigne aux connotations azuréennes est située sur une place passante relian grande avenue commerçante à la "croisette knokkoise". Table classique-actuelle soigné
◆ Dit restaurant, waarvan de naam doet denken aan zon, glamour en filmsterren, ligt een plein tussen de hoofdwinkelstraat en de boulevard. Modern-klassieke keuken.

XX **De Savoye,** Dumortierlaan 18, ☎ 0 50 62 23 61, *info@desavoye.be, Fax 0 50 62 60* Produits de la mer – ▤ ♿ ⇔ 4/12. ⓓ MC VISA BY
fermé 2 sem. en juin, fin nov.-début déc. et jeudi – **Rest** *Lunch 24* – 42/55, carte 38/93, ♀
◆ Cuisine voguant au gré des marées et cadre contemporain épuré : sol en granit, boise cérusées, sièges en fibre tressée, banquettes confortables et éclairage moderne.
◆ Visrestaurant met een gestileerd, eigentijds interieur: granieten vloer, gecerusee lambrisering, stoelen van gevlochten vezel, gerieflijke bankjes en moderne verlichting.

XX **Panier d'Or,** Zeedijk 659, ☎ 0 50 60 31 89, *panier-dor@skynet.be, Fax 0 50 60 31 90,* – ▤ ⇔ 8/80. AE ⓓ MC VISA BY
fermé mi-nov.-mi-déc. et mardi sauf vacances scolaires – **Rest** *Lunch 27* – 37/57 bc, ca 25/58.
◆ Ambiance "brasserie maritime" à cette table de la promenade. Terrasse d'été dres côté digue, camaïeu de bleu en salle, menus pleins de sagesse, donc très demandés.
◆ Restaurant aan de boulevard met de ambiance van een "maritieme brasserie". Eetzaa verschillende tinten blauw, zomerterras en goedkope menu's die zeer in de smaak valle

XX **Le P'tit Bedon,** Zeedijk 672, ☎ 0 50 60 06 64, *pucci@pandora.be, Fax 0 50 60 06 64,* Avec grillades – ▤. AE ⓓ MC VISA BY
fermé fin nov.-mi-déc. et merc. sauf vacances scolaires – **Rest** 25/45, carte 31/58.
◆ Clairement présentée, la liste des mets du P'tit Bedon comporte un volet grillad préparées en salle - et plusieurs menus-carte avantageux. Terrasse sur front de mer.
◆ De overzichtelijke spijskaart van le P'tit Bedon bevat onder meer voordelige menu's grillspecialiteiten die in de eetzaal worden bereid. Terras met uitzicht op zee.

XX **Le Chardonnay,** Swolfsstraat 7, ☎ 0 50 62 04 39, *restaurant@chardonnay.be, Fax* (*62 58 52,* Produits de la mer – ▤. AE ⓓ MC VISA BY
fermé 2 prem. sem. déc., jeudi d'oct. à Pâques et merc. – **Rest** 45/68 bc.
◆ Salle à manger chaleureuse et soignée, accueil et service cordial, choix de rece honorant la marée et, bien sûr, du chardonnay en veux-tu en voilà pour les accompagr
◆ Gezellige en verzorgde eetzaal, vriendelijke bediening, smakelijke visgerechten en rukkelijke chardonnays.

XX **Hippocampus,** Kragendijk 188, ☎ 0 50 60 45 70, *hippocampus@versateladsl.be,* ▤ P ⇔ 6/30. AE ⓓ MC VISA DZ
fermé début oct., mardi soir en hiver, merc. et sam. midi – **Rest** *Lunch 25* – 43/73 bc, c 48/89, ♀.
◆ Fermette des polders servant des repas au goût du jour, dont quelques préparations truffe. Vielles briques brugeoises, peintures marines et objets hétéroclites en salle.
◆ In dit polderboerderijtje kunt u genieten van eigentijdse gerechten, soms zelfs truffel. Eetzaal met oude bakstenen, curiosa en schilderijen met de zee als thema.

XX **Open Fire,** Zeedijk 658, ☎ 0 50 60 17 26, *info@openfire.be,* ≤, – ▤. AE VISA BY
fermé lundi soir et mardi soir d'oct. à Pâques et merc. – **Rest** 25/32, carte 34/79.
◆ Engageante affaire familiale devancée d'une terrasse. Salle à manger vivant avec temps et choix classique où poissons crabes et homards se taillent la part du lion.
◆ Dit uitnodigende restaurant met terras is een familiebedrijf. Eigentijdse eetzaal met klassieke keuken, waar krab en kreeft zich als een vis in het water voelen.

X **'t Kantientje,** Lippenslaan 103, ☎ 0 50 60 54 11, *dominique.pille@skynet* *Fax 0 50 61 63 76,* , Moules en saison – ▤ ⇔ 20. MC VISA ABY
fermé dern. sem. juin-prem. sem. juil., 15 nov.-15 déc., lundi sauf en juil.-août et ma **Rest** 23, carte 32/57.
◆ Goûteuse cuisine bourgeoise et bons vins à apprécier dans une ambiance décontrac Service aimable et diligent ; réservation impossible : tables cédées aux premiers arrivés
◆ Eenvoudige maar smakelijke maaltijd met een goed glas wijn in een relaxte sfeer. Vr delijke en vlotte bediening. Geen reserveringen: wie het eerst komt, het eerst maalt.

X **Ciccio,** Dumortierlaan 64, ☎ 0 50 60 96 61, *Fax 0 50 34 46 50,* , Avec cuisine italien AE ⓓ MC BY
fermé merc. et jeudi – **Rest** (dîner seult) carte 32/50.
◆ Dans le centre animé, adresse conviviale servant de la cuisine franco-transalpine dan décor bistrotier d'esprit méditerranéen. Peintures murales italianisantes en salle.
◆ Gezellig eettentje in het uitgaanscentrum van Knokke. Mediterrane bistro-inrichting Italiaans aandoende fresco's. Frans-Italiaanse menukaart.

BELGIQUE

l'Orchidée, Lippenslaan 130, ✆ 0 50 62 38 84, *orchidee@skynet.be, Fax 0 50 62 51 88,* Cuisine thaïlandaise, ouvert jusqu'à 1 h du matin – 40. AE MC VISA AY t
fermé 2 sem. en mai, mi-nov.-mi-déc. et merc. – **Rest** (dîner seult sauf dim. et jours fériés) 36, carte 27/71.
• L'un des rares restaurants thaïlandais de Knokke-Heist : tables fleuries d'orchidées, décor "bambou", confort "rotin" et statuaire bouddhiste. Saveurs du Triangle d'or.
• Dit is een van de weinige Thaise restaurants in Knokke-Heist. Orchideeën op tafel, bamboe aan de muren, rotanmeubelen en boeddhabeeldjes. Recepten uit de Gouden Driehoek.

Het Zoute – ✉ *8300 Knokke-Heist :*

Manoir du Dragon sans rest, Albertlaan 73, ✆ 0 50 63 05 80, *info@manoirdu dragon.be, Fax 0 50 63 05 90,* ≤ golf, – P. AE MC VISA. BY m
fermé 15 nov.-15 déc. – **12 ch** ★195/215 – ★★195/320 – 4 suites.
• Élégant manoir dont la plupart des chambres jouissent d'une terrasse avec vue sur le golf. Accueil et service personnalisés, atmosphère romantique et cadre verdoyant.
• Elegant landhuis, waarvan de meeste kamers een eigen terras hebben met uitzicht op de golfbaan. Een romantisch adresje met veel groen en persoonlijke aandacht voor de gast.

Lugano, Villapad 14, ✆ 0 50 63 05 30, *info@hotellugano.be, Fax 0 50 63 05 20,* – ch, P – 25. AE MC VISA BY p
fermé 7 janv.-16 fév. – **Rest** *(ouvert avril-oct. et week-end; fermé merc.)* (dîner seult) 40 carte 33/50 – **27 ch** ★105 – ★★138/187 – 2 suites.
• Villa de style anglo-normand établie à 200 m de la plage. Salons cossus, chambres aux décors romantiques personnalisés et jardin de repos en terrasses à l'arrière. Table classico-traditionnelle dans son décor et sa prestation culinaire. Menu-carte appétissant.
• Anglo-Normandische villa op 200 m van het strand. Weelderige salons, romantische kamers met een persoonlijke touch, rustige tuin en terrassen aan de achterkant. Traditioneel-klassiek restaurant, zowel qua inrichting als qua keuken. Lekker à la carte menu.

Britannia sans rest, Elizabetlaan 85, ✆ 0 50 62 10 62, *britannia@pandora.be, Fax 0 50 62 00 63,* – P – 25. MC VISA BY c
fermé 22 nov.-20 déc. – **30 ch** ★75/85 – ★★120/165.
• Imposante résidence balnéaire dont l'architecture rappelle un peu le style anglo-normand. Communs cossus, grand salon "cosy", chambres amples et douillettes. Accueil familial.
• Imposant badhotel in Anglo-Normandische stijl. Weelderige gemeenschappelijke ruimten, grote en sfeervolle lounge, ruime en behaaglijke kamers. Vriendelijke ontvangst.

Rose de Chopin sans rest, Elizabetlaan 94, ✆ 0 50 63 07 50, *info@hotellugano.be, Fax 0 50 63 05 20,* – P. AE MC VISA BY k
9 ch ★180 – ★★180/260.
• Entre golf et artère commerçante, belle villa abritant de vastes chambres diversement agencées. Accueil et petit-déj' dans une agréable véranda ; jardin soigné et terrasse.
• Mooie villa tussen de golfbaan en de hoofdwinkelstraat. De ruime kamers zijn allemaal verschillend. Receptie en ontbijt in de mooie serre. Verzorgde tuin met terras.

Cosmipolis sans rest, Kustlaan 353, ✆ 0 50 61 16 17, *info@cosmipolishotel.be, Fax 0 50 62 04 05* – – 25. AE VISA CY x
24 ch ★111/130 – ★★150/172 – 1 suite.
• Hôtel proche de la plage et du golf, où vous séjournerez dans des chambres pimpantes et actuelles, toutes dotées d'un petit balcon. Les plus appréciées sont côté "green".
• Hotel bij het strand en de golfbaan, met eigentijdse kamers die er piekfijn uitzien en allemaal een balkonnetje hebben; die aan de kant van de "green" zijn favoriet.

Andrews sans rest, Kustlaan 72, ✆ 0 50 61 08 47, *hotelandrews@telenet.be, Fax 0 50 61 04 90* – P. MC VISA. BY r
fermé janv. sauf week-end – **10 ch** ★115/160 – ★★120/180.
• Massive villa moderne distante de 150 m de la digue. Chambres standard avec balcon, bien insonorisées et équipées d'un mobilier actuel de série.
• Eigentijdse solide villa, op 150 m van de dijk. Standaardkamers met balkon, goede geluidsisolatie en modern meubilair.

Duc de Bourgogne - Golf, Zoutelaan 175, ✆ 0 50 61 16 14, *golfhotelzoute@sky net.be, Fax 0 50 62 15 90,* – P – 25. AE MC VISA. EZ n
fermé 8 janv.-9 fév. – **Rest** *(fermé merc.)* Lunch 25 – 35, – **26 ch** ★80 – ★★120/175 – ½ P 95/105.
• Villa engageante bordant la longue avenue qui traverse le Zoute. Chambres au décor assez conventionnel, mais d'une tenue méticuleuse. Belle terrasse protégée. Confortable salle à manger complétée de l'un des plus agréables restaurants d'été de Knokke.
• Vriendelijk uitziende villa aan een lange laan dwars door Het Zoute. Traditioneel ingerichte kamers die perfect zijn onderhouden. Comfortabele eetzaal met een van de mooiste terrassen van Knokke om in de zomer te eten.

BELGIQUE

Les Arcades sans rest, Elizabetlaan 50, ✆ 0 50 60 10 73, *hotel.les.arcades@pandora.* BY
Fax 0 50 60 49 98 – |♦| P. MC VISA
fermé fin janv.-début fév. et 2 sem. en nov. – **10 ch** ☐ ✝90/135 – ✝✝105/135.
◆ Le rivage et le golf sont à 5 mn de cette villa balnéaire tranquille jouxtant un carrefo Équipement convenable dans les chambres. Clientèle d'habitués.
◆ De kust en de golfbaan liggen op 5 minuten afstand van deze rustige villa aan e kruispunt. De kamers hebben goede voorzieningen en trekken regelmatig terugkerer gasten.

XXX ✿ **De Oosthoek** (Billiau), Oosthoekplein 25, ✆ 0 50 62 23 33, *deoosthoek@tiscali.* EZ
Fax 0 50 62 25 13 – AE MC VISA
fermé 2 sem. en mars, dern. sem. juin-prem. sem. juil., fin nov.-début déc., mardi soir s en juil.-août, mardi midi et merc. – **Rest** *Lunch 30* – 45/112 bc, carte 67/107, ♀.
Spéc. Solettes poêlées et croustillant de crevettes. Turbot et asperges à la flaman mousseline. Variation sur une dame blanche.
◆ Intérieur moderne élégant jouant sur le contraste du rouge, du blanc et du noir, accu et service soignés, cuisine actuelle bien faite et assiettes dressées avec esthétisme.
◆ Stijlvol modern interieur in een contrasterend spel van rood, zwart en wit, atter bediening, goede eigentijdse keuken en fraai opgemaakte borden.

XXX **Aquilon,** Elizabetlaan 6, ✆ 0 50 60 12 74, *aquilonrestaurant@scarlet.be, Fax 0 62 09 72,* ☂ – ▤ P. ⇔ 25/50. AE MC VISA. ✂ BY
fermé 3 dern. sem. janv., 2 prem. sem. déc., merc. sauf juil.-aout et mardi – **Rest** *Lu 27 bc* – 30/75 bc, carte 43/80.
◆ L'enseigne de cette table désigne le fameux vent du Nord, "qu'a fait craquer la te entre Zeebrugge et l'Angleterre". Mets classiques sobrement actualisés. Lunch et menu
◆ Aquilon is de beruchte noordenwind "waardoor de aarde tussen Zeebrugge en Engela is opengebarsten". Klassieke gerechten met een vleugje vernieuwing. Lunchformule menu's.

XX **L'Echiquier** 1er étage, De Wielingen 8, ✆ 0 50 60 88 82 – ▤ ⇔ 10/80. AE ● MC ✂ CY
fermé 8 au 25 janv. et lundi soir, mardi et merc. soir sauf vacances scolaires – R 42/58 bc, carte 37/48, ♀.
◆ Adresse à conseiller pour s'offrir un menu homard "all in". Une autre formule simila saura vous satisfaire si vous n'en pincez pas pour ce noble crustacé. Carte accessoire.
◆ Een uitstekend adresje om zich te trakteren op een all-in kreeftmenu. Wie daar niet houdt, kan het andere menu kiezen, waarin ook alles is inbegrepen. Tevens à la carte.

XX **Si Versailles,** Zeedijk 795, ✆ 0 50 60 28 50, *Fax 0 50 62 58 65,* ≤, ☂, Moules en saisc ▤. AE ● MC VISA CY
fermé 12 nov.-14 déc. et merc. – **Rest** carte 33/82.
◆ Brasserie moderne très BCBG où l'on prend place dans un cadre cossu, d'esprit nautiq Les meilleures tables ont vue sur digue et mer. Service dans les règles de l'art.
◆ Moderne en zeer chique brasserie met een weelderig interieur in maritieme stijl. beste tafels kijken uit op de dijk en de zee. Onberispelijke bediening.

XX **Le Bistro de la Mer,** Oosthoekplein 2, ✆ 0 50 62 86 98, *Fax 0 50 62 86 99* – ▤ ⇔ 20/ AE ● MC VISA EZ
ferme 15 au 30 juin, 20 nov.-14 déc., merc. hors saison et mardi – **Rest** *Lunch 25 bc* – ca 46/63.
◆ Le Bistro de la Mer vous reçoit dans une salle à manger au décor nautique, aussi chal reuse que cossue. Plats bourgeois et spécialités de la côte belge. "Sympa" !
◆ Deze bistro ontvangt u in een sfeervolle eetzaal die in nautische stijl is gedecoree Lekkere burgerkeuken en specialiteiten van de Belgische kust. Uiterst plezant!

X **Marie Siska** avec ch, Zoutelaan 177, ✆ 0 50 60 17 64, *Fax 0 50 62 32 00,* ☂, ⛱ – P. AE ● MC VISA. ✂ ch EZ
fermé janv. – **Rest** (taverne-rest) *Lunch 15* – 42, carte 27/49 – **7 ch** ☐ ✝72/80 – ✝✝100/1
◆ Un paradis de la gaufre que cette adresse très touristique où les enfants sont rois. Re classique, tea-room, terrasse, jardin ludique avec minigolf. Chambres coquettes.
◆ Dit toeristische adres, waar de kinderen koning zijn, is een heus wafelparadijs. Klassi keuken, tearoom, terras en speeltuin met midgetgolf. De kamers zien er piekfijn uit.

X **Lady Ann,** Kustlaan 301, ✆ 0 50 60 96 77, ☂, Taverne-rest – ▤. AE ● MC VISA CY
fermé jeudis non fériés sauf vacances scolaires et merc. – **Rest** *Lunch 24* – 40, carte 21/5
◆ Petite taverne-restaurant assez "cosy" où vous sera soumise une carte simple acc pagnée d'un duo menus. Fonctionnement de type salon de thé durant l'après-midi.
◆ Gezellig taverne-restaurant, waar u uit een eenvoudige kaart en twee menu's k kiezen. 's Namiddags verandert de ruimte in een theesalon.

BELGIQUE

Albertstrand – ✉ 8300 Knokke-Heist :

La Réserve, Elizabetlaan 160, ✆ 0 50 61 06 06, *info@la-reserve.be, Fax 0 50 60 37 06,* ←, … – 🅿 – 350. AE MC VISA AY c
Rest 32/119 bc, carte 40/133 – **110 ch** ☕ ✝190/452 – ✝✝237/460 – ½ P 151/259.
◆ Au bord du Zegemeer, imposante construction renfermant des chambres cossues de diverses catégories et quatorze salles de séminaires. Centre de thalassothérapie. Restaurant tombant à point nommé si vous avez eu la main chanceuse au casino, juste en face !
◆ Imposant gebouw aan de oever van het Zegemeer. Weelderige kamers in verschillende prijsklassen en veertien vergaderzalen. Centrum voor thalassotherapie. Als u in het tegenover gelegen casino heeft gewonnen, kunt u het geld meteen verbrassen in het restaurant!

Binnenhof sans rest, Jozef Nellenslaan 156, ✆ 0 50 62 55 51, *info@binnenhof.be, Fax 0 50 62 55 50* – 🅿 – 30. AE MC VISA AY n
25 ch ☕ ✝76/135 – ✝✝86/145.
◆ Résidence balnéaire moderne proche de la plage. Coquettes et douillettes, la plupart des chambres s'agrémentent d'un balcon. Petit-déjeuner soigné. Accueil personnalisé.
◆ Modern hotel bij het strand. Mooie en behaaglijke kamers, waarvan het merendeel een balkon heeft. Goed verzorgd ontbijt. Persoonlijke ontvangst.

Parkhotel, Elizabetlaan 204, ✉ 8301, ✆ 0 50 60 09 01, *parkhotelknokke@skynet.be, Fax 0 50 62 36 08,* – rest, . AE MC VISA. CZ e
fermé 3 janv.-16 fév. et 23 au 30 sept. – **Rest** *(fermé mardi, merc. et jeudi)* 58 bc/75 bc, carte 35/60 – **14 ch** ☕ ✝70/95 – ✝✝85/135 – ½ P 73/98.
◆ Grosse maison bâtie en léger retrait d'une avenue passante, à faible distance de la digue. Confort convenable dans les chambres ; préférez celles donnant sur l'arrière. Salle de restaurant complétée d'une petite véranda et d'une terrasse. Carte actuelle.
◆ Statig pand aan de vrij drukke kustweg, maar vlak bij de dijk. Redelijk comfortabele kamers, waarvan die aan de achterkant de voorkeur verdienen. Restaurant met kleine serre en terras. Eigentijdse keuken.

Atlanta, Jozef Nellenslaan 162, ✆ 0 50 60 55 00, *info@atlantaknokke.be, Fax 0 50 62 28 66,* – 🅿. MC VISA. rest AY k
fermé début janv.-sem. avant carnaval – **Rest** *(fermé après 20 h 30)* 23, carte 18/38 – **33 ch** ☕ ✝75/90 – ✝✝85/120 – ½ P 66/83.
◆ Hébergement fiable pour séjourner en demi-pension à deux pas de la plage. Balcon et salle d'eau en marbre dans toutes les chambres du 1er étage. Bon buffet au p'tit-déj. Goûteuse cuisine classique servie à l'heure du dîner.
◆ Goed hotel voor een verblijf op basis van halfpension, vlak bij het strand. Balkon en marmeren badkamer in alle kamers op de eerste verdieping. Overvloedig ontbijtbuffet. 's Avonds goede klassieke keuken.

Gresham sans rest, Elizabetlaan 185, ✆ 0 50 63 10 10, *hotelgresham@skynet.be, Fax 0 50 63 10 20* – 🅿. MC VISA CZ z
10 ch ☕ ✝75/140 – ✝✝85/140.
◆ À quelques râteaux de croupier du Casino, petit hôtel où vous logerez dans des chambres garnies de meubles cérusés et de tissus coordonnés. Breakfast sous forme de buffet.
◆ Wie in dit kleine hotel logeert, kan zijn geluk beproeven in het naburige casino. De kamers zijn ingericht met geceruseerde meubelen en bijpassende stoffen. Ontbijtbuffet.

Lido, Zwaluwenlaan 18, ✆ 0 50 60 19 25, *info@lido-hotel.be, Fax 0 50 61 04 57,* – 🅿 – 30. MC VISA. rest AY r
Rest (résidents seult) – **38 ch** ☕ ✝55/95 – ✝✝94/114 – ½ P 62/72.
◆ Hôtel situé à 250 m des premiers châteaux de sable. Salon moderne avec cheminée et chambres fonctionnelles de tailles satisfaisantes. Vélos prêtés gracieusement aux logeurs.
◆ Hotel op 250 m van het strand. Moderne lounge met schouw en functionele kamers die ruim genoeg zijn. Hotelgasten kunnen fietsen lenen.

Nelson's, Meerminlaan 36, ✆ 0 50 60 68 10, *info@nelsonshotel.be, Fax 0 50 61 18 38,* – rest, – 25. AE MC VISA. rest AY z
ouvert avril-sept., vacances scolaires, week-end et jours fériés – **Rest** *(fermé après 20 h 30)* *Lunch 12* – 25 – **48 ch** ☕ ✝60/120 – ✝✝95/150 – ½ P 70/90.
◆ Immeuble d'angle implanté à deux pas du front de mer. Nombreuses chambres familiales ; vue sur le va-et-vient en direction de la digue depuis le salon-bar du premier étage. Grande salle à manger fraîche et actuelle ; carte et ambiance typiques du littoral.
◆ Hoekpand op twee minuten lopen van zee. Groot aantal kamers voor gezinnen. Uitzicht op de dijk vanuit de lounge annex bar op de eerste verdieping. Grote moderne eetzaal. De menukaart en sfeer zijn typerend voor de Belgische badplaatsen.

BELGIQUE

Albert Plage sans rest, Meerminlaan 22, ✆ 0 50 60 59 64, *info@nelsonshotel. Fax 0 50 61 18 38*, – 🅿. AE ⓓ ⓜⓒ VISA AY
17 ch ☕ ★60/90 – ★★75/105.
• Cet établissement bien pratique pour les fans d'Albert-Plage a retrouvé l'éclat du n en 2004. Accueil familial, chambres fonctionnelles et bon buffet au petit-déjeuner.
• Dit praktische hotel werd in 2004 opgeknapt en is ideaal voor een strandvakantie. Vri delijke ontvangst, functionele kamers en goed ontbijtbuffet.

XXX **Esmeralda,** Jozef Nellenslaan 161, ✆ 0 50 60 33 66 – ▤. AE ⓓ ⓜⓒ VISA AY
fermé 10 au 30 janv., 20 au 30 juin, 20 au 30 nov., lundi et mardi – **Rest** *Lunch 30* – 50/100 carte env. 70.
• Face au casino, table élégante où l'on vient savourer une cuisine actuelle à dominar littorales, signée par un tandem familial se composant d'un père et de son fils.
• Elegant restaurant tegenover het casino, dat door vader en zoon wordt gerund. Sma lijke eigentijdse keuken waarin vis de hoofdmoot vormt.

XX ✿ **Jardin Tropical** (Van den Berghe), Zwaluwenlaan 12, ✆ 0 50 61 07 98, *info@jardir pical.be, Fax 0 50 61 61 03* – ▤ ⇔ 16. AE ⓓ ⓜⓒ VISA AY
fermé 19 fév.-2 mars, 11 au 15 juin, 15 au 26 oct., 17 au 21 déc., merc. et jeudi – **Rest** *Lu 39* – 58/125 bc, carte 81/119, ♀.
Spéc. Diverses préparations de crevettes grises. Cabillaud cuit à basse température croûte d'herbes. Merveilles sucrées et glaces maison.
• Élégante salle immaculée vous invitant à goûter une cuisine actuelle inventive. Mise place harmonieuse sur les tables et présentations souvent originales dans l'assiette.
• In dit elegante, smetteloze restaurant kunt u van een inventieve eigentijdse keu genieten. De tafels zijn mooi gedekt en de presentatie op de borden is vaak origineel.

XX **Lispanne,** Jozef Nellenslaan 201, ✆ 0 50 60 05 93, *Fax 0 50 62 64 92* – ▤. AE ⓓ VISA AY
fermé 15 janv.-1er fév., 26 juin-5 juil., 1er au 11 oct., mardi sauf vacances scolaires et mer **Rest** *Lunch 17* – 20/68 bc, carte 29/59.
• Une carte classique et des menus bien vus sont présentés à cette enseigne où tout fait maison, des mises en bouche jusqu'aux mignardises. Accueil et service avenants.
• Klassieke kaart met heerlijke menu's in dit restaurant, waar alles zelfgemaakt wordt, de borrelhapjes tot en met de bonbons bij de koffie. Vriendelijke bediening.

XX **Les Flots Bleus,** Zeedijk 538, ✆ 0 50 60 27 10, *restaurant@lesflotsbleus Fax 0 50 60 63 83*, ≤, – ⇔ 12. AE ⓓ ⓜⓒ VISA AY
fermé fin fév.-début mars, fin nov.-début déc., mardi soir sauf vacances scolaires et m – **Rest** *Lunch 20* – 40/51, carte 34/62.
• Ce restaurant officiant sur la digue recompose régulièrement sa carte, mais le homa puisé au vivier, ne manque presque jamais à l'appel. Vue sur les "flots" en terrasse.
• In dit restaurant aan de boulevard wordt de menukaart regelmatig veranderd, m kreeft uit het homarium ontbreekt vrijwel nooit. Terras met uitzicht op de "blauwe g ven".

XX **Cédric,** Koningslaan 230a, ✆ 0 50 60 77 95, *info@restaurant-cedric.be, Fax 0 50 62 2* – ▤ ⇔ 70. AE ⓓ ⓜⓒ VISA AY
fermé 1 sem. en juil., 2 sem. en nov. et lundis soirs et mardis non fériés – **Rest** *Lunch* 35/77 bc, carte 43/80.
• Ambiance intime dans une salle moderne à l'éclairage tamisé assuré par des rangées spots, de jolis lustre en cristal et des applique assorties. Véranda lumineuse à l'avant.
• Moderne eetzaal met een intieme ambiance en sfeerverlichting (spotjes, mooie kro luchters en bijpassende wandlampen). Heerlijk lichte serre aan de voorkant.

XX **Olivier,** Jozef Nellenslaan 159, ✆ 0 50 60 55 70, *Fax 0 50 60 55 70* – ⇔ 40. AE ⓓ VISA AY
fermé merc. midi – **Rest** *Lunch 25* – 34 bc/54 bc, carte 33/55.
• Cet "Olivier" planté en 1976 déploie sa ramure à un tour de roulette du casino. Sal manger fraîche et radieuse ; grand lunch et menus multi-choix avec option vin compris
• Deze olijfboom heeft in 1976 wortel geschoten bij het casino. Frisse en vrolijke eetz uitgebreide lunchkaart en talloze keuzemenu's, sommige inclusief drank.

à Duinbergen ▢ *Knokke-Heist* – ✉ *8301 Heist* :

Monterey sans rest, Bocheldreef 4, ✆ 0 50 51 58 65, *info@monterey.be, Fax 0 51 01 65*, ≤, – 🅿. ⓜⓒ VISA. BZ
fermé janv.-fév. sauf week-end et 15 nov.-24 déc. – **8 ch** ☕ ★75/95 – ★★90/130.
• Belle villa perchée sur une hauteur de Duinbergen. Jardin de repos, calme chambre géométrie variable, véranda et terrasse panoramiques utilisées pour les petits-déjeuner
• Mooie villa op de top van een heuvel in Duinbergen. Rustige kamers van verschille formaat. Tuin, serre en panoramaterras voor het ontbijt.

BELGIQUE

Du Soleil, Patriottenstraat 15, ☎ 0 50 51 11 37, *info@hotel.du.soleil.be, Fax 0 50 51 69 14*, – AE MC VISA. rest BZ n
fermé 15 nov.-15 déc. – **Rest** *(fermé après 20 h 30)* 17/45 bc, carte 21/43 – **27 ch** ☐ 45/100 – 60/200 – ½ P 50/70.
• À quelques mètres de la plage, une enseigne qui semble vouloir exorciser les sombres augures de Monsieur météo. Menues chambres fonctionnelles. Jeune clientèle familiale. Cuisine classico-traditionnelle au restaurant. Formules lunch et demi-pension.
• Dit hotel staat op een paar meter van het strand en probeert met zijn naam slechte weerberichten te bezweren. Kleine, functionele kamers, waar voornamelijk jonge gezinnen komen. Klassiek-traditionele keuken in het restaurant, met lunchmenu's en halfpension.

Paul's sans rest, Elizabetlaan 305, ☎ 0 50 51 39 32, *pauls.hotel@skynet.be, Fax 0 50 51 67 40* – MC VISA BZ f
14 ch ☐ 55/77 – 77/130.
• Affaire familiale occupant une grande villa résidentielle postée en bordure d'une avenue assez fréquentée. Salon-bar contemporain et chambres simples mais convenables.
• Dit familiehotel is ondergebracht in een grote villa aan een vrij drukke straat. De kamers zijn eenvoudig maar netjes. Moderne lounge annex bar.

Den Baigneur, Elizabetlaan 288, ☎ 0 50 51 16 81 – AE MC VISA. BZ r
fermé dim. soir et lundi – **Rest** (dîner seult) 100, carte 64/110.
• Petite table chaleureuse et feutrée servant des repas de bonne base classique. Nappage rouge coordonné au velours des chaises, éclairage moderne et affiche Art déco en salle.
• Sfeervol restaurantje met een goede klassieke keuken. Interieur met moderne verlichting, art-deco-affiches en fluwelen stoelen met bijpassende tafelkleden.

Heist C *Knokke-Heist* – ✉ *8301 Heist :*

Bartholomeus (Desmidt), Zeedijk 267, ☎ 0 50 51 75 76, *rest.bartholomeus@pandora.be*, – AE MC VISA. AZ e
fermé 3 sem. en janv., 2 sem. en juin, 2 sem. en sept., mardi, merc. et jeudi – **Rest** Lunch 31 – 53/105, carte 76/154.
Spéc. Crabe royal grillé au soja et gingembre, huile curry et coriandre. Homard et mousseline d'artichaut, jambon cru et citron vert confit. Poularde aux oignons de printemps, cuisses aux cerises, jus aux pistaches.
• Salle modernisée où il fait bon s'attabler près des baies donnant sur la digue. Accueil souriant par la patronne, cuisine personnalisée, cave de qualité et service prévenant.
• Gemoderniseerde eetzaal met grote ramen die uitkijken op de dijk. Vriendelijke ontvangst door de gastvrouw, geheel eigen kookstijl, goede wijnkelder en attente service.

Old Fisher, Heldenplein 33, ☎ 0 50 51 11 14, *Fax 0 50 51 71 51*, Produits de la mer – 8/30. AE MC VISA AZ c
fermé fin juin-début juil., 2 prem. sem. oct., mardi soir et merc. – **Rest** Lunch 20 – 32/68 bc, carte 37/82.
• Le "Vieux Pêcheur" vous reçoit dans une salle à manger ornée d'un grand vitrail représentant un rouget, ce qui n'est pas sans rapport avec le contenu de la carte.
• De "Oude Visser" ontvangt u in een eetzaal met een groot glas-in-loodraam, waarvan de voorstelling, een rode poon, een aanwijzing is voor de spijskaart.

De Waterlijn, Zeedijk 173, ☎ 0 50 51 35 28, *gerritdegroote@yahoo.com, Fax 0 50 51 15 16*, – MC VISA AZ b
fermé mardi et merc. – **Rest** Lunch 18 – 39, carte 28/47.
• Affaire familiale décontractée postée à l'extrémité de la digue de Heist. Cuisine classique, avec ambiance musicale les lundis soirs. Demandez l'agenda des dîners à thème.
• Familiebedrijfje met een ontspannen sfeer, aan het uiteinde van de dijk van Heist. Klassieke keuken met live-muziek op maandagavond. Vraag naar de agenda van de themadiners.

Westkapelle *par ① : 3 km* C *Knokke-Heist* – ✉ *8300 Westkapelle :*

Ter Dycken avec ch, Kalvekeetdijk 137, ☎ 0 50 60 80 23, *info@terdycken.be, Fax 0 50 61 40 55*, – 50/72. AE MC VISA
Rest *(fermé mardi sauf juil.-août et lundi)* Lunch 35 – 49/99 bc, carte 49/103 – **3 ch** ☐ 300 – 300/350.
• Villa flamande fastueuse offrant les plaisirs d'une fine cuisine, d'une belle terrasse-jardin et d'un hébergement select et raffiné (junior suites neuves). Services complets.
• Deze schitterende Vlaamse villa heeft heel wat te bieden: verfijnde keuken, mooie tuin met terras en stijlvol logies (nieuwe junior suites). Perfecte service.

BELGIQUE

Tendez vos clés et un voiturier se charge de garer votre véhicule : repérez le symbole pour bénéficier de ce service exclusif, bien pratique dans les grandes villes.

KOEKELARE *8680 West-Vlaanderen* **533** C16 *et* **716** B2 – *8 291 h.* 18
Bruxelles 117 – Brugge 35 – Gent 66 – Kortrijk 52 – Oostende 20 – Lille 74.

à Zande *Nord-Ouest : 5 km* Ⓒ *Koekelare* – ✉ *8680 Zande :*

X **Hof ter Zande,** Zandestraat 16, ☎ 0 59 27 77 79, *info@hofterzande.*
Fax 0 59 27 77 79, – P. VISA
fermé 2 au 11 janv., 2 sem. en juin, 16 au 31 août, merc. et jeudi – **Rest** *Lunch 22* – 31/57
carte 29/77.
◆ Repas traditionnel actualisé servi dans une petite salle décorée d'un poêle de Louvain sur la terrasse verte. La Moambe (plat congolais) a toutes les faveurs des habitués.
◆ Traditionele maaltijd met een eigentijds sausje in de eetzaal met oude Leuvense kac of op het beplante terras. De Moambe, een Congolese schotel, is bij velen favoriet.

KOEKELBERG *Brabant – voir à Bruxelles.*

KOKSIJDE *8670 West-Vlaanderen* **533** A16 *et* **716** A2 – *21 270 h. – Station balnéaire★.* 18
Bruxelles 135 ① – Brugge 50 ① – Oostende 31 ① – Veurne 7 ② – Dunkerque 27 ③.

Plan page ci-contre

à Koksijde-Bad *Nord : 1 km* Ⓒ *Koksijde* – ✉ *8670 Koksijde.*
Oud-Casino, Casinoplein 11, ☎ 0 58 51 29 10, Fax 0 58 51 29 10.

Apostroff sans rest, Lejeunelaan 38, ☎ 0 58 52 06 09, *info@apostroff.be, Fax 0 52 07 09,* – P. – 35. AE VISA C
47 ch ☕ ★64/114 – ★★75/134.
◆ Construction récente renfermant des chambres assez amples ainsi que divers équi ments de détente et de remise en forme. Beauty-center (sur rdv.) et jardin de repos.
◆ Nieuw gebouw met eenvoudige kamers en faciliteiten zoals een fitnessruimte en be tycenter (op afspraak). In de tuin komt u helemaal tot rust.

Carnac, Koninklijke Baan 62, ☎ 0 58 51 27 63, *hotelcarnac@telenet.be, Fax 0 58 52 04* – P. AE VISA C
fermé 12 nov.-15 déc. – **Rest** *(fermé merc. hors saison)* 39, carte 33/58 – **12 ch** ☕ ★65/ – ★★70/80 – ½ P 60/75.
◆ Hôtel n'ayant de mégalithique que le nom ! Chambres spacieuses et claires, dont qua familiales. Belle collection de mignonnettes apéritives visible au petit-déjeuner. Table clas que-traditionnelle devancée d'une terrasse abritée. Vivier à homards en salle.
◆ Behalve de naam is er niets prehistorisch aan dit hotel. Ruime, lichte kamers, waar vier voor gezinnen. In de ontbijtzaal is een collectie miniatuurflesjes met likeur te b wonderen. Klassiek-traditioneel restaurant met homarium en beschut terras.

Astoria, Zeelaan 136, ☎ 0 58 51 12 06, *info@astoriakoksijde.be, Fax 0 58 52 09 00,* – P. VISA. C
fermé 8 au 30 janv. et 16 nov.-15 déc. – **Rest** *(fermé jeudi)* 32/45, carte 25/35 – **9** ch ★63/73 – ★★70/80 – ½ P 55/60.
◆ Hôtel familial établi au bord de la longue avenue qui vous mènera directement à la pla Chambres de bon confort. Proximité du site naturel appelé de Hoge Blekker (panoram Salle à manger classiquement aménagée, prolongée par une véranda côté jardin.
◆ Dit familiebedrijf staat aan een lange laan die naar het strand leidt. Comfortabele kam en klassieke eetzaal met een serre die op de tuin uitkijkt. De nabijgelegen Hoge Blekke de hoogste duinrug van de Vlaamse kust (panorama).

Rivella, Zouavenlaan 1, ☎ 0 58 51 31 67, *hotel.rivella@hotmail.com, Fax 0 58 52 27 9* . VISA. rest C
ouvert Pâques-fin sept. et vacances scolaires – **Rest** (dîner pour résidents seult) – **27 ch** ★63/68 – ★★77/90 – ½ P 64/71.
◆ En face d'un rond-point, résidence des années 1970 reconnaissable à sa façade incurv Chambres fonctionnelles réparties sur deux étages.
◆ Gebouw uit de jaren zeventig met halfronde gevel aan een rotonde. De function kamers liggen over twee verdiepingen verspreid.

XXX **Hostellerie Le Régent** avec ch, A. Bliecklaan 10, ☎ 0 58 51 12 10, *le.regent@ net.be, Fax 0 58 51 66 47,* – , rest, P 15/25 C
Rest *(fermé dim. soir, lundi, jeudi soir et après 20 h 30) Lunch 30* – 36/76 bc, carte 44/10 ☕ 5 – **10 ch** ★62/78 – ★★83/115 – ½ P 72/79.
◆ Accueil familial dans cette hostellerie bourgeoise dont la carte des mets ne manque d'attrait, ni de variété. Menus bien ficelés. Une dizaine de chambres confortables.
◆ In deze traditionele hostellerie wacht u een hartelijke ontvangst. De spijskaart is aantr kelijk en gevarieerd en de menu's zijn evenwichtig. Een tiental comfortabele kamers.

BELGIQUE

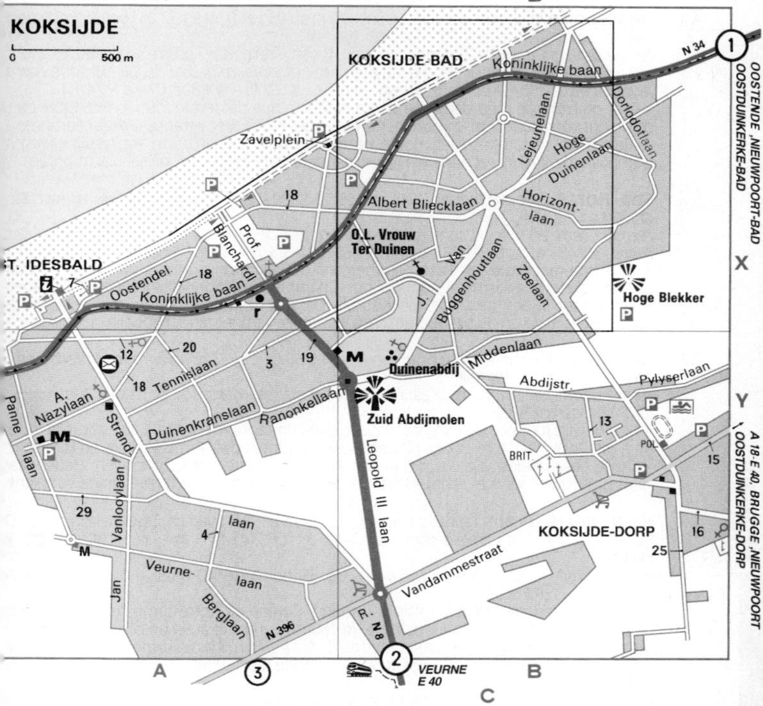

A B

KOKSIJDE

0 500 m

KOKSIJDE-BAD

Koninklijke baan

N 34

1

OOSTENDE, NIEUWPOORT-BAD OOSTDUINKERKE-BAD

Zavelplein

Lejeunelaan

Hoge Duinenlaan

Dorlodotlaan

Albert Bliecklaan

Horizontlaan

O.L. Vrouw Ter Duinen

Prof. Blanchardl.

ST. IDESBALD

Oostendel.

Koninklijke baan

J. Van Buggenhoutlaan

Zeelaan

Hoge Blekker

X

Middenlaan

Duinenabdij

Tennislaan

A. Nazylaan

Strand

Duinenkranslaan

Ranonkellaan

Zuid Abdijmolen

Abdijstr.

Pylyserlaan

Y

BRIT.

POL.

Panne laan

Leopold III laan

KOKSIJDE-DORP

A 18-E 40, BRUGGE, NIEUWPOORT OOSTDUINKERKE-DORP

Vanlooylaan

laan

Veurne- laan

Jan

Berglaan

Vandammestraat

R. N 8

N 396

3

2

VEURNE E 40

A B

C

gonialaan	C	2
almontlaan	AY	3
geraadstr.	AY	4
sabethpl.	C	5
génie Terlinckplein	C	6
orge Grardpl.	AX	7
ido Gezelleplein	C	8
lden Vlieslaan	C	9
nri Christiaenlaan	AY	12
stenstr.	BY	13
utsaegerlaan	BY	15
kstr.	BY	16
ninginnelaan	AXY	18
ninklijkebaan	ABX	
ninklijke Prinslaan	AXY	19
ajoor d'Hoogelaan	AY	20
ns Albertplein	C	21
usseaulaan	C	22
rdedigingslaan	C	23
urnestr.	BY	25
anderenstr.	C	27
Elsschotlaan	AY	29
elaan	BXY	
uavenplein	C	32

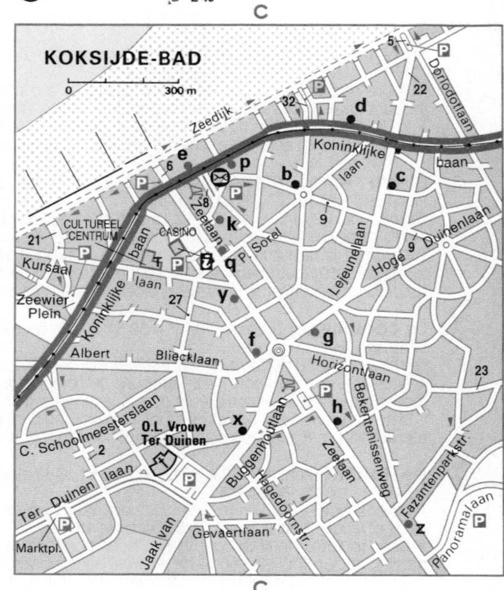

XX **Hostellerie Bel-Air** avec ch, Koninklijke Baan 95, ✆ 0 58 51 77 05, *bel-air.koksijde@s net.be, Fax 0 58 51 16 93*, – . *VISA* . C
fermé dern. sem. mars, 2 dern. sem. juin, 2 dern. sem. nov.-prem. sem. déc. et merc. jeudi sauf en juil.-août – **Rest** *(fermé mardi soir et vend. midi sauf 15 juil.-15 août, merc. jeudi)* Lunch 25 – 30/67 bc, carte 48/60 – **4 ch** ✝68/75 – ✝✝80/107 – ½ P 74/84.
◆ Près du front de mer, dans une artère passante que dessert le tram, petite table où u cuisinière vous concocte un bon menu 4 services tarifé avec retenue. Jolies chambres.
◆ Klein hotel-restaurant met mooie kamers bij de boulevard, aan een drukke weg m trambaan. De kokkin zet een heerlijk viergangenmenu op tafel voor een zacht prijsje.

XX **Sea-Horse** avec ch, Zeelaan 254, ✆ 0 58 52 32 80, *Fax 0 58 52 32 75* – , rest. AE *VISA* C
fermé 1 sem. en mars, 1 sem. en juin et 23 nov.-4 déc. – **Rest** *(fermé mardi soir en oct. merc.)* 30/45 bc, carte 38/68 – **4 ch** ✝55/60 – ✝✝70/75 – ½ P 80/90.
◆ Ce restaurant situé sur l'axe commerçant de la station pratique un genre de cuis oscillant entre classicisme et goût du jour. Chambres fonctionnelles cédées à prix sages.
◆ Restaurant in een gezellige winkelstraat. Klassiek-moderne keuken, met veel aanda voor de kwaliteit van de producten. De functionele kamers zijn schappelijk geprijsd.

XX **Apropos**, Jaak van Buggenhoutlaan 26, ✆ 0 58 51 52 53, *info@aproposkoksijde.be*, – P 8/14. AE *VISA* C
fermé début juin, merc. midi sauf vacances scolaires, merc. soir et jeudi – **Rest** Lunch 2 45/70 bc, carte 48/90.
◆ Grande villa jumelée où l'on prend place dans un cadre moderne. Carte actuelle inclu des plats "quick service" et une ribambelle de salades-repas. Terrasse d'été en façade.
◆ Grote geschakelde villa, waar u in een moderne omgeving kunt tafelen. Hedendaag kaart met "quick service" schotels en veel maaltijdsalades. Zomerterras aan de voorkant.

BELGIQUE

XX **Hostellerie Oxalis** (annexe Loxley Cottage -3 ch) avec ch, Lejeunelaan 12, ✆ 0 52 08 79, *info@hoteloxalis.com*, *Fax 0 58 51 06 34*, , , – P. AE rest C
Rest *(fermé 10 janv.-7 fév.)* Lunch 28 – 35/58 bc, carte 40/68, – **7 ch** ✝79/94 ✝✝98/119 – ½ P 73/83.
◆ Villa convertie en agréable relais gourmand. Cuisine de notre temps et jolies chamb de style anglais à l'étage et au "cottage" (à 150m), qui abrite aussi un beau tea-room.
◆ Gastronomische pleisterplaats met eigentijdse keuken. Mooie kamers in Engelse stijl de bovenverdieping en in de bijbehorende cottage (op 150 m), waar ook een theesalon

X **De Kelle**, Zeelaan 265, ✆ 0 58 51 18 55, *info@dekelle.be*, *Fax 0 58 51 18 55*, 4 *VISA* C
fermé vacances carnaval, 20 juin-8 juil., jeudi et dim. soir – **Rest** Lunch 25 – 45/73 bc, ca 42/72.
◆ Sobre restaurant où l'on vient faire des repas à composantes littorales. Carte actue incluant deux grands menus ; collection de whiskies. Terrasse mignonne sur l'arrière.
◆ In dit sobere restaurant vormt vis de hoofdmoot. Hedendaagse kaart met twee uit breide menu's en een grote collectie whisky's. Leuk terras aan de achterkant.

X **Bistro Pinot Blanc**, Mariastraat 2, ✆ 0 58 51 53 10, *info@pinotblanc. Fax 0 58 51 53 10*, – P. *VISA*. C
fermé 11 au 22 juin, 26 nov.-7 déc., mardi et merc. – **Rest** 35, carte 48/57.
◆ Villa balnéaire 1930 aménagée dans l'esprit "mer du Nord". Cuisine du marché énon sur ardoise, jardin fleuri et agréable terrasse. Ambiance décontractée.
◆ Villa uit 1930, zoals men die in veel badplaatsen aan de Noordzee ziet. Suggesties op e schoolbord, gevarieerde wijnkelder, bloemrijke tuin en mooi terras. Ontspannen sfeer.

X **Le Coquillage**, Zeelaan 118, ✆ 0 58 51 26 25, *coquillage–ludo@hotmail.com*, – 12. *VISA* C
fermé jeudi soir d'oct. à mars, lundi soir et mardi – **Rest** Lunch 20 – 28/65 bc, carte 34/57.
◆ Une bonne réputation locale entoure cette auberge familiale présentant une ca d'orientation classique complétée de suggestions et de menus saisonniers.
◆ Deze familieherberg geniet bij de lokale bevolking een goede reputatie. Klassiek georië teerde kaart met suggesties en seizoengebonden menu's.

X **De Huifkar**, Koninklijke Baan 142, ✆ 0 58 51 16 68, *restaurant.dehuifkar@pi.be*, *Fax 0 52 45 71* – . AE *VISA* C
fermé 15 janv.-2 fév., prem. sem. juil., oct. sauf week-end, merc. soir sauf vacances s laires et jeudi – **Rest** Lunch 9 – 22/50 bc, carte 18/61.
◆ Une "roulotte" (huifkar) qui va son petit bonhomme de chemin. Décor intérieur à mode d'aujourd'hui et éventail de recettes bourgeoises rythmées par les marées.
◆ Deze huifkar gaat kalm zijn eigen weg. Het interieur is eigentijds en de kok volgt beweging van de getijden, dus lekkere visschotels op het menu.

Sint-Idesbald Ⓒ *Koksijde* – ✉ *8670 Koksijde.*

(Pâques-sept. et vacances scolaires) Zeedijk 26a, ☎ 0 58 51 39 99 :.

Soll Cress, Koninklijke Baan 225, ☎ 0 58 51 23 32, *hotel@sollcress.be, Fax 0 58 51 91 32,* , , , , – , rest, rest, – 65. VISA. ch AX r
fermé 9 au 18 janv., 24 sept.-24 oct. et mardi sauf en juil.-août – **Rest** *(fermé lundi soir et mardi sauf en juil.-août et après 20 h 30)* Lunch 15 – 22/45 bc, carte 29/47 – **41 ch** ★50/55 – ★★75/250 – ½ P 55/60.

◆ À 500 m de la plage, auberge tenue en famille et renfermant des chambres sobres mais généralement assez amples. Piscine couverte et espace fitness. Divers menus à prix sages vous attendent à l'heure des repas. Cave à vue et collection de whiskies.

◆ Deze herberg op 500 m van het strand wordt gerund door een familie. De kamers zijn sober, maar over het algemeen vrij ruim. Overdekt zwembad en fitnessruimte. Diverse menu's voor een zacht prijsje. Lekkere wijnen en verschillende soorten whisky.

KONTICH *Antwerpen* **533** L16 *et* **716** G2 – *voir à Antwerpen, environs.*

KORTENBERG *Vlaams-Brabant* **533** M17 *et* **716** G3 – *voir à Bruxelles, environs.*

Une bonne table sans se ruiner ?
Repérez les Bibs Gourmands

KORTRIJK (COURTRAI) *8500 West-Vlaanderen* **533** E18 *et* **716** C3 – *73 650 h.* 19 **C3**

Voir *Hôtel de Ville (Stadhuis) : salle des Échevins★ (Schepenzaal), ancienne salle du Conseil★ (Oude Raadzaal)* **CZ H** – *Église Notre-Dame★ (O.L. Vrouwekerk) : statue de Ste-Catherine★, Élévation de la Croix★* **DY** – *Béguinage★ (Begijnhof)* **DZ.**

Musée : *National du Lin et de la Dentelle★ (Nationaal Vlas- , Kant- en Linnenmuseum)* **BX M.**

St-Michielsplein 5 ☎ 0 56 27 78 40, toerisme@kortrijk.be, Fax 0 56 27 78 49.

Bruxelles 90 ② – Brugge 51 ⑥ – Gent 45 ② – Oostende 70 ⑥ – Lille 28 ⑤.

Plan page suivante

Broel, Broelkaai 8, ☎ 0 56 21 83 51, *infobroel@hotelbroel.be, Fax 0 56 20 03 02,* , , , – – 450. AE VISA DY e
fermé 21 juil.-12 août – **Rest *Castel*** *(fermé vend., sam. et dim. non fériés)* Lunch 28 – 44, carte 53/90, – ***Bistro*** *(fermé sam. midi) (ouvert jusqu'à 23 h)* Lunch 15 – 40, carte 34/60, – **70 ch** ★100/150 – ★★120/170.

◆ Face aux vieilles tours du Broel, hôtel de luxe apprécié pour le cachet ancien de ses communs en pierre de Bourgogne, héritée, paraît-il, d'un château français. Repas au goût du jour et décor intérieur modernisé au Castel. Bistrot doté d'une terrasse agréable.

◆ Luxehotel tegenover de oude torens van Broel, dat zijn cachet dankt aan de Bourgondische natuursteen die van een Frans kasteel afkomstig is. In Le Castel kunt u genieten van een eigentijdse keuken in een gemoderniseerd interieur. Bistro met prettig terras.

Damier sans rest, Grote Markt 41, ☎ 0 56 22 15 47, *info@hoteldamier.be, Fax 0 56 22 86 31,* , – – 120. AE VISA. CZ a
48 ch ★89/230 – ★★99/249 – 1 suite.

◆ Hôtel cossu et chargé d'histoire (1398), repérable aux lions dorés ornant sa façade rococo (1769). Chambres de divers styles. Whiskies, bons cigares et ambiance lounge au bar.

◆ Een rococogevel met twee leeuwen markeert dit historische pand uit 1398 aan de Grote Markt. Kamers in verschillende stijlen. Whisky's, goede sigaren en loungesfeer in de bar.

Parkhotel, Stationsplein 2, ☎ 0 56 22 03 03, *info.parkhotel@parkhotel.be, Fax 0 56 22 14 02,* – – 80. AE VISA CZ r
fermé 23 juil.-13 août – **Rest *Bodega*** (taverne-rest) 38 bc/48 bc, carte 35/57 – **98 ch** ★98/160 – ★★114/180.

◆ Devant la gare, hôtel au décor intérieur actuel sobre où vous logerez dans des chambres amples et bien équipées, plus modernes à l'annexe. Salle de jeux pour enfants. Confortable taverne-restaurant appelée Bodega ; choix classique-traditionnel.

◆ Hotel bij het station met een sober, eigentijds interieur. Ruime kamers met goede voorzieningen; die in het bijgebouw zijn het modernst. Speelzaal voor kinderen. De Bodega is een comfortabel café-restaurant met een klassiek-traditionele keuken.

BELGIQUE

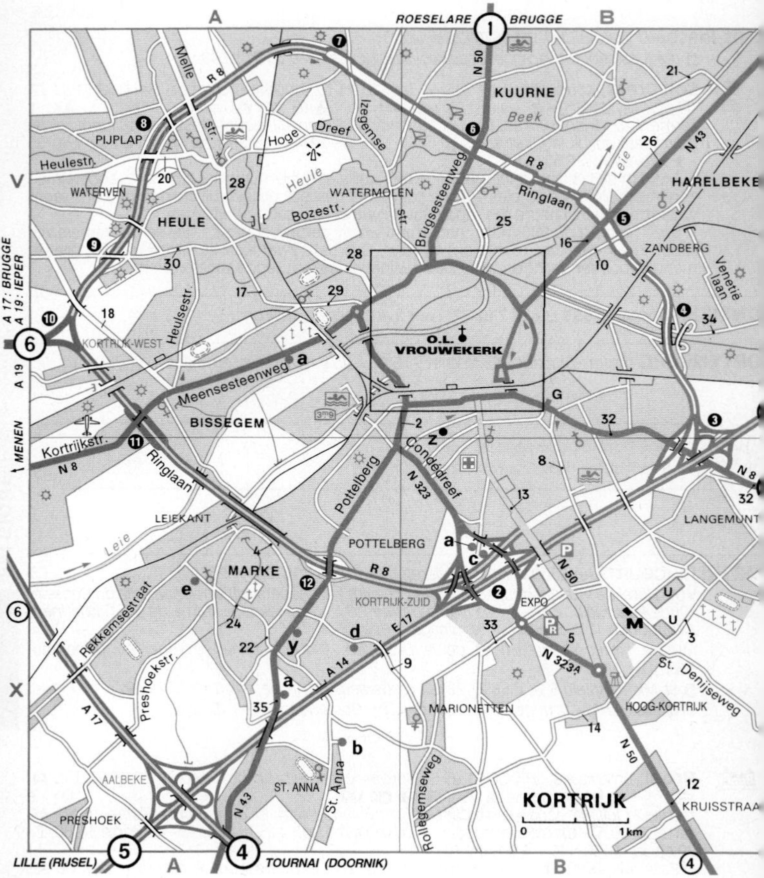

Aalbeeksesteenweg . . . . ABV 2	Elleboogstr. . . . . BX 14	Kortrijksesteenweg . . . . BV
Ambassadeur Baertlaan . . . . . BX 3	Gentsesteenweg . . . . BV 16	Kortrijksestr. . . . . AV
Baliestr. . . . . AX 4	Guido Gezellelaan . . . . AV 17	Moorseelsestr. . . . . AV
Beneluxlaan . . . . BX 5	Gullegemsesteenweg . . . . . . AV 18	Oudenaardsesteenweg . . . . BVX
Burgemeester Gillonlaan . . . . . BX 8	Gullegemsestr. . . . . AV 20	Oude leperseweg . . . . AV
Cannaertstr. . . . . ABX 9	Harelbeeksestr. . . . . BV 21	President Kennedylaan . . . . BX
Deerlijksestr. . . . . BV 10	Hellestr. . . . . AX 22	Stasegemsesteenweg . . . . . . BV
Doornikserijksweg . . . . BX 12	Kloosterstr. . . . . AX 24	Torkonjestr. . . . . AX
Doorniksesteenweg . . . . BX 13	Koning Leopold III laan . . . . BV 25	

Messeyne, Groeningestraat 17, ☎ 0 56 21 21 66, *hotel@messeyne.com*, *Fax 0 56 45 68 22*, 😊, Fб, ≘s, ⛂ – |⊉| ⇄ ▤ P – 🕺 40. AE ① ⓜ VISA. ✻ DY
fermé dern. sem. déc.-prem. sem. janv. – **Rest** *(fermé sam. midi et dim.)* Lunch 30 – 45/65 bc, carte 37/63 – **28 ch** ⊐ ★120/160 – ★★140/170.

◆ Cet hôtel charmant tire parti d'une fière demeure patricienne rénovée avec soin. Agencement moderne préservant des éléments d'époque, comme les riches boiseries du salon. Salle à manger décorée avec goût et jolie terrasse sur cour intérieure ; carte actuelle.

◆ Dit sfeervolle hotel is gevestigd in een met zorg gerenoveerde patriciërswoning. Moderne inrichting met authentieke elementen, zoals het fraai bewerkte houtwerk in de lounge. Stijlvol gedecoreerde eetzaal en mooi terras op de binnenplaats. Eigentijdse keuken.

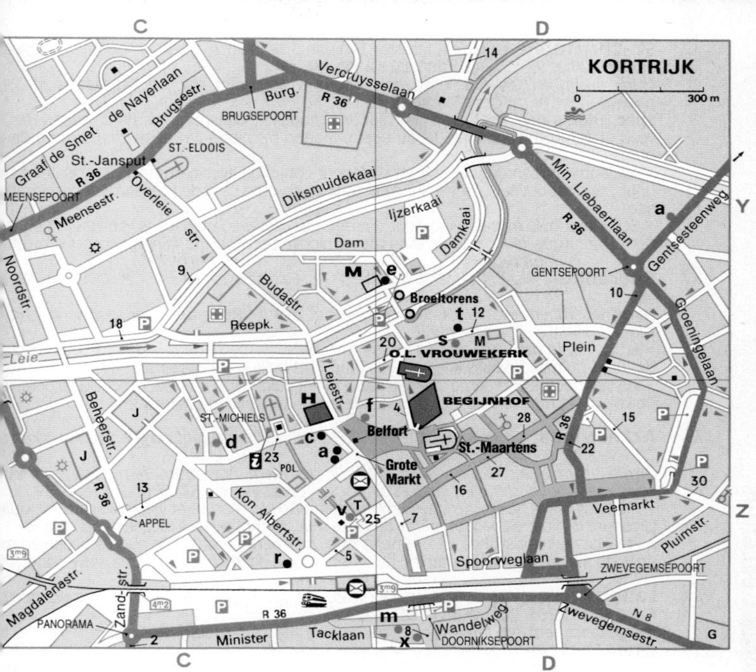

Center, Graanmarkt 6, ☎ 0 56 21 97 21, *info@centerhotel.be, Fax 0 56 20 03 66*, ⛱, Fб, ⇋ – |‡| ⇹, ▤ rest. AE MC VISA — CZ a
fermé fin déc. – **Rest *Beluga*** *(fermé sam. soir et dim.) Lunch 25* – 40, carte 37/45 – ☕ 10 – **26** ch ✝65 – ✝✝70/80.

• Cet hôtel très central a récemment retrouvé l'éclat du neuf et met à votre disposition des chambres standard aux tons actuels apaisants. Carte franco-belge à séquences internationales présentée dans un cadre contemporain ; accueillante terrasse avant.

• Zeer centraal gelegen hotel dat pas is opgeknapt. Standaardkamers in eigentijdse, rustgevende kleuren. Frans-Belgische kaart met internationale allure. Eigentijds interieur en uitnodigend terras aan de voorkant.

Belfort, Grote Markt 52, ☎ 0 56 22 22 20, *info@belforthotel.be, Fax 0 56 20 13 06*, ⛱ – |‡| ⇹, ▤ ch – 🏛 25. AE ⓓ MC VISA — CZ c
fermé 21 déc.-2 janv. – **Rest** *Lunch 14* – 33, carte 31/50 – **29 ch** ☕ ✝81/101 – ✝✝93/113 – ½ P 62/72.

• Bâtisse de style baroque flamand côtoyant l'hôtel de ville gothique et le beffroi. Chambres rénovées par étapes. Espace breakfast orné de peintures murales. Restaurant où l'on mange classiquement et bistrot doté d'une terrasse tournée vers la grand place.

• Hotel in Vlaamse barokstijl in de buurt van het gotische stadhuis en het belfort. De kamers worden geleidelijk gerenoveerd. Ontbijtruimte met muurschilderingen, restaurant met een klassieke keuken en bistro met een terras dat uitkijkt op de Grote Markt.

Full House 🐎 sans rest, Beverlaai 27, ☎ 0 56 21 00 59, *info@full-house.be, Fax 0 56 21 79 00* – MC VISA — BV z
3 ch ☕ ✝60/90 – ✝✝68/88.

• Chaque chambre de cette maison d'hôte porte le nom et affiche les couleurs d'une friandise belge : chocotoff, babelutte et bonbon Napoléon. Petit-déjeuner au jardin en été.

• Elke kamer van dit pension heeft de naam en de kleur van een Belgische lekkernij: chocotoff, babelutte (babbelaar) en bonbon Napoléon. 's Zomers ontbijt in de tuin.

XXX ✿ **St.-Christophe** (Pélissier), Minister Tacklaan 5, ☎ 0 56 20 03 37, *info@stchristophe.b*
Fax 0 56 20 01 95, 🏞 – ⇔ 10/40. AE ⓓ ⓜ VISA. ✂ DZ
fermé 1 sem. en janv., 2 sem. en mars, 2 sem. en août, dim. soir, lundi et mardi soir – **Re**
Lunch 42 – 70/140 bc, carte 68/143, ♀.
Spéc. Thon rouge, risotto de blé, oignons rouges et coriandre, jus de crustacés. Ris veau et échalote fondante, jus au porto. Pigeon fermier à l'ail et thym, marmite de gumes.
◆ Ancienne maison de maître dont l'intérieur conjugue avec harmonie classicisme et b goût contemporain. Cuisine soignée magnifiée par une cave de prestige. Terrasse ombr gée.
◆ Oud herenhuis met een interieur dat een geslaagde combinatie is van klassiek en m dern. Verzorgde keuken die volledig tot ontplooiing komt bij de wijnen. Schaduwrijk terr

XX **Boerenhof,** Walle 184, ☎ 0 56 21 31 72, *Fax 0 56 22 87 01* – 🅿 ⇔ 10/30. AE VISA BX
fermé 2 sem. en fév., 15 juil.-17 août, lundi et mardi – **Rest** *(déjeuner seult sauf vend. sam.)* Lunch 40 bc – 55, carte 49/70.
◆ Au Sud de la ville, près du ring et de l'autoroute, fermette de la fin du 19e s. concocta des plats du marché dans un cadre rustique. Très belle carte des vins.
◆ Rustiek boerderijtje uit de late 19e eeuw in het zuiden van de stad, makkelijk te bereike De kok kookt met verse producten van de markt. Uitstekende wijnkelder.

XX **Akkerwinde,** Doorniksewijk 12, ☎ 0 56 22 82 33, *restaurant.akkerwinde@pandora.b*
🏞 – ⇔ 8/12. AE ⓜ VISA DZ
fermé 2 sem. avant Pâques, 20 juil.-22 août, dern sem. nov.-prem. sem. déc., jours fér soirs, merc., jeudi soir, sam. midi et dim. soir – **Rest** Lunch 42 – 54/77 bc,, carte 43/59.
◆ Plafonds ornés de stucs, riches lambris, cheminée en marbre et vieux tableaux évoqua la culture du lin président au décor de cette maison imposante à façade néoclassique.
◆ Fraai bewerkte plafonds, rijke lambrisering, marmeren schouw en oude schilderijen m de vlasbouw als thema kenmerken het interieur van dit imposante neoklassieke pand.

BELGIQUE

XX **Langue d'oc,** Meensesteenweg 155, ☎ 0 56 35 44 85, *info@languedoc.b*
Fax 0 56 37 29 33, 🏞 – ⇔ 8/24. AE ⓓ ⓜ VISA AV
fermé dern. sem. août, mardi soir, merc., jeudi soir et dim. soir – **Rest** Lunch 25 – 40/70 b carte 37/56, ♀.
◆ Repas méridional et bons vins du Languedoc à goûter, au choix, dans la grande salle, cave intime, la véranda ou sur la terrasse verte. Jardin clôturé ; enfants bienvenus.
◆ Zuid-Franse gerechten en lekkere wijn uit de Languedoc, die naar keuze word geserveerd in de grote eetzaal, het sfeervolle souterrain, de mooie serre of het groe terras.

X **Brasserie César,** Grote Markt 2, ☎ 0 56 22 22 60, *resto-invest@telenet.be*, 🏞 – ▤
fermé 21 juil.-15 août, 24 au 31 déc. et mardi – **Rest** Lunch 15 – carte 37/64. CZ
◆ Brasserie moderne où l'on s'attable en toute confiance. Bonne ambiance, carte typiq du genre et écriteau à suggestions ; service féminin avenant.
◆ Restaurant met de sfeer van een moderne brasserie, waar u niet voor verrassingen kor te staan. Typische brasseriekaart en suggesties op een lei. Vriendelijk personeel.

X **Bistro Aubergine,** Groeningestraat 16, ☎ 0 56 25 79 80, *aubergine@pandora.b*
Fax 0 56 20 18 97, 🏞 – ⇔ 10/50. ⓜ VISA DY
fermé 3 dern. sem. août, 24 déc. soir-1er janv., sam. midi, dim. soir et lundi midi – **Re**
Lunch 20 – 35, carte 37/52.
◆ Brasserie dans l'air du temps présentant une carte actuelle à séquences exotiques. Vivi à esturgeons en salle et cave planétaire ; terrasse abritée du soleil et des regards.
◆ Moderne brasserie met een eigentijdse kaart waarin exotische invloeden merkbaar zi Verse steur uit het aquarium in de eetzaal en kosmopolitische wijnkelder. Beschut terras

X ☺ **Kwizien Céline,** Gentsesteenweg 29, ☎ 0 56 20 05 03, *info@kwizienceline.be*, 🏞 –
⇔ 12/16. ⓜ VISA. ✂ DY
fermé 2 sem. en janv., 2 sem. en juil., mardi et merc. – **Rest** Lunch 17 – 32, carte 40/50.
◆ Aux portes de la ville, en bordure d'un axe passant, jeune enseigne prisée pour son me soigné à prix souriant. Cadre d'une maison de maître rénovée dans l'esprit actuel.
◆ Jong restaurant in een gerenoveerd herenhuis met een modern interieur aan de rar van de stad, langs een drukke weg. Goed verzorgd menu voor een aantrekkelijk prijsje.

X **Bistro Botero,** Schouwburgplein 12, ☎ 0 56 21 11 24, *info@botero.be, Fax 0 21 33 67*, 🏞 – ▤ ⇔ 10/30. ⓜ VISA CZ
fermé 2 au 9 avril, 29 juil.-15 août et dim. – **Rest** Lunch 16 – 36, carte 27/54, ♀.
◆ Derrière une façade 1900, grand bistrot dont les salles, superposées, à touches Art déc s'égayent de peintures murales, de trompe-l'œil et de copies de toiles de Botero.
◆ Grote bistro met een mooie gevel uit 1900 en meerdere verdiepingen. Eetzalen m art-deco-elementen, muurschilderingen, trompe-l'oeils en reproducties van Botero.

X **Oud Walle,** Walle 199, ✆ 0 56 22 65 53, *oudwalle@skynet.be, Fax 0 56 22 65 53,* – 10/25. AE MC VISA BX c
fermé 19 fév.-3 mars, 13 au 31 août, mardi et merc. – **Rest** *Lunch 25* – 55, carte 39/61.
◆ Fermette mignonne cachée dans un quartier résidentiel. Repas sous les poutres cérusées d'une salle néo-rustique ou, l'été, sur la terrasse verte dialoguant avec le poulailler.
◆ Beeldig boerderijtje in een rustige woonwijk. Neorustieke eetzaal met geceruseerde balken en een weelderig groen terras met uitzicht op het kippenhok.

X **Huyze Decock,** Louis Verweestraat 1, ✆ 0 56 25 28 54, *restaurant@huyzedecock.be, Fax 0 56 25 61 16* – . VISA CZ d
fermé 2 sem. Pâques, dern. sem. août-prem. sem. sept., lundi et mardi – **Rest** *Lunch 15* – 45, carte 39/62.
◆ Petite table attachante et joviale animée par un chef à la fois clown et philosophe. Couleurs gaies et multitude de cadres poétiques en salle. Plats traditionnels mijotés.
◆ Leuk restaurant met een joviale chef-kok die zowel geestig als filosofisch is. Vrolijke kleuren en veel poëtische schilderijen in de eetzaal. Traditionele stoofschotels.

u Sud :

XXX **Gastronomisch Dorp "Eddy Vandekerckhove"** avec ch, St-Anna 9, ✆ 0 56 22 47 56, *info@evdk.be, Fax 0 56 22 71 70,* , – P 10/30. AE MC VISA AX b
fermé 2 dern. sem. août – **Rest** *(fermé sam. midi, dim. soir et lundi) Lunch 42* – 55/90 bc, carte 76/93 – **7 ch** (fermé dim.) ✶90/112 – ✶✶118.
◆ Maison d'aspect rustique où l'on goûte une cuisine de bonne base traditionnelle dans un cadre raffiné. Jardin exotique sous verrière et restaurant de plein air fort agréable.
◆ In dit rustieke pand staat u een goede traditionele maaltijd te wachten in een verfijnd interieur. Exotische tuin met glazen overkapping en zeer aangenaam buitenrestaurant.

XXX **Hostellerie Klokhof** avec ch, St-Anna 2, ✆ 0 56 22 97 04, *info@klokhof.be, Fax 0 56 25 73 25,* – P 20/300. AE MC VISA. ch AX a
fermé vacances carnaval et 23 juil.-10 août – **Rest** *(fermé dim. soir et lundi) Lunch 45 bc* – 65, carte 45/80 – **9 ch** ✶93 – ✶✶103/133.
◆ Ancienne métairie métamorphosée dans un souci d'esthétique et de confort. Toiles et modernes et 2400 capsules de champagne en salle. Terrasse exquise ; affluence de groupes.
◆ Deze oude pachthoeve heeft een complete make-over gehad. Moderne schilderijen en 2400 champagnekroonkurken sieren de eetzaal. Schitterend terras. Veel groepen.

Aalbeke *par ⑤ : 7 km C Kortrijk* – ✉ *8511 Aalbeke :*

X **St-Cornil,** Aalbeke Plaats 15, ✆ 0 56 41 35 23, *Fax 0 56 40 29 09,* Grillades –
fermé août, sam. et dim. – **Rest** *Lunch 35 bc* – carte env. 31.
◆ Auberge proposant un bon choix de grillades où les côtes à l'os (de la boucherie familiale) ont leurs fervents. Cadre bourgeois immuable ; cheminée en bois richement décorée.
◆ Traditioneel restaurant met een fraaie houten schouw, waar de gegrilde vleesspies en ribstuk uit de eigen slagerij van de familie onveranderlijk tot de favorieten behoren.

à Bellegem *par ④ : 5 km C Kortrijk* – ✉ *8510 Bellegem :*

Troopeird, Doornikserijksweg 74, ✆ 0 56 22 26 85, *info@troopeird.be, Fax 0 56 22 33 63,* , , , – P. MC VISA.
fermé 20 au 31 déc. – **Rest** (dîner pour résidents seult) – **14 ch** ✶70/90 – ✶✶85/105 – ½ P 68/95.
◆ Cette jolie villa flamande s'accordant au cachet rural de Bellegem renferme de grandes chambres correctement équipées. Espace de relaxation pour toute la famille en annexe.
◆ Deze mooie Vlaamse villa past uitstekend in de landelijke omgeving van Bellegem. Grote kamers met goede voorzieningen. Ontspanningsruimte voor het hele gezin in het bijgebouw.

à Kuurne *par ① : 3,5 km* – *12 588 h.* – ✉ *8520 Kuurne :*

XX **Bourgondisch Kruis,** Brugsesteenweg 400, ✆ 0 56 70 24 55, *info@het-bourgondisch-kruis.be, Fax 0 56 70 56 65,* – P. AE MC VISA
fermé 1er au 5 janv., 9 au 14 avril, 16 août-6 sept., mardi soir, merc. et dim. soir – **Rest** *Lunch 30* – 54/75 bc, carte 51/75.
◆ Cuisine d'aujourd'hui servie dans un cadre sobre et lumineux où règne la pierre de Bourgogne. Cave aménagée en salon et restaurant de plein air entièrement clos de haies.
◆ Eigentijdse keuken in een licht en sober interieur met veel Bourgondische natuursteen. Salon in het souterrain en terras met een haag rondom.

BELGIQUE

à Marke 🄲 *Kortrijk* – ✉ *8510 Marke* :

XXX **Marquette** avec ch, Cannaertstraat 45, ✆ 0 56 20 18 16, *marquette@marquette.b* *Fax 0 56 20 14 37*, 余, ≘ – ⇌, ▤ rest, 🅿 ⇔ 60/200. AE ⓓ ⓜ VISA. ✂ AX
fermé 21 juil.-15 août – **Rest** *(fermé dim. et lundi)* *Lunch 56 bc* – 65/96 bc, carte 60/127 – ☕ 10 – **9 ch** ✝85 – ✝✝112/162.
◆ Cette luxueuse hostellerie rappelant un peu une hacienda a pour spécialité les banque Restaurant de style classique opulent, cuisines visitables et chambres cossues.
◆ Hotel-restaurant in de stijl van een haciënda, geschikt voor partijen. Restaurant met e weelderig klassiek interieur, waar de gasten in de keuken mogen komen. Luxe kamers.

XX **Ten Beukel,** Markekerkstraat 19, ✆ 0 56 21 54 69, *info@tenbeukel.be, Fax 0 56 32 89* – ▤ ♿ ⇔ 20/60. AE ⓓ ⓜ VISA AX
fermé 15 août-7 sept., sam. midi, dim. soir, lundi et merc. soir – **Rest** *Lunch 45 bc* – 48/94 b carte 50/68.
◆ Une "Lady chef" officie aux fourneaux de ce petit restaurant familial où un choix (préparations classiques tout doucettement adaptées au goût du jour vous sera proposé
◆ Klein familiebedrijf, waar een vrouwelijke chef de leiding heeft over de keukenbrigac Klassieke gerechten die voorzichtig aan de huidige smaak worden aangepast.

X **Het Vliegend Tapijt,** Pottelberg 189, ✆ 0 56 22 27 45, *st.francois@skynet.be*, 余 – ⓜ VISA AX
fermé vacances carnaval, dern. sem. juil.-prem. sem. août, dim. et lundi – **Rest** (dîner seu carte 37/45.
◆ Un sympathique bistrot contemporain baptisé Le Tapis Volant (Vliegend Tapijt) s'est po dans cette villa au bord de la route. Salle à manger habillée de lambris modernes.
◆ Deze sympathieke en eigentijdse bistro is gevestigd in een villa langs de weg. De eetz is van moderne lambrisering voorzien.

KRUIBEKE *9150 Oost-Vlaanderen* **533** K15 *et* **716** F2 – *15 214 h.* 17 D
Bruxelles 49 – Gent 53 – Antwerpen 12 – Sint-Niklaas 19.

XX **De Ceder,** Molenstraat 1, ✆ 0 3 774 30 52, *restaurant.deceder@telenet.be, Fax 0 296 45 07*, 余 – ▤ 🅿 ⇔ 10/40. AE ⓜ VISA. ✂
fermé dern. sem. fév., 3 dern. sem. juil., sam. midi, dim. soir, lundi et jeudi soir – **Rest** *Lun 30* – 42/72 bc, carte 41/70.
◆ Restaurant au goût du jour et au cadre clair et moderne. L'été, on s'attable dans l'arrièr salle agencée à la façon d'une véranda et sur la cour-jardin pavée et fleurie.
◆ Eigentijdse keuken met een licht en modern interieur. 's Zomers wordt er geserveerd de achterste zaal, die als serre is ingericht, of op de geplaveide patio met bloemen.

KRUISHOUTEM *9770 Oost-Vlaanderen* **533** G17 *et* **716** D3 – *8 129 h.* 16 A
Bruxelles 73 – Gent 29 – Kortrijk 25 – Oudenaarde 9.

XXX ✿✿✿ **Hof van Cleve** (Goossens), Riemegemstraat 1 (près N 459, autoroute E 17 - A 1 sortie ⑥), ✆ 0 9 383 58 48, *info@hofvancleve.com, Fax 0 9 383 77 25*, ≤, 余 – 🅿 ⇔ 19/2 AE ⓓ ⓜ VISA. ✂
fermé 1 sem. Pâques, dern. sem. juil.-2 prem. sem. août, fin déc.-début janv., dim. et lun – **Rest** *Lunch 80* – 140/220 bc, carte 100/225, ♀ ✿.
Spéc. Ravioli ouvert de joue de bœuf et champignons, sabayon à l'estragon. Pigeon a truffes et lard croustillant, mousseline de pomme de terre et banyuls. Poudre de chocol et granité à l'orange et gingembre.
◆ Cette fermette isolée dans les champs abrite un exceptionnel atelier gourmand au déc contemporain. Jeune équipe talentueuse, carte créative et vins choisis ; vaut le voyage.
◆ Dit afgelegen boerderijtje tussen de akkers is een omweg waard voor wie culinair v genieten: jonge talentvolle brigade, creatieve gerechten en uitstekende wijnen.

à Wannegem-Lede *Sud-Est : 3 km* 🄲 *Kruishoutem* – ✉ *9772 Wannegem-Lede* :

XX **'t Huis van Lede,** Lededorp 7, ✆ 0 9 383 50 96, *thuisvanlede@skynet.b Fax 0 9 388 95 43*, 余 – ▤ 🅿. ⓜ VISA
fermé dern. sem. août-prem. sem. sept., mardi et merc. – **Rest** *Lunch 23* – 38/55, car 40/79.
◆ Au centre du village, bonne table au goût du jour occupant une maison de l'entre-deu guerres parementée de briques. Intérieur actualisé ; terrasse cachée à l'arrière.
◆ Een goed, eigentijds restaurant in het centrum, in een met bakstenen bekleed huis u het interbellum. Gemoderniseerd interieur. Terras aan de achterzijde.

KURINGEN *Limburg* **533** Q17 *et* **716** I3 – *voir à Hasselt.*

BELGIQUE

JURNE *West-Vlaanderen* **533** E17 *et* **716** C3 – *voir à Kortrijk.*

A – *voir au nom propre.*

AARNE *9270 Oost-Vlaanderen* **533** I16 **716** E2 – *11 735 h.* 17 **C2**

Voir Château : *collection d'argenterie★.*

Bruxelles 51 – Gent 14 – Aalst 29.

XXX **Dennenhof,** Eekhoekstraat 62, ☎ 0 9 230 09 56, *info@dennenhof.com, Fax 0 9 231 23 96,* – P 16/60. AE MC VISA

fermé 6 au 16 mars, 16 juil.-6 août, dim. soir, lundi et jeudi soir – **Rest** *Lunch 30* – 35/59, carte 38/71.

◆ Table classique dans sa cuisine et son décor, installée à portée de mousquet du château. Salle à manger confortable, joli menu d'appel (multi-choix) et spécialités de homard.

◆ Zowel qua keuken als qua interieur kent dit restaurant vlak bij het kasteel van Laarne zijn klassieken! Comfortabele eetzaal, lekker keuzemenu en kreeftspecialiteiten.

XX **Kasteel van Laarne,** Eekhoekstraat 7 (dans les dépendances du château), ☎ 0 9 230 71 78, *info@kasteelvanlaarne-rest.be, Fax 0 9 230 33 05,* ←, – P 30/110. AE MC VISA

fermé 2 au 9 janv., 9 au 31 juil., lundi et mardi – **Rest** *Lunch 25* – 42/75 bc, carte 51/71.

◆ Dépendance du château sur lequel une terrasse en bord de douves ménage une jolie vue. Élégante salle rustique actualisée pourvue d'une superbe cheminée. Cuisine classique.

◆ Klassiek restaurant in een bijgebouw van het kasteel, dat goed te zien is vanaf het terras bij de slotgracht. Elegante, modern-rustieke eetzaal met een prachtige schouw.

ACUISINE *Luxembourg belge* **534** Q24 *et* **716** I6 – *voir à Florenville.*

AETHEM-ST-MARTIN *Oost-Vlaanderen* **533** G16 *et* **716** D2 – *voir Sint-Martens-Latem.*

AFORÊT *Namur* **534** O23 – *voir à Vresse-sur-Semois.*

ANAKEN *3620 Limburg* **533** S17 *et* **716** J3 – *24 476 h.* 11 **C2**

Koning Albertlaan 110 ☎ *0 89 72 24 67, info@vvvlanaken.be, Fax 0 89 72 25 30.*

Bruxelles 108 – Hasselt 29 – Liège 34 – Maastricht 8.

Eurotel, Koning Albertlaan 264 (Nord : 2 km sur N 78), ☎ 0 89 72 28 22, *eurotel@skynet.be, Fax 0 89 72 28 24,* – P – 140. AE MC VISA.

Rest *(fermé sam. midi) Lunch 22* – 27/61 bc, carte 36/66 – **76 ch** ★75/105 – ★★99/175 – ½ P 72/110.

◆ Cet hôtel implanté aux portes de Lanaken offre le choix entre plusieurs catégories de chambres bien tenues. Au rayon distractions : piscine, sauna, vélos et minifitness. Table classique-traditionnelle confortablement installée.

◆ Dit hotel aan de rand van Lanaken biedt goed onderhouden kamers in verschillende categorieën. Zwembad, sauna, fietsen en minifitness. Traditioneel-klassiek restaurant, heel comfortabel.

à Gellik *Sud-Ouest : 3 km* C *Lanaken* – ✉ *3620 Gellik :*

Hoeve Kiewit sans rest, Kewithstraat 61, ☎ 0 89 72 19 94, *hoevekiewit@gmail.com, Fax 0 89 72 19 94,* – P. AE MC VISA.

fermé vacances carnaval – **13 ch** ★50/50 – ★★80/80.

◆ En pleine campagne, paisible hôtel d'esprit rustique aménagé dans une ancienne ferme dont les quatre ailes en carré dissimulent une cour-terrasse verdoyante aux beaux jours.

◆ Rustig plattelandshotel in een oude boerderij waarvan de vier vleugels schuilgaan achter een weelderig begroeide binnenplaats met terras, waar het 's zomers goed toeven is.

à Neerharen *Nord : 3 km sur N 78* C *Lanaken* – ✉ *3620 Neerharen :*

Hostellerie La Butte aux Bois, Paalsteenlaan 90, ☎ 0 89 73 97 70, *info@labutteauxbois.be, Fax 0 89 72 16 47,* – P – 350. AE MC VISA

Rest *Lunch 30* – 38/100 bc, carte 26/77, ♀ – 17 – **37 ch** ★110/220 – ★★135/245 – ½ P 100/148.

◆ Bonne infrastructure pour se réunir, entretenir sa forme et décompresser dans cet élégant manoir émergeant de la verdure. Grandes et calmes chambres de style anglais. Cuisine du moment servie dans un cadre classique-actuel cossu ou sur la belle terrasse.

◆ Sierlijk landhuis in het groen met topvoorzieningen om te vergaderen, te sporten of te relaxen. Grote, rustige kamers in Engelse stijl. Eigentijdse maaltijd in een modern-klassiek interieur of op het mooie terras.

BELGIQUE

à Rekem *Nord : 6 km sur N 78* Ⓒ *Lanaken* – ✉ *3621 Rekem :*

X **Vogelsanck,** Steenweg 282, ✆ 0 89 71 72 50, *Fax 0 89 71 87 69* – ▤ P. AE MC VISA
fermé prem. sem. janv., prem. sem. juil., prem. sem. sept., lundi, mardi et sa m. mid
Rest *Lunch 24* – 35/45, carte 40/50.
◆ Villa de type chalet située au bord de la route de Maasmechelen. Salle au cadre actu limitée à 20 couverts, choix traditionnel, patron aux fourneaux et Madame au service.
◆ Chalet aan de weg naar Maasmechelen. Eigentijdse eetzaal voor 20 couverts en traditi nele keuken. Meneer kookt en mevrouw bedient.

à Veldwezelt *Sud : 4 km sur N 78* Ⓒ *Lanaken* – ✉ *3620 Veldwezelt :*

X **Aux Quatre Saisons,** 2de Carabinierslaan 154 (à la frontière), ✆ 0 89 71 75 60, 🏠 ⇔ 10/24. AE ⓓ MC VISA. ⚡
fermé carnaval, 3 prem. sem. juil. et merc. – **Rest** *Lunch 28* – 35/60 bc, carte 34/45.
◆ Restaurant frontalier occupant une maison qui servit autrefois de poste de douan Repas traditionnel dans une salle classiquement agencée. Atmosphère calme et sereine.
◆ Restaurant bij de grens in een vroegere douanepost. Traditionele maaltijd in een klassi ingerichte eetzaal. Rustige, haast serene uitstraling.

LANGDORP *Vlaams-Brabant* **533** O17 *et* **716** H3 – *voir à Aarschot.*

LANKLAAR *Limburg* **533** T16 – *voir à Dilsen.*

LASNE *1380 Brabant Wallon* **533** L18, **534** L18 *et* **716** G3 – *13 941 h.* 3 E
⛳18 *(2 parcours)* ⛳9 *au Nord : 1 km à Ohain, Vieux Chemin de Wavre 50* ✆ *0 2 633 18 50, F 0 2 633 28 66.*
Bruxelles 34 – Wavre 35 – Charleroi 41 – Mons 54 – Nivelles 20.

XX **Le Caprice des Deux,** r. Genleau 8, ✆ 0 2 633 65 65, *capricedesdeux@skynet.b*
Fax 0 2 652 39 00 – AE ⓓ MC VISA
fermé 1er au 4 janv., Pâques, dern. sem. août, dim. et lundi – **Rest** *Lunch 23* – 45, carte 43/7
◆ À deux pas de la gare de Lasne, petite table estimée pour sa cuisine bien en phase av l'époque, à l'image de sa jolie salle à manger dans les tons gris et chocolat.
◆ Leuk restaurantje vlak bij het station van Lasne. Mooie eetzaal in grijs- en bruintinten m een eigentijdse keuken.

à Plancenoit *Sud-Ouest : 5 km* Ⓒ *Lasne* – ✉ *1380 Plancenoit :*

XX **Le Vert d'Eau,** r. Bachée 131, ✆ 0 2 633 54 52, *vertdeau@pi.be, Fax 0 2 633 54 52,* 🏠 ⇔ 35. AE MC VISA
fermé vacances carnaval, 2 sem. en juil., 2 sem. Toussaint, lundi, mardi et sam. midi – **Re** *Lunch 16* – 33/58 bc.
◆ Adresse sympathique et dans l'air du temps, connue pour son répertoire culinaire cla sico-traditionnel soigné. Le chef y présente désormais une nouvelle formule carte-menu
◆ Dit sympathieke restaurant is een kind van zijn tijd. Het staat bekend om zijn goe verzorgde klassiek-traditionele keuken. Het etablissement presenteert tegenwoordig oc een nieuwe formule voor een keuzemenu.

LAUWE *8930 West-Vlaanderen* Ⓒ *Menen 32 416 h.* **533** E18 *et* **716** C3. 19 C
Bruxelles 102 – Brugge 54 – Kortrijk 10 – Lille 31.

XXX **'t Hoveke** 🐚 avec ch, Larstraat 206, ✆ 0 56 41 35 84, *Fax 0 56 41 55 11,* 🏠, 🌳
▤ rest, P. AE ⓓ MC VISA
fermé 2 au 12 janv. et 23 juil.-16 août – **Rest** *(fermé lundi, mardi et merc.) Lunch 35 bc* 50 bc/75 bc, carte 39/72 – **4 ch** ☕ ✝75 – ✝✝86.
◆ Cette jolie ferme du 18e s. cernée de douves vous installe dans une salle à manger cossu coiffée de robustes poutres. Choix classique à la carte et menus plus actualisés.
◆ Mooie 18e-eeuwse hoeve met een slotgracht, waar u aan tafel gaat in een rijk aandoenc eetzaal met robuuste balken. Klassieke kaart en menu's met een meer eigentijds sausje.

XXX **Culinair,** Dronckaertstraat 508, ✆ 0 56 42 67 33, *info@restaurantculinair.b*
Fax 0 56 42 67 34, 🏠 – ▤ P ⇔ 6/40. AE ⓓ MC VISA. ⚡
fermé 26 mars-2 avril, 27 août-10 sept., sam. midi, dim. soir et lundi – **Rest** 30/80 bc, cart 53/92, 🍷.
◆ Grande villa offrant l'agrément d'une salle à manger-véranda tournée vers le jardin et s terrasse cloisonnée par des claustras et des haies basses. Cuisine au goût du jour.
◆ In deze grote villa kunt u in de serre eten met uitzicht op de tuin en het terras omhein met claustra's en lagen hagen. Eigentijdse keuken.

XX **De Mangerie,** Wevelgemstraat 37, ☎ 0 56 42 00 75, *info@demangerie.be, Fax 0 56 42 42 62,* – 6/32. AE VISA.
fermé 2 dern. sem. fév., 2 dern. sem. août, sam. midi, dim. soir et lundi – **Rest** *Lunch 32 bc* – 43/80 bc, carte 45/75, ♀.
◆ Restaurant confortablement installé dans une ancienne maison de notable. Cuisines grandes ouvertes sur la jolie salle Art déco ; véranda donnant sur une terrasse intime.
◆ Comfortabel restaurant in een oud herenhuis. Mooie art-decozaal met grote open keuken en serre die uitkijkt op een sfeervol terras.

AVAUX-SAINTE-ANNE *5580 Namur* C *Rochefort 12 040 h.* **534** P22 *et* **716** I5. 15 **C2**
Bruxelles 112 – Namur 50 – Bouillon 64 – Dinant 34 – Rochefort 16.

Lemonnier (Martin), r. Baronne Lemonnier 82, ☎ 0 84 38 88 83, *info@lemonnier.be, Fax 0 84 38 88 95,* – P. AE VISA
fermé 18 déc.-15 janv., 28 mai-12 juin, 28 août-11 sept., lundi et mardi – **Rest** *Lunch 28* – 48/103 bc, carte 55/88, ♀ – 12 – **11 ch** 85/110 – 75/110 – ½ P 93/127.
Spéc. Foie gras poêlé au fenouil, radis confits et pomme verte. Langoustine royale aux pommes de terre d'Ardenne, échalote au citron confit et jus corsé. Filet de sandre, brochette de petits gris au bois de genévrier (oct.-avril).
◆ Hôtel charmant composé de deux maison en pierres du pays surveillant une placette tranquille agrémentée d'une fontaine et d'un pilori. Chambres douillettes et jardin paysager. Table élégante misant sur une cuisine actuelle haute en goût et une superbe cave.
◆ Charmant hotel in twee mooie huizen van natuursteen uit de streek, aan een rustig pleintje met een fontein en een oude schandpaal. Knusse kamers en landschapstuin. Elegant restaurant met een smaakvolle eigentijdse keuken en een indrukwekkende wijnkelder.

e – *voir au nom propre.*

ÉAU *Vlaams-Brabant – voir Zoutleeuw.*

EBBEKE *9280 Oost-Vlaanderen* **533** J16 *et* **716** F3 – *17 605 h.* 17 **D2**
Bruxelles 27 – Gent 37 – Antwerpen 41.

XX **Rembrandt,** Laurierstraat 6, ☎ 0 52 41 04 09, *restaurantrembrandt@skynet.be, Fax 0 52 41 45 75,* Avec taverne – P 10/80. AE VISA
fermé lundi soir, mardi et sam. midi – **Rest** *Lunch 20* – 45, carte 35/65.
◆ Repas classique sous les poutres vernies d'une salle néo-rustique, menu homard le vendredi soir (réserver) et choix simplifié à l'avant. Terrasse sur cour. Situation centrale.
◆ Centraal gelegen neorustiek restaurant. Klassieke keuken met kreeftmenu op vrijdagavond (reserveren) en eenvoudige kaart in de voorste zaal. Terras op de binnenplaats.

EERBEEK *Vlaams-Brabant* **533** J18 *et* **716** F3 – *voir à Gooik.*

EFFINGE *West-Vlaanderen* **533** C15 *et* **716** B2 – *voir à Oostende.*

EMBEKE *9971 Oost-Vlaanderen* C *Kaprijke 6 128 h.* **533** G15 *et* **716** D2. 16 **B1**
Bruxelles 75 – Gent 19 – Antwerpen 63 – Brugge 35.

XX **Hostellerie Ter Heide** avec ch, Tragelstraat 2, ☎ 0 9 377 19 23, *info@hostellerie terheide.be,* – P 10/80. AE VISA
Rest *Lunch 35 bc* – 39, carte 45/60, ♀ – 13 – **9 ch** 81 – 87 – ½ P 95.
◆ En secteur résidentiel chic, hôtellerie cossue où l'on se repaît dans un décor moderne de type brasserie ou sur la terrasse du jardin pomponné. Calmes chambres de bon confort.
◆ Luxueus hotel in een chique woonwijk, waar u kunt eten in een modern interieur in de stijl van een brasserie of op het terras van de verzorgde tuin. Rustige, comfortabele kamers.

En cas d'arrivée tardive à l'hôtel (après 18 h), veillez à en avertir la réception pour garantir la réservation de votre chambre.

BELGIQUE

LEUVEN (LOUVAIN) *3000* P *Vlaams-Brabant* **533** N17 *et* **716** H3 – *90 691 h.*

Voir *Hôtel de Ville*★★★ *(Stadhuis)* BYZ **H** – *Collégiale St-Pierre*★ *(St-Pieterskerk) : mus d'Art religieux*★★, *Cène*★★, *Tabernacle*★, *Tête de Christ*★, *Jubé*★ BY **A** – *Grand bég nage*★★ *(Groot Begijnhof)* BZ – *Plafonds*★ *de l'abbaye du Parc (Abdij van't Park)* DZ – *Façade*★ *de l'église St-Michel (St-Michielskerk)* BZ **C**.

Musée : *communal Vander Kelen - Mertens*★ *(Stedelijk Museum)* BY **M**.

Env. *par N 253 : 7 km à Korbeek-Dijle : retable*★ *de l'église St-Barthélemy (St-Batho meüskerk)* DZ.

au Sud-Ouest : 15 km à Duisburg, Hertswegenstraat 59 ☎ 0 2 769 45 82, Fax 0 767 97 52 - par ② : 13 km à Sint-Joris-Winge par ② : 13 km, Leuvensesteenweg 2 ☎ 0 16 63 40 53, Fax 0 16 63 21 40.

Stadhuis, Naamsestraat 1 ☎ 0 16 20 30 20, inenuit@leuven.be, Fax 0 16 20 30 0 Fédération provinciale de tourisme, Provincieplein 1, ✉ 3010 Kessel-Lo, ☎ 0 16 26 76 toerisme@vl-brabant.be, Fax 0 16 26 76 76.

Bruxelles 27 ⑥ – Antwerpen 48 ⑨ – Liège 74 ④ – Namur 53 ⑤ – Turnhout 60 ①.

Plans pages suivantes

Klooster sans rest, Predikherenstraat 22 (accès par Minderbroederstraat et p O.-L.-Vrouwstraat), ☎ 0 16 21 31 41, *kh@martins-hotels.com, Fax 0 16 22 31 00*, – . AE ⓓ ⓜⓒ VISA. BY
40 ch ☐ ★130/330 – ★★130/360.
◆ Laissez-vous séduire par l'harmonie subtile de cet hébergement intimiste au cadre d sign "reclus" dans un ancien cloître dont certaines parties datent des 17e et 18e s.
◆ Laat u verleiden door de subtiele harmonie van deze sfeervolle accommodatie m designinterieur in een oud klooster, waarvan sommige gedeelten uit de 17e en 18e eeu dateren.

Begijnhof sans rest, Tervuursevest 70, ☎ 0 16 29 10 10, *info@bchotel.be, Fax 0 29 10 22*, , , – | | – 30. AE ⓓ ⓜⓒ VISA BZ
65 ch ☐ ★110/205 – ★★120/225 – 5 suites.
◆ Ensemble récent dont le style s'harmonise à l'architecture du grand béguinage qu jouxte. Communs cossus, chambres douillettes et ravissant jardin d'agrément.
◆ Vrij nieuw hotel dat qua bouw goed bij de architectuur van het naburige Groot Begijnh past. Weelderige gemeenschappelijke ruimten, gezellige kamers en een schitterende tui

Novotel, Vuurkruisenlaan 4, ☎ 0 16 21 32 00, *H3153@accor.com, Fax 0 16 21 32 01*, – 135. AE ⓓ ⓜⓒ VISA. rest CY
Rest *Lunch 15* – 26, carte 28/38 – ☐ 14 – **139 ch** ★60/160 – ★★65/165.
◆ Hôtel de chaîne situé aux abords de la gare et d'un site brassicole à l'enseigne célèb Chambres actuelles aux tons reposants, bar design et parking souterrain commode. Cu sine internationale servie dans une salle à manger de style contemporain.
◆ Dit hotel, dat tot de Novotelketen behoort, staat in de buurt van het station en bekende bierbrouwerijen. Moderne kamers in rustgevende kleuren, designbar en handi ondergrondse parkeergarage. Eigentijds restaurant met een internationale keuken.

Binnenhof sans rest, Maria-Theresiastraat 65, ☎ 0 16 20 55 92, *info@hotelbinn hof.be, Fax 0 16 23 69 26* – – 25. AE ⓓ ⓜⓒ VISA. CY
60 ch ☐ ★80/165 – ★★85/225.
◆ Bien pratique pour les usagers du rail, cet ensemble hôtelier abrite des chambres récem ment refaites à neuf, au même titre que la salle des petits-déjeuners (buffet soigné).
◆ Dit hotelcomplex is ideaal voor treinreizigers. De kamers en de ontbijtzaal zijn onlan opgeknapt. Goed verzorgd ontbijtbuffet.

New Damshire sans rest, Pater Damiaanplein-Schapenstraat 1, ☎ 0 16 23 21 15, *res vations@newdamshire.com, Fax 0 16 23 32 08* – . AE ⓓ ⓜⓒ VISA. BZ
fermé 25 déc.-1er janv. – **34 ch** ☐ ★85/130 – ★★85/185 – 1 suite.
◆ La consonance anglo-saxonne de l'enseigne est trompeuse : l'établissement n'a en eff pas grand chose de "british". Bonnes chambres agencées d'une façon avenante.
◆ De Engels klinkende naam zet u op het verkeerde been, want het New Damshire is ni zo "British". De hotelkamers zijn prima en op een aantrekkelijke manier ingericht.

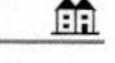

Theater sans rest, Bondgenotenlaan 20, ☎ 0 16 22 28 19, *reservations@theaterhotel.b Fax 0 16 28 49 39* – . AE ⓓ ⓜⓒ VISA. BY
21 ch ☐ ★89/159 – ★★109/199.
◆ Cet hôtel jouxtant le théâtre met quelques chambres duplex à votre disposition. Un galerie d'art moderne tient lieu de salle de breakfast.
◆ Dit hotel tegenover de schouwburg beschikt over enkele duplexkamers. Het ontb wordt genuttigd in een moderne kunstgalerie.

BELGIQUE

Ibis sans rest, Brusselsestraat 52, ☎ 0 16 29 31 11, *H1457@accor.com, Fax 0 16 23 87 92* – BY b
10 – **72 ch** 69/99 – 69/99.

◆ Construction du début des années 1990 distribuant ses chambres standard sur cinq étages. Accueil, espaces communs et équipements en phase avec les préceptes de la chaîne.

◆ Hotel uit 1990 met standaardkamers op vijf verdiepingen. De ontvangst, gemeenschappelijke ruimten en voorzieningen voldoen aan de normen van de Ibisketen.

XX **Belle Epoque**, Bondgenotenlaan 94, ☎ 0 16 22 33 89, *Fax 0 16 22 37 42*, – 10/36. AE VISA CY d
fermé 2 sem. carnaval, 22 juil.-16 août, dim. et lundi – **Rest** *Lunch 32* – 56/85 bc, carte 50/102.

◆ Table œuvrant depuis plus de 25 ans entre gare et centre piétonnier, dans une belle maison de maître. Carte classique et décor intérieur patiné. Jolie cour-terrasse.

◆ Dit restaurant is al ruim 25 jaar gevestigd in een mooi herenhuis tussen het station en het voetgangerscentrum. Klassieke keuken en mooi terras op de binnenplaats.

XX **Ramberg Hof**, Naamsestraat 60, ☎ 0 16 29 32 72, *reservatie@ramberghof.be, Fax 0 16 20 10 90*, – AE VISA. BZ k
fermé 7 au 18 sept., 18 au 25 déc., dim. soir et lundi – **Rest** *Lunch 24* – 38/62 bc, carte 39/54.

◆ Belle maison de notable où l'on se repaît aussi agréablement sous la véranda mariant sol en tomettes et sièges en fer forgé que sur la terrasse fleurie meublée en teck.

◆ Mooi herenhuis waar het even prettig zitten is in de serre met terracottavloer en smeedijzeren stoelen als op het terras met bloemen en teakhouten meubelen.

XX **'t Zwart Schaap**, Boekhandelstraat 1, ☎ 0 16 23 24 16, *Fax 0 16 23 24 16* – 15/48. AE VISA BY e
fermé 1 sem. carnaval, 15 juil.-15 août, dim., lundi et jours fériés – **Rest** *Lunch 20 bc* – carte 40/56.

◆ Restaurant familial dont le décor lambrissé évoque un bistrot ancien. Choix classique-traditionnel à séquences régionales, bonne ambiance et service aux petits soins.

◆ Familiebedrijf dat door de lambrisering aan een oude bistro doet denken. Klassiek-traditionele keuken met regionale invloeden, goede sfeer en attente bediening.

X **Trente**, Muntstraat 36, ☎ 0 16 20 30 30, *kwinten@trente.be, Fax 0 16 20 30 30* – 6/8. VISA. BZ a
fermé fin déc., prem. sem. sept., dim. et lundi – **Rest** (menu unique) *Lunch 25* – 35/94 bc, ♀.

◆ Table actuelle sortant de la mêlée dans cette rue piétonne festive où abondent des restaurants en tous genres. Ambiance bistrot moderne. Offre limitée à un menu extensible.

◆ Deze moderne bistro onderscheidt zich positief in deze voetgangersstraat waar het wemelt van de restaurantjes. De keuze is beperkt tot een menu met twee of meer gangen.

X **Ming**, Oude Markt 9, ☎ 0 16 29 20 20, *info@ming.be, Fax 0 16 29 44 04*, , Cuisine chinoise, ouvert jusqu'à 23 h – 20/50. AE VISA BYZ c
fermé mardi – **Rest** *Lunch 12* – 25/48, carte 23/33, ♀.

◆ Cuisine chinoise servie dans un décor intérieur asiatique actuel, sans excès de bimbeloterie, ou sur la grande terrasse devançant le restaurant en été. Ribambelle de menus.

◆ Chinees eten in een eigentijds Aziatisch interieur zonder al te veel prullaria, of 's zomers op het grote terras aan de voorkant. Hele reeks menu's.

X **Osteria Pergola**, Mechelsestraat 85, ☎ 0 16 23 30 95, *info@enoteca-pergola.be, Fax 0 16 23 30 95*, Cuisine italienne – 10:12. VISA. BY d
fermé 3 sem. en août, sam. midi, dim., lundi, mardi et merc. midi – **Rest** *Lunch 30* – 49, carte 46/64.

◆ "Osteria-enoteca" au cadre simple mais soigné où l'on goûte une estimable cuisine italienne dans une ambiance cordiale. Cuisines à vue. Entrée par une petite boutique de vins.

◆ Osteria-enoteca met een eenvoudig maar smaakvol interieur en open keuken. Lekker Italiaans eten en drinken in een gemoedelijke sfeer. Ingang via een kleine wijnhandel.

X **Y-Sing**, Parijsstraat 18, ☎ 0 16 22 80 52, *ysing@telenet.be, Fax 0 16 23 40 47*, Cuisine asiatique – 24. AE VISA. BY s
fermé merc. – **Rest** 20/25, carte 13/31.

◆ Cette table sino-thaïlandaise compte aujourd'hui parmi les doyennes de la restauration asiatique louvaniste ! Ambiance typique du genre et clientèle fidélisée de longue date.

◆ Dit Chinees-Thaise eethuis behoort tot de oudste Aziatische restaurants van Leuven! Karakteristiek interieur en veel vaste klanten.

à Blanden *par ⑤ : 7 km © Oud-Heverlee 10 864 h. – ✉ 3052 Blanden :*

XX **Meerdael,** Naamsesteenweg 90 (sur N 25), ✆ 0 16 40 24 02, *meerdael@pandora.b*
Fax 0 16 40 81 37, – P. AE MC VISA.
fermé 1er au 9 avril, 5 août-3 sept., 23 déc.-7 janv., sam. midi, dim. et lundi – **Rest** Lunch 3
49, carte 46/76.
◆ Jolie fermette transformée en auberge familiale. Cuisine sagement classique, salle
manger égayée de notes rustiques, verdoyante terrasse d'été ombragée et jardin.
◆ Mooi boerderijtje dat tot familierestaurant is verbouwd. Klassieke keuken, eetzaal m
rustieke accenten, lommerrijk terras en uitnodigende tuin.

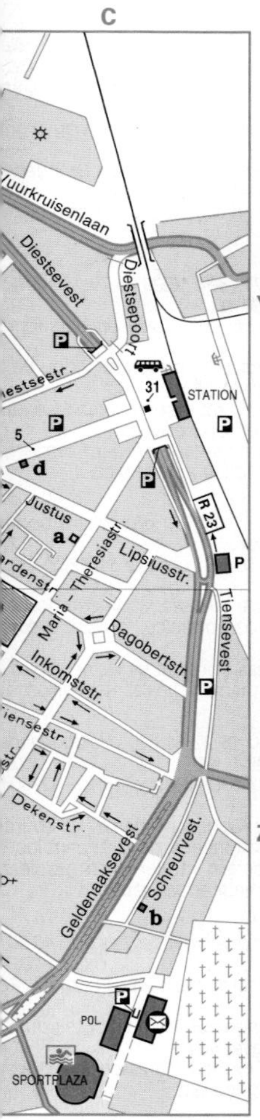

LEUVEN

Aarschotsesteenweg . . **BY** 2
Bierbeekpleindreef . . . . **DZ** 3
Bondgenotenlaan. . . . **BCY** 5
Borstelstr. . . . . **DZ** 6
Boudewijnlaan . . . . **DZ** 7
Brusselsestr. . . . . **ABY**
Celestijnenlaan . . . . **DZ** 8
Diestsesteenweg . . . . . **DZ** 9
Dirk Boutslaan. . . . . **BY** 10
Eenmeilaan . . . . **DZ** 11
Geldenaaksebaan . . . . . **DZ** 15
Grote Markt. . . . . **BY** 16
Grote Molenweg . . . . . **DZ** 18
Holsbeeksesteenweg . **DZ** 19
Jean Baptiste van Monsstr.. . . . . . **BCY** 20
Kapeldreef. . . . . **DZ** 21
Kapucijnenvoer . . . . **AZ** 22
Kard. Mercierlaan . . . . . **DZ** 23
Karel v. Lotharingenstr.. **BY** 24
Leopold I-str. . . . . **BY** 27
Leopold Vanderkelenstr.**BY** 28
Maarschalk Fochpl. . . . . **BY** 29
Margarethapl. . . . . **BY** 30
Martelarenpl. . . . . **CY** 31
Mgr Ladeuzepl. . . . . **BY** 33
Muntstr. . . . . **BYZ** 34
Naamsesteenweg . . . . **DZ** 35
Naamsestr. . . . . **BZ**
Nieuwe Mechelsesteenweg . **DZ** 36
Oude Markt. . . . . **BZ** 37
Oud-Heverleestr. . . . . . **DZ** 12
Pakenstr. . . . . **DZ** 39
Petermannenstr. . . . . . . **AY** 40
Redingenstr. . . . . **ABZ** 41
Rijschoolstr. . . . . **BY** 42
Smolderspl. . . . . **BY** 44
Tiensesteenweg. . . . . . . **DZ** 45
Tiensestr. . . . . **BCZ**
Vaartstr. . . . . **BY** 47
Vismarkt . . . . **BY** 48
Vital Decosterstr. . . . . . . **BY** 50
Waversebaan . . . . **DZ** 51

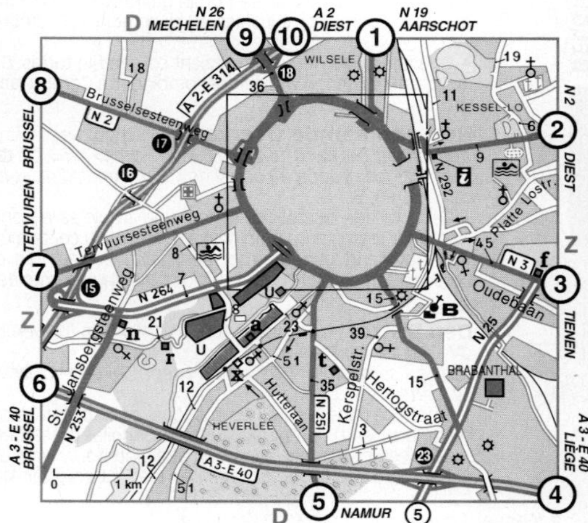

Heverlee Ⓒ *Leuven* – ✉ *3001 Heverlee :*

The Lodge, Kantineplein 3, ℘ 0 16 50 95 09, *heverlee@lodge-hotels.be, Fax 0 16 50 95 08,* – ch, – 70. AE MC VISA. rest DZ x
Rest (taverne-rest) *Lunch 15* – 35, carte 25/37, ♀ – **25 ch** ☕ ✝95/135 – ✝✝115/145.

◆ De grandes chambres combinant avec bonheur des éléments décoratifs modernes et anciens ont été aménagées dans ces anciennes dépendances du château d'Arenberg. Taverne-restaurant de style contemporain dont la véranda côtoie une terrasse d'été meublée en teck.

◆ In de voormalige bijgebouwen van het kasteel van Arenberg bevinden zich grote kamers met een smaakvol interieur van oude en moderne elementen. Eigentijds taverne-restaurant met serre. 's Zomers kan er op het terras met teakhouten meubelen worden gegeten.

XXX ✿ **Arenberg** (Demeestere), Kapeldreef 46, ✆ 0 16 22 47 75, *restaurant.arenberg@p dora.be, Fax 0 16 29 40 64,* ≤, 🏠 - 🅿 ⇔ 15/85. AE ⓓ ⓜ VISA. ✻ DZ
fermé 18 au 26 fév., 22 juil.-17 août, 28 oct.-5 nov., dim., lundi et merc. soir – **Rest** *Lunch* 51/89 bc, carte 47/64.
Spéc. Gorge de porc braisée au foie d'oie. Salade niçoise à notre façon. Bœuf wagyu gril béarnaise et grosses frites.
• Table actuelle talentueuse installée dans une ancienne ferme réaménagée. Orangerie restaurant d'été agréables, tournés vers un jardin soigné. Riche choix de vins.
• Een talentvolle tafel in een vernieuwde hoeve. Oranjerie en aangenaam terras met zic op de mooie tuin. Rijk gevulde wijnkelder.

XX ✿ **Couvert couvert** (Folmer), St-Jansbergsesteenweg 171, ✆ 0 16 29 69 79, *veerle@c vertcouvert.be, Fax 0 16 29 59 15,* ≤, 🏠 - ♿ 🅿 ⇔ 10/20. AE ⓜ VISA. ✻ DZ
fermé prem. sem. janv., 2 sem. Pâques, 2 prem. sem. sept., dim., lundi et jours férié
Rest *Lunch 32* – 50/87 bc, a la carte 62/81, ♀.
Spéc. Artichauts, œuf et mouillettes au foie gras (avril-sept.). Saint-Jacques, chou de S voie, émulsion de thé (oct.-avril). Soufflé au chocolat, glace vanille.
• Fine cuisine au goût du jour servie dans un cadre design ou, dès les premiers beaux jou sur la terrasse moderne tournée vers les prés. Bon accueil et service avenant.
• Restaurant met een fijne, eigentijdse keuken en designinterieur. Modern terras m uitzicht op de weilanden, waar 's zomers kan worden gegeten. Goede service.

XX **Boardroom** avec ch, J. Vandenbemptlaan 6, ✆ 0 16 31 44 55, *info@boardroom.b Fax 0 16 31 44 56,* 🏠, 🚲 - ⇹ ▤ ⇔ 4/40. AE ⓓ ⓜ VISA. ✻ DZ
fermé 2 dern. sem. août – **Rest** *(fermé sam. midi et dim.)* 30/75 bc, carte 31/48, ♀ – ☕ – **16 ch** ☦66/110 – ☦☦66/110.
• Brasserie de style contemporain ouvrant sur une agréable terrasse. Carte composée portions légères combinables en cinq menus. Chambres confortables, souvent avec b con.
• Eigentijdse brasserie met uitzicht op een fijn terras. De kaart bestaat uit kleine hapjes c in 5 menu's kunnen worden gecombineerd. Comfortabele kamers, veelal met balkon.

X **Het land aan de Overkant,** L. Scheursvest 87, ✆ 0 16 22 61 81, *info@hetlanda deoverkant.be, Fax 0 16 22 59 69,* 🏠 - ▤ ⇔ 4/30. AE ⓜ VISA. ✻ CZ
fermé 23 juil.-4 août, 29 oct.-4 nov., sam. midi, dim. et lundi midi – **Rest** *Lunch 30* – 42/90 b carte 52/68, ♀.
• Cette façade discrète dissimule une ample salle dont les lignes, modernes et épuré évoquent la structure d'un navire. Plats aux accents méditerranéens, délicatement iodés
• Onopvallend gebouw met een grote eetzaal, die door zijn moderne en gestileer belijning aan een schip doet denken. Visschotels met een mediterraan sausje.

X **Den Bistro,** Hertogstraat 160, ✆ 0 16 40 54 88, *den.bistro@skynet.be, Fax 0 16 40 80 s* 🏠 - AE ⓓ ⓜ VISA. ✻ DZ
fermé 1 sem. en avril, 21 août-14 sept., 26 déc.-12 janv., mardi, merc. et sam. midi – **Re** 32, carte 39/51.
• Aménagé dans la note néo-rustique, ce bistrot aussi mignon que "sympa" opte pour u carte "brasserie" : préparations traditionnelles présentées avec soin.
• Gezellige bistro met een neorustiek interieur, waar een typische "brasseriekaart" wor gehanteerd. Traditionele gerechten die met zorg zijn klaargemaakt.

à Kessel-Lo C *Leuven* – ✉ *3010 Kessel-Lo :*

XX **In Den Mol,** Tiensesteenweg 347, ✆ 0 16 25 11 82, *erik.dever@skynet.be, Fax 0 26 22 65,* 🏠 - 🅿 ⇔ 10/30. AE ⓓ ⓜ VISA. ✻ DZ
fermé dim. soir, lundi et mardi – **Rest** *Lunch 24* – 42, carte 38/48.
• Au charme intérieur de ce relais rustique du 18e s. s'ajoute l'agrément d'une jolie terras et d'un jardin avec volière. Mets classiques et cave bien montée.
• Rustiek restaurant in een 18e-eeuws pand met een sfeervol interieur. Mooi terras en tu met volière. Klassieke keuken en een wijnkelder om met volle teugen van te genieten.

à Oud-Heverlee *par ⑤ : 7,5 km – 10 725 h.* – ✉ *3050 Oud-Heverlee :*

XX ⊛ **Spaans Dak,** Maurits Noëstraat 2 (Zoet Water), ✆ 0 16 47 33 33, *spaansdak@skynet.b Fax 0 16 47 38 12,* 🏠 - 🅿. AE ⓜ VISA
fermé 9 au 27 juil., lundi, mardi et après 20 h 30 – **Rest** *Lunch 42 bc* – 25/64 bc, carte 43/62,
• Les vestiges d'un manoir du 16e s. dominant un étang accueillent cette salle de resta rant moderne, douillette et feutrée. L'assiette, elle aussi, vit avec son temps.
• De overblijfselen van een 16e-eeuws kasteeltje aan een vijver vormen de setting van moderne restaurant, dat warm en behaaglijk aandoet. De keuken is eveneens eigentijds.

Vaalbeek *par ⑤ : 6,5 km* Ⓒ *Oud-Heverlee 10 864 h. – ✉ 3054 Vaalbeek :*

XX **De Bibliotheek,** Gemeentestraat 12, ✆ 0 16 40 05 58, *info@debibliotheek.be, Fax 0 16 40 20 69,* – P 15/90. AE ① MC VISA
fermé 1 sem. carnaval, 2 dern. sem. juil., mardi et merc. – **Rest** *Lunch 32* – 46/83 bc, carte 51/74, ♀.
◆ Table élégante et "cosy" dont l'ambiance, autant que le décor, rappelle un peu un "british club". Bibliothèques garnies de livres en salle. Registre culinaire au goût du jour.
◆ Stijlvol restaurant, waarvan het interieur en de ambiance aan een Engelse herensociëteit doen denken. De gerechten passen goed bij de smaak van tegenwoordig.

LEUZE-EN-HAINAUT *7900 Hainaut* **533** G19, **534** G19 *et* **716** D4 – *13 226 h.* 6 **B1**
Bruxelles 76 – Mons 39 – Kortrijk 49 – Gent 56 – Tournai 19.

La Cour Carrée, chaussée de Tournai 5, ✆ 0 69 66 48 25, *info@lacourcarree.be, Fax 0 69 66 18 82,* , , – P – 40. AE ① MC VISA. ⚘
fermé fin déc., vend. soir, sam. midi et dim. soir – **Rest** *Lunch 14* – 22/52 bc, carte 29/39 – **9 ch** ☕ †45/50 – ††60 – ½ P 59/64.
◆ Ferme-auberge agrandie d'une aile récente renfermant quelques chambres fonctionnelles. Le regard de certaines embrasse la campagne, les autres donnent côté "cour carrée". Salle à manger au charme suranné. Carte classico-régionale actualisée.
◆ Herberg in een boerenhoeve, waar onlangs een vleugel is aangebouwd. De kamers zijn functioneel en bieden uitzicht op het platteland of de vierkante binnenplaats. De eetzaal straalt een ouderwetse charme uit. Klassieke en regionale gerechten.

XX **Le Châlet de la Bourgogne,** chaussée de Tournai 1, ✆ 0 69 66 19 78, *Fax 0 69 66 19 78* – P. AE ① MC VISA
fermé 29 janv.-10 fév., 1re quinz. sept. et merc. – **Rest** (déjeuner seult sauf week-end) 33/70 bc, carte 52/66.
◆ Au bord de la grand-route, agréable restaurant orienté vers une cuisine au goût du jour. Les menus, plus classiques, changent avec les saisons. Service tout sourire.
◆ Aangenaam restaurant langs de grote weg, dat zich op een eigentijdse kookstijl toelegt. De menu's zijn wat klassieker en veranderen met de seizoenen. Vriendelijke bediening.

LIBRAMONT *6800 Luxembourg belge* Ⓒ *Libramont-Chevigny 9 858 h.* **534** R23 *et* **716** J6. 12 **B2**
Bruxelles 143 – Arlon 52 – Bouillon 33 – Dinant 68 – La Roche-en-Ardenne 43.

Recogne *Sud-Ouest : 1 km* Ⓒ *Libramont-Chevigny – ✉ 6800 Recogne :*

L'Amandier, av. de Bouillon 70, ✆ 0 61 22 53 73, *hotel.l.amandier@skynet.be, Fax 0 61 22 57 10,* , , – – P – 250. AE ① MC VISA. ⚘ rest
Rest *(fermé dim. soir et lundi)* (dîner seult sauf dim.) *Lunch 23* – carte 40/49 – **24 ch** ☕ †72 – ††92 – ½ P 69.
◆ Bâtisse hôtelière des années 1980 vous logeant dans des chambres fonctionnelles. Fitness, sauna, solarium, salles de réunions et vélos à disposition. Restaurant ouvert seulement le soir en semaine. Formule buffets "all in" (boissons incluses) le dimanche midi.
◆ Gebouw uit de jaren 1980 met functionele kamers, fitnessruimte, sauna, solarium en vergaderzalen. Fietsen ter beschikking. Het restaurant is alleen op doordeweekse avonden geopend. Buffet inclusief drank op zondagmiddag.

LICHTAART *Antwerpen* **533** O15 *et* **716** H2 – *voir à Kasterlee.*

LICHTERVELDE *West-Vlaanderen* **533** D16 *et* **716** C2 – *voir à Torhout.*

BELGIQUE

Le Perron

LIÈGE – LUIK

4000 **533** S 19, **534** S 19 *et* **716** J 4 – *186 830 h.* 8 **B1**

Bruxelles 97 ⑨ – Amsterdam 242 ① – Antwerpen 119 ⑫ – Köln 122 ② – Luxembourg 159 ⑤ – Maastricht 32 ①.

BELGIQUE

OFFICES DE TOURISME

En Féronstrée 92 ☎ 0 4 221 92 21, office.tourisme@ liege.be, Fax 0 4 221 92 22 et Gare des Guillemins ☎ 0 4 252 44 19 – Fédération provinciale de tourisme, bd de la Sauvenière 77 ☎ 0 4 237 95 26, ftpl@ prov-liege.be, Fax 0 4 237 95 78.

RENSEIGNEMENTS PRATIQUES

9 *r. Bernalmont 2* (BT) ☎ *0 4 227 44 66, Fax 0 4 227 91 92* – 18 *par ⑥ : 8 km à Angleur, rte du Condroz 541* ☎ *0 4 336 20 21, Fax 0 4 337 20 26* – 18 *par ⑤ : 18 km à Gomzé-Andoumont, Sur Counachamps, r. Gomzé 30* ☎ *0 4 360 92 07, Fax 0 4 360 92 06.*

CURIOSITÉS

Voir *Citadelle* ≤ ★★ DW, *Parc de Cointe* ≤ ★ CX – *Vieille ville*★★ : *Palais des Princes-Évêques*★ : *grande cour*★★ EY, *Le perron*★ EY **A**, *Cuve baptismale*★★★ *dans l'église St-Barthélemy* FY, *Trésor*★★ *de la Cathédrale St-Paul : reliquaire de Charles le Téméraire*★★ EZ – *Église St-Jacques*★★ : *voûtes de la nef*★★ EZ – *Retable*★ *dans l'église St-Denis* EY – *Statues*★ *en bois du calvaire et Sedes Sapientiae*★ *de l'église St-Jean* EY.

Musées : *d'Art Moderne et d'Art Contemporain*★ DX **M**[7] – *de la Vie wallonne*★★ EY – *d'Art religieux et d'Art mosan*★ FY **M**[5] – *Curtius et musée du Verre*★ *(Musées d'Archéologie et d'Arts décoratifs) : Évangéliaire de Notger*★★★, *collection d'objets de verre*★ FY **M**[1] – *d'Armes*★ FY **M**[3] – *d'Ansembourg*★ FY **M**[2].

Env. *par ① : 20 km : Blégny-Trembleur*★★ – *par ⑥ : 27 km : Fonts baptismaux*★ *dans l'église*★ *de St-Séverin – par ① : 17 km à Visé : Châsse de St-Hadelin*★ *dans l'église collégiale.*

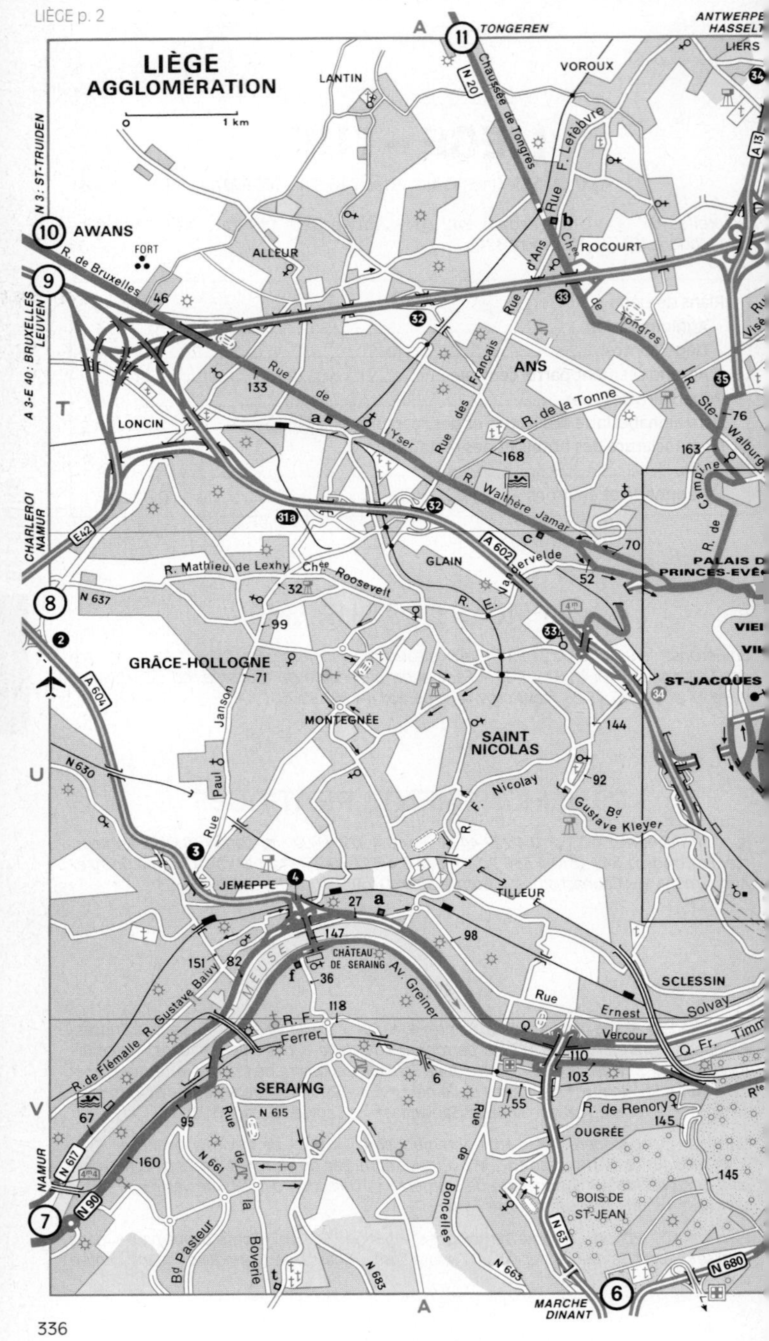
LIÈGE
AGGLOMÉRATION
0
1 km
TONGEREN
ANTWERPEN
HASSELT
LIERS
LANTIN
VOROUX
Chaussée de Tongres
Rue F. Lefèbvre
N 3: ST-TRUIDEN
AWANS
FORT
ALLEUR
ROCOURT
R. de Bruxelles
A 3-E 40: BRUXELLES LEUVEN
ANS
Rue des Français
R. de la Tonne
Rue de l'Yser
LONCIN
R. Walthère Jamar
R. Ste-Walburge
R. de Campine
CHARLEROI NAMUR
GLAIN
R. Mathieu de Lexhy
Chée Roosevelt
R. E. Vandervelde
PALAIS DES PRINCES-ÉVÊQUES
GRÂCE-HOLLOGNE
MONTEGNÉE
SAINT NICOLAS
ST-JACQUES
Rue Paul Janson
R. F. Nicolay
Bd Gustave Kleyer
JEMEPPE
TILLEUR
CHÂTEAU DE SERAING
Av. Greiner
MEUSE
R. Gustave Baivy
R. de Flémalle
R. F. Ferrer
SCLESSIN
Rue Ernest Solvay
Q. Vercour
Q. Fr.
SERAING
OUGRÉE
R. de Renory
Rue de la Boverie
Rue de Boncelles
Bd Pasteur
BOIS DE ST-JEAN
NAMUR
MARCHE
DINANT

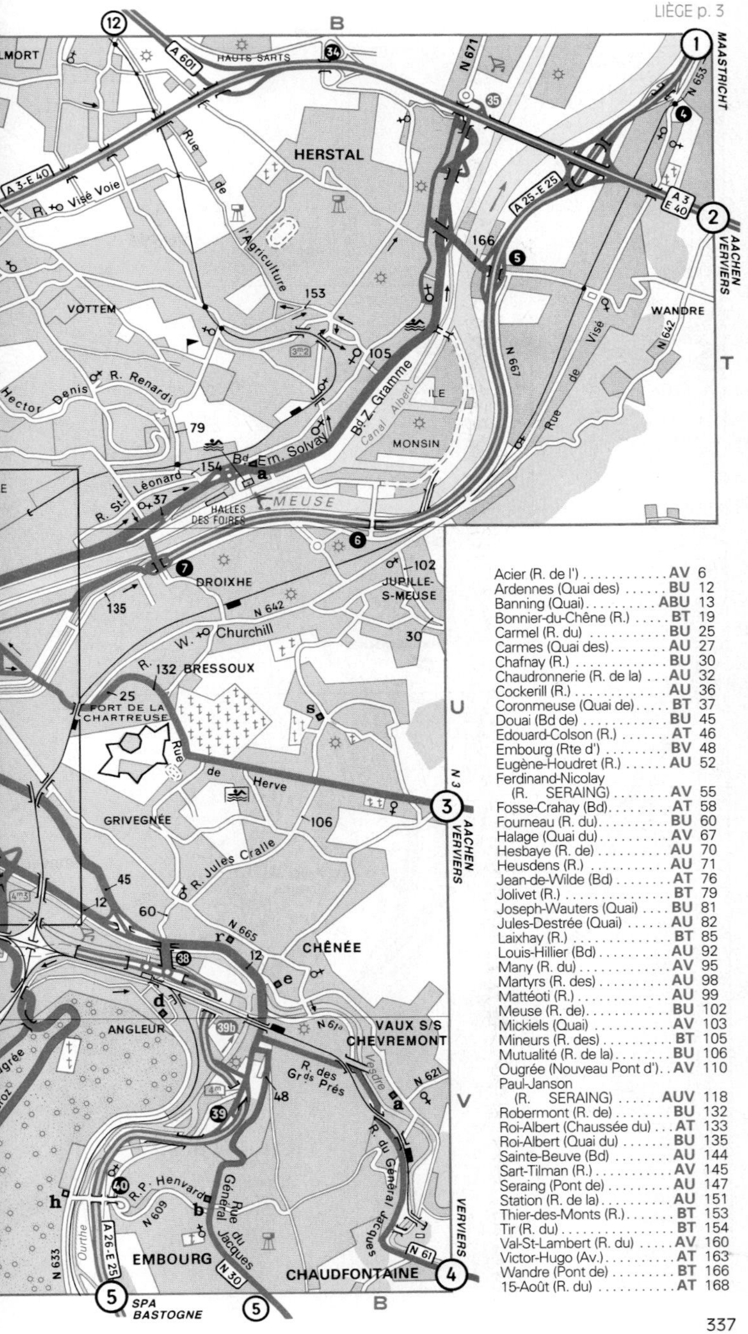

Acier (R. de l')	**AV**	6
Ardennes (Quai des)	**BU**	12
Banning (Quai)	**ABU**	13
Bonnier-du-Chêne (R.)	**BT**	19
Carmel (R. du)	**BU**	25
Carmes (Quai des)	**AU**	27
Chafnay (R.)	**BU**	30
Chaudronnerie (R. de la)	**AU**	32
Cockerill (R.)	**AU**	36
Coronmeuse (Quai de)	**BT**	37
Douai (Bd de)	**BU**	45
Edouard-Colson (R.)	**AT**	46
Embourg (Rte d')	**BV**	48
Eugène-Houdret (R.)	**AU**	52
Ferdinand-Nicolay (R. SERAING)	**AV**	55
Fosse-Crahay (Bd)	**AT**	58
Fourneau (R. du)	**BU**	60
Halage (Quai du)	**AV**	67
Hesbaye (R. de)	**AU**	70
Heusdens (R.)	**AU**	71
Jean-de-Wilde (Bd)	**AT**	76
Jolivet (R.)	**BT**	79
Joseph-Wauters (Quai)	**BU**	81
Jules-Destrée (Quai)	**AU**	82
Laixhay (R.)	**BT**	85
Louis-Hillier (Bd)	**AU**	92
Many (R. du)	**AV**	95
Martyrs (R. des)	**AU**	98
Mattéoti (R.)	**AU**	99
Meuse (R. de)	**BU**	102
Mickiels (Quai)	**AV**	103
Mineurs (R. des)	**BT**	105
Mutualité (R. de la)	**BU**	106
Ougrée (Nouveau Pont d')	**AV**	110
Paul-Janson (R. SERAING)	**AUV**	118
Robermont (R. de)	**BU**	132
Roi-Albert (Chaussée du)	**AT**	133
Roi-Albert (Quai du)	**BU**	135
Sainte-Beuve (Bd)	**AU**	144
Sart-Tilman (R.)	**AV**	145
Seraing (Pont de)	**AU**	147
Station (R. de la)	**AU**	151
Thier-des-Monts (R.)	**BT**	153
Tir (R. du)	**BT**	154
Val-St-Lambert (R. du)	**AV**	160
Victor-Hugo (Av.)	**AT**	163
Wandre (Pont de)	**BT**	166
15-Août (R. du)	**AT**	168

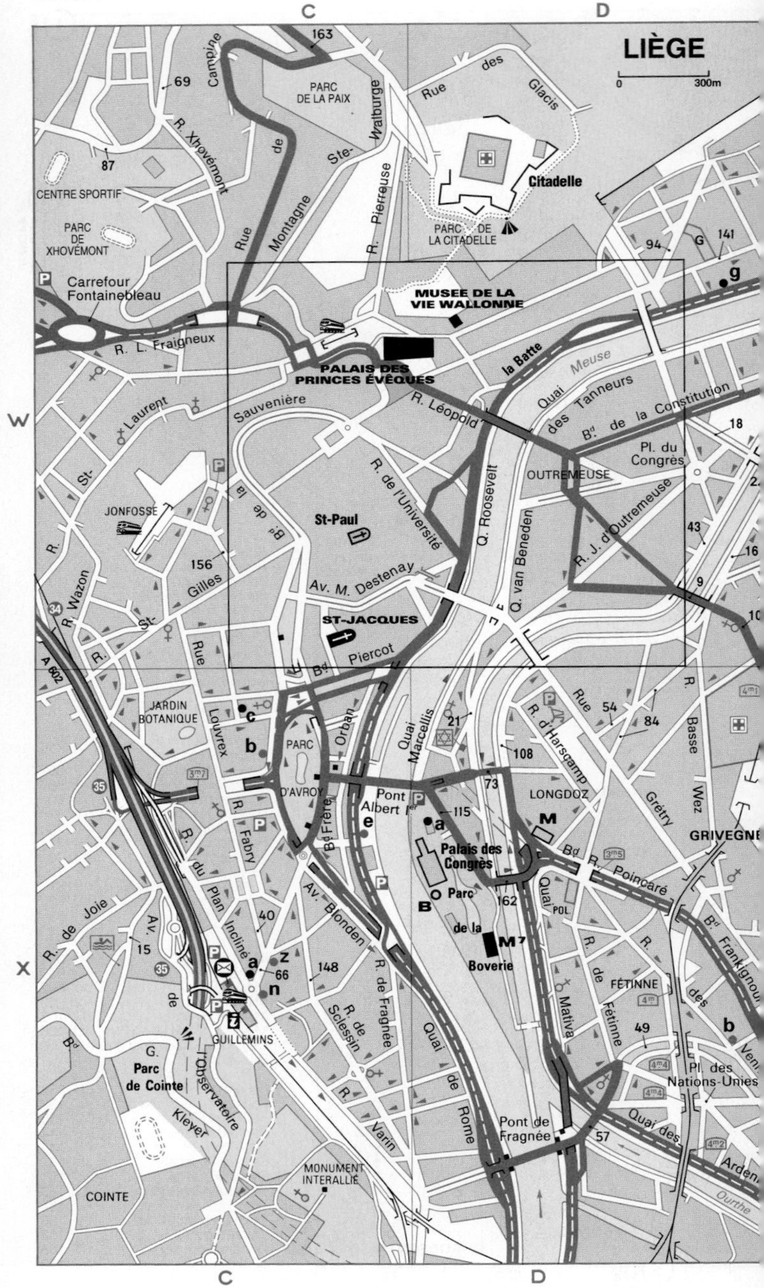
LIÈGE
0
300m
C
D
W
X
PARC DE LA PAIX
Rue des Glacis
Citadelle
PARC DE LA CITADELLE
MUSEE DE LA VIE WALLONNE
PALAIS DES PRINCES ÉVÊQUES
CENTRE SPORTIF
PARC DE XHOVÉMONT
Carrefour Fontainebleau
R. L. Fraigneux
R. Xhovémont
Rue de Campine
Montagne de Ste-Walburge
R. Pierreuse
la Batte
Meuse
Quai des Tanneurs
Bd de la Constitution
Pl. du Congrès
OUTREMEUSE
R. J. d'Outremeuse
Q. Roosevelt
Q. van Beneden
R. Léopold
Sauvenière
Bd de la Sauvenière
R. de l'Université
St-Paul
Av. M. Destenay
ST-JACQUES
Bd Piercot
St-Laurent
JONFOSSE
R. St-Gilles
R. Wazon
A 602
JARDIN BOTANIQUE
Rue Louvrex
PARC D'AVROY
Orban
Bd Frère
Quai Marcellis
Pont Albert Ier
Palais des Congrès
Parc de la Boverie
Boverie
LONGDOZ
R. d'Harscamp
Rue Grétry
R. Basse Wez
GRIVEGNE
Bd Poincaré
Bd Frankignoul
Quai Mativa
FÉTINNE
R. de Fétinne
Pl. des Nations-Unies
Quai des Ardennes
Ourthe
Pont de Fragnée
Quai de Rome
R. de Fragnée
R. de Sclessin
R. Varin
MONUMENT INTERALLIÉ
Av. Blonden
Incliné
R. du Plan
R. Fabry
R. de Joie
Av. de l'Observatoire
Bd Kleyer
Parc de Cointe
COINTE
GUILLEMINS
POL.
163
69
87
94
141
18
43
16
9
10
156
34
35
21
108
54
84
73
115
162
40
66
148
15
49
57
a
b
c
e
g
n
z
B
M
M7

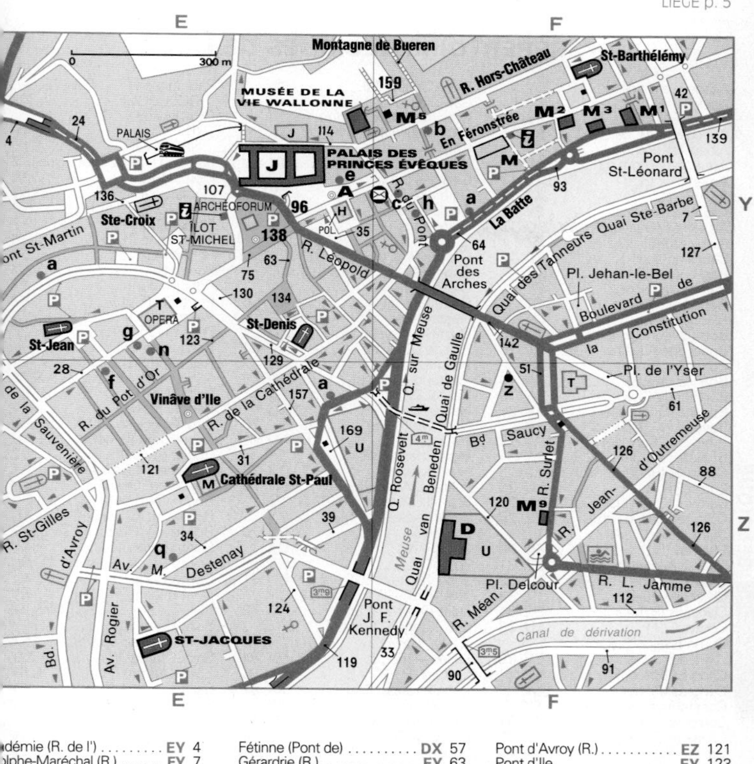

E F

démie (R. de l') . . . . EY 4
lphe-Maréchal (R.) . . . . . . FY 7
ercœur (Pont d') . . . . DW 9
ercœur (R. d') . . . . DW 10
s-l'Evêque (R.) . . . . CX 15
naparte (Quai) . . . . DW 16
nnes Villes (R. des) . . . . . . DW 18
erie (Quai de la) . . . . DX 21
ssoux (Pont de) . . . . DW 22
quette (R. de la) . . . . EYZ 28
hédrale (R. de la) . . . . EZ
rles-Magnette (R.) . . . . EZ 31
rchill (Quai) . . . . FZ 33
isses (R. des) . . . . EZ 34
nmissaire Maigret (Pl. du) EY 35
isiers (R. des) . . . . EZ 39
tois (R.) . . . . CX 40
ortés (Pl. des) . . . . FY 42
ivation (Quai de la) . . . . . . DW 43
ile-de-Laveleye (Bd.) . . . . . DX 49
Féronstrée . . . . FY
(Bd de l') . . . . FYZ 51
(R. du) . . . . DX 54

Fétinne (Pont de) . . . . DX 57
Gérardrie (R.) . . . . EY 63
Goffe (Quai de la) . . . . FY 64
Guillemins (R. des) . . . . CX 66
Hauteurs (Bd des) . . . . CW 69
Huy (Pont de) . . . . DX 73
Joffre (R.) . . . . EY 75
Lairesse (R.) . . . . DX 84
Léon-Philippet (Bd) . . . . CW 87
Léopold (R.) . . . . EFY
Liberté (R. de la) . . . . FZ 88
Longdoz (Pont de) . . . . FZ 90
Longdoz (Quai de) . . . . FZ 91
Maastricht (Quai de) . . . . FY 93
Maghin (R.) . . . . DW 94
Marché (Pl. du) . . . . EY 96
Notger (Square) . . . . EY 107
Orban (Quai) . . . . DX 108
Ourthe (Quai de l') . . . . FZ 112
Palais (R. du) . . . . EY 114
Parc (R. du) . . . . DX 115
Paul van Hoegaerden (Quai) . EZ 119
Pitteurs (R. des) . . . . FZ 120

Pont d'Avroy (R.) . . . . EZ 121
Pont d'Ile . . . . EY 123
Prémontrés (R. des) . . . . EZ 124
Puits en Sock (R.) . . . . FZ 126
Ransonnet (R.) . . . . FY 127
Régence (R. de la) . . . . EYZ 129
Rép. Française (Pl.) . . . . EY 130
Saint-Etienne (Place) . . . . EY 134
Saint-Gilles (R.) . . . . EZ
Saint-Hubert (R.) . . . . EY 136
Saint-Lambert (Pl.) . . . . EY 138
Saint-Léonard (Quai) . . . . FY 139
Saint-Léonard (R.) . . . . DW 141
Saint-Pholien (R. et Pl.) . . . . . . FY 142
Serbie (R. de) . . . . CX 148
Trappé (R.) . . . . CW 156
Université (R. de l') . . . . EZ 157
Ursulines (Imp. des) . . . . FY 159
Vennes (Pont des) . . . . DX 162
Victor-Hugo (Av.) . . . . CW 163
Vinâve d'Ile . . . . EZ
20-Août (Pl. du) . . . . EZ 169

RÉPERTOIRE DES RUES DE LIÈGE

Rue	Carré	N°
Académie (R. de l')	EY	4
Acier (R. de l')	AV	6
Adolphe-Maréchal (R.)	FY	7
Agriculture (R. de l')	BT	
Albert-1er (Pont)	CX	
Amercœur (Pont d')	DW	9
Amercœur (R. d')	DW	10
Ans (R. d')	AT	
Arches (Pont des)	FY	
Ardennes (Quai des)	DX, BU	12
Avroy (Bd d')	EZ	
Banning (Quai)	ABU	13
Basse Wez (R.)	DX	
Batte (La)	FY	
Beneden (Quai van)	FZ	
Blonden (Av.)	CX	
Bois-l'Evêque (R.)	CX	15
Bonaparte (Quai)	DW	16
Boncelles (R. de)	AV	
Bonnes Villes (R. des)	DW	18
Bonnier-du-Chêne (R.)	BT	19
Boverie (Quai de la)	DX	21
Boverie (R. de la)	AV	
Bressoux (Pont de)	DW	22
Bruxelles (R. de)	AT	
Campine (R. de)	AT, CW	
Carmel (R. du)	BU	25
Carmes (Quai des)	AU	27
Casquette (R. de la)	EYZ	28
Cathédrale (R. de la)	EZ	
Chafnay (R.)	BU	30
Charles-Magnette (R.)	EZ	31
Chaudronnerie (R. de la)	AU	32
Churchill (Quai)	FZ	33
Clarisses (R. des)	EZ	34
Cockerill (R.)	AU	36
Commissaire Maigret (Pl. du)	EY	35
Condroz (Rte du)	ABV	
Congrès (Pl. du)	DW	
Constitution (Bd de la)	FY	
Coronmeuse (Quai de)	BT	37
Croisiers (R. des)	EZ	39
Dartois (R.)	CX	40
Delcour (Pl.)	FZ	
Déportés (Pl. des)	FY	42
Dérivation (Quai de la)	DW	43
Destenay (Av.)	EZ	
Douai (Bd de)	BU	45
Edouard-Colson (R.)	AT	46
Embourg (Rte d')	BV	48
Emile-de-Laveleye (Bd.)	DX	49
Emile-Vandervelde (R.)	AU	
Emile-Zola (Quai)	AV	
En Féronstrée	FY	
Ernest-Solvay (Bd)	BT	
Ernest-Solvay (R.)	AU	
Est (Bd de l')	FYZ	51
Eugène-Houdret (R.)	AU	52
Fabry (R.)	CX	
Ferdinand-Nicolay (R. SERAING)	AV	55
Ferdinand-Nicolay (R. ST-NICOLAS)	AU	
Fer (R. du)	DX	54
Fétinne (Pont de)	DX	57
Fétinne (R. de)	DX	
Flémalle (R. de)	AV	
Fontainebleau (Carrefour)	CW	
Fosse-Crahay (Bd)	AT	58
Fourneau (R. du)	BU	60
Fragnée (Pont de)	DX	
Fragnée (R. de)	CX	
Français (R. des)	AT	
Francisco-Ferrer (R.)	AUV	
François-Lefebvre (R.)	AT	
Frankignoul (Bd)	DX	
Frère-Orban (Bd)	CX	
Gaulle (Quai de)	FYZ	
Général-Jacques (R. du CHAUDFONTAINE)	BV	
Général-Jacques (R. du EMBOURG)	BV	
Georges-Simenon (R.)	FZ	61
Gérardrie (R.)	EY	63
Glacis (R. des)	DW	
Goffe (Quai de la)	FY	64
Gramme (Bd)	BT	
Grands Prés (R. des)	BV	
Greiner (Av.)	AU	
Grétry (R.)	DX	
Guillemins (R. des)	CX	66
Gustave-Baivy (R.)	AUV	
Gustave-Kleyer (Bd)	AU	
Halage (Quai du)	AV	67
Harscamp (R. d')	DX	
Hauteurs (Bd des)	CW	69
Hector-Denis (Bd)	BT	
Herve (R. de)	BU	
Hesbaye (R. de)	AU	70
Heusdens (R.)	AU	71
Hors Château (R.)	FY	
Huy (Pont de)	DX	73
Jean-de-Wilde (Bd)	AT	76
Jean-d'Outremeuse (R.)	FZ	
Jehan-le-Bel (Pl.)	FY	
Joffre (R.)	EY	75
Joie (R. de)	CX	
Jolivet (R.)	BT	79
Joseph-Wauters (Quai)	BU	81
Jules-Cralle (R.)	BU	
Jules-Destrée (Quai)	AU	82
J. F.-Kennedy (Pont)	EFZ	
Kleyer (Bd G.)	CX	
Lairesse (R.)	DX	84
Laixhay (R.)	BT	85
Léon-Philippet (Bd)	CW	87
Léopold (R.)	EFY	
Liberté (R. de la)	FZ	88
Longdoz (Pont de)	FZ	90
Longdoz (Quai de)	FZ	91
Louis-Fraigneux (R.)	CW	
Louis-Hillier (Bd)	AU	92
Louis-Jamme (R.)	FZ	
Louvrex (R.)	CWX	
Maastricht (Quai de)	FY	93
Maghin (R.)	DW	94
Many (R. du)	AV	95
Marcellis (Quai)	DX	
Marché (Pl. du)	EY	96
Martyrs (R. des)	AU	98
Mathieu-de-Lexhy (R.)	AU	
Mativa (Quai)	DX	
Mattéoti (R.)	AU	99
Méan (R.)	FZ	
Meuse (Quai sur)	FYZ	
Meuse (R. de)	BU	102
Mickiels (Quai)	AV	103
Mineurs (R. des)	BT	105
Montagne-de-Bueren	EFY	
Montagne Ste-Walburge	CW	
Mont Saint-Martin	EY	
Mozart (Quai)	DX	
Mutualité (R. de la)	BU	106
Nations Unies (Pl. des)	DX	
Notger (Square)	EY	107
Observatoire (Av. de l')	CX	
Orban (Quai)	DX	108
Ougrée (Nouveau Pont d')	AV	110
Ougrée (Rte d')	ABV	
Ourthe (Quai de l')	FZ	112
Palais (R. du)	EY	114
Parc (R. du)	DX	115
Pasteur (Bd)	AV	
Paul-Janson (R. GRACE-HOLLOGNE)	AU	
Paul-Janson (R. SERAING)	AUV	
Paul van Hoegaerden (Quai)	EZ	
Piercot (Bd)	CWX	
Pierreuse (R.)	CW	
Pierre-Henvard (R.)	BV	
Pitteurs (R. des)	FZ	
Plan Incliné (R. du)	CX	
Pont d'Avroy (R.)	EZ	
Pont d'Ile	EY	
Pont (R. du)	FY	
Pot d'Or (R. du)	EZ	
Prémontrés (R. des)	EZ	
Puits en Sock (R.)	FZ	
Ransonnet (R.)	FY	
Raymond-Poincaré (Bd)	DX	
Régence (R. de la)	EYZ	
Rénardi (R.)	BT	
Renory (R. de)	AV	
Rép. Française (Pl.)	EY	
Robermont (R. de)	BU	
Rogier (Av.)	EZ	
Roi-Albert (Chaussée du)	AT	
Roi-Albert (Quai du)	BU	
Rome (Quai de)	DX	
Roosevelt (Chaussée)	AU	
Roosevelt (Quai)	FZ	
Sainte-Barbe (Quai)	FY	
Sainte-Beuve (Bd)	AU	
Sainte-Walburge (R.)	AT	
Saint-Etienne (Place)	EY	
Saint-Gilles (R.)	CW, EZ	
Saint-Hubert (R.)	EY	
Saint-Lambert (Pl.)	EY	
Saint-Laurent (R.)	CW	
Saint-Léonard (Pont)	FY	
Saint-Léonard (Quai)	FY	
Saint-Léonard (R.)	BT, DW	
Saint-Pholien (R. et Pl.)	FY	
Sart-Tilman (R.)	AV	
Saucy (Bd)	FZ	
Sauvenière (Bd de la)	EZ	
Sclessin (R. de)	CX	
Seraing (Pont de)	AU	
Serbie (R. de)	CX	
Station (R. de la)	AU	
Surlet (R.)	FZ	
Tanneurs (Quai des)	FY	
Thier-des-Monts (R.)	BT	
Timmermans (Quai)	AUV	
Tir (R. du)	BT	
Tongres (Chée de)	AT	
Tonne (R. de la)	AT	
Trappé (R.)	CW	
Université (R. de l')	EZ	
Ursulines (Imp. des)	FY	
Val-St-Lambert (R. du)	AV	
Varin (R.)	CX	
Vennes (Pont des)	DX	
Vennes (R. des)	DX	
Vercour (Quai)	AV	
Victor-Hugo (Av.)	AT, CW	
Vinâve d'Ile	EZ	
Visé-Voie (R.)	ABT	
Visé (R. de)	BT	
Walthère-Jamar (R.)	AT	
Wandre (Pont de)	BT	
Wazon (R.)	CW	
Winston-Churchill (R.)	BU	
Xhovémont (R.)	CW	
Yser (Pl. de l')	FZ	
Yser (R. de l')	AT	
15-Août (R. du)	AT	
20-Août (Pl. du)	EZ	

Liste alphabétique des hôtels et restaurants
Alfabetische lijst van hotels en restaurants
Alphabetisches Hotel- und Restaurantverzeichnis
Alphabetical list of hotels and restaurants

A – B

Page	Name	Category	Distinction
11	**As Ouhès**	X	
13	**Bartavelle (La)**	X	
9	**Bedford**	🏨🏨🏨	
13	**Bergamote (La)**	XX	
11	**Bistrot d'en Face (Le)**	X	

C

Page	Name	Category	Distinction
13	**Casino (Le)**	XX	
13	**Chêne Madame (Le)**	XXX	
13	**Chez Cha-Cha**	X	
14	**Chez Massimo**	XX	☺
9	**Cygne d'Argent (Le)**	🏨	

D

Page	Name	Category	Distinction
11	**Danieli (Le)**	X	
12	**Donati**	XX	
11	**Duc d'Anjou (Le)**	X	

E – F

Page	Name	Category	Distinction
10	**Écailler (L')**	XX	
10	**Enoteca**	X	☺
10	**Folies Gourmandes**	XX	
12	**Fontaine de Jade (La)**	XX	
11	**Frédéric Maquin**	X	

G

Page	Name	Category	Distinction
11	**Gourmet (Le)**	XX	
12	**Gourmet Gourmand (Le)**	XX	

H

Page	Name	Category	Distinction
9	**Héliport**	XX	✿
9	**Holiday Inn**	🏨🏨🏨	

BELGIQUE

BELGIQUE

plans p. 4 et 5 :

Holiday Inn sans rest, Esplanade de l'Europe 2, ✉ 4020, ☎ 0 4 349 20 00, *hiliege@alliance-hospitality.com, Fax 0 4 343 48 10,* ≤, ⛹, ≘s, ▢ - |♦| ⇚ ▤ ♿ 🚗 🅿 - 🔔 70. AE ⓓ ⓜ VISA DX a
214 ch ☕ ★195 - ★★210 - 5 suites.
• Hôtel des bords de Meuse dominant le palais des congrès et un grand parc public où se tient le musée d'Art moderne. Confort actuel dans les chambres. Clientèle d'affaires.
• Dit hotel aan de Maas torent boven het congrescentrum en een groot park uit, waar het Museum van Moderne Kunst te vinden is. Modern comfort in de kamers. Zakelijke clientèle.

Bedford, quai St-Léonard 36, ☎ 0 4 228 81 11, *info@hotelbedford.be, Fax 0 4 227 45 75,* ☂, ⛹, 🌳 - |♦| ⇚, ▤ ch, ♿ rest, 🚗 🅿 - 🔔 240. AE ⓓ ⓜ VISA. ✗ DW g
Rest *Lunch 25* - 39, carte env. 25 - **147 ch** ☕ ★95/210 - ★★105/235 - 2 suites - ½ P 78/180.
• Cet hôtel où vous serez hébergés dans de bonnes chambres bien insonorisées a remplacé un couvent et une filature sur ce quai au trafic soutenu. Jardin-terrasse intérieur. Salle à manger aménagée sous des voûtes du 17e s. Menu-carte actuel et buffet d'entrées.
• Dit hotel staat op de plek van een voormalig klooster en spinnerij aan een drukke kade. De kamers zijn prima en van goede geluidsisolatie voorzien. Binnentuin met terras. Eetzaal met 17e-eeuwse gewelven. Eigentijdse menukaart en buffet met voorgerechten.

Mercure sans rest, bd de la Sauvenière 100, ☎ 0 4 221 77 11, *mercureliege@alliance-hospitality.com, Fax 0 4 221 77 01* - |♦| ⇚ ▤ 🚗 - 🔔 120. AE ⓓ ⓜ VISA EY t
☕ 15 - **105 ch** ★79/160 - ★★79/335.
• Situation centrale, sur un grand boulevard, pour cette unité de la chaîne hôtelière Mercure où vous logerez dans des chambres fonctionnelles.
• Dit Mercure-hotel is centraal gelegen aan een grote boulevard. De gasten logeren in functionele kamers.

Le Cygne d'Argent sans rest, r. Beeckman 49, ☎ 0 4 223 70 01, *info@cygnedargent.be, Fax 0 4 222 49 66* - |♦| ⇚ 🚗. AE ⓜ VISA CX c
☕ 9 - **20 ch** ★60/69 - ★★69/75.
• Maison bourgeoise située dans une rue calme, pas loin du jardin botanique ni du parc d'Avroy. Lors de votre réservation, demandez une chambre récemment refaite.
• Hotel in een herenhuis in een rustige straat, niet ver van de botanische tuin en het park van Avroy. Vraag bij uw reservering om een pas gerenoveerde kamer.

Passerelle sans rest, chaussée des Prés 24, ✉ 4020, ☎ 0 4 341 20 20, *passerellehotel@skynet.be, Fax 0 4 344 36 43* - |♦| ⇚ 🚗. AE ⓓ ⓜ VISA FZ z
☕ 8 - **15 ch** ★60/70 - ★★65/75.
• Près de la passerelle, hôtel sans chichi occupant une maison de coin du quartier St-Pholien en Outremeuse. Chambres bien tenues ; buffet soigné au petit-déjeuner.
• Pretentieloos hotel op een hoek in de wijk St.-Pholien en Outremeuse, bij de voetgangersbrug waaraan het zijn naam ontleent. Goed onderhouden kamers en verzorgd ontbijtbuffet.

Univers sans rest, r. Guillemins 116, ☎ 0 4 254 55 55, *univershotel@skynet.be, Fax 0 4 254 55 00* - |♦| ⇚ 🚗. AE ⓓ ⓜ VISA CX a
51 ch ☕ ★65/75 - ★★65/85.
• Anxieux de rater votre TGV ? Cet hôtel de chaîne avoisine la gare des Guillemins, dormez donc sur vos deux oreilles ! Chambres insonorisées et bien tenues.
• Voor wie bang is de HST te missen, is dit ketenhotel bij het station de oplossing. Hier kunt u met een gerust hart gaan slapen! Goed onderhouden kamers met geluidsisolatie.

XXX **Au Vieux Liège,** quai Goffe 41, ☎ 0 4 223 77 48, *thierrydinverno@hotmail.com, Fax 0 4 223 78 60* - ▤ ⇔ 4/45. AE ⓓ ⓜ VISA FY a
fermé mi-juil.-mi-août, merc., dim. et jours fériés - **Rest** 33/85 bc, carte 52/106.
• Cette jolie maison à pans de bois (16e s.) abrite l'une des plus anciennes tables de Liège. Cadre rustique et choix classique semé de pointes d'exotisme. Collection de rhums.
• In dit mooie 16e-eeuwse vakwerkhuis is een van de oudste restaurants van Luik te vinden. Rustiek interieur en klassieke keuken met een vleugje exotisch. Grote collectie rum.

XX ✿ **Héliport** (Salpetier), bd Frère Orban 37z (bord de Meuse), ☎ 0 4 252 13 21, *info@restaurantheliport.com, Fax 0 4 252 57 50,* ≤, ☂ - ▤ 🅿 ⇔ 15/40. AE ⓜ VISA. ✗ CX e
fermé prem. sem. janv., 1 sem. carnaval, 3 prem. sem. juil., dim., lundi et jours fériés - **Rest** *Lunch 28* - 45/62, carte 54/81, ❀.
Spéc. Tranche de foie d'oie, ananas caramélisé au poivre. Raviolis de homard aux morilles et asperges (avril-juin). Ris de veau laqué au citron confit, gambas poêlées et coulis de tomates.
• Table au cadre nautique offrant les plaisirs d'une cuisine moderne raffinée, d'un beau choix de vins et d'une terrasse tournée vers la Meuse. Parking aisé, même en hélico !
• Restaurant met maritiem decor. Moderne, geraffineerde kookstijl en een mooie selectie wijnen. Terras met uitzicht op de Maas. Parkeerterrein, ook als u per heli komt.

BELGIQUE

XX **Michel Germeau,** r. Vennes 151, ✉ 4020, ☎ 0 4 343 72 42, *michelgermeau@hotmail.com, Fax 0 4 344 03 86,* 🏛 – ⇔ 12/30. AE ⓓ ⓜ VISA DX
fermé 1 sem. carnaval, 20 août-10 sept., dim. soir et lundi – **Rest** *Lunch 28* – 50/89 bc, carte 44/78, ♀.
• Cette maison bourgeoise du faubourg de Fétinne abrita le consulat de Suède. Une fresque angélique anime le haut plafond mouluré de la salle à manger. Fine cuisine française.
• In dit herenhuis in de buitenwijk Fétinne zetelde vroeger het Zweedse consulaat. Een fresco met engelen siert het hoge plafond van de eetzaal. Fijne Franse keuken.

XX **Le Jardin des Bégards,** bd de la Sauvenière 70b (r. des Bégards : escalier), ☎ 0 4 222 92 34, *Fax 0 4 222 92 44,* 🏛, Cuisine italienne – ⇔ 10/22. AE ⓓ ⓜ VISA EY
fermé 2 sem. fin mars, 3 sem. en nov., lundi soir en hiver, sam. midi, dim. et lundi midi – **Rest** 33/43, ♀.
• De vieux escaliers pittoresques grimpent vers cette table italianisante embusquée sur les coteaux de la Sauvenière, au pied des remparts. Cadre contemporain ; belle terrasse.
• Oude schilderachtige trappen leiden naar dit restaurant met Italiaanse invloeden op de hellingen van de Sauvenière, bij de stadsmuur. Eigentijds interieur en mooi terras.

XX **La Parmentière,** pl. Cockerill 10, ☎ 0 4 222 43 59, *contact@parmentiere.be, Fax 0 4 222 43 59* – ▤. AE ⓓ ⓜ VISA EZ
fermé 21 juil.-15 août, dim., lundi et jeudi soir – **Rest** 32/40.
• Petite devanture en bois contemplant l'université. Cadre actuel chaleureux (lambris de planches brutes et sièges tendus de velours rouge) ; formule menu-carte bien pensée.
• Klein restaurant met een houten gevel die uitkijkt op de universiteit. Sfeervol, eigentijds interieur met kale vloerplanken en stoelen van rood fluweel. Aanlokkelijk keuzemenu.

XX **Folies Gourmandes,** r. Clarisses 48, ☎ 0 4 223 16 44, 🏛 – ⇔ 32. ⓓ VISA EZ
fermé 1 sem. Pâques, mi-août-début sept., dim. soir et lundi – **Rest** *Lunch 20* – 35, carte 37/48, ♀.
• Bon petit restaurant familial établi dans une maison de maître 1900. Menu-choix appétissant et plats minceur. Par beau temps, profitez de la terrasse arrière.
• Uitstekend familierestaurantje dat in een herenhuis uit 1900 is gevestigd. Aanlokkelijk keuzemenu en lichte gerechten. Bij mooi weer is het terras aan de achterkant favoriet.

BELGIQUE

XX **L'Écailler,** r. Dominicains 26, ☎ 0 4 222 17 49, *info@ecailler.be,* 🏛, Produits de la mer – ▤. AE ⓓ ⓜ VISA EY
Rest carte 36/42.
• L'enseigne de cette brasserie à dénicher aux abords du "Carré" est explicite : les produits de la mer sont ici chez eux. Ambiance nostalgique, façon bistrot parisien.
• Deze brasserie in Parijse stijl met zijn nostalgische ambiance in de buurt van de "Carré" heet De Oesterverkoper, een voorbode van wat u hier krijgt voorgeschoteld.

X **Tentation,** bd d'Avroy 180, ☎ 0 4 250 02 20, *Fax 0 4 250 09 18* – ⇔ 8/40. AE ⓓ VISA CX
fermé 1 sem. Pâques, 12 au 20 août, 23 au 28 déc., sam. midi, dim., lundi et mardi midi – **Rest** *Lunch 19* – 30/60 bc, carte 33/48, ♀.
• Face au parc d'Avroy, maison de maître rénovée au-dedans : cadre clair très "trendy", volumes harmonieux, tables en teck et éclairage design. Carte aux influences mondiales.
• Gerenoveerd herenhuis tegenover het park van Avroy: licht en supertrendy interieur, harmonieuze afmetingen, teakhouten tafels en designlampen. Kosmopolitische kaart.

X **Les Petits Plats Canailles du Beurre Blanc,** r. Pont 5, ☎ 0 4 221 22 65, *beurre.blanc@belgacom.net, Fax 0 4 221 22 65* – ⇔ 12/26. AE ⓓ ⓜ VISA FY
fermé 1 sem. en janv., 2 sem. en août, fin déc., merc. soir et dim. – **Rest** *Lunch 24* – 32, carte 28/59, ♀.
• Deux espaces intimes et contrastés composent ce bon petit restaurant agencé avec ingéniosité. Belle façade à colombages pieusement conservée dans l'arrière-salle.
• Dit lekkere restaurantje, dat ingenieus is ingericht, bestaat uit twee intieme ruimten die elk hun eigen sfeer hebben. De achterste zaal heeft nog een vakwerkmuur.

X **Il était une fois ...,** r. Saint-Jean-en-Isle 3, ☎ 0 4 222 18 54, *philippesi@hotmail.com, Fax 0 4 222 18 54* – AE ⓓ ⓜ VISA EZ
fermé 1 sem. Pâques, 1re quinz. août, lundi, mardi midi et merc. midi – **Rest** 33/65 bc, carte 37/46, ♀.
• Soigneuse cuisine actuelle servie dans une salle à manger dont les chaudes patines murales présentent un joli dégradé virant de l'ocre rouge au jaune curcuma.
• Verzorgde hedendaagse keuken in een eetzaal, waarvan de muren in warme kleuren variëren van okerrood tot kurkumageel.

X **Enoteca,** r. Casquette 5, ☎ 0 4 222 24 64, Cuisine italienne – ▤. ⓜ VISA EY
fermé sam. midi et dim. – **Rest** (menu unique) *Lunch 21* – 23/52 bc, 🍇.
• Halte sympathique estimée pour ses goûteuses préparations et sa cave privilégiant l'Italie. Intérieur contemporain avec cuisine à vue. Le lunch : une bonne affaire !
• Leuk restaurant dat geliefd is vanwege het lekkere eten en de goede wijnen, die veelal uit Italië komen. Hedendaags interieur met een open keuken. Het lunchmenu is een koopje.

X **Le Bistrot d'en Face,** r. Goffe 8, ✆ 0 4 223 15 84, *Fax 0 4 223 15 86*, – 20/60. AE MC VISA FY h

fermé lundi et sam. midi – **Rest** 25/48 bc, carte 30/43, ♀.

◆ Un adorable bouchon lyonnais "made in Liège" se dissimule derrière cette belle devanture en bois postée à l'arrière des anciennes halles aux viandes. Chaleur et convivialité.

◆ Deze karakteristieke bistro met een mooie houten voorgevel bevindt zich achter de oude vleesmarkt. Hier kunt u heerlijk eten in een gezellige ambiance.

X **Le Duc d'Anjou,** r. Guillemins 127, ✆ 0 4 252 28 58, *info@ducdanjou.be*, Moules en saison, ouvert jusqu'à 23 h 30 – 10/50. AE MC VISA. CX n

Rest 22/34, carte 18/56.

◆ Une carte aussi variée qu'étendue, incluant des plats belges et un intéressant menu-choix, draine ici clients de passage et habitués de longue date. Moules à gogo en saison.

◆ Uitgebreide en gevarieerde kaart met Belgische specialiteiten en een interessant keuzemenu. Volop mosselen in het seizoen. Veel stamgasten.

X **Le Danieli,** r. Hors-Château 46, ✆ 0 4 223 30 91, *Fax 0 4 223 30 91*, , Cuisine italienne – MC VISA FY b

fermé dim. et lundi – **Rest** 22.

◆ Vingt ans de présence en 2007 pour cette petite table italienne où se presse une clientèle diversifiée, fidélisée par une généreuse formule menu-carte en trois services.

◆ Dit Italiaanse restaurantje bestaat in 2007 20 jaar. De heterogene clientèle komt graag terug voor het genereuze driegangenmenu met keuze van de kaart.

X **As Ouhès,** pl. du Marché 21, ✆ 0 4 223 32 25, *as.ouhes@skynet.be*, *Fax 0 4 237 03 77*, , Brasserie, ouvert jusqu'à 23 h – 136. AE MC VISA EY e

Rest carte 24/39.

◆ Comprenez "Les Oiseaux". Carte classique et brasserie, assortie de suggestions et plats du terroir. Une institution liégeoise avoisinant le fier perron, symbole de la ville.

◆ As Ouhès, dat "De Vogels" betekent, is een begrip in Luik en staat vlak bij Le Perron, het fiere symbool van de stad. Klassieke kaart met dagschotels en streekgerechten.

X **Frédéric Maquin** r. Guillemins 47, ✆ 0 4 253 41 84, *info@fredericmaquin.be*, *Fax 0 4 253 41 84* – AE MC VISA CX z

fermé 3 sem. en janv., 3 sem. en août, lundi soir, mardi et sam. midi – **Rest** Lunch 15 – 32/80 bc,.

◆ Ce petit restaurant implanté à 200 m de la gare des Guillemins est apprécié pour son menu-carte à prix muselé et son décor intérieur moderne. Cuisine classique-actuelle.

◆ Dit restaurantje op 200 m van het station is in trek vanwege de zeer redelijk geprijsde gerechten van de kaart en het menu. Modern interieur en klassiek-eigentijdse keuken.

Périphérie - *plans p. 2 et 3 :*

Angleur C *Liège* – ✉ *4031 Angleur :*

Le Val d'Ourthe sans rest, rte de Tilff 412, ✆ 0 4 365 91 71, *Fax 0 4 365 62 89* – P. MC VISA. BV h

9 – **15 ch** ★82/95 – ★★95.

◆ Perché dans la verdure près d'une sortie d'autoroute, ce petit hôtel correctement tenu domine la vallée de l'Ourthe entre Angleur et Tilff. Grandes chambres actuelles.

◆ Dit kleine, goed onderhouden hotel ligt tussen het groen, niet ver van de snelweg, hoog in het Ourthedal tussen Angleur en Tilff. Grote moderne kamers.

Chênée C *Liège* – ✉ *4032 Chênée :*

XX **Le Gourmet,** r. Large 91, ✆ 0 4 365 87 97, *info@legourmet.be*, *Fax 0 4 365 38 12*, – P 10/80. MC VISA BU r

fermé 2 au 11 janv., 18 juil.-10 août, lundi, mardi et merc. – **Rest** 28/63 bc, carte 42/60.

◆ Restaurant-véranda tenu en famille, un peu caché dans une rue passante menant au centre de Chênée. Marquise en façade ; confort, clarté et végétation en salle. Table actuelle.

◆ Restaurant met veranda en markies, ietwat verscholen in een drukke straat naar het centrum van Chênée. Comfortabele, lichte eetzaal met veel planten. Moderne kaart.

X **Le Vieux Chênée,** r. Gravier 45, ✆ 0 4 367 00 92, *Fax 0 4 367 59 15* – 12/40. AE MC VISA BU e

fermé jeudis non fériés – **Rest** Lunch 18 – 28/48 bc, carte 30/52.

◆ Maison ancienne au cadre bourgeois où défile une clientèle d'affaires fidèle et d'habitués. Cuisine classique-actuelle, vivier à homards et moules en saison.

◆ Oud huis met een traditioneel interieur, waar voornamelijk zakenmensen en vaste gasten komen. Klassiek-moderne keuken met verse kreeft en mosselen in het seizoen.

BELGIQUE

à Jupille-sur-Meuse C *Liège* – ✉ *4020 Jupille-sur-Meuse :*

XX **Donati,** r. Bois de Breux 264, ☎ 0 4 365 03 49, *Fax 0 4 365 03 49*, Cuisine italienne – BU
fermé 1er au 22 août, sam. midi, dim. et lundi – **Rest** *Lunch 28* – 32/60 bc, carte 26/39,
• Sa carte italienne ambitieuse et son large choix de vins transalpins font de cette mai juchée sur les coteaux de Jupille une petite adresse hautement recommandable.
• Dankzij de ambitieuze Italiaanse kaart en zijn keur van bijpassende wijnen is dit restaur op een van de heuvels van Jupille absoluut een aanrader.

à Rocourt C *Liège* – ✉ *4000 Rocourt :*

X **La Petite Table,** pl. Reine Astrid 3, ☎ 0 4 239 19 00, *lapetitetable@skynet Fax 0 4 239 19 77* – MC VISA AT
fermé 1er au 18 janv., 1er au 18 août, sam. midi, dim., lundi et après 20 h 30 – **R** (réservation souhaitée) *Lunch 32* – 49, carte 49/70.
• Petite table discrète proche d'une artère passante. Le chef y interprète, juste dev vous, un répertoire culinaire actuel. Salle un peu exiguë ; service aimable et suivi.
• Bescheiden restaurantje aan een drukke straat, waar de chef-kok voor de ogen van gasten een eigentijds culinair repertoire brengt. Kleine eetzaal en vriendelijke bediening

Environs

à Ans - *plan p. 2* – *27 314 h.* – ✉ *4430 Ans :*

XX **Le Marguerite,** r. Walthère Jamar 171, ☎ 0 4 226 43 46, *le-marguerite@skynet Fax 0 4 226 38 35*, – P 20. AE MC VISA AU
fermé dern. sem. juil.-prem. sem. août, sam. midi, dim. et lundi soir – **Rest** *Lunch 28* – carte env. 39, ♀.
• Estimable restaurant officiant sous la même enseigne florale depuis trente ans. Cuis actuelle de saison, très naturelle. Décor intérieur bien en phase avec l'époque.
• Dit restaurant draagt al 30 jaar dezelfde naam. Seizoengebonden eigentijdse keuken basis van natuurlijke producten. Hedendaags interieur.

XX **La Fontaine de Jade,** r. Yser 321, ☎ 0 4 246 49 72, *Fax 0 4 263 69 53*, Cuisine chino ouvert jusqu'à 23 h – AE MC VISA. AT
fermé 3 dern. sem. juil. et mardis non fériés – **Rest** *Lunch 13* – 18/37, carte 18/50,
• Les restaurants chinois abondent le long de cet axe très emprunté. Celui-ci se distin par son cadre exotique cossu, par l'ampleur de sa carte et par la qualité de sa cave.
• Het wemelt van de Chinese restaurants aan deze drukke weg. De "Fontein van Ja springt eruit vanwege zijn weelderige interieur, uitgebreide menukaart en goede wijne

à Barchon *par ② : 13,5 km* C *Blegny 12 798 h.* – ✉ *4671 Barchon :*

XX **La Pignata,** rte de Légipont 20 (A 3-E 40, sortie ㊱), ☎ 0 4 362 31 45, *info@lapignata Fax 0 4 387 56 79*, Avec cuisine italienne – 70. AE VISA
fermé sept., lundi, merc. soir et sam. midi – **Rest** *Lunch 28* – 33/65 bc.
• Bonne cuisine classique actualisée servie dans un cadre moderne sémillant, à touc rustiques, ou sur la belle terrasse tournée vers le jardin et les prés. Ambiance "Sud".
• In de moderne eetzaal met rustieke accenten of op het terras met uitzicht op de tuin weilanden kunt u genieten van een goede modern-klassieke keuken. Mediterrane sfeer

à Embourg - *plan p. 3* C *Chaudfontaine 21 013 h.* – ✉ *4038 Embourg :*

XX **Robertissimo,** (Ferme des Croisiers), voie de l'Ardenne 58b, ☎ 0 4 365 72 12, *ro tissimo@skynet.be, Fax 0 4 365 74 77*, Cuisine italienne – P. AE MC VISA BV
Rest *Lunch 21* – 26, carte 26/40, ♀.
• L'une des valeurs sûres d'Embourg quand il s'agit de passer à table. Fringant intéri contemporain et cuisine au goût du jour d'inspiration transalpine. "Correctissimo" !
• Dit is een zeer betrouwbaar restaurant. Aantrekkelijk eigentijds interieur en Italia georiënteerde trendy keuken. Correctissimo!

à Flémalle *par ⑦ : 16 km* – *25 143 h.* – ✉ *4400 Flémalle :*

XX **Le Gourmet Gourmand,** Grand-Route 411, ☎ 0 4 233 07 56, *info@gourmetg mand.be, Fax 0 4 233 19 21*, – 10/26. AE MC VISA
fermé lundi et sam. midi – **Rest** (déjeuner seult sauf vend. et sam.) *Lunch 30* – 43, ca 51/80.
• Restaurant mitonnant une cuisine classico-actuelle saisonnière, où entrent des prod de la Famenne. Eaux-de-vie "maison". Terrasse côté jardin. 30 ans de présence en 2007.
• Dit restaurant bestaat al 30 jaar. Seizoensgebonden klassieke keuken met een eigent sausje op basis van streekproducten. Huisgestookte brandewijn. Terras aan de tuinzijde.

BELGIQUE

Herstal - *plan p. 3 – 37 300 h. – ✉ 4040 Herstal :*

XX **La Bergamote,** bd Ernest Solvay 72 (lieu-dit Coronmeuse), ✆ 0 4 342 29 47, *bergamote@skynet.be, Fax 0 4 248 17 61,* – ⇔ 4/12. AE MC VISA BT a
fermé prem. sem. janv., 2 sem. Pâques, 2 dern. sem. juil., dim., lundi et jours fériés – **Rest** *Lunch 29* – 33/80 bc, carte env. 55.
◆ Près des Halles des Foires, restaurant estimé pour la constance de sa prestation culinaire et ses menus en phase avec l'époque. Terrasse arrière agrémentée d'une pièce d'eau.
◆ Dit restaurant bij de Halles des Foires wordt gewaardeerd om zijn constante culinaire kwaliteit en menu's die goed bij de tijd zijn. Terras met waterpartij aan de achterkant.

Ivoz-Ramet *par ⑦ : 16 km* C *Flémalle 25 143 h. – ✉ 4400 Ivoz-Ramet :*

X **Chez Cha-Cha,** pl. François Gérard 10, ✆ 0 4 337 18 43, *Fax 0 4 385 07 59,* Avec grillades – P ⇔ 20/50. AE O MC VISA
fermé 15 au 31 janv., 15 au 31 août, sam. midi, dim., lundi soir et mardi soir – **Rest** carte 22/52.
◆ Le tout-Liège et sa région défilent dans cette maison à l'ambiance animée, connue pour ses savoureuses grillades au feu de bois. Jolie terrasse évoquant un lavoir français.
◆ De inwoners van Luik en omstreken komen massaal af op dit gezellige restaurant, dat bekendstaat om zijn op houtskool gebraden vlees. Mooi terras.

Liers *par ⑫ : 8 km* C *Herstal 37 300 h. – ✉ 4042 Liers :*

X **La Bartavelle,** r. Provinciale 138, ✆ 0 4 278 51 55, *info@labartavelle.be, Fax 0 4 278 51 57,* – P. AE O MC VISA
fermé 15 au 30 juil., Toussaint, Noël, sam. midi et dim. – **Rest** (déjeuner seult sauf week-end) 35/60 bc, carte env 40.
◆ Ambiance méridionale, savoureuse cuisine inspirée par la Provence, bonne cave ratissant le Sud de l'Hexagone, expo d'art contemporain et agréable terrasse côté jardin.
◆ Mediterrane sfeer, heerlijke Provençaalse keuken, goede Zuid-Franse wijnen, tentoonstellingen van moderne kunst en een tuin met aangenaam terras.

BELGIQUE

Neuville-en-Condroz *par ⑥ : 18 km* C *Neupré 9 800 h. – ✉ 4121 Neuville-en-Condroz :*

XXX **Le Chêne Madame,** av. de la Chevauchée 70 (Sud-Est : 2 km sur N 63, dans le bois de Rognac), ✆ 0 4 371 41 27, *info@lechenemadame.be, Fax 0 4 371 29 43,* – P ⇔ 8/22. AE O MC VISA
fermé prem. sem. janv., dern. sem. juil.-prem. sem. août, dim. soir, lundi et jeudi soir – **Rest** 35/90 bc, carte 56/103, ♀.
◆ Cette villa cossue située dans un quartier résidentiel boisé propose une cuisine de bases classiques ; la belle cave et le service soigné ajoutent au plaisir de l'assiette.
◆ Dit restaurant in een rijke villa in een woonwijk met veel bos serveert gerechten met een klassieke grondslag. Goede wijnen en een attente bediening verhogen het tafelgenot.

Seraing - *plan p. 2 – 60 741 h. – ✉ 4100 Seraing :*

XX **Au Moulin à Poivre,** r. Plainevaux 30, ✆ 0 4 336 06 13, *info@aumoulinapoivre.be, Fax 0 4 336 07 52,* – P. AE O MC VISA. AV t
fermé 2 dern. sem. août, lundi et mardi – **Rest** *Lunch 24* – 33/65 bc, carte 44/65, ♀.
◆ Restaurant des hauts de Seraing vous conviant à un repas classique sobrement actualisé dans un cadre baroque et romantique. Plaisante terrasse abritée jouxtant un parc.
◆ Restaurant in de heuvels van Seraing met een barok en romantisch interieur. Klassieke keuken met een snufje modern. Plezierig terras aan een park.

XX **La Table d'Hôte,** quai Sadoine 7, ✆ 0 4 337 00 66, *info@tabledhote.be, Fax 0 4 336 98 27,* – AE O VISA AU f
fermé juin, 23 déc.-4 janv., sam. midi, dim. soir et lundi – **Rest** *Lunch 29* – 33/82 bc, carte 34/75, ♀.
◆ Sur un quai au trafic dense, maison de maître 1900 où l'on fait des repas d'un classicisme de bon aloi, à l'image du décor intérieur. Terrasse-jardin où bruisse une fontaine.
◆ Klassiek ingericht herenhuis uit 1900, aan een drukke kade. Hier kunt u terecht voor een klassieke maaltijd van goede kwaliteit. Tuin met terras en fonteintje.

Tilff *au Sud : 12 km par N 633* C *Esneux 13 071 h. – ✉ 4130 Tilff :*

XX **Le Casino,** pl. du Roi Albert 3, ✆ 0 4 388 22 89, *restaurantlecasino@skynet.be, Fax 0 4 388 42 92,* – ⇔ 20/25. AE MC VISA
fermé 1er au 15 janv., sam. midi, dim. soir et lundi – **Rest** 38/65 bc, carte 45/63.
◆ Belle hostellerie ancienne et ses terrasses tournées vers la place et l'église ou vers la rivière. Salles de style rustico-traditionnel actualisé. Cuisine classique revisitée.
◆ Mooie oude herberg met een terras aan het kerkplein en een aan de rivier. Traditioneel-rustieke eetzalen en klassieke keuken met een modern sausje.

à Tilleur - *plan p. 2* C *St-Nicolas 22 658 h.* – ✉ *4420 Tilleur :*

XX **Chez Massimo,** quai du Halage 78, ℘ 0 4 233 69 27, *Fax 0 4 234 00 31,* 余, Cuis italienne – ⇔ 20. MC VISA AU
fermé 3 sem. en août, fin déc.-début janv., sam. midi, dim. et lundi – **Rest** (menu uniq 30/40.
◆ Le soleil de la Sicile brille depuis 1969 à cette table coincée entre Meuse industrielle terrils. Longue salle au cadre rajeuni. Formule limitée à un menu décrit oralement.
◆ Sinds 1969 schittert hier de Siciliaanse zon tussen slakkenbergen en de industrie aan Maas. Langwerpige, gerenoveerde eetzaal. Één menu, dat mondeling wordt gepresteerd.

à Vaux-sous-Chèvremont - *plan p. 3* C *Chaudfontaine 21 013 h.* – ✉ *4051 Vaux-sous-Chèvremont :*

X **Ma Cuisine,** r. Vallée 23, ℘ 0 4 367 18 12, *restomacuisine@hotmail.co Fax 0 4 246 96 72* – AE ⓓ MC VISA BV
fermé 4 au 8 janv., 3 au 16 avril, lundi soir, mardi et merc. – **Rest** 26/34, carte 32/46.
◆ Salle de style actuel aux murs égayés de patines jaunes et d'ardoises originales, mise table soignée, menus goûteux et spécialité de "coussin" (mets préparés en papillote).
◆ Moderne eetzaal met vrolijke gele muren en originele leistenen; fraai gedekte taf smakelijke menu's en "coussin" als specialiteit (gerechten in folie gegaard).

Bezienswaardigheden die interessant zijn (★), een omweg (★★) of een reis waard zijn (★★★) en die zich in een geselekteerde plaats of in de omgeving daarvan bevinden, staan in cursieve letters aangegeven. Kijk onder de rubrieken Voir en Env.

BELGIQUE

LIER (LIERRE) *2500 Antwerpen* **533** M16 *et* **716** G2 – *33 271 h.* 1
Voir *Église St-Gommaire*★★ *(St-Gummaruskerk) : jubé*★★*, verrière*★ Z – *Béguinage*★ *(gijnhof)* Z – *Horloge astronomique*★ *de la tour Zimmer (Zimmertoren)* Z **A.**
au Nord : 10 km à Broechem, Kasteel Bossenstein, Moor 16 ℘ 0 3 485 64 46, Fax 425 78 41.
Stadhuis, Grote Markt 57 ℘ 0 3 800 05 55, toerisme@lier.be, Fax 0 3 488 12 76.
Bruxelles 45 ④ – *Antwerpen 22* ⑤ – *Mechelen 15* ④.

Plan page ci-contre

Hof van Aragon sans rest, Aragonstraat 6, ℘ 0 3 491 08 00, *info@hofvaragon.be, Fax 0 3 491 08 10,* – – 200. AE ⓓ MC VISA Z
20 ch ☕ ★68/98 – ★★80/110.
◆ Dans une petite rue calme bordée par un canal pittoresque, maisons anciennes modernisées intérieurement en préservant des éléments rustiques. Quatre tailles de chambre
◆ Gemoderniseerd hotel met rustieke elementen in een aantal oude huizen in een rus straatje aan een pittoreske gracht. De kamers hebben vier verschillende afmetingen.

XX **Numerus Clausus,** Keldermansstraat 2, ℘ 0 3 480 51 62, *Fax 0 3 480 51 62,* 余 – AE MC VISA. ✂ Z
fermé 1 sem. en janv., 2 prem. sem. sept., sam. midi, dim. et lundi – **Rest** Lunch 29 – carte 38/51, ♀.
◆ Table soignée au décor sympathique : poutres repeintes dans des tons actuels, mobi disparate, lustres composés de petites bouteilles de lait et terrasse intime sur cour.
◆ Verzorgde keuken in een leuk interieur: hanenbalken in hedendaagse kleuren, meube in allerlei stijlen, hanglampen van melkflessen en intiem terras op de binnenplaats.

XX **Cuistot,** Antwerpsestraat 146, ℘ 0 3 488 46 56, *info@restaurantcuistot. Fax 0 3 488 46 56,* 余 – ⇔ 12/45. AE ⓓ MC VISA Y
fermé fin juil.-début août, dim. et lundi – **Rest** (dîner seult) 39/75 bc, carte 45/63, ♀.
◆ Cuisine actuelle servie dans le cadre contemporain d'une maison de maître réaménag Agencement et mobilier design, toiles "Pop Art" et harmonie gris-rouge-noir en salle.
◆ Dit restaurant in een herenhuis is zowel qua inrichting als eten up-to-date. Designm belen, Pop-Artdoeken en harmonieuze kleurstelling van grijs-rood-zwart in de eetzaal.

X **'t Cleyn Paradijs,** Heilige Geeststraat 2, ℘ 0 3 480 78 57, *karel.smekens@pandora. Fax 0 3 480 78 57* – MC VISA Z
fermé mardi, merc. et sam. midi – **Rest** Lunch 29 – 38/57 bc, carte 38/61.
◆ Une courte carte de base classique et d'attrayants menus vous seront soumis dans ce discrète maison du 17e s. En face, la St.-Gummaruskerk mérite aussi une visite.
◆ Bescheiden 17e-eeuws pand tegenover de St.-Gummaruskerk, die ook beslist een zoekje waard is. De vrij beperkte kaart op klassieke basis wordt aangevuld met lekk menu's.

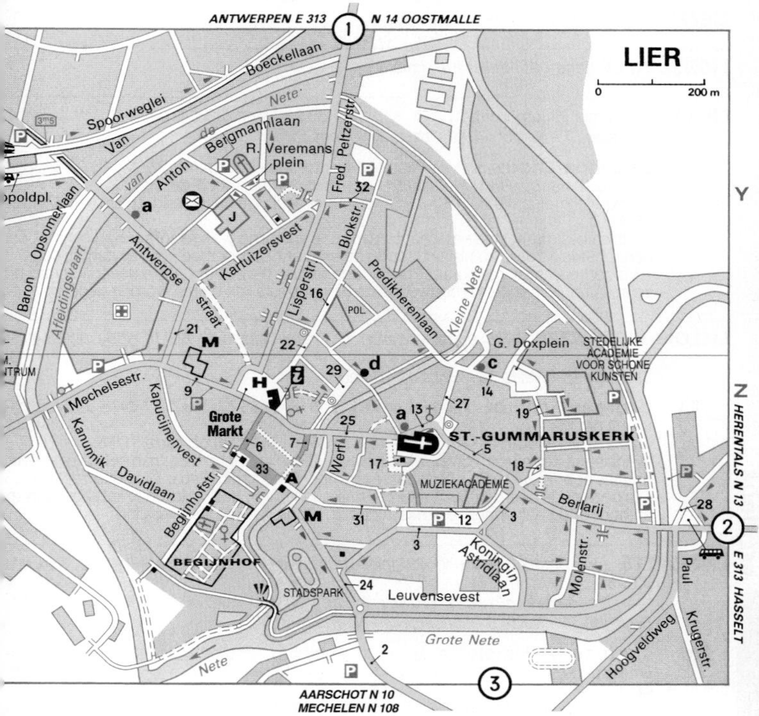

schotsesteenweg	Z 2	Gasthuisvest	Z 12	Netelaan	Z 24
werpsestr.	Y	Grote Markt	Z	Rechtestr.	Z 25
ıur V. D. Poortenlaan	Z 3	Heilige Geeststr.	Z 13	Sint-Gummarusstr.	Z 27
laarsestr.	Z 5	Huibrechtstr.	Y 16	Veemarkt	Z 28
arij	Z	Kard. Mercierpl.	Z 17	Vismarkt	Z 29
Heyderstr.	Z 14	Kluizepl.	Z 18	Volmolenstr.	Z 31
elstr.	Z 6	Kluizestr.	Z 19	Waterpoortstr.	Y 32
x Timmermanspl.	Z 7	Kolveniersvest	Y 21	Zimmerpl.	Z 33
Van Cauwenberghstr.	Z 9	Koning Albertstr.	YZ 22		

Broechem *Nord : 10 km* [C] *Ranst 17 821 h. –* ✉ *2520 Broechem :*

Bossenstein [golf], Maas en Moor 16 (au golf, Nord : 2 km, direction Oelegem), ☎ 0 3 485 64 46, *Fax 0 3 485 78 41*, ←, [terrace], [garden], [golf] – [no-smoking] [parking] – [seminar] 35. AE ① MC VISA. [no dogs]
fermé 23 déc.-17 janv. – **Rest** *(fermé lundi) Lunch 35* – 50, carte 46/90 – **16 ch** ☕ ♦100/150 – ♦♦125/210 – ½ P 150/300.

◆ Face à un parc avec golf entourant un château médiéval, établissement dont les chambres, bien conçues, sont aussi amples que confortables. Accueil et service avenants. Cuisine de notre temps servie dans le cadre agréable du "club house" du golf.

◆ Dit hotel ligt tegenover een middeleeuws kasteel in een park met golfbaan. De kamers zijn goed ontworpen en zowel ruim als comfortabel. Vriendelijke ontvangst en service. In het club house van de golf worden eigentijdse gerechten geserveerd.

XX **Ter Euwen,** Gemeenteplein 20, ☎ 0 3 225 58 25, *info@tereuwen.be, Fax 0 3 485 68 66* – ⇔ 8/32. AE MC VISA. [no dogs]
fermé 21 juil.-14 août, Noël-Nouvel An, sam. et dim. – **Rest** *Lunch 27* – 43/54, carte 49/76.

◆ Restaurant au cadre actuel sobre installé dans une ancienne maison de notable avoisinant l'église. Dès les premiers beaux jours, possibilité de prendre l'apéritif au jardin.

◆ Restaurant met een sober, modern interieur in een oud herenhuis naast de kerk. Bij de eerste zonnestralen wordt het aperitief al in de tuin geserveerd.

ERS *4042 Liège* **533** S18 *et* **534** S18 – *voir à Liège, environs.*

LIEZELE *Antwerpen* **533** K16 – *voir à Puurs.*

LIGNEUVILLE *Liège – voir Bellevaux-Ligneuville.*

LIGNY *5140 Namur* [C] *Sombreffe 7 605 h.* **533** M19, **534** M19 *et* **716** G4. 14

Bruxelles 57 – Namur 25 – Charleroi 22 – Mons 51.

Le Coupe-Choux, r. Pont Piraux 23 (centre Général Gérard), ☎ 0 71 88 90 51, *coup choux@skynet.be, Fax 0 71 88 90 51,* – P ⇔ 20/100. AE ① MC VISA

fermé merc. et après 20 h 30 – **Rest** (déjeuner seult sauf week-end) Lunch 20 – 33/40, car 36/47.

◆ Table classique soignée aménagée dans une ancienne grange agrégée au centre Géné Gérard. Salle actuelle au plafond tendu de tissu et restaurant de plein air dans la cour.

◆ Verzorgd klassiek restaurant in een oude schuur die bij het Centre Général Gérard ho en in eigentijdse stijl is verbouwd. Op de binnenplaats kan buiten worden gegeten.

LILLOIS-WITTERZÉE *1428 Brabant Wallon* [C] *Braine-l'Alleud 37 196 h.* **533** L19, **534** L19 **716** G4. 3

Bruxelles 33 – Wavre 36 – Mons 47 – Namur 66.

Georges Tichoux, Grand'Route 491, ☎ 0 67 21 65 33, *Fax 0 67 49 08 79,* ≤, – AE ① MC VISA

fermé 17 juil.-6 août et sam. midi – **Rest** Lunch 17 – 36 bc/70 bc, carte 31/76.

◆ Ancienne ferme où l'on ripaille dans un décor intérieur très "nature" (pierres bleu briques et bois) ou sur la jolie terrasse champêtre du jardin. Repas classique copieux.

◆ In deze oude boerderij kunt u lekker smikkelen in een heel "natuurlijk" interieur van ste en hout of op het landelijke terras in de tuin. Copieuze klassieke maaltijd.

BELGIQUE

LIMELETTE *1342 Brabant Wallon* [C] *Ottignies-Louvain-la-Neuve 29 493 h.* **533** M18, **534** M18 **716** G3. 4

18 *à l'Est : 1 km à Louvain-la-Neuve, r. A. Hardy 68* ☎ *0 10 45 05 15, Fax 0 10 45 44 17.*

Bruxelles 35 – Wavre 6 – Charleroi 41 – Namur 41.

Château de Limelette , r. Ch. Dubois 87, ☎ 0 10 42 19 99, *info@chateau-limelette.be, Fax 0 10 41 57 59,* , , Fб, , , , , – |$| P – 600. AE MC VISA. rest

Rest ***Saint-Jean-des-Bois*** *(fermé 24 déc.)* 40/60, carte 47/59 – **88 ch** ☐ ✝90/284 ✝✝99/338 – ½ P 90/209.

◆ Élégant manoir anglo-normand ressuscité dans les années 1980. Chambres de bon t installations pour séminaires, centre de remise en forme, terrasses, jardins et cascad Salle de restaurant en rotonde agrandie d'une terrasse couverte. Carte classique.

◆ Kasteeltje in Anglo-Normandische stijl, dat in de jaren 1980 in zijn oorspronkelijke luis is hersteld. Smaakvolle kamers, faciliteiten voor congressen, fitnessruimte, terrass tuinen en watervallen. Ronde eetzaal met een overdekt terras. Klassieke kaart.

LINKEBEEK *Vlaams-Brabant* **533** L18 *et* **716** G3 – *voir à Bruxelles, environs.*

LISOGNE *Namur* **533** O21, **534** O21 *et* **716** H5 – *voir à Dinant.*

LISSEWEGE *8380 West-Vlaanderen* [C] *Brugge 117 220 h.* **533** E15 *et* **716** C2. 19

Voir *Grange abbatiale*★ *de l'ancienne abbaye de Ter Doest.*

Bruxelles 107 – Brugge 11 – Knokke-Heist 12.

De Goedendag, Lisseweegsvaartje 2, ☎ 0 50 54 53 35, *luc.goedendag@yucom. Fax 0 50 54 57 68* – P ⇔ 20. AE ① MC VISA

fermé vacances carnaval, mardi soir et merc. – **Rest** Lunch 27 – 46/69 bc, carte 50/62, ♀.

◆ Cette auberge-relais à fière allure, de style typiquement flamand, vous convie aux plais d'un repas classique dans un cadre rustique soigné. Ambiance intime et feutrée.

◆ Deze fiere herberg in typisch Vlaamse stijl biedt het genoegen van een klassieke maal in een verzorgd rustiek interieur. Intieme sfeer.

Hof Ter Doest, Ter Doeststraat 4 (Sud : 2 km, à l'ancienne abbaye), ☎ 0 50 54 40 *info@terdoest.be, Fax 0 50 54 40 82,* ≤, , Grillades – P ⇔ 40/250. AE ① MC VISA

Rest carte 23/56.

◆ Une ferme monastique du 16e s. et sa grange dîmière du 13e s. servent d'écrin à ce table au cadre campagnard. Grillades en salle. 3e génération en place depuis 1962.

◆ Een 16e-eeuwse kloosterboerderij en een 13e-eeuwse tiendschuur vormen de fra setting van dit landelijke grillrestaurant. Sinds 1962 is hier al de 3e generatie aan het wer

VES-SUR-MEUSE *Namur* **533** O20 *et* **534** O20 *– voir à Namur.*

) *8647 West-Vlaanderen* C *Lo-Reninge 3 306 h.* **533** B17 *et* **716** B3. 18 **B2**

Bruxelles 142 – Brugge 66 – Kortrijk 51 – Veurne 13.

X **De Hooipiete,** Fintele 7, ✆ 0 58 28 89 09, *hooipiete@skynet.be, Fax 0 58 28 99 85,* , Taverne-rest, anguilles, ⚓ – P
fermé 2 prem. sem. fév., 2 prem. sem. sept., mardi et merc. – **Rest** 44, carte 29/47.
◆ Taverne-restaurant rustique œuvrant en famille dans un site agreste, à la jonction de l'Yser et du canal de Lo. Carte traditionnelle où l'anguille tient une place de choix.
◆ Dit rustieke café-restaurant, dat door een familie wordt gerund, ligt landelijk tussen het kanaal van Lo en de IJzer. Traditionele kaart met palingspecialiteiten.

)BBES *6540 Hainaut* **533** K20, **534** K20 *et* **716** F4 *– 5 500 h.* 7 **D2**

Env. *au Nord-Ouest : 3 km à Thuin : site*★.

Bruxelles 60 – Mons 29 – Charleroi 22 – Maubeuge 35.

Le Relais de la Haute Sambre, r. Fontaine Pépin 12 (au site Avigroup), ✆ 0 71 59 79 69, *rhs@skynet.be, Fax 0 71 59 79 83,* , – , rest, P – 40. AE VISA. ch
Rest *(fermé sam. midi, dim. soir, lundi soir et mardi soir)* 18/25, carte 21/37 – **15 ch** (fermé janv.-13 fév.) ★75/85 – ★★75/85 – ½ P 85/130.
◆ Sur un domaine touristique offrant divers loisirs, petit hôtel dont les chambres, au confort convenable, promettent des nuits sans histoire. Environnement verdoyant. Restaurant avec vue sur un manège et un étang. Cuisine traditionnelle ; ambiance détendue.
◆ Dit kleine hotel bevindt zich op een recreatieterrein met diverse activiteiten voor toeristen. De kamers zijn rustig en redelijk comfortabel. Eetzaal met uitzicht op een manege en een meertje. Traditionele keuken en ontspannen ambiance.

OCHRISTI *Oost-Vlaanderen* **533** I16 *et* **716** E2 *– voir à Gent, environs.*

OKEREN *9160 Oost-Vlaanderen* **533** J16 *et* **716** E2 *– 37 837 h.* 17 **C2**

Markt 2 ✆ 0 9 340 94 74, toeristischedienst@lokeren.be, Fax 0 9 340 94 77.

Bruxelles 41 – Gent 28 – Aalst 25 – Antwerpen 38.

Biznis, Zelebaan 100 (sortie ⑫ sur E 17 - A 14), ✆ 0 9 326 85 00, *info@biznishotel.be, Fax 0 9 326 85 01,* , – , rest, P – 180. AE VISA.
fermé 2 sem. en juil. – **Rest *Brouwershof*** *Lunch 25* – 50, carte 24/51 – **27 ch** ★80/140 – ★★95/160 – 5 suites.
◆ Ce nouvel hôtel dédié à la clientèle "biznis" a été conçu dans un esprit très contemporain. Grandes chambres, lounge-bar, salles de réunions et équipements high-tech. Table au goût du jour et à l'ambiance "trendy" ; belle terrasse et aire de jeux d'enfants.
◆ Nieuw en trendy hotel, dat mikt op een "biznis" cliëntèle. Grote kamers, loungebar, vergaderzalen en ultramoderne voorzieningen. Eigentijdse keuken en trendy ambiance. Mooi terras en speelweide.

La Barakka, Kerkplein 1, ✆ 0 9 340 56 86, *info@labarakka.com, Fax 0 9 340 56 80,* – rest, rest,. AE VISA. ch
Rest *(fermé jeudi)* (taverne-rest) *Lunch 10* – 25/50 bc, carte 25/48 – 7 – **13** ch ★63 – ★★76 – ½ P 80.
◆ Établissement familial connu de longue date à l'ombre du clocher de la Kerkplein. Agencement variable dans les chambres, d'une ampleur toujours suffisante. Alternative brasserie ou restaurant ; véranda tournée vers la place.
◆ Dit familiebedrijf is sinds lang een vertrouwd beeld bij de klokkentoren op het Kerkplein. Verschillend ingerichte kamers, maar alle van redelijk formaat. Keuze uit brasserie of restaurant; serre met uitzicht op het plein.

XXX **'t Vier Emmershof,** Krommestraat 1 (par Karrestraat : 3 km), ✆ 0 9 348 63 98, *info@vieremmershof.be, Fax 0 9 348 00 02,* – P 6/10. AE VISA
fermé prem. sem. sept., dim. soir, lundi et mardi – **Rest** (menu unqiue) *Lunch 30* – 49/85 bc, ♀.
◆ Villa moderne nichée dans un quartier résidentiel verdoyant et dotée d'une terrasse au jardin. Pas de carte, mais des suggestions du jour que le patron dévoile oralement.
◆ Moderne villa in een woonwijk met veel groen. Fijn terras aan de tuinzijde. Geen kaart, maar dagelijks wisselende suggesties die de patron mondeling doorgeeft.

X **Vienna,** Stationsplein 6, ✆ 0 9 349 03 02, *vienna1@telenet.be, Fax 0 9 349 30 28,* , Brasserie – 15/30. VISA
fermé fin fév.-début mars, lundi et mardi – **Rest** *Lunch 20* – 30/40, carte 34/49.
◆ Brasserie installée dans une maison de maître jouxtant la gare. Grande salle aux tons modernes et petite terrasse sur cour. Desserts également servis l'après-midi en week-end.
◆ Brasserie in een herenhuis bij het station. Grote eetzaal in moderne kleuren en terrasje op de binnenplaats. In het weekend worden de desserts ook 's middags geserveerd.

à Daknam *Nord : 2 km* Ⓒ *Lokeren – ✉ 9160 Daknam :*

XX **Tiecelijn,** Daknam-dorp 34, ☎ 0 9 348 00 59, *info@tiecelijn.be, Fax 0 9 348 00 69,* 🏞 P. AE ① MC VISA. ✂
fermé vacances carnaval, lundi de Pentecôte, 2 sem. en sept., mardi, merc. et sam. mic
Rest *Lunch 30* – 40/70 bc, carte 42/82, ♀.
◆ Table au goût du jour dont l'intérieur, design et très "tendance", produit un vif contras avec l'environnement extérieur, traditionnel et rural. Terrasse sous les tilleuls.
◆ Eigentijds restaurant met een hip designinterieur dat sterk contrasteert met de tradit nele, landelijke omgeving. Terras onder de linden.

LOMMEL *3920 Limburg* **533** Q15 *et* **716** I2 – *31 897 h.* 10

au Sud : 15 km à Leopoldsburg, Seringenstraat 7 ☎ 0 11 39 17 80, Fax 0 11 39 17 80.
Dorp 14 ☎ 0 11 54 02 21, info@toerismelommel.be, Fax 0 11 55 22 66.
Bruxelles 93 – Hasselt 37 – Eindhoven 30.

🏨 **Corbie** sans rest, Hertog Janplein 50, ☎ 0 11 34 90 90, *lommel@corbiehotel.cc* *Fax 0 11 34 90 91* – |‡| ✂ – 🏛 25. AE MC VISA
fermé 23 déc.-1er janv. – **33 ch** ☕ ✝75 – ✝✝100.
◆ Immeuble hôtelier flambant neuf élevé au voisinage de la maison communale. Chamb de bonnes dimensions, dotées d'un mobilier design. Vue sur la ville aux étages supérieu
◆ Spiksplinternieuw hotel in de buurt van het gemeentehuis. Ruime kamers met desig meubelen. Uitzicht op de stad vanaf de bovenste verdiepingen.

🏨 **Carré,** Dorperheide 31 (Ouest : 3 km sur N 712), ☎ 0 11 54 60 23, *hotel.carre@skynet..* *Fax 0 11 55 42 42,* 🏞, 🏞 – ▤ rest, P – 🏛 120. AE ① MC VISA. ✂ rest
Rest *(fermé avril) Lunch 25* – 48, carte 23/49 – **12 ch** ☕ ✝54 – ✝✝70 – ½ P 50/70.
◆ À 2 min. du centre-ville, petit hôtel familial renfermant des chambres fonctionne fraîches et nettes ; les plus paisibles se distribuent à l'arrière du bâtiment. Restaur misant sur une carte traditionnelle et un menu au goût du jour. Terrasse d'été.
◆ Klein hotel dat door een familie wordt gerund, op twee minuten van het centrum. Net functionele kamers, waarvan de rustigste aan de achterkant liggen. Restaurant met e traditionele kaart en een menu dat goed bij de tijd is. Terras in de zomer.

🏨 **Lommel Broek,** Kanaalstraat 91 (Sud : 9 km, lieu-dit Kerkhoven), ☎ 0 11 39 10 *lommelbroek@telenet.be, Fax 0 11 39 10 74,* 🚲 – ✂ P. MC VISA
fermé 2 sem. en nov. – **Rest** *(fermé merc.)* (taverne-rest) carte 16/49 – **7 ch** ☕ ✝5: ✝✝70 – ½ P 51/69.
◆ Près du canal de Beverlo et du Kattenbos (réserve naturelle), construction récente vc logeant dans de vastes chambres bien tenues. Taverne-restaurant décontractée où clistes et promeneurs se repaissent volontiers. Terrasses avant et arrière.
◆ Hotel met grote, goed onderhouden kamers in een recent gebouw bij het kanaal v Beverlo en het natuurreservaat het Kattenbos. Café-restaurant met een ongedwong sfeer, waar fietsers en wandelaars graag even uitblazen. Terras aan voor- en achterkant.

⌂ **De Haeghe** sans rest, Werkplaatsen 47, ☎ 0 11 55 45 06, *dehaegelommel@tiscalinet.* 🏞 – ✂ P. ✂
3 ch ☕ ✝33 – ✝✝55.
◆ Un couple hollandais vous accueille avec gentillesse dans cette villa de 1904 s'agrém tant d'un jardin doté d'une jolie pièce d'eau. Chambres romantiques et appartement.
◆ In deze villa uit 1904 wordt u vriendelijk ontvangen door een Nederlands stel. Rom tische kamers en appartement. Tuin met mooie waterpartij.

XXX **St Jan,** Koning Leopoldlaan 94, ☎ 0 11 54 10 34, *info@restaurant-st-jan.* *Fax 0 11 54 62 22,* 🏞 – ▤ ♿ P. AE ① MC VISA. ✂
fermé 2e quinz. juil., dim. et lundi – **Rest** *Lunch 30* – 35/72 bc, carte 42/57, ♀.
◆ Recettes du répertoire classique français servies dans une confortable salle à man d'esprit Art nouveau. Mise de table soignée, cave riche en margaux et grande terrasse.
◆ Comfortabele eetzaal in art-nouveaustijl, waar klassieke Franse gerechten worden ges veerd. Fraai gedekte tafels, wijnkelder met veel margaux en groot terras.

XX **Le Soleil,** Luikersteenweg 443 (Kolonie), ☎ 0 11 64 87 83, *lesoleil@skynet.be,* 🏞 – ▤ AE ① MC VISA. ✂
fermé 2 sem. après Pâques, 2 prem. sem. sept., merc. et jeudi – **Rest** (dîner seult) 34/85 carte 40/83, ♀.
◆ Petite villa bichonnée où l'on se sent directement en bonnes mains. Jolies toiles collection d'ustensiles culinaires anciens en salle. Accueil cordial ; carte actuelle.
◆ In deze keurige villa bent u in goede handen. Eetzaal met mooie doeken en een v zameling oud keukengerei. Vriendelijke ontvangst en eigentijdse kaart.

BELGIQUE

XX **Den Bonten Oss,** Dorp 33, ☎ 0 11 54 15 97, *smakelijk@skynet.be, Fax 0 11 54 47 47,* – P. AE ⓓ MC VISA
fermé vacances carnaval et lundis et sam. midis non fériés – **Rest** *Lunch 20* – 31/57 bc, carte 32/46.
◆ Un bon petit choix de préparations oscillant entre classicisme et tradition est présenté dans cet ancien relais de la malle-poste. Menus très demandés ; terrasse arrière.
◆ Dit voormalige poststation voert een kleine, maar lekkere kaart die schommelt tussen klassiek en traditioneel. De menu's zijn zeer in trek. Terras aan de achterzijde.

OMPRET *Hainaut* **534** L22 *et* **716** G5 – *voir à Chimay.*

ONDERZEEL *1840 Vlaams-Brabant* **533** K16 *et* **716** F2 – *17 434 h.* 3 **B1**
Bruxelles 23 – Leuven 46 – Antwerpen 28 – Gent 60 – Mechelen 20.

XX **'t Notenhof,** Meerstraat 113, ☎ 0 52 31 15 00, *notenhof@pandora.be, Fax 0 52 31 14 44,* – P ⇔ 40. AE ⓓ MC VISA
fermé carnaval, 2 sem. en août, mardi, merc. et sam. midi – **Rest** *Lunch 25* – 39/75 bc, carte 41/64.
◆ À l'entrée de la ville, près de la voie ferrée, villa sur jardin proposant une sobre cuisine classique. Accueil et service avenants. Terrasse délicieuse par beau temps.
◆ Villa met tuin bij de ingang van de stad, bij de spoorbaan. Sobere klassieke keuken. Vriendelijke ontvangst en service. Mooi terras voor zomerse dagen.

Malderen *Nord-Ouest : 6 km* C *Londerzeel* – ✉ *1840 Malderen :*

XX **'t Vensterke,** Leopold Van Hoeymissenstraat 29, ☎ 0 52 34 57 67, *info@vensterke.be,* – P. AE ⓓ MC VISA.
fermé sam. midi, dim. soir, lundi et mardi – **Rest** *Lunch 30* – 41/80 bc, carte 60/90, ♀.
◆ Table engageante et bien dans l'air du temps, La P'tite Fenêtre ('t Vensterke) interprète en famille un solide répertoire de recettes classiques renouvelé au fil des saisons.
◆ Uitnodigend restaurant met een hedendaags interieur, waar de hele familie de handen uit de mouwen steekt. Solide repertoire van klassieke gerechten die wisselen per seizoen.

OOZ *Limburg – voir Borgloon.*

OUVAIN *Vlaams-Brabant – voir Leuven.*

OUVAIN-LA-NEUVE *Brabant Wallon* **533** M18, **534** M18 *et* **716** G3 – *voir à Ottignies.*

a LOUVIÈRE *7100 Hainaut* **533** K20, **534** K20 *et* **716** F4 – *77 213 h.* 7 **D2**
Voir *Canal du Centre*★.
i *r. Bouvy 11* ☎ *0 64 26 15 00, maisondutourisme@lalouviere.be, Fax 0 64 21 85 79.*
Bruxelles 52 – Mons 28 – Binche 10 – Charleroi 26.

Tristar sans rest, pl. Maugretout 5, ☎ 0 64 23 62 60, *hotel.tristar@skynet.be, Fax 0 64 26 14 23,* – . AE ⓓ MC VISA.
24 ch ☐ ★78 – ★★90 – 2 suites.
◆ En centre-ville, immeuble moderne à façade rouge abritant des chambres actuelles bien calibrées. Petits-déjeuners sous forme de buffet dans une salle "avec vue sur l'Etna".
◆ Dit moderne flatgebouw met rode gevel in het centrum van de stad beschikt over eigentijdse kamers van goed formaat. Ontbijtbuffet in een zaal met uitzicht op de "Etna".

XXX **Auberge de la Louve,** r. Bouvy 86, ☎ 0 64 22 87 87, *Fax 0 64 28 20 53* – P ⇔ 10/200. AE MC VISA.
fermé 1 sem. en janv., 1 sem. Pâques, 15 juil.-15 août, 1 sem. en nov., dim. soir, lundi et merc. soir – **Rest** *Lunch 25* – 45/72 bc, carte 60/93, ♀.
◆ Auberge ancienne dont le décor intérieur, chaleureux et cossu, s'accorde pleinement avec le contenu des assiettes, goûteux et sobrement actualisé. Menus plébiscités.
◆ Oude herberg met een warm en rijk aandoend interieur, dat uitstekend bij de gastronomische maaltijd past. De menu's zijn erg in trek. Redelijk moderne keuken.

XX **Pouic-Pouic,** pl. Mattéotti 59 (transfert prévu), ☎ 0 64 21 31 33, *info@pouic-pouic.be, Fax 0 64 21 31 33* – . AE MC VISA
fermé lundis midis et sam. midis non fériés, dim. soir et lundi soir – **Rest** *Lunch 15* – 33/74 bc, carte 39/50, ♀.
◆ Une table qui plaît pour son cadre moderne aux tons contrastés et sa cuisine actuelle revisitant quelques plats traditionnels un peu oubliés. Arrière-salle plus claire à midi.
◆ Restaurant met een modern interieur in contrasterende kleuren en een eigentijdse keuken die traditionele gerechten uit de vergetelheid haalt. Lichte achterzaal voor de lunch.

à Houdeng-Aimeries *Ouest : 3 km* ⓒ *La Louvière – ✉ 7110 Houdeng-Aimeries :*

XX **Le Damier,** r. Hospice 59, ☎ 0 64 22 28 70, *ledamier@skynet.be, Fax 0 64 22 28 70,* 🏠 P ⇔ 10/120. AE ⓓ MC VISA
fermé août et lundi midi – **Rest** *Lunch 29* – 25/85 bc, carte 47/77.
• Pas loin du canal du Centre et de ses ascenseurs hydrauliques, corpulente maison notable où se conçoit un choix de mets classiques revisités en douceur. Terrasse abritée.
• Groot herenhuis niet ver van het Canal du Centre met zijn hydraulische liften. Binnen wacht u een keur van klassieke gerechten met een vleugje modern. Beschut terras.

LOVERVAL *Hainaut* **533** L20, **534** L20 *et* **716** G4 – *voir à Charleroi.*

LUBBEEK *3210 Vlaams-Brabant* **533** O17 *et* **716** H3 – *13 660 h.* 4 C
Bruxelles 42 – Leuven 13 – Antwerpen 57 – Liège 71 – Namur 59.

XX **Maelendries,** Hertbosweg 5 (Sud : 3 km), ☎ 0 16 73 48 60, *maelendries@tiscali.be, Fax 0 16 73 48 60,* ≤, 🏠 – P ⇔ 5/20. ⓓ MC VISA. ✂
fermé 3 prem. sem. août, mardi, merc. et dim. soir – **Rest** *Lunch 32* – 34/56 bc, carte 32/4
• Fermette charmante isolée dans la campagne. Tomettes, poutres, solives, pressoir, vaisselier et chaises paillées en salle. Terrasse tournée vers les prés. Repas classique.
• Lieflijk boerderijtje op het platteland. Eetzaal met tegelvloer, houten balken, wijnpers, open servieskast en rieten stoelen. Klassieke keuken en terras.

LUIK *Liège – voir Liège.*

LUMMEN *Limburg* **533** Q17 *et* **716** I3 – *voir à Hasselt.*

LUSTIN *Namur* **533** O22, **534** O22 *et* **716** H4 – *voir à Profondeville.*

MAARKE-KERKEM *Oost-Vlaanderen* **533** G18 – *voir à Oudenaarde.*

MAASEIK *3680 Limburg* **533** T16 *et* **716** K2 – *23 632 h.* 11 D
ⓘ *Stadhuis, Markt 1* ☎ *0 89 81 92 90, toerisme.maaseik@maaseik.be, Fax 0 89 81 92 99.*
Bruxelles 118 – Hasselt 41 – Maastricht 33 – Roermond 20.

Van Eyck, Markt 48, ☎ 0 89 86 37 00, *info@hotel-vaneyck.be, Fax 0 89 86 37 01,* 🏠, – |‡| ⇄ ▤ P – 🎤 40. AE ⓓ MC VISA. ✂
Rest *(fermé vend., sam. et dim.)* (dîner seult) 34/75 bc, – **25 ch** ☕ ★115 – ★★150 – 2 suites – ½ P 105.
• Réception design, hall moderne sous verrière abritant la maison natale des frères Van Eyck, chambres "trendy" et suites ornées d'objets d'art birmans en laque. Restaurant contemporain où l'activité des cuisines est retransmise en images. Terrasse sur la place.
• Design receptie, moderne hal met glaskoepel waaronder ook het geboortehuis van de gebroeders Van Eyck is te zien; trendy kamers en suites met Birmaans kunstwerk. Eigentijds restaurant waar beelden uit de keuken voor u geprojecteerd worden. Terras op de Markt.

Kasteel Wurfeld 🐌, Kapelweg 60 (Wurfeld), ☎ 0 89 56 81 36, *info@kasteelwurfeld.be, Fax 0 89 56 87 89,* 🏠, 🌳, 🚲, 🌲 – |‡| ⇄ ♿ ch, P – 🎤 150. AE MC VISA. ✂
Rest *Lunch 34* – 41/56, carte env. 50 – **33 ch** ☕ ★78/88 – ★★110/125 – ½ P 89/97.
• Aux portes de Maaseik, imposante demeure ouverte sur un beau parc arboré invitant au repos. Deux générations de chambres classiques, depuis l'inauguration de la nouvelle aile. Restaurant-véranda servant de la cuisine dans le tempo actuel.
• Imposant gebouw aan de rand van Maaseik, met een boomrijk park om heerlijk uit te rusten. Sinds de opening van de nieuwe vleugel zijn er twee generaties klassieke kamers. Restaurant met serre, waar u kunt genieten van de eigentijdse kookkunst van de kok.

Aldeneikerhof 🐌, Hamontweg 103 (Est : 2 km, lieu-dit Aldeneik), ☎ 0 89 56 67 77, *aldeneikerhof@scarlet.be, Fax 0 89 56 67 78,* 🏠, 🌳 – P – 🎤 70. MC VISA. ✂
fermé fév. et dim. – **Rest** (dîner pour résidents seult) **8 ch** ☕ ★70 – ★★95 – ½ P 88/92.
• Ancienne maison de notable jouxtant l'église romano-gothique d'un hameau proche de Maaseik. Chambres aussi paisibles que confortables. Accueil familial gentil.
• Vriendelijk onthaal in dit 19e-eeuwse herenhuis naast de romaans-gotische kerk in een dorpje dicht bij Maaseik. De kamers zijn zowel rustig als comfortabel.

Wilgenhof sans rest, Kapelweg 51 (Wurfeld), ☎ 0 89 56 57 09, *info@hotelwilgenhof.be, Fax 0 89 56 54 72,* 🏠, ≘s – ⇄ P. ✂
fermé jeudi – **7 ch** ☕ ★65 – ★★85.
• Dans un secteur résidentiel, petit hôtel mettant à profit une villa et son extension récente où l'on pourra aussi se restaurer. Chambres actuelles et salon au mobilier ancien.
• Klein hotel in een villa in een rustige woonwijk, met een aangebouwd gedeelte. Eigentijdse kamers en lounge met antiek meubilair.

BELGIQUE

XX **De Loteling,** Willibrordusweg 5 (Est : 2 km, lieu-dit Aldeneik), ✆ 0 89 56 35 89, *delo teling@hotmail.com*, – P ⇔ 15/30.
fermé vacances carnaval et vacances Toussaint sauf week-end, mardi soir, merc. et après 20 h 30 – **Rest** 34/57 bc, carte 43/69, ♀.
◆ Dans un site frontalier pittoresque, villa estimée pour sa cuisine classique sobrement actualisée. Parquet et cheminée en salle ; portes vitrées ouvrant sur la terrasse.
◆ Villa in een pittoreske grensplaats, waar de klassieke kookkunst heel voorzichtig in een modern jasje wordt gestoken. Eetzaal met parket en open haard. Terras.

XX **Bienvenue,** Markt 20, ✆ 0 89 85 28 82, *info@restaurant-bienvenue.com, Fax 0 89 85 38 83*, – AE MC VISA
fermé merc. et sam. midi – **Rest** *Lunch 25* – 33/64 bc, carte 40/67.
◆ Table occupant une maison ancienne située en face du Markt où l'on dresse une terrasse sous les tilleuls. Chaleureuse salle à l'éclairage tamisé. Menu-carte de notre temps.
◆ Restaurant in een oud pand aan de Markt, waar men op het terras onder de linden kan eten. Gezellige eetzaal met sfeerlicht. Het menu à la carte past bij de huidige smaak.

X **Tiffany's,** Markt 19, ✆ 0 89 56 40 89, – AE MC VISA.
fermé lundi et sam. midi – **Rest** (menu unique) *Lunch 27* – 32.
◆ Repas classique-actuel servi dans une salle mignonne placée sous l'aimable vigilance d'une patronne élégante et spontanée. Choix limité à un menu. Terrasse d'été sur la place.
◆ Klassiek-eigentijdse kookstijl. In de charmante eetzaal houdt een elegante en spontane patronne alles nauwlettend in de gaten. Slechts één dagmenu. Terras op het plein.

MAASMECHELEN *3630 Limburg* **533** T17 *et* **716** K3 – *36 255 h.* 11 **C2**

Bruxelles 106 – Hasselt 30 – Aachen 42 – Maastricht 15.

X **Da Lidia,** Rijksweg 215, ✆ 0 89 76 41 34, *info@dalidia.be, Fax 0 89 77 42 10*, , Cuisine italienne – P ⇔ 60. AE ① MC VISA.
fermé 2 au 22 août, lundi et mardi – **Rest** *Lunch 25* – 45/60, carte 30/50, ♀.
◆ Enseigne transalpine auréolée d'une certaine reconnaissance locale, depuis 1973. Salle de restaurant actuelle, grand café séparé, terrasse-jardin et bonne ambiance familiale.
◆ Deze Italiaan geniet sinds 1973 een goede reputatie in Maasmechelen. Moderne eetzaal met een groot, apart café, beplant terras en een zeer gemoedelijke sfeer.

Eisden *Nord : 3 km* C *Maasmechelen* – ✉ *3630 Eisden :*

Lika sans rest, Pauwengraaf 2, ✆ 0 89 76 01 26, *hotel.lika@skynet.be, Fax 0 89 76 55 72*, , , – ♿ – 150. AE MC VISA
fermé 22 déc.-4 janv. – **42 ch** ☕ ✝65/82 – ✝✝92/148.
◆ Près du "Maasmechelen Village" (outlet shopping), bâtisse hôtelière d'aspect moderne où vous logerez dans des chambres fonctionnelles. Communs offrant suffisamment d'ampleur.
◆ Modern hotel bij "Maasmechelen Village" (outlet shopping). Praktische kamers en ruim bemeten gemeenschappelijke ruimten.

X **Fratelli,** Pauwengraaf 39, ✆ 0 89 76 27 02, *info@ristorantefratelli.be, Fax 0 89 76 48 32*, , Taverne-rest avec cuisine italienne – P ⇔ 20/60. AE ① MC VISA.
fermé 1 sem. carnaval, 3 sem. en sept. et merc. – **Rest** *Lunch 25* – 38/56, carte 41/58, ♀.
◆ Établissement populaire situé dans la rue principale. Pâtes, pizzas et ambiance "estaminet" à l'avant ; arrière-salle où l'on présente une carte italianisante plus élaborée.
◆ Populaire eettent in de hoofdstraat. Pasta's en pizza's aan de voorkant, terwijl in de zaal aan de achterzijde meer verfijnde Italiaanse gerechten worden geserveerd.

Opgrimbie *Sud : 5 km* C *Maasmechelen* – ✉ *3630 Opgrimbie :*

XX **La Strada,** Rijksweg 634, ✆ 0 89 76 69 12, *info@restaurantlastrada.be, Fax 0 89 76 69 12*, , Cuisine italienne, ouvert jusqu'à 23 h – P. AE ① MC VISA
fermé dim. midis et lundis soirs non fériés, lundi midi et sam. midi – **Rest** 35/45, carte 35/56.
◆ Cette table italienne rénovée officie depuis près d'une vingtaine d'années au bord de la "strada" reliant Maasmechelen à Lanaken. Cuisine ouverte, bar et salon au coin du feu.
◆ Dit gerenoveerde Italiaanse restaurant staat al zo'n 20 jaar langs de "strada" tussen Maasmechelen en Lanaken. Open keuken, bar en zithoek bij het haardvuur.

XX **Il Fiore,** Rijksweg 560, ✆ 0 89 70 45 66, *diana.pani@pandora.be, Fax 0 89 70 45 99*, Cuisine italienne, ouvert jusqu'à 23 h – P. AE MC VISA
fermé 31 janv.-6 fév., 14 au 31 août, mardi et sam. midi – **Rest** *Lunch 35* – 43/75 bc, carte 35/60.
◆ Une grande toile-enseigne tendue en façade différencie ce restaurant italien d'une simple habitation privée. Cadre très contemporain, choix traditionnel et mets à la truffe.
◆ Een groot doek met logo onderscheidt dit Italiaanse restaurant van een gewoon woonhuis. Ultramodern interieur, traditionele kaart en truffelspecialiteiten.

MAISSIN *6852 Luxembourg belge* Ⓒ *Paliseul 5 052 h.* **534** Q23 *et* **716** I6. 12
Bruxelles 135 – Arlon 65 – Bouillon 26 – Dinant 49 – St-Hubert 19.

Chalet-sur-Lesse, av. Bâtonnier Braun 1, ☎ 0 61 65 53 91, *info@chalet-sur-lesse.b*
Fax 0 61 65 56 88, , , , – | .   . rest
fermé janv.-2 fév. et 29 juin-6 juil. – **Rest** (dîner pour résidents seult) – **26 ch** 70/8
 109/146 – 1 suite – ½ P 70/109.
◆ Grand chalet converti en hostellerie notamment prisée des golfeurs et des bridgeu
Chambres avenantes, salon "cosy", pub, salle à manger confortable et terrasse au jardin.
◆ Dit hotel in een groot chalet is vooral populair bij golf- en bridgeliefhebbers. Aantrekk
lijke kamers, gezellige lounge, pub. Gerieflijke eetzaal en tuin met terras.

MALDEGEM *9990 Oost-Vlaanderen* **533** F15 *et* **716** D2 – *22 289 h.* 16
Bruxelles 87 – Gent 29 – Antwerpen 73 – Brugge 17.

Beukenhof, Brugsesteenweg 200, ☎ 0 50 71 55 95, *beukenhof.maldegem@skynet.*
Fax 0 50 71 55 95, –   25/40
fermé dern. sem. fév.-prem. sem. mars, 2 dern. sem. juil., mardi soir, merc. et jeudi – **Re**
35/66 bc, carte 36/52.
◆ La clientèle locale défile depuis un quart de siècle dans cette fermette proprette ten
en famille à l'approche de Maldegem. Salon-bar et terrasse arrière ; choix classique.
◆ De lokale clientèle komt al een kwart eeuw in dit propere boerderijtje bij Maldegem, c
door een familie wordt gerund. Klassieke keuken. Salon met bar en terras achter.

Elckerlijc, Kraailokerweg 17 (Sud : 4 km par N 44, puis direction Ursel, lieu-dit Kle
☎ 0 50 71 52 63, *info@elckerlijc.be, Fax 0 50 71 47 22,* , Grillades –   25/45.
fermé mardi et merc. sauf juil.-15 août – **Rest** *Lunch 23* – carte 32/67.
◆ Suivez bien le fléchage pour dénicher cette fermette perdue dans la campagne
courue par les amateurs de grillades. Cadre néo-rustique bistrotier, véranda et belle t
rasse.
◆ Pijlen wijzen naar dit afgelegen boerderijtje op het platteland, dat zeer in trek is
liefhebbers van gegrilde gerechten. Neorustiek bistro-interieur, veranda en mooi terras

BELGIQUE

MALDEREN *Vlaams-Brabant* **533** K16 *et* **716** F2 – *voir à Londerzeel.*

MALEN *Brabant Wallon – voir Mélin.*

MALINES *Antwerpen – voir Mechelen.*

MALLE *2390 Antwerpen* **533** N15 *et* **716** H2 – *14 083 h.* 1
Bruxelles 75 – Antwerpen 30 – Turnhout 18.

à Oostmalle *Est : 2 km* Ⓒ *Malle* – ✉ *2390 Oostmalle :*

De Eiken, Lierselei 173 (Sud : 2 km sur N 14), ☎ 0 3 311 52 22, *info@de-eiken.be, Fax*
311 69 45, ←, –   10/30.   .
fermé 2 au 4 janv., 27 fév.-6 mars, 3 au 10 avril, 31 juil.-9 août, 30 oct.-6 nov., sam. m
dim., lundi et après 20 h 30 – **Rest** *Lunch 45* – 30/105 bc, carte 83/105, ♀.
◆ Cuisine d'aujourd'hui servie dans deux pièces dotées de sièges modernes et de tab
rondes espacées ou sur la terrasse donnant sur le beau jardin arboré et sa pièce d'eau.
◆ Eigentijdse gerechten, geserveerd in twee zalen met moderne stoelen en ronde ta
met veel ruimte ertussen, of op het terras dat uitkijkt op de bomentuin met waterpartij

Haute Cookure, Herentalsebaan 30, ☎ 0 3 322 94 20, *info@hautecookure.*
Fax 0 3 322 94 21, – .   .
fermé 3 sem. Pâques, 3 dern. sem. août, mardi, merc. et sam. midi – **Rest** *Lunch 2*
45/73 bc, carte 47/63, ♀.
◆ Restaurant moderne établi dans une maison ancienne excentrée. Harmonie de to
beige, café et tabac en salle ; chaises et banquettes en cuir confortables. Terrasse caché
◆ Modern interieur van beige-, tabak-en koffiekleuren in de eetzaal van een oud pa
buiten het dorp. Knusse lederen bankstellen en stoelen. Verborgen terras achteraan.

MALMÉDY *4960 Liège* **533** V20, **534** V20 *et* **716** L4 – *11 829 h.* 9
Voir *Site★.*
Env. *au Nord : Hautes Fagnes★★, Signal de Botrange ←★, Sentier de découverte natu*
– au Sud-Ouest : 6 km, Rocher de Falize★ – au Nord-Est : 6 km, Château de Reinhardstei
 pl. du Châtelet 10 ☎ 0 80 79 96 35, Fax 0 80 33 92 22.
Bruxelles 156 – Liège 57 – Eupen 29 – Clervaux 57.

Hostellerie Trôs Marets ⑤, rte des Trôs Marets 2 (Nod-Est : 6 km sur N 68, Bévercé), ☎ 0 80 33 79 17, *info@trosmarets.be, Fax 0 80 33 79 10,* ≤ vallées, ☞, ⊠ – ⇔ 🅿. AE ⓓ ⓜⓒ VISA. ✂ rest
fermé 4 au 29 mars et 26 nov.-21 déc. – **Rest** *(fermé dim. soir et lundi)* 44/75, carte 43/74 – **7 ch** ☐ ✝82/186 – ✝✝102/235 – 4 suites – ½ P 95/147.
◆ Au pied des Hautes Fagnes, en contrebas d'une route sinueuse, charmante hostellerie procurant une vue bucolique sur la vallée. Jardin soigné. Chambres confortables. Restaurant garni de meubles de style. Choix classico-traditionnel et belle terrasse-belvédère.
◆ Aan de voet van de Hoge Venen, onderaan een bochtige weg, bevindt zich dit charmante restaurant-hotel met bucolisch uitzicht op de vallei. Comfortabele kamers. Restaurant met stijlmeubelen en mooi terras met uitzicht. Traditioneel-klassieke kaart.

Le Chambertin, Chemin-rue 46, ☎ 0 80 33 03 14, *chambertin@skynet.be, Fax 0 80 77 03 38* – |♦|. ⓓ ⓜⓒ VISA. ✂ ch
Rest *(fermé lundi midi et mardi midi)* Lunch 25 – 32, carte 25/45 – **8 ch** ☐ ✝65 – ✝✝70 – ½ P 65.
◆ Au cœur de Malmédy, à l'angle de la principale rue commerçante, petit établissement dont les chambres offrent un confort correct. Salle des repas sobrement décorée. Assortiment de plats traditionnels.
◆ Dit hotelletje staat op de hoek van de belangrijkste winkelstraat van Malmédy. De kamers zijn redelijk comfortabel. In de sober ingerichte eetzaal worden traditionele schotels geserveerd.

Ffaulty Towers ⑤, rte de Hotleux 45 (Est : 2 km, lieu-dit Arimont), ☎ 0 80 77 04 36, *ffaultytowers@belgacom.net, Fax 0 80 44 84 09,* ☞ – 🅿
Rest (dîner pour résidents seult) – **5 ch** ☐ ✝72 – ✝✝72 – ½ P 65.
◆ Cette ancienne ferme en pierres du pays agrémentée d'un jardin-verger abrite d'accueillantes chambres à thèmes : Harry Potter, orientale, africaine, Feng-Shui et châtelaine.
◆ Deze oude boerderij van steen uit de streek met een tuin-boomgaard biedt prettige kamers met een thema: Harry Potter, oosters, Afrikaans, Feng Shui en kasteelstijl.

BELGIQUE

L'Horizon sans rest, rte du Monument 8 (Est : 4 km, lieu-dit Baugnez), ☎ 0 80 33 93 44, *horizon@swing.be,* ≤, ☞ – 🅿. ✂
5 ch ☐ ✝30/40 – ✝✝45/60.
◆ Maison dont les chambres proprettes à prix souriant bénéficient, au même titre que le jardin et la salle des petits-déj', d'une vue dégagée sur le plateau des Hautes Fagnes.
◆ Goedkoop hotel met propere kamers, die net als de tuin en de ontbijtzaal een vrij uitzicht bieden op het plateau van de Hoge Venen.

Plein Vent avec ch, rte de Spa 44 (Ouest : 7 km sur N 62, lieu-dit Burnenville), ☎ 0 80 33 05 54, *pleinvent@pleinvent.be, Fax 0 80 33 70 60,* ≤ vallées, ☞ – ▤ rest, 🅿. AE ⓓ ⓜⓒ VISA. ✂
fermé fin déc.-début janv., merc. de Toussaint à fin mars, lundi soir et mardi – **Rest** *(fermé après 20 h 30)* Lunch 34 – 28/48, carte 48/86, ♀ – **7 ch** ☐ ✝65/72 – ✝✝70/80 – ½ P 65/70.
◆ Près du circuit de vitesse, villa s'entourant de verdure et embrassant la vallée du regard. Accueil et service familial, cuisine traditionnelle et chambres lambrissées en pin.
◆ Deze villa tussen het groen ligt bij de autoracebaan en kijkt uit op het dal. Vriendelijke ontvangst en service, traditionele keuken en kamers met grenen schrootjeswanden.

Albert Ier avec ch, pl. Albert Ier 40, ☎ 0 80 33 04 52, *info@hotel-albertpremier.be, Fax 0 80 33 06 16,* ☞ – ▤ ch. AE ⓓ ⓜⓒ VISA
fermé carnaval, 1er au 15 juil., merc. soir et jeudi – **Rest** 43/49, carte 44/58, 🍇 – **6 ch** ☐ ✝60 – ✝✝85.
◆ Alléchantes recettes actuelles aux accents transalpins et, pour les accompagner, vins issus de domaines italiens réputés. Patronne aux fourneaux. Chambres simples et nettes.
◆ Smakelijke eigentijdse gerechten met een Italiaans accent, waarbij wijnen van befaamde Italiaanse producenten worden geschonken. Eenvoudige, maar keurige kamers.

ALONNE *Namur* **533** N20, **534** N20 *et* **716** H4 – *voir à Namur.*

ANAGE *7170 Hainaut* **533** K19, **534** K19 *et* **716** F4 – *22 341 h.* 7 **D2**
Bruxelles 47 – Mons 25 – Charleroi 24.

Le Petit Cellier, Grand'rue 88, ☎ 0 64 55 59 69, *lepetitcellier@skynet.be, Fax 0 64 55 56 07,* ☞ – ▤ 🅿 ⇔ 5/50
fermé 2 au 7 janv., 17 juil.-17 août, dim. soir et lundi – **Rest** Lunch 30 – 38/75 bc, carte 33/69.
◆ Cette vénérable enseigne du centre de Manage signale une maison de caractère appréciée pour ses recettes classiques françaises que valorise un bon "petit cellier".
◆ Karakteristiek pand in het centrum van Manage. Het restaurant valt zeer in de smaak vanwege de klassieke Franse gerechten, waarvoor een goede wijn uit de kast wordt gehaald.

MARCHE-EN-FAMENNE *6900 Luxembourg belge* **533** R21, **534** R21 *et* **716** J5 12

16 988 h.

r. Brasseurs 7 ☎ 0 84 31 21 35, info@marche-tourisme.be, Fax 0 84 32 31 39.

Bruxelles 107 – Arlon 80 – Liège 56 – Namur 46.

Quartier Latin, r. Brasseurs 2, ☎ 0 84 32 17 13, *contact@quartier-latin.be, Fax 0 32 17 12*, rest, – 400. AE MC VISA

Rest (brasserie) *Lunch 15* – 27/45, carte 29/61, – 13 – **75 ch** ★90/120 – ★★100/15 ½ P 98/113.

◆ Hôtel bâti à l'emplacement d'un ancien Collège des Jésuites. Chambres tout confort, b outil conférencier, wellness complet et lounge-bar "cosy". Église baroque (1731) conve en une grande brasserie-restaurant à touches Art déco. Salles de banquets à côté.

◆ Hotel op de plek van een jezuïetencollege. Kamers met alle comfort, goede cong faciliteiten, wellness center en gezellige lounge-bar. Barokkerk (1731) die nu een gr brasserie annex restaurant is met elementen in art-decostijl. Banquetingzalen ernaast.

Château d'Hassonville, rte d'Hassonville 105 (Sud-Ouest : 4 km par N 8 ☎ 0 84 31 10 25, *info@hassonville.be, Fax 0 84 31 60 27*, – rest – 30. AE MC VISA.

fermé 2 prem. sem. janv., lundi et mardi – **Rest** *Lunch 35* – 55/110 bc, carte 75/86, 15 – **20 ch** ★100/150 – ★★100/150 – ½ P 120/165.

◆ Superbe château du 17e s. agrémenté d'un parc doté d'un étang. Chambres rom tiques (sans TV) dans le corps de logis et ses dépendances. Repas élaboré servi sou charpente d'un pavillon moderne dont les tables latérales ménagent une jolie vue. Ri cave.

◆ Prachtig 17e-eeuws kasteel, omringd door een groot park met vijver. Romantis kamers zonder tv in het hoofdgebouw en de bijgebouwen. Verfijnde maaltijd in een pa joen, waarvan de tafels aan de zijkant een mooi uitzicht bieden. Rijke wijnkelder.

Les 4 Saisons, rte de Bastogne 108 (Sud-Est : 2 km, lieu-dit Hollogne), ☎ 0 84 32 18 *alainbastin@skynet.be, Fax 0 84 32 18 81*, – 40. MC VISA

fermé début juil., mardi soir, merc. et dim. soir – **Rest** *Lunch 25* – 30/62 bc, carte 49/64,

◆ Table donnant le choix entre une salle de style actuel chaleureux et une véranda derne tournée vers la terrasse-jardin et sa pièce d'eau. Cuisine du moment ; vins adapt

◆ Restaurant met een gezellige, eigentijdse eetzaal en een moderne serre die uitkijkt de tuin met terras en waterpartij. Up-to-date culinair register en bijpassende wijnen.

La Gloriette, r. Bastogne 18, ☎ 0 84 37 98 22, *info@lagloriette.net, Fax 0 84 37 98* – 10/65. AE MC VISA

fermé 1 sem. en fév., 2 sem. en sept., lundi et merc. soir – **Rest** *Lunch 22* – 35/75 bc, c 38/58,

◆ Maison de maître en briques vous conviant à un repas au goût du jour dans un ca actuel clair. Un grand jardin à la française agrémenté d'une gloriette se cache à l'arrière

◆ Dit bakstenen herenhuis nodigt u uit voor een eigentijdse maaltijd in een licht, moc decor. Aan de achterzijde ligt een grote, Franse tuin met prieeltje.

Nous essayons d'être le plus exact possible dans les prix que nous indiquons. Mais tout bouge ! Lors de votre réservation, pensez à vous faire préciser le prix du moment.

MARCOURT *6987 Luxembourg belge* C *Rendeux 2 283 h.* **533** S21, **534** S21 *et* **716** J5. 13

Bruxelles 126 – Arlon 84 – Marche-en-Famenne 19 – La Roche-en-Ardenne 9.

La Grande Cure, Les Planesses 12, ☎ 0 84 47 73 69, *info@lagrandecure Fax 0 84 47 83 13*, – MC VISA. rest

fermé janv. – **Rest** (résidents seult) – **9 ch** ★60/70 – ★★83/120 – ½ P 86/103.

◆ Chalet en pierres et bois situé sur les hauts du village, dans un quartier résidentie bout d'une allée de bouleaux. Petites chambres aux tons actuels, jardin et terrasse.

◆ Chalet van steen en hout op een heuvelrug, in een rustige woonwijk aan het eind een berkenlaan. Kleine kamers in eigentijdse kleuren; tuin en terras.

Le Marcourt avec ch, Pont de Marcourt 7, ☎ 0 84 47 70 88, *Fax 0 84 47 70 88*, MC VISA.

fermé 31 déc.-2 fév. janv., 25 juin-6 juil., 3 au 28 sept., mardi soir, merc. et jeudi – R *(fermé après 20 h 30) Lunch 33* – 45/52 bc, carte 37/53 – **6 ch** ★72 – ★★72 – ½ P 72.

◆ Ce restaurant traditionnel tenu en couple depuis 1980 occupe une maison d'an l'immuable intérieur "seventies" agrémenté de verdure. Mini-terrasse avant ; jardin rière.

◆ Dit traditionele restaurant wordt sinds 1980 door een echtpaar gerund in een hoekp met een onveranderlijk seventies-interieur en veel groen. Terrasje voor en tuin achter.

ARENNE *6990 Luxembourg belge* 🄲 *Hotton 5 075 h.* **533** R21, **534** R21 *et* **716** J5. 12 **B1**
Bruxelles 109 – Arlon 84 – Dinant 44 – Liège 64 – Namur 54 – La Roche-en-Ardenne 22.

XX **Les Pieds dans le Plat,** r. Centre 3, ☎ 0 84 32 17 92, *restjm@belgacom.be, Fax 0 84 32 36 92,* – P
fermé fin déc. et lundis, mardis, merc. soirs et jeudis soirs non fériés – **Rest** *Lunch 25* – 30/70 bc, carte 30/61, ♀.
◆ Bâtisse en pierres du pays (ex-école du village) agrandie par une véranda moderne. Carte et menus appétissants, chaleureux décor rustique-contemporain, repas au jardin en été.
◆ Oude dorpsschool van steen uit de streek met een moderne serre. Aanlokkelijke kaart en menu's, warm modern-rustiek interieur en tuin om 's zomers buiten te eten.

ARIAKERKE *Oost-Vlaanderen* **533** H16 – *voir à Gent, périphérie.*

ARIAKERKE *West-Vlaanderen* **533** C15 *et* **716** B2 – *voir à Oostende.*

ARIEKERKE *Antwerpen* **533** K16 *et* **716** F2 – *voir à Bornem.*

ARKE *West-Vlaanderen* **533** E18 *et* **716** C3 – *voir à Kortrijk.*

ARTELANGE *6630 Luxembourg belge* **534** T24 *et* **716** K6 – *1 567 h.* 13 **C2**
Bruxelles 168 – Arlon 18 – Bastogne 21 – Diekirch 40 – Ettelbrück 36 – Luxembourg 53.

XX **Hostellerie An der Stuff** avec ch, r. Roche Percée 1 (Nord : 2 km sur N 4), ☎ 0 63 60 04 28, ≤, – rest, P 50. VISA
fermé 2 au 10 janv. – **Rest** *(fermé dim. soir et lundi)* 54 bc,/59, carte 46/76 – ***La Grignotière*** *(fermé dim. soir et lundi)* carte 33/46 – **10 ch** ★68/76 – ★★76/84 – ½ P 57/82.
◆ Cuisine actualisée servie dans un cadre ardennais où crépitent de bonnes flambées quand le froid sévit. Coup d'œil sur la nature verdoyante par les baies vitrées. Carte classico-traditionnelle à séquences régionales et ambiance bistrot à La Grignotière.
◆ Behaaglijk restaurant met een Ardens interieur, waar het haardvuur knappert als het koud is. Eigentijdse keuken en glaspuien met uitzicht op de weelderige natuur. Typische bistrosfeer en traditioneel-klassieke keuken met regionale invloeden in La Grignotière.

ASNUY-ST-JEAN *Hainaut* **533** I19, **534** I19 *et* **716** E4 – *voir à Mons.*

ASSEMEN *9230 Oost-Vlaanderen* 🄲 *Wetteren 23 207 h.* **533** I17 *et* **716** E3. 17 **C2**
Bruxelles 45 – Gent 19 – Antwerpen 65.

XX **Geuzenhof,** Lambroekstraat 90, ☎ 0 9 369 80 34, *info@geuzenhof.be, Fax 0 9 368 20 68,* – P 15/150.
fermé 1er au 15 avril, 1er au 20 oct., sam. midi, dim. soir et lundi – **Rest** *Lunch 21* – 45/50, carte 32/61.
◆ À la campagne, ancienne ferme charmante dont les deux ailes communiquent par une véranda. Cadre "cosy", terrasse sur cour et carte à double volet : classique et plus "trendy".
◆ Sfeervolle oude boerderij met twee vleugels en een veranda ertussen. Kaart met klassieke en ook meer trendy gerechten. Terras op de binnenplaats.

ATER *Oost-Vlaanderen* **533** H17 – *voir à Oudenaarde.*

ECHELEN (MALINES) *2800 Antwerpen* **533** L16 *et* **716** G2 – *78 271 h.* 1 **B3**
Voir *Tour★★★ de la cathédrale St-Rombaut★★ (St. Romboutskathedraal)* **AY** – *Grand-Place★ (Grote Markt)* **ABY 26** – *Hôtel de Ville★ (Stadhuis)* **BY H** – *Pont du Wollemarkt (Marché aux laines)* ≤★ **AY F** – *Trois maisons anciennes pittoresques★ sur le quai aux Avoines (Haverwerf)* **AY**.
Musée : *Manufacture Royale de Tapisseries Gaspard De Wit★ (Koninklijke Manufactuur van Wandtapijten Gaspard De Wit)* **AY M**1.
Env. par ③ : *3 km à Muizen : Parc zoologique de Planckendael★★.*
Hallestraat 2 ☎ 0 15 29 76 55, inenuit@mechelen.be, Fax 0 15 29 76 53.
Bruxelles 30 ④ – Antwerpen 26 ⑥ – Leuven 24 ③.

Plan page suivante

Vé sans rest, Vismarkt 14, ☎ 0 15 20 07 55, *info@hotelve.com, Fax 0 15 20 07 60* – – 30. VISA. AY z
36 ch ★128/206 – ★★154/232.
◆ Hôtel tirant parti d'une ex-fumerie de hareng sur une place centrale baignée par la Dijle. Chambres modernes, décor artistique tendance design, expos et happenings récurrents.
◆ Hotel in een voormalige haringrokerij aan een centraal gelegen plein aan de Dijle. Moderne kamers, artistiek designinterieur, exposities en vaste evenementen.

BELGIQUE

Novotel, Van Beethovenstraat 1, 0 15 40 49 50, *H3154@accor.com, Fax 0 15 40 49* AZ
– – 110. AE VISA
Rest carte 27/38, – 15 – **121 ch** 59/179 – 59/179 – 1 suite.
◆ Novotel "nouvelle génération" installé dans un immeuble moderne bâti en centre-vi Espaces communs et chambres dont l'agencement "colle" bien à l'époque. Brasserie cadre contemporain. Carte diversifiée, apte à satisfaire la plupart des appétits.
◆ Een Novotel "nieuwe stijl" in een modern gebouw in het centrum. De kamers en and ruimten passen geheel in de huidige tijdgeest. Brasserie met een hedendaagse inricht en een gevarieerde kaart met voor elk wat wils.

Gulden Anker, Brusselsesteenweg 2, 0 15 42 25 35, *info@guldenanker.be, Fax 0 42 34 99,* – – 100. AE VISA AZ
Rest *(fermé juil., sam. midi et dim. soir)* Lunch 25 – 36/73 bc, carte 32/54 – **34 ch** 72/ – 82/128 – ½ P 66/130.
◆ "Jetée" aux portes de la ville, en face d'un canal, L'Ancre d'Or (Gulden Anker) propose chambres refaites de neuf offrant un bon niveau de confort. Salle des repas actue Préparations classiques égayées de notes régionales.
◆ Dit hotel ligt voor anker bij een gracht aan de rand van de stad. Het beschikt over kam die volledig zijn gerenoveerd en goed comfort bieden. In de moderne eetzaal wor klassieke gerechten met regionale invloeden geserveerd.

NH Mechelen sans rest, Korenmarkt 24, 0 15 42 03 03, *nhmechelen@nh-hotels.c Fax 0 15 42 37 88* – – 35. AE VISA. AZ
– **43 ch** 72/167 – 82/184.
◆ Cette imposante façade de brique située en centre-ville abrite des chambres confo bles et des espaces communs d'esprit "british", dont un bar rutilant et un salon "cosy".
◆ Centraal gelegen hotel met een imposante bakstenen gevel en een sfeervolle lounge ruime, behaaglijke kamers zijn in Engelse stijl ingericht. De bar glimt je tegemoet.

Malcot sans rest, Leuvensesteenweg 236 (par ③ : 2 km), 0 15 45 10 00, *info@h malcot.be, Fax 0 15 25 10 01* – AE VISA
10 ch 100/140 – 120/200.
◆ Accueil prévenant en cette villa pimpante isolée de la chaussée par une allée et un éc végétal. Salon-cheminée utilisé au petit-déj' ; chambres récentes bien agencées.
◆ Tussen deze mooie villa en de weg loopt een laan en is veel groen. Ontbijt in de zitka met open haard. Goed ingedeelde, moderne kamers. Attente service.

BELGIQUE

MECHELEN

Antwerpsesteenweg	C	2
Battelsesteenweg	C	4
Brusselsesteenweg	C	12
Colomalaan	C	14
Eikestr.	C	20
Europalaan	C	23
Hanswijkvaart	C	30
Hombeeksesteenweg	C	32
Liersesteenweg	C	47
Postzegellaan	C	57
Steppeke	C	66
Stuivenbergbaan	C	67
Tervuursesteenweg	C	69

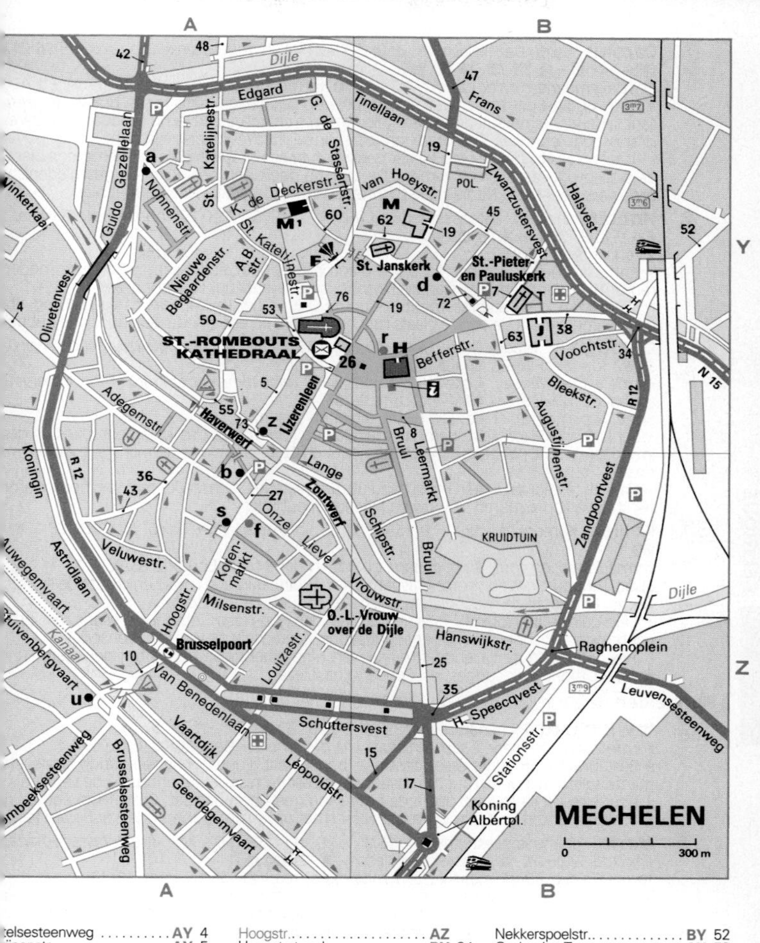

ːelsesteenweg .... AY 4
ijnenstr. .... AY 5
ːstr. .... BY 7
ermarkt .... BY 8
sselsepoortstr. .... AZ 10
ul .... BYZ
ːmastr. .... BZ 15
ːsciencestr. .... BZ 17
ːerik de Merodestr. .... BY 19
ːe Markt .... ABY 26
van Egmontstr. .... BZ 25
ːenstr. .... AZ 27

Hoogstr. .... AZ
Hoogstratenpl. .... BY 34
IJzerenleen .... AY
Kardinaal Mercierpl. .... BZ 35
Karmelietenstr. .... AZ 36
Keizerstr. .... BY 38
Korenmarkt .... AZ
Korte Pennincstr. .... AZ 43
Lange Heergracht .... BY 45
Liersesteenweg .... BY 47
Maurits Sabbestr. .... AY 48
Melaan .... AY 50

Nekkerspoelstr. .... BY 52
Onder den Toren .... AY 53
O. L. Vrouwstr. .... ABZ
O. Van Kesbeeckstr. .... AY 42
Persoonshoek .... AY 55
Schoutetstr. .... AY 60
St-Janstr. .... BY 62
St-Pietersberg .... BY 63
Veemarkt .... BY 72
Vismarkt .... AY 73
Wollemarkt .... AY 76

Express by Holiday Inn sans rest, Veemarkt 37c, ✆ 0 15 44 84 20, *hotel@express-himechelen.com, Fax 0 15 44 84 21* – 🛗 ▤ ♿ 🚗 – 🎤 25. AE ⓓ ⓜⓒ VISA BY d
69 ch ☕ 🛏75/125 – 🛏🛏75/125.

◆ Hôtel récent, stratégiquement situé dans le centre-ville, en bordure du Marché aux bestiaux (Veemarkt). Chambres sans reproche, équipées à l'identique. Parking privé.

◆ Dit recent hotel is strategisch gelegen in de binnenstad, aan de Veemarkt. Onberispelijke kamers die identiek zijn ingericht. Eigen parkeergarage.

Carolus, Guido Gezellelaan 49, ☎ 0 15 28 71 41, *hotel@hetanker.be, Fax 0 15 28 71 4*
– – P – 30. AE VISA AY
Rest *(fermé merc. midi)* carte 27/45 – **22 ch** (fermé 23 déc.-2 janv.) ☐ ★72/76 – ★★76/9
◆ Hôtel original par son emplacement, près du béguinage, dans le site brassicole prod sant la boisson emblématique de la ville. Grandes chambres. Taverne évoquant l'histoire la brasserie Het Anker. Plats traditionnels et spécialités régionales à la bière.
◆ Hotel op een originele plek, bij het begijnhof, in een brouwerij die het beroemde bier v de stad produceert. Grote kamers. De taverne geeft een beeld van de geschiedenis v brouwerij Het Anker. Traditionele schotels en streekgerechten bereid met bier.

Hobbit sans rest, Battelsesteenweg 455 F, ☎ 0 15 27 20 27, *hobbit.hotel@skynet.b*
Fax 0 15 27 20 28 – P. VISA C
23 ch ☐ ★60 – ★★69.
◆ Entre la Dijle et le canal, à portée d'autoroute, petit établissement d'allure moder renfermant des chambres standard insonorisées, avant tout fonctionnelles.
◆ Klein en modern etablissement tussen de Dijle et het kanaal, vlak bij de snelweg. Sta daardkamers die in de eerste plaats functioneel zijn en een goede geluidsisolatie hebbe

D'Hoogh 1er étage, Grote Markt 19, ☎ 0 15 21 75 53, *dhoogh@telenet.be, Fax 0*
21 67 30 – 14/36. AE VISA. BY
fermé 1 sem. Pâques, 3 prem. sem. août, sam. midi, dim. soir et lundi – **Rest** (réservati souhaitée) *Lunch 55 bc* – 48/71 bc, carte 63/93.
Spéc. Asperges régionales (avril-juin). Gibier en saison.
◆ Sur la Grand-Place, fière demeure de 1902 où l'on mange classiquement, dans un déc immuable : haut plafond, riches ornements en stuc, cheminée de marbre, mobilier ma nois.
◆ Klassiek restaurant in een mooi pand uit 1902 aan de Grote Markt, met een hoog plafor rijk stukwerk, marmeren schouw en Mechels meubilair.

Folliez, Korenmarkt 19, ☎ 0 15 42 03 02, *info@folliez.be, Fax 0 15 42 03 08* –
AZ
fermé 3 sem. en août, fin déc., sam. et dim. – **Rest** 34/100 bc, carte 63/93.
Spéc. Langoustines au risotto d'asperges (avril-juin). Daurade royale en croûte de sel, sau vierge. Entrecôte de bœuf wagyu, salade de roquette et cresson.
◆ Fine cuisine au goût du jour, à savourer dans un décor intérieur d'esprit résolume contemporain. Lunch, menus et suggestions. Beau choix de vins bien conseillés.
◆ Hier kunt u in een trendy interieur van fijne eigentijdse gerechten genieten. Lunc formule, menu's en suggesties. Goede wijnadviezen.

à Bonheiden *par ② : 6 km – 14 506 h. – ✉ 2820 Bonheiden :*

't Wit Paard, Rijmenamseweg 85, ☎ 0 15 51 32 20, – P 25.
fermé 2 sem. en mars, 2 sem. en sept., mardi et merc. – **Rest** 29/52, carte 31/54.
◆ Restaurant d'un genre assez classique, bénéficiant d'une bonne réputation locale. Ch mante salle à manger à touches rustiques et belle terrasse d'été entourée de verdure.
◆ Licht klassiek restaurant dat in de omgeving goed bekendstaat. Charmante eetzaal m rustieke accenten en een mooi terras tussen het groen om 's zomers lekker buiten te ete

Marie, Rijmenamsesteenweg 167, ☎ 0 15 52 96 90, *info@brasseriemarie.*
Fax 0 15 52 96 01, , Brasserie, grillades – P. AE VISA
fermé fin déc., lundi, mardi et sam. midi – **Rest** *Lunch 25* – 35/65, carte 38/72.
◆ Cette brasserie installée dans un pavillon de style colonial est appréciée pour ses gér reuses grillades et ses terrasses aux abords verdoyants. Le soir, on rôtit en salle.
◆ Brasserie in een koloniaal huis met mooie terrassen met planten. 's Avonds wordt h vlees aan het spit in de eetzaal geregen.

Zellaer, Putsesteenweg 229, ☎ 0 15 55 07 55, *Fax 0 15 55 07 55*, – P 24/50. AE
VISA.
fermé vacances carnaval, 16 août-début sept., merc. et sam. midi – **Rest** *Lunch 3* 37/70 bc, carte env. 45.
◆ Repas classique-traditionnel servi sous des poutres peintes dans des tons actuels ou, c les premiers beaux jours, sur la terrasse-jardin de l'arrière. Mise de table soignée.
◆ In dit restaurant met fraai gedekte tafels kunt u genieten van een klassiek-tradition maaltijd onder de hanenbalken in eigentijdse kleuren of, bij mooi weer, op het terras.

à Rijmenam *par ② : 8 km C Bonheiden 14 506 h. – ✉ 2820 Rijmenam :*

Hostellerie In den Bonten Os, Rijmenamseweg 214, ☎ 0 15 52 04 50, *info@bo nos.be, Fax 0 15 52 07 19*, , , – – P – 40. AE VISA. rest
Rest *(fermé 31 déc.-5 janv. et dim. soir)* (dîner seult sauf dim.) 25/86 bc, carte 45/6
24 ch ☐ ★100/123 – ★★128/227.
◆ La clientèle d'affaires et de séminaires aura ses aises dans cette maison d'aspect cos aux abords verdoyants. Chambres fraîches, espace breakfast clair et gestion familia Repas classique à composantes régionales. Brunch au champagne le 1er dim. du mois.
◆ Elegant hotel in een weelderig groene omgeving, met mooie kamers en een ontb ruimte waar veel licht naar binnen valt. Cliëntèle van zakenmensen en congresgangers. keuken is zowel klassiek als regionaal. Champagnebrunch op de 1e zondag van de maan

Rumst *par ⑥ : 8 km – 14 628 h. – ✉ 2840 Rumst :*

XXX **La Salade Folle,** Antwerpsesteenweg 84, ☎ 0 15 31 53 41, *info@saladefolle.be, Fax 0 15 31 08 28,* ☂ – ▤ P ⇔ 7/77. AE ① MC VISA. ✈
fermé 2 au 10 janv., 16 juil.-6 août, 29 oct.-5 nov., sam. midi, dim. soir et lundi – **Rest** 34/89 bc, carte 50/90, ♀.
◆ Villa dotée d'une terrasse-balcon surplombant un jardin où l'on mange aussi en été, près d'un vieux saule pleureur. Décor "bonbonnière" en salle. Offre culinaire actualisée.
◆ Villa met balkonterras boven een tuin waar 's zomers onder de oude treurwilg kan worden gegeten. Knusse eetzaal en een culinair register dat met de tijd meegaat.

Sint-Katelijne-Waver *– 19 575 h. – ✉ 2860 Sint-Katelijne-Waver :*

X **Pastel,** Antwerpsesteenweg 1, ☎ 0 15 21 80 16 – ▤ P ⇔ 8/10. AE ① MC VISA. ✈ C X
fermé 2e sem.vacances vacances Pâques, vacances bâtiment, fin déc., dim. soir sauf 15 oct.-15 mars, lundi, mardi soir et sam. midi – **Rest** *Lunch 21* – 30/36.
◆ Table classique-actuelle au cadre simple et "sympa", combinant brique blanchie, chaises et banquettes bleu-violet. Accueil souriant et spontané par la jeune patronne.
◆ Modern-klassiek restaurant met een eenvoudig maar leuk interieur van witte baksteen en paarsblauwe stoelen en bankjes. Vriendelijk en spontaan onthaal door de jonge gastvrouw.

MEER *Antwerpen* **533** N14 *et* **716** H1 *– voir à Hoogstraten.*

MEERHOUT *2450 Antwerpen* **533** P16 *et* **716** I2 *– 9 361 h.* 2 **D3**
Bruxelles 79 – Antwerpen 47 – Hasselt 39 – Turnhout 28.

XX **Rembrandt,** Meiberg 10, ☎ 0 14 30 81 03, *chris.sas@skynet.be, Fax 0 14 30 81 03,* ☂ – P ⇔ 26/105. AE ① MC VISA
fermé 2 sem. en juil., 2e quinz. août, sam. midi, dim. soir, lundi, mardi midi, merc. et après 20 h 30 – **Rest** 36/80 bc, carte env. 60.
◆ Ancienne ferme-relais où l'on se repaît dans une salle plaisamment modernisée, pourvue de sièges en fibre végétale, ou sur la belle terrasse du jardin. Patronne aux fourneaux.
◆ Deze oude boerderij is een prettige pleisterplaats met een gemoderniseerde eetzaal en een mooi terras in de tuin. De bazin staat achter het fornuis.

BELGIQUE

MEISE *Vlaams-Brabant* **533** K17 *et* **716** F3 *– voir à Bruxelles, environs.*

MÉLIN *Brabant Wallon* **533** O18 *et* **716** H3 *– voir à Jodoigne.*

MELLE *Oost-Vlaanderen* **533** H17 *et* **716** E2 *– voir à Gent, environs.*

MENEN **(MENIN)** *8930 West-Vlaanderen* **533** D18 *et* **716** C3 *– 32 416 h.* 19 **C3**
Bruxelles 106 – Brugge 58 – Ieper 24 – Kortrijk 13 – Lille 23.

🏨 **Ambassador** ✎ sans rest, Wahisstraat 34, ☎ 0 56 31 32 72, *ambassador@ambassadorhotel.be, Fax 0 56 31 55 28,* ♨ – |≑| ⇔ P. AE ① MC VISA
30 ch ☕ ★80/140 – ★★95/180.
◆ Hôtel dont on apprécie le calme, autant que l'ampleur des chambres, actuelles, égayées de tissus coordonnés aux tons chauds. Petite terrasse sur cour, salon de lecture et bar. Un choix d'en-cas et de préparations simples est présenté au restaurant.
◆ Dit hotel wordt gewaardeerd om zijn rust en de ruime, moderne kamers, waarvan de stoffering bij de warme kleuren past. Klein terras op de binnenplaats, leeszaal en bar. In het restaurant kunt u een eenvoudig hapje eten.

XX **Royale Axkit,** Bruggestraat 260, ☎ 0 56 53 06 07, *Fax 0 56 53 06 07,* ≤, ☂ – ▤ P. AE MC VISA
fermé mardi soir et merc. – **Rest** *Lunch 25 bc* – 39 bc/49 bc.
◆ Salle à manger actuelle offrant la vue sur une prairie où s'ébattent des chevaux. Cuisine classique-traditionnelle. Repas à l'extérieur dès les premiers beaux jours.
◆ Vanuit dit eigentijdse restaurant ziet u de paarden rondrennen in de wei. Klassiek-traditionele keuken. Op zomerse dagen kan er buiten worden gegeten.

Rekkem *Est : 4 km* C *Menen – ✉ 8930 Rekkem :*

XXX **La Cravache,** Gentstraat 215 (Sud-Est : 4 km sur N 43), ☎ 0 56 42 67 87, *info@lacravache.be, Fax 0 56 42 67 97,* ☂ – ▤ P ⇔ 14/30. AE ① MC VISA
fermé 9 au 18 avril, 20 août-4 sept., dim. soir, lundi soir et mardi – **Rest** *Lunch 30* – 34/71 bc, carte 68/87.
◆ Repas au goût du jour servi dans une villa cossue aux abords verdoyants. L'été, laissez-vous séduire par la belle terrasse en teck tournée vers le jardin. Lunch-menu attirant.
◆ Mooie villa in een weelderige omgeving met een eigentijdse keuken. 's Zomers is het heerlijk toeven op het teakhouten terras in de tuin. Aantrekkelijk lunchmenu.

MERELBEKE *Oost-Vlaanderen* **533** H17 *et* **716** E3 *– voir à Gent, environs.*

MERENDREE *9850 Oost-Vlaanderen* C *Nevele 11 216 h.* **533** G16 *et* **716** D2. 16

Bruxelles 71 – Gent 13 – Brugge 42.

XXX **De Waterhoeve,** Durmenstraat 6, ☎ 0 9 371 59 42, *info@dewaterhoeve.be, Fax 0 9 371 94 46,* ←, 🏠 – ▤ P. AE ⓓ ⓜ VISA.
fermé 17 juil.-10 août, merc., sam. midi, dim. et après 20 h 30 – **Rest** Lunch 28 – 55, ♕.
• Ce restaurant environné de prés et de champs a des allures de ferme fortifiée. Élégantes salles, mezzanine-salon et jardin pomponné s'égayant d'une pièce d'eau. Bonne cave.
• Dit restaurant tussen weiden en akkers doet aan een kasteelhoeve denken. Elegante eetzalen en zithoek op de tussenverdieping. Mooie tuin met waterpartij. Goede wijnkelder.

MERKSEM *Antwerpen* **533** L15 *et* **716** G2 *– voir à Antwerpen, périphérie.*

MEULEBEKE *8760 West-Vlaanderen* **533** E17 *et* **716** C3 *– 10 980 h.* 19

Bruxelles 84 – Brugge 36 – Gent 39 – Kortrijk 15.

XX **'t Gisthuis,** Baronielaan 28, ☎ 0 51 48 76 02, *marleen.d.hulster@pandora.be, Fax 0 51 48 76 02,* 🏠 – ♿ P ⇔ 10/35. AE ⓓ ⓜ VISA
fermé 1er au 15 août et lundi – **Rest** 38/80 bc, carte 40/54.
• Villa flamande où l'on goûte de la cuisine classique actualisée dans un cadre rustique bourgeois intime et cossu. Terrasse agrémentée de haies basses et d'une pièce d'eau.
• Vlaamse villa met een modern-klassieke keuken in een rustiek-traditioneel interieur, dat intiem en luxe aandoet. Het terras heeft lage hagen en een waterpartij.

BELGIQUE

MEUSE NAMUROISE (Vallée de la) ★★ *Namur* **533** O21 - Q 19, **534** O21 - Q 19 **716** H5 - K 3 *G. Belgique-Luxembourg.*

MIDDELKERKE *8430 West-Vlaanderen* **533** B15 *et* **716** B2 *– 17 841 h. – Station balnéaire – Casino Kursaal, Zeedijk* ☎ *0 59 31 95 95, Fax 0 59 30 52 84.* 18

Dr J. Casselaan 4 ☎ *0 59 30 03 68, toerisme@middelkerke.be, Fax 0 59 31 11 95.*
Bruxelles 124 – Brugge 37 – Oostende 8 – Dunkerque 43.

Excelsior sans rest, A. Degreefplein 9a, ☎ 0 59 30 18 31, *info@hotelexcelsior.be, Fax 0 59 31 27 02,* ←, ≘ – |‡|. ⓜ VISA
32 ch ☕ ★40/68 – ★★66/95.
• Avantagé par sa proximité du front de mer - visible depuis la salle de breakfast -, ce building érigé à l'entrée de la station dispose de petites chambres sans fioriture.
• Bij binnenkomst in deze badplaats staat dit hotel, gunstig gelegen in de buurt van de kustlijn, die vanaf de eetzaal goed te zien is. Kleine kamers zonder veel opsmuk.

XX **Were-Di** avec ch, P. de Smet de Naeyerstraat 19, ☎ 0 59 30 11 88, *info@hotelweredi.be, Fax 0 59 31 02 41,* ≘ – |‡| ⇔ 10/50. ⓜ VISA. ✄ ch
fermé 2 sem. après vacances carnaval et 2 sem. fin nov. – **Rest** *(fermé lundi d'oct. à Pâques et merc.)* Lunch 21 – 33/74 bc, carte 43/62 – **15 ch** ☕ ★65/100 – ★★80/100 – ½ P 73.
• Confortable restaurant établi dans l'artère commerçante de Middelkerke, à quelques enjambées de la digue. Cuisine du marché au goût du jour. Menues chambres fonctionnelles.
• Comfortabel restaurant in een winkelstraat van Middelkerke, vlak bij de boulevard. Eigentijdse keuken op basis van verse producten van de markt. Kleine, functionele kamers.

XX **La Tulipe,** Leopoldlaan 81, ☎ 0 59 30 53 40, *info@latulipe.be, Fax 0 59 30 61 39* – AE ⓓ ⓜ VISA
fermé prem. sem. janv., 9 au 24 oct., lundi soir et mardi – **Rest** 20/85 bc, carte 37/71.
• Une carte classique annonçant cinq menus et une spécialité de bouillabaisse comblera votre appétit à cette table où l'on a ses aises. Salle à manger stylée ; service de même.
• Comfortabel restaurant met een klassieke kaart en vijf menu's. Bouillabaisse is de specialiteit van het huis. Stijlvolle eetzaal en dito bediening.

XX **De Vlaschaard,** Leopoldlaan 246, ☎ 0 59 30 18 37, *valschaard@telenet.be, Fax 0 59 31 40 40* – ▤ ⇔ 4/8. AE ⓓ ⓜ VISA
fermé 3 sem. en nov. et merc. – **Rest** 28/68 bc, carte 29/66.
• Pas loin de la plage, restaurant dont le nom et certains éléments du décor intérieur se réfèrent à un célèbre roman de l'écrivain flamand Stijn Streuvels. Cuisine classique.
• Eethuis dicht bij het strand. De naam en sommige elementen van het interieur herinneren aan een beroemde roman van de Vlaamse schrijver Stijn Streuvels. Klassieke keuken.

XX **Hostellerie Renty** avec ch, L. Logierlaan 51 (près du château d'eau Krokodil), ☎ 0 59 31 20 77, Fax 0 59 30 07 54, – P. MC VISA.
fermé 20 déc.-15 janv., 25 au 28 juin, 1er au 4 oct. et mardi soir et merc. sauf vacances scolaires – **Rest** 21/39, carte 21/50 – **8 ch** ☐ ★56 – ★★78/80 – ½ P 77.
◆ Villa "mer du Nord" postée à l'ombre d'un château d'eau. Choix de préparations littorales et sélection vineuse imprimés sur les nappes. Bonnes chambres à prix sages.
◆ Karakteristieke villa in de schaduw van een watertoren. De keuze visgerechten en wijnen staat op de tafelkleedjes. Goede kamers voor een redelijke prijs.

MILLEN *Limburg* **533** S18 *et* **716** J3 – *voir à Riemst.*

MIRWART *6870 Luxembourg belge* C *St-Hubert 5 720 h.* **534** Q22 *et* **716** I5. 12 **B2**
Bruxelles 129 – Arlon 71 – Bouillon 55 – Marche-en-Famenne 26 – Namur 68 – St-Hubert 11.

Beau Site sans rest, pl. Communale 5, ☎ 0 84 36 62 27, *beau-site.mirwart@skynet.be, Fax 0 84 36 71 18,* ←, , – P. AE MC VISA
fermé mardi – **9 ch** ☐ ★64 – ★★76.
◆ Auberge rustique dont l'annexe voisine abrite des chambres calmes dotées d'une terrasse ou d'un balcon tourné vers le jardin et la vallée boisée. Accueil au café, très typé.
◆ Rustieke herberg met rustige kamers in de dependance, alle voorzien van terras of balkon met uitzicht op de tuin en het bosrijke dal. Ontvangst in het karakteristieke café.

XX **Auberge du Grandgousier** avec ch, r. Staplisse 6, ☎ 0 84 36 62 93, *grandgousier@skynet.be, Fax 0 84 36 65 77,* , , – P. MC
fermé 2 janv.-15 fév., 18 juin-5 juil., 20 août-6 sept., mardi et merc. sauf vacances scolaires et après 20 h 30 – **Rest** 30/60, carte 41/66 – **9 ch** ☐ ★57 – ★★75 – ½ P 67/77.
◆ Cette auberge familiale en moellons et colombages vous convie à goûter sa cuisine de saison sous les poutres d'une salle rustique. Chambres bien tenues ; planchers sonores.
◆ Herberg met breukstenen en vakwerk. In de rustieke eetzaal met balken worden eigentijdse gerechten geserveerd. Goed onderhouden kamers met krakerige houten vloer.

BELGIQUE

MODAVE *4577 Liège* **533** Q20, **534** Q20 *et* **716** I4 – *3 721 h.* 8 **B2**
Voir *Château★ : ←★ de la terrasse de la chambre du Duc de Montmorency.*
Env. *au Sud : 6 km à Bois-et-Borsu, fresques★ dans l'église romane.*
Bruxelles 97 – Liège 38 – Marche-en-Famenne 25 – Namur 46.

X **Le Pavillon du Vieux Château,** Vallée du Houyoux 9 (Sud-Ouest : 2 km, lieu-dit Pont de Vyle), ☎ 0 85 41 13 43, – P ⇔ 10/18. VISA.
fermé 2 sem. en sept. et lundis, mardis et jeudis soirs non fériés – **Rest** Lunch 21 – 33, carte 22/44, ♀.
◆ Maison de campagne côtoyant une jolie rivière au bord de laquelle on dresse le couvert en été. Choix traditionnel ; truites et écrevisses à gogo en saison. Ambiance familiale.
◆ Dit buitenhuis ligt bij een mooie rivier waaraan 's zomers de tafeltjes worden gedekt. Huiselijke sfeer en traditionele kookstijl. In het seizoen volop forel en rivierkreeft.

MOERBEKE *9180 Oost-Vlaanderen* **533** I15 *et* **716** E2 – *5 843 h.* 17 **C1**
Bruxelles 54 – Gent 26 – Antwerpen 38.

XX **'t Molenhof,** Heirweg 25, ☎ 0 9 346 71 22, *molenhof@proximedia.be, Fax 0 9 346 71 22,* – P. MC VISA
fermé 3 dern. sem. sept., 24 déc.-2 janv., sam. midi, dim. soir, lundi midi et mardi midi – **Rest** Lunch 40 – 25/75 bc, carte 31/57, ♀.
◆ Fermette au cadre rustique entourée de prés et dotée d'une terrasse donnant sur un jardin agreste. Choix classique enrichi, l'hiver venu, de plats mijotés (en semaine).
◆ Boerderijtje met een rustieke inrichting, omringd door weilanden. Het terras kijkt uit op de landelijke tuin. Rijke klassieke keuken en winterse stoofschotels (door de week).

MOERKERKE *West-Vlaanderen* **533** F15 *et* **716** D2 – *voir à Damme.*

MOERZEKE *Oost-Vlaanderen* **533** J16 *et* **716** F2 – *voir à Hamme.*

MOESKROEN *Hainaut* – *voir Mouscron.*

MOL *2400 Antwerpen* **533** P15 *et* **716** I2 – *32 745 h.* 2 **D2**
18 Kiezelweg 78 (Rauw) ☎ 0 14 81 62 34, Fax 0 14 81 62 78 - 18 Steenovens 89 (Postel) ☎ 0 14 37 36 61, Fax 0 14 37 36 62.
Markt 1a ☎ 0 14 33 07 85, toerisme@gemeentemol.be, Fax 0 14 33 07 87.
Bruxelles 78 – Antwerpen 54 – Hasselt 42 – Turnhout 23.

XXX **'t Zilte** (Geunes), Martelarenstraat 74, ☎ 0 14 32 24 33, *tzilte@skynet.be, Fax 0 32 13 27*, – P ⇔ 6/14. AE Ⓓ MC VISA
fermé 1 sem. Pâques, 2 sem. en août, 1 sem. Toussaint, lundi et mardi – **Rest** *Lunch 48* 60/100 bc, carte 77/93.
Spéc. Thon mi-cuit et homard, sushi et gel de tomates. Saint-Jacques marinées et grillé gorge de porc braisée, jus au curry (sept.-avril). Pigeon aux épices et couscous à la ment et citron, jus de betterave rouge.
◆ Restaurant confortable occupant une villa moderne excentrée. Intérieur classique-co temporain cossu ; mets ambitieux et élaborés, que le chef personnalise avec inventivité
◆ Gerieflijk restaurant in een eigentijdse villa buiten het centrum met een modern-klass interieur. Uit de ambitieuze gerechten spreekt de inventiviteit van de chef-kok.

XXX **Hippocampus** avec ch, St-Jozeflaan 79 (Est : 9 km à Wezel), ☎ 0 14 81 08 *chef@hippocampus.be, Fax 0 14 81 45 90*, , , , – P ⇔ 10/25. AE Ⓓ MC
fermé 1 sem. en janv. et 2 dern. sem. août – **Rest** *(fermé dim. soir et lundi) Lunch 3* 45/83 bc, carte 47/80 – ☕ 10 – **3 ch** ★73 – ★★77/107 – ½ P 78/93.
◆ Demeure ancienne ouverte sur un beau parc agrémenté d'un étang. Ambiance feut en salle ; vue romantique en terrasse. Bons cigares et whiskies raffinés. Chambres s gnées.
◆ Oud landhuis in een mooi park met vijver. In de eetzaal hangt een rustige sfeer. H terras biedt een romantisch uitzicht. Goede sigaren en fijne whisky's. Verzorgde kamers

XX **De Partituur**, Corbiestraat 62, ☎ 0 14 31 94 82, *info@partituur.net*, – ⇔ 4/50. Ⓓ MC VISA.
fermé sam. midi, dim. et lundi midi – **Rest** 30/85 bc, carte 43/68, ♀.
◆ Au "piano" de cet établissement actuel et engageant, le chef interprète une partit culinaire sur un mode classico-traditionnel. Collection de cuivres ; ambiance "jazzy".
◆ In dit vriendelijke, eigentijdse restaurant vertolkt de chef-kok een klassiek-tradition repertoire, in harmonie met de wijn. De ambiance heeft een "jazzy" ondertoon.

BELGIQUE

MOLENBEEK-ST-JEAN (SINT-JANS-MOLENBEEK) *Région de Bruxelles-Capitale – voi Bruxelles.*

MOMIGNIES *Hainaut* **534** J22 *et* **716** F5 – *voir à Chimay.*

MONS (BERGEN) *7000* P *Hainaut* **533** I20, **534** I20 *et* **716** E4 – *91 142 h.* 7
Voir *Collégiale Ste-Waudru★★ : statues allégoriques★ dans le chœur* CY – *Beffroi★* CY
Musées : *du Folklore et de la Vie montoise★ (Maison Jean Lescarts)* DY **M**[1] – *Collection pendules★★ dans le Musée François Duesberg★* CY **M**[5].
Env. *par ④ : 9,5 km à Hornu : Le Grand-Hornu★★.*
18 9 par ① : 6 km à Erbisœul, Chemin de la Verrerie 2 ☎ 0 65 22 02 00, Fax 0 65 22 02 - *18 par ⑥ : 6 km à Baudour, r. Mont Garni 3 ☎ 0 65 62 27 19, Fax 0 65 62 34 10.*
Grand'Place 22 ☎ 0 65 33 55 80, ot3@ville.mons.be, Fax 0 65 35 63 36 – Fédérat provinciale de tourisme, r. Clercs 31 ☎ 0 65 36 04 64, federation.tourisme@hainaut.be, 0 65 33 57 32.
Bruxelles 67 ① – Charleroi 36 ② – Namur 72 ① – Tournai 48 ⑤ – Maubeuge 20 ③.

Plans pages suivantes

Lido sans rest, r. Arbalestriers 112, ☎ 0 65 32 78 00, *info@lido.be, Fax 0 65 84 37 22*, – . AE Ⓓ MC VISA DY
75 ch ☕ ★86/150 – ★★114/180.
◆ Cet immeuble contemporain jouxtant la Porte de Nimy abrite des chambres standa bénéficiant du confort moderne. Un buffet très varié est dressé au petit-déjeuner.
◆ Hotel in een modern flatgebouw bij de Porte de Nimy. Standaardkamers met mode comfort en een uitgebreid ontbijtbuffet.

St James sans rest, pl. de Flandre 8, ☎ 0 65 72 48 24, *hotelstjames@hotmail.cc Fax 0 65 72 48 11* – P. AE Ⓓ MC VISA DY
☕ 8 – **21 ch** ★69 – ★★77.
◆ Ancienne maison de notable dont l'intérieur a été entièrement redessiné dans un esp design non dénué de cachet. Chambres plus tranquilles à l'arrière et dans l'annexe.
◆ Dit oude herenhuis heeft nu een designinterieur met cachet. De kamers aan de acht kant en in de dependance zijn het rustigst.

Infotel sans rest, r. Havré 32, ☎ 0 65 40 18 30, *info@hotelinfotel.be, Fax 0 65 35 62 2* P – 25. AE MC VISA. DY
☕ 9 – **31 ch** ★59/89 – ★★62/93.
◆ Dans un secteur piétonnier voisin de la Grand-Place, hôtel bâti au début des années 1 sans dénaturer le style architectural du vieux Mons. Chambres refaites en 2003.
◆ Dit hotel in een voetgangersgebied werd rond 1990 gebouwd in een stijl die goed p bij die van het oude Bergen. De kamers zijn in 2003 opgeknapt.

XX **Chez John,** av. de l'Hôpital 10, ☎ 0 65 33 51 21, *john.naesens@skynet.be, Fax 0 65 33 76 87* – ⟺ 8/70. MC VISA
DY e
fermé fin août-début sept., dim. soir et lundi – **Rest** *Lunch 35* – 57/112 bc, carte 59/90.
• Aux portes de la Cité du Doudou, table présentant une belle carte actuelle souvent recomposée et un livre de cave étonnamment riche. Possibilité de sabrer le champagne !
• Restaurant aan de rand van de Cité du Doudou met een moderne kaart die regelmatig wordt vernieuwd en een uitstekende wijnkelder. De champagne wordt met een sabelklap geopend!

XX **La 5e saison,** r. Coupe 25, ☎ 0 65 72 82 62, *pierre-yves.gosse@skynet.be, Fax 0 65 72 82 61,* – ⟺ 4/20. AE ① MC VISA.
DY x
fermé 1 sem. Pâques, 1re quinz. août, 1 sem. Toussaint, dim. et lundi – **Rest** 30/45, carte 30/57.
• Salles à manger lumineuses et modernes desservies par une impasse aux murs à pans de bois. Recettes d'aujourd'hui, menus bien vus, cave bien montée et service non somnolent.
• Restaurant met twee lichte, moderne eetzalen die door een houten gang aan elkaar zijn verbonden. Eigentijdse keuken, smakelijke menu's, goede wijnkelder en attente bediening.

X **La Table des Matières,** r. Grand Trou Oudart 16, ☎ 0 65 84 17 06, *renato.carati@skynet.be,* , Cuisine italienne, ouvert jusqu'à 23 h – AE MC VISA
CZ e
fermé 25 juil.-15 août, 25 déc.-3 janv., merc., sam. midi et dim. soir – **Rest** *Lunch 22* – 30/40, carte 34/60.
• Cette table transalpine à débusquer dans le bas de la ville occupe une partie d'un ancien couvent (1790). Fresque italianisante en salle. Terrasse ombragée dans la cour.
• Italiaans restaurant in een deel van een oud klooster uit 1790 in de benedenstad. Eetzaal met fresco in Italiaanse stijl. Lommerrijk terras op de binnenplaats.

X **Marchal,** Rampe Ste-Waudru 4, ☎ 0 65 31 24 02, *contact@marchal.be, Fax 0 65 36 24 69,* – ⟺ 4/120. AE ① MC VISA
CY a
fermé prem. sem. janv., 25 juil.-16 août et dim. soirs, lundis, mardis, marc. soirs et jeudis soirs non fériés – **Rest** *Lunch 20* – 24/73 bc, carte 26/52, ♀.
• Au pied de la collégiale, maison de caractère où l'on mange dans un cadre feutré. Sage carte traditionnelle au déjeuner du merc. au sam. ; choix plus raffiné le week-end.
• Karakteristiek pand om stijlvol en rustig te eten. Mooie lunchkaart met traditionele gerechten van woensdag t/m vrijdag; in het weekend verfijndere gerechten à la carte.

X **La Coquille St-Jacques,** r. Poterie 27, ☎ 065 84 36 53, *piejac@busmail.net, Fax 0 65 84 36 53* – MC VISA
CY h
fermé 21 juil.-15 août, dim. soir et lundi – **Rest** 24, carte env. 40.
• Proche de toutes les curiosités du centre de Mons, ce restaurant familial au décor sagement rustique sert une cuisine traditionnelle du marché. Additions "sympa".
• Rustiek familierestaurant nabij de bezienswaardigheden van Bergen. Traditionele keuken, afhankelijk van het aanbod op de markt. De prijzen rijzen in elk geval niet de pan uit!

X **Les Enfants Gâtés,** r. Bertaimont 40, ☎ 0 65 72 39 73, *Fax 0 65 72 39 73* – ⟺ 6/14. MC VISA.
CZ z
fermé 2e sem. vacances Pâques, 3 dern. sem. juil., sam. midi, dim., lundi soir, mardi soir et merc. soir – **Rest** *Lunch 30* – 35/90 bc, carte 33/46, ♀.
• Petit repaire gourmand du genre estaminet amélioré, où vous serez traités un peu comme des "enfants gâtés". Repas au goût du jour dans une atmosphère bistrotière.
• In deze eenvoudige eetgelegenheid, waar u als een "verwend kind" wordt behandeld, kunt u lekker smikkelen. Eigentijdse gerechten in bistrosfeer.

Baudour *par ⑥ : 12 km* C *Saint-Ghislain 22 465 h. – ✉ 7331 Baudour :*

X **Le Faitout,** av. Louis Goblet 161, ☎ 0 65 64 48 57, *administration@fernez.com, Fax 0 65 61 32 29,* , Grillades – ⟺ 10/25. AE ① MC VISA.
fermé mardi soir – **Rest** carte 25/46.
• Les carnivores friands de plantureuses grillades au feu de bois (exécutées en salle) trouveront ici leur bonheur. Recettes traditionnelles de bon aloi et cave de qualité.
• Vleesliefhebbers kunnen hun tanden zetten in de grote sappige stukken vlees die in de eetzaal op houtskool worden geroosterd. Eerlijke, traditionele keuken en goede wijn.

BELGIQUE

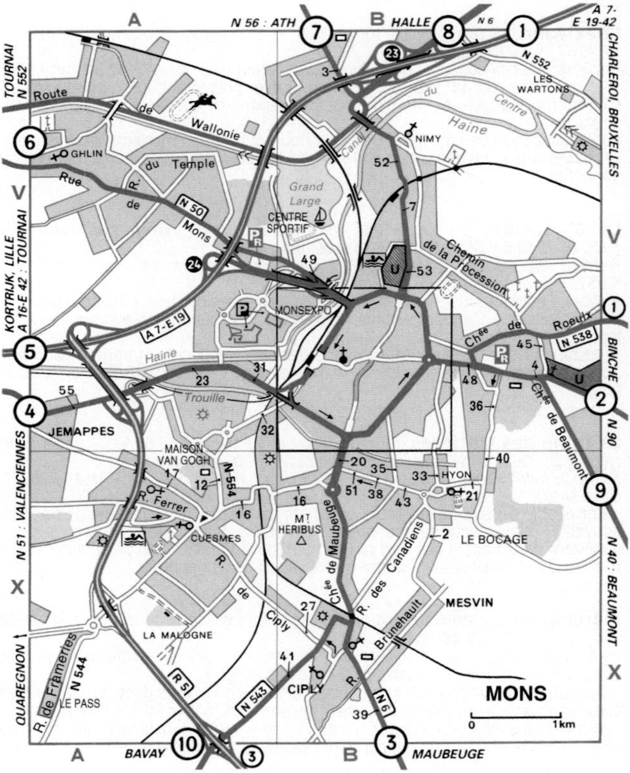

MONS

Américains (R. des) .... BX 2	Héribus (R. de l') .... BX 27	Monte en Peine (R.) .... BX
Ath (Rte d') .... BV 3	Jemappes (Av. de) .... AV 31	Montreuil-s-Bois (R.) .... BX
Binche (Chaussée de) ..... BV 4	Joseph-Wauters (Av.) ...... AV 32	Mourdreux (R. des) .... BV
Bruxelles (Chaussée de) ... BV 7	Jules-Hoyois (R.) .... BX 33	Reine-Astrid (Av.) .... BV
Chemin de fer (R.) .... AX 12	Lemiez (Av.) .... BX 35	Université (Av. de l') .... BV
Etang-Derbaix (R.) .... AX 17	Léon-Savé (R.) .... BV 36	Vallière (Ch. de la) .... BX
E.-Vandervelde (R.) ...... ABX 16	Licorne (R. de la) .... BX 38	Viaducs (R. des) .... BV
Gaulle (Av. Gén.-de) .... BX 20	Maubeuge (Chaussée de) .... BX 39	Victor-Maistriau (Av.) .... BV
Genièvrerie (R.) .... BX 21	Maurice-Flament (R.) .... BX 40	Wilson (Av.) .... BV
Grand Route .... AV 23		

Kent u het verschil tussen de bestekjes ✗ en de sterren ✿?
De bestekjes geven een categorie van standing aan; de sterren wijzen op de beste keukens in de verschillende categorieën.

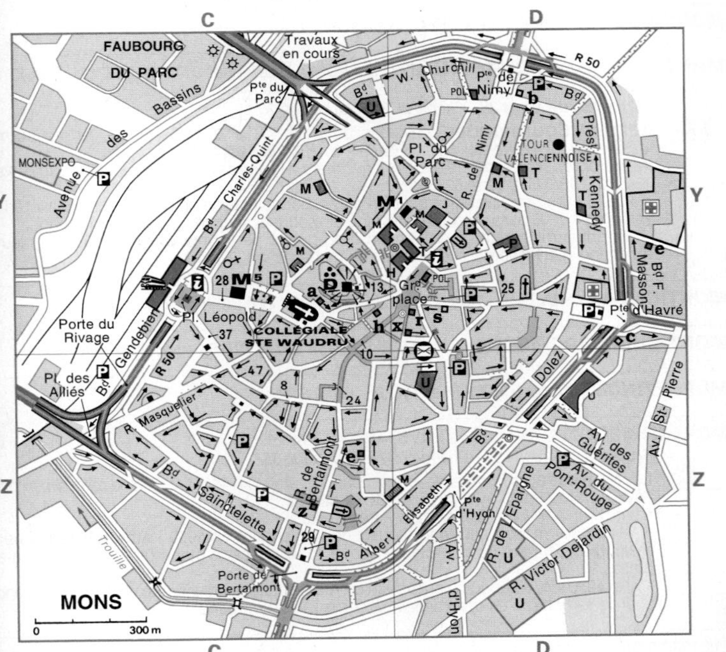

apucins (R. des)	CZ 8	Grand Rue	CZ 24	Jean-d'Avesnes (Av.)	CZ 29
haussée (R. de la)	CY 10	Havré (R. d')	DY 25	Léopold-II (R.)	CY 37
ercs (R. des)	CY 13	Houssière (R. de la)	CY 28	Pte Guirlande (R.)	CZ 47

Frameries *par ⑩ : 6 km – 20 644 h. – ✉ 7080 Frameries :*

XXX **L'Assiette au Beurre,** r. Industrie 278, ☎ 0 65 67 76 73, *jeanlouis.simonet@skynet.be, Fax 0 65 66 43 87,* 🏠 – 🅿 ⇔ 10/30. AE MC VISA
fermé 23 juil.-14 août, dim. soir, lundi et merc. soir – **Rest** Lunch 26 – 48/87 bc, carte 51/63, ♀.
◆ Un journal satirique né en 1900 prête son nom à cette bonne table hennuyère qui fêtait ses 20 ans de présence en 2005. Repas dans le tempo actuel, élaboré selon le marché.
◆ Dit goede restaurant, dat in 2005 20 jaar bestond, is genoemd naar een satirische krant uit 1900. De chef-kok is zeer bij de tijd en gebruikt dagverse producten van de markt.

Masnuy-St-Jean *par ⑦ : 6 km Ⓒ Jurbise 9 578 h. – ✉ 7050 Masnuy-St-Jean :*

🏨 **Château Saint-Jean** 🐌, r. Masnuy 261, ☎ 0 65 39 64 90, *chateau-saint-jean@skynet.be, Fax 0 65 22 91 73,* 🏠, 🌳 – ⇔ 🅿 – 🏛 80. MC VISA. ✂ ch
fermé lundis et mardis non fériés – **Rest** 30/65 bc, carte 30/52 – ☕ 8 – **6 ch** ★75 – ★★80.
◆ À l'époque de la Libération, W. Churchill aurait siroté un whisky dans cette propriété agreste close de murs. Belles chambres de divers styles et élégants salons particuliers. Table au décor classique assorti à la cuisine proposée. L'été, repas en plain air.
◆ Ten tijde van de bevrijding zou Churchill een whisky hebben gedronken op dit ommuurde landgoed. Mooie kamers in verschillende stijlen en elegante zitkamers. Restaurant met een klassieke keuken en dito interieur. 's Zomers kan buiten worden gegeten.

Nimy *par ⑦ : 6 km Ⓒ Mons – ✉ 7020 Nimy :*

🏨 **Mercure** 🐌, r. Fusillés 12, ☎ 0 65 72 36 85, *hotel.mercure.mons@skynet.be, Fax 0 65 72 41 44,* Ⅎ, 🏊, 🌳 – |🛗| ⇔, ▤ ch, 🅿 – 🏛 70. AE ⓓ MC VISA. ✂ rest
Rest *(fermé sam., dim. et jours fériés)* 28, carte 27/43, ♀ – ☕ 12 – **53 ch** ★90/95 – ★★90/140 – ½ P 122.
◆ Émergeant d'un site forestier, cet immeuble de la fin des années 1960 a été entièrement rénové en 2005. Chambres et espaces communs modernes ; bar au "look" de pub anglais.
◆ Dit gebouw uit de jaren zestig werd in 2005 gerenoveerd en staat in een bosrijke omgeving. Moderne kamers en gemeenschappelijke ruimten; bar in de stijl van een Engelse pub.

MONTAIGU *Vlaams-Brabant – voir Scherpenheuvel.*

MONTIGNIES-ST-CHRISTOPHE *6560 Hainaut* Ⓒ *Erquelinnes 9 547 h.* **533** K21, **534** K21
716 F5. 7

Bruxelles 70 – Mons 25 – Charleroi 30 – Maubeuge 20.

XXX **Lettres Gourmandes,** chaussée de Mons 52, ☎ 0 71 55 56 22, *lettresgourmandes@euphouynet.be, Fax 0 71 55 62 03* – ▤ 🅿. AE MO VISA
fermé prem. sem. sept., 19 déc.-11 janv., merc. et jeudi sauf midis fériés et dim. soir – **R**
Lunch 20 – 36/64 bc, carte 39/53, ♀.

◆ Près du pont romain enjambant la Hantes, bonne maison de bouche relookée intérieurement en 2006 dans un style contemporain sobre et apaisant. Cuisine du moment.

◆ Dit prima restaurant bij de Romeinse brug over de Hantes kreeg in 2006 een nieuwe inrichting in een sobere, rustgevende en moderne stijl. Eigentijdse keuken.

MONTIGNY-LE-TILLEUL *Hainaut* **533** L20, **534** L20 *et* **716** G4 *– voir à Charleroi.*

MONT-SUR-MARCHIENNE *Hainaut* **533** L20, **534** L20 *et* **716** G4 *– voir à Charleroi.*

MOPERTINGEN *Limburg* **533** S17 *et* **716** J3 *– voir à Bilzen.*

MORLANWELZ *7140 Hainaut* **533** K20, **534** K20 *et* **716** F4 *– 18 596 h.* 7

Bruxelles 56 – Mons 31 – Charleroi 24 – Maubeuge 35.

XX **Le Mairesse,** chaussée de Mariemont 77, ☎ 0 64 44 23 77, *lemairesse@msn.com, Fax 0 64 44 27 70,* 余 – 🅿 ⇔ 10/90. AE ① MO VISA
fermé dim. soir, lundi et mardi soir – **Rest** *Lunch 20* – 30/67 bc.

◆ Cette belle maison ancienne séduisit déjà Bibendum en 1930 ! Atmosphère intime et chaleureuse, mise en place soignée sur les tables et carte-menu tendance classique-actuelle.

◆ Al in 1930 was Bibendum verrukt van dit mooie oude pand! Intieme en warme ambiance, fraai gedekte tafels en een klassiek-moderne kaart met menu.

BELGIQUE

MOUSCRON (MOESKROEN) *7700 Hainaut* **533** E18, **534** E18 *et* **716** C3 *– 52 822 h.* 6

ℹ *pl. Gérard Kasiers 15* ☎ *0 56 86 03 70, mouscron.tourisme@mouscron.be, Fax 0 56 86 03 71.*

Bruxelles 101 ③ – Mons 71 ⑤ – Kortrijk 13 ④ – Tournai 23 ⑤ – Lille 23 ③.

Plan page ci-contre

Alize sans rest, Passage Saint-Pierre 34, ☎ 0 56 56 15 61, *alize@hotelalize.be, Fax 0 56 56 15 60* – |♦| ⇔ ▤ ♿ – 🏛 100. AE ① MO VISA B
58 ch ☕ ✝80/125 – ✝✝95/180.

◆ Inaugurée en 2006 au voisinage de la Grand Place, cette bâtisse hôtelière moderne met à profit le site d'une ancienne brûlerie de café. Confort fonctionnel dans les chambres.

◆ Dit moderne hotel opende in 2006 zijn deuren en staat op de plek van een oude koffiebranderij in de buurt van de Grote Markt. Kamers met functioneel comfort.

XX **Au Petit Château,** bd des Alliés 243 (par ⑤ : 2 km sur N 58), ✉ 7700 Luingne, ☎ 0 56 33 22 07 – ▤ 🅿 ⇔ 20/28. AE ① MO VISA
fermé 2 sem. fin janv., mi-juil.-mi-août, dim. soir, lundi soir, mardi soir et merc. – **R**
Lunch 24 – 26/64 bc, carte 38/64, ♀.

◆ L'installation tient davantage de la grande villa que du "petit château", mais le soin apporté à l'assiette vous fera certainement pardonner cette petite exagération.

◆ Dit restaurant lijkt meer op een grote villa dan op een klein kasteel, maar het verzorgde eten en de fraai opgemaakte borden doen deze kleine overdrijving snel vergeten.

XX **Madame,** r. Roi Chevalier 17, ☎ 0 56 34 43 53, *restaurant-madame@skynet.be, Fax 0 56 34 43 53,* 余 – ▤. AE MO VISA A
fermé 22 juil.-14 août, dim. soir, lundi et mardi – **Rest** *Lunch 23 bc* – 31/62 bc, carte 33/44.

◆ Une cuisinière dirige les fourneaux de cette maison tournée vers le parc municipal. Décor intérieur féminin alliant sobriété, fraîcheur et luminosité. Repas de base classique.

◆ Achter het fornuis van dit klassieke restaurant bij het stadspark staat een kokkin, wat voor een vrouwelijke noot zorgt. De eetzaal is een cocktail van sober, fris en licht.

XX **L'Escapade,** Grand'Place 34, ☎ 0 56 84 13 13, *info@moresto.be, Fax 0 56 84 36 46,*
– ▤. AE ① MO VISA B
fermé 2e quinz. juil. – **Rest** (déjeuner seult sauf jeudi, vend. et sam.) *Lunch 20* – 35/47
carte 37/57.

◆ Sur la Grand'Place, ample et lumineuse salle de restaurant agencée dans un style actuel. Carte classique-traditionnelle complétée d'un menu de saison et d'un menu du mois.

◆ Groot en licht restaurant aan de Grote Markt. Modern interieur en klassiek-traditionele kaart, aangevuld met een menu van het seizoen en een menu van de maand.

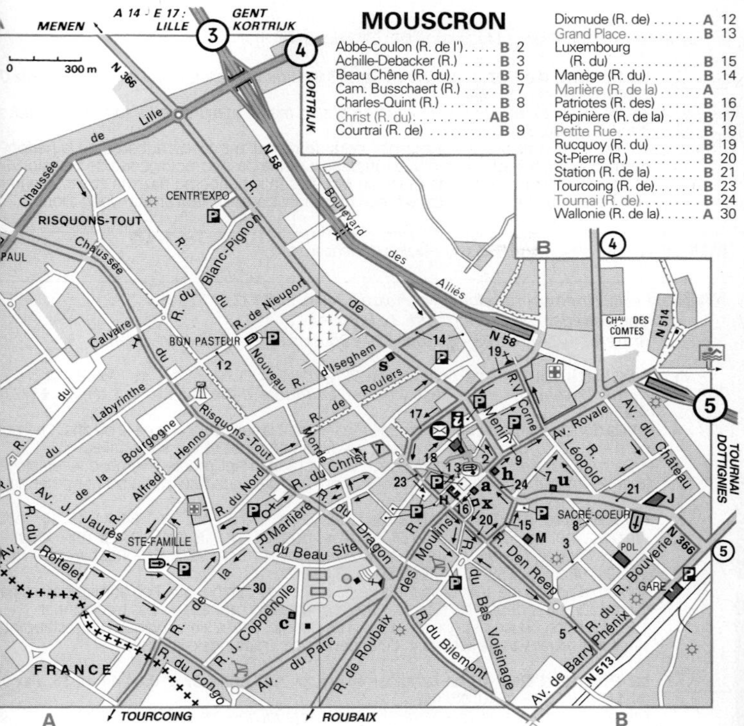

✗ **Au Jardin de Pékin,** r. Station 9, ℘ 0 56 33 72 88, *Fax 0 56 33 77 88*, Cuisine chinoise, ouvert jusqu'à minuit – ▤ ⇔ 20/30. AE ① MC VISA. ✂ B u
fermé lundis non fériés – **Rest** *Lunch 8* – 16/45 bc, carte 16/34.

◆ Tout l'éventail des saveurs de l'Empire du Milieu, avec une faveur spéciale pour les régions de Canton et Pékin, se déploie à cette enseigne. Décor intérieur "made in China".

◆ Heel de waaier van smaken uit het Rijk van het Midden ontvouwt zich hier, met een speciale voorkeur voor Kanton en Peking. Het interieur is "made in China".

✗ **L'Aquarelle,** r. Menin 185, ℘ 0 56 34 55 36, *Fax 0 56 34 55 36* – ▤. MC VISA B s
fermé 2 sem. en mars, 3 sem. en sept., mardi soir et merc. – **Rest** 41 bc/45 bc, carte 23/37.

◆ Ce petit restaurant vous reçoit dans une salle à manger croquignolette. La carte, traditionnelle et relativement étoffée, comprend plusieurs menus assez courtisés.

◆ De eetzaal van dit kleine restaurant ziet er bijzonder appetijtelijk uit. De vrij uitgebreide kaart omvat traditionele gerechten en een aantal menu's die zeer in trek zijn.

✗ **Le Bistro des Anges,** r. Tombrouck 6 (par ⑤ : 2 km sur N 58), ✉ 7700 Luingne, ℘ 0 56 33 00 55, *bistrodesanges@hotmail.com, Fax 0 56 33 48 26* – ▤ P. AE MC VISA
fermé 2 sem. Pâques, 2 sem. en août, merc. soir et jeudi – **Rest** *Lunch 35 bc* – carte env. 30, ♀.

◆ Enseigne à laquelle on donnerait le bon Dieu sans confession ! Plats traditionnels et de bistrot servis dans une ambiance sympathique. Carte et tableau à suggestions.

◆ In deze sympathieke bistro waant u zich in het paradijs! Traditionele kaart en suggesties.

✗ **La Cloche,** r. Tournai 9, ℘ 0 56 85 50 30, *info@moresto.be*, Brasserie, ouvert jusqu'à 23 h – ▤ ⇔ 20/30. AE ① MC VISA B h
fermé 24 déc. soir – **Rest** *Lunch 13* – 18/38 bc, carte 18/41.

◆ Brasserie de quartier où l'on "se tape la cloche" dans une atmosphère cordiale. Lambris et poutres en salle. Carte incluant une ribambelle de menus et des plats "canailles".

◆ In deze buurtbrasserie is het een al gezelligheid wat de klok slaat. Eetzaal met lambrisering en balkenzoldering. Kaart met veel menu's en smakelijke suggesties.

à Herseaux *par ⑤ : 4 km* [C] *Mouscron* – ✉ *7712 Herseaux :*

X **La Broche de Fer,** r. Broche de Fer 273 (lieu-dit Les Ballons), ✆ 0 56 33 15 16, *Fax 0 34 10 54* – [P] ⇔ 6/25. VISA
fermé 18 au 25 fév., 16 juil.-11 août, lundi soir, mardi, merc. et jeudi soir – **Rest** Lunch 2 30/55 bc, carte 34/47.
◆ C'est le nom de la rue qui a inspiré celui du restaurant : cette auberge de la périphé mouscronoise n'a donc rien d'une rôtisserie. Cuisine classico-bourgeoise de bon aloi.
◆ Dit leuke restaurant aan de rand van Moeskroen is genoemd naar de straat waarin h zich bevindt en heeft dus niets van een rotisserie. Klassieke keuken van goed allooi.

MULLEM *Oost-Vlaanderen* **533** G17 – *voir à Oudenaarde.*

NADRIN *6660 Luxembourg belge* [C] *Houffalize 4 749 h.* **534** T22 *et* **716** K5. 13
Voir *Belvédère des Six Ourthe*★★, *Le Hérou*★★.
Bruxelles 140 – Arlon 68 – Bastogne 29 – Bouillon 82 – La Roche-en-Ardenne 13.

La Gentilhommière ⛰, r. Hérou 51, ✆ 0 84 44 51 85, ≤, ⛱, ⛲ – ⇔ [P]. ⛔
fermé 17 sept.-11 oct. – **Rest** voir rest ***La Plume d'Oie*** ci-après – **4 ch** ⛾ ★71/79 ★★71/79.
◆ Villa dont les murs de briques rouges se mirent à la surface d'une belle piscine. Chamb calmes et "cosy", avec terrasse ou balcon. Jardin de repos et vue sur la vallée.
◆ De rode bakstenen muren van deze villa worden in het mooie zwembad weerspiege Rustige, knusse kamers met terras of balkon. Rustgevende tuin met uitzicht op het dal.

XX **Hostellerie du Panorama** ⛰ avec ch, r. Hérou 41, ✆ 0 84 44 43 24, *lepa rama@skynet.be, Fax 0 84 44 46 63,* ≤ vallées boisées, ⛲ – [P] ⇔ 15. AE ⊙ VISA. ⛔ ch
ouvert Pâques-14 nov. et week-end; fermé janv. et 6 au 22 août – **Rest** *(fermé me* 30/50 – **14** ch ⛾ ★52/55 – ★★60/90 – ½ P 65/70.
◆ Paisible hostellerie surplombant la verte vallée de l'Ourthe, que l'on admire par les ba du restaurant et depuis les terrasses des chambres de l'annexe. Repas traditionnel.
◆ Rustig hotel boven het groene dal van de Ourthe, dat te zien is vanuit het restaurant vanaf het terras van de kamers in de dependance. Traditionele kookstijl.

XX **La Plume d'Oie** - H. La Gentilhommière, pl. du Centre 3, ✆ 0 84 44 44 36, *Fax 0 44 44 36,* ≤, ⛱ – ⇔ 10. MC VISA
fermé 2 prem. sem. juil. et mardi soir, merc. et jeudi hors saison – **Rest** 28/79 bc.
◆ Choisissez cette table pour son cadre rustique-contemporain bien soigné et ses mer de bonnes bases classiques, souvent mis à jour. Joli salon-mezzanine ; petite terrasse.
◆ Restaurant met een verzorgd, rustiek-eigentijds decor. De menu's hebben een goe klassieke basis en worden regelmatig bijgesteld. Salon met mezzanine. Klein terras.

NALINNES *Hainaut* **533** L21, **534** L21 *et* **716** G5 – *voir à Charleroi.*

BELGIQUE

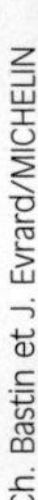

Ch. Bastin et J. Evrard/MICHELIN

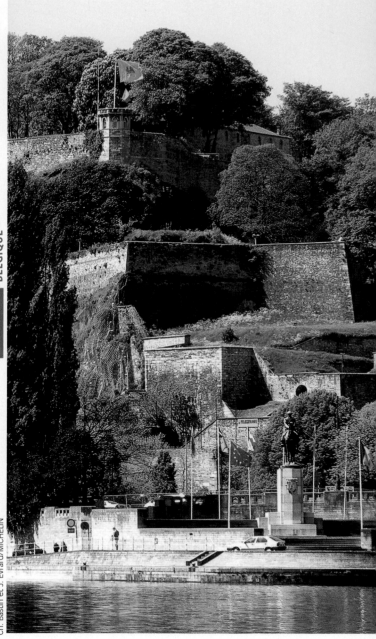

La citadelle de Namur

NAMUR – NAMEN

5000 [P] **533** O 20, **534** O 20 *et* **716** H 4 – *107 173 h.* 15 **C1**

Bruxelles 64 ① – Charleroi 38 ⑥ – Liège 61 ① – Luxembourg 158 ③.

RENSEIGNEMENTS PRATIQUES

Casino BZ, *av. Baron de Moreau 1* ✆ *0 81 22 30 21, Fax 0 81 24 11 05.*

Square Leopold ✆ *0 81 24 64 49, Maison.tourisme.namur@ville.namur.be, Fax 0 81 24 71 28 et (en saison) Chalet, pl. du Grognon* ✆ *0 81 24 64 48, Fax 0 81 24 71 28 – Fédération provinciale de tourisme, av. Reine Astrid 22,* ✆ *0 81 74 99 00, tourisme@ftpn.be, Fax 0 81 74 99 29.*

à l'Est : 22 km à Andenne, Ferme du Moulin, Stud 52 ✆ *0 85 84 34 04, Fax 0 85 84 34 04.*

CURIOSITÉS

Voir *Citadelle*★ ※★★ BZ – *Trésor*★★ *du prieuré d'Oignies aux sœurs de Notre-Dame* BCZ **K** – *Église St-Loup*★ BZ – *Le Centre*★.

Musées : *Archéologique*★ BZ **M**² – *des Arts Anciens du Namurois*★ BY **M**³ – *Diocésain et trésor de la cathédrale*★ BYZ **M**⁴ – *de Groesbeek de Croix*★ BZ **M**⁵ – *Félicien Rops*★ BZ **M**⁶.

Env. *par ⑤ : 11 km à Floreffe : stalles*★ *de l'église abbatiale.*

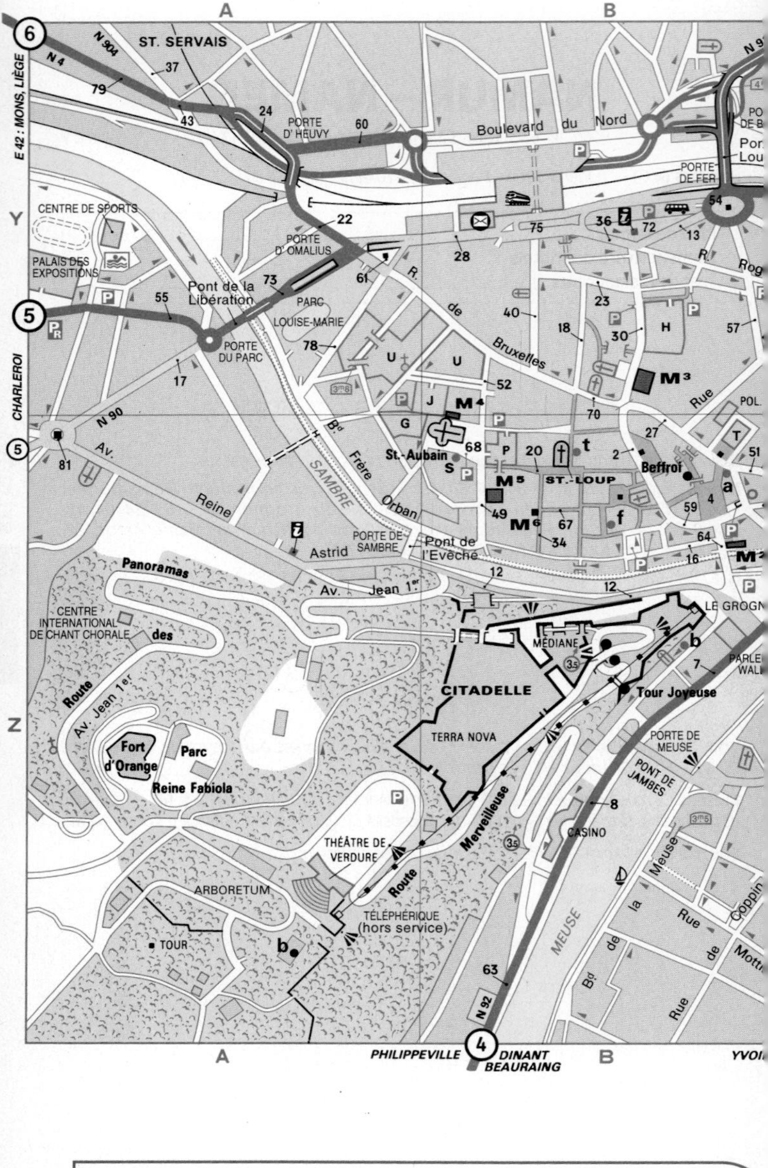

Comment choisir entre deux adresses équivalentes ? Dans chaque catégorie, les établissements sont classés par ordre de préférence : nos coups de cœur d'abord.

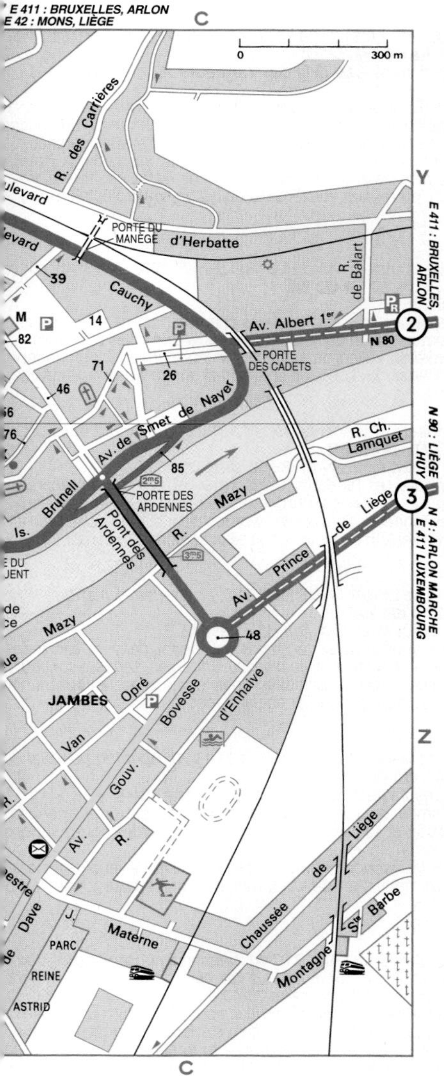

NAMUR

Rue	Carré	N°
Ange (R. de l')	BZ	2
Armes (Pl. d')	BZ	4
Baron-de-Moreau (Av.)	BZ	8
Baron-L.-Huart (Bd)	BZ	7
Bas de la Place (R.)	BZ	9
Bord de l'Eau (R. du)	BZ	12
Borgnet (R.)	BY	13
Bourgeois (R. des)	CY	14
Brasseurs (R. des)	BZ	16
Cardinal-Mercier (Av.)	AY	17
Carmes (R. des)	BY	18
Célestines (Pl. des)	CY	19
Collège (R. du)	BZ	20
Combattants (Av. des)	AY	22
Croisiers (R. des)	BY	23
Croix du Feu (Av. des)	AY	24
Dewez (R.)	BCY	25
École des Cadets (Pl. de l')	CY	26
Emile-Cuvelier (R.)	BYZ	27
Ernest-Mélot (Bd)	BY	28
Fernand-Golenvaux (Av.)	BZ	31
Fer (R. de)	BY	30
Fumal (R.)	BZ	34
Gare (Av. de la)	BY	36
Gembloux (R. de)	AY	37
Général-Michel (R.)	CY	39
Godefroid (R.)	BY	40
Gravière (R. de)	CZ	41
Hastedon (Pl. d')	AY	43
Ilon (Pl. l')	CZ	44
Joséphine-Charlotte (Pl.)	CZ	48
Joseph-Saintraint (R.)	BZ	49
Julie-Billiard (R.)	BZ	51
J.-B.-Brabant (R.)	CY	46
Lelièvre (R.)	BY	52
Léoplod-II (Av.)	AY	55
Léopold (Pl.)	BY	54
Léopold (Sq.)	BY	72
Lombard (R. du)	CYZ	56
Lucien-Namèche (R.)	BY	57
Marchovelette (R. de)	BZ	59
Merckem (Bd de)	AY	60
Omalius (Pl. d')	AY	61
Plante (Av. de la)	BZ	63
Pont (R. du)	BZ	64
Rupplémont (R.)	BZ	67
St-Aubain (Pl.)	BZ	68
St-Jacques (R.)	BY	70
St-Nicolas (R.)	CY	71
Stassart (Av. de)	AY	73
Station (Pl. de la)	BY	75
Tanneries (R. des)	CYZ	76
Vierge (Rempart de la)	AY	78
Waterloo (Chaussée de)	AY	79
Wiertz (Pl.)	AZ	81
1er-Lanciers (R. du)	CY	82
4-Fils-Aymon (R. des)	CZ	85

Première distinction : l'étoile ✿.
Elle couronne les tables pour lesquelles on ferait des kilomètres !

Quartiers du Centre :

Les Tanneurs, r. Tanneries 13, ☎ 0 81 24 00 24, *info@tanneurs.com, Fax 0 81 24 00* – ch, – 70. AE MC VISA. ch CZ
Rest voir rest ***L'Espièglerie*** ci-après – ***Le Grill des Tanneurs*** 25, carte 22/37 – 1
28 ch 40/200 – 55/175.
◆ Chambres de bon confort distribuées dans une vieille tannerie promue hostellerie terme d'une rénovation complète. Le "Visiteur" Jean Reno y a dormi comme une bûche l'étage, restaurant-grill au cadre rustique. Intéressant menu-choix. Terrasse perchée.
◆ Deze oude leerlooierij is na een ingrijpende verbouwing een aantrekkelijk hotel g worden. De comfortabele kamers staan garant voor een goede nachtrust. Rustiek resta rant annex grillroom met een interessant keuzemenu op de bovenverdieping. Hoogge gen terras.

Ibis sans rest, r. Premier Lanciers 10, ☎ 0 81 25 75 40, *h3151@accor.cc Fax 0 81 25 75 50* – AE MC VISA CY
10 – **92 ch** 65/70 – 68/75.
◆ Les fidèles habitués de l'enseigne trouveront ici des chambres un rien moins austè qu'à l'accoutumée. Bar d'esprit nautique où l'on prend aussi le café et les croissants.
◆ Trouwe gasten van de Ibisketen zullen de kamers hier iets minder sober vinden d normaal. Bar in nautische stijl, waar ook koffie en croissants kunnen worden genuttigd.

L'Espièglerie - H. Les Tanneurs, r. Tanneries 13, ☎ 0 81 24 00 24, *info@tanneurs.cc Fax 0 81 24 00 25* – 5/20. AE MC VISA CZ
fermé sam. midi et dim. soir – **Rest** *Lunch 27* – 42/88 bc, carte 60/73, .
◆ Beau restaurant agrégé à l'hôtel Les Tanneurs. Salles à manger en enfilade séparées p des arcades de pierre. Mets goûtés des fines fourchettes. Excellent choix de bordeaux.
◆ Mooi restaurant in hotel Les Tanneurs. De eetzalen worden door stenen bogen van elk afgescheiden. Gastronomische keuken en uitstekende selectie bordeauxwijnen.

BELGIQUE

Nero Bianco 1er étage, r. Saint-Loup 4, ☎ 0 81 26 25 25, *j-c.daoust@skynet.be*, , Av cuisine italienne – 8/25. AE MC VISA BZ
fermé 2 sem. en juin, 2 sem. après Noël, dim. et lundi – **Rest** 42, .
◆ Cet ancien hôtel particulier vous convie à un repas italianisant dans un cadre desi minimaliste, jouant sur le contraste du noir et du blanc. Lounge-bar ; terrasse sur cour.
◆ In dit oude herenhuis met een minimalistisch designinterieur in zwart-wit kunt u gen ten van een maaltijd in Italiaanse stijl. Lounge-bar en patio met terras.

La Petite Fugue, pl. Chanoine Descamps 5, ☎ 0 81 23 13 20, *lapetitefugue@yahoo Fax 0 81 23 13 20*, , 10/40. MC VISA BZ
fermé 2 sem. Pâques et dim. midi – **Rest** *Lunch 16* – 20/65 bc, carte 38/48, .
◆ Sur une placette très animée les soirs d'été, table estimée pour ses menu-ch composés dans le tempo actuel et sa cave riche de grands millésimes bourguignons bordelais.
◆ Dit restaurant aan een pleintje dat vooral op zomeravonden heel levendig is, staat b kend om de eigentijdse keuzemenu's en de wijnkelder met grote bourgognes en bo deaux.

Brasserie Henry, pl. St-Aubain 3, ☎ 0 81 22 02 04, *brasshenry@hotmail.com, Fax 0 22 05 66*, , Ouvert jusqu'à minuit – 10/150. AE MC VISA BZ
fermé 2e quinz. juil. – **Rest** *Lunch 18* – 24/38 bc, carte 20/40, .
◆ Immeuble de style Napoléon III restauré avec bonheur pour offrir, dans un cadre hist rique, une prestation du type brasserie parisienne. Superbe salle de banquets à l'étage.
◆ Fraai gerestaureerd pand uit de tijd van Napoleon III, om in een historische setting genieten van een typisch Parijse brasseriekeuken. Boven prachtige zaal voor banketten.

Les Embruns, r. La Tour 2, ☎ 0 81 22 74 41, *Fax 0 81 22 73 41*, , Produits de la me MC VISA. BZ
fermé carnaval, Pâques, 3 sem. en juil., 15 déc.-10 janv., dim., lundi et après 20 h 30 – **Re** (déjeuner seult sauf vend. et sam. de Pâques à fin oct.) *Lunch 18* – 22/45, carte 29/60,
◆ Cette poissonnerie-restaurant ancrée près du théâtre ne désemplit pas à l'heure déjeuner. Grand choix de produits de la mer et menu-carte à prix muselé. Terrasse cha fée.
◆ Restaurant annex viswinkel (bij de schouwburg), waar het tijdens de lunch altijd vol i Natuurlijk veel vis op de kaart en een aantrekkelijk geprijsd menu. Verwarmd terras.

direction Citadelle (le Grognon) :

Château de Namur (Établissement d'application hôtelière), av. Ermitage 1, ☎ 0 81 72 99 00, *info@chateaudenamur.com, Fax 0 81 72 99 99*, ≤, – P – 150. AE VISA. AZ b
Rest *Lunch 30* – 49/76 bc, carte 49/66 – 14 – **29 ch** 100/180 – 120/200 – ½ P 100/200.
• École d'hôtellerie occupant une belle demeure ancienne perchée sur les hauteurs boisées de Namur. Chambres avec vue en façade et parc reposant. Table où le futur "gratin" de la gastronomie wallonne fait ses gammes. Cadre actuel et répertoire de base classique.
• Deze hotelschool is gevestigd in een mooi oud herenhuis in de beboste heuvels van Namen. Kamers met uitzicht aan de voorkant en rustgevend park. Modern restaurant met een gemoderniseerde klassieke keuken, waar veelbelovende Waalse koks in de leer gaan.

XXX **Biétrumé Picar**, Tienne Maquet 16 (par ④ : 3 km sur N 92, La Plante), ☎ 0 81 23 07 39, *Fax 0 81 23 10 32*, – P 40. AE VISA
fermé dim. soir et lundi – **Rest** *Lunch 28* – 35.
• Salon "cosy" et chaleureuse salle avec lustres en cristal et mobilier de style en cette villa aux abords boisés. Menu multi-choix extensible, mêlant tradition et goût du jour.
• Gezellige salon en sfeervolle eetzaal met kroonluchters en stijlmeubelen in deze villa in een bosrijke omgeving. Het meerkeuzemenu is een mix van traditioneel en modern.

X **Cuisinémoi** (Van den Branden), r. Notre-Dame 44, ☎ 0 81 22 91 81, *resto@cuisinemoi.be, Fax 0 81 22 43 83* – 16/26. VISA BZ b
fermé 2 sem. Pâques, dim. et lundi – **Rest** (réservation souhaitée) *Lunch 25* – 37, carte env. 52.
Spéc. Cuisses de grenouilles meunière, risotto aux morilles, soupe de cresson. Pigeonneau au couscous de fruits secs et menthe. Hamburger de bugnes aux agrumes, sorbet au citron.
• Près du Parlement wallon, petite table au cadre contemporain offrant les plaisirs d'une cuisine actuelle personnalisée. Accueil et service charmants ; cave voûtée à vue.
• Modern ingericht restaurantje bij het Waalse parlement. Eigentijdse keuken met een persoonlijke stijl. Vriendelijke bediening. De overwelfde wijnkelder is zichtbaar.

Bouge *par ② : 3 km* C *Namur* – ✉ *5004 Bouge :*

La Ferme du Quartier, pl. Ste Marguerite 4, ☎ 0 81 21 11 05, *Fax 0 81 21 59 18*, – P – 160. AE VISA.
fermé juil., 22 au 31 déc. et dim. – **Rest** 25, carte 27/40 – **14 ch** 45 – 60 – ½ P 65/75.
• Une ancienne ferme de type mosan, bâtie en pierres vers 1650, procure un cadre plaisant à cette affaire familiale. Petites chambres modernisées à l'annexe. Salle de restaurant claire et spacieuse, agrémentée d'une terrasse. Choix classico-traditionnel varié.
• Dit hotel, dat door een familie wordt gerund, is gevestigd in een mooie oude boerderij in Maaslandse stijl uit 1650. Kleine gemoderniseerde kamers in het bijgebouw. Lichte en ruime eetzaal met terras. Gevarieerde kaart met traditioneel-klassieke gerechten.

Émines *Nord : 6 km* C *La Bruyère 8 263 h.* – ✉ *5080 Émines :*

Château d'Émines sans rest, r. Rhisnes 45, ☎ 0 81 21 30 23, *chateau.emines@skynet.be, Fax 0 81 20 02 63*, – P – 50
fermé juil.-août – **3 ch** 60 – 70.
• Demeure de 1730 remaniée vers 1900 et restaurée au 20e s. Chambres ouvrant sur le parc avec étangs (pêche, canotage), piscine et tennis. Expo bédéphile et portraits d'aïeux.
• Dit pand uit 1730 werd rond 1900 veranderd en in de 20e eeuw gerestaureerd. De kamers kijken uit op het park met vijvers (vissen, kanoën), zwembad en tennisbaan. Stripverhaaltentoonstelling, portretten van voorouders.

à Jambes C *Namur* – ✉ *5100 Jambes :*

XX **La Plage d'Amée**, r. Peupliers 2 (5 km par r. Dave; avant voie ferrée première rue à droite), ☎ 0 81 30 93 39, *plagedamee@tiscali.be, Fax 0 81 30 94 81*, ≤, – P 6/24. AE VISA
fermé 1 sem. Pâques, 27 août-11 sept., 17 au 27 déc., lundi et mardi – **Rest** *Lunch 22* – 32, carte env.39.
• Ce pavillon en verre et inox brossé tourné vers la Meuse plaît pour son cadre moderne, pour sa belle terrasse riveraine et pour son menu 4 services changeant chaque semaine.
• Het succesrecept van dit restaurant in een vrijstaand huis van glas en staal aan de Maas? Modern interieur, mooi terras aan het water en weekmenu's van vier gangen.

BELGIQUE

à Lives-sur-Meuse *par ③ : 9 km* C *Namur – ✉ 5101 Lives-sur-Meuse :*

New Hotel de Lives, chaussée de Liège 1178, ✆ 0 81 58 05 13, *info@newhotel lives.com, Fax 0 81 58 15 77,* , – , rest, P – 50. AE ⓓ MC VISA
Rest *Lunch 22* – 26/72 bc, carte 30/50 – **20 ch** ☕ ✝61/120 – ✝✝81/130 – ½ P 83/174.
◆ Entre Namur et Andenne, le long de la chaussée de Liège, grande auberge en pierres pays vous réservant un accueil familial. Pimpantes chambres où l'on a ses aises. Rep traditionnel servi dans une jolie salle affichant un petit côté "bonbonnière".
◆ In deze grote herberg van steen uit de streek tussen Namen en Andenne, aan de w naar Luik, wacht u een vriendelijke ontvangst. Keurige kamers waar u volop ruimte hee In de met zorg ingerichte eetzaal wordt een traditionele maaltijd geserveerd.

La Bergerie (Lefevere), r. Mosanville 100, ✆ 0 81 58 06 13, *marc@bergerielives.b Fax 0 81 58 19 39* – P ⇔ 10/40. AE ⓓ MC VISA
fermé 2ᵉ quinz. fév.-début mars, 2ᵉ quinz. août-début sept., dim. soir, lundi et marc
Rest *Lunch 45* – 70/125 bc, carte 82/139.
Spéc. Truite du vivier. Agneau rôti "Bergerie". Gâteau de crêpes soufflées.
◆ Un cadre de verdure luxuriant ajoute au charme de cette élégante maison de bouc familiale bordée de pièces d'eau. Cuisine de bonnes bases classiques ; vins de fruits belg
◆ De weelderig groene omgeving en waterpartijen dragen zeker bij tot de charme van stijlvolle familierestaurant. Goede klassieke keuken en Belgische fruitwijnen.

à Malonne *par ⑤ : 8 km* C *Namur – ✉ 5020 Malonne :*

Le Pot-au-Feu, Trieux des Scieurs 22, ✆ 0 81 44 03 32, *alainpeters@tiscali.be, Fax 0 44 60 20,* Ouvert jusqu'à 23 h – P ⇔ 12. MC VISA
fermé 2 au 15 janv., 9 au 16 avril, 5 au 18 sept., 1ᵉʳ au 6 nov., dim. soir, lundi et mardi – **Re** 26/50 bc, carte 29/46.
◆ Recettes traditionnelles variant selon le marché et menus cycliques autour de dive thèmes, à apprécier dans la cave d'une villa de la fin du 20ᵉ s. Ambiance sympathique.
◆ Leuk restaurantje in de kelderverdieping van een villa uit de late 20e eeuw. Tradition keuken op basis van dagverse producten en seizoensgebonden themamenu's.

BELGIQUE

à Temploux *par ⑥ : 7 km* C *Namur – ✉ 5020 Temploux :*

l'Essentiel, r. Roger Clément 32 (2,5 km par Chemin du Moustier), ✆ 0 81 56 86 *info@lessentiel.be, Fax 0 81 56 86 36,* – P ⇔ 4/24. AE ⓓ MC VISA
fermé 2 sem. Pâques, 2 sem. en juil., 23 au 30 déc., dim. et lundi – **Rest** *Lunch 32* – 44/92 b carte env 62, .
◆ Bâtisse au cachet fort construite en pierres et briques. Jardin d'apparat, intérieur né rustique au subtil parfum d'orient, cuisine moderne soignée et bons accords mets-vins.
◆ Gebouw met een combinatie van natuur- en baksteen, dat veel cachet heeft. Siertu neorustiek interieur met een oosters tintje, verzorgde moderne keuken en uitgelez wijnen.

à Thon *par ③ : 11 km* C *Andenne 24 408 h. – ✉ 5300 Thon :*

Les Jardins du Luxembourg, rte de Liège 2 (N 90), ✆ 0 81 58 86 51, *jardins luxembourg@skynet.be, Fax 0 81 58 07 62,* ←, – P ⇔ 10/100. ⓓ MC VISA
fermé mardi soir, merc. et dim. soir – **Rest** *Lunch 25* – 31/78 bc, carte 36/65.
◆ Demeure de 1890 dont le grand jardin dévale jusqu'au fleuve. Carte au goût du jo présentée dans un cadre rajeuni par des tonalités jaunes et bleues évocatrices du Midi.
◆ Pand uit 1890 met een grote tuin tot aan de rivier en een gemoderniseerd interie waarvan de gele en blauwe kleuren mediterraan aandoen. Eigentijdse keuken.

à Wépion *par ④ : 4,5 km* C *Namur – ✉ 5100 Wépion :*

Villa Gracia sans rest, chaussée de Dinant 1455, ✆ 0 81 41 43 43, *hotel@v gracia.com, Fax 0 81 41 12 25,* ←, , , – P – 30. AE ⓓ MC VISA
8 ch ☕ ✝105/154 – ✝✝123/172.
◆ Jolie gentilhommière mosane (1923) élevée pour un général nommé Gracia. Chambr amples et douillettes, quelquefois avec terrasse-balcon tournée vers le jardin et le rivage
◆ Dit landhuis werd in 1923 in de stijl van het Maasland gebouwd voor generaal Grac Ruime, knusse kamers, sommige met terras of balkon aan de kant van de tuin en de rivi

Chez Chen, chaussée de Dinant 873, ✆ 0 81 74 74 41, *Fax 0 81 74 74 43,* ← Meu (Maas), , Cuisine chinoise, ouvert jusqu'à 23 h – P. AE MC VISA.
fermé mi-fév.-début mars et mardi – **Rest** *Lunch 18* – 25/45, carte 20/49.
◆ Restaurant chinois récemment établi en bord de Meuse. Façade en pierres du pa lumineuse salle au cadre asiatique sans surcharge, vue fluviale par les grandes baies vitré
◆ Nieuw Chinees restaurant aan de Maas. Natuurstenen gevel, lichte eetzaal met e Aziatische inrichting die niet "overdone" is en grote ramen met uitzicht op de rivier.

XX **La Petite Marmite,** chaussée de Dinant 683, ✆ 0 81 46 09 06, *lapetitemarmite@scarlet.be*, ≤ Meuse (Maas), ⚓ – P ⇔ 25. AE ① MC VISA
fermé 2 sem. après Pâques, 3 prem. sem. oct., mardi soir et merc. soir de mi-nov. à fin mars, dim. soir, lundi et jeudi soir – **Rest** *Lunch 35 bc* – 36/67 bc, carte 43/51.
◆ Ce pastiche du style architectural anglo-normand vous invite, près des baies de sa rotonde, à un repas de base classique, en tête à tête avec les flots paisibles de la Meuse.
◆ Gebouw in namaak-Anglo-Normandische stijl, waar een klassieke maaltijd wordt geserveerd. De glaspuien kijken uit op de rustig kabbelende Maas.

Wierde *par ③ : 9 km* C *Namur* – ✉ *5100 Wierde :*

XX **Le Petit Marais** 🐎 avec ch, r. Lambaitienne 7, ✆ 0 81 40 25 65, *lepetitmarais@tiscali.be, Fax 0 81 40 20 72,* ≤, 🏖, ⛱, 🌲, 🚲 – ⇆ P ⇔ 8/16. AE MC VISA
fermé 1 sem. début avril, 2 prem.. sem. sept., mardi et merc. – **Rest** 32/85 bc, carte 56/73, ♀ – ***L'Orangerie*** *Lunch 13* – carte 28/42, ♀ – ☕ 12 – **4 ch** ✝100 – ✝✝110 – ½ P 99/198.
◆ Villa dominant un paysage agreste. Cuisine personnalisée, salle à manger moderne d'ascendance néo-classique, cave à vue et belle terrasse. Un des menus se voue au homard. Formule de repas simplifiée sous les verrières de l'Orangerie jouxtant la piscine.
◆ Villa met landelijk uitzicht. Persoonlijke kookstijl, moderne eetzaal met neoklassieke accenten, open wijnkelder en mooi terras. Een van de menu's is aan kreeft gewijd. Eenvoudige maaltijd onder het glasdak van de Oranjerie naast het zwembad.

XX **Le D'Arville,** r. D'Arville 94, ✆ 0 81 46 23 65, *ledarville@tiscali.be, Fax 0 81 56 88 39,* 🏖 – P ⇔ 10/26. MC VISA
fermé 2 au 15 janv., 15 au 30 sept. et lundis et sam. midis non fériés – **Rest** *Lunch 18* – 33/73 bc, carte env. 39, ♀.
◆ Cette table actuelle au décor rustique-moderne tire parti d'une ferme du 19e s. Pièce d'eau, cascade et vue bucolique en terrasse. Attrayant menu mensuel à choix multiple.
◆ 19e-eeuwse boerderij met een modern-rustiek interieur. Waterpartij, waterval en terras met landelijk uitzicht. Eigentijdse keuken en aantrekkelijk maandmenu met veel keuze.

BELGIQUE

In grote steden is het vaak moeilijk om een plaats voor de auto te vinden.
Kijk naar de adressen met het symbool 🔑
want daar kunt u gebruik maken van een valet service.

NASSOGNE *6950 Luxembourg belge* 534 R22 *et* 716 J5 – *4 978 h.* 12 B1

Bruxelles 121 – Arlon 75 – Bouillon 56 – Dinant 45 – Liège 74 – Namur 63.

🏠 **Beau Séjour** 🐎, r. Masbourg 30, ✆ 0 84 21 06 96, *info@lebeausejour.be, Fax 0 84 21 40 62,* 🏖, ≋, ⛱, 🌲 – ♿ ch, P – 🏛 25. AE ① MC VISA. ⚡ rest
fermé 10 au 18 janv., 26 juin-5 juil., 5 au 20 sept., 12 au 20 déc., merc. et jeudi midi – **Rest** ***Le Jardin des Senteurs*** *Lunch 20* – 35/90 bc, carte 47/74 – **24 ch** ☕ ✝75/95 – ✝✝85/105 – ½ P 75/90.
◆ Bâtisse typée où la tradition hôtelière se transmet en famille depuis 1962. Chambres plus confortables dans les annexes côté jardin que dans le corps de logis. Table actuelle soignée, au cadre moderne chaleureux. Véranda séparée où l'on sert des salades d'été.
◆ Dit hotel in een karakteristiek pand wordt al sinds 1962 door een familie gerund. Gerieflijkere kamers in de bijgebouwen aan de tuin dan in het hoofdgebouw. Verzorgde eigentijdse keuken in een modern, warm interieur. Zomerse salades in de afgescheiden serre.

XX **La Gourmandine** avec ch, r. Masbourg 2, ✆ 0 84 21 09 28, *info@lagourmandine.be, Fax 0 84 21 09 23,* 🏖 – P. AE MC VISA. ⚡ rest
fermé début janv., début juil., lundi et mardi – **Rest** *(fermé lundis et mardis non fériés et dim. soir)* 30/45, carte 49/59 – **6 ch** ☕ ✝82/92 – ✝✝90/100 – ½ P 85/100.
◆ Maison en pierres d'aspect régional où l'on satisfait votre gourmandise dans une salle à manger-véranda tournée vers le jardin et sa terrasse en bois. Cuisine d'aujourd'hui.
◆ In dit huis in regionale stijl kunt u lekker eten in de eetzaal met serre die uitkijkt op de tuin en het houten terras. De recepten zijn geheel van deze tijd.

NAZARETH *9810 Oost-Vlaanderen* **533** G17 *et* **716** D3 – *10 945 h.* 16 B
Bruxelles 65 – Gent 18 – Kortrijk 34 – Oudenaarde 16.

Nazareth, Autostrade E 17 -A 14, ☎ 0 9 385 60 83, *info@hotelnazareth.be, Fax 0 385 70 43*, – rest, – 250.
Rest (ouvert jusqu'à minuit) *Lunch 19* – 25, carte 29/51 – **84 ch** – 75/140 – 85/170 – ½ P 95/150.
◆ Hôtel bien pratique pour l'étape, situé en bord d'autoroute, entre Gent et Kortrijk. Grandes chambres actuelles et confortables, orientées côté bitume ou côté bois. Restaurant présentant une vaste carte à la fois traditionnelle et internationale.
◆ Dit hotel aan de snelweg tussen Gent en Kortrijk is ideaal voor wie op doorreis is. Grote moderne en comfortabele kamers aan de kant van de weg of van het bos. Restaurant met een uitgebreide kaart, zowel traditioneel als internationaal georiënteerd.

NEDERZWALM *9636 Oost-Vlaanderen* Ⓒ *Zwalm 7 765 h.* **533** H17 *et* **716** E3. 16 B
Bruxelles 51 – Gent 26 – Oudenaarde 9.

't Kapelleke, Neerstraat 39, ☎ 0 55 49 85 29, – 15/45.
fermé 2 prem. sem. janv., dern. sem. juil.-prem. sem. août, dim. soir, lundi et jeudi soir – **Rest** *Lunch 36 bc* – 42 bc/68 bc, carte 42/51.
◆ Une chapelle désacralisée tient lieu de sas d'entrée à cette table au cadre "cosy". Terrasse dans un superbe jardin agrémenté de 1999 buis taillés. Beaux menus tout compris.
◆ Een ontwijd kapelletje vormt de entree tot dit restaurant met huiselijke ambiance. Terras in een schitterende tuin met 1999 gesnoeide buksen. Mooie all-in menu's.

Rouge = Agréable. Repérez les symboles et passés en rouge.

BELGIQUE

NEERHAREN *Limburg* **533** T17 *et* **716** K3 – *voir à Lanaken.*

NEERPELT *3910 Limburg* **533** R15 *et* **716** J2 – *16 117 h.* 10 B
Bruxelles 108 – Hasselt 40 – Antwerpen 86 – Eindhoven 24.

't Oud Klooster, Kloosterstraat 23, ☎ 0 11 81 84 29, *info@oud-klooster.be, Fax 0 11 81 84 30*, – 4/6.
fermé 1 sem. carnaval et merc. – **Rest** (dîner seult) 35/55, carte 53/63.
◆ Maison ancienne abritant une table au goût du jour et au cadre rustique "cosy". Cuisine ouverte sur la salle, ambiance sympathique, collection de Guides Michelin en vitrine.
◆ Eigentijds eten in een oud pand met een gezellige, rustieke inrichting. Open keuken, aardige bediening en verzameling Michelingidsen in de vitrine.

De Landerije, Broeseinderdijk 32 (Nord : 1 km direction Grote Heide), ☎ 0 11 66 45 1.., *landerije@skynet.be, Fax 0 11 66 10 78*, – .
fermé 2 sem. en août, lundi, mardi et sam. midi – **Rest** (menu unique) 34/70 bc.
◆ En campagne résidentielle, villa vous réservant un bon accueil spontané dans sa salle à manger de style actuel façon "cottage". Offre limitée à un menu. Terrasse agreste.
◆ In dit buitenhuis wacht u een goed en hartelijk onthaal. Moderne eetzaal in cottagestijl. Het culinaire aanbod beperkt zich tot een menu. Terras met landelijk uitzicht.

Au Bain Marie, Heerstraat 34, ☎ 0 11 66 31 17, *bertsmeets@telenet.be, Fax 0 .. 80 25 61* – .
fermé carnaval, vacances bâtiment, Toussaint, sam. midi, dim. soir et lundi – **Rest** *Lunch 2..* – 35, carte 32/47.
◆ Restaurant tenu en couple et misant sur un choix classico-traditionnel selon le marché. Généreux menu boissons incluses. Décor intérieur discrètement évocateur de la campagne.
◆ Dit restaurant met licht rustiek interieur wordt door een echtpaar gerund en bereidt klassiek-traditionele gerechten van marktverse producten. Uitgebreid menu all-in.

NEUFCHÂTEAU *6840 Luxembourg belge* **534** R23 *et* **716** J6 – *6 540 h.* 12 B
Bruxelles 153 – Arlon 36 – Bouillon 41 – Dinant 71.

Le 13, r. Lucien Burnotte 13, ☎ 0 61 27 81 32, *info@aucoindufeu.be, Fax 0 61 27 91 7..*, – 6/40.
fermé début janv., fin juin-début juil., fin sept.-début oct., mardi soir et merc. – **Rest** 23/60 bc, carte 36/73.
◆ Restaurant entièrement relooké : sol époxy noir, chaises Panton, globes lumineux design et tables modernes en chêne. Cuisine actuelle selon le marché ; carte inscrite au mur.
◆ Dit restaurant heeft een nieuwe look: zwarte epoxyvloer, pantonstoelen, designlampen en moderne eikenhouten tafels. Dagverse, eigentijdse keuken en kaart aan de muur.

Grandvoir *Nord-Ouest : 7 km* C *Neufchâteau* – ✉ *6840 Grandvoir :*

Cap au Vert Chemin du Moulin de la Roche 24, ☎ 0 61 27 97 67, *geers@capauvert.be, Fax 0 61 27 97 57*, ←, , , – | | , rest, P – 25. AE MC VISA.
fermé janv.-8 fév., 3 au 13 sept. et dim. soirs et lundis non fériés sauf en juil.-août – **Rest** ***Les Claytones du Cap*** (dîner seult jusqu'à 20 h 30 sauf vend.) – 46/77, carte 45/61 – ***L'Eden du Cap*** *(déjeuner seult sauf vend.)* (brasserie) *Lunch 25* – carte 28/42 – **12 ch** 118 – 150 – ½ P 121.
◆ Hôtel tapi au creux d'un vallon, entre étang et sapins. Grandes chambres et breakfast sous verrière tropicale. Au restaurant, jolie mise de table, cuisine féminine et terrasse près de l'eau. Formule brasserie le midi, autour du luxuriant bassin de l'orangerie.
◆ Hotel onder in een dal met dennenbomen. Grote kamers; ontbijt onder een 'tropische' glaskoepel. Restaurant met fraai gedekte tafels en vrouwelijke kok. Terras bij het water. 's Middags brasserieformule, rond het weelderige bassin in de oranjerie.

NEUVILLE-EN-CONDROZ *Liège* **533** R19, **534** R19 *et* **716** J4 – *voir à Liège, environs.*

NIEUWERKERKEN *Limburg* **533** Q17 *et* **716** I3 – *voir à Sint-Truiden.*

NIEUWKERKEN-WAAS *Oost-Vlaanderen* **533** K15 *et* **716** F2 – *voir à Sint-Niklaas.*

NIEUWPOORT *8620 West-Vlaanderen* **533** B16 *et* **716** B2 – *10 853 h. – Station balnéaire.* 18 **B2**

Stadhuis, Marktplein 7 ☎ 0 58 22 44 44, info@nieuwpoort.be, Fax 0 58 22 44 28.
Bruxelles 131 – Brugge 44 – Oostende 19 – Veurne 13 – Dunkerque 31.

BELGIQUE

Martinique, Brugse Steenweg 7 (à l'écluse), ☎ 0 58 24 04 08, *info@hotelmartinique.be, Fax 0 58 24 04 07*, , , – P. MC VISA.
ouvert mars-nov. et week-end; fermé 2 au 30 janv. – **Rest** (dîner seult) 30/60 bc, carte 37/47 – **6 ch** 65 – 90/100 – ½ P 65.
◆ Villa de style balnéaire bâtie aux portes de la ville, pas loin des écluses sur l'Ijzer. Chambres avenantes (parfois avec jacuzzi), bar à rhums et terrasse exotique au vert. Restaurant au décor classique ; carte au goût du jour panachée de spécialités créoles.
◆ Karakteristieke villa aan de rand van de stad, niet ver van de sluizen in de IJzer. Aantrekkelijke kamers, sommige met jacuzzi, bar waar rum wordt geschonken en exotisch terras tussen het groen. Eigentijdse keuken met Creoolse specialiteiten.

De Vierboete, Halve Maanstraat 2a (Nord-Est :2 km, au port de plaisance), ☎ 0 58 23 34 33, *devierboete@skynet.be, Fax 0 58 23 81 61*, ←, , Avec taverne-rest, – P 40/120. MC VISA.
fermé 14 janv.-1er fév. et mardi soir soir et merc. sauf saison – **Rest** *Lunch 40* – carte 37/60.
◆ Au bord d'un des bassins des yachts, restaurant implanté dans un clubhouse dont la vue nautique, en phase avec le décor intérieur, ajoute au plaisir de l'assiette et du verre.
◆ Restaurant in een clubgebouw bij de jachthaven, met bijpassend interieur. Het uitzicht op het water verhoogt nog het eet- en drinkplezier.

Café de Paris, Kaai 16, ☎ 0 58 24 04 80, *nv.bas@telenet.be, Fax 0 58 24 03 90*, Taverne-rest avec produits de la mer, ouvert jusqu'à 23 h – 20/50. AE MC VISA
Rest 34, carte 33/63.
◆ La flottille de pêche locale accoste juste en face de cet établissement aménagé dans l'esprit "brasserie parisienne". Spécialité de poissons et fruits de mer, donc.
◆ De plaatselijke vissersvloot ligt precies tegenover dit etablissement, dat aan een Parijse brasserie doet denken. Visspecialiteiten en zeevruchten, hoe kan het ook anders!

à Nieuwpoort-Bad : *(Nieuport-les-Bains) N : 1 km* C *Nieuwpoort* – ✉ *8620 Nieuwpoort :*

Gérard, Albert I-laan 253, ☎ 0 58 23 90 33, *lucgerard@hotmail.com, Fax 0 58 23 07 17* – . AE MC VISA
fermé janv., mardi et merc. – **Rest** 35/110 bc, carte 50/95.
◆ Cadre moderne épuré, grandes tables bien espacées, choix actuel élaboré et sélection vineuse sagement tarifée : flacons cédés au prix du commerce majoré d'un droit de bouchon.
◆ Gestileerd modern interieur, grote tafels met veel ruimte, verfijnde eigentijdse gerechten en wijnen die haast voor inkoopsprijs van de hand worden gedaan.

De Tuin, Zeedijk 6, ☎ 0 58 23 91 00, *benny-quartier@skynet.be, Fax 0 58 23 91 00*, – MC VISA
fermé dern. sem. janv.-prem. sem. fév., 2 prem. sem. déc., lundi soir et jeudi soir du 15 sept. à Pâques sauf vacances scolaires, mardi soir et merc. – **Rest** *Lunch 12* – 25/55 bc, carte 32/46.
◆ L'un de ces restaurants typiques de la côte belge. Cuisine à la fois bistrotière et classique-bourgeoise, façon "mer du Nord". Clientèle balnéaire. Additions sans sel.
◆ Dit is een van die restaurants die zo kenmerkend zijn voor de Belgische kust. Eenvoudige bistrokeuken met een flinke scheut "Noordzee". De rekening geeft geen bittere nasmaak.

Charlie's dinner, Albert I-laan 326a, 0 58 24 29 40, *info@charliesdinner.b* *Fax 0 58 24 29 42* – ▤. MC VISA
fermé fin juin-début juil., 2 sem. en oct., lundi et mardi – **Rest** (dîner seult jusqu'à 1 h du matin) carte 31/53.
◆ Cuisine typique du littoral belge, valorisant la pêche du jour, à apprécier dans une peti salle moderne et "trendy". Expo d'art contemporain ; fonctionnement familial.
◆ Dit restaurant met een kleine, trendy eetzaal wordt door een familie gerund. De keuk is typerend voor de Belgische kust en biedt dagverse producten. Moderne kunstexpo.

NIJVEL *Brabant Wallon – voir Nivelles.*

NIMY *Hainaut* **533** I20, **534** I20 *et* **716** E4 – *voir à Mons.*

NINOVE *9400 Oost-Vlaanderen* **533** J17 *et* **716** F3 – *35 649 h.* 17 C

Voir Boiseries★ dans l'église abbatiale.
Centrumlaan 100, 0 54 31 32 85, toerisme@ninove.be, Fax 0 54 32 38 49.
Bruxelles 24 – Gent 46 – Aalst 15 – Mons 47 – Tournai 58.

De Croone, Geraardsbergsestraat 49, 0 54 33 30 03, *decroone@biz.tiscali.be, Fax 0 54 32 55 88,* – |‡|, ▤ rest – 200. AE MC VISA.
Rest *(fermé 15 juil.-1er août, lundi midi et sam. midi)* Lunch 9 – 30, carte 33/50 – **22 ch** 60/65 – 75/150 – ½ P 49/76.
◆ Hôtel de centre-ville doté de petites chambres pratiques rajeunies (qu'il vaut mie choisir côté cour) et d'une chambre familiale avec cuisinette. Parking public à proximit Nouveau bistrot pourvu d'une terrasse-trottoir et restaurant classico-traditionnel.
◆ Centraal gelegen hotel met kleine, praktische, pas opgeknapte kamers (die aan de bi nenplaats hebben de voorkeur) en een gezinskamer met kitchenette. Openbare parki vlakbij. Nieuwe bistro met terras op de stoep. Klassiek-traditionele gerechten.

Hof ter Eycken (Vanheule), Aalstersesteenweg 298 (Nord-Est : 2 km par N 405, 2e feu droite), 0 54 33 70 81, *hoftereycken@skynet.be, Fax 0 54 32 81 74,* – P 15/35. MC VISA.
fermé vacances carnaval, 2 dern. sem. juil.-prem. sem. août, mardi, merc. et sam. mid
Rest Lunch 40 – 63/110 bc, carte 74/100.
Spéc. Salade de homard et foie d'oie, vinaigrette au jus de truffes. Asperges et langou tines, jus de volaille à l'huile d'olive (avril-août). Gibier en saison.
◆ Ce restaurant de campagne élégant et feutré met à profit l'ex-écurie d'un haras entou de champs. Carte actuelle, accords mets-vins harmonieux, belle terrasse côté jardin.
◆ Elegant en sfeervol plattelandsrestaurant in een voormalige stoeterij tussen de akke Eigentijdse kaart met harmonieuze wijn-spijscombinaties. Mooi terras aan de tuinzijde.

De Lavendel, Lavendelstraat 11, 0 54 33 32 03, *info@delavendel.b* *Fax 0 54 33 32 03,* – ▤ 12/20. AE MC VISA.
fermé dern. sem. août-2 prem. sem. sept., dim. soir et lundi – **Rest** Lunch 25 – 38/57 b carte 28/67.
◆ Dans une rue commerçante, petit restaurant localement estimé pour son ambian bistrot et la variété de sa carte classique-traditionnelle incluant pâtes et plats végétariens
◆ Klein restaurant in een winkelstraat dat bij de inwoners van Nijvel een goede reputat geniet, dankzij de bistrosfeer en de ruime keuze van de klassiek-traditionele kaart, waar ook pasta en vegetarische gerechten staan.

NISMES *5670 Namur* C *Viroinval 5 678 h.* **534** M22 *et* **716** G5. 14 E

Bruxelles 103 – Namur 86 – Charleroi 51 – Couvin 6 – Dinant 42 – Charleville-Mézières 55.

Le Melrose, r. Albert Grégoire 33, 0 60 31 23 39, *boukoalain@hotmail.co* *Fax 0 60 31 10 13,* – P – 40. AE MC VISA
fermé vacances carnaval – **Rest** *(fermé dim. soir, lundi, mardi soir et après 20 h 30)* 23/2 carte 26/38 – **8 ch** 41 – 51 – ½ P 64/98.
◆ Cette maison de maître classiquement aménagée s'agrémente d'un grand jardin où u annexe moderne regroupe des chambres actuelles et pratiques, cédées à bon prix. Rep traditionnel dans une salle à manger au décor bourgeois un rien désuet.
◆ Dit klassiek ingerichte patriciërshuis staat in een grote tuin met een moderne depe dance, waar u voor een zacht prijsje in een van de eigentijdse, functionele kamers logee Traditionele maaltijd in een eetzaal met bourgeoisinterieur, tikje ouderwets.

Grand luxe ou sans prétention ?
Les et les notent le confort.

A WATER THAT BELONGS ON THE WINE LIST.

Le petit chaperon rouge

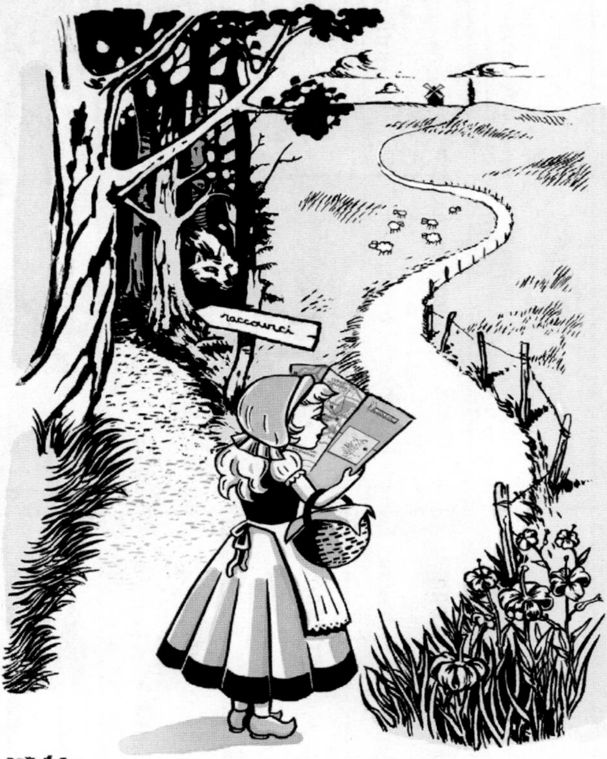

Mais comme le petit chaperon rouge avait pris sa carte Local Michelin, elle ne tomba pas dans le piège. Ainsi, elle ne coupa pas par le bois, ne rencontra pas le loup et, après un parcours touristique des plus pittoresques, arriva bientôt chez sa Mère-Grand à qui elle remit son petit pot de beurre.

Fin

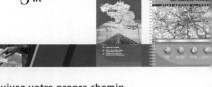

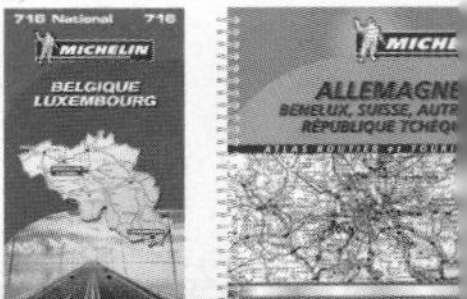

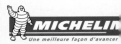

NIVELLES (NIJVEL) *1400 Brabant Wallon* **533** L19, **534** L19 *et* **716** G4 – *24 286 h.* 3 **B3**

Voir *Collégiale Ste-Gertrude★★ : Vierge de l'Annonciation★.*

Env. *à l'Ouest : 9 km, Plan incliné de Ronquières★.*

(2 parcours) Chemin de Baudemont 21 ☎ 0 67 89 42 66, Fax 0 67 21 95 17 - à l'Est : 14 km à Sart-Dames-Avelines, r. Jumerée 1 ☎ 0 71 87 72 67, Fax 0 71 87 43 38 - au Nord-Est : 10 km à Vieux-Genappe, Bruyère d'Hulencourt 15 ☎ 0 67 79 40 40, Fax 0 67 79 40 48- à l'Est : 17 km à Villers-la-Ville : r. Châtelet 62 ☎ 0 71 87 77 65, Fax 0 71 87 77 83.

r. Saintes 48 ☎ 0 67 21 54 13, Fax 0 67 21 57 13.

Bruxelles 36 – Wavre 34 – Charleroi 28 – Mons 35 – Namur 56.

Nivelles-Sud, chaussée de Mons 22 (E 19 - A 7, sortie ⑲), ☎ 0 67 21 87 21, *reception@nivellessud.valk.com, Fax 0 67 22 10 88,* – rest, – 370. AE MC VISA

Rest (ouvert jusqu'à 23 h) *Lunch 12* – 23/27, carte 18/49 – 9 – **115 ch** ★65/75 – ★★75/135 – ½ P 65/155.

◆ Aux portes de Nivelles, près de l'autoroute, hôtel de chaîne abritant cinq catégories de chambres bien tenues, tournées vers la piscine ou une parcelle de vigne. Une carte internationale est présentée au restaurant, lequel se complète de plusieurs terrasses.

◆ Dit motel aan de rand van Nijvel ligt bij de snelweg en maakt deel uit van een keten. Goed onderhouden kamers in vijf categorieën, met uitzicht op het zwembad of de wijngaard. Restaurant met verscheidene terrassen en een internationale spijskaart.

La Ferme des Églantines, Chemin de Fontaine-l'Évêque 8, ☎ 0 67 84 10 10, *fermedeseglantines@hotmail.com, Fax 0 67 84 10 10,* –

Rest (dîner pour résidents seult) – **5 ch** ★59/75 – ★★67/75.

◆ Ancienne ferme où vous logerez dans des chambres confortables ouvrant sur la campagne ou la cour. Jardin agréable et animaux domestiques. Table d'hôte sur réservation.

◆ In deze oude boerderij logeert u in comfortabele kamers met uitzicht op het platteland of de binnenplaats. Aangename tuin en huisdieren. "Table d'hôte" op reservering.

Le Champenois, r. Brasseurs 14, ☎ 0 67 21 35 00, *pgsc@euphonynet.be, Fax 0 67 21 35 00* – 10/20. MC VISA

fermé 2 sem. Pâques, 3 dern. sem. août, merc., sam. midi et dim. soir – **Rest** *Lunch 20* – 33/55 bc, carte 39/52.

◆ Une carte bien en phase avec l'époque vous sera soumise dans cette maison d'angle proche de la Grand-Place. Décoration intérieure traditionnelle ; arrière-salle plus intime.

◆ Dit restaurant in een hoekpand bij de Grote Markt is qua kookstijl goed bij de tijd. Traditioneel interieur en achterzaal met een intiemere sfeer.

BELGIQUE

NOIREFONTAINE *6831 Luxembourg belge* C *Bouillon 5 455 h.* **534** P24 *et* **716** I6. 12 **B2**

Env. *à l'Ouest : 7 km, Belvédère de Botassart ≤★★ – à l'Est : 5 km, ≤ sur la Semois.*

Bruxelles 154 – Arlon 67 – Bouillon 8 – Dinant 59.

Auberge du Moulin Hideux (Lahire) , rte du Moulin Hideux 1 (Sud-Est : 2,5 km par N 865), ☎ 0 61 46 70 15, *info@moulinhideux.be, Fax 0 61 46 72 81,* ≤, – AE MC VISA. rest

ouvert 16 mars-nov.; fermé merc. soir et jeudi midi du 15 mars à juin et merc. midi – **Rest** *Lunch 40* – 65/85, carte 62/105, – **10 ch** ★200 – ★★225/290 – 2 suites – ½ P 160.

Spéc. Langoustines royales, bouillon de crustacés, crémeux aux fèves tonka. Selle de porcelet, sauce périgourdine. Noisettes de chevreuil, sauce poivrade (en saison).

◆ N'ayez crainte : le nom de cet ancien moulin réaménagé dans un cadre bucolique dérive simplement du wallon "l'y deux molins". Chambres personnalisées. Terrasse exquise. Restaurant cossu servant une belle cuisine de base classique. Cave remarquable.

◆ Dit hotel-restaurant is ondergebracht in een oude molen in een schilderachtige omgeving. De kamers hebben een persoonlijk karakter. Prachtig terras. Weelderige eetzaal, waar fijne gerechten op klassieke basis worden geserveerd. Opmerkelijke wijnkelder.

NOSSEGEM *Brabant* **533** M17 *et* **716** G3 – *voir à Bruxelles, environs.*

NOVILLE-SUR-MEHAIGNE *Namur* **533** O19 *et* **534** O19 – *voir à Éghezée.*

Les bonnes adresses à petit prix ?
Suivez les Bibs : Bib Gourmand rouge pour les tables
et Bib Hôtel bleu pour les chambres.

OCQUIER *4560 Liège* *C Clavier 4 176 h.* **533** R20, **534** R20 *et* **716** J4. 8
Bruxelles 107 – Liège 41 – Dinant 40 – Marche-en-Famenne 21.

Le Castel du Val d'Or, Grand'Rue 62, ☎ 0 86 34 41 03, *castel@castel-valdor.b*
Fax 0 86 34 49 56, – **P** – 180. ch
fermé 5 au 25 janv. – **Rest** *(fermé lundi et mardi)* *Lunch 30* – 40/85 bc, carte 46/72, –
– **14 ch** 59/86 – 81/106 – 1 suite – ½ P 81/106.
◆ Cet ancien relais de poste (17e s) conservant son charme délicieusement rustique e établi dans l'un des "plus beaux villages du Condroz". Chambres de bon séjour. Me classico-créatifs dont on se régale dans une salle à manger pleine de cachet.
◆ Dit 17e-eeuwse relais heeft zijn rustieke charme bewaard en is gevestigd in een van "mooiste dorpen van de Condroz". De kamers staan garant voor een prettig verblijf. Kla sieke keuken die van creativiteit getuigt en een eetzaal met cachet.

OEDELEM *West-Vlaanderen* **533** F15 *et* **716** D2 – *voir à Beernem.*

OHAIN *1380 Brabant Wallon* *C Lasne 13 941 h.* **533** L18, **534** L18 *et* **716** G3. 3
18 (2 parcours) 9 Vieux Chemin de Wavre 50 ☎ 0 2 633 18 50, Fax 0 2 633 28 66.
Bruxelles 32 – Wavre 33 – Charleroi 39 – Namur 70 – Nivelles 17.

Le Dernier Tri, r. Try Bara 33, ☎ 0 2 633 34 20, *dernier.tri@skynet.be, Fax 0 2 633 57*
– AE VISA
fermé 1er au 15 mars, 1er au 15 oct., dim. soir et lundi – **Rest** *Lunch 11* – 35, carte env. 38.
◆ Repas classique actualisé servi dans une ancienne ferme-laiterie dont la façade en briqu blanchies s'égaye de boiseries bordeaux. Restaurant d'été tourné vers le jardin.
◆ Voormalige boerderij met melkstallen, waarvan de witte gevel wordt opgevrolijkt dc donkerrode kozijnen. De klassieke gerechten worden 's zomers op het terras geserveer

Auberge de la Roseraie, rte de la Marache 4, ☎ 0 2 633 13 74, *Fax 0 2 633 54 67,*
– **P** 20/40. AE VISA
fermé 15 août-6 sept., Noël-Nouvel An, dim. et lundi – **Rest** *Lunch 14* – 35/46, carte 38/52
◆ Ce restaurant aménagé dans une ancienne fermette (19e s.) plaît pour ses menus, s décor actuel teinté de rusticité et sa terrasse verte blottie à l'ombre du clocher.
◆ Dit restaurant in een 19e-eeuws boerderijtje valt in de smaak vanwege de menu's, h eigentijdse interieur met rustieke accenten en het groene terras bij de kerktoren.

OIGNIES-EN-THIÉRACHE *5670 Namur* *C Viroinval 5 678 h.* **534** M22 *et* **716** G5. 14
Bruxelles 120 – Namur 81 – Chimay 30 – Dinant 42 – Charleville-Mézières 40.

Au Sanglier des Ardennes avec ch, r. J.-B. Périquet 4, ☎ 0 60 39 90 89, *Fax 0 39 02 83* – , rest. VISA
fermé 2 sem. début sept., dim. soir, lundi et mardi – **Rest** *Lunch 35* – 70/125 bc, ca 35/64, – 13 – **7** ch 42/49 – 59/70 – ½ P 88.
◆ Petite auberge très couleur locale, nichée au cœur d'un village typiquement ardenna Menus à thèmes et gibier en saison de vénerie. Ambiance "chasse". Chambres avenante
◆ Kleine herberg met veel "couleur locale" en jachttrofeeën aan de muren, in het hart v een typisch Ardens dorp. Themamenu's en groot wild in het jachtseizoen. Prettige kame

OISQUERCQ *Brabant Wallon* **533** K18 *et* **534** K18 – *voir à Tubize.*

OLEN *2250 Antwerpen* **533** O16 *et* **716** H2 – *11 311 h.* 2
9 à l'Ouest : 1,5 km à Noorderwijk, Witbos ☎ 0 14 26 21 71, Fax 0 14 26 60 48.
Bruxelles 67 – Antwerpen 33 – Hasselt 46 – Turnhout 27.

Doffenhof, Geelseweg 42 (Nord-Est : 5 km sur N 13), ☎ 0 14 22 35 28, *t.doff hof@telenet.be, Fax t.doffenhof@telenet.be,* – **P** 10/14. AE VISA
fermé 3 dern. sem. juil., Noël, Nouvel An et lundi – **Rest** *Lunch 30* – 40/50, carte 36/87.
◆ Cette ravissante maison à colombages (1716) reconstituée vous reçoit dans un dé campagnard "sympa" ou sur sa jolie terrasse-jardin en teck. Choix varié, incluant des tap
◆ Prachtig gerestaureerd vakwerkhuis (1716) met een leuk rustiek interieur en een t met een mooi teakhouten terras. Gevarieerde kaart met onder meer tapas.

Het komfoor, Hezewijk 86 (sortie ㉒ sur E 313 - A 12), ☎ 0 14 30 73 60, *het.k foor@telenet.be,* – **P** 10/30. AE VISA.
fermé merc., jeudi et sam. midi – **Rest** *Lunch 25* – 37/69 bc, carte 54/79.
◆ Le nom de cette table installée dans une jolie fermette se réfère à la marque du vie poêle émaillé qui trône dans le salon-véranda. Terrasse d'été à l'ombre d'un beau noyer
◆ De naam van dit restaurant in een mooi boerderijtje verwijst naar de oude geëmailleer kachel die in de eetzaal met serre staat. Terras in de schaduw van een mooie notenboor

XX **De Blauwe Regen,** Kanaalstraat 2 (Nord-Est : 4 km, près N 13), ✆ 0 14 21 55 34, *blauweregen@telenet.be*, – P 22. AE MC VISA.
fermé 1 sem. Pâques, 2 sem. en juil., 1 sem. Toussaint, lundi, mardi, merc. soir, jeudi soir et sam. midi – **Rest** Lunch 30 – 38/66 bc, carte 39/49.
◆ Une façade couverte de plantes grimpantes signale cette fermette. Salle à manger affichant un petit air romantique. Mise en place soignée. Joli jardin aménagé sur l'arrière.
◆ Dit boerderijtje is te herkennen aan zijn gevel met blauweregen. De eetzaal heeft een licht romantische uitstraling. Verzorgde mise en place. Mooie tuin aan de achterkant.

XX **Pot au Feu,** Dorp 34, ✆ 0 14 27 70 56, *info@brasseriepotaufeu.be, Fax 0 14 26 32 43*, – 20/36. VISA.
fermé vacances Noël, lundi et mardi – **Rest** Lunch 24 – 35, carte 35/54.
◆ Villa aux accents Art déco transformée en brasserie de style actuel. Salles chaleureuses utilisées en hiver ; véranda et terrasse-jardin pour l'été. Bar central sous verrière.
◆ Deze villa met art-decoaccenten is nu een eigentijdse brasserie. Gezellige eetzalen voor 's winters en veranda en tuin met terras voor 's zomers. Centrale bar met glaskoepel.

LSENE *9870 Oost-Vlaanderen* C *Zulte 14 613 h.* **533** F17 *et* **716** D3. 16 **A3**
Bruxelles 73 – Gent 30 – Kortrijk 18.

XXX **Eikenhof,** Kasteelstraat 20, ✆ 0 9 388 95 46, *Fax 0 9 388 40 33*, – P. AE MC VISA
fermé dern. sem. janv.-prem. sem. fév., mardi soir, merc. et dim. soir – **Rest** Lunch 25 – 38/98 bc, carte 55/70.
◆ Villa flamande massive ouverte sur un jardin. Cadre actuel clair, grands crus bordelais à prix souriants, mets classiques où entre surtout la marée et bons menus vins compris.
◆ Massieve Vlaamse villa met tuin en een modern, licht interieur. Klassieke kaart met veel vis, goede bordeaux voor een zacht prijsje en lekkere menu's inclusief wijn.

.L.V. LOMBEEK *Vlaams-Brabant* C *Roosdaal 10 745 h.* **533** J18 *et* **716** F3 – ✉ *1760 Roosdaal.* 3 **A2**
Bruxelles 21 – Leuven 58 – Halle 16 – Namur 99 – Ninove 8.

XX **De Kroon,** Koning Albertstraat 191, ✆ 0 54 33 23 81, *Fax 0 54 32 62 19*, – P 4/35. VISA.
fermé 22 janv.-2 fév., 9 juil.-3 août, lundi, mardi et sam. midi – **Rest** Lunch 29 – 49, carte 39/61.
◆ Dans un village du Pajottenland, ancien relais de poste (1760) conservant son caractère rustique régional. Cuisine classique-traditionnelle ; terrasse tournée vers l'église.
◆ Dit voormalige poststation uit 1760 in een dorp in het Pajottenland heeft zijn rustieke karakter behouden. Klassiek-traditionele keuken en terras met uitzicht op de kerk.

OOSTAKKER *Oost-Vlaanderen* **533** H16 *et* **716** E2 – *voir à Gent, périphérie.*

OOSTDUINKERKE *8670 West-Vlaanderen* C *Koksijde 21 270 h.* **533** B16 *et* **716** B2 – *Station balnéaire★.* 18 **A2**
Oud-Gemeentehuis, Leopold II-laan 2 ✆ 0 58 53 21 21, toerisme@koksijde.be, Fax 0 58 53 21 21.
Bruxelles 133 – Brugge 48 – Oostende 24 – Veurne 8 – Dunkerque 34.

X **De Hoeve,** Polderstraat 148, ✆ 0 58 23 93 58, , Anguilles – P 10/40. MC VISA
ouvert 15 mars-15 nov. et week-end; fermé merc. – **Rest** carte 29/49.
◆ Typique fermette des polders alanguie dans l'arrière-pays. Moules et anguilles en pagaille, savoureuses viandes, bonne humeur communicative et terrasse d'été côté jardin.
◆ Dit typische polderboerderijtje ligt loom in het achterland. Mosselen en paling in overvloed, maar ook mals vlees. Zonnig terras aan de tuinzijde.

Oostduinkerke-Bad *Nord : 1 km* C *Koksijde* – ✉ *8670 Oostduinkerke.*
(Pâques-sept. et vacances scolaires) Albert I-laan 78a, ✆ 0 58 51 13 89 :

Hof ter Duinen, Albert I-laan 141, ✆ 0 58 51 32 41, *info@hofterduinen.be, Fax 0 58 52 04 21*, – P – 40. AE MC VISA
fermé 3 janv.-8 fév. – **Rest** voir rest ***Eglantier*** ci-après – **21 ch** ★88/138 – ★★88/138.
◆ Près de la plage, hôtel récent offrant le choix entre des chambres standard ou supérieures (avec balcon, double bain à bulles, salon et mini-bar). Espace breakfast ra-di-eux !
◆ Hotel in een nieuw gebouw bij het strand. Standaardkamers of superior rooms (met balkon, tweepersoonsbubbelbad, zithoek en mini-bar). In de ontbijtzaal begint de dag stralend!

BELGIQUE

Britannia Beach, Zeedijk 435, ✆ 0 58 51 11 77, *Fax 0 58 52 15 77*, ≤, – |♦| – 🏊 30. MO VISA. ✈ ch
fermé 4 janv.-14 fév., 10 nov.-20 déc. et mardi – **Rest** *(fermé après 20 h 30)* (taverne-re carte 26/53 – **29 ch** ☕ ★59/90 – ★★65/113 – ½ P 69/78.
◆ Confort douillet, insonorisation optimale et échappée balnéaire dans la plupart d chambres de cet immeuble étroit surveillant la digue. Service toutefois "minimaliste". T verne-restaurant proposant snacks et plats de brasserie. Terrasse et véranda.
◆ Hotel in een smal en hoog gebouw dat de dijk bewaakt, met gerieflijke kamers perfect tegen geluid zijn geïsoleerd en waarvan de meeste op zee uitkijken. De service helaas minimaal. Café-restaurant met snacks en dagschotels. Serre en terras.

Argos ✈, Rozenlaan 20, ✆ 0 58 52 11 00, *Fax 0 58 52 12 00*, 🍴, 🚲 – P. AE ◐ MO VI ✈
Rest *(fermé merc., jeudi et après 20 h 30)* (dîner seult, menu unique) 35 – **6 ch** ☕ ★5 ★★85/135 – ½ P 55/68.
◆ Auberge avenante tenue en famille, située au cœur d'un quartier résidentiel paisible. L chambres, assez coquettes et menues, sont aménagées à l'étage. Accueil aimable. Resta rant moderne où l'on propose une formule unique consistant en un menu multi-choix.
◆ Deze vriendelijke herberg in een rustige woonwijk wordt door een familie gerund. kleine kamers op de bovenverdieping zien er keurig uit. Hartelijke ontvangst. Mode restaurant waar slechts één menu te verkrijgen is, maar dan wel één met een enorr keuze.

Albert I sans rest, Astridplein 11, ✆ 0 58 52 08 69, *Fax 0 58 52 09 04* – |♦| 🚗. ◐ VISA
22 ch ☕ ★46/72 – ★★55/89.
◆ Immeuble étroit s'élevant à proximité du rivage. Chambres standard de mise ass simple, mais de taille respectable et convenablement équipées.
◆ Hotel in een smal en hoog gebouw, niet ver van de dijk. De standaardkamers zijn ee voudig ingericht, maar hebben goede voorzieningen en zijn prettig van formaat.

BELGIQUE

Eglantier - H. Hof ter Duinen, Albert I-laan 141, ✆ 0 58 51 32 41, *info@hofterduinen.*
Fax 0 58 52 04 21, 🍴 – P ⇔ 12/50. AE ◐ MO VISA
fermé 3 janv.-8 fév., 24 sept.-11 oct., lundi soir et mardi sauf vacances scolaires et ap 20 h 30 – **Rest** 32/78 bc, carte 40/60, ♀.
◆ Plusieurs menus alléchants sont proposés à cette table soignée partageant les murs d' hôtel. Ambiance "jardin d'hiver" ; l'été, repas en plein air. Week-ends gastronomiques.
◆ Goed restaurant dat bij een hotel hoort, met een aantal aantrekkelijke menu's. Ambian van een wintertuin. 's Zomers kan er buiten worden gegeten. Gastronomische weekend

La Péniche avec ch Albert I-laan 4, ✆ 0 58 51 10 92, *info@peniche.be, Fax 0 58 51 64*
🍴, 🚲 – ✈ P ⇔ 10/25. AE ◐ MO VISA
fermé 12 nov.-6 déc. – **Rest** *(fermé mardi et merc. sauf vacances scolaires)* 33, carte 30/ – **11 ch** ☕ ★65/70 – ★★85/95 – ½ P 95/100.
◆ Agréable restaurant au décor nautique installé dans un bâtiment dont l'architectu rappelle un peu une péniche. Cuisine littorale, belle terrasse et chambres fonctionnelles
◆ Aangenaam restaurant met een maritiem decor in een gebouw dat aan een boot dc denken. Visgerechten, prettig terras en functionele kamers.

OOSTEEKLO *9968 Oost-Vlaanderen* C *Assenede 13 547 h.* **533** H15 *et* **716** E2. 16
Bruxelles 86 – Gent 21 – Middelburg 56 – Lille 107.

Torenhuyze, Rijkestraat 10, ✆ 0 9 373 43 63, *info@torenhuyze.be, Fax 0 9 373 43*
🍴 – ▤ P ⇔ 10/60. AE ◐ MO VISA
fermé lundi et mardi – **Rest** Lunch 30 – 45/75 bc, carte 47/64.
◆ Cette bâtisse à tourelle coiffée d'une flèche octogonale vous reçoit dans plusieurs sal dont une véranda tournée vers la terrasse et le jardin. Choix classico-traditionnel.
◆ Restaurant met verschillende eetzalen in een pand met een achthoekig torentje. serre kijkt uit op het terras en de tuin. Traditioneel-klassieke keuken.

OOSTENDE (OSTENDE) *8400 West-Vlaanderen* **533** C15 *et* **716** B2 – *68 921 h – Station balné re★★ – Casino Kursaal* **CYZ** *, Oosthelling ✆ 0 59 70 51 11, Fax 0 59 70 85 86.* 18
18 par ① : 9 km à De Haan, Koninklijke baan 2 ✆ 0 59 23 32 83, Fax 0 59 23 37 49.
Liaison maritime Oostende-Ramsgate : Transeuropa Ferries, Slijkensesteenweg ✆ 0 59 34 02 60, Fax 0 59 34 02 61.
Monacoplein 2 ✆ 0 59 70 11 99, info@toerisme-oostende.be, Fax 0 59 70 34 77.
Bruxelles 115 ③ – Brugge 27 ③ – Gent 64 ③ – Dunkerque 55 ⑤ – Lille 81 ④.

Plans pages ci-contre

OOSTENDE

acialaan . . . . A 2	Fortstr. . . . . B 6	Slijkensesteenweg . . . . B 16
auwkasteelstr. . . . . B 3	Mariakerkelaan . . . . AB 8	Troonstr. . . . . A 18
rbylaan . . . . A 5	Nieuwelangestr. . . . . B 10	Verenigde Natieslaan . . . . B 19
	Paul Michielslaan . . . . A 9	Zandvoordeschorredijkstr. . . B 20
	Prins Albertlaan . . . . B 13	Zandvoordestr. . . . . B 22
	Sint-Catharinapl. . . . . A 15	

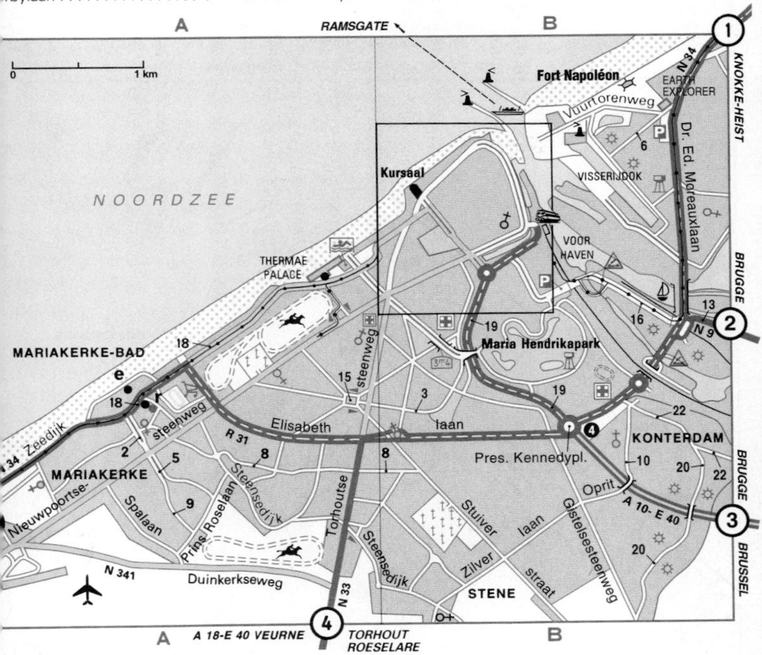

Andromeda, Kursaal Westhelling 5, ☎ 0 59 80 66 11, *reservation@andromedahotel.be, Fax 0 59 80 66 29*, ≤, ⛲, ⓪, Ⓕ, ≘, ⬚ – 🛗 ⇆ 🚗 – 🎤 80. AE ⓓ ⓜⓒ VISA. ✻ rest CZ t

Rest **Gloria** *(fermé merc. et jeudis non fériés sauf en juil.-août)* 36/120 bc, carte 37/87, ♀ – ☕ 15 – **92 ch** ✝100/175 – ✝✝125/350.

◆ Immeuble dominant la digue et le casino. Chambres spacieuses dont près de la moitié scrute l'horizon marin. Exposition permanente d'œuvres d'art, piscine couverte et fitness. Confortable restaurant devancé d'une terrasse. Carte classique-actuelle attrayante.

◆ Dit flatgebouw torent boven de pier en het casino uit. Ruime kamers, waarvan de helft uitkijkt op zee. Permanente expositie van kunstwerken, overdekt zwembad en fitnessruimte. Comfortabel restaurant met terras. Menukaart met een klassiek-modern repertoire.

Thermae Palace ⛲, Koningin Astridlaan 7, ☎ 0 59 80 66 44, *info@thermaepalace.be, Fax 0 59 80 52 74*, ≤, Ⓕ, ≘ – 🛗 ⇆ ♿ ch, Ⓟ – 🎤 650. AE ⓓ ⓜⓒ VISA. ✻ rest A

fermé 8 au 12 janv. – **Rest Périgord** *(fermé dim. soir et lundi soir sauf en juil.-août) Lunch 25* – 32/55 bc, carte 30/49 – ***Bistro Paddock*** *Lunch 15* – 28, carte 28/48 – ☕ 16 – **159 ch** ✝170/220 – ✝✝170/320 – ½ P 129/204.

◆ Palace s'étirant sur le front de mer, juste devant l'hippodrome. Chambres de standing, aussi spacieuses que paisibles. Belle et ample salle de restaurant à touche Art déco où l'on présente un choix classique-traditionnel. Bistrot au cadre actuel soigné.

◆ Luxehotel aan de boulevard, vlak bij de renbaan. Ruime en rustige kamers met standing. Mooie en grote eetzaal in art-decostijl, waar u van een klassiek-traditionele keuken kunt genieten. Bistro met een verzorgde en moderne inrichting.

OOSTENDE

Adolf Buylstr. . . . . **CY** 2
Alfons Pieterslaan. . . . . **CZ**
Edith Cavellstr. . . . . **CZ** 4
Ernest Feyspl. . . . . **CZ** 6
Filip Van Maestrichtpl. . . . . **CZ** 8
Graaf de Smet de Naeyerlaan . . . . **CZ** 9
Groentemarkt . . . . **CY** 10
Hendrik Serruyslaan . . . . . **CZ** 13
Kanunnik Dr Louis Colensstr. . . . . **CZ** 14
Kapellestr. . . . . **CZ**
Koninginnelaan . . . . **CZ** 18
Nieuwpoortsesteenweg . . **CZ** 22
Oesterbankstr. . . . . **CZ**
Sir Winston Churchill Kaai . . . . **CY**
Stockholmstr. . . . . **CZ**
Vlaanderenstr. . . . . **CY**
Wapenpl. . . . . **CY**
Warschaustr.. . . . . **CZ**
Wellingtonstr. . . . . **CZ**
Wittenonnenstr. . . . . **CZ**

Golden Tulip Bero sans rest, Hofstraat 1a, ✆ 0 59 70 23 35, *hotel.bero@oostende.n*
Fax 0 59 70 25 91, – – 80. AE VISA CY
69 ch ☐ ✝75/165 – ✝✝95/220 – 3 suites.
◆ À une pirouette de cerf-volant du port des yachts et de la promenade Albert 1er, établissement de bon confort mettant à votre disposition des chambres agréables à vivre.
◆ Dit comfortabele hotel is gunstig gelegen op een steenworp afstand van de jachthaven en de Albert I-Promenade. Het beschikt over aangename kamers waarin het f logeren is.

Die Prince sans rest, Albert I Promenade 41, ☎ 0 59 70 65 07, *info@hotel-dieprince.be, Fax 0 59 80 78 51*, ≤ – 🛗 P – 🏛 25. AE ⓓ ⓜⓒ VISA. ✱ CY n
60 ch ☐ ★53/70 – ★★65/115.
◆ Immeuble d'angle bien situé sur la promenade : plus de cinquante chambres ont ainsi vue sur mer. Hall de réception, salon et salle des petits-déjeuners d'esprit design.
◆ Hoekpand, gunstig gelegen aan de boulevard, met meer dan 50 kamers die allemaal uitkijken op zee. De receptie, lounge en ontbijtraal zijn echt design.

Acces, Van Iseghemlaan 21, ☎ 0 59 80 40 82, *info@hotelacces.be, Fax 0 59 80 88 39*, ⚒, ⛆, 🚲 – 🛗 ✗ ▤ 🚗 – 🏛 25. AE ⓓ ⓜⓒ VISA. ✱ rest CY a
Rest (dîner pour résidents seult) – **63 ch** ☐ ★75/86 – ★★96/118 – ½ P 70/81.
◆ À une petite encablure de la digue, immeuble renfermant des chambres toutes identiques, garnies d'un mobilier actuel. Sauna, solarium et salle de remise en forme.
◆ Dit flatgebouw ligt op loopafstand van de zee. Identiek, eigentijdse kamers, sauna, solarium en fitnessruimte.

Strand, Visserskaai 1, ☎ 0 59 70 33 83, *strandhotel@busmail.net, Fax 0 59 80 36 78*, ≤, 🏖 – 🛗, ▤ rest. ⓜⓒ VISA. ✱ ch CZ r
fermé déc.-14 janv. – **Rest *Les Amants Dînent*** *(fermé merc.)* (produits de la mer) 22/43, carte 38/63 – **21 ch** ☐ ★58/68 – ★★77/120 – ½ P 80/90.
◆ Cet hôtel surveillant le chenal et l'Amandine (dernier bateau flamand ayant pêché en mer d'Islande) vous réserve un accueil familial. Chambres amples et actuelles. Table au cadre soigné ; carte dialoguant avec le grand large et beaux plateaux de fruits de mer.
◆ In dit hotel bij de havengeul en de Amandine, de laatste Vlaamse IJslandvaarder, wordt u gastvrij ontvangen in ruime kamers die modern zijn ingericht. In de mooie eetzaal kunt u genieten van fruits de mer en andere visspecialiteiten.

Holiday Inn Garden Court, Leopold II-laan 20, ☎ 0 59 70 76 63, *hotel@holiday-inn-oostende.com, Fax 0 59 80 84 06*, 🚲 – 🛗 ✗ ▤ ♿ 🚗 – 🏛 25. AE ⓓ ⓜⓒ VISA. ✱ rest CZ b
Rest (dîner seult) 24/55 bc, – ☐ 15 – **90 ch** ★70/135 – ★★75/140 – ½ P 88/159.
◆ Établissement formé par deux immeubles communicants. Le plus ancien jouxte un mini-square, en bordure d'une avenue passante. Espaces communs modernes ; chambres bien équipées. Restaurant au cadre actuel. Petite carte traditionnelle un peu passe-partout.
◆ Hotelcomplex met twee gebouwen, waarvan het oudste naast een plantsoentje aan een drukke weg staat. Moderne gemeenschappelijke ruimten en goed geëquipeerde kamers. Eigentijds restaurant met een kleine traditionele kaart die voor elk wat wils heeft.

Pacific, Hofstraat 11, ☎ 0 59 70 15 07, *info@pacifichotel.com, Fax 0 59 80 35 66*, ⚒, ⛆, 🚲 – 🛗 ▤ 🚗 P. AE ⓓ ⓜⓒ VISA CY r
Rest (dîner pour résidents seult) – **53 ch** ☐ ★60/90 – ★★75/130 – ½ P 60/85.
◆ Établissement familial du centre animé où vous poserez vos valises dans des chambres sans reproche. Une poignée d'entre elles s'offre même une vue balnéaire.
◆ In dit familiehotel in het levendige centrum van de badplaats logeert u in onberispelijke kamers, waarvan een aantal een doorkijkje biedt op het ruime sop.

Burlington sans rest, Kapellestraat 90, ☎ 0 59 55 00 30, *info@hotelburlington.be, Fax 0 59 70 81 93*, ⛆, 🚲 – 🛗 🚗 – 🏛 90. AE ⓓ ⓜⓒ VISA. ✱ CZ c
40 ch ☐ ★54/87 – ★★61/112 – 2 suites.
◆ Immeuble-bloc se dressant en surplomb du bassin des yachts où stationne le navire-école Mercator. Chambres sobres, mais relativement amples.
◆ Dit flatgebouw steekt boven de jachthaven uit, waar het opleidingszeilschip Mercator ligt aangemeerd. De kamers zijn sober ingericht, maar relatief groot.

Glenmore, Hofstraat 25, ☎ 0 59 70 20 22, *info@hotelglenmore.be, Fax 0 59 70 47 08*, ⚒, ⛆ – 🛗 ✗, ▤ rest, 🚗 – 🏛 25. ⓜⓒ VISA. ✱ rest CY x
fermé 2 janv.-20 fév. – **Rest** (dîner pour résidents seult) – **42 ch** ☐ ★55/70 – ★★90/140.
◆ Hôtel familial situé à quelques enjambées de la digue et du port. Chambres confortables et espace de bien-être et de relaxation au 6e étage, donnant sur une terrasse perchée.
◆ Hotel bij de boulevard en de haven. Comfortabele kamers en een health center op de zesde verdieping, waar ook het panoramaterras te vinden is.

Prado sans rest, Leopold II-laan 22, ☎ 0 59 70 53 06, *info@hotelprado.be, Fax 0 59 80 87 35* – 🛗 🚗. AE ⓓ ⓜⓒ VISA CZ x
fermé 7 janv.-9 fév. – **28 ch** ☐ ★53/89 – ★★65/190.
◆ Proximité de la digue pour prendre le vent, d'une ligne de tramway pour bouger et du centre animé pour faire du shopping. Chambres fonctionnelles munies du double vitrage.
◆ De nabijheid van de dijk om een frisse neus te halen, de tram om een ritje langs de kust te maken en het centrum om te shoppen. Functionele kamers met dubbele ramen.

BELGIQUE

Melinda sans rest, Mercatorlaan 21, ✆ 0 59 80 72 72, *info@melinda.be, Fax 0 59 80 74* – |‡|. ⇹ ▤ [P]. AE ⓓ ⓜⓒ VISA CZ
45 ch ☕ ✝60/85 – ✝✝65/125.
◆ Hôtel officiant en face du bassin qui accueille le navire-école Mercator. Chambres de sty contemporain et sympathique "wine-bar" proposant aussi de la restauration rapide.
◆ Dit hotel staat tegenover het bassin met de scheepvaartschool Mercator. Kamers eigentijdse stijl en leuke wijnbar, waar u ook een hapje kunt eten.

Louisa sans rest, Louisastraat 8b, ✆ 0 59 50 96 77, *info@hotellouisa.be, Fax 0 59 51 37* – |‡|. AE ⓓ ⓜⓒ VISA. ✗ CY
fermé fév. – **15 ch** ☕ ✝45/50 – ✝✝50/90.
◆ Le peintre ostendais James Ensor vécut à deux pas de cette demeure bourgeoise 19 abritant de bonnes grandes chambres et une lumineuse salle des petits-déjeuners A déco.
◆ De in Oostende geboren schilder James Ensor, een voorloper van het surrealism woonde vlak bij dit herenhuis met mooie grote kamers. Lichte ontbijtzaal in art-decostijl.

De Hofkamers sans rest, IJzerstraat 5, ✆ 0 59 70 63 49, *info@dehofkamers.b Fax 0 59 24 23 90*, Ꮀ – |‡| ⇹ 🚗. AE ⓓ ⓜⓒ VISA CZ
25 ch ☕ ✝50/65 – ✝✝75/140.
◆ Toutes les chambres de cet hôtel situé dans une rue calme ont été récemment red corées en accentuant le côté "cosy". Proximité d'un parc, du centre et de la digue.
◆ Alle kamers van dit hotel in een rustige straat zijn net opgeknapt en zien er nu een st gezelliger uit. Vlakbij zijn een park, het centrum en de boulevard.

Europe, Kapucijnenstraat 52, ✆ 0 59 70 10 12, *info@europehotel.be, Fax 0 59 80 99* Ꮀ, ≘s, 🚲 – |‡| ⇹ 🚗 [P] – 🎤 25. AE ⓓ ⓜⓒ VISA. ✗ CY
fermé 2 janv.-9 fév. – **Rest** (dîner pour résidents seult) – **90 ch** ☕ ✝60/180 – ✝✝73/200 ½ P 54/120.
◆ Hôtel où l'élargissement de la Communauté européenne fut sans doute accueilli av joie. Chambres fraîches, de calibres et de conforts différents. Sauna et salle de fitness.
◆ Gezien de naam werd de uitbreiding van de Europese Unie hier vast met gejuich ontva gen. Frisse kamers van verschillend formaat en comfort. Sauna en fitnessruimte.

Impérial sans rest, Van Iseghemlaan 76, ✆ 0 59 80 67 67, *info@hotel-imperial.b Fax 0 59 80 78 38* – |‡|. AE ⓓ ⓜⓒ VISA CZ
60 ch ☕ ✝60/100 – ✝✝80/140.
◆ 50 ans de présence en 2004 pour cet hôtel tenu par la même famille depuis tr générations. Sobres chambres mais salle des petits-déjeuners ne manquant pas de cache
◆ Dit hotel uit het midden van de 20e eeuw wordt al drie generaties lang door dezelf familie gerund. De kamers zijn eenvoudig, maar de ontbijtzaal heeft beslist cachet.

Du Parc sans rest, Marie-Joséplein 3, ✆ 0 59 70 16 80, *hotel@duparcoostende.co Fax 0 59 80 08 79*, ≘s – |‡|. AE ⓜⓒ VISA CZ
51 ch ☕ ✝54/65 – ✝✝62/87.
◆ Une immuable ressource hôtelière ostendaise que cette construction des années 19 se donnant des airs de petit palace. Chambres fonctionnelles. Belle taverne Art déco.
◆ Dit hotel is niet meer weg te denken uit Oostende en is gevestigd in een pand uit jaren 1930 dat beslist allure heeft. Functionele kamers. Taverne in art-decostijl.

Cardiff, St-Sebastiaanstraat 4, ✆ 0 59 70 28 98, *Fax 0 59 51 46 27* – |‡|. AE ⓜⓒ VI ✗ CY
fermé mi-nov.-mi-déc. et mardi hors saison – **Rest** *(fermé après 20 h 30)* 19/31, car 28/38 – **16 ch** ☕ ✝28/43 – ✝✝45/72 –½ P 46/54.
◆ Dans une rue piétonne proche de la Wapenplein, sympathique hôtel familial dont chambres ont adopté un style plus actuel en 2002. Restaurant mitonnant une cuisi classique-bourgeoise sans façon.
◆ Dit sympathieke familiehotel bevindt zich in een voetgangersstraat bij het Wapenple De comfortabele kamers zijn in 2002 gemoderniseerd. In het restaurant worden ee voudige klassieke gerechten op tafel gezet.

Ostend, Londenstraat 6, ✆ 0 59 70 46 25, *info@hotelostend.be, Fax 0 59 80 46 22,* ≘s, 🚲 – |‡| 🚗 [P] – 🎤 100. ✗ rest CY
Rest (dîner pour résidents seult) – **122 ch** ☕ ✝55/62 – ✝✝76/102 –½ P 56/66.
◆ Établissement approprié pour un séjour balnéaire en famille. Nombreuses chambr prévues pour des couples accompagnés de deux enfants et espace de jeux réservé à c derniers.
◆ Dit hotel is bij uitstek geschikt voor een strandvakantie met het hele gezin. Veel kame bieden plaats aan een echtpaar met twee kinderen en er is een aparte speelruimte.

BELGIQUE

Marion, Louisastraat 19, ✆ 0 59 70 09 28, *hotel.marion@hotelmarion.be, Fax 0 59 50 28 56* – |\$| ⇔. ⓓ ⓜⓒ VISA. ✗ ch CY g
Rest *(fermé dim. et lundi)* (dîner seult) 30/40 bc, carte 30/51 – **27 ch** ☕ ✱45/70 – ✱✱60/110 – ½ P 62/87.
◆ Trois maisons bourgeoises composent cet hôtel simple dont chaque chambre porte le nom d'une brasserie artisanale du pays. Excellent choix de bières belges au "Pub". Salle à manger actuelle coiffée d'une voûte lambrissée. Plats mijotés à la boisson nationale.
◆ Dit eenvoudige hotel bestaat uit drie huizen met kamers die elk zijn genoemd naar een bierbrouwerij. De pub biedt een ruime keuze aan Belgisch bier. Moderne eetzaal met gelambriseerd gewelf. Uiteraard worden de stoofschotels met bier bereid.

Villa Maritza, Albert I Promenade 76, ✆ 0 59 50 88 08, *villa-maritza@freegates.be, Fax 0 59 70 08 40*, ⋠ – ⇔ 10/30. AE ⓜⓒ VISA CZ s
fermé dim. soir et lundi – **Rest** *Lunch 16* – 35/75 bc, carte 46/75.
◆ Élégante demeure bourgeoise du 19e s., la Villa Maritza entretient pieusement son décor d'époque : vitraux délicats, riches lambris et tapisseries. Mets au goût du jour.
◆ Elegant herenhuis uit de 19e eeuw dat zijn oorspronkelijke interieur heeft bewaard: sierlijke glas-in-loodramen, rijke lambrisering en mooie tapisserieën. Eigentijdse keuken.

Auteuil, Albert I Promenade 54, ✆ 0 59 70 00 41, *Fax 0 59 70 00 41*, ⋠ – ⇔ 9/30. AE ⓓ ⓜⓒ VISA CY p
fermé merc. soir et jeudi – **Rest** 29/78 bc, carte 57/69.
◆ Cadre chic, vue littorale, tables dressées avec soin et carte actuelle innovante, refaite tous les deux mois. Lunch et menus. Patronne aux fourneaux depuis plus de 20 ans.
◆ Chic restaurant met fraai gedekte tafels en een eigentijdse, tweemaandelijkse kaart. Lunch en menu's. De bazin staat al ruim 20 jaar achter het fornuis. Mooi uitzicht op zee.

Marina, Albert I Promenade 9, ✆ 0 59 70 35 56, *restomarina@skynet.be, Fax 0 59 51 85 92*, ⋠, Cuisine italienne – ▤ ⇔ P. AE ⓜⓒ VISA CY f
fermé 24 déc., sam. midi et dim. midi – **Rest** *Lunch 22* – 39/80 bc, carte 38/1305, ⚘.
◆ Maison de bouche transalpine où l'on prend place dans un cadre soigné, avec l'estacade et l'entrée du port pour toile de fond. Belle cave surtout italienne et service stylé.
◆ Dit Italiaanse restaurant biedt vanuit de verzorgde eetzaal een mooi uitzicht op de pier en de haven. Goede Italiaanse wijnen en stijlvolle bediening.

Ostend Queen, Monacoplein (au-dessus du Kursaal), ✆ 0 59 29 50 55, *ostend.queen@kursaaloostende.be*, ⋠ plage et mer, ☂, Produits de la mer, écailler – |\$| P. AE ⓓ ⓜⓒ VISA. ✗ CY k
Rest *Lunch 25* – 37, carte 44/76.
◆ Table littorale perchée au-dessus du Kursaal et agencée dans un esprit résolument "trendy". Bar à vins, banc d'écailler, "lounge", terrasses et vue balnéaire magnifique.
◆ Visrestaurant met een uitgesproken trendy interieur, hoog boven de Kursaal. Wijnbar, schaal- en schelpdierenbar, "lounge", terrassen en een magnifiek uitzicht op zee.

Au Vieux Port Visserskaai 32, ✆ 0 59 70 31 28, *info@auvieuxport.be* – ▤. AE ⓓ ⓜⓒ VISA CY z
fermé 12 au 19 juin, 15 au 30 nov. et lundi – **Rest** *Lunch 25* – 33/75 bc, carte 39/76.
◆ Face au port de pêche, confortable établissement où l'on s'attable dans un cadre actuel parsemé d'évocations nautiques et balnéaires. Ambiance au beau fixe ; carte classique.
◆ Dit comfortabele restaurant bij de vissershaven heeft een hedendaags interieur dat associaties oproept met zon, zee en strand. Klassiek culinair repertoire.

Le Grillon, Visserskaai 31, ✆ 0 59 70 60 63, *Fax 0 59 51 52 51* – ▤. AE ⓓ ⓜⓒ VISA CY s
fermé oct., merc. soir sauf vacances scolaires et jeudi – **Rest** 29/40, carte 30/73.
◆ Enseigne rencontrant un certain succès, et pour cause : cuisine classique-traditionnelle bien faite, intéressant menu multi-choix et service aussi dynamique que prévenant.
◆ Dit restaurant heeft terecht een goede naam: uitgebalanceerde klassiek-traditionele keuken, interessant keuzemenu en een bediening die even energiek als voorkomend is.

David Dewaele, Visserskaai 39, ✆ 0 59 70 42 26, *Fax 0 59 70 42 26*, ☂ – ▤. AE ⓓ ⓜⓒ VISA CY h
fermé 8 au 30 janv., 3e sem. juin et lundi – **Rest** *Lunch 17* – 28/72 bc, carte 31/87.
◆ Côté salle, une ambiance maritime contemporaine, contrepoint du voisinage de l'avant-port. Côté "piano", une partition culinaire actuelle. Côté cave, un peu de tout.
◆ In de zaal een moderne maritieme sfeer, nog versterkt door de nabijheid van de voorhaven. In de keuken een eigentijdse manier van koken. Gevarieerde wijnkaart.

Petit Nice, Albert I Promenade 62b, ✆ 0 59 80 39 28, *info@petitnice.be, Fax 0 59 80 96 44*, ⋠, ☂ – ▤. AE ⓜⓒ VISA CZ h
fermé 1 sem. en mars, 2 dern. sem. nov., mardi soir sauf en juil.-août et merc. – **Rest** 29/52, carte 43/59.
◆ Ni pissaladière, ni daube, ni ratatouille dans cet appréciable restaurant dont le nom se réfère simplement à la partie la plus ensoleillée de la digue. Repas classique-actuel.
◆ Wie in dit restaurant naar Zuid-Franse specialiteiten zoekt, komt bedrogen uit, want de naam slaat alleen maar op het zonnigste deel van de boulevard. Klassieke keuken met een snufje modern.

BELGIQUE

L'Hermitage, Vindictivelaan 25c, ☎ 0 59 80 50 98, *info@lhermitage.be, Fax 0 59 50 98,* – 4/18. AE ⓓ MC VISA CZ
fermé 3 sem. en janv., prem. sem. juil., mardi soir et merc. – **Rest** *Lunch 20* – 27/50 bc, car 40/56.
◆ Table plaisante installée aux abords de la gare, près du chenal et du bateau-mus l'Amandine. La carte, avec menus, mise sur un choix traditionnel. Terrasse d'été.
◆ Plezierig restaurant in de buurt van het station, bij de havengeul en de IJslandvaarc Amandine. De kaart met een aantal menu's mikt op traditie. Terras in de zomer.

Windaue's, Koningstraat 2, ☎ 0 59 80 89 29, *info@windaues.be, Fax 0 59 80 87 62,* Av cuisine asiatique – 10/40. AE MC VISA CZ
fermé mars, merc. soir et jeudi – **Rest** *Lunch 16* – 32, carte 27/57, ♀.
◆ Les amateurs d'ambiance "clubbing" et de cuisines du monde apprécieront cette tat branchée présentant une carte à la fois classique (franco-italianisante) et pan-asiatique.
◆ Wie dol is op "clubbing" en wereldkeuken, is in dit trendy restaurant aan het juiste adr De kaart bevat zowel mediterrane als Aziatische gerechten.

Bistro Mathilda, Leopold II-laan 1, ☎ 0 59 51 06 70, *info@bistromathilda. Fax 0 59 51 06 70* – AE ⓓ MC VISA. CZ
fermé 5 au 16 fév., 14 au 25 juin, 25 oct.-9 sept., lundi soir et mardi – **Rest** *Lunch 15* – car 29/56, ♀.
◆ Une statue de femme bien en chair - la Grosse Mathilda (Dikke Matille) - a susurré s nom à cette taverne-bistrot très prisée les midis. Réservation conseillée.
◆ Het standbeeld van een goed gevulde dame, de Dikke Matille, was de inspiratiebron vc de naam van deze bistro. Reserveren aanbevolen, want vooral 's middags zit het bomvo

à Leffinge *par ④ : 7,5 km* C *Middelkerke 17 501 h.* – ✉ *8432 Leffinge :*

Het Molenhuis, Torhoutsesteenweg 3, ☎ 0 59 27 78 03, *Fax 0 59 27 78 03,* , G lades – P 20/45. MC VISA
fermé lundis et mardis midis non fériés – **Rest** (déjeuner seult 19 au 27 fév. et 16 au août) 30/62 bc, carte 34/49.
◆ Ancienne maison de meunier habilement mise à profit. Salle à manger rustique garnie poutres apparentes et d'une grande cheminée en briques. Grillades au feu de bois.
◆ Deze oude molenaarswoning is knap verbouwd tot restaurant. De eetzaal doet rusti aan met zijn hanenbalken en grote bakstenen schouw. Het vlees wordt op houtskc geroosterd.

à Mariakerke C *Oostende* – ✉ *8400 Oostende :*

Glenn, Aartshertogstraat 78, ☎ 0 59 70 26 72, *info@hotelglenn.be, Fax 0 59 70 50 26,* – . rest A
ouvert carnaval-mi-nov., vacances scolaires et week-end – **Rest** (résidents seult) – **20** ch 39 – 78 – ½ P 65.
◆ Ce point de chute où l'on se sent un peu comme chez soi abrite de coquettes chambr personnalisées par du mobilier de style. Ambiance "bonbonnière" ; ravissant patio fleuri.
◆ In dit hotel zult u zich direct thuis voelen. De kamers zien er smaakvol uit en hebb door de stijlmeubelen een persoonlijke toets. Prachtige patio met bloemen.

Royal Albert sans rest, Zeedijk 167, ☎ 0 59 70 42 36, *hotel@mariakerke.com, Fax 0 80 61 09,* , – , rest – 25. AE ⓓ MC VISA. rest A
ouvert 2 avril-oct. – **22 ch** 50/85 – 70/95.
◆ Hôtel familial bordant la digue. Chambres très classiquement aménagées et valableme insonorisées ; quinze d'entre elles profitent du spectacle pittoresque des bains de mer.
◆ Dit familiebedrijf staat aan de boulevard. De kamers zijn zeer klassiek ingericht en go tegen geluid geïsoleerd; vijftien ervan bieden een pittoresk zeezicht.

Au Grenache, Aartshertogstraat 80, ☎ 0 59 70 76 85, *au.grenache@skynet.be* – AE MC VISA A
fermé prem. sem. sept. et lundi – **Rest** 65/82, carte 63/87.
◆ Table intimiste (14 couverts) connue de longue date pour sa petite carte basée sur d produits de luxe. Mise en place et service en rapport. Discrète façade Art déco de 1930.
◆ Intiem restaurantje voor slechts 14 couverts, met een kleine maar fijne kaart op basis v luxeproducten. De presentatie van de gerechten en de service zijn navenant.

OOSTERZELE *9860 Oost-Vlaanderen* **533** H17 *et* **716** E3 – *13 171 h.* 16 B
Bruxelles 57 – Gent 19 – Aalst 28.

De Bareel, Geraardsbergsesteenweg 54, ☎ 0 9 362 82 28, *Fax 0 9 363 01 95,* – 20/40. MC VISA
fermé 2 sem. en août, mardi soir, merc. et dim. soir – **Rest** *Lunch 19* – 28/59 bc, carte 39/5
◆ Restaurant au goût du jour occupant un ancien poste de péage entre Gent et Geraard bergen. L'été, belle terrasse côté jardin ; l'hiver, bonnes flambées en salle. Cadre intime.
◆ Eigentijds restaurant in een oud tolhuis tussen Gent en Geraardsbergen. 's Zomers mc terras aan de tuinzijde; 's winters behaaglijk haardvuur. Sfeervol interieur.

BELGIQUE

OOSTKAMP *West-Vlaanderen* **533** E16 *et* **716** C2 – *voir à Brugge, environs.*

OOSTKERKE *West-Vlaanderen* **533** E15 *et* **716** C2 – *voir à Damme.*

OOSTMALLE *Antwerpen* **533** N15 *et* **716** H2 – *voir à Malle.*

OPGLABBEEK *3660 Limburg* **533** S16 *et* **716** J2 – *9 608 h.* 11 **C2**

Bruxelles 94 – Hasselt 25 – Antwerpen 79 – Eindhoven 53 – Maastricht 36.

XXX **Slagmolen** (Meewis), Molenweg 177 (Nord-Est : 3 km, direction Opoeteren, puis 2e rue à droite), ✆ 0 89 85 48 88, *info@slagmolen.be, Fax 0 89 81 27 82,* – P 6/20. MC VISA

fermé 2 sem. carnaval, 13 au 31 août, mardi, merc. et sam. midi – **Rest** Lunch 38 – 75/150 bc, carte 80/118, ♀.

Spéc. Salade de homard aux pommes. Râble de lièvre (15 oct.-30 déc.). Dame blanche.

• Beau moulin dont la roue à aubes est entraînée par le Bosbeek. Mets classiques goûteux, salle rustique-moderne laissant entrevoir la machinerie, charmantes terrasses au vert.

• Mooie molen waarvan het schoepenrad door de Bosbeek wordt aangedreven. Smakelijke klassieke gerechten, modern-rustieke eetzaal en leuke terrassen in het groen.

OPGRIMBIE *Limburg* **533** T17 *et* **716** K3 – *voir à Maasmechelen.*

OPHAIN-BOIS-SEIGNEUR-ISAAC *Brabant Wallon* **533** L19 *et* **716** G3 – *voir à Braine-l'Alleud.*

OPZULLIK *Hainaut – voir Silly.*

ORVAL (Abbaye d') ★★ *Luxembourg belge* **534** R25 *et* **716** J7 *G. Belgique-Luxembourg.*

OTTIGNIES *1340 Brabant Wallon* C *Ottignies-Louvain-la-Neuve 29 493 h.* **533** M18, **534** M18 *et* **716** G3. 4 **C2**

Env. *à l'Est : 8 km à Louvain-la-Neuve*★, *dans le musée: legs Charles Delsemme*★.

18 *à l'Est : 8 km à Louvain-la-Neuve, r. A. Hardy 68 ✆ 0 10 45 05 15, Fax 0 10 45 44 17.*

Bruxelles 37 – Wavre 8 – Charleroi 36 – Leuven 50 – Namur 40.

XX **Le Chavignol,** r. Invasion 99, ✆ 0 10 45 10 40, *ciuro@lechavignol.com, Fax 0 10 45 54 19,* – 20. AE MC VISA

fermé mardi, merc. et dim. soir – **Rest** 28/38, carte 45/64, ♀.

• Meubles en rotin, plafond luisant et marbre portugais composent un décor de bon goût, en parfaite osmose avec le contenu des assiettes. Petite carte actuelle ; duo de menus.

• Rotan meubelen, een glanzend plafond en Portugees marmer kenmerken het smaakvolle interieur, dat in volmaakte harmonie met het eten is. Kleine actuele kaart en twee menu's.

Louvain-la-Neuve *Est : 8 km* C *Ottignies-Louvain-la-Neuve* – ✉ *1348 Louvain-la-Neuve :*

Mercure, bd de Lauzelle 61, ✆ 0 10 45 07 51, *H2200@accor.com, Fax 0 10 45 09 11,* – P – 210. AE MC VISA

Rest (taverne-rest) carte 23/34 – 12 – **77 ch** ★50/130 – ★★50/130.

• Hôtel et centre de séminaires tout à la fois, cet établissement de chaîne hôtelière établi dans un parc comprend quatre étages de chambres fonctionnelles dotées d'un balcon.

• Dit Mercurehotel met congrescentrum staat in een park en telt vier verdiepingen met functionele kamers, alle voorzien van een balkon.

X **Il Doge,** Agora 22, ✆ 0 10 45 30 63, *info@ildoge-vea.be, Fax 0 10 45 30 86,* Avec cuisine italienne, ouvert jusqu'à minuit – 70. AE MC VISA

fermé 24 déc. soir, 25 déc. et 1er janv. – **Rest** 14/50 bc, carte 18/46, ♀.

• Salles à manger cloisonnées agrémentées d'un grand aquarium et de masques évoquant la Cité des Doges. Carte franco-transalpine incluant des pizzas ; cave italienne à vue.

• De in compartimenten verdeelde eetzalen worden opgeluisterd met een aquarium en Venetiaanse maskers. Frans-Italiaanse kaart met pizza's en een open Italiaanse wijnkelder.

OUDENAARDE (AUDENARDE) *9700 Oost-Vlaanderen* **533** G17 *et* **716** D3 – *28 512 h.* 16 **B3**

Voir *Hôtel de Ville*★★★ *(Stadhuis)* **Z** – *Église N.-D. de Pamele*★ *(O.L. Vrouwekerk van Pamele)* **Z**.

18 9 *par ④ : 5 km à Wortegem-Petegem, Kortrijkstraat 52 ✆ 0 55 31 41 61, Fax 0 55 31 98 49.*

Stadhuis, Markt 1 ✆ 0 55 31 72 51, toerisme@oudenaarde.be, Fax 0 55 30 92 48.

Bruxelles 61 ② – Gent 29 ⑥ – Kortrijk 28 ④ – Valenciennes 61 ③.

OUDENAARDE

Aalststr.	Z	
Achterburg	Z	2
Achter de Wacht	Y	3
Baarstr.	Z	
Bekstr.	Y	
Bergstr.	Z	
Beverestr.	Y	4
Bourgondiëstr.	Z	7
Broodstr.	Z	9
Burg	Z	10
Burgschelde	Z	14
Dijkstr.	Y	
Doornikstr.	Z	
Eindrieskaai	Y	
Einestr.	YZ	
Fortstr.	Y	
Gevaertsdreef	Y	
Grote Markt	Z	
Hoogstr.	YZ	17
Jezuïetenpl.	Z	18
Kasteelstr.	Z	21
Kattestr.	Y	
Krekelput	Z	23
Louise-Mariekaai	Z	26
Margaretha van Parmastr.	Z	32
Marlboroughlaan	YZ	
Matthijs Casteleinstr.	Z	
Meerspoortplein	Z	33
Minderbroedersstr.	Z	34
Nederstr.	YZ	35
Parkstr.	Y	
Prins Leopoldstr.	Y	
Remparden	Z	
Simon de Paepestr.	Y	37
Stationsstr.	Y	
Tacambaropl.	Y	38
Tussenbruggen	Z	40
Tussenmuren	Z	
Voorburg	Z	42
Wijngaardstr.	Y	46
Woeker	Y	

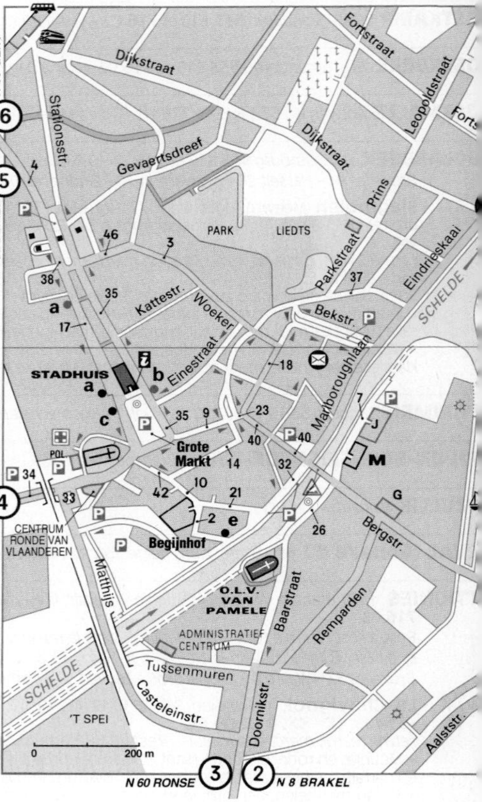

Hostellerie La Pomme d'Or, Markt 62, ☎ 0 55 31 19 00, *info@pommedor.b*
Fax 0 55 46 04 46, – |♦| ✕, ▤ rest, ♿ rest, – 🏃 70. AE MC VISA. ✕ Z
fermé 1 sem. vacances Pâques, 23 juil.-8 août et 1 sem. vacances Toussaint **Rest** *(ferm sam. midi et dim. soir) Lunch 25* – 30, carte 34/49, ♀ – **10 ch** ☕ ✝80/95 – ✝✝95/115.

◆ Ce relais historique qui compte parmi les plus vieilles hôtelleries du pays (1484) s'e offert une cure de jouvence. Belles chambres et café cossu tourné vers le Markt. Resta rant de style classique-traditionnel révélateur du type de cuisine que l'on y sert.

◆ Dit historische poststation behoort tot de oudste hotels van het land (1484), maar hee een verjongingskuur ondergaan. Mooie kamers en weelderig ingericht café aan de Mark Restaurant met een traditioneel-klassiek interieur, net als de keuken.

De Rantere ⊗ (annexe - 9 ch), Jan Zonder Vreeslaan 8, ☎ 0 55 31 89 88, *info@der tere.be, Fax 0 55 33 01 11*, – |♦| – 🏃 40. AE ① MC VISA Z
Rest *(fermé 15 juil.-6 août et dim.) Lunch 25* – 34/85 bc, carte 43/86, ♀ – **19 ch** ☕ ✝80 ✝✝115.

◆ Au voisinage des quais et du béguinage, construction récente distribuant ses chambr de bon confort sur trois étages et dans une annexe aussi paisible que moderne. Atm sphère intime et tamisée dans une salle à manger de style contemporain à touche desig

◆ Hotel in een modern gebouw in de buurt van de kaden en het begijnhof. Comfortabe kamers op drie verdiepingen en in het bijgebouw, waar het heerlijk rustig is. In de eige tijdse eetzaal met designelementen hangt een intieme, gedempte sfeer.

De Zalm, Hoogstraat 4, ☏ 0 55 31 13 14, *info@hoteldezalm.be, Fax 0 55 31 84 40*, – rest, – 150. AE ① MC VISA. Z a
fermé 26 janv.-6 fév. et 9 juil.-2 août – **Rest** *(fermé dim. soir et lundi) Lunch 13* – 30/50 bc, carte 27/37 – **7 ch** ☕ ✝70 – ✝✝90 – ½ P 87.
◆ Façade imposante voisinant avec le superbe hôtel de ville élevé en 1530 dans le style flamboyant (1530). Chambres fraîches et nettes. Poutres, lambris, lustres à bougies et cheminée réchauffent l'atmosphère de la salle à manger. Cuisine bourgeoise.
◆ Imposante gevel naast het schitterende stadhuis in laatgotische stijl uit 1530. De kamers zijn fris en netjes. Balken, lambrisering, luchters met kaarsen en een open haard zorgen voor een warme sfeer in de restaurantzaal. Burgerkeuken.

César, Markt 6, ☏ 0 55 30 13 81, *info@hotel-cesar.be*, – – 40. AE ① MC VISA. ch Z b
Rest (taverne-rest) *Lunch 11* – 31, carte 23/39 – **9 ch** ☕ ✝75 – ✝✝90 – 1 suite – ½ P 100/115.
◆ Sur la place du marché, ancienne maison de notable dont l'élégante façade capte volontiers le regard. Vous y serez hébergés dans de grandes chambres bien équipées. Taverne-restaurant servant des salades, des plats de brasserie et des pâtes.
◆ De sierlijke gevel van dit oude herenhuis aan de Grote Markt is een echte blikvanger. U logeert er in grote kamers met goede voorzieningen. In het café-restaurant worden salades, eenvoudige schotels en pasta's geserveerd.

Da Vinci sans rest, Gentstraat 58 (par ⑥), ☏ 0 55 31 13 05, *hotel.davinci@skynet.be, Fax 0 55 31 15 03* – . AE ① MC VISA.
fermé fin déc. – **5 ch** ☕ ✝75 – ✝✝100 – 1 suite.
◆ Derrière la gare, demeure de caractère vous réservant un accueil personnalisé. Petit côté "bonbonnière"dans les chambres et espaces communs ; terrasse sur cour fleurie en été.
◆ In dit karakteristieke pand achter het station wacht u een persoonlijk onthaal. De kamers en gemeenschappelijke ruimten zijn knus. Patio met veel bloemen.

Wijnendael sans rest, Berchemweg 5 (par ②, sur N 8), ☏ 0 55 30 49 90, *info@wijnendael.com, Fax 0 55 31 84 95*, – P. AE MC VISA
fermé juil. – **8 ch** ☕ ✝69 – ✝✝79/87.
◆ Ce petit établissement tenu en famille officie à l'approche d'Oudenaarde, près d'un carrefour. Chambres toutes situées en rez-de-chaussée, à l'arrière de la villa.
◆ Dit hotelletje aan een kruispunt vlak voor Oudenaarde wordt door een familie gerund. Alle kamers zijn gelijkvloers en liggen aan de achterkant van de villa.

Wine & Dine Café, Hoogstraat 34, ☏ 0 55 23 96 97 – . AE ① MC VISA Y a
fermé sem. carnaval, dern. sem. juil.-2 prem. sem. août, dim. soir et lundi – **Rest** carte 31/45.
◆ Maison de notable du centre-ville convertie en bistrot design. Tons gris et chocolat en salles, de plain-pied et à l'étage. Choix traditionnel présenté sur des sets en papier.
◆ Dit herenhuis in het centrum is verbouwd tot designbistro. Eetzalen beneden en boven in grijze en donkerbruine tinten. Traditionele kaart op papieren placemats.

Maarke-Kerkem *Sud-Est : 4 km sur N 60, puis N 457* C *Maarkedal 6 466 h.* – ✉ *9680 Maarke-Kerkem :*

Het Genot op den Berg, Bovenstraat 4 (Kerkem), ☏ 0 55 30 35 56, *info@genotopdenberg.be, Fax 0 55 30 40 24*, ←, – P 10/44. MC VISA
fermé 19 fév.-21 mars, 1er au 24 oct., lundi, mardi et merc. – **Rest** *Lunch 25* – 33/42, carte 33/63.
◆ Esseulée sur une butte en pleine campagne, cette ancienne ferme à colombages se coiffe d'un toit de chaume et de tuiles. Salle rustique et terrasse panoramique. Vins choisis.
◆ Deze oude vakwerkboerderij met een mooi dak van riet en pannen staat afgelegen op een heuvel midden op het platteland. Rustieke eetzaal en panoramaterras. Uitgelezen wijnen.

Mater *par ② : 4 km sur N 8* C *Oudenaarde* – ✉ *9700 Mater :*

Zwadderkotmolen, Zwadderkotstraat 2 (par Kerkgatestraat : 1 km, puis à gauche), ☏ 0 55 49 84 95, *Fax 0 55 49 84 95*, – P 8/18. AE MC
fermé 1er au 11 janv., 28 août-21 sept., mardi et merc. – **Rest** *Lunch 40 bc* – 45 bc/60 bc, ♀.
◆ En pleine campagne, vieux moulin à eau transformé en restaurant de charme dont l'intérieur rustique, étagé en mezzanine, conserve une partie de la machinerie originale.
◆ Deze oude watermolen op het platteland is nu een sfeervol restaurant. In het rustieke interieur met tussenverdieping is nog een deel van de oorspronkelijke machinerie te zien.

Mullem *par ⑥ : 7,5 km sur N 60* C *Oudenaarde* – ✉ *9700 Mullem :*

Moriaanshoofd avec ch, Moriaanshoofd 27, ☏ 0 9 384 37 87, *Fax 0 9 384 67 25*, – P 16/50. ① MC VISA.
Rest *Lunch 13* – 38 bc/65 bc, carte 33/56 – **12 ch** ☕ ✝45 – ✝✝75 – ½ P 58.
◆ Auberge typée exploitée familialement. Table traditionnelle au décor hétéroclite chaleureux, repas simplifié à la taverne, chambres en rez-de-jardin et breakfast sous véranda.
◆ Karakteristieke familieherberg. Traditioneel restaurant met een bonte, maar gezellige inrichting; eenvoudige maaltijd in het café. Kamers aan de tuin; ontbijt in de serre.

OUDENBURG *8460 West-Vlaanderen* **533** D15 *et* **716** C2 – *8 929 h.* 18
Bruxelles 109 – Brugge 19 – Oostende 8.

Abdijhoeve, Marktstraat 1, ☎ 0 59 26 51 67, *info@abdijhoeve.com, Fax 0 59 26 53*
, , , , , , – – 250. . rest
fermé 8 au 26 janv. – **Rest** (taverne-rest) *Lunch 12* – 25/80 bc, carte 28/48 – **24 ch** 75/
– 100/120 – ½ P 85/90.
◆ Nouvelle vocation pour cette grosse ferme abbatiale du 17e s. : chambres pratiqu piscine couverte, espaces de remise en forme et de réunions. Environnement de polde L'ancienne grange tient lieu de salle à manger, classiquement agencée.
◆ Deze grote 17e-eeuwse kloosterboerderij in een prachtig polderlandschap heeft nu e nieuwe roeping: praktische kamers, overdekt zwembad, fitnessruimte en vergaderzale De oude schuur is in een eetzaal met een klassiek interieur omgetoverd.

à Roksem *Sud-Est : 4 km* Ⓒ *Oudenburg* – ✉ *8460 Roksem :*

De Stokerij, Hoge dijken 2, ☎ 0 59 26 83 80, *hotel@hoteldestokerij.be, Fax 0 26 78 23,* , , – .
Rest voir rest ***Jan Breydel*** ci-après – **9 ch** 52/97 – 85/210 – ½ P 75/120.
◆ Récente auberge rurale en briques dont les chambres adoptent un "look" chalet ; 5 sc équipées d'un jacuzzi. Cuves d'alambic et ornements architecturaux anciens à l'accueil.
◆ Recente plattelandsherberg van baksteen, met kamers in chaletstijl, waarvan vijf e jacuzzi hebben. Distilleertoestellen en architectonische ornamenten bij de receptie.

Jan Breydel - H. De Stokerij, Brugsesteenweg 108, ☎ 0 59 26 82 97, *restaurant@ breydel.be, Fax 0 59 26 89 35,* , Produits de la mer – 10/120
fermé fin nov.-prem. sem. déc., mardi et merc. – **Rest** *Lunch 12* – 26/33, carte 30/62.
◆ Le décor, très "nostalgie", fait son effet : collections de vieux pots de chambre, téléphones d'antan et autres objets hétéroclites chers à nos aïeux. Produits de la mer.
◆ Dit restaurant druipt van de nostalgie: antieke po's, oude telefoontoestellen en and voorwerpen uit grootmoeders tijd. De menukaart is echt iets voor visliefhebbers.

OUDERGEM *Brussels Hoofdstedelijk Gewest – voir Auderghem à Bruxelles.*

OUD-HEVERLEE *Vlaams-Brabant* **533** N17 *et* **716** H3 – *voir à Leuven.*

OUD-TURNHOUT *Antwerpen* **533** O15 *et* **716** H2 – *voir à Turnhout.*

OUFFET *4590 Liège* **533** R20, **534** R20 *et* **716** J4 – *2 528 h.* 8
Bruxelles 104 – Liège 33 – Huy 22 – Namur 58 – Maastricht 65.

Carpe Diem, Grand'Place 2, ☎ 0 86 36 74 45, *info@lecarpediem.be, Fax 0 86 36 74*
, – ch, – 50. .
fermé 1er au 15 sept. – **Rest** *(fermé lundi, mardi et sam. midi)* 35/75 bc, carte env. 41 – 7
69 – 75/150 – ½ P 72.
◆ Cette maison de la place centrale dissimule des chambres sobres et actuelles située jardin, dans une extension récente. Une passerelle métallique dessert celles de l'étage. Sa à manger dans l'air du temps ; intéressante formule menu-carte "du marché".
◆ Dit pand aan de Grote Markt beschikt over sobere, moderne kamers in een nieuw bijg bouw in de tuin. Een metalen loopbrug leidt naar de kamers op de bovenverdiepir Eigentijdse eetzaal en interessant formule-menu "van de markt".

OUREN *Liège* **533** V22, **534** V22 *et* **716** L5 – *voir à Burg-Reuland.*

OVERIJSE *Vlaams-Brabant* **533** M18 *et* **716** G3 – *voir à Bruxelles, environs.*

PAAL *3583 Limburg* Ⓒ *Beringen 41 063 h.* **533** Q16 *et* **716** I2. 10
Bruxelles 76 – Hasselt 21 – Eindhoven 61 – 's-Hertogenbosch 102 – Maastricht 48.

De Witte Merel sans rest, Holststraat 25, ☎ 0 11 43 68 76, *info@dewittemerel.cc Fax 0 11 43 68 76,* , , – . .
4 ch 83/103 – 95/155 – 1 suite.
◆ Ancienne ferme réaménagée où vous dormirez au calme dans des chambres actuel personnalisées avec goût. Terrasse-jardin tournée vers le golf. Bon accueil de la patronn
◆ Gerenoveerde boerderij waarvan de eigentijdse en smaakvol ingerichte kamers gar staan voor een rustige nacht. Tuin met terras aan de kant van de golfbaan. Gastvrij ontha

BELGIQUE

ALISEUL *6850 Luxembourg belge* **534** P23 *et* **716** I6 – *5 052 h.* 12 **B2**
Bruxelles 146 – Arlon 65 – Bouillon 18 – Dinant 55.

Au Gastronome (Libotte) avec ch, r. Bouillon 2 (Paliseul-Gare), ✆ 0 61 53 30 64, *info@augastronome.be, Fax 0 61 53 38 91,* – P 6/12. VISA
fermé janv.-prem. sem. fév., dern. sem. juin-prem. sem. juil., dim. soir, lundi et mardi – **Rest** *Lunch 52 bc* – 65/115, carte 66/97 – **8 ch** 90/175 – 90/175 – ½ P 95/130.
Spéc. Étuvée de homard aux morilles, spaghettis au parmesan et huile de truffes (avril-juin). Canette au poivre et malt, la cuisse en pithiviers en deux services. Pied de porc grillé, farci au ris de veau et champignons, sabayon au poivre.
• Hôtellerie régionale typique appréciée pour sa carte classique revisitée et son cadre cossu. Salon colonial, salle feutrée, bonne literie dans les chambres, piscine au jardin.
• Typisch Ardens hotel met een luxueus interieur en een vernieuwde klassieke keuken. Sfeervolle eetzaal, koloniale lounge, goed beddengoed in de kamers en tuin met zwembad.

Auberge La Hutte Lurette avec ch, r. Station 64, ✆ 0 61 53 33 09, *lahuttelurette@skynet.be, Fax 0 61 53 52 79,* – P 20/130. AE VISA
fermé 15 fév.-29 mars – **Rest** *(fermé mardi soir, merc. et après 20 h 30) Lunch 17* – 25/56 bc, carte 27/47 – **7 ch** (fermé mardi et merc.) 50 – 64 – ½ P 52.
• Cuisine classico-traditionnelle féminine, servie dans une salle rajeunie par des tons gris et bordeaux ou sur la terrasse côté jardin. Chambres de mise simple mais proprettes.
• Klassiek-traditionele gerechten, geserveerd in de gerenoveerde eetzaal met grijze en donkerrode kleuren of op het terras aan de kant van de tuin. Simpele, maar propere kamers.

e PANNE (**La PANNE**) *8660 West-Vlaanderen* **533** A16 *et* **716** A2 – *10 060 h* – *Station balnéaire★.* 18 **A2**
Voir *Plage★.*
Gemeentehuis, Zeelaan 21, ✆ 0 58 42 18 18, toerisme@depanne.be, Fax 0 58 42 16 17.
Bruxelles 143 ① – Brugge 55 ① – Oostende 31 ① – Veurne 6 ② – Dunkerque 20 ③.

Plan page suivante

BELGIQUE

Donny, Donnylaan 17, ✆ 0 58 41 18 00, *info@hoteldonny.com, Fax 0 58 42 09 78,* – P – 80. AE VISA. rest A d
fermé 8 au 26 janv. – **Rest** *(fermé après 20 h 30) Lunch 20* – 25/40, – **43 ch** 70/85 – 80/125 – 2 suites – ½ P 58/88.
• À 300 m de la plage, chambres de bon séjour distribuées sur trois étages. Équipements complets, aussi bien pour se réunir que pour se laisser vivre et prendre soin de soi. Restaurant prolongé d'une terrasse invitante quand le soleil est au rendez-vous.
• Dit hotel ligt op 300 m van het strand en beschikt over aangename kamers op drie verdiepingen. Talrijke faciliteiten voor werk, ontspanning en lichaamsverzorging. Het restaurant heeft een terras dat lokt als de zon van de partij is.

Iris sans rest, Duinkerkelaan 41, ✆ 0 58 41 51 41, *info@hotel-iris.be, Fax 0 58 42 11 77,* – , ch, P – 35. VISA A n
20 ch 63/77 – 86/123 – 3 suites.
• Cet hôtel bordant l'axe principal de la station se partage entre deux unités dont un bloc d'architecture contemporaine abritant les meilleures chambres, avec bain-bulles.
• Dit hotel aan de hoofdweg van de badplaats bestaat uit twee gebouwen. De beste kamers bevinden zich in het nieuwe gebouw en hebben een bubbelbad. In de eigentijdse eetzaal worden de gasten onthaald op eenvoudige klassieke gerechten.

Villa Select sans rest, Walckierstraat 6, ✆ 0 58 41 18 00, *info@hoteldonny.com, Fax 0 58 42 09 78,* – P. AE VISA A c
15 ch 60/80 – 95/150.
• Belle demeure sur digue bâtie en 1920 mais dont l'intérieur a été harmonieusement relooké dans un style contemporain. Chambres agréables ; installations de remise en forme.
• Deze fraaie villa aan de boulevard werd in 1920 gebouwd, maar het interieur kreeg een harmonieuze eigentijdse look. Prettige kamers en salon voor lichaamsbehandeling.

Ambassador, Duinkerkelaan 43, ✆ 0 58 41 16 12, *info@hotel-ambassador.be, Fax 0 58 42 18 84,* – P. VISA. A q
ouvert 16 fév.-14 nov. – **Rest** (dîner pour résidents seult) – **28 ch** 55/60 – 72/107 – ½ P 57/65.
• Cet hôtel familial datant des années 1930 a consenti de gros efforts de rénovation en ce début de siècle. Chambres actuelles d'une tenue méticuleuse ; espaces communs de même. Salle à manger où un duo de menus à prix muselés s'emploie à apaiser votre faim.
• Dit hotel dateert uit de jaren 1930 en werd in het begin van deze eeuw ingrijpend gerenoveerd. De moderne kamers zien er keurig uit, net als de gemeenschappelijke ruimten. In het restaurant kunt u de honger stillen met een tweetal schappelijk geprijsde menu's.

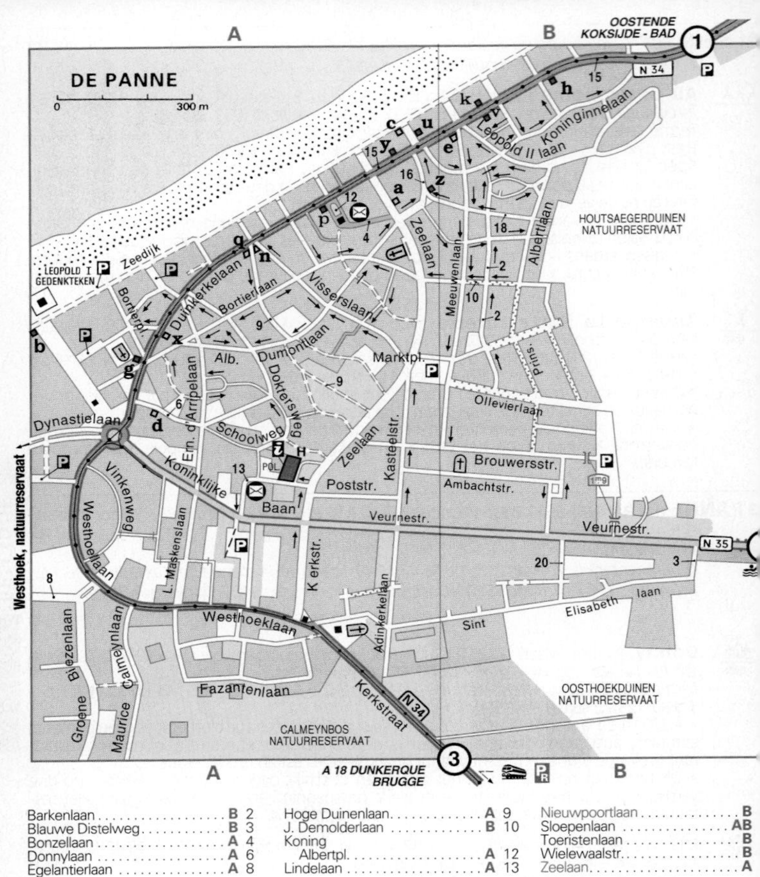

Barkenlaan . . . . B 2
Blauwe Distelweg. . . . . B 3
Bonzellaan . . . . A 4
Donnylaan . . . . A 6
Egelantierlaan . . . . A 8
Hoge Duinenlaan. . . . . A 9
J. Demolderlaan . . . . B 10
Koning
Albertpl. . . . . A 12
Lindelaan . . . . A 13
Nieuwpoortlaan . . . . B
Sloepenlaan . . . . AB
Toeristenlaan . . . . B
Wielewaalstr. . . . . B
Zeelaan. A

Cajou, Nieuwpoortlaan 42, ☎ 0 58 41 13 03, *info@cajou.be, Fax 0 58 42 01 23,* – rest, P – 35. AE ⊙ MC VISA B

fermé 2 prem. sem. déc. et janv. – **Rest** *(fermé dim. soir et lundi) Lunch 13* – 25/70 bc, car 34/47 – **32 ch** ☕ ✝50/65 – ✝✝70/95 – ½ P 55/66.

◆ Pas loin de la digue, au bord d'une avenue desservie par le tram, hôtel où vous loger dans des chambres fonctionnelles très valables, quoiqu'un peu plus calmes à l'arrière. Sa de restaurant à touches nautiques. Généreuse cuisine classique-actuelle.

◆ Dit hotel staat aan een lange avenue waar de tram doorheen rijdt, niet ver van boulevard. De kamers zijn functioneel, maar voldoen prima; achter zijn ze het rustigst. eetzaal heeft hier en daar een nautisch accent. Copieuze klassiek-moderne gerechten.

Lotus, Duinkerkelaan 83, ☎ 0 58 42 06 44, *info@lotusdepanne.be, Fax 0 58 42 07 09* – AE MC VISA. ch A

fermé dern. sem. janv.-prem. sem. fév. et 15 nov.-15 déc. – **Rest** *(fermé lundi sauf cances scolaires et dim. soir d'oct. à Pâques) Lunch 28* – 40/65 bc, carte 45/59, ♀ – **8 ch** ✝55/60 – ✝✝75/80 – ½ P 80/85.

◆ À proximité de l'animation des bains de mer, petite hostellerie aimablement tent abritant une poignée de chambres peut-être menues, mais convenablement équipé Salle de restaurant lumineuse et ne manquant pas de confort.

◆ Goed verzorgd hotelletje, vlak bij de bedrijvigheid van de kust. De paar kamers z weliswaar aan de kleine kant, maar hebben goede voorzieningen. In de lichte eetz ontbreekt het niet aan comfort.

Royal, Zeelaan 180, ☎ 0 58 41 11 16, *info@hotel-royal.be, Fax 0 58 41 10 16,* – – 60. – A a
fermé 15 nov.-15 janv. – **Rest** (résidents seult) – **20 ch** 60/80 – 76/141 – ½ P 73/100.

◆ Immeuble hôtelier élevé dans les années 1930. Aménagées avec sobriété et souvent pourvues d'un balcon, les chambres viennent de s'offrir un lifting intégral bienvenu.
◆ Dit hotel dateert uit 1930. De kamers zijn sober ingericht en veelal voorzien van balkon. Het Royal heeft net een grondige opknapbeurt achter de rug, wat ook hard nodig was.

Hostellerie Le Fox (Buyens) avec ch, Walckierstraat 2, ☎ 0 58 41 28 55, *info@hotelfox.be, Fax 0 58 41 58 79* – 6/14. AE VISA. ch A u
fermé 14 au 25 janv., 16 au 26 avril, 2 au 5 juil., 30 sept.-13 oct. et 3 au 7 déc. – **Rest** *(fermé mardi d'oct. à juin et lundis non fériés)* Lunch 48 bc – 55/120 bc, carte 65/120, – 14 – **13 ch** 60/100 – 95/120 – ½ P 131/134.

Spéc. Toast cannibale de langoustines écrasées au caviar. Duo de coquetiers aux truffes et caviar. Suprême de turbot en croûte, beurre nantais.
◆ À deux pas de la promenade, l'une des bonnes maisons de bouche du littoral belge. Cuisine classique-actuelle soignée et sélection de vins affriolante. Chambres au diapason.
◆ Een van de goede restaurants aan de Belgische kust. Verzorgde, modern-klassieke keuken en heerlijke wijnen. De kamers vallen hierbij bepaald niet uit de toon.

Le Flore, Duinkerkelaan 19b, ☎ 0 58 41 22 48, *info@leflore.be, Fax 0 58 41 53 36* – 10. AE VISA A p
fermé 1 sem. en fév., mi-nov.-mi-déc., merc. sauf en juil.-août et mardi – **Rest** 30/85 bc, carte 51/84, .

◆ Salle à manger façon Art déco, registre culinaire actuel de tendance innovante et bons conseils pour le meilleur accord mets-vins : un beau moment de table en perspective.
◆ Eetzaal in art-decostijl en een modern culinair register met een vernieuwende tendens. Goede adviezen voor de juiste wijn-spijscombinaties. Verrassend lekker!

Trio's, Nieuwpoortlaan 75, ☎ 0 58 41 13 78, *rudy.tommelein@telenet.be, Fax 0 58 42 04 16* – AE VISA B k
fermé mardi soir, merc. et dim. soir – **Rest** 40, carte 46/74.

◆ Aimable restaurant presque aussi classique dans son décor que dans ses assiettes, tout doucettement mises à la page. Tables bien espacées et soigneusement dressées.
◆ Dit leuke restaurant vormt een mooi klassiek trio van eten, inrichting en service. Fraai gedekte tafels die niet te dicht op elkaar staan.

@ De Braise, Bortierplein 1, ☎ 0 58 42 23 09, *debraise@telenet.be,* – AE VISA A g
fermé 15 nov.-5 déc., lundi et mardi – **Rest** 35, carte 37/48.

◆ Estimé pour ses savoureux menus, son livre de cave planétaire et sa belle terrasse estivale dotée de meubles en teck, De Braise a les faveurs d'une clientèle plutôt sélecte.
◆ Hier komt een vrij select publiek, aangetrokken door de smakelijke menu's, de kosmopolitische wijnkelder en het mooie zomerterras met teakhouten meubelen.

La Coupole, Nieuwpoortlaan 9, ☎ 0 58 41 54 54, *jean-paul.bonnez@telenet.be, Fax 0 58 42 05 49,* – . AE VISA A y
fermé 3 dern. sem. janv., lundi midi, jeudi et vend. midi – **Rest** Lunch 15 – 21/55, carte 29/50.

◆ Une grande carte de poissons, crustacés et fruits de mer est présentée à cette enseigne. Salle de restaurant classique-actuelle où flotte une ambiance animée.
◆ Hier kunt u kiezen uit een uitgebreide kaart met visschotels, schaaldieren en zeebanket. In de klassiek-moderne eetzaal heerst een geanimeerde sfeer.

Venue, Nieuwpoortlaan 56, ☎ 0 58 41 13 70, *venue@skynet.be* – . AE VISA B v
fermé merc. – **Rest** Lunch 20 – 30, carte 38/55.

◆ Ici, toque et tablier se transmettent en famille depuis 4 générations. Cuisine d'aujourd'hui, nouveau décor intérieur dernière tendance et apéro-cocooning au lounge-bar.
◆ Hier worden de koksmuts en de voorschoot van generatie op generatie overgedragen. Eigentijdse keuken, trendy interieur en lounge-bar om te cocoonen en het aperitief te nemen.

Baan Thai, Sloepenplaats 22, ☎ 0 58 41 49 76, *baanthai@yucom.be, Fax 0 58 41 04 26,* , Cuisine thaïlandaise – 10. AE VISA AB z
fermé 19 nov.-22 déc. et mardi et merc. sauf sept. et vacances scolaires – **Rest** Lunch 14 – 25/60 bc, carte 25/51, .

◆ Une valeur sûre parmi les tables asiatiques de La Panne : saveurs thaïlandaises déclinées dans une salle à manger plaisante et choix de vins inhabituel à ce genre de maison.
◆ Van de Aziatische restaurants in De Panne is dit een betrouwbaar adres. Prettige eetzaal, Thaise keuken en voor Oosterse begrippen een goede wijnkaart.

BELGIQUE

Bistrot Merlot, Nieuwpoortlaan 70, ✆ 0 58 41 40 61, *vdsmerlot@skynet.b*
Fax 0 58 41 51 92, , Ouvert jusqu'à 23 h – VISA B
fermé 3 au 16 janv., 1er au 6 juil., jeudi et vend. midi – **Rest** 30/35, carte 32/56.
• Aux portes de la ville, grande villa des années 1910 où l'on se retrouve dans un cadre bistrot décontracté, autour de plats classiques-bourgeois. Grande terrasse protégée.
• Grote villa uit 1910 aan de rand van de stad. Eenvoudig klassiek eten in de ontspann sfeer van een bistro. Groot beschut terras.

Imperial, Leopold I Esplanade 9, ✆ 0 58 41 42 28, *imperial@skynet.be, Fax 0 58 41 33*
<, , Taverne-rest – 10/80. AE VISA A
fermé 15 janv.-6 fév. et merc. – **Rest** 35/75 bc, ♀.
• Taverne-restaurant moderne bien située en bout de digue, face au monument roy Expo d'art contemporain, terrasse au pied des dunes, salles de réunions et centre d'a faires.
• Modern taverne-restaurant aan het eind van de dijk, tegenover het koning Leopo I-monument. Terras aan de voet van de duinen. Vergaderzalen en business center.

PARIKE *9661 Oost-Vlaanderen* C *Brakel 13 728 h.* **533** H18 *et* **716** E3. 16
Bruxelles 48 – Gent 47 – Mons 55 – Tournai 42.

Molenwiek, Molenstraat 1, ✆ 0 55 42 26 15, *info@molenwiek.be, Fax 0 55 42 77*
, – P. VISA.
fermé janv. et fin déc. – **Rest** *(fermé dim. soir)* 20/48, carte env. 29 – **9 ch** ★56 – ★★
– ½ P 60.
• Cette fière villa nichée dans un site agreste met à votre disposition des chambres clas quement agencées. Repas traditionnel où entrent légumes "bio" et produits du cru, do une race de poule rare élevée par le patron. Salle rustique et salon au coin du feu.
• Statige villa in een landelijke omgeving, met klassiek ingerichte kamers. Tradition maaltijd met biologische groenten en streekproducten, zoals een zeldzaam kippenras d door de baas wordt gefokt. Rustieke eetzaal en salon met haardvuur.

BELGIQUE

Kent u het verschil tussen de bestekjes ✗ en de sterren ✿?
De bestekjes geven een categorie van standing aan; de sterren wijzen op de beste keukens in de verschillende categorieën.

PEER *3990 Limburg* **533** R16 *et* **716** J2 – *15 810 h.* 10
Bruxelles 99 – Hasselt 30 – Antwerpen 78 – Eindhoven 33.

Sogni D'Oro-L'Uno Coll'Altro, Bomerstraat 22, ✆ 0 11 63 71 18, *info@luno laltro.be, Fax 0 11 63 71 76,* , , ch, P. VISA
fermé fin déc. et dern. sem. août-prem. sem. sept. – **Rest** *(fermé lundi, mardi, merc. sam. midi)* (cuisine italienne) *Lunch 25* – 38/69 bc, carte 18/53 – **5 ch** ★100 – ★★100/2
– ½ P 125/138.
• Maison d'hôte néo-baroque où vous passerez des nuitées calmes dans des chamb romantiques personnalisées. Véranda et terrasse utilisées au petit-déj' ; jardin d'appar Cuisine transalpine servie à côté, dans une grande salle italianisante.
• Neobarok maison d'hôte met rustige, romantische kamers die elk hun eigen sfeer he ben. Serre en terras om te ontbijten; siertuin. Ernaast bevindt zich een typisch Italiaa restaurant, zowel qua keuken als inrichting.

Fleurie, Baan naar Bree 27, ✆ 0 11 63 26 33, *info@fleurie.be, Fax 0 11 66 26 33,* –
P. AE VISA.
fermé 1 sem. en juil., mardi soir, merc. et sam. midi – **Rest** *Lunch 30* – 33/75 bc, carte 43/
• Table au décor intérieur classique actualisé œuvrant à l'entrée du village. Accueil service soignés par la patronne, salle claire aux lambris pistache, cuisine du moment.
• Restaurant met een modern-klassiek interieur aan de rand van het dorp. Verzorg bediening door de bazin, lichte eetzaal met zachtgroene lambrisering en eigentijdse ke ken.

à Kleine-Brogel *Nord : 3 km* C *Peer* – ✉ *3990 Kleine-Brogel :*

Casa Ciolina, Zavelstraat 17, ✆ 0 11 74 30 34, *info@casaciolina.be, Fax 0 1 74 30 36,*
, , – P. AE VISA.
fermé début janv. – **Rest** (résidents seult) – **7 ch** ★75/95 – ★★110/150.
• Ancienne ferme réaménagée avec bonheur en maison d'hôte d'un genre assez ch mant. Bon accueil, chambres personnalisées, jolie cour et jardin. Aéroport militaire à pro mité.
• Deze boerderij werd met succes verbouwd tot een sfeervol gastenverblijf. Goede o vangst, kamers met een persoonlijke toets, binnenplaats en tuin. Militair vliegveld vlakbi

EPINGEN *1670 Vlaams-Brabant* **533** J18, **534** J18 *et* **716** F3 – *4 350 h.* 3 **A2**

Bruxelles 21 – Leuven 55 – Gent 54 – Mons 61.

X **Artmosfeer,** Ninoofsesteenweg 93, ✆ 0 2 361 37 62, *info@artmosfeer.be, Fax 0 2 361 31 44,* – 20/100. VISA
fermé 27 août-10 sept., lundi, mardi, merc. et jeudi – **Rest** *Lunch 38* – 30/45 bc, carte 31/39.
• Ancienne granges et écuries (1907) reconverties en taverne et restaurant au décor campagnard frais et léger : murs de brique rouge et mobilier de bistrot en bois clair.
• In deze oude schuren en stallen zijn een taverne en restaurant ondergebracht met een fris, licht, rustiek interieur: muren van rode baksteen en bistromeubelen van blank hout.

EPINSTER *4860 Liège* **533** T19, **534** T19 *et* **716** K4 – *9 557 h.* 9 **C2**

Env. *au Sud-Ouest : Tancrémont, statue★ du Christ dans la chapelle.*
Bruxelles 126 – Liège 26 – Verviers 6.

XXX **Hostellerie Lafarque** avec ch, Chemin des Douys 20 (Ouest : 4 km par N 61, lieu-dit Goffontaine), ✆ 0 87 46 06 51, *lafarque@relaischateaux.com, Fax 0 87 46 97 28,* ≤, , , – P. AE VISA. ch
fermé 20 mars-4 avril, 2 au 11 juil., 24 au 30 déc., mardi et merc. – **Rest** *(fermé après 20 h 30) Lunch 65* – 70/85, carte 74/85 – 15 – **8 ch** 135 – 235 – ½ P 150/190.
Spéc. Cassolette de légumes, galettes de parmesan et jus d'artichaut truffé (juil.-sept.). Bar de ligne au vin jaune. Gibier en saison.
• Sur les hauteurs, au milieu d'un parc arboré, élégante construction à colombages rappelant les manoirs normands. Fine cuisine classique actualisée. Chambres douillettes.
• Dit sierlijke vakwerkhuis in Normandische stijl op een heuvel met boomrijk park beschikt over knusse kamers. Verfijnde klassieke keuken met een vleugje modern.

X **Au Pot de Beurre** avec ch, r. Neuve 116, ✆ 0 87 46 06 43, *Fax 0 87 46 06 43* – 20/24. AE VISA
fermé 2 au 10 janv., 23 juil.-1er août, 16 au 22 août, mardi et merc. – **Rest** *Lunch 17* – 25/80 bc, carte 33/53 – 8 – **3 ch** 35 – 65 – ½ P 68/98.
• Un choix de préparations bourgeoises discrètement actualisées entend combler votre appétit à cette adresse du centre de Pepinster. Accueil et service attentionnés, en famille.
• Op dit adresje in het centrum kunt u de honger stillen met eenvoudige gerechten die voorzichtig aan de huidige tijd worden aangepast. Attente bediening door een familie.

X **L'Auberge des Glaïeuls,** r. Jean Simon 1, ✆ 0 87 46 99 41, – AE VISA
fermé 1er au 15 janv., 17 août-1er sept., lundi, mardi soir, merc. soir et sam. midi – **Rest** *Lunch 17* – 22/50 bc, carte env. 35.
• Table sympathique occupant une maison à toit d'ardoises devancée par une cour-terrasse. Cadre simple mais frais et gai. Duo de menus et carte actuelle recomposés chaque mois.
• Sympathiek restaurant in een huis met leistenen dak en een terras voor. Eenvoudig, maar fris en vrolijk decor. Twee menu's en een eigentijdse, maandelijks wisselende kaart.

Wegnez *Nord : 2 km* C *Pepinster* – ✉ *4860 Wegnez :*

XXX **Hostellerie du Postay** (Delhasse) avec ch, r. Laurent Mairlot 22, ✆ 0 87 46 14 77, *hostellerie.postay@skynet.be, Fax 0 87 46 00 80,* ≤, – P 10/30. AE VISA. rest
fermé prem. sem. janv. et 1re quinz. août – **Rest** *(fermé sam. midi, dim. soir et lundi) Lunch 30* – 46/110 bc, carte env. 54, – **6 ch** 65 – 85 – ½ P 73.
Spéc. Saint-Pierre au jus d'olives vertes et amandes. Pintadeau, chlorophylle de basilic, haricots verts aux agrumes. Enfumé de chocolat et café.
• Ancienne ferme devenue une table inventive ouverte aux nouvelles techniques culinaires. Cadre rustico-moderne ; vue sur le verger et les toits de Verviers. Beau choix de vins.
• Deze oude boerderij is nu een inventief restaurant dat voor nieuwe culinaire technieken openstaat. Modern-rustiek decor, uitzicht op de boomgaard en Verviers. Mooie wijnen.

PERWEZ (PERWIJS) *1360 Brabant Wallon* **533** N19, **534** N19 *et* **716** H4 – *7 486 h.* 4 **C3**

Bruxelles 51 – Wavre 22 – Charleroi 42 – Leuven 38 – Namur 29 – Tienen 27.

XX **La Frairie** (Martin), av. de la Roseraie 9, ✆ 0 81 65 87 30, *frairie@swing.be, Fax 0 81 65 87 30,* – P 55. AE VISA
fermé 1 semù. Pâques, mi-juil.-mi-août, fin déc.-début janv., dim. soir, lundi et mardi – **Rest** 35/66, carte 64/80.
Spéc. Rouget barbet à la crème de rhubarbe et citron, pêle-mêle de palourdes (juin-sept.). Ris de veau croustillant aux jeunes carottes glacées, cumin et agrumes (avril-sept.). Porcelet caramélisé aux épices et fritots de sariette (mai-août).
• L'enseigne n'évoque-t-elle pas une joyeuse partie de plaisir et de bonne chère ? Agréable moment de table en perspective, donc. Mets au goût du jour et menus alléchants.
• La Frairie, dat in dialect "het dorpsfeest" betekent, staat garant voor een genoeglijk avondje uit. Kaart met eigentijdse gerechten en verleidelijke menu's.

BELGIQUE

PETIT-RECHAIN *Liège* **533** U19, **534** U19 *et* **716** K4 – *voir à Verviers.*

PHILIPPEVILLE *5600 Namur* **534** M21 *et* **716** G5 – *8 317 h.* 14

au Nord-Est : 10 km à Florennes, Base J. Offenberg ☎ 0 71 68 88 48, Fax 0 71 68 88 4

r. Religieuses 2 ☎ 0 71 66 89 85, tourisme.philippeville@swing.be, Fax 0 71 66 89 85.

Bruxelles 88 – Namur 44 – Charleroi 26 – Dinant 29.

XXX **La Côte d'Or** avec ch, r. Gendarmerie 1, ☎ 0 71 66 81 45, *info@lacotedor.com,* – P 300. AE VISA

Rest *(fermé dim. soir, lundi et merc. soir)* Lunch 25 – 28/89 bc, carte 44/60, – **8 ch** 48/72 – 55/80 – ½ P 53.

• Villa au cadre classique-actuel dotée d'un grand jardin avec pièces d'eau et cascad Organisation de banquets, beau choix de vins, chambres plus récentes au rez-de-chauss

• Villa met een modern-klassieke inrichting. Banqueting, goede wijnkelder en grote t met waterpartijen. De kamers op de benedenverdieping zijn het nieuwst.

X **Auberge des 4 Bras,** r. France 49, ☎ 0 71 66 72 38, *collardfab@swing.be, Fax 0 66 93 59,* – P 35. AE VISA

fermé 19 fév.-6 mars, 3 au 18 sept., dim. soir sauf en juil.-août et lundi – **Rest** Lunch 1 22/35, carte 30/44.

• La même famille vous accueille depuis 20 ans dans cette auberge voisinant avec carrefour et un centre commercial. Repas et décor traditionnels ; terrasses avant et arriè

• Deze herberg bij een kruising en een winkelcentrum wordt al 20 jaar door dezelf familie gerund. Traditionele keuken en inrichting. Terras voor en achter.

Comment choisir entre deux adresses équivalentes ?
Dans chaque catégorie, les établissements sont classés
par ordre de préférence : nos coups de cœur d'abord.

BELGIQUE

PLANCENOIT *Brabant Wallon* **533** L19, **534** L19 *et* **716** G4 – *voir à Lasne.*

POLLEUR *4910 Liège* C *Theux 11 572 h.* **533** U19, **534** U19 *et* **716** K4. 9

Bruxelles 129 – Liège 38 – Namur 98 – Maastricht 52 – Vaals 38.

Hostellerie le Val de Hoëgne, av. Félix Deblon 1, ☎ 0 87 22 44 26, *val-de-h gne@skynet.be, Fax 0 87 22 55 91,* – P – 25. VISA

fermé 2 au 27 janv. et 26 août-7 sept. – **Rest** *(fermé mardi, merc., sam. midi et ap 20 h 30)* 30/53 bc – **13 ch** 53 – 73/98 – ½ P 50/63.

• Petite hostellerie d'aspect traditionnel établie en bord de Hoëgne, à l'entrée du villa Chambres fraîches et nettes, breakfast sous véranda, jeux d'enfants au jardin. Menus bases classiques servis dans une salle actualisée, dans la serre ou en plein air.

• Klein traditioneel hotel-restaurant aan de oevers van de Hoëgne, aan de rand van dorp. Frisse, nette kamers, ontbijt in de serre, tuin met speeltoestellen. Menu's op kl sieke basis, geserveerd in de gemoderniseerde eetzaal, de serre of op het terras.

POPERINGE *8970 West-Vlaanderen* **533** B17 *et* **716** B3 – *19 624 h.* 18

Grote Markt 1 ☎ 0 57 34 66 76, toerisme@poperinge.be, Fax 0 57 33 57 03.

Bruxelles 134 – Brugge 64 – Kortrijk 41 – Oostende 54 – Lille 45.

Manoir Ogygia , Veurnestraat 108, ☎ 0 57 33 88 38, *info@ogygia. Fax 0 57 33 88 77,* – P. AE VISA. ch

fermé 2 au 17 janv. et 15 au 24 oct. – **Rest** voir rest ***Amfora*** ci-après – **9 ch** 13 130/150 – ½ P 90/96.

• Charmant hôtel mettant à profit une gentilhommière alanguie dans un parc centena Communs élégant, belles chambres personnalisées et wellness center avec soins est tiques.

• Charmant hotel in een kasteeltje met een 19e-eeuws park. Stijlvolle gemeenschappel ruimten en mooie kamers met een persoonlijk tintje. Wellnesscenter met beautysalon.

Recour, Guido Gezellestraat 7, ☎ 0 57 33 57 25, *info@pegasusrecour. Fax 0 57 33 54 25,* – – 25. AE VISA.

fermé lundi – **Rest** voir rest ***Pegasus*** ci-après – 14 – **8 ch** 75/150 – 75/32 ½ P 112/140.

• Savourez le raffinement et la perfection décorative intérieure de cette maison de nc ble du 18e s. transformée en hôtel "cosy" alliant classicisme et bon goût contemporain.

• Geniet van het raffinement en het prachtige interieur van dit 18e-eeuwse herenhuis nu een sfeervol hotel is, met een geslaagde mix van klassiek en modern.

Belfort, Grote Markt 29, ✆ 0 57 33 88 88, *hotelbelfort@pandora.be, Fax 0 57 33 74 75,* – , ch, rest, – 80.
fermé 11 nov.-4 déc. et lundi – **Rest** (taverne-rest) *Lunch 10* – 16/36 bc, carte 27/40 – **12 ch** 60 – 80 – ½ P 65/85.
• Ce petit hôtel familial installé sur la grande place du cœur de Poperinge abrite des chambres fonctionnelles rénovées et vous réserve un accueil affable et souriant. Une carte traditionnelle est présentée dans la taverne-restaurant classiquement aménagée.
• Dit hotelletje aan de Grote Markt, in het hart van Poperinge, beschikt over functionele kamers die pas zijn gerenoveerd. Alleraardigste ontvangst. In het klassiek ingerichte café-restaurant worden traditionele gerechten geserveerd.

Pegasus - H. Recour, Guido Gezellestraat 7, ✆ 0 57 33 57 25, *info@pegasusrecour.be, Fax 0 57 33 54 25,* – 6/12.
fermé 1 sem. Pâques, dern. sem. août, Noël-Nouvel An, dim. soir et lundi – **Rest** *Lunch 30* – 53/90 bc, carte 51/88.
• Table tirée à quatre épingles officiant à l'arrière d'un hôtel particulier du 18e s. Riches lambris anciens vert pâle en salles ; jardin de ville doté d'une belle terrasse.
• Dit restaurant aan de achterkant van een 18e-eeuws herenhuis is werkelijk een plaatje. De eetzalen zijn versierd met rijk bewerkte lichtgroene lambrisering en de stadstuin heeft een prettig terras.

D'Hommelkeete, Hoge Noenweg 3 (Sud : 3 km par Zuidlaan), ✆ 0 57 33 43 65, *hommelkeete@yahoo.com, Fax 0 57 33 65 74,* ≤, – 6/20.
fermé 20 juil.-15 août, vacances Noël, dim soir, lundi et merc. soir – **Rest** *Lunch 34* – 49/80 bc, carte 44/95.
• Jolie fermette agrémentée d'un jardin exquis, avec pièce d'eau. Salle à manger aux accents rustiques. Les jets de houblon sont, en saison, la grande spécialité de la maison.
• Mooi boerderijtje met een schitterende tuin en waterpartij. Eetzaal met rustieke accenten. Hopscheuten of "jets de houblon" zijn in het voorjaar de specialiteit van het huis.

BELGIQUE

Amfora - H. Manoir Ogygia, avec ch, Grote Markt 36, ✆ 0 57 33 88 66, *info@amfora.be, Fax 0 57 33 88 77,* – 8/40.
fermé 2 au 18 janv. et 15 au 25 oct. – **Rest** *(fermé merc.)* 35/59 bc, carte 38/49 – **8 ch** 70 – 90 – ½ P 75.
• Sur la Grand-Place, demeure ancienne dont la façade typique s'anime de pignons à redans. Salle à manger cossue, véranda et terrasse. Réservez si possible une chambre rénovée.
• Oud pand met een typisch Vlaamse trapgevel aan de Grote Markt. Weelderig ingerichte eetzaal, serre en terras. Vraag zo mogelijk om een van de gerenoveerde kamers.

Gasthof De Kring avec ch, Burg. Bertenplein 7, ✆ 0 57 33 38 61, *info@dekring.be, Fax 0 57 33 92 20,* – rest, 40/180. ch
fermé 12 fév.-6 mars et 23 juil.-16 août – **Rest** *(fermé dim. soir et lundi) Lunch 10* – 24/42, carte 31/50, ♀ – **7 ch** 60/62 – 76/80 – ½ P 60/64.
• À l'ombre de St-Bertin, aimable hostellerie où l'on se plie en quatre pour vos banquets et séminaires. Salle à manger classique. Jets de houblon en saison. Chambres pratiques.
• Aardig hotel-restaurant bij de St-Bertinuskerk, zeer geschikt voor feesten en partijen. Klassieke eetzaal; hopscheuten in het seizoen. Praktische kamers.

Quadrille, Ieperstraat 21, ✆ 0 57 33 77 41, *quadrille@telenet.be, Fax 0 57 33 77 49* – 15/50.
fermé août, sam. midi, dim. soir, lundi et merc. soir – **Rest** *Lunch 20* – 32, carte 36/58, ♀.
• Belle devanture Art déco abritant une salle à manger sobre et avenante : parquet, murs jaune paille, touches végétales, chaises tendues de tartan et tables bien espacées.
• Restaurant met mooie art-decogevel. Sober, maar prettig interieur met parketvloer, strogele muren, planten, stoelen met geruite stof en de tafels wijd uit elkaar.

Palace avec ch, Ieperstraat 34, ✆ 0 57 33 30 93, *palace.hotel@scarlet.be, Fax 0 57 33 35 35,* – rest, 65. rest
fermé mi-juil.-mi-août – **Rest** *(fermé merc. et dim. soir) Lunch 10* – carte 29/49 – **11 ch** 60 – 80 – ½ P 60.
• Accueil familial, ambiance "vieille Flandre", table classique à composantes régionales et estaminet nostalgique où le temps s'est arrêté en 1947. Chambres assez rudimentaires.
• Vriendelijk onthaal, typisch Vlaamse sfeer en klassieke keuken met regionale invloeden. In het café uit 1947 lijkt de tijd te hebben stilgestaan. Enkele eenvoudige kamers.

ORCHERESSE *Luxembourg belge* **534** P23 *et* **716** I6 – *voir à Daverdisse.*

POUPEHAN *6830 Luxembourg belge* Ⓒ *Bouillon 5 455 h.* **534** P24 *et* **716** I6. 12
Bruxelles 165 – Arlon 82 – Bouillon 12 – Dinant 69 – Sedan 23.

à Frahan *Nord : 5 km* Ⓒ *Bouillon –* ✉ *6830 Poupehan :*

Aux Roches Fleuries ⛰, r. Crêtes 32, ☎ 0 61 46 65 14, *info@auxrochesfleuries.*
Fax 0 61 46 72 09, ≤, ⛱, 🚲 – ⛓ Ⓟ. MC VISA
fermé janv.-début fév. et mars – **Rest** *Lunch 28* – 40/56, carte 43/57 – **14 ch** ☕ ★77/9
★★77/102 – ½ P 66/76.
◆ Tranquille hostellerie familiale nichée depuis 1933 dans un vallon boisé où sinue la
mois. Divers types de chambres, parfois avec terrasse donnant sur le jardin bichonné. V
bucolique par les baies du confortable restaurant ; carte classique actualisée.
◆ Rustig familiehotel dat al sinds 1933 bestaat, in een bebost dal waar de Semois doorhe
kronkelt. Verschillende soorten kamers, sommige met terras aan de tuinkant. Comforta
restaurant met een landelijk uitzicht. Klassieke kaart met een vleugje modern.

PROFONDEVILLE *5170 Namur* **533** O20, **534** O20 *et* **716** H4 – *11 365 h.* 15
Voir *Site★.*
Env. *au Sud-Ouest : 5 km à Annevoie-Rouillon : Parc★★ du Domaine – à l' Est : 5 kr*
Lustin : Rocher de Frênes★, ≤★.
⛳ *Chemin du Beau Vallon 45 ☎ 0 81 41 14 18, Fax 0 81 41 21 42.*
Bruxelles 74 – Namur 14 – Dinant 17.

XX **La Sauvenière,** chaussée de Namur 57, ☎ 0 81 41 33 03, *benoiturbain@lasa*
niere.be, Fax 0 81 57 02 43, ⛱ – Ⓟ ⇔ 7/12. AE MC VISA
fermé dern. sem. fév., fin juin-début juil., fin août-début sept., lundi et mardi – **Rest** *Lu*
17 – 21/85 bc, carte 36/61, 🍷.
◆ Table mosane ne manquant pas d'atouts pour séduire : accueil gentil, salle mode
chaleureuse, terrasse arrière invitante et bonne sélection vineuse. Repas au goût du jou
◆ Dit restaurant in de Maasstreek valt in de smaak vanwege de vriendelijke ontvangst,
moderne eetzaal, de eigentijdse keuken, de goede wijnkaart en het uitnodigende terras

X **La Gousse d'Ail,** chaussée de Namur 55, ☎ 0 81 23 13 15, *benoit.urbain@lasa*
niere.be, Fax 0 81 57 02 43, ⛱, Grillades – Ⓟ. AE MC VISA
fermé 1 sem. en fév. et 1 sem. en juin – **Rest** *Lunch 14* – carte 24/47.
◆ Bistrot où l'on prend place sur du mobilier en fer forgé, dans un cadre actuel égayé
de grandes tresses d'ail. Choix traditionnel, grillades et plateaux de fruits de mer.
◆ Modern ingerichte bistro met smeedijzeren meubelen en grote knoflookstrengen
de muur. Traditionele kaart, gegrild vlees en plateaus met fruits de mer.

à Arbre *Sud-Ouest : 5 km par N 928* Ⓒ *Profondeville –* ✉ *5170 Arbre :*

XX ✿ **L'Eau Vive** (Résimont), rte de Floreffe 37, ☎ 0 81 41 11 51, *resto@eau-vive.be, Fax (*
41 40 16, ≤, ⛱ – Ⓟ ⇔ 12. AE Ⓓ MC VISA
fermé 1 sem. Pâques, dern. sem. juin, dern. sem. août-prem. sem. sept., Noël-Nouvel
et mardis et merc. non fériés – **Rest** *Lunch 30* – 48/95 bc, carte 54/87, 🍷.
Spéc. Truite au bleu, beurre blanc. Foie poêlé à la rhubarbe, citron confit, réduction
pinot noir (saison). Tartare et poêlée de bœuf à la fleur de sel, sauce béarnaise.
◆ Ex-chaudronnerie blottie au creux d'un vallon boisé où se faufile un ruisseau. Intéri
moderne avec véranda, terrasse près de l'eau, table actuelle soignée et vins choisis.
◆ Oude koperslagerij onder in een bebost dal met een beekje. Modern interieur met se
en terras aan het water. Verzorgde, eigentijdse keuken en goede selectie wijnen.

à Lustin *Est : 4 km* Ⓒ *Profondeville –* ✉ *5170 Lustin :*

Le Chat Bleu ⛰, r. Fonds 9a, ☎ 0 81 26 16 00, *lechatbleu@b-ready.c*
Fax 0 81 26 16 00, 🏠, 🏊, ⛱ – ⛔ Ⓟ
Rest (résidents seult le sam. soir) – **3 ch** ☕ ★70/90 – ★★80/110 – ½ P 100/160.
◆ Cette villa moderne située dans un hameau perché fournit un hébergement paisibl
offre l'agrément d'une piscine au jardin. Deux tailles de chambres au décor actuel.
◆ Deze moderne villa in een hooggelegen dorpje is ideaal voor een rustige overnacht
Modern ingerichte kamers in twee verschillende maten en tuin met zwembad.

Tendez vos clés et un voiturier se charge de garer votre véhicule : repérez le symbole 🔑 pour bénéficier de ce service exclusif, bien pratique dans les grandes villes.

BELGIQUE

JURS *2870 Antwerpen* **533** K16 *et* **716** F2 *– 16 030 h.* 1 **A3**

Bruxelles 32 – Antwerpen 29 – Gent 50 – Mechelen 18.

Liezele *Sud : 1,5 km* Ⓒ *Puurs – ✉ 2870 Liezele :*

XX **Hof ten Broeck,** Liezeledorp 3, ☎ 0 3 899 28 00, *hof.ten.broeck@pandora.be, Fax 0 3 899 38 10,* ≤, 🏞 – ▤ P. ✂

fermé 16 au 31 août, dim. soir, lundi et mardi – **Rest** *Lunch 32* – 42/73 bc, carte 45/72.

◆ Demeure ancienne et cossue, avec sa ceinture de douves et son jardin somptueux où dialoguent sculptures et pièce d'eau. L'assiette, classique-traditionnelle, est convaincante.

◆ Weelderig oud pand met een slotgracht en een prachtige tuin, die wordt opgeluisterd met beeldhouwwerken en een waterpartij. De klassiek-traditionele kookstijl is overtuigend.

JAREGNON *7390 Hainaut* **533** I20, **534** I20 *et* **716** E4 *– 18 739 h.* 7 **C2**

Bruxelles 77 – Mons 11 – Tournai 37 – Valenciennes 30.

XXX ✿ **Dimitri,** pl. du Sud 27 (Lourdes), ☎ 0 65 66 69 69, *dimitrios.sakkas@skynet.be, Fax 0 65 66 69 69* – ▤ ⇔ 10/40. AE ⓓ ⓜⓒ VISA. ✂

fermé mi-juil.-mi-août, dim. soir, lundi et mardi soir – **Rest** *Lunch 30* – 48/100 bc, carte 64/77, 🍇.

Spéc. Rosaces de homard, bavarois de tourteau et brocoli, jus aux épices douces. Noisettes d'agneau rôties aux thym et romarin, tian de légumes provençaux. Ananas caramélisé, beurre suzette, sorbet noix de coco.

◆ Table classique évolutive où marbres, fresques et boiseries renvoient aux origines grecques du patron, installé ici depuis plus de 30 ans. Beau choix de vins bien commenté.

◆ Het marmer, de fresco's en het houtwerk herinneren aan de Griekse afkomst van de baas, die hier al ruim 30 jaar de scepter zwaait. Licht klassieke keuken en goede wijnen.

QUENAST *1430 Brabant Wallon* Ⓒ *Rebecq 10 247 h.* **533** J18, **534** J18 *et* **716** F3. 3 **A2**

Bruxelles 31 – Wavre 53 – Charleroi 51 – Mons 33 – Namur 77.

XX **La Ferme du Faubourg,** r. Faubourg 2, ☎ 0 67 63 69 03, *Fax 0 67 63 69 03,* 🏞 – P ⇔ 10/28. AE ⓓ ⓜⓒ VISA

fermé 8 au 26 janv., lundi et mardi – **Rest** *Lunch 24* – 30/50 bc, carte 40/72.

◆ Les murs de cette grosse ferme brabançonne de plan carré dissimulent une cour avec jardin, où la terrasse est dressée aux beaux jours. Carte assortie de menus et suggestions.

◆ Grote Brabantse boerderij met een vierkant grondplan, binnenplaats en tuin, waar bij mooi weer op het terras kan worden gegeten. Spijskaart met menu's en suggesties.

RANCE *6470 Hainaut* Ⓒ *Sivry-Rance 4 597 h.* **534** K22 *et* **716** F5. 7 **D3**

Bruxelles 92 – Mons 44 – Charleroi 39 – Chimay 12.

XX **La Braisière,** rte de Chimay 13, ☎ 0 60 41 10 83, *Fax 0 60 41 10 83,* 🏞 – P ⇔ 20/50. AE ⓓ ⓜⓒ VISA

fermé 19 mars-5 avril, 18 au 30 juin, 20 août-14 sept., mardi, merc. et après 20 h 30 – **Rest** (déjeuner seult sauf vend. et sam.) *Lunch 37* – 45, carte 39/51.

◆ Au bord d'une grand-route, confortable établissement dont la salle à manger feutrée, garnie de meubles de style, se complète d'une orangerie. Cuisine du marché.

◆ Comfortabel etablissement aan een grote weg. De eetzaal, die met stijlmeubelen is ingericht, is uitgebreid met een oranjerie. Keuken met dagverse producten van de markt.

Sautin *Nord-Ouest : 4 km* Ⓒ *Sivry-Rance – ✉ 6470 Sautin :*

⌂ **Le Domaine de la Carrauterie** 🐌, r. Station 11, ☎ 0 60 45 53 52, *info@carrauterie.be,* ⊘, ≘s, 🏊, 🌳 – ⇔ P. AE ⓓ ⓜⓒ VISA. ✂

fermé 8 au 14 janv. et dim. – **Rest** (déjeuner pour résidents seult) – **5 ch** ☕ ✝70/85 – ✝✝80/100 – ½ P 59/69.

◆ Chaleureuse maison de pays où vous serez hébergés dans de tranquilles chambres coquettement personnalisées, façon "cottage". Espace beauté-relaxation. Accueil avenant. Table d'hôte sur réservation.

◆ Gezellig landelijk huisje buiten het dorp. De rustige en gepersonaliseerde kamers zijn ingericht in " cottage " stijl. Vriendelijk onthaal. Table d'hôte op reservering.

REBECQ *1430 Brabant Wallon* **533** J18, **534** J18 *et* **716** F4 – *10 247 h..* 3
Bruxelles 31 – Wavre 48 – Charleroi 51 – Mons 33 – Namur 77.

Hostellerie du Petit Spinois, Chemin Ardoisière 60, ☎ 0 67 84 38 51, *info@hos lerieduptitspinois.com, Fax 0 67 84 38 52,* – ♿ rest, P. AE MC VISA
Rest ***La Passion en Bout de Table*** *(fermé lundi et mardi) Lunch 22* – 38/64 bc, carte 29/ – **14 ch** ☐ ✝95/120 – ✝✝105/130 – ½ P 110/130.
◆ À la campagne, ancienne ferme (18e s.) au charme brabançon où vous logerez dans c chambres personnalisées, fraîches et cossues, souvent dotées de meubles cérusés. Rep classique actualisé et décor néo-rustique au restaurant La Passion en Bout de Table.
◆ 18e-eeuwse boerderij met een typisch Brabantse charme. De weelderige kamers z allemaal verschillend, vaak met meubelen van geceruseerd hout. In La Passion en Bout Table kunt u genieten van een modern-klassieke maaltijd in een neorustiek interieur.

XX **Nouveau Relais d'Arenberg,** pl. de Wisbecq 30 (par E 429 - A 8, sortie ㉔, lieu-Wisbecq), ☎ 0 67 63 60 82, *duboisrorive@skynet.be, Fax 0 67 63 72 03,* – ♿ P ⇔ 15/4
AE ⓓ MC VISA.
fermé carnaval, 2e quinz. août, dim. soir, lundi et jeudi soir – **Rest** *Lunch 16* – 30/60 bc, ca 38/49.
◆ Restaurant au décor rustique léger établi sur la pittoresque petite place centrale Rebecq. Terrasse arrière enrobée de verdure. Formule menu-carte et lunch à prix souria
◆ Licht rustiek restaurant aan een schilderachtig pleintje. Weelderig groen terras aan achterkant. Voordelige lunchformule en een keuzemenu.

RECOGNE *Luxembourg belge* **534** R23 *et* **716** J6 – *voir à Libramont.*

REET *2840 Antwerpen* Ⓒ *Rumst 14 628 h.* **533** L16 *et* **716** G2. 1
Bruxelles 32 – Antwerpen 17 – Gent 56 – Mechelen 11.

XXX ✿✿ **Pastorale** (De Pooter), Laarstraat 22, ☎ 0 3 844 65 26, *pastorale@belgacom.net, Fax 844 73 47,* – P ⇔ 15/60. AE ⓓ MC VISA
fermé 19 fév.-1er mars, 15 juil.-9 août, sam. midi et dim. – **Rest** *Lunch 45* – 65/120 bc, ca 81/105, ♀.
Spéc. Anguille poêlée au poivre sichuan, risotto à la sauge et fromage régional (avril-sep Cannelloni de crabe et langoustine à l'avocat et pomme (janv.-mars). Lièvre grillé et rav de boudin noir (15 oct.-15 déc.).
◆ Presbytère du 19e s. veillant sur un parc public. Beau jardin, salle moderne élégante dot de sièges en cuir blanc, mets franchement inventifs et cave planétaire somptueuse.
◆ Deze 19e-eeuwse pastorie met een mooie tuin kijkt uit op een openbaar park. Moder eetzaal met witleren stoelen. Creatieve keuken en prachtige wereldwijnen.

La REID *Liège* **533** T20, **534** T20 *et* **716** K4 – *voir à Spa.*

REKEM *Limburg* **533** T17 *et* **716** K3 – *voir à Lanaken.*

REKKEM *West-Vlaanderen* **533** D18 *et* **716** C3 – *voir à Menen.*

REMOUCHAMPS *Liège – voir Sougné-Remouchamps.*

RENAIX *Oost-Vlaanderen – voir Ronse.*

RENDEUX *6987 Luxembourg belge* **533** S21, **534** S21 *et* **716** J5 – *2 283 h.* 12
Bruxelles 119 – Arlon 83 – Marche-en-Famenne 15 – La Roche-en-Ardenne 11.

Hostellerie Château de Rendeux , r. Château 8 (lieu-dit Rendeux-Ha ☎ 0 84 37 00 00, *chateau.rendeux@skynet.be, Fax 0 84 37 00 01,* – 100. MC VISA. ch
Rest ***Les Caves du Château*** *(fermé 2e quinz. janv., merc. et jeudi midi) Lunch 20* – 29/61 carte 43/70 – **15 ch** ☐ ✝65 – ✝✝95 – 1 suite – ½ P 76/89.
◆ Vous séjournerez au calme dans cette noble demeure en pierres du pays entourée dépendances et d'un parc. Salon avec cheminée. Parquet en chêne dans la plupart chambres. Une taverne donne accès au restaurant occupant les caves du château. Ta actuelle.
◆ Dit adelshuis van steen uit de streek met bijgebouwen en park is geschikt voor een ru verblijf. Lounge met schouw; eikenhouten parket in de meeste kamers. Een taverne ge toegang tot het restaurant in de kelder van het kasteel. Eigentijdse keuken.

BELGIQUE

Le Clos de la Fontaine ⑤, r. Fontaine 2 (lieu-dit Chéoux), ☎ 0 84 47 77 01, *leclosdelafontaine@swing.be*, – .
Rest (résidents seult le sam. soir) – **5 ch** ☕ ✝40 – ✝✝60 – ½ P 60.
◆ Hébergement rustique soigné dans une ancienne ferme en pierres et colombages donnant sur un beau jardin. Poneys au pré et lapins dans la cour. Produits "maison" au petit-déj'.
◆ Rustiek en verzorgd logies in een oude boerderij met vakwerk en een mooie tuin. Pony's in de wei en konijnen op de binnenplaats. Ontbijt met zelfverbouwde producten.

Au Moulin de Hamoul, r. Hotton 86 (lieu-dit Rendeux-Bas), ☎ 0 84 47 81 81, *moulin.de.hamoul@proximedia.be, Fax 0 84 47 81 85*, ←, – P ⇔ 10/30. AE ① MC VISA
fermé fin août, dim. soirs non fériés, lundi et après 20 h 30 – **Rest** *Lunch 25* – 33/66 bc, carte 46/55.
◆ Au bord de l'Ourthe, ancien moulin à eau réaménagé où l'on goûte de sages menus oscillant entre tradition et goût du jour. Salles spacieuses et actuelles ; terrasse agréable.
◆ In deze oude watermolen aan de Ourthe kunt u kiezen uit een aantal mooie menu's, die half traditioneel en half modern zijn. Ruime, eigentijdse eetzalen en aangenaam terras.

Au Comte d'Harscamp, rte de Marche 5 (lieu-dit Rendeux-Haut), ☎ 0 84 45 74 54, *jurgen.scheurs@hotmail.com*, – P ⇔ 10/20. MC VISA
fermé dern. sem. mars, dern. sem. août, merc. et jeudi – **Rest** *Lunch 25* – 32.
◆ Un juge rendait ses verdicts dans cette dépendance du château. Cadre rustique, cave où l'on choisit son vin, terrasse près de l'eau et formule menu-carte pleine de générosité.
◆ In dit bijgebouw van het kasteel zetelde vroeger een rechtbank. Rustiek interieur, kelder waar men zelf zijn wijn kan uitzoeken, terras bij het water en goed à la carte menu.

ENINGE *8647 West-Vlaanderen* C *Lo-Reninge 3 306 h.* **533** B17 *et* **716** B3. 18 **B2**
Bruxelles 131 – Brugge 54 – Ieper 22 – Oostende 53 – Veurne 21.

't Convent (De Volder) ⑤ avec ch, Halve Reningestraat 1 (Ouest : 3 km, direction Oostvleteren), ☎ 0 57 40 07 71, *info@tconvent.be, Fax 0 57 40 11 27*, ←, , , , , , – |$| , ch, P. AE ① MC VISA
fermé 15 au 28 fév. et 23 août-5 sept. – **Rest** *(fermé mardi et merc.) Lunch 37* – 52/162 bc, carte 89/131, – ☕ 18 – **10 ch** ✝150/240 – ✝✝150/240 – 4 suites – ½ P 215/300.
Spéc. Carpaccio de turbot, pâtes fraîches aux truffes. Chausson aux truffes. La truffe dans toute sa splendeur.
◆ Hostellerie pleine de caractère : au dehors, truffière, vigne, jardin et les polders pour toile de fond ; au dedans, cadre rustique feutré et cultes de la truffe et du vin.
◆ Herberg met karakter. Buiten een truffelveld, wijngaard, tuin en polderlandschap; binnen een rustiek interieur, waar u volop kunt genieten van truffels en een goed glas wijn.

ETIE *2470 Antwerpen* **533** P15 *et* **716** I2 – *10 320 h.* 2 **D2**
Bruxelles 89 – Antwerpen 51 – Turnhout 12 – Eindhoven 38.

Pas-Vite, Passtraat 11, ☎ 0 14 37 80 35, *pas-vite@pandora.be, Fax 0 14 37 33 36*, – ⇔ 14/50. AE MC VISA.
fermé lundi et mardi – **Rest** *Lunch 30* – 38/72 bc, carte 31/66, ♀.
◆ Plats de brasserie, tapas et mets élaborés, servis dans deux salles : l'une façon bistrot actuel et l'autre plus classique. Belle terrasse ; trampoline pour enfants au jardin.
◆ Brasserieschotels, tapas en verfijnde gerechten in twee eetzalen: de ene in hedendaagse bistrostijl en de andere klassiek. Mooi terras en tuin met trampoline voor de kids.

HODE-ST-GENÈSE *Région de Bruxelles-Capitale* – *voir Sint-Genesius-Rode à Bruxelles, environs.*

IEMST *3770 Limburg* **533** S18 *et* **716** J3 – *15 965 h.* 11 **C3**
Bruxelles 111 – Hasselt 30 – Liège 24 – Maastricht 9.

Millen *Sud : 3 km* C *Riemst* – ✉ *3770 Millen :*

De Zwarte Stok ⑤, Langstraat 26, ☎ 0 12 26 35 40, *de.zwarte.stok@pandora.be, Fax 0 12 25 35 40*, , – P. rest
fermé 22 déc.-5 janv. – **Rest** (résidents seult) – **8 ch** ☕ ✝43/48 – ✝✝66/76 – ½ P 51/61.
◆ Ancienne ferme de plan carré (1620) réaménagée en préservant son cachet rustique. Les chambres situées à l'arrière offrent une belle vue champêtre. Suite très charmante.
◆ Deze verbouwde boerderij met vierkant grondplan (1620) heeft nog een rustiek karakter. De kamers aan de achterkant bieden een landelijk uitzicht. Prachtige suite.

BELGIQUE

XX **Hoeve Dewalleff,** Tikkelsteeg 13, ✆ 0 12 23 70 89, *info@hoeve-dewalleff.be, Fax 0 26 25 30,* – P ⇔ 10/350. AE ⓓ MC VISA
fermé mardi, merc. et dim. soir – **Rest** *Lunch 30* – 45/75 bc, carte 31/50.
◆ Ferme limbourgeoise du 17e s. dissimulant une cour intérieure fleurie. Un restaur assez charmant et plusieurs salles de banquets se partagent les ailes du bâtiment.
◆ Limburgse hoeve uit de 17e eeuw met een binnenplaats vol bloemen. In de vleugels een sfeervol restaurant en een aantal feestzalen ondergebracht.

RIJKEVORSEL *2310 Antwerpen* **533** N14 *et* **716** H1 – *10 673 h.* 2
Bruxelles 80 – Antwerpen 34 – Turnhout 16 – Breda 41.

XX **Waterschoot,** Bochtenstraat 11, ✆ 0 3 314 78 78, *info@restaurant-waterschoot. Fax 0 3 314 78 78,* – P ⇔ 4/8. AE MC VISA.
fermé vacances carnaval, 19 août-10 sept., sam. midi, dim. et lundi – **Rest** *Lunch 3* 32/78 bc, carte 46/57, ♀.
◆ Au cœur du village, maison de maître agrémentée d'un petit jardin clos où l'on s'atta en été. Décor intérieur mêlant le moderne et l'ancien ; carte actuelle de saison.
◆ Herenhuis midden in het dorp, waar bij mooi weer in het ommuurde tuintje wo gegeten. Het interieur is een mix van oud en modern. Eigentijdse seizoengebonden k ken.

RIJMENAM *Antwerpen* **533** M16 *et* **716** G2 – *voir à Mechelen.*

RIXENSART *Brabant Wallon* **533** M18, **534** M18 *et* **716** G3 – *voir à Genval.*

ROBERTVILLE *4950 Liège* C *Waimes 6 728 h.* **533** V20, **534** V20 *et* **716** L4. 9
Voir *Lac*★, ←★.
ℹ *r. Centrale 53* ✆ *0 80 44 64 75, Fax 0 80 44 66 64.*
Bruxelles 154 – Liège 58 – Malmédy 14 – Aachen 40.

Domaine des Hautes Fagnes ⛱, r. Charmilles 67 (lieu-dit Ovifat), ✆ 0 80 44 69 *info@hotel2.be, Fax 0 80 44 69 19,* – ⎮ ♿ rest, P – 1
AE ⓓ MC VISA. rest
Rest 35/71 bc – **70 ch** ★106/165 – ★★162/280 – 1 suite – ½ P 113/238.
◆ Pas loin du Signal de Botrange, hôtel d'aspect moderne à vocation conférencière esti pour ses distractions très variées. Parc privé, centre "thalasso", pistes de ski à 300m table, répertoire culinaire de base classique, actualisé à petits pas.
◆ Modern hotel met talloze faciliteiten, bij uitstek geschikt voor congressen, niet ver het Signaal van Botrange. Privé-park, thalassocentrum en skipistes op 300 m.

Des Bains, r. Haelen 2 (Sud : 1,5 km, au lac), ✆ 0 80 67 95 71, *info@hoteldesbains. Fax 0 80 67 81 43,* ←, – ⎮ P – 50. AE MC VISA. rest
fermé janv. – **Rest** *(fermé merc.)* (dîner seult) 35/54 – **14 ch** ★62/88 – ★★94/14 ½ P 80/102.
◆ Un jardin descendant jusqu'au lac agrémente cette bâtisse en pierres vous logeant toutes commodités dans ses chambres personnalisées et souvent tournées vers le p d'eau. Vue lacustre par les baies du restaurant et en terrasse. Cuisine au goût du jour.
◆ Dit natuurstenen gebouw heeft een tuin die tot aan het meer loopt. Van de geriefl kamers met een persoonlijke toets kijken de meeste uit op het water. Het restaurant m grote ramen en het terras kijken uit op het water. De keuken is goed bij de tijd.

La Chaumière du Lac, r. Barrage 23 (lieu-dit Ovifat), ✆ 0 80 44 63 39, *info@chau redulac.be, Fax 0 80 44 46 01,* – P. VISA. rest
fermé fin juin-début juil. et lundis et mardis non fériés sauf vacances scolaires – **R** *(fermé après 20 h 30)* 26/40, carte 33/48 – **10 ch** ★45/57 – ★★70/84 – ½ P 60/75.
◆ Grande villa typée dont le toit de chaume bien peigné encapuchonne des chamb fraîches et nettes, tant pratiques que plaisantes. Jardin de repos. Restaurant au cadre c et épuré vous réservant un accueil chaleureux. Carte classico-régionale saisonnière.
◆ Deze grote karakteristieke villa met rieten dak beschikt over nette kamers die functior en aangenaam zijn. De tuin nodigt uit tot relaxen. Hartelijke ontvangst in het restaur met een licht en sober interieur. Klassiek-regionale, seizoensgebonden kaart.

Hostellerie du Chêneux ⛱, Chemin du Chêneux 32 (lieu-dit Ovif ✆ 0 80 44 04 00, *info@cheneux.be, Fax 0 80 44 04 10,* – P. MC VISA
Rest (dîner pour résidents seult) – **8 ch** ★65/75 – ★★80/100 – ½ P 70/80.
◆ Affaire familiale récente et paisible, un peu cachée dans ce petit village des Hau Fagnes. Chambres de plain-pied et à l'étage ; jardin pentu avec pièces d'eau.
◆ Recent en rustig familiehotel, ietwat verscholen in een dorpje in de Hoge Venen. kamers zijn gelijkvloers en op de bovenverdieping. Tuin met waterpartij op een helling.

La Romance du Lac sans rest, r. Barrage 19 (lieu-dit Ovifat), ☎ 0 80 44 41 63, *Fax 0 80 44 54 83*, ←, P.
5 ch ☐ 25/30 – 50/60.
◆ Pavillon en bois, verre et métal bâti par un menuisier pour son accueillante épouse. Chambres en rez-de-jardin, véranda, terrasse, sauna, étang et pelouses au bord du lac.
◆ Dit vrijstaande huis van hout, glas en metaal is door een timmerman gebouwd voor zijn gastvrije echtgenote. Gelijkvloerse kamers, veranda, terras, sauna, vijver en gazons aan het meer.

Du Barrage, r. Barrage 46 (lieu-dit Ovifat), ☎ 0 80 44 62 61, *Fax 0 80 44 88 47*, ← lac, – P. VISA
fermé 12 au 23 mars, 25 août-6 sept., 19 nov.-7 déc., lundi soir et mardi – **Rest** 28/34, carte 29/48.
◆ Cette table tenue en famille fêtait en 2006 ses 30 ans de présence face au barrage. Terrasse panoramique à l'ombre des arbres. Choix traditionnel étendu et ambiance cordiale.
◆ Dit restaurant, dat in handen van een familie is, bestond in 2006 dertig jaar. Het schaduwrijke panoramaterras kijkt uit op de stuwdam. Grote traditionele kaart en leuke sfeer.

ROCHE-EN-ARDENNE *6980 Luxembourg belge* **534** S21 *et* **716** J5 – *4 267 h.* 13 **C1**

Voir *Site*★★ – *Chapelle Ste-Marguerite* ★★ **A B.**
Env. *par* ② : *14,5 km, Belvédère des Six Ourthe*★★, *le Hérou*★★ – *Point de vue des Crestelles*★.
pl. du Marché 15 ☎ 0 84 36 77 36, info@la-roche-tourisme.com, Fax 0 84 36 78 36 – Fédération provinciale de tourisme, Quai de l'Ourthe 9 ☎ 0 84 41 10 11,info@ftlb.be Fax 0 84 41 24 39.
Bruxelles 127 ⑤ – Arlon 75 ④ – Bouillon 69 ④ – Liège 77 ① – Namur 66 ⑤.

LA ROCHE-EN-ARDENNE

stogne (Rte de) . . . . A 2
usaint (R. de) . . . . B 3
usaint
Vlle Rte de) . . . . A 4
-Dieu-de-Maka
R.) . . . . B 7
ilet (R. du) . . . . B 8
mont (R.) . . . . B 10
mplon (Rte de) . . . . . . A 12
nteraine (Pl.) . . . . B 13
nteraine (R. de) . . . . . . B 14
ts (R. des) . . . . B 15
Cielle (Rte de) . . . . A 16
Église (R. de l') . . . . B 17
Faubourg (Pont du) . . . . . . B 18
Gare (R. de la) . . . . B 20
Gravier (Pt du) . . . . B 21
Gravier (Q. du) . . . . B 22
Hospice (R. de l') . . . . B 24
Hotton (Rte de) . . . . A 25
Marché (Pl. du) . . . . B 27
Moulin (R. du) . . . . B 28
Nulay (R.) . . . . B 30
Ourthe (Q. de l') . . . . B 32
Pafy (Ch. du) . . . . A 33
Presbytère (R. du) . . . . B 35
Purnalet (R. du) . . . . B 36
Rompré (R.) . . . . B 37
Val-du-Pierreux . . . . A 39

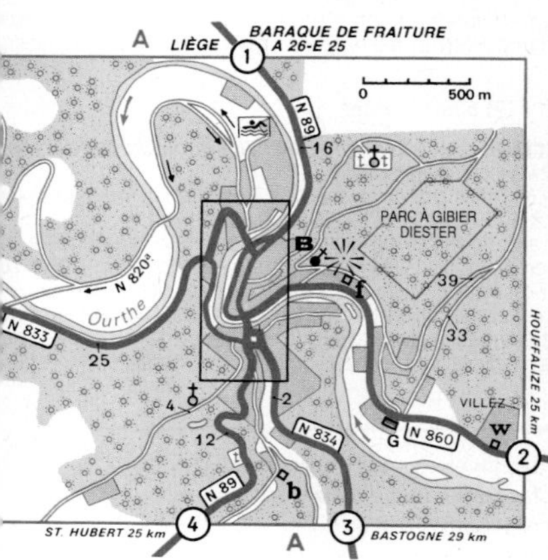

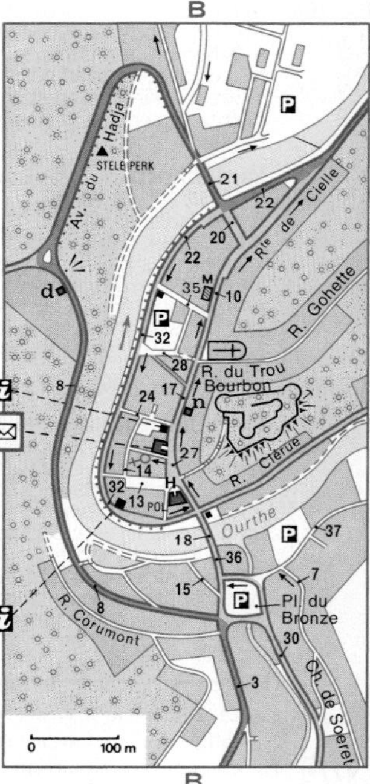

Hostellerie Linchet ⛂, rte de Houffalize 11, ✆ 0 84 41 13 27, *info@hostelle linchet.be, Fax 0 84 41 24 10,* ≤ – ⇆ ⇔. AE MC VISA A
fermé 2 au 25 janv., mars, 25 juin-13 juil., mardi et merc. – **Rest** *(fermé lundi soir, jeudi s et après 20 h 30)* 35/78 bc, carte 39/53 – **11 ch** ☐ ★75/104 – ★★75/124 – ½ P 75/98.
◆ Grande villa bâtie au pied d'un coteau verdoyant et dotée de chambres d'où l'on pe admirer la vallée. Restaurant aux larges baies vitrées braquées vers l'Ourthe. Cuisine clas que-actualisée ; menus dont chaque plat peut aussi être choisi "à la carte".
◆ Grote villa aan de voet van een groene heuvel. De kamers kijken uit op het dal. De gr vensters van dit restaurant kijken uit op de Ourthe. Modern-klassieke keuken en men waarvan elk gerecht uit de kaart kan worden gekozen.

Moulin de la Strument ⛂, Petite Strument 62, ✆ 0 84 41 15 07, *info@s ment.com, Fax 0 84 41 10 80,* ≤, ☂ – P. VISA. ✂ A
fermé janv. et lundis non fériés sauf en juil.-août – **Rest** *(fermé lundis, mardis et merc. r fériés sauf en juil.-août)* Lunch 24 – 30/45, carte 34/45 – **8** ch ☐ ★68/73 – ★★76/8 ½ P 66/94.
◆ Hôtel tranquille aménagé dans les dépendances d'un moulin à eau auquel se consa un petit musée. Fringantes chambres habillées de tissus coordonnés. Restaurant au "lo rustique-contemporain, devancé d'une brasserie. Répertoire culinaire traditionnel.
◆ Rustig hotel in de bijgebouwen van een watermolen, waaraan een klein museum gewijd. De kamers zien er met hun bijpassende stoffen tiptop uit. De modern-rusti eetzaal ligt achter een brasserie. Traditioneel culinair repertoire.

Le Chalet, r. Chalet 61, ✆ 0 84 41 24 13, *lechalet@skynet.be, Fax 0 84 41 13 38,* ≤ – AE ⓓ MC VISA. ✂ B
fermé janv.-10 fév., 1er au 20 déc. et lundi – **Rest** (dîner seult jusqu'à 20 h 30) 27/42, ca 36/53 – **17 ch** ☐ ★56/66 – ★★79/84 – ½ P 68/75.
◆ Cette bâtisse hôtelière tenue par la même famille depuis 1933 procure une vue su château, la ville et la rivière. Chambres classiquement arrangées, toutes différentes. Re traditionnel dans un décor bourgeois agrémenté de toiles de petits maîtres.
◆ Dit hotel, dat al sinds 1933 door dezelfde familie wordt gerund, biedt uitzicht op kasteel, de stad en de rivier. De klassiek ingerichte kamers zijn allemaal verschillend. Trad onele maaltijd in een bourgeoisinterieur met doeken van kleine meesters.

Les Genêts ⛂ avec ch, Corniche de Deister 2, ✆ 0 84 41 18 77, *info@lesgen hotel.com, Fax 0 84 41 18 93,* ≤ vallée de l'Ourthe et ville, ☂, ⛱ – MC VISA. ✂ A
fermé janv., 1re quinz. juil. et 1 sem. en sept. – **Rest** *(fermé merc. et jeudi sauf 15 juil. août)* 24/50 bc, carte 34/54 – **8** ch (fermé jeudi sauf en juil.-août) ☐ ★66 – ★★78 – ½ P
◆ Maison de pays dominant ville et vallée : un panorama appréciable, dont profitent restaurant et la plupart des chambres. Dîner concocté par le patron, en place depuis 19
◆ Streekwoning boven stad en dal, met een fraai uitzicht vanuit het restaurant en meeste kamers. De patron zwaait hier sinds 1977 de scepter en staat zelf achter fornuis.

La Huchette, r. Église 6, ✆ 0 84 41 13 33, *stephanetrembloy@proximedia.be, Fax 0 41 13 33,* ☂ – AE MC VISA B
fermé 2 sem. en janv., prem. sem. juil. et lundis soirs, mardis soirs et merc. non fériés s du 15 juil. au 20 août et après 20 h 30 – **Rest** 25/32, carte 33/52.
◆ À l'intérieur règnent le bois et la brique, tandis qu'à l'extérieur la terrasse d'été vit rythme d'une rue commerçante. Cuisine classique. Gibier en saison de chasse.
◆ Rustgevend interieur met hout en steen en een rumoerig terras in de drukke wink straat. Klassieke keuken en wildgerechten in het seizoen, maar de rekening is niet peperd!

à Jupille *par ⑤ : 6 km* C *Rendeux 2 283 h.* – ✉ *6987 Hodister :*

Hostellerie Relais de l'Ourthe, r. Moulin 3, ✆ 0 84 47 76 88, *info@relais-ourthe. Fax 0 84 47 70 85,* ☂, ⛆, ⛱, ⛹ – ▤ ch, P. MC VISA. ✂
fermé 25 juin-10 juil., 31 déc.-20 janv., mardi et merc. – **Rest** (dîner seult sauf di 25/86 bc, carte 50/85, ♀ – **9 ch** ☐ ★75/120 – ★★75/120 – ½ P 66/92.
◆ Ancienne ferme typiquement ardennaise dissimulant, à l'arrière, une belle piscine d un grand jardin avec pelouses en terrasses. Chambres actualisées. Table au décor ru soigné et restaurant de plein air. Recettes composées à partir de produits du terroir.
◆ Typisch Ardense oude boerderij met gemoderniseerde kamers. Grote tuin aan de acht kant met gazons en een mooi zwembad. Restaurant met een verzorgd rustiek interie waar 's zomers buiten kan worden gegeten. Gerechten op basis van streekproducten.

Ce guide vit avec vous : vos découvertes nous intéressent.
Faites-nous part de vos satisfactions comme de vos déceptions.
Coup de colère ou coup de cœur : écrivez-nous !

ROCHEFORT 5580 Namur 534 Q22 et 716 I5 – 12 040 h. 15 D2

Voir Grotte★.

Env. au Sud-Ouest : 6 km à Han-sur-Lesse, Grotte★★★ - Réserve d'animaux sauvages★ - Fragment de diplôme★ (d'un vétéran romain) dans le Musée du Monde souterrain - au Nord-Ouest : 11 km à Chevetogne, Domaine provincial Valéry Cousin★.

r. Behogne 5 ☎ 0 84 21 25 37, rochefort.tourisme@skynet.be, Fax 0 84 22 13 74.

Bruxelles 117 – Namur 58 – Bouillon 52 – Dinant 32 – Liège 71.

La Malle Poste, r. Behogne 46, ☎ 0 84 21 09 86, *info@malleposte.be, Fax 0 84 22 11 13,* – P – 25. AE MC VISA. rest
fermé 1 sem. en janv., 1re quinz. juil. et dern. sem. août-prem. sem. sept. – **Rest** ***La Calèche*** *(fermé merc. soir et jeudi)* Lunch 20 – 30/70 bc, carte 35/78, ♀ – **23 ch** ★60/120 – ★★90/200 – ½ P 70/100.

◆ Sur la traversée de la ville, ancien relais de poste (1653) et ses extensions où l'on s'endort dans diverses catégories de chambres mariant les genres classique et moderne. Salles à manger d'époque élégamment remises au goût du moment ; cuisine actuelle.

◆ Voormalig poststation (1653) aan de hoofdweg van het dorp. In de aanbouw bevinden zich verschillende soorten kamers met een mix van klassiek en modern. De eetzalen in oude stijl zijn smaakvol aan de huidige tijd aangepast. Eigentijdse keuken.

Le Vieux Logis sans rest, r. Jacquet 71, ☎ 0 84 21 10 24, *levieuxlogis@skynet.be,* – . MC VISA
fermé 1er au 15 fév., 5 au 20 sept. et dim. – **10 ch** ★62 – ★★74.

◆ Ce logis en pierres vieux de 300 ans conserve de beaux vestiges du passé : portes, poutres, planchers. Chambres mignonnes ; terrasse-jardin donnant accès à un bosquet.

◆ Hotel in een 300-jarig, natuurstenen pand, waarvan de deuren, balken en vloeren nog origineel zijn. Charmante kamers. Tuin met terras en directe toegang tot een bos.

Le Vieux Carmel sans rest, r. Jacquet 61, ☎ 0 84 44 53 41, *carogoethals@hotmail.com, Fax 0 84 44 53 41,* – P.
5 ch ★65/85 – ★★65/85.

◆ Ancien cloître carmélite repérable à sa tour. Hall en marbre, salon-bibliothèque au coin du feu, salle à manger classique, chambres personnalisées et jardin clos de grilles.

◆ Voormalig karmelietenklooster met een toren, marmeren hal, zit/leeshoek met open haard, klassieke eetzaal, kamers met een persoonlijke toets en omheinde tuin.

Le Limbourg avec ch, pl. Albert Ier 21, ☎ 0 84 21 10 36, *info@hotellimbourg.com, Fax 0 84 21 44 23* – 18/35. AE MC VISA
fermé 10 au 31 janv., 1er au 7 juil. et merc. – **Rest** *(fermé mardi soir et merc.)* (avec brasserie) Lunch 20 – 38, carte 26/49 – **6 ch** ★55 – ★★65 – ½ P 55/60.

◆ Au centre-ville, maison repérable à sa véranda en façade, où voisinent une taverne et une brasserie. Repas traditionnel dans une salle latérale au cadre actualisé et éclairci.

◆ Dit gebouw in het centrum valt op door de glaspui met daarachter een taverne en een brasserie. Traditionele maaltijd in de lichte eetzaal aan de zijkant.

Couleur Basilic Square Crépin 4, ☎ 0 84 46 85 36 12/18. VISA.
fermé 1 sem. en janv., 1 sem. en juin, 2 sem. en sept., mardi et merc. – **Rest** (réservation souhaitée) 35,.

◆ Maisonnette ouvrière transformée en un aimable petit restaurant proposant de la cuisine actuelle imprégnée d'exotisme. Décor intérieur moderne et coloré, de type bistrot.

◆ Dit arbeidershuisje is nu een leuk restaurantje met een eigentijdse keuken die exotische invloeden verraadt. Modern, kleurrijk interieur in bistrostijl.

à Belvaux *Sud-Ouest : 9 km* C *Rochefort* – ✉ *5580 Belvaux :*

Auberge des Pérées avec ch, r. Pairées 37, ☎ 0 84 36 62 77, *aubergeperees@skynet.be, Fax 0 84 36 72 05,* – P 30. MC VISA.
fermé dern. sem. janv.-prem. sem. fév., dern. sem. sept.-prem. sem. oct., mardi soir et merc. sauf en juil.-août et mardi midi – **Rest** *(fermé après 20 h 30)* 26/62 bc, carte env. 42, ♀ – **6 ch** ★65 – ★★65 – ½ P 66.

◆ Sympathique auberge en pierres vous réservant un bon accueil. Selon la saison, feu de bûches en salle ou repas sur la terrasse fleurie, face au jardin. Chambres paisibles.

◆ In deze sympathieke natuurstenen herberg wordt u goed onthaald. Maaltijd bij het haardvuur in de eetzaal of op het bloementerras aan de tuinzijde. Rustige kamers.

à Eprave *Sud-Ouest : 7 km* C *Rochefort* – ✉ *5580 Eprave :*

Auberge du Vieux Moulin, r. Aujoule 51, ☎ 0 84 37 73 18, *auberge@eprave.com, Fax 0 84 37 84 60,* – P – 25. AE MC VISA. ch
fermé 9 au 31 janv. – **Rest** *(fermé dim. soir et lundi)* Lunch 19 – 27/62 bc, carte 36/73, ♀ – 10 – **18 ch** ★90 – ★★125/175 – ½ P 98/123.

◆ Jolie bâtisse ancienne modernisée avec bonheur en combinant des éléments classiques, design et asiatiques. Bons menus au goût du jour, terrasse charmante et bonnes chambres.

◆ Dit fraai gerestaureerde oude gebouw heeft een mix van klassiek, design en Aziatisch. Lekkere eigentijdse menu's, charmant terras en goede kamers.

BELGIQUE

à Han-sur-Lesse *Sud-Ouest : 6 km* 🄲 *Rochefort* – ✉ *5580 Han-sur-Lesse :*

Auberge de Faule sans rest, r. Grottes 4, ☎ 0 84 21 98 98, *aubergedefaule@net.be, Fax 0 84 45 65 44,* – P. AE ⓓ ⓜⓒ VISA
14 ch ☕ ★65 – ★★79.
◆ Hôtel familial aux chambres plus récentes dans l'unité principale qu'à l'annexe donna sur la pelouse et avoisinant le parking. Boutique d'artisanat (poterie et céramique).
◆ Familiebedrijf met modernere kamers in het hoofdgebouw dan in de dependance uitkijkt op de tuin en aan het parkeerterrein grenst. Winkel met ambachtswerk (keramie

---

ROCHEHAUT *6830 Luxembourg belge* 🄲 *Bouillon 5 455 h.* **534** P23 *et* **716** I6. 12
Voir ≤★★.
🄱 *r. Palis 5a* ☎ *0 477 48 56 52, info@si-rochehaut.be, Fax 0 61 46 40 51.*
Bruxelles 159 – Arlon 76 – Bouillon 20 – Dinant 63 – Sedan 26.

L'Auberge de la Fermette, pl. Marie Howet 3, ☎ 0 61 46 10 05, *contact@aubedelaferme.be, Fax 0 61 46 10 01,* – P – 50. ⓜⓒ VISA
Rest *(fermé 7 au 25 janv. et merc.)* (taverne-rest) 25, carte 26/40 – **20 ch** ☕ ★59/14 ★★84/244 – ½ P 72/132.
◆ Cette accueillante maison en pierre installée au cœur du village vous loge dans divers catégories de chambres. Taverne proposant une table régionale où entrent des produ de la ferme familiale (ouverte à la visite), que l'on peut acheter sur place.
◆ In dit vriendelijk ogende natuurstenen huis in het hart van het dorp kunt u kiezen verschillende categorieën kamers. Taverne met streekgerechten op basis van product van de eigen boerderij (te bezichtigen), die ook te koop zijn.

L'Auberge de la Ferme avec ch et annexes, r. Cense 12, ☎ 0 61 46 10 *contact@aubergedelaferme.be, Fax 0 61 46 10 01,* , , – P ⇔ 12/80. ⓜⓒ V rest
fermé 7 au 25 janv. – **Rest** *(fermé dim. soir, lundi et après 20 h 30) Lunch 30* – 35/70, ca 38/65, – **49 ch** ☕ ★59/143 – ★★84/204 – 1 suite – ½ P 72/132.
◆ Maison de pays vous conviant à un repas classique connoté "terroir". Caveau où bonifie quelque 50 000 bouteilles. Chambres douillettes réparties aux quatre coins du village.
◆ Hier kunt u genieten van een klassieke maaltijd met een regionaal accent. De wijnkel telt zo'n 50 000 flessen. De behaaglijke kamers liggen verspreid over het dorp.

L'An 1600 avec ch, r. Palis 7, ☎ 0 61 46 40 60, *info@an1600hotel.be, Fax 0 61 46 83* , – P ⇔ 12/20. ⓜⓒ VISA
fermé 2 janv.-7 fév. et fin juin – **Rest** *(fermé dim. soir, lundi midi et après 20 h 30)* 22/ carte 32/51 – **10 ch** (fermé dim.) ☕ ★100/110 – ★★100/110 – ½ P 85.
◆ Bon accueil familial depuis 1974 en cette ancienne ferme. Cadre rustique, carte "tra tion" (fumaisons artisanales), cave-salon, amples chambres et chalets modernes au jardi
◆ Familiehotelletje in een oude boerderij. Rustiek interieur, traditionele kaart (eigeng rookte producten), lounge in de kelder, ruime kamers en moderne chalets in de tuin.

ROCOURT *Liège* **533** S18, **534** S18 *et* **716** J3 – *voir à Liège, périphérie.*

ROESELARE (ROULERS) *8800 West-Vlaanderen* **533** D17 *et* **716** C3 – *55 791 h.* 19
🄱 *Ooststraat 35* ☎ *0 51 26 96 00, infocentrum@roeselare.be, Fax 0 51 26 96 08.*
Bruxelles 111 ③ – Brugge 34 ① – Kortrijk 20 ③ – Lille 45 ③.

Plan page ci-contre

Parkhotel (annexe Flanders Inn - 19 ch), sans rest, Vlamingstraat 8, ☎ 0 51 26 31 *info@parkhotel-roeselare.be, Fax 0 51 26 31 13,* – | | P – 50. AE ⓓ VISA BY
42 ch ☕ ★75/95 – ★★95/115 – 6 suites.
◆ Hôtel familial "éclaté", dont les chambres adoptent progressivement un style contemp rain. L'unité principale (rue piétonne) est un peu plus calme que l'annexe jouxtant la gar
◆ De kamers van dit hotel krijgen geleidelijk een eigentijdse stijl. In het hoofdgebouw a de voetgangersstraat is het rustiger dan in het bijgebouw naast het station.

Savarin avec ch, Westlaan 359, ☎ 0 51 22 59 16, *Fax 0 51 22 07 99,* , , – ⇔ 6/100. AE ⓓ ⓜⓒ VISA AY
Rest *(fermé dim. soir et lundi) Lunch 40* – 60/83 bc, carte 59/71, ♀ – **11 ch** ☕ ★65 – ★★9 ½ P 90.
◆ Fière villa des années 1950 où l'on vient faire des repas classiques actualisés dans cadre moderne cossu, voire en plein air. Deux extensions de chambres côté jardin.
◆ Statige villa uit 1950 met een weelderig ingerichte eetzaal en de mogelijkheid om buit te eten. Modern-klassieke keuken en kamers in de uitbouw aan de kant van de tuin.

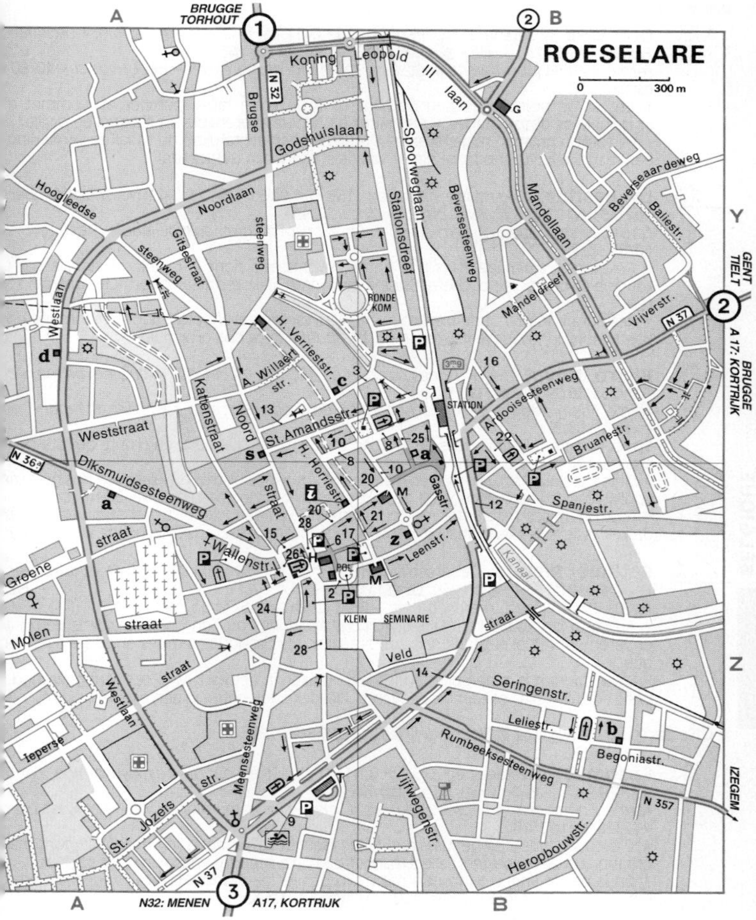

ROESELARE

0 — 300 m

A — BRUGGE TORHOUT (1) — (2) B — GENT TIELT (2) — BRUGGE A 17: KORTRIJK — IZEGEM — N32: MENEN (3) A17, KORTRIJK — Y — Z

...ermarkt	AZ 2	Kokelaarstr.	AY 13	Poststr.	BZ 21
...noreistr.	ABY 3	Koning Albert I-laan	BZ 14	St-Hubrechtsstr.	BY 22
...te Markt	AZ 6	Manestr.	AZ 15	St-Michielsstr.	AZ 24
...drik Consciencestr.	ABY 8	Mariastr.	BY 16	Vlamingstr.	BY 25
...poliet Spilleboutdreef	AZ 9	Nonnenstr.	AZ 17	Vrouwenstr.	AZ 26
... Mahieustr.	AYBZ 10	Noordstr.	AYZ	Zuidstr.	AZ 28
...s Lagaelaan	BZ 12	Ooststr.	ABZ 20		

 **De Ooievaar,** Noordstraat 91, ✆ 0 51 20 54 86, *restaurantdeooievaar@pi.be, Fax 0 51 24 46 76,* 🍽 – ▤ ♿ 🅿 ⇔ 8/80. AE ① MC VISA. ✂ AY s

fermé fin fév.-début mars, mi-juil.-mi-août, dim. soir et lundi – **Rest** *Lunch 32* – 42/85 bc, carte 45/64, ♀.

◆ Cuisine de base classique servie sous les verrières colorées de plusieurs salles opulentes et un rien tape-à-l'œil. Salon feutré, tables rondes bien espacées, terrasse verte.

◆ Restaurant met verscheidene zalen, een tikje overdadig ingericht, met glaskoepels in Tiffanystijl. Intieme salon, ronde tafels met veel ruimte ertussen en terras met planten.

XXX **Orchidee** 12ᵉ étage, Begoniastraat 9, ✆ 0 51 21 17 23, *info@restaurant-orchidee.*
Fax 0 51 26 85 28, ≤ ville – |‡| ▤ P ⇔ 10/40. AE ◑ MC VISA BZ
fermé 4 au 11 juin, 1 au 16 août, dim. soir, lundi et merc. soir – **Rest** *Lunch 30* – 40/80
carte 42/63.
◆ Besoin de prendre un peu de hauteur ? De votre table, perchée au sommet d
immeuble de douze étages, vous jouirez d'une vue imprenable sur les toits de la ville !
◆ Vertoeft u graag in hoger sferen? Schuif dan aan uw tafel op de twaalfde verdieping
een magnifiek uitzicht op de daken van de stad ligt aan uw voeten!

XX **La Bastide,** Diksmuidsesteenweg 159, ✆ 0 51 25 23 64, *labastide@telenet.*
Fax 0 51 24 97 47, 🏖, Avec bistrot – ⇔ 20/65. VISA AZ
fermé 2ᵉ sem. janv., 2 dern. sem. août, sam. midi, dim. soir et lundi – **Rest** *Lunch 3*
40/80 bc, ♀.
◆ Restaurant aménagé dans une ancienne brasserie dont la façade se signale par u
tourelle et une porte cochère. Cuisine innovante, jolie terrasse et formule "bistrot" sé
rée.
◆ Restaurant in een oude bierbrouwerij, waarvan de gevel opvalt door het torentje en
koetspoort. Innovatieve keuken, mooi terras en aparte bistroformule.

XX ✿ **Bistro Novo,** Hugo Verriestraat 12, ✆ 0 51 24 14 77, *bistro.novo@telenet.*
Fax 0 51 20 09 90 – ▤. MC VISA AY
fermé 1 sem. Pâques, 21 juil.-début août, dern. sem. déc., sam. midi, dim. et lundi – **Res**
carte 43/53, ♀.
Spéc. Duo de foie gras. Tête de veau en tortue. Carré d'agneau en croûte de feta-ricot
artichaut et purée Clamart.
◆ Mets classiques actualisés avec maestria et ambiance bistrot de luxe pour fins gourme
confortée par une collection de cartes de restaurants exposée en salle. Bonne cave.
◆ Gastronomisch restaurant met de uitstraling van een luxe bistro en een verfijnde m
dern-klassieke keuken. Fraai uitgestalde verzameling spijskaarten en goede wijnkelder.

X **Eethuis Pieter,** Delaerestraat 32, ✆ 0 51 20 00 07, *info@eethuispieter.*
Fax 0 51 20 06 53 – ▤ ⇔ 8/36. AE MC VISA BZ
fermé 10 juil.-3 aug., mardi et merc. – **Rest** *Lunch 22* – 35/74 bc, carte 34/57.
◆ Au cœur de Roeselare, petites maisons anciennes où l'on présente, dans deux sal
entièrement relookées, une carte de préparations classiques remises en phase avec l'ép
que.
◆ Dit restaurant is in een paar oude kleine huizen in het hart van Roeselare gevestigd.
twee eetzalen zijn volledig gerenoveerd. Klassieke gerechten in een eigentijds jasje.

à Gits *par ① : 5 km sur N 32* C *Hooglede 9 830 h.* – ✉ *8830 Gits :*

XX **Epsom,** Bruggesteenweg 175, ✆ 0 51 20 25 10, *epsom.dujardin@yucom.be, Fax 0*
20 52 43, 🏖 – P ⇔ 10/50. AE ◑ MC VISA
fermé 2 dern. sem. juil.-prem. sem. août, merc. soir, sam. midi et dim. soir – **Rest** *Lunch*
– 42/76, carte 38/64.
◆ C'est bien une cuisine classique française qui se pratique ici, malgré la consonan
britannique de l'enseigne. Salle à manger où l'on a ses aises ; mise en place soignée.
◆ Ondanks de Engels klinkende naam wordt hier de Franse klassieke keuken in ere g
houden. Comfortabele eetzaal met fraai gedekte tafels.

à Rumbeke *Sud-Est : 3 km* C *Roeselare* – ✉ *8800 Rumbeke :*

🏨 **Hostellerie Vijfwegen,** Hoogstraat 166, ✆ 0 51 24 34 72, *Fax 0 51 24 16 74,* 🏖 –
▤ ch, ♿ rest, P. ◑ MC VISA. 🚭 rest
Rest ***Bistro Frogs*** *(fermé fin juil.-début août et sam. midi) Lunch 15* – 44, carte 28/4
20 ch ☕ ✝64/74 – ✝✝85/95 – ½ P 79/92.
◆ Face au domaine provincial Sterrebos, petit hôtel aux chambres fraîches et actuelles,
peu plus spacieuses dans l'annexe distante de 200 m. Bistrot contemporain égayé
peintures modernes aux couleurs vives. Carte pour tous les goûts et toutes les faims.
◆ Dit hotelletje tegenover het Sterrebos beschikt over frisse, moderne kamers; die in h
bijgebouw 200 m verderop zijn wat ruimer. Eigentijdse bistro met schilderijen in fe
kleuren. Kaart voor elk wat wils, zowel voor de kleine trek als de stevige honger.

⌂ **Gasthoeve Babillie** 🐎, Babilliestraat 4, ✆ 0 51 22 83 70, *info@gasthoevebabillie.co*
≤, 🏖 – ⇔ P – 🏊 25. MC VISA. 🚭
Rest (dîner pour résidents seult) – **8 ch** ☕ ✝73/80 – ✝✝90/130 – ½ P 98/120.
◆ Ancienne ferme isolée à la campagne et restaurée avec goût dans un esprit moderr
Accueil charmant, chambres soignées dotées de meubles cérusés et vue agreste au pet
déj.
◆ Deze oude, afgelegen boerderij is met smaak gemoderniseerd. Aardige ontvangst, v
zorgde kamers met geceruseerde meubelen en een landelijk uitzicht bij het ontbijt.

BELGIQUE

XX **Cá d'Oro,** Hoogstraat 97, ✆ 0 51 24 71 81, *cadoro@skynet.be, Fax 0 51 24 56 27,* ☂, Cuisine italienne – ⇔ 4/10. AE ⓓ MC VISA
fermé 16 août-14 sept., mardi et merc. – **Rest** Lunch 38 – carte 33/68.
◆ Cuisine italienne classique à apprécier en terrasse ou dans une salle dotée de banquettes en velours et de murs couverts de lambris et de grands miroirs. Pâtes faites maison.
◆ Klassiek Italiaans eten op het terras of in de eetzaal met fluwelen bankjes, lambrisering en grote spiegels. Huisgemaakte pasta's.

OKSEM *West-Vlaanderen* **533** D15 *et* **716** C2 – *voir à Oudenburg.*

OMERSHOVEN *Limburg* **533** R17 – *voir à Hasselt.*

ONSE (RENAIX) *9600 Oost-Vlaanderen* **533** G18 *et* **716** D3 – *24 158 h.* 16 **B3**

Voir *Crypte*★ *de la Collégiale St-Hermès.*
Hoge Mote, De Biesestraat 2, ✆ *0 55 23 16 17,toerisme@ronse.be, Fax 0 55 23 28 19.*
Bruxelles 57 – Gent 38 – Kortrijk 34 – Valenciennes 49.

Hostellerie Lou Pahou, Zuidstraat 25, ✆ 0 55 21 91 11, *info@loupahou.be, Fax 0 55 20 91 04,* – AE ⓓ MC VISA.
fermé 15 juil.-5 août. – **Rest** *(fermé mardi, merc. midi et dim. soir)* Lunch 15 bc – 30 bc/60 bc, carte 28/38 – **6 ch** ★55/60 – ★★75/80 – ½ P 70/80.
◆ Entre l'église St-Martens et le Markt, maison de notable des années 1900 où vous dormirez dans de sobres chambres rénovées. Salon "rétro" et jardin reposant. Parquet, cheminée de marbre, lustre en cristal et chandeliers participent au décor du restaurant.
◆ Herenhuis uit 1900 tussen de St-Maartenskerk en de Markt, met sobere, gerenoveerde kamers. Lounge in retrostijl en rustgevende tuin. Restaurant met parket, kroonluchter, marmeren schouw en kandelaren.

Villa Carpentier sans rest, Doorniksesteenweg 11 (par N 48 : 2,5 km), ✆ 0 55 45 62 56, *info@villacarpentier.com,* – P – 40. AE MC VISA
5 ch ★65/140 – ★★75/180.
◆ Les entichés d'Art nouveau adoreront cette villa et son parc signés Horta. Hall, salon et chambres aux décors d'époque. Hébergement un peu plus simple dans la conciergerie.
◆ Liefhebbers van art nouveau zullen weg zijn van deze villa met park van Horta. Hal, lounge en kamers met bijpassende inrichting. Wat eenvoudiger logies in de portierswoning.

XXX **Hostellerie Shamrock** avec ch, Ommegangstraat 148 (Louise-Marie, Nord-Est : 7 km par N 60), ✉ 9681 Maarkedal, ✆ 0 55 21 55 29, *shamrock@relaischateaux.com, Fax 0 55 21 56 83,* – P ⇔ 10/30. AE MC VISA.
fermé 2e quinz. juil., lundi et mardi – **Rest** Lunch 65 – 75/130 bc, – **4 ch** ★190 – ★★190/210 – 1 suite.
◆ Beau manoir à l'anglaise. De la terrasse sur "garden" aux chambres "cosy", une seule réflexion vient à l'esprit : "it's so quiet !" Fine cuisine actuelle. Cave prestigieuse.
◆ Fraai landhuis in Engelse stijl. Van het terras in de garden tot de cosy kamers komt er maar één gedachte bij ons op: "it's so quiet!" Fijne keuken en prestigieuze wijnkelder.

X **Bois Joly,** Hogerlucht 7, ✆ 0 55 21 10 17, *bois-joly@skynet.be, Fax 0 55 21 10 17,* – P. AE MC VISA
fermé 1 sem. vacances carnaval, 2 dern. sem. juil., mardi soir et merc. – **Rest** Lunch 10 – 32, carte 27/45.
◆ Restaurant familial dont l'assiette évolue dans un registre classique. À épingler : une dizaine de préparations de homard et de copieuses fondues. Véranda et terrasse d'été.
◆ Gemoedelijk restaurant met een klassieke keuken. Aanraders zijn de kopieuze fondues en de kreeft, die op wel tien verschillende manieren wordt bereid. Serre en zomerterras.

RONSELE *Oost-Vlaanderen* **533** G16 – *voir à Zomergem.*

ROULERS *West-Vlaanderen – voir Roeselare.*

ROUVEROY *7120 Hainaut* Ⓒ *Estinnes 7 413 h.* **533** J20, **534** J20 *et* **716** F4. 7 **C2**

Bruxelles 74 – Mons 17 – Charleroi 33 – Maubeuge 21.

X **La Brouette,** Barrière d'Aubreux 4 (rte de Mons), ✆ 0 64 77 13 42, *Fax 0 64 77 13 42,* – ⇔ 6/10. AE ⓓ MC VISA.
fermé 1er au 10 fév., mardi soir, merc. et après 20 h 30 – **Rest** Lunch 25 – 42/68 bc, carte 29/51.
◆ Auberge-relais postée au bord de la grand-route. Décor intérieur classico-rustique, mise en place soignée sur les tables, carte traditionnelle et terrasse d'été sur l'arrière.
◆ Dit voormalige poststation staat aan de rand van de grote weg. Klassiek-rustiek interieur, fraai gedekte tafels, traditionele kaart en terras aan de achterkant.

BELGIQUE

RUETTE *Luxembourg belge* **534** S25 *et* **716** J7 *G. voir à Virton.*

RUISBROEK *Vlaams-Brabant* **533** K18 *et* **716** F3 – *voir à Bruxelles, environs.*

RUISELEDE *8755 West-Vlaanderen* **533** F16 *et* **716** D2 – *5 112 h.* 19
Bruxelles 79 – Brugge 31 – Gent 29.

XX **Lindenhof,** Tieltstraat 29, ✆ 0 51 68 75 39, *info@lindenhof.be, Fax 0 51 68 62 15,*
♿, P, ⇔ 20/50. AE ① MC VISA. ✈
fermé 18 juil.-5 août, mardi soir et merc. – **Rest** *Lunch 20* – 35/65 bc, carte 40/61.
• Salle à manger-véranda au décor façon "cottage" vous conviant à goûter une cuis classique présentée à la mode d'aujourd'hui. Bon choix de menus. Terrasse entourée haies.
• Restaurant met serre in cottagestijl, waar klassieke gerechten op eigentijdse wijze w den opgediend. Mooie menu's. Het terras wordt door een haag omgeven.

RUMBEKE *West-Vlaanderen* **533** D17 *et* **716** C3 – *voir à Roeselare.*

RUMST *Antwerpen* **533** L16 *et* **716** G2 – *voir à Mechelen.*

Ne confondez pas les couverts X et les étoiles ✿!
Les couverts définissent une catégorie de standing, tandis que l'étoile couronne les meilleures tables, dans chacune de ces catégories.

BELGIQUE

SAINTE-CÉCILE *6820 Luxembourg belge* C *Florenville 5 450 h.* **534** Q24 *et* **716** I6. 12
Bruxelles 171 – Arlon 46 – Bouillon 18 – Neufchâteau 30.

Hostellerie Sainte-Cécile ⛰, r. Neuve 1, ✆ 0 61 31 31 67, *info@hotel-ste cile.com, Fax 0 61 31 50 04,* , – ⇔ P. AE ① MC VISA. ✈ rest
fermé 7 janv.-2 fév., 19 fév.-23 mars et 27 août-6 sept. – **Rest** *(fermé dim. soirs et lun non fériés sauf lundis soirs en juil.-août) Lunch 23* – 31/86 bc carte 41/63 – ☕ 9 – **14 ch** – 70/98 – ½ P 77/92.
• Vieille maison en pierres du pays dissimulant un beau jardin où se glisse un ruisse marquant la frontière entre Gaume et Ardennes. Chambres rajeunies par étapes. Repas goût du jour dans une salle de style classique actualisé ou en plein air.
• Oud huis van steen uit de streek. Mooie tuin met een beekje dat de grens vormt tuss de Gaume en de Ardennen. De kamers worden geleidelijk opgeknapt. Eigentijdse maalt in een gemoderniseerde klassieke eetzaal of buiten.

ST-GEORGES-SUR-MEUSE *4470 Liège* **533** R19, **534** R19 *et* **716** J4 – *6 613 h.* 8
Bruxelles 87 – Liège 20 – Marche-en-Famenne 60 – Namur 43.

XX **Philippe Fauchet,** r. Warfée 62, ✆ 0 4 259 59 39, *philippe.fauchet@skynet.be,* –
⇔ 10/14. MC VISA. ✈
fermé sam. midi, dim. soir, lundi et mardi – **Rest** *Lunch 35* – 45/90 bc, carte 49/61, ♀.
• Ancienne ferme (18e s.) située dans un site champêtre. Salle classico-moderne aux tc or et aux tables distribuées sur deux niveaux ; terrasse au jardin. Cuisine inventive.
• Restaurant in een landelijk gelegen 18e-eeuwse boerderij. Modern-klassieke eetzaal m goudtinten en tafels op twee niveaus. Tuin met terras. Inventieve keuken.

ST-GILLES **(SINT-GILLIS)** *Région de Bruxelles-Capitale – voir à Bruxelles.*

ST-HUBERT *6870 Luxembourg belge* **534** R22 *et* **716** J5 – *5 720 h.* 12
Voir *Intérieur★★ de la basilique St-Hubert★.*
Env. *au Nord : 7 km à Fourneau-St-Michel★★ : Musée du Fer et de la Métallurgie ancienn – Musée de la Vie rurale en Wallonie★★.*
r. St-Gilles 12 ✆ 0 61 61 30 10, info@saint-hubert-tourisme.be, Fax 0 61 61 51 44.
Bruxelles 137 – Arlon 60 – Bouillon 44 – La Roche-en-Ardenne 25 – Sedan 59.

L'Ancien Hôpital sans rest, r. Fontaine 23, ✆ 0 61 41 69 65, *info@ancienhopital.*
Fax 0 61 41 69 64, – ⇔ P. MC VISA
fermé janv., mardi et merc. – **6 ch** ☕ 70/115 – 85/130.
• Cette bâtisse en pierre flanquée d'une chapelle fut le point de chute de Léopold 1er lc de ses parties de chasse. Wine bar, chambres de bon confort, breakfast en 3 actes.
• Dit natuurstenen gebouw naast een kapel was de uitvalsbasis van Leopold I tijdens z jachtpartijen. Wijnbar, comfortabele kamers en uitgebreid ontbijt.

XX **Le Cor de Chasse** avec ch, av. Nestor Martin 3, ☎ 0 61 61 16 44, *ph.arnoldy@skynet.be, Fax 0 61 61 33 15,* ☂ – ⇔ 20/30. MC VISA
fermé 1re quinz. mars, 2e quinz. juin et 2e quinz. sept. – **Rest** *(fermé lundi, mardi et après 20 h 30) Lunch 13* – 28/41, carte 34/52 – **10 ch** ☕ ★57/64 – ★★66/68 – ½ P 51/58.
◆ Enseigne de circonstance pour cette sympathique adresse au centre d'une bourgade ardennaise placée sous la bannière du patron des chasseurs. Carte classique-traditionnelle.
◆ Deze "jachthoorn" is een sympathiek adresje in het hart van het Ardenner dorp, genoemd naar de schutspatroon van de jagers. Traditioneel-klassieke kaart.

X **Auberge du Prévost,** Fourneau St-Michel (Nord : 7 km dans le domaine provincial), ☎ 0 84 21 09 15, *aubergeduprevost@skynet.be, Fax 0 84 22 19 39,* ☂ – P ⇔ 20/150. ◑ VISA
ouvert mars-nov.; fermé lundi soir et mardi – **Rest** 22/53 bc, carte 27/45.
◆ Table traditionnelle et ambiance rustique dans cette auberge (18e s.) à colombages bâtie au creux d'un vallon boisé aménagé en écomusée consacré à la vie rurale en Wallonie.
◆ Traditioneel eten en rustieke sfeer in deze 18e-eeuwse herberg in vakwerk, onder in een bebost dal dat deel uitmaakt van het ecomuseum van het plattelandsleven in Wallonië.

Awenne *Nord-Ouest : 9 km* C *St-Hubert* – ✉ *6870 Awenne :*

XX **L'Auberge du Sabotier et Les 7 Fontaines** avec ch, Grand'rue 21, ☎ 0 84 36 65 23, *aubergedusabotier@skynet.be, Fax 0 84 36 63 68,* ☂, ☂, 🚲 – ✗ P ⇔ 4/25. AE ◑ MC VISA. ✗ rest
fermé 1 sem. carnaval, 2 sem. Pâques et 1er au 18 juil. – **Rest** *(fermé mardi et merc.) Lunch 27* – 30/87 bc, carte 32/56, ♀ – **20 ch** ☕ ★65/156 – ★★86/165 – ½ P 73/95.
◆ Bâtisse en pierre emmitouflée dans le lierre. Cadre rustique, décor "chasse" au salon, terrasse au jardin et chambres parquetées. Repas au goût du jour inspiré par le terroir.
◆ Natuurstenen gebouw, bedekt met klimop. Rustiek interieur, lounge met de jacht als thema, terras in de tuin en kamers met parket. Eigentijdse keuken met een regionaal accent.

BELGIQUE

ST-JOSSE-TEN-NOODE (SINT-JOOST-TEN-NODE) *Région de Bruxelles-Capitale – voir à Bruxelles.*

ST-MAUR *Hainaut* 533 F19, 534 F19 *et* 716 D4 *– voir à Tournai.*

ST-NICOLAS *Oost-Vlaanderen – voir Sint-Niklaas.*

ST-SAUVEUR *7912 Hainaut* C *Frasnes-lez-Anvaing 10 957 h.* 533 G18, 534 G18 *et* 716 D3. 6 B1
Bruxelles 78 – Mons 55 – Gent 48 – Kortrijk 40 – Tournai 20 – Lille 52.

XX **Les Marronniers,** r. Vertes Feuilles 7, ☎ 0 69 76 99 58, *info@restaurantlesmarronniers.be, Fax 0 69 76 99 58,* ←, ☂ – P. AE ◑ MC VISA
fermé sem. carnaval, 2 dern. sem. août, lundi, mardi et merc. – **Rest** 32, carte 36/50.
◆ Cuisine classique-traditionnelle sagement actualisée et joli panorama sur le pays des collines, en salle comme en terrasse. Décor intérieur sobre, dans la note bourgeoise.
◆ Klassiek-traditionele keuken met een snufje modern. Weids uitzicht op het heuvellandschap, zowel vanuit de eetzaal als vanaf het terras. Sober interieur in klassieke stijl.

ST-TROND *Limburg – voir Sint-Truiden.*

ST-VITH *Liège – voir Sankt-Vith.*

SANKT-VITH (ST-VITH) *4780 Liège* 533 V21, 534 V21 *et* 716 L5 *– 9 175 h.* 9 D3
Prümerstr. 42a ☎ 0 80 29 29 70, Fax 0 80 29 29 79.
Hauptstr. 43 ☎ 0 80 28 01 30, touristinfo@st.vith.be, Fax 0 80 28 01 31.
Bruxelles 180 – Liège 78 – La Roche-en-Ardenne 51 – Clervaux 36.

Pip-Margraff, Hauptstr. 7, ☎ 0 80 22 86 63, *info@pip.be, Fax 0 80 22 87 61,* ≋, ▣ – 🏋 80. AE MC VISA. ✗ ch
fermé 19 mars-5 avril – **Rest** *(fermé dim. soir et lundi) Lunch 20* – 30/65, carte 32/62 – **20 ch** ☕ ★60/90 – ★★85/110 – 3 suites – ½ P 60/85.
◆ Dans la rue principale, hôtel d'aspect régional aux chambres meublées en bois clair. Piscine, whirlpool, sauna, salon-véranda et bar. Sommeils plus réparateurs à l'arrière. Une carte dans le tempo actuel assortie de bons menus est présentée au restaurant.
◆ Hotel in regionale stijl in de hoofdstraat. Kamers met meubelen van licht hout; die aan de achterkant zijn het rustigst. Zwembad, whirlpool, sauna, lounge met veranda en bar. Restaurant met een eigentijdse kaart en goede menu's.

Am Steineweiher ⛭, Rodter Str. 32, ☎ 0 80 22 72 70, *info@steineweiher.be, Fax 0 22 91 53,* ←, ☂, ☂, ⚓ – P. MC VISA
fermé 10 au 19 janv. – **Rest** *Lunch 23* – 25/53, carte 30/51 – **14** ch ☐ ✝53 – ✝✝76 ½ P 58/71.
◆ Une allée privée conduit à cette villa paisible dont le parc invite à paresser au bord d'étang cerné de sapins. Chambres classiquement aménagées et rénovées par étapes. Table classico-traditionnelle ; plaisante terrasse tournée vers l'eau.
◆ Een privélaan leidt naar deze rustige villa met een park en een vijver die met sparren omringd. De klassiek ingerichte kamers worden in fasen gerenoveerd. Traditioneel-klassieke keuken en plezierig terras met zicht op het water.

Zur Post (Pankert) avec ch, Hauptstr. 39, ☎ 0 80 22 80 27, *info@hotelzurpost.be, Fax 0 80 22 93 10,* ☂ – ✈, ▤ ch, ⇔ 10/40. MC VISA
fermé 1er au 25 janv., 29 mai-12 juin, 1 sem. en sept., dim. soir, lundi et mardi midi – **Rest** *Lunch 39* – 69/125 bc, carte 63/96, ♀ – **8 ch** ☐ ✝79/115 – ✝✝98/135 – ½ P 88/107.
Spéc. Tartare de thon, liaison citron-avocat, glace au raifort. Turbot et sabayon d'huîtres au caviar. Suprême de pigeon en robe de pistache, nougat et cuisse confite.
◆ Hostellerie gourmande au cachet fort servant de la cuisine créative et élaborée. Façade fleurie à la belle saison, jolie terrasse au vert et chambres personnalisées avec soin.
◆ Hotel-restaurant met een gevel die 's zomers één bloemenpracht is en een mooi terras tussen het groen. Uitstekende, creatieve keuken en kamers met een persoonlijke toets.

Le Luxembourg arrière-salle, Hauptstr. 71, ☎ 0 80 22 80 22 – MC VISA. ✂
fermé 21 juin-15 juil., 20 déc.-6 janv., lundi midi, merc. soir et jeudi – **Rest** *Lunch 40* – carte 36/90.
◆ Cette accueillante salle à manger habillée de lambris et devancée par un bistrot vous invite à goûter une cuisine actuelle se renouvelant en fonction des arrivages du marché.
◆ Uitnodigende eetzaal met lambrisering, achter een cafeetje, waar eigentijdse gerechten worden bereid op basis van dagverse producten.

à Schönberg *(Schoenberg) Est : 10 km par N 626* C *Sankt-Vith –* ✉ *4782 Schönberg :*

Herberg de Lanterfanter ⛭, Wingerscheid 1, ☎ 0 80 39 98 77, *info@lanterfanter.be,* ⛰, ☂ – ✈ P. ✂
fermé lundi – **Rest** (résidents seult) – **9 ch** ☐ ✝34/41 – ✝✝42/66 – ½ P 42/47.
◆ Ce grand chalet aux balcons fleuris en été abrite de jolies chambres - dont deux duplex - décorées dans le style actuel et revêtues de parquet. Salon douillet au coin du feu.
◆ Dit grote chalet met bloembakken aan de balkons biedt mooie moderne kamers, waarvan 2 met split-level, die alle zijn voorzien van parket. Gezellige lounge met open haard.

SART *Liège* **533** U19, **534** U19 *et* **716** K5 – *voir à Spa.*

SAUTIN *Hainaut* **534** K22 *et* **716** F5 – *voir à Rance.*

SCHAERBEEK (SCHAARBEEK) *Région de Bruxelles-Capitale* **533** L17 – *voir à Bruxelles.*

SCHERPENHEUVEL (MONTAIGU) *3270 Vlaams-Brabant* C *Scherpenheuvel-Zichem 22 061* **533** O17 *et* **716** H3. 4 D
Bruxelles 55 – Leuven 29 – Antwerpen 52 – Hasselt 31.

De Zwaan avec ch, Albertusplein 12, ☎ 0 13 77 13 69, *Fax 0 13 78 17 77* – ✈, ▤ rest, ♿ rest, ⇔ P ⇔ 15/30. AE ⓓ MC VISA. ✂
fermé vacances carnaval et sam. du 15 août au 15 avril – **Rest** *(fermé après 20 h 30) Lunch 25* – 40/70 bc, carte 29/54 – **9 ch** ☐ ✝49 – ✝✝80/84.
◆ Institution locale connue depuis 1958 en face de la basilique. Repas traditionnel dans un cadre classique-actuel. Belle argenterie sur les tables. Chambres refaites en 2003.
◆ Dit hotel-restaurant tegenover de basiliek is al sinds 1958 een begrip. Traditionele maaltijd in een klassiek-modern interieur. Fraai tafelzilver. Gerenoveerde kamers.

SCHILDE *Antwerpen* **533** M15 *et* **716** G2 – *voir à Antwerpen, environs.*

SCHÖNBERG (SCHOENBERG) *Liège* **534** W21 *et* **716** L5 – *voir à Sankt-Vith.*

CHOONAARDE *9200 Oost-Vlaanderen* Ⓒ *Dendermonde 43 342 h.* **533** J17 *et* **716** F2. 17 **C2**

Bruxelles 39 – Gent 26 – Aalst 11 – Dendermonde 7.

Het Palinghuis, Oude Brugstraat 16, ☎ 0 52 42 32 46, *het-palinghuis@skynet.be, Fax 0 52 42 32 46,* ≤, Anguilles – P. AE MC VISA.
fermé mi-déc.-début janv., jeudi soir, vend. et sam. midi – **Rest** carte 31/41.
◆ À la grande satisfaction d'une clientèle d'assidus, l'anguille reste ici "la" spécialité d'une tradition culinaire transmise de génération en génération. Avis aux amateurs !
◆ Tot groot plezier van de vaste clientèle blijft paling hier dé specialiteit; een culinaire traditie die van generatie op generatie wordt doorgegeven. Dat u het maar weet!

CHORE *8433 West-Vlaanderen* Ⓒ *Middelkerke 17 841 h.* **533** C16. 18 **B2**

Bruxelles 126 – Brugge 40 – Ieper 34 – Kortrijk 67 – Oostende 22 – Lille 77.

Landgoed de Kastanjeboom, Lekestraat 10, ☎ 0 51 55 59 17, *de.kastanjeboom@belgacom.net, Fax 0 51 50 44 82,* – P.
Rest (dîner pour résidents seult) – **5 ch** ★78 – ★★86 – ½ P 118.
◆ Cinq charmantes chambres à thèmes ont été aménagées dans cette ferme des polders s'agrémentant d'un jardin d'aromates. Petits-déjeuners très soignés ; table d'hôte de même.
◆ Deze boerderij in de polder heeft een kruidentuin en vijf charmante kamers, die volgens een bepaald thema zijn ingericht. Goed verzorgd ontbijt en table d'hôte.

CHOTEN *Antwerpen* **533** L15 *et* **716** G2 – *voir à Antwerpen, environs.*

EMOIS (Vallée de la) ★★ *Luxembourg belge et Namur* **534** P24 - T 24 **716** J7 - H 6 *G. Belgique-Luxembourg.*

ENEFFE *7180 Hainaut* **533** K19, **534** K19 *et* **716** F4 – *10 745 h.* 7 **D2**

Voir Château★.

Bruxelles 43 – Mons 27 – Charleroi 28 – Maubeuge 54.

L'Aquarelle sans rest, r. Scrawelle 64, ☎ 0 64 23 96 23, *direction@hotelaquarelle.be, Fax 0 64 23 96 20,* ≤, – P – 25. AE MC VISA.
10 – **27 ch** ★96/106 – ★★96/106.
◆ Construction récente située en zone résidentielle, à distance respectable de l'autoroute. Chambres modernes parquetées, vue champêtre et bon breakfast sous forme de buffet.
◆ Nieuwbouwhotel in een rustige woonwijk, op voldoende afstand van de snelweg. Moderne kamers met parket, landelijk uitzicht en een goed ontbijtbuffet.

ERAING *Liège* **533** S19, **534** S19 *et* **716** J4 – *voir à Liège, environs.*

IJSELE *West-Vlaanderen* **533** E15 *et* **716** C2 – *voir à Damme.*

ILLY (OPZULLIK) *7830 Hainaut* **533** I19, **534** I19 *et* **716** E4 – *7 994 h.* 7 **C1**

Bruxelles 49 – Mons 26 – Gent 61 – Tournai 45.

Aux 9 Tilleuls, pl. Communale 24, ☎ 0 68 56 85 27, *info@aux9tilleuls.be, Fax 0 68 56 85 27,* – P 10/25. AE MC VISA
fermé lundi soir et mardi – **Rest** *Lunch 9* – 25/50, carte 23/40.
◆ Ce resto familial posté derrière l'église doit son enseigne à la place arborée qu'il jouxte. Choix varié de plats gentiment bourgeois et vins pour toutes les bourses.
◆ Dit familierestaurant achter de kerk dankt zijn naam aan het aangrenzende plein met linden. Gevarieerde kaart met eenvoudige, smakelijke gerechten en wijnen voor elke beurs.

SINT-AGATHA-BERCHEM *Brussels Hoofdstedelijk Gewest – voir Berchem-Ste-Agathe à Bruxelles.*

SINT-AMANDS *2890 Antwerpen* **533** K16 *et* **716** F2 – *7 782 h.* 1 **A3**

Voir ≤ *sur l'Escaut (Schelde).*

Env. *au Nord : route*★ *longeant le Vieil Escaut (Oude Schelde) de Mariekerke à Weert.*

Bruxelles 40 – Antwerpen 32 – Mechelen 23.

't Ebdiep, Emile Verhaerenstraat 14a, ☎ 0 52 34 14 16, *ebdiep@skynet.be,* ≤ méandre de l'Escaut (Schelde), – P 15/80. MC VISA
fermé 1 sem. carnaval, 2 sem. en juil., 24 et 31 déc., 1er janv., lundi et mardi – **Rest** 38/60 bc, carte 34/66.
◆ La terrasse et la salle de ce restaurant ample et moderne, proche de la tombe du poète E. Verhaeren, offrent une vue unique sur l'Escaut (Schelde). Superbes couchers de soleil.
◆ De grote, moderne eetzaal en het terras van dit restaurant bij het graf van de dichter E. Verhaeren bieden een uniek uitzicht op de Schelde, met prachtige zonsondergangen.

SINT-ANDRIES *West-Vlaanderen* **533** E14 *et* **716** C2 – *voir à Brugge, périphérie.*

SINT-DENIJS *West-Vlaanderen* **533** F18 *et* **716** D3 – *voir à Zwevegem.*

SINT-DENIJS-WESTREM *Oost-Vlaanderen* **533** H16 *et* **716** D2 – *voir à Gent, périphérie.*

SINT-ELOOIS-VIJVE *West-Vlaanderen* **533** F17 *et* **716** D3 – *voir à Waregem.*

SINT-GENESIUS-RODE *Vlaams-Brabant* **533** L18 *et* **716** G3 – *voir à Bruxelles, environs.*

SINT-GILLIS *Brussels Hoofdstedelijk Gewest – voir St-Gilles à Bruxelles.*

SINT-HUIBRECHTS-LILLE *3910 Limburg* C *Neerpelt 16 117 h.* **533** R15 *et* **716** J2. 11 C
Bruxelles 111 – Hasselt 40 – Antwerpen 84 – Eindhoven 23.

XXX **Sint-Hubertushof,** Broekkant 23, ✆ 0 11 66 27 71, *sinthubertushof@pandora.b*
Fax 0 11 66 28 83, – P 15/50. AE MC VISA.
fermé 15 janv.-6 fév., 3 au 25 sept., lundi, mardi et sam. midi – **Rest** *Lunch 40* – 60/90 b
carte 70/87, ♀.
◆ Dans un site agreste, en bord de canal, ancien relais (1907) où bateliers et chevaux d
halage trouvaient refuge. Cheminée au salon et jolie terrasse verte. Carte classique.
◆ Landelijk gelegen relais (1907) aan het kanaal, waar vroeger de schippers met hun tre
paarden langstrokken. Salon met schouw en mooi terras met veel groen. Klassieke kaart.

BELGIQUE

SINT-IDESBALD *West-Vlaanderen* **533** A16 *et* **716** A2 – *voir à Koksijde-Bad.*

SINT-JAN-IN-EREMO *Oost-Vlaanderen* **533** G15 *et* **716** D2 – *voir à Sint-Laureins.*

SINT-JANS-MOLENBEEK *Brussels Hoofdstedelijk Gewest – voir Molenbeek-St-Jean Bruxelles.*

SINT-JOOST-TEN-NODE *Brussels Hoofdstedelijk Gewest – voir St-Josse-Ten-Noode Bruxelles.*

SINT-KATELIJNE-WAVER *Antwerpen* **533** M16 *et* **716** G2 – *voir à Mechelen.*

SINT-KRUIS *West-Vlaanderen* **533** E15 *et* **716** C2 – *voir à Brugge, périphérie.*

SINT-LAMBRECHTS-WOLUWE *Brussels Hoofdstedelijk Gewest – voir Woluwe-St-Lambert Bruxelles.*

SINT-LAUREINS *9980 Oost-Vlaanderen* **533** G15 *et* **716** D2 – *6 582 h.* 16 A
Bruxelles 98 – Gent 30 – Antwerpen 70 – Brugge 31.

XX **Slependamme,** Lege Moerstraat 26 (Sud-Est : 5,5 km sur N 434), ✆ 0 9 377 78 3
info@slependamme.be, Fax 0 9 377 78 31, – P. AE MC VISA
fermé 20 août-7 sept., merc. et jeudi midi – **Rest** *Lunch 30* – 48, carte 36/61.
◆ Maison de tradition où se mitonne, depuis un quart de siècle, un solide répertoire d
plats classiques, aujourd'hui sobrement actualisé. Terrasse estivale et jardin.
◆ Traditioneel restaurant dat al ruim 25 jaar bekendstaat om zijn solide repertoire va
klassieke gerechten, die nu voorzichtig worden geactualiseerd. Tuin en zomerterras.

à Sint-Jan-in-Eremo *Nord-Est : 5,5 km* C *Sint-Laureins* – ✉ *9982 Sint-Jan-in-Eremo :*

XXX **De Warande,** Warande 10 (Bentille), ✆ 0 9 379 00 51, *warande@de-warande.be, Fax 0*
379 03 77, ←, – ♿ P 10/30. AE D MC VISA
fermé 15 fév.-2 mars, dern. sem. août-prem. sem. sept., mardi et merc. – **Rest** *Lunch 28*
32/71 bc, carte 42/81.
◆ Ample restaurant dont la confortable salle à manger donne sur une terrasse et un grar
jardin soigné, agrémenté de haies basses et d'un étang. Spacieux salon-véranda.
◆ Dit ruim opgezette restaurant beschikt over een gerieflijke eetzaal met terras. De gro
tuin heeft lage hagen en een vijver. Ruime zithoek in de serre.

Latemstraat 120 ☎ 0 9 282 54 11, Fax 0 9 282 90 19.
Bruxelles 65 – Gent 13 – Antwerpen 70.

Sabatini, Kortrijksesteenweg 114, ☎ 0 9 282 80 35, *frabati@belgacom.net, Fax 0 9 282 80 35,* Avec cuisine italienne – AE VISA.
fermé 15 juil.-18 août, 24 déc.-1er janv., merc. et sam. midi – **Rest** Lunch 32 bc – 31/41, carte 39/83.
• Table franco-italienne où défile la haute société flamande : managers, caciques du monde politique et personnalités de tout poil. Salle à manger-véranda au cadre actuel.
• Dit Frans-Italiaanse restaurant is in trek bij de Vlaamse high society, onder wie managers, politici en andere bekende figuren. Moderne eetzaal met veranda.

d'Oude Schuur, Baarle Frankrijkstraat 1, ☎ 0 9 282 33 65, *oudeschuur@hotmail.com, Fax 0 9 282 89 21,* – 10/20. AE VISA.
fermé 2 dern. sem. mars, 1 sem. en sept. et merc. et jeudis non fériés – **Rest** Lunch 35 bc – 35/74 bc, carte 32/70.
• Fermette typée connue des gourmets depuis 1980 dans ce quartier cossu. Carte classico-traditionnelle et menus plus créatifs ; bourgognes et bordeaux choisis. Terrasse avant.
• Dit mooie boerderijtje met terras in een chique woonwijk valt al sinds 1980 in de smaak bij fijnproevers. Klassiek-traditionelee kaart en creatieve menu's. Goede bourgognes en bordeaux.

L'homard Bizarre, Dorp 12, ☎ 0 9 281 29 22, *homardbizarre@skynet.be, Fax 0 9 380 29 30* – VISA.
fermé 2e quinz. mars, 2e quinz. sept., mardi et merc. – **Rest** 39, carte 38/53.
• Sur la place du village, maison d'angle où l'on sert des repas au goût du jour dans un cadre moderne chaleureux. Cuisine ouverte, carte et menus de saison, recettes de homard.
• In dit hoekpand aan het dorpsplein wordt een eigentijdse maaltijd geserveerd in een warm, modern interieur. Open keuken, seizoensgebonden kaart en menu's, kreeftspecialiteiten.

BELGIQUE

De Klokkeput, Dorp 8, ☎ 0 9 282 47 75, *Fax 0 9 282 47 75,* Avec grillades – 10/35. AE VISA
fermé 2 sem. début oct. – **Rest** Lunch 12 – 30, carte 31/78.
• En 1914-1918, les cloches (klokken) de l'église voisine furent cachées dans un puits (put) situé à l'emplacement de cette auberge, d'où l'enseigne. Restaurant d'été à l'avant.
• In 1914-1918 werden de klokken van de naburige kerk verstopt in een put op de plek van deze herberg, vandaar de naam. 's Zomers kan voor op het terras worden gegeten.

Brasserie Latem, Kortrijksesteenweg 9, ☎ 0 9 282 36 17, *petervandenbossche@brasserielatem.be, Fax 0 9 281 06 23,* Ouvert jusqu'à minuit – 8/32. AE VISA.
fermé vacances Pâques, 2e quinz. août, vacances Noël et dim. – **Rest** carte 42/87.
• Une grande jarre orne l'entrée de cette villa des années 1930. Choix à la carte ou parmi les suggestions. Superbe livre de cave mondial classé par cépages. Ambiance brasserie.
• Een grote kruik siert de ingang van deze villa uit 1930 met de sfeer van een brasserie. À la carte en dagschotels. Prachtige wereldwijnen, die naar druivenras zijn ingedeeld.

A Table, Buizenbergstraat 27, ☎ 0 9 282 70 68, *bobvinois@hotmail.com,* Grillades en salle – AE VISA
fermé merc., jeudi et sam. midi – **Rest** carte 40/66.
• Maisonnette à façade sémillante située dans un quartier résidentiel huppé, pas loin du golf. Prestation culinaire classique, grillades et décor rustique-moderne façon bistrot.
• Restaurant in een huis met vrolijke gevel, in een chique woonwijk dicht bij een golfterrein. Klassiek culinair register, grillgerechten en modern-rustiek decor type bistro.

à Deurle *Est : 2 km C Sint-Martens-Latem – ✉ 9831 Deurle :*

Auberge du Pêcheur , Pontstraat 41, ☎ 0 9 282 31 44, *sales@aauberge-du-pecheur.be, Fax 0 9 282 90 58,* – , rest, – 150. AE VISA. rest
Rest ***Orangerie*** *(fermé fin déc., sam. midi, dim. soir et lundi)* Lunch 36 – 55/95 bc, carte 56/89, – ***The Green*** *(fermé 24 et 25 déc.)* (brasserie) Lunch 13 – 30/40, carte 35/55, –
31 ch (fermé 24 et 25 déc.) – ★110/130 – ★★135/155 – 1 suite.
• Villa cossue rafraîchie par la Lys dont les flots paisibles ont séduit bon nombre de peintres. Chambres pas très grandes mais douillettes ; terrasse et jardin délicieux. Cuisine personnalisée à l'Orangerie. Ambiance brasserie moderne et carte variée au Green.
• Weelderige neoklassieke villa aan de Leie. Vrij kleine, maar comfortabele kamers. Prachtig terras en schitterende tuin. Keuken met een persoonlijk karakter in de Orangerie. Ambiance van een moderne brasserie en gevarieerde kaart in The Green.

Deboeveries, Lijnstraat 2 (par N 43), ✆ 0 9 282 33 91, *info@deboeveries.b*
Fax 0 9 282 28 52, – P ⇔ 6/40. MC VISA
fermé fin déc., mardi soir, merc. et sam. midi – **Rest** *Lunch 15* – 35/65 bc, carte 33/62, ♀.
• Carte classique diversifiée, lunch et menu très demandés (accords mets-vins optionne décor néo-rustique de type bistrot et tandem familial dynamique aux commandes.
• Gevarieerde klassieke kaart, populaire lunchformule en menu, eventueel met wijnarra gement, neorustiek bistro-interieur en een dynamisch tweetal in de bediening (familie).

Brasserie Vinois, Ph. de Denterghemlaan 31, ✆ 0 9 282 70 18, *info@brasserie nois.com, Fax 0 9 282 68 04*, – P ⇔ 4/30. AE ① MC VISA
fermé 1er au 15 nov., lundi, mardi et sam. midi – **Rest** *Lunch 15* – 35/40, carte 31/59, ♀.
• Affaire familiale aménagée dans une belle villa "balnéaire" des années 1930. Banquett en cuir, chaises bistrot et tables en marbre garnissent plaisamment la salle à manger.
• Familiebedrijf in een mooie villa uit de jaren 1930, die men eerder in een badplaats z verwachten. In de eetzaal staan leren bankjes, bistrostoelen en marmeren tafels.

SINT-MARTENS-LEERNE *Oost-Vlaanderen* 533 G16 – *voir à Deinze.*

SINT-MICHIELS *West-Vlaanderen* 533 E14 *et* 716 C2 – *voir à Brugge, périphérie.*

Pour guider vos choix gastronomiques,
le libellé de chaque table à étoile(s) Michelin indique systématiquement
3 grandes spécialités "maison".

BELGIQUE

SINT-NIKLAAS (ST-NICOLAS) *9100 Oost-Vlaanderen* 533 J15 *et* 716 F2 – *69 713 h.* 17

Grote Markt 45 ✆ 0 3 760 92 62, toerisme@sint-niklaas.be, Fax 0 3 760 92 61.
Bruxelles 47 ② – Gent 39 ③ – Antwerpen 25 ② – Mechelen 32 ②.

Plan page ci-contre

Serwir, Koningin Astridlaan 57, ✆ 0 3 778 05 11, *sales@serwir.be, Fax 0 3 778 13 73*, – – P – 500. AE ① MC VISA. BZ
Rest ***Renardeau*** *(fermé 3 dern. sem. juil.-prem. sem. août, 24 et 25 déc., sam. midi, di et lundi) Lunch 33* – 50, carte 43/59 – ***The Balloon*** *(fermé 24 et 25 déc.)* (brasserie) *Lunch 1* 28/38 bc, carte 31/58, ♀ – **45 ch** (fermé 24 et 25 déc.) ⚲ ★90/125 – ★★135/190.
• Cet immeuble excentré où vous logerez dans des chambres actuelles bien équipé dispose aussi d'une infrastructure importante pour la tenue de réunions et séminair Table gastronomique au "look" contemporain très léché. Ambiance brasserie moderne Balloon.
• Dit hotel buiten het centrum biedt goed geëquipeerde kamers in eigentijdse stijl uitstekende voorzieningen voor vergaderingen en congressen. Gastronomisch restaura met een hedendaagse "look" en moderne brasserie in de Balloon.

Den Silveren Harynck, Grote Baan 51 (par ① : 5 km sur N 70), ✆ 0 3 777 50 6 *Fax 0 3 766 67 61*, – P ⇔ 10/30. AE MC VISA
fermé 3 dern. sem. juil., 26 déc.-3 janv., sam. midi, dim. soir et lundi – **Rest** *Lunch 3* 49/96 bc, carte 49/72, ♀.
• L'enseigne reflète les préférences du chef-patron, qui ne dédaigne toutefois pas l produits "terrestres". Salle à manger-véranda moderne bien confortable et terrasse intim
• De naam is een aanwijzing voor de culinaire voorkeur van de chef-kok, maar ook z vleesgerechten zijn niet te versmaden. Comfortabele moderne eetzaal met serre en terra

Bistro De Eetkamer, De Meulenaerstraat 2, ✆ 0 3 776 28 73, *info@bistro-eet mer.be, Fax 0 3 766 24 61*, – P ⇔ 10/40. AE ① MC VISA BZ
fermé 13 au 20 mars, 9 au 31 juil., 24 au 31 déc., lundi et mardi – **Rest** *Lunch 20* – 33/3 carte 36/48.
• Villa sur jardin située à l'entrée d'un quartier résidentiel. Bons menus traditionnels actu lisés servis dans une grande salle boisée, de type bistrot amélioré, ou dehors.
• Villa met tuin in een rustige woonwijk. Lekkere traditionele menu's, geserveerd in e grote eetzaal met houtwerk, in de stijl van een wat chiquere bistro, of buiten.

Kokovin, Heidebaan 46 (par ① : 3 km sur N 70), ✆ 0 3 766 86 61, *info@kokovin.b Fax 0 30 765 08 94*, – P ⇔ 12/45. AE ① MC VISA
fermé vacances Pâques, 2 dern. sem. août-prem. sem. sept., 1 sem. avant Noël, mar merc. et sam. midi – **Rest** *Lunch 28* – 50, carte 37/57, ♀.
• Restaurant au design épuré, avec cuisines à vue derrière une vitre, où se conçoivent d mets classiques actualisés. Lounge et terrasse en teck au jardin, clos de palissades.
• Gestileerd designrestaurant met open keuken achter een raam, waar klassieke gerecht met een snufje modern worden bereid. Lounge en omheinde tuin met teakhouten terra

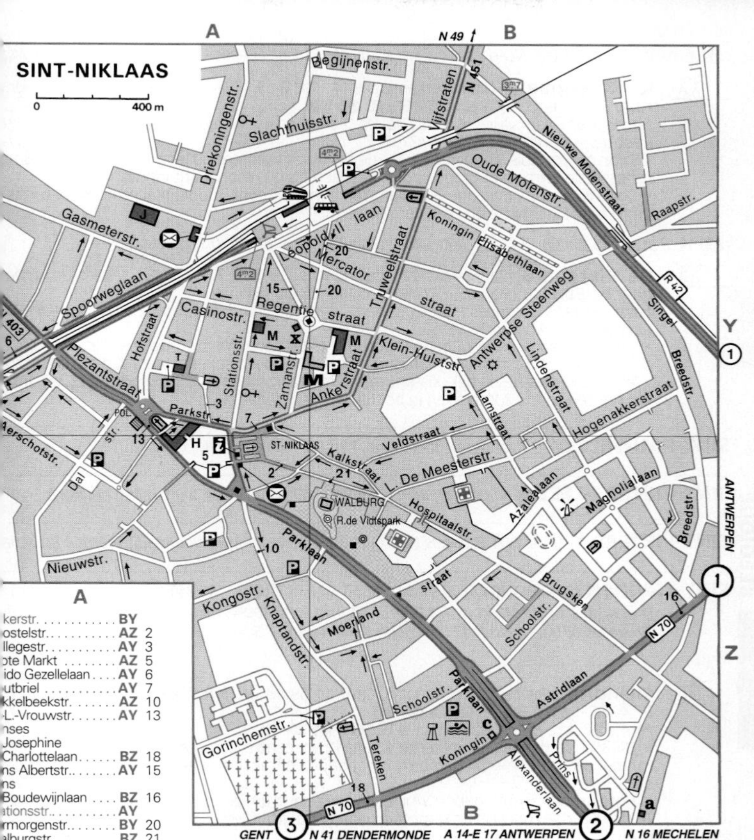

✗ **Het Gevoel,** Regentieplein 53, ☎ 0 3 296 92 94, *info@hetgevoel.be, Fax 0 3 296 92 96,* 余 – ⇔ 35. MC VISA — AY x

fermé vacances Pâques, dern. sem. juil.-prem. sem. août, dim., lundi et jours fériés – **Rest** *Lunch 16* – 40/60 bc, carte 34/56.

• Trois pièces anciennes relookées dans un style contemporain composent cette table décontractée occupant une maison Art nouveau. Parasols, tonnelle et pièce d'eau en terrasse.

• Ontspannen eten in een art-nouveaupand met drie antieke eetzalen die in een eigentijds jasje zijn gestoken. Terras met parasols, pergola en waterpartij.

✗ **Gasthof Malpertus,** Beeldstraat 10 (par ① : 5 km, près du parc récréatif), ☎ 0 3 776 73 44, *malpertus@skynet.be, Fax 0 3 766 50 18,* 余 – P ⇔ 20/140. AE MC VISA. ✗

fermé 2 dern. sem. fév., 2 sem. en juil., mardi et merc. – **Rest** *Lunch 22* – 35/64 bc, carte 38 à 59.

• Ce restaurant établi dans un site boisé, près d'un domaine récréatif, propose une cuisine saisonnière aux accents méditerranéens. Salle actualisée ; l'été, repas en plein air.

• Dit restaurant op een bosrijke plek bij een recreatieterrein biedt seizoengebonden gerechten met een mediterraan accent. Gemoderniseerde eetzaal en 's zomers buiten eten.

à Nieuwkerken-Waas *Nord-Est : 4,5 km par N 451 C Sint-Niklaas – ✉ 9100 Nieuwkerken-Waa*

XX **'t Korennaer,** Nieuwkerkenstraat 4, ☎ 0 3 778 08 45, *info@korennaer.*
Fax 0 3 778 08 43, ☂ – ▤ ⇔ 30/50. AE MC VISA
fermé prem. sem. janv., 1 sem. Pâques, 1 sem. en juil., 1 sem. Toussaint, mardi et merc
Rest *Lunch 33* – 40/80 bc, carte 43/67, ♀.
◆ Salon confortable, fringantes salles de restaurant semées de légères touches contemp raines, belle terrasse et grand jardin. Mets actuels ou résolument innovants.
◆ Gerieflijke salon, zwierige eetzalen met een licht contemporain accent, mooi terras grote tuin. Eigentijdse en zelfs vernieuwende keuken.

à Sint-Pauwels *par ④ : 7 km C Sint-Gillis-Waas 17 911 h. – ✉ 9170 Sint-Pauwels :*

XX **De Rietgaard,** Zandstraat 221 (sur N 403), ☎ 0 3 779 55 48, *derietgaard@com*
gnet.be, Fax 0 3 779 55 85, ☂ – P ⇔ 12/40. AE MC VISA. ✂
fermé 2e sem. vacances Pâques, 2 dern. sem. juil., lundi soir, mardi et sam. midi – **Re**
Lunch 30 – 37/64 bc, carte 36/50.
◆ Villa bourgeoise encapuchonnée sous un toit de chaume bien peigné. Registre culina classique-actuel ; carte avec menus et suggestions de saison. Restaurant d'été au jardin
◆ Mooie villa met rieten dak. Klassiek-moderne kaart met menu's en suggesties, afhanke van het seizoen. 's Zomers kan in de tuin worden gegeten.

SINT-PAUWELS *Oost-Vlaanderen* **533** J15 *et* **716** F2 *– voir à Sint-Niklaas.*

SINT-PIETERS-LEEUW *Vlaams-Brabant* **533** K18 *et* **716** F3 *– voir à Bruxelles, environs.*

SINT-PIETERS-WOLUWE *Brussels Hoofdstedelijk Gewest – voir Woluwe-St-Pierre à Bruxelle*

SINT-TRUIDEN (ST-TROND) *3800 Limburg* **533** Q17 *et* **716** I3 *– 38 246 h.* 10
ℹ Stadhuis, Grote Markt ☎ 0 11 70 18 18, info.toerisme@sint-truiden.be, Fax 0 11 70 18
Bruxelles 63 ⑥ – Hasselt 17 ② – Liège 35 ④ – Namur 50 ⑤ – Maastricht 39 ③.

Plan page ci-contre

Cicindria sans rest, Abdijstraat 6, ☎ 0 11 68 13 44, *info@cicindria-hotel.be, Fax 0*
67 41 38 – |♦| ▤ 🚗 P. AE D MC VISA A
fermé 22 déc.-8 janv. – **25 ch** ☕ ✝70/85 – ✝✝95/110.
◆ Bâtisse de conception récente jouxtant un centre commercial et l'ancienne abba fondée par saint Trond. Chambres fonctionnelles fraîches et nettes. Beau buffet au pe déj'.
◆ Hotel in een nieuw gebouw bij een winkelcentrum en de voormalige abdij van de Trudo. Keurige functionele kamers en goed ontbijtbuffet.

XXX **De Fakkels,** Hasseltsesteenweg 61 (Nord-Est : 2 km sur N 722, lieu-dit Melveren), ☎ 0
68 76 34, *info@defakkels.be, Fax 0 11 68 67 63,* ☂ – ▤ P ⇔ 40/70. AE D MC VISA. ✂
fermé 1 sem. vacances Pâques, 2 dern. sem. août-prem. sem. sept., sam. midi, dim. s
lundi et jeudi soir – **Rest** *Lunch 32* – 49/82 bc, 🍇.
◆ Maison de notable (1938) offrant les plaisirs d'une cuisine contemporaine et d'une bon cave. Cadre classique-moderne, tables rondes bien espacées, belle terrasse au jardin.
◆ Restaurant in een herenhuis uit 1938 met een modern-klassiek interieur en ronde taf met veel ruimte ertussen. Eigentijdse keuken en goede wijnkelder. Tuin met mooi terras

XXX **Aen de Kerck van Melveren,** St-Godfriedstraat 15 (Nord-Est : 3 km par N 7 lieu-dit Melveren), ☎ 0 11 68 39 65, *info@aendekerck.be, Fax 0 11 69 13 05,* ≤, ☂ –
⇔ 20/60. AE D MC VISA. ✂
fermé 18 au 27 fév., 22 juil.-7 août, 28 oct.-6 nov., sam. midi, dim. soir, lundi et mardi so
Rest *Lunch 35* – 60, carte 58/89.
◆ Sur une placette typée, ancien presbytère converti avec bonheur en table au goût jour et au cadre classique soigné. Salle à manger-véranda donnant sur l'ex- jardin de cur
◆ Deze klassiek ingerichte pastorie aan een pleintje wijdt zich nu aan het versterken van inwendige mens. De eetzaal met serre ligt aan de kloostertuin; eigentijdse keuken.

à Nieuwerkerken *Nord : 6 km – 6 493 h – ✉ 3850 Nieuwerkerken :*

Kasteelhoeve de Kerckhem 🐌, Grotestraat 209 (Wijer), ☎ 0 11 59 66 20, *info@*
kerckhem.com, Fax 0 11 59 66 19, ☂ – ⚡ P. AE D MC VISA. ✂
Rest (résidents seult) – **4 ch** ☕ ✝40/55 – ✝✝90/100.
◆ Des chambres aux décors campagnards raffinés ont pris place dans les dépendances cette belle ferme-château (1648). Patronne cultivant la passion des fleurs. Table d'hôte.
◆ In de bijgebouwen van deze mooie kasteelhoeve uit 1648 zijn fraaie kamers ingericht plattelandsstijl. De eigenaresse is dol op bloemen. Table d'hôte.

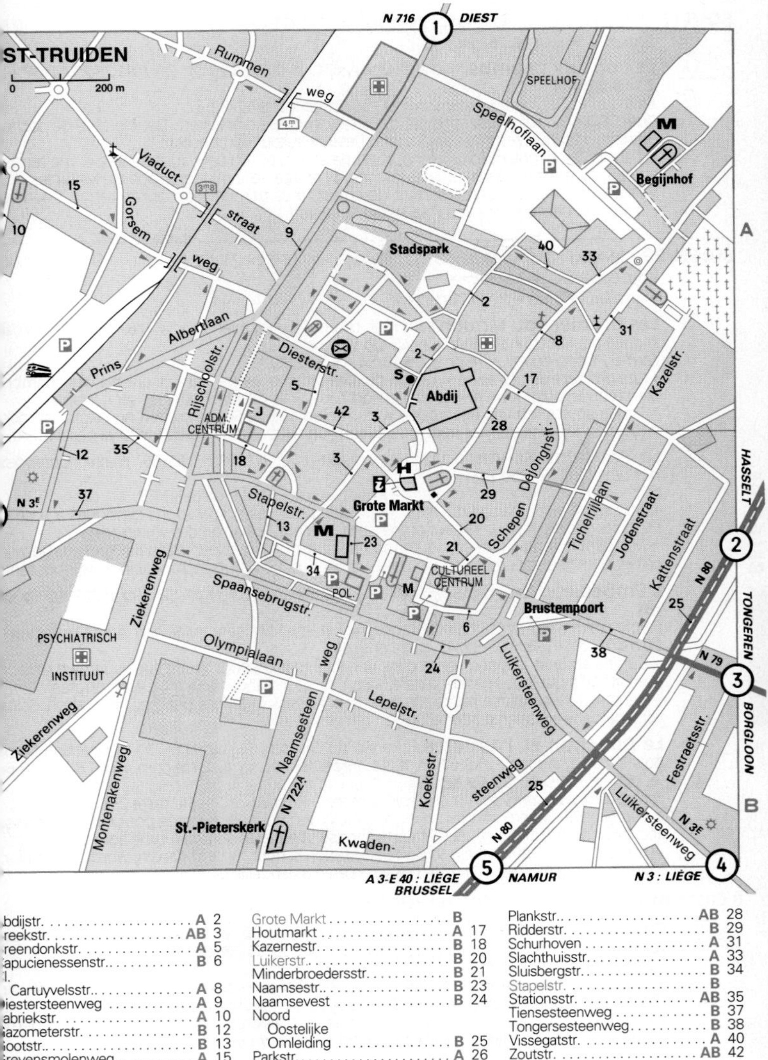

.bdijstr. .... A 2
reekstr. .... AB 3
reendonkstr. .... A 5
:apucienessenstr. .... B 6
l.
Cartuyvelsstr. .... A 8
iestersteenweg .... A 9
abriekstr. .... A 10
iazometerstr. .... B 12
iootstr. .... B 13
irevensmolenweg .... A 15
Grote Markt .... B
Houtmarkt .... A 17
Kazernestr. .... B 18
Luikerstr. .... B 20
Minderbroedersstr. .... B 21
Naamsestr. .... B 23
Naamsevest .... B 24
Noord
Oostelijke
Omleiding .... B 25
Parkstr. .... A 26
Plankstr. .... AB 28
Ridderstr. .... B 29
Schurhoven .... A 31
Slachthuisstr. .... A 33
Sluisbergstr. .... B 34
Stapelstr. .... B
Stationsstr. .... AB 35
Tiensesteenweg .... B 37
Tongersesteenweg .... B 38
Vissegatstr. .... A 40
Zoutstr. .... AB 42

XX **Kelsbekerhof,** Kerkstraat 2, ✆ 0 11 69 13 87, *geert.boonen@pandora.be, Fax 0 11 69 13 87,* 🏠 – ▤ 🅿 ⇔ 20/80. AE ⓓ ⓜⓒ VISA. ✄
fermé prem. sem. janv., dern. sem. août, lundi, mardi, merc. et sam. midi – **Rest** *Lunch 34* – 45/80 bc, carte 75/100, ♀.

◆ Un choix de mets classiques actualisés entend combler votre appétit dans cette ancienne ferme totalement remaniée. Belle terrasse avec un magnifique jardin pour toile de fond.

◆ In deze oude, van top tot teen verbouwde boerderij kunt u de honger stillen met een keur van modern-klassieke gerechten. Mooi terras met een prachtig uitzicht op de tuin.

SOHEIT-TINLOT *4557 Liège* ⓒ *Tinlot 2 346 h.* **533** R20, **534** R20 *et* **716** J4. 8

Bruxelles 96 – Liège 29 – Huy 13.

XX **Le Coq aux Champs** (Pauly), r. Montys 71, ☎ 0 85 51 20 14, *Fax 0 85 25 20 14,* – AE ① MC VISA

fermé mardi et merc. – **Rest** Lunch 29 – 39/81 bc, carte 52/82, ♀.

Spéc. Encornet et chorizo, royale de dattes, mousse d'anis vert. Double côte de cocho oignons, cacahuettes et vieux vinaigre. Dessert autour du chocolat.

◆ Dans la campagne condruzienne, auberge en pierres du pays agrémentée d'une terras en teck au jardin. Cuisine actuelle soignée, à l'image de la mise en place sur les tables.

◆ Plattelandsherberg van steen uit de streek, met tuin en teakhouten terras. Goed ve zorgde, moderne keuken en fraai gedekte tafels.

SOIGNIES (ZINNIK) *7060 Hainaut* **533** J19, **534** J19 *et* **716** F4 – *25 422 h.* 7

Voir *Collégiale St-Vincent★★.*

Bruxelles 41 – Mons 21 – Charleroi 40.

Les Greniers du Moulin sans rest, chaussée d'Enghien 224, ☎ 0 67 33 11 88, *info@ moulin.be, Fax 0 67 34 68 99* – P. AE MC VISA.

fermé 21 déc.-8 janv. – **14 ch** ☕ ★48/54 – ★★62/70.

◆ Les greniers de cet ancien moulin qu'alimentait la Senne ont fait place à des chambr bien tenues, offrant un niveau de confort tout à fait valable. Petit-déj' servi à table.

◆ De graanschuren van deze oude watermolen aan de Senne bieden nu plaats aan go onderhouden kamers met heel redelijk comfort. Het ontbijt wordt aan tafel geserveerd.

XX **La Fontaine St-Vincent,** r. Léon Hachez 7, ☎ 0 67 33 95 95, *pierre.leonard@s net.be* – ⇔ 15/50. MC VISA

fermé dim. soir, lundi soir et mardi – **Rest** Lunch 22 – 31/61, carte 38/53.

◆ Au centre-ville, maison du 16e s. appréciée pour ses préparations classiques à base produits choisis et pour sa cave digne de St-Vincent, le patron des vignerons.

◆ Restaurant in een 16e-eeuws pand in het centrum, met een klassieke keuken. De wij kelder brengt een eerbetoon aan de H. Vincentius, de schutspatroon van de wijnboeren

XX **L'Embellie,** r. Station 115, ☎ 0 67 33 31 48, *Fax 0 67 33 31 48,* – ⇔ 15/25. AE ① VISA

fermé prem. sem. janv., 1 sem. Pâques, fin juil.-mi-août, sam. midi, dim. soir, lundi et ap 20 h 30 – **Rest** Lunch 25 – 32/42, carte env. 44.

◆ Cuisine actuelle soignée servie dans une jolie maison bourgeoise classiquement amér gée, située à quelques pas de la gare. Salon, salles à manger en enfilade et terrasse.

◆ Verzorgde eigentijdse keuken in een mooi klassiek ingericht pand bij het station. Salc verscheidene eetzalen achter elkaar en terras.

X **Le Bouchon et l'Assiette,** Chemin du Saussois 5a (par N 6 : 2 km direction Mo puis 2e rue à gauche), ☎ 0 67 33 18 14, *info@bouchonetlassiette.com, Fax 0 67 33 68* ≤, – P ⇔ 10/36. AE ① MC VISA

fermé dim. soir, lundi soir, mardi soir et merc. – **Rest** Lunch 20 – 34, carte 23/52.

◆ Dans une ancienne grange en briques, table traditionnelle estimée pour la qualité de s accueil et pour la richesse de sa cave (française). Terrasses au jardin ; vue agreste.

◆ Traditioneel restaurant in een oude bakstenen schuur, waar u gastvrij wordt ontvange Rijke Franse wijnkelder, tuin met terrassen en een landelijk uitzicht.

à Casteau *Sud : 7 km par N 6* ⓒ *Soignies* – ✉ *7061 Casteau :*

Casteau Resort sans rest, chaussée de Bruxelles 38, ☎ 0 65 32 04 00, *info@caste resort.be, Fax 0 65 72 87 44,* – P – 250. AE ① MC VISA

90 ch ☕ ★80 – ★★99/150.

◆ Hôtel établi en retrait de la N6 reliant Soignies à Maisières. Facilités pour se réur chambres actuelles de bon confort et studios à l'annexe. Voisinage du SHAPE (OTAN).

◆ Dit hotel staat even van de N 6 tussen Zinnik en Maisières. Vergaderfaciliteiten, moder kamers met goed comfort en studio's in het bijgebouw. SHAPE (NAVO) vlakbij.

à Thieusies *Sud : 6 km par N 6* ⓒ *Soignies* – ✉ *7061 Thieusies :*

XX **La Saisinne,** r. Saisinne 133, ☎ 0 65 72 86 63, *b.delaunois@skynet.be, Fax 0 65 73 02* – P. AE ① MC VISA.

fermé 1 sem. Pâques, juil., dim. et lundi – **Rest** (déjeuner seult) 37/67 bc, carte 41/54.

◆ Fermette embusquée au milieu des prés, entre Mons et Soignies. Atmosphère sageme rustique, cuisine de base classique et déjà plus de 25 ans de bons et loyaux services.

◆ Al meer dan 25 jaar weten de gasten de weg te vinden naar dit boerderijtje in weilanden tussen Bergen en Soignies. Rustieke ambiance en klassieke keuken.

SOLRE-ST-GÉRY *Hainaut* **534** K21 *et* **716** F5 – *voir à Beaumont.*

SORINNES *Namur* **533** O21, **534** O21 *et* **716** H5 – *voir à Dinant.*

OUGNÉ-REMOUCHAMPS *4920 Liège* C *Aywaille 10 908 h.* **533** T20, **534** T20 *et* **716** K4. 9 **C2**

Voir *Grottes*★★.

r. Broux 18 ℘ 0 4 384 52 47.

Bruxelles 122 – Liège 28 – Spa 13.

Royal H.-Bonhomme avec ch, r. Reffe 26, ℘ 0 4 384 40 06, *info@hotelbonhomme.be, Fax 0 4 384 37 19,* – 10/18. AE MC VISA. ch

fermé sem. carnaval, dern. sem. mars, dern. sem. juin, dern. sem. sept.-prem. sem. oct., 20 nov.-7 déc., jeudi hors saison et merc. – **Rest** *(fermé après 20 h 30)* 33/52, carte 37/54 – **10 ch** ★60/70 – ★★80/90 – ½ P 70/80.

◆ Mistinguett et Fernandel ont apprécié cette auberge tenue en famille depuis 1768. Table au cadre nostalgique, spécialité de truite, chambres romantiques avec mobilier ancien.

◆ Deze herberg is al sinds 1768 eigendom van dezelfde familie. Nostalgisch ingericht restaurant met forel als specialiteit en romantische kamers met antiek meubilair.

PA *4900 Liège* **533** U20, **534** U20 *et* **716** K4 – *10 545 h – Station thermale*★★ – *Casino* **AY** , *r. Royale 4 ℘ 0 87 77 20 52, Fax 0 87 77 02 06.* 9 **C2**

Voir *par* ② *: Promenade des Artistes*★.

Musée : *de la Ville d'eaux : collection*★ *de "jolités"* **AY M.**

Env. *par* ③ *: 9 km, Circuit autour de Spa*★ *- Parc à gibier de la Reid*★.

par ① *: 2,5 km à Balmoral, av. de l'Hippodrome 1 ℘ 0 87 79 30 30, Fax 0 87 79 30 39.*

Pavillon des Petits Jeux, pl. Royale 41 ℘ 0 87 79 53 53, officetourisme@skynet.be, Fax 0 87 79 53 54.

Bruxelles 139 ③ *– Liège 38* ③ *– Verviers 16* ③.

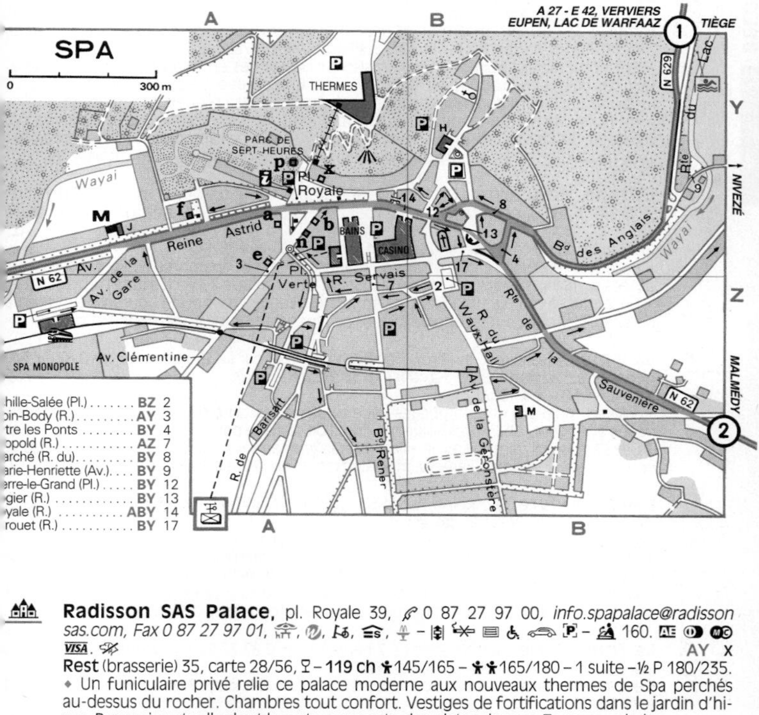

SPA

hille-Salée (Pl.) . . . . BZ 2
oin-Body (R.) . . . . AY 3
tre les Ponts . . . . BY 4
opold (R.) . . . . AZ 7
arché (R. du) . . . . BY 8
arie-Henriette (Av.) . . . . BY 9
erre-le-Grand (Pl.) . . . . BY 12
gier (R.) . . . . BY 13
yale (R.) . . . . ABY 14
rouet (R.) . . . . BY 17

Radisson SAS Palace, pl. Royale 39, ℘ 0 87 27 97 00, *info.spapalace@radissonsas.com, Fax 0 87 27 97 01,* – 160. AE MC VISA. **AY x**

Rest (brasserie) 35, carte 28/56, – **119 ch** ★145/165 – ★★165/180 – 1 suite – ½ P 180/235.

◆ Un funiculaire privé relie ce palace moderne aux nouveaux thermes de Spa perchés au-dessus du rocher. Chambres tout confort. Vestiges de fortifications dans le jardin d'hiver. Brasserie actuelle dont la carte comporte des plats minceur. Terrasse urbaine.

◆ Een privékabelbaantje voert naar dit moderne luxehotel met nieuwe thermaalbaden van Spa, hoog op de rots. Comfortabele kamers. Wintertuin met overblijfselen van de versterkingen. Hedendaagse brasserie met lightgerechten en stadsterras.

La Villa des Fleurs sans rest, r. Albin Body 31, ✆ 0 87 79 50 50, *info@villadesfleurs.b* *Fax 0 87 79 50 60*, – |♿| P. AE ⓘ MC VISA. AY
fermé 3 janv.-8 fév. – **12 ch** ☐ ★74/150 – ★★85/150.
◆ Élégante demeure patricienne du 19e s. s'ouvrant, à l'arrière, sur un jardin clos de mu où donnent la plupart des chambres, assez spacieuses. Aménagement cossu.
◆ Sierlijk patriciërshuis uit de 19e eeuw met een ommuurde tuin aan de achterkant. We derig interieur. De kamers zijn vrij ruim en kijken vrijwel allemaal op de tuin uit.

La Heid des Pairs sans rest, av. Prof. Henrijean 143 (Sud par av. Clémentin ✆ 0 87 77 43 46, *info@laheid.be, Fax 0 87 77 06 44*, – P. MC VISA. AZ
8 ch ☐ ★79/149 – ★★79/149.
◆ Dans un quartier résidentiel excentré, confortable villa agrémentée d'un vaste jard reposant et d'une piscine. Bonnes chambres personnalisées. Salon "cosy".
◆ Comfortabele villa met grote tuin en zwembad in een rustige woonwijk buiten h centrum. Goede kamers met een persoonlijk karakter. Sfeervolle lounge.

L'Auberge, pl. du Monument 3, ✆ 0 87 77 44 10, *info@hotel-thermes.be, Fax 0 77 48 40* – |♿| . AE ⓘ MC VISA. AY
fermé 8 janv.-2 fév. – **Rest** *Lunch 25* – 42, carte 33/56 – **18 ch** ☐ ★60/137 – ★★77/137 13 suites –½ P 82/190.
◆ Une engageante table au cadre "rétro" anime le rez-de-chaussée de cet hôtel cent repérable à sa jolie devanture à colombages. Suites avec kitchenette à l'annexe. Miroi cuivres, banquettes en cuir et lustres président au décor Belle Époque du restaurant.
◆ Centraal gelegen hotel met vakwerkgevel, waar beneden een aantrekkelijk restaurant retrostijl is ingericht. Suites met kitchenette in de dependance. Spiegels, koperwerk, ler bankjes en kroonluchters sieren het belle-epoquedecor van het restaurant.

Le Relais, pl. du Monument 22, ✆ 0 87 77 11 08, *info@hotelrelais-spa.be, Fax 0 77 25 93* – AE MC VISA. ch AY
fermé 26 fév.-7 mars et 18 nov.-13 déc. – **Rest** *(fermé dim. soir du 15 nov. à juinai et lur midi)* 19/52 bc, carte 26/44 – **11 ch** ☐ ★59/66 – ★★75/83 –½ P 78/85.
◆ Cet hôtel familial formé de deux maisons mitoyennes en briques rouges se situe à u saut des bains et un tour de roulette du casino. Chambres actuelles fraîches et nettes. Pe restaurant sympathique misant sur un choix traditionnel à séquences régionales.
◆ Dit hotel wordt door een familie gerund en beslaat twee belendende panden van ro baksteen, vlak bij de bronnen en het casino. De moderne kamers zien er fris en netjes u Leuk restaurantje met een traditionele keuken die regionale invloeden verraadt.

L'Étape Fagnarde , av. Dr P. Gaspar 14 (Sud-Ouest par av. Clémentin ✆ 0 87 77 56 50, *etapefagnarde@skynet.be, Fax 0 87 77 56 51*, , – P. MC VIS AZ
Rest (dîner pour résidents seult) – **5 ch** ☐ ★65/80 – ★★75/90.
◆ Belle villa 1900 vous logeant dans de grandes et calmes chambres personnalisées, tout dotées de planchers anciens. Breakfast de qualité, terrasse au vert, sauna bien agencé.
◆ Deze mooie villa uit 1900 biedt grote, rustige kamers met oude houten vloeren en e persoonlijke toets. Uitstekend ontbijt. Goed ingerichte sauna en terras in het groen.

La Vigie sans rest, av. Prof. Henrijean 129 (Sud par av. Clémentine), ✆ 0 87 77 34 9 *georges.lacroix@skynet.be, Fax 0 87 77 34 97*, – P. AZ
3 ch ☐ ★80 – ★★100/120.
◆ Villa en moellons et colombages bâtie pour un capitaine de bateau en 1902 et réam nagée avec goût. Chambres soignées, joli salon, espace petit-déj' "cosy" et grand jardin.
◆ Deze smaakvol gerenoveerde villa in breuksteen en vakwerk werd in 1902 gebouwd vo een kapitein. Verzorgde kamers, mooie zitkamer en grote tuin. Knusse ontbijtruimte.

L'Art de Vivre, av. Reine Astrid 53, ✆ 0 87 77 04 44, *info@artdevivre.be, Fax 0 77 17 43*, – 8/20. AE MC VISA AY
fermé merc. et jeudi – **Rest** *Lunch 35* – 50/105 bc, carte 51/77, ♀.
◆ Maison de notable cultivant l'art de vivre par un cadre plaisant et une belle carte actue relevée d'un zeste de créativité. Menus détaillés oralement ; pâtisseries maison.
◆ In dit herenhuis verstaat men "de kunst van het leven": prettig interieur en eigentijds creatieve kookstijl. De menu's worden mondeling toegelicht. Zelfgemaakte desserts.

La Tonnellerie avec ch, Parc de 7 heures 1, ✆ 0 87 77 22 84, *latonnellerie@skynet.b* *Fax 0 87 77 22 48*, , – P. AE MC VISA AY
Rest *(fermé mardis et merc. non fériés)* 25, carte 35/51, ♀ – **8 ch** ☐ ★60/70 – ★★70/1 –½ P 55/65.
◆ Restaurant-bar à vins doté d'une terrasse-pergola tournée vers un beau parc publ Carte pour toutes les faims : pâtes, salades, crostinis et mets élaborés. Sommelier avisé.
◆ Restaurant annex wijnbar. Het terras met pergola kijkt uit op een mooi park. Kaart vo elk wat wils: pasta's, salades, crostini en uitgebreide schotels. Vakkundige sommelier.

X **La Belle Epoque,** pl. du Monument 15, ☎ 0 87 77 54 03, *Fax 0 87 77 54 03* – AE ① MO VISA AY n
fermé 2 sem. en juin, 3 sem. en déc., lundi et mardi – **Rest** *Lunch 25* – 40/45, carte env. 30, ♀.
◆ Recettes traditionnelles cent pour cent artisanales, à prix muselés, et ambiance "brasserie Belle Époque" : murs carrelés, banquettes, chaises bistrot, tables en marbre.
◆ Interieur in de stijl van een brasserie uit de belle époque, met tegelmuren, bankjes, bistrostoelen en marmeren tafels. Traditionele gerechten, puur ambachtelijk en niet duur.

Balmoral *par ① : 3 km* C *Spa* – ✉ *4900 Spa :*

Radisson SAS Balmoral, av. Léopold II 40, ☎ 0 87 79 21 41, *info.spa@radissonsas.com, Fax 0 87 79 21 51,* –, ▣ ♿ rest, P – 120. AE ① MO VISA.
Rest ***Entre Terre & Mer*** *(fermé lundis et mardis non fériés)* (rôtissoire en salle) *Lunch 40* – 50/100 bc, carte 44/60 – **43 ch** ☕ ★140/190 – ★★160/190 – 46 suites – ½ P 115/130.
◆ Prestations adaptées à la clientèle "corporate" et familiale dans ce palace 1900 d'aspect anglo-normand juché sur les hauteurs boisées. Souvenirs de pilotes de bolides au bar. Table actuelle combinant mets "gastro", recettes à la rôtissoire et plats "light".
◆ Luxehotel uit 1900 in Anglo-Normandische stijl op een beboste heuvel, geschikt voor zakenlieden en gezinnen. Souvenirs van autocoureurs in de bar. Modern restaurant met een mix van gastronomische gerechten, grillspecialiteiten en caloriearme schotels.

Dorint, rte de Balmoral 33, ☎ 0 87 79 32 50, *reservations@dorintspa.be, Fax 0 87 77 41 74,* ≤ vallée boisée et lac de Warfaaz, – ▣ rest, ♿ P – 200. AE ① MO VISA. rest
Rest *Lunch 27* – 55/72 bc, carte 42/57 – **99 ch** ☕ ★145/195 – ★★160/210 – ½ P 112/137.
◆ Immeuble émergeant de la butte boisée qui domine le lac de Warfaaz. Chambres aussi confortables que pimpantes, toutes munies d'un balcon. "Lounge" feutré et balnéothérapie. Carte internationale présentée dans un cadre moderne ; buffets soignés le samedi soir.
◆ Hoog pand op een beboste heuvel boven het meer van Warfaaz. Comfortabele kamers met balkon die er piekfijn uitzien. Sfeervolle lounge en ruimte voor balneotherapie. Moderne eetzaal met een internationale keuken en een verzorgd buffet op zaterdagavond.

Creppe *Sud : 4,5 km par av. Clémentine -* **AZ** C *Spa* – ✉ *4900 Spa :*

Manoir de Lébioles , Domaine de Lébioles 1, ☎ 0 87 79 19 00, *manoir@manoirdelebioles.com, Fax 0 87 79 19 99,* ≤ jardin et vallée boisée, – , ▣ ch, P – 30. AE ① MO VISA
Rest *(fermé mardi et merc.) Lunch 26* – 34/105 bc, carte 51/68, ♀ – ☕ 16 – **16 ch** ★165 – ★★165/395.
◆ Manoir fastueux (1910) surnommé le petit Versailles ardennais. Communs d'époque, chambres au design raffiné et parc-jardin à la française ménageant une vue bucolique. Repas au goût du jour dans un cadre contemporain chic ou sur la belle terrasse panoramique.
◆ Dit weelderige kasteeltje (1910) wordt wel het Versailles van de Ardennen genoemd. Salons met stijlmeubelen, stijlvolle kamers en Franse tuin met een landelijk uitzicht. Eigentijdse maaltijd in een chic, modern interieur of op het mooie panoramaterras.

la Reid *par ③ : 9 km* C *Theux 11 572 h.* – ✉ *4910 La Reid :*

Le Menobu , rte de Menobu 546, ☎ 0 87 37 60 42, *menobu@skynet.be, Fax 0 87 37 69 35,* – P – 30. MO VISA.
fermé 2 sem. en janv. – **Rest** *(fermé mardi et merc.)* 38/59 bc, carte 33/45 – **10 ch** ☕ ★70/100 – ★★70/100 – ½ P 79/99.
◆ Affaire familiale située dans un quartier résidentiel à la campagne. Hébergement rafraîchi côté auberge ; flambant neuf à l'annexe. Piscine donnant sur les prés. Salle à manger-véranda et terrasse d'été au jardin. Cuisine traditionnelle faite par la patronne.
◆ Familiezaak in een rustige woonwijk op het platteland. De herberg is pas opgeknapt en de dependance is spiksplinternieuw. Het zwembad kijkt uit op de weilanden. Restaurant met serre en zomers terras in de tuin. De bazin heeft een traditionele kookstijl.

à Sart *par ① : 7 km* C *Jalhay 7 953 h.* – ✉ *4845 Sart :*

Du Wayai , rte du Stockay 2, ☎ 0 87 47 53 93, *wayai@hotel-du-wayai.be,* – P. AE MO VISA. rest
Rest (dîner pour résidents seult) – **18 ch** ☕ ★70/90 – ★★90/100 – ½ P 50/75.
◆ Aux avant-postes du village, dans un vallon agreste, ensemble de maisonnettes disposées en carré autour d'une cour agrémentée de pelouses et d'une piscine. Parc animalier.
◆ Deze auberge aan de rand van het dorp, in een landelijk dal, bestaat uit huisjes die in een vierkant om de met gras begroeide binnenplaats staan. Zwembad en dierenpark.

BELGIQUE

XX **Le Petit Normand,** r. Roquez 47 (Sud-Est : 3 km, direction Francorchamps), ☎ 0 47 49 04, *lepetitnormand@hotmail.com, Fax 0 87 47 49 04,* – P. VISA
ouvert week-end seult en hors saison; fermé merc. et jeudi – **Rest** *Lunch 30* – 35/45, ca 40/50.
◆ Maison de notable esseulée dans la vallée forestière de la Hoëgne. Le chef, bardé distinctions gastronomiques, panache tradition et modernité. Restaurant de plein air.
◆ Afgelegen pand in het beboste dal van de Hoëgne. De chef-kok, die tal van gastronor sche prijzen heeft gewonnen, combineert traditioneel met modern. 's Zomers buit eten.

SPONTIN *5530 Namur* *Yvoir 8 451 h.* **533** P21, **534** P21 *et* **716** I5. 15
Voir *Château*★.
Bruxelles 83 – Namur 24 – Dinant 11 – Huy 31.

à Dorinne *Sud-Ouest : 2,5 km* *Yvoir* – ✉ *5530 Dorinne :*

XXX ✿ **Le Vivier d'Oies** (Godelet), r. État 7, ☎ *0 83 69 95 71, Fax 0 83 69 90 36,* – P. AE VISA
fermé prem. sem. mars, 18 juin-6 juil., 19 sept.-4 oct. et merc. et jeudis non fériés – Re *Lunch 30* – 46/95 bc, carte 54/71, ♀.
Spéc. Escargots et gâteau de persil plat, mousseline aux herbes. Homard au curry rou couscous de légumes. Pigeonneau rôti à la sauge, galette de pommes de terre au lard.
◆ Une vieille ferme en pierres du pays sert de cadre à cette soigneuse table au goût jour. Véranda moderne et pièces plus intimes dans la partie ancienne. Terrasse verte.
◆ Oude boerderij van steen uit de streek om te genieten van een verzorgde maaltijd eigentijdse stijl. Moderne serre en sfeervolle vertrekken in het oude deel. Groen terras.

SPRIMONT *4140 Liège* **533** T19, **534** T19 *et* **716** K4 – *12 784 h.* 8
Bruxelles 112 – Liège 19 – Spa 12.

XXX **La Maison des Saveurs,** r. Grand Bru 27 (sur N 30, direction Liège), ☎ 0 4 382 35 *didier.galet@swing.be, Fax 0 4 382 35 63,* – P ⇔ 8/50. AE VISA
fermé 2 dern. sem. août, lundi, mardi et après 20 h 30 – **Rest** *Lunch 30* – 40/80 bc, ca 40/63.
◆ Beau restaurant d'esprit contemporain, confortablement installé dans une villa du meau de Ognée. Cuisine actuelle pleine de "saveurs". Deux chambres modernes très agr bles.
◆ Mooi eigentijds restaurant in een comfortabele villa in het gehucht Ognée. Hedendaag keuken met veel "smaken", zoals het uithangbord belooft. Twee prettige, moderne mers.

STABROEK *Antwerpen* **533** L14 *et* **716** G2 – *voir à Antwerpen, environs.*

STALHILLE *West-Vlaanderen* **533** D15 *et* **716** C2 – *voir à Jabbeke.*

STAVELOT *4970 Liège* **533** U20, **534** U20 *et* **716** K4 – *6 671 h.* 9
Voir *Carnaval du Laetare*★★ *(3e dim. avant Pâques) – Châsse de St-Remacle*★★ *dans l'ég St-Sébastien.*
Musées : *Ancienne abbaye*★.
Env. *à l'Ouest : Vallée de l'Amblève*★★ *de Stavelot à Comblain-au-Pont – à l'Ouest : 8,5 k Cascade*★ *de Coo, Montagne de Lancre* ⁂★.
Musée de l'Ancienne Abbaye, Cour de l'Hôtel de Ville ☎ *0 80 86 27 06, infotourismes velot@skynet.be, Fax 0 80 88 27 06.*
Bruxelles 158 – Liège 59 – Bastogne 64 – Malmédy 9 – Spa 18.

d'Orange, Devant les Capucins 8, ☎ 0 80 86 20 05, *logis@hotel-orange.be, Fax 0 86 42 92,* – P – 30. AE VISA
ouvert avril-nov., vacances scolaires et week-end; fermé janv. – **Rest** *(fermé mardi, me et après 20 h 30)* (dîner seult sauf sam. et dim.) 23/64 bc, – **17 ch** ★70/107 – ★★80/ –½ P 65/88.
◆ Cette auberge occupant un relais de poste au cachet fort (1698) est entre les mains de même famille depuis 1789. Deux catégories de chambres classiquement aménagées table, cuisine traditionnelle déclinée sous la forme d'une carte-menu. Terrasse sur cour.
◆ Deze herberg in een karakteristiek poststation uit 1698 is al sinds 1789 in handen v dezelfde familie. Twee categorieën klassiek ingerichte kamers. Restaurant met een tra tioneel à la carte menu. Terras op de binnenplaats.

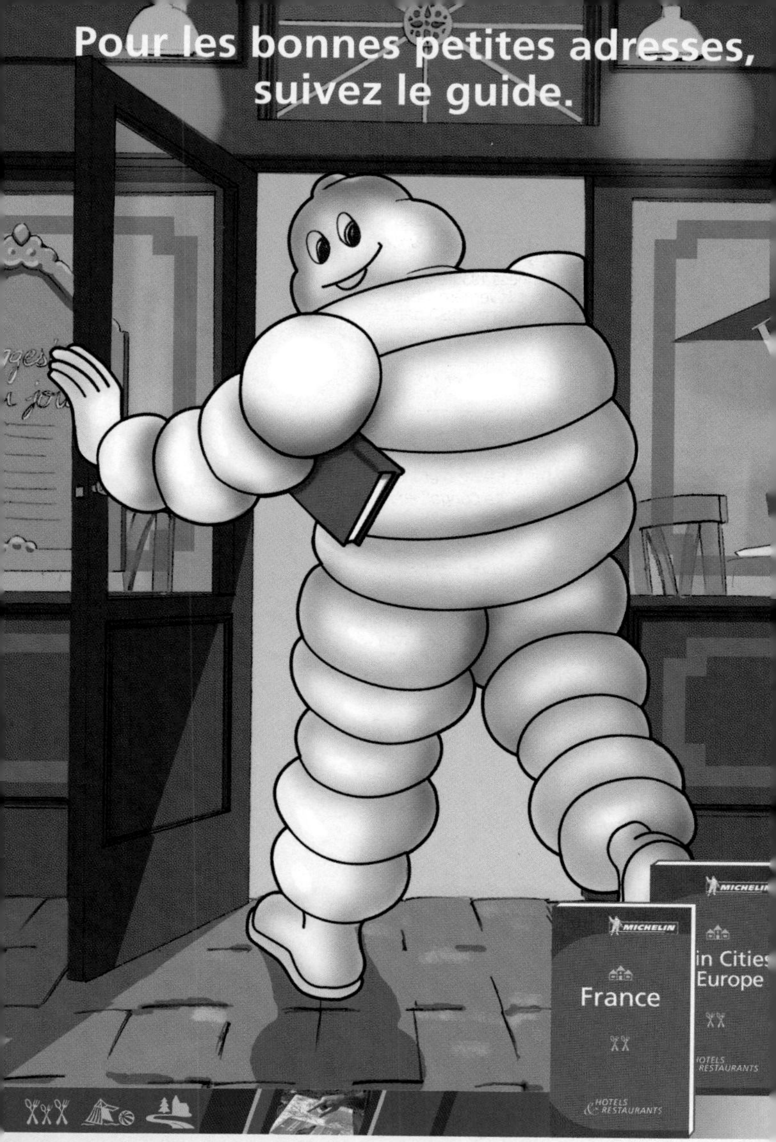
Pour les bonnes petites adresses,
suivez le guide.
MICHELIN
France
HOTELS & RESTAURANTS
MICHELIN
in Cities
Europe
HOTELS RESTAURANTS

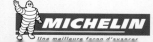

Dufays sans rest, r. Neuve 115, ☎ 0 80 54 80 08, *dufays@skynet.be, Fax 0 80 39 90 67,* ≤, – P. AE ① MC VISA
fermé 1er au 20 janv. sauf vend. et sam. – **6 ch** ☐ †95/105 – ††105/185.
◆ Ancienne maison de notable restaurée où vous serez hébergés dans des chambres à thème : Afrique, Orient, Chine, 18e s. français, 1900, chasse.... Jardin et vue sur la vallée.
◆ De kamers in dit oude, gerestaureerde herenhuis hebben elk een eigen thema: Afrikaans, oosters, Chinees, 18e-eeuws, Frans, 1900, jacht, enz. Tuin met uitzicht op het dal.

XXX **Le Val d'Amblève** avec ch, rte de Malmédy 7, ☎ 0 80 28 14 40, *info@levaldamb leve.com, Fax 0 80 28 14 59,* – rest, P ⇔ 10/24 – 25. AE ① MC VISA
fermé 17 déc.-18 janv. – **Rest** *(fermé lundis non fériés) Lunch 38* – 43/120 bc, carte 61/81 – **20 ch** ☐ †80/100 – ††110/125.
◆ Demeure élégante (années 1930) s'agrémentant d'un beau jardin arboré. Repas classique actualisé à apprécier sous la verrière. Chambres raffinées à l'étage et dans les annexes.
◆ Dit sierlijke pand uit de jaren 1930 heeft een mooie bomentuin. Klassieke keuken met een vleugje vernieuwing. Stijlvolle kamers op de bovenverdieping en in het bijgebouw.

TERREBEEK *Vlaams-Brabant* **533** L17 *et* **716** G3 – *voir à Bruxelles, environs.*

TEVOORT *Limburg* **533** Q17 *et* **716** I3 – *voir à Hasselt.*

TOUMONT *4987 Liège* **533** T20, **534** T20 *et* **716** K4 – *3 006 h.* 9 **C2**

Env. à l'Ouest : Belvédère "Le Congo" ≤★ – Site★ du Fonds de Quareux.
Bruxelles 139 – Liège 45 – Malmédy 24.

X **Zabonprés,** Zabonprés 3 (Ouest : 4,5 km sur N 633, puis route à gauche), ☎ 0 80 78 56 72, *zabonpres@skynet.be, Fax 0 80 78 61 81,* – P ⇔ 8/27. AE ① MC VISA
ouvert 21 mars-21 sept. et week-end; fermé sem. carnaval, 1 sem. Pâques, 1 sem. Toussaint, fin déc.-début janv., lundi et mardi – **Rest** *Lunch 25* – 30/65 bc, carte 34/43.
◆ Jolie fermette à pans de bois rafraîchie par l'Amblève. Collection de vieux poêles, réveils et Guides Michelin en salle. Menus bien conçus et vins choisis. Terrasse riveraine.
◆ Mooi vakwerkboerderijtje met terras in de koelte aan de Amblève. Collectie oude kachels, wekkers en Michelingidsen in de eetzaal. Evenwichtige menu's en goede wijnen.

STROMBEEK-BEVER *Vlaams-Brabant* **533** L17 *et* **716** G3 – *voir à Bruxelles, environs.*

STUIVEKENSKERKE *West-Vlaanderen* **533** C16 – *voir à Diksmuide.*

TAMISE *Oost-Vlaanderen – voir Temse.*

TELLIN *6927 Luxembourg belge* **534** Q22 *et* **716** I5 – *2 346 h.* 12 **B2**

Bruxelles 121 – Arlon 78 – Bastogne 67 – Bouillon 54 – Dinant 44 – Namur 62.

Ma Résidence sans rest, r. Église 124, ☎ 0 84 38 74 41, *dan@maresidence.be, Fax 0 84 38 74 42,* – P.
4 ch ☐ †90/100 – ††90/100.
◆ Belles grandes chambres modernes aux décors personnalisés dans cette demeure en pierre au cachet fort dominant la place du village. Piscine et arbres vénérables au jardin.
◆ Karakteristiek pand van natuursteen aan het dorpsplein. Mooie, grote, moderne kamers met een persoonlijk toets. Tuin met zwembad en oude bomen.

TEMPLOUX *Namur* **533** N20, **534** N20 *et* **716** H4 – *voir à Namur.*

TEMSE (TAMISE) *9140 Oost-Vlaanderen* **533** K16 *et* **716** F2 – *26 299 h.* 17 **D2**

De Watermolen, Wilfordkaai 23 ☎ 0 3 771 51 31, toerisme@temse.be, Fax 0 3 711 94 34.
Bruxelles 40 – Gent 43 – Antwerpen 25 – Mechelen 25 – Sint-Niklaas 7,5.

XX **La Provence,** Doornstraat 252 (Nord : 2 km, lieu-dit Velle), ☎ 0 3 711 07 63, *info@res taurantlaprovence.be, Fax 0 3 771 69 03,* – P ⇔ 10/36. AE MC VISA
fermé 16 août-1er sept., 26 déc.-3 janv., mardi et merc. – **Rest** (dîner seult sauf dim.) 36/72 bc, carte 42/62.
◆ Ancienne ferme charmante et sa terrasse arborée ouvrant sur un beau jardin. Salles romantiques, vaisselle en grès sur les tables, offre culinaire de notre temps, bons menus.
◆ Charmante oude boerderij met een boomrijk terras dat uitkijkt op een mooie tuin. Romantische eetzalen, serviesgoed van gres, eigentijdse keuken en lekkere menu's.

BELGIQUE

XX **De Sonne,** Markt 10, ☎ 0 3 771 37 73, *desonne@pandora.be,* 余 - ⇔ 4/8. AE ⓓ ⓒ VISA

fermé 14 au 30 juil., merc. et jeudi – **Rest** *Lunch 30* – 40/77 bc, carte 43/67, ♀.

◆ Au Markt, ex-maison de notable (1874) surveillant le parvis de l'église. Salles classiqu actualisées, cuisine d'aujourd'hui, ambiance intime et miniterrasse sur cour verte.

◆ Oud herenhuis (1874) bij de kerk aan de Grote Markt. Modern-klassieke eetzalen, eige tijdse keuken, intieme sfeer en piepklein terrasje op de groene binnenplaats.

X **Le Cirque,** Gasthuisstraat 110, ☎ 0 3 296 02 02, *nicky.van.goethem@pandora.be,* 余 ⓜⓒ VISA

fermé 10 au 20 juil., mardi, merc. et sam. midi – **Rest** *Lunch 23* – 34/66, carte 42/64.

◆ Ce bistrot excentré, au cadre lumineux et "tendance", vous soumet une carte actue engageante et annonce, sur deux ardoises, son menu et ses suggestions vineuses c moment.

◆ Buiten het centrum gelegen bistro met een licht en trendy interieur. Aanlokkelijk eigentijdse kaart en twee leitjes met menu en wijnsuggesties.

TERHAGEN *Antwerpen* **533** L16 – *voir à Boom.*

Wij streven ernaar de juiste prijzen aan te geven.
Maar prijzen veranderen voortdurend. Aarzel niet
en vraag bij uw reservering naar de prijzen die op dat moment gelden.

BELGIQUE

TERHULPEN *Brabant Wallon – voir La Hulpe.*

TERMONDE *Oost-Vlaanderen – voir Dendermonde.*

TERTRE *7333 Hainaut* Ⓒ *St-Ghislain 22 465 h.* **533** H20, **534** H20 *et* **716** E4. 7 C

18 au Nord-Est : 4 km à Baudour, r. Mont Garni 3 ☎ 0 65 62 27 19, Fax 0 65 62 34 10.

Bruxelles 77 – Mons 12 – Tournai 37 – Valenciennes 30.

XX **Le Vieux Colmar,** rte de Tournai 197 (N 50), ☎ 0 65 62 26 79, *vieux.colmar@skynet.be* *Fax 0 65 62 36 14,* 余 - Ⓟ ⇔ 15/30

fermé 9 au 20 janv., 18 juil.-4 août et mardi – **Rest** (déjeuner seult sauf vend. et sam 30/85 bc, carte 46/57.

◆ Auberge-villa à la campagne, servant une cuisine aux références classiques, sensible a cycle des saisons. Par beau temps, on mange au jardin, fleuri tout l'été. Bon accueil.

◆ Plattelandsvilla met een klassieke keuken die gevoelig is voor de seizoenen. Bij mooi wee wordt in de tuin gegeten, die de hele zomer in bloei staat.

TERVUREN *Vlaams-Brabant* **533** M18 *et* **716** G3 – *voir à Bruxelles, environs.*

TESSENDERLO *3980 Limburg* **533** P16 *et* **716** I2 – *16 811 h.* 10 A

Voir *Jubé★ de l'église St-Martin (St-Martinuskerk).*

Gemeentehuis, Markt ☎ 0 13 35 33 31, vvv@tessenderlo.be, Fax 0 13 67 36 93.

Bruxelles 72 – Hasselt 31 – Antwerpen 57 – Liège 70.

De Lindehoeve ⑤, Zavelberg 12 (Ouest : 3,5 km,lieu-dit Schoot), ☎ 0 13 66 31 67 *info@lindehoeve.be, Fax 0 13 67 16 95,* ≤, ⛱, 余, ⚲ – ⇔ Ⓟ – 🔬 40. AE ⓓ ⓜⓒ VISA ⚜ rest

Rest (résidents seult) – **6 ch** ⇨ ★75 – ★★90/1253 – ½ P 95/145.

◆ Hôtel familial établi à l'orée des bois. Chambres calmes et amples, salle à manger confortable, terrasse au bord de la piscine et orangerie utilisée pour les repas de groupe.

◆ Dit hotel aan de rand van het bos wordt door een familie geleid. Rustige, grote kamers gerieflijke eetzaal, terras bij het zwembad en oranjerie waar groepen kunnen eten.

XX **La Forchetta,** Stationsstraat 69, ☎ 0 13 66 40 14, 余 – AE ⓓ ⓜⓒ VISA

fermé sem. après carnaval, dern. sem. juil.-2 prem. sem. août, sam. midi, dim. soir et lunc – **Rest** *Lunch 34* – 40/71 bc, carte 41/58.

◆ Table au cadre agreste et "cosy" vous réservant un accueil affable. Carte franco-italienne, ardoise suggestive, jolie terrasse et jardin pomponné. Toiles du patron en salle.

◆ In de knusse, rustieke eetzaal met doeken van de eigenaar wacht u een gastvrij onthaal Frans-Italiaanse kaart en suggesties op een lei. Mooi terras en goed verzorgde tuin.

EUVEN *3793 Limburg* C *Voeren 4 263 h.* **533** U18 *et* **716** K3. 11 **D3**

Bruxelles 134 – Hasselt 73 – Liège 43 – Verviers 26 – Maastricht 24.

XXX **Hof de Draeck** avec ch, Hoofstraat 6, ☎ 0 4 381 10 17, *info@hof-de-draeck.be, Fax 0 4 381 11 88,* – P 10/40. AE MC VISA.
fermé 12 fév.-2 mars, 13 au 29 août et lundi – **Rest** *(fermé lundi, mardi et sam. midi) Lunch 43 bc* – 42/80 bc, carte env. 50, ♀ – **11 ch** ☕ ✝65 – ✝✝90.
◆ Deux frères tiennent cette ferme-château majestueuse isolée dans un site rural charmant. Parc soigné, salle à manger classique opulente, menus actualisés et grandes chambres.
◆ Twee broers zwaaien de scepter in deze imposante kasteelhoeve op het platteland. Goed onderhouden park, weelderige klassieke eetzaal, eigentijdse menu's en grote kamers.

HEUX *4910 Liège* **533** T19, **534** T19 *et* **716** K4 – *11 572 h.* 9 **C2**

Bruxelles 131 – Liège 31 – Spa 7 – Verviers 12.

XX **L'Aubergine,** chaussée de Spa 87, ☎ 0 87 53 02 59, *aubergine.theux@skynet.be, Fax 0 87 53 02 59* – P
fermé prem. sem. janv., dern. sem. juin, dern. sem. sept., mardi et merc. – **Rest** (réservation souhaitée) *Lunch 25* – 40/69 bc, carte 38/51.
◆ Une carte actuelle appétissante, un lunch et des menus ambitieux sont présentés à cette table familiale située aux avant-postes de Theux. Nombre de couverts limité : réserver.
◆ In deze nieuwe villa even buiten Theux kunt u kiezen uit een mooie kaart met eigentijdse gerechten, een lunchformule en veelbelovende menu's. Beperkt aantal couverts.

'HIEUSIES *Hainaut* **533** J19, **534** J19 *et* **716** F4 – *voir à Soignies.*

'HIMISTER *4890 Liège* C *Thimister-Clermont 5 296 h.* **533** U19, **534** U19 *et* **716** K4. 9 **C1**

Bruxelles 121 – Liège 29 – Verviers 12 – Aachen 22 – Maastricht 34.

Clermont *Est : 2 km* C *Thimister-Clermont* – ✉ *4890 Clermont :*

XXX **Le Charmes-Chambertin,** Crawhez 58, ☎ 0 87 44 50 37, *lecharmeschambertin@skynet.be, Fax 0 87 44 71 61,* – P 12/60
fermé prem. sem. janv., mi-juil.-début août, mardi soir, merc. et dim. soir – **Rest** *Lunch 30* – 37/95 bc, carte 45/75.
◆ Sur le plateau bucolique du pays de Herve, ancienne ferme restaurée qui séduit par sa cuisine classique actualisée et sa cave d'épicurien. Décor intérieur néo-rustique.
◆ Deze gerestaureerde boerderij met een neorustiek interieur is schilderachtig gelegen in het Land van Herve. De klassiek-moderne keuken en wijnkelder zijn beide uitmuntend.

'THON *Namur* **533** P20, **534** P20 *et* **716** I4 – *voir à Namur.*

TIELT *8700 West-Vlaanderen* **533** F17 *et* **716** D2 – *19 270 h.* 19 **C2**

Bruxelles 85 – Brugge 34 – Gent 32 – Kortrijk 21.

Shamrock, Euromarktlaan 24 (près rte de ceinture), ☎ 0 51 40 15 31, *info@shamrock.be, Fax 0 51 40 40 92,* – rest, P – 250. AE MC VISA
fermé 2 dern. sem. juil.-prem. sem. août, fin déc. et dim. – **Rest** *(fermé dim. et lundi) Lunch 13* – 42/65 bc, carte env. 41, ♀ – **29 ch** ☕ ✝70 – ✝✝105 – ½ P 83.
◆ Aux portes de Tielt, grande villa des années 1970 et ses extensions où vous logerez dans des chambres fonctionnelles typiques des années 1980, souvent tournées vers le jardin. Salle de restaurant au décor classique et à l'ambiance feutrée.
◆ Aan de rand van Tielt staat deze grote villa uit 1970 met uitbouw. U logeert er in functionele kamers die kenmerkend voor de jaren '80 zijn, de meeste met uitzicht op de tuin. Gedempte sfeer in de klassiek ingerichte eetzaal.

XX **De Meersbloem,** Polderstraat 3 (Nord-Est : 4,5 km, direction Ruiselede, puis rte à gauche), ☎ 0 51 40 25 01, *info@demeersbloem.be, Fax 0 51 40 77 52,* – P 10/50. AE MC VISA
fermé 15 août-1er sept., 17 déc.-7 janv., mardi soir, merc., sam. midi et dim. soir – **Rest** *Lunch 30* – 50, carte env. 45.
◆ Table classique au cadre rustique actualisé installée dans une jolie fermette un peu perdue à la campagne. La salle et la terrasse du jardin profitent d'une vue agreste.
◆ Dit lieflijke boerderijtje staat afgelegen op het platteland. Het interieur is modern-rustiek en het eten klassiek. De eetzaal en het terras bieden een landelijk uitzicht.

BELGIQUE

TIENEN **(TIRLEMONT)** *3300 Vlaams-Brabant* **533** O18 *et* **716** H3 *– 31 825 h.* 4 D

Voir Église N.-D.-au Lac★ (O.L. Vrouw-ten-Poelkerk) : portails★ **ABY D.**

Env. par ② : 3 km à Hakendover, retable★ de l'église St-Sauveur (Kerk van de Goddelij Zaligmaker) – à l'Est : 15 km à Zoutleeuw, Église St-Léonard★★ (St-Leonarduskerk) : m sée★★ d'art religieux, tabernacle★★.

Grote Markt 4 ☎ 0 16 80 56 86, toerisme.tienen@skynet.be, Fax 0 16 82 27 04.

Bruxelles 51 ④ – Leuven 27 ⑤ – Charleroi 60 ④ – Hasselt 35 ② – Liège 57 ④ – Namur 47 (

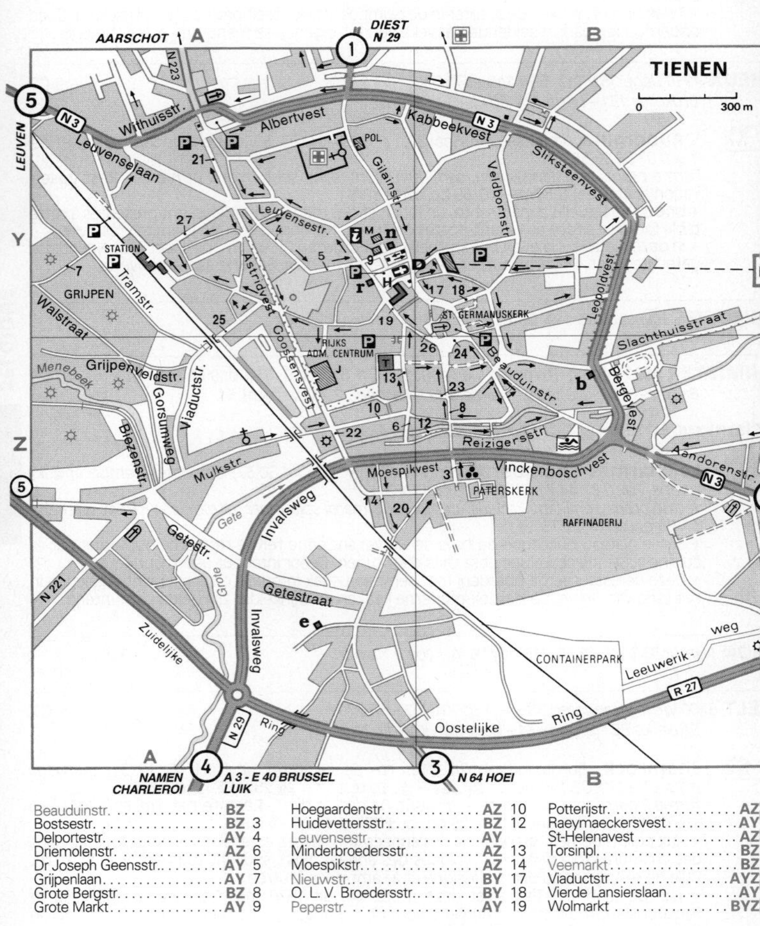

Beauduinstr.	BZ		Hoegaardenstr.	AZ	10	Potterijstr.	AZ
Bostsestr.	BZ	3	Huidevettersstr.	BZ	12	Raeymaeckersvest	AY
Delportestr.	AY	4	Leuvensestr.	AY		St-Helenavest	AZ
Driemolenstr.	AZ	6	Minderbroedersstr.	AZ	13	Torsinpl.	BZ
Dr Joseph Geensstr.	AY	5	Moespikstr.	AZ	14	Veemarkt	BZ
Grijpenlaan	AY	7	Nieuwstr.	BY	17	Viaductstr.	AYZ
Grote Bergstr.	BZ	8	O. L. V. Broedersstr.	BY	18	Vierde Lansierslaan	AY
Grote Markt	AY	9	Peperstr.	AY	19	Wolmarkt	BYZ

Fidalgo, Outgaardenstraat 23 (Bost), ☎ 0 475 61 21 55, *info@fidalgo.be,* – ♿ 10/30. AE ⓓ ⓜ VISA. AZ

fermé 1 sem. Pâques, 16 août-7 sept., mardi, merc. et sam. midi – **Rest** *Lunch 15* – 30/75

◆ Maison de type fermette où l'on vient faire des repas au goût du jour dans un cad rustique-actuel élégant et feutré. Belle terrasse tournée vers le jardin et son étang.

◆ Op een boerderij lijkend huis waar u kunt genieten van een eigentijdse maaltijd in e stijlvol, modern-rustiek interieur. Het mooie terras kijkt uit op de tuin met vijver.

X **Casa Al Parma,** Grote Markt 40, ✆ 0 16 81 68 55, *casa.alparma@skynet.be, Fax 0 16 82 26 56,* ☂, Avec cuisine italienne – ▤ ⇔ 20/80. ✗ AY r
fermé 1 sem. en mars, 3 sem. en août et merc. – **Rest** *Lunch 22* – carte 26/66.
◆ Une adresse qui marche fort et dont l'orientation culinaire, comme la teneur de la cave, se devine aisément à la lecture de l'enseigne. Accueil et service à l'italienne.
◆ Goed lopend eethuis, waarvan het uithangbord wel laat raden uit welke hoek de wind draait. Ontvangst en bediening op zijn Italiaans.

X **Vigiliae,** Grote Markt 10, ✆ 0 16 81 77 03, ☂ – ▤ ⇔ 20/30. AE ⓓ MO VISA AY n
fermé vacances bâtiment et lundis non fériés – **Rest** 35, carte 27/44.
◆ Ce "ristorante" de la Grand-Place opte pour une carte franco-transalpine assez diversifiée, annonçant suggestions et menu. Vins de l'Hexagone et de la Botte. Terrasse abritée.
◆ Dit Frans-Italiaanse restaurant aan de Grote Markt biedt een vrij gevarieerde kaart met menu en suggesties. De wijnen komen uit Frankrijk en Italië. Beschut terras.

X **De Refugie,** Kapucijnenstraat 75, ✆ 0 16 82 45 32, *derefugie@skynet.be, Fax 0 16 82 45 32,* ☂ – P. AE ⓓ MO VISA BZ b
fermé prem. sem. janv., fin juil.-15 août, mardi pendant vacances scolaires, merc., sam. midi et dim. soir – **Rest** *Lunch 15* – 32/40, carte 39/52.
◆ Au bord du ring, dans le voisinage du centre industriel sucrier, affaire familiale assez mignonne, où il est agréable de trouver "refuge". Préparations actuelles de saison.
◆ Dit leuke restaurant is te vinden aan de Ring, in de buurt van de suikerraffinaderij. De eigentijdse keuken volgt het ritme van de seizoenen.

ILFF *Liège* **533** S19, **534** S19 *et* **716** J4 – *voir à Liège, environs.*

ILLEUR *Liège – voir à Liège, environs.*

'IRLEMONT *Vlaams-Brabant – voir Tienen.*

'OERNICH *Luxembourg belge* **534** T25 – *voir à Arlon.*

'ONGEREN (TONGRES) *3700 Limburg* **533** R18 *et* **716** J3 – *29 688 h.* 11 **C3**

Voir *Basilique Notre-Dame★★ (O.L. Vrouwebasiliek) : trésor★★, retable★, statue polychrome★ de Notre-Dame, cloître★* Y.
Musée : *Gallo-romain★* Y **M¹**.
ℹ *Stadhuis, Stadhuisplein 9 ✆ 0 12 39 02 55, info@toerismetongeren.be, Fax 0 12 39 11 43.*
Bruxelles 87 ④ – Hasselt 20 ⑤ – Liège 19 ③ – Maastricht 19 ②.

Plan page suivante

Ambiotel, Veemarkt 2, ✆ 0 12 26 29 50, *ambiotel.tongeren@belgacom.net, Fax 0 12 26 15 42,* ☂ – |‡| ⇹ – 🏋 50. AE ⓓ MO VISA. ✗ ch Y e
fermé 26 au 31 déc. – **Rest** (taverne-rest) carte 21/37 – **22 ch** ☕ ★75/85 – ★★100/110 – ½ P 75.
◆ L'enseigne de cet établissement tout proche du centre animé et de la gare se réfère à Ambiorix, chef des Éburons, qui souleva contre César une partie de la Gaule Belgique. Taverne-restaurant devancée d'une terrasse estivale.
◆ De naam van dit etablissement vlak bij het levendige centrum en het station verwijst naar Ambiorix, koning van de Eburones, die een opstand tegen Caesar uitlokte in een deel van Belgisch Gallië. Taverne-restaurant met terras aan de voorkant voor mooie dagen.

De Open Poort ⛭ sans rest, Ketsingerdries 32, ✆ 0 12 23 37 64, *open.poort@skynet.be, Fax 0 12 23 37 64,* ☂, 🚲 – ⇹ P. AE ⓓ MO VISA. ✗
3 ch ☕ ★62 – ★★110/124.
◆ Une dame communicative vous reçoit avec égards dans cette ferme de plan carré bâtie à l'approche de Tongres. Cadre cosy, chambres personnalisés, atelier d'art, cour et jardin.
◆ Een praatgrage dame ontvangt u met alle egards in deze boerderij even voor Tongeren. Gezellig interieur, kamers met een persoonlijke toets, atelier, binnenplaats en tuin.

XXX **Biessenhuys,** Hemelingenstraat 23, ✆ 0 12 23 47 09, *info@biessenhuys.com, Fax 0 12 23 83 76,* ☂ – ▤ ⇔ 12/55. AE ⓓ MO VISA Y a
fermé 18 au 28 fév., 16 juil.-8 août, mardi soir et merc. – **Rest** *Lunch 41 bc,* – 30/85 bc, carte 41/87, ♀.
◆ Cet ensemble chargé d'histoire servit de refuge de l'ordre teutonique. Salles classiques et belle terrasse dans l'un des plus vieux jardins du pays. Carte au goût du jour.
◆ Dit historierijke complex was vroeger van de Duitse Orde. Klassieke eetzalen en mooi terras in een van de oudste tuinen van het land. Eigentijdse menukaart.

BELGIQUE

TONGEREN

Achttiende-Oogstwal	Y	2
Clarissenstr.	Y	4
Corversstr.	YZ	5
de Schiervelstr.	Y	37
Eeuwfeestwal	Y	6
Elisabethwal	Z	9
Grote Markt	Y	
Hasseltsesteenweg	Y	10
Hemelingenstr.	Y	12
Hondsstr.	Y	14
Looierstr.	Z	17
Luikerstr.	Z	15
Maastrichterstr.	Y	18
Minderbroederstr.	Z	19
Moerenstr.	Y	20
Momberstr.	Z	23
Muntstr.	Z	24
Nevenstr.	Y	25
Piepelpoel	Y	27
Plein	Y	28
Pliniuswal	Y	30
Predikherenstr.	Y	31
Regulierenpl.	Z	34
Riddersstr.	Y	35
St-Catharinastr.	Y	38
St-Jansstr.	Z	39
St-Maternuswal	Y	41
St-Truidenstr.	Y	42
Stationslaan	Y	44
Vermeulenstr.	Y	46
11 Novemberwal	Y	47

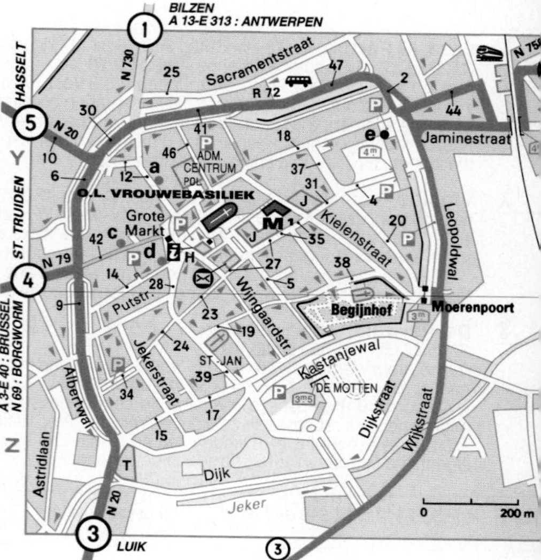

BELGIQUE

XXX **De Mijlpaal,** Sint-Truiderstraat 25, ✆ 0 12 26 42 77, *de-mijlpaal@skynet.be, Fax 0 1 26 43 77,* – ⇔ 10/30. VISA. Y
fermé 1 sem. en fév., 2 sem. en juil., fin oct.-début nov., jeudi et sam. midi – **Rest** *Lunch 2* – 38/70 bc, carte 49/59.

◆ Dans une rue piétonne du centre ancien, table au cadre design en contraste avec l'env ronnement extérieur. Arrière-cour close de vieux murs accueillant une terrasse invitante.

◆ Restaurant in een voetgangersstraat in het oude centrum, dat contrasteert met he designinterieur. Aantrekkelijk terras op de ommuurde binnenplaats.

X **Magis,** Grote Markt 31, ✆ 0 12 74 34 64, *info@magis.tk, Fax 0 12 21 04 01,* – VISA Y
fermé 18 au 22 janv., 14 au 18 juin, 23 août-10 sept., mardi et merc. – **Rest** *Lunch 25* 33/74 bc, carte 45/57.

◆ Restaurant établi derrière l'emblématique statue d'Ambiorix qui trône sur le Grote Mark Goûteuse cuisine actuelle à touches méditerranéennes servie dans un décor modernisé.

◆ Restaurant aan de Grote Markt met het standbeeld van Ambiorix, het symbool van d stad. Smakelijke eigentijdse keuken met een mediterraan accent in een gemoderniseer decor.

à Vliermaal *par ⑤ : 5 km* C *Kortessem 8 073 h.* – ✉ *3724 Vliermaal :*

XXXXX **Clos St. Denis** (Denis), Grimmertingenstraat 24, ✆ 0 12 23 60 96, *info@closstdenis.be Fax 0 12 26 32 07,* – P ⇔ 10/24. AE VISA.
fermé 9 au 18 avril, 16 juil.-1er août, 29 oct.-7 nov., 26 déc.-8 janv., mardi et merc. – **Res** *Lunch 55* – 110/189 bc, carte 106/138.

Spéc. Foie d'oie, pomme de terre et anguille fumée à la pomme verte et poivre. Ris de veau piqué à la réglisse, navet au miel. Coque glacée de chocolat aux framboises.

◆ Cuisine escoffière délicieusement revisitée, servie dans une fastueuse ferme-château d 17e s. regorgeant d'objets d'art. Jolie terrasse et adorable jardin. Cave de haut vol.

◆ Prachtige 17e-eeuwse kasteelhoeve met talloze kunstschatten. De kookstijl is een eigentijdse versie van de keuken van Escoffier. Fijn terras en beeldige tuin. Grote wijnen.

TORGNY *Luxembourg belge* **534** R25 *et* **716** J7 – *voir à Virton.*

Wilt u een partij organiseren of een maaltijd met zakenrelaties?
Kijk dan naar de restaurants met het symbool ⇔ ;
de cijfers achter dit symbool geven de capaciteit van de zalen aan.

ORHOUT 8820 West-Vlaanderen 533 D16 et 716 C2 – 19 453 h. 19 C2

Kasteel Ravenhof ✆ 0 50 22 07 70, torhout@toerismevlaanderen.be, Fax 0 50 22 15 04.
Bruxelles 107 – Brugge 23 – Oostende 25 – Roeselare 13.

Hostellerie 't Gravenhof, Oostendestraat 343 (Nord-Ouest : 3 km à Wijnendale), ✆ 0 50 21 23 14, gravenhof@telenet.be, Fax 0 50 21 69 36, – 600. AE VISA
Rest *(fermé vacances carnaval, vacances Toussaint, mardi, merc. et après 20 h 30) Lunch 35* – 41/70 bc, carte 42/65 – **10 ch** 65/70 – 90/100 – ½ P 100.
◆ Auberge familiale rajeunie dedans comme dehors et bien équipée pour accueillir les groupes. Chambres confortables et jardin soigné où se blottit un chalet aménagé en suite. Repas au goût du jour dans une salle ocre dotée de sièges en cuir noir, ou en terrasse.
◆ Deze gerenoveerde herberg, die door een familie wordt gerund, is berekend op groepen. Comfortabele kamers en een verzorgde tuin met een chalet dat als suite is ingericht. Eigentijdse gerechten in een okergele eetzaal met zwartleren stoelen of op het terras.

Forum, Rijksweg 42 (Sud-Ouest : 7 km sur N 35 à Sint-Henricus), ✆ 0 51 72 54 85, *info@restaurantforum.be* – AE VISA
fermé 1er au 15 août, dim. soir, lundi et merc. soir – **Rest** *Lunch 25* – 35/70 bc, carte 38/65.
◆ Dans une bâtisse blanche couverte d'une parure végétale, salle moderne feutrée pourvue de tables rondes et de grandes baies garnies de persiennes. Choix classique actualisé.
◆ Restaurant in een fraai begroeid wit gebouw. Moderne eetzaal met ronde tafels, grote glaspuien met jaloezieën en een intieme sfeer. Klassieke keuken met een hedendaags accent.

Dining Villa Maciek, Aartrijkestraat 265, ✆ 0 50 22 26 96, *Fax 0 50 22 26 96*, – AE VISA
fermé lundi soir et mardi – **Rest** *Lunch 28* – 35/60 bc, carte 40/55.
◆ Petite villa sur jardin vous conviant à passer à table dans une salle au décor simple et avenant ou sur la terrasse cachée à l'arrière. Menu du mois. Fonctionnement familial.
◆ Familiebedrijf in een villa met tuin. U kunt tafelen in de plezierige, eenvoudig ingerichte eetzaal of 's zomers op het terras aan de achterkant. Lekker menu van de maand.

BELGIQUE

à Lichtervelde *Sud : 7 km – 8 398 h. – ✉ 8810 Lichtervelde :*

De Voerman, Koolskampstraat 105 (par E 403 - A 17, sortie ⑨), ✆ 0 51 74 67 67, *elfarr@pandora.be, Fax 0 51 74 80 80*, – rest, – 35. VISA
Rest *(fermé sam.)* (taverne-rest) *Lunch 8* – 15/25, carte 19/40 – **10 ch** 57 – 69.
◆ À proximité de l'autoroute, établissement fonctionnel dont les chambres, fraîches et munies du double vitrage, sont toutes de plain-pied, à la façon d'un motel. Taverne-restaurant servant de la cuisine traditionnelle.
◆ Dit functionele hotel in de buurt van de snelweg beschikt over frisse kamers met dubbele ramen die, net als in een motel, allemaal gelijkvloers zijn. Taverne-restaurant met een traditionele keuken.

De Bietemolen, Hogelaanstraat 3 (direction Ruddervoorde : 3 km à Groenhove), ✆ 0 50 21 38 34, *info@debietemolen.com, Fax 0 50 22 07 60*, ←, – 4/24. AE VISA
fermé 2 au 12 janv., 3 prem. sem. août, lundi et jeudi soir – **Rest** *Lunch 35* – 72 bc, carte 67/78.
◆ Un jardin romantique agrémente cette ancienne ferme où l'on ripaille depuis 1978. Cadre classique, ambiance feutrée et belle terrasse. Offre réduite à un menu le week-end.
◆ Een romantische tuin omringt deze oude boerderij, waar men al sinds 1978 heerlijk kan eten. Klassiek interieur, gedempte sfeer en mooi terras. In het weekend alleen een menu.

TOURNAI (DOORNIK) 7500 Hainaut 533 F19, 534 F19 et 716 D4 – 67 500 h. 6 B1

Voir *Cathédrale Notre-Dame★★★ : trésor★★* C – *Pont des Trous★ : ←★* AY – *Beffroi★* C.
Musées : *des Beaux-Arts★* C M² – *d'histoire et d'archéologie : sarcophage en plomb gallo-romain★* C M³.
Env. *au Nord : 6 km à Mont-St-Aubert ※★* AY.
Vieux Marché-aux-Poteries 14 (au pied du Beffroi) ✆ 0 69 22 20 45, tourisme@tournai.be, Fax 0 69 21 62 21.
Bruxelles 86 ② – Mons 48 ② – Charleroi 93 ② – Gent 70 ⑥ – Kortrijk 29 ⑥ – Lille 28 ⑥.

Plan page suivante

d'Alcantara sans rest, r. Bouchers St-Jacques 2, ✆ 0 69 21 26 48, *hotelalcantara@hotmail.com, Fax 0 69 21 28 24* – – 50. AE VISA. C d
fermé 24 déc.-1er janv. – **17 ch** 79/89 – 89/109.
◆ Brillamment restaurée, cette maison patricienne élevée au siècle des Lumières renferme des chambres modernes et paisibles, disponibles en trois tailles. Communs soignés.
◆ Dit oude patriciërshuis uit de Verlichting (18e eeuw) is prachtig verbouwd. Moderne, rustige kamers van drie verschillende afmetingen. Verzorgde gemeenschappelijke ruimten.

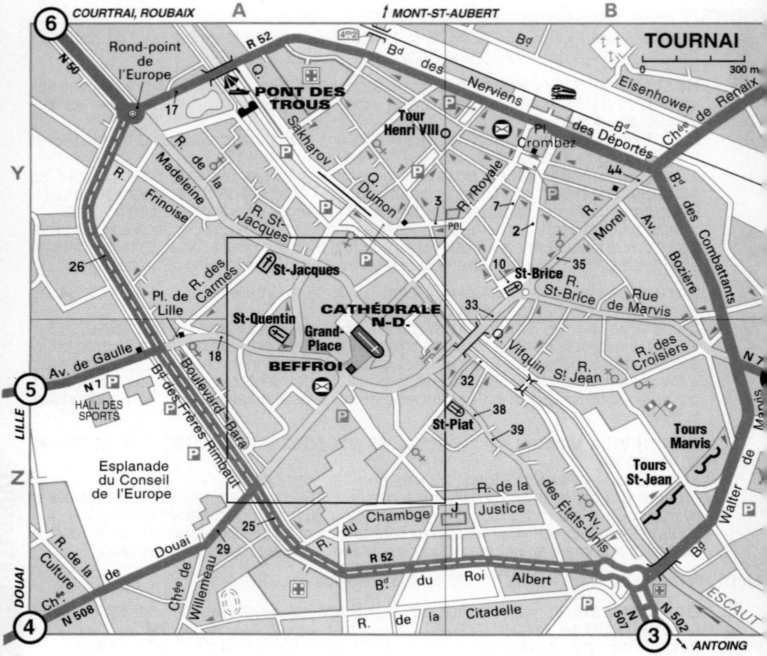

TOURNAI

Athénée (R. de l') . . . . **BY** 2
Becquerelle (R. du) . . . **AY** 3
Bourdon-St-Jacques (R. du) . . . . . **C** 4
Chapeliers (R. des) . . . . **C** 6
Childeric (R.) . . . . **BY** 7
Clairisses (R. des) . . . . . **C** 8
Clovis (Pl.) . . . . **BY** 10
Cordonnerie (R. de la) . . . . **C** 14
Curé-N.-Dame (R. du) . . . . **C** 15
Delwart (Bd) . . . . **AY** 17
Dorez (R.) . . . . **AZ, C** 18
Gallait (R.) . . . . **C** 20
Grand Place . . . . **C**
Hôpital Notre-Dame (R. de l') . . . . . . **C** 23
Lalaing (Bd) . . . . **AZ** 25
Léopold (Bd) . . . . **AY** 26
Marché au Poisson (Quai du) . . . . **C** 27
Montgomery (Av.) . . . . **AZ** 29
Notre-Dame (Quai) . . . . **C** 30
Paul-E.-Janson (Pl.) . . . . **C** 31
Poissonsceaux (Quai des) . . . . **BZ** 32
Pont (R. de) . . . . **BYZ** 33
Puits d'Eau (R. des) . . . . **C** 34
Quesnoy (R. du) . . . . . **BY** 35
Royale (R.) . . . . **BY**
Sainte-Catherine (R.) . . . . **BZ** 39
Saint-Piat (R.) . . . . **BZ** 38
Tête d'Argent (R.) . . . . . **C** 42
Volontaires (R. des) . . . **BY** 44
Wallonie (R. de la) . . . . . **C** 45

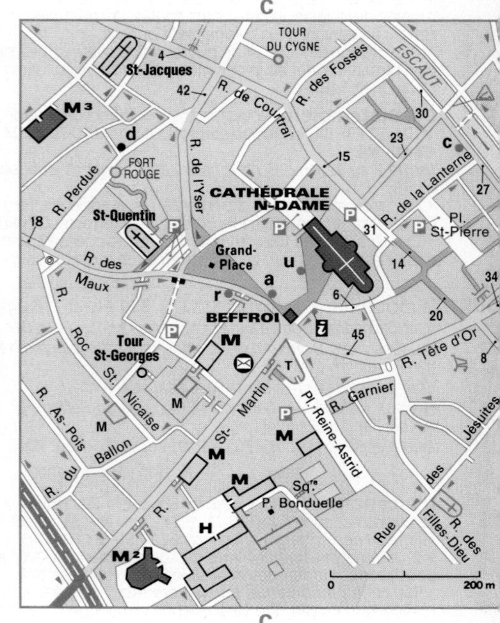

XXX **Le Carillon,** Grand'Place 64, ✆ 0 69 21 18 48, *boumanne-guy@wanadoo.fr, Fax 0 69 21 33 79* – ▤. AE MC VISA C r
fermé 1 sem. en fév., mi-août-début sept., sam. midi, dim. soir et lundi – **Rest** *Lunch 26* – 34/70 bc, carte 38/63.
◆ Haut plafond-miroir, mobilier d'aujourd'hui et grande fresque évoquant des scènes médiévales tournaisiennes composent le décor de cette demeure de la Grand-Place.
◆ Een hoog spiegelplafond, eigentijds meubilair en een grote muurschildering met middeleeuwse taferelen uit Doornik kenmerken het interieur van dit pand aan de Grote Markt.

XX **Charles-Quint,** Grand'Place 3, ✆ 0 69 22 14 41, *Fax 0 69 22 14 41,* – ▤ C a
fermé 16 au 22 mars, 20 juil.-12 août, merc. soir, jeudi et dim. soir – **Rest** *Lunch 30* – 46, carte 38/58.
◆ Restaurant classico-traditionnel au cadre Art déco œuvrant dans une maison typée de la Grand-Place. Terrasse urbaine au pied du plus vieux beffroi belge. Large choix de vins.
◆ Traditioneel-klassiek restaurant met een art-deco-interieur in een karakteristiek huis aan de Grote Markt. Stadsterras aan de voet van het oudste belfort van België. Uitgebreide wijnkaart.

XX **Le Pressoir,** Vieux Marché aux Poteries 2, ✆ 0 69 22 35 13, *le.pressoir@infonie.be, Fax 0 69 22 35 13,* ⋞ – ⇔ 20/80. AE ⓓ MC VISA C u
fermé sem. carnaval, 3 dern. sem. août et mardi – **Rest** (déjeuner seult sauf week-end) *Lunch 29* – 45, carte 32/69.
◆ Belle maison du 17e s. dont la devanture et la terrasse fleuries font face à la cathédrale. Salle à manger cossue aux murs bruts ; salon à l'étage. Cave de grand seigneur.
◆ Dit mooie 17e-eeuwse huis met zijn fleurige gevel en terras staat tegenover de kathedraal. Weelderige eetzaal met een apart zaaltje op de bovenverdieping. Goede wijnen.

XX **Giverny,** quai du Marché au Poisson 6, ✆ 0 69 22 44 64 – ⇔ 8. AE ⓓ MC VISA C c
fermé 2 au 8 janv., 9 au 23 juil., dim. soir et lundi – **Rest** *Lunch 22* – 30/75 bc, carte 41/53, ♀.
◆ Trois pièces dont les murs patinés s'égayent de miroirs et de fresques. Cuisine d'aujourd'hui sagement personnalisée. Les formules lunch ont un franc succès.
◆ Drie vertrekken met gepatineerde muren die met spiegels en fresco's zijn versierd. Eigentijdse keuken met een persoonlijke toets. De lunchformules zijn een groot succes.

BELGIQUE

Froyennes *par ⑥ : 4 km* 🄲 *Tournai* – ✉ *7503 Froyennes :*

XX **l'Oustau du Vert Galant,** chaussée de Lannoy 106, ✆ 0 69 22 44 84, *oustaumalfait@yahoo.fr, Fax 0 69 23 54 46* – 🅿
fermé juil., sam. midi, dim. soir, lundi et mardi – **Rest** *Lunch 30* – 39/60 bc.
◆ Demeure 1900 qui, raconte-t-on, s'élèverait sur le site d'une abbaye où séjourna le roi de France Henri IV quand il guerroyait en Flandre. Info ou intox ? À vous de voir !
◆ Dit pand uit 1900 zou zijn gebouwd op de plek van een klooster waar de Franse koning Hendrik IV verbleef toen hij oorlog voerde in Vlaanderen. Waar of onwaar? Dat is de vraag!

Hollain *par ③ : 8 km sur N 507* 🄲 *Brunehaut 7 711 h.* – ✉ *7620 Hollain :*

X **Sel et Poivre,** r. Fontaine 3, ✆ 0 69 34 46 67, *info@seletpoivre.net,* , Bistrot – AE ⓓ MC VISA.
fermé 15 au 31 janv., 16 au 31 août, lundi et sam. midi – **Rest** (déjeuner seult sauf vend. et sam.) *Lunch 13* – 30/60 bc, carte 20/42.
◆ Une façade orange signale ce sympathique petit bistrot villageois situé près de la frontière franco-belge. Plats traditionnels servis dans une ambiance décontractée.
◆ Deze leuke bistro in een dorpje bij de Frans-Belgische grens valt op door zijn oranje voorgevel. Traditionele keuken en gemoedelijke ambiance.

St-Maur *Sud : 5 km* 🄲 *Tournai* – ✉ *7500 St-Maur :*

X **La Table d'Éric,** r. Colonel Dettmer 2, ✆ 0 69 22 41 70, *traiteureric@msn.com, Fax 0 69 84 22 58,* – 🅿 ⇔ 10/25. AE ⓓ MC VISA
fermé vacances carnaval, 9 juil.-8 août, mardi, merc. et sam. midi – **Rest** (déjeuner seult sauf vend. et sam.) *Lunch 20* – 58, carte 32/56.
◆ Cette table actuelle dans son décor et ses recettes avoisine la plus grande place herbeuse du pays. Petite terrasse abritée et meublée en teck à l'arrière du restaurant.
◆ Dit restaurant aan het grootste met gras begroeide plein van België is zowel qua inrichting als qua kookstijl goed bij de tijd. Beschut terrasje aan de achterzijde.

TOURNEPPE *Vlaams-Brabant – voir Dworp à Bruxelles, environs.*

In grote steden is het vaak moeilijk om een plaats voor de auto te vinden. Kijk naar de adressen met het symbool want daar kunt u gebruik maken van een valet service.

TRANSINNE *6890 Luxembourg belge* 🄲 *Libin 4 620 h.* **534** Q23 *et* **716** I6. 12
Voir *Euro Space Center*★.
Bruxelles 129 – Arlon 64 – Bouillon 32 – Dinant 44 – Namur 73.

XX **La Bicoque,** r. Colline 58 (carrefour N 899 et N 40), ☎ 0 61 65 68 48, *morris.clip@net.be, Fax 0 61 46 93 50,* – P. AE ⓓ MC VISA.
fermé 1er au 15 janv., 2 sem. en mars, 2 sem. en juil., dim. soir et lundi – **Rest** Lunch 2 36/72 bc, carte 43/58.
◆ Atmosphère chaleureuse et romantique sous sa vieille charpente apparente de cet grange métamorphosée en "bicoque". Carte actuelle personnalisée. Bon feu de bûches hiver.
◆ Warm en romantisch restaurant in een verbouwde graanschuur met oud gebinte. Eige tijdse kaart met een persoonlijke toets. Behaaglijk haardvuur in de winter.

XX **La Barrière** avec ch, r. Barrière 2 (carrefour N 899 et N 40), ☎ 0 61 65 50 37, *lab riere@skynet.be, Fax 0 61 65 55 32,* , – P 24/60. AE ⓓ MC VISA
Rest Lunch 20 – 30/72 bc, carte 33/56, ♀ – **9 ch** ☕ ★65/75 – ★★75/85.
◆ Auberge d'aspect régional où l'on se repaît de plats de brasserie et de mets plus é borés. Cave bien fournie, terrasse, jardin et orchestre le week-end en saison de chasse.
◆ In deze streekherberg worden brasserieschotels en meer verfijnde gerechten ges veerd. Rijk gevulde wijnkelder, terras en tuin. Orkest in het weekend in het jachtseizoen.

TREMELO *3120 Vlaams-Brabant* **533** N17 *et* **716** H3 – *13 723 h.* 4
Bruxelles 37 – Leuven 25 – Antwerpen 44.

XX **'t Riet,** Grote Bollostraat 195, ☎ 0 15 22 65 60, *info@triet.be, Fax 0 15 22 65 61,* – 8/36. AE MC VISA.
fermé 1er au 4 janv., 2 sem. fin fév., 2 sem. fin août, 26 au 30 déc., lundi, mardi et sam. m – **Rest** 32/78 bc, carte env. 53, ♀.
◆ Villa s'entourant d'un jardin, dans un quartier résidentiel excentré. Recettes de saisc dont une grande spécialité de préparations basées sur l'asperge, d'avril à juin.
◆ Deze villa met tuin staat in een rustige woonwijk even buiten het centrum. Seizoeng bonden keuken met fantasievolle aspergegerechten van april tot en met juni.

BELGIQUE

TROIS-PONTS *4980 Liège* **533** U20, **534** U20 *et* **716** K4 – *2 439 h.* 9
Exc. **Circuit des panoramas**★.
pl. Communale 1 ☎ *0 80 68 40 45, troisponts@skynet.be, Fax 0 80 68 52 68.*
Bruxelles 152 – Liège 54 – Stavelot 6.

Le Beau Site , r. Villas 45, ☎ 0 80 68 49 44, *beausite@skynet.be, Fax 0 80 68 49 60,* vallée et rivières – P. AE ⓓ MC VISA. rest
fermé 1er au 5 avril, 1er au 5 juil., 28 août-2 sept. et 18 déc.-18 janv. – **Rest** *(fermé me* (dîner seult jusqu'à 20 h 30 sauf sam. et dim.) 36, carte env. 45 – **17 ch** ☕ ★62/7 ★★89/103 – ½ P 69/78.
◆ Perché tel un belvédère, ce petit hôtel à l'ambiance familiale procure une jolie vue sur site de Trois-Ponts où confluent la Salm et l'Amblève. Accès par un chemin privé. Cuisi actuelle à touche régionale servie dans une salle à manger panoramique.
◆ Een eigen weg leidt naar dit hooggelegen familiehotel, dat een prachtig uitzicht biedt de samenloop van de Salm en de Amblève. In het panoramarestaurant kunt u genieten v de eigentijdse keuken met een regionaal accent.

à Wanne *Sud-Est : 6 km* 🄲 *Trois-Ponts* – ✉ *4980 Wanne :*

X **La Métairie** avec ch, Wanne 4, ☎ 0 80 86 40 89, *lametairie@skynet. Fax 0 80 88 08 37,* , Avec taverne-rest – AE ⓓ MC VISA
fermé 1 sem. mars, fin juin-début juil. et fin sept.-début oct. – **Rest** *(fermé lundi, mard après 20 h 30)* 25/37, carte 34/46, ♀ – **6 ch** ☕ ★67/77 – ★★85/95 – ½ P 75/88.
◆ Maison sympathique et typée présentant une double formule : "gastro" le soir et sim fié à midi. Terrasse avant, chambres pimpantes juste à côté et domaine skiable à 500 m.
◆ Karakteristiek restaurant voor een gastronomisch diner of een wat eenvoudiger lunc menu. Terras aan de voorkant en mooie kamers vlak ernaast. Skipiste op 500 m afstand.

TROOZ *4870 Liège* **533** T19, **534** T19 *et* **716** K4 – *7 647.* 8
Bruxelles 110 – Liège 16 – Verviers 18.

Château Bleu, r. Rys-de-Mosbeux 52, ☎ 0 4 351 74 57, *chateau.bleu@belgacom.n Fax 0 4 351 73 43,* , – P – 25. MC VISA. rest
fermé 26 juin-21 juil. et jeudis non fériés – **Rest** *(fermé jeudis et dim. non fériésà* (dîr seult) 30/60 bc, carte 36/43, ♀ – ☕ 10 – **12 ch** ★60/70 – ★★80/118 – ½ P 70/89.
◆ Fière demeure du 19e s. nichée au creux d'une vallée boisée. Mobilier ancien et haute sous plafond dans les chambres. Piscine et sauna (payants) au sous-sol. Restaurant de st classique où deux menus tiennent lieu de carte ; ornements d'époque en salle.
◆ Fiere 19e-eeuwse woning beneden in een bebost dal. In de kamers met hoge plafor staat antiek. Zwembad en sauna (tegen betaling) in het basement. Klassiek restaurant m twee menu's in plaats van een kaart; stijlornamenten in de eetzaal.

JBIZE **(TUBEKE)** *1480 Brabant Wallon* **533** K18, **534** K18 *et* **716** F3 – *22 329 h.* 3 **B2**
Bruxelles 24 – Wavre 55 – Charleroi 47 – Mons 36 – Namur 77.

XX **Le Pivert,** r. Mons 183, ✆ 0 2 355 29 02, *info@lepivert.com* – ♿ ⇔ 12/35. AE ⓓ MC VISA
fermé 1 sem. Pâques, 21 juil.-15 août, mardi soir, merc. et dim. soir – **Rest** Lunch 14 – 22/63 bc, carte 35/49.
• Cette table située à l'entrée de la ville séduit par son décor intérieur méridional particulièrement chaleureux et par son offre culinaire classique tarifée avec sagesse.
• Dit restaurant aan de rand van de stad is populair vanwege zijn warme, mediterrane interieur en zijn klassieke culinaire aanbod, dat heel schappelijk is geprijsd.

Oisquercq *Sud-Est : 4 km* 🄲 *Tubize* – ✉ *1480 Oisquercq :*

XX **La Petite Gayolle,** r. Bon Voisin 79, ✆ 0 67 64 84 44, *info@lapetitegayolle.be, Fax 0 67 64 84 44,* – P ⇔ 18/32. AE MC VISA
fermé 20 août-10 sept., dim. soir, lundi et jeudi soir – **Rest** Lunch 20 – 29/65 bc, carte 41/52, ♀.
• Fermette mignonne dont le nom désigne une cage à oiseaux en wallon. Choix classique-traditionnel, plats "minceur" et accords mets-vins forfaitaires. Terrasse arrière fleurie.
• Lieflijk boerderijtje, waarvan de naam verwijst naar een vogelkooi. Klassiek-traditionele keuken met caloriearme gerechten en vaste spijs-wijncombinaties.

JRNHOUT *2300 Antwerpen* **533** O15 *et* **716** H2 – *39 790 h.* 2 **C2**
ℹ *Grote Markt 44* ✆ *0 14 44 33 55, toerisme@turnhout.be, Fax 0 14 44 33 54.*
Bruxelles 84 ⑤ – Antwerpen 45 ⑤ – Liège 99 ④ – Breda 37 ① – Eindhoven 44 ③ – Tilburg 28 ②.

TURNHOUT

on Fr. Du Fourstr.	Y	2
ekstr.	Z	3
ken Adamsstr.	Z	5
iivenstr.	Z	6
sthuisstr.	Z	7
densporenlei	Y	9
nuitstr.	Y	12
poort	Z	13
steelstr.	Y	14
ingin Elisabethlei	Y	16
te Gasthuisstr.	Z	17
akkelstr.	Z	18
rmansstr.	Z	19
erstr.	Z	21
de Vaartstr.	Y	22
ier Sniedersstr.	Z	23
t Antoniusstr.	Z	25
orwegstr.	Z	26
dstr.	Z	28
oriestr.	Z	29
zenstr.	Y	31

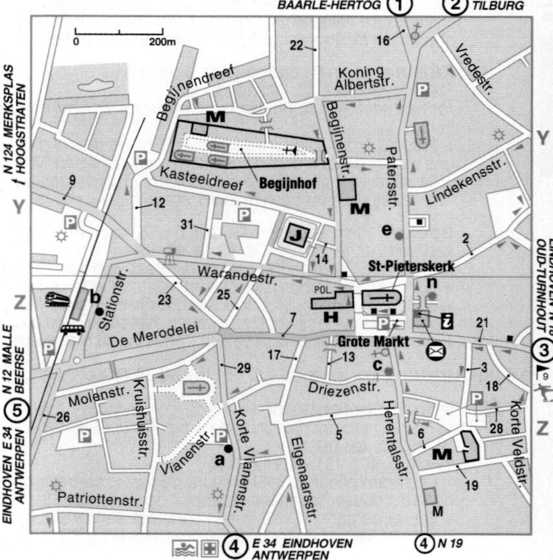

 **Ter Driezen** sans rest, Herentalsstraat 18, ✆ 0 14 41 87 57, *terdriezen@yahoo.com, Fax 0 14 42 03 10,* – . AE MC VISA Z c
fermé 20 déc.-3 janv. – **15 ch** ☕ ✝105 – ✝✝140/160.
• Charmant hôtel dont les chambres et parties communes offrent un bon niveau de confort. Au rayon farniente, salons "cosy" et belle terrasse ouverte sur un jardinet soigné.
• Charmant en comfortabel hotel met aangename kamers. De sfeervolle lounges, het mooie terras en het goed onderhouden tuintje nodigen uit tot het dolce far niente.

Corsendonk Viane, Korte Vianenstraat 2, ☎ 0 14 88 96 00, *info.viane@corsendonk.be, Fax 0 14 88 96 99,* – 580. AE MC VISA. rest Z
Rest (buffets) 15 bc/20 bc – **84 ch** ☕ – ★65/113 – ★★80/138 – ½ P 77/131.
◆ À mi-chemin entre la gare et la Grand-Place, immeuble récent distribuant ses chambres standardisées sur quatre étages. Salles de séminaires correctement équipées. Restaurant au décor clair et actuel ; formules buffets à combiner avec un choix de grillades.
◆ Recent gebouw met standaardkamers op vier verdiepingen, gelegen tussen het station en de Grote Markt. Goede conferentiefaciliteiten. Het lichte, moderne restaurant biedt buffetformules in combinatie met grillspecialiteiten.

Tegenover sans rest, Stationstraat 46, ☎ 0 14 43 47 05, *info@hoteltegenover.be, Fax 0 14 43 47 75* – P. AE ① MC VISA. Z
fermé 1er janv., 15 au 22 juil. et 22 au 31 déc. – ☕ 9 – **14 ch** ★47/72 – ★★70/79.
◆ Cet entrepôt converti en hôtel propose, à prix raisonnables, des chambres fonctionnelles assez amples. Réservez en priorité celles tournant le dos à la gare. Patronne bavarde.
◆ Dit pakhuis dat tot hotel is verbouwd, biedt vrij ruime, functionele kamers voor een redelijke prijs; reserveer bij voorkeur één die niet op het station uitkijkt.

Savoury, Steenweg op Antwerpen 106 (par ⑤ : 2 km), ☎ 0 14 45 12 45, *Fax 0 14 45 12 46,* – P. 10/21. AE MC VISA
fermé 2 dern. sem. juil. et mardi – **Rest** Lunch 30 – 45/80 bc, carte 57/92, ♀.
◆ Élégante villa de style anglo-normand aux abords verdoyants. Cuisine actuelle, décor intérieur classique chaleureux rehaussé de lambris et belle terrasse abritée en façade.
◆ Elegante villa in Engelse stijl in een weelderig groene omgeving. Eigentijdse keuken, warm klassiek interieur met lambrisering en mooi beschut terras aan de voorkant.

Cucinamarangon, Patersstraat 9, ☎ 0 14 42 43 81, *cucinamarangon@pandora.be, Fax 0 14 43 87 00,* Cuisine italienne – AE MC VISA Y
fermé 2 sem. en août, dern. sem. déc. et dim. – **Rest** (dîner seult) 30/63, carte 67/80.
◆ L'enseigne annonce la couleur de l'assiette : goûteuse cuisine transalpine aux accents vénitiens, et décor intérieur évoquant la cité des Doges. Boutique de vins à l'entrée.
◆ Smakelijke Italiaanse keuken met Venetiaanse invloeden en een interieur dat een ode brengt aan de dogenstad. Bij de ingang bevindt zich een wijnwinkeltje.

Kuisine, Baron Fr. du Fourstraat 4 (Bloemekensgang), ☎ 0 14 43 86 42, *info@kuisine.be, Fax 0 14 43 86 42,* – AE ① MC VISA Z
fermé 2 sem. en juil., fin déc., sam. midi, dim. et lundi midi – **Rest** Lunch 32 – 38/90 bc, carte 56/109, ♀.
◆ Près du Grote Markt, restaurant offrant les plaisirs d'une cuisine au goût du jour dans une bâtisse dont l'architecture extérieure s'inspire du 17e s. Décor intérieur actuel.
◆ Dit restaurant bij de Grote Markt biedt het genoegen van een eigentijdse keuken in een 17e-eeuws pand met een modern interieur.

Boeket, Klein Engeland 67 (par ① : 5 km, direction Breda), ☎ 0 14 42 70 28, *boeket@compagnet.be,* – P. AE ① MC VISA
fermé merc., jeudi midi et sam. midi – **Rest** Lunch 29 – 39/75 bc, carte 48/80.
◆ Non loin des étangs (Zwartwater), villa coquette où se conçoit une cuisine actuelle de saison. Fourneaux visibles de la salle. Terrasse au cadre reposant.
◆ Mooie villa bij de vijvers (Zwartwater), met een eigentijdse, seizoengebonden keuken. Het fornuis is vanuit de eetzaal te zien. Terras in een rustgevende omgeving.

à Oud-Turnhout *par ③ : 4 km – 12 651 h. – ✉ 2360 Oud-Turnhout :*

Priorij Corsendonk sans rest, Corsendonk 5 (près E 34 - A 21, sortie ㉕), ☎ 0 14 46 28 00, *info.priorij@corsendonk.be, Fax 0 14 46 28 99,* – P – 250. AE MC VISA
78 ch ☕ ★77/131 – ★★123/144.
◆ Un ancien prieuré (1395) entouré d'un parc avec parcours de survie sert de cadre à cet hôtel distribuant ses chambres dans 4 dépendances. Beau bar sous les voûtes de la cave.
◆ Een oude priorij (1395) in een park met een overlevingsparcours is de setting van dit hotel met kamers in vier dependances. Mooie bar in de gewelfde kelderverdieping.

Vin Perdu, Steenweg op Mol 114, ☎ 0 14 72 38 10, *info@vinperdu.be, Fax 0 14 72 38* – P. AE MC VISA.
fermé 27 déc.-4 janv., 11 au 26 juil., lundi, mardi et sam. midi – **Rest** Lunch 35 – 42/82 bc, carte 55/89, ♀.
◆ Confortable villa où l'on vient faire des repas au goût du jour dans une sobre et lumineuse salle contemporaine. Cave superbe et terrasse design tournée vers le jardin.
◆ Comfortabele villa met een sobere en lichte, moderne eetzaal, waar eigentijdse gerechten worden geserveerd. Geweldige wijnkelder en designterras dat op de tuin uitkijkt.

UCCLE (UKKEL) *Région de Bruxelles-Capitale* **533** L18 *et* **716** G3 – *voir à Bruxelles.*

AALBEEK *Vlaams-Brabant* **533** N18 – *voir à Leuven.*

ARSENARE *West-Vlaanderen* **533** D15 *et* **716** C2 – *voir à Brugge, environs.*

AUX-SOUS-CHÈVREMONT *Liège* **533** S19 *et* **534** S19 – *voir à Liège, environs.*

ELDWEZELT *Limburg* **533** S17 *et* **716** J3 – *voir à Lanaken.*

ENCIMONT *5575 Namur* C *Gedinne 4 405 h.* **534** O22 *et* **716** H5. 15 **C3**

Bruxelles 129 – Namur 75 – Bouillon 38 – Dinant 35.

XX **Le Barbouillon** avec ch, r. Grande 25, ☎ 0 61 58 82 60, *lebarbouillon@skynet.be, Fax 0 61 58 82 60,* – P ⇔ 15/50. AE VISA

fermé 2 au 12 janv., 24 juin-12 juil., dern. sem. août et merc. – **Rest** 30/58, carte 40/59 – **7** ch ☐ ★42/62 – ★★50/70 – ½ P 55/70.

• Parti pris décoratif et registre culinaire classico-traditionnels en cette petite auberge d'aspect régional située au centre du village. Salles avenantes. Chambres proprettes.

• Kleine streekherberg midden in het dorp met een traditioneel-klassieke keuken en dito interieur. Charmante eetzalen en propere kamers.

ERVIERS *4800 Liège* **533** U19, **534** U19 *et* **716** K4 – *53 570 h.* 9 **C2**

Musées : *des Beaux-Arts et de la Céramique*★ D **M**[1] – *d'Archéologie et de Folklore : dentelles*★ D **M**[2].

Env. *par* ③ : *14 km, Barrage de la Gileppe*★★, ≤★★ – *au Nord-Est : 7,5 km : Limbourg*★ *(village pittoresque).*

18 *par* ③ : *16 km à Gomzé-Andoumont, Sur Counachamps, r. Gomzé 30* ☎ *0 4 360 92 07, Fax 0 4 360 92 06.*

ℹ *r. Chapelle 30* ☎ *0 87 30 79 26, info@paysdevesdre.be, Fax 0 87 31 20 95.*

Bruxelles 122 ④ – *Liège 32* ④ – *Aachen 36* ④.

Plan page suivante

XXX **Château Peltzer,** r. Grétry 1, ☎ 0 87 23 09 70, *info@chateau-peltzer.be, Fax 0 87 23 08 71,* – P ⇔ 4/100. AE ① MC VISA. ✻ B d

fermé 15 fév.-1er mars, 1er au 16 août, sam. midi, dim. et lundi – **Rest** *Lunch 38* – 62/155 bc, carte 50/99, ♀ – ***Le Club des Tisserands*** *(fermé sam., dim. et lundi) Lunch 30* – carte 33/63, ♀.

• Cette belle demeure néo-gothique et son parc soigné offrent un cadre fastueux pour la tenue de banquets. Repas classique actualisé, dans un décor cossu. Riche choix de vins. Prestation culinaire simplifiée et ambiance plus décontractée au Club des Tisserands.

• Dit mooie neogotische pand en het verzorgde park vormen een schitterende omgeving voor banketten. Klassieke maaltijd die aan de moderne tijd is aangepast en rijke wijnkelder. Eenvoudige keuken en ontspannen sfeer in de Club des Tisserands.

XX **Chez Paul** avec ch, pl. Albert Ier 5, ☎ 0 87 23 22 21, *chezpaul@skynet.be, Fax 0 87 22 76 87,* – P ⇔ 10/60. AE ① MC VISA. ✻ ch C b

Rest *(fermé 1 sem. carnaval, 1 sem. Pâques, 2 sem. en juil., 1 sem. Toussaint, dim. soir et lundi)* (menu unique) *Lunch 24* – 28/49 – **4 ch** ☐ ★75/90 – ★★100/115.

• Élégant manoir néoclassique où se réunissait le cercle littéraire local. Formule bien à la page : 6, 9 ou 13 mets en portions allégées. Terrasse au jardin. Chambres raffinées.

• In dit elegante, neoklassieke landhuis kwam de plaatselijke literaire kring bijeen. Eigentijdse formule met 6, 9 of 13 kleine hapjes. Stijlvolle kamers en tuin met terras.

Andrimont *Nord : 5 km* C *Dison 14 246 h.* – ✉ *4821 Andrimont* :

XX **La Bergerie,** rte de Henri-Chapelle 158, ☎ 0 87 89 18 00, *Fax 0 87 78 57 37,* – P ⇔ 4/16. MC VISA

fermé 2 sem. carnaval, sem. Toussaint, lundi et mardi – **Rest** *Lunch 26* – 39, carte 28/45.

• Cuisine de notre temps servie dans une fermette en pierres modernisée et éclaircie au-dedans ou, l'été, sur la terrasse tournée vers un paysage vallonné. Menus très demandés.

• Dit boerderijtje is vanbinnen gemoderniseerd en lichter gemaakt. Eigentijdse kaart met lekkere menu's. 's Zomers kan op het terras met uitzicht op de heuvels worden gegeten.

Heusy C *Verviers* – ✉ *4802 Heusy* :

XXX **La Croustade,** r. Hodiamont 13 (par N 657), ☎ 0 87 22 68 39, *croustade@belgacom.net, Fax 0 87 22 79 21,* – P ⇔ 10/40. AE ① MC VISA B

fermé 1 sem. Pâques, 2e quinz. août, sem. Noël, sam. midi, dim. soir, lundi et mardi soir – **Rest** *Lunch 25* – 33/87 bc, carte 45/66.

• Sur les hauteurs, dans un quartier plutôt chic, maison 1900 que signale une façade égayée de colombages. Mets au goût du jour. Terrasse d'été invitante dressée au jardin.

• Dit vakwerkhuis uit 1900 staat hoog in een vrij chique woonwijk. De gerechten passen bij de huidige smaak. Op zomerse dagen wordt het terras in de tuin opgedekt.

BELGIQUE

VERVIERS

- Anne-de-Molina (R.) . . . . **B** 3
- Brou (R. du) . . . . **C** 4
- Carmes (R. des) . . . . **D** 6
- Chapelle (R. de la). . . . . **B** 7
- Chêne (Pont du) . . . . **C** 8
- Clément XIV (R.). . . . . **B** 9
- Coronmeuse (R.) . . . . **D** 10
- Crapaurue . . . . **D**
- Déportés (R. des) . . . . **B** 12
- Fabriques (R. des) . . . . **B** 15
- Franchimontois (R. des) . . . . **B** 17
- Franchimont (R. de) . . . . **B** 16
- Grandjean (R.). . . . . **C** 18
- Grappe (R. de la). . . . . **B** 19
- Grétry (R.) . . . . **B** 20
- Harmonie (Av. de l') . . . . **C** 22
- Heid des Fawes . . . . **B** 24
- Lions (Pont aux) . . . . **D** 25
- Maçons (Quai des). . . . . **D** 27
- Martyr (Pl. du) . . . . **C** 28
- Namur (R. de) . . . . **C** 29
- Ortmans-Hauzeur (R.) . . . . . . **D** 30
- Palais de Justice (Pl. du). . . . . **D** 31
- Paroisse (R. de la). . . . . **D** 33
- Raines (R. des) . . . . **D** 34
- Récollets (Pont des). . . . . **C** 36
- Saint-Laurent (Pont) . . . . **C** 37
- Sommeleville (Pl.) . . . . **D** 39
- Sommeleville (Pont). . . . . **D** 40
- Spintay (R.) . . . . **C**
- Théâtre (R. du) . . . . **C** 42
- Thier-Mère-Dieu (R.) . . . . **D** 43
- Tribunal (R. du) . . . . **D** 45
- Verte (Pl.). . . . . **C**
- Verviers (R. de) . . . . **B** 46

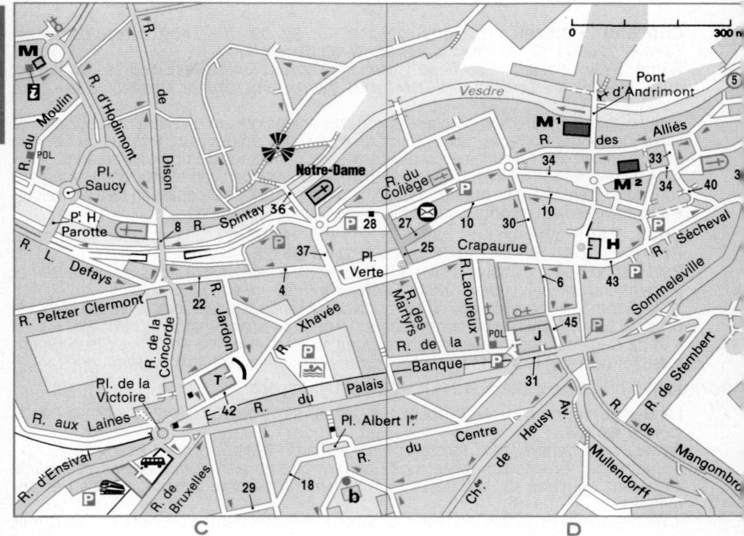

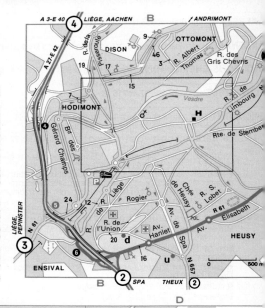

XX **Auberge du Tilleul,** av. Nicolaï 43, ☎ 0 87 22 11 11, *fernand.laschet@skynet.*
Fax 0 87 22 11 11, – P ⇔ 6/12. AE ⓓ ⓜ VISA **B**
fermé dim. soir, lundi, merc. soir et après 20 h 30 – **Rest** *Lunch 23* – 33/53, carte 27/54.
◆ Villa bourgeoise où la même famille vous dorlote depuis plus d'un quart de siècle. Ch classique-traditionnel ; décor intérieur de même. Accueillant restaurant de plein air.
◆ Dit restaurant in een mooie villa wordt al ruim 25 jaar door dezelfde familie gerur Klassiek-traditionele gerechten, die bij goed weer buiten worden geserveerd.

Petit-Rechain *Nord-Ouest : 2 km* C *Verviers –* ✉ *4800 Petit-Rechain :*

XX **La Chapellerie**, chaussée de la Seigneurie 13, ✆ 0 87 31 57 41, *lachapellerie@skynet.be, Fax 0 87 31 57 41,* – P ⇔ 14/35. AE MC VISA
fermé prem. sem. janv., 1 sem. Pâques, 2 sem. en juil., 1 sem. Toussaint, mardi, merc. et sam. midi – **Rest** Lunch 25 – 33/80 bc, carte 41/55.
◆ Carte attrayante et bon menu en phase avec l'époque, proposés dans un joli décor contemporain dédié au chapeau ou sur la terrasse cachée. Patines murales ocre en salles.
◆ Aantrekkelijke kaart en lekker menu, goed bij de tijd. Mooi hedendaags interieur in het teken van de hoed, met okerkleurige muren. Terras aan de achterkant.

EURNE **(FURNES)** *8630 West-Vlaanderen* **533** B16 *et* **716** B2 – *11 842 h.* 18 **A2**

Voir *Grand-Place*★★ *(Grote Markt) – Procession des Pénitents*★★ *(Boetprocessie) – Cuirs*★ *à l'intérieur de l'Hôtel de Ville (Stadhuis).*
Env. *à l'Est : 10 km à Diksmuide, Tour de l'Yser (IJzertoren)* ✵★.
Grote Markt 29 ✆ *0 58 33 05 31, infotoerisme@veurne.be, Fax 0 58 33 05 96.*
Bruxelles 134 – Brugge 47 – Oostende 26 – Dunkerque 21.

Hostellerie Croonhof, Noordstraat 9, ✆ 0 58 31 31 28, *info@croonhof.be, Fax 0 58 31 56 81* –
fermé 5 au 11 fév., 256 au 28 juin, 1er au 15 oct., 17 au 25 déc. et dim. – **Rest** voir rest ***Orangerie*** ci-après – **14 ch** ☕ ★72/125 – ★★95/125 – ½ P 88/96.
◆ Maison de maître rénovée, toute proche de la pittoresque Grand-Place. Chambres d'ampleur satisfaisante, bénéficiant du confort moderne. Atmosphère d'hostellerie familiale.
◆ Dit gemoedelijke familiehotel is ondergebracht in een gerenoveerd herenhuis vlak bij de pittoreske Grote Markt. De kamers zijn groot genoeg en bieden modern comfort.

De Loft sans rest, Oude Vestingstraat 36, ✆ 0 58 31 59 49, *deloft@pandora.be, Fax 0 58 31 68 12* – . VISA
8 ch ☕ ★57 – ★★67/83.
◆ Au centre, mais hors du circuit touristique, ancienne fonderie convertie en "loft-hotel" accueillant. Chambres basiques mais fraîches et nettes ; tea-room et galerie d'art.
◆ Deze oude smederij is omgetoverd tot een "lofthotel" in het centrum, even buiten het toeristische circuit. Basic kamers, maar fris en proper. Tearoom en kunstgalerie.

't Kasteel en 't Koetshuys , Lindendreef 7, ✆ 0 58 31 53 72, , – .
fermé 15 au 30 oct. – **Rest** (dîner pour résidents seult) – **12 ch** ☕ ★70/90 – ★★80/100 – ½ P 150/170.
◆ Belle demeure 1900 où vous serez hébergés dans l'esprit "bed and breakfast". Chambres calmes et charmantes (quelquefois sans salle d'eau privative). Tea-room côté jardin.
◆ In dit schitterende pand uit 1900 kunt u terecht voor Bed & Breakfast. De kamers zijn rustig, maar hebben niet altijd een eigen badkamer. Theesalon aan de tuinzijde.

XX **Orangerie** H. Hostellerie Croonhof, Noordstraat 9, ✆ 0 58 31 31 28, *info@croonhof.be, Fax 0 58 31 56 81* – ♿ ⇔ 25/50. AE MC VISA
fermé 5 au 12 fév., 25 au 28 juin, 1er au 15 oct., 17 au 25 déc., dim. soir et lundi – **Rest** 24/83 bc, carte 48/60.
◆ Confortable salle de restaurant au décor bourgeois où l'on goûte une cuisine d'orientation classique-traditionnelle, et bodega où l'on présente une petite carte italianisante.
◆ Comfortabel restaurant met een klassiek-traditionele keuken en bijpassende inrichting. Bodega met een Italiaans georiënteerde, kleine kaart.

XX **Olijfboom**, Noordstraat 3, ✆ 0 58 31 70 77, *olijfboom@pandora.be, Fax 0 58 31 42 08* – MC VISA
fermé 2 sem. en janv., 1 sem. en sept., dim. et lundi – **Rest** Lunch 21 – 38/48, carte 31/62, .
◆ Bonne petite table à débusquer près du Grote Markt. Cadre actuel, chef "new style" œuvrant à vue, choix classique, recettes de homard (puisé au vivier) et beau livre de cave.
◆ Goed adresje bij de Grote Markt. Hedendaags interieur met open keuken, waarin een chef-kok "nieuwe stijl" aan het werk is op klassieke basis. Verse kreeft en lekkere wijn.

X **Brasserie 'De Oogappel'**, Appelmarkt 3, ✆ 0 58 28 86 46, *Fax 0 58 28 86 46,* – ⇔ 22. AE MC VISA
fermé 1 sem. en fév., 1 sem. en sept. et dim. soirs et lundis non fériés – **Rest** carte 31/66.
◆ Restaurant de style bistrot établi au centre de Veurne, dans une maison de 1760 rénovée en préservant revêtements de sol et armoires d'origine. Carte classique française.
◆ Restaurant in bistrostijl in het centrum van Veurne, in een gerenoveerd pand uit 1760, waarvan de vloeren en kasten nog origineel zijn. Klassieke Franse kaart.

BELGIQUE

Bistro Petit Cabaret, Appelmarkt 1, ℘ 0 58 62 04 02, *info@petitcabaret.b*
Fax 0 58 62 03 47, – AE MC VISA
fermé merc. et sam. midi – **Rest** *Lunch 15* – 42/58, carte 47/56.
• Une cuisine méditerranéenne inspirée par l'avant-garde se conçoit dans cette viei maison adossée à l'église St-Nicolas. Carte égayée d'illustrations rétro ; menus-surprise.
• Avantgardistische, mediterrane keuken in een oud pand bij de St-Nicolaaskerk. Kaart m illustraties uit grootmoeders tijd; verrassingsmenu.

à Beauvoorde *Sud-Ouest : 8 km* C *Veurne* – ✉ *8630 Veurne :*

Driekoningen, Wulveringemstraat 40, ℘ 0 58 29 90 12, *info@driekoningen.b*
Fax 0 58 29 80 22, , – rest, P – 120. MC VISA
fermé 22 janv.-8 fév., 17 au 28 sept. et merc. – **Rest** *(fermé lundi soir d'oct.à mi-avril, mar et merc.)* (avec taverne-rest) 36/75 bc, carte 30/52 – **13** ch ★55/60 – ★★70/92 ½ P 67/73.
• Un village typé sert de cadre à cette grande auberge dont l'origine se perd au 18e Bonnes chambres fonctionnelles récemment réaménagées et raisonnablement tarifée Taverne, ample restaurant éclairé par de gracieux lustres, salons et espaces pour banquet
• Deze 18e-eeuwse herberg in een karakteristiek dorp biedt functionele, pas gerend veerde kamers tegen een redelijke prijs. Café, verschillende lounges, zalen voor banqu ting en groot restaurant met sierlijke kroonluchters.

Un hôtel charmant pour un séjour très agréable ?
Réservez dans un hôtel avec pavillon rouge : ... .

BELGIQUE

VIELSALM *6690 Luxembourg belge* **533** U21, **534** U21 *et* **716** K5 – *7 319 h.* 13 C
av. de la Salm 50 ℘ 0 80 21 50 52, info@vielsalm-gouvy.org, Fax 0 80 21 74 62.
Bruxelles 171 – Arlon 86 – Malmédy 28 – Clervaux 40.

Les Myrtilles sans rest, r. Vieux Marché 1, ℘ 0 80 67 22 85, *info@lesmyrtilles.b*
Fax 0 80 67 22 86, , , , – P – 60. AE VISA.
19 ch ★59/74 – ★★69/84.
• Cet hôtel familial rénové en 2003 vous héberge dans des chambres claires, sobres e nettes. Sémillante salle de breakfast à touche rustique. Terrasse et jardinet à l'arrière.
• Dit familiehotel werd in 2003 gerenoveerd en beschikt over lichte, sobere en keurig kamers. Vrolijke ontbijtzaal met een rustiek karakter. Terras en tuintje achter.

à Bovigny *Sud : 7 km* C *Gouvy 4 679 h.* – ✉ *6671 Bovigny :*

Saint-Martin, Courtil 5, ℘ 0 80 21 55 42, *hotelsaintmartin@skynet.b*
Fax 0 80 21 77 46, – P. MC VISA. rest
fermé 1er au 11 janv. et 10 au 16 avril – **Rest** *(fermé dim. soir) Lunch 18* – 33, carte 36/44 9 – **12** ch ★52 – ★★62 – ½ P 66.
• Cette maison ardennaise en pierres du pays plaît pour son atmosphère familiale des plu hospitalières et pour ses chambres fonctionnelles bien tenues, cédées à prix souriant Salle de restaurant au décor assez typé, assorti au tempérament régional du menu.
• In dit hotel, dat in typisch Ardense stijl uit natuursteen is opgetrokken, heerst ee gastvrije, huiselijke sfeer. Goed onderhouden, functionele kamers voor een zacht prijsje De karakteristieke eetzaal past uitstekend bij het regionale karakter van het menu.

à Grand-Halleux *Nord : 5 km* C *Vielsalm* – ✉ *6698 Grand-Halleux :*

L'Ecurie, av. de la Résistance 30, ℘ 0 80 21 59 54, *restaurant.ecurie@swing.be, Fax 0 8 21 76 43,* , , Avec cuisine italienne, ouvert jusqu'à 23 h – P. AE MC VISA
fermé dern. sem. août-prem. sem. sept. et lundis et mardis non fériés sauf vacance scolaires – **Rest** 26/34, carte 31/43.
• Cuisine franco-transalpine servie dans les anciennes dépendances d'un pensionnat d jeunes filles. La plupart des tables embrassent du regard une vallée bucolique.
• In de voormalige bijgebouwen van een meisjesinternaat genieten de gasten van Frans Italiaanse gerechten. Het merendeel van de tafels kijkt uit op het schilderachtige dal.

à Hébronval *Ouest : 10 km* C *Vielsalm* – ✉ *6690 Vielsalm :*

Le Val d'Hébron avec ch, Hébronval 10, ℘ 0 80 41 88 73, *Fax 0 80 41 80 73,* ,
P 50. AE MC VISA. rest
fermé 1 sem. en mars et 17 août-4 sept. – **Rest** *(fermé mardi)* (avec taverne) *Lunch 20* – 30/45, carte 26/43 – 8 – **12 ch** ★35 – ★★55 – ½ P 55.
• Auberge familiale où l'on se sent entre de bonnes mains. Généreuse table traditionnell au cadre moderne. Chambres rénovées au fond du jardin, dans l'annexe côtoyant l'église.
• In deze familieherberg bent u in goede handen. Moderne eetzaal met een traditionel keuken. Gerenoveerde kamers in de dependance achter in de tuin, naast de kerk.

ILLERS-LE-BOUILLET *4530 Liège* **533** Q19, **534** Q19 *et* **716** I4 – *6 051 h.* 8 **A2**

Bruxelles 86 – Liège 25 – Huy 8 – Namur 37.

XX **Un temps pour Soi,** Thier du Moulin 46 (Sud : 4 km par N 684), ☎ 0 85 25 58 55, *untempspoursoi@skynet.be, Fax 0 85 21 31 84,* – P ⇔ 6/12. AE MC VISA

fermé prem. sem. janv., 2 prem. sem. sept., lundi et sam. midi – **Rest** *Lunch 30* – 44/50 bc, carte env. 44.

• Table accueillante aménagée dans une belle maison de pays (18e s.). Cadre rustique-contemporain feutré, cuisine actuelle bien faite, bar à vins et jolie terrasse en teck.

• Uitnodigend restaurant in een mooi 18e-eeuws pand. Sfeervolle inrichting in modern-rustieke stijl, goede eigentijdse keuken, wijnbar en prettig terras met teakhouten meubelen.

ILLERS-SUR-LESSE *5580 Namur* C *Rochefort 12 040 h.* **534** P22 *et* **716** I5. 15 **C2**

Bruxelles 115 – Namur 54 – Bouillon 55 – Dinant 25 – Rochefort 9.

Beau Séjour, r. Platanes 16, ☎ 0 84 37 71 15, *contact@beausejour.be, Fax 0 84 37 81 34,* ≤, – P – 25. AE MC VISA. ch

fermé 2 sem. en janv., fin juin-début juil., dim. sauf vacances scolaires et lundi – **Rest** ***Du four à la Table*** *(fermé dim. sauf vacances scolaires, lundi, mardi midi et après 20 h 30)* 40/65, carte 46/66, – **12 ch** 83/95 – 86/120 – 1 suite – ½ P 80/89.

• Au cœur du village, hostellerie s'ouvrant sur un jardin fleuri dès les premiers beaux jours et doté d'un étang de baignade, avec vue sur le château. Trois types de chambres. Repas dans le tempo actuel, bonne cave, terrasse d'été invitante et service avenant.

• Dit hotel-restaurant in het hart van het dorp heeft een tuin die 's zomers prachtig in bloei staat, met een zwemvijver en uitzicht op het kasteel. Drie typen kamers. Eigentijdse keuken, goede wijnen, mooi zomerterras en hoffelijke bediening.

Château de Vignée, r. Montainpré 27 (Ouest : 3,5 km près E 411 - A 4, sortie ㉒, lieu-dit Vignée), ☎ 0 84 37 84 05, *chateaudevignee@skynet.be, Fax 0 84 37 84 26,* ≤, – P – 250. AE MC VISA

fermé 10 janv.-10 fév. – **Rest** *(fermé lundi soir et mardi)* 32/74 bc, carte 49/64 – 10 – **14 ch** 100/149 – 100/149 – 3 suites – ½ P 110/135.

• Ferme-château du 18e s. s'entourant d'un parc dont les terrasses offrent une vue plongeante sur la Lesse et la campagne. Chambres personnalisées, garnies de meubles anciens. Élégante salle à manger d'esprit Art déco. Mets classiques revisités pas à pas.

• Deze 18e-eeuwse kasteelboerderij heeft een park en terrassen met uitzicht op de Lesse en het platteland. De kamers hebben antieke meubelen en een persoonlijk karakter. Elegante eetzaal in art-decostijl. Klassieke gerechten met een vleugje vernieuwing.

X **Auberge du Bief de la Lesse,** r. Bief 1, ☎ 0 84 37 84 21, *info@biefdelalesse.com,* ≤, – P

fermé lundis et mardis non fériés – **Rest** carte env. 28.

• Vieille ferme (18e s.) au décor nostalgique chaleureux, façon bistrot rustique. Flambées au salon dès les premiers frimas, tonnelle côté jardin, petit choix noté à l'ardoise.

• Oude boerderij (18e eeuw) met een warm, nostalgisch interieur in rustieke bistrostijl. Zitkamer met open haard, tuin met pergola en kleine keuze op een lei.

VILVOORDE (VILVORDE) *Vlaams-Brabant* **533** L17 *et* **716** G3 – *voir à Bruxelles, environs.*

VIRELLES *Hainaut* **534** K22 *et* **716** F5 – *voir à Chimay.*

VIRTON *6760 Luxembourg belge* **534** S25 *et* **716** J7 – *11 165 h.* 13 **C3**

Pavillon, r. Grasses Oies 2b ☎ 0 63 57 89 04, mtg@soleildegaume.com, Fax 0 63 57 71 14.

Bruxelles 221 – Arlon 29 – Bouillon 53 – Longwy 32 – Montmédy 15.

XX **Le Franc Gourmet,** r. Roche 13, ☎ 0 63 57 01 36, *lefrancgourmet@skynet.be, Fax 0 63 58 17 19,* – AE MC VISA.

fermé carnaval, sam. midi, dim. soir et lundi – **Rest** *Lunch 30* – 25/45, carte 28/48.

• Table au cadre actuel située en face de la Maison du Tourisme de Gaume. Cuisine de base classique servie dans trois pièces en enfilade. Terrasse-jardin à l'arrière.

• Restaurant tegenover het VVV-kantoor van Gaume, met drie kamers-en-suite die eigentijds zijn ingericht. Klassieke keuken en tuin met terras aan de achterzijde.

XX **Au Fil des Saisons,** Faubourg d'Arival 40b, ☎ 0 63 58 22 02, *Fax 0 63 58 22 02,* – P ⇔ 10/120. MC VISA.

fermé dim. soir et lundi – **Rest** *Lunch 22* – 37/62 bc, carte 39/63.

• Au cœur de Virton, ex-bâtisse brassicole en pierre du pays où l'on prend place dans plusieurs salles étagées en mezzanines ou sur la terrasse de la cour. Carte actuelle.

• Deze voormalige bierbrouwerij van steen uit de streek, hartje Virton, heeft meerdere eetzalen op verschillende niveaus en een terras op de binnenplaats. Actuele kaart.

BELGIQUE

à Ruette *Sud-Est : 7 km* 🄲 *Virton* – ✉ *6760 Ruette :*

La Bajocienne, r. Abbé Dorion 22, ☎ 0 63 57 00 63, *Fax 0 63 57 94 67*, – **P**
Rest (dîner pour résidents seult) – **4 ch** ☕ ✝33 – ✝✝45 – ½ P 53.
◆ Agreste "bed and breakfast" tirant parti d'une belle ferme gaumaise ancienne. Chambr nettes, salon au coin du poêle et table d'hôtes où entrent des produits bio "maison".
◆ Landelijk gelegen, mooie oude boerderij in de stijl van Gaumeland. Keurige gastenk mers, salon met ouderwetse kachel en table d'hôte met zelfverbouwde biologische pr ducten.

à Torgny *Sud-Ouest : 10 km* 🄲 *Rouvroy 1 982 h.* – ✉ *6767 Torgny :*

L'Empreinte du Temps , r. Escofiette 12, ☎ 0 63 60 81 80, *lempreinte@skynet.b* *Fax 0 63 57 03 44* – **VISA**. rest
fermé dern. sem. janv.-prem. sem. fév., dern. sem. août-prem. sem. sept., dim. soir, lur et mardi midi – **Rest** (menu unique) 24 – **11 ch** ☕ ✝77/97 – ✝✝95/220.
◆ Petit hôtel séduisant établi dans l'ancienne école de Torgny. Façade typique en pierr du pays (1803) et agencement intérieur rustique-contemporain très réussi. Bon repas bi de notre temps servi dans une cave au décor harmonisé au style sobre de la maison.
◆ Klein hotel vol charme in de voormalige school van Torgny. De mooie voorgevel (1803) gemaakt van lokale steen; geslaagd rustiek-modern interieur. Goede, eigentijdse keuken een souterrain, waarvan de inrichting past bij de sobere stijl van het huis.

Auberge de la Grappe d'Or (Boulanger) avec ch et annexe, r. Ermitage 1 ☎ 0 63 57 70 56, *la.grappe.dor@skynet.be, Fax 0 63 57 03 44*, – **P** 18. **AE** **VI** rest
fermé dern. sem. janv.-prem. sem. fév., dern. sem. août-prem. sem. sept., dim. soir, lur et mardi midi – **Rest** 54/137 bc, carte 65/81, – **10 ch** ☕ ✝94/103 – ✝✝120/130 ½ P 117/125.
Spéc. Coulis d'artichauts aux fèves des marais, tartare de lisettes. Lapereau fumé et fa de homard, fleur de courgette aux abattis. Soupe de chocolat, cerises confites et granité
◆ Un joli village sert de cadre à cette maison du 19e s. transformée en relais de bouc savoureux et charmant. Chambres rustiques à l'étage, actuelles en rez-de-jardin.
◆ Dit 19e-eeuwse pand in een mooi dorp is nu een sfeervol en lekker restaurant. Rustie kamers op de bovenverdieping en moderne op de begane grond.

Wilt u kiezen tussen twee gelijkwaardige adressen?
In elke categorie geven wij de adressen op in de volgorde
van onze voorkeur met als eerste de bedrijven die wij warm aanbevelen.

VLIERMAAL *Limburg* **533** R17 *et* **716** J3 – *voir à Tongeren.*

VLISSEGEM *West-Vlaanderen* **533** D15 *et* **716** C2 – *voir à De Haan.*

VORST *Brussels Hoofdstedelijk Gewest – voir Forest à Bruxelles.*

VRASENE *9120 Oost-Vlaanderen* 🄲 *Beveren 45 706 h.* **533** K15 *et* **716** F2. 17 D
Bruxelles 55 – Gent 49 – Antwerpen 13 – Sint-Niklaas 8.

Herbert Robbrecht, Hogenakker 1 (sur N 451), ☎ 0 3 755 17 75, *info@herbertr brecht.be, Fax 0 3 755 17 36*, – **P** 18/45. **AE** **VISA**.
fermé prem. sem. janv., vacances de Pâques, 23 juil.-12 août, sem. Toussaint, mardi sc jeudi et sam. midi – **Rest** *Lunch 33* – 55/93 bc, carte 64/96, ♀.
Spéc. Anguille au vert. Blanquette de joue de veau aux morilles. Pigeon rôti aux baies genévrier.
◆ Aux portes de Vrasene, villa récente s'ouvrant sur un jardin agrémenté d'une terras d'été et d'une pièce d'eau. Cadre actuel élégant et registre culinaire au goût du jour.
◆ Moderne villa aan de rand van Vrasene met een tuin, zomerterras en waterpartij. Elega hedendaags interieur en een culinair register dat goed bij de huidige smaak past.

VRESSE-SUR-SEMOIS *5550 Namur* **534** O23 *et* **716** H6 – *2 841 h.* 15
Env. au Nord-Est : Gorges du Petit Fays★ – Route de Membre à Gedinne ≤★★ sur "Jamb de la Semois" (site naturel) : 6,5 km.
i *r. Albert Raty 83 ☎ 0 61 29 28 27, Fax 0 61 29 28 32.*
Bruxelles 154 – Namur 95 – Bouillon 29 – Charleville-Mézières 30.

BELGIQUE

Le Relais, r. Albert Raty 72, ☎ 0 61 50 00 46, *le.relais.vresse@skynet.be, Fax 0 61 50 02 26,* – rest, P. AE MC VISA
ouvert 9 avril-1er janv. – **Rest** *(fermé mardi soir, merc., jeudi et après 20 h 30) Lunch 19* – 26, carte 34/47 – **20 ch** ☐ ★39/45 – ★★51/82 – ½ P 48/60.
◆ Devancée d'une terrasse estivale animée, cette auberge accueillante nichée au cœur d'un village touristique propose deux catégories de chambres correctement équipées. Ambiance ardennaise, menus bien vus et prix muselés : trois raisons de s'attabler ici.
◆ Deze vriendelijke herberg in een toeristisch dorp heeft een populair zomerterras aan de voorkant en twee categorieën kamers met prima voorzieningen. Ardense sfeer, aantrekkelijke menu's en schappelijke prijzen: drie goede redenen om hier aan tafel te gaan!

Pont St. Lambert, r. Ruisseau 8, ☎ 0 61 50 04 49, *Fax 0 61 50 16 93,* ←, – AE VISA
fermé 26 mars-6 avril, 25 juin-13 juil., 24 sept.-5 oct., mardi, merc. et après 20 h 30 – **Rest** 17/50, carte 27/43.
◆ Un petit choix régional actualisé, proposant plusieurs menus, vous attend à cette enseigne. La terrasse offre la vue sur un vieux pont enjambant la Semois.
◆ Terras met uitzicht op de oude brug over de Semois. De eigentijdse kaart met regionale invloeden is beknopt, maar wordt uitgebreid met een aantal menu's.

Laforêt *Sud : 2 km* C *Vresse-sur-Semois* – ✉ *5550 Laforêt :*

Auberge Moulin Simonis , rte de Charleville 42 (sur N 935), ☎ 0 61 50 00 81, *courrier@moulinsimonis.com, Fax 0 61 50 17 41,* , – 40. MC VISA. rest
fermé janv.-carnaval et dim. soir et lundi sauf en juil.-août – **Rest** *(fermé après 20 h 30)* 20/75 bc, carte 34/44, – **14 ch** ☐ ★63 – ★★70 – ½ P 55.
◆ Bon accueil familial en cet ancien moulin à eau isolé dans un vallon de verdure et de silence. Chambres refaites par étapes (d'abord l'étage). Côté bouche : classiques régionaux, menus tentateurs, bon choix de vins et additions sages. Terrasse sur pelouse.
◆ In deze oude watermolen, afgelegen in een rustig groen dal, wordt u vriendelijk onthaald. De kamers worden geleidelijk opgeknapt (bovenverdieping eerst). Klassieke regionale keuken, lekkere menu's, goede wijnen en billijke prijzen. Gazon met terras.

BELGIQUE

ROENHOVEN *3770 Limburg* C *Riemst 15 965 h.* 533 S18 *et* 716 J3. 11 C3

Bruxelles 106 – Hasselt 37 – Liègelt 26 – Aachen 42 – Maastricht 6.

Mary Wong, Maastrichtersteenweg 242, ☎ 0 12 45 57 57, *info@marywong.be, Fax 0 12 45 72 90,* Cuisine chinoise – AE MC VISA
fermé 2 sem. en janv., merc. et jeudi – **Rest** (dîner seult sauf dim.) 38/49, carte 27/56.
◆ Restaurant chinois aimable et soigné officiant à deux pas de la frontière belgo-hollandaise. Salle moderne aux tons ocre semée de références décoratives à l'Empire du Milieu.
◆ Aardig en verzorgd Aziatisch restaurant bij de grens met Nederland. Moderne okerkleurige eetzaal met decoratie in de stijl van het Hemelse Rijk.

VAARDAMME *West-Vlaanderen* 533 E16 *et* 716 C2 – *voir à Brugge, environs.*

VAARMAARDE *8581 West-Vlaanderen* C *Avelgem 9 458 h.* 533 F18 *et* 716 D3. 19 D3

Bruxelles 85 – Brugge 77 – Gent 42 – Kortrijk 20 – Tournai 26.

De Gouden Klokke, Trappelstraat 25, ☎ 0 55 38 85 60, *info@goudenklokke.be, Fax 0 55 38 79 29,* – P 60. AE MC VISA.
fermé lundi soir et mardi – **Rest** *Lunch 19* – 45/77 bc, carte 42/72.
◆ Fermette de style typiquement flamand située à la campagne. Cuisine traditionnelle et cadre alliant rusticité, touches classiques et notes modernes. Terrasse d'été invitante.
◆ Vlaamse boerderij op het platteland met een traditionele keuken. Het interieur is een mix van rustiek, klassiek en modern. 's Zomers is het terras favoriet.

VAASMUNSTER *9250 Oost-Vlaanderen* 533 J16 *et* 716 F2 – *10 302 h.* 17 C2

Bruxelles 39 – Gent 31 – Antwerpen 29.

La Cucina, Belselestraat 4 (sur E 17 - A 14, sortie ⑬), ☎ 0 52 46 00 29, *info@restaurant-lacucina.be, Fax 0 52 46 34 59,* – P 10/60. AE MC VISA.
fermé 2 sem. avant Pâques, dern. sem. juil.-prem. sem. août, lundi en juil.-août, mardi, merc. et sam. midi – **Rest** *Lunch 57 bc* – 50/82 bc, carte 47/70.
◆ Ce restaurant plagiant le style "mas provençal" vous reçoit dans un cadre serein aux couleurs du Midi. Cuisine actuelle volontiers teintée de nuances méditerranéennes.
◆ Dit restaurant in de stijl van een Provençaalse herenboerderij ontvangt u in een serene omgeving met mediterrane kleuren. Eigentijdse keuken met een licht Zuid-Frans accent.

Roosenberg, Patotterijstraat 1, ✆ 0 3 722 06 00, *info@roosenberg.b* *Fax 0 3 722 03 63*, Grillades en salle, ouvert jusqu'à minuit – P. AE MC VISA. *fermé 24 et 31 déc.* – **Rest** Lunch 23 – carte 32/105, ♀.
• À l'approche de Waasmunster, jolie brasserie au décor "trendy" installée dans une gran villa moderne de style vaguement colonial. Salon-cheminée design ; grillades en salle.
• Mooie trendy brasserie in een grote moderne villa die koloniaal aandoet, aan de rand v Waasmunster. Design zithoek met schouw; grill in de eetzaal.

WACHTEBEKE *9185 Oost-Vlaanderen* 533 *I15 et* 716 *E2 – 6 880 h.* 17

Bruxelles 73 – Gent 18 – Middelburg 55 – Sas van Gent 10.

L'Olivette, Meersstraat 33, ✆ 0 9 342 04 17, *mb.171349@scarlet.be, Fax 0 9 342 05* – VISA
fermé 2 sem. en juin, 1 sem. en déc., sam. midi, dim. et lundi – **Rest** Lunch 27 – 32/60 carte 32/51, ♀.
• Petit restaurant charmant au bord d'un chemin de halage longeant un canal. Attrayar carte inspirée par la Provence et ardoise de suggestions saisonnières.
• Leuk restaurantje aan het oude jaagpad langs het kanaal. Aantrekkelijke kaart met P vençaalse gerechten en suggesties afhankelijk van het seizoen.

WAIMES (WEISMES) *4950 Liège* 533 *V20,* 534 *V20 et* 716 *L4 – 6 728 h.* 9

Bruxelles 164 – Liège 65 – Malmédy 8 – Spa 27.

Hotleu, r. Hottleux 106 (Ouest : 2 km), ✆ 0 80 67 97 05, *info@hotleu.be, Fax 0 67 84 62*, – P – 100. AE MC VISA. rest
fermé 1er au 10 janv. et 25 juin-5 juil. – **Rest** *(fermé lundi midi, mardi midi, merc. et ap 20 h 30)* Lunch 25 – 50, carte 27/46 – **15 ch** ★54/76 – ★★72/110 – ½ P 52/103.
• Confortable hôtel familial perché sur les hauteurs de Waimes. Intérieur classiqueme aménagé, ambiance provinciale et plusieurs possibilités de distraction ou détente. Sall manger bourgeoise agrémentée d'une terrasse surplombant le jardin.
• Dit comfortabele hotel in de heuvels van Waimes biedt talloze mogelijkheden vo ontspanning. Klassiek interieur, gemoedelijke ambiance en een traditioneel ingerichte e zaal met een terras boven de tuin.

Cyrano, r. Chanteraine 11, ✆ 0 80 67 99 89, *Fax 0 80 67 83 85*, – P – 25 à 1 AE MC VISA.
Rest *(fermé sam. midi)* Lunch 31 – 33/80 bc, carte 55/69, ♀ – **15 ch** ★75/90 – ★★9 ½ P 70/98.
• Juste "un peu de nez" suffit pour découvrir cet établissement sympathique. Toutefois héros de la pièce de Rostand n'aurait pu que s'y plaire, avec la belle Roxane ! Actuelle inventive, la carte du restaurant trouve sa rime dans le vignoble de Bergerac.
• Wie een fijne neus heeft, vindt moeiteloos de weg naar dit sympathieke etablisseme dat is opgedragen aan de beroemde held uit het stuk van Rostand. De eigentijdse inventieve keuken komt goed tot zijn recht bij de wijnen uit... Bergerac!

Auberge de la Warchenne avec ch, r. Centre 20, ✆ 0 80 67 93 63, *Fax 0 80 67 84* – P 8/20. AE MC VISA
Rest *(fermé merc.)* 21/37, carte 27/48 – **7 ch** ★48 – ★★78 – ½ P 52/60.
• Un bon accueil vous est réservé dans cette petite auberge familiale de type cha Restaurant décoré à la tyrolienne, carte traditionnelle et chambres proprettes.
• In deze kleine familieherberg in de stijl van een chalet wordt u goed ontvangen. Rest rant met een Tiroler interieur, traditionele kaart en kraakheldere kamers.

à Faymonville *Est : 2 km* C *Waimes – ✉ 4950 Faymonville :*

Au Vieux Sultan avec ch, r. Wemmel 12, ✆ 0 80 67 91 97, *auvieuxsultan@ mail.com, Fax 0 80 67 81 28*, rest, rest, P 30/120. AE VISA.
fermé début à mi-janv., fin juin-début juil. et lundi – **Rest** *(fermé dim. soir et lundi)* Lunc – 33/67, carte 45/67 – **9 ch** ★50 – ★★75/80 – ½ P 64/68.
• Au centre d'un village tranquille, hostellerie connue pour ses mets classiques de sais revisités en douceur. Salle à manger actuelle. Chambres pratiques, assez agréables.
• Deze herberg in een rustig dorp staat bekend om zijn klassieke, seizoengebonden rechten met een vleugje vernieuwing. Eigentijdse eetzaal. Praktische, vrij aangename mers.

WALCOURT *5650 Namur* 533 *L21,* 534 *L21 et* 716 *G5 – 17 517 h.* 14

Voir *Basilique St-Materne★ : jubé★, trésor★.*
Env. *au Sud : 6 km, Barrage de l'Eau d'Heure★, Barrage de la Plate Taille★.*
Grand'Place 25 ✆ 0 71 61 25 26, Fax 0 71 61 25 26.
Bruxelles 81 – Namur 57 – Charleroi 21 – Dinant 43 – Maubeuge 44.

BELGIQUE

XX **Hostellerie Dispa** avec ch, r. Jardinet 7, ☎ 0 71 61 14 23, *Fax 0 71 61 11 04*, – P 10/40. AE VISA.
fermé 15 fév.-15 mars, 1 sem. en juin, 2 sem. en sept. et mardis, merc. et dim. soirs non fériés – **Rest** *(fermé jeudis soirs non fériés sauf en juil.-aout et mardis, merc. et dim. soirs non fériés)* Lunch 22 – 33/82 bc, carte 41/62 – 10 – **6 ch** 58 – 68 – ½ P 75.
• Deux ambiances contrastées dans cette ancienne maison de notable où il fait bon s'attabler : salle feutrée aux réminiscences Art déco ou véranda. Mets classico-traditionnels.
• Twee verschillende sferen in dit herenhuis, waar u goed kunt tafelen: eetzaal in art-decostijl of serre. Traditioneel-klassieke keuken.

WANNE *Liège* **533** U20, **534** U20 *et* **716** K4 – *voir à Trois-Ponts.*

WANNEGEM-LEDE *Oost-Vlaanderen* **533** G17 *et* **716** D3 – *voir à Kruishoutem.*

WANZE *Liège* **533** Q19, **534** Q19 *et* **716** I4 – *voir à Huy.*

WAREGEM *8790 West-Vlaanderen* **533** F17 *et* **716** D3 – *35 848 h.* 19 **D3**
Bergstraat 41 ☎ 0 56 60 88 08, Fax 0 56 62 18 23.
Bruxelles 79 – Brugge 47 – Gent 34 – Kortrijk 16.

St-Jan, Anzegemseweg 26 (Sud : 3 km, près E 17 - A 14, sortie ⑤), ☎ 0 56 61 08 88, *info@hotel-st-janshof.com, Fax 0 56 60 34 45* – P – 40. AE VISA. rest
fermé 20 au 31 déc. – **Rest** (dîner pour résidents seult) – **21 ch** 65/85 – 85/125 – ½ P 78/95.
• À portée d'autoroute, imposante villa érigée au bord d'une chaussée passante traversant une zone industrielle. Chambres standard de bon format, munies du double vitrage.
• Imposante villa aan een doorgaande weg op een industrieterrein langs de snelweg. De standaardkamers zijn van goed formaat en hebben dubbele ramen.

De Peracker, Caseelstraat 45 (Ouest : 3 km sur rte de Desselgem, puis rte à gauche), ☎ 0 56 60 03 31, *deperacker@telenet.be, Fax 0 56 60 03 25*, ≤, – rest, P – 75. AE VISA.
Rest *(fermé vend.)* (dîner seult sauf dim.) 30/49 bc, carte 24/40 – **14 ch** 69/89 – 89/109.
• Cet hôtel familial excentré voisinant un étang que l'on peut sillonner en barque l'été venu, est spécialisé dans la tenue de banquets et séminaires. Chambres fonctionnelles. Table estimée des promeneurs pour ses grillades sur pierre. Terrasse au bord de l'eau.
• Dit hotel, dat door een familie wordt gerund, ligt even buiten Waregem bij een meertje, waar 's zomers bootjes te huur zijn. Het is gespecialiseerd in congressen en feesten. Functionele kamers. In het restaurant kunt u steengrillen. Terras aan het water.

XXXX **'t Oud Konijntje** (Mme Desmedt), Bosstraat 53 (Sud : 2 km près E 17 - A 14), ☎ 0 56 60 19 37, *info@oudkonijntje.be, Fax 0 56 60 92 12*, – P 10/25. AE VISA
fermé 1 sem. Pâques, fin juil.-début août, Noël-Nouvel An, jeudi soir, vend. et dim. soir – **Rest** Lunch 65 bc – 75/140 bc, carte 82/112.
Spéc. Brochette de langoustines, croustillant de riz au jasmin, coulis de crustacés. Viennoise de turbot, crème au lait d'amandes. Ravioli de queue de bœuf, bouillon au jus de truffes.
• Villa de campagne offrant les plaisirs d'un repas classique dans un intérieur modernisé avec goût ou sur la belle terrasse du jardin. Collection de lapins. Cave prestigieuse.
• Deze plattelandsvilla biedt een klassieke maaltijd in een met smaak gemoderniseerd interieur of op het mooie terras in de tuin. Verzameling konijnen. Prestigieuze wijnen.

X **Hobo's,** Wortegemseweg 51 (près E 17 - A 14, sortie ⑤), ☎ 0 56 61 69 54, *info@hobos.be, Fax 0 56 60 90 56*, – P. AE VISA
fermé 16 au 26 fév., 21 juil.-14 août, dim. et lundi – **Rest** Lunch 25 – 34/57 bc, carte 29/53.
• Accueillant restaurant style "bistrot bien dans le coup". Ample et lumineuse salle où domine le bois blond, grande terrasse d'été et quelques spécialités nippones à la carte.
• Gezellig restaurant in de stijl van een moderne bistro. Ruime en lichte eetzaal, waarin hout de boventoon voert. Groot terras en enkele Japanse specialiteiten op de kaart.

X **Berto,** Holstraat 32, ☎ 0 56 44 30 15, *berto-w@berto-waregem.be, Fax 0 56 44 30 16* – P 6. AE VISA.
fermé 2 prem. sem. août, dim. et lundi – **Rest** Lunch 25 – 45, carte 38/54.
• Maison de notable relookée au-dedans et dotée d'une terrasse sur cour. Bar en mosaïque, éclairage design, planchers blanchis et mobilier contemporain noir. Cuisine élaborée.
• Gerenoveerd herenhuis met een terras op de binnenplaats. Bar met mozaïek, designlampen, witgemaakte houten planken en modern zwart meubilair. Verfijnde keuken.

BELGIQUE

à Sint-Eloois-Vijve *Nord-Ouest : 3 km* ☐ *Waregem –* ✉ *8793 Sint-Eloois-Vijve :*

XX **De Houtsnip,** Posterijstraat 56, ✆ 0 56 61 13 77, *info@houtsnip.be, Fax 0 56 61 28* – ▤ P ⇔ 18. AE ⓓ ⓜ VISA
fermé 1 sem. carnaval, 1er au 19 août, mardi soir, merc. et dim. soir – **Rest** 30/40, car 40/53, ♀.
◆ Maison de maître à fière allure où bon menu actuel et raisonnablement tarifé ente combler votre appétit. Salles mariant des éléments décoratifs classiques et contemporai
◆ Statig herenhuis, waar u voor een schappelijke prijs de honger kunt stillen met een go eigentijds menu. Eetzalen met een mix van klassieke en moderne decoratieve elemente

X **Bistro Desanto,** Gentseweg 558, ✆ 0 56 60 24 13, *info@bistrodesanto.be, Fax 0 61 17 84,* , Ouvert jusqu'à 23 h – P. AE ⓓ ⓜ VISA
fermé prem. sem. vacances Pâques, 1re quinz. août, prem. sem. vacances Noël, dim. lundi – **Rest** *Lunch 19* – carte 30/52.
◆ Atmosphère conviviale, service avenant, saveurs "bistrotières" et suggestions plus trav lées font le succès de cette maison bourgeoise au décor intérieur contemporain.
◆ De gemoedelijke sfeer, attente bediening, bistrogerechten en ook verfijndere schot zijn het succesrecept van dit restaurant in een herenhuis met een eigentijds interieur.

WAREMME (BORGWORM) *4300 Liège* **533** Q18, **534** Q18 *et* **716** I3 – *14 048 h.* 8
Bruxelles 76 – Liège 28 – Namur 47 – Sint-Truiden 19.

XX **Le Petit Axhe,** r. Petit-Axhe 12 (Sud-Ouest : 2 km, lieu-dit Petit Axhe), ✆ 0 19 32 37 *lepetit-axhe@skynet.be, Fax 0 19 32 88 92,* – P ⇔ 10/60. AE ⓓ ⓜ VISA
fermé 1 sem. en janv., 2 sem. en août, lundi, mardi, merc. soir et sam. midi – **Rest** *Lunch* – 43/75 bc, carte env. 54.
◆ Maison appréciée pour son répertoire culinaire assez inventif, le confort de ses salle manger et le soin apporté à la mise en place sur les tables. L'été, repas au jardin.
◆ Dit restaurant valt in de smaak vanwege zijn vrij inventieve culinaire repertoire, comfor bele eetzalen en fraai gedekte tafels. Bij goed weer kan in de tuin worden gegeten.

WATERLOO *1410 Brabant Wallon* **533** L18, **534** L18 *et* **716** G3 – *29 314 h.* 3
18 (2 parcours) 9 à l'Est : 5 km à Ohain, Vieux Chemin de Wavre 50 ✆ 0 2 633 18 50, 0 2 633 28 66 - 18 (2 parcours) 9 au Sud-Ouest : 5 km à Braine-l'Alleud, chaussée d'Alse berg 1021 ✆ 0 2 353 02 46, Fax 0 2 354 68 75.
chaussée de Bruxelles 218 ✆ 0 2 352 09 10, Fax 0 2 354 22 23 – Fédération provinciale tourisme, chaussée de Bruxelles 218 ✆ 0 2 352 09 10, info@waterloo-tourisme.be, Fax 354 22 23.
Bruxelles 18 – Wavre 29 – Charleroi 37 – Namur 61 – Nivelles 15.

Grand Hôtel, chaussée de Tervuren 198, ✆ 0 2 352 18 15, *lasucrerie@martins-tels.com, Fax 0 2 352 18 88,* , – |‡|, ▤ rest, ♿ rest, P – 85. AE ⓓ ⓜ V ch
Rest *(fermé jours fériés midis, sam. midi et dim. midi) Lunch 16* – 39/69 bc, carte 33/5 **79 ch** ☕ ★90/560 – ★★90/560 – ½ P 95/320.
◆ Cet hôtel cossu aménagé dans un ancien site industriel sucrier (19e s.). renferme chambres spacieuses, de style et d'équipement modernes. Grande brasserie où l mange sous des voûtes anciennes en brique rouge prenant appui sur des piliers en pier
◆ Dit luxueuze hotel is gevestigd in een suikerindustriecomplex uit de 19e eeuw. De mo en ruime kamers hebben alle moderne voorzieningen. In de grote brasserie eten de gas onder een gewelf van rode baksteen dat op natuurstenen pilaren rust.

Le Côté Vert , chaussée de Bruxelles 200g, ✆ 0 2 354 01 05, *info@cotevert. Fax 0 2 354 08 60* – |‡| ▤ P – 40. AE ⓓ ⓜ VISA
fermé 25 au 31 déc. – **Rest** voir rest ***La Cuisine "au Vert"*** ci-après – **29 ch** ☕ ★13 ★★146.
◆ Près du centre, mais au calme, immeuble récent dont les chambres, pratiques, mur d'un mobilier de série, donnent sur le jardin, au même titre que la salle de breakfast.
◆ Nieuw gebouw, rustig gelegen bij het centrum. De praktische kamers zijn met standaa meubilair ingericht en kijken net als de ontbijtzaal uit op de tuin.

Le 1815, rte du Lion 367, ✆ 0 2 387 01 60, *info@joublietout.be, Fax 0 2 385 29 31,* ▤ rest, P. ⓜ VISA. ch
fermé 15 juil.-15 août – **Rest** *(fermé lundi) Lunch 11* – 35, carte 28/43 – **15 ch** ☕ ★9 ★★100/170.
◆ Peut-être croiserez-vous l'ex-Diable rouge Enzo Scifo dans cette bâtisse jaune posté 200 m de la butte du Lion. Chambres inspirées par les protagonistes du 18 juin 1815. S de restaurant actuelle ; cuisine de même.
◆ In dit gele gebouw op 200 m van de Leeuw van Waterloo loopt u misschien Enzo Sc ex-voetballer van de Rode Duivels, tegen het lijf. De inrichting van de kamers is g spireerd op de slag bij Waterloo van 18 juni 1815. Eigentijdse eetzaal en dito keuken.

BELGIQUE

Le Joli-Bois sans rest, r. Ste-Anne 59 (Sud : 2 km à Joli-Bois), 0 2 353 18 18, *info@waterloohotel.be, Fax 0 2 353 05 16,* – P. AE MC VISA
fermé 22 déc.-7 janv. – **15 ch** 82/112 – 99/130.
◆ Établissement à taille humaine situé dans un quartier résidentiel paisible, proche du ring. Chambres confortables. Petit-déjeuner dans la véranda ouvrant sur le jardin.
◆ Dit hotel in een rustige woonwijk, niet ver van de Ring, heet u graag welkom. De kamers zijn gerieflijk. Het ontbijt wordt gebruikt in de serre, die uitkijkt op de tuin.

La Cuisine "au Vert" - H. Le Côté Vert, chaussée de Bruxelles 200g, 0 2 357 34 94, *info@cotevert.be, Fax 0 2 354 08 60,* – P 5/25. AE MC VISA
fermé 21 juil.-15 août, 22 déc.-9 janv., sam. et dim. – **Rest** *Lunch 18* – 29, carte 37/64.
◆ Cuisine classique-actuelle et cadre plaisant, quoiqu'un peu moins "vert" que par le passé, depuis que la terrasse, dressée sur la pelouse du jardin, a perdu sa vue champêtre.
◆ Modern-klassieke keuken en prettig interieur. Op zomerse dagen worden de tafeltjes gedekt op het terras in de tuin, dat helaas zijn mooie uitzicht op de weilanden kwijt is.

L'Opéra, chaussée de Tervuren 178, 0 2 354 86 43, *Fax 0 2 354 19 69,* , Cuisine italienne – P 12/35. AE MC VISA.
fermé août, sam. midi et dim. – **Rest** *Lunch 24* – 44, carte 36/61.
◆ Ample "ristorante-wine bar" au design italien très léché. Harmonie gris et pourpre en salle, marbres de Vérone et de Carrare et belle toile montrant un célèbre opéra vénitien.
◆ Italiaans restaurant met wijnbar en trendy interieur met harmonieuze grijs- en purperkleuren, marmer uit Verona en Carrare, en een schildering van een Venetiaanse opera.

Le Jardin des Délices, chaussée de Bruxelles 253, 0 2 354 80 33, *jardindesdelices@skynet.be, Fax 0 2 354 80 33,* – AE MC VISA
fermé 1re quinz. sept., dim. soir, lundi et mardi – **Rest** *Lunch 12* – 28/44 bc, carte 23/56.
◆ Devanture en bois dissimulant une salle à manger agrémentée de lambris blonds et de sièges et banquettes à motifs zébrés. Petite terrasse arrière entourée de verdure.
◆ Houten pui met daarachter een eetzaal met lichte lambrisering en stoelen en bankjes in zebraprint. Klein terras aan de achterkant midden in het groen.

Rêve Richelle, Drêve Richelle 96, 0 2 354 82 24, *restaurantreverichelle@hotmail.com, Fax 0 2 354 82 24,* – P 20/40. AE MC VISA
fermé prem. sem. janv., dim. et lundi – **Rest** 29/45 bc, carte 37/58.
◆ Villa rajeunie vous conviant à un repas classico-actuel dans un cadre sympathique. L'été, une petite terrasse en bois exotique, enrobée de glycine, s'installe côté jardin.
◆ In deze gerenoveerde villa kunt u genieten van een modern-klassieke maaltijd in een leuk interieur. 's Zomers terrasje met teakhouten meubelen en blauweregen aan de tuinkant.

Yves Lemercier, chaussée de Charleroi 72 (N 5, direction butte du lion), 0 2 387 17 78, *yves.lemercier@skynet.be, Fax 0 2 387 17 78,* , Rôtissoire à vue – P. AE MC VISA
fermé prem. sem. juil., 1 sem. en août, Noël-Nouvel An, jeudi soir, dim. et après 20 h 30 – **Rest** 30,/48,.
◆ Ce restaurant convivial semé d'accents décoratifs rustiques est établi au bord d'un axe passant proche de la butte du lion. Choix classique-traditionnel ; rôtissoire en salle.
◆ Gemoedelijk restaurant met een rustiek accent aan een drukke weg, vlak bij de Leeuwenheuvel. Klassiek-traditionele keuken en grill in de eetzaal.

Kent u het verschil tussen deze tekens bij hotels?
Het symbool geeft aan dat er een ruimte is met gymnastiektoestellen.
Het symbool duidt op een mooie ruimte voor lichaamsbehandeling en ontspanning.

WATERMAEL-BOITSFORT (WATERMAAL-BOSVOORDE) *Région de Bruxelles-Capitale*

533 L18 – *voir à Bruxelles.*

WATOU *8978 West-Vlaanderen Poperinge 19 624 h.* **533** A17 *et* **716** A3. 18 **A3**

Bruxelles 146 – Brugge 81 – Kortrijk 55 – Lille 49.

Gasthof 't Hommelhof, Watouplein 17, 0 57 38 80 24, *info@hommelhof.be, Fax 0 57 38 85 90,* , Cuisine à la bière – 15/120. AE MC VISA
fermé 1 sem. en janv., 1 sem. en juin, fin nov.-début déc. et lundi soir, mardi soir, merc. et jeudi soir sauf en juil.-août – **Rest** 30/45, carte 28/48.
◆ Table blottie au centre d'un village brassicole proche de la frontière française. Bonne cuisine à la bière régionale servie dans deux salles agrestes égayées de houblon séché.
◆ Goed restaurant in het hart van een brouwersdorp bij de Franse grens. De muren van de twee eetzalen zijn met gedroogde hop versierd. Traditionele keuken met biergerechten.

BELGIQUE

WAVRE (WAVER) *1300* Ⓟ *Brabant Wallon* **533** M18, **534** M18 *et* **716** G3 – *32 203 h.* 4

chaussée du Château de la Bawette 5 ☎ 0 10 22 33 32, Fax 0 10 22 90 04 - Nord-Est : 10 km à Grez-Doiceau, Les Gottes 3 ☎ 0 10 84 15 01, Fax 0 10 84 55 95.

Hôtel de Ville, r. Nivelles 1 ☎ 0 10 23 03 52, info@mtab.be, Fax 0 10 23 03 56.

Bruxelles 32 – Charleroi 45 – Leuven 26 – Liège 87 – Namur 40.

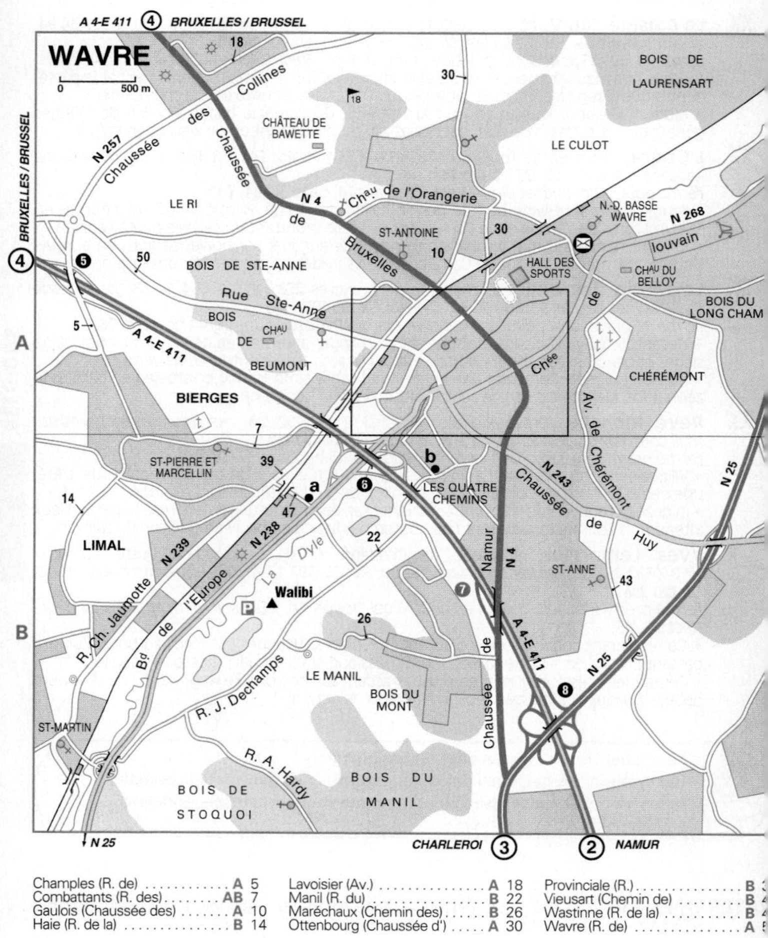

Champles (R. de) . . . . **A** 5	Lavoisier (Av.) . . . . **A** 18	Provinciale (R.) . . . . **B**
Combattants (R. des) . . . . **AB** 7	Manil (R. du) . . . . **B** 22	Vieusart (Chemin de) . . . . **B**
Gaulois (Chaussée des) . . . . **A** 10	Maréchaux (Chemin des) . . . . . . **B** 26	Wastinne (R. de la) . . . . **B**
Haie (R. de la) . . . . **B** 14	Ottenbourg (Chaussée d') . . . . . **A** 30	Wavre (R. de) . . . . **A**

Novotel, r. Wastinne 45, ✉ 1301, ☎ 0 10 41 13 63, *H1645@accor.com, Fax 0 41 19 22,* ... – 170. AE VISA **B**

Rest *(fermé fin déc.-début janv. et sam. midi)* 23/40 bc, carte 19/39 – ☕ 15 – **102** c ★60/120 – ★★60/120.

◆ Retrouvez, aux portes de Wavre, près de l'autoroute et d'un parc d'attractions, l'ensemble des prestations habituelles de la chaîne Novotel. Chambres tournées vers la piscine.

◆ Dit hotel aan de rand van Waver, vlak bij de snelweg en het pretpark, biedt al voorzieningen die gebruikelijk zijn voor de Novotelketen. Kamers met zicht op het zwembad.

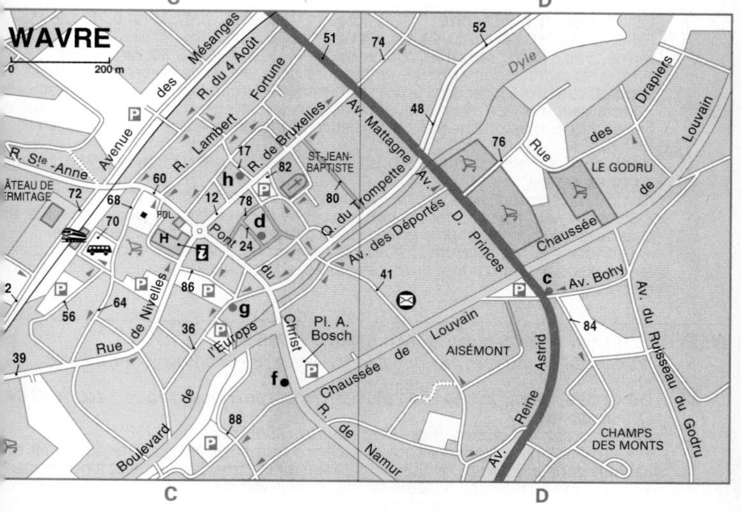

Wavre, r. Manil 91, ✉ 1301, ☎ 0 10 24 33 34, *reservation@wavre-hotel.be, Fax 0 10 24 36 80* – ♿ ch, P – 40. AE ① MC VISA. rest **B b**
Rest *(fermé 1er au 15 août et dim.)* (dîner seult) carte 19/37 – 10 – **71 ch** 68/150 – 75/180 – ½ P 65/120.

• Bâtisse en brique située dans une zone d'activités commerciales proche de l'autoroute et d'un grand parc d'attractions. Chambres fonctionnelles fraîches et nettes. Restaurant proposant des préparations traditionnelles, dont un choix de grillades.

• Dit hotel is gehuisvest in een bakstenen gebouw op een bedrijventerrein vlak bij de snelweg en een groot pretpark. Propere, frisse en functionele kamers. Restaurant met traditionele schotels, waaronder grillspecialiteiten.

At Home sans rest, pl. Bosch 33, ☎ 0 10 22 83 83, *melinda.bacq@skynet.be, Fax 0 10 81 69 39* – P. AE ① MC VISA **C f**
19 ch 68/70 – 73/160.

• Hôtel propret œuvrant au cœur de la capitale du Brabant wallon. Un escalier tournant donne accès aux chambres à touches provençales ou exotiques. Accueil familial spontané.

• Kraakhelder hotel in het centrum van de hoofdstad van Waals-Brabant. Een wenteltrap leidt naar de kamers met een Provençaalse of exotische noot. Gastvrij onthaal.

Carte Blanche, av. Reine Astrid 8, ☎ 0 10 24 23 63, *carteblanchewavre@skynet.be*, – AE MC VISA **D c**
fermé 1er au 15 janv., sam., lundi et après 20 h 30 – **Rest** (déjeuner seult) *Lunch 17* – 28/62 bc, carte 37/49.

• Affaire familiale établie dans une villa bordée par une longue avenue traversant le centre. Mets classiques remis au goût du jour. Parking public en face ; salon à l'arrière.

• Familierestaurant in een villa aan een lange laan die door het centrum loopt. Modern-klassieke keuken en salon aan de achterzijde. Openbaar parkeerterrein aan de overkant.

Le Bateau Ivre, Ruelle Nuit et Jour 19, ☎ 0 10 24 37 64, *mattagnehugues@yahoo.fr*, – 20/44. AE ① MC VISA **C d**
fermé dim. et lundi – **Rest** *Lunch 15* – 30, carte 34/46.

• Dans une ruelle piétonne, adresse prisée pour sa cuisine actuelle à composantes méditerranéennes, ses vins choisis et l'atmosphère intime de sa salle. Jolie terrasse sur cour.

• Dit restaurant in een voetgangerssteeg is in trek vanwege de eigentijdse keuken met mediterrane invloeden, lekkere wijn en sfeervolle eetzaal. Mooi terras op de binnenplaats.

La Table du Marché, r. Flandre 11 (transfert prévu), ☎ 0 10 88 13 5
Fax 0 10 88 13 50 – ⇔ 10/40. VISA C
fermé 15 au 31 août, sam. midi, dim. et lundi – **Rest** *Lunch 18* – 30/40, carte 47/61.
◆ Table au cadre ancien et feutré embusquée dans une ruelle du centre de Wavre m s'apprêtant à déménager dans un joli site historique excentré (s'informer). Carte actuelle
◆ Restaurant met een sfeervol oud interieur in een steegje, hartje Waver, dat gaat ve huizen naar een historische plek buiten het centrum (informeren). Eigentijdse kaart.

Rotissimus, r. Fontaines 60, ☎ 0 10 24 54 54, *rotissimus@restowavre.be*, Grillade
AE VISA C
fermé 2 sem. en août, sam. et dim. – **Rest** *Lunch 15* – 25/35, carte 30/47.
◆ En centre-ville, maison à façade bordeaux et au décor intérieur rustique actualisé. Pla classiques-traditionnels et de brasserie ; rôtissoire en salle et lunch démocratique.
◆ Restaurant in het centrum met een bordeauxrode gevel en een modern-rustiek i terieur. Klassieke keuken met brasserieschotels, grillspecialiteiten en een goedkoop lunc menu.

WEELDE *2381 Antwerpen* C *Ravels 13 764 h.* **533** O14 *et* **716** H1. 2
Bruxelles 94 – Antwerpen 44 – Turnhout 11 – Breda 38 – Eindhoven 47 – Tilburg 20.

De Groes, Meir 1, ☎ 0 14 65 64 84, *restaurant.degroes@pandora.be, Fax 0 14 65 64 8*
– P. VISA
fermé mardi, merc. et sam. midi – **Rest** *Lunch 28* – 33/95 bc, carte 42/58.
◆ À proximité de la frontière batave, ancienne ferme convertie en restaurant au cad rustique dont un éclairage tamisé renforce l'intimité. Carte classique avec lunch et menu
◆ Deze oude boerderij bij de Nederlandse grens is verbouwd tot rustiek restaurant, wa het gedempte licht een intieme sfeer geeft. Klassieke kaart met lunchformule en menu'

BELGIQUE

WEGNEZ *Liège* **533** T19 *et* **534** T19 – *voir à Pepinster.*

WEISMES *Liège – voir Waimes.*

WELLIN *6920 Luxembourg belge* **534** P22 *et* **716** I5 – *2 941 h.* 12
Bruxelles 110 – Arlon 83 – Bouillon 44 – Dinant 34 – Namur 54 – Rochefort 14.

La Papillote, r. Station 5, ☎ 0 84 38 88 16, *lapapillote@skynet.be, Fax 0 84 38 70 4*
⇔ 4/10. AE VISA
fermé 20 juil.-13 août, 26 déc.-2 janv., mardi soir, merc., sam. midi et dim. soir – **Re** 24/61 bc, carte 39/52.
◆ Maison bourgeoise nichée au cœur du village. Généreux menu au goût du jour reprena des plats de la carte. Homards puisés au vivier et suggestions quotidiennes sur écriteau.
◆ Herenhuis in het hart van het dorp. Genereus eigentijds menu met gerechten van kaart, maar u kunt ook kiezen voor kreeft uit het homarium of suggesties op een leitje.

à Halma *Sud-Est : 3 km* C *Wellin* – ✉ *6922 Halma :*

Hostellerie Le Père Finet avec ch, r. Libin 75 (lieu-dit Neupont), ☎ 0 84 38 81 3
perefinet@skynet.be, Fax 0 84 38 82 12, – P ⇔ 30/85. AE VISA.
fermé fin fév.-début mars et lundi et mardi sauf vacances scolaires – **Rest** *Lunch 18* – 22/5 carte 38/48 – **10 ch** ☕ 60 – 60/72 – ½ P 67/72.
◆ Auberge concoctant une cuisine actuelle souvent composée de produits régiona Terrasse estivale dressée au jardin, près d'un étang. Confort simple dans les chambres.
◆ Herberg met een eigentijdse keuken op basis van streekproducten. In de zomer wo het terras opgedekt in de tuin, bij de vijver. Eenvoudig comfort in de kamers.

WEMMEL *Vlaams-Brabant* **533** K17 *et* **716** F3 – *voir à Bruxelles, environs.*

Om u te helpen bij het kiezen van een gastronomische maaltijd, vermelden wij bij ieder Michelinsterrenrestaurant de 3 belangrijkste specialiteiten van het huis.

'ENDUINE *8420 West-Vlaanderen* © *De Haan 11 927 h.* **533** D15 *et* **716** C2. 19 **C1**
Bruxelles 111 – Brugge 17 – Oostende 16.

Hostellerie Astrid, Astridplein 2, ☎ 0 50 41 21 37, *hostellerie.tennis@pandora.be, Fax 0 50 42 36 26,* – . rest
Rest *(fermé lundi, mardi et merc.)* (dîner seult sauf dim. jusqu'à 20 h 30) 45/80 bc, –
10 ch ★50/60 – ★★70/90 – ½ P 65/75.
◆ Cette villa avoisinant des terrains de tennis se situe à 500 m de la plage. Accueil et service soignés, chambres actuelles bien tenues et petit-déjeuner de qualité. Repas au goût du jour et bons conseils pour vous orienter dans le large choix de vins.
◆ Deze villa naast een tennisbaan bevindt zich op 500 m van het strand. Attente service, moderne, goed onderhouden kamers en lekker ontbijt. Eigentijdse keuken en uitstekende wijnadviezen, wat gezien de ruime keuze geen overbodige luxe is.

Georges sans rest, De Smet de Naeyerlaan 19, ☎ 0 50 41 90 17, *hotel.georges@telenet.be,* – – 30. VISA
fermé 8 au 18 janv., 12 au 29 nov. et mardi et merc. d'oct. à avril sauf vacances scolaires –
18 ch ★55/60 – ★★75/90.
◆ Cet hôtel de confort simple mais correct met à profit un monument du début du 20e s. Architecture Art nouveau, au même titre que certains détails décoratifs des chambres.
◆ Hotel in een gebouw uit het begin van de 20e eeuw; eenvoudig maar correct comfort. Architectuur en een aantal decoratieve elementen van de kamers in art nouveau-stijl.

Rita, Kerkstraat 34, ☎ 0 50 41 19 09, *Fax 0 50 41 19 09,* –
fermé 2 sem. après carnaval, mi-nov.-mi-déc. et lundi – **Rest** 22/40, carte 24/62.
◆ Un choix classico-traditionnel bien ficelé, incluant 3 menus et des recettes à l'anguille, est présenté à cette table cordiale tenue en famille. Salon et mini-terrasse close.
◆ Gemoedelijk restaurant dat door een familie wordt gerund. Traditioneel-klassieke kaart die goed in elkaar zit, met 3 menu's en palinggerechten. Zitkamer en omheind terrasje.

'ÉPION *Namur* **533** O20, **534** O20 *et* **716** H4 – *voir à Namur.*

'ESTENDE *8434 West-Vlaanderen* © *Middelkerke 17 841 h.* **533** B16 *et* **716** B2 – *Station balnéaire.* 18 **B1**
Bruxelles 127 – Brugge 40 – Oostende 11 – Veurne 14 – Dunkerque 40.

Westende-Bad *Nord : 2 km* © *Middelkerke* – ✉ *8434 Westende :*

Roi Soleil sans rest, Charles de Broquevillelaan 17, ☎ 0 59 30 08 08, *Fax 0 59 31 50 74* – . VISA
6 ch ★65/75 – ★★75/100.
◆ Villa devancée d'une terrasse d'été meublée en teck, où l'on petit-déjeune quand brille le Roi Soleil. Chambres douillettes nommées d'après les courtisanes de Louis XIV.
◆ Als de Zonnekoning straalt, wordt er ontbeten op het terras met teakhouten meubelen aan de voorkant van deze villa. De behaaglijke kamers zijn genoemd naar de maîtresses van Lodewijk XIV. Gerieflijke eetzaal in een originele kleurstelling.

Hostellerie Melrose, Henri Jasparlaan 127, ☎ 0 59 30 18 67, *hotel@melrose.be, Fax 0 59 31 02 35,* – – 25. VISA
Rest *(fermé vacances carnaval, merc. de sept. à juin et après 20 h 30)* Lunch 26 – 36/85 bc, carte 33/70 – **10 ch** ★48/78 – ★★72/86 – ½ P 63/70.
◆ Cette grande demeure implantée à proximité de la plage met à votre disposition des chambres actuelles spacieuses et de bon confort. L'accueil est familial. Restaurant où l'on a ses aises, présentant une carte classique.
◆ Dit grote pand ligt op een steenworp afstand van het strand en beschikt over ruime en moderne kamers met goed comfort. De ontvangst is vriendelijk. Comfortabel restaurant met een klassiek georiënteerde menukaart.

St-Laureins , Strandlaan 12 (Ouest : 1 km, Sint-Laureinsstrand), ☎ 0 58 23 39 58, *info@st-laureins.be, Fax 0 58 23 08 99,* ←, – rest. VISA
fermé 15 nov.-15 déc. – **Rest** *(fermé merc.)* (taverne-rest) 23/38 bc, carte 28/51 – **10 ch**
★56 – ★★85 – ½ P 70/83.
◆ Plaisante échappée littorale depuis chacune des chambres - personnalisées - de ce petit immeuble niché parmi les dunes, juste au bord de la plage. Bonjour les embruns ! Taverne-restaurant avec vue côtière.
◆ Dit hotel ligt geïsoleerd in de duinen, vlak bij het strand. Alle kamers hebben een persoonlijk karakter en kijken op zee uit. Ook vanuit het café-restaurant hebben de gasten een mooi uitzicht op het ruime sop.

BELGIQUE

XX **Marquize,** Henri Jasparlaan 175, ✆ 0 59 31 11 11, *Fax 0 59 30 65 83,* – AE ⓓ VISA
fermé 2 sem. en mars, 2 sem. fin juin, 2 sem. début oct., merc. sauf 15 juil.-15 août mardi – **Rest** *Lunch 22* – 48/58, carte 41/72.
◆ Restaurant établi dans une villa ancienne au centre de Westende-bad. Recettes au gc du jour sortant un peu de l'ordinaire. Accueil tout sourire et service proche du client.
◆ Restaurant in een oude villa in het centrum van Westende-Bad. Vrij originele eigentijc keuken. Vriendelijke en attente bediening.

X **De Prins,** Priorijlaan 24, ✆ 0 59 30 05 93, *Fax 0 59 30 05 93* – ♿ 16. MC VISA
fermé 8 janv.-2 fév., 27 nov.-14 déc., merc. sauf vacances scolaires et jeudi – **Rest** *Lunch* – 26/49, carte env. 25, ♀.
◆ Une carte classico-traditionnelle incluant une spécialité de bouillabaisse vous sera sc mise à cette table au décor vaguement nautique. Cuisines à vue ; ambiance au beau fixe
◆ Dit restaurant heeft een open keuken en hier en daar een nautisch accent. Klassi traditionele kaart; bouillabaisse is de specialiteit van het huis.

WESTERLO *2260 Antwerpen* 533 O16 *et* 716 H2 – *22 897 h.* 2

Env. *au Nord : 2 km à Tongerlo : Musée Leonardo da Vinci★.*
ℹ *Boerenkrijglaan 25 ✆ 0 14 54 54 28, toerismewesterlo@skynet.be, Fax 0 14 54 76 56.*
Bruxelles 57 – Antwerpen 46 – Diest 20 – Turnhout 30.

XXX **Geerts** avec ch, Grote Markt 50, ✆ 0 14 54 40 17, *info@hotelgeerts.be, Fax 0 14 54 18* , , – , rest, P 10/130. AE ⓓ MC VISA. ch
fermé 14 fév.-2 mars et 16 août-7 sept. – **Rest** *(fermé merc. et dim. soir) Lunch 3* 48/90 bc, carte 60/82 – **18 ch** ☕ ★95 – ★★115 – ½ P 70/111.
◆ Hostellerie tenue par la même famille depuis les années 1920. Salle classique-moder taverne sous véranda et terrasse exquise dans le jardin d'apparat. Chambres avenantes.
◆ Deze hostellerie wordt al sinds 1920 door dezelfde familie geleid. Modern-klassie eetzaal, serre met taverne en prachtige tuin met aangenaam terras. Aantrekkelijke kame

XX **'t Kempisch Pallet,** Bergveld 120 (Ouest : 4 km sur N 15), ✆ 0 14 54 70 97, *info@k pischpallet.be, Fax 0 14 54 70 57,* – P 30/50. AE ⓓ MC VISA.
fermé dim. soir et lundi – **Rest** 35/68 bc, cartte 43/57.
◆ Restaurant établi depuis 25 ans dans une fermette typique entourée de verdure. Re au goût du jour, décor intérieur actualisé et terrasse arrière dominant le jardin.
◆ Dit restaurant, dat al 25 jaar bestaat, is gevestigd in een karakteristiek boerderijtje i groen. Hedendaagse keuken, modern interieur en tuin met terras aan de achterkant.

Uw ervaringen interesseren ons. Schrijf ons over de adressen die u goed vond of teleurstellend.
Uw op- of aanmerkingen zijn hartelijk welkom.

WESTKAPELLE *West-Vlaanderen* 533 E15 *et* 716 C2 – *voir à Knokke-Heist.*

WESTOUTER *8954 West-Vlaanderen* C *Heuvelland 8 218 h.* 533 B18 *et* 716 B3. 18

Bruxelles 136 – Brugge 66 – Ieper 14 – Lille 39.

Reverie, Rodebergstraat 26, ✆ 0 57 44 48 19, *hotel@reverie.be, Fax 0 57 44 87 40,* , – P – 30. MC VISA.
fermé 25 juin-5 juil. – **Rest** (dîner pour résidents seult) – **8 ch** ☕ ★70/100 – ★★85/12 ½ P 65/78.
◆ Cette bâtisse en briques et colombages juchée sur le Rodeberg (mont Rouge) abrite c chambres fraîches et nettes offrant une belle vue sur la campagne flandrienne.
◆ Dit gebouw van baksteen en vakwerk op de top van de Rodeberg beschikt over keuri gerenoveerde kamers met een mooi uitzicht op het platteland van Vlaanderen.

XXX ✿ **Picasso** (Van Kerckhove), Rodebergstraat 69, ✆ 0 57 44 69 08, *koert-van-kerckhove@ com.be, Fax 0 57 44 69 08,* ≤ plaine des Flandres, – ♿ P 8/35. AE ⓓ VISA.
fermé 1 sem. Pâques, 2 sem. en juil., vacances Noël, mardi et merc. – **Rest** *Lunch 3* 43/87 bc, carte 61/77.
Spéc. Râble de lièvre (en saison). Turbot grillé au coulis d'oseille, stoemp de crevet grises. Joue de porc braisée à la bière brune régionale.
◆ Une des valeurs sûres de la chaîne des monts de Flandre. Cuisine actuelle raffinée se dans une fermette balayant du regard la plaine flamande, jusqu'à la côte. Belle cave.
◆ Betrouwbaar adresje in de Vlaamse Bergen. Verfijnde, eigentijdse keuken in een bc derijtje met een weids uitzicht over de Vlaamse laagvlakte tot aan de kust. Mooie wijner

BELGIQUE

WEVELGEM 8560 West-Vlaanderen 533 E18 et 716 C3 – 31 019 h. 19 C3

Bruxelles 99 – Brugge 54 – Kortrijk 8 – Lille 23.

Cortina, Lauwestraat 59, 0 56 41 25 22, *info@hotel-cortina.be, Fax 0 56 41 45 67,* – , rest, – 600. AE VISA
Rest ***Pinogri*** *(fermé 24 au 31 juil. et jeudi) Lunch 24* – 38/68 bc, carte 27/46, – **26 ch** (fermé 21 juil.-15 août et 24 déc.-1er janv.) 74/84 – 89/98.
• Établissement hôtelier centré sur la tenue de banquets et séminaires. Une très grande salle polyvalente donne accès à la réception où un escalier dessert les chambres. Décor actuel chaleureux, cuisine de bistrot moderne et ambiance assortie au Pinogri.
• Etablissement met infrastructuur voor feestmaaltijden en seminaries. Een reusachtige zaal voor diverse doeleinden grenst aan de receptie, waar een trap naar de kamers leidt. Warm, eigentijds interieur, moderne bistrokeuken en bijpassende sfeer in Pinogri.

De Abdijpoort, Lauwestraat 170 (accès par Kloosterstraat), 0 56 41 80 75, *info@restaurant-abdijpoort.be, Fax 0 56 41 80 75,* – . VISA.
fermé 21 août-15 sept., mardi soir et merc. – **Rest** *Lunch 23* – 29/62 bc, carte 49/61.
• Ce restaurant un peu caché tire agréablement parti des vestiges d'une ancienne ferme entourée de prés. Belle terrasse tournée vers un verger descendant jusqu'à la rivière.
• Ietwat verscholen restaurant in de overblijfselen van een oude boerderij tussen de weilanden. Mooi terras dat uitkijkt op een boomgaard die doorloopt tot het riviertje.

Bistro Biggles 1er étage, Luchthavenstraat 1 (dans l'aérodrome), 0 56 37 33 00, , – . VISA.
fermé 25 juil.-18 août, mardi soir et merc. – **Rest** *Lunch 15* – 38, carte env. 38.
• Au 1er étage d'un bâtiment aéroportuaire, bistrot moderne en forme de demi-rotonde offrant une belle vue sur les pistes. Petite carte actuelle à dominante poissonneuse.
• Op de 1e verdieping van een luchthavengebouw is deze moderne bistro te vinden, waarvan de halfronde eetzaal uitkijkt op de startbaan. Kleine eigentijdse kaart met veel vis.

Gullegem *Nord : 5 km Wevelgem – 8560 Gullegem :*

Gouden Kroon, Koningin Fabiolastraat 41, 0 56 40 04 76, *info@restaurantgoudenkroon.be, Fax 0 56 42 83 66,* – 15/50. AE VISA
fermé 23 juil.-9 août, sam. midi, dim. soir, lundi et merc. soir – **Rest** *Lunch 38* – 47/90 bc, carte 51/70.
• Maison de maître 1900 située au centre de Gullegem. Le chef, qui a fait ses armes auprès de la famille royale à Laeken, propose une cuisine classique de bon aloi.
• Herenhuis uit 1900 in het centrum van Gullegem, met een goede klassieke keuken. De chef-kok heeft zijn proeve van bekwaamheid afgelegd bij de koninklijke familie in Laken.

WIBRIN *Luxembourg belge* **534** T22 *et* **716** K5 – *voir à Houffalize.*

WIERDE *Namur* **533** O20, **534** O20 *et* **716** H4 – *voir à Namur.*

WIJNEGEM *Antwerpen* **533** M15 *et* **716** G2 – *voir à Antwerpen, environs.*

WILLEBROEK 2830 Antwerpen 533 L16 et 716 G2 – 23 039 h. 1 A3

Bruxelles 29 – Antwerpen 22 – Mechelen 10 – Sint-Niklaas 22.

Breendonck, Dendermondsesteenweg 309 (près du fort), 0 3 886 61 63, *breendonck@scarlet.be, Fax 0 3 886 25 40,* , Avec taverne-rest – 20/80. AE VISA.
fermé 2 dern. sem. juil., dern. sem. déc., vend. soir et sam. – **Rest** *Lunch 11* – 36/67 bc, carte 40/67.
• Cette grande villa postée en face du fort de Breendonck (mémorial national et petit musée) cumule les fonctions de taverne et de restaurant. Salle à manger de style classique.
• Deze grote villa tegenover het fort van Breendonck, een nationaal gedenkteken met een klein museum, is zowel een taverne als een restaurant. Klassiek ingerichte eetzaal.

WOLUWE-ST-LAMBERT (SINT-LAMBRECHTS-WOLUWE) *Région de Bruxelles-Capitale* **533** L17 *et* **716** G3 – *voir à Bruxelles.*

WOLUWE-ST-PIERRE (SINT-PIETERS-WOLUWE) *Région de Bruxelles-Capitale* **533** L18 *et* **716** G3 – *voir à Bruxelles.*

WOLVERTEM *Vlaams-Brabant* **533** K17 *et* **716** F3 – *voir à Bruxelles, environs.*

BELGIQUE

WORTEGEM-PETEGEM *9790 Oost-Vlaanderen* **533** G17 *et* **716** D3 – *5 976 h.* 16 A

Kortrijkstraat 52 ☎ 0 55 33 41 61, Fax 0 55 31 98 49.
Bruxelles 80 – Gent 32 – Kortrijk 24 – Oudenaarde 8.

XX **Bistronoom,** Waregemseweg 155 (Wortegem), ☎ 0 56 61 11 22, *info@bistronoom.b*
Fax 0 56 60 38 11, – P 10/30. AE MC VISA
fermé vacances Pâques, 2 sem. en sept., mardi soir, merc. et sam. midi – **Rest** *Lunch 2*
45 bc, carte 30/94.
• Fière villa donnant sur un jardin où l'on dresse le couvert en été. Salles de restaura étagées, carte actuelle-bourgeoise un peu bistrotière, accueil et service dynamiques.
• Fiere villa met tuin, waar u 's zomers heerlijk buiten kunt eten. Eetzalen op meerde verdiepingen, actuele kaart met bistrogerechten. Accurate bediening.

YPRES *West-Vlaanderen – voir Ieper.*

YVOIR *5530 Namur* **533** O21, **534** O21 *et* **716** H5 – *8 451 h.* 15 C

Env. *à l'Ouest : Vallée de la Molignée★.*
au Nord : 10 km à Profondeville, Chemin du Beau Vallon 45 ☎ 0 81 41 14 18, F 0 81 41 21 42.
Bruxelles 92 – Namur 22 – Dinant 8.

Ferme de l'Airbois , Tricointe 55, ☎ 0 82 61 41 43, *mca@airbois.co*
Fax 0 82 61 39 56, <, , , , – P.
Rest (résidents seult) – **5 ch** 72/85 – 82/115.
• Sur les crêtes mosanes, dans un site boisé, ancienne ferme réaménagée et dotée belles grandes chambres dont les salles d'eau sont habillées de carreaux peints à la main
• Op de bergkam van het Maasbekken, omringd door bossen, staat deze gerenoveer boerderij. De mooie grote kamers hebben badkamers met handgeschilderde tegeltjes.

ZANDE *West-Vlaanderen* **533** C16 – *voir à Koekelare.*

ZAVENTEM *Vlaams-Brabant* **533** L17 *et* **716** G3 – *voir à Bruxelles, environs.*

ZEDELGEM *West-Vlaanderen* **533** D16 *et* **716** C2 – *voir à Brugge, environs.*

ZEEBRUGGE *West-Vlaanderen* C *Brugge 117 220 h.* **533** E14 *et* **716** C1 – ✉ *8380 Zeebrug (Brugge).* 19 C

Liaison maritime Zeebrugge-Hull : P and O North Sea Ferries, Leopold II Dam (Kaaien 106-108) ☎ 0 70 70 77 71.
Bruxelles 111 ② – Brugge 15 ② – Knokke-Heist 8 ① – Oostende 25 ③.

Plan page ci-contre

Monaco, Baron de Maerelaan 26, ☎ 0 50 54 44 37, *hotelmonacozeebrugge@skynet.*
Fax 0 50 54 44 85, – – 25. AE MC VISA. ch A
Rest *(fermé vend.)* carte 24/40 – **15 ch** 75 – 90.
• Pratique lorsque l'on a un ferry à prendre, ce petit hôtel bénéficie aussi de la proxim de la digue. Bon confort dans les chambres, bien calibrées, claires et actuelles. Rep simple, mais généreusement iodé. Choix uniquement à la carte.
• Dit kleine hotel ligt vlak bij de kust en is ideaal voor wie de ferry neemt. Goed comfort de kamers, die ruim en licht zijn. De spijskaart is eenvoudig, maar bevat veel visspecialit ten. Uitsluitend à la carte.

Maritime sans rest, Zeedijk 6, ☎ 0 50 54 40 66, *hotelmaritime@skynet.be, Fax 0 54 66 08,* < – P. AE MC VISA A
12 ch 72/93 – 80/93.
• Hôtel occupant deux étages d'un grand immeuble du front de mer. Chambres corre tement équipées ; les meilleures (plus amples et panoramiques) se distribuent en façade
• Dit hotel in een twee verdiepingen tellend gebouw aan de boulevard beschikt ov goede kamers; die aan de voorkant zijn het grootst en bieden een weids uitzicht.

XXX **Maison Vandamme,** Kustlaan 170, ☎ 0 50 55 13 51, *wimv@ndamme.be, Fax 0 55 01 79* – P. AE MC VISA B
fermé 2 prem. sem. janv., 2 prem. sem. juil., 2 prem. sem. oct., mardi et merc. – **Rest** *Lur 55 bc* – 40/130 bc, carte 75/115.
• Dans un secteur semi-industriel, ex-entrepôt métamorphosé en restaurant au cad "ultra-tendance" avec, pour spécialité, le caviar. Aquarium peuplé d'esturgeons. Loung bar.
• Dit oude pakhuis in een buurt met veel bedrijven is nu een trendy restaurant met kavia als specialiteit. In het aquarium zwemt steur. Loungebar.

ZEEBRUGGE

0 — 300 m

Rue	Carroyage	N°
Adm. Keyespl.	B	2
Azorenstr.	A	3
Duinpad	A	7
Heiststr.	B	
Hullstr.	B	8
Kap. Fryattstr.	AB	9
Leopold II Dam	A	10
Markt	B	
Rederskaai	B	12
Reingaardsvliet	B	13
St-Christianastr.	A	14
St-Donaasstr.	B	15
Tijdokstr.	B	17
Vismijnstr.	B	18
Westhinderstr.	B	20

HULL — P & O NORTH SEA FERRIES — HAVEN — OCEAN CONTAINER TERMINAL HESSENATIE ZEEBRUGGE — VISVEILING — PRINS FILIPSDOK — STATION — KNOKKE-HEIST — LISSEWEGE, TER DOEST BRUGGE

BELGIQUE

't Molentje (Horseele), Baron de Maerelaan 211 (par ② : 2 km sur N 31), ✆ 0 50 54 61 64, *molentje@scarlet.be, Fax 0 50 54 79 94*, – 10/20. AE ⓓ MC VISA.
fermé merc. et dim. – **Rest** (réservation souhaitée) *Lunch 45* – 150 bc, carte 88/175.
Spéc. Gambas aux condiments asiatiques, sabayon au lait de coco. Volaille en vessie, jus monté au foie d'oie. Préparations de truffes d'hiver (déc.-mars).
◆ Jolie fermette tapie en retrait d'un axe passant. Fine cuisine actuelle servie dans un décor néo-rustique du plus bel effet, sous un plafond en bois laqué noir. Bonne cave.
◆ Leuk boerderijtje, even van de doorgaande weg af. Geraffineerd neorustiek interieur met een zwartgelakt houten plafond. Fijne, eigentijdse keuken en goede wijnkelder.

Channel 16, Werfkaai 13, ✆ 0 50 60 16 16, *go@ch16.be, Fax 0 50 55 01 79*, ← B a
Rest *Lunch 16* – 33, carte 40/55.
◆ Établissement "hype" entretenant une ambiance "clubbing". Carte actuelle où prime la diversité, éclairage design, belle terrasse perchée sur le toit et vue sur le port.
◆ Dit trendy restaurant met designlampen en een "clubbing" ambiance is een enorme hype. Eigentijdse kaart die mikt op diversiteit en een mooi dakterras met uitzicht op de haven.

LLIK *Vlaams-Brabant* **533** K17 *et* **716** F3 – *voir à Bruxelles, environs.*

LZATE *9060 Oost-Vlaanderen* **533** H15 *et* **716** E2 – *12 176 h.* 16 **B1**
Bruxelles 76 – Gent 20 – Brugge 44.

Royal, Burg. Jos. Chalmetlaan 21, ✆ 0 9 361 09 15, *royalzelzate@skynet.be, Fax 0 9 361 12 24*, – , rest – 40. AE MC VISA
Rest *(fermé sam. midi)* 27/45 bc, carte env. 34 – **27 ch** ☐ ✝59/85 – ✝✝90/105 – ½ P 75/100.
◆ Hôtel central où l'on s'endort dans de chambres récentes, de style actuel ; une kitchenette équipe la moitié d'entre elles. Table présentant un choix classique, dont un petit assortiment de recettes de homard et des menus à prix justes. Terrasse sur cour.
◆ Centraal hotel met recente kamers, de helft met kitchenette. Klassieke kaart met enkele kreeftrecepten en vriendelijk geprijsde menu's. Terras op de binnenplaats.

XX **Den Hof** avec ch, Stationsstraat 22, 0 9 345 60 48, *info@denhof.be, Fax 0 9 342 93 60*, – rest, 25/140. ch
fermé 3 dern. sem. juil. et fin déc.-début janv. – **Rest** *(fermé jeudi soir, sam. midi, dim. après 20 h 30)* Lunch 14 – 41, carte 36/50 – **16 ch** ★80/98 – ★★105/123 – ½ P 80/95.
• Hôtellerie ancienne située dans une rue calme du centre. Ample salle modernisée, terrasse-pergola côté jardin et plusieurs genres de chambres ; l'annexe abrite les meilleures.
• Oud hotel in een rustige straat in het centrum. Grote gemoderniseerde eetzaal, terras met pergola aan de tuinkant en verschillende soorten kamers (de beste in de dependance).

ZILLEBEKE *West-Vlaanderen* **533** C18 *et* **716** B3 – *voir à Ieper.*

ZINGEM *9750 Oost-Vlaanderen* **533** G17 *et* **716** D3 – *6 792 h.* 16
Bruxelles 57 – Gent 23 – Kortrijk 35 – Oudenaarde 9.

à Huise *Ouest : 2,5 km* *Zingem* – *9750 Huise :*

Gasthof 't Peerdeke, Gentsesteenweg 45 (N 60), 0 9 384 55 11, *motel@peerdeke.be, Fax 0 9 384 26 16*, – rest, – 35.
Rest *(fermé 2 dern. sem. juil.-prem. sem. août, 24, 25 et 31 déc., 1er janv. et dim.)* Lunch 35 – 35, carte 42/57 – **15 ch** ★65/70 – ★★85/92 – ½ P 85/95.
• Sur l'axe Gent-Oudenaarde, petit motel installé dans une construction en briques rappelant une ferme régionale. Chambres fonctionnelles desservies par une cour intérieure. Salle des repas décorée dans la note néo-campagnarde.
• Klein motel aan de as Gent-Oudenaarde, in een bakstenen gebouw dat aan een boerderij uit de streek doet denken. De functionele kamers zijn toegankelijk via de binnenplaats. De eetzaal is in neorustieke stijl ingericht.

De rood gedrukte aanduiding « Rest » geeft het etablissement aan dat door ons is onderscheiden met een (ster) of een (Bib Gourmand).

ZINNIK *Hainaut* – *voir Soignies.*

ZOLDER *3550 Limburg* *Heusden-Zolder 30 768 h.* **533** Q16 *et* **716** I2. 10
au Nord-Est : 10 km à Houthalen, Golfstraat 1 0 89 38 35 43, Fax 0 89 84 12 08 – à l'Ouest : 14 km à Paal, Donckstraat 30 0 13 61 89 50, Fax 0 13 61 89 49.
Bruxelles 77 – Hasselt 12 – Diest 22 – Maastricht 46.

X **Laurus,**, 0 11 53 11 14, *resto.laurus@skynet.be, Fax 0 11 53 11 15*, – 10/50.
fermé mardi et merc. – **Rest** Lunch 20 – 32/62 bc, carte 48/64.
• Restaurant au goût du jour installé dans une ancienne ferme rénovée et pourvue d'une terrasse arrière. Intérieur campagnard chaleureux et "cosy". Lunch à choix multiple.
• Eigentijds restaurant in een oude gerenoveerde boerderij met een terras aan de achterkant. Gezellig, rustiek interieur. Lunchmenu met veel keuze.

au Sud-Ouest : *7 km par N 729, sur Omloop (circuit) Terlamen* – *3550 Zolder :*

De Pits, Sterrenwacht 143, 0 11 85 82 82, *zolder@lodge-hotels.be, Fax 0 11 85 82 ...*, – ch, – 60.
Rest (taverne-rest) Lunch 11 – 25/50 bc, carte 22/44 – **22 ch** ★90/360 – ★★90/360 – 2 suites.
• Bâtisse en bois et métal côtoyant le circuit de vitesse. Communs design et chambres "look" moderne épuré (avec terrasse ou balcon) ornées de photos de pilotes de bolides. Brasserie de style contemporain high-tech ; repas en plein air au-dessus des tribunes.
• Gebouw van hout en metaal bij het circuit. Trendy kamers (met terras of balkon) met foto's van autocoureurs en gemeenschappelijke ruimten in dezelfde "look". Brasserie in eigentijdse high-tech-stijl; 's zomers kan buiten worden gegeten, boven de tribunes.

XXX **De Schalmei,** Sterrenwacht 153, 0 11 25 17 50, *info@restaurant-schalmei.be, Fax 0 11 25 38 75*, – 60.
fermé 3 dern. sem. juil., sam. midi et dim. – **Rest** Lunch 28 – 45, carte 44/74.
• Belle villa blottie dans une impasse du quartier résidentiel verdoyant qui domine le circuit de vitesse, visible de la terrasse. Cuisine actuelle et décor intérieur moderne.
• Mooie villa in een doodlopende straat in een woonwijk met veel groen. De racebaan is vanaf het terras te zien. Eigentijdse keuken en modern interieur.

Bolderberg *Sud-Ouest : 8 km sur N 729* C *Heusden-Zolder –* ✉ *3550 Zolder :*

Soete Wey, Kluisstraat 48, ☎ 0 11 25 20 66, *info@soete-wey.be, Fax 0 11 87 10 59,* – P – 40. AE VISA. rest
fermé 1er au 14 janv. – **Rest** *(fermé dim.)* (dîner seult) 32/70 bc, carte 41/56 – **20 ch** 60/110 – 83/110 – ½ P 93/160.
• Hostellerie nichée sous les frondaisons, dans un secteur résidentiel bucolique. Chambres sobres, jardin de repos et nombreuses possibilités de promenades. Briques, cheminée et poutres donnent un air rustique au restaurant ; vue ressourçante par les fenêtres.
• Dit hotel ligt verscholen tussen het groen, in een woonwijk die heel landelijk aandoet. Sobere kamers, tuin om heerlijk te relaxen en talloze wandelmogelijkheden. De bakstenen, open haard en hanenbalken geven het restaurant iets rustieks; rustgevend uitzicht.

Hostellerie De Kluis, L. Hoelenstraat 41, ☎ 0 11 25 15 05, *info@hostelleriedekluis.be, Fax 0 11 25 49 00,* – , ch, P – 220. AE VISA. rest
fermé 3 au 15 déc. – **Rest** (taverne-rest) *Lunch 15* – 28/49, carte 28/54 – **12 ch** 65/100 – 90/115.
• Bâtisse de type chalet installée dans un site boisé, pas loin du circuit de vitesse. Chambres actuelles, salles pour groupes et terrasses vertes. Restaurant misant sur une carte traditionnelle et brasserie où l'on peut prendre place au coin du feu en saison.
• Chalet in een bosrijk gebied, niet ver van de racebaan. Moderne kamers, speciale zalen voor groepen en terrassen met veel groen. Restaurant met een traditionele kaart en brasserie met open haard.

Heusden *Nord-Ouest : 6 km* C *Heusden-Zolder –* ✉ *3550 Heusden :.*
Terlaemenlaan 1 ☎ *0 11 53 02 30, toerisme@heusden-zolder.be, Fax 0 11 53 02 31.*

Convivium, Guido Gezellelaan 140, ☎ 0 11 42 55 58, *convivium@skynet.be, Fax 0 11 45 55 17,* , Avec cuisine italienne – P 10/80. AE VISA.
fermé dern. sem. juil.-prem sem. août, lundi, mardi et sam. midi – **Rest** *Lunch 29* – 40/90 bc.
• Édifice contemporain situé à l'approche de Heusden. Salon "cosy", ample salle à manger de notre temps et prestation culinaire actuelle, franco-italienne, à l'image de la cave.
• Restaurant in eigentijds gebouw aan de rand van Eupen. Grote, eigentijdse eetzaal, dito Frans-Italiaanse keuken en bijpassende wijnen. Gezellige salon.

De Wijnrank, Kooidries 10, ☎ 0 11 42 55 57, *de.wijnrank@pandora.be, Fax 0 11 43 29 73,* – P 12/35. AE VISA
fermé 3 sem. en sept., mardi et sam. midi – **Rest** *Lunch 17* – 32/65 bc, carte 34/60.
• Une vieille charrette de glacier apporte un peu de fantaisie à la salle de ce restaurant familial coiffé d'un toit de chaume. Choix classique. Bon livre de cave calligraphié.
• Een oude ijskar brengt wat fantasie in de eetzaal van dit restaurant met rieten dak, waar een familie de scepter zwaait. Klassieke keuken en goede, gekalligrafeerde wijnkaart.

Een goede nacht voor een schappelijke prijs?
Kijk bij de Bib Hôtels .

ZOMERGEM *9930 Oost-Vlaanderen* **533** G16 *et* **716** D2 – *8 010 h.* 16 **B2**
Bruxelles 77 – Gent 21 – Brugge 38 – Roeselare 53.

Ronsele *Nord-Est : 3,5 km* C *Zomergem –* ✉ *9932 Ronsele :*

Landgoed Den Oker, Stoktevijver 36, ☎ 0 9 372 40 76, – P 12/50. AE VISA.
fermé 1er au 15 mars, 10 au 17 juil., 1er au 18 sept., dim. soir, lundi et merc. soir – **Rest** *Lunch 35* – 61, carte 57/127.
• Près du canal de Schipdonk, fermette offrant les plaisirs d'un repas classique dans un décor composite aux réminiscences gothiques ou sur la terrasse tournée vers le jardin.
• Dit boerderijtje bij het kanaal van Schipdonk heeft tal van gotische elementen in de eetzaal en op het terras met uitzicht op de tuin. Klassieke keuken.

ZOTTEGEM *9620 Oost-Vlaanderen* **533** H17 *et* **716** E3 – *24 550 h.* 16 **B3**
Bruxelles 46 – Gent 29 – Aalst 24 – Oudenaarde 18.

New Century 2000, Buke 4, ☎ 0 9 360 99 50, Cuisine chinoise – P 4/50.
fermé jeudi – **Rest** *Lunch 10* – 19/42 bc, carte 15/68.
• Important choix de recettes représentant toutes les régions de Chine, menus nombreux et suggestions : de quoi mettre l'eau à la bouche aux amateurs du genre !
• Uitgebreide kaart met gerechten die alle Chinese regio's bestrijken, talrijke menu's en dagsuggesties. Liefhebbers van de Aziatische keuken komen hier beslist aan hun trekken!

BELGIQUE

à Elene *Nord : 2 km* ☐ *Zottegem* – ✉ *9620 Elene :*

XX **Bistro Alain,** Leopold III straat 1 (angle Elenestraat), ✆ 0 9 360 12 94, *Fax 0 9 361 08* ... – P ⇔ 20/50. AE ⓓ ⓜ VISA
fermé 26 janv.-5 fév., 14 août-3 sept., merc., jeudi et dim. soir – **Rest** *Lunch 20* – 35/84 ... carte 42/62.
◆ Dans un ancien moulin à eau, bistrot "design" jouant sur le contraste du rouge et ... blanc. Arrière-salle plus "gastro" et vivifiante terrasse d'été dotée de meubles en teck.
◆ Deze designbistro in een oude watermolen speelt met het contrast tussen rood en w... In de achterste zaal kan gastronomisch worden getafeld. Terras met teakhouten meub-len.

Het ZOUTE *West-Vlaanderen* ☐ *Knokke-Heist* **533** E14 *et* **716** C1 – *voir à Knokke-Heist.*

ZOUTLEEUW (LÉAU) *3440 Vlaams-Brabant* **533** P18 *et* **716** I3 – *7 944 h.* 4 D
Bruxelles 59 – Leuven 38 – Sint-Truiden 8 – Tienen 14 – Maastricht 48.

Boyenhov sans rest, Louis Claeslaan 4 (Booienhoven), ✆ 0 11 78 21 31, *boy-hov@skynet.be, Fax 0 11 78 31 26,* – P.
fermé nov. – – **4 ch** ☐ ✝40/58 – ✝✝80/95.
◆ À la campagne, jolie maison où vous serez hébergés dans des chambres bien agencée... Salon cossu, salle des petits-déjeuners accueillante et grand jardin agrémenté d'un étang...
◆ Mooi huis op het platteland, waar de gasten in goed ingedeelde kamers overnachte... Weelderige lounge, vriendelijke ontbijtzaal en grote tuin met vijver.

X **'t Pannenhuis,** Grote Markt 25, ✆ 0 11 78 50 02, *pannenhuis@skynet.b...* *Fax 0 11 78 50 13,* – ⇔ 10/30. AE ⓓ ⓜ VISA.
fermé lundi et merc. – **Rest** *Lunch 26 bc* – 25/40 bc, carte 25/35.
◆ Ce petit restaurant familial classiquement aménagé mitonne des repas traditionnels... prix souriants. Vous ferez une vraie bonne affaire en choisissant le menu gastronomique...
◆ In dit leuke familierestaurantje dat klassiek is ingericht, kunt u genieten van een traditio-nele maaltijd voor een zacht prijsje. Het gastronomische menu is echt een koopje.

ZUIENKERKE *West-Vlaanderen* **533** D15 *et* **716** C2 – *voir à Blankenberge.*

ZUTENDAAL *3690 Limburg* **533** S17 *et* **716** J3 – *6 929 h.* 11 C
Oosterzonneplein 1, ✆ 0 89 62 94 51, toerisme@zutendaal.be, Fax 0 89 62 94 30.
Bruxelles 104 – Hasselt 20 – Liège 38 – Maastricht 16.

XX **Bellagio** avec ch, Daalstraat 9, ✆ 0 89 61 11 31, *deklok-zutendaal@skynet.be, Fax 0 ... 61 24 70,* – ⇔ 10/30. AE ⓜ VISA. rest
Rest *(fermé mardi soir, merc. et sam. midi) Lunch 40* – carte 50/78 – **11 ch** ☐ ✝53 – ✝✝95... ½ P 70.
◆ Table au goût du jour appréciée pour son décor intérieur moderne très tendance, so... ambiance "lounge", sa jolie terrasse avant et sa carte fusionnant divers styles culinaires.
◆ Trendy restaurant met een hippe inrichting, lounge-ambiance, wereldkeuken en mo... terras aan de voorkant.

ZWEVEGEM *8550 West-Vlaanderen* **533** F18 *et* **716** D3 – *23 675 h.* 19 D
Bruxelles 91 – Brugge 48 – Gent 46 – Kortrijk 6 – Lille 31.

XX **Molenberg,** Kwadepoelstraat 51, ✆ 0 56 75 93 97, *rest-molenberg@hotmail.com* *Fax 0 56 75 93 97,* – P. AE ⓓ ⓜ VISA
fermé 1 sem. après Pâques, fin juil.-début août, sam. midi, dim. soir, lundi soir et merc.
Rest *Lunch 44* – 63/105 bc, carte 60/129.
◆ Cette ancienne maison de meunier, à débusquer en pleine campagne, vous convie à u... repas classique soigné dans une salle néo-rustique mignonne ou sur la terrasse d'été.
◆ In deze oude molenaarswoning op het platteland wacht u een goed verzorgde, klassiek... maaltijd in de gezellige neorustieke eetzaal of bij goed weer op het terras.

à Sint-Denijs *Sud : 6 km* ☐ *Zwevegem* – ✉ *8554 Sint-Denijs :*

X **De Muishond,** Zandbeekstraat 15 (par N 50, puis prendre Beerbosstraat... ✆ 0 56 45 51 11, *Fax 0 56 45 51 11,* , Grillades – P. AE.
fermé lundi soir, mardi et sam. midi – **Rest** carte 30/47.
◆ Fermette typée un peu perdue dans la campagne courtraisienne. Choix traditionnel, gr... au feu de bois en salle et jolie terrasse. Exploitation familiale depuis plus de 30 ans.
◆ Boerderijtje met een mooi terras in de omgeving van Kortrijk. Traditionele gerechten e... op houtskool geroosterd vlees. Hier zwaait dezelfde familie al 30 jaar de scepter.

ZWIJNAARDE *Oost-Vlaanderen* **533** H17 *et* **716** E2 – *voir à Gent, périphérie.*

BELGIQUE

Grand-Duché de Luxembourg

Lëtzebuerg

AHN (OHN) C *Wormeldange 2 285 h.* **717** X25 *et* **716** M7. 21 C
Luxembourg 36 – Ettelbrück 51 – Remich 15 – Trier 27.

XXX **Mathes,** rte du Vin 39, ✉ 5401, ☎ 76 01 06, *mathesah@vo.lu, Fax 76 06 45,* ≤, ⛱, ⚓ P ⇔ 8/60. MC VISA
fermé 12 au 30 nov., 26 déc.-12 janv., lundi et mardi – **Rest** *Lunch 35* – 50/78, carte 50/63,
◆ Restaurant établi de longue date en bord de Moselle vigneronne. Carte au goût du jou salle panoramique modernisée (joli trompe-l'œil), terrasse et pièce d'eau au jardin.
◆ Seit langem an den weinbewachsenen Ufern der Mosel etabliertes Restaurant. Zeitg mäße Speisekarte, modernisierter Panoramasaal. Terrasse und Teich im Garten.

ALZINGEN (ALZÉNG) **717** V25 – *voir à Luxembourg, environs.*

ASSELBORN (AASSELBUR) C *Wincrange 3 462 h.* **717** U22 *et* **716** K5. 20 B
Luxembourg 75 – Clervaux 13 – Ettelbrück 47 – Bastogne 26.

Domaine du Moulin ⛰, Maison 158, ✉ 9940, ☎ 99 86 16, *moulinas@pt.l Fax 99 86 17,* ⛱, – P. AE MC VISA
fermé 8 au 26 janv. et 12 nov.-1er déc. – **Rest** *(fermé mardi midi)* carte 29/56 – **15 ch** 55 – 76 – ½ P 78/84.
◆ Au creux d'une vallée verdoyante, hôtel tranquille aménagé dans un très vieux moul dont un musée retrace l'histoire. Terrasse au bord d'un ruisseau où l'on pêche la truit Salle à manger rustique. Petite carte traditionnelle refaite de saison en saison.
◆ Das ruhige Hotel in einem grünen Tal ist in einer ehemaligen Mühle untergebracht, dere Geschichte ein kleines Museum nachzeichnet. Die Terrasse am Bach lädt zum Forellena geln ein. Rustikaler Speisesaal. Kleine, traditionelle Speisekarte.

BASCHARAGE (NIDDERKÄERJHÉNG) **717** U25 *et* **716** K7 – *6 837 h.* 20 B
Luxembourg 19 – Esch-sur-Alzette 14 – Arlon 21 – Longwy 17.

Gulliver, r. Nicolas Meyers 58 (sur N 31, direction Niederkorn), ✉ 4918, ☎ 504 45 5 *gulliver@pt.lu, Fax 504 45 52,* ⛱ – |‡|, rest, ♿ rest, P – 25. AE MC VISA
Rest (avec cuisine italienne) *Lunch 13 bc* – 23/40, carte 25/59, ♀ – **51 ch** 75/80 85/120 – ½ P 58/64.
◆ Bâtisse d'aspect engageant située dans un secteur résidentiel proche du Pôle Europée de Développement. Accès aisé aux axes routiers transfrontaliers. Chambres uniforme Table franco-italienne où se retrouve, au déjeuner, la clientèle des bureaux alentours.
◆ Reizvoller Bau in einem eleganten Viertel, in der Nähe des Europäischen Entwicklung zentrums. Verkehrsgünstig gelegen, mit einheitlichen Zimmern. Büroangestellte aus d Umgebung bevölkern mittags das Restaurant mit französisch-italienischer Küche.

Beierhaascht, av. de Luxembourg 240, ✉ 4940, ☎ 26 50 85 50, *info@beierhaascht.l Fax 26 50 85 99,* ⛱, – |‡| ♿ ch, P. AE MC VISA
Rest *Lunch 19* – carte 17/37, ♀ – **30 ch** 69/73 – 82/86.
◆ Cet hôtel contemporain est curieusement agrégé à une brasserie artisanale et à ur boucherie-charcuterie spécialisée dans les salaisons ! Bonnes chambres parquetées. Deu grandes cuves de brassage trônent dans la spacieuse taverne-restaurant.
◆ Dem modernen Hotel sind eine Hausb Brauerei und eine Fleischerei, die auf Pökelfleisc spezialisiert ist, angeschlossen. Schöne Zimmer mit Parkettboden. In der geräumigen T verne thronen zwei große Sudkessel.

XX **Le Pigeonnier,** av. de Luxembourg 211, ✉ 4940, ☎ 50 25 65, *info@lepigeonnier.l Fax 50 53 30,* ⛱ – P ⇔ 8/70. AE MC VISA
fermé mi-août-mi-sept., sam. midi, dim. soir, lundi et mardi – **Rest** *Lunch 35* – 68, car 50/70.
◆ Une ancienne grange restaurée - murs de pierre, épaisses poutres, etc. - sert de cadre ce restaurant bien placé à l'entrée du bourg. Les banquets se tiennent à l'étage.
◆ Die ehemalige restaurierte Scheune mit Steingemäuer, dicken Holzbalken etc. bildet de Rahmen für das am Rande des Dorf gelegene Restaurant. Bankette finden im 1. Stoc statt.

XX **Digne des Gourmets,** r. Continentale 1, ✉ 4917, ☎ 50 72 86, *Fax 50 72 50,* ⛱ ⇔ 6/20. AE MC VISA
fermé prem. sem. janv., 1 sem. Ascension, 3 sem. fin août-début sept., lundi et mardi
Rest *Lunch 15* – 30/60, carte 45/57, ♀.
◆ Auberge traditionnelle transformée en table au goût du jour sous l'impulsion d'u couple avisé. Recettes quelquefois surprenantes. Desserts tentateurs. L'été, repas au ja din.
◆ Traditionelles Gasthaus, das unter der Leitung eines erfahrenen Ehepaars saisonbeding Küche mit teilweise ungewöhnlichen Gerichten anbietet. Verlockende Desserts. Im Son mer wird im Garten serviert.

EAUFORT (BEFORT) **717** W23 *et* **716** L6 – *1 664 h.* 21 **C2**

Voir *Ruines du château★ – au Sud-Est : 4 km et 30 mn AR à pied, Gorges du Hallerbach★.*

Grand-Rue 87, ✉ 6310, ☎ 836 03 01, beaufort@pt.lu, Fax 86 91 08.

Luxembourg 38 – Diekirch 15 – Echternach 15 – Ettelbrück 25.

Meyer ⛰, Grand-Rue 120, ✉ 6310, ☎ 83 62 62, *homeyer@pt.lu, Fax 86 90 85*, ..., rest, ... – 40. AE ⓓ ⓜⓒ VISA. ...

ouvert 31 mars-déc. – **Rest** *(fermé après 20 h 30)* (dîner seult sauf week-end et jours fériés) 22/43, carte 40/56 – **33 ch** ☕ ★67/124 – ★★108/141 – ½ P 76/93.

◆ Imposante hostellerie postée à l'entrée d'un village connu pour sa liqueur de cassis : le Cassero. Bonnes chambres garnies de meubles en bois cérusé. Ambiance familiale. Cuisine actuelle servie, l'été venu, sur une terrasse côté jardin.

◆ Imposantes Hotelanwesen am Eingang eines Dorfes, das für seinen Likör aus Schwarzen Johannisbeeren bekannt ist: den Cassero. Schöne Zimmer mit Möbeln aus Kirschbaumholz. Familiäres Ambiente. Im Sommer wird auf der Terrasse auf der Gartenseite serviert.

Auberge Rustique, r. Château 55, ✉ 6313, ☎ 83 60 86, *info@aubergerustique.lu, Fax 86 92 22*, ..., rest. ⓜⓒ VISA. ... rest

fermé 31 déc.-2 janv. – **Rest** 28/34, carte 28/41 – **8 ch** ☕ ★47 – ★★70/85.

◆ Auberge miniature construite près des ruines romantiques du château de Beaufort, auquel Victor Hugo en personne a dédié quelques lignes. Chambres assez confortables. Restaurant misant sur un éventail de préparations régionales sans complication.

◆ Kleines Gasthaus nahe der romantischen Ruine des Schlosses Beaufort, dem Victor Hugo persönlich ein paar Zeilen gewidmet hat. Recht komfortable Zimmer. Das Restaurant setzt auf eine Auswahl regionaler, unkomplizierter Speisen.

ELAIR – *voir à Luxembourg, périphérie.*

ERDORF (BÄERDREF) **717** X24 *et* **716** M6 – *1 426 h.* 21 **C2**

Voir *au Nord-Ouest : Île du Diable★★ – au Nord : Plateau des Sept Gorges★ (Sieweschluff), Kasselt★ – au Sud : 2 km, Werschrumschluff★.*

Env. *au Sud-Ouest : 3 km, Vallée des Meuniers★★★ (Müllerthal ou Vallée de l'Ernz Noire).*

Exc. à l'Est : 2 km : promenade à pied★★ vers le rocher du Perekop.

r. Laach 7, ✉ 6550, ☎ 79 06 43, berdorf.tourisme@pt.lu, Fax 79 91 82.

Luxembourg 38 – Diekirch 24 – Echternach 6 – Ettelbrück 31.

Bisdorff ⛰, r. Heisbich 39, ✉ 6551, ☎ 79 02 08, *hotelbisdorff@pt.lu, Fax 79 06 29*, ... – 25. ⓓ ⓜⓒ VISA. ... rest

ouvert Pâques-mi-nov. – **Rest** *(fermé lundi, mardi et après 20 h 30)* (dîner seult sauf week-end) *Lunch 35* – 38/60, carte 29/66, ♀ – **25 ch** ☕ ★70/80 – ★★100/160 – ½ P 74/94.

◆ Du repos et des loisirs : voici ce à quoi vous pouvez vous attendre à cette enseigne familiale nichée dans la verdure. Chambres bien équipées et insonorisées. Salle des repas classiquement aménagée ; cuisine traditionnelle et du terroir.

◆ Erholung und Freizeitangebote: Das erwartet Sie in diesem mitten im Grünen gelegenen familiären Hotel. Gut ausgestattete und schallisolierte Zimmer. Klassischer Speiseraum mit traditioneller und regionaler Küche.

Kinnen, rte d'Echternach 2, ✉ 6550, ☎ 79 01 83, *hotelkinneng@pt.lu, Fax 790 18 35 00*, ... – 30. ⓜⓒ VISA. ...

ouvert 16 mars-12 nov. – **Rest** *(fermé après 20 h 30)* 20/36, carte 35/50 – **25 ch** ☕ ★53/58 – ★★84/89 – ½ P 56/61.

◆ Hostellerie familiale œuvrant depuis plus de 150 ans au centre de ce village de la Petite Suisse luxembourgeoise. Chambres rénovées en 2003 ; terrasse parfaitement abritée. À table, plats classiques et traditionnels à composantes régionales.

◆ Das im Zentrum des Dorfes in der Kleinen Luxemburgischen Schweiz gelegene Familienhotel besteht seit über 150 Jahren. Die Zimmer wurden 2003 renoviert; gut geschützte Terrasse. Klassische, traditionelle Gerichte mit Spezialitäten aus Luxemburg.

BOLLENDORF-PONT (BOLLENDORFER BRÉCK) Ⓒ *Berdorf 1 426 h* **717** X23 *et* **716** M6. 21 **C2**

Luxembourg 40 – Diekirch 21 – Echternach 7 – Ettelbrück 27.

André, rte de Diekirch 23, ✉ 6555, ☎ 72 03 93, *info@hotel-andre.lu, Fax 72 87 70*, ... AE ⓓ ⓜⓒ VISA. ...

fermé déc.-janv. – **Rest** (dîner pour résidents seult) – **20 ch** ☕ ★60/65 – ★★90/95 – ½ P 58/65.

◆ Une route pittoresque conduit à cet établissement alangui au creux d'une verte vallée, en plein cœur de la Petite Suisse luxembourgeoise. Chambres spacieuses.

◆ Eine malerische Straße führt zu diesem in einem grünen Tal im Herzen der Kleinen Luxemburgischen Schweiz eingebetteten Anwesen. Geräumige Zimmer.

BOUR (BUR) Ⓒ *Tuntange 1 056 h.* **717** V24 *et* **716** L6. 20 B

Env. *au Nord-Est : 4 km, Hunnebour : cadre*★.

Luxembourg 16 – Ettelbrück 27 – Mersch 12 – Arlon 18.

Gwendy, rte de Luxembourg 3, ✉ 7412, ☎ 308 88 81, *hotelgwendy@online.*
Fax 30 79 99, – P. AE ⓓ ⓜ VISA
Rest *(fermé 1er au 15 sept., sam. et dim.) Lunch 10* – 14 – **15 ch** ☕ ★59 – ★★75 – ½ P 70.
◆ En lisière de forêt, bâtisse engageante renfermant des chambres assez grandes et u poignée d'appartements (pour longs séjours) avec kitchenette. Salle de restaurant au d cor sobre et chaleureux, façon bistrot contemporain. Repas traditionnel.
◆ Reizvolles Gebäude am Waldrand mit recht geräumigen Zimmern und einigen Ferie wohnungen mit Kochnische (für einen längeren Aufenthalt). Moderner, gemütlich u gepflegt ausgestatteter Speiseraum im Bistrostil. Traditionelle Gerichte.

XXX **Janin,** r. Arlon 2, ✉ 7412, ☎ 30 03 78, *janin@pt.lu, Fax 30 79 02,* – P. ⓜ VISA
fermé 15 fév.-début mars, 2 dern. sem. août-début sept., merc. et jeudi – **Rest** ca 55/73.
◆ La génération montante a repris les commandes de cette maison de bouche. Confort ble salle à manger au "look" agréablement suranné. Plats classiques appétissants.
◆ Die junge Generation hat die Leitung dieses Restaurants übernommen. Komfortab Speisesaal in angenehm nostalgischem Stil. Klassische, appetitlich zubereitete Gerichte.

BOURGLINSTER (BUERGLËNSTER) Ⓒ *Junglinster 5 859 h.* **717** W24 *et* **716** L6. 21 C

Luxembourg 20 – Echternach 25 – Ettelbruck 29.

XX **La Distillerie,** r. Château 8, ✉ 6162, ☎ 787 87 81, *mail@bourglinster.*
Fax 78 78 78 52, ←, – ⇔ 15/35. AE ⓓ ⓜ VISA.
fermé 1er au 7 janv., 19 fév.-4 mars, 29 oct.-4 nov., 26 au 31 déc., dim. soir, lundi et mar
Rest 50/70, carte 50/67.
◆ Envie de s'offrir un bon moment de table dans un château fort dominant la ville ? Distillerie est alors l'adresse indiquée ! Vue plongeante sur les toits de Bourglinster.
◆ Haben Sie Lust auf ein gutes Essen in einer Burg, die über der Stadt thront? La Distille ist hierfür die richtige Adresse! Blick auf die Dächer von Bourglinster.

BOURSCHEID (BUURSCHENT) **717** V23 *et* **716** L6 – *1 203 h.* 20 B

Voir *Route du château* ←★★ – *Ruines*★ *du château*★, ←★.

Luxembourg 47 – Diekirch 14 – Ettelbrück 18 – Wiltz 22.

St-Fiacre, Groussgaass 4, ✉ 9140, ☎ 99 00 23, *stfiacre@pt.lu, Fax 99 06 66,* ←,
– |‡|, rest, P. AE ⓓ ⓜ VISA.
ouvert 15 mars-déc. – **Rest** *(fermé mardi, merc. et après 20 h) Lunch 18* – 40, carte 37/5
20 ch ☕ ★56/62 – ★★87/96 – ½ P 62/75.
◆ Grosse maison accueillante dont les chambres, assez amples et pourvues d'un mobil de série, offrent une échappée sur les collines alentour. Tout en mangeant, profitez coup d'œil sur le paysage agreste.
◆ Großes einladendes Haus, dessen recht geräumige, mit Standardmobiliar ausgestatte Zimmer einen Blick auf die umliegenden Hügel bieten. Während des Essens genießen S den Blick auf die ländliche Umgebung.

à Bourscheid-Moulin *(Buurschenter-millen) Est : 4 km :*

Du Moulin ⛰, Buurschtermillen 1, ✉ 9164, ☎ 99 00 15, *dumoulin@pt.lu, Fax 99 07 4*
←, , , , – |‡| P. ⓓ ⓜ VISA
fermé 4 déc.-13 fév. – **Rest** *(fermé lundi midi, mardi midi et après 20 h 30) Lunch 25* – 35/4 carte 34/44 – **14 ch** ☕ ★75/95 – ★★105/140 – ½ P 74/94.
◆ Établissement tranquille œuvrant dans la bucolique vallée de la Sûre. Chambres sp cieuses et ambiance vacances confortée par une piscine à vagues couverte. De la salle manger, vue plaisante sur la rivière.
◆ Ruhiges, im bukolischen Tal der Sûre gelegenes Haus. Geräumige Zimmer. Das übe dachte Wellenbad trägt zum Urlaubsambiente bei. Vom Speisesaal aus genießt man ein angenehmen Blick auf den Fluss.

à Bourscheid-Plage *Est : 5 km :*

Theis ⛰, ✉ 9164, ☎ 99 00 20, *info@hotel-theis.com, Fax 99 07 34,* ←, , , ,
– |‡|, rest, P – 25. ⓓ ⓜ VISA. rest
ouvert 16 mars-11 nov. – **Rest** *(fermé merc. et jeudi)* 32/46, carte 40/55, ♀ – **19 ch**
★61/77 – ★★86/110 – ½ P 64/72.
◆ Tenté par une mise au vert ? Cet hôtel familial installé au bord de la Sûre et cerné par forêt fera l'affaire. Bon confort dans les chambres. Au restaurant, cuisine traditionnel cave franco-luxembourgeoise et terrasse d'été.
◆ Mögen Sie eine grüne Umgebung? Das familiäre Hotel am Ufer der Sûre steht im Wa und erfüllt diesen Wunsch. Die Zimmer bieten einen guten Komfort. Restaurant mit trad tioneller Küche, französisch-luxemburgischen Weinen und Sommerterrasse.

Belair ⛰, ✉ 9164, ✆ 263 03 51, *hotelbelair@pt.lu, Fax 26 95 94 26*, ≤, 🏠, 🚲 – 🛗 🅿 – 🏛 50. ✗ rest
Rest *Lunch 17* – 35/40 carte 27/44, 𝕐 – **32 ch** ☕ 🛏67 – 🛏🛏82/106 – ½ P 52/73.

◆ La Sûre et sa vallée boisée servent d'écrin à cette bâtisse hôtelière rénovée. Chambres vastes et pratiques réparties en deux catégories ; "wine-bar" et grandes terrasses. Repas classico-traditionnel dans une rotonde lumineuse tournée vers la rivière.

◆ Das renovierte Hotel steht im bewaldeten Tal der Sûre und bietet geräumige, praktisch eingerichtete Zimmer in zwei Komfortkategorien an. Weinbar" und große Terrassen. Klassisch-traditionelle Gerichte in einem dem Fluss zugekehrten lichtdurchfluteten Rundbau.

BRIDEL (BRIDDEL) 717 V25 – *voir à Luxembourg, environs.*

CANACH (KANECH) Ⓒ *Lenningen 1 358 h.* 717 W25 *et* 716 L7. 21 C3

⛳ *Scheierhaff,* ✉ *5412,* ✆ *35 61 35, Fax 35 74 50.*
Luxembourg 16 – Mondorf-les-Bains 19 – Saarbrücken 88.

Mercure ⛰, Scheierhaff (Sud : 2,5km), ✉ 5412, ✆ 26 35 41, *H2898@accor.com, Fax 26 35 44 44*, ≤, 🏠, 🏋, ♨, 🏊 – 🛗 ✗ ▤ 🅿 – 🏛 150. AE ⓓ ⓜⓒ VISA
Rest *Lunch 27* – carte env. 40, 𝕐 – ☕ 15 – **74 ch** 🛏135/350 – 🛏🛏155/350 – 2 suites.

◆ Hôtel de chaîne moderne niché dans un vallon champêtre, au milieu d'un terrain de golf. Pimpantes chambres bien calibrées, garnies de meubles en bois clair. Ouverte sur le "green", salle de restaurant entretenant une ambiance "club house".

◆ Zu einer Kette gehörendes modernes Hotel in einem kleinen, ländlichen Tal, mitten auf einem Golfgelände. Schmucke, geräumige Zimmer mit hellen Holzmöbeln. Zum Golfplatz hin geöffnet, hat der Speisesaal eine Clubhaus-Atmosphäre.

CLAUSEN (KLAUSEN) – *voir à Luxembourg, périphérie.*

CLERVAUX (KLIERF) 717 V22 *et* 716 L5 – *1 796 h.* 20 B1

Voir Site★★ – Château★ : expositions de maquettes★ et de photographies★ – au Sud : route de Luxembourg ≤★★.
⛳ *au Nord-Ouest : 3 km à Eselborn, Mecherwee,* ✉ *9748,* ✆ *92 93 95, Fax 92 94 51.*
ℹ *(avril-oct.) Château,* ✉ *9712,* ✆ *92 00 72, info@tourisme-clervaux.lu, Fax 92 93 12.*
Luxembourg 62 – Diekirch 30 – Ettelbrück 34 – Bastogne 28.

International, Grand-rue 10, ✉ 9710, ✆ 92 93 91, *mail@interclervaux.lu, Fax 92 04 92*, 🏠, ⓦ, 🏋, ♨, 🏊 – 🛗 ✗, ▤ rest, 🚗 – 🏛 150. AE ⓓ ⓜⓒ VISA
fermé 24 et 25 déc. – **Rest *Les Arcades*** *Lunch 21 bc* – 23/39, carte env. 45, 𝕐 – **50 ch** ☕ 🛏53/93 – 🛏🛏70/149 – 2 suites – ½ P 60/124.

◆ Cet hôtel de tourisme établi dans le centre piétonnier offre le choix entre cinq sortes de chambres et propose diverses activités de délassement dont un wellness très complet. Cuisine classique actualisée et décor de même aux Arcades. Steak-house séparé.

◆ Das in der Fußgängerzone stehende Hotel für Urlauber bietet fünf verschiedene Zimmertypen an sowie Aktivitäten zum Entspannen, darunter ein komplettes Wellnessprogramm. Klassische, zeitgemäße Küche und Ausstattung in den Arcades. Separates Steakhouse.

Koener, Grand-rue 14, ✉ 9710, ✆ 92 10 02, *mail@koenerclervaux.lu, Fax 92 08 26*, 🏠, ⓦ, 🏋, ♨, 🏊 – 🛗 🚗 🅿 – 🏛 100. AE ⓓ ⓜⓒ VISA. ✗ rest
fermé 15 janv.-8 fév. – **Rest** *(fermé après 20 h 30)* 23/41, carte 22/44 – **50 ch** ☕ 🛏48/62 – 🛏🛏70/130 – ½ P 52/82.

◆ Au cœur de Clervaux, sur une place piétonne, établissement familial renfermant deux générations de chambres : les anciennes, fonctionnelles, et les neuves, plus confortables. Belle salle de restaurant au cadre classique-bourgeois feutré.

◆ Auf einem verkehrsfreien Platz im Herzen von Clervaux steht dieser Familienbetrieb mit zwei verschiedenen Zimmertypen: die älteren sind zweckmäßig ausgestattet, die neueren sind komfortabler. Schöner Speiseraum mit gediegenem klassischem Ambiente.

Du Parc ⛰, r. Parc 2, ✉ 9708, ✆ 92 06 50, *hduparc@pt.lu, Fax 92 10 68*, ≤, 🏠, ♨, 🌳 – ✗ 🅿. ⓜⓒ VISA
fermé janv. – **Rest** *(fermé lundi et mardi)* (dîner seult sauf dim.) *Lunch 40 bc* – 30/47, carte env. 40 – **7 ch** ☕ 🛏53 – 🛏🛏75/99 – ½ P 63.

◆ Demeure bourgeoise centenaire entourée d'un parc reposant. Sobrement personnalisées, les petites chambres sont agencées à l'ancienne, au même titre que les communs. Préparations traditionnelles servies dans une chaleureuse salle à touches rustiques.

◆ Hundert Jahre altes Bürgerhaus, umgeben von einem Park. Schlichte, individuell im Stil früherer Zeiten eingerichtete Zimmer und Gemeinschaftsräume. Traditionelle Gerichte, die in einem gemütlich-rustikalen Saal serviert werden.

Du Commerce, r. Marnach 2, ✉ 9709, ☎ 92 10 32, *hotelcom@pt.lu, Fax 92 91 08,* ⊠, ⊡, ⊢ – |♦| ⊬ ℗ – ⚐ 30. AE ⊙ ⊚ VISA. ⊁ rest
fermé 1er au 15 mars, déc., mardi midi et merc. midi – **Rest** *Lunch 22* – 25/40, carte 27/43 – **50 ch** ☐ ✝45/67 – ✝✝84/140 – ½ P 58/72.
◆ Près du château, hôtel disposant de chambres souvent menues, mais convenables. Jolie piscine intérieure, espace de remise en forme et terrasse d'été perchée sur le toit. Une carte traditionnelle enrichie de suggestions du marché est présentée au restaurant.
◆ Das in der Nähe des Schlosses gelegene Hotel verfügt über oftmals kleine, aber ordentliche Zimmer. Hübsches Hallenbad, Fitnessbereich und Sommerterrasse auf dem Dach. Die traditionelle Speisekarte wird von saisonbedingten Gerichten abgerundet.

Le Claravallis, r. Gare 3, ✉ 9707, ☎ 92 10 34, *info@claravallis.lu, Fax 92 90 89,* ⊡, – |♦| ⊬ ℗ – ⚐ 25. AE ⊙ ⊚ VISA
fermé 15 janv.-15 mars et jeudi hors saison – **Rest** *Lunch 27* – 23/29, carte 28/38 – **25 ch** ☐ ✝60/75 – ✝✝70/130 – ½ P 70/85.
◆ Immeuble un peu excentré construit au cours des années 1970 en lisière des bois, dans la rue rejoignant la gare. Chambres fonctionnelles souvent munies d'un balcon. Salle de repas classiquement aménagée.
◆ Das im Laufe der 70er Jahre am Waldrand errichtete Gebäude liegt etwas abgelegen in einer zum Bahnhof führenden Straße. Zweckmäßig eingerichtete Zimmer, häufig mit Balkon. Klassisch eingerichteter Speisesaal.

à Reuler *(Reiler) Est : 1 km par N 18* Ⓒ *Clervaux :*

St-Hubert Maison 3, ✉ 9768, ☎ 92 04 32, *sthubert@pt.lu, Fax 92 93 04,* ⩽, ⊠, ⊢, – |♦| ℗. AE ⊚ VISA. ⊁
ouvert mi-mars-mi-déc.; fermé mardi – **Rest** *(fermé après 20 h 30)* carte 23/45 – **21 ch** ☐ ✝60 – ✝✝74/80 – ½ P 56.
◆ Une façade fleurie aux beaux jours signale ce gros chalet situé aux avant-postes de Clervaux. Certaines chambres, dotées d'un balcon, ont vue sur la campagne. Table dédiée à Saint Hubert, patron des chasseurs. Le gibier foisonne en saison de vénerie.
◆ Das große Chalet mit blumengeschmückter Fassade liegt vor den Toren von Clervaux. Einige Zimmer mit Balkon bieten Blick auf die Landschaft. Die Küche ist Sankt Hubert, dem Schutzpatron der Jäger, gewidmet. In der Jagdsaison steht Wild auf der Speisekarte.

LUXEMBOURG

à Roder *(Roeder) Est : 4,5 km* Ⓒ *Munshausen 911 h :*

Manoir Kasselslay (Poppelaars) ⩲ avec ch, Maison 21, ✉ 9769, ☎ 95 84 7 *contact@kasselslay.lu,* ⊡, ⊢ – ⊬ ℗ ⇔ 13/18. ⊚ VISA. ⊁
fermé 27 déc.-5 janv., 15 fév.-2 mars, 11 avril, 30 mai et 29 août-16 sept. – **Rest** *(fermé lundis et mardis non fériés) Lunch 32* – 35/80 bc, carte 33/73, ♀ ✿ – **6 ch** ☐ ✝80/95 – ✝✝100/130.
Spéc. Tartare de Saint-Jacques et maquereau aux lentilles. Fricassée de homard et poularde aux petits légumes. Tartine aux amandes, sorbet au yaourt.
◆ Auberge familiale envoyant de la cuisine classique revisitée avec finesse et générosité dans un cadre moderne sobre ou en plein air. Chambres aux noms de plantes aromatiques.
◆ Familiengasthof, der seinen Gästen mit Finesse und Großzügigkeit zubereitete, klassische Gerichte bietet, die in einem schlicht modernen Ambiente oder aber auch im Freien genossen werden können. Die Zimmer sind nach Gewürzkräutern benannt.

DIEKIRCH (DIKRECH) 717 V23 *et* 716 L6 – *6 241 h.* 21 C

Env. *au Nord : 8 km et 15 mn AR à pied, Falaise de Grenglay* ⩽★★.
ℹ *pl. de la Libération 3,* ✉ *9255,* ☎ *80 30 23, tourisme@diekirch.lu, Fax 80 27 86.*
Luxembourg 33 – Clervaux 30 – Echternach 28 – Ettelbrück 5 – Bastogne 46.

Du Parc, av. de la Gare 28, ✉ 9233, ☎ 803 47 21, *info@hotel-du-parc.lu, Fax 80 98 61* |♦| ⊬ ℗. ⊚ VISA
ouvert 15 avril-15 déc. – **Rest** (dîner pour résidents seult) – **40 ch** ☐ ✝64/69 – ✝✝86/94 ½ P 72/76.
◆ Près de la gare, au cœur d'une petite localité "brassicole", hôtel familial renfermant des chambres assez confortables ; une poignée d'entre elles se trouvent dans l'annexe. Salle de restaurant agréablement désuète.
◆ In der Nähe des Bahnhofs, im Herzen eines kleinen Ortes mit Brauereigeschichte gelegenes Familienhotel mit recht komfortablen Zimmern. Einige sind im Nebengebäude untergebracht. Angenehm altmodischer Speisesaal.

DOMMELDANGE (DUMMELDÉNG) 717 V25 – *voir à Luxembourg, périphérie.*

Les maisons d'hôte sélectionnées possèdent au minimum 3 chambres.

DUDELANGE (DIDDELENG) 717 V26 et 716 L7 – 17 514 h. 20 B3

Luxembourg 16 – Esch-sur-Alzette 13 – Thionville 17.

XX **Parc Le'h,** r. Parc (par A 3, sortie ③, puis au 1er rond-point prendre à droite), ✉ 3542, ☎ 51 99 90, *info@parcleh.lu, Fax 51 16 90,* – P 10/60. AE VISA
fermé 15 au 22 août, lundi soir, mardi et sam. midi – **Rest** *Lunch 11* – 33/55, carte 37/61, ♀.
◆ Pavillon érigé au beau milieu d'un parc verdoyant. Salle à manger claire et contemporaine, aux tables bien espacées offrant une vue "plein cadre" sur les fourneaux.
◆ Der Pavillon erhebt sich inmitten eines Parks. Heller und moderner Speisesaal mit großzügiger Tischanordnung und Blick auf die Küche.

ECHTERNACH (IECHTERNACH) 717 X24 et 716 M6 – 4 480 h. 21 C2

Voir *Place du Marché*★ Y 10 - *Abbaye*★ X – *à l'Ouest : Gorge du Loup*★★ *(Wolfschlucht),* ⩽★ *du belvédère de Troosknepchen* Z.

Exc. Petite Suisse Luxembourgeoise★★★ : **Vallée des Meuniers**★★★ **(Müllerthal ou Vallée de l'Ernz Noire).**

Porte St-Willibrord, Parvis de la Basilique, ✉ *6401,* ☎ *72 02 30, info@echternach-tourist.lu, Fax 72 75 24.*

Luxembourg 36 ② – Diekirch 28 ③ – Ettelbrück 30 ③ – Bitburg 21 ①.

Plan page suivante

Eden au Lac ⛰, Oam Nonnesees (au-dessus du lac), ✉ 6474, ☎ 72 82 83, *edenlac@pt.lu, Fax 72 81 44,* ⩽ ville et vallée boisée, – ch, P – 45. AE VISA. Z m
ouvert 15 mars-15 nov. – **Rest** ***Le Jardin d'Épices*** *(fermé merc. et sam.)* (dîner seult sauf dim. et jours fériés) 79, carte 53/73, – ***Le Présidence*** *Lunch 38* – 36/55 – **55 ch** ★95/175 – ★★120/188 – 5 suites – ½ P 86/125.
◆ En pleine nature, face au lac, bonnes chambres avec balcon aménagées dans trois unités communicantes, dont deux chalets. Bel espace de bien-être et de relaxation ; vaste parc. Cadre classique, table actuelle soignée, riche cave et jolie vue au Jardin d'Épices.
◆ Mitten in der Natur am See gelegen. Zimmer mit Balkon in drei Gebäuden, darunter zwei Chalets. Schöner Wellnessbereich, großer Park. Restaurant mit klassischem Ambiente und zeitgemäßer Küche, gut sortierter Weinkeller und hübscher Blick auf den Gewürzgarten.

Grand Hôtel, rte de Diekirch 27, ✉ 6430, ☎ 72 96 72, *grandhot@pt.lu, Fax 72 90 62,* ⩽, – P. AE VISA. Z p
ouvert 15 mars-19 nov. – **Rest** *(fermé après 20 h)* (dîner seult sauf week-end et jours fériés) 45, carte 39/82 – **28 ch** ★80/130 – ★★110/170 – 8 suites – ½ P 80/90.
◆ Ensemble hôtelier proche de la fameuse Gorge du Loup. Chambres sans reproche, salon garni de meubles de style, jolie piscine intérieure et espace de remise en forme. La plupart des tables du restaurant offre une plaisante échappée sur la vallée boisée.
◆ Hotelkomplex in der Nähe der berühmten Wolfsschlucht (Gorge du Loup). Tadellose Zimmer, mit Stilmöbeln ausgestatteter Salon, hübsches Hallenbad und Fitnessbereich. Die meisten Tische des Restaurants bieten eines schöne Aussicht über das bewaldete Tal.

Bel Air ⛰, rte de Berdorf 1, ✉ 6409, ☎ 72 93 83, *belair@pt.lu, Fax 72 86 94,* ⩽, – P – 100. AE VISA. Z n
fermé 2 au 10 janv. – **Rest** *Lunch 46* – 68, carte 42/57, ♀ – **31 ch** ★82/144 – ★★107/170 – 8 suites – ½ P 110/122.
◆ Ce confortable établissement lové au creux d'une vallée verdoyante s'entoure d'un parc propice au ressourcement. Salon cossu, reposantes chambres, belle piscine et fitness. Coup d'œil plaisant sur les pelouses, parterres et pièce d'eau depuis le restaurant.
◆ Das komfortable, in ein grünes Tal gebettete Haus ist von einem Park umgeben. Gediegener Salon, gemütliche Zimmer, schöner Swimmingpool und Fitnessbereich. Vom Speisesaal aus genießt man einen schönen Blick auf Wiesen, Blumenbeete und einen Teich.

Welcome, rte de Diekirch 9, ✉ 6430, ☎ 72 03 54, *info@hotelwelcome.lu, Fax 72 85 81,* – P. VISA. Z r
ouvert avril-20 nov. – **Rest** *(fermé merc.)* (dîner seult jusqu'à 20 h 30) 30/37, carte 35/52 – **26 ch** ★54/78 – ★★64/125 – ½ P 55/68.
◆ À deux pas d'un belvédère qui mérite - hautement ! - l'ascension, construction allongée bordant la grand-route et le lit de la Sûre. Chambres douillettes, souvent avec balcon. Repas traditionnel dans une grande salle feutrée.
◆ Ganz in der Nähe eines Aussichtspunkts, der unbedingt den Aufstieg lohnt! Länglicher Bau an der Hauptverkehrsstraße, am Ufer der Sûre. Gemütliche Zimmer, zumeist mit Balkon. Traditionelle Küche in einem großen eleganten Speisesaal.

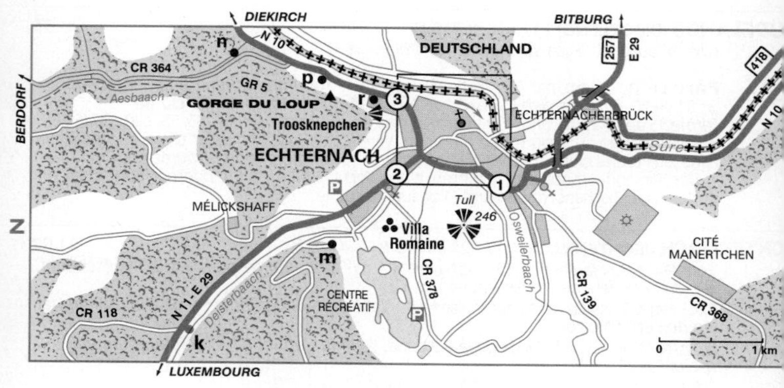

ECHTERNACH

Bénédictins (R. des) . . . . Y 2
Bons Malades (R. des) . . . . . Y 3
Breilekes (R.) . . . . Y
Duchscher (R. André) . . . . . . Y
Ermesinde (R.) . . . . X 5
Gare (R. de la) X
Gibraltar (R.) . . . . Y
Haut Ruisseau (R.) . . . . X 6
Hoovelek . . . . Y
Hôpital (R. de l') . . . . Y
Luxembourg (R. de) . . . . Y 9
Marché (Pl. du) . . . . Y 10
Maximilien (R.) . . . . XY
Merciers (R. des) . . . . X 12
Montagne (R. de la) . . . . Y 13
Pont (R. du) . . . . XY
Remparts (R. des) . . . . Y
Sigefroi (R. Comte) . . . . Y 15
Sûre (R. de la) . . . . Y
Val des Roses X
Wasserbillig (R. de) . . . . Y 17

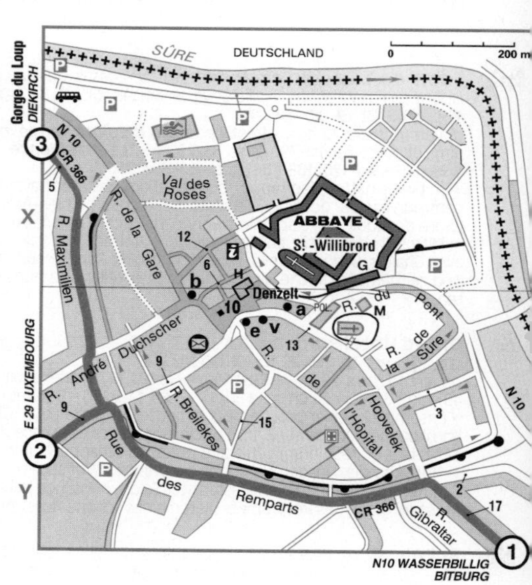

Hostellerie de la Basilique, pl. du Marché 7, ✉ 6460, ☎ 72 94 83, *info@hote basilique.lu, Fax 72 88 90,* ☂, Fö, ☂ – |☰| 🚗. ✗ Y
ouvert 25 mars-15 nov.; fermé mardi hors saison – **Rest** (dîner seult sauf week-end) 25/35 carte 34/54 – **14 ch** ☕ ✝74/93 – ✝✝93/112 – ½ P 70/75.

◆ Accueil familial chaleureux dans cette grosse maison postée sur une place aux pavé joufflus. Chambres fonctionnelles bien calibrées. Proximité immédiate de l'abbaye. Alter native brasserie ou restaurant.

◆ Ein herzlicher familiärer Empfang erwartet Sie in diesem großen Haus, das auf einem mi dicken Pflastersteinen gestalteten Platz steht. Zweckmäßig eingerichtete Zimmer. In un mittelbarer Nähe zur Abtei. Nach Wunsch Brasserie oder Restaurant.

Le Pavillon, r. Gare 2, ✉ 6440, ☎ 72 98 09, *diedling@pt.lu, Fax 72 86 23,* ☂ – 🚗 40. AE ⓞ VISA XY
Rest *Lunch 11* – 23/46, carte 30/47, ♀ – **11 ch** ☕ ✝65 – ✝✝75/100 – ½ P 55/75.

◆ Étape idéale pour découvrir la capitale de la Petite Suisse luxembourgeoise, cet établis sement du centre piétonnier renferme des chambres sobres et bien tenues. Table tradi tionnelle.

◆ Ideales Quartier, um die Hauptstadt der Kleinen Luxemburgischen Schweiz zu entdecken Das gut geführte Haus in der Fußgängerzone hat einfache Zimmer. Traditionelle Küche.

Le Petit Poète, pl. du Marché 13, ✉ 6460, ☎ 72 00 72, *contact@lepetitpoete.lu, Fax 72 74 83,* – AE ⓓ MC VISA. ch Y v
fermé déc. – **Rest** Lunch 15 – 18/36, carte 21/41 – **12 ch** ☐ ✝40 – ✝✝60 – ½ P 46/52.
◆ Hôtel familial situé juste en face d'un bel édifice du 15e s. avec arcades et tourelles d'angle. Chambres proprettes ; sans accessoire superflu. Préparations bourgeoises servies dans une salle à manger classiquement aménagée. Terrasse abritée sur le devant.
◆ Familiäres Hotel direkt gegenüber einem wunderschönen Gebäude aus dem 15. Jh. mit Arkaden und Ecktürmchen. Saubere Zimmer ohne überflüssige Extras. Klassischer Speisesaal und geschützte Terrasse auf der Vorderseite. Bürgerliches Angebot.

Du Commerce, pl. du Marché 16, ✉ 6460, ☎ 72 03 01, *chactour@pt.lu, Fax 72 87 90,* – – 50. AE MC VISA Y e
ouvert 17 fév.-12 nov. – **Rest** *(fermé jeudi midi de juil. au 15 sept.)* Lunch 12 – 30, carte 22/38, ♀ – **45 ch** ☐ ✝50/55 – ✝✝72/84 – ½ P 54/60.
◆ Dans l'une des maisons anciennes qui bordent la pittoresque place du Marché, chambres fonctionnelles donnant pour certaines sur un mignon jardinet. Au restaurant, cuisine traditionnelle franco-luxembourgeoise.
◆ Zweckmäßig ausgestattete Zimmer in einem traditionellen Haus, das an den malerischen Marktplatz angrenzt. Einige Zimmer mit Blick auf einen hübschen kleinen Garten. Das Restaurant bietet französische und luxemburgische Küche an.

Lauterborn *(Lauterbur)* C *Echternach :*

Au Vieux Moulin avec ch, Maison 6, ✉ 6562, ☎ 720 06 81, *amoulin@pt.lu, Fax 72 71 25,* – P 40. AE MC VISA. Z k
fermé 1 sem. en sept., 27 déc.-1er fév., lundi et mardi midi – **Rest** *(fermé après 20 h)* 55/72 carte 44/59, ♀ – **7 ch** ☐ ✝70/83 – ✝✝70/91 – 1 suite – ½ P 66/68.
◆ Hostellerie traditionnelle mettant à profit un ancien moulin blotti au creux d'une vallée verdoyante. Repas au goût du jour dans un cadre classique. Bonnes nuits à prix sages.
◆ Traditionelles Gasthaus in einer alten Mühle, die in einem grünen Tal steht. In rustikalem Rahmen werden saisonbedingte Speisen serviert. Preiswertes Übernachtungsangebot.

Steinheim *(Stenem) par ① : 4 km* C *Rosport 1 850 h :*

Gruber, rte d'Echternach 36, ✉ 6585, ☎ 72 04 33, *info@hotelgruber.com, Fax 72 87 56,* – P. ⓓ MC VISA. rest
ouvert avril-mi-déc. – **Rest** *(fermé après 20 h 30)* 26/42, carte 31/49 – ☐ 9 – **18 ch** ✝40/52 – ✝✝50/68 – ½ P 54/68.
◆ Auberge de longue tradition familiale où vous séjournerez dans des chambres d'une tenue méticuleuse. Salon moderne avec cheminée et petit parc clos de haies bordé par la Sûre. Restaurant traditionnel confortablement installé.
◆ Die traditionsreiche familienbetriebene Herberge bietet blitzsaubere Zimmer an. Moderner Aufenthaltsraum mit Kamin und kleiner von Hecken umgebener Park am Ufer der Sûre. Traditionelles, komfortabel ausgestattetes Restaurant.

EHNEN (ÉINEN) C *Wormeldange 2 285 h.* **717** X25 *et* **716** M7. 21 C3

Voir Vallée de la Moselle Luxembourgeoise★ de Schengen à Wasserbillig.
Luxembourg 31 – Ettelbrück 55 – Remich 10 – Trier 32.

Bamberg's, rte du Vin 131, ✉ 5416, ☎ 76 00 22, ← – . AE ⓓ MC VISA.
fermé déc.-15 janv. et mardi – **Rest** carte 43/68 – **12 ch** ☐ ✝65/70 – ✝✝90 – ½ P 68/70.
◆ Cet hôtel tenu en famille depuis 1911 paresse au bord de la Moselle, au pied d'un coteau planté de vignes : route du vin oblige ! Certaines chambres ont un balcon panoramique. Au restaurant, plats traditionnels et sélection de crus du vignoble luxembourgeois.
◆ Das seit 1911 von der Familie geführte Hotel steht am Ufer der Mosel, am Fuß eines Weinbergs. Einige der Zimmer verfügen über einen Balkon mit Panoramablick. Das Restaurant bietet traditionelle Gerichte und eine Auswahl an namhaften luxemburgischen Weinen.

Simmer avec ch, rte du Vin 117, ✉ 5416, ☎ 76 00 30, *info@hotel-simmer.lu, Fax 76 03 06,* ←, – P. AE ⓓ MC VISA
fermé 2 prem. sem. janv., 1 sem. carnaval, 1 sem. après Toussaint et lundis et mardis non fériés – **Rest** 38/48, carte 43/53, ♀ – **15 ch** ☐ ✝45/72 – ✝✝57/80 – ½ P 75/81.
◆ Hostellerie élevée à la fin du 19e s. sur les berges de la Moselle. Mets traditionnels et bonne cave régionale. Terrasse dressée aux beaux jours. Chambres proprettes.
◆ Ende des 19. Jh.s errichtetes Gasthaus am Ufer der Mosel. Traditionelle Gerichte und guter regionaler Weinkeller. Terrasse bei schönem Wetter. Schmucke, saubere Zimmer.

EICH (EECH) – *voir à Luxembourg, périphérie.*

LUXEMBOURG

ELLANGE (ELLÉNG) **717** W25 – *voir à Mondorf-les-Bains.*

ERNZ NOIRE (Vallée de l') (MULLERTHAL-MËLLERDALL) ★★★ **717** W24 *et* **716**
G. Belgique-Luxembourg.

ERPELDANGE (IERPELDÉNG) **717** V23 *et* **716** L6 – *voir à Ettelbruck.*

ESCHDORF (ESCHDUERF) C *Heiderscheid 1 192 h.* **717** U23 *et* **716** K6. 20 B
Env. *au Sud : 4,5 km à Rindschleiden : Église paroissiale★.*
Luxembourg 46 – Diekirch 22 – Ettelbrück 17 – Bastogne 17.

Braas, an Haesbich 1, ✉ 9150, ☎ 83 92 13, *info@hotel-braas.lu, Fax 83 95 78* – VISA. rest
fermé janv. et 28 août-11 sept. – **Rest** *(fermé dim. soir, lundi soir et mardi) Lunch 10* – carte 19/46 – **15 ch** ☕ ✝52 – ✝✝75 – ½ P 57.
◆ La vallée de la Sûre décrit ses plus beaux méandres à quelques minutes de cette auberge familiale restée insensible aux modes depuis sa naissance dans les années 1970. Repas traditionnel au restaurant, qui propose une formule déjeuner à prix "plancher".
◆ Nur wenige Minuten von dem familiären Gasthaus entfernt beschreibt das Sûre-Tal die schönsten Mäander. Das Haus hat sich seit seiner Gründung 1970 nicht verändert. Das Restaurant serviert traditionelle Gerichte sowie ein Mittagsangebot zum günstigen Preis.

Wilt u een vergadering, een seminar, een conferentie of een congres organiseren? Kijk dan naar de hotels met het symbool ; de cijfers achter het symbool geven de capaciteit van de zalen aan.

ESCH-SUR-ALZETTE (ESCH-UELZECHT) **717** U26 *et* **716** K7 – *27 891 h.* 20 B
Hôtel de Ville, , ✉ 4044 , ☎ 54 16 37, touristinfo@esch-city.lu, Fax 738 36 78.
Luxembourg 18 ① – Longwy 26 ① – Thionville 32 ③.

Plan page ci-contre

Mercure , pl. Boltgen 2, ✉ 4044, ☎ 54 19 91, *h2017@accor.com, Fax 54 19 90*, rest, – 30. AE VISA. rest BZ
Rest *Lunch 14* – carte 28/56, ♀ – ☕ 10 – **41 ch** ✝50/95 – ✝✝50/105 – ½ P 77/132.
◆ Établissement de chaîne rénové déployant tout l'éventail des prestations hôtelières habituelles de l'enseigne Mercure. Chambres fonctionnelles de bonnes dimensions. À table, ambiance bistrot, choix traditionnel et formule appelée les "verres gourmands".
◆ Das zu einer Hotelkette gehörende renovierte Haus bietet die gleichen Annehmlichkeiten wie die anderen Mercure-Hotels. Zweckmäßig ausgestattete, geräumige Zimmer. Speisesaal im Bistrostil; kleine traditionelle Speisekarte.

De la Poste sans rest, r. Alzette 107, ✉ 4011, ☎ 265 45 41, *contact@hotel-de-la-poste.lu, Fax 265 45 48 00* – . VISA BZ
20 ch ☕ ✝95/110 – ✝✝110/125.
◆ Cet immeuble de ville bâti en 1919 retrouvait l'éclat du neuf à l'aube du 21e s. Façade bourgeoise modernisée, espaces communs à touches Art déco et chambres bien équipées.
◆ Das Stadtgebäude von 1919 wurde völlig renoviert, die stattliche Fassade modernisiert. Im Art-déco-Stil gehaltene Gemeinschaftsfbereiche und gut ausgestattete Zimmer.

Topaz sans rest, r. Remparts 5, ✉ 4303, ☎ 531 44 11, *topaz@pt.lu, Fax 53 14 54* – . AE VISA. BZ
22 ch ☕ ✝80 – ✝✝87.
◆ Hôtel récent installé dans une paisible petite rue du centre. Chambres de bonne ampleur, mansardées au 4e étage. Salle de breakfast ouverte sur une terrasse fleurie en été.
◆ Neu eröffnetes Hotel, in einer ruhigen kleinen Straße des Zentrums. Geräumige Zimmer mit Mansarden im 4. Stock. Im Sommer öffnet sich der Frühstücksraum zur blühenden Terrasse.

ESCH-SUR-ALZETTE

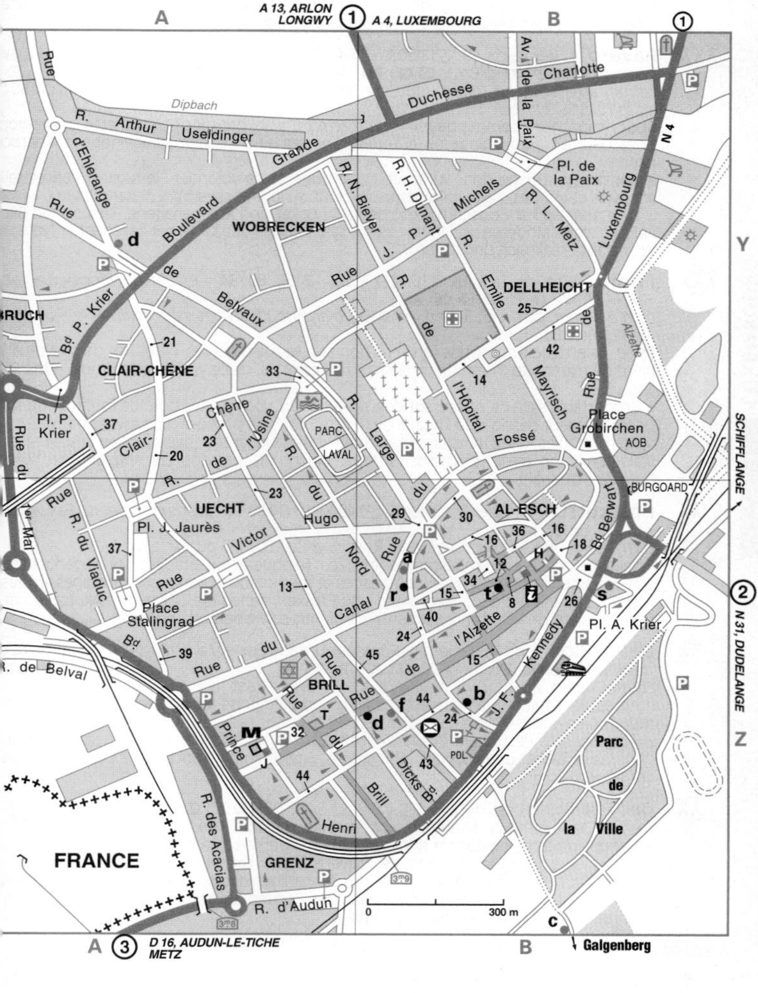

Hôtels et restaurants bougent chaque année.
Chaque année, changez de guide Michelin !

Acacia, r. Libération 10, ✉ 4210, ☏ 54 10 61, *hacacia@pt.lu, Fax 54 35 02* – ⫼ ↬ ▤ rest – 🏊 80. AE ⓓ ⓜⓒ VISA BZ
fermé 24 déc.-1er janv. – **Rest** *(fermé dim.) Lunch 30* – 40/60, carte 35/65 – **23 ch** ☕ ✝60/… – ✝✝87/1140 –½ P 77/97.
◆ Point de chute dont l'emplacement, à 100 m du secteur piétonnier et 300 m de la ga… s'avère bien commode pour les touristes usagers du rail. Chambres simples mais correcte… Repas classique dans une salle à manger actuelle agrémentée de peintures abstraites.
◆ Ideale Lage für Zugreisende, da sich die Unterkunft nur 300 m vom Bahnhof und 100 … von der Fußgängerzone befindet. Einfache aber korrekte Zimmer. Im modernen mit a… strakten Malereien geschmückten Speisesaal wird klassische Küche serviert.

XXX ✿ **Favaro,** r. Remparts 19, ✉ 4303, ☏ 542 72 31, *mail@favaro.lu, Fax 54 27 23 40*, Av… cuisine italienne – ▤ ⇔ 8/45. AE ⓜⓒ VISA. ✗ BZ
fermé carnaval, fin juil.-début août, sam. midi, dim. soir et lundi – **Rest** *Lunch 40* – 70/160 b… carte 72/116, ♀ 🍷.
Spéc. Gnocchi de pomme de terre à la truffe blanche (oct.-déc.). Lasagnette aux langou… tines, beurre blanc au gingembre. Tripes de veau à la parmigiana. **Vins** Pinot gris, Chardo… nay.
◆ Repaire gourmand dont la façade ocre rouge capte volontiers le regard. Petites sall… actuelles et intimes, carte italianisante au goût du jour et cave franco-transalpine.
◆ Eine Adresse für Feinschmecker, deren in Ocker und Rot gehaltene Fassade alle Blic… auf sich zieht. Moderne und intime kleine Säle, zeitgemäße Karte mit italienischer Note u… Weine aus Frankreich und Italien.

XXX ✿ **Fridrici,** rte de Belvaux 116, ✉ 4026, ☏ 55 80 94, *restaurantfridrici@internet…* *Fax 57 33 35* – ▤ 🅿. AE ⓓ ⓜⓒ VISA AY
fermé 1 sem. carnaval, 3 sem. en août, mardi, jeudi soir et sam. midi – **Rest** *Lunch 4…* 55/82, carte 65/76, 🍷.
Spéc. Galette de langoustine farcie au homard, salade d'herbes. Noisettes de chevreuil à… bière de framboise (hiver). Soufflé chaud au caramel, glace vanille (printemps). **Vins** Rie… ling.
◆ Confortable salle de restaurant desservie par un salon feutré doté de fauteuils de sty… Décor intérieur classique, à l'image du genre de cuisine proposé. Beau livre de cave.
◆ Komfortables Restaurant, das man durch einen eleganten, mit stilvollen Sesseln ausg… statteten Salon erreicht. Klassische Inneneinrichtung, passend zur angebotenen Küch… Gute Weinauswahl.

XX **Postkutsch,** r. Xavier Brasseur 8, ✉ 4040, ☏ 54 51 69, *postkutsch@pt.lu, Fax 54 82* … – ▤. AE ⓓ ⓜⓒ VISA BZ
fermé sam. midi, dim. soir et lundi – **Rest** *Lunch 22* – 37/135 bc, carte 44/76.
◆ Salle à manger aux réminiscences Art déco, fresque évoquant l'ère des diligences, car… actuelle assortie de menus hebdomadaires et mémorables chariots de fromages affinés.
◆ Speisesaal mit Art-déco-Elementen und Fresken, die an die Zeit der Postkutschen eri… nern.Zeitgemäße Karte und wöchentliche Menüs sowie bemerkenswerter Käsewagen.

XX **Le Pavillon,** Parc Galgebierg (au-dessus du stade Emile Mayrisch), ✉ 4142, ☏ 54 02 … *daniel@pavillon.lu, Fax 54 74 28*, 🏞, ⚘ – 🅿. ⓜⓒ VISA BZ
fermé 26 déc.-2 janv., sam. midi, dim. soir et lundi – **Rest** *Lunch 14* – 38/47, carte 36/59.
◆ Agréable restaurant aménagé dans un grand parc boisé, aux portes de la ville. Lunch… menus bien ficelés, salle à manger d'esprit 1900 et terrasse estivale invitante.
◆ Angenehmes Restaurant in einem großen baumbestandenen Park, am Stadtrand ge… gen. Kaltes Büfett und ausgetüftelte Menüs, Speiseraum im Stil von 1900 und einladen… Terrasse im Sommer.

XX **Bec Fin,** pl. Norbert Metz 15, ✉ 4239, ☏ 54 33 22 – ⇔ 22. AE ⓜⓒ VISA BZ
fermé 1 sem. carnaval, 1 sem. en sept., dim. soir et lundi – **Rest** *Lunch 26* – carte env. 35.
◆ Sur une placette jouxtant le ring, sympathique petite table familiale où les "fins becs" … coin ont leurs habitudes. Nombre de couverts limité : mieux vaut donc réserver.
◆ Auf einem Plätzchen in der Nähe des Rings liegt das sympathische, kleine, famili… Restaurant, das von Feinschmeckern aus der Gegend aufgesucht wird. Begrenzte Kap… zität, daher wird Reservierung empholen.

à Foetz *(Féitz) par* ① *: 5 km* 🄲 *Mondercange 6 090 h :*

De Foetz, r. Avenir 1 (dans zoning commercial), ✉ 3895, ☏ 57 25 45, *hfoetz@pt.…* *Fax 57 25 65* – 🅿. AE ⓓ ⓜⓒ VISA. ✗
fermé 1er au 7 janv. et 21 au 31 déc. – **Rest** *(fermé dim.) Lunch 10* – carte env. 25 – **40 ch** ✝47/60 – ✝✝76 –½ P 49/71.
◆ Établissement récent s'ouvrant sur une rue en cul-de-sac. Chambres standard pratiqu… pour la clientèle d'affaires, foisonnante dans le zoning commercial de Foetz. À table, ch… traditionnel à composantes lorraines.
◆ Neues Hotel im Geschäftsviertel von Foetz in einer Sackgasse. Praktische Standardzi… mer für Geschäftsleute. Bei Tisch traditionelle Auswahl mit lothringischer Note

SCH-SUR-SÛRE (ESCH SAUER) 717 U23 et 716 K6 – *308 h.* 20 B2

Voir *Site★ – Tour de Guet ≤★.*

Env. *à l'Ouest : rte de Kaundorf ≤★ – à l'Ouest : Lac de la Haute-Sûre★, ≤★ – au Sud-Ouest : Haute vallée de la Sûre★★, Hochfels★ – à l'Est : Basse vallée de la Sûre★.*

Maison du Parc Naturel de la Haute-Sûre, rte de Lultzhausen 15, ✉ 9650, ☎ 899 33 11, info@naturpark-sure.lu, Fax 89 95 20.

Luxembourg 48 – Diekirch 24 – Ettelbrück 19 – Bastogne 27.

De la Sûre (annexe - 9 ch), r. Pont 1, ✉ 9650, ☎ 83 91 10, *info@hotel-de-la-sure.lu, Fax 89 91 01*, ≤, , , , – – 45. AE MC VISA. rest
fermé 18 déc.-28 janv. – **Rest *Comte Godefroy*** *Lunch 15* – 29/46, carte 29/57, ♀ – **15 ch** ☕ ★29/74 – ★★58/148 – ½ P 52/91.
◆ Dans un patelin mignon comme tout, massive construction régionale abritant diverses catégories de chambres, également aménagées dans l'annexe voisine. Accueil familial. Salle à manger bourgeoise étagée sur deux niveaux. Cuisine actuelle et plats traditionnels.
◆ In einem entzückenden Örtchen sind in einem für die Gegend typischen massiven Bau und in einem Nebengebäude verschiedene Kategorien von Zimmern untergebracht. Familiärer Empfang. Eleganter Speisesaal über zwei Ebenen. Moderne Küche und traditionelle Gerichte.

Le Postillon, r. Eglise 1, ✉ 9650, ☎ 89 90 33, *conrad@lepostillon.lu, Fax 89 90 34*, , – |‡|. AE MC VISA.
Rest carte 21/50, ♀ – **24 ch** ☕ ★56 – ★★78/82 – ½ P 61/66.
◆ Une tour de guet médiévale domine l'escarpement rocheux au pied duquel se dresse cette imposante auberge traditionnelle. La Sûre méandre en contrebas de l'hôtel. On mange sur la terrasse par météo clémente.
◆ Ein mittelalterlicher Wachturm bestimmt den felsigen Steilhang, an dessen Fuß sich das stattliche, traditionelle Gasthaus befindet. Unterhalb des Hotels fließt die Sûre. Bei schönem Wetter wird auf der Terrasse serviert.

TTELBRÜCK (ETTELBRÉCK) 717 V23 et 716 L6 – *7 326 h.* 20 B2

Env. *à l'Est : Basse vallée de la Sûre★ d'Erpeldange à Wasserbillig – à l'Ouest : Haute vallée de la Sûre★★ d'Erpeldange à Hochfels.*

pl. de la Gare 1, ✉ 9044, ☎ 81 20 68, site@pt.lu, Fax 81 98 39.

Luxembourg 28 – Clervaux 34 – Bastogne 41.

Central, r. Bastogne 25, ✉ 9010, ☎ 81 21 16, *info@hotelcentral.lu, Fax 81 21 38* – |‡|. AE MC VISA.
fermé vacances carnaval et lundi – **Rest** voir rest ***Le Châteaubriand*** ci-après – **12 ch** ☕ ★55/59 – ★★75/85 – ½ P 72/77.
◆ Cet hôtel familial très central fêtera ses 100 ans en 2007 ; c'est un bon petit point de chute pour sillonner la basse vallée de la Sûre. Taverne-brasserie au rez-de-chaussée.
◆ Das zentral gelegene Familienhotel feiert 2007 hundertjähriges Bestehen. Es ist ein guter Ausgangspunkt für Ausflüge ins Untere Sûre-Tal. Taverne-Brasserie im Erdgeschoss..

XX **Le Châteaubriand** - H. Central, 1er étage, r. Bastogne 25, ✉ 9010, ☎ 81 21 16, *info@hotelcentral.lu, Fax 81 21 38* – 15/20. AE MC VISA.
fermé vacances carnaval, sam. midi, dim. soir et lundi – **Rest** 42/70 bc, carte 50/61, ♀.
◆ Restaurant de bonne réputation locale aménagé au 1er étage de l'hôtel Central, dans une salle à la fois lumineuse et feutrée. Repas classique actualisé ; service souriant.
◆ Einen guten Ruf hat das Restaurant, das im 1. Stock des Hotel Central untergebracht ist. Im hellen und gediegenen Speiseraum werden klassische Gerichte serviert. Freundlicher Service.

à Erpeldange *(Ierpeldéng) Nord-Est : 2,5 km par N 27 – 2 065 h :*

Dahm, Porte des Ardennes 57, ✉ 9145, ☎ 816 25 51, *dahm@pt.lu, Fax 816 25 52 10*, , , – |‡| ch, P – 30. AE MC VISA.
fermé 1er au 15 janv., 18 au 25 juin et 1er au 8 oct. – **Rest** *(fermé jeudi) Lunch 11* – 55, carte 39/82 – **25 ch** ☕ ★60/76 – ★★75/95 – ½ P 60/92.
◆ Bâtisse imposante dont la façade d'inspiration régionale arbore arcades et colombages. Chambres spacieuses et actuelles groupées dans deux ailes ; jardin fleuri en été. Table traditionnelle au cadre rustique ; plats valorisant le terroir. Terrasse estivale.
◆ Imposantes Gebäude, dessen Fassade mit Fachwerk und Arkaden gestaltet ist. Geräumige moderne Zimmer in zwei Gebäudeflügeln. Blühender Garten im Sommer. Traditionelle Gerichte mit regionalen Zutaten werden in rustikalem Ambiente serviert. Sommerterrasse.

FOETZ (FÉITZ) 717 V25 – *voir à Esch-sur-Alzette.*

FRISANGE (FRÉISENG) **717** W25 *et* **716** L7 – *3 052 h.* 21 C

Luxembourg 12 – Thionville 20.

De la Frontière, r. Robert Schuman 52 (au poste frontière), ✉ 5751, ☎ 23 61 5 *hotfront@pt.lu, Fax 23 66 17 53,* – P. AE MC VISA
fermé 2 sem. fin fév., 2 sem. en août, fin déc.-début janv., dim. soir, lundi et mardi mid
Rest carte 28/47 – **18 ch** ☐ ★50 – ★★75 – ½ P 47/57.

◆ Enseigne pertinente, puisque le poste de douane se trouve juste en face de cet hôt tenu en famille. Chambres bien calibrées, garnies d'un mobilier robuste. Le couvert e dressé dans une salle à manger de style bourgeois actualisé.

◆ Treffendes Aushängeschild, denn die Zollstation befindet sich genau gegenüber diese familienbetriebenen Hotel. Geräumige Zimmer mit rustikalem Mobiliar. Man speist in eine Saal in aktualisiertem bürgerlichem Stil.

XXX **Lea Linster,** rte de Luxembourg 17, ✉ 5752, ☎ 23 66 84 11, *info@glealinstert. Fax 23 67 64 47,* ≤, – P ⇔ 10/20. AE ⓓ MC VISA.
fermé 2 dern. sem. août-prem. sem. sept., dern. sem. déc.-prem. sem. janv., lundi mardi – **Rest** (dîner seult sauf week-end) 90/165 bc, carte 92/106.
Spéc. Agneau en croûte de pomme de terre. Œuf surprise au caviar. Saumon conf mousseline de céleri. **Vins** Auxerrois, Riesling.

◆ Maison d'aspect rural où une patronne-cuisinière avisée signe une cuisine actuelle plei de saveur. Belle salle moderne immaculée et terrasse arrière donnant sur la campagne.

◆ Ländlich anmutendes Haus, in dem die einfallsreiche Chefin eine aktuelle und aromenr che Küche zubereitet. Schöner moderner Saal und nach hinten hinausgehende Terras mit Blick auf die Landschaft.

à Hellange *(Helléng) Ouest : 3 km* C *Frisange :*

X **Lëtzebuerger Kaschthaus,** r. Bettembourg 4 (face à l'église), ✉ 3333, ☎ 51 65 7 *Fax 51 65 73,* – ⇔ 6/35. AE MC VISA
fermé 24 juil.-24 août, 20 déc.-6 janv., mardi et merc. midi – **Rest** carte 31/45, ♀.

◆ Charmante auberge où l'on vient goûter une cuisine traditionnelle soignée dans u ambiance décontractée. Adorable restaurant d'été dans l'arrière-cour close de murs.

◆ Hübscher Gasthof, in dem eine gepflegte traditionelle Küche in ungezwungener Atmo phäre angeboten wird. Reizendes Sommerrestaurant im Hinterhof.

GAICHEL (GÄICHEL) C *Hobscheid 2 668 h.* **717** U24 *et* **716** K6. 20 E

9 ☎ 39 71 08, Fax 39 00 75.

Luxembourg 35 – Diekirch 35 – Arlon 5.

La Gaichel , Maison 5, ✉ 8469 Eischen, ☎ 39 01 29, *gaichel@relaischateaux.co Fax 39 00 37,* ≤, , , , – P – 30. AE MC VISA.
fermé 8 janv.-8 fév., 20 au 30 août, dim. soir, lundi, mardi midi et après 20 h 30 – **Rest** *Lun 40* – 60/90, carte 70/93, – **12 ch** ☐ ★165 – ★★165/225 – ½ P 285/345.

◆ Un parc splendide et son terrain de golf agrémentent cette auberge prestigieuse fond en 1852. Ces ravissantes chambres ont adopté un style décoratif "bonbonnière". Repas goût du jour dans un cadre classique ; bonne cave.

◆ Ein herrlicher Park sowie ein Golfplatz umgeben das stattliche traditionelle Gasthaus a dem Jahre 1852. Geschmackvoll eingerichtete Zimmer. Saisonbedingte Gerichte in kla sischem Rahmen; guter Weinkeller.

Auberge de la Gaichel, Maison 7, ✉ 8469 Eischen, ☎ 39 01 40, *Fax 39 71 13,* , – P. MC VISA
fermé 19 fév.-16 mars – **Rest** *(fermé mardi soir, merc. et jeudi midi) Lunch 16* – 36/50, ca 27/42 – **17 ch** ☐ ★65 – ★★75/115.

◆ Bâtisse ancienne et typée, rénovée intérieurement en accentuant le coté "cos Communs douillets et chambres mignonnes, toutes personnalisées. Cuisine traditionne simple et généreuse servie dans un décor sympathique ou sur la terrasse arrière, côté pa

◆ Die Innenräume des historischen Gebäudes wurden renoviert und sehr gemütlich g staltet. Behagliche Salons und individuelle Zimmer. Die traditionelle Küche ist einfach u üppig und wird in sympathischem Ambiente oder auf der Terrasse zum Park hin serviert

GONDERANGE (GONNERÉNG) C *Junglinster 5 859 h.* **717** W24 *et* **716** L6. 21 C

18 au Nord : 3 km à Junglinster, Domaine de Behlenhaff, ✉ 6141, ☎ 780 06 81, F 78 71 28.

Luxembourg 16 – Echternach 22 – Ettelbrück 30.

Euro, rte de Luxembourg 11, ✉ 6182, ☎ 78 85 51, *eurohotel@vo.lu, Fax 78 85 50,* – , rest, P – 100. AE ⓓ MC VISA
Rest *Lunch 9* – 25/93 bc, carte 21/53 – **50 ch** ☐ ★63/75 – ★★82/95 – ½ P 80/92.

◆ Cet hôtel fonctionnel aux communs clairs et amples dispose de chambres actuel toutes identiques, équipées d'un mobilier de série stratifié et réparties sur deux étag Une carte traditionnelle est présentée dans la grande salle à manger nappée de rose.

◆ Das zweckmäßig gestaltete Hotel mit seinen hellen und weitläufigen Gemeinschaftsb reichen verfügt auf zwei Etagen über moderne, einheitlich eingerichtete Zimmer mit Sta dardeinrichtung. Großer Speisesaal mit traditionellem Angebot.

LUXEMBOURG

ORGE DU LOUP (WOLLEFSSCHLUCHT) ★★ **717** X24 *et* **716** M6 *G. Belgique-Luxembourg.*

RUNDHOF (GRONDHAFF) *Beaufort 1 664 h.* **717** W23 *et* **716** L6. 21 **C2**

Env. *au Sud : 3 km, Vallée des Meuniers★★★ (Müllerthal ou Vallée de l'Ernz Noire).*
Luxembourg 37 – Diekirch 18 – Echternach 10 – Ettelbrück 24.

Brimer, rte de Beaufort 1, ✉ 6360, ☎ 268 78 71, *info@hotel-brimer.lu, Fax 26 87 63 13,* – *ouvert 4 mars-21 nov.* – **Rest** *(fermé après 20 h 30)* 28/41, carte 46/53 – **25 ch** ★89 – ★★99/125 – ½ P 75/85.

◆ La route pittoresque reliant Diekirch à Echternach longe cet hôtel presque centenaire blotti au creux de la verte vallée de la Sûre. Bonnes chambres standard et junior suites. Table au goût du jour dans une salle classiquement agencée.

◆ Die malerische Straße, die Diekirch mit Echternach verbindet, führt zu diesem inmitten einer grünen Talmulde der Sûre gelegenen fast hundertjährigen Hotel. Schöne Standardzimmer und Junior-Suiten. Saisonale Küche, serviert in klassischem Ambiente.

L'Ernz Noire avec ch, rte de Beaufort 2, ✉ 6360, ☎ 83 60 40, *lernznoire@pt.lu, Fax 86 91 51,* – 20/50. rest
fermé janv.-13 fév., dern. sem. nov. et mardi – **Rest** *Lunch 38* – 44/71, carte 27/67 – **11 ch** ★74 – ★★74/97 – ½ P 53/74.

◆ Sur un carrefour, établissement dont l'enseigne reprend le nom du cours d'eau local. Spécialité de la maison : les plats à base de champignons. Chambres pratiques.

◆ An einer Kreuzung gelegenes Haus, das den Namen des hiesigen Wasserlaufs trägt. Spezialität des Hauses: Pilzgerichte. Praktische Zimmer.

HAUT-MARTELANGE (UEWER-MAARTEL) *Rambrouch 3 517 h.* **717** T24 *et* **716** K6. 20 **A2**

Luxembourg 53 – Diekirch 38 – Ettelbrück 38 – Bastogne 22.

Rombach-Martelange *(Rombech-Maarteléng) Nord : 1,5 km Rambrouch :*

Maison Rouge, rte d'Arlon 5, ✉ 8832, ☎ 23 64 00 06, *rougem@pt.lu, Fax 23 64 90 14,* – 10/38.
fermé 1er au 7 janv., 26 fév.-22 mars, 22 au 31 août, merc. et jeudi. – **Rest** 27/47, carte 36/48, ♀.

◆ Grosse maison rouge postée à la frontière belgo-luxembourgeoise. Mise en place soignée sur les tables, carte traditionnelle à séquences "terroir", jardin d'hiver et terrasse.

◆ Großes, rotes Gebäude direkt an der belgischen Grenze erbaut. Gepflegte Ausstattung. Traditionelle Gerichte mit Zutaten der Region. Wintergarten und Terrasse.

HELLANGE (HELLÉNG) **717** V25 – *voir à Frisange.*

HESPERANGE (HESPER) **717** V25 *et* **716** L7 – *voir à Luxembourg, environs.*

HOBSCHEID (HABSCHT) **717** U24 *et* **716** K6 – *2 268 h.* 20 **B3**

Luxembourg 23 – Mamer 13 – Mersch 18 – Redange 13.

Kreizerbuch, rte de Kreuzerbuch 103 (2 km direction Gaichel), ✉ 8370, ☎ 39 99 45, *Fax 39 52 90,*
fermé fin déc.-début janv., carnaval, lundi soir et mardi – **Rest** *Lunch 11* – 35, carte 44/61.

◆ Auberge sympathique et typée bâtie à l'orée des bois. La carte, classique actualisée, s'enrichit de suggestions selon le marché. Tartines servies aux promeneurs l'après-midi.

◆ Sympathischer, typischer Gasthof am Waldrand. Klassisch-aktuelles Speisenangebot mit saisonal unterschiedlichen Tagesgerichten. Brotzeiten am Nachmittag für Spaziergänger.

HOSCHEID (HOUSCHENT) **717** V23 *et* **716** L6 – *490 h.* 20 **B1**

Luxembourg 42 – Clervaux 19 – Ettelbrück 15 – Vianden 14.

Des Ardennes, Haaptstr. 33, ✉ 9376, ☎ 99 00 77, *info@hotel-des-ardennes.lu, Fax 99 07 19* – rest
fermé 18 déc.-2 fév. – **Rest** carte 25/45, ♀ – **23 ch** ★39/48 – ★★59/80 – ½ P 51/60.

◆ Établissement familial dont la présence anime depuis plus de vingt ans ce tranquille petit village des Ardennes luxembourgeoises. Chambres fonctionnelles. Salle des repas tenant à l'écart des modes son immuable décor néo-rustique.

◆ Familienbetrieb, der schon über 20 Jahre in diesem kleinen ruhigen Dorf in den luxemburgischen Ardennen besteht: Zweckmäßig ausgestattete Zimmer. Speisesaal mit rustikaler Ausstattung.

HOSTERT (HUESCHERT) **717** W25 – *voir à Luxembourg, environs.*

LUXEMBOURG

JUNGLINSTER (JONGLËNSTER) 717 W24 et 716 L6 – *5 859 h.* 21 C

Domaine de Behlenhaff, ?Pcp 6141, 780 06 81, Fax 78 71 28.
Luxembourg 17 – Echternach 19 – Ettelbrück 27.

Parmentier avec ch, r. Gare 7, ✉ 6117, 78 71 68, *info@parmentier.lu, Fax 78 71 7* – rest, 12/80. VISA
Rest *(fermé 2 sem. en fév., 3 sem. en août, mardi et merc.)* 29/45, carte 22/55 – **10 c** (fermé 3 sem. en août) 40/60 – 50/95 – ½ P 69/89.
• Hostellerie oeuvrant depuis plus de 100 ans au centre de Junglinster. On accède par café à la salle de restaurant agrémentée d'arcades et de peintures murales.
• Das Haus im Zentrum der Ortschaft gibt es schon über 100 Jahre. Durch das Café gelan man in den mit Bogen und Fresken geschmückten Speiseraum.

KAUTENBACH (KAUTEBAACH) 717 V23 et 716 L6 – *266 h.* 20 B

Luxembourg 56 – Clervaux 24 – Ettelbrück 28 – Wiltz 11.

Hatz Duerfstr. 9, ✉ 9663, 95 85 61, *contact@hotel-hatz.lu, Fax 95 81 31,* – P. VISA. rest
ouvert 16 mars-16 déc. – **Rest** *(fermé lundi midi, merc. et jeudi midi)* 23/35, carte 34/46 **17 ch** 58/63 – 85/92 – 1 suite – ½ P 59/68.
• Au milieu d'un minuscule village ardennais entouré de forêts, bâtisse régionale do l'imposante façade jaune clair abrite des chambres tranquilles. Salle à manger classiqu ment agencée ; restaurant d'été sur le devant.
• Inmitten eines winzigen, von Wäldern umgebenen Ardennen-Dorfes gelegenes groß Haus mit imposanter hellgelber Fassade, das ruhige Zimmer anbietet. Klassisch eing richteter Speiseraum. Sommerrestaurant auf der Vorderseite.

KOPSTAL (KOPLESCHT) 717 V24 et 716 L7 – *voir à Luxembourg, environs.*

LAROCHETTE (an der FIELS) 717 W24 et 716 L6 – *1 774 h.* 21 C

Voir *à l'Ouest : 5 km, Nommerlayen★.*
Env. *au Sud-Ouest : 11 km, Vallée de l'Eisch★ (Vallée des Sept Châteaux).*
r. Medernach 4, ✉ 7619, 83 76 76, info@larochette.lu, Fax 87 96 46.
Luxembourg 27 – Diekirch 12 – Echternach 20 – Ettelbrück 17 – Arlon 35.

Résidence, r. Medernach 14, ✉ 7619, 83 73 91, *visser@hotels.lu, Fax 87 94 42,* P. AE VISA. rest
ouvert 15 mars-15 nov. – **Rest** Lunch 25 – carte 28/44 – **20 ch** 65/70 – 75/90 ½ P 65/75.
• Aimable adresse familiale nichée au coeur de Larochette, centre de villégiature de vallée de l'Ernz Blanche. Les chambres, bien tenues, sont de mise assez simple. Salle d repas au décor néo-rustique ; cuisine traditionnelle.
• Angenehme, familiäre Adresse im Herzen von Larochette, dem Zentrum der Sommerf sche des Ernz-Blanche-Tals. Saubere, einfache Zimmer. Speiseraum mit neo-rustikaler Ei richtung. Traditionelle Küche.

Auberge Op der Bleech avec ch, pl. Bleech 4, ✉ 7610, 87 80 58, *bleech@vo.* *Fax 87 97 25,* – VISA
fermé 1er au 16 sept. et 20 déc.-10 janv. – **Rest** *(fermé mardi et merc.)* carte 22/40 – **9 c** 55 – 75/80.
• Café-restaurant où l'on propose une table classique-traditionnelle. Hébergement simp mais valable aux étages. Grande terrasse semi-abritée sur le devant.
• Das Café-Restaurant bietet traditionelle klassische Küche. Große, auf der Vordersei geschützt liegende Terrasse.

LAUTERBORN (LAUTERBUR) 717 X24 – *voir à Echternach.*

LIMPERTSBERG (LAMPERTSBIERG) – *voir à Luxembourg, périphérie.*

LIPPERSCHEID (LËPSCHT) *Bourscheid 1 203 h.* 717 V23 et 716 L6. 20 B

Voir *à l'Est : 2 km et 15 mn AR à pied, Falaise de Grenglay ★★.*
Luxembourg 45 – Clervaux 24 – Diekirch 10 – Ettelbrück 18.

Leweck , contrebas E 421, ✉ 9378, 99 00 22, *cleweck@pt.lu, Fax 99 06 77,* vall et château de Bourscheid, – P – 60. AE VISA
fermé 26 fév.-18 mars et 2 au 14 juil. – **Rest** *(fermé mardi midi et merc. midi)* 40/58, car 42/56, – **46 ch** 85/110 – 130/148 – 5 suites – ½ P 85/115.
• Chambres avenantes, centre de soins esthétiques, distractions sportives, installatio conférencières et jardin soigné offrant une belle vue sur la vallée et le château. Rep traditionnel dans une élégante salle à manger d'inspiration autrichienne.
• Ansprechende Zimmer, Schönheitspflege, Fitness- und Konferenzraum sowie gepflegt Garten mit Blick auf das Tal und das Schloss. Eleganter Speisesaal im Tiroler Stil. Traditione Küche..

Valenne E./GEOSTORY PICTURES/MICHELIN

Vue de Luxembourg depuis les casemates du Bock

LUXEMBOURG – LËTZEBUERG

717 V 25 *et* **716** L 7 – *77 325 h.* 20 **B3**

Amsterdam 391 ⑧ – Bonn 190 ③ – Bruxelles 219 ⑧.

OFFICES DE TOURISME

Place Guillaume II, ✉ 2011, ☎ 22 28 09, touristinfo@lcto.lu, Fax 46 70 70.
Air Terminus, gare centrale, ✉ 1010, ☎ 42 82 82 20, info@ont.lu. Fax 42 82 82 38.
Aérogare à Findel ☎ 42 07 61 info@ont.lu. Fax 43 38 62.

RENSEIGNEMENTS PRATIQUES

BUREAUX DE CHANGE

La ville de Luxembourg est connue pour la multitude de banques qui y sont représentées, et vous n'aurez donc aucune difficulté à changer de l'argent.

TRANSPORTS

Il est préférable d'emprunter les bus (fréquents) qui desservent quelques parkings périphériques.
Principale compagnie de Taxi : Taxi Colux ☎ 48 22 33, Fax 40 26 80 16.
Transports en commun : Pour toute information ☎ 47 96 29 75, Fax 29 68 08.

COMPAGNIES DE TRANSPORT AÉRIEN

Renseignements départs-arrivées ☎ 47 98 50 50 et 47 98 50 51. Findel par E 44 : 6 km ☎ 42 82 82 21 – Aérogare : pl. de la Gare ☎ 48 11 99.

GOLF

18 *Hoehenhof (Senningerberg) près de l'Aéroport, rte de Trèves 1, ✉ 2633, ☎ 340 09 01, Fax 34 83 91.*

LE SHOPPING

Grand'Rue et rues piétonnières autour de la Place d'Armes F *– Quartier de la Gare* CDZ.

CURIOSITÉS

POINTS DE VUE

Place de la Constitution★★ F *– Plateau St-Esprit★★* G *– Chemin de la Corniche★★* G *– Le Bock★★* G *– Boulevard Victor Thorn★* G 121 *– Les Trois Glands★* DY.

MUSÉE

Musée national d'Histoire et d'Art★ : section gallo-romaine★ et section Vie luxembourgeoise (arts décoratifs, arts et traditions populaires)★★ G **M**[1] *– Musée d'Histoire de la Ville de Luxembourg★* G **M**[3].

AUTRES CURIOSITÉS

Les Casemates du Bock★★ G *– Palais Grand-Ducal★* G *– Cathédrale Notre-Dame★* F *– Pont Grande-Duchesse Charlotte★* DY.

ARCHITECTURE MODERNE

Sur le plateau de Kirchberg : Centre Européen DEY.

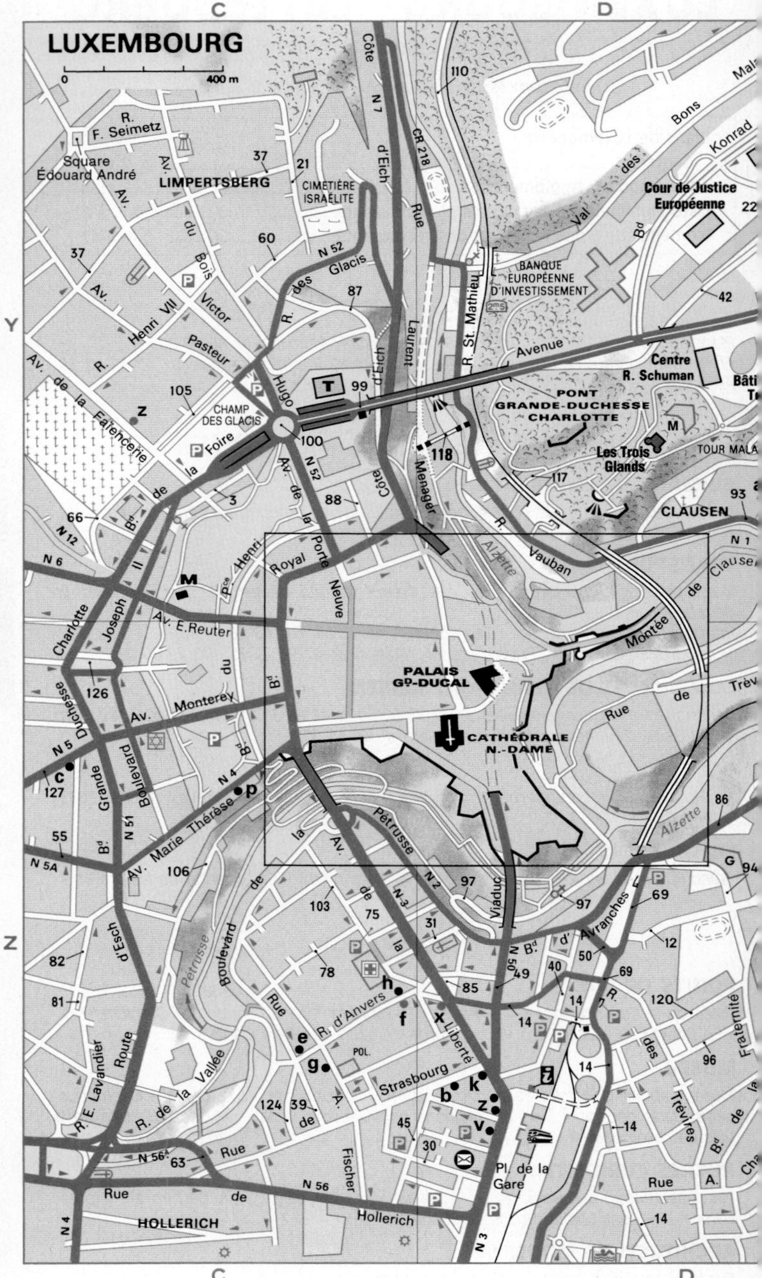
LUXEMBOURG
0
400 m
C
D
Y
Z
LIMPERTSBERG
CIMETIÈRE ISRAÉLITE
Square Édouard André
R. F. Seimetz
Av. du Bois
Av. Victor Hugo
Av. Henri VII
R. Pasteur
Av. de la Faïencerie
R. des Glacis
Côte d'Eich
Rue Laurent Menager
R. St. Mathieu
CHAMP DES GLACIS
Av. de la Porte Neuve
Bd Royal
Bd de la Foire
Bd Joseph II
Bd Grande Duchesse Charlotte
Av. E. Reuter
Av. Monterey
Bd du Prince Henri
Av. Marie Thérèse
Bd de la Pétrusse
Av. de la Liberté
R. d'Anvers
Rue Strasbourg
Rue Fischer
Route d'Esch
R. E. Lavandier
R. de la Vallée
Rue de Hollerich
HOLLERICH
Pl. de la Gare
Viaduc
Bd d'Avranches
R. des Trèves
Bd de la Fraternité
Rue de Trèves
R. Vauban
Montée de Clausen
Alzette
Pétrusse
CLAUSEN
PONT GRANDE-DUCHESSE CHARLOTTE
Avenue
BANQUE EUROPÉENNE D'INVESTISSEMENT
Cour de Justice Européenne
Centre R. Schuman
Les Trois Glands
TOUR MALA
PALAIS Gd-DUCAL
CATHÉDRALE N.-DAME
Bd Konrad
Val des Bons Malades
POL.
N 7
CR 218
N 52
N 12
N 6
N 5
N 5A
N 4
N 51
N 2
N 3
N 50
N 56
N 56A
N 1

Adames (R.) . . . . CY 3
Albert-Wehrer (R.). . . . . . . EY 4
Alcide-de-Gasperi (R.). . . . EY 6
Aldringen (R.) . . . . F 7
Athénée (R. de l'Ancien) . . . F 9
Auguste-Lumière (R.). . . . DZ 12
Bains (R. des). . . . . F 13
Bonnevoie (R. de). . . . . . . DZ 14
Boucherie (R. de la) . . . . . . G 15
Bruxelles (Pl. de) . . . . F 16
Capucins (R. des). . . . . F
Cerisiers (R. des) . . . . CY 21
Charles-Léon-Hammes (R.). . . . . DY 22
Chimay (R.). . . . . F 24
Clairefontaine (Pl.). . . . . . FG 27
Clausen (R. de) . . . . EY 28
Commerce (R. du). . . . . CDZ 30
Curé (R. du) . . . . F
Dicks (R.) . . . . CDZ 31
Eau (R. de l') . . . . G 33
Ermesinde (R.) . . . . CY 37
Etats-Unis (R. des) . . . . . . CZ 39
Fort Neipperg (R. du) . . . . DZ 40
Fort Niedergrünewald (R. du) . . . . DY 42
Fort Thüngen (R. du) . . . . EY 43
Fort Wedell (R. du). . . . . CDZ 45
Fossé (R. du) . . . . F 46
Franklin-Roosevelt (Bd) . . . . F 48
Gare (Av. de la) . . . . DZ 49
Gaulle (Av. du Gén.-de) . . DZ 50
Grand-Rue . . . . F
Guillaume-Schneider (R.) . CY 60
Guillaume (Av.) . . . . CZ 55
Jean-Baptiste-Merkels (R.) CZ 63
Jean-Ulveling (Bd) . . . . . . FG 64
Jules-Wilhem (R.) . . . . EY 67
J. P.-Probst (R.). . . . . CY 66
Laboratoire (R. du) . . . . . . DZ 69
Léon-Hengen (R.) . . . . EY 70
Liberté (Av. de la). . . . . . CDZ
Marché aux Herbes (R. du) . . . . FG 73
Marché (Pl. du) . . . . G 72
Martyrs (Pl. des) . . . . CZ 75
Michel-Rodange (R.). . . . . CZ 78
Münster (R.) . . . . G 79
Nancy (Pl. de) . . . . CZ 81
Nassau (R. de). . . . . CZ 82
Notre-Dame (R.) . . . . F 84
Paris (Pl. de) . . . . DZ 85
Patton (Bd du Général). . . DZ 86
Paul-Eyschen (R.) . . . . CY 87
Pescatore (Av.) . . . . CY 88
Pfaffenthal (Montée de). . FG 90
Philippe-II (R.) . . . . F 91
Pierre-de-Mansfeld (Allée) DY 93
Pierre-et-Marie-Curie (R.) . DZ 94
Pierre-Hentges (R.). . . . . . DZ 96
Porte Neuve (Av. de la) . . CY
Prague (R. de). . . . . DZ 97
Robert-Schuman (Bd) . . . CY 99
Robert-Schuman (Rond-Point) . . . . CY 100
Sainte-Zithe (R.) . . . . CZ 103
Scheffer (Allée). . . . . CY 105
Semois (R. de la). . . . . CZ 106
Sigefroi (R.) . . . . G 108
Sosthène Weis (R.). . . . . . . G 109
Stavelot (R. de) . . . . DY 110
Strasbourg (R. de) . . . . . CDZ
Théâtre (Pl. du). . . . . F 114
Tour Jacob (Av. de la). . . DEY 115
Trois Glands (R. des) . . . . DY 117
Vauban (Pont) . . . . DY 118
Verger (R. du) . . . . DZ 120
Victor-Thorn (Bd) . . . . G 121
Willy-Georgen (R.) . . . . F 123
Wilson (R.). . . . . CZ 124
Winston-Churchill (Pl.) . . . CZ 126
10-Septembre (Av. du) . . . CZ 127

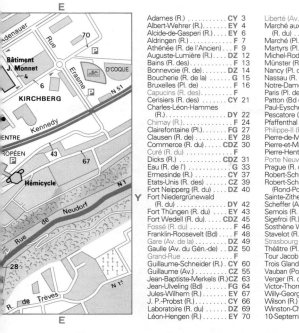

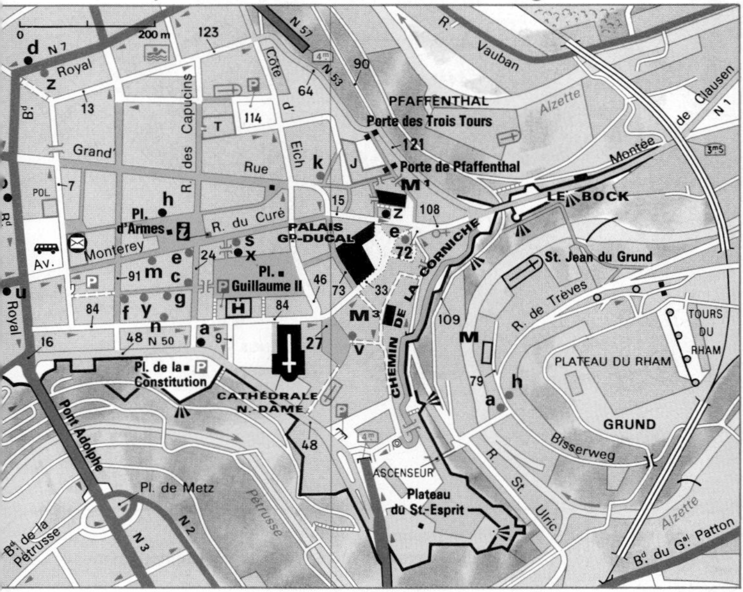

LUXEMBOURG

Arlon (Rte d') . . . . AV
Auguste-Charles (R.) . . . . BX 10
Beggen (R. de) . . . . ABV
Carrefours (R. des) . . . . AV 18
Cents (R.) . . . . BV 19
Cimetière (R. du) . . . . BX 25
Echternach (Rte d') . . . . BV
Eich (R. d') . . . . ABV 36
Guillaume (Av.) . . . . AV 55
Hamm (R. de) . . . . BVX
Hamm (Val de) . . . . BV
Hespérange (R. d') . . . . BX 61
Itzig (R. d') . . . . BX
Kohlenberg . . . . AX
Kopstal (Rte de) . . . . AV
Leudelange (R. de) . . . . AX
Longwy (Rte de) . . . . AVX
Merl (R. de) . . . . AX 7
Mulhenbach (R. de) . . . . AV 7
Neudorf (R. de) . . . . BV
Patton (Bd du Général) . . . . . . BV 8
Rollingergrund
(R. de) . . . . AV 1
Strassen (R. de) . . . . AV 1
Thionville (Rte de) . . . . BX
Trèves (Rte de) . . . . BV
10-Septembre (Av. du) . . . . . . AV 1

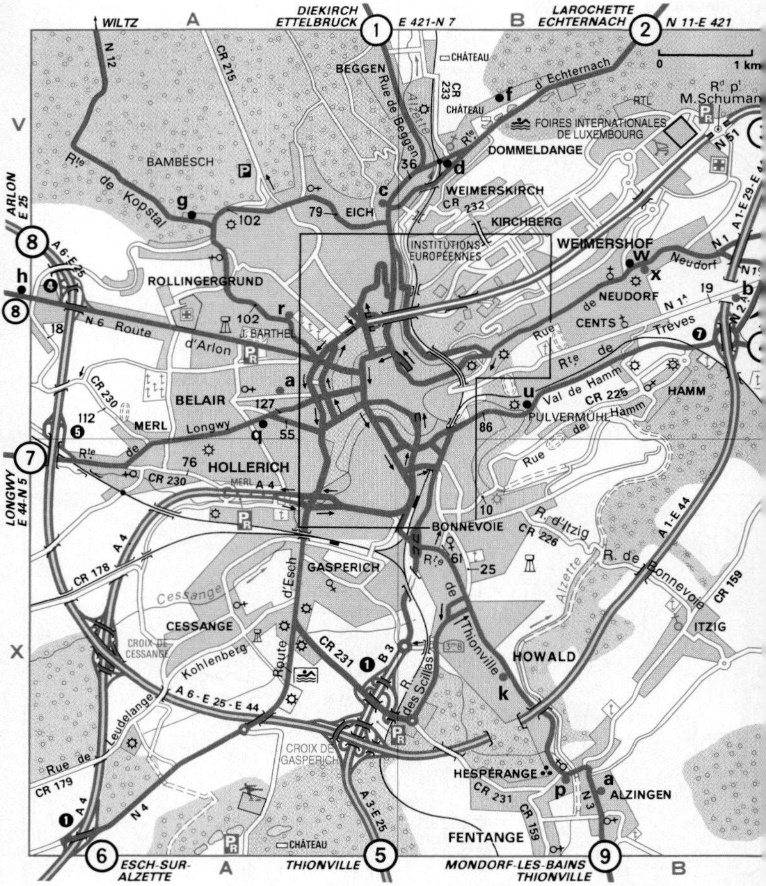

Pour guider vos choix gastronomiques,
le libellé de chaque table à étoile(s) Michelin indique systématiquement
3 grandes spécialités "maison".

Liste alphabétique des hôtels et restaurants
Alfabetische lijst van hotels en restaurants
Alphabetisches Hotel- und Restaurantverzeichnis
Alphabetical list of hotels and restaurants

LUXEMBOURG

LUXEMBOURG

P

R

S

T

W – Y

LUXEMBOURG

Luxembourg-Centre - *plan p. 5 sauf indication spéciale :*

Le Royal, bd Royal 12, ✉ 2449, ✆ 241 61 61, *reservations@leroyalluxembourg.co* *Fax 22 59 48*, ☆, ⓦ, Fō, ≘s, ▣, ⚲ – |‡| ▤ ♿ rest, ⌂ ⇔ – 🛋 350. AE ⓞ MC VISA
Rest voir rest ***La Pomme Cannelle*** ci-après – ***Le Jardin*** Lunch 28 – 40/60, carte 42/55,
☕ 26 – **190 ch** ★360/490 – ★★360/490 – 20 suites. F
◆ Cet immeuble moderne bâti en plein "Wall Street" luxembourgeois abrite de grand chambres royalement équipées. Service complet et personnalisé à toute heure. Atm sphère et cuisine méditerranéennes au restaurant Le Jardin ; formule lunch-buffet dimanche.
◆ Luxushotel mitten auf der luxemburgischen "Wall Street" mit großen, modernen u königlich ausgestatteten Zimmern. Zimmerservice zu beliebiger Uhrzeit. Mittelmeeratm sphäre und -küche im Restaurant Le Jardin; sonntags Lunch-Buffet.

Grand Hôtel Cravat, bd Roosevelt 29, ✉ 2450, ✆ 22 19 75, *contact@hotelcravat.* *Fax 22 67 11* – |‡| ⚟, ▤ rest – 🛋 25. AE ⓞ MC VISA. ✂ ch F
Rest *Le Normandy* *(fermé août)* (1er étage) Lunch 45 – 55, carte 41/73 – ***La Taver*** (taverne-rest) Lunch 30 – carte 28/63 – **59 ch** ☕ ★173/330 – ★★199/397 – 1 suite.
◆ Immeuble ancien bordant une place panoramique (vue sur la vallée de la Pétruss Confortables chambres classiquement aménagées, à géométrie variable. Repas gastron mique au Normandy (1er étage). Plats bourgeois et régionaux à La Taverne du rez-d chaussée.
◆ Altes Gebäude am Rand eines Platzes mit Blick über das Pétrusse-Tal. Komfortab klassisch eingerichtete und unterschiedlich geschnittene Zimmer. Gourmetmenüs im N mandy (1. Stock). Bürgerliche Küche und regionale Spezialitäten im La Taverne im Erdg schoss.

Parc Beaux-Arts sans rest, r. Sigefroi 1, ✉ 2536, ✆ 268 67 61, *reservations@goere group.com, Fax 26 86 76 36* – |‡| P. AE ⓞ MC VISA. ✂ G
10 ch ☕ ★330/395 – ★★350/415.
◆ Maison ancienne soigneusement restaurée voisinant avec le Musée d'Histoire et d'A Jolies suites parquetées ; celles situées à l'avant ont vue sur le palais grand-ducal.
◆ Altes, sorgfältig renoviertes Haus in der Nähe des Geschichts- und Kunstmuseums. Hü sche Suiten mit Parkettboden; von den nach vorne hinaus gelegenen hat man einen Bli auf den großherzoglichen Palast.

Domus, av. Monterey 37, ✉ 2163, ✆ 467 87 81 et 467 87 88 (rest), *info@domus.* *Fax 46 78 79*, ☆ – |‡| ⚟ ▤ ⇔. AE MC VISA. ✂ ch F
Rest *Le Sot l'y laisse* *(fermé 1 sem. Pâques, mi-août-début sept., fin déc., sam., dim. jours fériés)* Lunch 15 – carte 36/58, ♀ – ☕ 18 – **38 ch** (fermé fin déc.) ★135/150 ★★135/220.
◆ "Flat-hôtel" contemporain dont les chambres, spacieuses et modernes, d'une ten méticuleuse, sont presque toutes munies d'une kitchenette. Lumineuse salle à manger mobilier de bistrot "high-tech", complétée d'un restaurant d'été au jardin.
◆ Modernes, gut geführtes Hotel mit geräumigen Zimmern, die fast alle mit einer Küche ecke ausgestattet sind. Lichtdurchfluteter Speiseraum mit modernen Bistromöbeln. Sor merrestaurant im Garten.

Rix sans rest, bd Royal 20, ✉ 2449, ✆ 47 16 66, *rixhotel@pt.lu, Fax 22 75 35*, ⚲ – |‡| MC VISA. ✂ F
fermé 11 au 19 août et 22 déc.-6 janv. – **20 ch** ☕ ★140/165 – ★★165/195.
◆ Établissement familial œuvrant sur un axe passant. Sobres chambres diversement age cées et belle salle des petits-déjeuners de style classique. Parking privé devant la porte.
◆ Hübsches familiäres Hotel an einer Durchgangsstraße. Einfache Zimmer, die unterschie lich geschnitten sind. Klassischer Frühstücksraum. Parkplatz vor der Tür.

Parc-Belle-Vue ⛭ (annexe Parc Plaza 🏨 - 89 ch - 185/225), av. Marie-Thérèse ✉ 2132, ✆ 456 14 11, *reservations@goeres-group.com, Fax 456 14 12 20*, ≤, ☆, ⚲ – ⚟ ⇔ P – 🛋 350. AE ⓞ MC VISA plan p. 4 CZ
Rest *(fermé sam. midi et dim. midi)* (buffets) Lunch 19 – carte env. 38 – **58 ch** ☕ ★130/1 – ★★145/175 – ½ P 70/108.
◆ Enseigne-vérité : cet hôtel offre l'agrément d'un parc et d'un beau panorama. Les cha bres de la nouvelle annexe ont un meilleur confort, mais pas de vue remarquable. restaurant et la taverne proposent des buffets ; terrasse d'été perchée tel un belvédère.
◆ Der Name verspricht nicht zu viel, das Hotel bietet einen Park und eine schöne Aussic Die Zimmer im neuen Nebengebäude sind komfortabler, aber ohne bemerkenswert Ausblick. Buffets im Restaurant und in der Taverne. Sommerterrasse mit Panoramablick

LUXEMBOURG

Français, pl. d'Armes 14, ✉ 1136, ✆ 47 45 34, *HFINFO@pt.lu, Fax 46 42 74,* – |‡| – 30. AE ◑ ◎ VISA. F h
Rest *Lunch 12* – 20/45, carte 28/60, ♀ – **25 ch** ☕ ✝95/99 – ✝✝120/150.
◆ Cet hôtel, tenu par la même famille depuis 1970, donne sur la place la plus animée du centre. Espaces communs parsemés d'œuvres d'art et chambres d'une tenue irréprochable. Taverne-restaurant servant de la cuisine classique-traditionnelle.
◆ Das seit 1970 von derselben Familie geführte Hotel steht am belebtesten Platz des Zentrums. Mit Kunstwerken geschmückte Aufenthaltsbereiche, tadellos gepflegte Zimmer. Taverne mit klassisch-traditionellem Speisenangebot.

Casanova, pl. Guillaume II 10, ✉ 1648, ✆ 22 04 93, *info@hotelcasanova.lu, Fax 22 04 96,* – |‡|. AE ◑ ◎ VISA. ch F x
Rest (cuisine italienne) carte 29/48, ♀ – **17 ch** ☕ ✝95/110 – ✝✝114/160 – ½ P 115/130.
◆ Aucune garantie de séjourner en compagnie du légendaire séducteur à cette adresse située en face de l'hôtel de ville. Chambres parquetées, habillées de tissus coordonnés. Table italienne récemment relookée et proposant un buffet d'antipasti.
◆ Es gibt keine Garantie, hier in Gesellschaft des legendären Verführers zu wohnen. Das Haus gegenüber dem Rathaus bietet Zimmer mit Parkettboden und passend abgestimmten Stoffen. Das vor kurzem renovierte italienische Restaurant bietet ein Antipasti-Büfett an.

XXXX ✿ **Clairefontaine** (Magnier), pl. de Clairefontaine 9, ✉ 1341, ✆ 46 22 11, *clairefo@pt.lu, Fax 47 08 21,* – ▤ P ⇔ 4/20. AE ◑ ◎ VISA G v
fermé 1 sem. Pâques, 15 août-5 sept., 22 déc.-3 janv., sam., dim. et jours fériés – **Rest** *Lunch 50* – 74/93, carte 64/99, ♀.
Spéc. Carpaccio et tartare de Saint-Jacques au céleri et truffe (oct.-mars). Poularde de Bresse cuite en vessie, farce au foie gras et sauce Albufera. Sablé breton aux fraises, compote de rhubarbe, glace "Tagada". **Vins** Pinot blanc, Pinot noir.
◆ Sur une place cossue vivant au rythme du carillon, belle maison de bouche estimée pour la créativité de sa carte, l'harmonie de ses accords mets-vins et la qualité du service.
◆ Auf einem belebten Platz, auf dem ein Glockenspiel ertönt, steht das schöne Restaurant, das für seine einfallsreiche Karte, die Harmonie von Weinen und Speisen und den hochwertigen Service geschätzt wird.

XXX ✿ **Le Bouquet Garni** (Duhr), r. Eau 32, ✉ 1449, ✆ 26 20 06 20, *Fax 26 20 09 11* – ⇔ 4/30. AE ◑ ◎ VISA G e
fermé fin août-début sept., Noël-Nouvel An, dim., lundi et jours fériés – **Rest** *Lunch 32* – 74, carte 58/88.
Spéc. Mousseline de pomme de terre au caviar. Pied de cochon farçi de morilles et ris de veau (hiver). **Vins** Vin de la barrique, Riesling.
◆ Cette table classique-actuelle raffinée, au cadre rustique élégant et au couvert très soigné, occupe une maison du 18e s. dans une rue jouxtant le palais grand-ducal.
◆ Das Lokal ist in einem Haus aus dem 18. Jh. in einer Nebenstraße zum großherzoglichen Palast untergebracht und bietet klassisch-moderne, raffinierte Speisen in einem elegant-rustikalen Ambiente mit edel eingedeckten Tischen.

XXX **Speltz**, r. Chimay 8 (angle r. Louvigny), ✉ 1333, ✆ 47 49 50, *info@restaurant-speltz.lu, Fax 47 46 77,* – ▤ ⇔ 10/40. AE ◑ ◎ VISA F c
fermé 1er au 9 avril, 29 juil.-15 août, 23 déc.-1er janv., dim., lundi et jours fériés – **Rest** *Lunch 45* – 35/112 bc, carte 62/76.
◆ Cuisine d'aujourd'hui servie dans deux salles dotées de meubles de style ou, dès les premiers beaux jours, sur la terrasse urbaine (rue piétonne). Sommelier de bon conseil.
◆ In zwei Speisesälen mit Stilmöbeln wird schmackhafte zeitgemäße Küche serviert, die durch einen gut gefüllten Weinkeller noch hervorgehoben wird. Sommerterrasse (Fußgängerzone).

XXX **La Pomme Cannelle** - H. Le Royal, bd Royal 12, ✉ 2449, ✆ 241 61 61, *catering@leroyalluxembourg.com, Fax 22 59 48* – ▤ ♿ ⇔ 20/280. AE ◑ ◎ VISA. F d
fermé 3 prem. sem. août, fin déc., sam. et dim. – **Rest** *Lunch 28* – 39/68, carte 36/55, ♀.
◆ Registre culinaire original où produits de nobles origines, vins et épices du Nouveau Monde sont à l'honneur. Intérieur chic et chaleureux évoquant l'Empire des Indes.
◆ In dem Restaurant stehen die Weine und Gewürze der Neuen Welt im Mittelpunkt. Die elegante und freundliche Ausstattung erinnert an das ferne Indien.

XXX **Yves Radelet**, r. Curé 20, ✉ 1368, ✆ 22 26 18, *info@yvesradelet.lu, Fax 46 24 40,* – ⇔ 15/30. AE ◎ VISA F s
fermé fin août-début sept., dim. et lundi – **Rest** *Lunch 26* – 45/80, carte env. 55, ♀.
◆ Une appétissante carte "classique-évolutive" vous sera soumise à cette table dont le chef-patron produit lui-même artisanalement ses fromages, charcuteries et fumaisons.
◆ Hier wird eine wohlschmeckende klassische Küche mit kreativer Note serviert. Der Chef selbst ist für die Zubereitung des Käses sowie der Wurst- und Räucherwaren zuständig.

XX **La Lorraine** 1er étage, pl. d'Armes 7, ✉ 1136, ☎ 47 14 36, *lorraine@pt.lu, Fax 47 09 6*
, Avec écailler et produits de la mer – ▤ ⇔ 80. AE ⓓ MC VISA F
fermé dim. – **Rest** 39/52, carte 60/70, ♀ – ***Bistrot de La Lorraine*** *(fermé dim.)* (au rez-de-chaussée) – 39, carte 37 à 57, ♀.

◆ Deux genres de prestation culinaire cohabitent dans cette belle maison de notable situé sur la place d'Armes. Repas au goût du jour et joli cadre Art déco à l'étage. Cuisine c terroir et banc d'écailler (en saison) au bistrot d'en bas. Cave très complète.

◆ Das schöne Bürgerhaus auf der Place d'Armes bietet zwei kulinarische Alternativen. Kart nach Tagesangebot und hübsche Einrichtung im Art-déco-Stil im 1. Stock. Regionale Küch und Meeresfrüchte (in der Saison) im Bistro. Sehr gut bestückter Weinkeller.

XX **Thai Céladon,** r. Nord 1, ✉ 2229, ☎ 47 49 34, *Fax 37 91 73*, Cuisine thaïlandaise
⇔ 40/48. AE ⓓ MC VISA. FG
fermé sam. midi et dim. – **Rest** *Lunch 18* – 37/46, carte 37/44.

◆ Cette table exotique du centre doit son nom à un vernis précieux utilisé par les potie thaïlandais. Salles étagées, sobres et actuelles. Repas "siamois" ; plats végétariens.

◆ Das exotische Restaurant im Zentrum ist nach einer wertvollen, von thailändischen Töp fern verwendeten Glasur benannt. Eleganter, sauberer Speisesaal. Thailändische und vege tarische Gerichte.

X **Wengé,** r. Louvigny 15, ✉ 1946, ☎ 26 20 10 58, *wenge@vo.lu, Fax 26 20 12 59*,
⇔ 20/30. AE MC VISA F
fermé 1er au 8 janv., 9 au 16 avril, 20 août-3 sept. et dim. – **Rest** (déjeuner seult sauf mer et vend.) *Lunch 30* – 37/58 carte 40/77, ♀.

◆ Table au goût du jour aménagée à l'arrière d'une pâtisserie-épicerie fine. Ambiance "ze dans une salle design dotée de panneaux en wengé et d'une mezzanine. Vins choisis.

◆ Saisonbedingte Küche wird im hinteren Teil des Geschäftes mit Konditorei- und Feinkos abteilung angeboten. "Zen"-Atmosphäre herrscht in dem mit Wengé-Paneelen und eine Zwischengeschoss ausgestatteten Saal im Designerstil. Ausgesuchte Weine.

X **Roma,** r. Louvigny 5, ✉ 1946, ☎ 22 36 92, *Fax 22 04 96*, , Cuisine italienne –
⇔ 10/25. AE ⓓ MC VISA F
fermé dim. soir et lundi – **Rest** carte 31/57, .

◆ L'un des doyens des "ristoranti" de Luxembourg. Atmosphère décontractée et décor e phase avec l'époque. Carte à deux volets : classique et actuel. Bon choix de vins italiens.

◆ Eines der ältesten "Ristoranti" Luxemburgs. Ungezwungene Atmosphäre mit zwei ve schiedenen Speisekarten — eine mit klassischen, eine mit zeitgemäßen Gerichten. Gut Auswahl an italienischen Weinen.

X **La Fourchette à droite,** av. Monterey 5, ✉ 2163, ☎ 22 13 60, *Fax 22 24 95*, –
⇔ 30/50. AE ⓓ MC VISA F
fermé sam. midi – **Rest** *Lunch 18* – 34/50, carte 46/59, ♀.

◆ Bistrot moderne situé dans un secteur piétonnier regroupant toutes sortes de restau rants où défilent les clientèles locale, touristique et d'affaires. Deux salles superposées.

◆ Modernes Bistro in einer Fußgängerzone mit vielen verschiedenen Restaurants, in dene sich Ortsansässige, Touristen und Geschäftsreisende einfinden. Zwei übereinander lie gende Säle.

X **Yamayu Santatsu,** r. Notre-Dame 26, ✉ 2240, ☎ 46 12 49, *Fax 46 05 71*, Cuisir japonaise avec Sushi-bar – ⇔ 5/8. AE ⓓ MC VISA F
fermé prem. sem. janv., 1 sem. Pâques, 3 prem. sem. août, fin déc., dim. midi, lundi jours fériés – **Rest** *Lunch 14* – 28, carte 18/43.

◆ Table nipponne au cadre minimaliste installée à 200 m de la cathédrale. Choix typique varié, incluant un menu. Les sushis prennent forme en salle, derrière le comptoir.

◆ Japanisches Restaurant mit einer Ausstattung im minimalistischen Stil, 200 m von de Kathedrale entfernt. Sushibar und abwechslungsreiche Auswahl typischer Gerichte.

Luxembourg-Grund - *plan p. 5 :*

XXXX ✿✿ **Mosconi,** r. Münster 13, ✉ 2160, ☎ 54 69 94, *mosconi@pt.lu, Fax 54 00 43*, , Cuisir italienne – ⇔ 8/17. AE ⓓ MC VISA. G
fermé 1 sem. Pâques, 12 août-3 sept., Noël-Nouvel An, sam. midi, dim., lundi et jours féri – **Rest** *Lunch 34* – 50/98, carte 64/93, .

Spéc. Pâté de foie de poulet à la crème de truffes blanches. Risotto aux truffes blanche (oct.-déc.). Entrecôte de veau légèrement panée.

◆ Ancienne maison de notable en bord d'Alzette. Salon et salles romantiques au lux discret où l'on goûte une fine cuisine italienne, jolie terrasse près de l'eau et belle cave.

◆ Ehemaliges Bürgerhaus am Ufer der Alzette. Aufenthaltsraum und romantische Säle vo diskretem Luxus. Serviert wird eine gehobene italienische Küche. Hübsche Terrasse unwe des Wassers und guter Weinkeller.

LUXEMBOURG

Kamakura, r. Münster 4, ✉ 2160, ☎ 47 06 04, *kamakura@pt.lu, Fax 46 73 30,* Cuisine japonaise – AE ⓓ MC VISA. ✂ G h
fermé 31 mars-11 avril, 2 sem. en août, jours fériés midis, sam. midi et dim. – **Rest** Lunch 12 – 28/51 bc, carte 33/51.
◆ Ambiance "zen" et cadre design pour cette table japonaise sans concession à l'Occident. Bon sushi-bar et menus fidèles aux coutumes nippones. Une valeur sûre.
◆ "Zen"-Atmosphäre und Designerambiente bietet das japanische Lokal, in dem keine Zugeständnisse an die westliche Küche gemacht werden. Sushi-Bar und original japanische Menüs.Ausgezeichnete Adresse.

Luxembourg-Gare - *plan p. 4 :*

President, pl. de la Gare 32, ✉ 1024, ☎ 486 16 11, *info@president.lu, Fax 48 61 80* – 🛗 ✈ ▤ P – 🏛 25. AE ⓓ MC VISA DZ v
Rest voir rest ***Les Jardins du President*** ci-après à Clausen, 3 km par navette – **41 ch** ☕ ✝150/180 – ✝✝180/250 – 1 suite.
◆ Cet hôtel chic voisin de la gare renferme des chambres confortables aménagées avec goût. Accueil personnalisé, espaces communs de style néoclassique et atmosphère intime.
◆ Elegantes Hotel direkt am Bahnhof. Komfortable Zimmer mit geschmackvoller Einrichtung. Freundlicher Empfang. Gemeinschaftsbereiche in neoklassizistischem Stil mit intimer Atmosphäre.

Mercure Grand Hotel Alfa, pl. de la Gare 16, ✉ 1616, ☎ 490 01 11, *H2058@accor.com, Fax 49 00 09* – 🛗 ✈ ▤ – 🏛 55. AE ⓓ MC VISA. ✂ rest DZ z
Rest (brasserie) Lunch 20 – carte 31/57 – ☕ 18 – **140 ch** ✝175/270 – ✝✝175/270 – 1 suite.
◆ Commode pour l'usager du rail, cet hôtel de chaîne abrite, derrière son imposante façade typique des années 1930, des chambres agréables où vous trouverez le sommeil du juste. Une ambiance de brasserie parisienne flotte dans la belle salle à manger Art déco.
◆ Das für Bahnreisende günstig gelegene Haus gehört zu einer Hotelkette und bietet hinter der typischen Fassade aus den 30er Jahren behagliche Zimmer. Im schönen Art-déco-Restaurant spürt man die Atmosphäre einer Pariser Brasserie.

International, pl. de la Gare 20, ✉ 1616, ☎ 48 59 11, *info@hotelinter.lu, Fax 49 32 27* – 🛗 ✈ ▤ 🚗. AE ⓓ MC VISA DZ z
Rest ***Am Inter*** *(fermé 22 déc.-5 janv. et sam. midi)* Lunch 20 – 30/40, carte 32/62 – **69 ch** ☕ ✝90/250 – ✝✝110/280 – 1 suite.
◆ Hôtel rénové par étapes, situé juste devant la gare. Chambres bien tenues ; les meilleures, réparties en façade, sont de nouvelles junior suites. Restaurant installé en angle de rue et éclairé par de grandes baies vitrées. Choix classique-traditionnel étoffé.
◆ Etappenweise renoviertes Hotel am Bahnhof mit komfortablen Zimmern. Die besten, die neuen Junior-Suiten, liegen auf der Vorderseite. Das helle Restaurant mit großer Fensterfront zu zwei Seiten bietet eine umfangreiche traditionelle Auswahl.

Carlton sans rest, r. Strasbourg 9, ✉ 2561, ☎ 29 96 60, *carlton@pt.lu, Fax 29 96 64* – 🛗. AE ⓓ MC VISA. ✂ DZ b
50 ch ☕ ✝85/95 – ✝✝90/110.
◆ Belle bâtisse Art déco (1930) où vous serez hébergés dans des chambres actuelles refaites à neuf en 2002. Hall-salon évoquant les années folles. Accueil et service prévenants.
◆ Schönes Art-déco-Gebäude (1930) mit aktuellen, 2002 renovierten Zimmern. Eine Ausstellung in der Halle erinnert an die wilden Zwanziger. Zuvorkommender Empfang und Service.

Le Châtelet sans rest, bd de la Pétrusse 2, ✉ 2320, ☎ 40 21 01, *contact@chatelet.lu, Fax 40 36 66*, 🏋, 🧖 – 🛗 P. AE ⓓ MC VISA CZ e
39 ch ☕ ✝95/114 – ✝✝108/130.
◆ Plusieurs maisons forment cet hôtel surveillant la vallée ; une tourelle garde celle où l'on retire sa clé. Mobilier cérusé et tapis d'Orient dans les plus grandes chambres.
◆ Das Hotel über dem Pétrusse-Tal umfasst mehrere Häuser; eines davon mit einem kleinen Turm. Tannenholzmöbel und Orientteppiche in den größeren Zimmern.

City sans rest, r. Strasbourg 1, ✉ 2561, ☎ 29 11 22, *mail@cityhotel.lu, Fax 29 11 33*, 🏋, 🧖 – 🛗 ▤ 🚗 – 🏛 80. AE ⓓ MC VISA DZ k
35 ch ☕ ✝90/135 – ✝✝124/185.
◆ Cet immeuble de l'entre-deux-guerres, bâti en angle de rue, renferme des chambres d'ampleur convenable et toutes différemment décorées, dans le style des années 1980.
◆ Das an einer Straßenecke erbaute Haus aus der Zeit zwischen den beiden Weltkriegen bietet recht geräumige, unterschiedlich eingerichtete Zimmer im Stil der 80er Jahre.

Christophe Colomb sans rest, r. Anvers 10, ✉ 1130, ☎ 408 41 41, *mail@christophe-colomb.lu, Fax 40 84 08* – 🛗 🚗 – 🏛 25. AE ⓓ MC VISA CZ h
24 ch ☕ ✝80/160 – ✝✝90/170.
◆ À 500 m de la gare, petit hôtel idéal pour les utilisateurs du rail, n'en déplaise aux "grands navigateurs". Chambres standard assez spacieuses, garnies d'un mobilier actuel.
◆ Kleines Hotel, 500 m vom Bahnhof entfernt, ideal für Zugreisende. Geräumige Standardzimmer mit moderner Einrichtung.

Delta, r. Ad. Fischer 74, ✉ 1521, ☎ 49 30 96, *info@hoteldelta.lu, Fax 40 43 20,* 🏨, ≘ CZ
🛗 ⇔ P - 🎓 25
fermé août - **Rest** *(fermé sam. et dim.) Lunch 10* - 22/32, carte 23/41, ♀ - **21 ch** ☕ ★85/10 - ★★105/200 - ½ P 95/115.
◆ Quatre maisons mitoyennes à l'écart de l'animation composent cet établissement famili où vous logerez dans des chambres fonctionnelles pourvues d'un mobilier de série. Tab traditionnelle ; dès les premiers beaux jours, repas servis sur la terrasse verte.
◆ Das einladende familiäre Hotel am Rande des Zentrums besteht aus vier Häusern. Zweck mäßig ausgestattete Zimmer mit Standard-Möbeln. Traditionelle Küche. Bei schönem We ter speist man auf der schattigen Terrasse.

XXX **Cordial** 1er étage, pl. de Paris 1, ✉ 2314, ☎ 48 85 38, *Fax 48 85 38* - ⇔ 6/20. AE VISA DZ
fermé 9 au 15 avril, 28 mai-3 juin, 6 au 26 août et sam. - **Rest** (déjeuner seult) *Lunch 33* 42/70, carte 43/69, ♀.
◆ Grande et confortable salle de restaurant bourgeoisement aménagée, entretenant ur atmosphère feutrée. Carte classique assortie de menus et de suggestions faites de viv voix.
◆ Großer und komfortabler Speisesaal, dessen gehobener Einrichtungsstil eine stilvol Atmosphäre bietet. Klassische Karte mit Menüs und Empfehlungen, die Ihnen mündlic mitgeteilt werden.

XX **Italia** avec ch, r. Anvers 15, ✉ 1130, ☎ 486 62 61, *italia@euro.lu, Fax 48 08 07,* 🏨 CZ
Cuisine italienne avec grillades - ▤ rest. AE ◑ MC VISA
Rest carte 35/53 - **20 ch** ☕ ★70/80 - ★★80/90.
◆ Restaurant classiquement aménagé, misant sur une carte de spécialités italiennes asso tie de grillades. Terrasse cachée à l'arrière. Les meilleures chambres sont à l'avant.
◆ Klassisch eingerichtetes Restaurant, in dem italienische Spezialitäten und Grillgericht serviert werden. Auf der Rückseite liegende Terrasse. Die besten Zimmer liegen auf de Vorderseite.

Périphérie - *plan p. 3 sauf indication spéciale :*

à l'Aéroport *par ③ : 8 km :*

Sheraton Aérogolf, rte de Trèves 1, ✉ 2633, ☎ 34 05 71, *sheraton.luxe bourg@sheraton.com, Fax 34 02 17,* 🏨 - 🛗 ⇔ ▤ P - 🎓 120. AE ◑ MC VISA
Rest (ouvert jusqu'à 23 h) carte 35/55, ♀ - ☕ 20 - **147 ch** ★89/340 - ★★89/340 - 1 suite
◆ Chambres tout confort dotées d'un triple vitrage, luxe sans tape-à-l'œil, vue aéropo tuaire et service "nickel" dans cet immeuble des années 1970 récemment rénové. Brasser claire et sobre où l'on présente une carte internationale. L'été, repas en terrasse.
◆ Das kürzlich renovierte Haus aus den 70ern bietet sehr komfortable Zimmer mit Dre fachverglasung, diskreten Luxus, Blick auf den Flughafen und untadeligen Service. Inte nationales Angebot in der hellen und schlichten Brasserie, im Sommer auch auf der Te rasse.

Ibis, rte de Trèves, ✉ 2632, ☎ 43 88 01, *H0974@accor.com, Fax 43 88 02,* 🏨 - 🛗 ▤ ♿ ch, P - 🎓 60. AE ◑ MC VISA
Rest carte env. 25 - ☕ 10 - **167 ch** ★60/85 - ★★65/85.
◆ Établissement de chaîne aux communs assez avenants pour la catégorie. Les chambre d'ampleur limitée, offrent le niveau de confort habituel à l'enseigne. Annexe "low-budget Une rotonde vitrée abrite le restaurant.
◆ Hotel der Ibis-Kette, freundliche Einrichtung für diese Kategorie. Zimmer von begrenzt Größe mit dem bei Ibis üblichen Komfort. "Low-Budget-Anbau". Das Restaurant befind sich in einem verglasten Rundbau.

Campanile, rte de Trèves 22, ✉ 2633, ☎ 34 95 95, *luxembourg@campanile. Fax 34 94 95,* 🏨 - 🛗 ⇔ ▤ ♿ ch, P - 🎓 90. AE ◑ MC VISA
Rest (avec buffets) carte 26/36 - ☕ 9 - **108 ch** ★60/77 - ★★60/77 - ½ P 91.
◆ Hôtel occupant un immeuble récent. On accède par l'intérieur aux petites chambres ave double vitrage, garnies d'un mobilier assez simple. Accueil à toute heure.
◆ Hotel in einem neuen Gebäude. Kleine Zimmer mit Doppelverglasung und einfach Einrichtung. Empfang rund um die Uhr.

Trust Inn sans rest, r. Neudorf 679 (par rte de Trèves), ✉ 2220, ☎ 423 05 11, *tr tinn@pt.lu, Fax 42 30 56* - ⇔ ▤ P. AE ◑ MC VISA
8 ch ☕ ★55/65 - ★★65/75.
◆ Au bord d'une route passante, face à l'aéroport, ancienne maison d'habitation deven un hôtel offrant un confort très convenable. Douche ou baignoire dans les salles d'eau.
◆ Das an einer Durchgangsstraße, gegenüber dem Flughafen stehende ehemalige Woh haus wurde zu einem Hotel mit korrektem Komfort umgestaltet. Bad mit Dusche od Badewanne.

LUXEMBOURG

XX **Le Grimpereau,** r. Cents 140, ✉ 1319, ☎ 43 67 87, *bridard@pt.lu, Fax 42 60 26,* – P. AE ① ⓂⒸ VISA BV b
fermé 1 sem. Pâques, 3 prem. sem. août, sam. midi, dim. soir et lundi – **Rest** *Lunch 40* – carte 63/73, ♀.
◆ Dans une villa à l'allure d'un chalet, sobre et spacieuse salle de restaurant rustique (poutres et cheminée en pierres) modernisée vous conviant à un repas au goût du jour.
◆ In einer einem Chalet nachempfundenen Villa verbirgt sich ein renoviertes, schlichtes und geräumiges Restaurant im rustikalen Stil (Holzbalken und gemauerter Kamin). Zeitgemäße Gerichte.

Belair C *Luxembourg :*

Parc Belair, av. du X Septembre 111, ✉ 2551, ☎ 442 32 31, *reservations@goeres-group.com, Fax 44 44 84,* <, – 300. AE ① ⓂⒸ VISA AV q
Rest *(fermé sam. midi et dim. midi)* carte 23 à 41 – **52 ch** 250/310 – 270/330 – 1 suite.
◆ Cet immeuble moderne, tourné vers un parc, abrite des chambres actuelles confortables, dont quelques-unes à thème et quelques junior suites. Lounge-bar agréable ; jolie vue.
◆ Das moderne Gebäude liegt an einem Park. Komfortable, zeitgemäße Zimmer; einige davon sind nach Themen dekoriert, andere als Juniorsuiten angelegt. Angenehme Lounge-Bar; hübscher Ausblick.

Albert Premier sans rest, r. Albert Ier 2a, ✉ 1117, ☎ 442 44 21, *info@albert1er.lu, Fax 44 74 41,* – . AE ① ⓂⒸ VISA plan p. 4 CZ c
15 – **14 ch** 140/245 – 145/245.
◆ Cet hôtel, qui met à profit une ancienne maison de notable située aux portes de la ville, plaît surtout pour son décor intérieur cossu, de style anglais. Chambres très "cosy".
◆ Das Hotel in einem ehemaligen Bürgerhaus am Ortseingang besticht vor allem durch seine gediegene Innenausstattung im englischen Stil. Sehr gemütliche Zimmer.

XX **Thailand,** av. Gaston Diderich 72, ✉ 1420, ☎ 44 27 66, *Fax 37 91 73,* Cuisine thaïlandaise – 50. AE ① ⓂⒸ VISA. AV a
fermé 15 août-3 sept., lundi et sam. midi – **Rest** 37/46, carte env. 40.
◆ Au cœur de Belair, table exotique engageante, se distinguant par sa ribambelle de recettes thaïlandaises, son cadre moderne dépouillé et son service jeune et prévenant.
◆ Exotisches Restaurant im Herzen von Belair. Hervorzuheben ist die Vielzahl an thailändischen Gerichten, die moderne Einrichtung und der zuvorkommende, dynamische Service.

à Clausen *(Klausen)* C *Luxembourg :*

XX **Les Jardins du President** – H. President, avec ch pl. Ste-Cunégonde 2, ✉ 1367, ☎ 260 90 71, *jardins@president.lu, Fax 26 09 07 73,* – , ch, P. AE ① ⓂⒸ VISA DY a
fermé dern. sem. déc.-prem. sem. janv. – **Rest** *(fermé sam. midi et dim.)* *Lunch 29* – 45/65, carte 51/69, ♀ – **7 ch** (fermé sam. et dim.) 250/350 – 350/400.
◆ Élégant et intime relais gourmand niché dans la verdure. Carte actuelle, sommelier averti et terrasse au jardin rafraîchie par une cascade. Superbes chambres personnalisées.
◆ Das elegante Feinschmecker-Restaurant im Grünen bietet moderne Gerichte. Sachkundiger Kellermeister. Gartenterrasse mit Blick auf kleinen Wasserfall. Sehr schöne, individuell eingerichtete Zimmer.

à Dommeldange *(Dummeldéng)* C *Luxembourg :*

Hilton , r. Jean Engling 12, ✉ 1466, ☎ 4 37 81, *hilton.luxembourg@hilton.com, Fax 43 60 95,* <, , – P – 360. AE ① ⓂⒸ VISA BV f
Rest (avec buffets) *Lunch 16* – carte 36/58, ♀ – **298 ch** 99/144 – 99/340 – 39 suites.
◆ À l'orée de la forêt, hôtel de luxe dont les lignes épousent celles de la vallée. Chambres tout confort, service avenant et importante installation conférencière. Restaurant au décor de brasserie moderne.
◆ Ein am Waldrand gelegenes Luxushotel in einem romantischen Tal. Zimmer mit allem Komfort. Freundlicher Service. Großer Konferenzbereich. Restaurant mit moderner Brasserie-Ausstattung.

XXX **Hostellerie du Grünewald** avec ch, rte d'Echternach 10, ✉ 1453, ☎ 43 18 82, *hostgrun@pt.lu, Fax 42 06 46,* – , rest, P. AE ① ⓂⒸ VISA. rest BV d
Rest *(fermé 1er au 17 janv., 29 juil.-15 août, sam. midi, dim., lundi midi et jours fériés)* *Lunch 52* – 63/90, carte 55/74 – **25 ch** 100/130 – 130/160 – ½ P 130.
◆ Adorable hostellerie à l'atmosphère romantique et feutrée. Pour un agrément maximal, réservez une table dans la salle centrale. Repas classique soigné ; service alerte.
◆ Reizendes Hotel mit romantischer, gediegener Atmosphäre. Reservieren Sie einen Tisch im äußerst geräumigen Hauptsaal. Gepflegte klassische Küche, aufmerksamer Service.

à Eich (Eech) C Luxembourg :

XX **Sapori,** pl. Dargent 11, ✉ 1413, ☎ 26 43 28 28, *Fax 26 43 28 29*, Cuisine italienne ave buffet, ouvert jusqu'à 23 h – ▤ ⇔ 4/25. AE ⓓ MC VISA AV
fermé lundi et mardi – **Rest** Lunch 15 – carte 34/51, ♀.
• Restaurant italien dont décor intérieur, sobre et design, s'inspire des brasseries transa pines branchées. Buffet d'antipasti particulièrement appétissant. Service dynamique.
• Italienisches Restaurant, dessen schlichte Designer-Inneneinrichtung sich an angesagte italienischen Bistros orientiert. Besonders appetitliches Vorspeisenbüfett. Engagierte B dienung.

au plateau de Kirchberg (Kiirchbierg) :

Sofitel Europe ⛯, r. Fort Niedergrünewald 6 (Centre Européen), ✉ 201 ☎ 43 77 61, *H1314@accor.com*, *Fax 42 50 91* – ⫼ ⇔ ▤ ♿ ch, ⇔ ⇔ P – 🎤 75. AE ⓓ MC VISA plan p. 5 EY
Rest voir rest ***Oro e Argento*** ci-après – ***Le Stübli*** *(fermé juil., dim. et lundi)* Lunch 25 – car env. 30 – ☕ 20 – **100 ch** ★89/350 – ★★89/350 – 4 suites.
• En plein quartier institutionnel européen, hôtel au plan ovale audacieux, avec atriu central. Chambres spacieuses très confortables. Accueil et service en rapport. Table régi nale au cadre chaleureux et très typé ; personnel de salle en tenue traditionnelle.
• Zwischen den europäischen Institutionen steht das Hotel in gewagter Ovalkonstruktic mit Atrium. Geräumige, sehr komfortable Zimmer. Guter Empfang und Service. Regiona Küche in gemütlichem, sehr typischem Ambiente. Bedienung in traditioneller Kleidung.

Novotel ⛯, r. Fort Niedergrünewald 6 (Centre Européen), ✉ 2226, ☎ 429 84 8 *Fax 43 86 58*, ⛱ – ⫼ ⇔ ▤ ♿ P – 🎤 300. AE ⓓ MC VISA plan p. 5 EY
Rest (ouvert jusqu'à minuit) Lunch 24 – carte 26/48, ♀ – ☕ 15 – **260 ch** ★160/176 ★★160/176 – ½ P 197/227.
• Voisin de son grand frère, cet établissement géré par le même groupe dispose d'ur importante infrastructure pour séminaires et de chambres récemment remises à neu Brasserie-restaurant présentant une carte internationale en phase avec les préceptes N votel.
• Das Hotel steht direkt neben seinem Schwesterhaus derselben Gruppe. Es bietet gu Räumlichkeiten für Seminare und kürzlich renovierte Zimmer. Restaurant im Brasseries mit internationaler Karte entsprechend den Novotel-Standards.

XXX **Oro e Argento** - H. Sofitel Europe, r. Fort Niedergrünewald 6 (Centre Européer ✉ 2015, ☎ 43 77 61, *h1314@accor.com*, *Fax 42 50 91*, Cuisine italienne – ▤ P ⇔ 20/3 AE ⓓ MC VISA plan p. 5 EY
fermé août et sam. – **Rest** carte 45/60.
• Belle table transalpine installée dans un hôtel de luxe. Carte italienne au goût du jou riche décor intérieur à connotations vénitiennes, atmosphère intime et service stylé.
• Schönes italienisches Restaurant in einem Luxushotel. Saisonbedingte italienische Küch elegante Innenausstattung mit venezianischem Touch, intime Atmosphäre und geschult Service.

à Limpertsberg (Lampertsbierg) C Luxembourg :

XX **Lagura,** av. de la Faïencerie 18, ✉ 1510, ☎ 26 27 67, *Fax 26 27 02 97*, ⛱ – ▤. AE ⓓ VISA plan p. 4 CY
fermé 24 au 26 déc., sam. midi, dim. et jours fériés – **Rest** Lunch 18 – carte 38/51.
• Table "trendy" vous conviant à parcourir une carte inspirée par l'Italie et l'Asie. Ambian "zen" dans un cadre moderne aux tonalités sombres. Terrasse arrière plaisante.
• Die Küche ist trendy und lädt Sie ein, eine Speisekarte zu entdecken, die von der Küc des Mittelmeers und von Asien inspiriert ist. "Zen" – Ambiente in modernem Rahme Schöne Terrasse im hinteren Bereich.

à Neudorf (Neiduerf) C Luxembourg :

Ponte Vecchio sans rest, r. Neudorf 271, ✉ 2221, ☎ 424 72 01, *vecchio@pt.. Fax 424 72 08 88* – ⫼ ⇔ ▤ P. AE ⓓ MC VISA BV
45 ch ☕ ★90 – ★★108/115.
• Ancien site brassicole adroitement réaffecté : fringantes chambres avec ou sans kitch nette - dont 9 duplex - et communs ornés de fresques romantiques italianisantes.
• Ehemalige Brauerei, die in ein Hotel umgewandelt wurde: freundliche Zimmer mit od ohne Kochnische — davon 9 Maisonetten. Gemeinschaftsräume mit romantischen Freske im italienischen Stil.

X **Braustüb'l,** r. Neudorf 273, ✉ 2221, ☎ 43 10 81, *Fax 42 13 33*, ⛱ – ♿ P. AE VISA BV
fermé vacances scolaires de fév., 2 prem. sem. sept., sam. midi et dim. – **Rest** Lunch 17 – 3 carte 30/51, ♀.
• Une table qui plaît pour ses menus à prix souriants, sa carte des vins riche de quelq 120 références et ses nombreux crus proposés au verre. Grande terrasse arrière.
• Das Speiselokal verdankt seinen Erfolg seinen preiswerten Menüs, der reichen Weinkar mit 120 verschiedenen Positionen und seiner guten Auswahl offen angebotener Wein Auf der Rückseite große Terrasse.

Rollingergrund *(Rolléngergronn)* 🄲 *Luxembourg :*

Sieweburen, r. Septfontaines 36, ✉ 2534, ☎ 44 23 56, *Fax 44 23 53*, ≤, 🏞, 🌲 - 🅿. 🅜🅒 VISA AV g
fermé 24 déc.-8 janv. - **Rest** *(fermé merc.)* (taverne-rest) *Lunch 12* - 41, carte 31/48, 🍷 - **14 ch** ☕ 🚶95/110 - 🚶🚶115/130.
◆ Architecture plagiant le style régional à colombages, inscrite dans un site verdoyant. Chambres fonctionnelles au mobilier en bois stratifié ; plus de calme à l'arrière. Taverne-restaurant où l'on sert des spécialités du pays et des plats traditionnels.
◆ Im Grünen gelegenes Fachwerkhaus. Zweckmäßig eingerichtete Zimmer mit Standardkomfort. Die nach hinten liegenden sind ruhiger. In der Taverne erwarten Sie landestypische Spezialitäten und traditionelle Gerichte.

Théâtre de l'Opéra, r. Rollingergrund 100, ✉ 2440, ☎ 25 10 33, *opera@pt.lu*, *Fax 25 10 29*, 🏞 - ⇔ 10/80. AE ⓓ 🅜🅒 VISA AV r
fermé sam. midi et dim. - **Rest** *Lunch 13* - 23/55, carte 37/54.
◆ Ancienne maison de notable vous accueillant dans trois salles superposées. Décor mode, éclairage tamisé et carte actuelle à composantes méditerranéennes. Terrasse à l'avant.
◆ Ehemaliges Bürgerhaus mit drei übereinander liegenden Gaststuben. Moderne Ausstattung, gedämpfte Beleuchtung und zeitgemäße Küche mit mediterranem Einschlag. Terrasse vor dem Haus.

Environs

Alzingen *(Alzéng) - plan p. 4* 🄲 *Hesperange 11 177 h :*

Opium, rte de Thionville 427, ✉ 5887, ☎ 26 36 01 60, *info@opium.lu*, *Fax 26 36 16 06*, Avec cuisine asiatique, ouvert jusqu'à 23 h - ▤ 🅿 ⇔ 15. AE ⓓ 🅜🅒 VISA BX a
fermé sam. et dim. midi - **Rest** *Lunch 22* - 17/28 bc, carte 44/71.
◆ "Lounge-restaurant" dont la carte combine des influences thaïlandaises, vietnamiennes, chinoises et japonaises. Décor exotique chaleureux présidé par un énorme bouddha couché.
◆ Originelles asiatisches Restaurant. Auf der Karte stehen vietnamesische, chinesische und japanische Spezialitäten. Exotische, gemütliche Ausstattung mit einem liegenden gewaltigen Buddha.

Bridel *(Briddel) par N 12 : 7 km* - **AV** - 🄲 *Kopstal 2 958 h :*

Brideler Stuff, r. Lucien Wercollier 1, ✉ 8156, ☎ 33 87 34, *info@bridelerstuff.lu*, *Fax 33 90 64*, 🏞 - ▤ 🅿 ⇔ 30/150. AE ⓓ 🅜🅒 VISA
fermé lundi - **Rest** *Lunch 14* - carte 20/55, 🍷.
◆ Cette auberge fondée au 19e s. doit son affluence à un éventail de copieux plats bourgeois et de spécialités régionales roboratives. Décor de style "stubbe" en salle.
◆ Das im 19. Jh. gegründete Gasthaus verdankt seine Beliebtheit einem umfangreichen Angebot an gutbürgerlichen Gerichten in großen Portionen und deftigen regionalen Spezialitäten.

Hesperange *(Hesper) - plan p. 4* - *11 177 h :*

L'Agath, rte de Thionville 274 (Howald), ✉ 5884, ☎ 48 86 87, *restaurant@agath.lu*, *Fax 48 55 05*, 🏞 - 🅿 ⇔ 4/80. AE ⓓ 🅜🅒 VISA BX k
fermé 1er au 12 janv., 1er au 15 août, sam. midi, dim. et lundi - **Rest** 110 bc, carte 70/92, 🍇.
◆ Au bord d'une route passante, bâtisse régionale où l'on mange classiquement, dans un cadre bourgeois soigné. Beau choix de gibiers en saison de chasse ; cave bien montée.
◆ An einer Durchgangsstraße gelegener Bau mit klassischer Küche in gepflegtem Rahmen. Gute Auswahl an Wildgerichten während der Jagdzeit. Gut bestückter Weinkeller.

Le Jardin Gourmand, rte de Thionville 432, ✉ 5886, ☎ 36 08 42, *Fax 36 08 43*, 🏞 - ⇔ 10/25. AE 🅜🅒 VISA BX p
fermé sam. midi, dim. soir et lundi soir - **Rest** 30, carte 31/58.
◆ Établissement implanté au centre du bourg. L'été, une terrasse est dressée côté jardin, au bord de l'Alzette ; quant aux gourmandises, elles défilent dans vos assiettes.
◆ Restaurant im Zentrum des Marktfleckens. Im Sommer wird die Terrasse am Ufer der Alzette benutzt, die dem Garten zugewandt ist. Eine Köstlichkeit nach der anderen wird Ihnen serviert.

Hostert *(Hueschert) par ③ : 12 km* 🄲 *Niederanven 5 334 h :*

Chez Pascal-Le Gastronome, r. Andethana 90, ✉ 6970, ☎ 34 00 39, *pascal@legastronome.lu*, *Fax 26 34 01 06*, 🏞 - 🅿 ⇔ 10/35. AE ⓓ 🅜🅒 VISA
fermé 3 sem. en août, fin déc., sam. midi et dim. midi - **Rest** *Lunch 35* - carte 47/60.
◆ Restaurant perché sur les hauteurs d'un petit village isolé. Salles à manger dont les lambris en chêne supportent des peintures murales susceptibles d'aiguiser votre appétit.
◆ Das Restaurant steht auf einer Anhöhe über einem kleinen einsam liegenden Dorf. Die Wandverkleidung aus Eiche im Speisesaal steht im Kontrast zu den Wandmalereien, die den Appetit anregen sollen.

à Kopstal *(Koplescht) par N 12 : 9 km -* **AV** *– 2 958 h :*

XX **Weidendall** avec ch, r. Mersch 5, ✉ 8181, ☎ 30 74 66, *weidenda@pt.lu, Fax 30 74 67*
⇔ 10/22. AE ⓓ MC VISA
Rest *(fermé 2 prem. sem. sept. et mardi)* 39, carte 38/61 – **9 ch** ☕ ★48 – ★★70.
◆ Près de l'église, engageante auberge-restaurant tenue en famille. Côté fourneaux (salle à manger, on fait preuve du même classicisme. Chambres commodes pour l'étape.
◆ Ein reizender familien geführter Gasthof gleich neben der Dorfkirche. In der Küche ur im Speisesaal trifft man auf denselben klassischen Stil. Freundliche Zimmer.

à Oetrange *(Éiter) par ④ : 10 km* **C** *Contern 3 133 h :*

X **La Cheminée,** rte de Remich 1 (N 2, lieu-dit Oetrange-Moulin), ✉ 5331, ☎ 26 35 20 3
cheminee@pt.lu, Fax 26 35 20 32, 🏞 – P ⇔ 8/30. AE MC VISA
fermé prem. sem. janv., 19 au 25 fév., 28 mai-4 juin, 27 août-12 sept., 29 oct.-6 nov, lur et mardi – **Rest** *Lunch 15* – 34, carte 34/48.
◆ Auberge appréciée pour sa carte-menu au goût du jour orientée produits bio, sa sal claire et spacieuse dotée de tables nues en bois massif et sa terrasse tournée vers les boi
◆ Wegen seiner saisonbedingten Karte auf der Grundlage von Bioprodukten, seines hell und geräumigen Speisesaals mit Massivholztischen und seiner Terrasse mit Blick auf de Wald geschätzter Gasthof.

à Sandweiler *par ④ : 7 km – 2 853 h :*

XX **Delicious,** r. Principale 21, ✉ 5240, ☎ 35 01 80, *info@delicious.lu, Fax 35 79 36,* 🏞 –
⇔ 20/60. VISA
fermé début janv., fin août, dim. soir, lundi soir et merc. – **Rest** *Lunch 45* – carte 43/58.
◆ Près du clocher, sémillante façade ocre-orange dissimulant une salle à manger spacieu décorée dans l'esprit contemporain. Cuisine traditionnelle actualisée. Terrasse cachée.
◆ Nahe des Kirchturms befindet sich hinter einer ocker-orangefarbenen Fassade ein g räumiger moderner Speisesaal. Traditionelle, zeitgemäße Küche. Versteckt liegende Te rasse.

à Strassen *(Stroossen) - plan p. 4 – 6 021 h :*

L'Olivier avec appartements, rte d'Arlon 140a, ✉ 8008, ☎ 31 36 66, *contact@hot olivier.com, Fax 31 36 27,* – ⏐$⏐ ✈ ♿ P – 🏫 60. AE ⓓ MC VISA AV
Rest voir rest ***La Cime*** ci-après – **38 ch** ☕ ★97/164 – ★★127/194 – 4 suites – ½ P 120/18
◆ Pas loin de l'autoroute, grande bâtisse contemporaine où vous logerez dans des char bres fraîches et bien tenues. Nombreux duplex avec kitchenette.
◆ Unweit der Autobahn befindet sich dieses große zeitgemäße Gebäude, in dem Sie frischen, gut gepflegten Zimmern untergebracht werden. Zahlreiche Maisonette-Wc nungen mit Kochnische.

Mon Plaisir sans rest, rte d'Arlon 218 (par ⑧ : 4 km), ✉ 8010, ☎ 31 15 41, *mp sir@pt.lu, Fax 31 61 44* – ⏐$⏐ P. AE ⓓ MC VISA
fermé Noël et Nouvel An – **27 ch** ☕ ★70 – ★★79/82.
◆ Hôtel d'un bon petit confort, et dont la façade jaune ne passe pas inaperçue sur cet a fréquenté rejoignant Luxembourg. Pour plus de calme, réservez une chambre à l'arrière
◆ Hotel mit gutem Komfort, dessen gelbe Fassade an dieser belebten Verkehrsverbindu nach Luxemburg sofort ins Auge fällt. Die nach hinten hinausgehenden Zimmer sind ru ger.

XX **La Cime** - H. L'Olivier, rte d'Arlon 140a, ✉ 8008, ☎ 31 88 13, *contact@hotel-olivier.co Fax 31 36 27,* 🏞 – ♿ P ⇔ 2/170. AE ⓓ MC VISA AV
fermé sam., dim. soir et jours fériés – **Rest** *Lunch 20* – 44, carte 25/66, 🍷.
◆ Restaurant d'hôtel au cadre moderne très boisé, éclairé par un beau lustre central. Tr alcôves offrent plus de confidentialité. Repas classique actualisé. Terrasse arrière.
◆ Das moderne, mit viel Holz ausgestattete Hotelrestaurant wird von einem schönen Krc leuchter erhellt. Klassische abwechslungsreiche Speisekarte. Terrasse auf der Rückseite.

XX **Le Riquewihr,** rte d'Arlon 373 (par ⑧ : 5 km), ✉ 8011, ☎ 31 99 80, 🏞 – P. AE ⓓ (
VISA
Rest *Lunch 35* – carte 39/66.
◆ Confortable salle à manger au cadre intime et feutré, façon Renaissance italienn terrasse d'été contemporaine enrobée de verdure. Carte classique-traditionnelle de s son.
◆ Komfortabler intimer Speisesaal mit einem Hauch italienischer Renaissance. Die Somm terrasse ist von Grün umgeben. Traditionelle klassische saisonbedingte Küche.

LUXEMBOURG

Walferdange *(Walfer) par ① : 5 km – 6 628 h :*

Moris, pl. des Martyrs 1, ✉ 7201, ☎ 330 10 51, *contact@morishotel.lu, Fax 33 30 70,* – rest, – 30. AE MC VISA
Rest *Lunch 25* – carte 36/57, ♀ – **24 ch** ♀ 85 – 110.
◆ Hôtel octogonal se dressant près de l'église, devant un carrefour. Chambres fonctionnelles qu'il faut choisir à l'arrière si vous recherchez la tranquillité. Une carte traditionnelle incluant des plats régionaux est présentée au restaurant. Portions copieuses.
◆ Hotel in achteckiger Form, das neben der Dorfkirche an einer Kreuzung steht. Zweckmäßig eingerichtete Zimmer; die nach hinten hinausgehenden sind ruhiger. Traditionelle Küche, ergänzt durch regionale Spezialitäten. Reichhaltige Portionen.

XX **l'Etiquette,** rte de Diekirch 50, ✉ 7220, ☎ 33 51 68, *Fax 33 51 69,* – 6/20. AE MC VISA
fermé 26 août-6 sept., 27 déc.-6 janv., dim. soir, lundi et jours fériés – **Rest** *Lunch 20* – 24/46, carte 37/52, ♀.
◆ Registre culinaire classique et exceptionnel choix de vins luxembourgeois, de l'Hexagone et du reste du monde, dans cette maison de bouche qui débuta par une "vinothèque".
◆ Ein klassisches kulinarisches Repertoire und ein außergewöhnliches Angebot an luxemburgischen, französischen und anderen Weinen bietet Ihnen dieses Restaurant, das als Vinothek begann.

Déjeunez dehors, il fait si beau !
Optez pour une terrasse :

MACHTUM (MIECHTEM) Wormeldange 2 285 h. 717 X25 et 716 M7. 21 C3

Voir *Vallée de la Moselle Luxembourgeoise★ de Schengen à Wasserbillig.*
Luxembourg 31 – Ettelbrück 46 – Grevenmacher 4 – Mondorf-les-Bains 29.

XX **Chalet de la Moselle,** rte du Vin 35, ✉ 6841, ☎ 75 91 91, *maryde@pt.lu, Fax 26 74 55 91,* ← – 25/60. MC VISA.
fermé merc. et jeudi – **Rest** 33/62, carte 44/61.
◆ Sur la route du vin, dominant la rivière, bel établissement au décor intérieur sobre, de bon goût. Mise en place soignée sur les tables, carte traditionnelle et crus locaux.
◆ Über dem Fluss an der Weinstraße liegendes Lokal mit schlichter, aber geschmackvoller Einrichtung. Gepflegter Service. Traditionelle Küche und lokale Weine.

X **Auberge du Lac,** rte du Vin 77, ✉ 6841, ☎ 75 02 53, *Fax 75 88 87,* ←, – 25/90. AE MC VISA
fermé 1er au 15 janv., 15 au 30 juil., 15 nov.-15 déc. et lundis et mardis non fériés – **Rest** 38/40, carte 30/49, ♀.
◆ L'été en terrasse, ou toute l'année depuis les grandes baies de la salle à manger, cette auberge familiale vous offre la vue sur la Moselle. Beau choix de vins luxembourgeois.
◆ Im Sommer von der Terrasse oder sonst durch die großen Fenster des Speisesaals, bietet sich von diesem familiären Gasthaus ein Blick auf die Mosel. Gute Auswahl an luxemburgischen Weinen.

MERTERT (MÄERTERT) 717 X24 et 716 M6 – 3 354 h. 21 D2

Voir *Vallée de la Moselle Luxembourgeoise★ de Wasserbillig à Schengen.*
Luxembourg 32 – Ettelbrück 46 – Thionville 56 – Trier 15.

XX **Schaeffer Joël,** r. Haute 1, ✉ 6680, ☎ 26 71 40 80, *restjoel@pt.lu, Fax 26 71 40 81* – 70. AE MC VISA
fermé sem. carnaval, août et lundis et mardis non fériés – **Rest** *Lunch 15* – 44/53, carte 40/55.
◆ Au cœur de l'actif port fluvial, devant l'église, établissement familial dont l'enseigne porte le nom du chef-patron. Longue terrasse couverte. Généreuses cuisine classique.
◆ Im Herzen des lebendigen Binnenhafens liegt dieses Familienunternehmen, das den Namen des Wirts trägt. Langgestreckte, überdachte Terrasse. Klassische Küche.

MONDORF-LES-BAINS (MUNNERËF) 717 W25 et 716 L7 – 3 839 h. – Station thermale – Casino 2000, r. Flammang, ✉ 5618, ☎ 23 61 11, Fax 23 61 12 29. 21 C3

Voir *Parc★ – Mobilier★ de l'église St-Michel.*
Env. *à l'Est : Vallée de la Moselle Luxembourgeoise★ de Schengen à Wasserbillig.*
av. des Bains 26, ✉ 5610, ☎ 23 66 75 75, contact@mondorf.info, Fax 23 66 13 46.
Luxembourg 19 – Remich 11 – Thionville 22.

Parc ⛵, Domaine thermal, av. Dr E. Feltgen, ✉ 5601, ☎ 23 66 60, *domaine@mo dorf.lu, Fax 23 66 10 93*, 🍽, 🅟, ⛽, 🏊, 🎾, ♀ – 🛗 ⇆ ▤ ♿ ch, 🚗 🅿 ⚹ 350. AE ⓓ ⓜⓒ VISA. ⚘ rest

Rest *De Jangeli* *(fermé 22 déc.-7 janv., sam. midi, dim. soir et lundi)* Lunch 22 – 40/70, cart 41/60, ♀ – **114 ch** ☐ ✝90/135 – ✝✝110/160 – 20 suites.

• Hôtel ressourçant où descend volontiers la famille grand-ducale. Chambres sans repro che, installations de remise en forme et accès direct au parc thermal. Cadre contempora élégant et carte actuelle teintée d'accents méridionaux au restaurant De Jangeli.

• Hotel zum Erholen, in dem auch die großherzogliche Familie absteigt. Tadellose Zimme Fitnessraum und direkter Zugang zum Kurpark. Das Restaurant bietet zeitgemäße Gerich mit mediterraner Note in modern-elegantem Rahmen.

Grand Chef ⛵, av. des Bains 36, ✉ 5610, ☎ 23 66 80 12, *info@grandchef.l Fax 23 66 15 10*, ♀, 🍽, 🚲 – 🛗 ⇆ 🅿 – ⚹ 30. AE ⓓ ⓜⓒ VISA. ⚘ rest

ouvert 17 mars-18 nov. – **Rest** 25/42 – **36 ch** ☐ ✝67/78 – ✝✝93/105 – 2 suites – ½ P 69/8

• Vous rêviez depuis toujours de séjourner dans un ancien hôtel particulier ? C'est fa vous y êtes ! Beaux salons du temps passé, bar opulent et chambres spacieuses. Tab misant sur une carte traditionnelle dans un décor classique-bourgeois.

• Haben Sie schon immer davon geträumt, in einem ganz besonderen historischen Hot zu wohnen? Hier sind Sie an der richtigen Adresse! Schöne Salons aus vergangenen Zeite große Bar und geräumige Zimmer. Traditionelle Gerichte in klassischem Ambiente.

Casino 2000, r. Flammang, ✉ 5618, ☎ 26 67 81, *info@casino2000.lu, Fax 26 67 82 29* 🛗 ▤ 🅿 – ⚹ 600. AE ⓓ ⓜⓒ VISA. ⚘ rest

fermé 24 déc. – **Rest** voir rest ***Les Roses*** ci-après – **28 ch** ☐ ✝119/125 – ✝✝145/155 3 suites.

• Que vous soyez flambeur ou pas, la chance voudra vous sourire dès que vous aurez po votre valise... Chambres amples et bien équipées. Rénovation totale de l'hôtel en 2004.

• Ob Sie eine Spielernatur sind oder nicht, das Glück winkt Ihnen zu, sobald Sie Ihren Koff abgestellt haben... Großzügige und gut ausgestattete Zimmer. Das Hotel wude 2004 ren viert.

LUXEMBOURG

Beau Séjour, av. Dr Klein 3, ✉ 5630, ☎ 26 67 75, *info@beau-sejour.lu, Fax 23 66 08 8* 🍽 – ⇆. ⓓ ⓜⓒ VISA. ⚘

fermé 15 déc.-15 janv. – **Rest** Lunch 24 – 41/48, carte 35/54 – **10 ch** ☐ ✝70/75 – ✝✝92/97 ½ P 69/72.

• Petite affaire familiale située à proximité des thermes. Les chambres, de tailles correct sans plus, et munies du double vitrage, se répartissent sur deux étages. Repas traditionn dans une salle au décor classique assez plaisant.

• Kleiner Familienbetrieb in der Nähe der Thermen. Die Zimmer sind ausreichend gro ohne besonderen Komfort, ausgestattet mit doppelter Verglasung, über zwei Etagen ve teilt. Speisesaal mit hübscher klassischer Ausstattung. Traditionelle Gerichte.

Les Roses - H. Casino 2000, r. Flammang, ✉ 5618, ☎ 26 67 81, *info@casino2000. Fax 26 67 84 50* – ▤ 🅿. AE ⓓ ⓜⓒ VISA. ⚘

fermé 2 au 10 janv., 14 août-12 sept., 24 déc. et mardis et merc. non fériés – **Rest** 42/6 carte 64/99, ♀.

Spéc. Millefeuille de grosses langoustines rôties, légumes étuvés au gingembre. Darne turbot cloutée à la truffe noire et rôtie sur l'arête. Filet de bœuf charolais, foie gr Matignon à la riche. **Vins** Pinot gris, Pinot blanc.

• Le thème de la rose inspire l'élégant décor de cette rotonde moderne agrémentée, son centre, d'une tonnelle circulaire. Cuisine actuelle élaborée. Service aux petits soins.

• Das Motiv der Rose inspiriert die elegante Dekoration dieses in einem modernen Run bau gelegenen Speisesaales. Innovative, ausgefeilte Küche. Aufmerksamer Service.

à Ellange-gare *(Elléng) Nord-Ouest : 2,5 km* 🄲 *Mondorf-les-Bains :*

La Rameaudière, r. Gare 10, ✉ 5690, ☎ 23 66 10 63, *la-rameaudiere@internet. Fax 23 66 10 64*, 🍽 – 🅿 ⇔ 10/18. AE ⓓ ⓜⓒ VISA

fermé 1er au 23 janv., dern. sem. juin, dern. sem. août, dern. sem. oct. et lundis et mar non fériés – **Rest** 44/70, carte 59/78, 🍇.

• Cette maison accueillante était naguère la gare d'Ellange. Salle à manger contemporai L'été, on festoie sur la terrasse fleurie, à l'ombre des arbres fruitiers. Belle cave.

• Das einladende Haus war früher der Dorfbahnhof. Moderner Speiseraum. Im Somm isst man auf einer blumengeschmückten Terrasse, im Schatten von Obstbäumen. Gut Weinkeller.

ULLERTHAL (MËLLERDALL) Waldbillig 1 292 h. **717** W24 et **716** L6. 21 **C2**

Voir *Vallée des Meuniers*★★★ *(Vallée de l'Ernz Noire).*

au Sud-Ouest : 2 km à Christnach, ✉ 7641, ✆ 87 83 83, Fax 87 95 64.

Luxembourg 30 – Echternach 14 – Ettelbrück 31.

XXX **Le Cigalon** avec ch, r. Ernz Noire 1, ✉ 6245, ✆ 79 94 95, *lecigalon@internet.lu, Fax 79 93 83,* – P. VISA. rest

fermé 1 sem. carnaval, fin déc.-début janv. et mardi – **Rest** *Lunch 36* – 69/79, carte 44/59 – **10 ch** ★78 – ★★98 – 3 suites – ½ P 79.

◆ Dans une vallée bucolique, auberge avenante où l'on vient faire des repas classiques à connotations provençales. Crèche et santons en salle. Chambres et suites.

◆ Ein kleiner provenzalischer Fleck in Luxemburg, mitsamt seiner Krippe und den dazugehörigen Figuren! Der Koch kreiert eine wohlschmeckende Küche. Zimmer und Suiten.

EUDORF (NEIDUERF) – *voir à Luxembourg, périphérie.*

IEDERANVEN (NIDDERANWEN) **717** W25 et **716** L7 – *5 334 h.* 21 **C3**

Luxembourg 13 – Ettelbrück 36 – Grevenmacher 16 – Remich 19.

XX **Hostellerie de Niederanven,** r. Munsbach 2, ✉ 6941, ✆ 34 00 61, *Fax 34 93 92* – AE VISA.

fermé 2e quinz. août et lundi – **Rest** *Lunch 16* – 29/45, carte 43/59, ♀.

◆ Hostellerie tenue par la même famille depuis plus de 30 ans. Carte saisonnière d'orientation traditionnelle, où la marmite dieppoise et le gratin de fruits de mer ont la cote.

◆ Das Hotel ist seit mehr als 30 Jahren in Familienhand. Traditionelle saisonbedingte Küche mit Zutaten aus dem Meer.

ETRANGE (ÉITER) **717** W25 – *voir à Luxembourg, environs.*

UR (Vallée de l') (URDALL) ★★ **717** V22 et **716** L5 - L 6 *G. Belgique-Luxembourg.*

ÉTANGE (PÉITÉNG) **717** U25 et **716** K7 – *14 382 h.* 20 **B3**

Luxembourg 22 – Esch-sur-Alzette 15 – Arlon 18 – Longwy 14.

Threeland, r. Pierre Hamer 50, ✉ 4737, ✆ 265 08 00, *threelan@pt.lu, Fax 26 50 28 20,* – P – 150. AE VISA

Rest *Lunch 25* – 40, carte 30/64, ♀ – **57 ch** ★63/76 – ★★70/88 – 2 suites – ½ P 83.

◆ La clientèle d'affaires a ses habitudes dans cet hôtel proche des frontières belge et française. Communs spacieux, espaces pour séminaires et chambres avant tout pratiques. Repas traditionnel dans une salle actuelle en forme de rotonde.

◆ Hotel nahe der belgisch-französischen Grenze. Große Gemeinschafts- und Seminarräume. Die Zimmer sind vor allem praktisch ausgestattet. In dem modernen, rundgebauten Speiseraum werden traditionelle Gerichte serviert.

OMMERLOCH (POMMERLACH) Winseler 981 h. **717** U23 et **716** K6. 20 **B1**

Luxembourg 56 – Diekirch 37 – Ettelbrück 7 – Wiltz 7 – Bastogne 12.

Pommerloch, Wohlber 2, ✉ 9638, ✆ 269 51 51, *hotelpommerloch@gmail.com, Fax 26 95 06 20,* – ch, P. AE VISA

Rest *Lunch 12* – carte 24/58 – **8 ch** ★60 – ★★80.

◆ Établissement familial créé en 2001 devant un rond-point fréquenté. Installations modernes ; bonne insonorisation dans les chambres, spacieuses et fonctionnelles. Fringante salle de restaurant contemporaine partiellement sous véranda ; carte traditionnelle.

◆ Der 2001 eröffnete Familienbetrieb befindet sich vor einem belebten Kreisverkehr. Moderne Ausstattung, gute Schallisolierung in den geräumigen und zweckmäßigen Zimmern. Einladender moderner Speisesaal, teilweise als Veranda; traditionelle Speisekarte.

Motel Bereler Stuff sans rest, rte de Bastogne 6, ✉ 9638, ✆ 95 79 09, *Fax 95 79 08* – P. VISA

17 ch ★33/37 – ★★50/54.

◆ Ce motel est un point de chute pratique pour les usagers de la route. Les chambres, de belle ampleur et toutes identiques, baignent dans une atmosphère un peu surannée.

◆ Das Motel ist für Autofahrer praktisch. In den geräumigen, einheitlich eingerichteten Zimmern herrscht eine eher altmodische Atmosphäre.

REMICH (RÉIMECH) **717** X25 *et* **716** M7 – *2 964 h.* 21 C

Voir *Vallée de la Moselle Luxembourgeoise★ de Schengen à Wasserbillig.*

 *au Nord-Ouest : 12 km à Canach, Scheierhaff, ✉ 5412, ☎ 35 61 35, Fax 35 74 50.*

(mi-juin-mi-sept.) Esplanade (gare routière), ✉ 5533, ☎ 23 69 84 88, Fax 23 69 72 95.

Luxembourg 22 – Mondorf-les-Bains 11 – Saarbrücken 77.

Domaine la Forêt, rte de l'Europe 36, ✉ 5531, ☎ 23 69 99 99, *laforet@pt.* *Fax 23 69 98 98,* ←, ⌂, ⊕, Fs, ≘s, ⊠, ⚲ – |‡| ⇌ P – 🏛 30. AE ① MC VISA. ✂ rest
Rest *(fermé 1 sem. en janv., 25 juil.-4 août, 1 sem. en nov., lundi et mardi midi)* Lunch 3 42/63, carte 43/59, ♀ – **20 ch** ⊏ ✶75/95 – ✶✶99/180 – ½ P 73/95.

◆ Bâtisse hôtelière vous conviant à conjuguer relaxation et remise en forme dans s nouvelles installations. Grandes chambres de style actuel. Restaurant en demi-roton tourné vers la vallée transfrontalière. Cadre classique cossu et cave digne d'intérêt.

◆ Das Hotel lädt in neuen Räumlichkeiten zum Entspannen und Fitnesstraining ein. Gro moderne Zimmer. Der halbrunde Speisesaal öffnet sich zum Tal im Grenzgebiet. Kla sischer, gemütlicher Rahmen und gut sortierter Wenkeller.

Saint Nicolas, Esplanade 31, ✉ 5533, ☎ 26 66 30, *hotel@saint-nicolas.* *Fax 26 66 36 66,* ←, ⌂, Fs, ≘s, ⚲ – |‡| ⇌ – 🏛 40. AE ① MC VISA
Rest *Lohengrin* Lunch 28 bc – 29/51 bc, carte 43/51, ♀ – **40 ch** ⊏ ✶81/106 – ✶✶105/140 ½ P 77/90.

◆ Ancien relais de bateliers et son jardin clos de murs postés au bord de la Mosel Chambres d'un bon niveau de confort. Agréable salle à manger dont les grandes bai vitrées permettent de profiter de la vue sur la rivière. Cuisine classique actualisée.

◆ Die ehemalige Raststätte für Schiffer mit ihrem ummauerten Garten befindet sich a Ufer der Mosel. Die Zimmer bieten einen guten Komfort. Vom schönen, mit großen Fe stern versehenen Speiseraum fällt der Blick auf den Fluss. Moderne klassische Küche.

Des Vignes ⚘, rte de Mondorf 29, ✉ 5552, ☎ 23 69 91 49, *info@hotel-vignes.* *Fax 23 69 84 63,* ← vignobles et vallée de la Moselle – |‡| ⇌, ▤ rest, P – 🏛 25. AE ① VISA
fermé 15 déc.-15 janv. – **Rest** Lunch 15 – 36/50, ♀ – **24 ch** ⊏ ✶84 – ✶✶105 – ½ P 77/108.

◆ Au sommet d'un coteau, établissement dont les chambres, munies d'un balcon ou d'ur terrasse, offrent un panorama grandiose sur les vignes et la vallée de la Moselle. Salle manger-belvédère où trône un vieux pressoir à raisins.

◆ Auf einer Anhöhe befindet sich dieses Anwesen, dessen Zimmer, mit Balkon oder Te rasse ausgestattet, ein großartiges Panorama über die Weinberge und das Tal der Mos bieten. Im Speiseraum mit schönem Ausblick thront eine alte Weinpresse.

De l'Esplanade, Esplanade 5, ✉ 5533, ☎ 23 66 91 71, *esplanade@pt.* *Fax 23 69 89 24,* ←, ⌂ – MC VISA
fermé 2 janv.-9 fév. et mardi soir et merc. de mi-sept. à mi-juin – **Rest** Lunch 25 – car 23/50, ♀ – **18 ch** ⊏ ✶55/60 – ✶✶75/85.

◆ La rivière et l'embarcadère sont à deux pas de cette adresse située dans le centre anim de Remich. Petites chambres sobrement décorées. L'été, on peut prendre son repas so les stores de la terrasse. Profitez alors de la vue sur la Moselle.

◆ Fluss und Landesteg sind ganz in der Nähe dieser Adresse mitten im lebhaften Zentru von Remich. Kleine, schlicht ausgestattete Zimmer. Im Sommer kann man seine Mahlzeite unter der Markise der Terrasse einnehmen und dabei den Blick auf die Mosel genießen.

REULER (REILER) **717** V22 – *voir à Clervaux.*

RODER (ROEDER) **717** V22 – *voir à Clervaux.*

ROLLINGERGRUND (ROLLÉNGERGRONN) – *voir à Luxembourg, périphérie.*

ROMBACH-MARTELANGE (ROMBECH-MAARTELÉNG) **717** T24 – *voir à Haut-Martelange.*

SAEUL (SËLL) **717** U24 *et* **716** K6 – *514 h.* 20 B

Luxembourg 21 – Ettelbrück 22 – Mersch 11 – Arlon 14.

Maison Rouge, r. Principale 10, ✉ 7470, ☎ 23 63 02 21, *Fax 23 63 07 58* – ⇔ 25/3 MC VISA
fermé 3 sem. en fév., 3 sem. en août, dim. soir, lundi et mardi – **Rest** 45/50, carte 39/55.

◆ Cette auberge familiale reconnaissable à sa façade rouge met à profit un ancien relais d poste. Table traditionnelle utilisant notamment les légumes du potager.

◆ Das familiäre Gasthaus mit roter Fassade war früher eine Poststation. Traditionelle Ge richte mit Gemüse aus dem eigenen Garten.

SANDWEILER **717** W25 *et* **716** L7 – *voir à Luxembourg, environs.*

CHEIDGEN (SCHEEDGEN) C *Consdorf 1 749 h.* **717** X24 *et* **716** M6. 21 **C2**
Luxembourg 35 – Echternach 8 – Ettelbrück 36.

De la Station, rte d'Echternach 10, ✉ 6250, ☎ 79 08 91, *info@hoteldelastation.lu, Fax 79 91 64*, ←, 🏞, 🛎, 🏞, 🚲 – |‡| 🚗 P – 🏛 40. MC VISA. ✻ rest
ouvert 2 avril-14 nov. – **Rest** *(fermé lundi et mardi)* (dîner seult jusqu'à 20 h 30) carte 41/51 – **25 ch** ☕ ✝40/45 – ✝✝80/85 – ½ P 55/60.
◆ Établissement tranquille entre les mains de la même famille depuis un siècle. La plupart des chambres ont vue sur la campagne. Accueil gentil et jardin revigorant. Restaurant traditionnel bien installé.
◆ Ruhiges Anwesen, seit einem Jahrhundert von derselben Familie geführt. Die meisten Zimmer haben Blick auf die Felder. Freundlicher Empfang. Erholsamer Garten. Traditionelles, gut eingerichtetes Restaurant.

CHOUWEILER (SCHULLER) C *Dippach 3 292 h.* **717** U25 *et* **716** K7. 20 **B3**
Luxembourg 14 – Mondorf-les-Bains 29 – Arlon 20 – Longwy 18.

XX ✿✿ **La Table des Guilloux**, r. Résistance 17, ✉ 4996, ☎ 37 00 08, *Fax 37 11 61*, 🏞 – VISA
fermé 17 au 26 avril, 1er au 25 août, 23 déc.-5 janv., lundi, mardi et sam. midi – **Rest** carte 51/79, 🍷.
Spéc. Œuf, purée grand-mère, caviar d'Aquitaine. Croustillant de langoustines, salade d'herbes et sauce vierge. Pot-au-feu aux trois viandes. **Vins** Pinot gris, Riesling.
◆ Auberge villageoise ancienne abritant quatre petites pièces intimes garnies de meubles d'hier et d'un superbe lustre Murano. Repas classique haut en goût ; beau choix de vins.
◆ Alter Dorfgasthof mit vier kleinen, intimen Räumen mit etwas altmodischen Möbeln und einem herrlichen Murano-Lüster. Schmackhafte klassische Speisen, gute Weinauswahl.

X ✿ **Toit pour Toi**, r. IX Septembre 2, ✉ 4995, ☎ 26 37 02 32, *Fax 37 11 61* – MC VISA
fermé 10 au 30 août, 22 déc.-7 janv. et jeudi – **Rest** (dîner seult) carte 44/53.
Spéc. Pissaladière de sardines. Carré et selle d'agneau en persillade, légumes farcis. Carpaccio d'ananas au riz soufflé caramélisé.
◆ Accueil charmant en cette grange relookée où le répertoire culinaire bistrotier est revisité avec brio. Charpente, éclairage design et cheminée en salle. Mets à la rôtissoire.
◆ In dieser zum Restaurant umgebauten Scheune erwarten Sie ein reizvoller Empfang und ein mit Talent bereichertes Bistro-Repertoire. Originelles Deckengebälk, Designbeleuchtung und offener Kamin im Speisesaal. Bratgerichte.

SOLEUVRE (ZOLWER) C *Sanem 13 674 h.* **717** U25 *et* **716** K7. 20 **B3**
Luxembourg 22 – Esch-sur-Alzette 8 – Arlon 27 – Longwy 22.

XX **La Petite Auberge**, r. Aessen 1 (CR 110 - rte de Sanem), ✉ 4411, ☎ 59 44 80, *Fax 59 53 51* – ▤ P. AE MC VISA. ✻
fermé sem. Pentecôte, 2 dern. sem. août, fin déc.-début janv., dim. et lundi – **Rest** *Lunch 14* – 39, carte 43/68, 🍷.
◆ Ancienne ferme transformée en une confortable auberge. Préparations classiques et traditionnelles. La passion du vin anime le patron ; résultat : une cave bien montée.
◆ Der ehemalige Bauernhof wurde zu einem komfortablen Gasthaus umgebaut. Klassische und traditionelle Küche. Die Leidenschaft für Wein hat den Wirt beflügelt. Das Resultat: ein gut gefüllter Weinkeller.

STADTBREDIMUS (STADBRIEDEMES) **717** X25 *et* **716** M7 – *1 264 h.* 21 **C3**
Voir *Vallée de la Moselle Luxembourgeoise★ de Schengen à Wasserbillig.*
Env. *au Nord : rte de Greiveldange* ≤★.
Luxembourg 25 – Mondorf-les-Bains 14 – Saarbrücken 80.

l'Écluse, rte du Vin 29, ✉ 5450, ☎ 236 19 11, *info@hotel-ecluse.com, Fax 23 69 76 12*, 🏞, 🏞 – 🚗 P. AE MC VISA. ✻ rest
Rest *(fermé 2 sem. Noël-Nouvel An, 2e quinz. juin, merc. midi et jeudi)* (taverne-rest) carte 27/43, 🍷 – **18 ch** ☕ ✝49 – ✝✝64 – ½ P 50.
◆ Face à une écluse sur la Moselle, hôtel où les membres d'une même famille se relayent depuis 1963 derrière le comptoir de la réception. Chambres proprettes. Une véranda abrite la salle de restaurant. Généreuse assiette mêlant terroir et tradition.
◆ Das Hotel liegt gegenüber einer Schleuse der Mosel und wird seit 1963 von der gleichen Familie geleitet. Saubere Zimmer. Restaurant mit Veranda, in dem traditionelle Gerichte und einheimische Spezialitäten in großzügigen Portionen serviert werden.

STEINHEIM (STENEM) **717** X24 – *voir à Echternach.*

STRASSEN (STROOSSEN) **717** V25 *et* **716** L7 – *voir à Luxembourg, environs.*

SUISSE LUXEMBOURGEOISE (Petite) ★★★ **717** W24 - X 24 *et* **716** L6 - M 6 *G. Belgique-Luxembourg.*

LUXEMBOURG

SÓRE (Vallée de la) (SAUERDALL) ★★ 717 T23 - Y 24 et 716 K6 *G. Belgique-Luxembourg.*

TROISVIERGES (ELWEN) 717 U22 et 716 L5 – *2 582 h.* 20 B

Luxembourg 75 – Clervaux 19 – Bastogne 28.

XX **Auberge Lamy** avec ch, r. Asselborn 51, ✉ 9907, ☎ 99 80 41, *Fax 97 80 72*, ≤, – P. AE ① MC VISA
Rest 22/30, carte 23/51 – **6 ch** ☕ ★30 – ★★48 –½ P 41.
◆ Une auberge qui "ratisse large" : grande carte classique-bourgeoise, restaurant d'ét pub à bières, coin pizzeria et chambres convenables. Coup d'œil sur la nature.
◆ Ein Gasthof, der ein breites gastronomisches Angebot bietet: große klassisch-bürgerlich Speisekarte, Sommerrestaurant, Bierkneipe, kleine Pizzeria. Zweckmäßige Zimmer. Blick die Natur.

VIANDEN (VEIANEN) 717 W23 et 716 L6 – *1 502 h.* 21 C

Voir *Site★★, ★★ par le télésiège – Château★★ : chemin de ronde ≤★.*
Env. *au Nord-Ouest : 4 km, Bassins supérieurs du Mont St-Nicolas (route ≤★★ et ≤★) – Nord : 3,5 km à Bivels : site★ – au Nord : Vallée de l'Our★★.*
r. Vieux Marché 1a, ✉ 9419, ☎ 83 42 57, viasi@pt.lu, Fax 84 90 81.
Luxembourg 44 – Clervaux 31 – Diekirch 11 – Ettelbrück 16.

Belvédère, rte de Diekirch 4 (Nord : 1 km), ✉ 9409, ☎ 26 87 42 44, *belveder@pt. Fax 26 87 42 43*, ≤, – ♿ ch, P – 25. AE ① MC VISA. rest
fermé 8 janv.-1er fév. et 13 nov.-1er déc. – **Rest** 33/65, carte 44/56, ♀ – **16 ch** ☕ ★97/115 ★★115/125 –½ P 85/123.
◆ Grande bâtisse profitant d'un emplacement de choix, face au château de Vianden. H bergement sans histoire dans des chambres fraîches et bien agencées. Cuisine d'a jourd'hui servie dans une salle de style contemporain tournée vers la forteresse.
◆ Das große Gebäude steht in bevorzugter Lage, gegenüber dem Schloss von Viande Neues Mobiliar in den gut geschnittenen Zimmern. Zeitgemäße Küche, serviert in eine modernen zur Burg hin gelegenen Speisesaal.

Oranienburg, Grand-Rue 126, ✉ 9411, ☎ 834 15 31, *oranienburg@hotmail.co Fax 83 43 33*, – – 40. AE ① MC VISA
ouvert 31 mars-15 nov. – **Rest** voir rest ***Le Châtelain*** ci-après – **22 ch** ☕ ★55/68 ★★84/110 – 4 suites –½ P 61/74.
◆ Établissement familial dont la flatteuse réputation est faite depuis longtemps dans cet charmante petite ville. Bonnes chambres et belle terrasse d'été au pied du château.
◆ Familiärer Gasthof, der schon lange einen guten Ruf in dieser kleinen, charmanten Sta hat. Gut ausgestattete Zimmer und schöne, unterhalb des Schlosses gelegene Sommerte rasse.

Heintz, Grand-Rue 55, ✉ 9410, ☎ 83 41 55, *hoheintz@pt.lu, Fax 83 45 59*, , – P. AE MC VISA
ouvert 6 avril-5 nov. – **Rest** *(fermé mardi midi, merc., jeudi midi et après 20 h 30)* 16/3 carte 33/44 – **30 ch** ☕ ★50/65 – ★★68/100 –½ P 54/62.
◆ Près de l'église, hostellerie où le cahier de réservations, les toques, poêles et spatules transmettent en famille depuis 1910. Chambres bien tenues, terrasse et jardin. Table trac tionnelle au cadre rustique. Repas en plein air à la belle saison.
◆ Seit mehreren Generationen empfängt Sie die gleiche Familie in diesem Hotel in d Nähe der Kirche. Tadellose Zimmer, Terrasse und Garten. Traditionelle Küche in rustikale Rahmen. Bei schönem Wetter kann im Freien gespeist werden.

Auberge du Château, Grand-Rue 74, ✉ 9401, ☎ 83 45 74, *chateau@pt.lu*, , . MC VISA. rest
ouvert 15 mars-15 nov.; fermé merc. – **Rest** *Lunch 20* – 30/36, carte 38/49 – **40 ch** ★46/56 – ★★68/90 –½ P 52/58.
◆ Point de chute enviable pour le touriste, cette belle auberge située au centre de Viand dispose de petites chambres fonctionnelles aménagées à l'identique. Restaurant trad tionnel devancé d'une terrasse estivale où l'on présente une carte simplifiée.
◆ Eine ideale Übernachtungsstation für Urlauber. Das schöne Gasthaus, im Herzen Via dens gelegen, verfügt über kleine zweckmäßig ausgestattete Zimmer, die alle gleich m bliert sind. Traditionelles Restaurant mit Sommerterrasse und einfachem Angebot.

XX **Le Châtelain** - H. Oranienburg, Grand-Rue 126, ✉ 9411, ☎ 834 15 31, *orar nburg@hotmail.com, Fax 83 43 33*, – 15/40
ouvert avril-14 nov.; fermé lundis midis et mardis midis non fériés – **Rest** *Lunch 42* – 45/6 carte 44/70, ♀.
◆ Le Châtelain vous installe très confortablement dans un décor non dénué de raf nement. Mise en place soignée sur les tables. Appétissantes préparations classiques.
◆ Im komfortablen Le Châtelain speisen Sie in einem ansprechenden Dekor. Gepflegt Service. Appetitlich zubereite klassische Gerichte.

Auberge Aal Veinen "Beim Hunn" avec ch, Grand-Rue 114, ✉ 9411, ✆ 83 43 68, *ahahn@pt.lu, Fax 83 40 84,* – 20/80. AE VISA
fermé fin déc.-fin janv. et mardi sauf 15 juil.-15 sept. – **Rest** (grillades) *Lunch 11* – 16/33, carte 20/44 – **8 ch** 60 – 70 – ½ P 54.
◆ Maison de caractère bâtie en contrebas du château. Décoration intérieure rustique. Cuisine sans chichi, axée sur les grillades au feu de bois. Chambres sobres.
◆ Ein Haus mit Charakter, unterhalb des Schlosses. Rustikale Inneneinrichtung. Unkomplizierte Küche mit vielen Gerichten vom Holzkohlengrill. Schlichte Zimmer.

VAHLHAUSEN (WUELËSSEN) *Hosingen 1 621 h.* **717** V23. 20 **B1**
Luxembourg 51 – Clervaux 17 – Ettelbrück 24 – Vianden 12.

E'slecker Stuff, Am Duerf 37, ✉ 9841, ✆ 92 16 21, *ahahn@pt.lu, Fax 92 05 10,* Avec grillades – 80. AE VISA
fermé fin déc.-début janv. et merc. – **Rest** *Lunch 8* – 16/33, carte 20/45, ♀.
◆ Un petit restaurant de village dont les viandes grillées à la braise de la cheminée feront le bonheur des carnivores. Salle à manger rustique non dénuée de caractère.
◆ Das kleine Dorfrestaurant bietet über der Glut des Kaminfeuers gegrillte Fleischgerichte, ideal für Fleischliebhaber. Rustikaler, recht ansprechender Speiseraum.

En cas d'arrivée tardive à l'hôtel (après 18 h), veillez à en avertir la réception pour garantir la réservation de votre chambre.

LUXEMBOURG

VALFERDANGE (WALFER) **717** V25 *et* **716** L7 – *voir à Luxembourg, environs.*

WASSERBILLIG (WAASSERBËLLEG) *Mertert 3 354 h.* **717** X24 *et* **716** M6. 21 **D2**
Voir *Vallée de la Moselle Luxembourgeoise★ jusqu'à Schengen.*
Luxembourg 33 – Ettelbrück 48 – Thionville 58 – Trier 18.

Kinnen avec ch, rte de Luxembourg 32, ✉ 6633, ✆ 74 00 88, *Fax 74 01 08,* – 40/100. AE VISA.
fermé 1er au 15 fév., 1er au 15 juil., merc. et jeudi soir – **Rest** *Lunch 36* – 42/58, carte 38/77 – **10 ch** 43 – 60.
◆ Adresse familiale postée aux abords de la localité. Ample salle à manger. L'été, repas en terrasse. Pour les hébergés, réception au bar et chambres d'un bon calibre.
◆ Familiäre Adresse am Rand des Ortes. Großzügiger Speiseraum. Im Sommer wird auf der Terrasse gedeckt. Für Hausgäste stehen ein Empfang in der Bar und geräumige Zimmer bereit.

WEILERBACH (WEILERBAACH) *Berdorf 1 426 h.* **717** X23 *et* **716** M6. 21 **C2**
Luxembourg 39 – Diekirch 24 – Echternach 5 – Ettelbrück 29.

Schumacher, rte de Diekirch 1, ✉ 6590, ✆ 720 13 31, *hotschum@pt.lu, Fax 72 87 13,* – VISA.
ouvert 15 mars-nov. – **Rest** *(fermé merc. midi, jeudi midi et après 20 h 30)* 42, carte 38/53 – **25 ch** 65/70 – 82/110 – ½ P 62/70.
◆ La Sûre - qui matérialise la frontière avec l'Allemagne - coule devant cette hostellerie. Chambres bien équipées. Terrasse sur le toit, offrant un panorama sur la vallée. Une carte classique-traditionnelle est présentée au restaurant.
◆ Die Sûre - sie markiert die Grenze zu Deutschland - fließt an diesem Gasthof vorbei. Gut ausgestattete Zimmer. Die Dachterrasse ermöglicht einen weiten Ausblick über das Tal. Restaurant mit klassisch-traditioneller Speisekarte.

WEISWAMPACH (WÄISWAMPECH) **717** V22 *et* **716** L5 – *1 203 h.* 20 **B1**
Luxembourg 69 – Clervaux 16 – Diekirch 36 – Ettelbrück 41.

Keup, rte de Stavelot 143 (sur N 7), ✉ 9991, ✆ 997 59 93 00, *hotel@keup.lu, Fax 997 59 94 40,* – , rest, ch, – 40. AE VISA
Rest *(fermé merc.) Lunch 9* – 15/25, carte 21/36, ♀ – **24 ch** (fermé merc. hors saison) 45 – 65 – 1 suite – ½ P 56.
◆ Dans une localité proche des frontières allemande et belge, hôtel pratique pour l'étape, couplé à une station service et à un mini-centre commercial. Deux étages de chambres. Grande salle à manger classiquement aménagée, devancée par une brasserie.
◆ Das Hotel mit angeschlossener Tankstelle und kleinem Einkaufszentrum in der Nähe der deutsch-belgischen Grenze ist ein willkommener Halt für Autoreisende. Zimmer auf zwei Etagen. Klassisch eingerichtetes Restaurant, vor dem sich eine Brasserie befindet.

XX **Hostellerie du Nord** avec ch, rte de Stavelot 113, ✉ 9991, ☎ 99 83 19, *Fax 99 74 6*
, – P ⇔ 18/24. AE ⓓ ⓜⓒ VISA
Rest *Lunch 9* – 25/35, carte 20/32 – **7 ch** ☐ ✝38/65 – ✝✝55/115.
◆ Hostellerie de tradition toujours prête à rendre service aux voyageurs. Salle à mang classiquement agencée, donnant sur une véranda et une pelouse. Chambres de mi simple.
◆ Traditionsreicher Gasthof, der den Reisenden immer gute Dienste leistet. Der klassisc Speisesaal führt zu einer Veranda und in den Garten. Zimmer mit einfacher Ausstattung.

WELSCHEID (WELSCHENT) C *Bourscheid 1 203 h.* **717** V23 *et* **716** L6. 20 B
Luxembourg 38 – Diekirch 13 – Ettelbrück 8.

Reuter am Waarkdall , Waarkstrooss 2 (centre village), ✉ 9191, ☎ 81 29 1 *infos@hotel-reuter.lu, Fax 81 73 09*, , , – |‡|, rest, P. ⓜⓒ VISA.
fermé 12 fév.-1er mars, 20 août-6 sept., 19 nov.-6 déc., lundi et mardi – **Rest** *Lunch 2c* 24/48 bc, carte 31/56, ♀ – **17 ch** ☐ ✝55/60 – ✝✝60/75 – ½ P 58/70.
◆ Une nouvelle équipe a repris en 2006 les commandes de cette auberge connue c longue date dans ce village paisible de la vallée de la Wark. Chambres proprettes. Restau rant présentant une carte classique-traditionnelle régulièrement recomposée.
◆ Ein neues Team übernahm 2006 die Leitung dieses Gasthofs, der im stillen Warktal schc sehr lange besteht und schmucke saubere Zimmer anbietet. Dieses Restaurant bietet eir traditionelle, aber regelmäßig neu aufgesetzte Speisekarte mit klassischen Gerichten.

WILTZ (WOLZ) **717** U23 *et* **716** K6 – *4 525 h.* 20 B
Château, ✉ 9516, ☎ 95 74 44, siwiltz@pt.lu, Fax 95 75 56.
Luxembourg 55 – Clervaux 21 – Ettelbrück 26 – Bastogne 21.

Aux Anciennes Tanneries , r. Jos Simon 42a, ✉ 9550, ☎ 95 75 99, *tann rie@pt.lu, Fax 95 75 95*, , , – ch, P – 30. AE ⓓ ⓜⓒ VISA
Rest *Lunch 13* – 25/42, carte 21/52, ♀ – **20 ch** ☐ ✝72/99 – ✝✝98/165 – ½ P 79/93.
◆ L'enseigne rappelle l'ancienne destination des lieux et, plus largement, l'activité qui valu à Wiltz une certaine notoriété. Coquettes chambres de notre temps. Repas au goût du jou sous les voûtes de la salle à manger ou sur la terrasse bordant la rivière.
◆ Der Name erinnert an die frühere Bestimmung als Gerberei und darüber hinaus an di Aktivität, die Wiltz eine gewisse Berühmtheit eingebracht hat. Gemütliche moderne Zim mer. Speisesaal mit Gewölbedecke und am Flussufer gelegene Terrasse. Saisonale Küche.

XXX **Du Vieux Château** avec ch, Grand-Rue 1, ✉ 9530, ☎ 95 80 18, *vchateau@pt.lu Fax 95 77 55*, , , – P ⇔ 4/12. ⓜⓒ VISA. ch
fermé 2 prem. sem. janv., 3 prem. sem. août et lundis et mardis non fériés – **Rest** 29/65 carte 45/66, ♀ – **7 ch** ☐ ✝70/85 – ✝✝95 – 1 suite – ½ P 86.
◆ Belle demeure construite dans un quartier pittoresque, non loin du vieux château comta de Wiltz. Terrasse ombragée. Cuisine actuelle sagement personnalisée. Chambres calmes.
◆ Schönes Anwesen in einem malerischen Viertel, nicht weit entfernt vom alten Grafen schloss Wiltz. Sonnengeschützte Terrasse. Zeitgemäße Gerichte mit persönlicher Note Ruhige Zimmer.

XX **Hostellerie des Ardennes**, Grand-Rue 61, ✉ 9530, ☎ 95 81 52, *Fax 95 94 47*, ←
AE ⓓ ⓜⓒ VISA
fermé 4 au 25 fév., 5 au 26 août, vend., sam. et après 20 h 30 – **Rest** 19/25, carte 32/50.
◆ Affaire familiale établie depuis 1929 en centre-ville. Un café où l'on sert le plat du jou devance une rustique salle de restaurant offrant la vue sur la vallée boisée.
◆ Im Zentrum liegt dieser Familienbetrieb seit 1929, dessen Cafe - hier werden Tagesge richte serviert - an einen rustikalen Speiseraum angrenzt, von dem aus man das bewaldete Tal überblicken kann.

WILWERDANGE (WILWERDANG) C *Troisvierges 2 582 h.* **717** V22 *et* **716** L5. 20 B1
Luxembourg 71 – Diekirch 41 – Ettelbrück 43 – Bastogne 31.

XX **L'Ecuelle**, r. Principale 15, ✉ 9980, ☎ 99 89 56, *ecuellew@pt.lu, Fax 97 93 44*, – P
⇔ 50. ⓓ ⓜⓒ VISA.
fermé 1 sem. carnaval, début sept., lundi soir, mardi soir et merc. – **Rest** *Lunch 11* – 32/65, carte 30/57.
◆ Pas loin de la frontière belge, auberge villageoise dont la terrasse donne sur un jardinet avec jeux d'enfants. Choix traditionnel ; truites et saumons fumés "maison".
◆ In der Nähe der belgischen Grenze steht dieses Dorfgasthaus, dessen Terrasse auf ein Gärtchen mit Spielplatz zeigt. Traditionelle Küche, Forellen und Lachse werden hier selbst geräuchert.

Jours fériés en 2007

Feestdagen in 2007
Feiertage in Jahre 2007
Bank Holidays in 2007

BELGIQUE – BELGIË – BELGIEN

1er janvier	Jour de l'An
8 avril	Pâques
9 avril	lundi de Pâques
1er mai	Fête du Travail
17 mai	Ascension
27 mai	Pentecôte
28 mai	lundi de Pentecôte
21 juillet	Fête Nationale
15 août	Assomption
1er novembre	Toussaint
11 novembre	Fête de l'Armistice
25 décembre	Noël

GRAND-DUCHÉ DE LUXEMBOURG

1er janvier	Jour de l'An
19 février	lundi de Carnaval
8 avril	Pâques
9 avril	lundi de Pâques
1er mai	Fête du Travail
17 mai	Ascension
27 mai	Pentecôte
28 mai	lundi de Pentecôte
23 juin	Fête Nationale
15 août	Assomption
1er novembre	Toussaint
25 décembre	Noël
26 décembre	Saint-Étienne

Indicatifs téléphoniques internationaux

de/van/ von/from — vers/naar nach/to	A	B	CH	CZ	D	DK	E	FIN	F	GB	GR
A Austria		0032	0041	00420	0049	0045	0034	00358	0033	0044	0030
B Belgium	0043		0041	00420	0049	0045	0034	00358	0033	0044	0030
CH Switzerland	0043	0032		00420	0049	0045	0034	00358	0033	0044	0030
CZ Czech Republic	0043	0032	0041		0049	0045	0034	00358	0033	0044	0030
D Germany	0043	0032	0041	00420		0045	0034	00358	0033	0044	0030
DK Denmark	0043	0032	0041	00420	0049		0034	00358	0033	0044	0030
E Spain	0043	0032	0041	00420	0049	0045		00358	0033	0044	0030
FIN Finland	0043	0032	0041	00420	0049	0045	0034		0033	0044	0030
F France	0043	0032	0041	00420	0049	0045	0034	00358		0044	0030
GB United Kingdom	0043	0032	0041	00420	0049	0045	0034	00358	0033		0030
GR Greece	0043	0032	0041	00420	0049	0045	0034	00358	0033	0044	
H Hungary	0043	0032	0041	00420	0049	0045	0034	00358	0033	0044	0030
I Italy	0043	0032	0041	00420	0049	0045	0034	00358	0033	0044	0030
IRL Irland	0043	0032	0041	00420	0049	0045	0034	00358	0033	0044	0030
J Japan	00143	00132	00141	001420	00149	00145	00134	001358	00133	00144	00130
L Luxemburg	0043	0032	0041	00420	0049	0045	0034	00358	0033	0044	0030
N Norway	0043	0032	0041	00420	0049	0045	0034	00358	0033	0044	0030
NL Netherlands	0043	0032	0041	00420	0049	0045	0034	00358	0033	0044	0030
PL Poland	0043	0032	0041	00420	0049	0045	0034	00358	0033	0044	0030
P Portugal	0043	0032	0041	00420	0049	0045	0034	00358	0033	0044	0030
RUS Russia	81043	81032	81041	810420	81049	81045	*	810358	81033	81044	*
S Sweden	0043	0032	0041	00420	0049	0045	0034	00358	0033	0044	0030
USA	01143	01132	01141	011420	01149	01145	01134	01358	01133	01144	01130

** Pas de sélection automatique* ** Geen automatische selektie*

Important : pour les communications internationales, le zéro (0) initial de l'indicatif interurbain n'est pas à composer (excepté pour les appels vers l'Italie).
Aux Pays-Bas on n'utilise pas le préfixe dans la zone.
Appel d'urgence : Belgique : 112 ; Luxembourg : 112 ; Pays-Bas : 112

Belangrijk: bij internationale telefoongesprekken moet de eerste nul (0) van het netnummer worden weggelaten (behalve als u naar Italië opbelt). In Nederland moet men binnen eenzelfde zone geen kengetal draaien of intoetsen.
Hulpdiensten : België : 112 ; Luxemburg : 112 ; Nederland : 112..

Internationale landnummers

Internationale Telefon-Vorwahlnummern

International Dialling Codes

H	I	IRL	J	L	N	NL	PL	P	RUS	S	USA	
0036	0039	00353	0081	00352	0047	0031	0048	00351	007	0046	001	**A Austria**
0036	0039	00353	0081	00352	0047	0031	0048	00351	007	0046	001	**B Belgium**
0036	0039	00353	0081	00352	0047	0031	0048	00351	007	0046	001	**CH Switzerland**
0036	0039	00353	0081	00352	0047	0031	0048	00351	007	0046	001	**CZ Czech Republic**
0036	0039	00353	0081	00352	0047	0031	0048	00351	007	0046	001	**D Germany**
0036	0039	00353	0081	00352	0047	0031	0048	00351	007	0046	001	**DK Denmark**
0036	0039	00353	0081	00352	0047	0031	0048	00351	007	0046	001	**E Spain**
0036	0039	00353	0081	00352	0047	0031	0048	00351	007	0046	001	**FIN Finland**
0036	0039	00353	0081	00352	0047	0031	0048	00351	007	0046	001	**F France**
0036	0039	00353	0081	00352	0047	0031	0048	00351	007	0046	001	**GB United Kingdom**
0036	0039	00353	0081	00352	0047	0031	0048	00351	007	0046	001	**GR Greece**
	0039	00353	0081	00352	0047	0031	0048	00351	007	0046	001	**H Hungary**
0036		00353	0081	00352	0047	0031	0048	00351	*	0046	001	**I Italy**
0036	0039		0081	00352	0047	0031	0048	00351	007	0046	001	**IRL Irland**
00136	00139	001353		001352	00147	00131	00148	001351	*	00146	0011	**J Japan**
0036	0039	00353	0081		0047	0031	0048	00351	007	0046	001	**L Luxemburg**
0036	0039	00353	0081	011352		0031	0048	00351	007	0046	001	**N Norway**
0036	0039	00353	0081	00352	0047		0048	00351	007	0046	001	**NL Netherlands**
0036	0039	00353	0081	00352	0047	0031		00351	007	0046	001	**PL Poland**
0036	0039	00353	0081	00352	0047	0031	0048		007	0046	001	**P Portugal**
81036	*	*	*	*	*	81031	81048	*		*	*	**RUS Russia**
0036	0039	00353	0081	00352	0047	0031	0048	00351	007		001	**S Sweden**
01136	01139	011353	01181	011352	01147	01131	01148	011351	*	01146	–	**USA**

**Automatische Vorwahl nicht möglich* **Direct dialling not possiblee*

Wichtig: bei Auslandsgesprächen darf die Null (0) der Ortsnetzkennzahl nicht gewählt werden (ausser bei Gesprächen nach Italien).
In den Niederlanden benötigt man keine Vorwahl innerhalb einer Zone.
Notruf: Belgien: 112; Luxembourg: 112; Niederlanden: 112.

Note: when making an international call, do not dial the first "0" of the city codes (except for calls to Italy).
The dialling code is not required for local calls in the Netherlands.
Emergency phone numbers: Belgium: 112; Luxembourg: 112; Netherlands: 112.

Distances

QUELQUES PRÉCISIONS

Au texte de chaque localité vous trouverez la distance de sa capitale d'état et des villes environnantes. Les distances intervilles du tableau les complètent.
La distance d'une localité à une autre n'est pas toujours répétée en sens inverse : voyez au texte de l'une ou de l'autre.
Utilisez aussi les distances portées en bordure des plans.
Les distances sont comptées à partir du centre-ville et par la route la plus pratique, c'est-à-dire celle qui offre les meilleures conditions de roulage, mais qui n'est pas nécessairement la plus courte.

Afstanden

TOELICHTING

In de tekst bij elke plaats vindt U de afstand tot de hoofdstad en tot de grotere steden in de omgeving. De afstandstabel dient ter aanvulling.
De afstand tussen twee plaatsen staat niet altijd onder beide plaatsen vermeld ; zie dan bij zowel de ene als de andere plaats. Maak ook gebruik van de aangegeven afstanden rondom de plattegronden.
De afstanden zijn berekend vanaf het stadscentrum en via de gunstigste (niet altijd de kortste) route.

Entfernungen

EINIGE ERKLÄRUNGEN

Die Entfernungen zur Landeshauptstadt und zu den nächstgrößeren Städten in der Umgebung finden Sie in jedem Ortstext.
Die Kilometerangaben der Tabelle ergänzen somit die Angaben des Ortstextes.
Da die Entfernung von einer Stadt zu einer anderen nicht immer unter beiden Städten zugleich aufgeführt ist, sehen Sie bitte unter beiden entsprechenden Ortstexten nach. Eine weitere Hilfe sind auch die am Rande der Stadtpläne erwähnten Kilometerangaben.
Die Entfernungen gelten ab Stadmitte unter Berücksichtigung der güngstigsten (nicht immer kürzesten) Streckte.

Distances

COMMENTARY

Each entry indicates how far the town or locality is from the capital and other nearby towns. The distances in the table complete those given under individual town headings for calculating total distances.
To avoid excessive repetition some distances have only been quoted once. You may, therefore, have to look under both town headings. Note also that some distances appear in the margins of the town plans.
Distances are calculated from town centres and along the best roads from a motoring point of view – not necessarily the shortest.

Distances entre principales villes
Afstanden tussen de belangrijkste steden
Entfernungen zwischen den größeren Städten
Distances between major towns

	Aalst	Antwerpen	Arlon	Bastogne	Bouillon	Brugge	Bruxelles/Brussel	Charleroi	Chimay	Echternach	Gent	Hasselt	Knotte-Heist	Kortrijk	Leuven	Liège	Luxembourg	Maaseik	Marche-en-Famenne	Mechelen	Mons	Namur	Nivelles	De Panne	Sank-Vith	Tongeren	Tournai	Turnhout	Verviers	Vianden	Wavre	Zaventem
Antwerpen	66																															
Arlon	225	230																														
Bastogne	187	192	41																													
Bouillon	201	206	78	66																												
Brugge	77	92	295	256	271																											
Bruxelles/Brussel	29	48	188	149	164	98																										
Charleroi	83	105	175	135	151	152	60																									
Chimay	142	163	172	160	102	186	119	58																								
Echternach	274	259	70	112	143	343	245	239	236																							
Gent	33	60	252	212	228	55	56	111	168	303																						
Hasselt	114	79	178	138	203	183	85	137	194	187	138																					
Knotte-Heist	86	92	305	265	281	19	109	164	208	354	54	170																				
Kortrijk	69	99	290	250	266	53	92	132	145	339	48	176	74																			
Leuven	61	66	187	160	163	130	32	76	142	225	89	58	142	126																		
Liège	128	120	126	86	147	198	99	98	155	155	156	46	209	193	76																	
Luxembourg	250	255	29	71	102	319	214	198	195	34	277	219	330	312	211	167																
Maaseik	161	126	198	158	223	230	132	156	213	197	185	59	218	226	113	64	239															
Marche-en-Famenne	144	149	81	45	74	213	108	92	99	155	171	102	224	206	105	58	122	123														
Mechelen	56	26	210	170	186	126	28	80	147	260	79	97	112	121	45	112	234	144	127													
Mons	92	114	208	168	184	130	70	50	60	266	120	148	151	86	96	132	233	190	125	102												
Namur	101	106	130	90	106	171	66	41	99	188	129	110	182	156	63	71	155	130	47	88	75											
Nivelles	60	81	187	147	163	129	37	29	86	245	87	116	140	119	63	110	211	162	104	70	38	55										
De Panne	120	150	338	299	315	58	142	197	203	389	99	226	79	69	174	241	363	273	256	170	146	214	173									
Sank-Vith	201	186	93	53	114	270	172	171	229	78	228	112	278	266	149	80	88	122	77	188	205	138	186	315								
Tongeren	121	106	159	118	184	190	92	117	174	167	148	32	198	185	69	27	199	76	84	108	150	83	120	235	92							
Tournai	101	131	252	213	229	80	89	94	107	310	80	182	101	36	130	176	277	228	170	127	50	120	83	96	251	194						
Turnhout	109	47	270	224	246	140	91	141	207	274	106	90	138	147	106	133	295	103	188	67	159	146	126	196	198	119	178					
Verviers	155	140	124	84	144	224	126	126	183	125	182	66	232	220	103	34	135	76	93	142	159	92	140	269	49	46	203	152				
Vianden	284	270	54	59	122	353	255	255	215	28	312	195	361	349	232	163	49	206	102	271	289	147	270	398	87	175	333	281	134			
Wavre	65	70	164	124	140	134	29	49	130	221	92	98	145	129	26	88	188	144	81	52	82	39	34	179	162	106	117	110	117	181		
Zaventem	40	45	190	150	166	109	13	60	127	240	68	77	120	105	25	92	214	124	107	27	79	65	45	154	165	86	107	85	120	231	29	
Zelzate	54	47	271	231	247	49	77	132	188	308	22	125	47	75	106	174	295	172	188	67	141	147	107	124	233	153	106	92	188	299	110	85

Leuven – Wavre 26 km

Antwerpen	Brugge	Bruxelles/Brussel	Liège	Luxembourg	
1376	1328	1340	1318	1153	***Barcelona***
607	673	566	493	328	***Basel***
726	817	778	690	764	***Berlin***
706	771	664	619	427	***Bern***
519	429	510	610	725	***Birmingham***
929	881	893	955	955	***Bordeaux***
1941	1980	1899	1867	1662	***Brindisi***
1384	1336	1348	1410	1410	***Burgos***
634	580	597	659	734	***Cherbourg***
764	716	728	790	630	***Clermont-Ferrand***
394	485	399	311	232	***FrankfurtamMain***
829	823	787	742	576	***Genève***
979	889	971	1070	1185	***Glasgow***
561	652	603	540	615	***Hamburg***
441	532	493	406	480	***Hannover***
865	956	908	844	919	***København***
126	78	112	204	304	***Lille***
2089	2041	2053	2115	2115	***Lisboa***
318	228	310	409	524	***London***
771	765	729	683	518	***Lyon***
1620	1572	1583	1645	1645	***Madrid***
2156	2108	2120	2182	2154	***Málaga***
1082	1076	1040	995	830	***Marseille***
947	1012	905	859	668	***Milano***
778	869	783	696	580	***München***
722	674	686	747	748	***Nantes***
1725	1790	1683	1638	1472	***Napoli***
1468	1559	1510	1447	1521	***Oslo***
2418	2484	2377	2331	2139	***Palermo***
342	294	306	368	374	***Paris***
1973	1925	1936	1998	1999	***Porto***
911	1002	916	828	749	***Praha***
1536	1601	1494	1449	1257	***Roma***
1160	1112	1124	1186	1186	***SanSebastián***
1515	1606	1558	1494	1569	***Stockholm***
473	538	431	386	220	***Strasbourg***
1018	1064	977	931	766	***Torino***
1018	970	981	1043	995	***Toulouse***
1718	1670	1681	1660	1495	***Valencia***
1210	1272	1168	1124	930	***Venezia***
1103	1194	1108	1020	941	***Wien***
1289	1380	1294	1217	1083	***Zagreb***

Bruxelles/Brussel-Madrid

1583 km

Lexique

Woordenlijst

Lexicon

Lexikon

A	→	→	→
à louer	te huur	for hire	zu vermieten
addition	rekening	bill, check	Rechnung
aéroport	luchthaven	airport	Flughafen
agence de voyage	reisagentschap	travel bureau	Reisebüro
agencement	inrichting	installation	Einrichting
agneau	lam	lamb	Lamm
ail	look	garlic	Knoblauch
amandes	amandelen	almonds	Madeln
ancien, antique	oud, antiek	old, antique	ehemalig, antik
août	augustus	August	August
Art déco	Art deco	Art Deco	Jugendstil
artichaut	artisjoken	artichoke	Artischocke
asperges	asperges	asparagus	Spargeln
auberge	herberg	inn	Gasthaus
aujourd'hui	vandaag	today	heute
automne	herfst	autumn	Herbst
avion	vliegtuig	aeroplane	Flugzeug
avril	april	April	April

B	→	→	→
bac	veerpont	ferry	Fähre
bagages	bagage	luggage	Gepäck
bateau	boot	ship	Boot, Schiff
beau	mooi	fine, lovely	schön
beurre	boter	butter	Butter
bien, bon	goed	good, well	gut
bière	bier	beer	Bier
billet d'entrée	toegangsbewijs	admission ticket	Eintrittskarte
blanchisserie	droogkuis	laundry	Wäscherei
bœuf	rund	beef	Siedfleisch
bouillon	bouillon	clear soup	Fleischbrühe
bouteille	fles	bottle	Flasche

C	→	→	→
café	koffie	coffée	Kaffee
café-restaurant	café-restaurant	café-restaurant	Wirtschaft

caille	kwartel	partridge	Wachtel
caisse	kassa	cash desk	Kasse
campagne	platteland	country	Land
canard, caneton	eend	duck	Ente, junge Ente
cannelle	kaneel	cinnamon	Zimt
câpres	kappers	capers	Kapern
carnaval	carnaval	carnival	Fasnacht
carottes	wortelen	carrots	Karotten
carte postale	postkaart	postcard	Postkarte
céleri	selder	celery	Sellerie
cerises	kersen	cherries	Kirschen
cervelle de veau	kalfshersenen	calf's brain	Kalbshirn
chambre	kamer	room	Zimmer
champignons	champignons	mushrooms	Pilze
change	wissel	exchange	Geldwechsel
charcuterie	charcuterie	pork butcher's meat	Aufschnitt
château	kasteel	castle	Burg, Schloss
chevreuil	ree	roe deer (venison)	Reh
chien	hond	dog	Hund
chou	kool	cabbage	Kraut, Kohl
chou de Bruxelles	spruitjes	Brussel sprouts	Rosenkohl
chou rouge	rode kool	red cabbage	Rotkraut
chou-fleur	bloemkool	cauliflower	Blumenkohl
citron	citroen	lemon	Zitrone
clé	sleutel	key	Schlüssel
collection	collectie	collection	Sammlung
combien ?	hoeveel ?	how much ?	wieviel ?
commissariat	commissariaat	police headquarters	Polizeirevier
concombre	komkommer	cucumber	Gurke
confiture	konfituur	jam	Konfitüre
coquille St-Jacques	St Jacobsschelpen	scallops	Jakobsmuschel
corsé	krachtig	full bodied	kräftig
côte de porc	varkenskotelet	pork chop	Schweinekotelett
côte de veau	kalfskotelet	veal chop	Kalbskotelett
courgettes	courgetten	courgette	zucchini
crème	room	cream	Rahm
crèpes	pannenkoeken	pancakes	Pfannkuchen
crevaison	bandenpanne	puncture	Reifenpanne
crevettes	garnalen	shrimps	Krevetten
crudités	rauwkost	raw vegetables	Rohkost
crustacés	schaaldieren	shellfish	Krustentiere

D

D	→	→	→
décembre	december	December	Dezember
demain	morgen	tomorrow	morgen
demander	vragen	to ask for	fragen, bitten
départ	vertrek	departure	Abfahrt
dimanche	zondag	Sunday	Sonntag
docteur	dokter	doctor	Arzt
doux	zacht	sweet, mild	mild

E	→	→	→
eau gazeuse	spuitwater	sparkling water	mit Kohlensäure
eau minérale	mineraalwater	mineral water	Mineralwasser
écrevisse	rivierkreeftjes	crayfish	Flusskrebs
église	kerk	church	Kirche
émincé	dunne plakjes	thin slice	Geschnetzeltes
en daube, en sauce	gesmoord, in saus	stewed, with sauce	geschmort, mit Sauce
en plein air	buitenlucht	outside	im Freien
endive	witloof	chicory	Endivie
entrecôte	tussenribstuk	sirloin steak	Zwischenrippenstück
enveloppes	briefomslag	envelopes	Briefumschläge
épinards	spinazie	spinach	Spinat
escalope panée	gepaneerd kalfslapje	escalope in breadcrumbs	paniertes Schnitzel
escargots	slakken	snails	Schnecken
étage	verdieping	floor	Stock, Etage
été	zomer	summer	Sommer
excursion	uitstap	excursion	Ausflug
exposition	tentoonstelling	exhibition, show	Ausstellung

F	→	→	→
faisan	fazant	pheasant	Fasan
farci	gevuld	stuffed	gefüllt
fenouil	venkel	fennel	Fenchel
ferme	boerderij	farm	Bauernhaus
fermé	gesloten	closed	geschlossen
fêtes, jours fériés	feest, feestdagen	bank holidays	Feiertage
feuilleté	bladerdeeg	puff pastry	Blätterteig
février	februari	February	Februar
filet de bœuf	rundsfilet	fillet of beef	Rinderfilet
filet de porc	varkensfilet	fillet of pork	Schweinefilet
fleuve	rivier	river	Fluss
foie de veau	kalfslever	calf's liver	Kalbsleber
foire	kermis	fair	Messe, Ausstellung
forêt, bois	woud, bos	forest, wood	Wald
fraises	aardbeien	strawberries	Erdbeeren
framboises	frambozen	raspberries	Himbeeren
frit	gefrituurd	fried	fritiert
fromage	kaas	cheese	Käse
fromage blanc	plattekaas	curd cheese	Quark
fruité	fruitig	fruity	fruchtig
fruits de mer	zeevruchten	seafood	Meeresfrüchte
fumé	gerookt	smoked	geräuchert

G	→	→	→
gare	station	station	Bahnhof
gâteau	koek	cake	Kuchen

genièvre	jenever	juniper berry	Wacholder
gibier	wild	game	Wild
gingembre	gember	ginger	Ingwer
grillé	gegrild	grilled	gegrillt
grotte	grot	cave	Höhle
H	→	→	→
habitants	inwoners	residents, inhabitants	Einwohner
hebdomadaire	wekelijks	weekly	wöchentlich
hier	gisteren	yesterday	gestern
hiver	winter	winter	Winter
homard	kreeft	lobster	Hummer
hôpital	ziekenhuis	hospital	Krankenhaus
hôtel de ville, mairie	gemeentehuis	town hall	Rathaus
huile d'olives	olijfolie	olive oil	Olivenöl
huîtres	oesters	oysters	Austern
I - J	→	→	→
interdit	verboden	prohibited	verboten
jambon (cru, cuit)	ham (rauw, gekookt)	ham (raw, cooked)	Schinken (roh, gekocht)
janvier	januari	January	Januar
jardin, parc	tuin, park	garden, park	Garten, Park
jeudi	donderdag	Thursday	Donnerstag
journal	krant	newspaper	Zeitung
jours fériés	vakantiedagen	bank holidays	Feiertage
juillet	juli	July	Juli
juin	juni	June	Juni
jus de fruits	fruitsap	fruit juice	Fruchtsaft
L	→	→	→
lait	melk	milk	Milch
langouste	langoest	spiny lobster	Languste
langoustines	langoestine	Dublin bay prawns	Langustinen
langue	tong	tongue	Zunge
lapin	konijn	rabbit	Kaninchen
léger	licht	light	leicht
légumes	groenten	vegetable	Gemüse
lentilles	linzen	lentils	Linsen
lièvre	haas	hare	Hase
lit	bed	bed	Bett
lit d'enfant	kinderbed	child's bed	Kinderbett
lotte	zeeduivel	monkfish	Seeteufel
loup de mer	zeewolf	seau bass	Seewolf, Wolfsbarsch
lundi	maandag	Monday	Montag
M	→	→	→
mai	mei	May	Mai

maison	huis	house	Haus
manoir	kasteeltje	manor house	Herrensitz
mardi	dinsdag	Tuesday	Dienstag
mariné	gemarineerd	marinated	mariniert
mars	maart	March	März
mercredi	woensdag	Wednesday	Mittwoch
miel	honing	honey	Honig
moelleux	soepel	mellow	weich, gehaltvoll
monument	monument	momument	Denkmal
morilles	morillen	morels	Morcheln
moules	mosselen	mussels	Muscheln
moulin	molen	mill	Mühle
moutarde	mosterd	mustard	Senf

N	→	→	→
navet	knol	turnip	weisse Rübe
neige	sneeuw	snow	Schnee
Noël	Kerstmis	Christmas	Weihnachten
noisettes, noix	nootjes	hazelnuts, nuts	Haselnüsse, Nüsse
nouilles	noedels	noodles	Nudeln
novembre	november	November	November

O	→	→	→
octobre	oktober	October	Oktober
œuf	ei	egg	Ei
office de tourisme	toerismebureau	tourist information office	Verkehrsverein
oignons	uien	onions	Zwiebeln
ombragé	schaduwrijk	shaded	schattig
oseille	zuring	sorrel	Sauerampfer

P	→	→	→
pain	brood	bread	Brot
Pâques	Pasen	Easter	Ostern
pâtisseries	gebak	pastries	Feingebäch, Kuchen
payer	betalen	to pay	bezahlen
pêches	perziken	peaches	Pfirsiche
peintures, tableaux	schilderijen	paintings	Malereien, Gemälde
perdrix, perdreau	patrijs, jonge patrijs	partridge	Rebhuhn
petit déjeuner	ontbijt	breakfast	Frühstück
petits pois	erwtjes	green peas	grüne Erbsen
piétons	voetgangers	pedestrians	Fussgänger
pigeon	duif	pigeon	Taube
pintade	parelhoen	guinea fowl	Perlhuhn
piscine	zwembad	swimming pool	Schwimmbad
plage	strand	beach	Strand
pneu	autoband	tyre	Reifen

poireau	prei	leek	Lauch
poires	peren	pears	Birnen
poisson	vis	fish	Fisch
poivre	peper	pepper	Pfeffer
police	politie	police	Polizei
pommes	appelen	apples	Äpfel
pommes de terre	aardappelen	potatoes	Kartoffeln
pont	brug	bridge	Brücke
poulet	kip	chicken	Hähnchen
pourboire	drinkgeld	tip	Trinkgeld
poussin	kuikentje	young chicken	Kücken
printemps	lente	spring	Frühling
promenade	wandeling	walk	Spaziergang
prunes	pruimen	plums	Pflaumen

Q-R

→	→	→	
queue de bœuf	ossenstaart	oxtail	Ochsenschwanz
raifort	mierikswortel	horseradish	Meerrettich
raisin	druif	grape	Traube
régime	dieet	diet	Diät
renseignements	inlichtingen	information	Auskünfte
repas	maaltijd	meal	Mahlzeit
réservation	reservering	booking	Tischbestellung
réservation souhaitée	reserveren aanbevolen	booking essential	Tischbestellung ratsam
résidents seulement	enkel hotelgasten	residents only	nur Hotelgäste
ris de veau	kalfszwezeriken	sweetbread	Kalbsbries, Milken
riz	rijst	rice	Reis
rognons	niertjes	kidneys	Nieren
rôti	gebraad	roasted	gebraten
rouget	poon	red mullet	Rotbarbe
rue	straat	street	Strasse
rustique	rustiek	rustic	rustikal, ländlich

S

→	→	→	
saignant	kort gebakken	rare	englisch gebraten
St-Pierre	zonnevis	John Dory (fish)	Sankt-Peters Fish
safran	safraan	saffron	Safran
salle à manger	eetkamer	dining-room	Speisesaal
salle de bain	badkamer	bathroom	Badezimmer
samedi	zaterdag	Saturday	Samstag
sandre	snoekbaars	perch pike	Zander
sanglier	everzwijn	wild boar	Wildschwein
saucisse	verse worst	sausage	Würstchen
saucisson	worst	sausage	Trockenwurst
sauge	salie	sage	Salbei
saumon	zalm	salmon	Lachs
sculptures sur bois	houtsculpturen	wood carvings	Holzschnitzerelen
sec	droog	dry	trocken
sel	zout	salt	Salz

semaine	week	week	Woche
septembre	september	September	September
service compris	dienst inbegrepen	service included	Bedienung inbegriffen
site, paysage	landschap	site, landscape	Landschaft
soir	avond	evening	Abend
sole	tong	sole	Seezunge
sucre	suiker	sugar	Zucher
sur demande	op aanvraag	on request	auf Verlangen
sureau	vlier	elderbarry	Holunder

T	→	→	→
tarte	taart	tart	Torte
thé	the	tea	Tee
thon	tonijn	tuna	Thunfisch
train	trein	train	Zug
tripes	pensen	tripe	Kutteln
truffes	truffels	truffles	Trüffeln
truite	forel	trout	Forelle
turbot	tarbot	turbot	Steinbutt

V	→	→	→
vacances, congés	vakantie	holidays	Ferien
vendredi	vrijdag	Friday	Freitag
verre	glas	glass	Glas
viande séchée	gedroogd vlees	dried meats	Trockenfleisch
vignes, vignoble	wijngaard	vines, vineyard	Reben, Weinberg
vin blanc sec	droge witte wijn	dry white wine	herber Weisswein
vin rouge, rosé	rode wijn, rosé	red wine, rosé	Rotwein, Rosé
vinaigre	azijn	vinegar	Essig
voiture	wagen	car	Wagen
volaille	gevogelte	poultry	Geflügel
vue	vergezicht	view	Aussicht

NOORDZEE
MER DU NORD
Rotterdam
Middelburg
Antwerpen
Oostende
Brugge
OOST-
VLAANDEREN
Dunkerque
WEST-
VLAANDEREN
Gent
18
19
16
17
BRUXELLE
BRUSSEL
5
Kortrijk
HAINAUT
Lille
Tournai
6
7
Mons
Valenciennes
Charleroi
Douai
Arras
FRANCE
Hirson
Reims
A 29
A 58
E 312
A 12
A 10
E 40
A 18
A 16
A 17
E 403
A 14
E 17
A 25
E 42
A 8
E 429
N 41
A 1
A 23
A 7
E 19
N 6
N 49
N 43
A 2
N 2
E 44
Belgique, Luxembourg
en 21 cartes.
België, Luxemburg
in 21 kaarten.
Belgien, Luxemburg
in 21 Karten

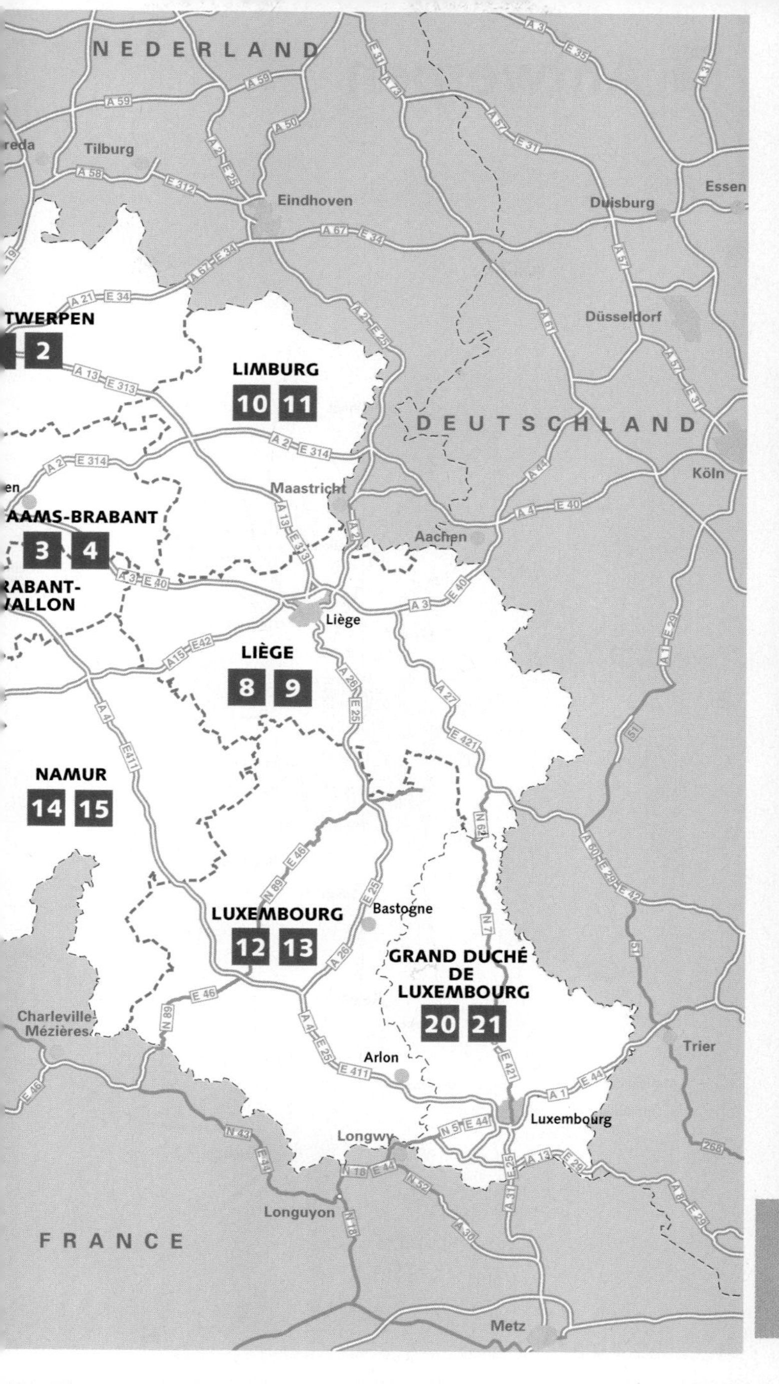

NEDERLAND
DEUTSCHLAND
FRANCE
Tilburg
Eindhoven
Duisburg
Essen
Düsseldorf
Köln
Maastricht
Aachen
Liège
Bastogne
Arlon
Longwy
Longuyon
Luxembourg
Trier
Metz
Charleville-Mézières
TWERPEN
2
LIMBURG
10
11
AAMS-BRABANT
3
4
RABANT-
VALLON
LIÈGE
8
9
NAMUR
14
15
LUXEMBOURG
12
13
GRAND DUCHÉ DE LUXEMBOURG
20
21

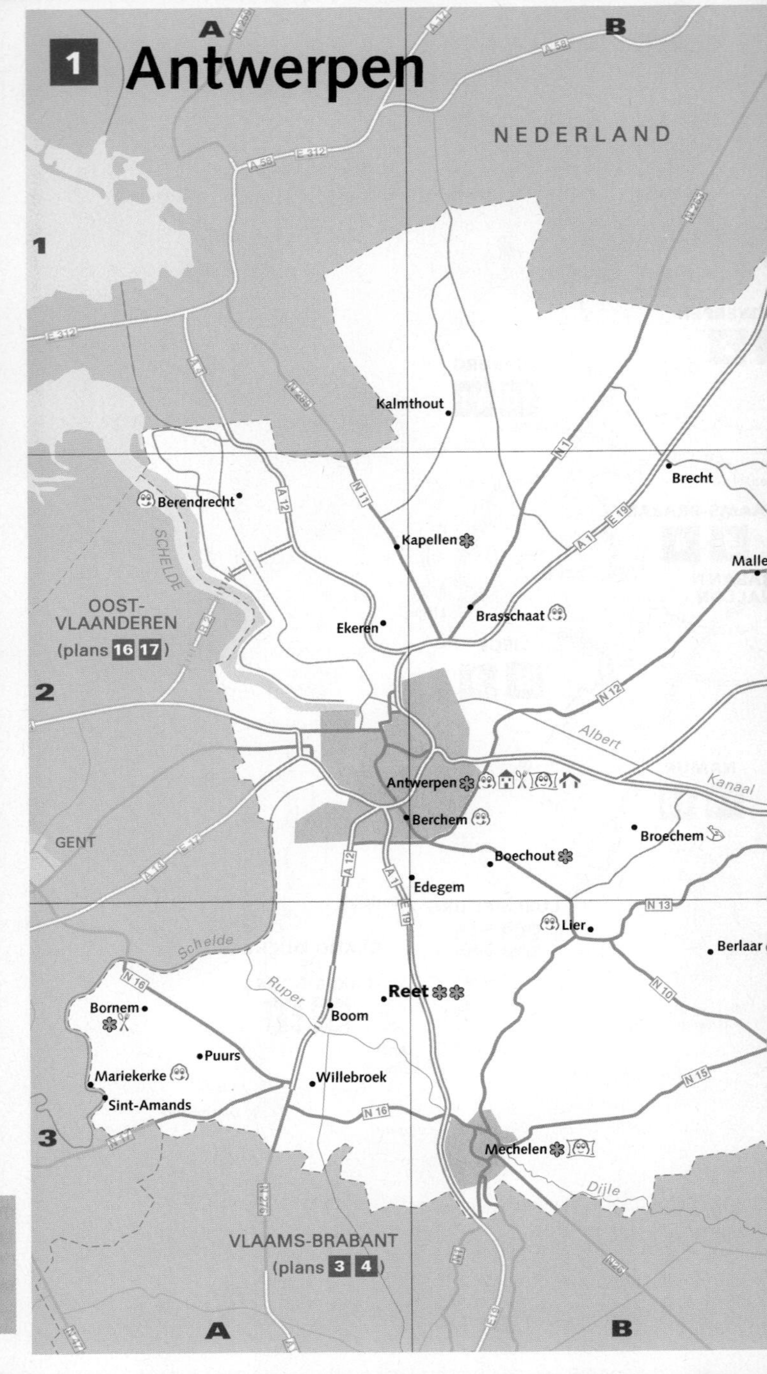
1
Antwerpen
A
B
NEDERLAND
1
2
3
Kalmthout
Brecht
Berendrecht
SCHELDE
Kapellen
Malle
OOST-
VLAANDEREN
(plans 16 17)
Brasschaat
Ekeren
Albert
Kanaal
Antwerpen
Berchem
Broechem
GENT
Boechout
Edegem
Lier
Berlaar
Schelde
Ruper
Reet
Bornem
Boom
Puurs
Mariekerke
Willebroek
Sint-Amands
Mechelen
Dijle
VLAAMS-BRABANT
(plans 3 4)
A
B

BREDA
C
A 58
E 312
TILBURG
D
2
N 260
1
eer
N 12
NEDERLAND
Weelde
Hoogstraten
N 119
Rijkevorsel
Turnhout
N 18
N 12
A 21
E 34
Retie
N 19
Kasterlee
Dessel
Willemsvaart
Zuid.
2
E 34
Mol
Herentals
Balen
A 13
Geel
N 71
N 18
E 313
Olen
Meerhout
N 2
Westerlo
A 13
Hulshout
N 174
N 19
E 313
3
N 29
LIMBURG
(plans 10 11)
Demer
Diest
VLAAMS-BRABANT
(plans 3 4)
N 2
E 314
C
D

3 Brabant Wallon Vlaams-Brabant

C
D
Geel
4
ANTWERPEN
(plans 1 2)
1
Keerbergen
Tremelo
Demer
Aarschot
Scherpenheuvel
Diest
Boortmeerbeek
LIMBURG
(plans 10 11)
BRABANT
Buken
rps-Kwerps
Leuven
Lubbeek
Heverlee
Zoutleeuw
Tienen
Sint-Truiden
2
verijse
Mélin
Jodoigne
Wavre
Bonlez
melette
Chaumont-Gistoux
Ottignies
Court-Saint-Etienne
Perwez
WALLON
LIÈGE
(plans 8 9)
NAMUR
(plans 14 15)
Meuse
3
Sambre
NAMUR
C
D

Localité possédant au moins

- ● un hôtel ou un restaurant
- ✿ une table étoilée
- ☺ un restaurant « Bib Gourmand »
- un hôtel « Bib Hôtel »
- un restaurant agréable
- un hôtel agréable
- un hôtel très tranquille

Plaats met minstens

- ● een hotel of restaurant
- ✿ een sterrenbedrijf
- ☺ een « Bib Gourmand »
- een « Bib Hotel »
- een aangenaam restaurant
- een aangenaam hotel
- een zeer rustig hotel

Ort mit mindestens

- ● einem Hotel oder Restaurant
- ✿ einem Restaurant mit Sterne
- ☺ einem Restaurant « Bib Gourmand »
- einem Hotel « Bib Hotel »
- einem sehr angenehmen Restaurant
- einem sehr angenehmen Hotel
- einem sehr ruhigen Haus

Place with at least

- ● a hotel or a restaurant
- ✿ a starred establishment
- ☺ a restaurant « Bib Gourmand »
- a hotel « Bib Hotel »
- a particularly pleasant restaurant
- a particularly pleasant hotel
- a particularly quiet hotel

Bruxelles-Capitale Brussel Hoofdstad

5

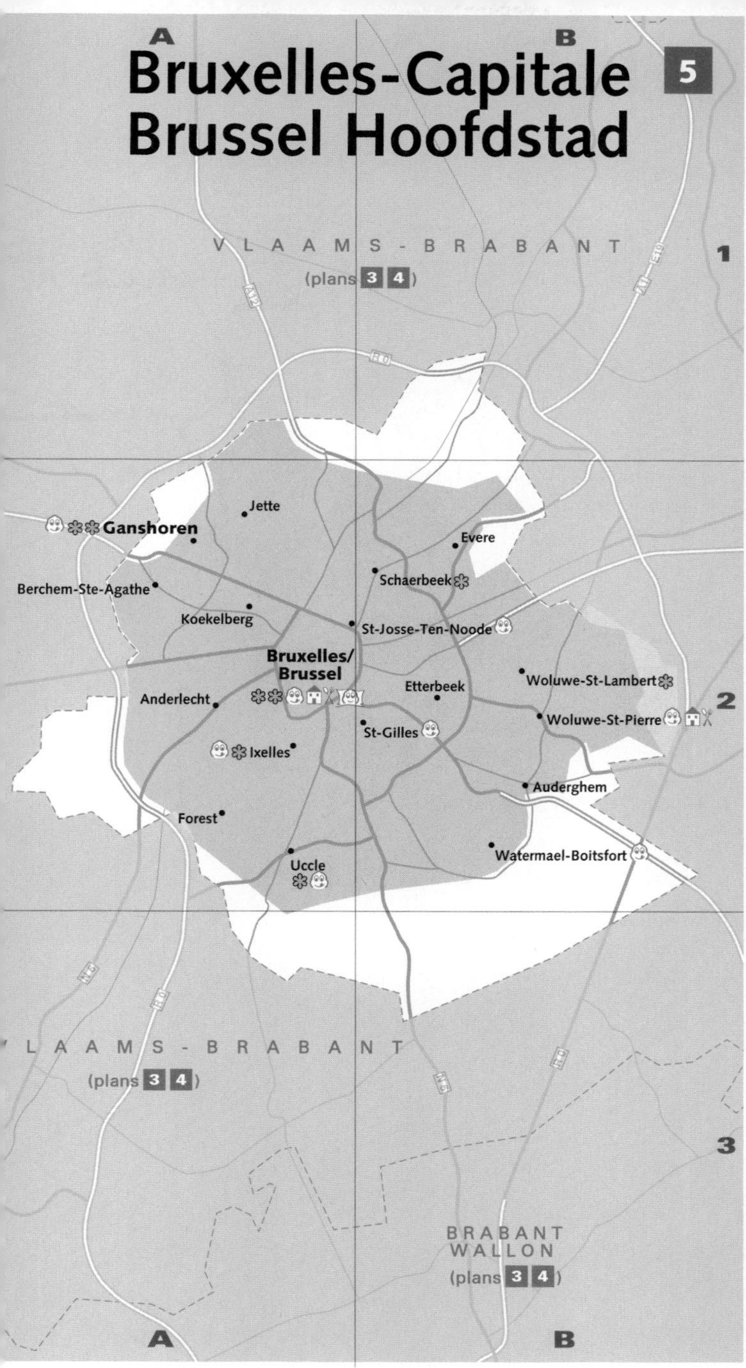

A B

VLAAMS-BRABANT
(plans 3 4)

1

Jette
Ganshoren
Evere
Schaerbeek
Berchem-Ste-Agathe
Koekelberg
St-Josse-Ten-Noode
Bruxelles/ Brussel
Etterbeek
Woluwe-St-Lambert
Anderlecht
Woluwe-St-Pierre
2
St-Gilles
Ixelles
Auderghem
Forest
Uccle
Watermael-Boitsfort

VLAAMS-BRABANT
(plans 3 4)

3

BRABANT WALLON
(plans 3 4)

A B

6 Hainaut

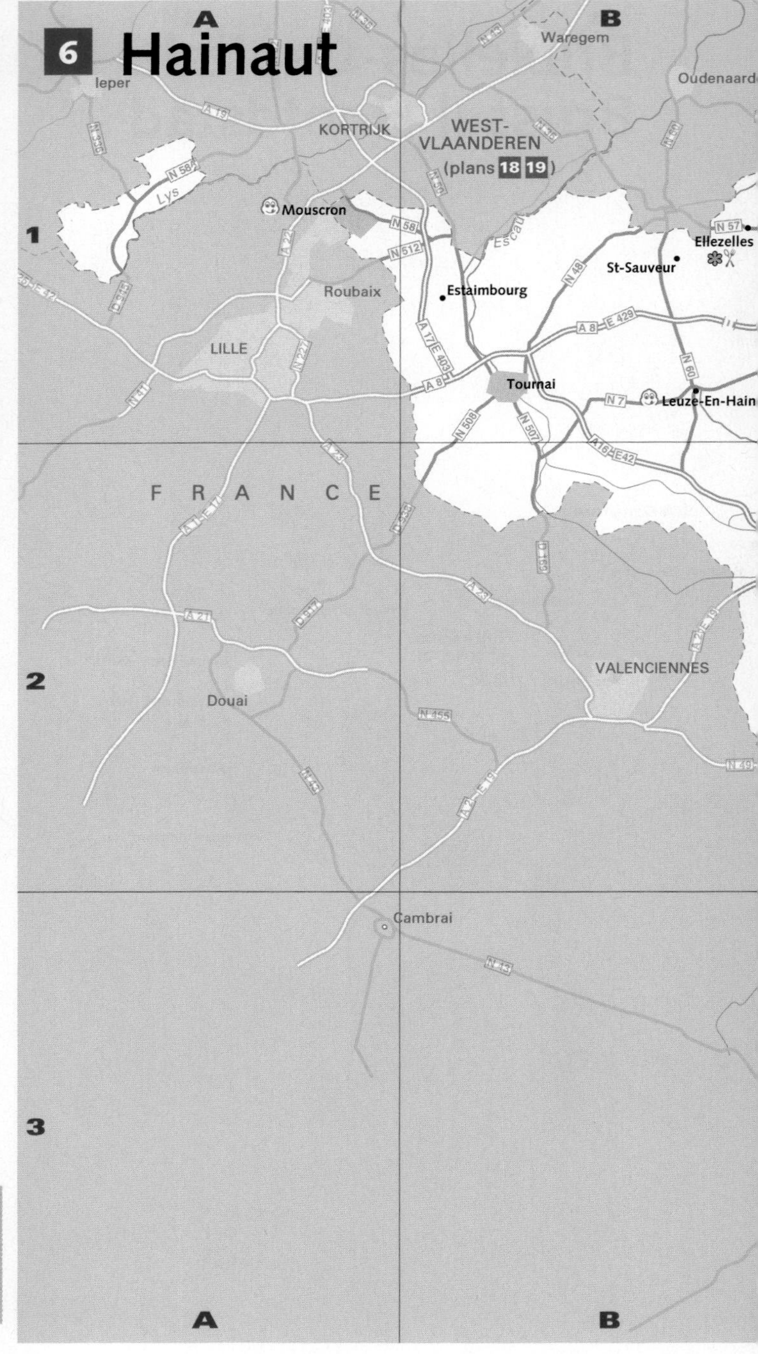

A
B
Ieper
Waregem
Oudenaarde
KORTRIJK
WEST-
VLAANDEREN
(plans 18 19)
Lys
Mouscron
Escaut
Ellezelles
St-Sauveur
Estaimbourg
Roubaix
LILLE
Tournai
Leuze-En-Hain
F R A N C E
VALENCIENNES
Douai
Cambrai
1
2
3

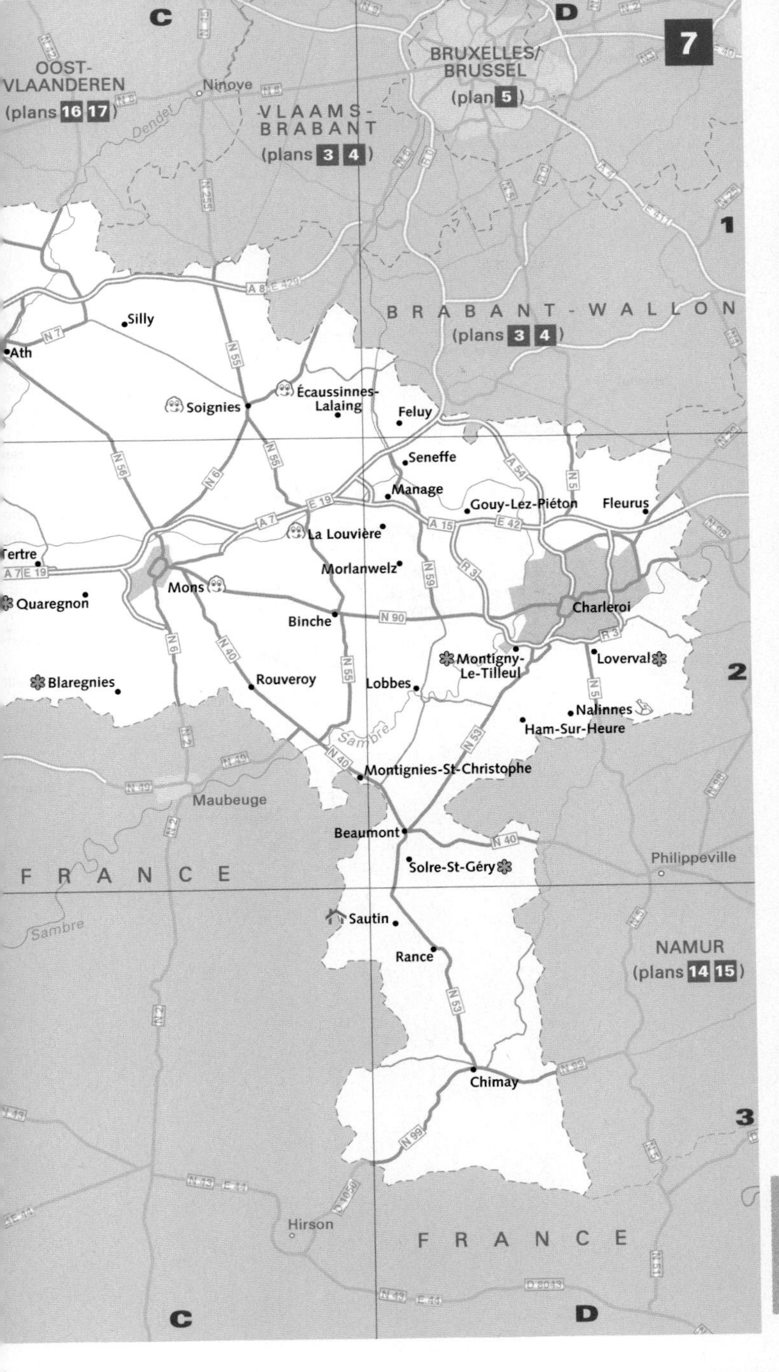
C
D
7
BRUXELLES/
BRUSSEL
(plan 5)
OOST-
VLAANDEREN
(plans 16 17)
Ninove
Dender
VLAAMS-
BRABANT
(plans 3 4)
1
BRABANT-WALLON
(plans 3 4)
Silly
Ath
Soignies
Écaussinnes-
Lalaing
Feluy
Seneffe
Manage
Gouy-Lez-Piéton
Fleurus
La Louvière
Tertre
Morlanwelz
Mons
Quaregnon
Binche
Charleroi
Montigny-
Le-Tilleul
Loverval
2
Blaregnies
Rouveroy
Lobbes
Nalinnes
Ham-Sur-Heure
Sambre
Montignies-St-Christophe
Maubeuge
Beaumont
Solre-St-Géry
Philippeville
FRANCE
Sambre
Sautin
Rance
NAMUR
(plans 14 15)
Chimay
3
Hirson
FRANCE
C
D

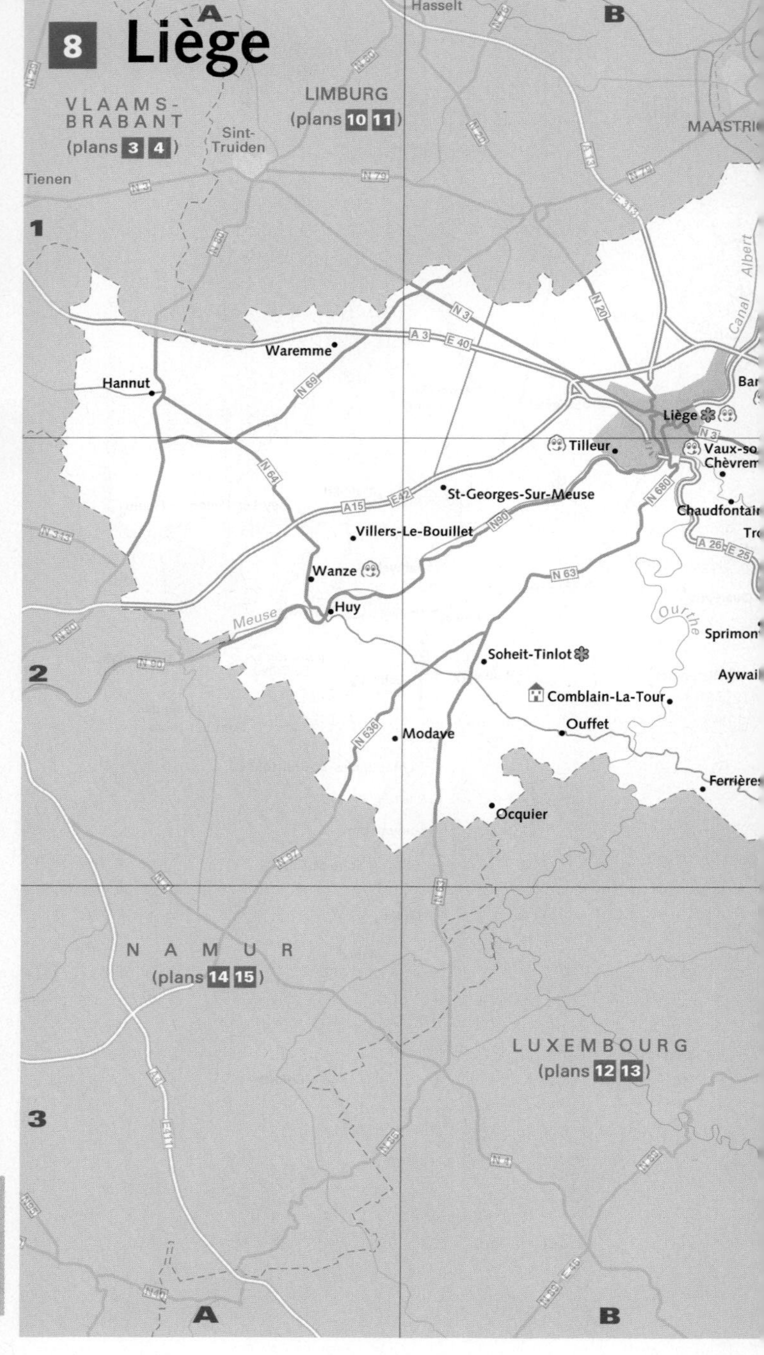
8
Liège
A
B
1
2
3
VLAAMS-
BRABANT
(plans 3 4)
LIMBURG
(plans 10 11)
Sint-
Truiden
Hasselt
Tienen
MAASTRI
Canal Albert
Waremme
Hannut
Liège
Tilleur
Vaux-so
Chèvrem
St-Georges-Sur-Meuse
Chaudfontai
Villers-Le-Bouillet
Wanze
Huy
Meuse
Ourthe
Sprimon
Soheit-Tinlot
Aywai
Comblain-La-Tour
Ouffet
Modave
Ferrière
Ocquier
N A M U R
(plans 14 15)
LUXEMBOURG
(plans 12 13)
N 3
A 3
E 40
N 69
N 20
N 64
A15
E42
N90
N 680
N 63
N 636
A 26
E 25
N 3

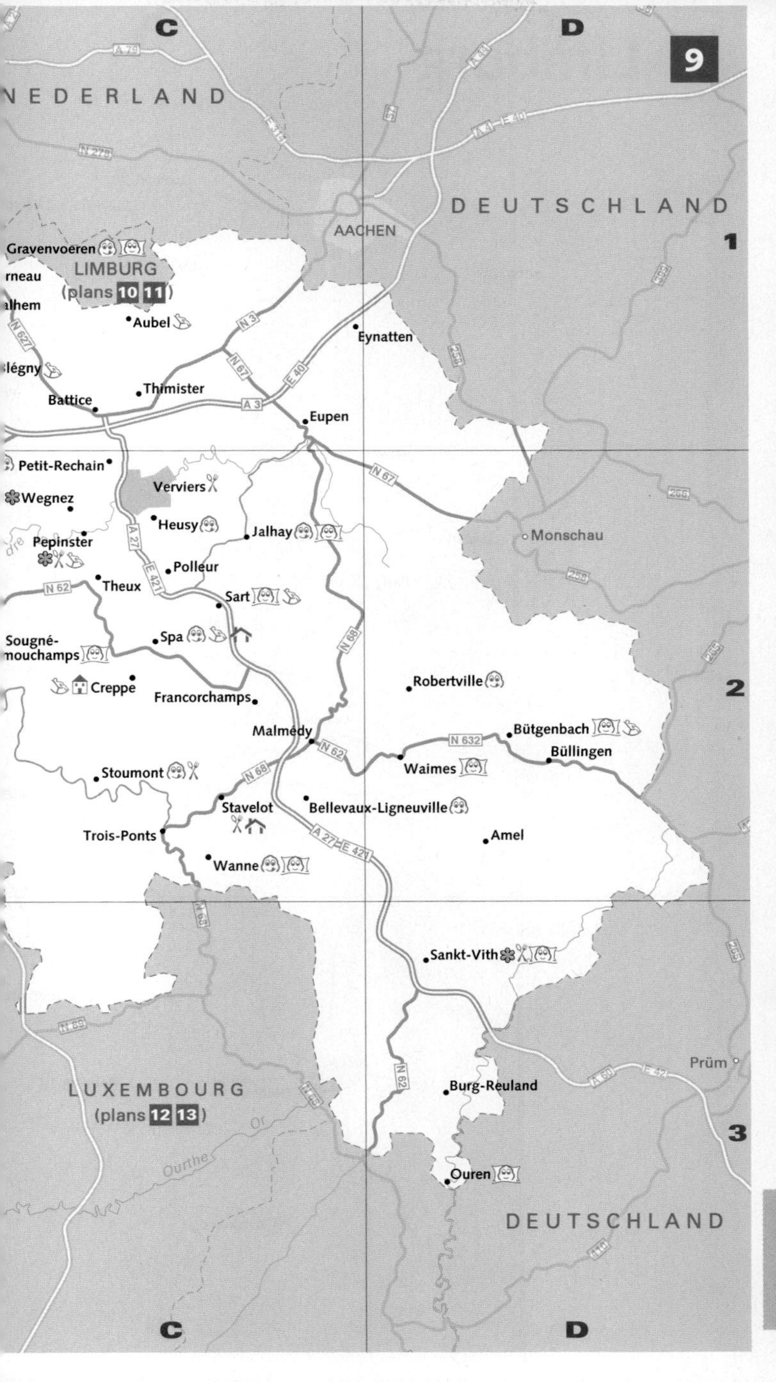
C
D
9
NEDERLAND
DEUTSCHLAND
AACHEN
1
Gravenvoeren
LIMBURG
(plans 10 11)
Aubel
Eynatten
Blégny
Thimister
Battice
Eupen
Petit-Rechain
Verviers
Wegnez
Heusy
Jalhay
Monschau
Pepinster
Polleur
Theux
Sart
Sougné-
mouchamps
Spa
Creppe
Francorchamps
Robertville
2
Malmédy
Bütgenbach
Büllingen
Waimes
Stoumont
Stavelot
Bellevaux-Ligneuville
Trois-Ponts
Amel
Wanne
Sankt-Vith
Prüm
Burg-Reuland
LUXEMBOURG
(plans 12 13)
3
Ouren
DEUTSCHLAND
C
D
A 79
E 314
N 278
A 4 - E 40
N 3
N 627
N 67
E 40
A 3
A 27
E 421
N 62
N 68
N 632
N 62
N 68
A 27 - E 421
N 62
A 60 - E 42
N 89
N 68
N 258
N 399
N 258
N 265
N 266
N 410

10 Limburg

A
B
ANTWERPEN
(plans 1 2)
1
Willemsvaart
Zuid.
Lommel
N 71
Neerp
N 74
Geel
N 71
N 18
N 73
Pe
Ham
N 72
A 13
Tessenderlo
N 174
Paal
E 313
Houthalen
Zolder
A 2
E 314
N 29
2
Diest
Lummen
Albert
Kanaal
N 74
N 2
Hasselt
N 80
VLAAMS-BRABANT
(plans 3 4)
Vliermaa
N 20
Tienen
Sint-Truiden
N 79
Borgloon
N 3
3
N 80
Batsheers
LIÈGE
(plans 8 9)
A 3
E 40
A
B

C
D
NEDERLAND
mont-Achel
Sint-Huibrechts-Lille
Bocholt
Bree
N 73
A 2
E 25
Maas
1
Maaseik
N 78
Dilsen
Opglabbeek
Lanklaar
As
N 75
Sittard
2
Maas
Maasmechelen
Genk
A 76
E 314
Zutendaal
N 78
E 25
A 2
Lanaken
A 79
Gellik
Bilzen
MAASTRICHT
NEDERLAND
oeselt
Vroenhoven
N 278
Kanne
A 2
A 13
Riemst
N 79
E 313
3
Tongeren
Teuven
LIÈGE
(plans 8 9)
Canal Albert
C
D

12 Luxembourg

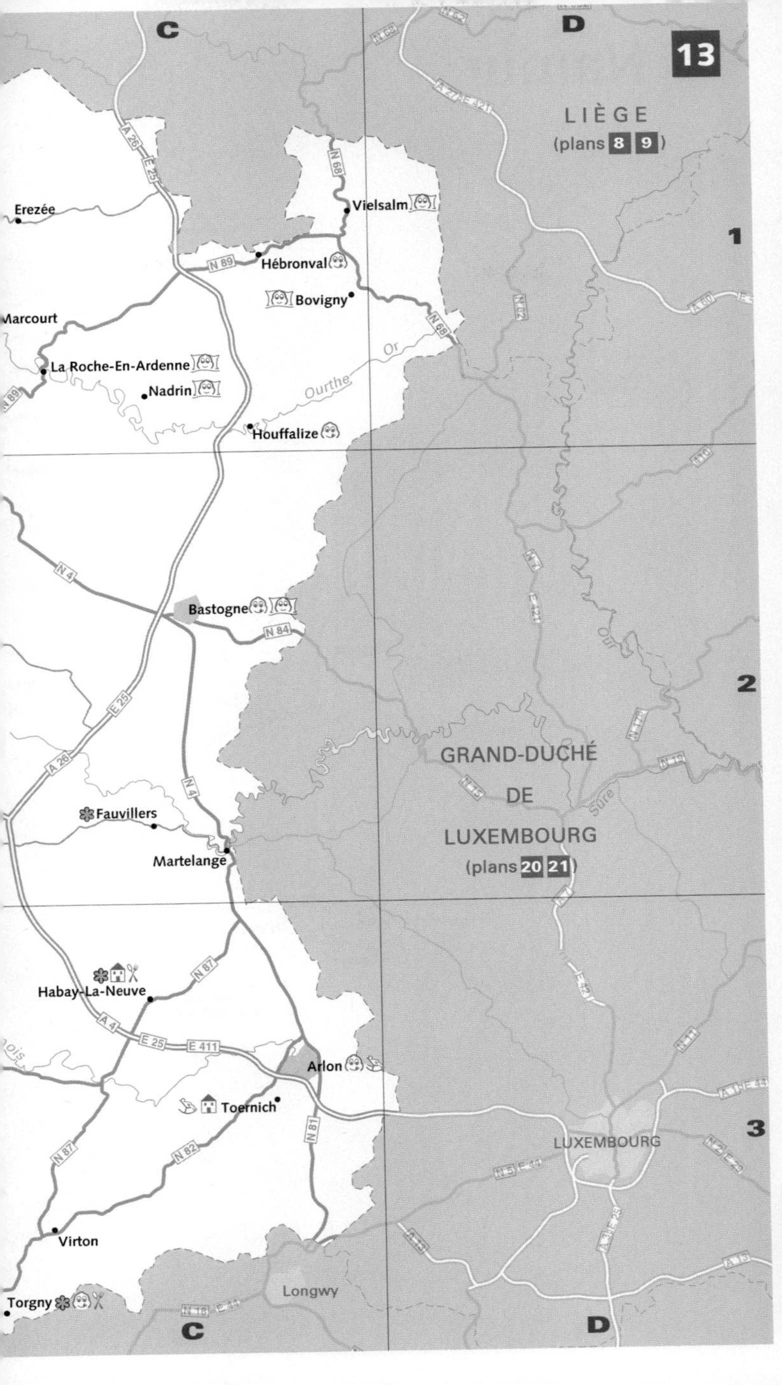
C
D
LIÈGE
(plans 8 9)
Erezée
Vielsalm
Hébronval
Bovigny
Marcourt
La Roche-En-Ardenne
Nadrin
Houffalize
Ourthe
Or
Bastogne
GRAND-DUCHÉ
DE
LUXEMBOURG
(plans 20 21)
Sûre
Our
Fauvillers
Martelange
Habay-La-Neuve
Arlon
Toernich
LUXEMBOURG
Virton
Torgny
Longwy
1
2
3
C
D

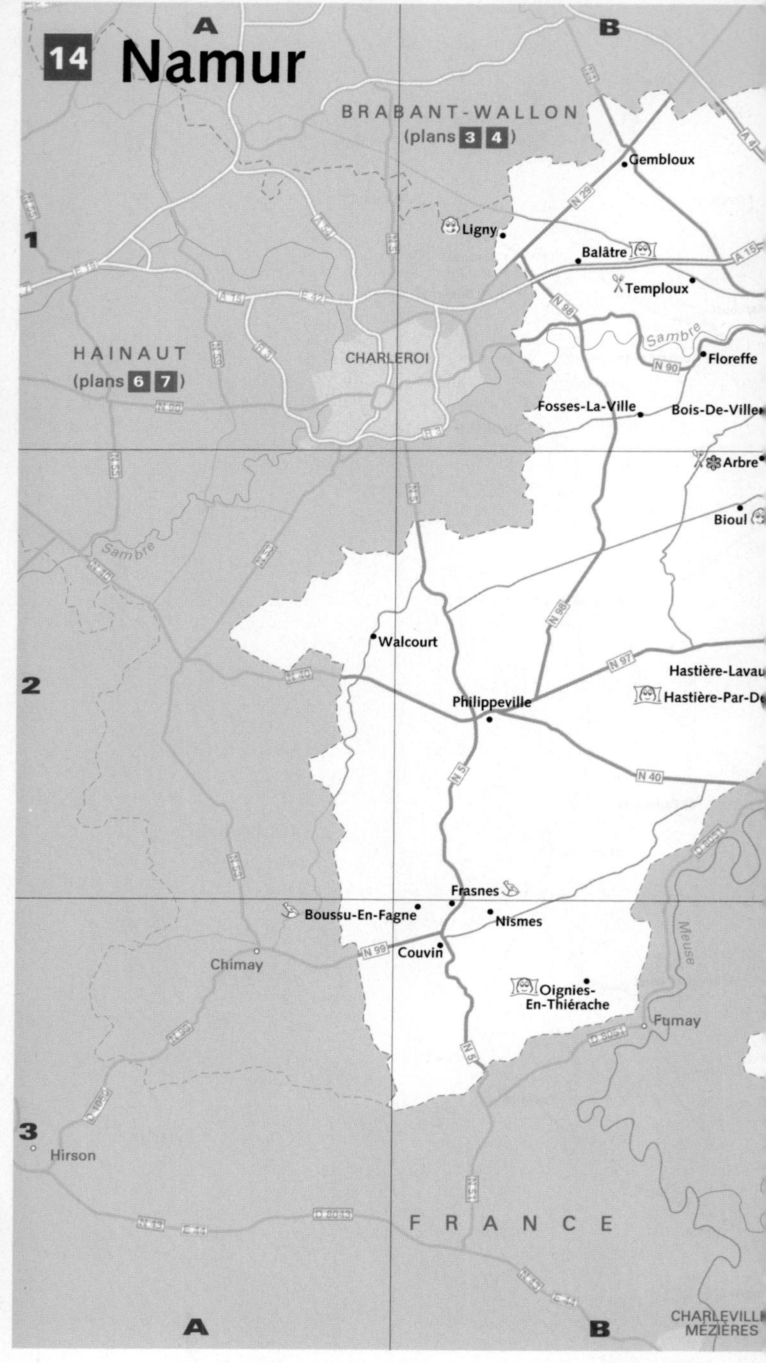

14 Namur
A
B
BRABANT-WALLON
(plans 3 4)
Gembloux
Ligny
Balâtre
Temploux
HAINAUT
(plans 6 7)
CHARLEROI
Sambre
Floreffe
Fosses-La-Ville
Bois-De-Viller
Arbre
Bioul
Walcourt
Hastière-Lavau
Hastière-Par-De
Philippeville
Frasnes
Boussu-En-Fagne
Nismes
Couvin
Chimay
Oignies-
En-Thiérache
Fumay
Meuse
Hirson
FRANCE
CHARLEVILL
MÉZIÈRES
1
2
3

C
D
LIÈGE
15
Noville-Sur-Mehaigne
Éghezée
N 343
N 91
A15
E42
N 63
LIÈGE
(plans 8 9)
Ourthe
1
Meuse
N 80
N 90
Bouge
Lives-Sur-Meuse
Jambes
Wierde
Gesves
Havelange
Profondeville
N 97
N 63
N 4
Crupet
Yvoir
Spontin
Dorinne
Ciney
Heure
Lisogne
Sorinnes
Dinant
Meuse
Celles
Custinne
A4
E411
2
Falmignoul
Houyet
Rochefort
Villers-Sur-Lesse
Éprave
Han-Sur-Lesse
N95
N 40
Lavaux-
Sainte-Anne
Ave Et Auffe
Belvaux
N40
Vencimont
LUXEMBOURG
(plans 12 13)
Bièvre
N 95
3
A 4
E 411
Vresse-Sur-Semois
Laforêt
Alle
C
D

16 Oost-Vlaanderen

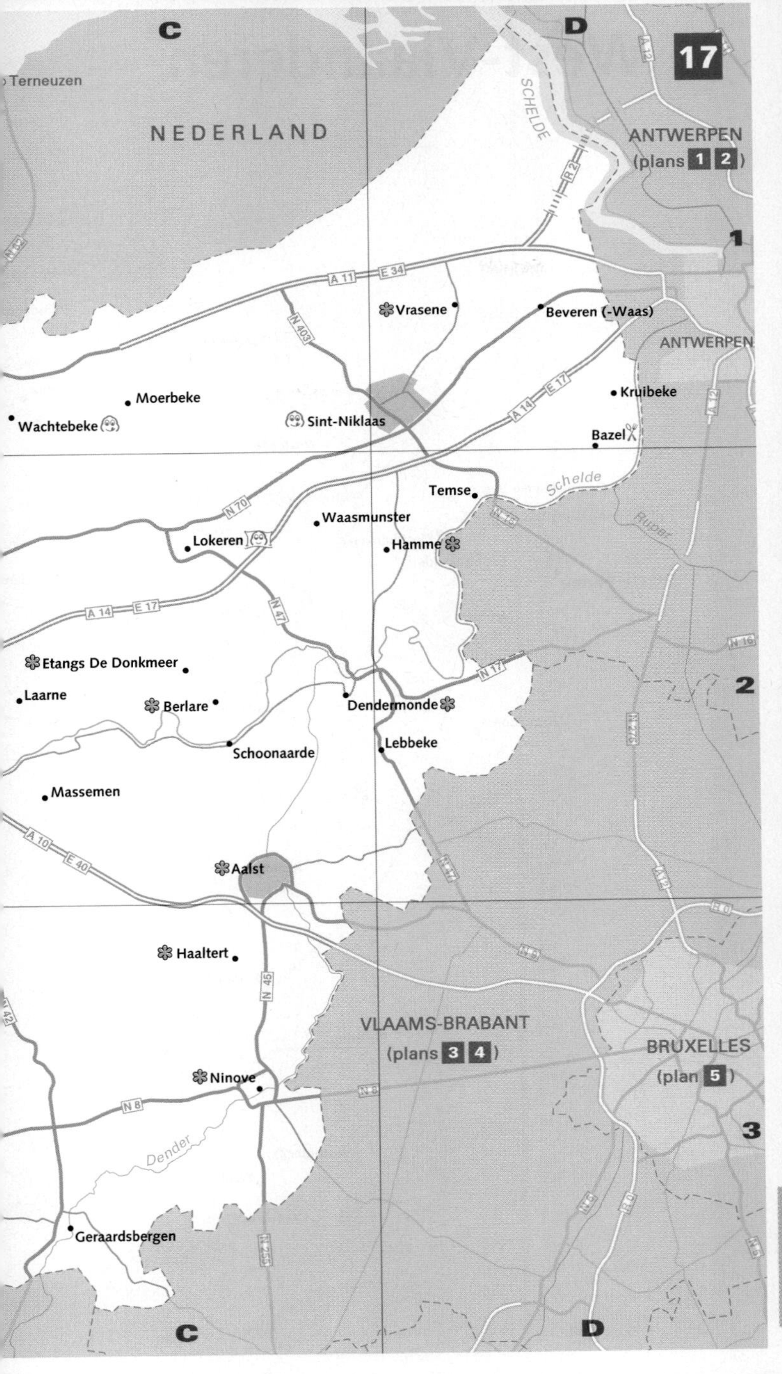

C
D
17
Terneuzen
NEDERLAND
SCHELDE
ANTWERPEN
(plans 1 2)
1
A 11
E 34
Vrasene
Beveren (-Waas)
N 403
ANTWERPEN
Moerbeke
Wachtebeke
Sint-Niklaas
A 14
E 17
Kruibeke
Bazel
A 12
Temse
Schelde
N 70
Waasmunster
N 16
Lokeren
Hamme
A 14
E 17
N 47
Etangs De Donkmeer
N 17
N 16
2
Laarne
Berlare
Dendermonde
N 276
Schoonaarde
Lebbeke
Massemen
A 10
E 40
Aalst
N 47
A 12
N 9
Haaltert
N 45
N 42
VLAAMS-BRABANT
(plans 3 4)
BRUXELLES
(plan 5)
Ninove
N 8
N 8
3
Dender
Geraardsbergen
N 255
C
D

18 West-Vlaanderen

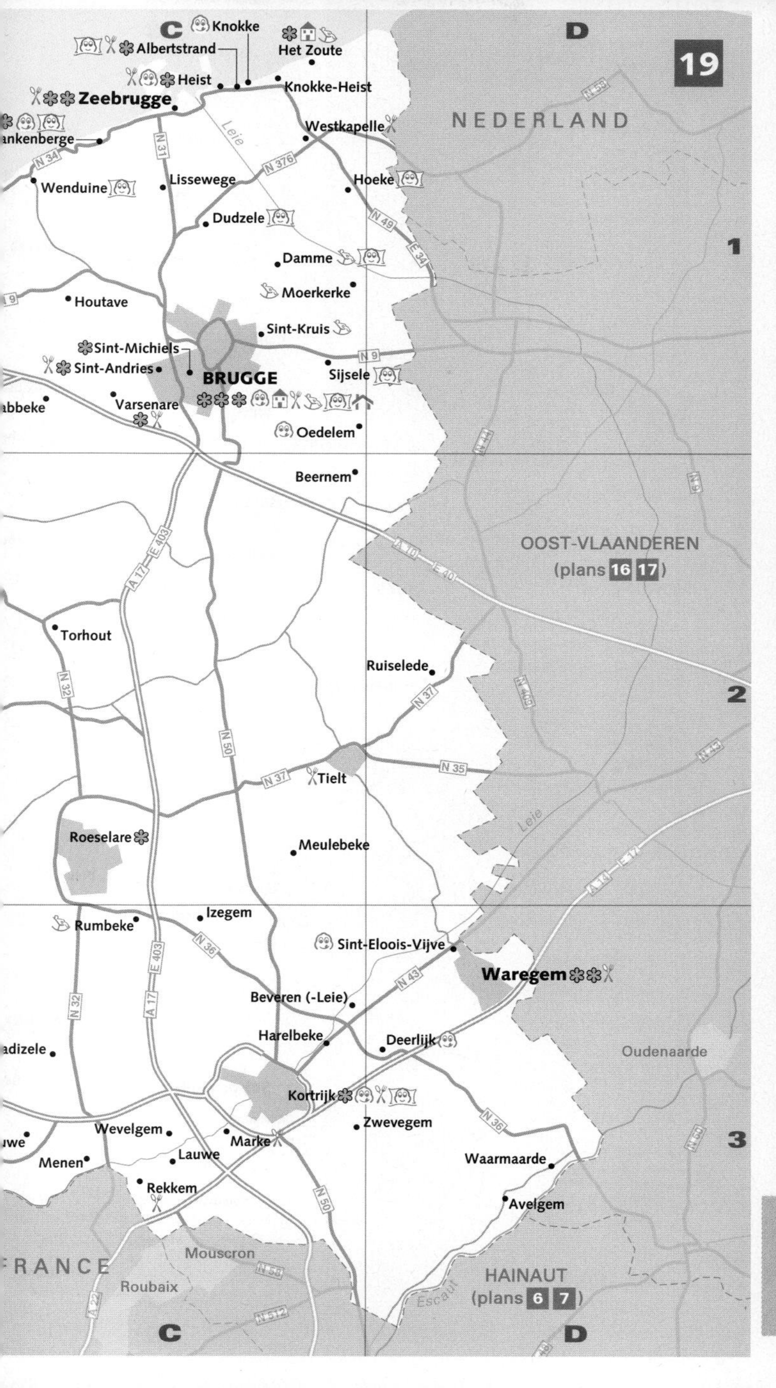

19
C
D
Knokke
Albertstrand
Het Zoute
Heist
Knokke-Heist
Zeebrugge
ankenberge
Westkapelle
NEDERLAND
Leie
N 34
N 31
N 376
Wenduine
Lissewege
Hoeke
Dudzele
N 49
E 34
N 58
1
Damme
Moerkerke
Houtave
Sint-Kruis
Sint-Michiels
N 9
Sint-Andries
Sijsele
BRUGGE
abbeke
Varsenare
Oedelem
Beernem
A 10
E 40
OOST-VLAANDEREN
(plans 16 17)
E 403
A 17
Torhout
Ruiselede
N 32
N 37
N 409
2
N 50
N 35
N 43
Tielt
Roeselare
Meulebeke
Leie
A 14
E 17
Rumbeke
Izegem
N 36
Sint-Eloois-Vijve
Waregem
Beveren (-Leie)
Harelbeke
Deerlijk
adizele
Oudenaarde
Kortrijk
Zwevegem
uwe
Wevelgem
Marke
N 36
3
Menen
Lauwe
Waarmaarde
Rekkem
Avelgem
FRANCE
Mouscron
N 58
HAINAUT
(plans 6 7)
Roubaix
Escaut
A 22
N 512
C
D

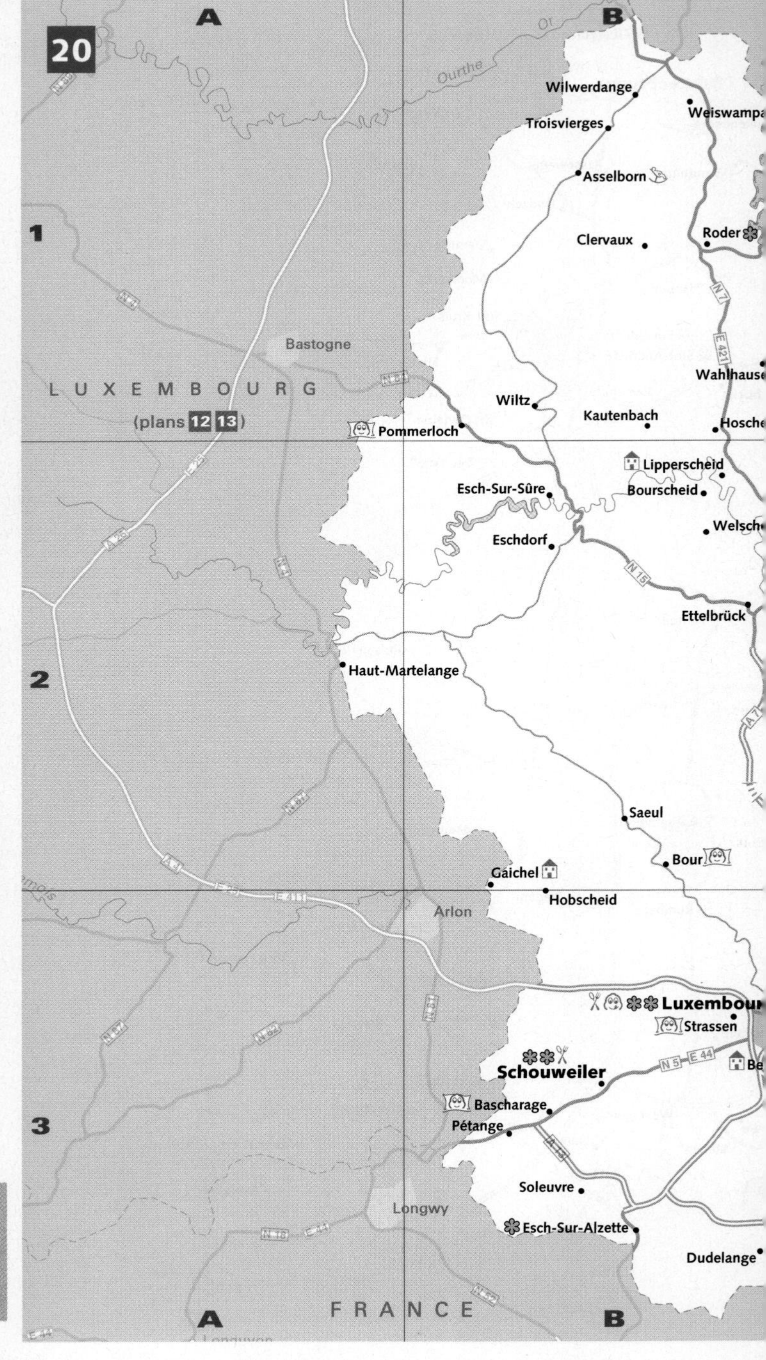

20
A
B
Ourthe
Wilwerdange
Weiswampa
Troisvierges
Asselborn
1
Clervaux
Roder
N 7
E 421
Bastogne
LUXEMBOURG
(plans 12 13)
Wahlhause
Wiltz
Kautenbach
Hosche
Pommerloch
Lipperscheid
Esch-Sur-Sûre
Bourscheid
Welsche
Eschdorf
N 15
Ettelbrück
Haut-Martelange
2
Saeul
Bour
Gaichel
Hobscheid
E 411
Arlon
Luxembour
Strassen
N 5
E 44
Be
Schouweiler
Bascharage
Pétange
3
Soleuvre
Longwy
Esch-Sur-Alzette
Dudelange
FRANCE
A
B

Grand-Duché de Luxembourg 21

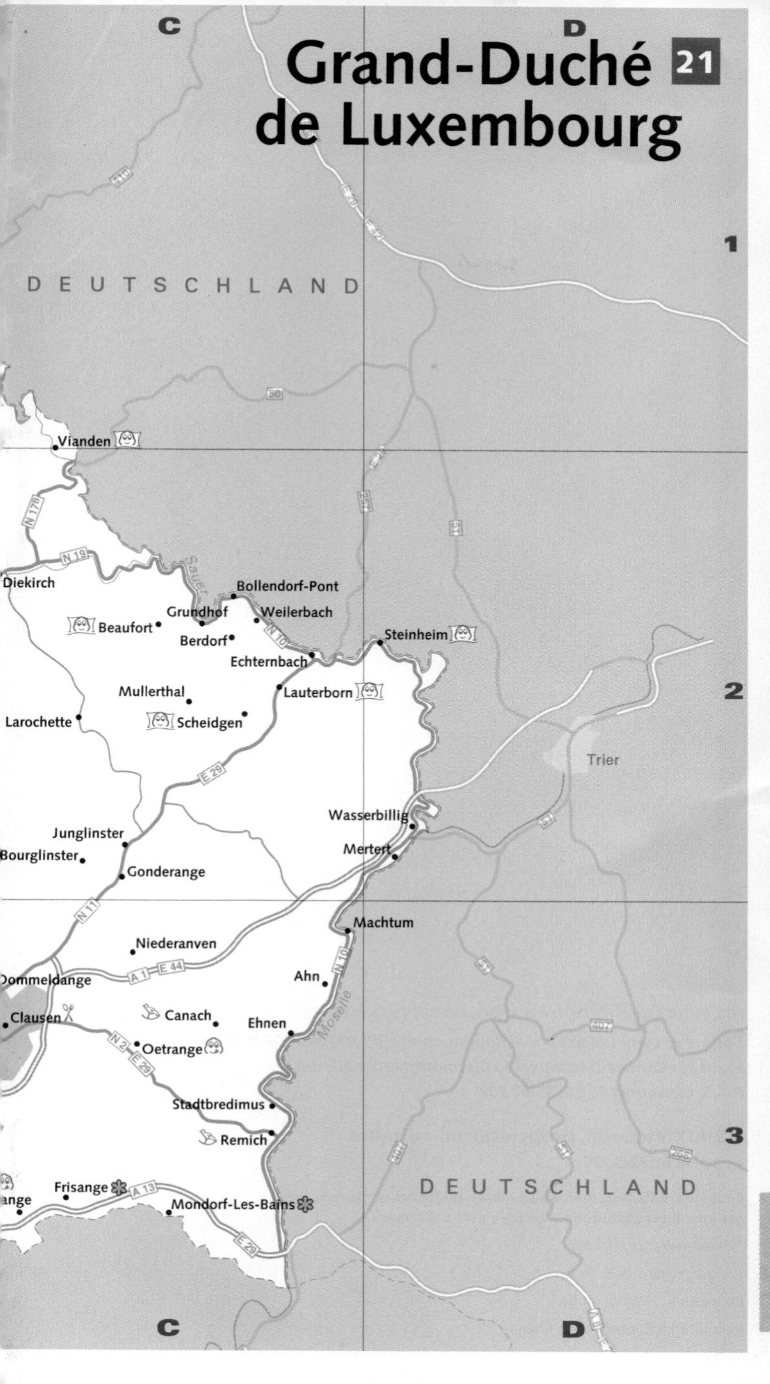

Manufacture française des pneumatiques Michelin
Société en commandite par actions au capital de 304 000 000 EUR
Place des Carmes-Déchaux – 63 Clermont-Ferrand (France)
R.C.S. Clermond-Fd B 855 200 507

Dépôt légal 12/2006

Printed in France, 11/2006

Compogravure : APS, Tours.

Impression : AUBIN, Ligugé.

Reliure : S.I.R.C., Marigny-le-Châtel.